普洱市志

（1978—2007）

·下册·

普洱市地方志编纂委员会　编

方志出版社
Publishing House of Local Records

下册目录

第二十六篇　国土资源与移民

第二十七篇　进出口管理

第二十八篇　科　技

第二十九篇　教　育

第三十篇　文　化

第三十一篇　传　媒

第三十二篇　卫　生

第三十三篇　体　育

第三十四篇　人事劳动和社会保障

第三十五篇　民政　扶贫

第三十六篇　外事侨务

第三十七篇　民族宗教

第三十八篇 人 物

附 录

第二十六篇

国土资源与移民

中华人民共和国成立前，由于普洱复杂的自然条件和民族结构，形成了多种土地制度。至民国时期，内地和汉族地区已进入封建地主经济；边疆傣族聚居区实行土司土官制度；而佤族、瑶族地区还保留着土地的原始公社所有制，土地为部落所有，劳动所得按人口平均分配。民国 18—38 年（1929—1949），思茅地区（除澜沧、孟连、西盟县外）举行过大规模的耕地清丈、地籍测量、评定等则、厘定地价等工作。抗日战争时期，思茅地区逐步建立起地政管理机构，主要负责地籍地权管理，其目的在于维护土地私有制，强化国家对土地资产的控制和管理。但因时局动荡，土地兼并日益严重。到 20 世纪 50 年代初土地改革前，农村土地占有更加集中，占农户不到 10% 的地主富农拥有 70% 以上的土地。

1950 年 6 月 28 日，《中华人民共和国土地改革法》颁布，规定废除地主阶级封建剥削的土地所有制，实行农民的土地所有制。普洱土地改革运动分为城镇和农村两个部分，在城镇，20 世纪 50 年代初，思茅地区城镇接管和没收帝国主义、官僚资本主义、国民党政府、战犯、汉奸、反革命分子的房地产；20 世纪 50 年代中后期，又通过社会主义改造，逐步回收了教会、资本主义工商业、私营房地产公司及私有房地产业主的土地，至 1982 年《中华人民共和国宪法》颁布宣布城市土地属国家所有，至此数千年的土地私有制被全民所有制和集体所有制取代。在农村，1951—1956 年，思茅地区除澜沧、孟连、西盟、江城县直接过渡外，其余县（区）都进行了土地改革，废除封建地主土地所有制，进行土地丈量和登记，颁发土地证；后又组织农民参加互助组、农业生产合作社，逐步推进农村土地和其他生产资料由私有制向集体所有制过渡。1956 年的农村合作化和 1958 年的人民公社化，完成土地私有制向集体所有制的转变。

20 世纪 60 年代至 80 年代中期，土地管理基本上以建设用地管理为主，其间也开展了土地利用规划、土地概查、房地产普查等一些基础工作。这一时期建设用地管理历经农业、民政、计划、城建等多部门管属，处于分散多头管理。无论划拨城镇土地还是征用农地，只需办理征用划拨土地手续，即可无偿用地，形成土地虽为国家，实为单位所有的局面，国有土地资产大量流失。1986 年 6 月 25 日，全国人大制定并颁布《中华人民共和国土地管理法》，中共中央、国务院、中共云南省委、云南省人民政府相继出台一系列强化土地管理的政策法规，全国土地、城乡地政管理进入依法、统一、全面、科学管理的新时期。1987 年 9 月后，思茅地区行政公署成立思茅地区行政公署土地管理局，全区各县相继设立土地管理局，乡（镇）设立土地管理所（办）或配备土地管理员。至此，思茅地区确立了城乡土地、地政统一管理的体制。同时，思茅地区全面开展土地详查、土地利用现状调查、房地产调查等的基础管理工作，继续深化土地使用制度改革，加强建设用地管理，合理配置土地资源合理开展基本农田保护规划，广泛深入持久地宣传土地国情、国策和法律法规，加强土地管理法规和执法监察，开展重点工程建设的移民搬迁工作，全市土地资源管理职能得到有效发挥。1996 年起，思茅地区开始编制全地区土地利用总体规划、土地开发整理、矿产资源规划、基本农田保护规划等，继续深入实施非农业用地使用等土地制度改革，不断强化土地宣传和执法力度，土地开发利用、矿产资源开发更趋合理。国土资源管理的日趋规范和完善，为全市社会和国民经济的可持续发展提供了重要支撑和保障。

1985 年前，水电工程移民工作实行一个工程设立一个临时性机构的工作机制，无专职部门负责。1985 年 11 月，思茅行署根据云南省人民政府要求在思茅地区行署土地管理局设立移民搬迁办公室。后几经调整改革，2005 年 9 月单设思茅市移民开发局，水电移民搬迁工作逐步步入正轨。1992—2007 年，移民开发局相继组织和参与实施漫湾水电站、大朝山水电站、糯扎渡水电站、景洪水电站、溪洛渡水电站大型水电站，以及崖羊山水电站、泗南江水电站、龙马水电站、居甫渡水电站、土卡河水电站、威远江水电站、戈兰滩水电站、石门坎水电站、三江口水电站中型水电站的移民安置工作，多措并举，采取划拨耕林地、建设饮水、交通道路等设施等措施，妥善处理和解决移民安置人口生产生活等存在的突出问题，维护移民安置人口生活稳定、安居乐业。

第一章　国土资源

第一节　机　构

一、行政机构

1978—1987年，城镇建设用地、土地权属、土地规划等由思茅地区行署建设局规划科管理；其他土地利用由行署农牧业局管理。1987年9月17日，思茅地区行署土地管理局成立，履行城镇建设用地、土地权属、土地规划、土地开发利用、土地政策法规宣传、土地执法等管理职能，规格正处级，内设办公室、地籍管理科、规划用地科。核定人员编制15名。其中，行政编制6名，事业编制9名。设局长1名，副局长1名，科级领导职数3名。1989年8月，增设土地监察科，增加事业编制3名。1996年7月，机构改革，地区土地管理局内设办公室、地籍管理科、法规监察科、建设用地管理科、规划科、移民搬迁办公室。地区编委重新下达土地管理局编制17名、移民办3名（挂靠土地局）。其中，行政编制10名，事业编制10名。设局长1名，副局长2名，科级领导职数6名。2001年，并入矿产资源管理职能机构，组建地区国土资源局，内设办公室、地籍与测绘管理科、政策法规科、耕地保护与土地利用管理科、规划科、矿产开发管理科、移民搬迁办公室。2004年12月，按照国务院统一部署，实行省级以下土地垂直管理体制，干部管理由地方党委管理为主改为由上级国土资源管理部门管理为主。思茅市辖区国土资源主管部门的机构编制上收市政府管理，改为国土资源管理分局。2007年年末，普洱市国土资源局内设办公室、人事教育科、财务科、政策法规科、耕地保护与土地利用科、规划科、矿产资源管理科、地籍与测绘管理科、地质环境科。局机关实有职工29名，执法监察支队实有职工3名，下属事业单位实有职工94名。

1987—2007年普洱市国土资源局领导任职表

表26-1

单位	姓名	性别	民族	籍贯	职务	任职时间
思茅地区国土资源局	郭启辉	男	汉	河南内乡	局长	1991.9—1996.4
	杨光明	男	汉	云南宁洱	局长	1996.4—2003.2
	张宝康	男	彝	云南宁洱	副局长	1987.9—1991.8
	沈达礼	男	汉	云南镇沅	副局长	1988.1—1991.8
	何玉昌	男	彝	云南凤庆	副局长	1996.4—2002.10
	张正华	男	哈尼	云南江城	副局长	1996.4—2003.10
	刀保平	男	傣	云南孟连	副局长	1998.2—2005.9
	张正华	男	哈尼	云南江城	副局长	2003.10—2007.1

续表 26-1

单位	姓名	性别	民族	籍贯	职务	任职时间
思茅地区国土资源局	王成荣	男	汉	云南景东	副局长	2005.12—2007.1
	陈宗平	男	彝	四川长宁	副局长	2006.9—2007.1
	马先楚	男	汉	云南景东	局长	2007.10—2007.12
	张正华	男	哈尼	云南江城	副局长	2007.1—2007.12
	王成荣	男	汉	云南景东	副局长	2007.1—2007.12
	陈宗平	男	彝	四川长宁	副局长	2007.1—2007.12

二、事业单位

（一）普洱市土地科学研究所

1992 年 8 月 27 日，思茅地区土地科学研究所成立，隶属思茅地区国土资源局，属具有独立法人资格的正科级事业单位，实行企业管理、独立核算、自负盈亏。核定人员编制 5 名，设科级领导 1 名。实有人员 5 名。2007 年年末，普洱市土地科学研究所实有人员 10 名。

（二）普洱市地产事务所

1995 年 11 月 18 日，思茅地区地产事务所成立，隶属思茅地区国土资源局，属具有独立法人资格的自收自支正科级事业单位。核定人员编制 4 名，设科级领导 1 名。实有人员 5 名。2007 年年末，普洱市地产事务所内设土地估价室、土地登记代理室、矿产资源储量评审室。核定人员编制 6 名，实有人员 6 名。

（三）普洱市土地收购储备中心

2003 年 8 月 25 日，思茅地区土地收购储备中心成立，隶属思茅地区国土资源局，属正科级财政全额拨款事业单位。核定人员编制 10 名，设科级领导 1 名。2007 年年末，普洱市土地收购储备中心实有人员 9 名。

（四）普洱市国土规划整治中心

2006 年 2 月 9 日，思茅市国土规划整治中心成立，隶属思茅市国土资源局，属正科级事业单位。核定人员编制 6 名，设科级领导 1 名。2007 年年末，普洱市国土规划整治中心实有职工 5 名。

第二节　地籍管理

一、土地调查

1979 年，思茅地区开展以草场为主的土地资源调查，得出全地区有草场 1970.2 万亩，其中有山地草场 618.1 万亩、疏林草场 227.1 万亩、林间草场 821.2 万亩、灌木草场 90.2 万亩、农隙地草场 213.6 万亩。1979 年至 1987 年 3 月，思茅地区开展第二次土壤普查，取得耕地、林地、水面、荒山荒地等比较完整的土地数据和资料，汇编表册 141 套 470 余册、图片 106 幅，得出全地区土地面积 6626.24 万亩。1984—1987 年，思茅地区开展以森林为主的土地调查，得出全地区林业用地 3942.99 万亩（有林地 2128.9 万亩、疏林地 284.74 万亩、灌木林地 750.79 万亩、宜林荒山 778.56 万亩），占土地总面积的 59.2%；森林覆盖率（含灌木林）42.2%。1989—1995 年，思茅地区开展土地详查，得出思茅地区土地面积 6652 万亩。其中，耕地 1132.46 万亩、园地 80.24 万亩、林地4136.31万亩、牧草地41.43万亩、城镇村庄及工矿用地51.9万亩、交通用地29.92万亩、水域71.36万亩、未利用土地1108.38万亩。1990年，景东、江城县被云南省土地局列为土地详查县，景东县土地详查技术工作委托成都军区测绘大队完成，江城县土地详查由云南省地理研究所承担。1990—1998年，思茅、普洱、景谷、墨江、澜沧、孟连县开展城镇地籍调查，均通过省级验收。全区共完成城镇地籍调查面积44.78平方千米，宗地15975宗。1991年1月，景东县土地详查经省、地、县级联合检查组全面检查评估，总评合格率93.7%；江城县基本完成外业调绘。1992年，在普洱县梅子乡开展村庄地籍调查试点工作，调查后建立全乡1920户宅基地地籍档案。同年3月，思茅地区开展土地利用现状调查，聘请成都军区测绘大队、四川测绘二队、云南省地质五大队，分别承担除景东县、江城县以外8个县的土地详查工作。标定国界4段、县界53条、乡界217条、村界1427条。1993年6月，思茅地区各县完成土地详查外业调查，勘核境界、权属界线1999条，有争议界线683条，经调解达成协议457条，鉴定协议1759条，占界线总数的88%。同时，完成思茅地区与红河州、楚雄州、大理州之间及区内部分县（市）之间的接边工作。1995—1996年，思茅、普洱、景谷县27个乡（镇）139个村庄开展地籍调查，调查宅基地4.26万宗，面积558.91平方米，收取地籍调查费和土地管理费48.7万元，发证2.47万本，发证率58%。1996年，因中共中央、国务院减轻农民负担的决定出台，全地区推行农村宅基地有偿使用工作未能实施，村庄地籍调查工作因经费来源失去保障而停止，全地区有5个县（市）39个乡（镇）303个村公所（办事处）开展村庄地籍调查工作，调查宗地118434宗，面积38.12平方千米。1998—1999年，继续开展城镇地籍调查、土地登记发证工作。思茅地区调查城镇19个，调查面积75.07平方千米，土地20779宗，应发证37261本，实发证35907本，发证率96.37%；1999年，完成土地定级估价建制镇19个。2006年，思茅地区各县（区）土地更新调查投入资金40余万元，完成城镇基准地价更新工作，报经县（区）人民政府公布执行；审核土地勘测定界成果65宗；协助云南省地质局开展省级测绘控制点建设和检查验收工作。2007年，启动第二次全国土地调查相关工作，全市10县（区）成立相应工作机构开展工作；西盟、孟连县调查成果通过验收。

二、土地申报登记及发证

1984—1987年，思茅地区开展城镇房地产普查登记，各县均由城建部门对产权明晰、无争议的产权户颁发土地使用证，全地区共颁发土地使用证8104本。1987年后，思茅地区各县成立土地管理局，城建部门停止颁发土地使用证。1988年11月2日至1989年7月26日，思茅地区开展国有土地使用权申报、地籍调查、审查、注册登记和核发土地使用权证书等工作。1989年8月，思茅地区城镇国有土地使用权申报工作结束，申报城镇国有土地使用权8884户，土地11894宗，总面积8612.59万平方米；独立工矿60户，土地168宗，总面积1637.75万平方米；城镇内集体土地使用权1585户，土地1787宗，总面积63.93万平方米；农村国有土地使用权265户，土地288宗，总面积193.9万平方米。1991年12月16日，普洱县颁发第一批土地使用证，共颁发国有土地使用证101本。此后，其他各县（市）也相继开展发证工作。1997年，在思茅、景东、澜沧、西盟、孟连、江城县开展农场用地登记发证工作，颁发土地使用证55本。1998年年底，思茅地区颁发土地使用证121132本。其中，国有土地使用证9465本，集体土地建设用地使用证111667本。1999年，思茅地区应发土地使用证17077本，实发16400本，发证率96%；思茅地区应查验土地使用证16400本，实际查验11319本，查验率69%；完成城镇土地统计台账10个。2000年，思茅地区完成上级下达查验国有土地使用证15536本，完成查验指标的100%；完成城镇土地统计台账建制镇18个（比下达指标少2个，西盟县2镇未作地籍调查）；完成土地定级估价城镇19个。2001年，思茅地区土地管理部门配合10县（市）完成年度土地变更调查；完成12个乡（镇）集体土地所有权10.52%的调查发证率，完成78个乡（镇）集体土地使用权67.41%调查发证率；省、地要求对城镇房改土地登记发证率调查，下达指标70%，实际完成73.2%；完成西部大开发土地资源调查评估地区级成果汇总，并经省级验收。2002年，超额完成省、地下达城镇房改房土地登记发证任务，应发证43145本，实发28438本，发证率65.9%，超省下达指标5.9个百分点，超行署下达指标4.1个百分点；年内完成新增建设用地使用费和耕地开发复耕费收缴各1宗，均缴纳入库。2003年，思茅地区完成30个乡（镇）集体土地所有权发证，完成88个乡（镇）集体使用权发证，10县（市）均完成基准地价更新工作；城镇房改土地登记应发证43145个，实发29182个，发证率67.3%。2004年，思茅市国土资源管理局承担翠云区国有土地登记发证工作，核发国有土地使用证463本，办理国有土地使用权抵押登记164宗，核发土地他项权利证书164本。2005年，全市10县（区）全面开展土地利用现状数据库建设，翠云区完成城镇地籍数据库录入工作，8县实现土地登记自动化，10县（区）实现土地登记公开查询。全市发放集体土地使用证13862本，累计发放241731本；发放国有土地权证3587本，累计发放46141本。2006年，开展土地登记和公开查询工作，全市核发国有土地使用证6437本，集体土地使用证20458本，土地他项权利证1237本，开展土地登记公开查询579次。2007年，普洱市办理土地登记报件461份，核发国有土地使用证3288本，集体土地建设用地使用证437本，土地他项权利证书152本。

三、土地变更登记及调查

1998年年底，思茅地区办理土地使用权出租登记2447宗，土地使用权抵押登记589宗，土地使用权变更登记459宗，土地他项权利登记3036宗（出租登记2447宗、抵押登记589宗）。1998—1999年，随着《中华人民共和国城镇国有土地使用权出让和转让暂行条例》和《中华人民共和国城市房地产管理法》的颁布实施，思茅地区土地市场逐渐活跃起来，土地使用权转让、出租、抵押等逐年增多，各县土地管理部门根据《土地登记规则》规定，进行土地使用权出租、抵押产生的租赁权、抵押权等土地他项权利登记，以及因土地使用权转让等产生的土地使用权变更登记。2000—2001年，省、地要求对地籍变更情况进行调查，下达10个县（市）指标数，均按时完成工作任务。2003年，思茅地区10县（市）完成土地变更调查任务。2006年完成土地变更登记24058宗，2007年完成土地变更登记31814宗。

第三节　土地使用制度改革

一、家庭联产承包责任制

1979年，思茅地区在澜沧县谦六公社搞“包干到户”（简称“大包干”）试点，并在全县推广，全县粮食显著增产，“包干到户”受到农民的普遍欢迎；在取得试点成功经验的基础上，“包干到户”和“包产到户”办法在思茅地区迅速推开。“包干到户”和“包产到户”后来统称家庭联产承包责任制：土地属集体所有，承包者只有耕植权，不能出租、买卖、弃耕；不准在承包土地上建房、葬坟、挖坑取土和破坏原有的排灌系统。1981年5月，思茅地委下发文件，规定农户和生产队都要订立承包合同，且可以订到1983年。1984年，宣布土地承包期15—20年不变。1987年，中共云南省委农村工作部下发文件指出：完善土地承包工作，要明确土地权属，严格执行《中华人民共和国土地法》，除要坚持长期稳定外，在合同期满后，可根据承包者要求，继续签订承包合同，并且允许社员转让土地及完善土地承包合同。1988 年 10 月 6 日，云南省人民政府发文通知，要进一步完善土地承包合同，稳定土地承包关系，允许土地使用权合理流动；要加强对土地经营管理工作的领导，加强对集体土地的管理，为农户提供各种服务，使家庭联产承包责任制更趋完善；各级人民政府授权各级农村合作经营管理站，负责农村土地承包合同和管理工作，指导签订土地承包合同，检查合同情况，调解合同纠纷。

二、林业“三定”和“两山一地”政策

1979 年 9 月，中共云南省委、云南省人民政府发文规定：有宜林荒山的生产队，可根据荒山资源的多少，就近划给社员每户 1 亩、1 亩半至 2 亩作自留山。1981 年，在贯彻执行《中共中央、国务院关于保护森林发展林业若干问题的决定》中，地区干部群众把“稳定山权林权”“划定自留山”“确定林业生产责任制”称为林业“三定”。在林业“三定”中，思茅地委、行署规定：对1980—1981 年林权调整和林权确定中已按有关规定落实林权的，只要权属明确、四至界线清楚，就承认有效，不再变动，经检查验收合格，没有发证的核实发证；对少数社队集体林划分过多的，通过做工作后进行调整；对将国有林划为公社、大队或机关、学校、部队所有的，收回仍作为国有林；在划定社员自留山中，凡有荒山可划的生产队，根据荒山多少，每户可划给自留山 3 亩—5 亩，划定以后发给自留山使用证。1983 年 6 月，思茅地委、行署贯彻执行中共云南省委关于解决“两山（自留山、责任山）”的指示精神，决定在划分自留山和落实承包责任山到户的同时，将轮歇地固定下来，落实到户，简称“两山一地”到户。同时，规定凡是便于农户经营的集体林中的宜林荒山及部分疏林地和灌木林地，都可以划作自留山，由社员植树造林；自留山的山权为集体所有。集体的成材林、中幼林、水源林、防护林、风景林以及不适合划给社员的自留山的疏林、灌木林和宜林荒山，都应作为责任山；根据不同情况，建立以集体所有、家庭经营为主的各种形式承包责任制，责任山的山权、林权属集体所有。同年 12 月，思茅地区“两山一地”到户工作基本结束。全地区共有 12865 个生产队给 283181 户农户划定自留山 579.6 万亩，户均 20.5 亩；落实责任山 78445 亩，占应落实面积 1160.7 万亩的 67.6%；划固定轮歇地 3874 万亩，户均 13.6 亩；划出固定草场 365.62 万亩。

三、非农业用地使用制度改革

（一）农村宅基地有偿使用

1990 年 1 月 3 日，国务院批转国家土地管理局请示，要求各个地区要有组织、有领导、有步骤地进行农村宅基地有偿使用试点。1991 年 9 月，云南省人民政府办公厅批转云南省土地管理局关于开展农村宅基地有偿使用的试点报告，要求各级政府认真组织实施。同年，思茅地区在景谷县 7 个乡（镇）20 个村 247 个社 6444 户农户开展宅基地有偿使用试点工作，逐社、逐户进行权属调查、地籍勘丈、绘图、登记、造册等工作，试点面积 1670.6 亩，每平方米收取 0.05 元的有偿使用费。1993 年下半年，该项工作暂时停止。

（二）城镇国有土地使用制度改革

1. 国有土地使用权出让

1988 年后，国务院、国家土地管理局、云南省人民政府相继出台国有土地使用权出让相关法

律：国有土地使用权国家可以依法进行出让，收取出让金；出让期限根据不同用途而定，最高出让年限为住宅用地70年、工业用地50年、商业用地40年；出让期满时，国家收回土地使用权且连同地上建筑物附着物无偿取得；土地出让必须由土地使用者与市县级政府土地管理部门签订土地使用权出让合同，支付出让金后办理登记，领取土地使用证，取得土地使用权；取得土地使用权的土地使用者，按出让合同规定，投资开发后可以将土地使用权进行转让、出租、抵押，国家收取增值税；国家对土地出让实行垄断，对通过出让得到土地使用权的转让市场，国家提倡放开搞活。1988年8月8日，西盟县土地管理局以协议方式将县城一块328平方米宅基地的使用权，出让给玉溪市黄官办事处养猪专业户吴家寿建"溪盟餐厅"，出让金每平方米150元，总金额4.92万元，分三年付清，出让年限20年，是云南省首次出让土地使用权之实例。1992年以后，思茅地区10县（市）出台有关城镇国有土地使用权出让和转让暂行规定。1993年7月，"溪盟餐厅"转让给西盟县建设银行，转让金72万元。1994—1998年，思茅地区出让土地287宗，面积39.6万平方米，收取出让金2380.4万元。在土地出让中，多数县（市）开展拍卖供地，如思茅市土地管理局于1996年6月24日在行署小礼堂举行6宗土地拍卖会，开创思茅地区土地拍卖之先河。同时推广"两小出让"（在小城镇出让小宗地）经验。截至1998年年底，思茅地区开展"两小"出让乡（镇）67个，出让土地278宗，面积37.4万平方米，收取出让金1936.7万元。该举既为在小城镇置地办企业的用户提供土地，又促进乡（镇）企业和私营经济的发展，达到"以地生财、以财建镇"的目的。2001年，省、地下达开展"两小"出让乡（镇）指标65个，实际开展78个。2002年1—10月，思茅地区提供用地1177宗，面积1266.32亩。2004年2月16日下午，思茅民族贸易公司国有资产拍卖会在思茅绿都大酒店举行，公司拍卖其在月光路临街88平方米的铺面，成交价70万元，每平方米铺面价7954.55元。2004年，全市提供用地401宗，面积51.76公顷，收取出让金14111.27万元。2005年，思茅市国土资源局围绕扩大城市规模、提高城市品位、拉动投资增长的城市化发展战略，做好思茅城南新区土地出让、普洱老城区拆迁改造、景谷新城区建设、景东月牙湾广场建设用地服务工作。同年10月，思茅市国土资源局公开挂牌出让位于通商北路及茶苑路的5宗国有土地使用权，土地总面积24425平方米，土地规划用途为商业、金融用地，出让年限50年；思茅宾馆34亩用地、茶机厂54亩土地整体处置，总出让金8700余万元。全市提供用地195宗，面积1464.59亩。2006年，思茅市国土资源局认真实施以土地用途管制为核心的土地管理，坚持土地有偿使用制度。同年8月，思茅市国土资源局分别对位于翠云区建设局、石龙路中段、思茅港镇、龙潭乡等16宗国有土地使用权进行公开挂牌出让，土地总面积186.76亩，土地规划用途分别为住宅、混合住房、其他商服用地、商业用地，出让年限为住宅用地70年、混合住宅用地50年、其他商服用地50年、商业用地40年，出让总价款6718.8万元。其中振兴南路原翠云区建设局5.316亩的商业用地，被思茅市浙商房地产开发有限责任公司以801万元成交。至年底，全市提供建设用地535宗，面积132.72公顷，收取土地出让金2.72亿元。2007年，普洱市国土资源局全面落实国有土地有偿使用制度，对经营性用地全部采取招标、拍卖、挂牌方式供地。全市提供土地544宗，面积211.2公顷。城市路网、新农村建设安居工程等重点工程土地征用工作，完成征地1132亩；收储部队、改制企业土地406亩；盘活农场、部队、城市存量建设土地64.3公顷，市辖区内盘活存量土地198.7公顷。

2. 国有土地自发交易清理

1990年5月19日，为尽快把土地自发交易引导到依法管理轨道上来，国务院发布《城镇国有土地使用权出让和转让暂行条例》，对划拨土地使用权作出明确规定。1991年10月，云南省人民政府发文明确要求进行土地自发交易的清理和整顿。1992年3月，国家土地管理局对清理整顿国有土地自发交易提出要求并作安排部署。1993 年 7 月，在全国土地管理厅局长会议上，明确要求各级政府对划拨土地使用权的自发交易行为进行清理检查，凡通过划拨方式取得的土地使用权转让时，必须依法到政府土地管理部门补办出让手续，补交出让金，办理登记手续，然后才能转让。1993 年上半年，普洱县率先在宁洱镇、磨黑镇开展此项工作，查出单位及个人房产买卖、转让土地使用权 90 宗，面积 31995.23 平方米；办理房地产抵押合同 38 宗，面积 6259.51 平方米；清查出单位和个人出租土地使用权 173 宗，面积 6616.23 平方米。1994 年起，思茅地区各县城及建制镇陆续开展土地自发交易清理和整顿工作；截至 1996 年年底，思茅地区完成 123 个乡（镇）清理整顿国有土地自发交易工作。

3. 国有企业改制中的土地资产处置

1992 年 5 月，国家土地管理局和国家体改委发布《股份制试点企业土地资产管理暂行规定》，思茅地区根据各县企业行业的不同，把土地资产交给中介机构评估后，由土地管理部门、国有资产管理部门确定评估结果，再由政府及有关部门作出土地资产处置决定。思茅汽车贸运总公司用地 50 年土地使用权评估价 2032.09 万元，补办出让手续后，政府让利 90% 给企业，企业在 5 年内交清 10% 的出让金。普洱水泥厂用地资产评估 1922.64 万元，企业改制后，以年租的形式支付出让金。1995—1996 年，思茅地区在盘活城镇和企业存量土地方面进行了一些探索。思茅民族织染厂将部分土地裁出，通过地区土地管理局划为若干小宗后作为宅基地出让，出让金大部分返还企业，使政府和企业在出让金上各得其所。地区建材厂从城市中心迁至郊区，原址建起大型综合农贸市场，增加该厂收益。1998—1999 年，各县（市）重视企业改制中土地使用权的管理和土地资产的处置，做好核权发证、地产评估和处置。思茅地区改制企业 53 家，用地 123 宗，面积 180.38 公顷；处置企业 50 家，用地 121 宗，面积 164.14 公顷。1999 年，省、地下达处置土地企业占改制企业比例分别为 85% 和 87.5%，实际完成企业 20 家，土地 61 宗，面积 39.47 公顷，以出让、入股方式处置企业 21 家，土地 67 宗，面积 39.47 公顷，处置资产 2966.22 万元。2000 年，省、地下达处置企业土地比例占改制企业的 80%，思茅地区以出让方式实际完成企业改制 10 家，土地 35 宗，面积 15.0461 公顷，完成比例为 100%，超省地下达指标 20 个百分点，处置金额 7269.59 万元。2001 年，完成新增建设用地有关规费的缴纳工作和地区制药厂、金属材料公司等国有企业改革的土地资产处置工作。2005 年，市属企业改制中的土地资产评估核算全部完成，涉及土地资产 84 宗，面积 1719636 平方米，金额 54845.11 万元。全市首批改革企业土地分割勘测定界 16 家，勘测总面积 150 公顷，免收勘测费用 20 万元。2006 年，市属企业改制涉及土地资产 3 宗，面积 10578 平方米，金额 182.67 万元。2007 年，市属企业改制涉及土地资产 5 宗，面积 6815 平方米，金额 111.29 万元。

第四节　土地开发利用与保护

一、土地利用规划

1992 年 4 月，云南省土地管理局布置开展县级土地利用总体规划工作后，各县相继开展土地利用总体规划工作。1996 年 8 月，行署成立地区土地利用总体规划领导小组，在行署土地局设规划办公室，委托云南省农业工程研究设计院组成专业技术工作组，与规划办公室共同协作完成地区土地利用总体规划编制工作。1997 年 8 月 20 日，思茅行署土地管理局与云南农业工程研究设计院签订《思茅地区土地利用总体规划技术工作合同》，由规划技术工作组拟定《思茅地区土地利用总体规划工作计划及技术方案》。1998 年 6 月底,《思茅地区土地利用总体规划（送审稿）》编制工作完成；同年 8 月，上报云南省人民政府组织专家组评审验收。地级土地利用总体规划以 1996 年为基期，2000 年为中期，2010 年为末期，展望到 2030 年。总体规划主要包括思茅地区概况、土地资源利用状况、土地利用战略方针及规划目标、土地利用结构调整、土地利用分区及布局、实行规划的主要政策和措施等内容。截至 1998 年年底，思茅地区各县（市）的土地利用总体规划工作结束，通过地级验收。1999 年，思茅地区完成 121 个乡（镇）乡级土地规划修编工作，分别超额完成省、地下达指标 31 个和 12 个乡（镇）任务。2001 年，思茅地区执行土地利用年度计划，上级下达计划面积 2041 亩，执行计划面积 1438.013 亩，比下达计划少用面积 602.99 亩；省、地下达补充耕地数比建设占有耕地多 80%，建设占用耕地面积 1139.56 亩，下达补充耕地面积 4428.74 亩，超省、地下达指标 208.64 个百分点；上级下达土地开发整理增加耕地指标面积 135 公顷，实际完成面积 478.74 公顷，超额完成面积 343.74 公顷；下达土地复垦指标面积 135 公顷，实际完成面积 941.63 公顷，超额完成面积 806.63 公顷。思茅地区土地管理局先后对 10 县（市）可开发复垦地类进行实地踏勘，编制资金总概算 1.8 亿元的开发整理项目 11 个，并上报云南省国土资源厅。2002 年，思茅地区 10 县（市）开展地级土地开发整理规划编制工作，完成土地变更调查任务，完成基准地价更新工作。上级下达指标面积 2700 亩（其中耕地 1650 亩），实际少用面积 760.12 亩（其中耕地 711.34 亩），比下达指标少用面积 1939.88 亩（其中耕地 938.66 亩），土地利用在年度计划控制内。2003 年，思茅地区争取到并实施土地开发整理项目 12 个，涉及县（市）9 个。其中，国家补助 3 个，省级补助 9 个。项目建设规模 48765.6 亩。其中，开发 19887.45 亩，整理 28878.15 亩。项目预算总额 3944 万元。2005 年，完成《思茅市土地开发整理规划》《思茅市矿产资源规划》《思茅市地质灾害防治规划》的报批。完成磨黑到思茅高速公路、景东至恩乐二级公路、思茅至澜沧二级公路、糯扎渡电站、戈兰滩电站、崖羊山电站、土卡河电站、居甫渡电站、龙马电站、泗南江电站、威远江电站等国家、省重点工程用地预审工作；完成思小公路思茅段用地服务工作，完成景东监狱搬迁用地 225 亩的征地补偿、思茅市公安局戒毒所 350 亩用地前期征用工作，开展磨黑到思茅高速公路征地拆迁前期工作。采取付息收储、产值收储、现金收储三种办法及措施开展土地收储，全市收储土地 960 余亩。开展万人体育馆南侧 470 亩土地、思茅师专搬迁用地的收储工作。2006 年，完成《思茅市“十一五”土地资源保护和利用发展规划》《思茅市“十一五”矿产资源保护和利用发展规划》《思茅市地质灾害防治规划》编制。根据云南省国土资源厅开展土地利用总体规划修编要求，集中人力物力完成“四清查、四对照”（查清规划期内新增建设用地总量，与国民经济和社会发展规划确定的发展目标对照检查；查清闲置土地和低效用地数量，与规划确定的节约用地挖潜目标对照检查；查清耕地和基本农田保有量，与规划保护目标对照检查；查清违法用地数量和处理情况，与违法用地的处理要求对照检查）资料上报和执行规划情况评价等工作。2007 年，上报建设用地 10 宗，面积 2824.78 公顷（其中耕地 644.22 公顷）。批准 4 宗，面积 84.43 公顷（其中耕地 40.45 公顷）；待批地 6 宗，面积 2740.35 公顷（其中耕地 603.77 公顷）。完成磨（黑）思（茅）高速公路、思（茅）澜（沧）公路二期改造、中心城区市政重点建设项目、糯扎渡业主园区、长林河水库、景洪电站总出线路、思茅山水铜业 110 千伏变电线路等 34 个重点项目的规划预审工作。

二、土地开发利用

（一）滇西南农业综合开发

1990 年 6 月 28 日，思茅地区成立由 12 人组成的滇西南农业综合开发领导小组，领导思茅地区农业项目开发。思茅地区开发的项目主要是土地治理开发和多种经营。列入第一期开发的思茅县、景东县、景谷县、孟连县的11个乡（镇），共开发土地面积751.9万亩，其中耕地面积40.8万亩；列入第二期开发的思茅县、普洱县、景东县、景谷县、澜沧县、孟连县的16个乡（镇），共开发土地面积1074.1万亩，其中耕地面积65.15万亩；列入第三期开发的思茅县、普洱县、景东县、景谷县、澜沧县、孟连县的20个乡（镇），共开发土地面积1267.38万亩，其中耕地面积90.44万亩。截至1996年，思茅地区完成中低产田改造41.52万亩，造林18.16万亩，改良土壤35.3万亩，建成高稳产农田10.94万亩，改良草场0.5万亩。

（二）少数民族地区农业项目开发

1993年8月，思茅地区少数民族地区农业发展项目经国际农发基金会批准。同年12月，项目在墨江县全部、普洱县、镇沅县、江城县等县的部分地区实施，受益35个乡284个村99120户54万余人。项目包括修建引水工程、修建水库、修建公路、坡改梯和种植茶、咖啡、桑树、柚子、水稻、玉米等。1996年年底，整个农业发展项目完成各项投资13860万元，国际农发基金会累计贷款6326万元。其中，用于种植粮食作物709万元，经济作物3234万元，畜牧业729万元，乡村企业、妇女贷款和特别贷款1654万元。

（三）开发复垦

1998—1999年，省、地下达土地部门开发复垦耕地任务415公顷，实际完成1383公顷，超额完成省、地下达指标968公顷；省、地下达耕地净增数990公顷，实际完成8587.06公顷，扣除退耕、建设用地、灾害毁坏等1736.45公顷外，实际净增6850.61公顷，超省、地下达指标5860.61公顷。1999年，省、地下达有偿使用国有土地比例100%，实际使用29宗，面积29.09公顷，达到省、地要求。省、地下达拍卖土地面积占出让面积比例分别为12%和15.2%，实际在12个乡（镇）拍卖142宗，面积2.77公顷，完成比例9.5%。省、地下达盘活城乡存量土地占新增建设用地比例20%和23.5%，实际盘活城镇15个，盘活存量土地240宗，面积19.6公顷；开展盘活存量土地的乡59个，盘活存量土地389宗，面积16.6公顷；新增建设用地2059宗，面积62.77公顷，完成比例57.4%，超省、地下达指标37.4个百分点和33.9个百分点。2000年，省、地下达土地复垦指标面积2060公顷，思茅地区实际完成面积2718.35公顷，完成比例132%。省、地下达土地复垦整理开发耕地指标面积240公顷，实际完成面积410.02公顷，完成比例170.84%，投入资金342.08万元，扣除建设用地面积35.95公顷、因灾损毁耕地面积116.3公顷、其他面积489.24公顷，年内实际净增耕地面积2076.86公顷。省、地下达开展“两小”乡（镇）指标60个，实际开展乡（镇）73个，土地337宗，面积65838公顷；镇20个，土地373宗，面积8.87公顷，超省、地下达指标13个。省、地下达拍卖土地面积占有偿使用的土地面积比例20%，实际拍卖土地524宗，面积10.53公顷，有偿使用土地813宗，面积28.82公顷，比例为36.6%，超省、地下达指标16.6个百分点。省、地下达盘活存量土地面积占新增建设土地面积比例为25%，实际盘活城镇20个，盘活存量土地448宗，面积34.86公顷；盘活乡41个，盘活存量土地324宗，面积13.66公顷；新增建设用地1677宗，面积59.57公顷，完成比例81.6%，超省、地下达指标56.6个百分点。2002年，省、地下达有偿供地面积指标800亩，实际完成613宗，面积1106.58亩，超省、地下达指标306.58亩。省、地下达招标拍卖供地面积指标150亩，实际招标拍卖300宗，面积144.94亩，比下达指标少5.06亩，完成比例97%。省下达土地纯收益（不含作价出资、入股）指标1000万元，行署下达土地纯收益指标1767万元，实际完成土地纯收益3323.2万元，超省下达指标2323.2万元，超行署下达指标1556.2万元。2004年，全市上报建设用地项目71个，经国家确认13个。其中，能源项目

10个，交通项目1个，水利水电项目2个。全市立项实施土地开发整理项目18个，总投资7898.8万元。至同年底，竣工验收省补项目4个，准备验收国家重点项目1个和省重点项目1个，在建项目12个。2005年，强化对建设用地的报批管理，把用地指标向基础设施和省、市重点项目倾斜，对重点工程、重大基础设施和地方发展重要的社会事业项目优先供地。云南省国土资源厅下达全市土地指标210公顷，思茅市国土资源管理局留指标的80%，另20%指标下达各县。受云南省国土资源厅委托，完成思茅镇新农村路网建设、景东监狱迁建项目等规划调整评审项目21个。全市上报项目23个，面积1185.7公顷。其中，水利交通用地面积866.54公顷，翠云区、普洱县、景谷县、工业规划区等各类建设用地面积319.16公顷。云南省国土资源厅批复用地68.77公顷。2006年，对茶叶机械厂、思茅市地税局、思茅市精神病院等用地进行搬迁置换，收回部队、思茅农场、嘎龙村民小组各类闲置土地重新配置，全市盘活土地面积2100余亩，其中市中心部队用地和农场用地1664亩。完成糯扎渡电站、李仙江电站、思茅师专新校区、思茅职业教育集团校区等32个重点项目征地工作。完成思茅农场1150亩土地的勘界及实物调查工作，收回土地115亩；完成思茅农校、思茅市原种植繁殖场等11个单位共2323.1亩国有土地的勘界和其他相关工作；收回思茅市地税局划拨用地21.8亩；完成磨思公路、思澜公路二期征地前期工作；思茅市国土资源局工业园区分局共完成工业园区木乃河片区土地征收4100余亩；全年收储土地129宗，面积460余亩，向思茅市财政缴纳土地出让金1.13亿元。全市实施土地开发整理项目22个。其中，完成7个，开发整理土地面积1562.72公顷，新增耕地面积520.82公顷，累计完成国家和省级投资3848.54万元；在建3个，国家和省级投资预算2401.81万元，开发整理土地面积1092.4公顷，其中新增耕地面积154.56公顷；实施占补平衡项目4个，开发耕地面积992.73公顷，新增耕地面积654.07公顷，投资总额1950.99万元；申报立项土地开发整理项目8个。其中，省重点项目7个、补助项目1个，建设总规模5134公顷。2007年，先后对已竣工的10个项目进行初验，完成投资5408.95万元，建设规模2636.82公顷，实现新增耕地面积947.46公顷。市本级立项实施耕地占补平衡项目4个，建设总规模398.83公顷，投资1246.03万元，建成后新增耕地面积319.77公顷。初步拟选10个补充耕地项目和1个专项规划开展前期工作，建设规模4265公顷，估计总投资1.5亿元，新增耕地面积2559公顷，盘活存量土地面积530亩。

三、基本农田保护规划

1990年11月，云南省土地管理局部署全省开展划定基本农田保护区工作。1992年4月，思茅地区各县相继开展此项工作。1997年年底，全部完成县级基本农田保护区规划。1998年7月，完成地级基本农田保护区规划;《思茅地区基本农田保护区规划》基期为1996年，中期2000年，末期2010年。划定基本农田保护区耕地面积199151.6公顷。其中，一级保护区（粮食亩产500千克以上的稳产田）面积53549.26公顷，二级保护区（粮食亩产300千克以上的稳产田）面积145602.34公顷（其中，一、二等水田面积68245.88公顷，一、二等旱地面积77356.46公顷。），占保护区面积的73.11%；保护率为基期年耕地的26.44%，2000年的25.97%，2010年的25.19%。2005年，全市开展基本农田保护专项检查，思茅市国土资源管理局要求各县（区）局按照“档案、实地、图纸”三对照的原则，确保基本农田保护落到实处。为确保全市耕地总量动态平衡，加大土地开发整理项目规划、踏勘、报批工作，建立了项目储备库。全市批准立项实施土地开发整理项目26个，涉及10个县（区），竣工验收5个（省重点1个、省补4个）。申报土地开发整理项目7个，进入省厅项目库。2006年，全面落实耕地保护特别是基本农田保护制度，制定《思茅市基本农田保护六项制度（试行）》，报思茅市人民政府下发实施；制定和完善《思茅市人民政府耕地保护责任目标考核办法》。2007 年，普洱市人民政府与 10 县（区）签订耕地保护目标责任书，根据云南省人民政府下达的考核指标将耕地保有量和基本农田保护面积指标分解到各县（区），细化考核办法进行考核；同时，各县（区）政府将指标分解到乡（镇）一级。年底，全市耕地保有量面积 72.58 万公顷，总耕地面积减少 838 公顷，年内补充耕地增加面积 264 公顷，耕地净减面积 574 公顷。土地开发整理复垦补充耕地，立项土地开发整理项目 6 个。其中，国家级重点项目 3 个，省级补助项目 1 个，市级占补平衡项目 2 个。

第五节　土地执法

一、土地法制宣传

1987—1990 年，思茅地区主要围绕“人口多、耕地少、耕地后备资源不足”的基本国情和“合理利用每寸土地，切实保护耕地”的基本国策以及贯彻实施《中华人民共和国土地管理法》开展土地法制宣传。1990年，为及时介绍思茅地区各县（市）土地管理的经验和成效，反映存在问题，向各级领导和有关部门反馈土地管理工作情况，指导思茅地区土地管理工作，行署土地管理局创办《思茅土地》（次年改为《思茅土地信息》）。1991 年后，在继续深入进行土地国情、国策、土地公有制及土地管理法律法规和管好用好土地资源宣传的同时，思茅地区把宣传重点放在强化土地管理、深化土地使用制度改革以及加强土地资产管理等方面。同年 6 月 25 日，全国第一个“土地日”宣传活动期间，印发土地管理内容宣传资料 2 万余份，制发土地宣传日历 4.97 万份，播放土地宣传录像 100 余场，悬挂固定铁皮宣传标语 6 幅、永久性宣传牌 25 块，购置悬挂式搪瓷宣传标语牌 64 套 1280 条，发送“明白书”、宣传卡片 3540 份、土地宣传对联 7500 对。此后，每年“土地日”宣传期间，地、县土地管理部门都要广泛组织开展不同主题、多种形式的宣传活动。1993 年后，在每年的“4·22”世界地球日、“6·25”全国土地日、“8·29”全国测绘日宣传期间，思茅地区各级土地管理部门都组织开展以张贴标语、印发宣传材料、出宣传栏、上街办宣传咨询台、出动宣传车、召开座谈会、举行报告会、放映电影和录像、领导发表电视广播讲话、开辟报纸和电视栏目、印发土地法规汇编书籍、制作宣传画、举办培训班、文艺宣传、报刊发稿等多种形式的宣传活动。通过深入持久的广泛宣传，增强了广大群众遵守土地法律法规的意识，违法用地现象显著减少。

二、土地清理执法检查

（一）非农业建设用地清查

1987 年 3 月 3 日，思茅行署发出紧急通知，要求各县立即建立健全清理制止乱占耕地领导小组和办公室，尽快开展非农业建设用地清理工作。思茅地区成立由检察院、纪委、公安处、法院、行署办、建设局、司法处、农业局为成员的领导小组，下设办公室，抽调有关单位 6 人办理日常清查事务。1988 年 3 月，思茅地区土地局派出由局领导和科室负责人组成的工作组，分赴各县指导协助工作。同年 10 月，思茅地区完成清查工作，清理非农业用地 22228.54 亩，查出违法用地 16797 件，处理 14557 件。其中，退回耕地面积 400.64 亩，拆除建筑面积 13273.7 平方米，罚款 29.48 万元。1997 年 5 月至 9 月 25 日，思茅地区又一次对思茅地区非农业建设用地进行清查。通过全面清查，查出 1991 年 1 月 1 日至 1997 年 4 月 14 日各类建设用地 30615 件，土地面积 26537.34 亩。其中，依法用地21882件，面积22226.51亩；违法用地8733件，面积4310.83亩。在违法用地中，未经批准占用土地3497件，面积2782.98亩；超批准面积占用土地2509件，面积535.56亩；越权批地206件，面积603.21亩；非法转让、出租、抵押、改变土地用途的2521件，面积389.08亩。截至1997年9月29日，思茅地区查处非农业建设违法用地8313件，面积3556.99亩，查处率95%；截至1998年12月31日，遗留案件全部得到处理，结案率100%。2004年，在土地市场治理整顿中，清理出拖欠农民征地补偿费项目16个，拖欠总额15873.53万元（不含元磨公路二、三次征地拖欠数）。其中，元磨公路拖欠10252.97万元、相关县（区）拖欠5620.56万元。截至2004年11月底，所有拖欠农民的征地补偿费得到兑现。

（二）党政干部违法占地建私房清理

1989年8月，中共云南省委、云南省人民政府下发文件明确规定，不准党政干部在县以上城市建私房，停止在县以上城市批住宅用地给党政干部建房；据此，要对党政干部已建住房进行一次清查，搞清楚占地、用材、用工、资金来源等情况。思茅地区根据国家土地管理局、监察部和云南省土地管理局有关文件要求，对党政干部建私房问题进行查处。思茅地区清理出1982年以来党政干部建私房用地1948件，面积299426.4平方米。其中，违法占地1206件，面积116800.63平方米；查处969件，面积101716.17平方米，结案率80.3%。

（三）越权批地和乱占滥用耕地清理

1990年，根据云南省人民政府、思茅地区行署办的通知要求，各县政府组织人员查处越权批地问题。查出1987—1989年思茅地区审批土地2395件，面积190756亩。其中越权审批地296件（县级18件、乡级262件、村级16件），面积3165亩。通过清查，对越权批地问题进行处理，有的县政府领导写书面检查，个别地方擅自下放土地审批权的问题得到纠正。1992年以后，思茅地区少数地方出现擅自下放土地审批权，越权批地、多头管地、边用边批、先用后批、不批就用地，农民集体出租土地，机关和企事业单位出租或以办实体的形式改变原划拨土地使用性质等问题，造成不良影响。1993年，根据国务院通知要求和云南省人民政府的部署，思茅地区各级政府和土地管理部门开展以清理越权批地、征而不用、乱占滥用耕地为主要内容的清理工作，并根据不同情况进行处理。收回擅自下放或扩大的土地审批权，纠正地方开发区管委会、城镇开发办公室代替土地管理部门征地、出让土地的问题，对1992年以来未批就用、越权审批的土地在1993年10月31日以前补办手续。思茅地区审批各类建设用地2842件，面积5318.2亩，其中耕地3173.2亩；属于补办手续的124件，占应补办手续126件的98.4%。

（四）土地管理执法检查

1988—1990年，思茅地区土地管理局连续三年组织人员对全地区执行《中华人民和共和国土地管理法》情况进行检查。1989年12月至1990年3月，重点对县以上领导机关和领导干部是否有违法批地、乱占土地的问题，干部建私房是否以权谋私、非法占地的问题，在征拨土地等土地管理工作中单位和个人乱收费、索贿受贿、敲诈勒索、侵占截留、贪污挪用、挥霍浪费征地费用等问题进行检查。查出土地违法占地2700件，总面积4301.58亩，其中耕地面积1616.2亩。查处土地违法案件1681件，面积1158.81亩，结案率62.2%。1995年5月，思茅地区对1992年以来国家机关、企业单位、城市集体所有制单位、乡（镇）村企业及个人违反《中华人民和共和国土地管理法》《云南省土地管理实施办法》规定未经批准非法占用土地、新增非农业建设用地中的闲置土地、违反土地管理法律法规和路政管理规定的用地等开展土地管理执法检查。共清理出土地违法案件934件，面积772.45亩，其中耕地面积425.69亩；处理土地违法案件890件、面积522.23亩，其中耕地面积283.62亩，结案率95.3%。清理出1992年以来思茅地区新增非农业建设用地中闲置土地22宗，面积68.4亩。各县（市）政府就造成土地闲置的情况，分别采取收取荒芜费、限期开工建设、收回土地使用权、恢复耕地等方式进行处理。

（五）土地违法案件查处

1988年1月至1998年12月，思茅地区发生土地违法案件5370件，面积2168.4亩。其中，全民所有制单位违法案件220件，面积1199.8亩；集体所有制单位违法案件66件，面积162亩；个人违法案件5084件，面积806.6亩。处理5370件，面积2168.3亩，结案率100%。1999年，思茅地区发生土地违法案件69件，结案69件，结案率100%。在86个乡（镇）开展“三无”乡（镇）活动，在普洱县、墨江县、镇沅县、西盟县开展执法模范县活动。2000年，思茅地区发生土地违法案件51件，结案51件，结案率100%。省、地下达违法案件比上年下降比例为15%，实际下降28.2%，比省、地下达指标少13.2个百分点；地区局与10县（市）完成组建土地执法监察大队工作；思茅地区开展“三无”乡（镇）活动96个乡、22个镇，达标87个乡、14个镇；开展执法模范县活动7个县，完成省、地下达指标；对10县（市）违法批地、瞒报违法用地进行调查，均无此类违法行为。2001年，思茅地区10县（市）按上级要求建立执法检查制度。地区发生违反土地法规案件43件，结案43件，结案率100%，分别超省、地下达结案率指标10个百分点和5个百分点；思茅地区地、县土地管理部门未出现违法转让土地使用权的行为。2002年，地区局和10县（市）局均组建国土资源执法监察队伍，时有专职人员45人；地区发生土地违法案件32件，比上年少3件，查处32件，查处率100%。人民群众来信来访1182件，比上年多6件，办理1174件，办结率99.03%。2003年，思茅地区发生土地违法案件74件，查处69件，查处率93%；群众来信来访485件，办理477件，办结率98.4%；对未报批的各类用地和单位及个人擅自承包、租赁集体土地的问题，依照有关法律法规进行查处，清理出1300亩土地上报云南省人民政府审批。2004年，全市土地违法立案66件，结案66件，结案率100%；收回土地0.4314公顷。2005年，制定下发《思茅市国土资源执法监察动态巡查责任制实施意见》，安排专项工作经费，配齐村级执法监察信息员。全市发生土地权属纠纷120件，调处120件，调处率100%；发生矿业纠纷12件，调处12件，调处率100%；立案查处地矿违法案件102件，其中市执法支队进行动态执法监察39次、制止无证采矿7起、无证勘查2起，查处率100%，结案率100%。配合翠云区政府对糯扎渡电站施工区及周围沿思澜公路私搭乱建行为进行查处整治，对城郊接合部未批先占、少批多占进行查处。2006年，查处以租代征行为，全市开展动态巡查167次，发现各类违法案件47件（土地违法案件17件、无证勘察14件、越界勘察1件、无证开采13件、越界开采2件），结案47件，结案率100%；没收违法矿石5.7万吨，收取各类罚金36万元。收回思茅市（县级市）“未批先用、未征已供”违法用地850亩，退付资金8352.97万元。受理各类土地矿产权属纠纷案件411件，调处397件，处理率96.6%。思茅市国土资源管理局督办、协办各县调处权属纠纷21件。2007年，开展动态巡查43次，制止违法占地16起，责令自行拆除建筑物4件，对县级国土资源局发出督察通知6份，申请人民法院强制执行1起，收回国有土地400平方米，现场制止无证取土2件。对“以租代征”、违反土地总体规划扩大工业用地规模、未批先用等三类违规违法用地进行全面清查，全市清理出各类违法用地18宗，面积25759.24亩。对“未批先用”的戈兰滩电站、泗南江电站、思澜公路改扩建二期工程项目用地情况进行检查，上报国土资源部审批。全市国土资源管理部门受理各类土地权属争议487件，处理462件，争议处理率90%以上。调处矿业权纠纷1件。

三、土地行政复议和诉讼

（一）土地行政复议

1991年，思茅地区土地管理局成立土地管理行政复议委员会，由局长任主任、各科室负责人为委员，负责地区土地管理局行政复议和应诉案件的牵头、协调工作，指导、协调下级土地管理部门的行政复议、应诉工作。之后，镇沅县、江城县、墨江县也相继成立土地管理行政复议机构。至1998年，思茅地区土地管理部门接受复议申请20件，受理13件。其中，维持决定6件，变更3件，撤回申请1件，其他处理1件，未结案2件。2004年，做出行政复议1件。2005—2007年，共受理行政复议案件3件。其中，维持2件，撤销1件。2006年4月，原成立的行政复议委员会撤销，同时成立思茅市国土资源局行政复议办公室，复议办公室主任由局长担任，成员为各科室负责人。

（二）土地行政诉讼

1980年后，思茅地区建盖和扩建房屋增多，出现因占用宅基地引起纠纷而诉讼到人民法院的问题。1983年，审理宅基地纠纷案件8件。1984年后逐年增多，至1989年共审理案件115件。1992—1998年，思茅地区10县（市）人民法院审结一审土地案件80件。其中，维持判决67件；原告自行撤诉3件；判决撤销土地管理部门具体行政行为6件；裁定驳回起诉2件；不受理2件。1999—2007年，法院审结一审土地案件97件。其中，维持判决59件，撤销13件，驳回诉讼请求2件；裁定驳回起诉5件，原告主动撤诉15件，被告改变具体行政行为3件。

（三）土地案件执行

1993年以来，人民法院在土地管理部门设立土地案件执行机构，对土地行政案件发生法律效力后，实施强制执行措施。普洱县、景东县、景谷县、墨江县、澜沧县等县的土地管理局与当地人民法院共同协商，在土地管理局内设立人民法院土地案件执行室；镇沅县设立人民法院土地管理巡回法庭。这些土地案件执行室和土地巡回法庭成立后，相继执行了一批土地案件。墨江县1993年执行4件，1994年执行12件，1995年执行8件，1996年执行2件，1997年执行5件，1998年执行2件，合计执行33件；景谷县1993年执行8件，1994年执行7件，1995年执行12件，1996年执行5件，1997年执行7件，1998年执行14件，合计执行53件；普洱县1995年执行7件，1996年执行3件，1998年执行5件，合计执行15件；镇沅县1995年执行1件，1998年执行2件，合计执行3件。

第六节　矿业资源管理

一、矿产资源规划

2002年，思茅地区各县（市）按省、地要求，配合行署国土资源局完成地级矿产资源规划编制、重点矿山地质调查、综合统计和矿产储量登记工作。2003年，思茅地区国土资源局编制完成《思茅地区矿产资源规划（2001—2010）》，并通过云南省国土资源厅评审。完成10县（市）矿山地质环境调查工作，其中思茅县、景东县、景谷县、澜沧县完成矿山地质环境整治方案。

二、探矿权

1997年，地、县矿办只负责完成省厅下发的新立探矿权调查表，无矿产资源勘查证审批职能。2002年，矿产办公室与土地局合并，由新成立的国土资源局行使其职能。2003年，根据云南省国土资源厅《关于对我省探矿权实行全面清理的通知》要求，思茅市召开全地区清理探矿权工作会，对清理探矿权做全面安排部署。经过两个月的调查，清查出思茅地区有探矿权人 12 个，有勘查许可证 110 个，区块登记面积 2584.9 平方千米，占全省登记面积的 9%。针对部分探矿人只占地盘、不投入经费、不按时开展勘查工作、不提交有关工作报告等问题，思茅市国土局向云南省国土资源厅提出在思茅地区保留勘察许可证 89 个，注销勘察许可证 21 个的意见。2004 年，思茅市加强矿业权市场治理整顿，全地区共设置探矿权 132 个，有勘查许可证 132 个，区块登记面积 2585 平方千米，占全省登记面积的 9%。搞好矿业勘查招商引资，与加拿大外资企业签订铅锌矿勘查协议，合同引资 2000 万元。2005 年，思茅市加强纠纷调处和矿业权登记管理，撤销在思茅市预登记的探矿权区块 46 个。2006 年，全市设置探矿权 156 个，登记区块面积 4605 平方千米。2007 年，全市设置探矿权 202 个，登记区块面积 6880.82 平方千米。

三、采矿权

2003 年，全市设置采矿权 380 个，矿区面积 258 平方千米，有采矿许可证 429 个。2004 年，加强对重点工程建设项目所需石料和黏土的管理，规范对石料和黏土采矿权的审批发证工作，全年颁发石料、黏土许可证 41 个。有偿出让采矿权 33 宗，收入 30 万元，市场配置比例 80.5%。对墨江金矿、民乐铜矿及一批小矿山企业采矿权进行转让，实现采矿权价款 4000 余万元。2006 年，全市设置采矿权 433 个。其中，云南省国土资源厅发证 51 个，市级发证 60 个，县级发证 322 个。采矿权矿区共计 436 个。2007 年，全市设置采矿权 413 个，矿区面积 139.49 平方千米，有采矿许可证 413 个。

四、矿产资源管理

2003 年，思茅地区有矿山企业 380 个，完成矿石量 450 吨，实现矿业总产值约 55000 万元，税收 11000 万元。完成云南省国土资源厅下达的矿产资源补偿费征收 130 万元；采矿许可证持证率 100%，采矿权招拍挂数占发证数的 50%。地热水、矿泉水开采管理逐步走上规范化轨道。2005 年，按照中共思茅市委、思茅市人民政府加快矿产业发展并形成支柱产业的要求，开展以整合矿权、规范秩序、促进开发为重点的矿业权市场秩序整顿和规范工作；加强对矿业权人的管理，加大矿业勘查投入。年内出动车辆 25 辆（次），派出人员 67 人（次），连续工作 4 个月，对重点矿业权人及 53 个区块进行实地调查。实现勘查投入 1.12 亿元，比上年增加 1 亿余元。全市矿业产值 8 亿元，比上年提高 20%。翠云区大平掌铜矿整合该区域内的天宝公司，整合矿区面积 0.15 平方千米；山水公司引入云铜集团、港晶公司共同出资 5000 万美元，组建中外合资公司，加大对大平掌铜矿的勘查投入；山水公司投入勘查资金 1000 余万元，向铜矿以外的矿种进行开发。2006 年，按照《普洱市矿产资源开发整合总体方案》要求，对镇沅县金矿区、景谷县正兴铜矿区、思茅区大平掌铜矿区、思茅区倚象镇铜矿区、思茅区萝卜山铅锌矿区、江城县瑶家山铜矿区等重点矿区矿产资源进行整合，累计整合矿业权 74 个，支付资源整合补偿资金 1.56 亿元，整合区块面积 1500 平方千米。建立完善矿业有偿取得制度，公开挂牌出让矿业权或勘查区块 23 个。加强采矿权管理信息系统建设，正式开通全市采矿权统一配号业务，所有采矿权新立、变更、延续等申请项目，获取统一配发的采矿权许可证号。落实矿产资源补偿费征收入库责任制，完善缴费登记制度、缴纳补偿费申报制度，全市完成征收矿产资源有偿使用费 4424.36 万元。2007 年，加强矿业权市场建设和准入管理，对重点矿区、重点矿种继续强化资源整合，优化配置资源，促进资源向有资金、有技术、有速度的优势企业集中，解决布局不合理、大矿小采的问题。重点对思茅区大平掌铜矿区、镇沅县和平金矿区、景谷县民乐铜矿区和正兴铜矿区、景东县文玉铜矿区、宁洱县勐先铜矿区、西盟县锡矿区进行资源整合，引进市外有实力的23家企业进入普洱市，配置矿区块102个，支付资源整合补偿资金1.6亿元。全市配置矿业权102个，总配置面积4442.53平方千米。年内完成云南省国土资源厅下达矿产资源补偿费380万元的征收任务，全市完成矿业勘查投入3亿元，实现矿业产值20.6亿元。

五、矿业权市场治理整顿

2002年，根据国土资源部《关于进一步整顿矿业经济秩序规范矿业权市场的通知》、云南省国土资源厅《关于整顿和规范矿业全市场秩序的实施意见》等精神，思茅地区对持采矿许可证的256个矿山、持勘查许可证的107个矿山及煤矿开展专项清理工作。全年发生探矿权采矿权违法案件59件，查处59件，超省下达指标2个百分点。2003年，地、县（市）级开展治理和规范矿产资源管理秩序工作。思茅地区国土管理部门依照法律法规，对矿山矿点进行调查清理，取缔无证开采矿点68个，责令停产整顿矿山17个，关闭矿山17个；责令停产整改以承包方式非法转让采矿权的矿山6个。2004年，思茅市加强矿业权市场治理整顿，查处无证采矿56起，查处越界开采4起，责令停产整顿37家，关闭6家，吊销采矿许可证1个，注销采矿许可证23个。在对煤矿的整治中，关闭煤矿50个，保留23个，其中有22个煤矿取得采矿许可证。矿产违法立案5件，结案5件，结案率100%。2005年，全面整顿和规范矿产资源开发秩序，重点开展煤炭回采率专项检查，停止煤矿生产6个。2006年，开展整顿和规范矿产资源开发秩序“回头看”行动，规范矿权管理。对无证勘查和开采、超层越界开采、违法审批、非法转让、破坏环境、浪费资源等行为进行全面清查，将镇沅县和平金矿区、思茅区大平掌铜矿区、景谷县民乐铜矿区、景谷县正兴铜矿区、普洱县大箐铜矿区、思茅区萝卜山铅锌矿区和倚象镇铜矿区、景东县文玉铜矿区列为重点整顿规范矿区。全年查处无证勘查15起，取缔无证采矿26起，越界开采1起，关闭影响安全生产的矿点10个，没收非法矿产品3.7万吨，注销采矿证20个，没收违法所得30万元，催交补偿费15万元。2007年，开展整顿和规范矿产资源开发秩序工作，基本制止“六乱”（乱占、乱采、乱卖、乱批、乱收、乱管）蔓延势头。

第二章 移 民

第一节 机 构

1985年以前，思茅地区水利、水电、公路等重点工程建设的移民搬迁安置工作采取一个工程成立一个临时机构，由该临时机构负责组织实施移民安置工作的模式，工作完成，机构即撤销。1985年10月，根据云南省人民政府印发《关于支援漫湾电站建设会议纪要》的通知，景东县支援漫湾电站办公室（后改称景东县漫湾电站移民搬迁办公室）成立，在做好支援漫湾水电站工程建设的同时，负责组织实施漫湾水电站移民安置工作。同年11月，思茅地区编制委员会《关于对〈成立移民搬迁机构〉的批复》："为加强思茅地区移民搬迁工作，理顺关系，根据云南省人民政府领导对云南省土地管理局《关于理顺地（州）市（县）移民搬迁机构工作关系的请示》批示精神及专员办公会议决定，同意成立思茅地区行署移民搬迁办公室，为行署办事机构，设在行署土地管理局，由土地管理局局长或一名副局长兼任办公室主任，实行两块牌子、一套工作班子，不增加编制和领导职数；有移民搬迁任务的县（市）应成立移民搬迁办公室，为政府的办事机构，移民搬迁办公室设在同级土地管理部门；景东县原已设立的移民搬迁机构，行政上并入同级土地管理部门，仍继续使用原机构名称、印鉴，执行原与建设单位签订的合同、协议，待工程完毕后，再同县土地管理部门（县国土建设环境保护局）办理移民搬迁移交手续。"1996年7月，《思茅地区行政公署办公室关于印发思茅地区行政公署土地管理局职能配置内设机构和人员编制方案的通知》明确："移民搬迁办公室列入思茅地区土地管理局内设科室，人员编制3名（事业编制）。"2002年2月，《思茅地区行政公署办公室关于印发思茅地区行政公署国土资源局职能配置内设机构和人员编制规定的通知》再次明确："思茅地区行政公署移民搬迁办公室参照云南省人民政府模式，挂行署牌子，设在国土资源局。"2003年5月，思茅地区编制委员会对《关于成立思茅地区行政公署移民开发局的批复》："根据《云南省人民政府关于调整省级有关机构设置的通知》精神，结合思茅地区移民开发工作需要，同意将行署国土资源局下设的思茅地区行政公署移民搬迁办公室更名为思茅地区行政公署移民开发局，移民开发局确定为副处级事业单位，由行署国土资源局管理；核定思茅地区行政公署移民开发局事业编制6名，设局长1名（副处级）、副局长1名（正科级），人员参照公务员管理；经费按现行规定执行，财务管理等维持现行办法。"2005年9月15日，思茅市人民政府第九次市长办公会议研究决定："原则同意市移民局机构独立设置，编制问题待明年全省机构编制解冻后审定。"2006年3月，思茅地区编制委员会《关于独立设置思茅市移民开发局和机构升格的批复》："同意独立设置思茅市移民开发局；思茅市移民开发局由原副处级升格为正处级事业单位，实行独立的人事和财务管理，内设办公室、规划科、安置和扶持科；核定人员编制12名，设处级领导职数2名、科级领导职数 5 名，其工作人员参照公务员管理。”同年 12 月，思茅市机构编制委员会《关于增加思茅市商务局等部门处级领导职数的批复》同意市移民开发局增加处级领导职数 1 名。2007 年 8 月，《普洱市机构编制委员会办公室关于增设市移民开发局内设机构的批复》同意市移民开发局增设政策法规科，增加事业编制 2 名、科级领导职数 1 名。至此，普洱市移民开发局内设办公室、规划科、安置扶持科、政策法规科。核定人员编制 14 名，设局长 1 名，副局长 2 名，副县级调研员 1 名，科级领导职数 6 名。截至同年末，普洱市移民开发局实有人员 14 名。

2003—2007 年普洱市移民开发局领导任职表

表 26-2

单位	姓名	性别	民族	籍贯	职务	任职时间
思茅地区移民开发局	刀保平	男	傣	云南孟连	局长	2003.9—2004.4
	罗朝宏	男	哈尼	云南墨江	副局长	2003.3—2004.4
思茅市移民开发局	刀保平	男	傣	云南孟连	局长	2004.4—2007.4
	罗朝宏	男	哈尼	云南墨江	副局长	2004.4—2006.6
	李启荣	男	汉	云南景东	副局长	2006.6—2007.4
	张　勇	男	拉祜	云南西盟	副局长	2006.11—2007.4
普洱市移民开发局	刀保平	男	傣	云南孟连	局长	2007.4—2007.12
	李启荣	男	汉	云南景东	副局长	2007.4—2007.12
	张　勇	男	拉祜	云南西盟	副局长	2007.4—2007.12

第二节　大型水电站移民安置

一、漫湾水电站移民安置

（一）基本情况

漫湾水电站位于澜沧江中下游河段，左岸为云南省思茅地区（普洱市）景东彝族自治县，右岸为云南省临沧市云县。漫湾水电站水库正常蓄水位 994 米，水库水面面积 23.9 平方千米，水库总库容 9.2 亿立方米，水电站总装机容量 155 万千瓦，设计年发电量 77.84 亿千瓦时。漫湾水电站是电力工业部、云南省合资建设的大型水电工程项目，水电站的工程建设和管理由云南省电力局漫湾水电站工程管理局负责，征地移民由省、地（市）、县三级政府负责。1984 年，国家审定漫湾水电站初步设计概算总投资 10.1 亿元，其中水库淹没补偿投资 1760 万元。1985 年 5 月 1 日，水电站开工建设；1995 年 6 月 30 日，5 台机组 125 万千瓦建成发电，设计年发电量初期为 62 亿千瓦时。1998 年 12 月 18 日—20 日，通过电力工业部验收、结算，水电站工程总投资 33.8 亿元，其中水库淹没补偿投资 5500 万元。水电站正常蓄水位淹没总面积 35850 亩。其中，淹没陆地面积 26445 亩。共淹没各类耕地面积 6224.51 亩，各类林地 8507 亩，国防公路 24 千米，通信线路 53.42 千米，小水电站 2 座，房屋 10.81 万平方米。需移民 584 户 3813 人。水电站景东库区干流 15.7 千米，回水线 53 千米，淹没景东县总面积 8550 亩（5.7 平方千米）。其中，淹没陆地面积 6360 亩（4.24 平方千米）；淹没耕地 1938.4 亩（水田 785.2 亩、旱地 1153.2 亩），林地 2029.5 亩（用材林 435 亩、经济林 313.5 亩、薪炭林 1020 亩、灌丛草山 261 亩），荒山荒坡 2333.3 亩，水面河滩 2190 亩，村庄居民点 3 个 61 户

346 人，塌岸影响 1 个村 26 户 131 人。淹没居民点面积 65.8 亩、各类房屋面积 26759.2 平方米、晒场和地坪 4387 平方米。水电站库区淹没影响涉及景东县漫湾镇五里、安乐两个办事处的 17 个村 405 户 2628 人。景东县漫湾电站移民搬迁坚持开发性移民方针，按照以土为本，以农为主，后靠为主，近迁为辅，在恢复粮食生产基础上，积极发展多种经营的安置原则，要求安置后移民不低于原生产生活水平，并略有提高，并实行计划总量控制，严格控制移民投资方向和工程规模。

（二）一次移民搬迁安置

1. 一期移民搬迁

漫湾水电站 940 米以下淹没景东县面积 2070 亩，淹没居民点 1 个 11 户 61 人。景东县采取就近、后靠的方式，把安置点选定在离原居住地江边村 1.5 千米的丙寨大平掌。征用划拨土地 364.67 亩，组织开挖机耕道路，建设饮水工程，开垦水田 60.5 亩、旱地 88.75 亩、经济林地 28.03 亩，建盖移民住房 2539 平方米，完成总投资 121.19 万元。1987 年 10 月，江边村 11 户 61 人迁入新建移民安置点，确保工程按期截流。

2. 二期移民搬迁

为保证漫湾水电站第一台机组顺利发电，景东县采取后靠、远迁的方式对库区 994 米以下淹没住房的移民进行搬迁安置，安置点选定在景东县者后乡。1991 年 8 月，景东县者后移民区安置工程指挥部成立，全面开展者后安置区的基础设施建设。经过一年多努力，人畜饮水、搬迁道路、土地开垦和农灌沟渠等工程全面竣工。后靠安置区征地 86.87 亩，新开水田 245.12 亩、旱地 663.76 亩，开展农田水利工程建设、学校搬迁等工作，完成投资 345.32 万元。远迁安置区征地 3359.2 亩（国有土地 3051 亩，集体土地 308.2 亩），规划安置 87 户 406 人，规划开垦耕地 1000 亩。实际完成移民住宅建设 262 幢 14508.38 平方米，开垦新平水平梯田地 829.9 亩，完成总投资 653.63 万元。1992 年 4 月—5 月，分三批将 87 户 406 人迁入者后新居。同时，由景东县漫湾镇党委、镇人民政府完成后靠零星安置 7 户 37 人，共开垦水田 178.88 亩、旱地 405.2 亩，将后靠搬迁移民剩余的土地按土地淹没损失及需要恢复量，调整给库区 16 个村民小组。

3. 坍岸移民搬迁

1995 年 3 月中旬，漫湾水电站在排除控污栅故障时，将水位从 991 米高程迅速降至 940 米，致使景东库区一个星期内出现坍岸 51 处，涉及耕地、林地 319.1 亩和较大的居民点 2 个。居住在水库沿岸 1020 米高程内老厂村 11 户 64 人的住宅区（约 400 米 ×350 米）出现大裂痕并整体滑塌，坍塌方量约为 150 万平方米；渔落村 1100 米高程 18 户 79 人的居住区亦出现坍岸。经景东县人民政府及移民搬迁办组织实地勘察并报经云南省移民搬迁办批准，老厂村 11 户 64 人迁往景东县漫湾镇昔掌村安置，按二期移民人均耕地 2 亩、林地 5 亩的安置标准，从昔掌办事处侯家、王家、新田、平掌四个村民小组集体耕地中调出耕地 128 亩、林地 320 亩进行安置；渔落村坍岸户进行后靠安置，耕地、林地不需变动，只作房屋和其他基础设施的重新建设。1998 年 4 月底，坍岸移民搬迁工作全部结束，漫湾河口安置 3 户 18 人，后靠安置 9 户 49 人，完成投资 91.65 万元。

（三）二次移民搬迁安置

1. 一期移民搬迁

1992 年 5 月，漫湾水电站库区移民搬迁安置完成。由于前期补偿标准偏低，后期扶持项目和资金较少，移民搬迁后人地矛盾、基础设施落后问题突出，群众最基本的生产生活难以恢复，部分移民生活滑入贫困群众的行列。2003 年 8 月 17 日，因生产生活面临的困难和问题长期得不到解决，漫湾水电站库区移民集体到电厂上访，要求解决后期扶持资金、生产生活困难等问题。此次事件引起云南省人民政府高度重视，为解决移民提出的合理诉求，维护库区社会稳定和电站的正常运行，云南省人民政府专题研究了漫湾水电站移民的有关问题，并由云南省移民开发局委托国家电力公司昆明勘测设计研究院、云南省计划委员会编制《云南省澜沧江漫湾水电站水库移民安置遗留问题处理方案论证报告》。2004 年 3 月 1 日，云南省人民政府召开关于处理漫湾水电站移民有关问题第三次专题会议，确定实施漫湾水电站库区移民二次搬迁，搬迁移民 242 户 882 人。2004 年 4 月 3 日，云南省人民政府与思茅市人民政府签订《景东县漫湾水电站移民二次搬迁任务及投资包干责任书》。根据责任书精神，思茅市人民政府与景东县人民政府签订《漫湾水电站移民二次搬迁安置任务及投资包干责任书》，包干投资 3078.88 万元（移民搬迁安置直接费用 2862.7 万元、独立费用 216.18 万元），由景东县严格按照 2004 年 4 月云南省人民政府审查批准的《云南澜沧江漫湾水电站水库移民二次搬迁实施规划设计报告（审定本）》（景东分册）组织实施。漫湾水电站景东县移民二次搬迁涉及景东县漫湾镇 2 个村 12 个村民小组，搬迁安置人数 237 户 895 人（超过云南省人民政府确定的搬迁人数 13 人），采取统一安置和投亲靠友相结合的方式进行安置。规划在距景东县城 40 千米的文井镇都拉村安置点安置 210 户 792 人（含随迁人口 20 人），投亲靠友 27 户 103 人。都拉村安置点有偿流转景东监狱耕地 1471.4 亩、林地 1600 亩，在统一完成村庄场地平整、道路、给排水、供电、广播电视、公共设施等建设后，按照文井镇同等地区人均占有水平进行生产资料的配置和宅基地分配（人均耕地 1.2 亩，其中水田 0.8 亩，旱地 0.4 亩；林地人均 1.5 亩，并划分到组；户均宅基地 250 平方米，畜厩地基 30 平方米；坟山统一规划，面积 100 亩）。2004 年 9 月，安置点启动建设。2005 年 12 月底，安置点全面竣工，圆满完成规划确定的安置任务。2006 年 1 月 19 日，景东县人民政府组织漫湾水电站景东库区移民二次搬迁安置工程竣工自验；同年 3 月 13 日，思茅市人民政府组织竣工初验，同时完成工程项目资金审计，二次移民搬迁安置项目共完成投资（含其他补助和投资）3206.29 万元；同年 6 月 15 日，云南省人民政府组织竣工终验。

2. 二期移民搬迁

2004 年 12 月 15 日—19 日，《云南省人民政府关于解决漫湾水电站部分库区移民生产生活困难的专题会议纪要》决定，漫湾水电站景东库区新增移民二次搬迁 126 户 469 人。根据《漫湾水电站库区移民二次搬迁安置实施方案》和移民项目管理有关规定，新增移民二次二期搬迁规划安置在景东县文井镇文华安置点。安置工程项目采取“代建制”“监理制”，由景东县建设局、水务局、广电网络公司、电力公司、林业局能源工作站就建房（含场地平整、村内排水、道路硬化等）、水利（农灌、人畜饮水）、有线电视、供电、沼气建设等项目签订项目委托代建合同并负责单项工程监理，共同组织实施整个搬迁安置工程项目。截至 2007 年年底，完成安置区土地流转 562.8 亩、林地流转 703.5 亩和安置点场地平整；通过景东县人民政府采购中心完成农房重建红砖、水泥、石料、木材、钢门窗等建筑材料的采购储备。农房重建采取移民自建、指挥部统一供应材料的方式，移民已抽签认领宅基地，并启动建房工作。

二、大朝山水电站移民安置

（一）规划及措施

大朝山水电站位于景东县和临沧市云县交界处，是澜沧江中下游河段继漫湾水电站之后建设的又一座梯级水电站。大朝山水电站水库正常蓄水位 899 米，水库水面面积 26.25 平方千米，总库容 9.4 亿立方米，水电站总装机容量 135 万千瓦，年发电量 59.31 亿千瓦时。大朝山水电站由国家能源开发投资公司、云南省红塔实业有限公司、云南省开发投资公司、云南省电力公司四方联合投资建设。1994年11月，云南大朝山水电有限责任公司成立，负责大朝山水电站建设的前期工作。1997年8月，获国家批准水电站开工建设。2003年10月底，实现6台机组投产发电。水电站建设初设审定静态总投资41.39亿元（1992年价格水平），其中水库淹没处理投资8940万元。大朝山水电站水库淹没景东县总面积1.23万亩。其中，淹没各类耕地6066.54亩（水田1143.52亩、旱地4923.02亩），用材林1871.98亩，薪炭林288.18亩，紫胶经济林263.37亩，其他用地3769.33亩，零星经济果木66363株，各类房屋面积72750.37平方米。水电站库区淹没影响涉及景东县大朝山东镇（含原永秀乡）、曼等、林街、漫湾乡（镇）的19个村78个村民小组12823人（水平年）。根据1998年11月云南省移民办编制的《景东县大朝山水电站水库移民安置实施规划综合报告》，水库淹没涉及景东县人口12823人，淹没影响人口961户4514人，审定移民人口2314人。移民安置坚持“三为主”（以农为主、以土为主、以县内安置为主）和“三结合”（结合小集镇建设、结合当地经济发展、结合产业结构调整）及“三先行”（改土造田先行、水利工程建设先行、林果种植先行）的原则，规划外迁景东县锦屏镇景范村白羊田集中安置230户1082人，后靠搬迁安置28户133人，就地后靠安置1099人。审定的大朝山水电站景东库区淹没处理补偿静态投资11552.55万元（1998年价格水平）。1995年7月，大朝山水电有限责任公司与云南省人民政府移民搬迁安置办公室签订《大朝山水电站水库移民安置规划实施的包干协议》。同年，景东县人民政府移民搬迁办公室与云南省人民政府移民搬迁办公室签订《景东县人民政府移民办对云南省人民政府移民办负责大朝山水电站景东库区征地移民实施的承包协议》，将移民安置任务和资金层层分解，开创了征地移民工作“政府负责、投资包干、业主参与、综合监理”的管理模式。

（二）集中安置区移民搬迁

集中安置区白羊田移民安置区，距离景东县城5千米，位于锦屏镇景范村所辖的川河左岸一缓坡地带。1995年10月至2003年，合计征用划拨土地、林地11195亩，开垦耕地1605亩。移民安置区户均建设用地300平方米，建盖设独立院落的土木两层楼房230幢共30590平方米，杂房564幢24675平方米，牛厩225幢6750万平方米。人均配置旱地1亩、水田0.5亩、山林3亩，并完善土地承包合同相关手续，剩余的64.1亩土地移交4个移民小组管理使用。1996年2月至2000年12月，完成安置区排沙河水库及配套沟渠工程项目建设，完成安置区土地开垦熟化、经济林果木种植、农房建设、田间沟渠、人畜饮水、防护工程、道路、通信、沼气、供电、学校、村委会、农科室、医疗卫生室等项目工程建设。2000年3月至2001年4月，分2期将230户1082人顺利迁入白羊田安置区。

（三）后靠安置区移民搬迁

1998年11月，按照《大朝山水电站景东库区后靠移民安置实施方案》，景东县开始组织实施后靠安置工作。截至2000年6月，完成后靠安置区土地开垦熟化、交通恢复、农房建设、东镇集镇建设、输电、“五小”水利、学校等项目建设。2004年4月至2005年12月，完成漫湾文冒小江边7户41人、曼等大山头15户61人、永秀3户14人、东镇3户17人移民后靠搬迁安置和1099人的就近生产安置。

2002年8月，景东县人民政府对大朝山水电站移民工作进行自验。2004年1月6日—9日，由云南省移民开发局牵头组成的云南大朝山水电站水库移民工作初验工作组，对大朝山水电站移民工作进行初验；2007年2月2日—4日，云南大朝山水电站工程竣工库区移民安置专项验收委员会组织对大朝山水电站库区移民安置专项验收。

（四）移民搬迁安置后续问题处理

大朝山水电站设计和审定于国家计划经济时期，移民安置实行“政府负责、投资包干、业主参与、综合监理”的水库移民投资模式。由于在移民安置实施规划设计中移民安置补偿标准低、缺项漏项多，加之实施工作中的管理能力和经验不足，移民搬迁安置不到位、遗留问题多。特别是随着大朝山水电站蓄水发电后，水库库岸不断出现不同程度的坍塌和滑坡；排沙河水库、干桔河水库蓄水后渗漏严重，白羊田安置区人畜饮水困难；林街乡后靠安置区交通道路尚未解决；后靠安置区随着人口增长，土地资源容量不足，人地矛盾不断加剧，致使整个后靠安置区和部分集中安置移民的生活出现诸多困难，引发多次上访。2005 年 11 月，云南省移民局批准《大朝山水电站移民安置遗留问题处理规划方案》，实施外迁安置移民 144 户 572 人，对干桔河水库、排沙河水库进行防渗处理，解决林街万龙对外交通公路和白羊田人畜饮水困难工程项目；规划总投资 3818 万元。截至 2007 年年底，完成 144 户 572 人搬迁人口意愿调查和实物指标调查核实；白羊田安置区与景东县二水厂签订供水协议，确定供水价 0.5 元 / 立方米；排沙河水库除险加固完成实地勘测设计，方案通过云南省水利厅审查，作为全国第三批水库除险加固重点项目由发改部门上报水利部立项，总投资 1072.54 万元；干桔河水库除险加固完成实地勘测设计，方案上报云南省移民开发局；开展了林街乡万龙村库区对外交通公路项目勘测设计工作。

三、糯扎渡水电站移民安置

（一）基本情况

糯扎渡水电站位于澜沧江下游普洱市思茅区和澜沧县交界处，为澜沧江中下游河段二库八级水电开发方案的第五个梯级。水电站水库总库容 237.03 亿立方米，正常蓄水位 812 米，为多年调节水库。水电站装机容量 585 万千瓦，年发电量 239.12 亿千瓦时，概算总投资 353.03 亿元，其中建设征地和移民安置补偿概算总投资 723966.17 万元。2004 年 4 月，水电站开始筹建。糯扎渡水电站水库淹没普洱市辖区内总面积 458655 亩。其中，陆地面积 420990 亩、水域面积 37665 亩。水电站建设征用耕地 82733.14 亩，园地 40661.08 亩，林地 260292.24 亩，建设用地 2782.96 亩，未利用地 57883.95 亩。建设征地范围内有村庄居民点 76 个、街场 3 个、人口 14039 人、房屋面积 501512 平方米、零星果木 1890444 株。涉及专业单位 13 个、专项设施（含县属专项）三级公路 61.97 千米、四级公路 48.04 千米。水电站库区淹没影响涉及普洱市思茅区、宁洱县、景东县、景谷县、镇沅县、澜沧县的 23 个乡（镇）79 个村 481 个村民小组。

（二）移民安置规划

1. 移民搬迁安置规划

规划搬迁移民 39250 人，规划库周设 5 个就近搬迁点安置 1045 人；外迁库区 38205 人，共规划安置区 18 个，设集中安置点 41 个（具体为思茅区集中安置点 7 个，安置 5617 人；宁洱县集中安置点 1 个，安置 485 人；景东县集中安置点 1 个，安置 187 人；景谷县集中安置点 10 个，安置 12183 人；镇沅县集中安置点 1 个，安置 1018 人；澜沧县集中安置点 21 个，安置 19602 人）；就近分散搬迁安置 158 人。移民新村按国家村镇建设规程规范进行规划，并考虑普洱市 6 县（区）少数民族特点和居住习惯，生活用电、用水、广播、电视、电话进村入户，文教卫等公共设施配套齐全，规划的居民点基本达到布局整齐，道路硬化，绿化环保。

2. 移民生产安置规划

规划生产安置人口 42983 人，规划库区周边就近生产安置 3889 人，就近搬迁生产安置 889 人，外迁生产安置 38205 人。按照人均耕地 1.5 亩—2 亩、园地 1 亩、林地 1 亩—3 亩的标准进行土地资源配置，共规划配置耕地 82284 亩、园地 48291.9 亩、林地 1309982 亩，配套建设水利工程 20 项，总库容5267.7万立方米，灌溉渠道321.93千米。

（三）移民搬迁安置

1.施工区移民搬迁安置

根据《糯扎渡水电站可行性研究阶段移民安置规划设计报告》，糯扎渡水电站施工区征地移民安置工作任务为：安置生产人口775人，搬迁人口710人，征用土地总面积17280亩。其中征用农用地14861亩，移民安置建设用地165亩，未利用地1059亩，搬迁街场1个，建设移民安置点4个，思澜公路复建63.33千米，110千伏木澜输电线路、3条光缆通信线路复建等专项工程。截至2007年10月底，共完成施工区征用耕、园地8508.76亩，林地21770.48亩，其他农用地387.85亩。完成施工区移民个人财产补偿：房屋面积86414.7平方米，主要附属建筑物及设施挡护体9263.43立方米，围墙196.06米，栅栏37429.55米，各种地坪59495.75平方米；水池3153.86立方米，塑料供水管342771米，钢管7600米，小水轮发电机11.2千瓦；零星果木树112350株；采沙场35个。完成思茅区整碗石头山、冬谷田和澜沧县糯扎渡镇盐店、柏木箐4个移民安置点的基础设施、民房及31.1千米对外机耕路建设，完成部分安置点的生产资源配置，搬迁安置移民1399人，就近后靠安置794人。完成澜沧县虎跳石街场搬迁复建，思澜公路复建55.95千米（并入地方二级公路改造项目一起复建），电信、联通和广电3条光缆复建共计149.43千米，木澜110千伏输电线路复建19.14千米，3个加油站搬迁、恢复人行渡口1个、机耕路6.4千米。

2.围堰截留区移民搬迁安置

至2007年，围绕糯扎渡水电站围堰截流目标，加快围堰截流区移民工作，完成澜沧县龙潭安置点场内道路、水毁受灾挡墙修复、垃圾池等项目建设，完成柏木箐对外公路水毁坍方处理、枢纽区工程建设区实物指标查缺补漏、柏木箐水库工程项目的核准实施，完成21户移民的生产安置，调配水田64亩，完成上述安置点已完工单项移民工程的结算审计，完成谦六乡和糯扎渡镇的实物指标分解细化及移民身份核定登记，完成谦六乡新城旧家东、原新城乡政府安置点和糯扎渡镇柏木箐增容点的“三通一平”，完成新城至香竹林全长24.45千米的安置点对外交通工程和全长6千米的香竹林至腊撒移民搬迁临时便道路面清理，完成新城安置区土地流转水田620亩、旱地1090亩、林地800亩，完成思茅区龙潭、南岛河安置点实施规划设计评审和场地平整，完成龙潭乡移民安置点耕地流转3500亩、南岛河移民安置点耕地流转553亩，完成大平掌、大凹子村民小组临时搬迁安置76户284人、大沙坝移民安置点场地平整、宅基地分配和移民建房35户，完成大沙坝移民安置点水田改造135亩、旱地流转444亩、大平掌铜矿区开发红线范围迁坟、围堰截流区大丙屯等11个村民小组813米高程线以下实物指标复核细化（共2145.5亩）。开展整碗、冬谷田移民安置点基础设施建设、安置点农业生产恢复和产业发展规划，启动泡猫河水库建设工程前期工程。完成景谷县移民安置点水田流转5639亩、旱地4593亩、林地流转规划工作（其中兑付流转资金37112亩），完成碧安乡涉及围堰截流影响的光明和迁德2个村16个村民小组的实物指标复核细化和公示工作、碧安乡四五水库21千米沟渠配套工程施工设计。完成景东县移民搬迁人口的前期界定（涉及移民248人，其中外迁生产安置187人）和宁洱县德化乡勐泗安置点土地资源容量和当地群众意愿调查及镇沅县秀山村4个村民小组实物指标分解细化工作，保证了糯扎渡水电站于2007年11月4日按期围堰截流。

四、景洪水电站移民安置

（一）基本情况

景洪水电站位于云南省澜沧江下游河段西双版纳州境内，坝址距下游景洪市约5千米。水库正常蓄水位602米，水电站水库总库容11.39亿立方米，水电站总装机容量175万千瓦，年发电量78.58亿千瓦时，概算总投资210亿元。2003年7月，景洪水电站筹建；2005年1月，大江截流；计划2008年3月底下闸蓄水，5月第一台机组发电。景洪水电站库区淹没影响涉及普洱市思茅区思茅港镇和澜沧拉祜族自治县糯扎渡镇的6个村28个村民小组。淹没土地总面积16335亩。其中，淹没水田1902.53亩，旱地899.22亩，菜地405.95亩，河滩地1388.05亩，园地2350.08亩，林地660.66亩，鱼塘62.71亩，其他农用地63亩，建设用地410.23亩，未利用地8256.07亩，其余为沙滩和水域，淹没房屋面积125782.74平方米。可研阶段规划思茅区、澜沧县共需安置移民3433人，设置思茅区马鹿塘、七星岩和澜沧县水果厂、响水河集中安置点4个，思茅区蚌塘、南夺及澜沧县上下勐矿后靠安置点3个，搬迁移民2895人，就地后靠安置移民538人。专业项目复建主要有思茅港防护工程、思茅港码头复建及部分库周交通恢复重建、澜沧县居民点防护工程。根据思茅区、澜沧两县库周剩余资源状况，在充分征求移民安置意愿和考虑农业产业发展等因素情况下，对原可研规划的思茅区马鹿塘、那蚌和澜沧县水果厂、响水河4个集中安置点进行调整优化。通过工程防护和安置方案调整优化后，景洪水电站库区共需搬迁移民1326人。其中，思茅区751人，澜沧县575人。后靠安置1689人。其中，思茅区750人，澜沧县939人。景洪水电站普洱市移民搬迁初步概算投资5.6亿元，自2003年电站开工建设以来，移民安置按照“边建设、边规划、边搬迁”的方式推进。

（二）思茅区移民安置

除部分移民后靠就近安置外，结合思茅区冬谷田小集镇开发，将原规划外迁安置的那蚌安置点11户46人移民调整至冬谷田与糯扎渡水电站施工区移民同期安置并已完成搬迁；完成大银盘、七星岩移民安置点的场地平整工程，启动176户708人的民房建设；602米高程以下4户16人移民全部搬迁回原居住地，其房屋全部拆除；完成思茅港区内局部334人搬迁移民的实物指标细化和移民安置意愿调查；完成思茅港防护工程中的大小干河改造和库岸浆砌护坡工程和库底清理工作。

（三）澜沧县移民安置

完成上勐矿、下勐矿两个居民点防护工程；通过采取小田安置点的防护措施，改外迁安置为就地后靠安置，将原可研规划安置在水果厂和响水河的1511人移民就近安置。方案调整后，需要搬迁安置库区失稳区602米高程以上移民共135户572人，后靠安置209户939人。

五、溪洛渡水电站外迁移民安置

（一）基本情况

金沙江溪洛渡水电站位于四川省凉山彝族自治州与云南省昭通市交界的金沙江下游峡谷，是中国仅次于三峡水电站的又一大型水电站。溪洛渡水库正常蓄水位600米，水库总库容126.7亿立方米，设计装机容量1260万千瓦，年发电量571亿千瓦时—640亿千瓦时。根据《溪洛渡水电站施工区移民外迁安置点考察会议纪要》精神，2003年4月11日，永善县人民政府与孟连县人民政府签订《溪洛渡水电站坝址施工区永善县迁出移民安置协议》；同年10月8日，云南省移民开发局下发《关于印发〈溪洛渡水电站云南省移民安置实施办法〉的通知》，下达思茅地区孟连县勐马镇接收安置溪洛渡水电站施工区永善县移民468户2100人。2006年4月7日，按照云南省移民搬迁安置领导小组《关于下达金沙江溪洛渡水电站永善县施工区移民搬迁安置工作方案的通知》精神，孟连县组建由县委、县人民政府主要领导挂帅，一名副书记和一名副县长具体抓落实的移民安置机构，并依据《溪洛渡水电站建设征地和移民安置规划报告》，组织实施移民安置工作。勐马镇外迁移民安置点位于孟连县西南部，距孟连县城 28 千米。根据《孟连县迁入移民安置区实施规划报告》和孟连县人民政府与永善县人民政府签订的《溪洛渡水电站坝址施工区永善县迁出移民安置协议》，结合《孟连县勐马镇小城镇建设规划》，移民安置点分三个组团规划于勐马镇镇政府附近南马河两岸。规划设计采取“三个结合”（与勐马小城镇建设相结合、与当地经济发展相结合、与当地民风民俗相结合），规划占地 252 亩。

（二）移民安置点住房建设

统一建盖不同户型、不同面积的移民住房 468 套，面积共计 58353.24 平方米，其中 A 户型 118 套，10183.4 平方米；B 户型 172 套，19264 平方米；C 户型 122 套，19417.52 平方米；D 户型 56 套，9488.32 平方米。一组团安置 157 户（A 户型 26 户、B 户型 53 户、C 户型 52 户、D 户型 26 户）；二组团安置 64 户（A 户型 16 户、C 户型 20 户、D 户型 28 户）；三组团安置 247 户（A 户型 76 户、B 户型 119 户、C 户型 50 户、D 户型 2 户）。2003 年 11 月 1 日，勐马移民安置点住宅工程建设启动；2005 年 10 月 19 日，全面建设完成住宅 468 套、沼气池 468 口、化粪池 146 个，完成投资 3854.1 万元。

（三）移民生产资源配置

共调整生产及农田建设配套项目用地 2345.94 亩。其中，水田 2111.66 亩，原住农民的沟渠、田间道路占地 234.28 亩，共完成投资 5864.83 万元。流转未利用地 1050 亩，完成投资 1052.31 万元。生产资源配置共流转土地 3395.93 亩，完成投资 6917.14 万元。

（四）基础设施及附属工程建设

完成勐马移民安置村民小组会议室建设 5 个，完成投资 140 万元；完成移民安置住房外墙防渗处理 300 户，完成投资 120 万元；完成中低产田改造 500 亩、新建机耕道路 8000 米、沟渠 5400 米、清理塌方淤泥 3400 立方米，完成投资 800 万元；完成勐马小学教学楼主体工程建设，完成投资 390 万元。启动安置点一、二组团人行连接桥及垃圾处理场地质勘测、设计、施工等工作，确保溪洛渡水电站永善县外迁移民顺利搬迁入住。

2004 年 1 月至 2006 年 7 月，孟连县勐马移民安置点共接收安置溪洛渡水电站永善县外迁孟连县勐马镇移民 22 批 449 户 1893 人（含 18 名随迁人口），实际到达勐马移民安置点落户 436 户 1822 人。迁入的移民除第 8 批—22 批中的少部分外，多数移民已融入当地，生产生活逐步恢复，移民群众粮食生产自给有余。

第三节　中型水电站移民安置

一、崖羊山水电站移民安置

（一）基本情况

崖羊山水电站位于宁洱县与墨江县的界河把边江支流普治河口下游 3 千米处。水电站水库正常蓄水位 835 米，水库总库容 2.47 亿立方米，水电站总装机容量 12 万千瓦，年发电量 4.99 亿千瓦时，概算总投资 9.83 亿元。崖羊山水电站由云南大唐国际李仙江流域水电开发有限公司投资建设，是原思茅地区行署水电建设的第一个招商引资项目。2003 年 4 月 8 日，崖羊山水电站开工建设；2006 年 7 月 8 日，投产发电。崖羊山水电站建设征地总面积 21045 亩。其中，陆地面积 17895 亩，水域面积 3150 亩。其中，耕地面积 8036.71 亩、园地面积 356.09 亩、林地 2774.38 亩、草地面积 207 亩，未利用地面积 9542.32 亩、建设用地面积 142 亩。建设征地范围内人口 787 人，房屋面积 1391.55 平方米，零星果木 178369 株。建设征地涉及普洱县普义乡、磨黑镇和墨江县通关镇、鱼塘乡共 4 个乡（镇）10 个村民委员会 51 个村民小组。崖羊山水电站移民安置规划水平年（2006）生产安置人口 1958 人，搬迁安置人口 1233 人，移民安置补偿概算 14152.99 万元。移民安置工作采取前期“政府负责、投资包干、业主参与、综合监理”和后期“政府领导、分级负责、县为基础、项目法人参与”的管理体制，工作完成于新老移民政策交替期间。在具体实施过程中普洱县和墨江县本着经济合理的原则，在充分考虑移民生产生活习惯、移民恢复生产、生活的难易程度和未来发展需要的前提下，经充分征求移民意愿并与移民签订安置协议，对可研阶段的移民安置方案进行优化调整：1958 人生产安置方式为就近恢复生产 1554 人、外迁集中安置 285 人、自行安置 119 人；1233 人搬迁人口的安置方式为集中安置 285 人，就近后靠恢复生产 829 人，自行安置 119 人。2006 年年底，崖羊山水电站库区移民安置任务全面完成。完成移民搬迁投资 11383.04 万元。其中，农村移民补偿费 1569.84 万元，独立费 9488.09 万元，预备费 325.11 万元。

（二）宁洱县移民安置

普洱县安置移民 1074 人。其中，外迁集中安置 131 人，就近后靠安置 584 人，就地生产安置 329 人，自行安置 30 人。投资 263.22 万元，征用宅基地 7500 平方米，外迁集中安置 131 人，安置在宁洱镇曼连安置点，共调剂划拨耕地 369.67 亩（水田 133.2 亩、旱地 236.47 亩）、林地 278.35 亩。户均占地面积 250 平方米。其中，正房面积 136.6 平方米，伙房 20 平方米，猪厩 10 平方米，厕所 2 平方米，围墙 60 平方米。安置点在曼连至普洱公路旁，交通较为便利，人畜饮水管道连接曼连村委会，供电从曼连 10 千伏线路连接，有现成的对外公路与连接电路，结合异地搬迁项目，安置点建有医务室 1 间、篮球场 1 个。就近后靠安置 584 人，就地生产安置 329 人，在统一配套和完善一定数量基础设施项目后，按照人均水田 0.6 亩、旱地 1 亩、园地 1 亩的标准，由后靠农户自行调整流转土地或进行生产开发落实生产资源，经县移民开发局审核资源配置完成安置后将土地补偿费划拨给村民集体经济组织。同时，修建人畜饮水主管道 14.9 千米，解决移民 432 人的人畜饮水问题；恢复 10 千伏输电线路 5.8 千米，改建 10 千伏输电线路 0.7 千米；架设 10 千伏输电线路 26.98 千米；修建机耕路 5 千米。自行安置 30 人，按照“本人申请、逐级审查、依法公正、张榜公布、货币兑现”的程序完成相关手续，在兑现个人财产补偿的基础上，按标准落实生产资源配置、进行集体财产结算后由移民自行投亲靠友。

（三）墨江县移民安置

墨江县安置移民 884 人。其中，外迁集中安置 154 人，就近后靠安置 245 人，就地生产安置 396 人，自行安置 89 人。投资 319.47 万元，征用土地 104.91 亩，外迁集中安置 154 人，按照“项目整合、投资拼盘、基础设施共享”的原则，将移民安置项目与通关镇小集镇建设项目结合实施，在通关镇新武安置点安置移民 34 户 154 人（A 户型 18 户、C 户型 16 户），户均宅基地面积 200 平方米。安置点位于通关公路沿线，居民点交通较为便利，人畜饮水从老许冲水库和小海子水库引水，后因上游居住人口较多，水质化验不合格，与地方拼盘建造了 1 座 42.25 万立方米的红豆树水库，拼盘投资 325 万元。供电从通关镇 10 千伏连接，线路长 0.5 千米，其他文教卫生公共设施与原住居民共享。经对剩余资源调查分析，新武安置点的 154 人剩余耕地 611.87 亩，人均剩余耕地 3.97 亩，能满足生产生活需要。在统一配套和完善一定数量的基础设施项目后，将村民集体经济组织所有轮耕地统一进行开垦整理，经国土、移民、乡（镇）共同验收后按照规划标准分配给 245 人就近后靠安置和 396 人就地生产安置。资源仍不够者，由个人向周边村集体经济组织流转，县移民开发局和乡（镇）人民政府负责完善流转协议和承包合同。在落实生产资源的基础上，修建农用沟渠 4 条 23.24 千米，渡槽 14 座 153 米，解决移民农田灌溉用水；修建机耕路 33 千米（新建 23 千米、改建 10 千米），解决库区就近后靠和就地生产安置移民的生产道路问题。自行安置 89 人，按照“本人申请、逐级审查、依法公正、张榜公布、货币兑现”的程序办理手续后，直接将补偿费和搬迁费发放给移民个人自行投亲靠友。

二、泗南江水电站移民安置

泗南江水电站位于墨江县坝溜乡联珠村土堆峡谷入口处，左岸为墨江县坝溜乡，右岸为墨江县那哈乡，距离墨江县城 80 千米。水电站水库正常蓄水位 900 米，水库总库容 2.64 亿立方米，水电站装机容量 20.1 万千瓦，年发电量 9.2 亿千瓦时，概算总投资 12.63 亿元。2003 年 10 月，水电站开工建设。泗南江水电站水库淹没总面积 23595 亩。其中，陆地面积 21675 亩，水域面积 1920 亩。淹没农用地面积 18769.32 亩（耕地 6893.92 亩、园地 738.5 亩、林地 10574 亩、草地 560 亩、塘地 2.9 亩），建设用地 60.8 亩，未利用地 2855.38 亩，房屋面积 20428.5 平方米（农村房屋面积 18529.5 平方米、非农业房屋面积 1899 平方米）。水电站库区淹没影响涉及墨江县坝溜乡、那哈乡、泗南江乡的 10 个村民委员会 45 个村民小组。泗南江水电站规划水平年（2007）生产安置人口 2138 人，搬迁人口 1541 人（水库淹没影响区 957 人、枢纽工程建设区 584 人）。移民安置工作采取前期“政府负责、投资包干、业主参与、综合监理”和后期“政府领导、分级负责、县为基础、项目法人参与”的管理体制，工作完成于新老移民政策交替期间。在移民安置实施过程中，结合移民意愿和资源情况，将原可研阶段规划的安置方案进行调整优化，只建设那哈乡政府、依玛河、坝萨梁子 3 个集中安置点，安置移民 49 户 233 人，其余移民进行自行安置。那哈乡政府安置点，位于墨江县那哈乡政府驻地旁，规划安置那哈乡那哈村和格牙村移民 18 户 92 人；那哈乡格玛梁子（依玛河）安置点，位于依码河右岸，规划沿路安置那哈乡移民 7 户 39 人；坝溜乡坝萨梁子安置点，位于改建的那哈至牛孔四级公路上方，规划安置坝溜乡大掌村渔龙小组 22 户 102 人。自行安置 265 户 1308 人，按照“本人申请，逐级审查，依法公正，张榜公布，货币兑现”的程序完成相关手续办理，在兑现个人财产补偿的基础上，按标准落实生产资源配置、进行集体财产结算后完成自行安置。非农业移民安置人口 21 人。其中，根据坝兰河小学搬迁规划，并入那哈乡政府小学 14 人；变电站 2 人、道班 2 人和计育站 3 人，对其财产进行补偿，人员由单位负责安置。

2006 年 10 月中旬，泗南江水电站完成库底清理，并经过清库验收；2007 年 7 月，完成水库淹没公路、输变电设施改（复）建工程；2007 年 12 月底前，完成 3 个集中安置点建设和 49 户 233 人的搬迁安置，实现了规划设计的安置目标。完成建设征地移民安置投资共计 22093.04 万元。其中，农村移民补偿费 17866.06 万元，非农业搬迁补偿费 146.24 万元，移民安置环保水保费 132.28 万元，库底清理费 75.61 万元，专项设施改（复）建 3810.27 万元，水毁田补偿 62.58 万元。

三、龙马水电站移民安置

龙马水电站位于李仙江上游河段墨江县和江城县交界的干流河段上，左岸为墨江县文武乡，右岸为江城县宝藏乡，坝址位于墨江县文武乡糖厂街上游约 1.11 千米处。水电站水库正常蓄水位 639 米，相应库容 5.61 亿立方米，水电站装机容量 28.5 万千瓦，年发电量 12.85 亿千瓦时，概算总投资 19.57 亿元。2003 年 12 月 23 日，水电站开工建设；2007 年 2 月，投产发电。龙马水电站建设征地范围总面积 22965 亩。其中，陆地面积 19515 亩，水域面积 3450 亩。淹没区 17040 亩，枢纽工程建设区2475亩（1.65平方千米）。其中，墨江县7635亩（淹没区5910亩、枢纽工程建设区1725亩）；宁洱县淹没区6000亩；江城县5880亩（淹没区5130亩、枢纽工程区750亩），涉及墨江县、宁洱县、江城县的6个乡（镇）10个村48个村民小组，共征占用土地面积19527.36亩（征占18480.64亩、征用1046.72亩）。其中，征占耕地面积5280.95亩（墨江县2347.93亩、宁洱县1951.61亩、江城县981.41亩），园地3389.66亩,（墨江县2657.83亩、宁洱县246.36亩、江城县485.47亩），林地9529.03亩（墨江县2121.79亩、宁洱县3629.84亩、江城县3777.4亩），草地69亩（均为墨江县），鱼塘10.11亩（均为墨江县），其他土地201.91亩（宁洱县110.43亩、江城县91.48亩），建设用地17.8亩（均为墨江县），征用耕地面积50.24亩（均为江城县），林地996.48亩（墨江县500亩、江城县496.48亩），其他土地91.4亩（均为江城县）。建设征地范围内有164户646人。其中，农业人口158户615人，非农业人口6户31人，房屋37329.38平方米。龙马电站规划水平年（2006）农业生产安置人口1296人，农业搬迁人口1292人。其中，集中安置153人，自行安置1108人，非农安置31人（均为墨江县）。墨江县移民安置规划水平年农业生产安置772人。农业搬迁安置586人。其中，集中安置153人，自行搬迁安置433人（含外来务工胶农）。搬迁安置调整为组内恢复生产安置252人。生产安置土地资源配置标准为人均配置水田0.5亩、旱地2亩、园地2亩。宁洱移民安置规划水平年农业生产安置419人，农业搬迁安置353人，全部为就地自行搬迁安置。生产安置土地资源配置标准为人均配置水田0.5亩、旱地1.5亩、园地1.4亩。江城县移民安置规划水平年农业生产安置105人，农业搬迁安置17人，搬迁安置调整为组内恢复生产安置53人。生产安置土地资源配置标准为人均配置水田1亩、旱地3亩、园地3亩。龙马水电站建设征地移民安置静态总投资共计38815.56万元。其中，农村移民安置补偿费20722.02万元，非农业移民安置费42.44万元，专业项目4811.66万元，环境保护和水土保持费195.25万元，库底清理费222.22万元，独立费11149.18万元（含业主缴纳的各种税费），预备费1672.79万元。截至2007年年底，完成墨江县移民安置130户586人。其中，集中安置34户153人（转塘梁子安置点安置23户101人，明子山新村安置点安置11户52人）。完成自行搬迁安置96户433人，积极推进小江公路改（复）建等专业项目的组织实施，积极开展库区剩余资源调查及生产资源配置的前期工作，引导移民开发橡胶产业。完成宁洱县移民安置方案优化调整工作，完成咖啡厂补偿，库周交通等专业改（复）建工程，开展剩余资源调整及生产资源配置的前期工作。完成江城县3户17人的自行搬迁安置，开展其余生产安置人口的资源配置工作。

四、居甫渡水电站移民安置

居甫渡水电站位于李仙江中游河段墨江县和江城县界河上，坝址在居甫渡吊桥下游约0.5千米处。水电站水库正常蓄水位522米，水库总库容1.74亿立方米，水电站装机容量28.5万千瓦，年发电量13.14亿千瓦时，概算总投资20.78亿元。2003年12月，水电站开工建设；2005年2月，实现截流。原计划2007年6月首台机组发电，但由于2006年10月围堰被洪水冲毁，原计划下闸蓄水发电时间被推迟。居甫渡水电站建设征地总面积17265亩。其中，陆地面积13635亩，水域面积3630亩；耕地1487.7亩（其中水田745.47亩）、园地1920.3亩、林地7458亩、房屋面积27917.8平方米（农村房屋面积26595平方米、非农业房屋面积1322.8平方米）。水库淹没企业单位1个（橡胶加工厂）、三级公路15.6千米、四级公路5.2千米、三级公路桥梁2座50米，另有部分输电、通讯等设施。水电站库区淹没影响涉及墨江县、江城县沿江的3个乡11个村30个村民小组。居甫渡水电站移民安置规划水平年（2006）农业生产安置人口758人（墨江县633人、江城县125人），农业搬迁人口1248人（墨江县1162人、江城县86人）。居甫渡水电站建设征地移民安置补偿费用静态总投资34652.51万元。其中，农村移民补偿费（征用土地补偿费和安置补助费）15204.38万元、非农业移民搬迁补偿费170.95万元、专项设施复建补偿费10771.44万元。库底清理费102.26万元，环境保护和水土保持费175.79万元，独立费6625.51万元，预备费1602.18万元。墨江县搬迁192户1162人。2005年5月底前，完成墨江县施工区大小寨62户399人在细腰梁子和7号渣场的临时安置。规划大荒坝安置点拟安置坝夫组39户234人、倮爬组38户244人；马鹿塘安置点拟安置19户114人；自行安置6户46人；本组内就近搬迁安置28户125人。截至2007年年底，完成大荒坝安置点对外公路及场地平整、挡护体等附属工程建设；完成马鹿塘安置点对外公路、场地平整、挡护体、饮水工程等基础设施建设和宅基地划分；完成库区0538线9.6千米复建工程7千米。江城县农业搬迁安置人口86人。原规划集中安置在芒木树、三棵桩2个安置点。经过对芒木树、三棵桩库周剩余资源的调查和移民安置意愿征求，调整为库周就近分散安置。截至2007年年底，完成居甫渡水电站涉及江城县的实物指标细化工作外业调查、移民身份界定、公示及上报核准工作；支付施工区、库区建设征地农村集体和个人财产补偿费566.58万元；改善居甫渡水电站项目部到芒木树、三棵桩村民小组的乡村道路，修复芒木树村民小组道路；从芒木树到三棵桩村民小组的30千米乡村道路建设进入组织实施阶段。

五、土卡河水电站移民安置

土卡河水电站位于李仙江下游普洱市江城县和红河州绿春县的界河上。水电站水库正常蓄水位368米，水库总库容0.88亿立方米，水电站装机容量16.5万千瓦，年发电量6.94亿千瓦时，概算总投资11.56亿元。2003年12月，水电站开工建设；2007年12月，投产发电。土卡河水电站水库淹没普洱市辖区内总面积4845亩。其中，陆地面积3015亩，水域面积1830亩；淹没耕地面积131.41亩、园地面积301.73亩、林地面积2307.6亩、房屋面积577.57平方米。水电站库区淹没影响涉及普洱市江城县的曲水和嘉禾2个乡7个村民委员会59个村民小组。土卡河水电站移民安置规划水平年（2006）普洱市的生产安置10户44人，搬迁7户35人。土卡河水电站建设征地移民安置静态总投资3237.76万元。其中，移民安置补偿费2017.74万元，专业项目改（复）建费6.4万元，库底清理费19.04万元，环境保护和水土保持费6万元，独立费1188.58万元。移民安置实施规划生产安置10户44人，每人配置耕地3.2亩、园地2亩，共配置耕地228.8亩（水田35.2亩、旱地105.6亩、园地88亩），搬迁人口7户35人，规划搬迁安置在曲水乡坝溜村安置点5户24人，另外2户11人自行安置。2006年8月，完成居民点新址土地划拨；2007年3月，完成土地调整和坝溜安置点的基础设施建设及移民搬迁工作；2007年10月，完成库周交通设施、邮电通信、广播电视线路、输变电设施恢复建设工作。

六、威远江水电站移民安置

威远江水电站位于景谷县境内威远江下游干流河段，距离景谷县城50.4千米。水电站水库正常蓄水位905米，水库总库容2.7亿立方米，水电站装机容量7.2万千瓦，年发电量2.96亿千瓦时，原概算总投资4.66亿元。该电站是景谷县对外招商引资项目，由云南省路桥公司投资建设，水库淹没处理规划总投资10806.44万元。2003年年底，水电站筹建；2004年1月10日，开工建设，同年12月31日实现大江截流。威远江水电站水库淹没总面积13860亩。其中，陆地面积12660亩，水域面积1200亩。水电站库区淹没影响涉及景谷县威远、永平、碧安、益智4个乡（镇）的5个村 39 个村民小组。按《威远江电站可行性研究报告》，淹没影响涉及 1687 户 2911 人。可研阶段移民安置规划水平年（2007）生产安置人口 379 人、搬迁人口 744 人（含影响随迁人口 121 人）。搬迁人口按规划为县内跨乡（镇）安置 332 人，本乡（镇）跨村组安置 174 人、本村本组内就地后靠安置 238 人。威远江水电站水库淹没水田面积 887.42 亩（涉及搬迁人口的 234.76 亩、不搬迁人口的 652.66 亩），淹没旱地面积 811.29 亩（涉及搬迁人口的 308.69 亩、不搬迁人口的 502.6 亩），淹没园地面积 262.19 亩（涉及搬迁人口的 158.24 亩、不搬迁人口的 103.95 亩），淹没零星果木 94443 株（涉及搬迁人口的 93287 株、不搬迁人口的 1156 株），淹没房屋面积 10863 平方米。截至 2006 年 3 月 30 日，确定威远江水电站库区搬迁移民人口 181 户（含自建户 7 户）639 人，规划在景谷县威远镇新民村回乃小梁子进行集中安置。回乃小梁子安置点位于景谷县城北边，距离县城 2 千米，地形平缓，宜开垦的土地资源相对丰富。威远江水电站建设征地移民安置补偿投资 38324.09 万元。其中，农村移民补偿资金 10528.98 万元，专业项目改（复）建 2773.37 万元，库底清理费 149.16 万元，国有部分补偿 2271.59 万元，环境保护和水土保持费 116 万元，独立费 20660.03 万元，预备费 1824.96 万元。2004 年 6 月初，景谷县国土资源局、威远镇镇政府开始进行土地流转工作，流转威远镇新民村新芒掌、新营盘、芒东、哪赖坡、芒乃、石板村、暖弄 7 个村民小组土地 2057.27 亩（水田 278.14 亩、旱地 1740.04、园地 39.09 亩），支付土地流转补偿费 1449.53 万元。2004 年 6 月，委托西南林学院城市设计院进行移民安置区涉迁范围内的规划工作；同年 8 月，完成移民安置区 2004—2015 年总体规划。2005 年 1 月，由城建部门设计完成《移民搬迁住房及附属工程预（结）算书》和《移民搬迁户住房及附设木结构、材料明细表》，移民住房及附属工程每户建筑面积 144.86 平方米（包括住房、伙房、沼气、猪厩、厕所），规划每户投资 44452.75 元（不含附属工程）。2005 年 3 月至 2006 年 3 月，完成威远镇红砖厂至移民安置点指挥部沙石路铺垫 2 千米和移民安置点人畜饮水工程，完成移民居住区场地平整工程（土方量 20 万立方米）。2005 年 10 月至 2007 年 12 月，完成挡土墙 1.62 万立方米，完成 10 千伏高压输电线路工程和进户线路施工。2006 年 3 月—7 月，完成移民住房建设工程，各户住房由移民抽签并落实到户。2006 年 7 月至 2007 年 2 月，移民搬迁入住 181 户 639 人。2006 年 3 月至 2007 年 12 月，完成沟渠灌溉 4 千米和田地开垦工程，完成移民安置点主街长 800 米、宽 5.7 米水泥道路建设；移民安置点新建篮球场 1 个、公厕 3 个。整个移民安置点土地流转补偿、移民安置点住房和附属工程、经济林果补偿、业务办公费等共计支付资金 5541 万元。

七、戈兰滩水电站移民安置

戈兰滩水电站位于李仙江下游普洱市江城县与红河州绿春县的界河上，坝址左岸距绿春县县城约 114 千米，右岸距江城县县城约 50 千米。水电站水库正常蓄水位 456 米，水库总库容 4.09 亿立方米，水电站总装机容量 40.5 万千瓦，年发电量 18.72 亿千瓦时，概算总投资 25.27 亿元。2004 年 3 月，水电站开工建设。计划 2008 年 12 月投产发电。水电站由云南大唐李仙江流域水电开发有限公司组织开发。戈兰滩水电站普洱市辖区内建设征地总面积 145950 亩。其中，陆地面积 9360 亩，水域面积 1590 亩；耕地 901.73 亩、林地 7239.77 亩、园地 755.32 亩、未利用地 1998.5 亩，房屋面积 8398.36 平方米（含非农业 241.6 平方米）。水电站建设征地涉及墨江县和江城县的 2 个乡 8 个村 23 个村民小组。戈兰滩水电站移民安置规划水平年（2008）生产安置人口 178 人（墨江县 8 人、江城县 170 人），搬迁人口 336 人（墨江县 64 户 282 人、江城县 11 户 54 人），规划土地资源配置标准均为人均旱地 1.5 亩、园地 3 亩。戈兰滩水电站建设征地移民安置实施规划静态总投资 15970.96

万元。其中，农村部分补偿费6147.94万元、专项设施4473.91万元，库底清理费129.01万元，环境保护和水土保持费11.24万元，独立费4636.83万元，预备费572.03万元。可研阶段移民安置规划，墨江县需生产安置8人，规划本村内调剂土地解决生产安置问题；江城县需生产安置170人，除39人规划安置在加禾乡政府附近的江西村酒房组外，其余全部分散安置。库区内墨江搬迁安置人口64户282人，规划在船口安置点集中安置。江城县搬迁人口10户47人，淹没区7户37人，原规划搬迁至加禾乡江西村酒房小组境内，施工区3户10人，原规划就近搬迁至加禾乡洛角村附近，在具体实施过程中，均调整为就近分散安置。截至2007年年底，完成戈兰滩水电站水库淹没区各类农地、零星果木的调查核实以及建设征地实物指标细化外业工作，集体财产和个人财产部分已补偿到村民小组和农户；完成李仙江上下江桥、道路复（改）建工程实物指标调查外业工作（淹没江城县三级公路3千米、机耕路2.5千米），完成施工区、淹没区7户40人移民的搬迁安置。

八、石门坎水电站移民安置

石门坎水电站位于李仙江上游宁洱县和墨江县交界的把边江上。水电站水库正常蓄水位756米，水库总库容1.97亿立方米，水电站装机容量13万千瓦，年发电量5.73亿千瓦时，概算总投资10.76亿元。2007年1月，水电站开工建设；计划2010年4月第一台机组发电。石门坎水电站建设征地总面积11250亩。其中，陆地面积9660亩，水域面积1590亩。建设征地占用耕地面积5509.586亩、园地面积1107.34亩、林地面积2135.28亩、未利用地面积2207.96亩，其他用地面积292.22亩，水库淹没区有2户9人。水电站库区淹没影响涉及宁洱县和墨江县两县的3个乡7个村28个村民小组。石门坎水电站移民安置规划水平年（2010）生产安置人口1578人（墨江县1061人、宁洱县517人），全部进行大农业安置，其中就地恢复生产安置1569人（墨江县1052人、宁洱县517人），墨江县动迁安置2户9人。石门坎水电站建设征地移民安置静态总投资共计19935.11万元。其中，农村移民安置补偿费11512.35万元，专业项目及库周交通610.06万元，库底清理费71.27万元，环境保护和水土保持费37.09万元，独立费6755.05万元，预备费949.29万元。2007年4月8日，普洱市人民政府与云南大唐李仙江流域水电开发有限公司签订《石门坎水电站工程征地移民安置的补偿投资费用委托包干协议》，受普洱市水电协调办和普洱市移民开发局委托，由云南盛翔工程建设监理咨询有限公司承担普洱市石门坎水电站移民综合监理任务。2007年12月起，石门坎水电站建设征地和移民安置工作全面开展，移民安置项目进入规划组织实施阶段。

九、三江口水电站移民安置

三江口水电站位于墨江县泗南江乡阿墨江与他郎河汇口下游0.4千米处，距墨江县城约66千米。水电站水库正常蓄水位614米，水库总库容0.75亿立方米，水电站装机容量9.9万千瓦，年发电量4.24亿千瓦时，概算总投资7.67亿元。2007年5月8日，水电站开工建设，计划2010年9月投产发电。三江口水电站建设征地总面积6825亩。其中，陆地面积5835亩，水域面积990亩；耕地面积874.94亩，园地面积2034.22亩，林地面积2279.06亩，草地面积28.89亩，建设用地面积166.5亩，水域及水利设施用地面积994.92亩，其他土地面积464.45亩。建设征地区居住人口27户109人。其中，农业人口14户57人（水库淹没影响区8户36人、枢纽工程建设区6户21人），非农业人口13户52人（均为枢纽工程建设区）。建设征地区有各类房屋面积7230.55平方米（水库淹没影响区6692.53平方米、枢纽工程建设区538.02平方米），三级公路2.68千米，人行吊桥1座73.4米，机耕路3.53千米，灌溉渠道2.9千米，另有道班、教堂、10千伏输电线路、移动通信基站等专项设施。三江口水电站建设征地涉及墨江县泗南江、雅邑、龙潭3个乡的7个村30个村民小组。水电站规划水平年（2010）农业生产安置人口416人（水库淹没影响区370人、枢纽工程建设区46人），农业搬迁人口213人（水库淹没影响区195人、枢纽工程建设区18人），非农业搬迁人口13户53人（均为枢纽工程建设区）。根据三江口水电站移民安置实施规划，泗南江乡农业生产安置人口332人，就地恢复生产安置179人，本组后靠搬迁安置50人，自行搬迁生产安置103人；雅邑乡农业生产安置47人，就地恢复安置10人，自行搬迁安置37人；龙潭乡生产安置37人，就地恢复生产安置21人，自行搬迁安置16人。三江口水电站建设征地移民安置补偿投资12036.2万元。其中，农村移民补偿资金7132.02万元，专业项目改（复）建828.79万元，库底清理费83.61万元，环境保护和水土保持费55.45万元，独立费3363.18万元，预备费573.15万元。2007年4月8日，普洱市人民政府与国电云南阿墨江发电有限公司签订《三江口水电站工程征地移民安置的补偿投资费用委托包干协议》，受普洱市水电协调办和普洱市移民开发局委托，由云南盛翔工程建设监理咨询有限公司承担普墨江县阿墨江三江口水电站移民综合监理任务。2007年9月以来，三江口水电站建设征地和移民安置工作全面开展，主要专项复（改）建工程项目陆续启动实施。

第二十七篇

进出口管理

普洱地区的进出口管理活动历史由来已久。早在清光绪二十二年（1896）云贵总督菘蕃奏准思茅设立海关起，思茅地区进出口活动就已开始。至民国31年（1942），思茅海关共设立孟连、南段山、南峤、打洛、勐笼、橄榄坝、易武、勐烈、磨黑支关及普藤、勐马、东岗、勐捧、勐满、三台坡、勐混、蛮洪、小勐仑、大过岭、李万寨、新街巡卡。民国32年，日本侵略军占领缅甸，并向中国边境逼近，日机轰炸商道，交通受阻，思茅沿边各口岸对外贸易停顿，思茅关改为思茅支关。至1948年，思茅口岸对外贸易萧条，思茅支关因入不敷出而被裁撤。

1949年，中华人民共和国成立以后，进出口管理逐渐有所发展。1962年，随着思茅地区生产关系调整和中缅、中老关系的恢复，进出口贸易相应有所发展，边境贸易、走私查处、关税征收等进出口管理工作亟待加强。为此，经中央对外贸易部批准，打洛支关和昆明海关驻思茅办事处得以恢复。

1978年以后，普洱地区区位优势逐步显现，国内外商贸旅游人员日渐增多，边境进出口贸易逐年发展。1985年，思茅县列为甲类一级对外开放县后，边贸工作进一步发展。1991年，思茅港被列为通向东南亚国家开放的省级口岸。1992年起，为适应云南省边境贸易发展形势，满足进出口管理的需要，思茅地区遵照云南省人民政府《关于发展边境贸易的若干补充规定》和在开远现场办公会上关于“立即恢复涉外的海关、商检、动植检、卫检、边境五个机构”的决定，陆续建立起思茅地区进出口商品检验检疫局、思茅地区动植物检疫局、思茅地区卫生检疫局。该时期，思茅地区的松香、咖啡、茶叶、啤酒等商品开始出口，木材、农副产品等开始进口，进出口商品检验检疫、出入境动植物检疫、国境卫生检疫工作随之展开，进出口商品检验检疫标准开始形成，进出口监管和执法检查取得一定成效。但“三检”机构检验检疫工作开展伊始，只是按照各自职能职责开展检验检疫工作，进出口管理工作仍处于摸索阶段，思茅地区并未形成系统规范的检验检疫工作格局。1999年，思茅商检、思茅动植检和思茅卫检“三检”合一组建出入境检验检疫局。至此，进出口管理工作步入正轨，并向着规范化管理模式发展。“三检”合并后，出入境检验检疫局不断加强对实验室等硬件设施的建设，继续深化自身改革，着重检验检疫人才培养，强化出口质量许可、卫生注册登记、报检登记管理等工作，出入境检验检疫监管和违法案件的查处力度不断加大，有效防控了非典等重大病情疫病传入传出，有力地堵截了有毒有害物质的侵入，截获各类疫病、疫情和不合格商品近千批（次），为国家挽回了经济损失，有力地维护了普洱辖区口岸通道的安全、卫生、环保和健康。

1998年后，海关管理工作也迎来新的发展时期。根据《海关总署关于同意调整孟连海关机构的批复》，孟连海关升格为副处级关。1999年12月22日，思茅海关在思茅地区出入境检验检疫局的卫检楼成立，思茅地区海关通关管理业务恢复。2000年，随着中、老、缅、泰“澜沧江—湄公河商船通航协定”签订，“以货物为主的转关管理”模式越来越不适应口岸经济发展的需要，通关业务管理亟待改革。2001年，思茅地区海关实施通关业务制度改革，在确保有效监管的前提下全面提高通关效率，推进贸易便利化，通关业务改“防范为主”为“促进为主”，朝着“一次报关、一次查验、一次放行”的“直航式”和“管得住、通得快”“有效监管、高效运作”的管理服务模式方向发展，口岸税收征管日臻完善，打击走私力度不断加大，在有效保障口岸安全的同时，也为经济发展提供重要保障。2007年，普洱市思茅海关监管进出口货物6.09万吨，货值3350.41万元，征收税款129.08万元；孟连海关共监管进出口货物9.7万吨，货值4208万美元，征收税款1544万元。

第一章　出入境检验检疫

第一节　机　构

一、思茅地区进出口商品检验局

1992年1月，为适应云南省边境贸易发展形势，遵照云南省人民政府《关于发展边境贸易的若干补充规定》和在开远现场办公会上关于“立即恢复涉外的海关、商检、动植检、卫检、边境五个机构”的决定，中共思茅地委、思茅行署向云南进出口商品检验局推荐王世伟、和兴两人负责思茅地区商检机构的筹建工作；同月21日，云南进出口商品检验局以《关于在有关口岸设置商检工作组的通知》决定在思茅地区设置“中华人民共和国云南进出口商品检验局思茅工作组”，王世伟任组长、和兴任副组长，挂靠在思茅地区外贸局；同月，思茅地区进出口商品检验局筹建处领导小组成立，与中华人民共和国云南进出口商品检验局思茅工作组实行一套班子两块牌子办公；4月16日，云南进出口商品检验局以《关于设立思茅进出口商品检验局筹建处的函》与思茅行署协商成立思茅地区进出口商品检验局筹建处；5月6日，思茅行署以《关于成立思茅进出口商品检验局筹建处的通知》同意成立思茅地区进出口商品检验局筹建处（国家商检局于1992年4月1日批准在思茅设置商检机构），行政业务隶属云南进出口商品检验局领导，党组织按属地管理；8月28日，思茅地区进出口商品检验局筹建处正式挂牌成立，规格正处级，内未设机构，仅有人员分工。核定人员编制12名，设处长1名、副处长1名、科级领导职数3名。至年底，思茅地区进出口商品检验局筹建处实有职工17名。1993年3月26日，云南进出口商品检验局以《关于机构设置的批复》同意思茅地区进出口商品检验局筹建处内设办公室、检务科、检验一科、检验二科，核定人员编制18名，设局长1名、副局长1名、科级领导职数4名。同年，为提高进出口商品检验覆盖面，经请示云南进出口商品检验局同意，思茅地区进出口商品检验局筹建处分别与西盟县、孟连县、澜沧县人民政府商议并达成共识，在3县设办事处（正科级），实行垂直管理；3月26日，西盟办事处和孟连办事处成立；4月29日，澜沧办事处成立；7月24日，经国务院批准，思茅港升为国家级口岸；7月28日，思茅地区进出口商品检验局筹建处思茅港办事处成立；同年底，思茅地区进出口商品检验局核定人员编制20名，设局长1名、副局长1名、科级领导职数4名，实有职工20名。12月9日，思茅地区进出口商品检验局筹建处去函西盟县人民政府商撤销思茅地区进出口商品检验局筹建处西盟办事处有关事宜。1997年4月，西盟办事处撤销，原由县级调入人员回县安置；同月16日，云南进出口商品检验局下达《思茅地区进出口商品检验局内设机构和人员编制方案》，核准思茅地区进出口商品检验局内设办公室、检务科、检验监管一科、检验监管二科，核定行政编制21名，设局长1名、副局长1名、科级领导职数4名；5月1日起，思茅地区进出口商品检验局筹建处撤销并成立中华人民共和国思茅进出口商品检验局；8 月起，各地区局增设财务科；12 月 8 日，思茅地区进出口商品检验局下设各办事处更名为思茅地区进出口商品检验局驻孟连商检办公室、思茅进出口商品检验局驻澜沧商检办公室、思茅地区进出口商品检验局驻思茅港商检办公室，更名后的机构仍为正科级，原任命的上述机构办事处主任、副主任职务名称不变，职级不变。至年底，思茅地区进出口商品检验局核定行政编制 23 名，设局长 1 名、副局长 1 名、科级领导职数 5 名，实有职工 23 名。1998 年，为贯彻落实好思茅地区进出口商品检验局、思茅地区动植物检疫局、思茅地区卫生检疫局“三检”合一机构改革工作，“三检”临时协调领导小组成立，下设业务工作组，按照“六个一次”（一次报检、一次取样、一次检验检疫、一次卫生除害处理、一次收费、一次签证放行）要求，在思茅港、孟连口岸试行。1999 年，思茅地区进出口商品检验局继续在辖区内积极推行“六个一次”检验检疫工作模式，为机构改革做准备。

1992—1999 年思茅地区进出口商品检验局领导任职表

表 27-1

单位	姓名	性别	民族	籍贯	职务	任职时间
云南进出口商品检验局思茅工作组	王世伟	男	汉	云南思茅	组　长	1992.1—1992.5
	和　兴	男	纳西	云南丽江	副组长	1992.1—1992.5
思茅地区进出口商品检验局筹建处领导小组	王世伟	男	汉	云南思茅	组　长	1992.1—1992.5
	周　清	男	汉	云南昆明	副组长	1992.1—1992.5
	和　兴	男	纳西	云南丽江	副组长	1992.1—1992.5
思茅地区进出口商品检验局筹建处	洪应松	男	汉	云南思茅	处　长	1996.7—1997.6
	王世伟	男	汉	云南思茅	副处长	1992.5—1996.1
	和　兴	男	纳西	云南丽江	副处长	1992.5—1996.1
思茅地区进出口商品检验局	洪应松	男	汉	云南思茅	局　长	1997.6—1999.11
	王世伟	男	汉	云南思茅	副局长	1997.6—1999.11
	和　兴	男	纳西	云南丽江	副局长	1996.1—1999.11

二、思茅地区动植物检疫局

1992 年，思茅地区进出口商品检验局筹建处成立后，与国外接壤的思茅地区孟连县、澜沧县、西盟县通道均安排工作人员值班，负责进出口商品检验。但各口岸进出境动植物及其产品仍实行自由进出，动植物及其产品检疫工作并未开展。1993 年 7 月 24 日，国务院批准思茅港为国家一类口岸，同意开放思茅港口岸，开展对外货物和旅客运输业务，动植物检疫所设立，核定人员编制 20 名；同年 9 月 7 日，中华人民共和国动植物检疫总所同意设立“中华人民共和国思茅地区动植物检疫局筹建处”，规格正处级，属昆明动植物检疫局分支机构，内设办公室、检务科、监管科，核定人员编制 40 名，设处长 1 名、副处长 1 名、科级领导职数 5 名。1994 年 4 月 22 日，思茅地区动植物检疫局筹建处开始工作；同年 7 月，思茅地区动植物检疫局筹建处接收大学毕业生 1 名，调入会计 1 名。1995 年 3 月，思茅地区动植物检疫局筹建处更名为思茅地区动植物检疫局；同月，中华人民共和国思茅地区动植物检疫局孟连办事处设立（正科级），负责孟连辖区签证、口岸管理进出口动植物及其产品的检疫、监管工作；同年 12 月，思茅地区动植物检疫局服务中心设立，调入植检专业技术人员 2 名。1998 年 3 月，思茅地区动植物检疫局内设办公室、综合业务科，核定人员编制 9 名，设局长 1 名、副局长 1 名、科级领导职数 3 名。1999 年“三检”合一前，思茅地区动植物检疫局实有正式职工 8 名。

1992—1999 年思茅地区动植物检疫局领导任职表

表 27-2

机构名称	姓名	性别	民族	籍贯	职务	任职时间
思茅地区动植物检疫局筹建处	张　亮	男	汉	云南保山	组长	1994.3—1995.2
	武建平	男	汉	山西	副组长	1994.3—1995.2
思茅地区动植物检疫局	张　亮	男	汉	云南保山	副局长	1995.3—1996.9
					局　长	1996.10—1999.10
	武建平	男	汉	山西	办公室主任	1995.3—1999.10

三、思茅地区卫生检疫局

1994 年 11 月，根据《国务院关于同意开放云南思茅港口岸的批复》和《关于同意在思茅设立卫生检疫局的批复》，中华人民共和国思茅地区卫生检疫局开始筹建，思茅地区卫生防疫站副站长蔡福昌和尹杰调入筹备处工作，蔡福昌兼任筹备处副处长，负责日常筹建工作。筹备处暂设在思茅地区卫生局，由思茅地区卫生局局长鲁凤辉兼任临时筹备处处长，筹备期间先后从思茅地区保险公司、思茅地区精神病院、云南省疟防所调入陈梦炜、邓荣、王翔。为尽快开展工作，筹备处在原思茅地区药检所租用 3 间平房作为临时办公地点，服务范围及所承担的工作为思茅港（国家一类口岸水港）、孟连口岸（国家二类口岸陆港）出入境人员健康体检，来往交通工具、货物卫生监测和消毒处理，进出口食品卫生监督管理。1995 年 9 月 6 日，中华人民共和国思茅地区卫生检疫局正式成立，内设办公室、卫生监督科、检疫查验科、进口食品卫生监督科。核定人员编制 10 名，设局长 1 名、副局长 1 名、科级领导职数 4 名。1996 年 3 月，昆明卫生检疫局下派杜世刚到思茅地区卫生检疫局任局长。1997 年 4 月 30 日，杜世刚调往瑞丽卫生检疫局任局长，思茅地区卫生检疫局由副局长蔡福昌主持工作。1999 年年底，思茅地区卫生检疫局实有职工 10 名。

1992—1999 年思茅地区卫生检疫局领导任职表

表 27-3

机构名称	姓名	性别	民族	籍贯	职务	任职时间
思茅地区卫生检疫局筹备处	鲁凤辉	男	汉	云南宁洱	处　长	1994.1—1994.6
	蔡福昌	男	汉	云南昆明	副处长	1994.6—1995.9
思茅地区卫生检疫局	杜世刚	男	汉	贵州遵义	局　长	1996.3—1997.4
	蔡福昌	男	汉	云南昆明	副局长	1995.9—1999.10（其中，1995.9—1996.3 任副局长，主持工作；1997.4—1999.10 任副局长，主持工作）

四、普洱市出入境检验检疫局

1999 年 9 月 3 日，思茅“三检”临时协调领导小组向云南检验检疫局呈报“三检”合一“三定”方案。同年 11 月 30 日，思茅地区进出口商品检验局、思茅地区动植物检疫局、思茅地区卫生检疫局合并成立中华人民共和国思茅地区出入境检验检疫局，内设办公室、计财科、综合业务科、商品检验监管科、动植物检疫监管科、卫生检疫监管科，下设综合技术服务中心、思茅港办事处和孟连办事处。核定行政编制35名、事业编制4名，设局长1名、副局长2名、科级领导职数8名。2004年4月，思茅地区出入境检验检疫局内设机构调整为办公室、财务科、检验检疫监管科，下设综合技术服务中心、思茅港办事处和孟连办事处。原综合科并入办公室。核定行政编制26名、事业编制8名，设局长1名、副局长2名、科级领导职数8名。至2007年年底，普洱市出入境检验检疫局实有人员30名。

1999—2007年普洱市出入境检验检疫局领导任职表

表27-4

单位	姓名	性别	民族	籍贯	职务	任职时间
普洱市出入境检验检疫局	洪应松	男	汉	云南思茅	局　长	1999.11—2002.3
	付天文	男	汉	云南景谷	党组书记、局长	2002.3—2007.12
	张　亮	男	汉	云南景东	副局长（正处）	1999.11—2005.8
	蔡福昌	男	汉	云南昆明	副局长	1999.11—2002.3
	和　兴	男	纳西	云南丽江	副局长	1999.11—2007.12
	许　坚	男	汉	云南景洪	副局长	2005.8—2007.12

第二节　进出口商品检验及监督管理

一、进口商品检验

（一）桂圆干果

1995年起，思茅地区从泰国经思茅港进口桂圆干果。同年，思茅地区进出口商品检验局开始对桂圆干果实施检验。初实施检验时，经查找无相关检测标准，只得参照板栗、核桃等检验标准实施检验。1995—2000年，思茅地区共检验桂圆干果273批（次)12667.31吨，货值1132.69万美元。1997年，在实施检验进口桂圆干果过程中，思茅地区进出口商品检验局检验人员积累了一定经验，对桂圆干果的品质特点有了认识，在进行调研的基础上拟制出《思茅地区进出口商品检验局进口桂圆干果检验规程》，作为思茅地区进出口商品检验局实施进口桂圆干果检验的依据。2001—2004年，思茅市检验进口桂圆干果128批（次）6134.7吨，货值519.5万美元。2005年，思茅市出入境检验检疫局把《检验规程》上报云南出入境检验检疫局科技处。同年12月1日,《检验规程》通过省局鉴定委员会鉴定，以批准编号YJFB010-2005《云南出入境检验检疫局进口桂圆干果检验规程》作为云南各口岸进口桂圆干果检验的非标方法推广使用。检验项目包括感官检验（外观及色泽、气味及滋味、组织状态）、杂质、不完善果（破果、霉变果、虫蛀果、糊果、其他不完善果）、均匀度，每100克粒数。同年，思茅港停航，思茅市进口桂圆干果停止。

2001—2004年思茅市进出口商品检验检疫局实施进口桂圆干果检验情况统计表

表27-5

年份	批（次）	重量（吨）	金额（万美元）
2001	1	3	0.2

续表 27-5

年份	批（次）	重量（吨）	金额（万美元）
2002	34	1342.3	97.4
2003	41	1887.2	141.4
2004	52	2902.2	280.5

（二）橡胶

2001 年，思茅地区开始进口橡胶，但由于设备和技术方面的原因，未对其实施品质方面的检验，只对其进行感官检验和核对。2001—2007 年，普洱市共检验进口橡胶 58 批（次）4911.1 吨，货值 399.2 吨。

2001—2007 年普洱市出入境检验检疫局进口橡胶检验情况统计表

表 27-6

年份	批（次）	重量（吨）	金额（万美元）
2001	2	30	2
2002	18	1329.3	82
2003	20	1913	145.7
2004	9	1068.2	123.1
2005	5	400.6	22.8
2006	1	100	11
2007	3	70	12.6

二、出口商品检验

（一）茶叶

1995 年，云南进出口商品检验局对调出省外的茶叶实施产地检验，1999 年停止。2001 年起，思茅地区出入境检验检疫局对出口茶叶实施检验，但思茅地区出口茶叶主要在省局报检，思茅地区出入境检验检疫局实施检验的出口茶叶量较小。思茅地区出入境检验检疫局实施茶叶检验的标准是：SN/T0917-2000 感官审评、GB8303-87 磨碎试样的制备及干物质含量测定、GB8304-87 水分测定、GB8305-87 水浸出物测定、GB8306-87 总灰分测定、GB8307-87 水溶性灰分和水不溶性灰分测定、GB8308-87 酸不溶性灰分测定、GB8309-87 水溶性灰分碱度测定、GB8311-87 粉末和碎茶含量测定、GB8313-87 茶多酚测定。2002 年 12 月 1 日，茶叶检验标准换版为 GB/T8303-2002 磨碎试样的制备及干物质含量测定，以此类推。2003 年，思茅地区出入境检验检疫局实验室开始对茶叶农药残留包括六六六、滴滴涕、氢戊菊酯、氯氢菊酯、溴氢菊酯实施检验。2004 年，思茅市出入境检验检疫局开始对出口茶叶中的农药残留乐果、甲胺磷、敌敌畏实施检验。2007 年，通过检验，普洱市出口茶叶无农药残留超标等不合格质量问题。

1995—2007 年普洱市出入境检验检疫局检验出口茶叶情况统计表

表 27-7

年份	批（次）	重量（吨）	金额
1995	205	—	1883.4（万元）

续表 27-7

年份	批（次）	重量（吨）	金额
1996	364	350	—
1997	—	—	—
1998	253	2050.009	1643.3（万元）
1999	—	—	—
2000	—	—	—
2001	1	27.2	2.9（万美元）
2002	2	1.3	—
2003	4	1.7	0.4（万美元）
2004	12	37.5	7.1（万美元）
2005	6	5.2	3.3（万美元）
2006	7	8	6（万美元）
2007	2	1.3	1.3（万美元）

（二）脂松香

1996年以前，思茅地区出口的脂松香由云南进出口商品检验局实施检验。1996年，云南进出口商品检验局下发《关于加强出口松香产地检验的通知》，思茅地区出口松香逐渐下放到思茅进出口商品检验局检验。脂松香的检验指标是《松香试验方法》（GB8146-87）规定的颜色、酸值、软化点、不皂化物、乙醇不溶物、灰分。2003年12月1日，松香检验标准换版为GB/T8146-2003。思茅地区出入境检验检疫局主要负责思茅地区6个生产厂（思茅区、普洱县、景东县、景谷县、墨江县、镇沅县）生产松香的检验。2005年起，楚雄、大理的部分松香也在思茅局报检。

1996—2007年普洱市出入境检验检疫局检验出口松香情况统计表

表 27-8

年份	批（次）	重量（吨）	金额（万美元）	不合格批次
1996	8	964	—	—
1997	14	2624	—	—
1998	—	—	—	—
1999	—	—	—	—
2000	—	—	—	—
2001	38	6358.7	316.9	—
2002	58	8863.7	432.9	—
2003	84	19106.1	905.6	—
2004	119	22027.8	1081.2	—
2005	122	19047.3	1360	—
2006	141	21064.5	2142	—
2007	45	8590.7	718.5	—

（三）啤酒

普洱市出入境检验检疫局对啤酒的检验分为从思茅港出口啤酒的检验和从孟连口岸出口啤酒的检验。1996年，思茅港开始大量出口啤酒。同年，思茅地区进出口商品检验局开始对啤酒实施检验。检验标准采用GB/T4927-1991，检验项目包括二氧化碳、泡持性、色度、香气和口味、酒精度、原麦汁浓度、总酸、双乙酰。1996—2000年，思茅地区共检验出口啤酒640批（次）16828931升，货值541.05万美元，不合格1批次。2003年1月1日，思茅地区的啤酒检验标准换版为GB/T4927-2001啤酒和GB/T4928-2001《啤酒分析方法》。2004年，思茅港停航，啤酒出口停止。但孟连口岸一直有啤酒出口贸易，大部分是边贸商人零星购买，偶有生产厂直接送货整车出口。思茅市出入境检验检疫局对从孟连口岸出口啤酒的检验采取的措施是感官检验、索要厂检结果、对出口量较大的生产厂实行监管。

2001—2007年普洱市出入境检验检疫局检验出口啤酒情况统计表

表27-9

年份	批（次）	数量（升）GB/T	金额（万美元）
2001	103	694854	29.7
2002	57	668148	29.9
2003	57	2157679	88.6
2004	66	1647843	61.6
2005	91	2018653	86.2
2006	119	2851678	99.3
2007	132	6272015	120.1

（四）咖啡豆

1989年，思茅地区开始引种小粒种咖啡。2001年，咖啡开始出口。同年，思茅地区出入境检验检疫局开始对思茅地区出口小粒种咖啡实施检验，检验标准采用GB/T15033-94、DB53/T049-1994及成交样，检测项目包括外观、杂质、缺陷率、水分等。2003年起，思茅地区出入境检验检疫局开始对咖啡豆实施六六六、滴滴涕农药残留检验。2001—2007年，普洱市共检验出口咖啡330批（次）25448.2吨，货值5295.6万美元。通过检测，普洱市出口咖啡豆无农药残留超标等不合格质量问题。

2001—2007年普洱市出入境检验检疫局检验出口咖啡豆情况统计表

表27-10

年份	批（次）	重量（吨）	金额（万美元）
2001	2	36	5
2002	17	782.4	117.9
2003	35	1697.4	215.7
2004	39	3798.6	509.6
2005	70	4209.5	1019.4
2006	83	7153.2	1603.5
2007	84	7789.1	1824.5

（五）其他出口商品的检验

1. 白砂糖

思茅地区白砂糖年产量在10万吨以上，85% 销往省外，少量出口老挝、缅甸、泰国。1995—1996年，思茅地区进出口商品检验局曾对思茅地区白糖厂实行驻厂检验，对各白糖厂产品进行抽样检测。检测标准采用GB/T317.1-1991白砂糖和GB317.2-1991白砂糖试验方法，检测指标包括蔗糖分、还原糖分、电导灰分、干燥失重、色值、浑浊度、不溶于水杂质。1999年8月1日，白砂糖检测标准换版为GB317-1998白砂糖试验方法。1995—2007年，普洱市检验出口白砂糖110批（次）92.543吨，货值33131美元，无不合格质量问题。

2. 味精

思茅地区孟连口岸出口味精批量较大，思茅地区出入境检验检疫局对其采取的检验方式是核对重量、查验厂检结果和感官检验。1999—2000年，思茅地区共检验出口味精910批（次）40420.64吨，货值3688.58万美元，无不合格质量问题。2001—2007年，普洱市共检验出口味精482批（次）20637.6吨，货值1863.8万美元。

2001—2007年普洱市出入境检验检疫局孟连口岸检验出口味精情况统计表

表27-11

年份	批（次）	重量（吨）	金额（万美元）
2001	38	683	38
2002	2	93	5.3
2003	1	1	0.1
2004	12	17.6	1.4
2005	81	4243	383
2006	339	15597	1435.8
2007	9	3	0.2

三、出入境监督管理

（一）出入境商品监管

1. 出境商品监管

1999年前，思茅地区出口商品主要从思茅港和孟连口岸出境，品种主要有棉纱、机械、大蒜、苹果、梨、黄磷、玻璃及一些日用品，生产厂家基本为省外厂家，来源渠道多，对商品的检验监督为感官评定和数量清点。1999年，思茅地区进出口商品检验局、动植物检验检疫局、卫生检疫局三机构合并成思茅地区出入境检验检疫局后，出口商品种类有所变化，其余有水泥、板材、茯苓、实木门等均只是零星出口。对此，思茅地区出入境检验检疫局进行现场抽样检验。

茶叶

辖区内每年出口茶叶不到1吨，由普洱玉龙茶叶股份有限公司和澜沧裕岭古茶有限公司出口。普洱茶出口厂家由云南出入境检验检疫局实行卫生注册制度，取得卫生注册证书方可出口。大部分茶叶出口的检验检疫由云南出入境检验检疫局承担，普洱市出入境检验检疫局配合省局进行卫生注册考核及日常监管，每年抽样到浙江茶叶检测中心检验农药残留。

松香

1992—1996年，云南进出口商品检验局对思茅地区出口松香进行检验及前期监督管理，主要实行出口产品质量许可证制度，配合原商检局的认可检验员制度，定期对各松香厂实行考核。1996—1999年，思茅地区出入境检验检疫局派驻厂检验员对出口松香进行检验，思茅进出口商品检验局正式接管松香检验和前期监督管理，其间分别到景谷松香厂、景东松香厂、镇沅松香厂进行驻厂检验。1999年后，机构合并，由思茅地区出入境检验检疫局检验检疫监管科负责思茅辖区内松香出口的前期检验监督管理，原来的出口产品质量许可证和认可检验员制度取消，改驻厂检验为每年到各生产厂进行1次现场抽验。2001—2006年，全市共出口松香89054吨，出口厂家增至思茅区、宁洱县、墨江县等县的松香厂。

白糖

1994—1997年，思茅地区进出口商品检验局派驻厂检验员分别到景谷钟山糖厂、永平糖厂，澜沧勐滨糖厂、上允糖厂，江城糖厂，孟连糖厂驻厂检验，并从各糖厂采集样品送至昆明检验。

咖啡豆

2001年，由雀巢咖啡公司进行技术指导栽培的思茅小粒咖啡开始出口，出口商有思茅澜沧江咖啡有限公司、思茅阿拉比卡星咖啡有限责任公司、思茅北归咖啡有限责任公司、东莞雀巢咖啡有限责任公司思茅采购站、思茅赛纳咖啡有限公司，5个出口公司均由云南出入境检验检疫局认监处进行卫生登记管理，取得卫生登记证书，由思茅地区出入境检验检疫局配合省局进行考核及日常监督。2006年5月29日后，日本实行《肯定列表制度》，思茅市出入境检验检疫局针对出口日本的咖啡豆进行农药残留和熏蒸处理检验。截至2006年，辖区内共出口咖啡18867吨。

蔬菜

2002年10月，思茅科农集团委托昆明包装进出口公司出口甜玉米及西南花约7吨。2003年4月，经思茅地区出入境检验检疫局技术服务中心对该公司蔬菜基地样品进行检测，样品农药残留量超过国家标准，并且基地和公司未取得卫生注册证书，该批蔬菜未能出口，2003年后也未再申报出口。

2. 进口商品监管

1992年，思茅地区进出口商品检验局开始承办进口汽车的检验业务。1995年3月，思茅造纸厂（位于景谷县）从芬兰、加拿大等国进口造纸设备，思茅地区进出口商品检验局随同云南省商检公司检验人员对进口设备进行检验。设备安装后对设备的运转情况进行记录，实施后续管理，并向外商提出索赔。1996—1997年，红塔集团从德国进口中密度纤维板制造设备，思茅地区进出口商品检验局检验出具索赔证书，对有外在质量问题和运转过程出现问题的设备进行索赔，直到所有设备在生产过程中正常运转。1999年“三检”合一后，货物逐步从思茅港入境。龙眼干、菠萝干由泰国经思茅港入境。至2004年年底，进口1900吨。思茅市出入境检验检疫局除对每批进口龙眼干、菠萝干进行常规检验外，还抽样进行农药残留检测。2003年后，因思茅港建设问题及龙眼干存在二氧化硫超标，停止进口鸡翅、鸡爪、鸡内脏等，由泰国经思茅港入境，抽样后委托当时的思茅防疫站进行兽药残留检验和卫生指标检验。2003年后，因思茅港建设问题，停止进口。

（二）出口食品厂库卫生注册登记管理

1992年12月，思茅地区进出口商品检验局筹建处开始接手思茅辖区的出口食品厂、库卫生注册登记工作。1996年年底，全地区共办理企业“卫生注册登记证”19家。其中，茶厂14家、白糖厂4家、食品冷冻厂1家。2001年，全地区共办理茶叶、啤酒企业“卫生注册登记证”15家。截至2007年年底，先后对出口茶叶、咖啡、汤褪黑山羊、白砂糖、啤酒、食盐等出口食品生产企业开展卫生注册登记考核和日常监督管理工作。全市共办理“卫生注册登记证”38家。

1. 茶叶

1983年，思茅茶区被云南省外贸厅列为出口红茶生产基地。1985年，云南进出口商品检验局委托思茅地区卫生防疫站食品卫生科对思茅地区辖区内的出口红茶生产厂家按《出口食品厂库最低卫生要求（试行）》进行考核，并对获证企业进行监督管理。1993年2月起，思茅地区进出口商品检验局接手该项工作，派出考核组先后对思茅农垦茶厂、思茅农场茶厂、思茅曼歇坝农场茶厂、思茅三家村茶厂、思茅县茶叶公司、思茅普洱茶实业公司、江城农场茶厂、江城牛洛河茶厂、普洱县茶厂、普洱宁洱镇茶厂、景谷县茶厂、景东安定茶厂、景东县茶厂、景东文华农场茶厂、澜沧县茶厂、澜沧勐根农场茶厂、澜沧惠民农场茶厂、孟连县茶厂进行卫生注册换证考核和日常监督管理。1998年，在企业的主动申请下，思茅地区进出口商品检验局对思茅玉龙茶厂、云南龙生绿色产业（集团）公司进行茶叶产品卫生注册考核并帮助其获证。2002年后，卫生注册考核工作由云南省局具体组织实施，思茅地区出入境检验检疫局主要实施对获证企业的日常监督和对申请注册企业的咨询指导。截至2007年年末，普洱市共办理茶厂卫生注册登记53家。

2. 白砂糖

1992年12月，为配合云南省轻工厅组织省内生产的白砂糖以边境贸易方式出口俄罗斯，思茅地区进出口商品检验局筹建处配合云南省进出口商品检验局一起对澜沧上允糖厂、澜沧勐滨糖厂、景谷钟山糖厂、景谷永平糖厂、镇沅勐大糖厂、孟连糖厂、江城糖厂进行“出口食品厂库”卫生注册现场考核，考核合格方可出口。1993年，云南省轻工厅首次组织省内生产的白砂糖以边境贸易方式出口俄罗斯。截至2007年年末，普洱市共办理白砂糖厂卫生注册登记12家。

3. 食盐、咖啡

1995年，思茅地区进出口商品检验局对边贸出口食盐生产企业磨黑盐矿和凤岗盐矿进行卫生登记考核并帮助其获得“出口食品生产企业卫生登记证书”。2003—2005年，思茅地区出入境检验检疫局配合云南局完成对思茅澜沧江咖啡公司、思茅阿拉比卡咖啡公司、思茅塞纳咖啡公司的卫生登记考核。截至2007年年末，普洱市共办理咖啡公司卫生注册登记37家。

（三）出口商品质量许可证管理

1993年起，思茅地区进出口商品检验局筹建处对思茅松香厂、普洱松香厂、景谷松香厂、镇沅松香厂、景东松香厂、墨江松香厂6家松香生产企业按《出口商品生产企业质量许可证评分细则》进行换证复审，在生产厂严格实行“认可检验员制度”。根据云南省局要求，此项工作于1997年停止。1994—1995年，思茅地区进出口商品检验局筹建处对原普洱水泥厂、墨江水泥厂实验室按《云南边贸出口水泥生产厂监督管理办法（试行）》进行现场考核，同时对认可检验员进行考核。1996年，思茅地区进出口商品检验局逐步贯彻ISO9000（国际质量管理体系标准）系列标准，依法加强对出口商品生产厂家的监督管理，严格产地检验，以监督管理带动出口商品检验工作向前发展。截至2007年末，普洱市共办理出口商品质量许可证45家。

（四）流通领域执法检查

1993年起，思茅地区进出口商品检验局开始进行进口商品流通领域检验工作。1993—1999年，查获假冒进口的电视机、手表、洗涤用品、音像设备等，工商局配合对这些假冒进口商品进行处理。1999年“三检”合一后，流通领域执法工作由检验检疫监管科负责。执法采取由思茅地区出入境检验检疫局提供技术检验，工商进行处罚的模式。2002年后，国务院通知由各地工商局进行市场管理，思茅地区出入境检验检疫局不再直接面对流通领域进口商品的经营者，而由工商介入市场，以工商委托检验的形式进行流通领域的执法工作。

1. 轮胎

进口及合资品牌较多。经检查，发现有各种进口品牌的假冒进口轮胎和旧胎翻新等，对假冒轮胎给予销毁处理。

2. 进口汽车配件

对普洱市各家汽车修理厂和汽配经销商经营的进口汽车配件进行检查，发现有不同品牌不同种类如刹车片、减震器、滤清器等假冒进口汽配，检验后由工商没收处罚。

3. 手机

2000年后，市场主要进口商品问题出现在手机市场，思茅地区出入境检验检疫局对各种进口品牌的手机进行检验，除主动到手机经销店抽样检验外，也接受消费者的报检。2000—2007年，检出翻新手机、假冒进口手机、走私手机300余部。

4. 食品、化妆品

对经营进口食品、化妆品的9家商店进行进口食品、化妆品登记管理，定期抽查各家食品化妆品的进货渠道，对符合要求的商品加贴标志，清除过期和不合格的食品、化妆品。

（五）报检员和报检单位登记管理

1988年，国家进出口商品检验局下发《关于加强对出口商品受理报验管理的通知》，要求在受理国务院规定的《出口商品分类目录》第一、二类出口商品报检时，凭经贸部明确的出口经营权范围办理，凡未有出口经营权的单位报检的，一律不予受理。1992年，为贯彻国家商检局上述规定，思茅地区进出口商品检验局开始对自营出口报检单位进行登记备案管理。登记备案时，要求报检人提供工商营业执照、进出口经营权批文等相关文件。1995年9月1日起，思茅地区动植物检疫局根据《中华人民共和国进出境动植物检疫法》和《云南省边境口岸进出境动植物检疫办法》的规定，对在辖区内办理进出境动植物检疫的单位实行注册登记和报检员注册登记。2000年，思茅地区出入境检验检疫局启用CIQ2000系统，该系统中设有报检单位数据库。根据国家检验检疫局1999年发布的《出入境检验检疫报检规定》，要求报检单位首次报检前，持本单位工商营业执照、进出口经营权批文和组织机构代码证申请办理登记备案手续，取得报检代码后方能报检，报检单位管理首次实现数字规范化。2002年，国家质检总局发布《出入境检验检疫报检员管理规定》，实行报检员资格全国统一考试制度，规定只有具备报检员资格证并经检验检疫机构审核合格的人员，方可注册成为报检员，从事出入境货物报检工作。同年，思茅地区出入境检验检疫局在孟连办事处举办三检合并后第一期报检员培训班，考试合格者发给报检员证。2005年，报检单位数据清理后，全国联网实行属地备案登记管理。截至2006年，开展辖区内报检员网上注册登记管理工作。同年8月，思茅市出入境检验检疫局本部登记备案属地自理报检单位39家。截至2007年年末，全市网上注册登记报检员26名，网上登记备案报检单位173个。

第三节　进出境动植物检疫及监督

一、进出境动植物检疫

（一）进境植物检疫

1994年，思茅地区动植物检疫局正式开展工作。1995年，思茅地区动植物检疫局开始对进口木材实施检疫。此后，进口木材成为有害生物种类最多、疫情检出率最高的商品。同年，思茅地区动植物检疫局对泰国产龙眼干果实施检疫。此后，龙眼干果成为思茅港进口的最大宗商品，主要流向福建、浙江等省。2000 年，思茅地区出入境检验检疫局对某公司私自从泰国经缅甸运输入境一批乌龙茶枝条事件进行处罚。2001 年，思茅地区出入境检验检疫局对从泰国进口的 2 批乌龙茶苗、四季春茶苗在普洱县凤阳乡进行隔离检疫种植监管。2002 年，思茅地区出入境检验检疫局对一批龙眼干果实施检疫时，截获大量书虱、暹罗谷盗及螨类活虫。是思茅地区出入境检验检疫局首次在进口龙眼干果中检出除书虱以外的其他有害生物。2003 年，思茅地区出入境检验检疫局孟连办事处首次从入境缅甸原木上检出二类检疫性有害生物双钩异翅长蠹活虫。2003—2004 年，从进口木材截获双钩异翅长蠹活虫 8 批（次）。2004 年 9 月，经思茅地区出入境检验检疫局检验检疫合格后，第一批泰国香米经思茅港进口到思茅。截至 2007 年年底，从缅甸、老挝等周边邻国输入的木材中检出有害生物 40 余种。

（二）出境植物检疫

1994 年 6 月，由联合国禁毒署驻缅甸办事处购买的一批柑橘苗、茶树苗经思茅地区动植物检疫局检疫合格后，出口到缅甸，是思茅地区动植物检疫局办理的第一批检疫业务。年内受理报检 6 批（次），全部为出境货物，检出有害生物 2 批（次）。1995 年，思茅地区动植物检疫局首次完成出口泰国的苹果检疫任务。同年，思茅地区动植物检疫局开始对出口泰国的烟叶实施检疫，检出烟草甲活虫。1998 年，思茅地区动植物检疫局多次组织业务人员开展病、虫、杂草普查工作，收集各种病、虫、杂草标本充实实验室。2001 年，思茅地区出入境检验检疫局综合实验室通过西南大区认证实验室考核领导小组组织实施的松材线虫鉴定水平能力验证考核。2002 年 4 月，一批甜玉米经检验检疫合格后出口到日本，是思茅地区首次出口新鲜蔬菜至发达国家。2003 年 11 月，思茅地区出入境检验检疫局对邮寄出境至埃塞俄比亚的 57 种总重量为 3 千克的蔬菜种子实施检验检疫，除芫荽种子带虫外，其余种类全部合格。2004 年 9 月，经思茅市出入境检验检疫局检验检疫合格，澜沧裕岭古茶园开发有限公司生产的一批古茶树绿茶实现对美国出口。2005 年，经思茅市出入境检验检疫局检疫合格的茯苓片首次出口韩国；全年出口茯苓片 2 批 23.6 吨。至年底，茯苓片年出口量 4000 多吨，是思茅地区出口的最大宗植物产品。2005 年 9 月，思茅市出入境检验检疫局综合实验室通过 CNAL（中国实验室国家认可委员会）组织实施的桔小实蝇识别与鉴定能力验证考核。

（三）入境动物检疫

1. 鸡副产品

2002 年，思茅地区出入境检验检疫局对从思茅港进境的鸡副产品鸡爪、鸡翅尖、鸡肚等抽样进行检验检疫。

2. 甲鱼

2004 年，思茅市出入境检验检疫局对思茅海关没收的一批老挝产走私甲鱼抽样送思茅市疾控中心检疫检验。

3. 猪鬃

2004 年，思茅市出入境检验检疫局孟连办事处在勐啊口岸将一批走私入境的 1 吨多猪鬃做不准入境处理。

（四）出境动物检疫

1. 猪

1995 年，思茅地区动植物检疫局开始对出口缅甸佤邦供屠宰用的活猪进行临床检疫，出口活猪主要产地为孟连县及临沧地区云县。

2. 牛

1995 年，思茅地区动植物检疫局首次在思茅港对输出到泰国的活牛进行临床检疫。

3. 鸡

1995 年，思茅地区动植物检疫局开始对出口缅甸佤邦的活鸡进行现场检疫。

4. 皮张

1995 年，思茅地区动植物检疫局对出口泰国的皮张实施现场检疫查验，当年检疫皮张 206 张。截至 2007 年年底，检疫皮张 15146 张。

二、签证通关放行

1994—1999 年，思茅地区动植物检疫局使用的单证主要有《动植物检疫报检单》（进出口货物报检时由货主或报检人填写）、《检疫放行通知单》（受检货物经检疫合格后签发，是放行凭证）和《检疫调离通知》（受检货物需调离海关监管区检疫、处理时签发）。2000 年，思茅地区出入境检验检疫局启用检验检疫证单（简称 CIQ 证单），主要有以下三大类 18 种。证书类：出境植物检疫类 2 种，包括“植物检疫证书”和“植物转口检疫证书”；检疫处理类 2 种，包括“熏蒸 / 消毒证书”和“运输工具检疫处理证书”；入境货物检验检疫类 1 种，“植物检疫证书”。监管类：动植物检疫审批类 1 种，《入境动植物检疫许可证申请表》。凭单类：申请类 2 种，包括《入境货物报检单》和《出境货物报检单》；通关类 3 种，包括用于在本地报关并实施检验检疫的入境货物通关（包括调离海关监管区）的《入境货物通关单》、《云南出入境检验检疫边境贸易入境货物通关单》和《云南出入境检验检疫边境贸易出境货物通关单》（后两种通关单仅适用于云南边境贸易作为海关验放货物的依据）；通知类 4 种，包括《入境货物检验检疫情况通知单》、《检验检疫处理通知书》、《出入境货物不合格通知单》、《云南出入境检验检疫入境货物放行通知单》（该单仅适用于云南各分支局边境贸易）；凭证类 2 种，包括“入境货物检验检疫证明”和《出境货物换证凭单》；验放单 1 种，《云南出入境检验检疫边境贸易出境货物验放单》（验放单仅适用于云南各分支局边境贸易）。同年，思茅地区出入境检验检疫局本部运行 CIQ2000 系统获得成功，实现施检结果登记和证稿拟制、审核、复审、制证等业务的计算机管理，签证放行工作得到进一步加强和规范。截至 2007 年年末，普洱市共办理签证通关 29779 批（次）。

三、监督管理

（一）动植物检疫卫生处理

1995 年，思茅地区动植物检疫局开始在孟连勐啊、芒信查验点对进境车辆进行消毒处理；同年，在思茅港对入境船舶实施消毒处理，全年消毒车辆 6043 辆（次）、船舶 26 艘（次）。同年，思茅地区动植物检疫局开始采取表面喷施杀虫剂的方式，对进口木材实施卫生除害处理；同年，思茅地区动植物检疫局代西双版纳动植物检疫局监管思茅某公司从缅甸入境的水牛。经昆明动植物检疫局动检处抽血检验，发现一头水牛带有兰舌病抗体，思茅地区动植物检疫局与当地农牧部门一起对该病牛进行高温处理。2002 年，思茅地区出入境检验检疫局开始对出口日本的小粒种咖啡豆实施磷化铝熏蒸处理。2003 年“非典”大爆发，思茅地区出入境检验检疫局在主要口岸通道对进境车辆实施整车消毒处理，对车厢内喷施过氧乙酸，车厢外喷施消毒灵。

（二）植物危险性病虫害监控

1996年，思茅地区动植物检疫局开始使用地中海实蝇引诱剂和Steiner诱捕器，在思茅城郊、思茅港和孟连县城的果园、菜地进行地中海实蝇监测。1999年起，思茅地区动植物检疫局增加桔小实蝇引诱剂、瓜实蝇引诱剂和蛋白诱饵（使用Mcphail诱捕器）等进行检疫性实蝇监测工作。通过监测诱集到离腹寡毛实蝇属的桔小实蝇、瓜实蝇、南瓜实蝇、具条实蝇和辣椒实蝇5种实蝇。在孟连县和思茅港两地均以桔小实蝇为优势种群，在思茅城附近郊区则以瓜实蝇种群占优。截至2005年年底，尚未诱集到地中海实蝇。

（三）突发性动植物疫情处理

1996年1月，澜沧县城所在地勐朗坝发现水牛口蹄疫。思茅地区动植物检疫局参与澜沧县政府的防治工作，在勐啊通道对进境车辆进行预防性消毒，在相关通道先后阻截140余头牛、3个批（次）的牛皮非法入境，对紧急滞留在澜沧县城的34头黄牛采取隔离观察近60天，直到澜沧县政府解除禁令。1998年，思茅地区动植物检疫局对某公司从泰国走私入境并已种植的一批柚子苗抽样送昆明动植物检疫局植检处进行检疫，发现带有二类植物检疫病害柑橘溃疡病，遂对该批柚子苗进行拔除集中烧毁处理，并对该公司作出罚款1万元的行政处罚。2000年，缅甸口蹄疫爆发流行，思茅地区出入境检验检疫局与孟连县畜牧局、工商局一起在景信乡那勒村设立口蹄疫防疫点，严防偶蹄类动物及其产品运入内地，并对开往澜沧方向的车辆实施消毒处理。2003年9月，老挝、缅甸等周边邻国爆发大规模小反刍兽疫疫情，思茅地区出入境检验检疫局积极采取应对措施。2004年，高致病性禽流感（H5N1型）疫情在全球肆虐，思茅市出入境检验检疫局严格执行禁止一切禽类及其产品出入境的有关规定，暂停向缅甸佤邦输出活鸡、鸡蛋、冰鲜鸭等商品。2005—2007年，普洱市未发生突发性动植物疫情。

第四节　国境卫生检疫及监督管理

一、边境口岸卫生检疫

（一）出入境人员卫生检疫

1996年起，思茅地区卫生检疫局开始实施出入境人员卫生检疫，主要对象是对经常出入境的人员进行健康体检及传染病监测，监测项目为HIV、HBsAg、性病、疟疾等，并对短期出入境人员实施主权检疫。

1996—2007年普洱市入境人员卫生检疫数量和检出情况表

表27-12　　单位：人

项目/年份	出入境人员卫生检疫		检出情况			
	健康体检	主权检疫	HIV	HBsAg	性病	疟疾
1996	1544	1919	—	2	—	—
1997	7227	28962	3	3	6	5
1998	3185	2802	—	1	6	—
1999	262	24624	—	—	—	—
2000	98	66371	1	4	2	—

续表 27-12

年份＼项目	出入境人员卫生检疫		检出情况			
	健康体检	主权检疫	HIV	HBsAg	性病	疟疾
2001	155	51479	—	—	—	—
2002	665	67644	—	15	3	—
2003	147	114143	—	—	—	—
2004	382	150429	—	3	—	—
2005	159	109251	5	7	—	—
2006	3180	109496	38	221	31	—
2007	3733	86556	23	174	14	—

（二）出入境交通工具卫生检疫

1996 年起，思茅地区卫生检疫局开始实施出入境交通工具卫生检疫，主要是对口岸出入境交通工具实施卫生检疫和对入境交通工具实施卫生处理。

1996—2007 年普洱市出入境交通工具卫生检疫数量表

表 27-13　　单位：辆（艘）

年份＼项目	出入境交通工具			
	汽车	拖拉机	摩托车	船舶
1996	1056	168	288	15
1997	7290	—	—	51
1998	5778	—	—	26
1999	6474	—	—	31
2000	21662	—	—	34
2001	20282	—	—	47
2002	18365	—	—	179
2003	26581	—	—	89
2004	27807	—	—	36
2005	23092	—	—	—
2006	25767	—	—	—
2007	20209	—	—	—

（三）口岸出入境尸体、棺柩、骸骨检验检疫

1995 年起，孟连口岸对入境尸体、棺柩、骸骨开始实施检验检疫，一般采取境外就地火化后在入境口岸接受检疫查验和进行必要的卫生处理，合格后骨灰准许入境。如需将尸体承运入境进行火化，必须提前向口岸检验检疫部门申报，经批准后，代理人或承运人必须提供符合以下要求的材料证明：提供具备合法的中国国籍的证明、缅甸佤帮官方医院签发的非因传染病死亡的死亡报告、佤帮公安部门签发的意外死亡证明、死者的有效身份证明复印件。入境火化尸体还须同时满足下列条件：在境外非因检疫传染病、疑似检疫传染病、不明原因的疾病及对人类生命健康威胁极大的烈性传染病而死亡；尸体死亡时间短，未发生腐烂，未发出异味；经检验检疫流行病学调查属于非传染

病方可入境；尸体入境后必须由思茅地区澜沧县殡仪馆运尸车运送到澜沧县火化厂火化。截至2005年，检疫查验合格入境尸体35具。

二、监督管理

（一）传染病监测

1996年，对1544人开展健康体检及传染病监测。其中，思茅港对163名国际航运船员进行体检及传染病监测；思茅地区卫生检疫局本部对209人（常驻思茅外籍人员33人、劳务101人、经商75人）进行健康体检，检出HBsAg阳性2例；孟连对1172名出入境人员开展健康体检及传染病监测。对3232名出入境人员实施预防服药。1997年，对7258名出入境人员进行健康体检及传染病监测。其中，思茅港对218名国际航运船员进行体检，查出疟疾5例；孟连对5699名出入境人员进行体检及传染病监测；思茅地区卫生检疫局本部对1341名（外籍人员62人、中国籍1279人）出入境人员进行体检和传染病监测，查出HIV3例（外籍人员）、HBsAg3例、淋病6例。对7250名出入境人员实施疟疾预防服药。1998年，对3185名出入境人员进行健康体检及传染病监测。其中，思茅港对125名国际航运船员进行体检；孟连对3060名出入境人员进行体检及传染病监测，查出HBsAg1例、性病6例。对125名船员进行疟疾预防服药。1999年，对262名出入境人员进行健康体检及传染病监测。2000年，对98名船员进行健康体检及传染病监测。2001年，对155名出入境人员进行健康体检及传染病监测。2002年，对665名出入境人员进行健康体检及传染病监测，检出性病3例、HBsAg15例。2003年，对147名出入境人员进行健康体检及传染病监测。2004年，对382名出入境人员进行健康体检及传染病监测，检出HBsAg3例。2005年，对159名出入境人员实施健康体检及传染病监测，检出HIV5例（中国籍1例、外籍4例）、HBsAg7例。2006年，对1794名出入境人员进行健康体检及传染病监测，检出HIV感染者23例，送省局确认10例。2007年，对1593名出入境重点人员进行健康体检和传染病检测，共检测出HIV-1抗体阳性23例（中国籍14例，缅甸籍9例），经省局国际旅行保健中心艾滋病确认实验室确认为阳性；HBsAg检测阳性134例（中国籍110例，缅甸籍24例）；梅毒检测阳性12例（中国籍11例，缅甸籍1例）；丙肝检测阳性27例（中国籍18例，缅甸籍9例）。

（二）口岸卫生监管

1997年，在思茅港举办从业人员培训班1期，为餐馆、旅店、歌舞厅办理卫生许可证15份，对32名饮食服务从业人员进行健康体检；对20名歌舞厅女服务人员进行体检及传染病监测，检出淋病6例。1998年，为思茅港港区内饮食服务行业办理卫生许可证12份；对50名饮食服务从业人员进行健康及传染病监测；检查商店19家、歌舞厅18家、饮食摊点17家、宾馆酒店8家、发廊3家。1999年，为思茅港港区内饮食服务行业办理卫生许可证21份，对32名饮食服务从业人员进行健康体检及传染病监测。2000年，对思茅港港区31名饮食服务从业人员及歌舞厅女服务人员进行健康体检及传染病监测。其中，检出歌舞厅女服务人员HIV阳性1例，性病2例。2001年，对思茅港港区饮食服务行业开展卫生检查监督，办理卫生许可证35份，对45名饮食服务从业人员及歌舞厅女服务人员进行健康体检及传染病监测。2002年，对思茅港港区饮食服务行业开展卫生检查，办理卫生许可证59份，对63名饮食服务从业人员进行健康体检和传染病监测，对27名歌舞厅女服务人员进行健康体检及传染病监测，检出性病3例。2003年，对思茅港港区饮食服务行业开展卫生检查，办理卫生许可证34份；对46名饮食服务从业人员进行健康体检和传染病监测。2004年，对思茅港港区饮食服务行业开展卫生检查，办理卫生许可证32份；对40名饮食从业人员及歌舞厅女服务人员进行健康体检及传染病监测。2005 年，因景洪修筑小白塔电站，思茅港停航，思茅港办事处撤离思茅港，港区卫生监督工作移交思茅市卫生监督所。

（三）病媒生物监测

1998 年 6 月至 2004 年 10 月，在思茅地区所辖孟连口岸、思茅港口岸及澜沧县开展病媒昆虫、啮齿动物调查工作，调查结果如下：蚊虫类，按蚊亚属，嗜人、带足、中华、须喙、林氏巨型按蚊贝氏亚种、孟加拉 7 种按蚊。塞蚊亚属，乌头、库态、告甫、微小，大劣棋斑、环斑、交斑、菲律宾、威氏、伪威氏、美彩、浅色、迷糊、克氏、可赫 16 种按蚊；伊蚊族，棘刺、日本、白纹、亚白斑、哈维、金线、大森、银雪、园斑、石穴、侧白、金条伊蚊卡那拉亚种、刺管、台湾、乳点、钟点、显著、云南、阿萨姆、尖斑、刺扰、白点、坚鳞 23 种伊蚊；库蚊族，小型、纹腿、迷走、孟加拉、致倦、白雪、须喙、平脊、三带喙、斑翅、白顶、棕头、棕盾、哈氏、褐尾、贪食、黑美、小斑翅、麻翅、短须、环带、五指、白胸、类斑翅、思茅、马来、蓝氏、伪杂鳞 28 种库蚊；阿蚊族，达勒姆、黄色、骚扰、五指 4 种阿蚊；巨蚊属，黄边、华丽、紫腹、台湾 4 种巨蚊。蚊族，肘喙、灰唇〈钩蚊〉、林氏、曲端〈局限蚊〉、竹生、印度、蛛形〈杵蚊〉7 种；曼蚊族，常型曼蚊 1 种；监带蚊族，新糊、巨型 2 种监带蚊。脉毛蚊族：银带脉毛蚊 1 种；直脚蚊族，类按直脚蚊 1 种。其中，与人类关系较为密切的种类有：按蚊，大劣、微小、中华——疟疾传播媒介；按蚊，中华——丝虫重要传播媒介；库蚊，致倦库蚊——班氏纯正虫、流行性乙型脑炎传播媒介；三带喙库蚊——病毒性乙型脑炎传播媒介；白纹伊蚊——乙型脑炎重要传播媒介。啮齿动物类：黄胸鼠、大足鼠、斯家鼠、针毛鼠、白胸巨鼠、板齿鼠、大绒鼠、小家鼠、锡金小鼠、小泡家鼠、赤腹家鼠、侧纹松鼠、波氏长吻松鼠、银星竹鼠、云南鼯鼠、云南大鼯鼠、大臭鼩、小臭鼩、树鼩。与人类关系较为密切的有黄胸鼠、褐家鼠、斯氏家鼠、小家鼠、锡金小鼠——传播鼠疫病。2002—2004 年，为建立思茅局标本室，思茅出入境检验检疫局在云南省疟疾防治研究所有关专业人员协助下，在思茅、西双版纳两地州境内开展蚊虫采集、标本制作及标本图片摄制，采集蚊虫标本及制作图片 90 余种，并为大连局提供近百套采集制作的蚊虫标本（每套有近 50 个蚊种）。

第五节　重大商品案件查获及处理

一、进口商品案件查处

1993 年 8 月，云南外贸 ×× 进出口公司的一批棉纱在监装过程中发现有包装破损，棉纱短少的情况，思茅港办事处查验人员要求商家把破损包装整理好后准许装船，并出具短少货物商检证明书，及时帮助商人挽回经济损失。2000 年 7 月 2 日下午 5 时 30 分，思茅地区出入境检验检疫局芒信查验点工作人员在一入境车辆上查获孟连县一农民从缅甸收购的牛皮 31 张，当即向其宣传《中华人民共和国进出境动植物检疫法》和国家有关严禁此类产品入境的政策规定，并做退出境外处理；同日晚 11 时 30 分，货主换车又企图将退出境外的 31 张牛皮偷运入境，被思茅地区出入境检验检疫局芒信查验点工作人员当场截获后全部扣留。同年 8 月 31 日下午 6 时 30 分，思茅地区出入境检验检疫局芒信查验点工作人员从入境的一辆中巴车上截获非法入境鲜牛皮 4 张。检验点工作人员在请示局领导后向货主宣传有关出入境检验检疫政策、法规，并对以上货物做没收烧毁掩埋处理。2003 年 4 月 10 日，思茅地区出入境检验检疫局孟连办事处勐啊查验点查获一批境外偷运入境的“洋垃圾”，货物共计 97 袋约 2 吨，是庞某从境外收购的废旧塑料制品，其中有大量医用针头、医用塑料针管、输液管/袋等废弃的医疗用品，准备销往内地。孟连办事处针对这一情况，向思茅地区出入境检验检疫局主管领导做汇报后，汇同环保、工商等有关部门，按国家有关规定进行查处，销毁该批“洋垃圾”。同年11月21日早上，思茅市出入境检验检疫局孟连办事处接到群众举报，有不法商人自境外将中国严令禁止入境的盐渍牛皮非法走私入境，孟连办事处立刻组织力量，在武警、海关相关部门配合下，对该批货物进行截堵，在离边境线20千米处截获盐渍牛皮280张，经取证调查清楚后，对该批非法走私入境的盐渍牛皮实施消毒处理，根据《中华人民共和国进出境动植物检疫法》对当事人进行行政处罚，并责令当事人在工作人员的监管下把盐渍牛皮全部退出境外。

二、出口商品案件查处

1993年7月29日，思茅港商检办事处在思茅港查货时发现××综合服务公司出口缅甸的“广东×××集团公司”生产的罐装饮料共100件×24瓶中有27件640听易拉罐饮料存在空罐、胖听、无拉手、半罐等质量问题，工作人员对其进行查封，并将情况报告思茅商检局，最后通知厂家来处理。同年9月9日，广东×××集团公司质检科科长邓瑞文和广东商检局食检处副处长黄典仲前往思茅港进行处理。在商检办事处人员的配合下，分析造成质量事故的原因，并赔偿全部损失。1994年，在澜沧、孟连口岸查获蒙自“××牌”电池1100箱，货值9.68万元，因仓储问题引起电池发生漏液、变形，商检办事处对“××牌”电池出具不合格通知单。在孟连口岸查获××牌宫桂酒10箱，发现酒液内有苍蝇和其他昆虫，条形悬浮物；在西盟口岸查获假“红梅”卷烟和用水直接勾兑食用酒精的假白酒，商检办事处对以上产品做没收、销毁处理。同年9月，思茅地区进出口商品检验局在检验一批出口缅甸的葵花籽时，发现杂质、灰分严重超标，通过理货，用风车筛选经检验合格后装船，保证货到境外一次交货成功。1995年1月9日，在孟连××商店抽样发现普洱××酒厂1994年11月24日生产的木瓜酒里存在摇不散的恶性杂质及悬浮物，销毁存货20箱。同年1月16日，在孟连芒信口岸查获××经营部“××”啤酒25件600瓶，啤酒内部有混浊沉淀物并已超过保质期66天，做全部没收处理，对该经营部库存的45件有同样问题的啤酒进行查封，对经营部负责人进行严厉批评，责令经营部退还外商全部货款，查处的过期“××”啤酒除保留样品外，全部作销毁处理，查处情况报思茅局。1996年3月中旬，在孟连芒信口岸查获澜沧××食品饮料厂生产的麦精啤露、澜沧××饮料厂生产的水蜜桃饮料有严重沉淀物和恶性杂质，当场扣留销毁。同年3月25日，孟连办事处在孟连口岸对外贸易商行、商号抽查检验时发现，云南昆明×××啤酒厂1996年3月3日—19日生产的啤酒，存在液内有悬浮物、玻璃碎片、小颗粒及混浊、沉淀等严重质量问题，并扩大抽样范围，结果不合格13.84%。办事处立刻将情况汇报思茅地区进出口商品检验局。1999年1月10日，孟连商检办事处在检验一批200箱×12瓶出口雪碧饮料时发现内装液体有问题。经检验，雪碧饮料瓶内液体为醇酸酐，办事处立刻把这一情况报告思茅地区进出口商品检验局，并把该批化学药剂移交孟连海关监管处理。同年2月28日，在芒信口岸查货时发现4箱×28包广西产鲜椰提子圈饼干已过保质期，当场没收销毁，当事人做教育处理。2004年2月26日，查获非食用洗涤剂500千克（洗衣粉），无产地、无标识、无品名，属假冒伪劣商品，一次检验不合格，不准出境。同年8月28日，查获食品500千克，包装破损，一次检验不合格，不准出境。同年8月30日，查获食品2000千克，内有异物，一次检验不合格，不准出境。同年10月14日，查获蚕豆种子700千克，发现有活体绿豆象及其他害虫，且严重发芽，一次检验不合格，不准出境。2006年1月，孟连商检办事处在口岸查处一批出口缅甸的“黑心棉被”210床，联合地方有关部门依法进行公开曝光和公开销毁。

第六节 实验室建设和科研工作

一、实验室建设

1992 年 7 月，思茅地区进出口商品检验局筹建处利用租赁的房间，因陋就简改造后组建化学实验室，围绕当时思茅地区的主要出口商品松香、茶叶、白砂糖、啤酒的开验配备检验仪器设备、设施；派出检验员到昆明培训；收集相关产品的检验判定标准和检验记录。同年 11 月，实验室开始出口商品的检验工作。1996 年，思茅地区卫生检疫局建立人员体检室，开展 HIV、乙肝、梅毒、淋病快速检测、疟疾检验等项目的检疫工作。1998 年，思茅地区动植物检疫局建立植物检疫实验室，开展大米、龙眼干、木材、烟叶等进出境植物产品有害生物的检疫工作。1999 年 10 月，思茅地区进出口商品检验局综合检验实验室、思茅地区卫生检疫局实验室和思茅地区动植物检疫局植物检疫实验室合并，组建成立思茅地区出入境检验检疫局检验检疫综合实验室（由综合商品检验实验室、植物检疫实验室、HIV 初筛实验室组成），隶属思茅地区出入境检验检疫局综合技术服务中心管理，定位为第三方检测机构，配备有同检测任务相适应的分析检测仪器，设备总值近 100 万元，实验室面积 670 平方米。2000 年 6 月 1 日，思茅地区出入境检验检疫局综合实验室按〔ISO/IEC 指南 25：1990〕的要求建立并实施质量管理体系（范围覆盖商品实验室），编制实验室质量管理体系文件（A 版），并于 2002 年通过中国实验室国家认可委员会考核获得“中国国家实验室计量认证证书”。2003 年 6 月 1 日，按 CCIBLAC/AC01-00《检测和校准实验室认可准则》、IDT〔ISO/IEC17025：1999〕《检测和校准实验室能力的通用要求》建立并实施质量管理体系（范围覆盖商品实验室），编制并运行实验室质量管理体系文件（B 版）。2005 年 10 月 10 日起，按照 CNAL/AC01：2005 IDT ISO/IEC17025：2005“检测和校准实验室认可准则”要求建立并实施实验室管理体系（范围覆盖商品实验室、HIV 初筛实验室、植物有害生物检疫鉴定），编制并发布实验室管理体系文件（C 版）。在 C 版管理体系文件有效运行的基础上，思茅市出入境检验检疫局综合实验室正式向中国国家实验室认可委员会提交“实验室认可申请”和“实验室计量认证复评审申请”。2006 年 3 月 13 日—14 日，思茅市出入境检验检疫局综合实验室通过中国国家实验室认可委员会专家组的现场评审。2007 年 7 月 18 日，普洱市出入境检验检疫局启动对综合实验室的改造工程；至同年 9 月 12 日，普洱市出入境检验检疫局综合实验室增设完成植物标本室、养虫室，完善实验室的基础配套设施，实验室的检测能力明显提高。

二、科研工作

2001 年起，思茅地区出入境检验检疫局牵头联同相关部门专业技术人员，探索口岸及边境沿线的蚊虫种分布、生态、习性、虫媒病毒与虫媒疾病关系的调查研究，采集 110 个蚊虫种类制作并完成 110 个蚊虫种类的彩色图鉴，该成果尚属国内首创，此项课题获国家质检总局科技成果二等奖。2004 年，思茅市出入境检验检疫局参与完成国境口岸疟疾疫情监测规程，获云南出入境检验检疫局科技兴检一等奖。2001—2007 年，普洱市出入境检验检疫局为国家局、省局及全国兄弟局输送若干蚊虫标本及彩色图鉴，同时在本局建立较为规范的图文、实物并茂的标本室 3 个。

第二章　海　关

第一节　机　构

一、思茅海关

1993 年，国家在澜沧江上设立思茅港和景洪港，设立海关边防检查站等联检部门。为配合思茅港的建设和管理，昆明海关下发《关于成立思茅海关筹备组的通知》，批准成立思茅海关筹备组，从孟连海关抽调时任孟连海关关长的赵荣信到思茅负责思茅海关的筹备工作。同年 9 月 7 日，中华人民共和国思茅海关筹备组在思茅成立。同年 9 月 25 日，思茅海关筹备组在思茅正式挂牌办公（暂租南亚公司房屋临时办公）。同年 12 月 22 日，思茅地区行署在思茅人民东路中段划出 10 亩土地作为海关建设用地。1999 年 12 月 22 日，思茅海关在思茅地区出入境检验检疫局卫检楼（借用办公地点）正式挂牌成立，内设办公室、业务科和调查科，规格正处级，直属昆明海关管辖。核定人员编制 40 名，设关长 1 名，副关长 2 名，科级领导职数 3 名。2001 年 1 月 1 日，思茅海关按照海关总署《通关作业改革指导方案》和《昆明海关关于隶属海关内设科级机构的通知》要求，对内设机构进行重新调整，调整后的思茅海关仍为正处级单位，原业务科分设为通关业务科和监管科。设关长 1 名，副关长 1 名，科级领导职数 4 名。同年 3 月，根据海关总署要求，报经昆明海关批准，思茅海关内设兼职纪检监察员。2005 年 5 月，思茅海关首次向社会聘请 8 名廉政义务监督员，对思茅海关关员在业务执法和生活廉政等方面进行监督。同年 6 月，根据《国家公务行为规范》《海关内务规范》《昆明海关关于加强“八小时以外”管理的若干规定（试行）》，思茅海关结合实际制定《思茅海关关于“八小时以外”管理的实施细则（试行）》，加强对关员“八小时以外”的管理。同年 7 月 20 日，思茅海关成立缉私分局，在昆明海关缉私局领导下隶属于思茅海关。2006 年 6 月，根据《昆明海关关于部分科级机构调整整合的通知》要求，思茅海关监管科、通关业务科、稽查科融合为综合业务科，融合后的思茅海关仍为正处级机构。此后，思茅海关内设科室为办公室和综合业务科。核定人员编制 25 名，设关长 1 名，副关长 2 名，科级领导职数 6 名。2007 年年末，实有职工 25 名。

1993—2007 年思茅海关领导任职表

表 27-14

单位	姓名	性别	民族	籍贯	职务	任职时间
思茅海关	赵荣信	男	佤	云南孟连	筹备组负责人	1993.3—1994.7
	吴一平	男	拉祜	云南景谷	筹备组负责人	1994.7—1999.12
					副关长	1999.12—2001.7
					关　长	2001.7—2003.3
						2005.7—2007.12

续表 27-14

单位	姓名	性别	民族	籍贯	职务	任职时间
思茅海关	张江晋	男	汉	山西	关　长	2003.4—2005.6
	陈树森	男	汉	—	副关长	2002.4—2004.3
	张思保	男	汉	云南个旧	副关长兼缉私分局局长	2004.3—2007.12
	刘灿金	男	汉	云南鹤庆	副关长兼缉私分局局长	2006.6—2007.12
	张聚庚	男	汉	河北	纪检监察特派员	1999.3—2002.4
	杨清渊	男	汉	云南腾冲	纪检监察特派员	2002.4—2003.6
	飘　查	男	哈尼	云南勐腊	纪检监察特派员	2003.6—2004.8
	杨　凤	女	汉	云南曲靖	纪检监察特派员	2004.8—2006.8
	徐开良	男	汉	云南景东	纪检监察特派员	2006.8—2007.12

二、孟连海关

1985 年 2 月 18 日，孟连海关更名为“中华人民共和国孟连海关”，规格正科级，行使部分处级关权限，设业务股、调查股、秘书股。核定人员编制 16 名，设关长 1 名，副关长 1 名。1988 年 1 月 1 日起，根据《中华人民共和国海关法》的有关规定和昆明海关《关于调整中缅（老）边境海关隶属关系和职责权限》的通知，孟连海关开始行使“中心海关”职权，管辖勐腊、打洛海关的行政事务。1990 年，孟连海关“中心海关”职权取消，管辖范围调整为整个思茅地区。1998 年，根据《海关总署关于同意调整孟连海关机构的批复》，孟连海关升格为副处级关。核定人员编制 20 名，设关长 1 名，副关长 2 名。1999 年 12 月 22 日，思茅海关成立，孟连海关管辖范围调整为思茅地区孟连县、澜沧县、西盟县。2001 年 1 月，根据通关制度改革和机构改革方案，孟连海关撤销原业务科，成立通关科和监管科。2005 年，根据《海关总署关于印发〈调查部门职能配置和机构设置调整方案〉的通知》，孟连海关撤销原调查科，成立稽查科。同年 7 月，根据《海关总署缉私局关于同意调整昆明海关缉私局科级机构设置有关问题的批复》，孟连海关正式成立缉私科，并在孟连海关、思茅海关缉私分局的领导下开展业务工作。截至 2007 年年底，孟连海关内设办公室、通关业务科、监管科、缉私科，实有干部职工 30 名。辖区为普洱市孟连县、澜沧县、西盟县，含 1 个国家二类口岸（孟连口岸）和 2 条指定通道（勐阿、芒信通道）和 12 条非指定通道（澜沧县阿里、雪林、南段通道，孟连县班顺、勐马、公信、富岩通道，西盟县大黑山、岳宋、力所、翁嘎科、新厂通道），2 条指定通道派员驻点监管。

第二节　税收征管

一、思茅海关税收征管

2000 年 3 月 2 日，思茅海关办理的第一票对外进口业务是江城云亚商行从老挝进口的西南桦原木 1000 立方米，价值人民币 55 万元，征收税款 3.58 万元；同月 23 日，办理的第一票对外出口业务是西盟县云岭商行经思茅港出口思茅产东海啤酒 4000 件 30.7 吨（免税）。同年，根据国家有关规定，为彻底铲除“金三角”地区罂粟种植，切断毒品来源，国家禁毒组织在联合国禁毒署指导下，与当地政府合作在缅北和老北地区推行罂粟替代种植业务，并将其生产的部分农产品返销国内。海关对返销国内的替代种植项的农产品给予免税待遇。开关后至 2001 年通关作业改革前，思茅海关基本按照传统方式接受进出口企业申报，并对进出境单证进行审核。2006 年 3 月 8 日，思茅海关首次办理由思茅江城力量生物制品有限公司从老挝通过罂粟替代种植项下进口的甘蔗2037吨。同年，办结该公司本年度进口罂粟替代种植项下甘蔗的免税指标19977吨，开具减免税证明10份，免税额111.01万元（减免关税62.37万元、减免增值税48.64万元）。2007年，思茅海关征收税款129.08万元，同比增长574%。其中，关税2.19万元，增值税126.9万元。办理进出口报关单116份，同比增长128%。其中，进口报关单65份，出口报关单51份。

2000—2007年思茅海关税收一览表

表27-15　　单位：人民币／万元

年份	关税	同比%	增值税	同比%	总额
2000	117.42	—	94.44	—	211.86
2001	33.14	-71	34.49	-63	67.63
2002	450.26	1258	369.71	971	819.97
2003	328.35	-27	361.05	-3	689.4
2004	80.34	-76	161.94	-55	242.28
2005	2.66	-97	5.90	-96	8.56
2006	2.24	-16	18.82	219	21.06
2007	2.18	-3	126.9	57	129.08

二、孟连海关税收征管

1979年后，海关工作方针改“防范为主”为“促进为主”，关税工作按“依率计征、依法减免、严肃退补、及时入库”的原则进行征管。1982年，孟连海关征收进出口关税2.53万元，代征工商统一税952元。1986年12月，国务院关税税则委员会根据国内外价格变化和对外经济贸易发展的需要，调整81种商品的进出口税率，孟连海关调低进口商品税率64种（包括新调低税率的22种商品），1986年和1987年继续减免4种。1986年，只对中央计划内进出口免税。1987年，对地方进出口也予以减免38种，出口税由22种减少到7种；但对生丝开征出口税，税率30%，调整后的进出口税率于1987年1月1日起施行。同年6月5日，国务院关税税则委员会又作出《关于调整12种商品进出口关税税率》的通知，属于国家在短期内尚不能迅速发展并满足需要的钢、铅、锌废料、骨粉、硫酸铜等6种原材料，予以调低进口关税；属于国内已能生产、质量基本过关、国内外差价较大的6种商品，调高进口关税，调整后的税率于1987年7月1日起施行。1988年5月，为支持云南外向型经济的发展，昆明海关摘发《海关现行有关税收优惠政策》的通知，对技术改造、科教用品、利用外资、保税制度等方面的税收政策给予优惠。1989年，孟连海关围绕“促进为主、文明把关”的方针，对有税需征的进出口货物进行重点管理。全年征收关税1.81万元、增值税7.69万元。1991—1998年，孟连海关征收关税635.22万元。1998年，受东南亚经济危机及自然灾害影响，作为孟连海关主要税源商品，由思茅港进口的龙眼干颗粒未进；年初，孟连海关作出正确预测，将税收重点放到孟连口岸，并强化税收管理，对进口应税货物采取严格的先税后放政策。2001年，实施通关业务改革以来，孟连海关严格执行“依法征缴、依率计征、依法减免、及时入库”的工作方针，正确归类，严格审价，杜绝执法偏差，防止税收流失。年内，进口木材比2000年增长2倍—3倍，且高档木材的比重与2000年相比有大幅提高，占全年税收一半以上。全年征收税款433.33万元。2005年，由于境外局势发生变化，出现大批货物突击进口情况，孟连口岸税收大幅攀升。孟连海关制定《孟连海关综合治税联合专项行动七项措施任务分解表》，采取延长监管点工作时间，实行节假日预约值班、加班制度，运用 H2000 现场值班系统，完善内部作业操作程序，开展价格调研、价格质疑、价格磋商，开展专项、常规稽查，风险布控，与有关部门加强联系配合，送政策上门服务等方式，加强税收征管，杜绝税款的“跑、冒、滴、漏”，确保应收尽收，完成全年税收任务。全年征收税款 1643.23 万元。2006 年，受云南省政府暂停滇缅木材、矿产品贸易政策的影响，税款征收前高后低；78% 的税款均为暂停滇缅木材、矿产品贸易前征收的。全年仅征收税款 1268 万元。2007 年，孟连海关坚持以税收为“轴心”，加强业务建设和重点税源渠道的管理，全年征收税款 1544 万元。

1978—2007 年孟连海关税收一览表

表 27-16　　单位：人民币 / 万元

年份	关税	同比 %	其他税款	同比 %	总额
1978	—	—	—	—	—
1979	—	—	—	—	—
1980	2.27	—	—	—	—
1981	1.38	—39	—	—	—
1982	2.53	83	0.09	—	2.62
1983	3.3	30	0.13	44	3.43
1984	2.78	−15	0.15	15	2.93
1985	21.19	662	0.42	180	21.61
1986	21.43	1	1.14	171	22.57
1987	5.96	−72	4.43	288	10.39
1988	3.42	−42	5.06	14	8.48
1989	1.58	−53	7.77	53	9.35
1990	0.23	−85	6.92	−10	7.15
1991	0.37	60	10.51	51	10.88
1992	5.21	1308	6.11	−41	11.32
1993	0.48	−90	2.55	−58	3.03
1994	189.51	39381	74.76	2831	264.27
1995	8.65	−95	10.55	−85	19.20
1996	77.38	794	39.74	276	117.12
1997	47.58	−38	76.28	91	123.86
1998	15.68	−67	69.86	−8	85.54
1999	48.7	210	150.1	114	198.8
2000	1.95	−95	110.83	−26	112.78
2001	1.72	−11	431.61	289	433.33
2002	2.20	27	1009.66	133	1011.86
2003	40.63	1746	1264.93	25	1305.56
2004	31.11	−23	1389.46	9	1420.57

续表 27-16

年份	关税	同比 %	其他税款	同比 %	总额
2005	40.36	29	1602.87	15	1643.23
2006	66	63	1202	−25	1268
2007	66	0	1478	22	1544

第三节　通关监管

一、思茅海关通关监管

2000 年开关之初，按属地管理原则，思茅海关接收从孟连海关移交的外资、大贸和边贸企业 13 户，同时在思茅海关备案注册的企业有 4 户。由于思茅海关所处地理位置（二线）的特殊性，开关之初办理的业务主要是通过孟连、打洛、勐腊等口岸货物进行转关，或是从江城非指定通道进口木材、藤条等。开关后，思茅海关的监管业务主要以思茅港为主，对江城非指定通道主要采取临时派员实地监管的方式进行。思茅港进口货物以龙眼干、菠萝干、香蕉干、冻鸡爪、红毛丹罐头、玉米罐头及天然橡胶为主；出口货物以鲜苹果、土豆、活牛等为主。最初对思茅港的监管主要采取“办公室—口岸通道”两点式监管模式，并根据季节变化在丰水期派驻监管组，以保证进出思茅港的货物得到有效监管。在对沿江船舶的管理上基本沿用制作“关封”，随船携带“以货物为主的转关管理”模式。随着中、老、缅、泰“四国通航协定”签署（2000 年 4 月 20 日签署），“以货物为主的转关管理”模式越来越不适应澜沧江—湄公河沿岸经济发展的需要。2001 年 7 月，由昆明海关监管处牵头，思茅、版纳、勐腊海关经过调研考察制定《昆明海关对澜沧江湄公河国际航行船舶及所载货物、物品监管的操作规程》，从船舶的登记备案、船舶进出境的监管到进出境人员携带的物品以及海关对进出境货物的监管等方面进行严格的限定和规范，同时进一步简化通关手续，实行“一次报关、一次查验、一次放行”的“直航式”管理。至此，思茅海关不再是“二线海关”，具有对进出境的国家一类口岸管理的各项功能。《操作规程》实施后，为在澜沧江—湄公河国际航行的船舶和进出口企业进出思茅港提供方便，增加了思茅港的货物进出量。仅 2001 年 10 月—12 月至次年 1 月（枯水期）的 4 个月中，思茅港进出货物 975 吨，比上年同期增长 165.67%。其中，进口 403 吨，增长 44.44%；出口 572 吨，增长 5.5 倍。思茅港呈现船舶争相靠岸，车辆成行装卸，码头人员拥挤，货物进出两旺的繁荣景象。2004 年 2 月 8 日，思茅海关在总关技术处和版纳海关技术科的支持下，完成 H2000 业务用机的安装调试工作，在总关（审单中心）、大本营、口岸之间通过预录入，从接单审核到征税放行全程实现电子化管理，提高通关速度和审单质量。2005 年年初，思茅港因建景洪小白塔电站而停航后，思茅海关的业务工作主要转向江城各非指定通道。江城非指定通道有不定期的少量零星货物进出，进口货物有木材、藤条等，出口货物有日用百货、农具等。思茅海关根据辖区特点，按照“管得住、通得快”和“有效监管、高效运作”的原则，及时制定监管办法，兑现服务承诺，实行 24 小时预约通关，确保口岸进出境货物有序、快速通关。同年 3 月，思茅海关与江城县经贸局签订《临时委托监管协议书》，对江城县境内的龙富、大寨、勐康 3 个非指定通道实行委托监管，并于次年起派员到勐康通道巡回监管。2007 年，思茅海关共监管进出口货物总量 6.09 万吨，同比增长 100%。其中，进口货物总量 6.03 万吨，出口货物总量 0.06 万吨。进出口货物总值 3350.41 万元（其中，进口货物总值 2843.93 万元，出口货物总值 506.49 万元），同比增长 241%。

2000—2007 年思茅海关监管业务统计表

表 27-17

项目 年份	货物总量（吨）	其中：%				货物总值（万元）	其中：%				监管进出境运输工具（汽车、轮船）
		进口	同比	出口	同比		进口	同比	出口	同比	
2000	7894	6236	—	1658	—	1460.01	1040.06	—	419.95	—	汽车 632 辆、货船 58 艘
2001	3136	2725	−56	411	−75	647.99	511.73	−51	136.26	−67	汽车 231 辆 货船 31 艘
2002	13878	11730	330	2148	422	3908.9	3280.82	542	628.08	360	汽车 410 辆 货船 524 艘
2003	7910	7342	−37	568	−73	3198.12	2973.77	−9	224.35	−64	汽车 116 辆 货船 110 艘
2004	3525	3353	−54	172	−69	2124.77	2061.17	−30	63.6	−71	汽车 0 辆 货船 67 艘
2005	6096	4631	38	1465	752	279.49	100.31	−95	179.18	182	汽车 615 辆 货船 2 艘
2006	30453	27374	491	3079	110	984.38	656.45	554	327.93	83	汽车 3033 辆 货船 0 艘
2007	60893	60333	120	560	−82	3350.41	2843.93	334	506.48	55	汽车 790 辆 货船 0 艘

二、孟连海关通关监管

1978 年，孟连支关对进出境旅客行李物品和进出境包裹实施监管，监管工作步入正轨。全年监管进出口货物 144.9 吨（进口 120 吨、出口 24.9 吨），验放非贸易性出口印刷品 205 件，查验进出口包裹 156 个（寄进 67 个、寄出 89 个），监管进出境人员 5 万余人（次）。1979 年 6 月后，监管工作贯彻“坚持制度、依法监管、简化手续、加速验放”的方针，对进出境人员和邮递物品收寄件人进行守法教育。1981 年 12 月，根据国务院有关指示，孟连支关执行边民互市按每人每天 20 元人民币为限，互市物品按边民互市减免关税的有关规定执行。关税起征点 1 元，互市物品照章只征临时经营税。1984 年年初，孟连支关监管的西盟县、澜沧县边境贸易因范围广、路途遥远，不便管理而下放由各县税务部门代管，保留进出口货物监管权。全年监管两县进出口货物 378 吨（进口 60 吨、出口 318 吨），验放进出境包裹 6401 件（寄进 5571 件、寄出 830 件），验放非贸易性出口印刷品 508 件，监管进出境人员 11.63 万人（次）。其中，入境 5.81 万人（次），出境 5.82 万人（次）。1987 年，监管进出口货物 1370 吨，价值 959.97 万元。1988 年，孟连海关结合业务实际，制定“货管、统计、征税、旅检、邮检、单证管理、业务档案、材料管理”等工作程序。当年，监管进出口货物 4787.2 吨，价值 334.91 万元。进口货物主要有原木、紫胶、锡矿砂，出口货物主要有防滑鞋、汽油、柴油。监管进出境人员 8.09 万人（次）。其中，入境 4.98 万人（次），出境 3.11 万人（次）。1990 年年末，孟连海关辖区内有商号 26 家（孟连 8 家，主要经营进口木材；澜沧 4 家，主要经营木材和锡矿砂；西盟 14 家，主要是对外投资建厂或承包开发境外锡矿）。全年监管进出口货物 1.09 万吨，价值 454.41 万元；来料加工锡矿砂 178 吨，价值 115.9 万元；监管进出境人员 55499 人（次）。1992—1993 年，监管进出口货物 3.94 万吨，货值 3473 万元。1994 年，孟连海关开始对国家一级口岸思茅港进行监管。1998—1999年，孟连海关正式派人对勐阿、芒信通道进行驻点监管。孟连海关的业务管辖区为整个思茅地区，有18条通道，边境线长486千米。2001年，监管进出口货物7.16万吨，货值8754万元；监管转关运输货物984吨，货值377万元；监管进出境车辆36674辆（次）；监管进出境旅客14.29万人（次）。2002年，按照海关总署有关规定和《昆明海关关于加强边境海关监管工作的几项决定》，孟连海关采取“海关驻地集中监管、通道分别验放”的管理模式和巡回监管的方式，对勐阿、芒信通道和其他非指定通道进行监管。此外，为进一步加快通关速度，降低通关成本，孟连海关改进通关服务方式，实行“无节假、全天候”通关服务方式。2005年，孟连海关按照“管得住、通得快”的要求，开展对进出口货物、运输工具的监管工作。全年在监管现场查获案件12起，案值18万元；监管转关、过境货物172票、1.4万吨，货值735万美元；监管互市进出口货物9462吨，货值1202万元。2006年，孟连海关按照“管得住、通得快”的要求，完善监管现场设置规范管理，修订“两点式”监管操作规程、非指定通道的委托管理办法；与边防检查站和解放军签订MOU（谅解备忘录），建立协调配合机制；加强现场查验和巡回路查力度；加强对进出境车辆的管理，提高车辆管理效率；在勐阿监管点节假日试行“一点式”通关，方便企业通关。全年监管货物13.6万吨，货值4601万美元；监管边民互市进出口货物3万吨，办理边民互市进出口货物12808票；监管进出境车辆47051万辆（次），监管进出境旅客12.44万人（次）。2007年，孟连海关监管进出口货物9.7万吨，货值4208万美元；在监管现场查获案件12起（含知识产权案件1起），案值人民币11.4万元。

1978—2007年孟连海关监管业务统计表

表27-18

年份	货物总量（吨）	其中：%				货物总值（万元）	其中：%			
		进口	同比	出口	同比		进口	同比	出口	同比
1979	—	—	—	—	—	—	—	—	—	—
1980	2469	15	—	2454	—	—	—	—	—	—
1981	567	13	-13	554	-77	—	—	—	—	—
1982	6586	—	—	—	—	—	—	—	—	—
1983	354	26	—	328	—	44.05	—	—	—	—
1984	378.22	—	—	—	—	27.81	—	—	—	—
1985	382	—	—	—	—	404.93	—	—	—	—
1986	825	—	—	—	—	424.15	—	—	—	—
1987	1370	—	—	—	—	959.97	—	—	—	—
1988	4787	—	—	—	—	334.91	—	—	—	—
1989	8557.03	—	—	—	—	372.47	—	—	—	—
1990	10953	—	—	—	—	454.42	—	—	—	—
1991	10968	—	—	—	—	622.61	—	—	—	—
1992	17017	—	—	—	—	1207.89	—	—	—	—
1993	22419	—	—	—	—	2265.21	—	—	—	—
1994	38562	—	—	—	—	10041.59	—	—	—	—
1995	28018.75	—	—	—	—	6841.94	—	—	—	—

续表 27-18

年份	货物总量（吨）	其中：%				货物总值（万元）	其中：%			
		进口	同比	出口	同比		进口	同比	出口	同比
1996	31381	23792	—	7589	—	4584.1	1709.99		2874.11	
1997	27130	—	—	—	—	2226.4	—	—	—	—
1998	43226	—	—	—	—	6267.69	—	—	—	—
1999	66211	—	—	—	—	11130	2305	—	8825	—
2000	58686.21	12948.26	—	45737.95	—	3561.65	1248.92	−45	2312.73	−73
2001	71615	42871	231	28744	−37	8754	5147	312	3607	55
2002	101434.42	78329.23	82	23105.19	−19	15241.96	12228.61	137	3013.35	−16
2003	150021	111989	42	38032	64	22251	15186	24	7065	134
2004	135500	100900	−9	34600	−9	2831.69（万美元）	2051.47（万美元）	—	780.22（万美元）	—
2005	179000	127000	25	52000	50	4180（万美元）	2384（万美元）	16	1796（万美元）	130
2006	131100	54000	−57	77100	48	4357（万美元）	1741（万美元）	−26	2616（万美元）	45
2007	97000	46000	−14	51000	−33	4208（万美元）	2333（万美元）	34	1875（万美元）	−28

第四节　打击走私

一、思茅海关打击走私

2000 年开关后，思茅海关缉私工作由调查科负责。主要依托昆洛公路 213 国道，配合西双版纳缉私局在辖区内开展查缉走私工作。同时，针对思茅海关实际，开展反价格瞒骗宣传和“两查”（企业稽查、贸易调查）工作。2002 年 3 月 5 日，思茅海关首次在 213 国道查获走私泰国产甜角 1008 件 10.08 吨。2002 年以后，思茅海关调查科按照调查工作“前推后移”原则，转变调查职能，把调查工作重心由以办案为主逐步向以查缉为主转变。与当地边防、公安、交警、工商、烟草等相关部门签订 MOU 协议，及时掌握边境一线走私动向，共同打击走私犯罪。2005 年 7 月 20 日，思茅海关成立缉私分局（副处级建制），下设综合科、缉私科，编制 9 名警员，管辖思茅市发生的海关缉私警管辖范围的刑事案件（涉税和非涉税走私案件）、思茅海关辖区的行政案件等；另设有孟连海关缉私科，管辖孟连海关辖区的行政案件（属业务指导关系，归所在地孟连海关管理）。2006 年春节前夕，思茅海关通过风险布控，在江城勐康非指定通道查获涉嫌侵犯中国产“999”牌电池知识产权的老挝乌多姆赛蜡烛和电池厂生产的“999”牌电池案。同年 3 月 8 日，思茅海关缉私分局办结首起刑事案件（“12・23”走私毒品案），抓获犯罪嫌疑人 1 名，缴获毒品海洛因 176.5 克、甲基苯丙胺 85.8 克，并将该案依法移送思茅市人民检察院审查起诉。同年 4 月 7 日，思茅海关缉私分局接受勐康边防工作站移交的 1 起涉嫌走私国家二级保护动物（CITES 附录 II—凹甲陆龟）的乌龟案，涉案走私乌龟 29 只（活体），抓获涉案嫌疑人 1 名。同年 5 月 16 日，思茅海关缉私分局首次办结持有无进口证明丰田轿车案，并对当事人持有的日产右舵丰田轿车做依法没收处理。

二、孟连海关打击走私

1980年，孟连海关查处走私案470件，估值9.25万元。1980年后，孟连海关辖区内的不法分子趁开放之机大肆走私国家禁止、限制进出口物品，走私活动日趋严重，特别是边沿及公路沿线的走私活动较为突出。1986年起，走私活动有较大变化，其特点是改变往年走私进口工业品，转而走私进口中药材虎骨、豹骨、甲片、熊胆等；走私出口的物品由以往的日用百货转向化工原料和成套设备；走私活动由边境向内地、省外纵深发展；走私贩毒结成团伙，内外勾结，并使用现代化交通工具，采用快进快出，快运快销的方法。1986年，查处走私案124件，估值28.52万元。1990年，走私活动更加猖獗，小轿车、摩托车已成为走私物品，走私形式成集团性、国际性。全年查处走私案7件，估值18.53万元，罚没2.86万元。1991年起，走私活动也从过去边民少量贩运鸦片，转变为有组织、集团性的大规模毒品走私。1991年，查获走私案件10起，私货估值4.7万元。其中，毒品案件6起，缴获鸦片3795.1克，海洛因4克，移送犯罪嫌疑人6人；查处走私出口化学试剂“三氯甲烷”4吨，盐酸一批。1992—1993年，针对出现的“边贸热、进车热”等问题，孟连海关一方面加强请示汇报工作，另一方面争取地方各有关单位的配合。两年查获汽车148辆、摩托车43辆，私货估值1431余万元，缴获罚没款204.41万元，缴获海洛因9800克，缴获“五四”手枪1支、子弹8发，移送人犯4名。1994年5月15日，孟连海关联合孟连县公安局在勐柏镇查获海洛因56件，45735克。全年查获案件16起，案值55万余元，破获8起毒品走私案件，缴获毒品32.98吨，抓获人犯26名。1996年3月，孟连海关联合广东省公安厅、昆明海关调查局、思茅地区公安处等有关部门查获“四号”毒品海洛因143件107250克，抓获犯罪嫌疑人4名，缴获走私入境的美式手枪1支，子弹54发。该案是孟连海关建关以来一次性查获毒品最多的案件。1999年7月，根据云南省人民政府及昆明海关“关于深入开展边境地区打击卷烟走私事项斗争”的指示精神，孟连海关联合烟草专卖部门，在思茅地区开展打击卷烟走私联合行动，查获各类假冒烟869件，价值150万元。2001年，按照中共中央、国务院“常备不懈、严防猛打”的指示精神，在拓宽情报工作的基础上，充分运用计算机对海关各类业务数据信息情报进行分析和研究。年内，首次从货运渠道查获出口易制毒化学品氯化钯500克和高锰酸钾2500克。2004年，孟连海关查获各类走私违规案件49起。其中，查获外籍车辆42辆，锡矿砂52吨，锡锭25吨，石斛7吨，黄豆4.75吨，郁金5.99吨，牛皮280张，烟叶烟丝538千克；案值352万元，查私补税31537元。2005年，孟连海关缉私科在思茅海关缉私分局业务指导下，一方面进一步巩固清理规范外籍车辆工作取得的成效；另一方面开展专项情况调研。年内，查获涉嫌走私的Ⅱ级国家保护植物石斛案件3起，数量14760千克；查获毒品案件6起，缴获毒品5705.3克。2006年，孟连海关坚持“打防结合、综合治理、突出重点、坚持不懈”打私工作方针，有针对性地进行情报收集、整理和分析，不断提高打私能力。全年查获行政走私违规案件9起，案值25.26万元；查获刑事案件2起；立案办理行政走私违规案件10起，案值219.97万元，查缉补税39.18万元；缴获毒品1076.5克，抓获犯罪嫌疑人6名。2007年，孟连海关认真落实全国海关缉私工作会议精神，切实提高反走私的有效性和针对性，建立健全反走私协作机制，完善反走私格局。全年立案办理行政案件43起（海关自查案件32起、受理其他单位移交案件11起），案值171.08万，缴获偷逃税款24.46万元。主要涉案物品为木材、石斛、废铁、酒精、天然橡胶等。

第二十八篇

科技

1978年后，普洱市委、市政府制定加强科技工作、放活科技单位、放活科技人员、引进人才、实施科学技术奖励等科技政策。推进科技体制改革，扩大科技单位自主权，实行院所长（主任）负责制、技术职务聘任制、课题（项目）合同制，搞活科技单位放活科技人员，鼓励科技人员进入经济建设主战场，参与农业技术联产承包、创办中介服务机构和经济实体。建立和完善科技人员考核、评价、管理、激励机制。建立健全以品德、能力和业绩为重点的人才评价、选拔任用和激励机制，加大科技投入，全社会科技投入从1980年的477.2万元到2007年的5296.55万元；财政对科技的拨款从1980年的64万元到2007年的2622万元；全市各类科技人员从1978年的3645人发展到2007年的46714（其中非公有制机构6413人）。建立市、县（区）、乡（镇）三级科技机构，基本形成了管理、科研、服务的较完善的体系。

1978年后，全市科技、地震、气象、水文等技术性部门，先后实施重点科技攻关计划、星火计划、生物资源开发计划、农村实用技术培训计划、农业技术推广计划、科技扶贫、科技富民强县专项计划、中小企业技术创新计划等项目。科技手段从无到有，从简易手工到现代化的技术装备，并形成各行业部门的网络化系统管理。科研的对象和领域越来越宽泛和深入、精准。围绕全市经济社会发展和产业结构调整升级，不断推进新型工业化和农业产业化进程，以提高经济效益和产业竞争为目标、提高广大人民群众生活水平和质量为目的，选择有比较优势和特色的重点领域，组织实施科技创新及产业化、人才培养、对外科技合作与交流、科技攻关、科技平台建设等科技专项计划。结合各自工作实践，撰写了许多有价值的调研论文及理论文章，对经济社会的生产实践起到了较好的指导作用。科技进步对全市国民经济贡献率从1990年的24.17%上升到2007年的44.8%。

第一章　管理体制

第一节　机　构

一、普洱市科学技术局

1980年12月，思茅地区革命委员会科学技术办公室改为思茅地区行政公署科学技术委员会（简称行署科委）。1982年，建立科委党组。2000年，思茅地区行署科委内设办公室、科技计划科、科技管理科、科技普及科，人员编制14名。2002年2月，省委、省政府批准，实施《思茅地区党政机构改革方案》，思茅地区行署科委更名为思茅行署科学技术局（简称行署科技局），加挂思茅地区知识产权局牌子，内设办公室、科技发展计划科、科技综合管理科、知识产权科，人员编制14名。2007年年末，普洱市科技局内设办公室、科技发展计划科、科技综合管理科、知识产权科，人员编制16名，有职工21人。

1978—2007年普洱市科技局（科委）领导任职表

表28-1

单位	姓名	性别	民族	籍贯	职务	任职时间
思茅地区行署科委（思茅地区行署科学技术局）	熊永禛	男	汉	云南漾濞	主　任	1977.9—1980.1
	乐国政	男	汉	江西广丰	副主任	1977.9—1988.8
	张源英	女	汉	云南弥勒	副主任	1978.7—1983.11
	王郛生	男	汉	云南墨江	主　任	1980.7—1988.8
	吴永勋	男	汉	云南镇沅	副主任	1986.9—1988.8
	吴永勋	男	汉	云南镇沅	主　任	1988.8—1991.2
	魏云生	男	汉	河北沙河	副主任	1988.8—1993.11
	李文庆	男	汉	重庆北碚	副主任	1990.1—1999.1
	潘　瑶	男	汉	云南思茅	副主任	1990.11—1996.4
	侯　键	男	汉	云南蒙自	主　任	1991.2—1996.4
	龚丕阳	男	彝	云南镇沅	副主任、副局长	1996.4—2003.5
	赵家铭	男	哈尼	云南墨江	主　任	1996.5—1999.4
	李崇恩	男	哈尼	云南墨江	主任、局长	1999.4—2003.5
	苏明华	男	彝	云南思茅	副局长	2002.11—2003.10
	刘新成	男	傣	云南景谷	局　长	2003.5—2003.10

续表 28-1

单位	姓名	性别	民族	籍贯	职务	任职时间
思茅市科学技术局	刘新成	男	傣	云南景谷	局　长	2003.10—2004.4
	苏明华	男	彝	云南思茅	副局长	2003.10—2007.1
	高瑞云	男	汉	山西沁水	副局长	2003.5—2007.1
普洱市科学技术局	王嘉闻	男	汉	云南宁洱	局　长	2004.4—2007.1
	黄春平	男	汉	云南思茅	副局长	2006.6—2007.1
	王嘉闻	男	汉	云南宁洱	局　长	2007.1—2007.6
	李沐甲	男	哈尼	云南墨江	局　长	2007.6—2007.12
	苏明华	男	彝	云南思茅	副局长	2007.1—2007.12
	高瑞云	男	汉	山西沁水	副局长	2007.1—2007.12
	黄春平	男	汉	云南思茅	副局长	2007.1—2007.12

二、直属机构

（一）普洱市测试分析研究所

1978年10月成立，系财政全额拨款的科级事业单位。主要开展对农林土壤、植物营养、化肥、饲料、食品、水质、化工产品、岩石矿物、金属等成分元素的检测分析。2007年年末，人员编制17名，有职工16人，其中专业技术人员11人（高级职称1人、中级职称3人、初级职称7人）。

（二）普洱市科学技术情报研究所

1984年2月成立，系财政全额拨款的科级事业单位。下设文献资料室和阅览室。主要承担科级情报调研、科级信息收集整理及开展科技咨询、科技资料检索与查新服务。2007年年末，人员编制13名，有职工10人，均为专业技术人员，其中高级职称1人、中级职称5人、初级职称4人。

（三）普洱市科技开发服务中心

1984年11月成立，系财政全额拨款的科级事业单位。主要为技术开发、技术改造、技术引进、技术交流、技术协作攻关提供服务。1988年，中国科学院昆明分院和思茅行署启动“思茅热区联合开发”项目，普洱市科技开发服务中心协助指导普洱绿洲科技有限公司与云南中科本草科技有限公司、中科院西双版纳热带植物园合作，在思茅区南屏镇曼歇坝、茶树林建立1000余亩咖啡试验示范基地，最高亩产咖啡豆484千克，平均亩产咖啡豆220千克。2007年年末，人员编制4名，有职工4人，均为专业技术人员，其中中级职称2人，初级职称2人。

（四）普洱市科技培训中心

1984年1月成立，系经费自收自支的科级事业单位。主要承担普洱市科技干部及技术骨干培训任务。1990年4月，被国家科委列为国家级星火培训基地，围绕国家科委“星火计划”项目实施及当地产业开发，开展形式多样的科技培训。2007年年末，人员编制5名，职工3人。

（五）普洱上海科技中心

普洱上海科技中心是上海市科委与云南省科技厅共同支持援建的沪滇科技合作项目，2000年3月开工建设，2001年4月投入使用。中心系经费自收自支的科级事业单位，主要开展科普宣传、科技培训、技术引进及对外科技合作与交流，配合有关部门开展科技“下乡”“科技活动周”“知识产权宣传周”等科普宣传活动。2001年4月，承办普洱市20年科技成就展，举办热区生物资源开发利用与保护专题讲座14场次，各类技术培训90余期。通过科技中心平台，依托本市部分企业从上海引进“松香降灰除金属技术”“微薄竹饰面材料开发技术”“高强竹膜板生产技术”等多项先进技术。2006年8月，中心组织思茅职业教育中心、澜沧虹桥科贸有限公司等5个单位到老挝、越南、柬埔寨等国考察，签订有关合作协议。2007年年末，人员编制5名，有职工3人。

三、研究机构

（一）中国林业科学研究院资源昆虫研究所

1988年6月，中国林业科学研究院紫胶研究所改为中国林业科学研究院资源昆虫研究所，有专业技术人员88人、实验地1170亩，下设胶虫、寄主植物、病虫害防除、五倍子虫白蜡、加工利用研究室、情报资料室、开发部，在元江县设试验站，在昆明建有科研基地。主要研究领域为资源与环境；主要研究方向为特色生物资源研究与开发利用，生态环境整治。研究所在摸清中国南方紫胶资源基础上，开展紫胶虫生物学、紫胶虫采虫期测报技术、紫胶产区气候、寄主植物繁殖栽培、病虫害防治等方面研究，为普及推广紫胶生产技术作了大量工作。1989年1月，该所迁至昆明，组成景东试验站，承担紫胶寄主植物收集整理、余甘子中试、西南桦优质种源收集保存、塔拉引种驯化、白蜡虫的产蜡量及生物观测等。

（二）云南省寄生虫病防治所

2001年，云南省疟疾防治研究所更名为云南省寄生虫病防治所。2007年年末，下设13个科室，建有四星级档案室、疟原虫库、云南蚊类标本馆、寄生虫标本馆、P2实验室、多功能厅、多媒体教室。与大理学院、中国医科大学联建有大理学院病原与媒介生物研究所和寄生虫病现场研究基地，开展硕士研究生教学和科研。防治所围绕寄生虫防治、科研、教学及对外合作与交流等工作，先后处理疟疾、褐毛虫病、登革热、Z型脑炎、黑热病疫情等400余起。对全省蚊种数量、分布及传疟作用进行系统调查。开展抗氯喹恶性疟原虫株分布调查，对抗氯喹恶性疟治疗进行研究。承担完成省卫生厅、省自然科学基金和国家自然科学资助项目90多个，其中获省部级科技奖31项、获地厅级科技奖7项，在国内外和省级以上正式刊物发表论文500余篇。举办专业培训近100期，受训近4000人次。自1991年起，先后与世界卫生组织及英、美、日、泰等国科研院所合作，获外援项目17项、培训基金项目19项。2007年年末，人员编制70名，在岗职工67人，其中专业技术人员48人（高级职称13人，中级职称15人，初级职称20人）。

（三）普洱市农业科学研究所

1986—1988年，实行农科所和土壤肥料工作站、植物保护和植物检疫站、农业环境保护工作站（简称“三站”）“四块牌子、一套班子”的管理体制（后“三站”与农科所分离单设）。1992年，被国家农业部授予全国地（州、市）级综合科研能力优秀单位称号。1993年，由科级升格为副处级事业单位。1997年6月，在所内挂牌成立农业技术推广中心，实行“两块牌子、一套班子”的管理体制，内设办公室、协作室、旱作室、经作室、试验场等。该所建立后，承担各级各类科研、试验、示范、推广课题、项目380余个，引进、选育、推广应用各类农作物品种100多个。自主选育的玉米良种“思单11”“思三单”“思单5号”和优质稻良种“思紫19”“思选2号”，陆稻良种“思陆选3号”“陆引46”“思陆选6号”及合作选育的甘蔗良种“思茅7号”“思茅11号”等十多个品种通过省市品种委员会审定，在全市大面积推广。

（四）普洱市林业科学研究所

1979年2月成立，系财政全额拨款副处级事业单位。1999年，加挂“思茅地区林业技术推广站”。2003年，加挂“思茅市林木种苗管理总站”和“思茅市种苗质量监督检验站”，实行“四块牌子、一套班子”的管理体制，内设行政办公室、项目管理办公室、林业研究室、种苗管理及质量检验室、科技产业室、林业技术咨询中心，主要开展林业适用技术研究开发和推广。研究所围绕森林培育、林产品开发、森林病虫害防治、林业生态建设、物种保护、良种基地建设、林木种苗质量检验、园林绿化等，先后实施50多个科技研究开发、推广项目，获省部级以上表彰奖励25项，发表论文50多万字。“九五”期间、“十一五”期间，指导营造各种试验示范林5万亩。2007年年末，人员编制47名，在岗职工45人，其中专业技术人员22人（高级职称4人，中级职称10人，初级职称8人）。

（五）普洱市民族传统医药研究所

研究所系财政全额拨款科级事业单位。主要任务是发掘、筛选、验证、整理、提高民族医药，并对药物资源进行开发研究。1978年后，实施各级各类科技（研）项目100个，对普洱市100种常用生物药进行研究和开发，研制生产对常见病、疑难病、地方病有较好疗效的民族、民间药物“灯台叶片”“防感片”“复方美登木片”等22种，“排草香精的研制”“黑节草（铁皮石斛）的人工集约化栽培”等生物药资源研究开发获得成功；发表科研、学术论文近200篇，编写出版《云南思茅中草药选》《拉祜族常用药》《中国拉祜族医药》《傣族医药研究（档哈雅龙）》等民族医药书籍。该所内设植化室、资源室、药理室、制剂室、传统医药研究室、临床研究室（附属医院）等，拥有进行民族医药研究和开发生物药资源的各类专业技术人员。2007年年末，人员编制25名，在岗职工25人，其中专业技术人员19人（高级职称4人，中级职称10人，初级职称5人）。

（六）思茅地区农业机械研究所

1984年，研究所组织开展全地区农业机械区划，调查研究影响全地区农业机械化进程的因素，提出发展农业机械的途径、步骤、方法和措施及当前各地需要的农机（具）。1997年，研究所与思茅地区农机监理所、农机学校成建制划归思茅地区行署农牧局（上述三个单位原隶属思茅地区行署经贸委）。2002年10月，该所与思茅地区农机监理所、农机学校实行“三块牌子、一套班子”的管理体制，集中管理，统一办公。2003年6月，根据思茅地区机构编制委员会文件精神，改为思茅地区农机管理总站的一个职能股（室）。

（七）中国普洱茶研究院

2003年9月研究院成立，系财政全额拨款副处级事业单位，与云南省思茅茶树良种场（1983年5月成立）实行“两块牌子、一套班子”的管理体制。主要任务是开展茶树良种选育推广和以无性系良种鲜叶为原料的名优绿茶及普洱茶的研究开发。选育出“云梅”“云瑰”“矮丰”“雪芽100”“短接白毫”等一批省、市审定品种，研究开发出“思茅雪兰”“卷云”“云长峰”“曲茗”等“柏芒”牌名优绿茶和“帕卡”传统普洱茶系列产品上百个，建立茶树种质资源圃13600平方米（收集保存有国内外茶树种质资源817份）、具有现代化滴灌、微喷、大喷设施的茶叶种植示范园500亩、高标准茶园示范基地1500亩、GP-L205型温室大棚2496平方米，以及普洱茶科研中心、生产加工示范车间和茶叶评审检验室。每年向省内外大叶种茶区，批量提供“云抗10号”“长叶白毫”“矮丰”等无性系良种茶苗和穗条。2004—2005年，院（场）茶树良种示范基地被中国茶叶学会、云南省政府分别命名为“茶叶科技示范基地”“云南省科学普及教育基地”。2007年年末，人员编制38名，在岗职工36人，其中专业技术人员17人（高级职称5人、中级职称7人、初级职称5人）。

第二节　科技体制改革

一、计划管理体制

1980年10月3日，思茅地区行署发出《思茅地区科学技术杨季成果推广成果奖励试行办法》。根据“经济建设必须依靠科学技术，科学技术工作必须面向经济建设”的方针和2000年实现国民生产总值翻两番的目标安排科技计划。1981—1985年，每年制订重点科学研究计划、科技成果推广计划。1985年3月，地委、行署作出《关于加强科技工作的决定》，提出制定科技发展规划、增加科技经费、建立农村科技普及网、加强企业科技工作、进行科技改革、加速人才培养、给有突出贡献科技人员重奖、加强科技管理部门等措施。1986年起，每年增加农村适用技术培训计划和“星火计划”。1988年5月，地委、行署作出《思茅地区放活科技单位、放活科技人员的暂行补充规定》，全地区逐步开展科技改革。商品经济、市场规律开始进入科技领域。推进科技体制改革，扩大科技单位自主权，实行院所长（主任）负责制、技术职务聘任制、课题（项目）合同制，搞活科技单位，放活科技人员，鼓励科技人员进入经济建设主战场，参与农业技术联产承包、创办中介服务机构和经济实体。初步建立和完善科技人员的考核、评价、管理、激励机制。全市建立起市、县（区）、乡（镇）三级科技机构，基本形成科技管理、科研机构、技术服务体系。1989年起，增加思茅行署与中国科学院昆明分院联合组织的“思茅地区热区综合开发计划”。2001年起，根据“科技兴思”“科技兴市”战略及技术创新部署，地市级科技设置为5个专项计划。科技攻关计划，主旨是通过科技攻关，解决对本地区经济和社会发展具有重大影响，带有方向性、全局性和综合性的共性技术、关键技术问题，促进产业、产品结构调整。重点支持前期研究工作，技术具有先进性和创新性，通过2—3年攻关能突破关键技术，并有较好推广应用和产业化前景的项目。科技试验示范计划，主旨是通过新技术、新成果的试验示范和推广应用，加速本地区科技进步和经济发展，为产业、产品结构调整和农业增效、农民增收提供技术支撑。重点支持科技含量高、市场前景好、对形成新的经济增长点起推动作用的项目。中小企业技术创新计划，主旨是扶持科技型中小企业以市场为导向，产品研发为重点，加速高新技术成果转化。通过高新技术工程化开发及产业化示范，提高本地区企业技术创新能力。重点支持应用高新技术改造传统产业，比较优势明显，能较大幅度提高产品市场占有率的项目。科学技术普及计划，主旨是采取多种方式传播科学思想，弘扬科学精神，普及科学文化知识，反对封建迷信和愚昧落后，揭露和反对各种反科学、伪科学行为。重点支持开展“科技下乡”“赶科普街”等活动及建科技场馆、科普长廊等科普基地建设项目。思茅热区联合开发计划，主旨是依托中国科学院昆明分院的人才、技术和信息优势，加速思茅热区资源开发，促进热区产业、产品结构调整，变自然资源优势为经济优势，推动区域经济的发展。重点支持成长性好，产业链长，关联变大，科技成果转化率高，对当地经济发展有较大拉动作用的项目。

二、科技经费管理

20世纪80年代后，随着科技体制改革的深入，逐步改革拨款制度，引入市场竞争机制。地（市）科技行政管理部门先后制定《关于科技项目及科技经费管理办法若干规定》《科技发展专项资金管理办法》，对地（市）级科技计划项目经费管理主要采取以下措施：项目经费的管理坚持优化配置、专款专用、加强监督的原则，实行全额预算、过程控制和全成本核算，构建与项目申请、立项资助、项目实施、检查评估、结题验收、追踪问效等相适应的项目经费管理模式。项目经费的安排坚持突出重点、竞争择优、分类配置和目标管理的原则，重点支持获取自主知识产权、能够为当地经济社会发展提供科技支撑的自主创新活动，提高地（市）级财政资助经费的引导和整合作用。地（市）级财政资助经费配置方式以定额补助为主。项目申报单位申报科技计划项目，要编制项目经费预算，地（市）级科技行政管理部门对其审核批准后，按有关规定将项目经费拨付到项目承担单位。项目申请验收时，项目承担单位必须提交项目经费决算报告，对违反合同规定，弄虚作假，截留、挪用、挤占科技经费的，视不同情况部分或全部追回下拨的项目经费。

三、专业技术职称

1979年4月，根据中央开展技术职称评定的部署，中共思茅地委组织部和思茅地区行署科技办公室联合发出《关于做好科技人员技术职称评定和晋升工作的通知》。1980年5月，地委制定出台《关于抓紧做好科技人员技术职称评定和晋升工作的意见》，对工业、农业、卫生系列自然科技人员，开展职称整改（1966年以前的职称）、评定、晋升作出部署。思茅地区行署成立技术职称领导小组，设立工业、农业、卫生三个中级技术职称评定委员会，县处级单位成立初级技术职称评定委员会。技术职称的评定、晋升，以工作绩效、技术水平、业务能力为主要依据，并适当考虑学历和从事技术工作资历。基本程序是由本人写出申请，提交业务总结和技术报告，由评委会对其技术水平、业务水平和业绩进行评定。对不具备规定学历的，先对本专业必需的基础理论知识、技术知识和外语程度进行测验。在实际操作过程中，从思茅地区多数科技人员在基层从事技术推广服务的实际出发，在标准上注重工作实绩和解决实际问题的能力，对外语的要求适当放宽（外语水平达不到标准，先定职称，限期提高）。此次职称评定工作，至1983年9月基本结束，全地区参评人员5009人，其中评定职称3337人（高级职称7人、中级职称181人、初级职称3149人）。1986年1月，思茅地区成立专业技术职称改革领导小组和办公室。县级单位分别成立各系列初级职称评审委员会，地区成立中级职称评审委员会。全地区职称改革，事业单位从1986年开始至1988年结束；企业单位从1987年8月开始至1989年4月结束。参加此次职称改革涉及全地区农业、工程、卫生、高等教育、中等专业教育、中学、小学、经济、会计、统计、翻译、图书、档案、文博、新闻、出版、律师、公证、播音、工艺美术、体育、艺术等19个专业25839人。最后认定专业技术职务任职资格21015人。1989年年底，全地区科技人员管理，改由政府人事部门管理。

四、知识产权和专利改革

1986年4月，思茅地区专利事务所成立，有专利代理人2人（专职、兼职各1人）。专利事务所举办两期《专利法》培训班。至1990年，接受辖区内专利申请22项，其中由中国专利局公开16项，授予专利权10项。从2001年起，每年4月26日组织开展“世界知识产权日”宣传活动。2002年2月，思茅地区行署科技局加挂思茅地区知识产权局牌子，下设知识产权科，研究、制定、并组织实施本地区专利事业发展的政策、规划、计划，指导各行业的专利工作。各县（区）科技局也相继加挂县（区）知识产权局牌子，下设知识产权股，行使相应的职能职责。2004年10月，省知识产权局在昆明举办知识产权行政执法人员培训班，全市有10人参加并获得云南省行政执法证（专利类）。2005年4月，思茅市首次开展专利行政执法。2006年3月，市知识产权局邀请省局到思茅培训知识产权行政执法人员，全市有44人参加，并获得云南省行政执法证（专利类）。2003年起，根据《云南省专利申请费用和年费资助暂行办法》，每年组织开展专利申请费用和年费资助申报工作。2006年起，市级财政每年安排知识产权专项经费10万元。2007年4月，云南大唐汉方制药有限公司、普洱林达木业有限责任公司、思茅市明珠茶厂、云南爱伲农牧（集团）有限公司，被列为云南省百户知识产权试点企业。该企业制定试点方案和实施计划，建立知识产权管理机构，配备专（兼）职工作人员，加强知识产权相关政策法规培训。2007年年末，普洱市有知识产权行政执法人员57名，其中获得国家知识产权局颁发专利执法证9名，获得云南省政府颁发专利类行政执法证48名；全市专利申请372件（其中，发明专利58件，实用新型94件，外观设计220件），专利授权241件（其中，发明专利23件，实用新型72件，外观设计146件）。

五、科技成果奖励机制

1978年起，思茅地区建立科技成果奖励制度，每两年评审、奖励一次科技成果，各县（区）也相应建立科技成果奖励制度。1979年，首次对思茅地区科技成果颁奖，奖励94项。1980年10月3日，思茅地区行署发布《思茅地区科学技术研究成功推广成果奖励试行办法》，对科技成果奖励范围和成果申报、评奖条件及奖励办法作出规定。1983年，思茅地区行署发布《思茅地区科技成果奖励条例》，明确规定思茅地区科学技术进步奖，为全地区自然科技成果最高奖，并成立思茅地区科学技术进步奖评审委员会。1987年7月18日，思茅地区行署发布《思茅地区科学技术进步奖励办法》，扩大奖励范围，增加科技管理奖与软科学奖，提高奖励等次，增设特等奖。评奖条件中突出科技成果应用推广效果。2002年5月31日，思茅地区行署发布《思茅地区科学技术奖励办法》，按突出贡献类和科学技术进步类划分奖励范围和评审条件。突出贡献类奖不分等次，每次授予人数不超过1名，奖金10万元，其中3万元属获奖者个人所得，7万元由获奖者自主选题，用作科学技术研究推广经费；科学技术进步类奖设一、二、三等奖，每次奖励项目总数不超过50项。2007年10月8日，普洱市政府发布《普洱市科学技术奖励办法》。1978—2007年，普洱市获各级科技奖858项，其中，获省级以上科技奖132项，获市级科技奖726项（一等奖58项、二等奖188项、三等奖392项、四等奖88项）。

第二章　科技推广

第一节　农业科技

一、热区开发

1988年，思茅地区行署与中国科学院昆明分院签订联合开发思茅热区经济技术协议，成立思茅热区联合开发领导小组和办事机构，制定联合开发规划和措施。1998年，云南省政府思茅现场办公会议决定，将思茅热区联合开发纳入省院省校科技合作范围，云南省科学技术委员会直接参与思茅热区联合开发。1988—2007年，普洱热区联合开发围绕全市经济社会发展的总体思路和规划，坚持"依靠科技，集中目标，突出粮食生产，突出优势产业，注重经济、社会、生态效益"的指导思想，累计投入专项资金3400多万元，引导社会投资1.28亿元，先后组织实施优质杂交稻种植等，科技试验示范、研究开发和推广项目143项。在思茅热区联合开发过程中，中科院昆明分院组织和协调系统内的成都生物所、长沙农化所、武汉病毒所、北京遗传所、北京植物所、上海有机所、昆明植物所、昆明动物所、版纳植物园、昆明生态所、云南天文台等科研院所的科技人员广泛参与热区联合开发，先后投身热区开发第一线1279人次，累计工作日47818天。通过热区联合开发，累计增产粮食3亿千克，新增产值超过5亿元。

二、蚕桑技术

1989年1月，由地委调研室牵头组织科技情报所、地区林业局、农牧局、乡（镇）企业局、农业银行等参加的课题组，进行思茅地区发展蚕桑业的可行性研究。对思茅地区发展蚕桑业生产的自然、社会条件及经济效益进行综合分析，提出发展蚕桑生产的指导思想、区域布局、规模步骤、领导管理等意见。提出先坝区、丘陵区，后半山区和"养足春蚕，少养夏蚕，重养晚秋蚕"的办法。1989年11月，思茅行署办公会决定，由农牧局负责，先行试点，取得经验后再行推广。

建立高产优质桑园基地。桑园基地选择在交通方便，水利、土壤条件良好，农民自愿的村寨进行集中连片发展，形成百亩组、千亩组、万亩乡（镇）的发展规模；推广优良桑树品种，采取杂交桑园嫁接优良品种或一次性栽植嫁接桑苗的方法建园，全市推广应用优良桑树品种有女桑、农桑8号、农桑12号、农桑14号、育711、盛东1号、云桑2号、云桑4号、丰田2号、丰田5号等；三是强化桑园管理，增施有机肥和蚕桑专用复合肥，搞好桑园病虫草害防治，注重树型养成。2007年，全市实有桑园面积20万亩，蚕茧产3076吨。蚕房建设标准，小蚕共育室面积30平方米，房高2.6米，大蚕房宽4.5米—5米，房高3.6米，面积40平方米—60平方米，设置地火龙，水泥地板，安装天花板，对流窗，贮桑室、养蚕室分设，门前设踏步消毒坑，房前设消毒池。普及推广小蚕共育技术。推广省力化蚕台养殖技术。此项技术具有省工、省时、节约蚕台材料、蚕儿生长健壮的优点，全市推广率 100%。推广纸板方格蔟营茧技术。此项技术具有结构合理，上茧率高，次下茧少，茧丝浪费少，茧层量高，解舒好，省簇室，花工少，簇具利用率高，收藏方便等优点，全市推广率 100%。

三、药用植物栽培

（一）石斛栽培

思茅金陵药业股份有限公司、云南师范大学、中科院南京土壤研究所共同实施《石斛速生优质高产 GAP 示范基地技术研究》项目，建立有 40 多个品种的石斛品种园及 500 亩连片石斛种植示范基地，开展野生石斛无性繁殖和栽培技术研究，利用现代生物组培育苗技术，进行石斛大规模快速育苗，推广石斛种植面积 2000 亩，取得较好的经济效益和社会效益。1986 年起，思茅地区民族传统医药研究所与中科院昆明植物研究所合作对石斛进行研究，从试管育苗、炼苗到地面人工栽培进行实验观察，历经 7 年多的攻关，使试管苗的成活率从 77% 上升到 84%，并对石斛的栽培方法、栽培基质、试管苗质量、生长发育、产量及成为商品的时间、产品加工等一系列问题进行研究，获得突破。2000 年起，民药所进一步对石斛组培育苗和大田移栽进行更深层次的研究改进和提高，使组培育苗成活率提高到 90% 以上，株高及茎粗都有明显的提高。在石斛人工快速育苗和栽培技术方面达到全国先进水平。2007 年，普洱市石斛人工栽培种植面积 3575 亩，产值 1.3 亿元，主要品种有铁皮石斛（俗称黑节草）、迭鞘石斛（又名束花石斛、黄草）、流苏石斛、金钗石斛、鼓槌石斛、齿瓣石斛（紫皮草）等。

（二）灯台叶树栽培

云南大唐汉方制药有限公司（原思茅南天制药厂）、中科院西双版纳植物园、思茅民族传统医药研究所在联合实施《灯台树植物资源调查与人工繁殖试验示范》项目中，查清了思茅野生灯台树资源存量、分布情况及灯台树种植适宜区，并应用快速营养繁殖和种子繁殖技术开展灯台树人工繁殖试验示范，积极探索灯台树人工繁殖、人工栽培技术及生产规律。在全地区带动农民推广种植 4000 亩。

（三）龙血树栽培

普洱绿洲科技有限公司、中科院西双版纳植物园等单位在联合实施《珍稀药材剑叶龙血树人工繁殖及栽培试验示范》项目中，通过考察剑叶龙血树野生资源的种类、分布、生长环境和生态学特性，在国内首次开展剑叶龙血树人工繁殖与栽培试验示范研究，整理制定出一套系统完整的剑叶龙血树人工繁殖技术及适合普洱市、云南省大面积人工栽培剑叶龙血树的技术保障体系。对推广剑叶龙血树人工繁殖栽培、保护濒危野生珍稀药源植物，获得优质可靠、持续稳定的龙血竭药用原料，推动植物药产业发展具有重要的意义。

四、烟草栽培

（一）良种推广

1992 年，主要种植推广红花大金元、G28。1993 年，引入 K326 良种，种植面积 6953.16 亩。1997 年，K326 在全地区种植面积 148200 亩，占种植面积 95%。1998 年，引入云烟 85 种植推广，种植面积 1335 亩。2002 年，引进云烟 87 试种 561 亩。2004 年，云烟 87 种植面积 14952.5 亩。2005 年，云烟 87 扩大到 37250.7 亩，全市形成以云烟 85、云烟 87 为主的优良品种结构的合理组合。

（二）优化烤烟品种

通过不断引入新的烤烟优质品种，改善不合理的品种结构，优化品种组合，把K326品种从1997年占全市种植烤烟面积的95%调到2004年的32.6%，2005年K326只占13.02%，新品种云烟95占47.92%，云烟87占36.36%，组成新良种合理的组合。1999—2005年，先后从省内外引进烤烟新品种NC82、云317、K346、V2、YH01、YH02、YH09、9616-3-1、9802-1、9902-8-3、HY06、YH10、YH11、X-2003、云烟97、云烟98、云烟203试种，其中云烟97、9802-8-3、YH10几个品种表现较好。2005年，引入烤烟新品种YH05、云烟201、云烟202试种示范。

（三）替代进口

2005年，按照国家烟草专卖局部分进口烟叶示范项目开发总体要求，淮阴卷烟厂、思茅市烟草公司和云南省烟草研究所三方合作，在宁洱县开展2000亩部分替代进口烟叶生产示范项目。项目实施中收购烟叶280吨，其中上等烟叶100吨，占35.7%；中等烟叶164.72吨，占58.8%；下等烟叶15.28吨，占5.5%。国家局检查组通过对烟叶外观质量检验、化学成分检测、内在品质评级，总体评价：普洱烟叶在中试烤烟配方中配伍性好，可用性强，具有拓展部分替代进口烟叶的空间，结合化学指标和评级结果分析，普洱烟叶经过一定时间的储存醇化后，烟叶的内在质量将会进一步提高。部分替代进口烟叶项目普洱示范基地烟叶内在质量得到国家局、云南省局、江苏中烟公司的赞许和科研部门认可，在全国部分替代进口烟叶取得内在质量全国第一名，等级合格率全国第一名，大田管理全国第二。2006年，部分替代进口烟叶示范规模扩大到8000亩。

第二节　畜牧业科技

一、品种引进与改良

（一）品种调查

1979—1981年，地区农业局组织100多名科技人员进行全地区畜禽品种资源调查，编写出《思茅地区家畜家禽品种志》及图谱。1985年，行署农牧局和地区畜牧兽医站根据畜禽品种、草山饲料、社会经济技术水平调查成果作出《思茅地区畜牧业区划》。

（二）品种改良

20世纪80年代，引进四川内江猪进行纯种繁殖与本地母猪进行杂交改良，“内本”杂交猪较适合本地自然环境和当前农村饲养条件。20世纪90年代，以本交和人工授精相结合为原则，实现公猪良种化、母猪本地化、商品猪杂交化。思茅果牧林场引入荷兰乳牛，曼中田畜牧场引进肉牛莫尼灰牛与本地黄牛杂交。多种外地良种鸡也不断引入、更新，畜牧部门常年有良种雏鸡供应。良种鸡、杂交商品猪饲养面逐步扩大到全地区范围。

（三）繁殖技术

1984年，思茅果牧林场奶牛场用外引冻精配种40多头奶牛，多胎率80%以上。1987年，景谷建立猪统一供精站。1985年，普洱养鸡场就用电温控制孵鸡。2000年，全地区10县（市）有猪统供站33个，分站327个，配种点524户，当年改良生猪14.79万窝，其中人工授精改良6.04万窝，本交8.75万窝，提供杂交仔猪91.9万头。全年改良大牲畜4.82万头。

二、饲草饲料改良

（一）草场资源调查

1983—1986 年，开展全地区草山资源普查，编写出《思茅地区自然草场资源》，编汇成《草场资源统计表》《1∶20 草场类型图》《各类自然草场图片集》《主要饲用植物图片集》《主要饲用植物标本图片集》《草场植物名录》。

（二）草山改良

1984 年，思茅县曼中田畜牧场草山改良被列为云南省科委《思茅县山区综合开发研究》课题之一，当年围栏 40 亩，引入 20 余种牧草进行小区栽培试验。1985 年，该课题列为中国、澳大利亚合作项目，课题组与省肉牛及牧草发展中心澳大利亚专家组合作，增加热带牧草品种鉴定、植物营养、草场生态、植物保护、种子生产等综合试验。1986 年，曼中田畜牧场完成草山围栏综合治理 3 万亩，其中人工种草 2.14 万亩，年可生产牧草种子 4000 千克。改良后的草山亩产鲜草从 2000 千克提高到 6000 千克。随后草山改良逐步在全地区推广，到 2006 年，全市草山改良和牧草种植面积 24.02 万亩，全年产草 8.06 万吨。

（三）饲料

1981 年 12 月，地区畜牧部门在思茅、镇沅县生产配（混）合饲料，主要原料为糠麸、玉米、鱼粉及动物骨粉、动物生长需要的微量元素。1984 年，思茅县松针粉作饲料试验成功，松针粉成为配合饲料的主要原料之一。1989 年，思茅县农牧局试用栲胶厂提取胶汁后的树皮废渣，粉碎后添加入饲料（占饲料的 10%—20%）中喂猪成功。同年 4 月—8 月，开展全地区饲料资源普查，查清思茅地区饲料种类、数量及开发前景。1990年后，全地区畜牧部门充分利用丰富的饲料资源积极引进、推广和开发秸秆饲料的青贮、氨化新技术。2000 年，全地区 10 县（市）89 个乡（镇）597 个行政村 54255 户农户累计加工生产青贮、氨化青绿饲料 20.36 万吨。部分县畜牧兽医部门生产、加工各种配、混、浓缩料 2799 吨。2007 年，全市 10 县（区）畜牧部门在全市 94 个乡（镇）753 个村 5.69 万户农户中组织开展秸秆青贮、氨化、微贮饲料 14.14 万吨。

三、疫病防治

（一）疫病普查

1979—1990 年，全地区进行第三次畜禽疫病普查。1987—1990 年普查。行署农牧局组织近百人专业队伍，进行 34 种传染病和寄生虫病检验（检出 31 种病）；重点普查思茅、镇沅、西盟 3 县 9 个区连续三年定点调查的农户饲养畜禽疫病，一般普查其余 7 个县的疫病状况，查出畜禽疫病 243 种。其中，传染病 59 种，寄生虫病 164 种，普通病 20 种，并编印出《思茅地区畜禽疫病志》。

（二）疫病

1. 猪链球病

1982 年，西盟、澜沧流行猪病，地区兽医站和两县兽医站组成诊断调查组，到病区作大量现场流行病学调查、临床诊断治疗、解剖检查和细菌分离和培养、鉴定，首次在区内确诊猪链球病，及时采取综合防治措施，控制了疫情。

2. 伊氏锥虫病

马、牛、骡等伊氏锥虫病在思茅地区历年有发病和死亡。1984年，地区兽医站试制生产抗原剂，经省兽医总站鉴定为合格，应用间接血凝试验诊断伊氏锥虫病，检出率比血液涂片显微镜检查提高三倍。在全地区普查中使用这一诊断方法，取得好的效果。

（三）防治

1. 防疫注射

20 世纪 80 年代，猪三瘟（猪瘟、猪肺疫、猪丹毒）疫苗采用二联苗（猪瘟、猪肺疫）、三联苗（加猪丹毒）。1985 年，猪瘟免疫程序改革首先在西盟，接着在景谷、镇沅等县开展。将一年春秋两次防疫改为一次完成，即春季一次预防注射，打耳朵作标记，每季补一针；小猪双月龄时注射一次猪疫苗，打耳朵作标记，满三月龄后再分别注射猪丹毒和猪肺疫苗。1989 年，全地区推广新程序的面占生猪饲养总数的 68.9%，群体免疫密度 74.5%。2007 年，全市生猪免疫 374.38 万头，占生猪总数 86.56%。

1979 年后，孟连兽医站推广使用“O”形口蹄疫苗对牛进行预防注射，有效地控制境外口蹄疫传入。1996 年年初，由境外传入的口蹄疫在思茅地区暴发，涉及澜沧、孟连、西盟、景谷县的部分乡村。全地区紧急组织近千人防疫工作队进行疫情清点、设卡、消毒、关闭市场及捕杀等工作，在最短的时间内做到“有疫不流行，发病不成家”，有效地控制住了疫情发展。

鸡瘟疫苗预防注射在养鸡场和养鸡户中得到普及。20 世纪 80 年代在江城等县还进行过狂犬疫苗注射。2004 年上半年，为防止境外和区外禽流感传入，全市出动防疫人员 3 万人次，检查洗消毒车辆 9.21 万辆，市场环境消毒 214.16 万平方米，注射禽流感疫苗 119.46 万羽。经过三个多月连续奋战，把禽流感病源堵在境外区外。

2. 联苗气雾免疫

1983 年后，采用 O94 空斑株细胞组织弱毒苗和 ZB 型兔化弱毒氢氧化铝甘油疫苗，用气雾法防治大牲畜口蹄疫。1988 年，思茅地区采用这种方法免疫大牲畜，占全省用同样方法免疫的 92.5%。

3. 检疫

1982 年后，边境恢复建立健全防堵疫情三道防线，免疫带内的牛，每逢秋冬季各进行一次气雾免疫，把疫情控制在澜沧江以西。20 世纪 90 年代，全面实行边境口岸、通道、动物产地和屠宰检疫，严防畜禽疫病传播。

四、饲养管理改革

（一）圈舍改良

20 世纪 70 年代中后期，国家扶持生产队办新式养猪场，建立科学养猪基点。猪场以舍饲为主，改进饲料、猪种、繁殖技术等。城镇附近农民和养猪专业户逐步将敞饲改为舍饲，土圈改为有水泥地板、砖石墙、瓦屋面、积粪池和活动场地的“洋圈”。思茅县南屏乡南岛河村还把猪圈和厕所、沼气池统一规划，建成既卫生又提供能源的农户综合利用设施。20 世纪 80 年代，宁洱建成一个现代科学养鸡场，笼养鸡方法开始在居民中推广。

（二）快速养猪

1988 年，在推广卫生猪圈及配合饲料的基础上，地区科协牵头，通过试验示范培训和提供添加剂，推广以养良种杂交猪、喂配合饲料添加剂、改拖架子为直线快速育肥为主要内容的快速养猪法，提高出栏率。饲料以青贮、氨化饲料为主，并添加含有多种营养元素的添加剂，生猪育肥一般 3 个—6 个月即可出栏。

第三节　林业科技

一、资源调查

（一）森林资源

1984—1987年，在省林业规划院协助下，以县为总体进行森林资源的Ⅱ类C级调查。调查结果，全地区有各种林地3164.5万亩，占全地区土地面积47.6%，活立木蓄积量13516万立方米。主要树种有思茅松（占68.9%）、栎木、桤木、云南松、桦木、木荷等。1999—2000年，森林分类经营区划中，再次进行森林资源清查。全地区土地面积6668.1万亩，林业用地4512.3万亩，其中，有林地3818.85万亩，森林覆盖率62.9%，活立木蓄积2.03亿立方米。2007年，森林覆盖率64.9%，活立木蓄积2.2亿立方米。

（二）生态研究

1978年，中国科学院召开全国陆地生态交流科研工作会议。1981年，中科院昆明分院生态研究室在景东徐家坝水库建立哀牢山森林生态系统定位研究站。任务是为合理开发热带亚热带生物和土地资源，搞好热带和亚热带地区的生态平衡和生态环境提供科学依据和科学方案。1981—1983年，中科院昆明分院组织云南大学、昆明植物所、昆明动物所、云南微生物所等单位，对哀牢山徐家坝地区自然条件、植被、动物、微生物等多学科的本底进行调查，出版《云南哀牢山森林生态系统研究》论文集。在此基础上，开展人类活动对哀牢山森林生态系统的影响、云南亚热带山区垂直分布规律及合理利用、哀牢山森林生态系统结构、功能及生物生产力的动态监测研究。

（三）植物新物种

思茅地区已知高等植物有352种1688属5000多种。其中，已知国家保护珍稀植物有58种，并以思茅地名命名的植物有思茅松、普洱茶、澜沧黄杉、景东楠、墨江千斤拔、孟连岩豆藤、佤山栲等80多种。1984—1996年，思茅地区林业局工程师钱义咏采集标本，发现41个新种和6个新变种。41个新种是：思茅山矾、澜沧合欢、翅脉水芹、江城万寿竹、澜沧决明、江城紫竹、普洱豆腐柴、普洱百合、南屏蒲桃、瘤毛银背藤、江城沿街草、思茅续断、双腺金合欢、孟连铁线蕨、思茅四药门花、西盟姜花、肉红姜花、澜沧舞花姜、红疆沿衔草、思茅伪叶芽、思茅山奈、思茅舞花姜、澜沧虎耳草、普洱唇柱苣苔、澜沧蛇菰、思茅姜花、普洱姜花、思茅苹婆、滇南严豆、思茅飘拂草、思茅梅花草、思茅扁担杆、景洪扁担杆、细籽沙参、思茅姜、孟连山矾、西盟黄檀、江城珍珠芽、孟连赤车、澜沧蔗芽、孟连姜花。6个新变种：思茅毛花瑞香、西盟林地苋、多小叶大穗岩豆、澜沧唐松草、多节异颖草、短雄大花珍珠菜。

二、思茅松研究

（一）生物学特性与采脂技术

思茅松，皮裂成鳞状薄片，小枝色浅，淡褐色或黄色，针叶细柔。具有适应性广、耐瘠、飞子能成林、更新能力强、生长快、树干直、材质好、富含松脂等优良特性。1979年起，思茅地区林科所与中国林业科学院林产化学工业研究所合作，开展思茅松生物学特性及采脂技术研究，验证了思茅松合理的采割面，提出创新的双突割面采脂法，筛选出化学采脂的刺激剂，并制定出化学采脂规程。

（二）β 蒎烯资源

1980年以前，一般认为国内缺乏 β 蒎烯资源。1982年，地区行署科委组织地区林科所、林化公司并邀请中国林业科学院林产化工研究所参加，进行思茅松 β 蒎烯资源调查。课题组在思茅及邻近4个地州取样分析，证实思茅松松节油中 β 蒎烯平均含量25%，全地区年蓄量在千吨以上，并找出分布规律。1985年，地区香料厂安装一座高效真空分馏塔，从松节油中提取 β 蒎烯。1986年，地区林科所承担《思茅松 β 蒎烯高含量树种选育》研究课题，列入国家自然科学基金项目。到1989年，完成16个母本85个子代的无性繁殖和328个有性单株繁殖。

（三）松节油旋光特征研究

右旋松节油是合右旋龙脑的主要原料。国内发现南亚松松节油为右旋，但资源少。1982年，地区林科所和中国林科院林产化工研究所合作研究，证明思茅松松节油为右旋，右旋值在30.2527°以上，而且是国内右旋值最高、产量最多的松节油，具有开发价值，并摸清思茅松松节油旋光特征变化规律。

（四）木质纤维研究

1987年，轻工业部造纸研究所受思茅地区行署计委委托，完成《思茅松硫酸盐浆高白度漂白研究》等课题。在该基础上，轻工业部南宁设计院作出《云南思茅造纸厂项目建议书》。1989年，广东化学纤维厂研究所进行《思茅松粘胶长丝浆的研究》，保定化纤厂研究所进行《思茅松浆仿制胶粘长丝浆的研究》，保定化纤厂研究所进行《思茅松浆纺制胶粘长丝的试验》。云南人造纤维厂开展《思茅松生产粘胶纤维的工业化生产试验》，生产出浆粕120吨，并进行了长丝、短纤、棉型、毛型等多品种纺丝试验，证实思茅松是生产浆粕和粘胶纤维的优良原料。

三、营林造林

（一）可行性研究

1983—1985年，为开发思茅林区（思茅、普洱、墨江、景谷、景东、镇沅县区），思茅地区行署先后委托云南省林业调查规划院和林业部西南林业勘察设计院，进行《木材生产规模可行性研究》《发展珍贵速生丰产林可行性研究》《外部运输及衔接点可行性研究》《林产工业可行性研究》，提出统一开发思茅林区的经营方式。开发方针：以营林为基础，在不断扩大供应国家原木和各种用材的前提下，大搞林产加工和资源综合利用，形成一个从森林培育、木材生产到综合加工完整的林业生态体系。经营技术措施包括主伐方式、更新方式、造林树种选择、思茅松幼株抚育、低产林分改造技术等。

通过实施良种良法苗木快速培育、菌根苗应用、合理施肥、病虫害防治等综合配套技术措施，低产林分生长迅速，林相整齐。项目实施过程中，在项目区举办多期技术培训，培训林业技术人员500人次，促进项目区景谷纸浆林基地建设，营造思茅松丰产林22万亩，西南桦1万亩。带动全市营造速生丰产林近40万亩，新建80万亩高产松脂区原料林和100万亩的速生丰产林提供了成功经验和技术支撑。

（二）造林

1979年，为提高种子纯度，在景东文龙建立思茅松采种基地，面积5500亩，设专人管理，并建种子仓库450平方米。1981—1990年，采收造林用种子1059吨。

1988年，思茅地区林科所承担国家自然科学基金资助项目《思茅松 β 蒎烯高含量树种选育》，开展思茅松 β 蒎烯高含量树种的有性繁殖和无性繁殖试验。思茅松无性繁殖嫁接技术采用云南松无性繁殖嫁接方法，李炽等采集镇沅恩乐林区松树母树穗条，对林科所试验地松树幼树用髓心形成层对接法嫁接成功，成活率85%。

1986年，思茅地区林科所在思茅引种季按18亩，经实地测量，一般年生长量树高3.2米，胸径长粗3厘米，最好年份长高4.36米，胸径长粗5.54厘米。1986—1987年，普洱县在凤阳、黎明、德化3个区营造珍贵速生试验林5340亩。1989年，地区营造样板林200亩。

1986年，开始实施飞机播种造林，两次在澜沧、江城县等大面积荒山荒地进行飞机播种造林。第一次播种73.4万亩，第二次播种26.万亩。飞播按云南省《飞机播种造林手册》并结合当地气候土壤湿度及思茅松特性，选择在4月下旬至5月下旬进行。播种前点火炼山，铲出接种样方，播种时烧烟火指示航线。播后第二年检查，除受干旱影响成活率外，其他平均每亩保有幼苗200株以上，分布均匀，树高平均80厘米，地径1.5厘米，长势良好。1988年，思茅地区林科所与江城县林业局合作，在江城县国庆乡营造用材林基地，总面积14689亩。造林规格为坑状造林、杉木为裸根苗栽培，1300亩季桉树为袋苗移栽。1992年，造林7520亩，成活率90%。

利用思茅松母树飞子成林和人工辅助成林的人工促天然更新办法，在相当长的时间内，是思茅松林的主要营造方法。1985年冬，思茅地区行署林业局组织97人进行迹地更新普查，在7个县的33个区52个乡167个林班328个小班内设置角规点841个，标准地536块、样方521个进行实测。据综合普查和自查。2007年，全市完成造林面积20939公顷，迹地更新面积9421公顷。

四、森林保护

（一）护林防火

1980年实施旱季飞机护林；1988年建成永久性瞭望台9座；1989年各县配备森林防火运输车辆和风力灭火机。20世纪90年代末，全地区共有永久性瞭望台24座，有专用通信电台113台，对讲机257个，森林防火指挥车31辆，通信专用摩托车36辆，专用运输车13辆，风力灭火机123台。基本上做到天上有飞机航护，地面有瞭望观察，有火情能及时准确发现，人员能迅速赶到现场营救。

（二）病虫害防治

1978年4月—6月，在省林业科技单位协助下，思茅地区林业部门组织科技人员，对全地区森林病虫害进行调查，采集害虫标本2160号，病害标本17号，初步鉴定昆虫标本分属13目、114科、784种，病害16种。1980年5月—8月，重点复查了10个县的27个公社，6个林场，3个苗圃场，踏查路线54条，设调查点137个，设标准地73块，复查面积40万亩，采集标本5344号。经鉴定，昆虫分属20个目190科985种，其中经济昆虫10种，害虫726种，天敌昆虫227种；病害标本56号127份。1980年，景东县刘仁骐对该县龙街一带核桃产区经常发生的害虫樟蚕进行防治研究。经采集标本、群体个体饲养，结合野外调查，摸清生活史和各虫期形态特征、分布地区和危害情况，获得有关预测预报的数据资料，进行防治试验，为防治提供科学依据。

1981年，地区林业局和景东县林业局刘仁骐等，在景东锦屏有5龄松毛幼虫的2万亩松林撒白僵菌，扩散面积2万亩，防治4万亩。幼虫期白僵菌率79.8%，蛹期白僵菌率23.6%；虫口密度由22.5条/株下降到0.7条/株。通过防治，取得施放菌粉最佳方式、经济用药量、不同龄期、不同土地条件、各种气象因素影响等有关数据，为有效防治松毛虫提供了可靠的依据。

20世纪90年代，研制成功地新型生物防治技术，利用赤眼蜂搜寻寄主和寄生方式，将病毒引入松毛虫种群，使初孵幼虫感染病毒大量死亡，从而控制松毛虫的种群数量，达到防治的目的。以传统生物防治手段和现代生物技术相结合的“生物导弹”技术是一种新的害虫防治模式。从2000年6月至2002年6月在景谷、景东、镇沅、澜沧、普洱、翠云县（区），利用“生物导弹”技术防治松毛虫试验示范10800亩，推广应用5万亩，平均防治效果80%以上。

1989年，思茅地区设立机构开始森林植物检疫工作。1990年，检疫木材15.8万立方，思茅松种子7万千克。2007年，检疫林木种子33.49吨、木材95万立方米，实施产地种苗检疫1715亩，种苗产地检疫率100%。

（三）中荷合作森林保护

1998年，中国与荷兰合作思茅森林保护与社区发展项目（FCCDP）启动，主要内容：热带、亚热带森林保护建设，松毛虫防治，社会林业发展，自然保护区建设等8个项目，项目期5年。主要开展培训提高保护区周边社区群众保护生态意识，援助保护区周边群众发展经济，提高生产生活水平，减轻对森林的依赖压力，从而达到对云南热带、亚热带森林资源和生物多样性的保护。

（四）节柴技术与开发新能源

1980年，普洱县科技办公室在宁洱镇试建圆、小、浅型混凝土沼气池成功，中等户建一个池可节柴五吨左右，1981年后在全地区推广。1988年12月，思茅地区行署节能办公室引进小型高效曲流布料沼气池技术，沼气池布料均匀、产气高。2007年，全市有1238户农户建沼气池，节柴6.2万吨。

20世纪80年代，思茅地区开展节柴改灶，除引进的节柴灶外，自行研制节柴灶推广。思茅地区行署计经委先后组织试制成功和推广钢、铸铁、铝质马蹄水箱灶，节柴40%以上，热效率利用31%。思茅、普洱（现为宁洱）分别研制出思-27灶、鼓形聚热铸铁灶推广。2007年，全市完成节柴改灶4020户。

第四节　水利水产科技

一、水利技术

（一）蓄水工程

普洱市水库坝型多为均匀土质坝，高度由几米的低坝向几十米的中高坝发展。放水设备由最初使用冲天叠梁闸、卧管木塞、铁球塞、拉杆式平板机械闸坝前放水，发展到坝前使用转盖闸、高压平板机械闸、坝后使用平板机械闸或小型凡尔闸。输水涵由最初的石支砌冲天涵、条石支砌箱式盖板无压涵、明渠式砌石翻拱无压涵，发展到钢筋混凝土压力涵、铸铁管压力涵。

1980年，思茅地区建立水利机械施工队，配备推土机、挖掘机、翻斗汽车、震动碾等施工机械。根据山区地形，摸索出拖拉机、漏斗、翻斗汽车、震动碾合理组合联合作业，5台推土机、5辆翻斗车、一台震动碾组合，一个冬春可筑坝10立方米。

20世纪70年代开始修重力砌石坝、土石混合坝、砌石拱坝、混凝土拱坝。1989年，完成景谷河水库大坝高53米，为省内最大的浆砌石重力墙堆石坝。

普洱市蓄水工程有相当大的部分是在20世纪50年代—70年代修建的，而且绝大多数是土坝。土坝由于夯压质量不高出现渗漏，年代久远，加之雨水冲刷而发生滑坡、受白蚁危害出现管涌漏水等险情，都须进行除险加固。除险加固工程：渗漏一般采用压力灌泥浆或前铺后排加固。1984年，对景谷长海水库土坝背水坡浸水、管涌问题采用黑色聚乙烯吹制薄膜铺盖；滑坡采取“固结导渗，固脚阻滑”处理方案，将滑坡体坝脚深切，造倒滤暗管导渗，暗管后坝体浇混凝土阻滑桩，再进行坝体复位；白蚁危害出现管涌漏水进行灌浆灭蚁处理，治坝轴线打梅花形钻孔50个左右，孔深达溢出点以下2米，用1.5千克/立方米—2千克/立方米压力灌含1%—2%杀虫药的水泥黏土浆，再在背水坡坝面施药。思茅地区小（1）型以上的水库基本上都做过除险加固工程，除上述有针对性的技术方法外，一般还有大坝砼防渗墙工程、帷幕灌浆工程和大坝加固处理等。

（二）供水工程

20世纪70年代前，饮用水普遍直接取自江河、水沟、水井。20世纪80年代初，有些农村建喷灌工程同时用钢管引水进村。1985年后，在国家的大力扶持下大部分农村推广聚乙烯塑料管引水。1989年，思茅地区10个县城及磨黑镇建自来水厂。2007年止，思茅城区已建有3个自来水厂，木乃河工业园区和倚象镇都建自来水厂，自来水厂应用穿孔混凝反应池、石英砂加无烟煤双层过滤、自动加氯消毒、高位加压输水。思茅城区日供水3万立方米以上。

二、水产技术

（一）良种引进

20世纪70年代前，从广东省及本省元江引进青鱼、草鱼、鲢鱼、鳙鱼、鲤鱼，在思茅、景谷等县水库、水塘放养。除青鱼外，其他都在本地“安家”，成为骨干品种。至1980年，先后引进热带鱼种莫桑比克罗非鱼、尾罗罗非鱼，适合思茅多数地方养殖，一般都能自然越冬，已成骨干品种。还陆续引进鲮鱼、团头鲂、泰国詹子鲶、埃及革胡子鲶、高背鲫鱼等10多个品种，批量生产上市，埃及革胡子鲶一年能长到5千克。1995年后，先后引进鳜鱼（橘花鱼）、乌鳢、美国大口胭脂鱼、巴西鲷、彭泽鲫、淡水白鲳、荷花鲤、西伯利亚鲟等。相当部分都在本地养殖成功，有的还成为名贵鱼种类。

在完成全地区渔业资源调查的基础上，为改善水产养殖结构，开发名特优水产品新品种养殖。1997年，根据市场需求在水、土等自然条件适宜的区域逐步引进养殖甲鱼、罗氏沼虾和牛蛙等新品种。1999年，引进河蟹。2005年，引进南美白对虾等。通过对新品种示范养殖推广，逐步形成本地区新的名特优水产品。

（二）成鱼饲养

20世纪80年代末，思茅地区推广池塘精养技术，池塘养鱼在增加饵料、部分使用配合饲料的基础上，根据水深、水质、水温和各种鱼的生活习性、食性搭配品种投放，在饲养过程中观察各种鱼成长情况，随时调整品种搭配，实现均衡增重，亩产1000千克左右，大面积高产养殖平均亩产在200千克以上。

1984年，在思茅坝推广水稻棵间养鱼。1988年，地区行署农牧局组织思茅坝18户农民用冬水田挖沟起垄，垄上种稻，沟中养鱼，早稻、再生稻配套，获得成功。1989年，继续在30.96亩稻田试验，亩产水稻584.50千克、鱼54千克。1990年，思茅坝稻田养鱼2450亩，平均亩产鲜鱼31千克。2007年，全市稻田养鱼面积71095亩，平均亩产鲜鱼25千克。

第五节　工业科技

一、冶金

（一）勘查

1979年，云南矿局区调队发现西盟锡矿。20世纪80年代初，省地矿局第三大队发现镇沅金矿。

至1982年，省地矿局第10地质队、第16地质队在澜沧先后探明一大型菱铁矿。据勘查，市内有金、银、锡、铜、铅、锌、铁、锑、钨、镍、铬、锰、钴、镉、钼等15种以上金属矿，其中，金、银、铜、锡、铅、锌、钼、铁等已探明或部分探明储量，黄金储量103.7吨，铁矿储量仅惠民一地就21亿吨，铜储量152.79万吨、铅储量35.5万吨、可溶性固体钾盐储量1841.46万吨。

（二）选矿

1980年，墨江金矿10吨/日小选矿厂投产。1982年，澜沧铅矿250吨/日选厂投产。1986年，云南省政府从瑞典引进日处理100吨的移动式重选设备交西盟锡矿，1987年建成投产。1988年3月，墨江金矿100吨/日选厂投产，该选厂采用重选、浮选、浮选尾矿氰化的生产工艺，主要产品为金精矿及少量合质金。1990年3月后，采用全泥氰化炭浆法新工艺代替原生产工艺，投产后直接产出成品金，黄金回收率82%。墨江金矿、西盟锡矿、普洱白龙厂、思茅大平掌铜矿、景谷民乐铜矿、镇沅和平金矿等分别建成50吨—1000吨/日选厂。

（三）冶炼

1980年，澜沧铅矿采用制团鼓风炉熔炼，并与昆明有色冶金设计院、云南大学共同研究，试验成功用本地锅煤干馏产出的半焦配入团矿内代替冶金焦炭。1986年后，思普铁厂和菜子地铁厂利用雨季水电富余的优势，用小型敞开式电炉冶炼硅铁、锰铁和硅锰合金。1989年7月，镇沅金矿采用现代技术氰化碳浆法炼出成品金，黄金回收率82%以上。2004—2006年，墨江低品位镍钴矿采用生物浸出稀溶液净化与镍钴回收全湿法新工艺为镍钴全湿法提取工业化生产提供一套成熟的工艺技术，并形成规模化生产。

二、食盐

（一）勘查

思茅地区食盐（钠盐）矿资源丰富，矿点多，分布在为宁洱、景谷、江城、镇沅等地。经云南省地矿局816地质队勘探，储量约45亿吨，远景储量200亿吨以上。1989年，磨黑盐矿钻井队钻探4口，在地下400米—500米处发现100余米厚的岩盐矿层。

（二）采矿制卤

采矿经历了水采（凿井集卤）—旱采—水采的发展过程。1980年，磨黑盐矿建成云南省第一口地面钻井水采溶卤井，同时进行油垫建槽和气垫采卤对比研究，油垫建槽明显优于气垫。该钻井队的油垫法水溶采矿技术达到国内同行业先进水平。

（三）制盐

制盐经历“泼卤炭上，刮取颗盐”，以木柴、煤为燃料煎方块盐、锅盐、真空制盐等阶段。1980年，云南省轻工业科学研究所在磨黑盐矿试用离子交换法除铅。1984年，云南师范大学应用化学研究所会同云南省盐业质量检测站，在凤岗盐矿用石灰乳作沉淀剂，使卤水中的铅形成氢氧化铅沉淀而除去，含盐含铅量低于国家标准，已应用于生产。1990年后，真空制盐实现计算机智能化控制，在制盐中结合真空制盐修订新的加碘操作规程。

三、钾盐

1980年12月，云南地矿局816地质队提交《云南省江城勐野井钾盐矿区详细勘探地质报告》，认定勐野井为大型古钾盐矿床，也是中国首次发现的固体钾盐矿床。1986年2月，由地质出版社出版发行研究总体报告《云南思茅钾盐地质》。书中具体记述了思茅地区固体钾盐成矿条件与找矿方向、方法的研究。系统研究中生代—新生代红层含盐性、盆地构造、沉积特征、古地理及成矿条件，提出以盐找钾的方向。1989 年，建成年产 5000 吨氯化钾浮选车间。同时，在利用氯化钾深加工制取砼酸二氯钾获得成功。

四、能源

（一）电力

普洱市水量丰沛、落差大，澜沧江、红河、怒江三大水系一百多条四级以上支流穿境而过，入境水总量 502.5 亿立方米，自产水量 326.12 亿立方米，全地区水资源总量 828.62 亿立方米，水能理论蕴藏量大于 1500 万千瓦，可开发水电资源的河流共 62 条，具有淹没损失小、开发成本低、经济指标优越等特点，是水电资源的“富矿”。

普洱市大型电站主要集中于澜沧江干流。漫湾和大朝山电站建成投产，总装机容量 285 万千瓦（漫湾 150 万千瓦、大朝山 135 万千瓦）。糯扎渡电站总装机容量 585 万千瓦。

中型电站主要集中于李仙江、泗南江、威远江、阿墨江，规划开发 12 个中型电站，总装机容量 216.8 万千瓦。崖羊山、泗南江、威远江、龙马、居浦渡、戈兰滩、土卡河电站已经开工建设。

在南岛河、靛坑河、桥头河、者干河、扎结河、南板河、曼老江、南郎河、南卡河等河流开发中，新建了一批中小型电站，中小型电站总装机容量约 69 万千瓦。

1996 年以前，思茅属地方小水电电力系统，电源点分布在全地区 10 县（市），全地区小水电绝大部分属于径流式电站，不具备调节能力。省电网进入普及以前，思茅电网结构基本处于分散状况，仅思茅、宁洱、景谷、镇沅县（区）形成三县一区的电网。供电可靠性及电能质量较差。1996 年，随着 220 千伏漫—临—思输电线路及 220 千伏木乃河变电站建成投产，省电网进入思茅，新建 220 千伏木乃河变电站，并逐渐向境内各县辐射，覆盖区域不断扩大。2004 年，全市已建电站总装机容量 15.74 万千瓦（不含大型水电），其中企业自备火电装机 4.98 万千瓦，水电装机 10.77 万千瓦。

2007 年年末，全市建成水电站 144 座，总装机容量 10.76 万千瓦，全市发电量 8.18 亿千瓦时。普洱市形成以 220 千伏木乃河变电站为中心，110 千伏线路为主干网架的统一电网。在普洱供电局管辖范围内，普洱市有 35 千伏以上变电站 52 座，总变装容量 360.8 万千瓦；35 千伏及其以上输电线路 65 条 2141.85 千米。以 220 千伏木乃河变电站为中心，通过 110 千伏输电线路向澜沧、宁洱、景谷、墨江四县辐射，同时镇沅、景东以 110 千伏线路与省网的漫湾变电相连，江城、孟连、西盟县则通过 35 千伏线路联网。

2003 年，思茅供电局建立第一批涵盖变电运行、输配电、继电保护、变电检修、高压试验、用电管理专业技术人才库。思茅供电局自主研究的《带电更换 500 千伏“V”形绝缘子串》经三年多的攻关，2004 年 10 月 9 日，率先在全国实现高海拔地区带更换 500 千伏“V”形绝缘子串；2005 年 1 月 7 日，通过云南省电网公司的现场鉴定并获好评，是云南电网公司在带电作业方面的一次全新突破。2005 年，思茅供电局自主研制的高压绝缘子在线路监测系统应用获得成功，系统运行稳定，数据采集正常。2006 年，思茅供电局自主研发的《输电线路铁塔防坠落措施》申报国家专利，于 2007 年获得专利权。《输电线路接地技术改进》技术已申报专利。

（二）煤

1990 年，省地质局 816 地质勘探队、第五地质勘探队和省 119 煤田地质勘探队、省 198 煤田地质勘探队、澜沧冶炼厂地质队分别对普洱煤矿、景谷煤矿、普洱曼蚌煤矿、江城整董煤矿、镇沅三章田煤矿、恩乐煤矿、大草地煤矿、江城牛洛河煤矿、孟连景冒煤矿、景东大街煤矿、普洱梅子街南北煤矿区、澜沧上允芒角和芒洋煤矿区、景谷四煌煤矿区、澜沧勐滨煤矿区进行普查和详查。截至2003年，已探明保有煤炭资源储量22016.16万吨，均为褐煤。思茅地区的煤种除褐煤外，还有少量难以开发利用的高灰、高硫煤及无烟煤。

1978年，思茅地区工业局组织技术人员先后完成胜利煤矿、景谷煤矿南井田斜井、景东大街煤矿、江城牛洛河煤矿和镇沅三章田煤矿1万吨—6万吨/年能力的开采设计。1988年，景谷煤矿在南井急倾厚煤层中组织试用水平分层放顶煤采煤法，取得较好的经济效益。到1990年，国有井工煤矿先后实现片盘斜井、平硐正规开拓。在倾斜、急倾斜中厚及薄煤层中采用走向壁式采煤法，在急倾厚及特厚煤层中采用水平分层采煤法。

20世纪90年代，各矿都采用防爆电气设备，矿井都装备检测甲烷、二氧化碳、一氧化碳、硫化氢等有害气体的仪器装置和测量矿井风量、风速的仪器、仪表，以及氧气呼吸器等救护设备。

（三）新能源

1980年，普洱县科技办公室推广圆、小、浅型混凝土沼气池。1982年，地区行署科委在普洱县新民乡召开现场会，培训沼气辅导员，在全地区推广建沼气池。1988年，地区行署节能办引进小型高效曲流布料沼气池技术，截至1989年，全地区已建新型曲流布沼气池1605个。2007年年底，全市已建沼气池178305个。

1981年，普洱县利民工厂开始试制WS-1型瓦楞式太阳能热水器，截至2007年年末，全市已安装太阳能热水器133700平方米。1984年，磨黑盐矿采用FD1.5-so型风力发电机组，安装在桂花坡电视差转站。由于有硅太阳电池组合风力发电机组向蓄电瓶充电，解决桂花坡两台LH-IC型1瓦电视差转机的电源。20世纪90年代，从外地引进太阳能真空管热水器，从城镇到农村都推广应用平板玻璃和真空管太阳能热水器。

五、机械制造

（一）设备更新

20世纪80年代，云南茶叶机械厂增加6CLH立式热风炉，80、95、100等型号的外圆磨床，具有年产2000台茶叶机械的能力。普洱利民工厂有制造小型机械的各种设备，基本形成从设计、绘图到木模、锻、铸、车、铣、刨、镗、磨、钻、焊、铆、钳、修理配套齐全的流水作业线，具有年产小型机械2000台的生产能力。

（二）产品开发

1980年，云南茶叶机械厂成立茶叶机械研究所，研究改进各工序茶叶加工机械，设计制造系列茶叶加工机械，从生产单机发展形成配套流水线。茶叶机械主要产品为6CR揉捻机、6Czh一联装转子揉切机、茶叶精制加工成套设备、6CSY100、125型平面圆筛机、立式热风炉等。1991年3月，与省农机研究所合作设计研制的袋泡茶包装机6CBS-J50A全自动包装机正式投产。

1979年，思茅地区测试分析研究所研制成功直读式光电比色仪，能快速、准确地测定土壤及作物的速效磷、速效钾、硝态氮、氨态氮及咸解氮等养分含量。1981年小批量生产。1981—1984年，思茅地区测试分析研究所李景星等采用高频交流电容法研制出松脂水分计，可快速测定绝缘体中悬浮水分，用电表显示数据，可广泛用于测定松脂、牛奶、酒精、粮食、土壤水分含量。

六、林产工业

（一）人造板技术

1979 年，思茅地区开始生产小规格胶合板。1987 年，普洱人造板厂引进日本设备建成年产 1.5 万立方米大幅面胶合板车间，接着建成年产 8400 立方米的纤维板车间。1993 年 11 月，云南红塔投资有限公司、香港玉成贸易发展有限公司和思茅市云岭栲胶有限公司合资组建思茅红塔木业有限公司，并投资 3.2 亿元，从德国成套引进具有 90 年代国际先进水平的技术和设备，这是云南省规模最大、设备最先进的中密度纤维板生产线。生产线 1997 年建成投产，设计年生产能力 5 万立方米。2000 年，生产产量突破设计能力 6 万立方米。2007 年，产量 7.64 万立方米；在胶合板生产中，普洱火柴厂从江西引进源于美国技术研究制造的 GQ1820 型无卡旋切机，旋切的料芯可减少至 5 厘米，每根木材多出板材 0.02 立方米，每生产一立方米胶合板原木消耗节约 12.5%。

1982 年，思茅县木材厂采用高频电子加热方法生产刨花板及塑料贴面板。1989 年，普洱火柴厂引进平压法渐变结构生产刨花板设备。同年，普洱林工商公司引进生产 5000 立方米硬杂木有榫槽地板条的设备和技术。2007 年，普洱市生产地板条 6.32 万立方米，生产刨花板 1.21 万立方米。

在热区联合开发及省院省校科技合作中，木材加工及综合利用方面先后引进及开发成功思茅松木材改性生产技术、思茅松生产模压工业托盘新工艺；镇沅县林产品公司以思茅松和龙竹为原料，利用复合集装箱底板生产技术，建成年产 1 万立方米的集装箱底板生产线。2005 年，普洱林达木业公司利用竹子、皇竹草作为中密度纤维板原料与木材混合生产中密度纤维板。

（二）松香加工工艺

1984 年、1989 年，景谷松香厂两次对设备进行改造，铝材改不锈钢，加大澄清池，蒸锅塔由二段改为三段，安装自动调平器，在生产中利用化学洛合剂与松脂间的化学反应，大幅度降低脂松香中的金属和灰分含量，松香加工能力由 3000 吨提高到 2 万吨，优质香率从 71% 提高到 81% 以上，成本下降 2.5%。2007 年，普洱市松香产量 5.94 万吨。

1985—1987 年，思茅香料厂应用思茅松 β 蒎烯含量调查成果，安装一座按照轻工业部香料工业研究所设计的从松节油中分馏 α 蒎烯和 β 蒎烯的高效真空分馏塔。1987 年，《利用右旋 α 蒎烯一步法合成龙脑》项目列入云南省科委“星火计划”，思茅香料厂向中科院广州化学研究所和广州市黄浦化工厂以 25 万元购买专利技术，建成年生产能力 50 吨的龙脑车间，并于 1989 年 10 月投产。

（三）厚皮香栲胶

1987 年，云南省林科院、思茅栲胶厂、思茅经济协作办公室等单位合作开展《新鞣料——厚皮香开发研究》。通过加工浸提和磺化工艺试验，筛选出最佳工艺。制定出的《厚皮香栲胶》标准获云南省技术监督局批准。1989 年，思茅栲胶厂开始大量采用厚皮香加工栲胶。

（四）木质纤维开发

1．思茅松纤维浆粕研究

1989 年 6 月，思茅地区行署委托广东化学纤维研究所作《思茅松粘胶长丝浆的研究》；1989 年 10 月，委托保定化纤厂研究所作《思茅松浆纺制胶粘长丝的试验》。1991 年 5 月，纺织工业部下达科研计划，由云南人造纤维厂进行《思茅松生产粘胶纤维的工业化生产试验》，生产出浆粕 120 吨，并进行长丝、短纤、棉型、毛型等多品种的纺丝试验。试验结果证明思茅松是优良的生产浆粕和粘胶纤维原料。同年，国家计委批准在景谷建设云南思茅造纸厂，建设规模为年产漂白木浆5万吨。

2．国外造纸技术、设备引进

1999年6月，思茅纸厂总投资14.28亿元，在景谷建成投产。主要生产线全套引进20世纪90年代先进的国外技术装备。以思茅松为原料，采用硫酸盐法低固形物连续蒸煮、氧脱木素十四段无氯元素漂白工艺，生产高白皮木浆，年产木浆10万吨，松节油0.15万吨，塔尔油0.27万吨。生产的漂白木浆具有强度高、打浆性能好、成型好、洁净度高等特性，适合制造各种高档纸张和纸板。

3．思茅松化学机械制浆提纯工艺技术

云景林纸股份公司（原思茅纸厂）的产品为漂白硫酸盐化学浆，其浆的白度高、物理性能好。但原制浆工艺的纸浆得率低，木材及化工原料消耗高，生产成本高。通过小试、中试和模拟扩大生产，为企业的生产线提供了科学可靠的工艺参数、生产方案和科学的经济技术指标，实现云景林纸股份公司用化学机械制浆工艺代替漂白硫酸盐制浆的工艺，降低了成本、节约了资源，是普洱市在制浆造纸生产上的重要技术创新。

七、化学及轻工业

（一）火柴

1979年，普洱火柴厂自行设计火柴自动连续上梗装置成功。1987年，购入火柴生产连续机3台，形成药头工艺机械自动流水作业生产线。1985年，两次参加全国火柴产品质量评比，均获优秀产品奖，畅销省内外。

（二）化肥

1976年，景谷县建成小氮肥厂，利用褐煤常压气化生产合成氨的工艺技术路线生产氮肥——碳酸氢铵，在投产前经过6次褐煤直接入炉造气试验，成果获得1978年云南省科技成果二等奖。1977—1978年，各县曾普遍用本地草煤与碳酸氢铵混合氨化，制造腐殖酸肥施用。1978年，江城钾肥厂用自产的氢氧化钾和购入的热法磷酸为原料，采用中和法工艺生产高效二元复合肥磷酸二氢钾获得成功。1988年，江城钾肥厂又以氰化钾、氮、磷为原料，生产过钾、氮、磷三元复合造粒肥料。1989年，普洱虫胶厂引进技术，根据思茅地区土壤的各种微量元素含量和不同作物对微量元素的营养需求，分别配制出水稻、小麦、玉米、茶叶、西瓜、茄果、蔬菜、烟草8种专用多元素叶面微量元素化肥。

（三）纺织与缝纫

普洱市各民族都有从简单工具到手工机械的纺织、染技术，纺线有哈尼族的手工撵锤和其他民族的木制纺车；织布有佤、苗、哈尼族的腰织机，哈尼族的斜织机和傣、彝、拉祜族的水平织机。原料主要是当地野生或栽培的草棉、木棉、火麻、苎麻、葛藤纤维等。染料主要是自种自采的土靛、黄姜、碳素等。江城瑶族种的兰靛，除自用外还作商品出售。纺织产品有土白布、青兰花布、民族裙布、线袜等。用土布、色线缝制成的各种民族服装、头巾、挎包等已成为畅销的旅游产品。1978年后，思茅织布厂进行设备更新，形成织布生产线、染线染色生产线。1990年，该厂有单线织物、线织物、色织和染色4条工艺流程生产线，主要生产印染布。

（四）制革

20世纪80年代，思茅皮革厂引进成套设备，使原手工操作的拉软、剖层、干燥、熨平等工序实现机械化。1986年，上海益民制革厂工程师秦已培应聘驻厂指导，推广一些先进技术，如应用JFC（渗透剂）的快速浸水法工艺、浸灰（碱胀）采用硫化碱促使皮张纤维适当疏松的工艺，轻度软化工艺、使用栲胶和树脂填充工艺、使用合成加脂剂、盐湿皮革等，解决皮革僵硬、松面、光泽差的问题，使皮革制品光亮、丰满、柔软、粒面细致平整，并开发二层皮，提高皮革的利用率。

1988—1989年，思茅皮革制品厂承担省科委《水牛革生产技术研究》课题，将表面粗糙、质地疏松、皱褶较大、毛孔粗、弹性差的水牛皮一剖为二，底层继续用作植鞣底革，表层加工成光滑细致、厚薄均匀、无松面裂面、革身丰满柔软、富有弹性的修饰面革。经上海皮革质量检测监督站检测，各项理化指标达到部颁黄牛修饰面革SG359-84标准。总结出浸水充分—重灰碱法均匀膨胀—多种油脂结合加油—提高磨面质量—增加烫平压力的生产工艺路线，编制了《水牛皮生产工艺规程》。经省科委组织鉴定，生产工艺达到省内先进水平。

八、食品

（一）粮油加工

20世纪80年代后，粮油加工设备由单机作业逐步向联机自动化发展。1985年，全地区10个县（市）都配备15型成套碾米设备，稻谷加工使米、糠自动分流，并有清理去石设备的机组。1985年，思茅建立规模1000袋/24小时风运等级面粉厂。之后各县面条加工车间建烘干房，将烘干热源改为热风炉，热量传递采用风管送热风。粮食加工制品中，传统的米干（卷粉）、米线、饵块、米糕、粉丝、淀粉等，逐步采用机械米浆机和带有不同筛盘的米线、米干机、蒸箱等设备生产。

（二）酿酒

民间传统的小锅酒用玉米、高粱、稻谷经浸泡、蒸煮、冷却、加曲、装坛发酵、铜锅蒸馏冷却而成。1982年，与四川富顺、银山两糖厂签订技术咨询合同，引进蒸煮、糖化、发酵、三塔式连续蒸馏先进生产工艺，酒质达到国家规定卫生标准，出酒率从50%提高到63%以上。随着酿酒技术提高，酒类品种从单一白酒发展为白酒、黄酒、果酒、药酒、配制酒等系列产品20多个品种。1983年后，墨江酒厂吸取传统酿造方法和现代酿酒技术，采用浸渍、压榨、过滤、发酵、陈酿等工艺，研制开发出10多个新品种。用本地特有粮食品种和野生植物资源酿制的紫米封缸酒、橄榄酒、樱桃沙土利口酒、木瓜酒和天溪紫谷酒等新产品，1986年、1988年先后分别获云南省、商业部、中国首届食品博览会优秀产品奖。

（三）制糖和糕点加工

1984年7月，地区行署工业局在磨黑镇进行蒸汽蒸煮红糖试验获得成功。1987年，永平糖厂投产，压榨采用可控硅调速装置。孟连糖厂第二条生产线用恒比压榨机，配可控硅调速电机拖动，控制系统全部采用自动控制，部分用微机控制；文井糖厂和永平糖厂实现自动控制流量新技术。到2007年，全市有机制白糖厂9个，全部实现机械化和大部分自动化。压榨采用多重压榨工艺，沉清采用半水解的聚丙烯酰胺絮凝剂，蒸煮前期采用两系煮糖，中期采用三系煮糖，景谷永平糖厂采用煮水灌带四效真空蒸发，其余各厂都采用四效真空蒸发工艺。

（四）水果蔬菜加工

1982年，墨江建果脯厂生产芭蕉、杧果果干。1983年5月，思茅测试分析研究所建立热带、亚热带资源开发研究室，开展对杧果、多依、余甘子、番木瓜、芭蕉等栽培水果和野生水果加工试验研究。根据水果不同特性制定方案，研制出杧果酱、糖水杧果、杧果汁、多依果酱、多依果脯、多依果丹、橄榄蜜饯等。1984年后，该所先后帮助澜沧、孟连建果脯厂。1986年，《思茅地区热带亚热带水果系列产品开发》列入国家级“星火计划”，思茅测试分析研究所研究开发的杧果、多依等系列产品投入规模化生产。江城绿色版纳生态食品有限公司承担的农场星火燎原项目——优质热带水果（西番莲）产业化开发及深加工，在原以鲜果酱加工基础上，引进部分先进关键设备，采用当代高新技术——纳米滤膜技术“NT”和真空冷冻干燥技术进行“有机西番莲膜浓缩——冷冻干燥果汁全粉”加工，不仅在品质上有较好保证，而且使西番莲产品由液态变成固态。1986—1987年，思茅地区测试分析研究所应用现代技术，研究山竹笋保鲜加工。根据山竹笋富含蛋白质、氨基酸、脂肪、糖类等，利用微生物生长的特性，拟定出五种保鲜方案进行试验，筛选出分块—杀青—冷却—入保鲜池—整形装袋加工工艺。用这一工艺加工成的保鲜笋，防腐剂含量在标准以下，基本保持鲜笋的粗蛋白、粗脂肪、总糖、氨基酸、氨态氮、磷、钙、镁、铁、锌等营养物质和嫩鲜甜的口感、色泽，保鲜时间10个月以上。1990年，保鲜笋工艺技术通过验收，在思茅、澜沧投入生产。

九、建材工业

（一）水泥

1990年，全地区水泥生产企业4户，水泥生产能力263吨，工艺上基本上是立窑生产工艺。2004年，全地区水泥生产能力280万吨；水泥熟料平均标煤耗（kg /T 熟料）148达到省内平均最好水平（全省平均165）。水泥生产粉尘排放量（mg/Nm^3）150，达到省内平均水平。水泥生产NOx排放量（mg/Nm^3）800—1600达全国平均水平。水泥生产SO2排放量（mg/Nm^3）400—800达到全国的平均水平。至2007年，全地区有水泥生产企业9户，思茅建峰水泥有限公司、云南普洱天壁水泥有限公司、景谷泰毓建材有限公司3户骨干企业，建成5条日产1000吨水泥熟料新型干法（施窑）水泥生产线。水泥产量217万吨，新型干法水泥生产能力比重在70%以上。

（二）新型墙材和涂料粘胶

1978年后，具有节能、节土、利废、保护环境特点和改善建筑功能的新型墙材在思茅地区得到迅速发展。1984年，思茅建筑材料厂与省建筑材料科研设计院联营，生产建筑内墙涂料“106”和建筑用胶“107”“801”。1986年，与上海房屋建筑所建立联系，引进新配方，生产“803”等涂料。2004年，全市新型墙材生产能力6000万块标准砖。生产新型墙材近2300万块标准砖。2007年，生产砖5.2亿万块，新型墙材约10%。新型墙材产品主要有孔洞率在30%以上的承重空心砌块和砖；孔壁厚度在5毫米—10毫米，密度900千克 / 立方米—650千克 / 立方米，导热系统在0.18瓦 / 米·度—0.2瓦 / 米·度，孔洞率在45%—60%的非承重砌块和砖；以水泥为胶结料、掺入适量煤渣、碎石灰石的空心砌块和砖等。

第六节　科技信息

一、科技文献

（一）图书期刊

1984年，思茅地区科学技术情报研究所成立，下设文献资料储藏室和阅览室，有专用图书期刊25280册（份）。通过调整及计算机信息技术的发展。2007年，普洱市科技情报研究所有各类科技图书期刊21000册（份）。

1981年后，专业学会陆续成立，学会也办有专业刊物，如中华医学会思茅分会会刊《思茅医学》、地区农学会的《农学会会刊》。经济学会、建筑学会、气象学会、林学会等学会也出会刊。同年，行署科委、地区科协主办的《思茅科技报》试刊五期。1984年后，由思茅地区科技情报研究所编印，至2003年共出版46期。

1979年，思茅地区科技办公室办内部油印刊物《科技参考》。1987年，改版分别编印《情报简讯》《科技情报》《决策参考》。《情报简讯》发行对象是农业技术人员和农村干部，《科技情报》的发行对象是工业、乡（镇）企业技术人员及管理干部；《决策参考》的发行对象是相关的地、县领导。2004年1月《思茅科技》停刊，改出信息式的《思茅科技动态》，后更名为《普洱科技动态》，发行至169期。

至2004年年末，思茅地区出版的科技书刊有：《振兴边疆之路探索》（云南省思茅地区经济、社会、生态、科技总体发展战略规划系统工程研究）、《思茅科技》、《热土盛开科技花——思茅热区联合开发十五年巡礼》、《思茅地区科学技术志》、《思茅市科技创新成果荟萃》、《思茅农业科技五大革命》、《农民实用技术读本》等。

（二）会议文献

思茅地区科技人员撰写的论文，除在学会、学术期刊上发表外，还有相当部分在省内外学术会议上交流并形成会议文献。1989年10月，科技情报工作者撰写的《普洱茶天然抗氧化剂的制取及应用》在全国化工学会精细化工第八次学会上进行交流；公安侦查科技工作者写的《雷击起火现场反映的探讨》《思茅冬尸蛆初探》，先后在全国痕迹学术交流会、省法医经验交流会上交流。1990年11月，中华医学普洱分会和昆明分会联合在普洱举行麻醉外科学术研讨会，两个分会及其他地州分会的140多人参加会议，会上交流学术论文66篇，还举办专题讲座两个。2004年，思茅市举办学术交流16次，交流论文240篇。2007年，共举办、承办各种学术交流15次，交流学术论文347篇。

（三）科技信息专题研究

1978年后，思茅地区科技情报单位针对本地经济科技发展需要解决的问题，组织所内外科技人员，开展《农村大包干后如何把科学技术送到千家万户》《昆曼经济带思茅2005—2020年发展规划研究》《普洱市企业技术创新情况的调研》《云南省思茅地区各县历年各月气象要素》《思茅地区橡胶宜植地考察报告》《思茅地区中药资源普查报告》《振兴边疆之路探索——云南省思茅地区经济、社会、科技、生态综合发展战略规划系统工程研究文集》《云南思茅地区土壤微量元素含量分布与效应》等几十个科技情报专题研究报告，印送有关领导参考。还独立完成《科技长入经济、企业效益大增》《思茅地区咖啡宜植发展研究》《思茅地区天然香料品种资源及其开发利用》《思茅地区建立国门边境线科技示范带的必要性和可行性分析》《茶多酚的特殊功能及开发应用》《普洱市蚕桑优质高产产业化技术开发》《剑叶龙血树、美登木特色药材种植关键技术研究及产业化示范》等数十个科技情报专题研究报告，内容涉及农业、工业、社会发展等各个方面。

二、科技信息交流

（一）学术讨论及讲座

1981年9月8日—15日，思茅地区科协、行署农林办公室、行署科委、农业局联合举办思茅地区农业现代化学术讨论会。农业、茶叶、林业、水利、畜牧、水产、农业机械等专业的科技人员和管理干部131人参加会议。会议集中讨论在实行家庭联产承包的基础上农业现代化如何起步、如何搞好农业资源调查和农业区划、如何确定思茅农业发展方针和进行产业调整、如何组织好农业技术推广等。1987年4月21日—23日，地区茶叶学会召开年会，围绕发展茶产业问题开展学术讨论。会议讨论了发展新茶园与改造老茶园的关系，发展新茶园的规划、技术标准、经营体制、资金投入等问题。1990 年，有 6 个专业学会组织专题学术讨论，交流论文 190 篇。同年 11 月，中华医学会普洱分会和昆明分会联合在普洱举行麻醉外科学术研讨会，交流学术论文 66 篇。1991 年，地区行署科委、地区科协联合组织“科学技术是第一生产力”大讨论活动，专业协会的科技情报交流在全地区比较活跃，一些专业学会针对本专业遇到的技术、管理问题，组织会员写出论文，召开研讨会；专业学会一般都定期召开年会交流学术论文。1991—2007 年，在区内交流学术论文 1806 篇，在国内交流论文 62 篇，国际上交流 22 篇，在学术杂志上发表论文 454 篇。1992—2007 年，在中国普洱茶节期间，举办了首次普洱茶国际学术研讨会，交流论文 225 篇。

（二）科技信息网络

1983 年 3 月，全地区 21 个单位联合组成“思茅地区情报资料网”，编印《科技期刊联合目录》《科技资料联合目录》，区内交流实现资料共享。1984 年，思茅地区科技情报所串联昭通、曲靖、楚雄、大理、西双版纳等地州，组成六地州情报网，定期交流期刊目录、题录及其他信息。以后，发展成全省 17 个地州市科技情报协作网，思茅地区情报所担任第一届网长，每年定期召开一次网会进行交流。1984 年，思茅地区科学技术情报研究所成立后，设立文献资料室，有针对性地订阅公开发行的科技报刊。收集本单位编印的刊物和省内外科技情报部门交换内部刊物，广泛收集科技情报资料。1985 年 3 月，思茅地区情报所参加由四川、云南、广西、广东、江西、贵州、湖南等省区组成的“江南科技经济信息网”，按章程规定交流信息。1994 年 4 月 4 日—8 日，江南“科技经济信息网”在思茅召开第八届网会，同时举办“思茅地区科技成果技术商品交易会”，来自四川、湖南、广西、江苏、贵州、云南等六省区的近 20 个科技情报研究机构，云南省的曲靖、玉溪、红河、西双版纳、思茅地区五个地州科委，思茅地区地直 5 个科研单位、思茅地区 9 县 1 市有关主管部门、企业、事业等 80 多个单位，各县（市）科委，地直有关部委、办局的领导 500 多人出席开幕式并参加交易活动。该届科技情报跨省区网会和科技成果技术交易会在思茅地区尚属首次，参加交易会的人数 1000 人次以上，成交 8 项、成交额 500 多万元。2005 年，建成《思茅市科技信息网》，网上交流主要内容有新闻、科技计划、科技成果、知识产权、科技动态、市科技局、科研单位、思茅市县（区）科技局、科技咨询、对外交流、科普知识、思茅景观、企业展示、热区资源、茶叶数据库、图书期刊数据库等 16 个栏目。形成省市县（区）三级科技部门信息互联互通，可及时反映思茅市的科技工作动态，广泛宣传思茅及省内外科技、经济信息，向省内外、国内外宣传展示思茅丰富的自然资源，为市内外企业招商引资牵线搭桥、为管理部门提供决策参考。

第三章　地　震

第一节　机　构

一、普洱市地震局

1978年12月20日，中共思茅地委决定，地震办公室与人防办公室分设，成立思茅地区地震办公室，人员编制4人。全地区有8个县成立地震办公室，并配备专职人员1名—3名。1983年11月，中共思茅地委决定，地震办公室并入城乡建设环境保护局，为该局所属地震监测站。1984年3月，根据国务院办公厅《关于省、市、自治区地震工作机构和管理体制调整改革的报告的通知》和国家地震局的有关通知要求，云南省编委和省地震局通知，下达思茅地区地震办公室人员编制13名。同年4月16日，思茅地区行署通知，恢复地区地震办公室，为处级单位，内设秘书科、业务科、大寨地震综合观测站，大寨地震综合观测站人员编制3名。普洱、江城、孟连、景谷县设地震办公室，镇沅县设地震观测站，思茅大寨设地震综合观测站（属地区地震办公室），各县地震办公室、观测站相当于区（科）级机构，均属事业编制。澜沧县在县科委配备地震专职干部1人。1987年，云南省编制委员会和云南省地震局对地方地震事业编制进行调整，思茅地区地震办公室由原13人调增为14人。1989年1月，经报请思茅地区编制委员会，同意给地区地震办公室大寨地震观测站增加事业编制2人。地区地震办公室的总编制到16人。1990年9月，经报请思茅地区编委批复，同意思茅地区地震办公室增加事业编制1人。地区地震办公室的总编制到17人。1991年5月，经地区编委批准，组建景东、西盟、思茅、墨江等县地震机构，统称为地震办公室，级格为科（局）级，人员编制按3人—5人设置。

1995年12月，经思茅地区编委批复，同意思茅地区地震办公室更名为思茅地区行政公署地震局，县（处）级，直接隶属政府领导的事业单位。内设机构办公室、监测预报科、地震观测站。2003年4月，思茅地区实施事业单位人事制度改革，思茅地区行政公署地震局制定人事制度改革方案，报请思茅地区事业单位人事制度改革领导小组办公室，经批复同意内设办公室、监测预报科、震害防御科、观测站（大寨地震观测站）。人员编制为事业编制17人，管理人员局长1人，副局长1人，科级6人。专业技术人员结构高级工程师2人，工程师7人，初级技术职称6人，高技工2人。同年6月，思茅行署地震局实施中层、中职干部竞争上岗，竞争职位6个。2005年9月，根据思茅防震减灾工作职能的拓展和需要，思茅市地震局又报请思茅市机构编制办公室，对思茅市地震局内设机构名称进行更改调整。同年11月，经思茅市机构编制委员会办公室批复，同意把监测预报科和大寨地震观测站合并更名为监测预报中心，另内设地震工程研究所。内设科室办公室、震害防御科、监测预报中心、地震工程研究所。2007年年末，普洱市地震局内设办公室、震害防御科、监测预报科、应急救援科。人员编制17名，其中局长1名、副局长2名、科级领导职数6名。

1978—2007年普洱市地震局领导任职表

表28-2

单位	姓名	性别	民族	籍贯	职务	任职时间
思茅地区地震办公室、思茅地区行政公署地震局	郭存德	男	汉	山西沁水	副主任	1978.6—1981.9
	李应安	男	汉	云南镇沅	副主任	1984.3—1995.10
	毕学镇	男	彝	云南镇沅	副主任	1986.6—1989.6
	李蜀伟	男	汉	四川成都	副主任	1989.7—
	李应安	男	彝	云南镇沅	主　任	1995.10—1996.11
	白宝荣	男	哈尼	云南宁洱	副主任	1995.10—2001.12
思茅地区（市）地震局、普洱市地震局	白宝荣	男	哈尼	云南宁洱	局　长	2001.12—2007.12
	王跃民	女	彝	云南墨江	副局长	2001.12—2007.12

二、大寨地震观测站

1983年年初，思茅地区地震办对大寨地震综合观测站进行筹建，对观测井孔进行清洗，建盖观测室。1984年，正式开展流体观测，省编委和省地震局下文定名为“思茅地区办公室大寨综合观测站”。到1987年，基本建成初具规模以地下水观测为主的综合观测站。2003年12月2日，中国地震局副局长刘玉辰到大寨地震观测站视察工作，指示要把大寨地震观测站建成地方地震系统精品台站和综合观测台站。2004年，思茅市地震局按上级领导的指示精神，开始对大寨观测站进行扩建和综合改造规划。2005年，在观测站西征用4.6亩地，观测站围墙北侧租用2.9亩，建2个观测鱼塘，气象园和强震动观测点，对观测站办公、生活、井房及进站道路等整体的环境进行绿化美化建设改造。2006年，编制《滇西南大寨地震综合观测基地建设》专项规划。2007年，宁洱“6·3”6.4级地震发生后，大寨观测环境受到破坏，市委、市政府把大寨观测楼建设列入恢复重建规划，结合大寨观测站“十一五”建设规划，将大寨观测站恢复重建与“十一五”建设有机的结合，编制上报“宁洱‘6·3’地震恢复重建项目——大寨地震综合观测楼建设项目”。2007年，大寨地震综合观测站改扩建项目完成对土地利用总体规划实施的影响及地质灾害危险性的评估，通过“6·3”震后恢复重建项目大寨地震综合观测楼工程项目可行性研究报告及初设方案的评审，并得到批复。

三、糯扎渡电站水库诱发地震监测台

2006年10月，思茅市地震局抽派人员配合云南省地震局勘测拟在思茅境内建设的糯扎渡电站水库诱发地震监测台。2007年，对勘测选取的台点进行论证并由云南省地震局与云南华能澜沧江水电有限公司签订建设工程合同。

糯扎渡电站水库诱发地震监测台网11个数字地震观测台基本情况表

表28-3

台站名称	行政区划	地理坐标、海拔	台址及地质情况
糯扎渡台	澜沧县糯扎渡乡窑房村	北纬22°57′53″、东经100°26′70″ 1182米	位于窑房村后的荒山坡上，离居民住户500米左右。基岩出露明显，砂岩，轻度风化。（占地100平方米）

续表 28-3

台站名称	行政区划	地理坐标、海拔	台址及地质情况
新城台	澜沧县谦六乡新城坝子尾村	北纬 22° 80′ 35″、东经 100° 20′ 50″ 1387 米	位于坝子尾村后面的荒山坡上，离居民住户 1000 米左右。基岩出露明显，砂岩，轻度风化。（占地 100 平方米）
文东台	澜沧县文东乡帮右村	北纬 23° 13′ 00″、东经 99° 91′ 00″ 1811 米	位于帮右村后面的荒山坡上，离居民住户 800 米左右。基岩出露明显，花岗岩，中度风化。（占地 100 平方米）
那澜台	思茅区思茅港镇那澜村	北纬 22° 57′ 00″、东经 100° 57′ 00″ 736 米	位于那澜往澜沧省道旁约 700 米的荒山坡上，离居民住户 400 米左右。基岩出露明显，砂岩，轻度风化。（占地 100 平方米）
弯手寨台	思茅区思茅港镇弯手寨村	北纬 22° 75′ 46″、东经 100° 43′ 81″ 1248 米	位于弯手寨村前面的坡底下农田旁边的台地上，离居民住户 300 米左右。基岩出露明显，砂岩，轻度风化。（占地 100 平方米）
麻栗坪台	思茅区龙潭乡麻栗坪村	北纬 22° 82′ 60″、东经 100° 61′ 30″ 1510 米	位于麻栗坪中心小学对面山坡荒地上，离学校约 1000 米。基岩出露明显，灰岩，轻度风化。（占地 100 平方米）
干坝台	思茅区云仙乡干坝村	北纬 22° 94′ 29″、东经 100° 62′ 60″ 1611 米	位于村旁的山坡荒地上，离居民住户 40 米左右。基岩出露明显，砂岩，轻度风化。（占地 100 平方米）
倮练台	景谷县永平镇倮练村	北纬 23° 60′ 00″、东经 100° 29′ 00″ 944 米	位于村后的半山坡上，距离最近住户约 600 米。基岩出露明显，砂岩，中度风化。（占地 100 平方米）
邦东台	景谷县永平镇邦东村	北纬 23° 35′ 86″、东经 100° 15′ 10″ 1751 米	位于山体箐沟中，基岩是流水冲出的，周围有树木，距离最近住户约 300 米。基岩出露明显，灰岩，中度风化。（占地 100 平方米）
黄草岭台	景谷县碧安乡黄草岭村	北纬 22° 99′ 07″、东经 100° 48′ 60″ 1395 米	位于云盘山的平坡上，距离最近的寨子约 2 千米，距离村公所约 700 米。基岩出露明显，砂岩，中度风化。（占地 100 平方米）
和平台	景谷县益智乡和平村	北纬 23° 06′ 757″、东经 100° 63′ 10″ 1303 米	位于半山腰上，旁边有条上山的小道，距离最近的住户约 2 千米。基岩出露明显，砂岩，中一强度风化。（占地 100 平方米）

第二节　地震监测

一、测震

至 1990 年，安装 6 套测震记录仪器。主要用于监测滇西南地区地震的近震记录，24 小时连续自记，定时更换记录图纸，人工测量计算地震参数。

测震台分布安装观测情况表

表 28-4

台站地址	地震仪型号	位置				始记时间	观测单位
		北纬	东经	海拔（米）	岩性		
思茅	573 型烟	22° 46′ 45″	100° 57′ 17″	1347	砂岩	1972.1.14	省地震局
澜沧	573 型烟	22° 33′ 47″	99° 55′ 55″	1060	砂岩	1972.1.14	省地震局
镇沅	65 型烟	23° 51′ 36″	100° 53′ 38″	1202	砂岩	1972.1.14	县地震局
思茅	DDI 三分向	22° 43′ 16″	100° 57′ 34″	1324	砂岩	1972.1.14	区地震办
宁洱	DSL 单向	23° 04′	101° 02′	1404	石灰岩	1972.1.14	县地震办
孟连	DSL 单向	22° 20′ 10″	99° 34′ 32″	1010	石砂岩	1972.1.14	县地震办

二、流体

（一）水位观测

在思茅、宁洱、景谷、澜沧、孟连 5 个县安装 SW-40、41 型水位自记仪，仪器安装在机井顶部，浮漂置于机井水面，由机械钟或石英钟推动，24 小时连续自记，人工更换处理图纸。

（二）水氡观测

在思茅大寨、宁洱、景东、孟连、澜沧 5 个点分别开展水氡观测，观测仪器是 FD-105K 水氡仪，观测方式是每天定时用扩散瓶负压法取水样，一次三瓶（其中一瓶备用），每瓶 100 毫升。每个观测点配备两台 FD-105K 水氡仪，每天对比观测各一次，分主样、副样计算两个测值，同时观测水温、流量。

（三）高精度地温观测

1986 年，在景谷北纬 23°29′，东经 100°42′22″，海拔 830 米的三号石油费井 325 米深处安装 YSW-1 型高精度地热仪，主要用于观测地壳深部热能变化情况。能自动计算打印，每小时自动打印一次。

（四）大寨观测站观测

1983 年 5 月洗孔，11 月 1 日开始试观测水位和流量；1984 年 1 月 1 日，正式进行水位、水温、流量和气象观测，2 月增加水氡观测。1991 年 1 月，增上气汞观测，1992 年 1 月，增上水汞观测，1995 年 5 月，开始增加水质观测。1997 年 5 月，增加 pH 值、钙离子、镁离子、重碳酸根离子和氟离子等水质分析观测项目。至 2000 年，完成水位、气汞、气压、气温、降雨等观测项目的数字化改造。增加水温（高精度地温）和气氡两个数字化观测项目，站内增加 GPS 大地测量手段。大寨观测站的模拟观测项目就只有水氡、水汞、水质和流量四个测项。

（五）普洱深井观测发展建设情况

初始深井动态观测点分布情况表

表 28-5

观测单位	地震仪型　号	位置					始记时间	备注
		北纬（度、分、秒）	东经（度、分、秒）	海拔（米）	井深（米）	地层		
大寨观测站	SW-41 型	22°44′31″	101°03′13″	1490	112.27	第四系 白垩系	1984.1.1	自流井
宁洱（原普洱）地震办	SW-40 型	23°02′26″	101°03′15″	1314	97	第四系 二迭系	1982.6.1	
景谷地震办	SW-40 型	23°29′54″	100°43′40″	830	236	第四系 第三系 中新统	1986.7.15	自流井
澜沧地震办	SW-40 型	22°33′18″	99°55′48″	1040	70.25	第四系 第三系 N	1987.1.1	
孟连地震办	SW-40 型	22°20′	99°35′	950	94.93	第四系 下石炭系	1987.1.4	

2002年年末思茅地震观测井网各台站观测项目及起始时间表

表 28-6

代码	观测台站	观测项目	仪器型号	观测起始时间	井孔坐标、海拔、井深
JA	思茅行署地震局大寨观测站（滇17井）	水位	SW—40	1983-11-1	坐标：101°03′、22°44′ 海拔：1490米 井深：112.27米
		流量	—	1983-11-1	
		水氡	FD-105K	1984-2-1	
		水汞	XG-4	1991-11-1	
		水质	PH-ID	1997-5-1	
JA	思茅行署地震局大寨观测站（滇17井）	遥测	DD-2	1995-1-1	海拔：1320米
		电磁波	MDCB-Ⅲ	1996-3-1	
JB	思茅井	水位	SW-40	1992-7-1	坐标：101°57′、22°46′ 海拔：1300米井深：230米
		水温	SZW-1A	1995-8-1	
JC	孟连井	水位	SW-40	1987-7-1	坐标：99°35′、22°20′ 海拔：980米 水位观测井深：100.42米 水温观测井深：124.83米
		流量	—	1983-11-1	
		水温	SZW-1A	1996-4-1	
		水氡	FD-105K	1983-9-1	
		水质	PH-ID-F	1993-1-1	
JD	澜沧井	水位	SW-40	1991-12-1	坐标：99°55′、22°33′ 海拔：1024米井深：108.57米
		水温	SZW-1A	1993-12-1	
JE	普洱井	水位	SW-40I	1982-6-1	坐标：101°02′、23°03′ 海拔：1320米井深：120.23米
		水氡	FD-105K	1980-1-1	
JF	景谷井	水位	SW-40I	1994-1-1	海拔：918米 井深：1698.61米
		水温	SZW-1A	1983-6-1	
		遥测	DD-1	1995-1-1	
JG	镇沅井	水位	SW-40-1A	1998-3-1	海拔：995米井深：111.08米
		水温	SZW-1A	1998-3-1	
		遥测	DD-2	1998-3-1	
JH	景东井	水位	SW40-1	1995-1-1	坐标：100°50′、24°26′ 海拔：1170米井深：106米
		流量	—	1995-1-1	
		水温	SZW-1A	1996-1-1	
		水氡	FD-105K	1990-1-1	
JI	江城井	水位	SW-40	1994-1-1	坐标：101°52′、22°36′ 海拔：1120米井深：100.4米
		水温	SZW-1A	1996-12-1	
JJ	西盟井	水位	US-41	1992-8-1	坐标：99°35′、22°39′ 海拔：1120米井深：116.26米
		水温	SZW-1A	2002-12-20	

（六）强震动观测

主要集中在1996—2000年、2001—2005年期间，在省局项目的规划建设中，普洱在大寨观测站、老市政府行署院内，宁洱县在县地震局办公室旁、同心邮电所、磨黑小学、德化中学、勐先中学；思茅区在思茅港中学、六顺中学、曼歇坝乡政府；景谷县在景谷笔架山观测站、益智中学、永平中学、正兴小学；江城县在江城县城区、嘉禾乡政府、康平乡政府；澜沧县在澜沧县地震局观测站、富帮乡政府等地建19个强震台，安装19套强震仪。

第三节　地震及灾情

一、1978年普洱县5.5级地震

1978年9月10日07时11分07秒，普洱县发生5.5级地震，震中烈度Ⅶ度强。同心公社石膏井、三家村、克朗、锅底塘、偏伞坡、老郭寨等地房屋震坏。死亡3人，重伤13人，轻伤65人。同心、合力、兴无、前进4个大队25个生产队970户5310人，以及凤阳公社的新塘、太达、化良3个大队11个生产队532户2394人受灾。国家、集体、个人财产累计损失85万余元。

二、1979年普洱县6.8级、5.3级地震

1979年3月15日20时52分26秒，20时58分13秒，普洱县磨黑公社发生6.8级、5.3级地震，震中烈度Ⅸ度。震害面积150平方千米。其中Ⅷ度区面积约14平方千米，Ⅶ度—Ⅷ度区面积60平方千米，波及全县2/3的社（镇）16万人口。死亡12人，重伤93人，轻伤470人，经济损失1684万元。

三、1981年普洱县5.9级地震

1981年9月19日14时50分55秒，普洱县发生5.9级地震，震中烈度Ⅶ度，震害面积42平方千米。宏观震中位于普义公社的干塘大队及其附近的勐先公社边区大队，波及普义、勐先、黎明3个公社9个大队的65个生产队1115户6697人。死亡2人，重伤3人，轻伤18人，累计经济损失169万元。

四、1988年澜沧5.0级地震

1988年8月15日01时50分47.5秒，澜沧拉祜族自治县发生5.0级地震，宏观震中在竹塘乡战马坡村一带，震中烈度Ⅵ度。地震时有一打猎者被山上滚石砸死；有12间房屋全部倒塌，村公所砖石结构房屋从顶到底部裂缝1厘米。

五、1988年11月澜沧—耿马7.6级、7.2级地震

1988年11月6日21时03分14.5秒，21时15分45.9秒，澜沧—耿马分别发生7.6级、7.2级双主震型地震。7.6级地震的宏观震中位于澜沧县竹塘乡战马坡村西，哈卜马至大塘子之间，极震区烈度为Ⅸ度；7.2级地震的宏观震中位于耿马与沧源交界处的汗母坝至小麻勐之间，极震区烈度也为Ⅸ度。震中相距63千米，存在震害的累积效应。受灾面积长450余千米，宽200余千米，计

9万多平方千米。地震使思茅、临沧、西双版纳、保山、德宏等5个地州20个县299个乡（镇）2769个村公所（办事处）516.83万人口受灾。造成死亡748人，重伤1273人，轻伤4904人，累计直接经济损失20.5亿元。

六、1989年孟连5.0级地震

1989年5月6日10时40分53.6秒，孟连发生5.0级地震，震中烈度6度。震害面积6度区25平方千米，5度区785平方千米，震级虽小，但由于遭受过“11·6”澜沧—耿马地震和强余震的波及，以及1989年3月1日孟连境外缅境一侧6.2级地震的强烈波及，多次地震叠加效应和累积破坏，使该县在5度区内出现烈度6度—7度的自然村；5度区外的富岩、公信、勐马、腊垒等乡，墙体在原有损坏的基础上有所加重，其损失已合并综合在“11·6”地震中。

七、1992年中缅交界地带6.7级、6.9级地震

1992年4月23日22点18分35秒，中缅交界边境发生6.7级地震，微观震中北纬22° 25′、东经98° 57′。同日23点32分47秒又发生6.9级地震，微观震中北纬22° 37′、东经99° 04′。两次强震均发生于中缅边境缅方一侧。经科技人员赴缅甸境内考察，6.7级地震宏观震中在缅甸佤联邦南佤县永让寨附近，极震区烈度Ⅸ度；由于考察组未能到达6.9级地震震区，其宏观震中位置不详。据云南测震台网测定，截至1992年5月15日，记录到M ≥ 3.0的余震164次，其中5.0级以上3次，4级—4.9级15次，3级—3.9级146次。两次主震震中距我国边界均约30千米，致使云南孟连、西盟、沧源三县部分地区遭受破坏和损失，计有11人受重伤，33人受轻伤，另有4人因避震跌伤后数日死亡。在中国境内形成Ⅶ度和Ⅵ度两个破坏区。Ⅶ度破坏区。大致自孟连县公良一带至西盟县曼亨，包括142个自然村10168户计48210人受灾，面积约620平方千米。区内新建砖混与砖木结构房屋基本完好，偶见墙体裂纹；老旧砖木、土木结构房屋掉瓦滑瓦普遍，墙体多拉裂，严重者开天窗或局部震倒；在1988年11月澜沧—耿马大震时受损严重的房屋及一些朽旧房倒塌。有的沟渠、水池开裂，土岸及不稳定边坡产生小型滑塌。Ⅵ度破坏。大致自东乃经孟连县城达澜沧县城一带，包括419个自然村23251户计104629人，面积约1732平方千米。区内新建砖混、砖木以及框架结构房屋顶普遍有少量掉瓦滑瓦现象，屋顶面多被震松，有少数房局部倾倒。重点抽样的结果，认为经济损失包括：房屋、重要工程、水利设施破坏，室内财产和其他财物损失，以及间接经济损失。经评估，地震造成经济总损失4625万元。

八、1993年普洱县6.3级地震

1993年1月27日，云南省普洱县发生6.3级地震，宏观震中位于普洱同心乡至土锅寨之间；几何中心北纬23°00′、东经101° 04′，震中烈度Ⅷ度。该次地震造成154人受伤（其中重伤24人），无人死亡。实地考察表明，地震烈度Ⅵ度及其以上的灾区面积1307平方千米，覆盖了普洱县和思茅县的2个镇5个乡515个自然村，其中90%属普洱县境。Ⅷ度区东自石膏井西抵勐海田，南起同心乡北到土锅寨，呈南宽北窄椭圆形，长、短轴分别为7千米与3千米，面积20平方千米；Ⅶ度区北自金鸡南抵蚌弄山，长、短轴分别为17千米与9千米，面积113平方千米，Ⅵ度区东自勐元西抵德化，南起箐门口北至热水塘，南北长45千米，东西宽37千米，面积1174平方千米。考察认为：发震构造为北北西向普洱断裂；基于普洱盆地北端至今还保留有完好的第四纪火山口，推测地下岩浆涌动可能参与了地震孕育。截至同年2月2日，测震台网记录到1.0级以上地震730次，

其中，2.0级—2.9级150次、3.0级—3.9级34次、4.0级—4.9级7次、5.0级—5.9级2次，6.3级1次。该次地震灾害的直接经济损失6870万元，经济总损失6930万元。

九、1993年景谷—临沧地震群

1993年5月30日至6月11日，景谷、临沧一带接连发生1级以上地震81次，其中2.0级—2.9级48次，3.0级—3.9级16次，4.0级—4.9级5次，5.0级—5.9级2次。震中烈度Ⅵ度的较强地震有三次。5月30日，景谷县民乐乡4.9级地震。极震区包括大河边、民乐、平掌、董家村、大勐掰等村寨，长轴15千米，短轴9千米，沿北30°东展布。6月3日，景谷县边江乡5.0级地震。极震区包括景谷县边江乡永平镇和双江县芒糯一带，长轴23千米，短轴12.50千米，沿北75°东展布。6月4日，临沧县平村乡5.0级地震．极震区包括平村、沈家寨、岔河、换良、麻栗树、蛮河等村寨，长轴15千米，短轴8千米，沿北30°东展布。灾区烈度Ⅵ度区范围包括景谷、临沧、双江县的4个乡1个镇25个村公所286个自然村9550户51797人受灾。该次地震经济总损失1192万元。

十、1994年景谷5.2级地震

1994年9月19日23时28分36.2秒，景谷发生5.2级地震，震中位于北纬23°36′、东经100°19′。宏观震中位于景谷县民乐乡芒专村公所芒掌、芒今村附近，极震区烈度Ⅵ度，灾区面积约110平方千米。地震灾害波及景谷县民乐乡、临沧县平村，共2个乡5个村公所42个自然村2399户21708人，该次地震无人员死亡，重伤1人，轻伤10人。经评估，地震造成的经济总损失1520万元。其中，景谷920万元、临沧500万元、镇沅100万元。

十一、1995年沧源—澜沧5.1级地震

1995年2月18日08时14分40.6秒，沧源—澜沧发生5.1级地震，震中位置北纬22°59′、东经99°41′。地震宏观震中位于沧源县岩帅镇镇新华与澜沧县雪林乡芒岭之间。极震区烈度为Ⅵ度，灾区面积约170平方千米。地震灾害波及岩帅镇、雪林乡、单甲乡3个乡（镇）部分地区，含11个村公所62个自然村3656户17256人，经评估，地震造成的经济总损失730.54万元。其中，沧源512.90万元、澜沧217.64万元。

十二、1995年孟连西、中缅交界5.5级、6.2级、7.3级地震

1995年6月30日7时03分43秒；孟连西中缅交界地带发生5.5级地震，震中位于北纬22°03'、东经99°03'；7月10日04时31分32秒发生6.2级地震，震中位于北纬22°07'、东经99°03'；7月12日5时46分37.8秒又发生7.3级地震，震中位于北纬22°、东经99.3°，震源深度10千米。强震群发生在距边境10多千米的缅甸一侧，境内遭受Ⅵ—Ⅷ度破坏影响。震区房屋，生命线工程及水利设施受到严重破坏，受灾地区包括孟连、西盟、澜沧、临沧、勐海5个县39个乡2242个自然村127840户577188人，死亡11人，重伤26人，轻伤110人，1590人因房屋受损居住户外。地震造成的经济总损失20529万元。

十三、1997年景洪—江城5.5级地震

1997年1月30日17时59分，景洪—江城发生5.5级地震。宏观震中位于景洪市勐旺乡、柯连、补远村附近，震区烈度为Ⅶ度。灾区面积1014平方千米。Ⅶ度区主要涉及景洪市勐旺乡，4个村公

所的8个自然村631户2828人。Ⅵ度区主要涉及景洪、勐腊、江城、思茅4个县（市），5个乡（镇）17个村公所（办事处），201个自然村6717户34504人，该次地震造成轻伤2人，地震灾害的经济总损失5304万元。

十四、2001年澜沧5.0级地震

2001年3月12日16时57分50秒，澜沧县发生5.0级地震。震中位于北纬22°18′、东经99°49′。地震宏观震中位于澜沧县东回乡改新老寨附近，震中烈度Ⅵ度，灾区总面积约441平方千米，主要涉及澜沧县和孟连县的4个乡（镇）24个行政村（办事处）；受灾人口45449人，受灾户数10916户，无人员死亡，轻伤6人，2064人无家可归，经济总损失5575万元。

十五、2001年景谷5.0级地震

2001年9月4日12时05分55秒，景谷县发生5.0级地震。震中位于北纬23°38′、东经100°33′。震源深度8千米。宏观震中位于景谷县民乐乡大背阴山至景谷乡文联村之间；震中烈度Ⅵ度，等震线形状呈椭圆形，长轴走向为北北东向。灾区主要涉及景谷县；包括4个乡27个行政村；受灾人口50115人，涉及11651户，其中重伤2人，轻伤7人，无人员死亡。直接经济损失3760万元。其中，景谷3570万元，镇沅130万元，临沧60万元。

十六、2005年思茅区5.1级地震

2005年1月26日00时30分36.2秒，思茅区六顺乡发生5.0级地震，震中位于北纬22° 37′、东经100°43′，震源深度6千米。宏观震中位于六顺乡炮掌山一带，极震区烈度Ⅵ度，个别点居民点达Ⅶ度破坏，等震线形状呈椭圆形，长轴走向为北西向。灾区总面积约577平方千米。该次地震灾区主要涉及思茅区和景洪市，涉及4个乡（镇）20个村委会；受灾人口39987人，涉及8261户，造成5人受伤，无人员死亡。据评估，地震造成的直接经济损失5280万元。其中，思茅区3720万元，澜沧县320万元，景洪市1140万元，勐海县100万元。

十七、2006年墨江5.0级地震

2006年1月12日09时05分29.3秒，在墨江县境内发生5.0级地震。地震位于北纬23° 15′、东经101°33′，宏观震中位于鱼塘乡一带，极震区烈度Ⅵ度，有个别Ⅶ度破坏点，灾区总面积约725平方千米。该次地震主要涉及墨江县的鱼塘、忠爱桥、通关、双龙、雅邑、龙潭等6个乡（镇）34个村；该次地震无人员伤亡，1人重伤，受灾人口60273人，涉及14062户。经评估造成直接经济损失11060万元。

十八、2007年宁洱6.4级地震

2007年6月3日05时34分56.8秒，宁洱县发生6.4级地震，震中位于北纬23°00′、东经101°06′；宏观震中位于宁洱县宁洱镇太达—宁洱—同心乡曼连一带，极震区烈度Ⅷ。地震临近宁洱县城，属城市直下型地震。灾区总面积3890平方千米。该次地震灾区主要涉及普洱市的宁洱、思茅、景谷、墨江和江城5个县（区），18个乡（镇）111个行政村；地震中死亡3人，重伤28人，轻伤391人。经评估，地震造成直接经济损失189860万元。

第四章　气　象

第一节　机　构

1981年1月29日，思茅地区气象台改称思茅地区气象局，实行省气象局、地区政府双重领导，以省气象局领导为主的管理体制。各县气象站实行地区气象局、当地县政府双重领导，以地区气象局领导为主的管理体制。思茅地区气象局内设办公室、业务科、气象台。1983年10月28日，思茅地区气象局改称思茅地区气象处，县处级单位，属省气象局派出机构，行使管理职能。1984年4月9日，根据云南省气象局《关于地州市气象处处属机构的通知》，思茅地区气象处内设办公室、业务科、大气探测科和预报服务科。1990年5月，气象处成立思茅地区气象处避雷装置安全检测中心；5月12日，思茅地区气象处改称思茅地区气象局，县处级单位；6月，成立轻印刷服务部。1991年9月6日，局机关内设政工科和气象科技服务部，将预报服务科更名为预报科，对外称气象台。1992年5月6日，局机关机构将预报科、服务科、大气探测科归并为气象台，将办公室、政工科、业务科归并为管理办公室，将轻印刷服务部、避雷装置安全检测中心、招待所归并为气象科技服务部。1996年11月6日，根据云南省气象局《关于下发〈思茅地区气象部门机构编制方案〉的通知》，内设气象台、办公室、业务科、人事政工科、财务科、产业科。1998年8月26日，根据思茅地区机构编制委员会《关于成立思茅地区避雷装置安全检测中心的批复》和《关于成立思茅地区防雷中心的批复》成立思茅地区避雷装置安全检测中心和思茅地区防雷中心。属地区气象局下属科级事业单位。1999年12月30日，成立思茅地区气象影视中心，属科级单位。2001年2月5日，成立思茅地区气象局政策法规科，撤销思茅地区气象局产业科。2002年1月10日，成立思茅地区防雷工程有限公司。2003年3月7日，成立思茅毡帽山天气雷达站，正科级单位。

1978—2007年普洱市气象局领导任职表

表28-7

单位	姓名	性别	民族	籍贯	职务	任职时间
思茅地区气象局	谷　青	男	汉	云南巍山	副局长	1982.8—1984.3
思茅地区气象处	魏清荣	男	汉	四川蓬溪	副处长	1984.3—1987.10
	魏清荣	男	汉	四川蓬溪	处　长	1987.10—1990.8
	杨时梁	男	—	云南大理	副处长	1984.3—1990.8

续表 28-7

单位	姓名	性别	民族	籍贯	职务	任职时间
思茅地区气象处	许桂云	女	—	黑龙江泰来	副处长	1987.10—1990.8
思茅地区（市）气象局	魏清荣	男	汉	四川蓬溪	局　长	1990.8—1996.7
	杨时梁	男	—	云南大理	副局长	1990.8—1994.7
	许桂云	女	—	黑龙江泰来	副局长	1990.8—1996.9
	王学锋	男	汉	云南墨江	副局长	1994.8—2004.7
	李文祥	男	—	云南新平	副局长（主持工作）	1996.9—1998.12
	李文祥	男	—	云南新平	局　长	1998.12—2001.2
	马学文	男	—	云南墨江	副局长	1996.9—2001.2
	马学文	男	—	云南墨江	局　长	2001.2—2003.10
	李　华	男	—	云南澜沧	纪检组长	2001.2—2003.10
	范　菠	女	—	四川南充	副局长	2004.7—2003.10
	罗庆仙	女	—	云南景东	副局长	2005.7—2003.10
普洱市气象局	马学文	男	—	云南墨江	局　长	2003.10—2007.12
	李　华	男	—	云南澜沧	纪检组长	2003.10—2007.12
	范　菠	女	—	四川南充	副局长	2003.10—2007.12
	罗庆仙	女	—	云南景东	副局长	2003.10—2007.12

第二节　气象观测

20 世纪 70 年代，思茅地区气象部门先后使用测风、测雨雷达。1985 年起，用微型计算器完成探空资料处理和地面资料编报。1988 年，思茅安装气象预报警报系统。1989 年，建立卫星电视地面接收系统。1992 年 7 月，增加大气成分酸雨的观测。同年底，为老挝波乔省建立气象观测站，这在云南省属首次国际科技合作项目。1995 年 1 月 1 日，更新为计算机处理相关地面测报业务。1996 年，地区气象台与省气象台的省地微机远程工作站正式投入使用；1997 年 12 月，卫星小站综合应用业务系统安装、调试成功，并开始运行。通过这一系统，地区气象局可以经“亚太Ⅱ号”卫星同全国地市级以上气象部门进行气象信息传递和语音通信联系。2000 年，开通地区与各县的远程终端及地区防洪指挥的服务终端。同年，使用《AHDM4.1》地面测报软件，启用微机编报、机制报表，应用互联网传送报文。同时 701-X 测风雷达，投入运行。2001 年，思茅地区气象局与中国气象局的政务信息传输系统开通运行，正常率 95%。县气象局与地局实现纸质文件和电子文档双轨传送。地区气象台完成决策服务系统建设，开发出《思茅地区气象局局域网络信息传输系统》和《地—县通过 Internet 网传输气象信息系统》。2002 年 4 月 1 日，思茅新一代多普勒天气雷达建设开工。2003年年初，完成雷达吊装。全市思茅、澜沧、江城、景东、景谷、宁洱、墨江县安装自动站。2004 年 6 月，通过中国气象局验收投入业务运行。新一代天气雷达为思茅发生严重的春夏季连旱和暴雨洪水灾害时发挥了预报的准确性、及时性的优势，指挥人工增雨作业，防洪抗旱、防灾减灾等都发挥了重大作用。2006 年 1 月 1 日，镇沅站完成安装自动站，地面测报全部使用计算机采集、整理气象数据、编制报文和年月报表，全面进入自动化业务运行，自动存储数据精确至分钟。2007

年，普洱市气象局所辖9县1区：4个国家基本气象站（思茅、江城、景东、澜沧），6个国家一般气象站（镇沅、景谷、宁洱、墨江、孟连、西盟）。有7个自动站，1个701-X测风雷达观测站，3个农气观测站，1个酸雨观测站，3个雷电定位自动观测站，103个雨量温度自动观测站，1个CAWS 600-SH土壤水分自动监测站。其主要任务：自动定时提取所需各类气象数据，按规定观测记录各种气象要数，及时准确编发各类天气报告，报文参与全球、全国、全省资料交换。按时编制报送气象记录月报表。观测项目：云、能见度、天气现象、气温、湿度、气压、风、降水、日照、地温、蒸发等。

第三节 气象服务

一、公共气象服务

（一）为防灾减灾提供服务

2004年8月30日，思茅市出台《思茅市抗灾救灾应急（暂行）预案》。年内，思茅市人工增雨防雹办公室组织江城、景谷、翠云、墨江、镇沅、澜沧、孟连、西盟8县（区）抓住有利时机开展人工增雨作业。全市共开展人工增雨作业73点（次），发射火箭780枚，受益农田136.5万亩，受益森林43.94万公顷，增加蓄水115.2万立方米，经济和社会效益明显。2005年4月—6月，全市降水特少，气温偏高，出现自1961年后初夏干旱最为严重的旱情。市气象局在全市大范围内开展人工增雨作业，旱情得到明显缓解，有效地降低了森林火险等级。2007年6月3日05时34分56秒，宁洱县宁洱镇发生里氏6.4级强烈地震。6月3日至7月6日，普洱市气象局向市委、市政府和宁洱县委政府提供《抗震救灾专项天气预报》155期，手机短信105条，为各级党委、政府领导指挥抗震救灾和安置灾民生活工作提供了气象保障服务。

（二）为重大社会活动提供服务

1993—2007年期间，普洱市气象局8次为中国茶节提供气象保障服务。2006年5月11日—13日，思茅市气象局承担为中共中央总书记胡锦涛到西双版纳、思茅工作考察期间提供定点、定时气象保障服务工作。2007年6月5日—6日，普洱市气象局圆满完成为国务院总理温家宝一行视察宁洱地震灾区的气象保障服务工作；10月25日，国家卫星气象中心科研人员在思茅区设点开展FY-3卫星遥感仪器航空校飞试验。校飞试验期间普洱市气象局为地面同步观测采点、校飞提供准确的气象保障服务，FY-3卫星校飞试验大队根据普洱市气象局提供的天气预报，果断调整校飞工作计划，圆满完成FY-3号卫星在思茅的校飞任务。

（三）为公众提供气象服务

1997年，由思茅地区气象局影视中心制作的“天气预报”节目在思茅电视台正式播出；随后又增加制作播出思茅风景区天气预报、环境及人体舒适度预报、烤烟种植区乡（镇）天气预报节目深受广大观众的欢迎。1998年9月，思茅开通“121”电话天气预报服务信息台，内容有全地区各县（区）24小时、48小时、72小时短时天气预报。2002年9月26日，思茅气象信息网站天气预报服务专栏开通。2005年7月19日，思茅市气象局首次通过中国移动通信“企业呼”短信发送平台，将重要的气象信息以手机短信的形式，准确、快捷地发送到市委、市政府、农业局、水利局、林业局等主要领导的手机上。2007年，普洱市气象局利用手机短信开展重大气象灾害预警信息发布业务。

二、专业气象服务

1985 年，根据国务院办公厅转发国家气象局《关于气象部门开展有偿专业气象服务和综合经营的报告的通知》，当年思茅地区气象部门开始为农业、水电、林业、科研、交通、保险、建筑、电信等部门提供有偿气象服务。1986 年 1 月，地区气象局首次为西南航空站提供航空护林专项气象服务。同年 5 月，为云南省林业厅在江城、计澜沧县飞播造林提供飞行气象保障服务，共计安全飞行 267 架次，完成飞播 73 万亩。春季森林防火气象服务是气象部门为政府森林防火指挥部和航空护林站提供森林火险气象等级预报、森林防火的专业气象服务。2007 年，普洱市气象局研制开发“水电气象服务业务平台”，专门为糯扎渡电站和李仙江梯级电站建设提供专业有偿气象服务。

江城气象站和景东气象站是国家一级农业气象观测站，思茅气象站是省级农业气象一级观测站。按照《农业气象观测规范》主要观测记载当地主要农作物的生长、发育、测定分析产量，编发农气情报、编制上报作物生育期报表，同时为地方政府领导指导农业生产提供农业气象科学依据，为农业部门提出生产建议。1980—1982 年，思茅地区气象局在景东开展农业气候资源调查及区划工作，编印出《景东县农业气候资源与区划》。这项成果获国家气象局农业气候区划三等奖。1987 年，地区气象局参加国家科技攻关项目——中国西部山区农业气候资源考察，在哀牢山西部建立五个考察站。2005 年 6 月，建成景东国家一级农业气象观测站。是云南省第一个土壤水分自动观测站，主要开展土壤层（土壤深度 5 厘米—50 厘米）相对湿度监测。

三、气象科技服务

1979 年 5 月，《思茅地区环境及气候资源》完稿。1985 年，思茅气象处正式开展环境评价业务。1990 年 3 月，思茅地区气象局开展防雷检测气象科技服务。1991 年 11 月，思茅地区气象局和思茅地区农业区划办公室共同完成《云南省思茅地区农业气候资源与区划》。1998 年 4 月 3 日，2000 亩烤烟、玉米高吸水树脂抗旱栽培项目通过专家验收，并获得云南省气象局 1998 年度科技进步三等奖；同年 12 月 4 日，思茅曼老江沿岸热区冬季农业开发示范研究项目启动，该项目由思茅地区气象局和云南省农业气象中心承担，思茅地区气候服务中心、思茅市气象局和江城县气象局参加。全地区共分三个点，江城康平乡整荒田，思茅市倚象乡蚌弄村，思茅农校。每个点分派 3 人，由地局副局长担任项目负责人。1999 年 5 月 10 日，思茅曼老江沿岸热区冬季农业开发示范研究课题通过阶段性验收。2003 年 6 月 9 日，云南省气象局和思茅地区气象局派出 7 名专业科技人员到江城县加禾乡雷暴重灾区，开展农村雷电灾害防御咨询服务。

第四节　人工降雨

1979 年，地区气象部门与水利部门合作，首次使用 R 三七高炮发射碘化银炮弹进行人工引雨成功。1987 年，地区行署成立人工降雨指挥部，办公室设在地区行政公署抗旱防洪指挥部。同年 5 月 29 日至 6 月 2 日，在思茅城区和墨江县通关区开展人工增雨作业。降雨受益面积 1 万平方千米，平均降雨量 45 毫米。1989 年 4 月 27 日至 5 月 9 日止，在思茅城郊的鱼种场和翠云仙人洞开展人工增雨作业。人工增雨受益的主要有思茅、普洱、江城及墨江县南部、景谷县南部，受益面积 1.20 万平方千米。1992 年，全地区汛期降水偏少，8 月底至 9 月下旬，思茅行署开展为解决水库蓄水的定点人工增雨作业，并将人工增雨作业指挥部办公室设在地区气象局。为思茅城郊三个水库增加蓄水200万立方米。1997年，思茅行署成立以行署副专员李忠恒任组长的思茅地区人工降雨防雹工作协调领导小组，办公室设在地区气象局。其后，全地区有7个县（市）成立人工降雨防雹领导小组和办公室；5月底至6月初，思茅、景东、镇沅县（市）相继实施人工增雨作业。1998年4月，举办首期人工增雨、防雹作业人员持证上岗培训班，28名技术人员通过培训取得上岗证。年内，全地区除墨江、江城以外的8个县（市）22个作业点全面开展人工增雨作业，作业面从上年的30%猛增至80%，使全地区280万亩（地）、1632万亩经济林木受益。1999年6月9日，思茅地区气象局、思茅地区人降办被思茅行署授予1999年度人工增雨工作先进集体。2001年，江城、景谷、西盟、思茅等县（市）先后开展人工增雨作业。全地区共作业142（点）次，保护森林、农田、经济作物面积5400万亩，增加库塘蓄水800万立方米。2002年2月20日至5月7日，镇沅、墨江、景谷、江城和思茅市等县（市）实施降雨作业59次，使61.4亩农田、茶地以及经济作物和26.53公顷林地受益。2003年4月17日开始至10月31日止，先后有镇沅、景东、墨江、澜沧等县开展人工增雨作业。全地区实施人工增雨作业103次，发射火箭弹1597枚，有66.2万亩农田、经济作物和5200公顷森林受益，增加水库蓄水量20万立方米。2004年，思茅市人工增雨防雹办公室组织江城、景谷、翠云、墨江、镇沅、澜沧、孟连、西盟县（区）开展人工增雨作业。全市开展人工增雨作业73点（次），发射火箭780枚，受益农田136.5万亩，受益森林43.94万公顷，增加蓄水115.20万立方米。2005年3月25日，思茅市人工影响天气工作获云南省人民政府二等奖。同年，思茅市气象局自行研发的“思茅人工增雨决策指挥信息系统”投入业务运行，实现在计算机上科学指挥人工增雨作业。全年，各县（区）人降办作业240次，发射火箭弹1749枚，使128.2万亩农田及经济作物和59万公顷森林受益，增加水库蓄水量286万立方米。中央电视台《聚焦三农》栏目、云南电视台、思茅电视台以及当地电视台对思茅市人工增雨抗旱工作做报道。2006年，全市出现22年以来的严重干旱。从3月14日至10月份止，翠云、景东、墨江、镇沅、景谷县（区）实施人工影响天气作业21点157次，消耗炮弹561枚，有43.2万亩农田、30.2万公顷林地受益。2007年6月26日开始至7月13日止，景谷永平镇、半坡乡和镇沅振太乡实施人工增雨作业。景谷县6000公顷农田、6万公顷林地、500多公顷烤烟以及其他农经作物受益；镇沅县840平方千米森林面积、5.6万亩粮豆、0.7万亩茶叶、1.5万亩烤烟受益。

第五章　水　文

第一节　机　构

一、云南省水文资源局普洱分局

1983年，思茅地区设立思茅水文分站，隶属思茅地区水电局。思茅水文分站负责全地区水文站的业务技术指导，各水文站的人事、经费等行政管理由县水电局负责。1984年1月1日，思茅地区各水文站收归地区管，思茅地区设思茅水文分站，隶属思茅地区水电局。思茅水文分站负责全地区各水文站的人事、经费、业务、站网建设及水文站技术服务等行政、业务技术管理工作。1985年1月1日，全省水文体制收归省管，思茅水文分站改称云南省水文总站思茅分站，负责思茅区内各水文站的人员、经费、业务、站网建设等行政业务技术的管理工作。1993年，云南省水文总站思茅分站改称云南省水文总站思茅水文水资源勘测大队。1997年，云南省水文总站思茅水文水资源勘测大队改称云南省水文水资源局思茅分局。2002年5月，云南省水文资源局思茅分局由正科级事业单位升格为副处级事业单位。

2002—2007年普洱市水文局领导任职表

表28-8

单位	姓名	性别	民族	籍贯	职务	任职时间
云南省水文资源局思茅分局	胡学祥	男	—	—	局　长	2002.5—2007.4
云南省水文资源局普洱分局	胡学祥	男	—	—	书记、局长	2007.4—2007.12

二、国家基本水文站

（一）李仙江水文站

属江河流域李仙江水系李仙江干流控制站，控制面积16524平方千米，至源头河长404千米，河道坡度2.77‰，距出境口66千米。行政区划属云南省普洱市江城县加禾乡李仙江上桥，距江城县城58千米，距市政府205千米。李仙江水文站有水位、流量、降水、蒸发、泥沙5个观测项目。1996年，被列为国家重要水文站，中央报汛站、国际报汛站、国家水质监测站一类精度站。2002年4月，明确为副科级测站。李仙江水文站最高水位437.44米，最低水位424.12米，平均水位426.27米；最大流量5920立方米每秒；最小流量73.48立方米每秒；平均流量353立方米每秒；最大降水量2325.1毫米，最小降水量140.1毫米，平均降水量1811.3毫米；警戒水位433.41米。2004年1月1日，因电站建设，下迁61.4千米至土卡河并称为土卡河水文站，于2005年3月建成使用。土卡河水文站属红河流域李仙江水系李仙江干流控制站，控制面积18089平方千米，至源头河长480千米，距出境口距离8.60千米。土卡河水文站有水位、流量、降水、蒸发4个观测项目。被列为国家重要水文站、中央报汛站、国际报汛站、国家水质监测站、一类精度站。属于副科级测站。

（二）忠爱桥水文站

属红河流域李仙江水系布固江控制站，控制面积3562平方千米，至源头河长189千米，河道坡度3.54‰，距汇口距离78千米。行政区划属云南省普洱市墨江县通关镇忠爱桥，距墨江县县城45千米，距市政府178千米。忠爱桥水文站有水位、流量、降水、蒸发、泥沙5个观测项目。1996年，被列为国家重要站、国际报汛站、省级报汛站、省级水质监测站、一类精度站。2002年4月，明确为副科级测站。忠爱桥水文站历年最高水位732.83米，最低水位725.4米，平均水位727.07米；最大降水量1590.2毫米，最小降水量847.9毫米，平均降水量1237.9毫米。警戒水位730.82米。

（三）大新山水文站

属澜沧江流域澜沧江水系黑江区域代表站，控制面积8749平方千米，至源头河长286.20千米，距澜沧江口距离8.1千米。行政区划属云南省普洱市思茅区思茅港镇大车树村大新山。大新山水文站有水位、流量、降水、蒸发4个观测项目。1996年，被列为国家重要水文站、省级报汛站、省级水质监测站、一类精度站。基面为“1985”国家高程基准黄海基面，1999年由思茅分局基面测量组测定，2001年1月1日正式启用。2002年4月，明确为副科级测站。大新山水文站最高水位643.19米，最低水位631.37米，平均水位632.52米；最大流量3850立方米每秒，最小流量7.83立方米每秒，平均流量163立方米每秒；最大降水量1560毫米，最小降水量770.40毫米，平均降水量1100毫米；警戒水位639.92米。2007年1月1日，因电站建设，上迁为小黑江水文站。

三、省级重要水文站

（一）景东水文站

属红河流域李仙江水系川河区域代表站，控制面积1800平方千米，至源头河长90千米，河道坡度6.68‰，距出境口距离380千米，2000年1月1日始建，由蛮燕水文站下迁17千米至景东县城河东街，距县城1.80千米，距市政府265千米。景东水文站有水位、流量、降水、蒸发4个观测项目。2000年被列为省级重要水文站、省级报汛站、省级水质监测站、二类精度站。基面为“1985”国家高程基准黄海基面，2000年由思茅分局基面测量组测定，2000年1月1日正式启用。2002年4月，明确为副科级测站。担负着向云南省防办、云南省水文水资源局、普洱市防办、县防办、普洱市水文水资源局等部门的水情报汛任务。景东水文站最高水位1157.04米，最低水位1155.16米，平均水位1155.63米；最大流量553立方米每秒，最小流量1.52立方米每秒，平均流量58.9立方米每秒；最大降水量1367.07毫米，最小降水量1095.2毫米，平均降水量1218.9毫米。警戒水位1157米。

（二）勐大水文站

属澜沧江流域澜沧江水系勐统河区域代表站，控制面积500平方千米，河至源头长51千米，河道坡度12.0‰，距景谷站距离84千米，1979年1月1日始建，行政区划云南省普洱市镇沅县勐大镇营盘村，距县城45千米，距市政府185千米。勐大水文站现有水位、流量、降水3个观测项目。1996年，被列为省级重要水文站、二类精度站。勐大水文站最高水位1151.59米，最低水位1147.47米，平均水位1148.41米；最大流量524立方米每秒，最小流量0.55立方米每秒，平均流量 14.1 立方米每秒；最大降水量 1892.3 毫米，最小降水量 1152.9 毫米，平均降水量 1513.3 毫米。

（三）景谷水文站

属澜沧江流域澜沧江水系景谷大河区域代表站，控制面积 2506 平方千米，至勐大站河长 84 千米，河道坡度 3.87‰，距汇口距离 159.3 千米。行政区划云南省普洱市景谷县钟山乡坝朗村，距县城 7 千米，距市政府 127 千米。景谷水文站有水位、流量、降水、蒸发、泥沙 5 个观测项目。1996 年，被列为省级重要水文站、省级报汛站、省级水质监测站、二类精度站。2002 年 4 月明确为副科级测站。担负着向云南省防办、云南省水文水资源局、普洱市防办、县防办、普洱市水文水资源局等部门的水情报汛任务。景谷水文站最高水位 925.36 米，最低水位 917.31 米，平均水位 918.1 米；最大流量 1460 立方米每秒，最小流量 1.33 立方米每秒，平均流量 54.8 立方米每秒；最大降水量 1717.2 毫米，最小降水量 917 毫米，平均降水量 1309.9 毫米。警戒水位 922.2 米。

（四）热水塘水文站

属澜沧江流域澜沧江水系黑河区域代表站，控制面积 1838 平方千米，至源头河长 114.40 千米，河道坡度 6.80‰，距澜沧江口距离 15 千米，1991 年 1 月始建，行政区划云南省普洱市澜沧县糯扎渡乡热水塘村，距县城 45 千米，距市政府 122 千米。2006 年 12 月 31 日，因糯扎渡电站淹没影响而撤销。热水塘水文站有水位、流量、降水 3 个观测项目。1996 年，被列为省级重要水文站、二类精度站。热水塘水文站最高水位 658.65 米，最低水位 654.94 米，平均水位 656.07 米；最大流量 378 立方米每秒，最小流量 2.91 立方米每秒，平均流量 41.2 立方米每秒；最大降水量 1403.5 毫米，最小降水量 845.5 毫米，平均降水量 1051.7 毫米。

（五）曼中田（二）水文站

属澜沧江流域澜沧江水系蛮老江区域代表站，控制面积 1133 平方千米，至源头河长 90 千米，河道坡度 6.82‰，距河口距离 196 千米。行政区划云南省普洱市思茅区倚象乡大平掌，距县城 58 千米。曼中田（二）水文站有水位、流量、降水、蒸发 4 个观测项目。1996 年，被列为省级重要水文站、省级报汛站、省级水质监测站、二类精度站。担负着向云南省防办、云南省水文水资源局、普洱市防办、普洱市水文水资源局等部门的水情报汛任务。曼中田（二）水文站最高水位 901.28 米，最低水位 886.8 米，平均水位 887.87 米；最大流量 2690 立方米每秒，最小流量 3.1 立方米每秒，平均流量 33.3 立方米每秒；最大降水量 2725.8 毫米，最小降水量 1550 毫米，平均降水量 2021.6 毫米。警戒水位 891.66 米。

（六）勐朗水文站

属澜沧江流域澜沧江水系南朗河区域代表站，控制面积 406 平方千米，至源头河长 32.9 千米，河道坡度 14‰，距南览河口距离 197 千米。行政区划属云南省普洱市澜沧县勐朗镇大桥头村，在县城边，距市政府 178 千米。勐朗水文站有水位、流量、降水 3 个观测项目。1996 年，被列为省级重要水文站、省级报汛站、省级水质监测站、二类精度站。担负着向云南省防办、云南省水文水资源局、普洱市防办、县防办、普洱市水文水资源局等部门的水情报汛任务。勐朗水文站最高水位 1008.4 米，最低水位 1004.52 米，平均水位 1005.22 米；最大流量 198 立方米每秒，最小流量 0.38 立方米每秒，平均流量 11.3 立方米每秒；最大降水量 2102.9 毫米，最小降水量 1133.3 毫米，平均降水量 1563.4 毫米。警戒水位 1006.83 米。

（七）孟连（二）水文站

属澜沧江流域南拉河水系南垒河区域代表站，控制面积 775 平方千米，河长 39.6 千米，河道坡度 6.33‰，距出境口距离（200 号界桩）39.6 千米。行政区划属云南省普洱市孟连县娜允镇。孟连水文站有水位、流量、降水、蒸发、泥沙5个观测项目。1996年，被列为省级重要水文站、省级报汛站、省级水质监测站、二类精度站。担负着向云南省防办、云南省水文水资源局、普洱市防办、县防办、普洱市水文水资源局等部门的水情报汛任务。孟连水文站最高水位959.56米，最低水位955.9米，平均水位957.35米；最大流量279立方米每秒，最小流量0.5立方米每秒，平均流量20.3立方米每秒；最大降水量1758毫米，最小降水量1087.4毫米，平均降水量1369.9毫米。警戒水位958.28米。

（八）南康河水文站

属怒江流域南卡江水系南康河区域代表站，控制面积920平方千米，河长39千米，河道坡度23.2‰，距河口距离47.3千米，1979年1月1日始建，行政区划云南省西盟县勐梭乡南康河村，距县城18千米。南康河水文站有水位、流量、降水3个观测项目。1996年，列为省级重要水文站、二类精度站。担负着向普洱市水文水资源局的水情报汛任务。南康河水文站最高水位686.36米，最低水位682.54米，平均水位683.15米；最大流量530立方米每秒，最小流量3.4立方米每秒，平均流量38.8立方米每秒；最大降水量2265.3毫米，最小降水量1370.3毫米，平均降水量1826.5毫米。

（九）小黑江水文站

属澜沧江流域澜沧江水系小黑江区域代表站，控制面积1442平方千米，河长72.50千米，河道坡度26‰，距河口距离43.60千米，2007年1月1日始建（由大新山水文站上迁），行政区划属云南省景谷县正兴镇波云村一号桥，距县城67千米，距普洱市政府66千米。小黑江水文站有水位、流量、降水、蒸发4个观测项目。为省级重要水文站、省防办、二类精度站、副科级测站。担负着向云南省防办、云南省水文水资源局、普洱市水文水资源局等部门的水情报汛任务。小黑江水文站最高水位842.11米；最大流量556立方米每秒。

（十）把边水文站

属红河流域李仙江水系把边江控制站、一类精度站，控制面积5521平方千米，至景东水文站河长189千米，河道坡度2.63‰，距勐野江汇口距离38.4千米，2003年3月2日始建，行政区划属云南省宁洱县磨黑镇把边村，距县城51千米，距普洱市区91千米。把边水文站有水位、流量、降水、蒸发、泥沙5个观测项目。被列为省级重要水文站、省级报汛站、省级水质监测站、一类精度站。担负着向云南省防办、云南省水文水资源局、普洱市防办、普洱市水文水资源局等部门的水情报汛任务。把边水文站最高水位849.31米，最低水位843.90米，平均水位844.67米；最大流量860立方米每秒，最小流量6立方米每秒，平均流量70.8立方米每秒；最大降水量1875.8毫米，最小降水量913.9毫米，平均降水量1310.1毫米。警戒水位852米。

（十一）思茅河水文站

属澜沧江流域澜沧江水系思茅河区域代表站，控制面积90平方千米，河长17.40千米，河道坡度26.6‰，距河口距离29.20千米，2006年1月1日始建，行政区划属云南省思茅区思茅镇。思茅河水文站有水位、流量、降水、蒸发4个观测项目。2007年，列为省级重要水文站、省级报汛站、省级水质监测站、一类精度站。担负着向云南省防办、云南省水文水资源局、普洱市防办、思茅区防办、普洱市水文水资源局等部门的水情报汛任务。

四、工程建设专用水文站

（一）小松丫水文站

位于普洱县勐先乡小松丫村，海拔高程1230米，控制面积286.4平方千米。1985年4月，由普洱县水电局设立，委托思茅水文分站负责业务技术指导及资料整编。主要观测项目有水位、流量、降水。

（二）腊福水文站

位于孟连县勐马镇腊福村，海拔高程1500米。1985年4月，由孟连县水电局设立，并委托思茅水文分局负责业务技术指导及资料整编，主要观测项目有水位、流量、降水。1992年1月撤销。

（三）靛坑河水文站

位于镇沅县里崴乡靛坑河，海拔高程1380米，控制面积76.8平方千米。1989年4月，由镇沅县水电局设立，并委托思茅水文分站负责业务技术指导及资料整编。主要观测项目有水位、流量、降水、蒸发、泥沙。1998年1月撤销。

（四）文板水文站

位于景东县文井镇上文板村，海拔高程1160米，控制面积42.7平方千米。1992年2月，由景东县水电局设立，委托思茅水文分站负责业务技术指导及资料整编。主要观测项目有水位、流量、降水、蒸发、泥沙。1998年1月撤销。

（五）营盘山水文站

位于江城县康平乡营盘山村，海拔高程1400米，控制面积14.3平方千米。1992年1月，由江城县水电局设立，委托思茅水文分站负责业务技术指导及资料整编。主要观测项目有水位、流量、降水、蒸发、泥沙。2001年1月撤销。

（六）塘坊水文站

位于镇沅县振太乡塘坊村，海拔高程1350米，控制面积212平方千米。1994年7月，由景谷县电力公司设立，委托思茅水文水资源勘测大队负责业务技术指导及资料整编。主要观测项目有水位、流量、降水、蒸发。

（七）小坝子水文站

位于澜沧县新城乡小坝子，海拔高程1800米，控制面积20.3平方千米。1995年8月，由澜沧县水电局设立，委托思茅水文水资源勘测大队负责业务技术指导及资料整编。主要观测项目有水位、流量、降水、蒸发、泥沙。

（八）五一水文站

位于镇沅县恩乐镇五一村，控制面积18.2平方千米。1984年，由镇沅县水电局设立，1985年撤销。2001年1月1日，恢复观测，镇沅县水利局委托思茅水文分局负责业务技术指导及资料整编。主要观测项目有水位、流量、降水、蒸发。2004年12月撤销。

（九）曼转水文站

位于景谷县钟山乡河东曼转村，海拔高程1200米，控制面积118平方千米。1999年2月，由景谷县水电局设立，委托思茅水文分局负责业务技术指导及资料整编。主要观测项目有水位、流量、降水、蒸发、泥沙。

（十）常林河水文站

位于墨江县联珠镇马路村，控制面积23.50平方千米。2000年7月，由墨江县水电局设立，委托思茅水文分局负责业务技术指导及资料整编。主要观测项目有水位、流量、降水、蒸发、泥沙。2003年12月撤销。

（十一）大中河水文站

位于思茅区翠云乡，控制面积98平方千米。2001年2月，由思茅区水利局设立，委托思茅水文分局负责业务技术指导及资料整编。主要观测项目为水位、流量、降水、蒸发、泥沙。

（十二）箐门口水文站

位于思茅区思茅镇箐门口村，控制面积21.9平方千米。2001年6月，由思茅区水利局设立，委托思茅水文分局负责业务技术指导及资料整编。主要观测项目有水位、流量、降水、蒸发、泥沙。2003年12月撤销。

（十三）青龙水文站

位于景东县锦屏镇灰窑村大村社，海拔高程1200米，控制面积64.6平方千米。2003年1月，由景东县水利局设立，委托思茅水文分局负责业务技术指导及资料整编。主要观测项目有水位、流量、降水、蒸发、泥沙。

（十四）戈兰滩水文站

位于绿春县半坡乡戈兰滩，控制面积17170平方千米。2003年1月，由云南大唐公司设立，委托思茅水文分局负责业务技术指导及资料整编。主要观测项目有水位、流量、泥沙、降水、蒸发。2005年3月撤销。

（十五）土卡河水文站

位于江城县曲水乡土卡河社，控制面积18089平方千米。2003年1月，由云南大唐公司设立，委托思茅水文分局负责业务技术指导及资料整编。主要观测项目有水位、流量、降水、蒸发、泥沙。2005年3月撤销。

（十六）温泉河水文站

位于宁洱县凤阳乡温泉村，海拔高程1200米，控制面积16.6平方千米。2004年1月，由普洱县水利局设立，委托思茅水文分局负责业务技术指导及资料整编。主要观测项目有水位、流量、降水、蒸发、泥沙。

（十七）民乐水文站

位于景谷县民乐乡民乐村，海拔高程1000米，控制面积112平方千米。2005年1月，由景谷县水利局设立，委托思茅水文分局负责业务技术指导及资料整编。主要观测项目有水位、流量、降水、蒸发、泥沙。

（十八）新山水文站

位于江城县整董镇漫滩村，海拔高程900米，控制面积53.6平方千米。2006年1月，由江城县水利局设立，委托思茅水文分局负责业务技术指导及资料整编。主要观测项目有水位、流量、降水、蒸发、泥沙。

（十九）古城水文站

位于镇沅县古城乡古城村，海拔高程997.19米，控制面积3820平方千米。2007年1月，由北京大塘公司设立，委托思茅水文分局负责业务技术指导及资料整编。主要观测项目有水位、流量、降水、蒸发、泥沙。

（二十）糯扎渡水文站

位于澜沧县糯扎渡镇龙潭新城，控制面积144700平方千米。2007年5月，由华能集团澜沧江公司设立，委托普洱市水文水资源局负责业务技术指导及资料整编。主要观测项目有水位、流量、降水。

（二十一）思茅港水位站

位于思茅区思茅港镇，2007年5月，由华能集团澜沧江公司设立，委托普洱市水文水资源局负责业务技术指导及资料整编。主要观测项目有水位。

第二节　水情传递与水环境监测

一、水情传递

20世纪90年代后，各报汛水文站陆续架通程控电话，用程控电话通过县邮电局“报房”向收报单位报送水情电文。1998年，省水文水资源局建成云南省水情信息网，各水文站的水情报用程控电话向分局水情室报送，分局水情室通过水情计算机网络向省局转发。2000年8月，在李仙江、曼中田、大新山、景谷、忠爱桥、分局水情室分别安装短波无线电通讯电台，手机、水情报汛实现有线和无线三保险。2001年5月，忠爱桥、李仙江两站配备电脑并联网报送水情，此后水情信息采用网络传递。2003年，分局水情科安装卫星水情信息仪。2005年起，向华能集团澜沧江公司漫湾、糯扎渡电站提供水情报汛任务。2006年起，李仙江、忠爱桥、把边、景东、景谷水文站向云南大唐公司、威远江电站提供施工水情信息服务。2007年，因李仙江流域电站建设，受云南大唐公司委托，普洱市水文水资源局所属的把边、七一桥、忠爱桥、土卡河、李仙江水文站安装水位摇测系统；在德安、新抚、把边、通关、普义、文武、七一桥、国庆、忠爱桥、嘉禾、曲水雨量站安装雨量摇测系统；新增古城、老王寨、泗南江等水文站安装水情测报系统，新增古城、景星、磨黑、崖羊山坝前、三丘田、黎明、前进、瑶家山、哈苗、龙马坝前、螺丝塘、墨江、龙坝、雅邑、坝溜、大沙坝、居甫渡坝前、大水沟（绿春县）、大黑山（绿春县）、戈兰滩坝前、半坡（绿春县）、土卡河坝前等雨量站安装摇测系统，向云南大唐公司报送实时水情信息。

二、水环境监测

1978年6月—7月，开展对思茅地区第一次水质调查，调查点为孟连、曼中田、李仙渡、忠爱桥、把边、澜沧东卡、景东县城、景谷、思茅飞机场。当时水样送到云南省水文总站水质科检测。1979年年初，开始筹建思茅水质室，委派技术人员到武汉长江水利委员会、省水文总站水质科进行学习，并进行思茅地区水质监测站点的规划工作，同时建盖思茅地区水质检测办公用房。1980年10月—12月，开展对思茅地区第二次水质调查，调查点为曼中田水文站、李仙江水文站、忠爱桥水文站、把边（老昆洛路大桥）、蛮燕水文站、思茅河（飞机场断面）。当时水样送到云南省水文总站水质科检测。1981年3月—12月，开展对思茅地区第三次水质调查，调查点为曼中田水文站、景谷水文站、李仙江水文站、思茅河（飞机场）、忠爱桥水文站、蛮燕水文站、景东县城河段。同时对思茅地区仅有的三座中型水库，即东洱河水库、昔木水库、太平水库的水质调查，水样送到云南省水文总站水质科检测。1981年，思茅地区水质室正式成立。1982年1月，开始监测，有常规河流水质控制监测站点9个，即蛮燕水文站、把边（老昆洛路大桥）、忠爱桥水文站、李仙江水文站、景谷水文站、孟连水文站、勐朗水文站、曼中田水文站、思茅河（飞机场），年监测八次；水库监测站点3个，即东洱河水库、昔木水库、太平水库，年监测一次。

第二十九篇 教育

明正统七年（1442），景东设卫学，为普洱最早的学校。明万历十五年（1587）改为景东府学，是明、清时期的地方官学。清康熙四十年（1701）至光绪八年（1882）间，各府、厅、县设置学宫和书院。清光绪二十五年，普洱设译算学堂。宣统三年（1911），宁洱、景东、思茅、威远设女子小学堂，开普洱女子受学先河。民国之初，普洱设省立师范学校，思茅设道立中学。民国18—34年（1929—1945），各县推行义务教育，设普通中学。民国35年年末，思普地区在校生2.6万余人，为民国时期在校生数最多年份。

1949年后，思普地区新办了一批农村小学，开办了民族小学，开展了农村扫盲。1957年年末，中小学和师范学校在校生7.2万余人。1958—1960年，思茅地区新办45所半农半读的农业中学。1961—1965年，纠正"大跃进"和"人民公社化"运动时期盲目发展的错误。1966—1976年"文化大革命"期间，教育领域一方面开展大批判，成为打、砸、抢破坏行为的重灾区；另一方面提出要大上教育，盲目扩大中小学发展规模。1978年中共十一届三中全会后，思茅地区教育事业在调整恢复的基础上，实现普及初等教育，发展中等职业教育，加强师范教育，开展成人教育。1989年年末，全地区各级各类在校生数38.2万人。

20世纪90年代后，思茅地委、行署将教育摆在优先发展的战略地位，不断加大教育投入，改善办学条件，全面提高教育质量，建立起基础教育、职业教育、高等教育、民办教育齐头并进、协调发展的教育体系。至2007年，先后实施"国家贫困地区义务教育工程一""边境学校建设工程""农村寄宿制学校建设工程""农村中小学危房改造""世行贷款"等项目，全市办学条件明显改善。2007年年末，普洱一中扩建、普洱二中迁建、思茅师专搬迁、市职教中心组建和市盲聋哑学校搬迁顺利推进，九年义务教育阶段的学生"两免一补"政策全面落实。"两基"工作和扫除青壮年文盲工作扎实推进，普洱市8个县（区）实现九年义务教育。高中在校学生大幅增加，受教育程度明显提高；幼儿教育发展迅速，民办教育健康发展；职业教育蓬勃发展，教师队伍素质明显提高，教学条件明显改善，各级各类学校面貌焕然一新。2007年，全市教育支出9.31亿元，比1978年教育支出888.9万元增长103.8倍，全市共有大、中、小各类学校1190余所，在校学生35万余人，教职员工2.4万余人。

第一章　管理体制

第一节　机　构

一、普洱市教育局

1978 年 5 月 9 日，思茅地区革命委员会文教局更名为思茅地区行署文教局。1979 年 5 月，更名为思茅地区行署教育局。1996 年 5 月至 1997 年 7 月，成立思茅地区教育委员会。2002 年 1 月 21 日，恢复为思茅地区行署教育局。2003 年 10 月，思茅地区行署教育局改称思茅市教育局。2007 年，思茅市教育局更名为普洱市教育局。

1978—2007 年普洱市教育局领导任职表

表 29-1

单位名称	姓名	性别	民族	籍贯	职务	任职时间
思茅地区行政公署文教局	许　亮	男	—	山西陵川	副局长	1978—1979
	董继承	男	汉	江苏徐州	副局长	1978—1979
	柳安华	男	汉	河南安阳	副局长	1978—1979
	谭中和	男	汉	云南思茅	副局长	1978—1979
思茅地区行政公署教育局	荀　彬	男	汉	云南曲靖	局　长	1979.5—1982.7
	尹懋禧	男	白	云南大理	局　长	1984.1—1991.10
	董继承	男	汉	江苏徐州	副局长	1979.5—1982.7
	柳安华	男	汉	河南安阳	副局长	1979.5—1984
	谭中和	男	汉	云南思茅	副局长	1979.5—1984
	马明华	男	回	云南昌宁	副局长	1979.5—1989
	王子荫	男	汉	云南建水	副局长	1982.7—1984
	赵兴汉	男	汉	上海	副局长	1985—1989
	何韵林	女	汉	云南思茅	副局长	1990.8—1996.6
思茅地区行政公署教育委员会	李世柏	男	汉	云南镇沅	局　长	1991.10—1996.6
					党委书记	1992.3—1996.6
	吴少雄	男	汉	云南思茅	副局长	1991.11—1996.6
	罗承祥	男	彝	云南景谷	党委副书记	1995.2—2001.11
	李世柏	男	汉	云南镇沅	党委书记、主任	1996.6—1997.7
						1996.6—1997.7

续表 29-1

单位名称	姓名	性别	民族	籍贯	职务	任职时间
思茅地区行政公署教育委员会	何韵林	女	汉	云南思茅	副主任	1996.6—2001.3
	吴少雄	男	汉	云南思茅	副主任	1996.6—1997.7
	白文彬	男	哈尼	云南江城	副主任	1996.1—1999.1
	刘沧山	男	汉	河北	党委书记、主任	1997.7—2001.9
						1997.7—2001.9
	牛豫锐	男	汉	河南	副主任	2001.5—2002.1
	李树萍	女	哈尼	云南宁洱	副主任	2001.5—2002.1
	白文彬	男	哈尼	云南江城	主　任	2001.10—2001.1
					党委书记	2001.10—2001.1
	罗承祥	男	彝	云南景谷	副主任	2001.11—2002.1
思茅地区行政公署教育局	白文彬	男	哈尼	云南江城	党组书记、局长	2001.1—2004.3
						2001.1—2004.3
	罗承祥	男	彝	云南景谷	副局长	2001.1—2004.3
	牛豫锐	男	汉	河南	副局长	2001.1—2004.3
	李树萍	女	哈尼	云南宁洱	副局长	2001.1—2004.3
思茅市教育局	自德军	男	彝	云南宁洱	党组书记、局长	2004.4—2007.4
						2004.4—2007.4
	牛豫锐	男	汉	河南	副局长	2004.4—2007.4
	李树萍	女	哈尼	云南宁洱	副局长	2004.4—2007.4
	罗承祥	男	彝	云南景谷	副局长	2004.4—2005.6
	王家平	男	汉	云南思茅	副局长	2005.7—2007.4
	金　文	男	汉	云南思茅	副局长	2006.6—2007.4
普洱市教育局	自德军	男	彝	云南宁洱	党组书记、局长	2007.4—2007.12
						2007.4—2007.12
	牛豫锐	男	汉	河南	副局长	2007.4—2007.12
	李树萍	女	哈尼	云南宁洱	副局长	2007.4—2007.12
	王家平	男	汉	云南思茅	副局长	2007.4—2007.12
	金　文	男	汉	云南思茅	副局长	2007.4—2007.12

二、普洱市教育局直属机构

1978 年，思茅地区教育局设置相应的科、室、站、所。1979 年，恢复教研室建制。1990 年，内设行政科室有秘书科、政工科、财务科、教育科、职教科、师训办；事业科室有招生办、教研室、电教馆、教仪站。有行政编制 21 人、事业编制 14 人。同年，成立教育督导室。1992 年，将原秘书科改为办公室，政工科改为人事科，教育科改为基础教育科，教师培训办公室改为师范教育科，招生办公室改为招生考试办公室，增设成人教育科与职业教育科合署办公，勤工俭学办公室与教学仪器供应站合署办公，思茅教育电视台与电化教育馆合署办公（思茅教育电视台于 2005 年撤销）。2002 年，增设德育科。同年，将行署教育委员会督导室升格为思茅地区行署教育督导室。

2005年7月，思茅市教育局教研室更名为思茅市教育科学研究所。2007年，普洱市教育局内设行政编制的有行政办公室、教育督导室、人事科、计划财务科、德育科、基础教育科、师范教育科、招生考试办公室、职业成人教育科；内设事业编制的有教育科学研究所、电化教育馆、教学仪器供应站（包括勤工俭学办公室）。市教育局直属学校有普洱市一中、普洱市民族中学（2004年前为思茅师范学校）、普洱市民族实验中学（2004年前为澜沧民族师范学校）、普洱市幼儿园、普洱特殊教育学校。

第二节　教育管理改革

一、教育政策

1980年，思茅地委提出《关于大力普及小学教育的意见》，1982年，思茅行署教育局形成《关于加强民族教育工作的意见》，1983年，又提出《关于切实加强思茅地区教育工作的意见》，3个意见对普及小学教育、改革农村中等教育结构、发展农村职业技术教育作了部署。1985年思茅地委下发《关于积极发展思茅地区农职业技术教育有关问题的通知》。截至1985年，思茅地区有农技学校9所，中等专业学校5所。1992年5月思茅行署教育局提出“分区规划、分类别指导、加强基础、搞好管理、提高质量、办出特色”的九年义务教育规划思想，明确基础教育分级办学、分级管理的原则：地区教育局抓好思茅及各县一中、民族中学和小学；各县政府及教育局抓好中学、县属小学；乡政府主要抓好乡中心小学、村完小。1994年，思茅地区行署印发《思茅地区九年义务教育实施规划》《思茅地区九年义务教育实施办法》《思茅地区实施〈中华人民共和国义务教育法〉细则》，提出《思茅地区基础教育“一二三四一工程”计划》，即加强一个基础（基础教育），强化二个意识（德育意识、质量意识），深化三项改革（学校内部管理改革、农村教育综合改革、教学方法的改革），建立四支队伍（管理队伍、教师队伍、教研队伍、督导队伍），实现一个突破（教育质量）的目标任务。1996年，思茅地区行署教育局制定“九五”期间“66311”工程教育目标：到2000年，思茅地区约占总人口60%的地区基本普及九年义务教育；初中阶段入学率60%；约占总人口30%的地区普及六年义务教育；约占总人口10%的地区普及四年初等教育，“九五”期间，年均扫除青壮年文盲3万人左右，文盲率降到10%以下。1997年，地区行署教育委员会制定《思茅地区基础教育分级管理实施办法》，具体地规定地、县（市）、乡（镇）、村（办事处）级教育管理机构的主要职责。“九五”期间，思茅地区年均扫除青壮年文盲3万人左右，文盲率降到10%以下。从2003年1月开始，思茅地区取消乡（镇）教办和教育副乡长，由乡（镇）直接负责辖区内政府应当履行的教育管理职能。乡（镇）中心小学校长由县教育行政管理部门归口管理，中心小学校长负责乡（镇）小学的日常教育教学管理。2005年，思茅市委、市政府成立教育综合改革领导小组，召开教育综合改革试点工作会议，确定翠云区、普洱县、景谷县、思茅二中、市幼儿园为改革试点县（区）、校。2006年，市政府召开城区学校教育工作现场办公会议，将普洱林校、普洱财校、普洱农校、普洱技校合并组建普洱职业技术教育中心，将行政管理权限划归市教育局。2007年，继续推进市直中等职业学校和县级职业中学教育资源的整合，抓好“两基”巩固提高工作，加大对教育工程项目建设的监督和管理。

二、改革措施

（一）“三制”改革

1988 年 1 月，思茅地区在景东、思茅县部分学校进行试点。1989 年，景东大街乡的 21 所学校和景东四中进行“三制”（校长负责制、教师聘用制、经费包干制）改革试点。到 1992 年，景东有 22 所中学、359 所小学实施“三制”改革。同年，思茅地区教育局在总结景东县开展学校内部管理“三制”改革试点经验的基础上，与人事局、财政局、税务局、编制办联合下发《关于进一步做好学校内部管理改革试点工作的意见》，推动思茅地区“三制”改革：一是推行校长负责制。明确校长的法人地位、权利、职责和任期目标，同时完善校务会议制度、教职工代表会议制度和对校长的监督、考核、奖惩、任免制度，既保证校长充分发挥职能又能使学校管理更为民主、更加科学。建立校长全面负责，党支部保证监督和教职工民主管理的体制，形成统一，高效的指挥系统，以达到学校的有效管理。二是实行教师聘用制。完善教职工岗位责任制和考核、奖惩制度，使受聘教师职责明确、任务具体，做到履职有考核，功过有奖惩。对落聘的人员也制定有关规定，实行进修、调出、校内调换工作、待聘等办法予以消化。三是试行工资总额包干制。按《云南省第二次学校内部管理改革试点会议纪要》中规定的工资总额包干的计算办法执行，真正做增人不增工资总额，减人不减工资总额。1993 年，行署教育局制定下发《校长负责制工作条例》《党支部书记工作条例》《校长基金试行办法》，以保障“三制”改革顺利进行。1993 年思茅地区有 32 所中学、386 所小学实施学校内部管理“三制”改革，1994 年有 82 所中学，1027 所小学进行学校内部管理“三制”改革。1995 年，思茅地区除经济发展较为缓慢的澜沧、孟连、西盟外，其余各县（市）大部分中小学都开展学校内部改革。

（二）综合改革

2005 年 5 月，思茅市成立教育综合改革领导小组，7 月思茅市委、市政府制定并下发《关于深化教育综合改革试点工作实施方案》及《思茅市深化中小学人事制度改革实施意见》等文件，方案确定翠云区、普洱县、景谷县和思茅二中、市幼儿园为教育综合改革试点县（区）和单位，全市教育综合改革突出“两基”（基本实施九年义务教育和基本扫除青壮年文盲）重点，改革管理体制，促进教育快速发展。8 月，思茅市委组织部、人事局、教育局在媒体上发布思茅二中校长、市幼儿园园长招聘公告。2007 年 9 月，思茅区公选校（园）长 23 人，全员聘任教师 2265 人；宁洱县公开招聘校长 6 人，聘任教师 620 人。

三、督导

1990 年 3 月，思茅行署教育局经地区编委批准成立教育督导室，编制为 3 人。1992 年 4 月，行署教育局提出《关于加强全区教育督导工作的几点意见》，对督导机构的设置及职责、教育督导工作实施办法等方面提出具体意见。1993 年 6 月，行署教育局提出《关于对全区教育工作会议提出的 10 项任务，实行督查责任制的意见》，要求各县加强督导机构和队伍建设，建立健全能适应“两基”评估验收的督导队伍。1995 年 6 月，行署教育局成立思茅地区教育督导研究会。1996 年，制定并下发《思茅地区教育督导研究会章程》。2003 年，成立思茅地区学校评估工作领导小组。2005 年，组建思茅市中小学幼儿园督导评估团，负责全市中小学幼儿园的督导评估工作。

1992 年 9 月，思茅行署教育局督导室在各县进行自查的基础上，对景东、镇沅、普洱、江城县 10 所中学、13 所小学进行 15 天的督导抽查，推动全地区有关德育工作 14 个法规、文件的贯彻落实。1993年，对《思茅地区中小学德育工作“七个一工程”的实施方案》的平时工作负责督导检查。1995年，下发《关于加强和改进全区教育督导工作意见》。1996年，开展中小学收费督查和少年、儿童失学及普及空白点情况调查。1997年，对景东、镇沅县部分乡（镇）普及九年义务教育及思茅市“普九”、镇沅县“扫盲”进行督导评估验收；开展“一纲四法一条例”贯彻落实情况专项督查。1998年，对景东、景谷县“扫除青壮年文盲”工作及江城“普及六年义务教育”评估验收，完成16个乡（镇）“普六”、17个乡（镇）“普九”验收。1999所，对普洱等县部分乡（镇）“普及九年义务教育”和景东“扫除青壮年文盲”进行督导及评估验收。2000年，开展对景东、景谷“两基”年检、镇沅“普九”评估验收、澜沧、西盟“普六”评估验收及孟连县“基本扫除青壮年文盲”评估验收，制定并下发《思茅地区减轻小学生过重负担的实施意见》。2001年，对思茅市“两基”复查，江城县“先进县”评估、普洱县“两基”年检。2002年，贯彻云南省《关于认真做好中小学生入学及动员辍学学生返校工作的紧急通知》；对墨江县“两基”完成情况进行督导检查及评估验收。2003年，成立思茅地区学校督导评估工作领导小组，上报《孟连、澜沧、西盟县“两基”攻坚规划意见》，下发思茅地区《关于切实做好“两基”及其巩固提高工作的意见》《思茅地区关于认真治理教育乱收费工作的意见》《关于坚决制止中小学乱收费的紧急通知》，调整充实治理教育乱收费领导小组。2006年，印发《关于调整全市农村义务教育阶段收费问题的通知》。2007年，下发《关于进一步整治学校乱收取补课费等行为的通知》《关于建立中小学幼儿园督导评估档案的通知》。

第二章　幼儿教育

第一节　发展成果

1978年，思茅地区有9所机关托儿所，在所幼儿1977人。1980年，成立思茅地区幼儿工作领导小组，将地、县级机关托儿所改称幼儿园，由教育行政部门管理。1982年，思茅地区开始出现集体办的幼儿园，如思茅县南屏区三家村幼儿园。1989年，思茅地区有幼儿园59所，其中，教育部门办38所、其他部门办11所、集体办10所，在园幼儿9122人。1990年5月，行署教育局下发《关于思茅地区实施〈幼儿园管理条例〉和〈幼儿园工作规程〉的意见》的通知，规定幼儿园受地区行署教育局的领导和管理（具体由基础教育科负责）。1990—2000年间，思茅地区有10多家较大的企业和经济条件较好的农村办起了幼儿园，并鼓励和支持公民个人在人口较为集中、幼儿园数量相对不足的市政府所在地和县（区）按幼儿园的基本条件和审批程序创办幼儿园，多种形式创办的幼儿园应运而生。2007年，普洱市共有87所幼儿园，比1978年的9所增加78所；有幼儿教职工1615人，是1978年79人的20.4倍；在园（班）幼儿30937人，是1978年1977人的16.6倍。

1978—2007年普洱市幼儿教育事业发展情况统计表

表29-2　　单位：个、人

项目/年份	合计				合计数中市、县（区）、镇				合计数中：农村			
	幼儿园数	在园（班）幼儿数	教职工人数		幼儿园数	在园（班）幼儿数	教职工人数		幼儿园数	在园（班）幼儿数	教职工人数	
			小计	其中：教师			小计	其中：教师			小计	其中：教师
1978	9	1977	79	54	9	1977	79	54	—	—	—	—
1979	9	2345	96	65	9	2345	96	95	—	—	—	—
1980	12	3636	144	122	12	3604	143	121	—	32	1	1
1981	13	5406	218	184	13	3263	168	134	—	2143	50	50
1982	21	5679	293	227	18	4178	250	184	3	1519	43	43
1983	23	6710	282	243	16	4320	217	179	7	2390	65	64
1984	43	7199	313	258	30	4647	236	185	13	2525	77	73
1985	65	7330	369	301	33	4836	269	216	32	2494	100	85
1986	51	7909	389	315	20	4850	287	218	31	3059	102	97
1987	53	9091	441	359	25	5238	318	245	28	3853	123	114
1988	51	9911	471	389	23	5770	354	275	28	4141	117	114

续表 29-2

项目 年份	合计				合计数中市、县（区）、镇				合计数中：农村			
	幼儿园数	在园（班）幼儿数	教职工人数		幼儿园数	在园（班）幼儿数	教职工人数		幼儿园数	在园（班）幼儿数	教职工人数	
			小计	其中：教师			小计	其中：教师			小计	其中：教师
1989	59	10207	516	412	28	6129	397	296	31	4078	119	116
1990	64	11114	571	460	32	6772	455	346	32	4342	116	114
1991	55	12440	609	464	32	7365	500	365	23	5075	109	99
1992	52	13144	662	504	31	8222	538	388	21	4922	124	116
1993	55	14766	677	513	32	8863	490	352	23	5903	187	161
1994	55	15783	770	555	32	8691	630	432	23	7092	140	123
1995	54	16818	806	566	31	9072	664	464	23	7746	142	120
1996	74	17403	878	624	41	8954	717	484	33	8449	151	140
1997	61	17328	1010	755	39	9048	784	551	22	8280	226	204
1998	61	18567	1079	810	40	9930	790	551	21	8637	289	259
1999	58	20218	1096	811	37	10440	882	632	21	6778	214	179
2000	63	19497	1152	859	38	9767	882	637	25	9760	270	222
2001	67	21881	999	653	38	9005	862	556	29	12876	137	97
2002	65	23634	1030	697	37	9393	879	586	28	14241	151	111
2003	65	25727	1109	751	37	9916	955	633	28	15811	154	118
2004	71	27472	1175	812	40	9295	956	649	31	3079	219	163
2005	73	28322	1344	906	36	11523	1075	718	37	16809	269	188
2006	83	29884	1498	1025	52	14726	1277	869	31	15158	221	156
2007	87	30937	1615	1121	60	16358	1409	977	27	14579	209	144

第二节　幼教管理

1980 年，思茅地区托幼工作领导小组成立，地、县级机关托儿所改称为幼儿园，交由地、县教育行政部门负责全面管理。1989 年 9 月，幼儿教育机构的管理体制开始纳入地方教育建设的轨道。1993 年 10 月，思茅地区行署教育局下发《关于思茅地区幼儿园、学前班登记注册工作的安排意见》，按《云南省举办幼儿园基本条件》和《云南省举办学前班基本条件》的要求对全地区 55 所幼儿园和 150 个学前班办学点进行核查注册登记，加强对幼儿园（班）的管理，保证办园（班）的质量。1997 年，思茅地区行署教育局下发《思茅地区关于实施〈云南省幼儿园办园水平评价等级评定方案〉的意见》，进行教育目标管理考评，促进全区幼儿园办园水平的总体提高。2001 年，思茅地区教育局派幼儿教师参加全省《幼儿园教育指导纲要》二级培训，并组织《幼儿教育学》《幼儿心理学》《卫生学》和《语言教学法》《计算教学法》《常识教学法》《美术教学法》《音乐教学法》《体育教学》（简称“三学”“六法”）的培训，使幼儿教师掌握幼儿教育的基本方法。教师按规定的课程和教材要求，采用直观教具，重视发挥幼儿多种感官作用，使幼儿在游戏、娱乐、实验、观察等活动中达到体、智、德、美诸方面的良好发展。2004—2005 年。市幼儿园组织教师参与国家社科基金项目《多元化视野下的西南民族儿童社会化研究》子课题。2005 年，思茅市教育局启动《云南省幼儿园督导评估》工作，把幼儿教育事业的发展、幼儿园保育教育质量、幼儿教育经费的投入与筹措、幼儿教师的待遇等列入政府教育督导内容对各幼儿园进行检查评估。同年，根据市委组织部、市人事局、市教育局《思茅市深化教育综合改革试点工作实施方案》的精神，面向全市公开招聘市幼儿园园长，实行园长任期目标责任制和责任追究制，开展园长公选制、教职工竞聘制、绩效分配制的试点工作。2007 年，云南省教育厅下发《云南省示范性幼儿园办园水平评价方案的通知》，对幼儿园办园水平等级评定由办园条件、园务管理、质量体系和办园效益 4 个体系以及 11 个层面，36 个指标，119 个要素构成，评价更为公正、科学。

第三节　幼教课程

1978 年，思茅地区幼儿园的教材为体育、语言、认识环境、图画手工、音乐、计算。1981 年，使用教育部组织编写的《幼儿园教材教法》（试用本），内容包括体育、语言、常识、计算、美术、游戏，供各级各类幼儿园使用。1982 年起，思茅地区选用云南省教育厅教研室与新加坡泛太平洋有限公司编写的幼儿教材以及以其他出版社编写的幼儿园教材。各专设幼儿园对幼儿进行体、智、德、美全面发展的教育，课程开设有体育、语言、常识、计算、音乐、美术等。2001 年，思茅地区行署教育委员会转发云南省教委《关于转发教育部〈幼儿园教育指导纲要〉的通知》，对为什么教、教什么、怎样教等问题，要求各县（市）教委、幼儿园认真做好学习、宣传和贯彻执行工作。2002—2007 年，思茅地区行署教育局派人参加全省《幼儿园教育指导纲要》培训，不断改进保育教育方法。2007 年起，普洱市各县（区）幼儿园使用云南省教育科学研究院与晨光出版社编写的《幼儿园多智能主题活动》等系列教材，学前班由原使用云南省教委教研室组织编写的《云南省学前班课本》改为用云南省教育科学院重新编写的《学前班活动》系列教材。

第三章　小学教育

第一节　发展成果

1978年，思茅地区有小学5826所，在校生266765人。1979—1981年，推行包产到户生产责任制，思茅地区农村小学出现民办教师队伍波动、学校数减少、小学生大量流失现象，在校生减少至218305人。1992年，思茅地区下达“一九九二、一九九三年发展初中、扩大高小布点的计划”，思茅、普洱、景东、景谷、镇沅、江城县做到村村有完小，学生读完初小基本能升入高小。1995年，思茅地区有1868所小学和一师一校点1858个，在校生295011人，有24个乡（镇）基本实现“普六”，4个乡（镇）实现“普九”，小学入学率96.34%，巩固率95.09%，小学六年完学率52.2%。1996年，思茅地区小学布点采取“宜分则分，宜并则并”的集中办学办法，有小学1860所。1995—1997年，墨江、镇沅、景东、江城、澜沧、孟连、西盟县增设10所寄宿制完小，20所半寄宿制初小。1999年，思茅地区有小学1644所，一师一校点1302个。截至2007年年末，普洱市有小学938所，其中完全小学567所，初小371所，另有教学点146个。学校数比1978的5826所，减少4888所；每校平均在校学生数由1978年的45人增加到204人；班数比1978年的10938个减少到6092个，减少4846个班；而班级平均学生数由1978年的24人增加到31人。

1978—2007年普洱市小学教育发展情况统计表

表29-3　　单位：所、人

项目 年份	学校数		毕业生数	招生人数	在校学生数	教职工数		教职工总数	
	合计	其中：完小				合计	其中：专任教师	公办教师	民办（代课）教师
1978	5826	1427	40130	74011	266765	10512	10170	4983	5529
1979	5156	1601	32640	61691	240996	10140	9499	5666	4474
1980	4666	1050	35046	69393	226732	10513	9769	7283	3230
1981	4305	1050	23574	63557	218305	10833	10052	8091	2742
1982	4419	933	21546	83553	238198	10987	10113	8586	2401
1983	4687	912	22790	77292	261820	10966	10119	8485	2481
1984	4887	817	25047	83013	297852	10681	9769	8301	2380
1985	4732	761	25999	64914	309259	10069	9083	8240	1856
1986	4609	834	29057	58492	315254	10384	9364	8212	2172
1987	4599	982	39176	59155	318461	10585	9498	8614	1971

续表 29-3

年份 \ 项目	学校数		毕业生数	招生人数	在校学生数	教职工数		教职工总数	
	合计	其中：完小				合计	其中：专任教师	公办教师	民办（代课）教师
1988	4259	997	42512	56728	307755	10456	9426	8492	1964
1989	4098	958	36939	56608	303401	10494	9422	8666	1828
1990	4041	766	40368	55033	299075	10540	9495	6640	3900
1991	3991	—	34642	58981	298741	10692	9613	6872	3820
1992	3941	—	32078	61673	306492	10740	9633	6655	4085
1993	2029	813	33275	56647	303513	11034	9833	6971	4063
1994	3848	—	31382	54205	297849	11089	9871	6784	4305
1995	3776	886	33621	52798	295011	11316	10059	6892	4424
1996	3595	862	34495	53621	292004	11596	10292	6694	4902
1997	3294	868	369085	51759	290721	11956	10652	7335	4621
1998	2946	906	38942	45458	284621	12437	11029	8965	4472
1999	2664	888	38774	37656	273320	13294	12062	9243	4051
2000	2352	910	40480	36089	264447	13980	12769	10497	3492
2001	2161	910	41809	33831	245044	14707	13342	11913	2794
2002	1919	788	42774	34155	229886	15031	13713	12715	2361
2003	1805	806	44236	32795	213253	14403	13179	12550	1853
2004	1596	693	40443	31890	196422	13962	12880	12676	1286
2005	1261	695	34861	31650	196422	13962	12880	12676	1286
2006	1129	626	33772	31953	194352	13688	12679	12813	875
2007	1007	567	32622	32799	194367	13531	12558	12798	733

2007 年普洱市小学教育情况统计表

表 29-4

单位：所、个、人

市县（区）	学校数		毕业生数	招生数	在校学生数			校内外学龄人口			教职工人数	
	合计	其中：完全小学			合计	其中：女	其中：少数民族	合计	其中：在校儿童数	其中：入学率（%）	合计	其中：专任教师
普洱市	938	567	32622	32799	194367	90673	126309	184557	194367	94.62	13531	12558
思茅区	63	42	3553	4241	23768	11029	8793	21398	23768	94.42	1284	1219
宁洱县	65	48	2411	2263	13901	6426	7759	13607	13901	92.76	1398	1329
墨江县	93	28	4608	4176	23654	10265	18366	22992	23654	97.82	1549	1434
景东县	165	93	3987	4952	28717	13838	15801	27567	28717	95.29	1857	1788
景谷县	104	44	3040	4022	21965	10117	10632	20808	21965	94.51	1624	1487
镇沅县	94	48	2005	2257	13237	6143	8451	12446	13237	93.70	1308	1234
江城县	42	44	1742	1689	10072	4673	7471	9402	10072	90.80	612	527
孟连县	51	43	2307	2129	12700	6183	10251	12826	12700	97.43	728	621
澜沧县	214	140	7404	5812	37101	17562	30059	35101	37101	92.91	2535	2331
西盟县	47	37	1565	1258	9252	4437	8726	8501	9252	95.97	636	586

第二节　小学管理

一、领导体制

1978 年 1 月，思茅地区恢复校长制。学校校长、主任、专任教师、一般职员均由教育行政机关任命、调配和派遣。城镇学校由各级办学的教育部门管理，农村学校以区（后改乡）为单位，分别实行由区（乡）政府教育干事或区（乡）中心完小校长负责，区（乡）教育管理委员会总揽全区（乡）教育管理工作的体制。1989 年，思茅地区小学推行校长负责制、教职工聘任制、经费包干制的管理体制改革。1997 年，乡（镇）成立教育管理委员会，设立乡（镇）教办和教育副乡长，村（办事处）成立办学领导小组，管理本村（办事处）教育。2003 年，取消乡（镇）教办和教育副乡（镇）长，乡（镇）中小学校长由县教育行政管理部门归口管理，中心小学校长负责乡（镇）小学的日常教育教学管理，实行乡（镇）中心小学以上（含乡镇）学校校长全面负责学校行政工作的校长负责制。2005 年 7 月，思茅地区试行校长公选制、教职工聘任制、绩教分配制的教育管理体制改革。

二、内部管理

1978 年，思茅地区小学内部管理机构设有校长、副校长、教导主任（规模大的小学还设有副职）、总务主任、会计员、出纳员等行政人员和职员，班主任或年级（教研）组长由专任教师兼任；规模大的城镇小学还设医务室，设专职校医；学校党、团和少先队组织的党支部书记、团支总书记、少先队辅导员，由学校领导或专任教师兼任，不设专职人员。1989 年，思茅地区各级学校制定各类人员的岗位职责，各小学校每年把制度和职责的执行情况与教职工履职奖惩结合，进行全面考核。1995 年 3 月，地区行署教育局颁发《思茅地区中小学常规管理基本要求（试行）》，统一规范全地区中小学的内部常规管理制度。内容主要包括校园管理、教师管理、学生管理、教育教学管理、后勤管理、档案资料管理。在实现普及初等义务教育的乡（镇）中心校和县属小学，学校内部增设办公室，教导处分为教务处和教科处，增设德教处。

第三节　普及初等义务教育

一、基本标准

1992 年，思茅地区按照国家教委要求建立对普及九年义务教育县（区）进行评估验收的制度，提出以普及程度、师资水平、办学条件、教育经费、教育质量等五个项目为标准，作为指导、监督、评估、验收的依据。1995 年，提出思茅地区普及初等教育的标准为“四率五条件”。“四率”：适龄儿童入学率达到 95% 以上；学生巩固率达到 97% 以上，非正常流动率（指死亡、病休、转学之外的中途辍学现象）不得超过 3%；学生每年留级率控制在 5% 以内，城市和县镇小学的毕业率达到 95% 以上，一般农村小学毕业率达到 80% 以上，分散山区和民族地区小学毕业率达到 75% 左右（农村四年制小学修业期满考试及格者，也计入初等教育的毕业率）；在 12 周岁—15 周岁少年儿童中，初等教育的普及率达到 95% 以上。“五条件”：县、区、乡重视普及初等教育工作；教育部门充分发挥职能作用；学校布点基本合理，能适应学生入学和读完小学的需要；民办老师的报酬基本上得到落实；坚持“两条腿走路”的办学方针，国家办学与群众办学并举，充分发挥群众办学的积极性，不断改善办学条件，基本实现“一无两有”，即校校无危房，班班有教室，学生人人有课桌椅。

二、主要措施

1984年2月，思茅地委、行署作出制订分批分期普及初等义务教育的计划。年内，行署教育局在思茅倚象区召开普及初等教育验收试点工作会议。1985年，中共中央《关于教育体制改革的决定》要求，把发展基础教育的责任交给地方。1993年，思茅地区制定《九年义务教育实施规划》，提出争取在2000年全地区实现初等义务教育。1993年5月，为实现这一目标，地委、行署召开教育工作三级干部会议，要求各级党委、政府必须做到“四有五到位”，即“在社会经济发展总体规划中，有教育发展的规划和目标要求；在各级领导干部任期目标责任制中，有抓教育的指标；在每年向人大报告政府工作时，有对教育工作的检查和要求；在考核领导干部政绩时，有对教育工作的实绩。真正做到认识到位、领导到位、投入到位、宣传到位、社会参与到位。”1994年8月，思茅地区成立有人大、政协、组织、宣传、人事、劳动、财政、计划、物价、税务、民委、妇联、团委、教育等16个部门30多人参加的教育工作调查组，对思茅地区9县1市的教育工作进行全面、深入的调查，促进义务教育发展。2003年，思茅地委、行署下发《关于贯彻落实〈云南省基础教育振兴行动计划〉的实施意见》，对农村义务教育管理体制进行改革，按照“积极进取、实事求是、分区规划、分类指导”的原则，认真落实“国务院领导下的地方政府负责、分级管理、以县为主”的教育体制。2004年，国家实行“费改税”后，足额征收农村教育费附加，要求保证农村义务教育的投入不低于“费改税”前的水平，并且做到逐年增长。

三、实现情况

思茅地区义务教育按照先“普四”，后“普六”，再“普九”的分步规划，1993年，思茅市实现普及初等义务教育；1995年，普洱县实现普及初等义务教育；1996年，镇沅县实现普及初等义务教育；1997年，景东、景谷县实现普及初等义务教育；1998年，江城县实现普及初等义务教育；1999年，墨江、孟连县实现普及初等义务教育；2000年，澜沧、西盟县实现普及初等义务教育。

第四节　教育教学

一、课程

1978年秋季，思茅地区小学学制统一为五年制，教学中使用五年制统编教材。1980年，改为六年学制的小学分别执行云南省教育厅制定的全日制六年小学教学计划和六年制简易小学教学计划。1989—1992年，五年制和六年制的统编教材同时使用，部分农村小学执行年云南省教育厅制定的“农村六年制简易小学教学计划”，使用由云南省教研室编、晨光出版社出版的语文、数学、常识、音乐、体育、美术教材。1992年5月，思茅地区小学教材统一使用人民教育出版社出版的“六三”制教材。1993年秋季起，全地区从小学一年级开始实施国家教委制定的九年义务教育全日制小学课程计划和教学大纲。1995年，思茅地区执行云南省的课程设置及课时安排意见。2001年，思茅地区小学根据国家要求使用修订后的全日制小学各学科的教材进行教学。2002年秋季，思茅市作为省级实验区，启动课程改革实验，实行国家、地方、学校三级课程管理。2001年，行署教育局下发《关于思茅地区小学开设英语课程的通知》，要求各县（市）城区小学当年秋季从三年级起开设英语课程。2002年秋季，各乡（镇）所在地小学逐步开设英语课程，年内，全地区开始实施新课程实验。2005年，改革中小学教材指定出版方式和单一渠道发行的体制，实现了教材的高质量和多样化。2007年，全市统一执行云南省教育厅提出的义务教育1年级—6年级课程设置及课时安排意见。

二、教学

1978年起，思茅地区贯彻《全日制小学暂行工作条例》(试行草案)。20世纪80年代，行署教育局开展“集中识字、大量读写”和“注音识字、提前读写”的小学语文教材教法的改革实验。1987年，行署教育局制定《思茅地区中小学教学和教学管理基本要求》，对教师、学校、学生提出具体要求，加强教学工作的管理、指导。1993年，行署教育局印发《思茅地区关于加强中小学教师教学常规基本要求》和《思茅地区小学教师教学基本功评价方案》，要求从1994年1月1日起，用5年的时间在全地区小学贯彻执行。1994年，思茅行署教育局下发《关于加强教学实验工作，学习、推广有效教学方法的实施细则》，引导、支持小学主要把“目标教学”列为研究课题。思茅第一小学从1993—1997年对“目标教学”进行系统的实验。2000年起，思茅地区开展以教材分析、学情分析、教法分析、教学过程分析和板书设计、教学效果预测为主要内容的说课活动，同年3月起，云南省教育厅“英国救助儿童会云南少数民族基础项目”以普洱县为试点，对全县小学教师分期分批地进行“以学习者为中心”教学方法的培训。2002—2005年，思茅市各县（区）改变过去过于强调学生接受学习、死记硬背、机械训练的现象，倡导学生主动参与、乐于探究、勤于动手的教学方式。

三、德育

1978年，按照教育部的规定，思茅地区小学开设政治课。1980年，小学的政治课改为思想品德课。1981年，思茅地区把“五讲”“四美”“三热爱”教育作为德育工作的重要内容。1991年8月，思茅地区加强《小学生行为规范》的宣传教育。1992年，思茅地区落实中小学德育工作有关《小学生日常行为规范》《中华人民共和国未成年人保护法》《关于创造良好社会环境，保护中小学生健康成长若干意见》《关于制止一些地方利用宗教活动妨碍学校教育问题的通知》《关于加强和改进中学干部、教师思想政治工作的通知》《中小学教师职业道德规范》等法规和文件。2002年，思茅地区小学德育目标和德育内容均按国家颁发的《小学德育纲要》执行，小学低年级开设《品德与生活》、中高年级开设《品德与社会》。

四、体育

1979年，思茅地区城乡完小普遍开展早操、课间操等体育活动，并建立保洁制度，进行经常性的卫生常识教育。1983年，思茅县第二小学、普洱县小被省体委和省教育厅指定为全省业余体育锻炼学校。1985年，思茅地区各小学建立了每年一次的冬季运动会制度。1992年5月，思茅地区行署教育委员会下发《实施小学体育合格标准的办法》，将体育课测验项目统一，严格按体育合格标准核算体育成绩，规定学生体育成绩不合格不能评为“三好”学生，有10%的学生体育不合格的班级不能评为先进班集体，有 5% 的学生体育成绩不合格的学校不能评为先进单位，增加体育考核的操作性和适应性。1994 年，思茅地区行署教育委员会分别与地区行署体育运动委员会、行署卫生局联合颁布《思茅地区贯彻〈学校体育工作条例〉实施细则》和《思茅地区贯彻〈学校卫生工作条例〉实施细则》，对学校体育卫生工作，从机构设置、待遇、人员编制、场地、实施、经费、监督管理、奖惩办法等方面进行全面的统筹规划，提出具体的工作要求。1997 年，思茅地区中心完小以上小学实施体育锻炼标准面 95.5%，平均合格率 94.7%，地区及各县（市）防疫站成立“学校卫生科”，各学校成立“学校体育、卫生工作领导小组”。1998 年，思茅地区成立以分管副专员为组长的“思茅地区学校体育卫生教育工作领导小组”和“思茅地区学校食品卫生安全领导小组”，将学校体育卫生工作纳入政府和教育“双线”责任目标管理，分别制定下发《思茅地区进一步加强学校体育工作的意见》《思茅地区开展“雏鹰起飞”小学生体育活动管理办法》《思茅地区地、县（市）两级体育项目传统学校管理办法》《思茅地区甲肝疫苗接种工作实施方案》等文件。2004 年，思茅市制定《思茅市“中小学课外文体活动工程”实施办法》《思茅市学校食品卫生检查实施办法》两个文件，加强对全市学校的体育教师、医务人员、食品卫生管理干部、食堂及小卖部的从业人员全方位进行培训，实行经考核合格再上岗。

第四章　中学教育

第一节　发展成果

1978年，思茅地区针对初、高中比例失调的状况，首先对小学附设初中班进行调整，采取学生毕业不再继续招生的办法，把附设有初中班的校数由最高峰1977年的501所，逐渐调减到1982年的104所；小学附设初中班的学生人数由1977年的42790人（占当年初中学生总数的75.2%），逐步调减为1982年的12452人（占当年初中学生总数的37.6%）；与此同时，调整高中，放慢高中发展速度，完全中学校数由1978年的40所，逐步调减为1982年的27所（占当年普通中学74所的36.5%）。思茅地委、行署分别于1983年6月和1984年1月召开全地区教育工作会议，作出继续调整小学附设初中班，逐步增办农村初级中学，放慢普通高中的发展速度，积极发展农职业高中，调整中等教育结构的决定。1989年，思茅地区普通中学增加到102所。1995年2月13日—14日，国家教委主任朱开轩等一行4人视察思茅地区的思茅市、澜沧县等7所中小学校。1995年9月思茅地区行署教育局在景谷二中（永平镇）召开“全区普通中学管理会议”，制定《思茅地区普通高中教育改革与发展意见》《思茅地区改革和加强初级中学的意见》《思茅地区普通中学申报“云南省一级完全中学”的规划意见》。2003年9月，思茅地委、行署将原思茅师范学校改制为思茅地区民族中学；2004年，将原澜沧民族师范学校改制为思茅地区民族实验中学。思茅二中不再招收初中生，成为思茅市第一所高级中学。2007年，普洱市有普通中学138所，其中高级中学2所，完全中学21所，初级中学115所；有高中在校生24805人，初中在校生91396人，有中学教职工8489人；高中阶段毛入学率35%，初中阶段毛入学率96.58%；思茅、宁洱、景东、景谷、镇沅、江城、墨江、孟连县（区）实现“普九”，“普九”乡（镇）98个，占乡（镇）总数的95.1%，“普九”人口覆盖率95.2%。

1978—2007年普洱市普通中学教育事业发展情况统计表

表29-5　　单位：所、个、人

年份	学校数（所）				高中				初中				教职工人数		
	合计	高级中学	完全中学	初级中学	班数（个）	毕业生数	招生数	在校学生数	班数（个）	毕业生数	招生数	在校学生校	合计	其中：专任教师	其中：民办代课教师
1978	68	—	40	28	207	3964	5595	10505	1203	19546	24055	55505	3297	2800	213

续表 29-5

年份	学校数（所）				高中				初中				教职工人数		
	合计	高级中学	完全中学	初级中学	班数（个）	毕业生数	招生数	在校学生数	班数（个）	毕业生数	招生数	在校学生校	合计	其中：专任教师	其中：民办代课教师
1979	65	—	37	28	192	3788	3638	9131	1095	12323	17139	47812	3180	2486	125
1980	67	—	32	35	126	4595	3967	7746	966	12141	16063	42864	3361	2514	67
1981	67		32	35	138	3295	2414	6572	826	10857	11225	36270	36270	2373	16
1982	74	—	27	47	126	3586	2965	5746	737	9826	12045	33130	3191	2261	8
1983	78	—	25	53	142	1456	2418	6555	723	9973	12514	33240	3160	2230	6
1984	83	—	27	56	148	1876	2798	7304	788	8771	13614	36776	3262	2280	6
1985	88	—	27	61	160	2131	2817	8092	811	9483	14088	40289	3490	2483	4
1986	94	—	24	70	170	2310	2870	8513	854	11087	15163	44173	3636	2551	11
1987	94	—	26	68	183	2694	3286	9074	977	12593	17418	48546	3909	2775	11
1988	93	—	26	67	192	2853	3361	9507	980	13831	17821	51925	4142	3006	12
1989	102	—	24	78	197	2772	3304	9807	1014	14973	17236	52446	4411	3248	13
1990	116	—	24	92	198	3124	3645	9970	1052	14095	19603	54305	4723	3471	298
1991	121	—	25	86	207	3051	3647	10365	1100	14381	20612	56748	4896	3663	291
1992	113	—	25	88	205	3030	3061	9982	1169	14101	20511	59497	5145	3850	270
1993	114	—	25	89	192	3240	2949	8952	1365	15606	23839	61943	5336	4026	221
1994	117	—	25	92	185	3097	2861	8130	1295	15530	22994	61446	5471	4137	362
1995	125	—	25	100	181	2479	2613	7721	1385	15522	24761	65548	5682	4330	401
1996	128	—	25	103	170	2432	2159	6962	1397	18705	24214	65784	5972	4571	361
1997	130	—	25	105	163	2130	2361	6688	1456	17747	26572	69462	6175	7432	418
1998	131	—	23	105	151	2175	2347	6248	1521	18715	28485	74178	6313	4938	448
1999	132	—	20	112	160	1666	3006	7206	1631	20222	30693	80086	6832	5541	390
2000	131	—	20	111	169	1881	3368	8376	1742	21880	32503	95092	6975	6373	323
2001	140		20	120	195	1904	4466	10558	1840	24620	33531	92252	7227	5926	317
2002	140	—	20	120	231	2641	5134	12793	1914	26959	34508	95666	7505	6179	320
2003	138	—	20	115	273	3184	5426	14671	1935	29129	35444	98183	7532	6302	178
2004	140	1	20	119	311	4090	6821	16758	1936	29680	33783	99125	7732	6487	199
2005	141	1	22	119	378	4462	8171	19768	1884	31600	30302	94920	8172	6878	137
2006	141	2	21	118	439	4744	8980	23115	1832	31960	31297	92595	8333	7045	113
2007	138	2	21	115	470	6133	8743	24805	1791	31195	31426	91396	8489	7255	97

说明：表列初中数字及教职工人数，包括小学附设初中班的学生和教师数；高、初中毕业生数中，包括修业期满的结业生数

第二节　中学管理

1978 年，撤销中学革命委员会，恢复校长制。地区直属的思茅二中等学校接受行署教育行政部门的业务领导和管理；各县属中学由县教育行政部门进行业务领导和管理；区（镇）中学（含附设初中班）由县教育行政部门通过区镇教办或中心校进行业务领导和管理。1985 年，思茅地区实行各级中学的分级管理体制，思茅二中仍由地区管理；各县（市）完全中学、职业中学、初级中学书记、校长按干管权限由各县（市）委、政府任命，业务由县（市）教育行政部门领导和管理；乡（镇）中学校长由乡（镇）党委、政府任命，业务由县教育行政部门管理或通过乡（镇）教委、中心学校进行管理。1990 年，思茅地区推行中学校长负责制、教职工聘任制、经费包干制的管理体制改革（简称“三制改革”）。校长由组织、宣传、教育、人事、财政部门组成的考评组进行公开考评，由组织部门任命、教育部门聘任，并进行目标管理。1997 年，思茅地区行署转发行署教委关于《思茅地区基础教育分级管理实施办法》，划分地、县、乡、村的教育管理职能，中学由各辖区内的政府进行管理。2003 年，思茅地委、行署出台《关于贯彻落实〈云南省基础教育振兴行动计划〉的实施意见》，改革农村义务教育管理体制，取消乡（镇）教办和教育副乡（镇）长，乡（镇）中小学校长由县教育行政部门归口管理，市、县（区）中学校长由市、县（区）按干管权限任命和管理。2005 年，思茅市委、市政府下发《关于深化教育综合改革试点工作实施方案》，推行校长公开招聘制、教师全员聘用制、学校内部分配绩效工资制的教育综合改革试点，取消学校校长行政级别，建立校长和教师竞争上岗、择优聘任，能上能下能出能进的任用机制，使学校真正有办学自主权，实现教师管理由身份管理向岗位管理转变。

第三节　普及义务教育

一、基本标准

1993 年，鉴于思茅地区属边疆、山区、民族、贫困地区，在《思茅地区九年义务教育实施办法》中，对部分指标稍作调整，作为评估验收时的最低标准：年辍学率改用在校生年巩固率，标准为小学 98% 以上，初中 97% 以上；残疾儿童入学率要求达到 60%；14 岁人口受完小学的完学率，含尚在小学就读的 14 岁少年，可列入分子计算；教师编制标准按云南省教委文件规定核算；教师任职资格合格率仅计算公办教师，民办、合同、代课教师不列入计算；校长岗位培训合格率指任职一年以上，经过各种途径培训一个月以上的校长；小学毕业成绩，农村完全小学以县以上统一命题的毕业考试成绩为依据；小学生体育合格标准，乡中心完小以上的小学执行国家教委《小学生体育合格标准实施办法》，村完小以小学毕业生体育及格成绩为依据。对校舍条件要求：乡、村完小以上学校及部分村小要求有院墙，可以墼墙、土舂墙、植物围栏代替。个别比较边远、有特殊困难的学校暂不要求，校门与院墙同步；可以一室多用，乡中心完小至少有两室，村完小至少有一室；旗杆可以用竹竿代替；村完小至少有一块篮球场。图书要求：县直属小学生均 10 册，乡（镇）中心小学均 7 册，村完小生均 5 册；县城初中生均 12 册，农村初中生均 10 册。危房率限在 1% 以内，危房限期一年内排除，破损房限期三年排除。

二、主要措施

1991 年，建立思茅地区行署教育局对各县（市）教育局的教育目标管理责任制。1995 年，建立思茅地区行署对各县（市）政府的教育目标管理责任制，年终进行考核。1997 年，思茅地区行署又批转行署教育委员会关于《思茅地区基础教育分级管理实施办法》，规定地、县教育委员会和乡（镇）教育管理委员会、村（办事处）办学领导小组的主要职责，进行中期督促检查和年终全面检查考核。2003 年，思茅地委、行署下发《关于贯彻落实〈云南省基础教育振兴行动计划〉的实施意见》，对农村义务教育县（市）政府主要承担实施、巩固和发展农村义务教育的责任。2007 年，落实“两免一补”政策全市接受免费教科书资助学生 15.32 万人，接受免杂费学生 27.299 万人，接受寄宿生生活补助学生 11.7 万人，保证困难家庭学生接受义务教育。

三、取得实效

1997 年，思茅区、普洱县实现普及九年义务教育；1999 年，景东、景谷县实现普及九年义务教育；2000 年，镇沅县实现普及九年义务教育；2001 年，江城县实现普及九年义务教育；2002 年，墨江县实现普及九年义务教育；2004 年，孟连县实现普及九年义务教育。2008 年，西盟县实现普及九年义务教育；2009 年，澜沧县实现普及九年义务教育。

第四节　教育教学

一、课程

1978 年，中学修业年限共 5 年，分别是初中 3 年，高中 2 年。1984 年秋季，思茅地区城乡普通中学全部完成教育部颁发《全日制重点中学教学计划（试行草案）》改制工作，规定中学修业年限共 6 年，分别是初、高中各为 3 年。1978—1992 年，全地区中学开设的政治、语文、数学、英语、物理、化学、地理、生物、生理卫生等学科，都统一使用人民教育出版社编辑、出版的全日制统编教材。1992 年秋季，在条件比较好的各县一中起始年级首批使用九年义务教育课程计划、大纲和教材。1993 年秋季，全地区初中起始年级全部按照国家教委颁布的《九年义务教育全日制小学初级中学课程计划（试行）》开设课程，统一使用人民教育出版社编辑、出版的九年义务教育全日制初级中学教材。思茅地区初级中学起始年级全部按九年义务教育的教学计划、大纲、教材，每周按五天半开设课程。对普通高中，提出必修课、选修课和在劳动技术课或学科教学活动的时间内开设“社会实践活动”的要求。至 2007 年，全市统一使用云南省教育厅制定的 7 年级至 9 年级课程设置及课时安排意见（试行）和全日制普通高中教学计划表。普洱市新课程改革教材的选用，根据省中小学教材审定委员会办公室提出的“相对集中，适当分上散，宏观调控，微观调整”的原则，按照 2004 年下发的《思茅地区义务教育课程改革实验教科书管理的通知》要求，全部使用基础教育课程改革推广教材，每年都根据云南省教育厅编制的春、秋两季《云南省义务教育课程标准实验教学用书目录》，由市教科所提出课改教材的选用方案，并由省课改领导小组办公室作个别调整后，通知各初级中学征订使用。

二、教学成果

1994 年 1 月，思茅地区行署教育局提出《思茅地区关于加强中小学管理，努力提高教学质量的意见》。2000年后，又分别提出《思茅地区关于进一步提高中小学提高中小学教学质量的意见》《思茅地区关于切实加强毕业班工作进一步提高高考、中考质量的意见》《思茅地区关于加强初中工作进一步提高初中教学质量的意见》，促进教育质量提高。

1978—2007年普洱市高中毕业生考入高等院校人数统计表

表29-6 单位：人

年份	实考人数	考入高等院校人数				录取率（%）
		合计	重点院校	一般院校	专科学校	
1978	3856	278	—	146	132	7.2
1979	3788	201	—	117	84	5.3
1980	3849	238	—	125	113	6.2
1981	3015	284	—	174	110	9.4
1982	3088	334	—	227	107	10.8
1983	4030	276	36	127	113	6.8
1984	2877	291	58	142	91	10.1
1985	2875	423	78	179	166	14.7
1986	3106	481	48	164	269	15.5
1987	3590	636	62	246	328	17.7
1988	3535	693	64	194	435	18.1
1989	3410	798	62	209	527	23.4
1990	4093	576	56	71	449	15.73
1991	3422	404	38	120	246	10.38
1992	3555	476	82	96	298	14.06
1993	3320	483	60	97	326	14.54
1994	2947	522	45	89	388	17.48
1995	2817	416	42	135	239	13.17
1996	2744	443	41	166	236	15.02
1997	2638	529	55	177	297	19.63
1998	2656	716	91	314	311	21.80
1999	2222	1164	118	508	538	43.67
2000	2313	1249	143	688	418	46.22
2001	2702	1510	164	745	601	53.59
2002	3503	1956	358	764	834	55.29
2003	4049	2141	432	764	945	55.88
2004	5195	2759	391	1098	1270	56.44
2005	6343	3218	391	1313	1514	50.73
2006	5027	3238	452	1567	1219	63.84
2007	7781	3716	409	1595	1712	47.76

三、德育

20世纪80年代中期，中学思想政治教育的中心内容是对青少年进行四项基本原则的教育。1988年，思茅地区中等学校开始贯彻国家教委颁发的《中学德育大纲（试行稿）》和《中学生日常行为规范》。20世纪90年代初，思茅地区各中小学主要贯彻执行《中共中央关于进一步加强和改进学校德育工作的若干意见》《中学生日常行为规范》《中学德育大纲》《中小学德育工作规程》的各项规定和要求。1998年8月，行署教育局把江城县作为思茅地区学校德育工作的试点，把养成教育作为学校德育工作的重要内容落实到日常行为的管理中。2000年5月，云南省农村创建文明学校现场会在思茅召开。2002年10月，思茅行署教育局召开全区学校德育工作会议，提出思茅地区《关于加强和改进德育工作的意见》。意见对加强师德师风建设、加强对家庭教育的指导和管理、加强德育科学研究工作以及组织领导和制度保障等作出规定，决定成立德育科室，配备专职人员。全市各中学基本建立以党支部、政教处、共青团、少先队、年级组、班主任、政治思想课教师为骨干的学校德育工作机制。

四、体育

1978年秋季，思茅地区各学校恢复"文化大革命"前的田径、体操和球类等项目的群众性的体育锻炼活动，开展"体育达标"锻炼活动。1982年起，以学校为单位组织的每年一次的体育运动会（冬季）在城乡各中学和两年一次由地区组织的中学生（分项目）的运动会成为制度，年内，思茅一中学生男子篮球队和思茅二中学生女子篮球队在参加云南省中学生篮球运动会中分获冠军，并代表云南省参加全国中学生篮球分区赛。1983年起，经云南省体育运动委员会和云南省教育厅确定：思茅一中、思茅二中、景东一中、孟连二中、澜沧三中（以上为田径项目），澜沧一中、思茅一中（射击项目）为学校体育重点项目业余训练班，进行业余专项体育锻炼。1994年，思茅行署教育局与行署体育体育运动委员会制定颁布《思茅地区贯彻〈学校体育工作条例〉的实施细则》，对全区学校体育工作的主要任务及机构设置、人员编制、待遇、场地、设施、经费、监督管理、奖惩办法等方面提出明确的工作要求。1996年，行署教育局成立"思茅地区考试体育领导组"，制定下发《思茅地区初中毕业生考试体育工作实施意见》，使初中毕业生体育考试制度得到全面推行,《体育达标》活动和农村学校体育工作评估工作在全市各城乡中学得到全面开展。1999年，全地区实施《国家体育锻炼标准》的学校144所，实施率96.6%；参加《体育达标》学生79304人，达标人数74061人，达标率94.1%。2004年，思茅市制定《思茅市"中小学课外文体活动工程"实施办法》，并举办全地区性的"中小学生幼儿系列广播操培训班"，对全市的体育教师全方位进行培训，经考核合格上岗。2007年，普洱市第一中学被评定为"云南省体育先进传统定点学校""全国体育先进传统定点学校"、普洱中学被评定为"全国体育工作先进集体"、思茅一中荣获"全国贯彻学校体育条例先进集体"称号。

五、卫生

1978年，思茅地区恢复学校开展的爱国卫生。中学校设置的生理卫生课，按照新颁布的《生理卫生教学大纲》进行教学。初中讲授人体构造生理、青春期卫生知识和常见病、多发病的预防；高中利用机动时间，进行晚婚教育。学校设置医务室，配备医务人员。1981年，行署文教局下发《关于在中小学开展保护学生视力，预防近视眼的通知》，制定用眼的卫生守则，进行视力检查，开展眼保健操活动。各中学普遍开展绿化美化校园活动，建立清洁卫生制度。1981年，思茅地区在高中生中建立学生体质健康检查制度、对学生的生长发育情况（包括身高、体重、胸围、肺活量），视力情况（包括远视力、近视力、矫正视力）以及内科、外科、五官科，血压、心脏、辨色力、嗅觉、听觉、皮肤、关节等必要项目进行定期检查，记录入档。1994年，行署教育局与行署卫生局联合制定颁布《思茅地区贯彻〈学校卫生工作条例〉的实施细则》，为全地区各级教育卫生部门检查、指导、评估、管理学校卫生工作提供有效的依据和准则。思茅地区学校体育卫生工作领导小组成立，要求各县（市）教育局配备学校体育卫生工作的专职管理干部，县城中学建立体育卫生工作协调小组，设置学校医务室，体育教研组，加强体育教师和学校医务人员的配置和培养。1995年，成立“思茅地区学生常见病防治领导小组”，下发《关于做好学校学生健康体检工作的通知》，加强学生常见病防治工作。1998年，思茅地区学校体育卫生工作领导小组和思茅地区处理突发公共卫生事件领导小组成立；下发《关于贯彻落实〈教育部、卫生部关于加强学校预防艾滋病健康教育〉的通知》《〈云南省省预防与控制艾滋病中长期规划〉的意见》《思茅地区关于进一步加强学校安全卫生工作的意见》《思茅地区教育局关于实施〈学生体质健康标准〉及〈学生体质健康标准实施办法〉的通知》《学校食堂与学校集体用餐卫生管理规定》《思茅地区关于加强学校住校生管理工作的意见》等文件和通知，形成较健全的学校安全卫生工作网络体系和经常性安全卫生教育制度，完善教育行政部门、学校各类安全卫生工作责任制和事故责任追究制。

第五章 职业教育

第一节 发展成果

1979 年，思茅地委财贸干部学校更名为思茅地区财贸学校。1989 年改称思茅地区财经学校。1982 年，云南省农垦总局在思茅设立云南省热带作物学校，面向全省招生。1984 年 2 月，地委、行署作出每县至少建一所农业中学或农职业技术学校，有条件的城乡普通中学附办农职业高中班的决定，各县拨款新建校舍，办起农职业高中。普洱卫国林业局开办以林科为主的职业技术学校，思茅四中等 8 所普通中学附设农职业高中班。1985 年，地委下发《关于积极发展农职业技术教育有关问题的通知》，要求 9 所农业技术学校每校规模 4 个—12 个班，200 人—600 人为宜，并配正副校长 3 人，教务、总务主任各 2 人，农学专业实验基地不少于 15 亩，林果专业亦应有 15 亩以上园林，年内思茅技工学校筹建完成，开始招生。1989 年年末，思茅地区有中等专业学校 6 所，在校学生 2820 人。1993 年 3 月，地委、行署召开全地区教育工作会议，要求职业技术学校实行“一校两制”，即教学是事业编制，实行事业运行机制；经济实体、产业是企业编制，实行企业运行机制。行署提出《思茅地区教育事业分区规划、分类指导实施意见》，将全地区 12 所职业高中分三类指导实施，一类思茅市农业技术学校；二类澜沧县职业中学、景谷县职业中学、墨江县职业中学；三类思茅市职业中学、普洱县职业中学、镇沅县职业中学、景东县职业中学、江城县职业中学、孟连县职业中学、西盟县职业中学、思茅县体育职业中学。年内，思茅体育中学改为思茅地区体育职业高级中学，面向全地区和西双版纳州招生。1994 年 4 月，思茅地区行署计划经济委员会、教育局联合下发《思茅地区职业技术教育“八五”计划和“九五”规划要点》，提出“八五”末全地区职业中等学校在校生与普通高中在校生之比为（普高：职高）1∶1.07。同年，由地区工人考核委员会、劳动局、教育局共同签发《关于对中等专业学校、职业高中毕业生实行专业技术等级考核的通知》，规定考核范围、考核内容、考核方法以及组织领导机构和其他事项，对毕业生实行“双证制”，落实“先培训后就业”的原则。1996 年，思茅地区有 12 所职业高中，毕业生 1846 人，招生 2880 人，在校生 6050 人，教职工 565 人。1997 年 3 月，思茅地区教委、计委、经贸委、劳动局、人事局联合制定并下发《关于加快思茅地区职业教育改革和发展的意见》。2005 年年末，思茅市有职业高级中学 13 所，除普洱、墨江、景东、镇沅、景谷、江城、澜沧、孟连、西盟县各办 1 所职业高级中学外，还有思茅市体育职业中学、思茅职教中心、思茅艺术学校、思茅大地阳光学校。2006 年，制定《思茅市职业“十一五”发展规划》，开展全市中等职业学校基本情况及规划调查工作。2007 年，制定《普洱市关于大力发展职业教育的实施意见》，成立普洱市职业教育改革领导小组，筹建普洱市职业教育中心，市政府划拨建设用地 474 亩，林地 1500 亩，建筑面积将达 128000 平方米，将普洱财校、普洱卫校、普洱农校、普洱林校、普洱技工学校全部划归市教育局统一管理，原主管部门不再行使对各中专学校的行政职能，配合市教育局协调解决各学校改革与发展中的有关问题。对中等职业学校的学生按年均1500元标准给予资助，启动中等职业学校“特聘”教师工作，召开首届中等职业学校招生工作会议。截至2007年7月，普洱市中等职业学校（中专、技校、职高）在校生16658人，与普通高中在校生比例为1∶0.67。

1978—2007年普洱市中等专业学校发展情况统计表

表29-7　　单位：人

项目 年份	学校数（个）	毕业生数（人）	招生数（人）	在校生数（人）	教职工数（人）	
					合计	其中：专任教师
1978	2	239	260	519	106	52
1979	3	—	261	773	155	66
1980	3	256	280	792	170	71
1981	3	413	230	609	199	70
1982	3	199	230	642	189	79
1983	3	227	282	695	198	86
1984	3	271	429	850	216	85
1985	3	178	360	1026	228	95
1986	3	380	364	1007	246	117
1987	3	492	446	960	265	126
1988	3	229	463	1190	266	135
1989	3	200	360	1344	282	148
1990	5	649	849	2622	468	250
1991	5	583	810	2835	488	242
1992	5	796	1179	3210	545	295
1993	6	820	1196	3760	559	278
1994	6	1820	1229	4110	570	292
1995	6	973	1227	4229	596	304
1996	6	1592	1924	4712	620	317
1997	6	1129	1890	5335	629	325
1998	7	1495	2484	7037	760	392
1999	7	1947	2448	7484	764	411
2000	7	2104	2119	7493	768	414
2001	7	2477	2023	7016	767	433
2002	7	2418	2719	7352	756	432
2003	6	2104	2453	7383	724	455
2004	4	1980	1821	6665	577	333
2005	4	2604	1699	4810	469	289
2006	4	1557	2073	4657	391	252
2007	4	983	2288	5312	396	267

第二节 中等师范学校

一、思茅师范学校

1993年，学校成立中师函授处，对代课教师进行学历培训，通过3年制中师函授，学习普师课程，并在普洱、澜沧、墨江、景东等县教师进修学校开办1年制民办代课教师班。函授班学员取得中师学历后，再经1年的民代班培训，成绩合格后正式转为公办教师。2000年，学校被省教育厅评为“云南省一级中等师范学校”。2002年，学校派出9名教师到缅甸第二特区（佤邦）支教，帮助培训校长和小学骨干教师共123人。2003年，共开办20个函授班，有近千名学员毕业。同年6月，思茅师范学校改制为思茅市民族中学。学校有教职工145人，其中专任教师91人，大学本科学历76人。学校建筑面积29115平方米，设施有教学楼、图书楼、实验楼、艺术楼、风雨操场、教职工宿舍、学生宿舍和学生食堂等。拥有图书13万册，4个计算机教室配有计算机200台，1个多媒体教室，7个微机教室（兼心理学实验室），2个音乐教室配有钢琴60台，4个画室。

二、澜沧民族师范学校

1981年秋季开始，学制为3年，招收应届初中毕业生入学。从1988年秋季入学的新生开始，实行一加三的四年学制，第一学年补初中文化课，从第二学年开始执行三年制中师教学计划，逐步开设拉祜族、佤族、傣族语文课，培养能够担任少数民族地区小学双语教学的师资。1988年11月澜沧地震后，学校设施得到了进一步完善。1989年年末，学校占地面积120亩，校舍7415平方米，图书2万余册，报纸杂志300多种，教职工59人，在校生305人。1995年，地委、行署下文确定澜沧民族师范学校为正处级单位。1999年6月，地委组织部、行署人事局、教委、财政局、编委联合发文，决定从1999年7月1日起，思茅地区澜沧民族师范学校党、团、工会、组织、人事、编制、财务、教育教学等工作统一收归地区管理。2000年，学校拓宽办学渠道，增加中师函授和广播电视大学联合办专科函授，省教育厅下发文件，批准中等师范学校招收“3+2”模式，招收五年制第一届小学教学大专班，到2003年招收4届小学教育大专班学生688名，毕业635名。2004年6月经市政府批准，学校改制为思茅市民族实验中学。

三、教师进修学校

1978年9月，在普洱、墨江、景东、景谷、镇沅县一中附设中师班。1979年9月，景东、景谷、西盟县相继建立教师进修学校。1981年，江城、澜沧、孟连成立教师进修学校。1982年，普洱进修学校成立。1984年，思茅县成立教师进修学校。至此，思茅地区10县均有教师进修学校。20世纪80年代，各县（区）教师进修学校工作主要是对在职教师和补充教师的学历进修提高，相继开办“中师学历班”“电大小学教育文史专科班”“电大远程教育（小学教育专业）大专班”“函授（电算会计专业）大专班”以及与省内外高校联办的专科班、本科班。20世纪90年代，镇沅、普洱县两所进修学校承担全区民办教师的学历提高任务。至2007年，全市有教师进修学校10所，教职工177人，其中专任教师123人，校舍建筑面积18952平方米。

1978—2007 年普洱市中等师范教育发展情况统计表

表 29-8

单位：人

项目 年份	学校数（个）	毕业生数（人）	招生数（人）	在校生数（人）	教职工数（人）	
					合计	其中：专任教师
1978	2	418	500	909	107	39
1979	2	—	500	1399	124	36
1980	2	894	419	919	121	57
1981	2	498	352	767	92	59
1982	2	412	200	550	114	50
1983	2	100	150	599	114	49
1984	2	349	302	549	113	48
1985	2	92	201	654	123	55
1986	2	147	212	717	125	58
1987	2	296	384	801	132	61
1988	2	202	410	1006	154	78
1989	2	209	300	1094	169	94
1990	2	380	400	1107	176	94
1991	2	303	400	1200	182	97
1992	2	300	500	1397	193	100
1993	2	400	680	1973	202	106
1994	2	546	582	2008	209	108
1995	2	589	755	2162	227	120
1996	2	787	875	2258	241	126
1997	2	578	700	2234	244	128
1998	2	447	660	1984	245	130
1999	2	661	710	2677	240	137
2000	2	698	858	2832	238	134
2001	2	792	700	2736	234	134
2002	2	865	789	2641	230	134
2003	2	871	569	2063	234	140
2004	1	898	19	1116	194	101
2005	—	756	—	354	88	46
2006	—	337	—	15	93	49
2007	—	15	—	—	—	—

第三节　中等专业技术学校

一、普洱市农业学校

1982 年，增设茶叶专业。1986 年，学校统一招收初中毕业生入学，学制改为 4 年。1989 年，开设农学专业、茶叶专业、牧医专业，有在校生 544 人。1996 年，省人事厅、省劳动厅批准在思茅农业学校建立思茅地区机关、事业单位工人技术等级岗位培训 7 站及云南省第 43 职业技能鉴定所。1998 年 8 月，思茅上海培训中心在学校建成投入使用，同年，被省教委认定为中等专业合格学校。2000 年，被省政府认定为省部级重点中专学校。1996—2007 年，学校开展成人专本科教育，培养函授本专科学生 2000 余人，累计培训各类职业技术人员 35000 人。1978—2007 年，学校先后开设茶业、农学、林学、畜牧兽医、园艺、淡水养殖、计算机及应用、茶艺茶道、农业机械、城镇建设、旅游服务与管理、食品生物工艺、烟草、蚕桑等专业，其中茶叶、农作物和畜牧兽医专业为市级骨干专业。

二、职业高级中学

1983 年后，各县先后兴办农职业中学。至 1989 年，农职业中学在校学生 2841 人。2005 年，全市有公办高级职业中学 11 所，初级中学 3 所，民办职业高中 2 所。2007 年，全市有职业高级中学 13 所，在校生 6345 人，教职工 660 人；有职业初中 4 所，在校生 1245 人，教职工 30 人。

1978—2007 年普洱市职业高中发展情况统计表

表 29-9

单位：个 / 人

项目 年份	学校数（个）	毕业生数（人）	招生数（人）	在校生数（人）	教职工数（人）	
					合计	其中：专任教师
1978	1	39	26	61	8	4
1979	1	56	113	113	8	4
1980	1	60	58	111	10	4
1981	2	76	91	186	21	8
1982	2	60	89	180	23	11
1983	6	58	545	644	71	38
1984	10	167	1017	1385	122	70
1985	10	178	869	1938	195	111
1986	10	446	825	2427	235	130
1987	10	984	1033	2464	262	138
1988	11	741	1204	2764	286	147
1989	11	907	1198	2841	294	152
1990	11	891	1022	2536	311	461
1991	11	1050	1246	2621	366	213
1992	11	871	1388	3021	416	242
1993	11	914	2128	4133	445	275
1994	12	1152	1912	4590	483	296
1995	12	1647	2610	5204	524	332
1996	12	1846	2880	6050	565	358
1997	13	1485	2468	6812	588	350
1998	13	2387	2576	6426	636	396
1999	13	2650	2894	5232	606	353

续表 29-9

项目 年份	学校数（个）	毕业生数（人）	招生数（人）	在校生数（人）	教职工数（人）	
					合计	其中：专任教师
2000	13	2089	1542	4484	641	373
2001	13	1817	1434	3602	637	353
2002	13	1204	2323	4445	697	346
2003	13	1154	2040	4793	667	471
2004	13	1364	1750	4622	636	435
2005	13	1621	1674	4356	636	454
2006	13	1448	2808	5493	647	477
2007	13	1554	2817	6345	660	492

三、普洱林业学校

1985 年 3 月 19 日，云南省计划委员会、省教育厅批准成立全日制普通林业中等专业学校云南省思茅林业学校。1991 年，开始建设位于思茅区电视台路 17 号的校园，占地 63.19 亩，建筑面积 31320 平方米，有教学大楼、综合实验楼、学生公寓、教职工宿舍、师生食堂及生活实用房，设有森林培育和森林植物实验室、林产化工实验室、物理实验室、电工实验室、组培室、育苗温棚、语音教室、多媒体教室、计算机中心、闭路电视系统、校园网络，有图书 20000 余册，校办教学实验实习基地 5700 亩。1992 年，开始招生，学制 4 年，面向思茅地区招收初中应届毕业生。1995 年，与西南林学院联合成立普洱函授工作站。1997 年，面向全省 12 个州市招生。1998 年，学校成立计算机职业培训站和国家职业技能鉴定 194 所，是全国计算机信息高新技术考试培训中心机构之一。1999 年，学制改为 3 年。2000 年，学校被评为省级合格中等专业学校。2004 年 6 月，被科技部认定为全国科技星火学校。2006 年 1 月，被评为省（部）级重点中专学校。1991 年至 2007 年 9 月，隶属普洱市林业局主管。2007 年 10 月，划归普洱市教育局统一管理。开设林业、经济林、制浆造纸工艺、木材加工、森林资源与林政管理、林产化工、园林、花卉、热带作物（橡胶）、野生动植物保护和自然保护区资源管理、计算机及应用、森林生态与旅游等 12 个专业。

四、普洱卫生学校

1978 年 10 月，恢复校长负责制。1983 年 12 月，学校进行机构改革。1988 年以来，学校先后与北京医科大学、昆明医学院、大理学院、云南中医学院、重庆医科大学、云南医学高等专科学校、上海市卫校等联合办学。1995 年 2 月，思茅地委批准单位行政级别为正处级。1997 年，被省教育厅认定为合格学校。2000 年 4 月，被省教育厅授予省级文明学校称号。2001 年 8 月，被省政府认定为省（部）级重点中专学校。2004 年 3 月，被教育部认定为国家级重点中等职业学校。2006 年，新建学生公寓、实训楼各一幢，新购主要实验实训设备和医疗设备 800 余台（套），建立实验实训中心。2007 年，学校更名为普洱卫生学校，划归市教育局管理。根据《普洱市关于大力推进职业教育改革和发展的实施意见》，市委、市政府同意普洱卫校在原址独立办学，并将普洱财校的占地及校舍划归普洱卫校。截至 2007 年年底，学校占地面积 82.72 亩，其中建筑面积 55062 平方米。有教职工 204 人，其中专职教师 127 人。在专职教师中，高级讲师 29 人，占 22.8%；讲师 34 人，占 26.8%；双师型教师 44 人，占 34.6%；省级骨干教师 3 人，市级骨干教师 9 人，具有大学本科以上学历的116人。开设了医士、护理、社会医学、妇幼医士、助产士、中医、中西医医疗、计划生育、检验专业；联办了临床医学、高级护理、药学、计算机应用专科班和临床医学、高级护理本科班。

五、普洱财经学校

1979年1月，思茅地委财贸干部学校改建为全日制财经类中专学校云南省思茅财经学校，由思茅行署商业局主管。1983年起，改由地区财政局主管。1999年，思茅商业干部学校并入思茅财经学校。2007年4月，学校更名为云南省普洱财经学校，同年10月划归市教育局主管，为省（部）级重点中专学校。学校占地面积41亩，总建筑面积30000平方米，拥有固定资产2585.3万元，馆藏图书13.7万册，有教师宿舍55间、礼堂1个、学生宿舍176间、篮球运动场5个、排球场1个、简易运动跑道1条；有计算机656台、语音设备56套、投影仪15台；校园绿化面积7800平方米。2007年，有普通中专在校生1628人。与江西财经大学、昆明理工大学等院校联合办学的三年制在校专科、本科函授生1980人。学校设有会计、计算机信息技术、市场营销、现代服务四大骨干专业，先后开设财政、税收、金融、会计、统计、企业管理、市场营销、计算机应用等20多个专业；与江西财经大学、西南财经大学、昆明理工大学、云南民族大学、重庆大学等联合办学，开展本科、专科、函授及远程网络学历教育。1979—2007年，学校为社会输送中专毕业生5000余名，成人中专毕业生1800余名，函授本、专科毕业生3000余名，培训干部40100余人次，组织各类考试53700余人次。

六、普洱技工学校

1979年5月，云南省人民政府批准创办思茅技工学校，由思茅行署计经委主管。1985年5月，思茅地区技工学校和工业学校合并，由行署劳动人事局主管。1992年12月，被批准为合格技工学校。1993年2月，纳入中等专业学校管理，属副县级单位。1995年2月，学校升为正县级单位，隶属行署劳动人事局主管。2004年11月，晋升为云南省重点技工学校，占地95.13亩，建筑面积18559平方米，校园绿化面积24886.33平方米，固定资产900余万元。建校以来，学校开设了机械、电力、轻工、制糖、化工、钳工、电工、机电一体化、电工电子、计算机、机修、汽车维修与驾驶、热动力等专业。办学突破产业界限、学制界限、学历界限、区域界限、校际界限、国家界限，先后与市属有关部门、企业，外州（市）企业，邻国（缅甸）联合办培训班；与云南省广播电视大学、云南工业大学成教院、昆明理工大学成教院等联合办大专班。1979—2002年，学校为企业和社会培养和输送40600余名各类专业技术人才，其中全日制中专、技校招生24届。成人大中专函授毕业生937人，职业技能培训鉴定24462人，特种作业人员安全生产教育培训10984人。

第六章　高等学校和成人教育

第一节　高等学校

一、思茅师范高等专科学校

1977年5月，思茅师范专科学校开始筹建。1978年10月，学校正式招生，与思茅师范在同一校园办学。同年12月，国务院批准设立思茅师范高等专科学校，为全日制公办省属专科学校。1987年2月，迁入思茅市翠云区宁洱大道242号校址独立办学，其后更名为思茅师范高等专科学校。1998年4月，云南广播电视大学思茅分校成建制并入。1998年9月，学校管理体制调整为省地共建共管，以省管为主。同年，经国家新闻出版总署批准,《思茅师专学报》公开发行。1999年，思茅师范高等专科学校被确定为云南省首批发展高等职业技术教育试点学校。2001年7月，学校与中国科学院西双版纳热带植物园合作共建热带园艺人才培养基地，与云南龙生绿色产业（集团）有限公司、普洱茶树良种场、普洱市各县（区）一中、市幼儿园及市中级人民法院等单位分别签署合作共建教育教学实践研究基地协议书，拥有校外教学实践基地29个。2003年，学校被云南省旅游局确定为旅游教育培养定点单位。

2003年起，学校通过英国海外志愿服务社（VSO）聘请外籍教师到校执教。2004年，学校园占地105067平方米（含租用的鱼水路教学区20067平方米），建筑面积64694.38平方米，教学行政用房31960.79平方米，学生宿舍21241.91平方米。拥有4个实验中心，26个实验室，多媒体教室座位1056个，语言实验室343座，教学用计算机945台。图书馆藏书380200册，有电子图书140000册、阅览学习座位1183座，电子阅览室207座。成立了思茅绝版木刻研究所、版画工作室、地方民族文化研究中心、教育科学研究所和佤族文化研究所。设立了21个专业，11个系，教师186人，全日制在校生2394人，非全日制成人教育学员6364人，面向全省16个地州市招生。同年，云南省劳动社会保障厅批准在学校建立第199个国家职业技能鉴定所。

2006年，学校举办首届中国佤族文化研讨会，泰国清莱皇家大学民族研究院巴松教授和日本丽泽大学的欠端实教授应邀参加会议。同年10月，学校美术系3位教师参加由省教育厅组织的艺术代表团到德、法、意等国访问并举办艺术作品展。2007年3月，学校与瑞典诺地卡艺术中心在昆明联合举办画展；4月下旬，瑞典版画艺术交流中心在思茅师专举办凸凹版画作品展；7月，学校派出两位教师参加泰国清莱皇家大学在越南胡志明市主办的国际学术研讨会。学校与老挝合作，为丰沙里省培养了60名中文翻译、畜牧、种植人才。1978—2008年，思茅师范高等专科学校累计毕业生14062人。

二、云南热带作物职业学院

1980 年 1 月 29 日，云南省人民政府批准重建云南省热带作物学校，校址迁到思茅城郊思亭路。1981 年秋季，招生 3 个班 120 人，专业设热带作物栽培和热带作物加工，教学实习到西双版纳州有关农场和热带作物研究所进行。1994 年，教师刘志被农业部表彰为先进工作者。1998 年，云南省热带作物学校与云南省农垦管理学校合并，更名为云南省热带农业工程学校，2004 年 7 月升格为云南热带作物职业学院，占地面积 10.2 万平方米，绿化用地面积 17300 平方米，运动场地面积 17000 平方米，校舍建筑面积 46658 平方米，藏书 10 余万册，教学用计算机 316 台，语音实验室座位 52 个，多媒体教室座位 1670 个，在云南省热带作物科学研究所、中国医学科学院药用植物研究所西双版纳药植园、云南省农科院热带亚热带经济作物研究所、景洪农场、普洱市农科所、中国普洱茶研究院、普洱交通运输集团公司、西双版纳金孔雀旅游集团和雀巢咖啡公司思茅农艺部等多家科研、企业、生产单位建立长期稳定的校外实习实训基地，开设 21 个专业。2005 年，学院首次招生全日制大专生。截至 2007 年年底，学院共获得各类科研项目立项 21 个，其中省教育厅 8 个，云南农垦 2 个，高职高专 2 个，学院 9 个。

三、云南广播电视大学思茅分校

1982 年，由思茅地区教育局创办思茅电大工作站，为科级单位，教职工 5 人。1992 年，云南省人民政府批准成立云南广播电视大学思茅分校。1998 年 4 月，电大思茅分校并入思茅师专，行政人事经费隶属师专管理，原分校的职责和任务，办学形式仍旧不变。2000 年，电大思茅分校办学形成了人网（电大系统教师）、天网（电视卫星通信系统——KU 波段）、地网（计算机互联网）的教学支持系统。学校先后在宁洱、景谷、镇沅、墨江、澜沧、景东等县以及普洱农校、普洱财校、普洱粮校、普洱卫校、思茅职教中心等设立办学点和考点，形成以思茅为中心，辐射全市的办学网络。2007 年，开设教育管理、工商管理、行政管理、计算机网络技术专业，在校生人数 726 人，毕业人数 907 人。

第二节　成人教育

一、职工教育

1979 年，思茅地区地、县工会开办职工业余文化学校，地区设初中和高中班，各县设初中班，组织初中程度以下的青年职工学文化。1980 年，思茅地区职工教育委员会成立，内设职工教育办公室。1981 年，思茅地区粮食干部学校、商业干部学校、供销干部学校成立。1984 年，成立思茅地区水利电力培训中心。1985 年，思茅地区职工教育委员会改称成人教育委员会，内设成人教育办公室。同年，思茅地区税务干部学校成立。1982—1985 年，对“文化大革命”期间参加工作的高初中毕业生进行文化补课考试，通过职工业余自学，参加统一考试，思茅地区应接受文化补课考试的 12900 名职工，有 10800 人考试合格。20 世纪 90 年代后，思茅地区的职工教育在形式上逐步从松散的各部门培训逐步走向集中型的培训，在内容上从部门业务逐步走向综合素质的培养，在行为上由管理部门要求到个人自觉去学。

二、函授教育

1978年，思茅师范高等专科学校与昆明师院联办高等师范函授教育，开设中文、数学两个本科专业。1988年，思茅师范高等专科学校、思茅卫生学校和思茅财经学校开办函授教育。1996年，思茅林业学校开办函授教育。1997年，思茅技工学校、思茅体育中学开办函授教育。2000年，云南广播电视大学思茅分校、思茅师范学校、澜沧民族师范学校开办函授教育。2002年，思茅农业学校开办函授教育。2003年，云南热带作物职业学院开办函授教育。

三、自学考试

1983年，思茅地区行署教育局设专职人员负责办理成人自学考试的考务工作，组织了大学专科的考试。1985年4月，思茅地区成人教育委员会成立，内设办公室，正式形成个人自学和国家考试相结合的一种新的教育形式。同年，思茅行署决定并发出通知，对自学考试获得大学本科或专科毕业证书的在职职工，给予物质资金和精神奖励。1986年，思茅地区中师自学考试开考。1991年8月，思茅地区组织小学语文、数学教材教法考试，参加考试7617人，发单科合格证8466个，毕业819人。同年，中师自学考试停考。1994年，思茅地区本科开考4个专业，专科开考27个专业，中专开考4个专业，上半年报名考试人数3171人，6555科次，考试合格19992科次；下半年报考人数2346人，报考5191科次。1996年，思茅地区行署批准成立“思茅地区成人教育、职业教育中心”，依托思茅电大分校，不增编制，实行几块牌子、一套班子、一套教师的管理体系，承担成人自学考试辅导和成人高校招生考前辅导，负责各种成人职业培训和岗位培训。1999年，思茅地区参加自考的有11943人次，报考289936科次，38个专业。2000年，思茅地区参加自学考试人数937人，52864科次，居全省第4位。进入21世纪，自学考试行为由过去单位安排变个人自觉行为，考籍管理实现了规范化。

四、扫除文盲

1978年，澜沧、西盟、孟连、江城县恢复少数民族文字的扫盲工作。根据1982年人口普查统计，思茅地区12周岁以上人口总数中，文盲和半文盲776162人，占同龄人口总数的50.5%。1984年2月，思茅地委、行署提出农村扫盲以12岁—25岁青少年文盲为重点的意见。1986年，普洱县青少年人口总数为53956人，达到脱盲标准的人数（包括在中学和小学高年级读书的学生）共51819人，青少年无文盲率96%，基本扫除青少年中的文盲。1988年10月，思茅地区12周岁—40周岁总人口938873人中，文盲和半文盲333115人，占这一年龄阶段人口总数的35.5%。1989年年末，思茅地区农村有农民文化、技术学校教学点1813个，在学人数26660人。

1990年思茅地区12周岁—40周岁文盲下降为29.07%。1991年下降为24.4%。1992年下降为21.3%。1994年思茅地区开办扫盲班点2155个，参加学习人员41709人，脱盲人数28543人，文盲率下降为20.5%。1995年，思茅地区开办扫盲班3240个，学员59789人，脱盲人数45548人，文盲率下降为17.7%。1996年，思茅地区15周岁—45周岁青壮年人口1250000人，其中文盲半文盲175000人，当年脱盲45087人，文盲率下降为14%。1999年思茅地区青壮年文盲率下降为10.2%。2000年下降为9.5%。2001年，思茅地区青壮年人口总数139043人，当年脱盲30700人，青壮年文盲率下降为9.1%。2003年，思茅地区举办扫盲班1320个，26954人参加学习，25004人达到脱盲，文盲率下降为4.92%。2004年9月，思茅市青壮年人口1452339人，其中文盲、半文盲62137

人。2005年，思茅市22069人通过脱盲考试，文盲率下降到3.5%。2006年，思茅市青壮年人口1384962人，其中文盲、半文盲43373人，有16527人脱盲。2007年，普洱市青壮年人口1355953人，其中文盲、半文盲38165人，有15129人脱盲。

五、农村成人教育

1978年后，农村科技教育，主要依托乡（镇）村成人文化技术学校和农函大辅导站，结合农村、农业、农民的需要，以农科教统筹的形式开展教育活动。1983年，思茅地区以行署农牧业局为主，以各县农业中学为中心，在50个乡、22个茶场和农场开办中央农业广播学校，招生6次，学员累计12827人。1989年，思茅地区科学技术协会和思茅行署教育局联合组织“农村实用技术讲学团”，分赴10个县为农民讲授咖啡、茶叶、果树、甘蔗栽培和橡胶管理、科学养猪技术。1990年，思茅地区在乡（镇）级建立了45所成人文化技术学校。1991年，在条件较为成熟的村建了12所成人文化技术学校。同年开始创办“3+1”班，对初中毕业生实行毕业证、技术合格证同发的双证制，持有技术合格证的学生才能参加招工考试。1992年开办“3+1”班44个，招生1694人，占初中毕业生总数的12%，景谷的勐班乡、思茅的倚像乡两所成人文化技术学校，经省级验收成为思茅第一批省级示范性学校。1993年开办“3+1”班94个，其中办就业班52个，招生3476人。1994年开办“3+1”班83个，在校生2657人，生产实习基地711亩，开设适合农村需要的专业15个。1995年开办“3+1”班70个班，招生2207人，实习基地扩大到857亩，开设种养殖专业12个。1996年，思茅地区行署下发《关于加强乡（镇）成人文化技术学校建设的通知》，有计划地建立一批高标准、高质量的示范性乡（镇）成人文化技术学校。1995—1999年，思茅地区开展科技培训182万人次，培训乡村技术骨干15.2万人，其中能工巧匠3.2万人。建立10个科技示范乡，17个科技扶贫示范村，14769户科技示范户。在10个科技示范乡组织实施科项目83项，培训人员13.4万人次。2000年，创建地区级合格乡（镇）成人文化技术学校25所。2001年，思茅区、普洱县、景东县、景谷县、澜沧县建立县级成人教育培训中心，当年培训职工4600人次。2002年5月，思茅地区行署教育局下发《思茅地区实施普通教育与职业教育协调发展的意见》的通知，启动农村中学综合教育改革。2004年，思茅市政府下发《关于全面启动思茅市农村教育综合改革的决定》，从2004年3月起，在农村乡级中学全面实施文化课与职业技术的教育。2005年，思茅市有省级示范性成人文化技术学校10所，市级合格学校37所，县办成教中心3所，乡（镇）成人文化技术学校121所，村级成技校991所。2006年，思茅市998个行政村有977个（村）办事处挂牌成立村成技校，县、乡、村成人文化技术学校举办各类培训320923人次。2007年，思茅市104个乡（镇）有乡级成人文化技术学校106所，其中省级示范性成人文化技术学校12所，市级合格成人文化技术学校36所，共有教职工389人，其中专任教师132人，培训各类人员389105人次。

1990—2007年普洱市乡（镇）、村级成人文化技术学校发展情况统计表

表29-10　　　　单位：所、人

年份	乡（镇）成人文化技术学校数（所）	占乡（镇）总数的（%）	行政村级成人文化技术学校（所）	占行政村总数的（%）	乡、村两级成技校专职教职工人数（人）	乡（镇）村成技校实用技术培训总数（人/次）
1990	45	37.2	—	—	—	54592
1991	86	71.1	12	1.2	—	67340
1992	88	72.7	26	2.6	—	73190

续表 29-10

年份	乡（镇）成人文化技术学校数（所）	占乡（镇）总数的（%）	行政村级成人文化技术学校（所）	占行政村总数的（%）	乡、村两级成技校专职教职工人数（人）	乡（镇）村成技校实用技术培训总数（人/次）
1993	85	78.5	55	5.5	—	128689
1994	86	79.3	70	7.1	63	137312
1995	108	89.3	405	40.8	65	201546
1996	110	90.9	454	45.8	66	155286
1997	120	99.2	634	63.9	53	318946
1998	121	100	879	88.6	79	352213
1999	121	100	941	94.9	65	300625
2000	121	100	980	98.8	75	307242
2001	121	100	985	99.3	143	337697
2002	121	100	990	99.8	99	366094
2003	121	100	990	99.8	65	326354
2004	121	100	991	100	98	344012
2005	121	100	991	100	130	300000
2006	108	100	998	100	421	320923
2007	106	100	989	100	389	389105

第七章　民族教育

第一节　发展概况

1978年，思茅地区在校中学生总数66010人，其中少数民族学生19851人，占中学生总数的30%；小学在校生总数266765人，其中少数民族学生123363人，占小学生总数的46.2%。1980年，澜沧县、西盟县、孟连县、江城县981名小学民办教师和内地县高寒贫困地区、少数民族聚居区、经济文化落后地区的207名中小学民办教师经过考试转为公办教师。同年，在思茅地委党校挂牌成立思茅地区民族干部学校。1981年，开办思茅地区民族中学、澜沧民族中学和澜沧、西盟两所民族小学。1984年，思茅行署决定对在370个特困点（主要是少数民族居住地区）工作的464名小学教师每人每月发给特困地区生活补助费7元，采取办半寄宿制高小班的特殊措施普及初等教育。思茅农业学校、财经学校、卫生学校定向招收边疆少数民族的初中毕业生入学，毕业后分配回县工作。思茅师范专科学校对报考师范专业的少数民族学生，降低文化考试的录取分数线，毕业后分配回县工作。1989年年末，思茅地区在校学生总数为371811人，其中彝族、哈尼族、拉祜族、佤族、傣族和其他少数民族学生212505人，占在校学生总数的57.2%。1977—1989年，思茅地区录取高等院校的学生5161人，其中少数民族学生1471人，占录取高等院校学生总数的28.5%。

1990年，思茅地区有半寄宿制学校281个，学生达到23472人，其中少数民族学生占62.9%；在校中学生总数64275人，其中少数民族学生34659人，占中学生总数的53.9%；小学在校生299075人，其中少数民族学生181280人，占小学生总数的60.6%。1992年，少数民族适龄儿童入学率92.1%。1993年，思茅地区有民族师范学校1所，省定民族中学2所，县办民族中学4所；省定民族小学2所，半寄宿高小208所；少数民族适龄儿童入学率92.8%，少数民族教师占40.5%。1994年，思茅地区行署成立教育调查研究工作领导小组对民族教育进行调查研究，形成题为《采取特殊政策措施，发展边疆民族教育》的调查报告及《思茅地区教育工作调查汇报提纲》。1996年，思茅地区行署财政局、民族宗教事务委员会、教育委员会联合下发《关于在思茅二中试办民族重点高中班的通知》。2000年，思茅地区在校中学生总数95092人，其中少数民族学生54407人，占中学生总数的57.2%；在校小学生总数266447人，其中少数民族学生176106人，占小学生总数的71.5%；半寄宿制小学校点216个，在校学生24334人，占全市五、六年级学生总数的26.15%。2002年年底，思茅地区被列入首批边境学校建设的地州之一，在孟连、澜沧、西盟县的8所学校投资1366.6万元（其中，上级资金1240万元，县级配套126.6万元），建设10个项目，建筑面积15970平方米。2003年，出台《中共思茅地委、思茅地区行署关于贯彻落实〈云南省基础教育振兴行动计划〉的实施意见》，决定每年投入150万元作为澜沧、西盟、孟连少数民族自治县“普九”

实施专款。2005 年，思茅市在校中学生总数 114688 人，其中少数民族学生 73385 人，占中学生总数的 64.3%；在校小学生总人数 196422 人，其中少数民族学生 129074 人，占小学生总数的 65.8%；省、市、县定点的半寄宿制学校 428 个，在校学生达到 43294 人。2007 年，思茅市普通中学在校生总数 116201 人，其中少数民族学生 74461 人，占中学生总数和 64.1%；小学在校生总数 194367 人，其中少数民族学生 126309 人，占小学生总数的 64.8%。

第二节　民族小学

1981 年 9 月创办于澜沧县木戛乡大班利村，是省定的 17 所全寄宿制民族小学之一。1991 年 3 月搬迁至县城，新校舍占地面积 32 亩，总建筑面积 4078.5 平方米。招收寄宿制的五六年级学生，学生月人均生活补助 70 元，并免除课本费和学杂费，享受其他小学无法相比的优惠待遇。2007 年有 12 个教学班、637 名学生，在职教职工 70 名。

1981 年，西盟县民族小学创建，是省定 17 所全日寄宿制民族小学之一。学校占地面积 11938.8 平方米，建筑面积 6825.5 平方米，面向全县各乡（镇）招收佤族、拉祜族、傣族等少数民族子女入学。

第三节　民族中学

1981 年思茅地区民族中学开办，为省定寄宿制民族中学。1982 年，迁入思茅二中，实行“一套班子、一支教师队伍、两块学校牌子”的管理模式。2003 年 6 月，思茅地委、行署将思茅师范学校改制为思茅市民族中学。2004 年被云南省教育厅确定为云南省现代教育技术实验学校。2006 年被全国民族中学教育协会命名为全国民族中学示范学校。2007 年，学校被国务院侨办批准为华文教育普洱基地，被国务院汉办批准为汉语国际推广中心，除派教师到泰国、缅甸支教外，还开设外教班，招收周边国家学生到学校读书。

1982 年澜沧民族中学创建，与澜沧一中合办，实行两块牌子一套班子的管理办法。1987 年 9 月，与澜沧一中分开独立办学。1988 年“11・6”大地震后，上海人民捐赠 192.5 万元，建盖主体教学楼等设施，澜沧县民族中学改称为澜沧沪滇民族中学。1993 年，学校被评为省二级二等学校。2002 年，学校被评为云南省二级一等完全中学。学校以招收农村少数民族学生为主，少数民族学生始终保持在 85% 以上，其中主体民族拉祜族学生占 40.1%。

第八章　民办教育和特殊教育

第一节　民办教育

1992 年，思茅地区第一所民办幼儿园思茅新星幼儿园创办，之后陆续创办了一批民办幼儿园、中小学以及云南办公技术培训学校思茅办学点等一批民办培训学校。1996 年，思茅地区有民办学校 30 所，其中，职业培训 13 所、幼儿园 10 所、社会文体类 5 所，各类民办学校在校生 22301 人。2003 年，思茅保安学校由原思茅市公安局主管改为民办的思茅大地阳光学校，学制 3 年。2007 年，思茅市共有民办学校 54 所，其中民办幼儿园 43 所，民办中、小学 5 所，中专 1 所，其他学校（科技培训、外语培训）5 所，教职工人数 792 人，资产 5492.91 万元，面积 160685 平方米，教学仪器 608.8 万元，图书 46.76 万元，在校学生 12021 人。

1995 年 8 月，思茅地区行署教育局下发《思茅地区关于社会力量办学的有关规定》，明确社会力量办学应具备的条件、审批程序、管理、奖励、处罚以及学校教学管理、财务管理。1996 年 10 月，思茅地区行署教育委员会转发《云南省社会力量办学等级学校评估办法》明确社会力量办学评估目的、范围、内容、等级、标准、机构和程序。2004 年，市教育局加大对民办学校的年检，并将年检结果在《普洱日报》上公布，年检合格的学校予以继续办学，对年检不合格的学校责令限期整改，或取消办学资格，收回办学许可证。

民办中、小学和公办学校一样，全部按教育部制定的九年义务教育的教学计划、教学大纲、课程体系开设课程。小学课程包括学科和活动两个部分，学科以文化基础教育为主，活动在实施全面发展中同学科相辅相成。初中按学科和活动两类开设，同时安排有地方课程。高中按必修课和选修课的要求设置课程。各民办中小学除开设国家规定的课程外，有的学校开设英语课和电脑课，有的学校成立音乐组、舞蹈组、书法组、绘画组和各种球类兴趣组、声乐队、武术队等，力图办出特色。如普洱艺苑舞蹈学校按文化课和专业课开设课程。文化课开设语文、政治、英语、历史、地理、体育；专业课开设舞蹈基本功训练、民间舞、现代舞、身韵、艺术概论、艺术欣赏。民办幼儿园的教学内容，教学计划和作息时间表，均参照公办幼儿园执行。

第二节　特殊教育

1978—1985 年，思茅地区的残疾儿童主要采取随班就读的方式接受特殊教育，但能入学的适龄儿童极少。1986年，思茅地区行署教育局在思茅第二小学增加 2 名教师编制，开办 1 个“启智班”，招收思茅城区 11 名弱智儿童，开启思茅地区的学校特殊教育。1990 年，普洱县小又开办 1 个“启智班”，招收普洱城区的 11 名弱智儿童。同年 6 月，思茅地区行署下发《关于开办思茅地区聋哑学校的通知》，委托原普洱县教育局在宁洱镇元宝山普洱县教师进修学校内开办“思茅地区普洱聋哑学校”，办学规模定为 4 个班，80 名聋生，隔年招收 8 岁的聋哑儿童入学，学制为 8 年，西双版纳州部分聋哑生也在校借读。1991 年 6 月，思茅地区行署教育局、残疾人联合会在思茅地区举办聋哑儿童康复师资培训班，培训教师 16 人。1997 年，特殊教育被列入国家普及九年义务教育的范畴，学制相应改为 9 年。2005 年，思茅市有特殊教育学校 1 所，在校学生 169 人，有教职工 38 人；全市有残疾儿童 1590 人，入学 1168 人，入学率 70.5%，有残疾少年 572 人，入学 375 人，入学率 65.5%。截至 2007 年，全市校内外残疾儿童 1273 人，有特殊教育学校 1 所，从事特殊教育教职工 42 人。在校残疾学生 1223（学龄阶段残疾儿童为 954 人），其中小学阶段 786 名、初中阶段 235 人，特殊教育学校 202 人。

1990—2007 年普洱市特殊教育事业发展情况统计表

表 29-11　　　　单位：所、个、人

年份	学校数	班数（个）				毕业生数（人）				招生数（人）				在校学生数（人）				小学阶段入学（%）
		合计	聋哑学校	其中：小学	其中：初中	合计	聋哑学校	随班就读 小学	随班就读 初中	合计	聋哑学校	随班就读 小学	随班就读 初中	合计	聋哑学校	随班就读 小学	随班就读 初中	
1990	1	3	1	2	—	—	—	—	—	29	18	11	—	40	18	22	—	—
1991	1	5	1	4	—	—	—	—	—	35	—	35	—	63	17	46	—	—
1992	1	6	2	4	—	—	—	—	—	29	24	5	—	91	42	49	—	—
1993	1	5	2	3	—	—	—	—	—	—	—	—	—	76	43	33	—	—
1994	1	6	3	3	—	—	—	—	—	25	18	7	—	91	61	30	—	—
1995	1	7	4	2	—	—	—	—	—	13	—	13	—	108	69	39	—	—
1996	1	7	4	3	—	13	—	13	—	—	—	—	—	111	69	43	—	—
1997	1	7	5	2	—	—	—	—	—	18	18	—	—	131	131	44	—	—
1998	1	7	5	2	—	—	—	—	—	17	17	—	—	118	83	35	—	—
1999	1	7	5	2	—	17	17	—	—	—	—	—	—	118	83	35	—	—
2000	1	8	6	2	—	—	—	—	—	19	19	—	—	136	101	35	—	—
2001	1	7	7	—	—	49	25	19	5	102	41	54	7	569	117	437	15	71.11
2002	1	8	8	—	—	37	—	34	3	101	19	69	13	921	136	739	16	71.83
2003	1	8	8	—	—	42	12	22	8	117	13	74	30	792	137	58	73	78.38
2004	1	9	9	—	—	49	14	27	8	181	34	113	34	1111	157	872	82	58.34
2005	1	10	10	—	—	115	—	94	21	230	12	157	61	1168	169	870	129	70.50
2006	1	11	11	—	—	159	16	115	28	171	38	76	57	1154	180	814	160	73.05
2007	1	13	13	—	—	120	11	75	34	226	42	107	77	1223	202	786	235	77.60

1978—1990 年，思茅地区的特殊教育主要由随班就读的学校及所属县（市）的教育行政部门管理，聋哑人协会协助管理。1990 年 6 月，思茅地区行署下发《关于开办思茅地区普洱聋哑学校的通知》，成立思茅地区普洱聋哑学校，由市教育局管理。2003 年 8 月，思茅地区行署教育局、计划委员会、民政局、财政局、人事局、劳动社会保障局、卫生局、地方税务局、残疾人联合会联合下

发《关于进一步加快思茅地区特殊教育改革和发展的意见》，思茅地区特殊教育稳步健康发展。

1990 年 6 月，思茅地区普洱聋哑学校创建，思茅地区行署教育局委托普洱县教育局主办，地、县民政部门和残疾人联合会协助，与普洱县教师进修学校合署办公，实行一套班子，两块牌子的管理模式。学校学制为 8 年，每两年招收 1 个班，班额 20 人，规模 4 个班，共 80 人。1996 年 8 月，列入国家九年义务教育范畴。2000 年 2 月，普洱聋哑学校搬迁至思茅，更名为“思茅地区聋哑学校”。2005 年，学校有 10 个班级，学生 169 人。2007 年 11 月 28 日，学校从思茅三家村整体搬迁到梅兰村新校，校舍占地面积 31.5 亩，建筑面积 8100 平方米，有 45 名教职工，学生 202 名。

第九章　教师队伍

第一节　教师来源

1978—1989年间，小学教师的来源主要是思茅师范学校、澜沧民族师范学校、昆明师范学校的毕业生；中学教师来源主要是思茅师范专科学校、省内外高等师范院校毕业生及部分中师、高中及其他中等专业技术学校的毕业生；思茅师专和各中等专业学校教师主要来自省内外高校毕业生；农村中小学从高初中毕业生中聘请了一批代课教师。1989年，思茅地区教育系统有固定教职工16604人，其中专任教师13640人。1992年6月，思茅二中开办第一届高师预备班，当年招收65人，在校期间享受师范生待遇，毕业后报考省内外普通本、专科师范院校，学成归来后分配到各中学任教。1993年，行署教育局、人事局、计经委、财政局联合下发《关于从民办教师中招收部分公办教师的实施意见》，从民办教师中招聘教师101人。1995年，行署教育局、人事局、计经委、财政局、劳动局联合下发《关于改善和加强民办、代课教师工作的意见》，决定每年拿出100名—150名招工、招干指标，作为国家教委和人事部、省教委和人事厅下达的配套指标，将部分优秀民办、代课教师选招为公办教师，并对学习培训、工资待遇、职称评定及聘用作出明确规定。1996年，行署教育局、计划委、财政局、人事局联合下发《关于下达从优秀民办、代课教师中选招公办教师指标的通知》，选招公办教师140人。1999年以前，师范类毕业生实行统招统分、定向招生、定向分配的原则，规定师范院校毕业生应全部分配到学校任教，任何单位不得截留，哪里来回哪里去，从而保障教师的来源。1996—2000年，采取引进来的形式充实教师队伍，国家、省讲师团先后3批250多人到思茅市支教。2007年，普洱市教育局、市人事局、市财政局联合下发《关于做好2007年农村特岗教师招聘工作的通知》，全市招收特岗教师96人，其中孟连20人、墨江22人、江城14人、西盟40人。2000—2007年，上海市与云南省进行滇沪合作，普洱市先后有上海市金山区、南市区、嘉定区、杨浦区、黄浦区、普陀区、浦东区、南汇区、卢湾区共8批170人到镇沅、普洱、墨江、江城、澜沧、孟连、西盟等县支教。

第二节　教师培训

一、教法考核

1983年，思茅行署教育局发出通知，要求学历达不到规定要求的中小学教师，经过组织培训和个人自学，对所任学科、学段的全国统编教材和教学大纲达到弄懂和熟练掌握的程度。当年，对应过“教材教法关”的7400多名（不含免考人数）中小学教师，培训面100%，并从1984年开始，组织了17次中小学教材教法考试和考核，其中小学教师6次，初中教师6次，高中教师5次。1988年，思茅地区教师教材考试和教学法考核合格人数为：小学教师4508人，初中教师1480人，高中教师392人。同时，规定未达合格学历的小学公办教师、民办教师和代课教师都应参加中学自学考试。截至1989年，有170多人取得大学本科或专科毕业证书，达到中学教师学历要求，有809名小学教师获得中师毕业证书，获单科合格证书8321人。1990年12月，思茅地区行署教育局对各县（市）的教师培训工作进行量化考评检查，对教师进修学校提出考核的8项指标，每年年底进行考评奖励。

二、教师培训

1992年，署教育局下发《关于转发〈云南省中小学骨干教师培训指导性教学计划〉的通知》，委托思茅师专对中小学校长进行培训。1993年4月，思茅师范学校、澜沧民族师范和思茅、墨江、镇沅、江城县教师进修学校的校长，参加省教委人事处在昆明举办的校长培训班，脱产学习《学校管理》等内容，时间3个月。1994年，思茅地区初步形成以思茅师范专科学校、思茅师范学校、澜沧民族师范学校和10县教师进修学校为主体的多层次教师培训基地。1995年，思茅行署教委下发《关于开展小学一师一校教师培训的意见》，要求每年对一师一校的教师集中培训一次，时间不少于10天。1999年，行署教育局推荐18名教师（其中小学6名）上报省教厅参加评审国家级骨干教师。2000年，思茅地区培训初中校长103人，初中教导主任82人、中学物理教师47人、化学教师48人、中小学教师236人。2002年，思茅地区共培训中小学骨干教师108人，初中校长78人，中小学校长（含幼儿园园长）247人。2003年10月，思茅师范专科学校举办思茅地区初中校长任职资格培训班，54名初中校长参加培训。2006年，思茅市培训中小学教师27178人次，培训中小学校长287人，邀请40多名全国知名教育专家到思茅讲学，从教育理念、教育管理、教育方法等方面培训教师，受训教师3000余人，组织市级教师培训1175人。2007年，普洱市组织教师参加国家、省、市、县（区）级培训32327人次，培训校长245人，全市小学、初中、高中教师学历合格率分别为97.93%、97.55%、9 2.06%。

三、继续教育

1998年，思茅地区成立中小学教师继续教育工作领导小组，行署教育局制定《思茅地区关于贯彻〈云南省中小学教师继续教育规定〉的实施意见》，并下发《关于新教师上岗前培训的意见》，规定小学新教师不参加培训或考试不合格者，一年试用期后不予转正和定级。同年，思茅地区对新分配到小学的中师毕业生700余人由各县教师进修学校组织培训，对1996年参加小学教师基本功训练的教师进行考核。1999年，思茅行署教育局组织两次教师履职晋级考核，共有20691人参加，19858人合格，合格率96%；继续对1552名新分配工作的中师毕业生实施新教师试用期培训工作；组织小学教师参加写字、简笔画、教具制作与使用等课程的考试。全年共培训中小学教师21676人次，培训面95%，人均培训60学时。2000年2月，思茅地区组织第三次小学教师履职晋级培训考试，有11005人参考，及格以上10088人，及格率91.6%。3月，行署教育局启动《小学教师技能训练》培训考核工作。培训考核内容主要有导入技能、提问技能、讲解技能、板书技能、演示技能、结束技能等六个方面。培训时间不能少于40学时。整个培训考核工作按照“培训理论考核实践操作考核成绩认定”四个程序进行。暑假期间墨江、普洱、景谷、西盟县进修学校启动培训工作。同年底，全面启动中小学教师计算机应用知识培训工作，担任培训任务的30名教师接受省级教材与考务系统管理培训。2001年，思茅地区累计培训教师32330人次，培训1674658学时，人均51.8个学时，培训面超过90%。2002年，思茅地区实施中小学教师综合素质培训，参加《教师教育观念转变及更新》学习的中小学教师共20418人。2003年，行署教育局下发《思茅地区推广“以学习者为中心”教学方法师资培训的实施计划》，130名教师在普洱教师进修学校参加培训。2004年，思茅地区培训教师30116人次，其中中小学专任教师培训20714人次，人均培训45个学时。2005年，思茅地区启动《高中教师点击新课程》培训，全市培训教师1962人。实施中英合作少数民族基础项目师资培训，普洱、墨江、孟连县1130名中小学教师参加了培训，培训内容主要是“以学习者为中心”的教学方法。2006年，思茅市小学、初中、高中教师学历合格率分别达到97.78%、96.54%、88.52%。小学教师专科学历以上7234人，占小学专任教师的57.05%；初中教师本科学历2373人，占初中专任教师总数的42.05%；有研究生学历的11人。2007年，普洱市共招录新教师473名，其中本科生216人，占新招录教师的45.6%，研究生4人。同年，市教育局出台《普洱市教育局关于鼓励在职中小学、幼儿园专任教师和教育行政管理人员攻读教育硕士专业研究生的通知》，并聘用特岗教师96人，聘请3位上海高级教育专家到普洱市一中、思茅区一中指导高中教学工作。

第三节　教师资格认定

一、资格认定

1996年5月15日，思茅地区行署教育局下发《关于转发云南省教委〈教师资格条例〉〈教师资格认定过渡办法〉的通知》，8月21日，出台《思茅地区教师资格过渡实施办法》，明确教师资格过渡的范围，并成立教师资格认定工作领导小组。1997年，思茅地区有幼儿园教师440人，过渡367人，占83.4%；有小学教师11743人，过渡9756人，占83%；有初级中学教师4213人，过渡3150人，占74.8%；有高级中学教师983人，过渡911人，占92.6%；有中等职业学校实习指导教师30人，过渡27人，占90%。未参加过渡的各级各类学校教师3290名，其中有2462人是1994年后新补充进教师队伍的，占未过渡人数的占74.8%，另有828人学历不合格，占未过渡人数的25.2%。2002年2月15日，行署教育局下发《思茅地区教师资格认定实施意见》，明确实施教师资格制度的指导思想、法律依据、性质、范围和条件，教师资格认定的权限、申请、程序和资格，教师资格证书的管理、填写和编号，成立思茅地区教师资格制度实施工作领导小组。2003年，思茅地区行署教育局发布《关于开展面向社会人员认定教师资格的公告》。2005年，思茅市教育局共认定高级中学教师资格108人，中等职业学校教师资格12人，中等职业学校实习指导教师资格1人。各县（区）教育局也积极开展小学、初级中学教师资格的认定工作。2006年，思茅市教育局认定中专、高中教师资格118人。2007年，普洱市共有7071名教师获得资格证书，其中幼儿园386人、小学3718人、初中2964人、高中3人。

第四节　职称评审

1988 年，思茅地区各级各类学校评定高级职称教师 157 人，中级职称 2070 人，初级职称 8577 人。1991 年 4 月，思茅地区行署教育局下发《关于全区教育系统妥善解决首次职称改革遗留的问题的通知》，对首次职称改革评聘工作遗留的问题作说明，提出解决的办法，成立职称改革领导小组。1993 年，思茅地区职称改革办公室下发《"关于全区中小学、幼儿园、中等师范学校教师专业技术职务经常性评聘工作有关问题请示"的批复》，明确教师职称改革评聘工作的意见，市级设立中级评审委员会，负责中学一级教师以上、小学高级教师职务的评定；县（区）级设立初级职务评审委员会，负责中学二级、三级和小学一级、二级教师职务的评审。评审委员会组成人员由市、县（区）级职称改革领导小组根据评审要求聘用各专业学科的专家学者担任，成员名单不公开。评审委员会成员每两年换届一次。2000 年，思茅地区行署教育委员会、思茅地区行署人事局联合下发《思茅地区教师专业技术职务结构比例指导试行意见》，明确规定了思茅地区各类学校的专业技术职务结构比例。2004 年，按照上级有关要求，县（镇）以上申报初级、中级、高级专业技术职务的人员，必须参加计算机应用能力并取得"合格证"后，才能参加职称评审。2005 年，思茅市评审认定中专高级讲师 12 人，中专讲师 17 人；中学高级教师 242 人，中学一级教师 392 人；小学（幼儿园）高级教师 890 人。2006 年，思茅市评审认定中专高级讲师 13 人，中专讲师 23 人；中学高级教师 252 人，中学一级教师 401 人；小学（幼儿园）高级教师 774 人。2007 年，思茅市共评审认定副高、中级教师专业技术职称 1403 人，其中中专高级讲师 12 人，中专讲师 17 人；中学高级教师 243 人，中学一级教师 432 人；小学（幼儿园）高级教师 699 人。

第五节　教师待遇

一、政治待遇

（一）参政议政

教师通过民主选举代表人民参加全国、省、市、县（区）、乡（镇）人民代表大会和推进部分代表参加各级政治协商会议。各县（区）、乡（镇）党代会、人代会、政协会中均有教育界的代表参加，代表、委员们不仅参与审议大政方针，还代表教育界发表意见和提出提案，会后向教职工传达会议精神。

（二）表彰奖励

1979 年 3 月，思茅地区 300 名先进教师和先进教育工作者代表出席地区文教系统先进集体和先进工作者代表大会。1984 年 3 月，思茅地委、行署在思茅召开教育系统先进工作者代表大会，隆重表彰做出突出贡献的教师和教育工作者。1985 年，思茅地委办公室、行署办公室联合发出《认真开展 1985 年教师节纪念活动的通知》，要求各县、各部门认真组织开展以尊师重教为主要内容的节日活动；各级党委、政府要确实为学校办几件实事，为教师创造良好的工作条件；党政领导干部要到学校对教师进行节日祝贺，看望伤、病、残和离退休教师。1989 年，思茅地区有 15 人被省政府授予第一批特级教师。1990—1995 年，地委、行署每年教师节均表彰 100 名优秀教师、先进教育工作者。2005年，地委、行署表彰270名教师为师德标兵，17名教育工作者为先进工作者。2007年，普洱市评出第二批云南省特级教师9名，有10名教师得到国家、省享受有突出贡献的优秀专业技术人才和政府特殊津贴的奖励。1990—2007年，市委、市政府召开表彰奖励大会12次，表彰奖励获国家级、省级和市级的优秀教师和教育工作者共1363名，其中国家级43名、省级196名、市级1124名。市委、市政府每两年表彰优秀教师和教育工作者，各县（区）乡（镇）召开座谈会、表彰大会，对优秀教师和教育工作者进行表彰。

（三）入党入团

1978年，思茅地区有教职工总数14126人，其中共产党员1175人，占教职工总数8.3%；共青团员2685人，占教职工总数的9%。1990年，思茅地区教职工总数16675人，其中共产党员2258人，占职工总数的13.5%；共青团员3880人，占教职工总数的23.2%。2005年，思茅教职工总数24238人，其中共产党员6179人，占教职工总数的25.5%；共青团员3654人，占教职工总数的15%。

二、经济待遇

（一）工资情况

1979年，思茅地区给公办学校40%的教职工增加工资，为提职或工作好而工资偏低的2%的职工晋级增资。1979年起，为中小学担任班主任工作的教师发班主任津贴，中学班主任津贴每月6元，小学5元。对不参加社、队分配，吃商品粮的中小学民办教师每人每月补助5元；对参加社、队分配，不吃商品粮的中小学民办教师每人每月补助2.5元。1986年，思茅地区按云南省政府的规定，凡高等学校、中等专业学校毕业参加工作的正式职工，在孟连、澜沧、江城、思茅、普洱、墨江、景东、景谷、镇沅等县（属二、三类地区）工作的，自参加工作之日起，上浮一级半工资；工作满15年，具有中级职称以上或1966年年底以前取得中专以上学历，1970年年底以前取得大学本科以上学历的，固定一级再上浮一级半工资。在一类地区西盟县工作的，自参加工作之日起，上浮两级工资；工作满15年以上者，固定一级，上浮两级工资。1989年，思茅地区有8名中学教师、7名小学教师被省政府授予特级教师称号，按规定每人每月增发特级教师工资30元。民办中小学教师的月平均收入包括国家补助部分在内，每人每月70.4元。1993年，工资改革后，思茅地区实行正常的增资制度。凡连续2年正常履行教育教学职责，经考核合格的可以晋升；经考核连续2年为优秀的教师可以提前或越级晋级，晋升比例在单位总人数的3%以内掌握。2005年，思茅市各级各类学校、幼儿园、代课老师的工资有较大的提高，并足额按时发放。2006年，思茅市根据云南省政府下发的《事业单位工作人员收入分配制度改革实施办法》，明确教师工资包括技术职务工资、岗位津贴两部分，另有艰苦边远地区津贴、各种津贴、知识分子补贴、边疆津贴、教龄津贴等多项。规定中小学教师的岗位工资和薪级工资标准提高10%。该次工资改革后，各级各类教师的工资按有关政策实行正常的增资。享受特级教师荣誉的中小学教师每月增加300元。

（二）保障情况

1978—2001年，公办教师的医疗费大体与国家机关公务员相同。该期间，政府多次制定、修改公费医疗开支标准，按职工的工龄制定报销比例，由单位包干使用，国家只负责职工住院能报销的部分，没有平时的门诊或买药的费用。住院治疗费用按职工的工龄制定出工龄段和每个工龄段可报销的百分比，最低一般可报销60%，最高一般可报销95%。2002年医改后，教师的医疗费由劳动保障部门统一管理，分为两部分：一部分是平时门诊看病、买药的费用，统称门诊费，另一部分是住院治疗费。2007年，医疗保险按9%的比例核定，其中个人支付2%，单位支付7%。失业保险按 3% 比例核定，其中个人占 1%，单位占 2%；住房公积金由专门的公积金管理中心管理，按 20% 核定比例，国家和个人各占 10%。

（三）住房情况

1994 年，思茅地区贯彻住房改革政策，教师住房逐步得到改善。2001 年，为解决部分长期在边疆、山区学校工作已离退休的老教师到思茅安度晚年，地委、行署批准由行署教育局牵头，在思茅城东南建盖 600 套 90 平方米、100 平方米、110 平方米三种不同规格的园丁小区教师住房。景东、思茅、澜沧等县也集资在县城建盖部分教师住宅，安置山区农村退休的教师。2006 年后，对部分教师住房面积不达标的，由财政给予一平方米补助 350 元和一年工龄再加补助 3.2 元。

第十章　教研活动

第一节　研究机构

1979 年，思茅地区行署教育局组建教研室，人员 5 人，其中 2 人负责文科、2 人负责理科，1 人为资料员。各县教研室相继恢复，有 2 人—3 人专门从事教研工作。1982 年，地、县教研室共有专职教研员 36 人。1985 年，思茅地区地、县教研室人员有 70 人，教研工作进一步向乡一级延伸。1989 年年底，思茅、墨江、景东、景谷、镇沅、江城、孟连县设乡小学专职教研员 105 人，景东县还设乡级中学专职教研员 5 人。1993 年，思茅地区教研室有教研员 10 人，10 个县（市）专职教研员有 59 人，兼职教研员 26 人；乡级专职教研员 59 人，兼职教研员 385 人。1996 年，思茅地区有高级职称教研员 40 人、小学教研员 45 人、乡级教研员 78 人、兼职教研员 163 人。2000 年，思茅地区初步形成以地区教育局教研室为核心，县（市）教研室为龙头、学校教科处为实体的教研网络体系。2005 年，思茅市教育局教研室更名为思茅市教育科学研究所，升格为副处级单位。教科所增设了办公室、综合室、中学室、小学室，人员 13 人。2007 年，普洱市专职教研人员 112 人。

2007 年普洱市市县（区）教育科学研究机构设置情况统计表

表 29-12　　　　单位：人

机构名称	合计	中学学科教研人员									小学学科教研人员					中小学			其他	
		政治	语文	数学	英语	物理	化学	生物	历史	地理	语文	数学	思品	自然	英语	音乐	体育	美术	幼教	其他
普洱市教科所	13	1	1	1	1	1	1	—	—	—	1	1	—	—	—	1	—	—	1	3
思茅区教研室	11	1	1	1	1	1	1	1	1	1	1	1	—	1	—	—		1	—	—
宁洱县教研室	11	1	1	1	1	1	1	—	—	—	1	1	1	—	1	—	—	—	1	—
墨江县教研室	9	—	1	—	—	—	—	—	—	—	1	1	—	—	—	—	—	1	—	5
景东县教研室	7	1	1	1	1	1	—	—	—	—	—	—	1	—	—	—		1	—	—
景谷县教研室	14	1	1	—	1	1	1	—	—	—	2	2	1	2	—	—		1	1	—
镇沅县教研室	5	—	1	1	—	—	—	—	—	—	—	1	—	—	—	—	1	—	—	1
江城县教研室	9	1	1	1	—	—		—	—	—	1	1	—	1	—	—	—	—	1	2
孟连县教研室	17	1	1	1	1	1	1	—	1	—	4	3	1	1	—	—	—	—	1	—
澜沧县教研室	12	—	1	1	1	—	—	1	—	—	4	2	—	—	—	1	—	—	1	—
西盟县教研室	4	—	—	—	1	—	—	—	1	—	—	1	—	1	—	—	—	—	—	—
合计	112	6	10	8	8	6	5	2	3	1	15	14	4	6	1	3	0	4	6	11

第二节 教学改革

一、课程改革

1982—1987 年，思茅地区城镇高中学校试行文理分科的教学计划，从高二年级起分文、理科选修。1988 年，思茅地区教研室根据课程改革的要求，组织学校开展以青少年科技教育为中心的第二课堂活动。1992 年，思茅地区行署教育局下发《思茅地区实施九年义务教育教学大纲和教材的意见》，在试点的基础上，从 1993 年秋季对中小学的起始年级全部按照国家颁布的《九年义务教育全日制小学、初级中学课程计划》开设课程，使用新教材组织教学。1994 年，思茅地区行署教委转发国家教委《关于印发〈实行每周 40 小时标准工作制后调整全日制中小学课程（教学）计划的意见〉通知》，下发《关于贯彻实施调整后的中小学课程计划的意见》，要求严格按调整后的总课时安排学期课时和周课时，不得随意增减，并提出严格控制考试科目和次数及学生的作业量，以减轻学生的课业负担。1999 年，地区教委教研室、教育科、师范科联合组成教育教学检查组，对中小学执行课程计划情况进行督促检查，对存在问题逐步解决。2002 年，思茅市教育局成立了思茅市基础教育课程改革领导小组和思茅市基础教育课程改革实验专家工作组，制定并下发《关于思茅市基础教育课程改革实验的实施意见的通知》《思茅市教育基础课程改革实验方案》，对全市基础教育课程改革工作进行统一规划。2002—2004 年，由市教育局师训科组织，思茅市 2 万名中小学教师受到《教育观念的转变与更新》《教师心理素质和心理健康》专题培训和基础教育课程改革的“通识”培训。2005 年，思茅市全面启动基础教育课程改革，参加新课程改革的初中学校 119 所，学生 56259 名，教师 878 名；小学 1166 所，学生 58590 名，教师 12880 名。

二、教材改革

1981 年 9 月至 1986 年 7 月，地区教研室在思茅县第一小学成立实验领导小组，制订教学计划，在入学新生中选择 1 个班进行小学语文“集中识字、大量阅读、分步习作”的教材改革实验。1986 年秋季，地区教研室首先在思茅、景谷、普洱、西盟县各 1 个班进行“注音识字，提前读写”实验，后发展到 10 县 40 个班级开展实验。1988 年至 1993 年 7 月，思茅市一小和市二小各 2 个班及澜沧县 1 个班共 3 名教师、225 名学生中从一年级开始进行由中央教科所与武汉市教研室联合编写的“小学数学实验教材”实验，220 名学生（有 5 名随父母工作调动转学）全部升入初中。2001—2003 年，地区教研室组织开展“为做人而作文，以作文促做人”的“九义”素质教育作文教材“做人—作文”的教材移植实验，后因指导力量不足以及执行新课程标准任务加重而停止实验。

三、教法改革

1981 年，思茅二中开办初中语文实验班。1986 年，思茅一中进行初中语文、数学、英语教材移植实验。1987 年，由地区教研室牵头，在各县教研室、各学科专业委员会配合下开展了个各中小学的评优质课活动。1989—1990 年，地区教研室对思茅一中初中两个班的化学学科进行读、做、议、讲、练结合的教法实验。1991 年，景东教育局组织前往江西南昌市考察张富教学法。1995 年，地区教研室举办初中英语哈伯德教学法培训班，推行哈伯德教学法及张思中教学法。同年，思茅一小开展以知识目标、技能目标和情感目标进行目标教学试点，随后在景东、景谷、澜沧推开。1998

年8月，地区教研室举办460名骨干教师参加的学法指导培训班，有51个班、7586名学生参加了以学会学习为主的教学方法改革实验。1999年，思茅一小进行了主体性教学改革实验，思茅二小进行了创造教学改革实验，进行了分组、探究等形式的教学实验。2005年，思茅市全面实施新一轮基础课程改革实验工作，学生的主体地位开始得到确立，自主学习、小组合作学习、探究学习方式成为普遍的教学形式。

第三节　研究成果

一、课题研究

1978—1998年，教研主要是一般的课程教材移植和经验交流、专题总结。1998年2月，思茅地区素质教育领导小组成立，各县实施素质教育领导小组成立，提出要以教育科研为先导，以课题研究为突破口，走以教育科研促教学，以教学促科研的路子。2000年3月，地区教研室在云南省教育科学研究院总课题组的指导下，以“农村中小学素质教育研究”为课题，在思茅市选定南屏中学、逸夫中学两所初级中学，南屏乡中心小学、思茅镇中心小学两所乡（镇）完小和南屏乡南岛河村小学作为调查学校，用半年的时间写出了题为《全面贯彻教育方针，努力推进素质教育》的课题研究报告，对农村中小学实施素质教育过程中存在的问题提出改进意见。2001年行署教育局对地区教育科学研究规划领导小组进行调整，设立办公室、学术委员会，制定了教育科学研究“十五”规划及教育科学研究管理办法，提出了思茅地区十五期间教育科学研究的19个课题并组织力量进行研究。其中，国家级重点课题子课题2项:《中国思茅与周边国家边境民族教育政策的比较研究》《澜沧拉祜族教育现状与对策研究》；省级课题58项，其中重点课题16项，一般课题42项；市级课题达177项，其中重点课题26项。

二、刊物创办

1979年，思茅地区行署教育局教研室创办内部刊物《教学研究》。1995年1月，思茅地区行署教育局与地区教育学会联合创办内部刊物《思茅教育》。2003年，思茅地区行署教育局与《思茅日报》合办《教育风景线》旬刊。此外，各县（区）教育局和各级各类学校也创办了如《景东教育》《宁洱教育》《墨江教育》《佤山教育》等一些内部资料。

第十一章　教育保障

第一节　教育经费

一、市级财政投入

1978 年，思茅地区教育事业支出 955.8 万元，占财政总支出 16.24%。1991 年，思茅地区共收取教育费附加 47.55 万元，按比例分配到思茅县、景谷县、景东县，主要用于中小学教学仪器的配备和校舍建设改造的补助。1992 年，农村教育事业费附加首先在镇沅、孟连县开征。1993 年，思茅地区行署安排 140 万元专款作为发展初中、扩大小学及排危配套资金，下发《关于在全区依法足额征收农村教育费附加的通知》，要求各县（市）政府按省规定足额征收教育费附加。1994 年，思茅地区农村教育费附加共征收 391 万元，开征面 80%。1996 年，思茅市安排教育专项经费 150 万元，1998 年 300 万元，2000 年 400 万元，2003 年 800 万元，2004 年 1000 万元，2006 年 1500 万元。2006 年，市政府投入 1.67 亿元新建普洱二中；投入 1000 万元新建普洱一中教学综合大楼；投入 1874 万元用于思茅区一中、五小、六小、幼儿园学校建设；投入 1100 万元用于西盟县二中搬迁。2007 年普洱市教育事业总支出 87841 万元，占全市财政总支出的 15.74%。

1978—2007 年普洱市教育事业费投入情况表

表 29-13

单位：万元

年份	地方财政收入	财政总支出	教育事业费支出	教育事业支出占财政总支出比例（%）
1978	3082	5682	955.8	16.24
1979	2804	5868	1124.9	19.17
1980	2883	6496	1405.9	24.67
1981	3138	6893	1409.7	21.62
1982	3940	7083	1815.6	25.63
1983	4350	9442	2127.1	22.05
1984	4162	12439	2529.4	20.83
1985	6750	14572	3182.4	22.05
1986	6683	16576	3455.0	24.23
1987	7411	19282	3852.7	23.10
1988	10947	26332	4972.6	18.90

续表 29-13

年份	地方财政收入	财政总支出	教育事业费支出	教育事业支出占财政总支出比例（%）
1989	13552	35872	5524.6	15.04
1990	14081	35391	6025.2	17.02
1991	14932	39714	6649.9	16.74
1992	15523	44372	7711	17.38
1993	17198	47022	9940	21.14
1994	14214	59479	14556	24.47
1995	16759	65588	16102	24.55
1996	23922	92379	24179（文教）	26.17
1997	31686	116099	24511（文教）	21.89
1998	36872	130062	24200（文教）	18.62
1999	40608	126556	27391	21.82
2000	45124	154941	32818	21.18
2001	51833	204774	39032	19.06
2002	50617	210355	43755	20.80
2003	57752	217702	49794	22.30
2004	53966	260289	58880	22.62
2005	62326	290364	62171	21.41
2006	77926	374434	74263	25.58
2007	110983	558022	87841	15.74

二、项目工程

（一）贫困地区义务教育工程

1996 年，西盟县作为国家贫困地区义务教育工程试点县，国家、省、地、县共投入资金 700 多万元。1998—2000 年，墨江、景东、镇沅、江城、澜沧、孟连县实施第一期国家贫困地区义务教育工程，投入项目土建资金 5956.3 万元，其中中央补助 2364 万元、省级配套 2364 万元、地区配套 236.1 万元、县乡投入 992.2 万元。新建、改扩建校舍 69105 平方米；添置课桌凳 28337 单人套；投资 501.6 万元，购置教学仪器 117 套；投资 212.3 万元购置图书 464097 册；投资 188.1 万元，培训教师 1438 人。有 102 所小学、15 所初级中学受益。2001—2004 年，墨江、江城、澜沧、孟连、西盟县被列为第二期国家贫困地区义务教育工程项目县，投入资金 6113 万元，其中中央资金 4075.8 万元，省级资金 2037.2 万元。投入墨江县 1799 万元、江城县 751 万元、孟连县 807 万元、澜沧县 1856 万元，西盟县 900 万元。工程实施涉及 7 个方面，其中用于土建工程和其他设施 4186.9 万元，仪器设备购置 299.8 县万元，图书购置 141.8 万元，课桌凳各种购置 141.8 万元，信息技术教育设备购置 637.8 万元，中小学校长、教师、管理人员培训 527.8 万元，贫困学生助学金 183.2 万元。

（二）世界银行贷款

1992 年，镇沅、墨江县被列为第一批世界银行贷款基础教育项目县。1992—1997 年，镇沅县累计完成土建项目学校 64 所，建筑面积 39919 平方米；完成初中教师培训 448 人次，小学教师培训1389人次，使用经费103.23万元；采购课桌椅10454单人套，投入经费62.43万元；采购教学仪器164套。累计配套资金1245.87万元，其中中央、省资金231万元，地区财政配套资金35.1万元，县乡配套资金583万元，多渠道集资和教育经费附加396.77万元。1997年，景东、孟连、江城、西盟县列为第二批世界银行贷款基础教育项目县。1997—2002年，景东县在实施过程中，规划总投入资金1004.3万元，其中国家专款401.7万元，省财政专款401.7万元，地区财政配套资金40.2万元，县、乡财政配套资金160.7万元，项目覆盖15个乡（镇）的18所完全小学，8所乡（镇）初级中学。2005年10月，孟连县启动为期五年的世界银行和英国政府混合贷款教育项目，到2007年6月，投入资金261.54万元，实施了五个乡（镇）的15个土建工程、790人次的教师培训和购买了40多万元的教学设备。

（三）国债教育建设工程

2001—2007年，思茅、宁洱、墨江、景东、景谷、镇沅、江城县（区）被列入国债建设项目县。思茅市共有30所学校（中学17所、小学13所）列入国债项目，其中综合楼3个、教学楼项目14个、学生宿舍12个、学生食堂1个。总投资2412万元，其中中央预算内资金1491万元，市县配套资金782万元，项目学校自筹82万元。2007年，利用国债项目投资加大对职业中学实训基地建设，其中宁洱县职业高级中学教学实验综合楼，规划面积3000平方米，投资300万元；墨江县职业高级中学实验综合楼，建筑面积2943平方米，投资351万元。

（四）中小学危房改造工程

2004—2007年，国家投入思茅市18874.47万元专项资金用于中小学危房的改造，其中中央财政投入6020.6万元，排除危房面积229399平方米；省级财政投入6384.12万元，排除危房面积59368平方米；市、县（区）投入6469.75万元，排除危房面积19119平方米。

（五）边境学校建设工程

1997年，省财政安排340万元用于江城一中、澜沧一中、孟连一中、西盟一中的建设。2002—2005年，澜沧、孟连、西盟县被列入云南省首批边境学校建项目县，投入1366.6万元，其中国家、省拨付资金1240万元，县级配套126.6万元，建设6幢中学教学楼、4幢学生宿舍，建筑面积15790平方米。

（六）两基攻坚计划工程

2004年，思茅市制定《思茅市“两基”攻坚实施规划（2004—2007）》，实施农村寄宿制学校建设工程。第一期（2004—2007），中央、省在墨江、澜沧、孟连、西盟县投入1.06亿元资金进行农村寄宿制学校建设，其中墨江县投入资金2649.9万元，项目学校27所；孟连县1700万元，项目学校12所；澜沧县4650万元，项目学校29所；西盟县1600万元，项目学校7所。一期项目完成后，省项目办“以奖代补”，奖励920万元。

（七）农村初中校舍改造工程

2007年，江城县加禾乡中学实施中西部农村初中校舍改造工程试点，投资277万元，面积2000平方米，项目包括学生宿舍、食堂、厕所、锅炉房、浴室、卫生室建设及床架购置。

（八）新农村卫生新校园建设工程

2007年，普洱市实施新农村卫生新校园建设工程，项目覆盖宁洱、景东、江城、澜沧县，中央下达专项资金711.25万元，规划建设55个项目。

（九）宁洱“6·3”地震恢复重建项目

2007年6月3日宁洱地震后，普洱市教育系统得到中央、省、市支持资金8980余万元，规划项目113个，建设校舍面积114107平方米（重建校舍面积83340平方米，修复校舍面积30767平方米）。其中，中央下达资金700万元，安排重建、修复、补助项目25项。省教育厅下达资金520万元，市级下达50万元，规划7个县（区）27所学校；市级恢复重建项目51项，安排资金4968万元，各县（区）自筹2019万元；宁洱县教育系统接受社会各界捐赠款727万元，安排17个项目学校，规划建设面积7979平方米。

三、对口帮扶资金

1996—2005年，上海市黄浦、普陀、金山、杨浦区投入对口帮扶思茅市的普洱、墨江、景东、镇沅、江城、澜沧、孟连、西盟县帮扶思茅市教育扶贫资金1650余万元，建设希望小学62所，一校一师点88个，救助贫困学生3878人；派出5批104名教师到4个重点扶贫县的贫困乡校任教，有6批55名青年志愿者到孟连、墨江、江城、澜沧、西盟县工作；接收思茅市130余名教师、校长到上海开展培训；援建远程教育网站11座、电视接受站256座，捐赠电脑、图书和学生的生活学习用品。2006年，上海市向思茅市捐赠教育帮扶资金881万元，其中翠云区43万元、普洱县183万元、墨江县130万元、景东县170万元、景谷县25万元、镇沅县90万元、江城县25万元、澜沧县50万元、孟连县80万元、西盟县85万元。

四、社会集资捐资

1992年，思茅地区集资办学资金748.9万元。1993年，思茅地委、行署号召多渠道筹措教育资金，走人民教育人民办的道路，社会各界和人民群众集资857.7万元。1995年，思茅地区社会各界和人民群众集资880.1万元。1996年后，全社会关心教育，支持教育，集资办学蔚然成风。

五、教育基金

1990年，思茅地区发展教育事业基金会成立，设立基金理事会，制定《思茅地区发展教育事业基金会章程》和《思茅地区发展教育事业基金会资金募集和管理办法》。各县（市）也相应成立教育事业基金会。至1995年，筹措基金42.37万元，主要用于表彰先进、奖励高、中考成绩好的学校，开展“园丁之家”活动。2002年，地委、行署用教育基金的利息在教师节表彰101名优秀教师、教育工作者、十佳班主任和师德标兵，每人奖励300元；组织47名教师到昆明开展“园丁之家”活动；慰问特困教师24人。2004年，思茅市教师奖励基金有251.73万元。2006年10月27日，思茅市委、市政府举行奖助贫困优秀大学生暨希望小学捐资仪式，100名贫困优秀大学生得到奖助，每人奖助5000元。2007年11月12日，普洱市举行奖助贫困大学生捐款仪式，有200名贫困大学生到奖助，人均5000元。同年，市政府下发《普洱市奖助贫困大学生管理暂行办法》，向社会发出《资助贫困大学生入学倡议书》。倡议发出后，市政府安排60万元专项经费，注入救助中心并连续5年安排72万元专款。

六、勤工俭学

1983年，行署教育局成立勤工俭学办公室，组织、指导思茅地区学校开展勤工俭学。1990年，思茅地区勤工俭学收入189万元。1997年，思茅地区勤工俭学收入1050万元。2002年，地区教育局出台《关于贯彻云南省〈关于推进素质教育，进一步加快农村中小勤工俭学〉发展的意见》，提出农村中小学广泛开展以种植、养殖为主要形式的勤工俭学活动，要求各级政府划拨村小学3亩、乡中心学校5亩、初级中学8亩、完全中学10亩、职校15亩勤工俭学基地。2003年，思茅地区引进的英国福特基金会勤工俭学项目在澜沧县和普洱县实施。其中，澜沧县至2005年年末5所学校在104亩勤工俭学基地上，累计新建猪厩329平方米，仓库184平方米，购粉碎机2台，架设自来水管3000米，架设电源线200米建蔬菜大棚0.2亩，建水池77立方米，铺水泥路80平方米，开引水沟103米，建鱼塘3亩，种无性系茶地30亩，买仔猪192头，总投资257353元（含"福特基金会"项目基金2万元），纯收入93623元，创收占总投资的36.9%。普洱县6个项目之一的同心乡勐海田小学，售肥猪、仔猪、种菜、种红薯收入16215元。2005年，思茅市勤工俭学收入1338万元。2007年思茅市勤工俭学收入1385万元，景东县者后中学、景谷县曼卡小学、澜沧县翁板村小学、西盟县力所乡中心完小被评为省级勤工俭学示范性学校。

第二节　经费管理

一、教育经费管理

1985年开始，思茅地区教育经费实行"划分收支、分级包干"的管理体制，地、县教育经费的投入本着"保工资、保安全、保运转"的原则，由财政和教育按下达的当年事业计划、人员编制和开支标准协商制定，经同级政府审查后，逐级下达。1990年后，思茅地区教育经费实行"核定收支、分级包干"的管理办法。1993年，在国家和地方财政预算下达的教育经费之外，学校可依法筹集资金。1995年，思茅地区按"事归谁办、钱归谁管"的原则，对所属思茅师专、思茅师范、澜沧师范、思茅二中、地区幼儿园、思茅电大、思茅盲聋哑学校和地区教育局的开支由地区财政局负责，各中等专业学校的经费划归部门负责，各县（市）所属学校教育经费由县（市）财政负责。2003年，思茅地委、行署下发《关于贯彻落实"云南省基础教育振兴行动计划"的实施意见》，把农村中小学人事管理、教师编制和工资管理统一上收到县（市），原乡（镇）财政收入中用于农村教职工工资的部分相应划拨上交县（市）级财政，建立教师工资基金专户，有银行网点的学校教师工资直接打入工资卡，没有银行网点学校教师的工资，由县（市）委托乡（镇）代发，确保中小学教师工资按时足额发放。学校财务执行"收支两条线"管理，做到"五规范"（规范收费票据、规范账户开设、规范财务归口管理、规范收缴分离、规范资金的管理使用）。2006年，思茅市财政局、市教育局根据《云南省农村中小学公用经费管理暂行办法》和《云南省农村中小学校舍维修改造专项资金管理暂行办法》，制定《思茅市农村中小学公用经费管理实施细则（试行）的通知》，规范和加强教育经费的管理。

二、学生待遇管理

（一）学杂费

1990年，思茅行署根据省物价局《关于清理整顿中小学学杂费的通知》精神，规定中小学的学杂费标准为：初中和小学免收学费；初中杂费，思茅县城每生学期为8元。景东、景谷、普洱及思茅农村为3元，边疆四县及墨江、镇沅县为2元；小学杂费，思茅县城每生每学期为5元。景东、景谷、普洱及思茅农村为6元，边疆四县及墨江、镇沅县为2元；高中学费，思茅县城每生每学期为15元。景东、景谷、普洱及思茅农村为10元，边疆四县及墨江、镇沅及思茅农村为8元，边疆四县及墨江、镇沅县为4元，杂费包括试卷费、讲义费、学籍手册费、学籍管理费、注册费、维修费、结业证书及手续费、卫生费。自费生收费标准：补习生收费，思茅县城高中每生学期为120元，初中为100元，其他各县高中为100元，初中为80元；寄读生收费，思茅县城高中每学期为180元，初中为150元，其他各县高中120元，初中为100元；小学补习生、寄读生是否另行收费、收多少，由各县自定，但应低于初中收费标准。幼儿园收费标准：保育费，全日托地区每人每月为8元，各县为6元。半日托地区每人每月为6元，各县为5元；杂费，地区每人每学期为2.5元，各县为2元。其他费地区和县一个标准，保健费每人每学期为2.5元，体检费每人每次为0.8元，行李折旧费每人每学期为7.5元，书画费每人每学期大班6元，中班5元，小班4元；以上各项标准均属最高标准，各县可视情况下浮。2000年，思茅地区物价部门核定的中小学杂费收费标准：小学杂费每生每学期城镇30元、农村15元，初中杂费每生每学期城镇50元、农村30元，课本严格按教学大纲和上级规定的目录征订，学校加强收费制度建设，严格实行一证（收费许可证），一册（学校收费手册），两公开（公开收费项目，公开收费标准），三统一（统一由财政部门指定的收费点代收，统一使用财政部门印制的票据，统一由财政部门管理），两不准（不准强制学生订购上级规定以外的复习资料、学习生活用品、不准收费许可证外的其他费用），一监督（主动接受有关部门的监督）。2001年，思茅地区由县（市）政府对辖区内中小学收费情况进行全面检查。2003年，思茅地区行署教育局下发《思茅地区教育系统关于认真治理学校乱收费工作的意见》，对学校收费工作提出八条治理意见。2004年，市政府批准下发《关于在全市义务教育阶段学校推行“一费制”收费办法的通知》，规定学校全面推行“一费制”收费办法。

（二）“两免一补”政策

20世纪80年代，思茅地区在学生人数在200人以上的行政村小学开办寄宿制（半寄宿制）学校教育。1990—1991年，云南省下达思茅地区的半寄宿制校数为240所，下达的计划在校生数每年为24000人，按每生每月补助生活费7元，每年补助思茅地区168万元。除省下达的学校数、学生数外，各县根据情况自行增加校点并安排补助经费。接受生活补助专款的还有全地区民族中学、民族小学和各中学民族部的学生以及职中贫困学生。思茅高等师范专科学校、思茅师范学校、思茅民族师范学校的学生都按规定给予生活补助。2002年，云南省下达思茅地区半寄宿制学生数31000人，按每人每月补助12元，共补助372万元。同年，思茅地区对少数民族贫困学生实施“三免费”政策（免杂费、免课本费、免学杂费），上级下达“三免费”教育经费443.5万元。从2005年春季学期起，思茅地区对义务教育阶段家庭经济困难的中小学生开始实施“两免一补”（免杂费、免书本费，逐步补助寄宿生生活费）政策，市政府成立由分管工作的副市长任组长，教育、民委及财政部门为成员的“两免一补”领导小组，各县（区）政府、教育局也分别成立领导小组，负责中小学“两免一补”指标的分配，并对基层学校的执行情况进行监督检查。各乡（校）也成立领导小组，由校长或副校长主抓此项工作，按上级要求，对享受“两免一补”的学生实行张榜公布，接受社区群众的监督。2005年，思茅市有135108名贫困中小学生享受免杂费政策，接受免杂费补助630.62万元；有151815名贫困中小学生享受减免教科书费政策，接受免教科书补助1302.1万元；有44600名贫困中小学生享受上级寄宿制、半寄宿制生活补助政策，接受生活补助673.46万元；有4000名贫困中小学生接受市级生活补助政策，接受生活补助48万元；有14000名贫困中小学生享受县级生活补助政策，接受生活补助138.93万元；有2100多名贫困中小学生得到社会捐资41万元。2006年，市财政局、市教育局印发《思茅市农村义务教育阶段学生免收学杂费的实施细则（试行）的通知》。规定各县（区）财政局严禁以任何理由，任何方式截留、滞留、挤占和挪用，或用于平衡财政预算。同年，思茅市农村义务教育阶段学生全部免除学杂费。其中，免除学杂费的初中生

89977 人，占全市初中在校生的 94.8%；免除学杂费的小学生 188015，占全市小学在校生的 95.7%。此外，1511 名职业初中学生和 169 名特殊教育学生全部享受免除学杂费的政策，有 52262 名初中生和 100793 名小学生享受国家免费提供教科书政策，5 万多名寄宿中小学困难学生享受各级提供的寄宿生困难生活补助。

第三节 教学设施设备

一、校舍

1978—1989 年期间，思茅地区中小学和幼儿园新建、扩建和危房改造的建设资金，主要来源于国家、省建设资金和地、县财政拨款。同时，贯彻“两条腿走路”的办学方针，多渠道筹措资金，加快中小学和幼儿园校舍的建设。1989 年年末，思茅地区中小学、幼儿园及农职业中学校舍建筑面积 140 万平方米。2004 年，思茅师范高等专科学校校舍建筑面积 57564 平方米，云南热带职业学院校舍建筑面积 33540 平方米，4 所中等专业技术学校（农校、财校、林校、技校）校舍建筑面积 93604 平方米。2007 年，普洱市 10 县（区）进修学校校舍建筑面积 20762 平方米，市特殊教育学校校舍建筑面积 8600 平方米。同年，思茅市共投入中小学基本建设资金 8057.3 万元。

二、教学仪器配备

1995 年，思茅地区小学实验室建筑面积达到标准的学校有 90 所，占总校数的 5.24%；小学自然教学仪器配备达到标准的学校有 177 所，占总校数的 10.3%；教学分组实验达到标准的学校有 76 所，占总校数的 4.24%。1998 年 6 月，行署教育局成立思茅地区实验教学普及工作领导小组，提出《思茅地区开展“实验教学普及县”工作的实施意见》，在全地区开展实验教学普及县的工作。同年，思茅地区高中理科教学仪器配备达到标准校数为 20 所，占总数的 87%；初中理科教学仪器配备达到标准数为 65 所，占总数的 60%；小学理科教学仪器配备达到标准 443 所，占总校数的 25.7%。1999 年，思茅地区普通中学理科教学仪器高中达标 19 所，占 95%；初中达标 47.6%；完小教学仪器配备率 55.5%。2000 年，思茅地区普通中学理科教学仪器高完中达标占 85%，初中达标占 83%。2001 年，思茅地区普通中学理科教学仪器高中达标占 100%，初中达标占 75.9%，完小达标占 82.03%。2003 年，思茅地区普通中学理科教学仪器配备率 100%，初级中学理科教学仪器配备率 90.53%，完全小学理科教学仪器配备率 93.53%。2004 年，思茅市高（完）中理科教学仪器配备率 95.2%，初级中学配备率 92.4%，完全小学教学仪器配备率 100%。2005 年，思茅市普通中学理科教学仪器高（完）中配备率 100%，合格率 90%；初中配备率 92.5%，合格率 90.5%；小学自然、数学教学仪器配备率 50.8%。2006 年，思茅市普通中学理科教学仪器高（完）中配备率 100%，合格率 90%；初中配备率 94.9%，合格率 90.5%；小学自然、数学教学仪器配备率 55%，合格率 34.2%。2007 年，普洱市普通中学理科教学仪器高（完）中配备率 100%，合格率 90%；初中配备率 96%，合格率 90.5%；小学自然、数学仪器配备率 60%，合格率 35%。

三、信息技术配置

1985 年，思茅地区行署教育局建立电化教育馆。1987 年，电化教育馆与教学仪器供应站分离单设，各县（市）教育局相继建立电教室。1988 年，依托地区电化教育馆，建立思茅教育电视台。

1989年，行署教育局利用卫星电视等现代信息教育技术进行教师继续教育和职业教育培训。1994年，思茅地区各县相继建立教育电视收转台，建立乡校级地面接收站6座、放像教学点23个。普通中学、职业中学电教设备达到一类2所、二类8所、三类17所，小学二类11所、三类8所。电视收转台收转播放中国教育电视台教育节目、云南教育电视台、思茅教育电视台节目。思茅教育电视台先后开办教育新闻、教育文摘、中小学教育、幼儿教育、德育天地、高考话题、巧巧板、青春风景线栏目。结合教学课程改革，同步播出全日制九年义务教育开设的课程和优秀教师课堂实录，为中小学教师和学生学习计算机播出中学生电脑课堂；为学校拍摄《边疆盛开文明花》等专题片50多部。"八五"期间，通过卫星电视网络播放各类教育节目3000多学时，培训中小学教师和农村实用技术人才50000人次。1995年，思茅教育电视台添置摄像机和编辑设备，提高电视节目的整体制作质量。同时，为学校新增85台投影仪、145台收录机、录像设备43套、计算机10台。2000年，思茅地区教育局成立思茅地区现代远程教育项目领导小组，直接管理现代远程教育项目的实施。并下发《关于做好各县（市）现代远程教育网络（网点）建设方案的通知》，要求各县（市）政府规划好县、乡（镇）级学校现代远程教育网点工作。2001年，思茅地区中小学有计算机1446台，27245名中小学学生接受了计算机教育，其中小学生9339人，初中生119192人，高中生5987人。2003年，行署教育局成立思茅地区信息技术教育领导小组和思茅地区信息技术专家组，负责全地区计算机及网络建设规划和技术审核工作。2004年4月，思茅市教育局下发《思茅市远程教育暂行管理办法》，要求全市45岁以下的教师必须把以计算机多媒体技术和网络技术为主的信息技术教育培训作为必修课，用5年的时间进行全员培训考核，并作为履职晋级的基本条件。2005年，思茅市共建成教育卫星收视点356个、光盘播放点332个、语音教室3088座、乡（镇）信息中心3个，配备电视机1521台、计算机5127台，中小学生与计算机比例为78：1。实施农村中学远程教育项目，中央投入资金173.46万元，省投入30.36万元，市县投入56.38万元，建成农村中学远程教育项目69个。2006年，思茅市建成中小学现代远程教育项目点574个；中央投入资金947万元，省投入284.4万元，市县投入189.6万元；上海白玉兰远程教育项目点20个；明天女教师培训计划远程教育项目点35个；教育部李嘉诚基金会西部中小学远程教育项目点35个；云南省政府现代远程教育项目点64个；教育部、财政部、国家发展与改革委员会远程教育项目点45个；第二期国家贫困地区义务教育工程项目远程教育收视点356个；李杨远程教育项目点18个；乡（镇）信息中心3个。2007年普洱市农村中小学现代远程教育工程项目中央投入资金902.6万元，省投入361.04万元，县投入90.26万元，添置683所学校信息化设备。

第三十篇

文化

普洱市民族众多，历史悠久。早在新石器时代，各族先民已在这块土地上繁衍生息。数千年来，各族人民创造了灿烂的历史和独特神奇的民族文化，珍贵的历史文物，多姿多彩的民风民俗，古朴深厚的普洱茶文化。文物普查发现的新石器、青铜器、摩崖石刻、古建筑、古碑刻、古驿道、墓葬等都是物证。明清以来，汉族移民增多，汉文化与少数民族文化逐渐融合发展，民间文化节庆活动多姿多彩。清末民初，滇戏传入思普区，带来了内地的汉文化艺术。明清两代文人，写下不少诗文和地方史志，为后人留下珍贵的文化遗产。

辛亥革命以后，废厅改县，县教育局下设民众教育馆，主管文化、图书、体育，但民间文化艺术活动，仍处于年节自娱自乐阶段，民间文学较为丰富，但以口头流传居多。民国4年（1915），墨江开办第一家私营书店。民国8年，思茅出现第一家私营相馆。民国10—34年，先后有8个县建立通俗图书馆或民众教育馆。民国27年，普洱第一次放映无声电影。戏剧方面，除景谷流行傣戏“令娴诺”外，景东、镇沅、思茅、墨江、普洱有民间杀戏、滇剧演唱组织。孟连傣族“黄敢”弹唱和景谷傣族“黄厘”演唱曲艺独具特色。

普洱市民族音乐舞蹈种类繁多，曲调和舞蹈套路多达百余种。但由于地处边疆，交通不便，经济文化发展缓慢，1949年以前，思茅地区没有专门的文化管理机构，文化娱乐设施极少，因而民众的文化艺术活动，大多在民间任其自娱自流。1949年8月，思普临时人民行政委员会成立文教科。1950年4月，宁洱区人民行政专员公署成立，亦设文教科，主管文化教育，后来改称文教局。1957年以前，文艺演出和电影放映多属免费服务。1958年以后，出现过“演中心、唱中心”、歌颂“大跃进”的文艺潮流。1965年，有文化馆（站）10个，图书馆1个，文工队8个，剧团3个，电影放映队49个、电影院1个。1976年，国家拨给思茅地区文化经费17.5万元。1966—1976年“文化大革命”期间，又以演唱“抓革命促生产”为主，大演大唱8个“京剧样板戏”。电影片、文艺图书大多封存，该时期的人民群众文化生活单调贫乏。1976年10月，粉碎江青反革命集团后，特别是1978年12月中共十一届三中全会以后，以经济建设为中心，改革开放，各行各业全面发展，也给文化事业带来了蓬勃生机。文艺改革，变无偿服务为有偿服务；电影公司、新华书店、文化服务中心分别采取“下达指标、承包经营、自负盈亏、超额奖励”的管理制度，社会经济效益提高。1981年1月8日，正式成立思茅地区行政公署文化局，主管全区文化工作，自此思茅地区10县、区也先后成立了县文化局。1984年以来，随着改革开放，出现了文化市场。1989年，国家拨给思茅地区文化经费104.7万元，充分体现了党和政府对文化事业的重视。

截至1989年年底，思茅地区有文化事业单位141个，其中文化部门主管77个，其他部门主管64个。有职工579人，其中文化部门510人，其他部门69人。有艺术表演团体7个，文物管理所3个，博物馆1个，文化服务中心1个。公共图书馆10个，藏书36.48万册。地区群众艺术馆1个，县文化馆10个，乡镇文化站109个。电影发行放映公司11个，乡镇影剧院11个，农村集镇简易影院28个，室内放映场180个，国办电影队44个，集体电影队27个，个体电影队334个。国营新华书店10个，自设发行网点50个，社会发行网点168个。思茅地区涌现出一批少数民族作家和中青年画家、摄影家、书法家、音乐家、舞蹈家，编辑出版了各类专业丛书66本，拍摄电视片9部，普查文物529项，公布为省、县级文物保护单位52项。思茅地区城乡有录像带出租点12个，录像放映点128个，台球出租189户、402桌，电子游戏28户、63台，录像磁带销售门店197个，舞厅18个，文化茶室6个，文化专业户4户，民间零散艺人531人，从而进一步活跃了群众文化生活。

其间，广大文艺工作者遵循党和国家的“二为方向”和“双百方针”，开展文艺创作，组织文化活动，兴办文化产业，开辟文化市场。群众文化活动蓬勃发展，校园文化、军营文化、社区文化、企业文化、广场文化、节日文化、农村文化、休闲文化等文化娱乐活动吸引了更多人自觉参与；文艺演出、电影放映、图书借阅和销售、书画摄影根艺花卉展览、文艺社团兴办、艺术人才培养等活动取得明显的社会效益和经济效益。文化市场管理规范，通过严格审批、清理整顿和扫黄打非，文化市场经营和图书印刷管理趋于法制化、经常化、科学化。民族文化研究有所收获，从普查、收集、整理到编修，完成民族民间文艺10套集成，并编辑出版《思茅地区文化志》和《思茅地区文物志》。文物保护与利用卓有成效，全市各级各类文物都受到划定范围、立碑介绍的精心保护，并免费为公众开放，特别是革命文物和民族文物得到充分利用，爱国主义教育和民族团结教育基地挂牌后，观众络绎不绝，青少年学生观后受到深刻教育。文化管理机构健全，人员到位，行政问责制、服务承诺制、首问责任制、限时办结制等四项制度落到实处，使全市文化艺术工作健康有序地展开。

1990—2007年，全市文化工作紧紧围绕市委、市政府建设“民族文化特色大市”和“绿色普洱、生态普洱、文化普洱”的战略目标，以繁荣发展文化，提高“世界茶源、中国茶城、普洱茶都”知名度为目标，实施“文化精品工程”和民族文化“五个一工程”，从1993年至2007年，相继举办了8届“中国普洱茶叶节”和两届“普洱市民族文化艺术节”，承办了第三届、第九届滇中南歌舞戏剧节，组织参加了云南省首届民族艺术节及第三届中国艺术节等大型文艺活动，整个文化事业呈现出一派健康繁荣的景象。至2007年年底，全市有艺术表演团队6个174人，公共图书馆10个104人，文化馆11个179人，文化站103个167人，文管所5个18人，博物馆2个28人，电影公司9个145人，电影放映单位115个，新华书店10个、门市部（点）15个108人。逐步形成了门类齐全、布局合理、富有活力的市、县、乡三级文化网络。1983年澜沧县文工队评为“乌兰牧骑全国先进集体”；1991年西盟县文化馆被评为“全省先进文化馆”；1996年澜沧县被授予“全国万里边疆文化长廊建设先进县”；1997年和2000年景谷县先后被命名为“云南省文化先进县”和“全国文化先进县”；2000年景谷县钟山乡被文化部命名为“白象舞之乡”；2001年思茅地区群艺馆被评为“全国文化工作先进集体”；2006年孟连县被评为“云南省文化先进县”。

第一章　机　构

第一节　普洱市文化局

1981年1月8日，思茅地区行署文化局成立。文化工作管理从行署文教局分设出来单列机构，原行署文教局文化科及直属文化事业单位全建制划归行署文化局。1996年4月至1997年6月，因机构改革成立文化体育局。2004年，思茅地区行署文化局更名为思茅市文化局。2007年，思茅市文化局更名为普洱市文化局。普洱市文化局是市人民政府分管文化艺术工作的行政职能部门，设党组书记、局长1人，副局长3人，党组副书记1人，内设1室6科1队。按市政府文件规定，文化局实行一套班子、三块牌子，同时行使文化局、新闻出版局、版权局三个方面的管理职能。10县（区）文化局也同样行使以上三种职能。

1981—2007年普洱市文化局领导任职表

表30-1

单位	姓名	性别	民族	籍贯	职务	任职时间
普洱市（思茅市、思茅地区）文化局	赵国栋	男	汉	河北唐山	局长	1981.4—1983.9
	余铭森	男	汉	云南昆明	局长	1983.9—1984.9
	陈天一	男	汉	云南思茅	局长	1986.10—1996.4
					党委书记	1991.5—1996.4
	柴天祥	男	汉	云南墨江	局长	1996.4—2003.7
					党委书记	1996.5—2003.7
	乐鹏寿	男	汉	云南思茅	副局长	1980.12—1982.9
	董继承	男	汉	江苏徐州	副局长	1981.5—1989.6
	陈天一	男	汉	云南思茅	副局长	1984.4—1986.10
	李　健	男	汉	云南石屏	党委书记	1985.8—1989.10
	杨　伟	男	汉	云南大理	副局长	1990.4—1992.12
	柴天祥	男	汉	云南墨江	副局长	1991.11—1996.4
	额思芬	女	汉	云南宁洱	副局长	1986.4—2007.4
	王建华	女	汉	云南景东	纪检组长	2004.12—2007.12
	武献民	男	汉	云南墨江	党组书记、局长	2003.7—2007.12
	赵　伟	男	—	云南宁洱	副局长	2007.12—2007.12

第二节　直属机构

一、市文化馆

1978年后，思茅地区农村乡（镇）文化站陆续建立。1979年，所辖图书馆分出单列。1987年4月，思茅地区群众艺术馆内的红旗会堂管理小组划出与地区花鸟协会成立思茅地区文化服务中心。1988年，地区群众艺术馆内增设思茅地区音像管理发行分站。1993年，此中心转移给地区县乡企业开发总公司，行署文化局所属文化服务中心不复存在。到2000年年末，地、县、乡级群众文化机构全部建成，实现了县县有文化馆、乡乡有文化站的目标，形成专业化和功能齐全的群众文化事业机构。2004年6月，思茅地区群众艺术馆更名为思茅市文化馆。2005年1月，思茅市艺术创作研究所并入市文化馆，实行一套班子，两块牌子体制。2007年，改称普洱市文化馆。有编制33人，截至年底，有职工31人，退休14人。

二、市图书馆

1979年年初，思茅地区图书馆从群众艺术馆内分出正式建立，馆内设办公室、采编部、借阅部、辅导部。1986年10月，建成新馆2691平方米，从文化馆迁出。2003年，又投入300万元，建成并搬迁至城南新馆2714平方米。编制27人。2007年，改称普洱市图书馆，有职工27人，离退休10人。

三、市民族歌舞团

1981年1月，组建思茅地区民族歌舞团，编制60人。1987年1月，滇剧团和花灯团合并为思茅地区戏剧艺术团，人员69人。1994年6月，歌舞团和戏剧艺术团体制改革，两团撤销，正式组建思茅地区民族艺术团。1995年，改称思茅地区民族歌舞团。2007年，改称普洱市民族歌舞团，编制80人，2007年年底，有演职人员74人，离退休58人。

四、市文物管理所

1984年12月13日，思茅地区文物管理所成立，设所长1人，编制4人。2007年，改称普洱市文物管理所，有职工4人，离退休1人。

五、市电影公司

1954年4月，思茅地区电影公司成立。1960年7月，更名为思茅地区电影事业管理站。1975年，改称思茅地区电影发行放映公司。1979年，全区电影发行放映公司（简称电影公司）由事业单位改为事业单位企业管理体制的国营单位，由当地文化部门主管。1980年思茅地区电影发行放映公司改称云南省电影发行放映公司思茅分公司，各县电影管理站改称县电影公司。2007年，改称普洱市电影发行放映公司，编制22人。至2007年年底，有职工22人，离退休39人。

六、市新华书店

1979年1月1日起，思茅地区地、县新华书店的业务、财务、政工、人事、领导关系，改由省新华书店直接统管。当地文化局只行代管职责。思茅地区新华书店改称新华书店思茅中心支店，负责全区各店的方针政策指导、经营管理、业务指导、财务计划结算汇总、人事调动及规章制度的贯彻执行。各县新华书店改称为“新华书店 ×× 支店”。1988—1993 年，实行承包经营责任制。1990 年以前，属事业单位企业管理。1990—1999 年，改为国有独资企业，省、地、县新华书店实行分级独立核算，人、财、物统一管理，并实行工效挂钩改革。2000—2007 年，在原有的基础上，按《公司法》实行整体改制为国有控股公司，全称为“普洱新华书店有限公司”，原下属 9 县新华书店转为非法人实体的分公司，实行统一核算、统一管理。2007 年年底，有合同制工人 67 人，离退休 17 人。

七、思茅地区文化服务中心

1987 年 4 月，思茅地区文化服务中心成立，由红旗会堂管理组、群艺馆文化服务部、红旗会堂放映队、信鸽花鸟协会 4 个单位合并组成，有正式职工 15 人，临时工 13 人，属事业单位，企业管理，独立核算，自负盈亏。1993 年 7 月，根据行署办文件及 1993 年 6 月 9 日行署办协调会精神，思茅地区文化服务中心的人、财、物及隶属关系，全建制移交给地区县乡企业开发总公司，并办理了正式移交手续。

八、思茅地区艺术研究所

1993 年 2 月，思茅地区艺术研究所成立，设所长 1 人，书记 1 人，副所长 1 人，编制 5 人。2005 年，在文化体制改革中，为整合优势文化资源，提高文化工作的水平和质量，艺术研究所与思茅市文化馆合并。

第二章　文艺创作

第一节　文学戏剧

一、文学

1978—2007 年，思茅地区文化系统（不含文联）创作、发表、出版了大量文学作品。

出版的主要著作：黄桂枢的《中国普洱茶诗词楹联集》《新编思茅风物志》；存文学的《拉祜县长》《兽之谷》；马青的《白鸦》《壮丽的人生之歌》；张海珍的《金蕉雨》《娜允傣王秘史》；娜朵的《边地民族花》《绿满拉祜山》《蕨蕨草》；李开运的《陶府传》《用肩膀托起人生》；郑显文的《走近佤山》《深山苦聪人》；陈天一的《思茅文化走廊》《普洱茶乡戏丛》。

发表的主要作品有：杨文康的《副书记与篮球》《黑山疑》；张定明的《摘橄榄》《拉木鼓》；兰明红的《龙潭姐妹》《竜树》；朱光明的《我和艾康》《七里蜂》；李灿伟的《茶魂》《桑郎与玉香》；康朗香贡的《彩虹》《丹秀》；刘曙的《鸟会》《迷色扎的夜晚》；张克爱的《橄榄迎新郎》《拿葫芦蜂吃的行家——黄鼠狼》；董秀英的《最后的微笑》；郑雄川的《醒来的山寨》《傣乡风情》。

获奖的主要作者有：存文学获“第三届、第四届全国少数民族文学新人新作奖”；娜朵获“第四届少数民族文学新人新作奖”；扎约获“全国少数民族文学创作一等奖”；马青获“云南省边疆文学奖”和“云南省德艺双馨文艺家”称号；张海珍的《娜允历史》获“省政府文学创作三等奖”和国家“五个一工程”文化艺术精品入围奖；黄桂枢获全国侨联侨眷先进个人及“爱国奉献奖”，并获得国务院特殊津贴；董秀英获“第二届全国少数民族文学优秀短篇小说奖”；李开运被文化部、人事部评为部级劳动模范；郑显文获“云南省政府电视奖”和“云南省德艺双馨文艺家”称号；杨文康被评为全国农村文化先进工作者。

二、戏剧

（一）戏剧作品

1994 年之前，思茅地区戏剧创作较为繁荣，创作演出各种剧目近百个，在省级以上刊物发表剧本 40 余个，编辑出版了《思茅地区剧作选》。1994 年，地区戏剧艺术团与民族歌舞团合并为思茅地区民族歌舞团后，戏剧创作逐步减少，代之以歌舞创作。

1979—1989年思茅地区主要剧目一览表

表 30-2

剧目	剧种	作者	发表日期和刊物
《应该照顾谁》	花灯	杨文康	1979 年《云南群众文艺》第 4 期
《归来》	花灯	杨文康	1981 年 8 月 1 日《云南人民广播电台》
《认娘》	花灯	杨文康	1985 年《云南戏剧》第 1 期
《醉翁之意》	花灯	杨文康	1988 年《云南戏剧丛书思茅剧作选》
《责任田》	花灯	李觉民	1981 年《云南剧目选辑》第 10 期
《玉兰树下》	花灯	李觉民	1982 年《云南剧目选辑》第 10 期
《觉醒》	滇剧	李觉民	1984 年《云南剧目选辑》第 6 期
《鸡拴线》	花灯	李觉民	1988 年《云南戏剧丛书思茅剧作选》
《双做媒》	花灯	李自贤	1982 年《云南剧目选辑》第 3 期
《抢扁担》	快板剧	黄桂枢	1979 年 1 月 6 日《云南农民报》
《木鼓声响》	花灯	杨　辉	1983 年《云南剧目选辑》第 12 期
《缅桂花》	花灯	杨　辉	1988 年《云南戏剧丛书思茅剧作选》
《哀牢怨》	滇剧	柴天祥	1988 年《云南戏剧丛书思茅剧作选》
《麻栗花开》	花灯	陈天一	1984 年《云南戏剧》第 1 期
《新三访亲》	花灯	陈天一	1985 年《春城戏剧》第 4 期
《奇宴》	花灯	陈天一	1986 年《云南戏剧》第 6 期
《满屋春》	花灯	邱家荣	1988 年《云南戏剧丛书思茅剧作选》
《冤家对亲》	花灯	卢晨曦	1988 年《云南戏剧丛书思茅剧作选》
《强盗与经理》	话剧	姜　成	1989 年《剧本》第 12 期

（二）获奖剧作

1979 年，李觉民编导的花灯剧《泼水节那天》获“全省文艺创作节目调演”二等奖；1982 年，曹力源编剧的花灯小戏《千秋大业》获“全省现代戏剧创作节目调演”优秀节目奖；刘平创作的小品《军旅之辉》获“云南省第二届军队离退休干部文艺会演”一等奖；2002 年，杨文康编剧的《佤山卫士》获“全省公安系统文艺调演”一等奖，2003 年，杨文康编剧的《岗位》获“全省公安系统文艺调演”一等奖；2004 年，张发言的小品《放生》获“全国森警部队调演”二等奖和国家森林指挥部颁发的创作奖。

三、影视

1988 年，思茅地区行署文化局与行署民委联合摄制电视片《艳丽的山花——思茅地区民族歌舞集锦》。同年，澜沧县民族歌舞团黄志玲编剧的电视剧《雅米》，由天津电视台拍摄播映，作者扮演女主角。1989 年，由李正新、滕大群编撰，陈天一制片监制，云南电视台拍摄的《群山中的阿佤人》，在中央台、云南台播放。同年该片获全国优秀电视节目三等奖、西南片区电视专题片二等奖、云南省电视专题片一等奖。同年，由李觉民、王星军编剧，陈天一监制，李家俊为制片人的电视剧《褐色阿佤山》，由天津电视台与思茅地委、行署联合拍摄，先后在天津、北京、云南多家电视台播放。1990 年，由李灿伟编剧兼制片人的电视剧《国境线 180》，由潇湘电影制片厂、昆明电视台联合摄制，多次在中央电视台和云南电视台播出。1991 年，由许明执笔，李家俊、石剑涛、马青、许明等人参与编剧的电视剧《芒乡魂》，由云南电视台与思茅地委、行署联合拍摄，在云南电视台播出。1997 年，由李觉民、曹力源编剧，谭力改编，李家俊、杨战森为制片人的电视剧《拉祜情》，由云南国际文化交流中心、思茅地委行署、澜沧县委政府联合拍摄，在云南电视台、北京电视台播出。

第二节　音乐　舞蹈

一、音乐

音乐创作以歌剧、舞蹈、小歌舞和小演唱谱曲的民族音乐居多，也创作了不少独唱、齐唱、小合唱、大合唱等声乐和器乐作品。1979—2007 年，作品在省级以上刊物、电台发表播出，在各项比赛中获奖的有 50 多首，有 6 个作品和演唱演奏曲获全国歌曲评选奖。出版了歌曲集《绿海放歌》和音乐磁带《跳起黄灰做得药》等 15 本（盒）。

比较有影响的音乐作品：澜沧县的山歌剧《苦藤开花》；墨江县的山歌剧《秦鲤鱼》；镇沅县的歌剧《老林恩仇》；思茅地区民族歌舞团的《象脚鼓之歌》《香茶米酒敬亲人》《欢乐的布朗》《僾伲姑娘采茶忙》《阿佤盖新房》《她从彩霞中走来》《芦笙伴我打秋千》《阿起咕》《丰收之夜》《得拨撮》等。舞蹈音乐：地区民族歌舞团的《芦笙舞》《积肥》《新米节之夜》《佤山摇篮》；澜沧县的《斑鸠拣谷子》《猎虎》《剽牛》；墨江县的《扭股舞》《抢小帽》；景谷县的《杧果情》《响蔑传情》《大鼓舞》；景东县的《七星莲花灯》；江城县的《喜溜谷》《尝新米》；孟连县的《孔雀舞》等。器乐曲有：钢琴独奏曲《瑶山情》，巴乌独奏曲《美妙的小卜哨》，组歌《爱伲山的春天》，叙事合唱《金孔雀又飞回来了》，小提琴独奏曲《澜沧江轻舟》《茶山新歌》，月琴独奏曲《支农送肥忙》《接亲路上》等。

在省级以上刊物发表的音乐作品：1979 年，李觉民作词，周启汉、张寿华作曲的《心中的彩霞千万道》收入《建国 30 周年云南优秀创作歌曲集》。1981 年，周启汉、张寿华作词曲的《竹筒调》《爱伲姑娘采茶忙》《欢乐的布朗》收入《歌坛民族之花》。1986 年，杨伟作曲的《永远跟着共产党》发表于《云岭歌声》第 2 期。1987 年，张定明作曲的《我们是邮政营业员》发表于《云南邮电》。1988 年，杨伟作曲的《绿色的澜沧江》收入《歌唱美丽的云南》专集。周启汉作曲的《请到边卡来安家》《在那孔雀开屏的地方》收入中央民院《少数民族新歌选》第 1 集。

在省级以上演出和获奖的音乐作品：1980 年，思茅地区民族歌舞团赵仕卜的民歌《僾伲人播种的时候到了》等四首收入《云南民歌选》,《出门调》等六首由云南广播电台录制播放。1981 年，思茅地区民族歌舞团参加云南省“聂耳音乐周演出”。1983 年，澜沧县文工队鲁月娣的民歌独唱《唱唱澜沧好地方》获“全国乌兰牧骑文艺会演”演唱奖。1984 年，周启汉创作歌曲《欢乐的布朗》获全省“歌唱祖国征歌”二等奖。1985 年，思茅地区民族歌舞团参加“有一个美丽的地方”云南民族音乐会专题节目在北京演出。同年，赵仕卜演唱的民歌被收入《中国少数民族民歌系列片》。1988 年，杨伟获上海“华声曲征歌比赛纪念奖”。1990 年，镇沅县文化馆夏世江创作歌曲《到郊外去》获“全国歌曲评选”金奖。2005 年，普洱县文化馆黄国平创作的《澜沧江雾》获“中国工人歌曲新作”词曲一等奖；2005 年，思茅地区民族歌舞团创作的组歌《茶马古道情歌》在中央台录制播出；歌曲《月光洒满茶王山》被世界亚洲文卫教科组收编；思茅地区民族歌舞团翟建东的《一杯清茶敬亲人》和《茶乡颂》在首届“中国星”全国声乐器乐大赛云南赛区音乐原创组，分别获演唱金奖和优秀奖。

2005年，思茅市文化局和市文联开展《深情唱普洱——美丽的普洱茶乡》和《深情唱普洱——神秘的古茶树王国》本土原创歌曲征集活动。经评委评选，入围的歌曲有《梦幻茶源》《迷人的茶城》《可爱的茶王茶乡》《娜允——可爱的家乡》《醉人的茶乡》《北回归线上的绿洲》《茶乡颂》等20多首优秀歌曲。景谷县出版发行《山水欢歌动情景谷》《杧果之乡的歌》；澜沧县出版发行《快乐拉祜》《澜沧民族礼仪歌曲集》；西盟县出版发行《佤山魂——江三木落》等原生态民族歌曲音像出版物。

二、舞蹈

1978年以来，思茅地区创作演出舞蹈节目数百个，在省以上获奖的舞蹈作品数十个。其中，西盟县佤族《木鼓舞》获"20世纪中华民族舞蹈"经典提名奖和"云南省文学艺术创作基金奖"舞蹈类一等奖；思茅地区民族歌舞团的佤族、傣族三人舞《木鼓与葫芦丝》获"全国首届少数民族单双三人舞比赛"两个一等奖和两个二等奖；澜沧县歌舞团拉祜族双人舞《猴子掏蜂蜜》获"第七届孔雀杯少数民族舞蹈比赛"两个三等奖；1997年，孟连县文工队佤族演员岩坤的舞蹈，获全国"群星奖"比赛银奖和"文化部春节联欢晚会"二等奖；2000年，墨江县民族歌舞团舞蹈作品《山女》获全国第十届"群星奖"铜奖；2001年，由李晓伟、李庆主创的思茅地区民族歌舞团舞剧《云海丰碑》参加全国少数民族文艺会演荣获创作、演出、舞美3项金奖，参加全省新剧节目展演，荣获"优秀新剧节目奖"最高综合奖和七个单项奖，2002年获云南省第四届文学艺术奖舞剧类一等奖。

1978年，思茅地区文艺调演，参演舞蹈节目：澜沧县文工队李扎约创作的《斑鸠拣谷子》；江城县文工队的《喜讯传来哈尼山》；思茅地区文工团姚定生创作的佤族舞蹈《紧握钢枪》。1979年，云南省文艺调演，思茅地区文工团姚定生编导的拉祜族舞蹈《新米节之夜》参演并获综合二等奖。1980年，云南省少数民族文艺会演，思茅地区参演的节目：李扎约编导的《斑鸠拣谷子》；墨江文工队柴天祥、姚正坤、陈明玉编导的哈尼舞蹈《扭股舞》；思茅地区文工团的陈志明创作并表演的傣族独舞《孔雀舞》。以上三个节目入选云南省代表队参加"全国少数民族文艺会演"和"全国第一届舞蹈比赛"均获优秀节目奖。1982年，思茅地区专业文艺会演，30多个舞蹈节目参演并获奖，获优秀创作奖的有：澜沧县文工队李扎约编导的拉祜族舞蹈《猎虎》；江城县文工队陈德荣、于树琼等编导的哈尼族舞蹈《喜溜谷》；墨江县文工队姚正坤编导的哈尼族舞蹈《抢小帽》；思茅地区民族歌舞团姚定生编导的拉祜族舞蹈《芦笙的歌》和苦聪舞蹈《孔雀花带》；陈晓静和李忠伟编导的傣族舞蹈《澜沧江轻舟》。1983年，全国乌兰牧骑文艺会演，澜沧县的拉祜族舞蹈《猎虎》，佤族舞蹈《剽牛》，哈尼族独舞《欢乐的姑娘》获优秀节目奖。1984年，云南省专业舞蹈会演，思茅地区民族歌舞团陈明玉编导的双人舞《情线》，陈晓静编导的舞蹈《佤山摇篮》，姚定生、甘露编导的舞蹈《拉祜山的夜晚》，李忠伟编导的舞蹈《木鼓声声》和儿童舞《醒来的小金鹿》获编导二等奖和优秀节目奖。1991年，思茅地区文化中心许明编创的舞蹈《佤山魂》获"全省金融系统调演"一等奖。1992年，思茅地区参加"第三届中国艺术节"开幕式表演，由李忠伟、高飞雁、罗江雁编导的佤族舞蹈《木鼓舞》荣获编导、表演一等奖。1993年，许明编创的舞蹈《佤山魂》获"文化部职工文艺会演"优秀奖。同年，思茅地区民族歌舞团曲校云编创的舞蹈《废墟上的婚礼》获"全国农垦系统调演"编导三等奖。1997年，在"第七届滇中南歌舞戏剧节"撒上，思茅地区景谷县民族歌舞团的民族歌舞《山情水韵》获优秀演出奖；佤族舞蹈《阿佤山》演员何燕、周文玲、彭梅、徐应珍、周莉、刀颖、张仕香、赵琛、付馥馨、罗丹、周乔华、黄志林、罗永刚、张伟、杨胥、陶秀德、刘林清、张继春、毕晓军获集体表演一等奖，夏世江获音乐创作一等奖，周丽芬、谢思获编导二等奖；哈尼族舞蹈《簸米舞》李光兰获编导二等奖；独唱《大板腔》鲁丽获演唱二等奖；傣族舞蹈《象脚鼓舞》演员罗永刚、何燕获表演三等奖；傣族舞蹈《杧果熟了》演员周乔华获表演三等奖；哈尼族舞蹈《簸米舞》演员彭梅获表演三等奖；《民族歌舞》作词者张磊获作词三等奖。2000年，在“中国昆明国际旅游节”上，思茅地区文化局获优秀组织工作奖，思茅地区代表队李忠伟编导的《拉祜族婚俗表演》获优秀节目表演奖。

2002年，在“第九届滇中南民族艺术节”上，思茅地区文化局获组织奖，思茅地区民族歌舞团歌舞《五彩茶乡》获最佳演出奖。在该届滇中南民族艺术节上，歌舞《五彩茶乡》编导李晓伟、李庆，舞美设计张晓春，“歌”段、“情”段作曲岩军，“歌”段、“水”段表演吴茜，“水”段、“魂”段表演李彦播，“情”段双人舞表演乐原青、李冉分别荣获一等奖；文学台本杨纯祖、张晓春、李晓伟，灯光设计季红兵、李西华，服装设计朱琼华，表演李安伦、施萍、白富东分别荣获二等奖；表演叶根、杨红、陈净红、纪润、丁涛、邱月、李咏秀亭、孙灿分别荣获三等奖。

2004年，由李晓伟任总编导的思茅市民族歌舞团《太阳转身的地方》获“第十届滇中南民族艺术节”舞蹈综合奖，在本届滇中南民族艺术节上，思茅市民族歌舞团的施萍、吴茜、李冉分别荣获表演一等奖；歹磊、李庆获编导一等奖；李晓伟、乐原青、陈净红、李彦播、叶根、黄晓东分别获表演二等奖；普旭波、孙灿、邱月、陈承、丁滔一、李文斌、季红兵、李西华、周应分别获三等奖。翠云区文体局刘文莉、农雨分别获“第二届全国少数民族茶艺大赛”三等奖。思茅市民族歌舞团的施萍、吴茜、邱月、陈净红、白富东、叶根、丁滔一、李冉分别获得“第七届波兰民间艺术节”综合奖。李彦播的舞蹈《佤山行》获“全省联通系统文艺会演”三等奖。普旭波获“全省首届社区文艺展演”三等奖。陈净红获全省人事系统会演三等奖。景东县文体局陈晓燕舞蹈《热血铸警魂》获“全省监狱系统调演”二等奖。思茅市民族歌舞团的李冉、乐原青、邱月、丁滔一、赵建明分别获“全省青年演员比赛”三等奖。翠云区文体局刘文莉获“云南省世博园茶艺大赛”三等奖。

2006年，思茅市民族歌舞团李晓伟、李庆编导的舞蹈诗《流动的色彩》获“第十一届滇中南民族艺术节”综合二等奖。同时，思茅市民族歌舞团还荣获了17项个人单项奖，其中一等奖3名，二等奖6名，三等奖8名。在“全省首届民族酒歌大赛”上，普洱县文化馆哈尼族酒歌《豪泥计也义》获“彩云奖”银奖，澜沧县民族歌舞团哈尼族酒歌《哈尼美酒献给你》获铜奖。在“全省第五届民族民间歌舞乐展演上”孟连县宣抚宫廷古乐舞《所·南贺罕》获金奖，江城县《阿迷车》获银奖。

2007年，江城集体舞蹈《阿迷车》在北京“舞蹈中华”全国群众舞蹈展演中，荣获中老年组“金舞奖”；西盟歌舞团李叶媛，获首届魅力彩云南民族之花小姐大赛“佤族之花”冠军及最佳才艺奖；普洱市歌舞团和公路局合演舞蹈《云岭彩虹》获云南省“庆七一大型文艺晚会”金奖；普洱市文化局许明编剧，市文化馆许剑峰导演、表演的歌舞剧《大记者进农垦》获全省农垦系统文艺调演创作一等奖。

第三节　美术　摄影

一、美术

（一）版画、绝板木刻

1981年，思茅、成都联合在成都金牛区举办“思茅、成都美术书法联展”。1982年，思茅、海口在海南岛举办“阿佤山五指山美术摄影作品联展”。1984年，在上海举办“王舜水彩画展”；同年，在成都举办的“第六届全国美展”中，思茅地区群艺馆郑旭绝版木刻《拉祜风情》获金奖。1986年，在昆明云南美术馆举办“朦五人画展”（思茅地区群艺馆的贺昆、思茅师专张晓春、思茅四中魏启聪、思茅地区群艺馆郑旭、澜沧县文化馆郑翔）。1988年，思茅地区群艺馆的郑旭获“第九届全国版画展优秀创作奖”。1989年，在昆明举办的“第七届全国美展”中，思茅四中魏启聪、思茅地区群艺馆贺昆绝版木刻《村寨》《秋歌发白的土地》获金奖、银奖。1990年，在上海举办的首届“全国青年版画大展”中，思茅师专张晓春、思茅四中魏启聪获一等奖。1994年，思茅地区群艺馆贺昆获“第十二届全国版画作品展览”银奖。1998年，在（成都北京）“第十四届全国版画作品展”中，思茅师专张晓春“空尘”（绝版木刻）获铜奖。1999年，在昆明云南美术馆举办“高原巡礼.思茅地区美术作品展”；同年，在青岛举办的全国画展中，思茅地区群艺馆郑旭、贺昆、思茅师专张晓春荣获20世纪中国版画最高奖“鲁迅版画奖”。2000年，思茅师专马力获“第十五届全国版画展银奖”。2002年，思茅地区群艺馆贺昆获“第十六届全国版画作品展览”金奖、思茅师专马力获“第十六届全国版画展”银奖。2003年，思茅地区群艺馆贺昆的版画《圣土》获“中国金彩奖全国美术作品展览”银奖。2004年，思茅市文化馆贺昆、思茅师专马力获“第十届全国美术作品展览”优秀作品奖、“云南省美术作品展”一等奖；同年，思茅师专张晓春获“建国五十五周年云南省美术作品展”二等奖。2005年，思茅师专张晓春获“第十七届全国版画作品展”铜奖。2006年，思茅市文化馆贺昆、思茅师专张晓春获云南省“四个一批”文艺人才美术贡献奖。2007年，在上海举办的“第十八届全国版画作品展”中，思茅师专张晓春获优秀作品奖。

（二）其他发表和获奖的美术作品

1979年，在“建国30周年美术展”中，思茅地区群艺馆王舜的版画《荧光》获云南省二等奖。1980年“全省首届科普美术作品展”中，王舜的《太阳鸟》、思茅地区群艺馆刘式铮的《家鸡的始祖》获优秀奖。1987年，王舜水彩画《傣居》在《大众美术》上发表；思茅地区群艺馆魏小安版画《乡间》在《版画世界》上发表。1989年，在“建国40周年云南省优秀美术作品展”中，贺昆的国画《山里人》、郑旭的版画《拉祜梦幻组画之三》获二等奖，景东文化馆黄丕智的漫画《舱里正在查票》获三等奖。1990年，在“全国青年版画大展”中，贺昆的作品《秋歌・红色的田间》、张晓春的《组画之一・牺牲后的慰藉》和《组画之二・晚笛》三幅画入选并获优秀作品奖；贺昆的版画被江苏省美术馆收藏，魏小安的综合材料画《炽热的明天》被日本国际美术馆收藏。1992年，贺昆的版画《秋歌・红色的田间》获云南省文学艺术创作基金奖美术类三等奖。1993年，在“云南省群星美术大展赛”中，思茅地区群艺馆魏小安的油画《追日的朦》获二等奖。1994年，在“第八届全国美展”中，郑旭的油画《不断扩展的绿》、张晓春的版画《赤阳》和《远雷》、贺昆的版画《春光》等4件作品入选。1995年，在“全国第二届民族百花奖美展”中，魏小安的油画《山箐泉声》获优秀奖。1996年，在“丁绍光全国美术作品大展”中，魏小安的彩墨画《佤族风情系列》获优秀奖。1997年，思茅地区美术作品参加“全国迎回归美术展”，有10件美术作品获优秀奖；同年，在中国艺术研究院《书画精品集》上，王舜的美术作品《秋》入编。1999年，在全国第八届“群星奖”中，张晓春的《风尘》、贺昆的版画《游记图》同获云南省“彩云奖”铜奖。2002年，在全国“庐山杯”书画展中，思茅地区文化馆李琛竹的《鸟语花香》获金奖。2003年，在“云南省第四届文学艺术奖”中，贺昆版画《原野》获美术一等奖。2004年，在“全国第十届美术作品展览”中，张晓春的美术作品《回声》入选。在“建国55周年云南省美术作品展”中，贺昆的美术作品《收获的土地》获一等奖；张晓春《回声》获二等奖。2005年，在“全国第四届民族腾飞杯书画大赛”

中，李琛竹作品《百花齐放》获金奖；同年，李琛竹获“青春杯”全国青少年儿童书画大赛“优秀园丁奖”，其作品《民族魂》获“纪念中国抗日战争暨世界反法西斯战争胜利60周年中国书画大赛”二等奖。2007年，在“全国第17届版画展”中，张晓春绝版木刻《蛮谣》获铜奖；在“纪念中国抗日战争暨世界反法西斯战争胜利60周年中国书画大赛”中，贺昆的作品《民族魂》获二等奖；在“纪念抗日战争胜利60周年书画作品展”中，宁洱县文化馆陈启富的美术作品《佤山抗日游击队》获全国二等奖。在“香港中国艺术大展赛”中，李云昌的木雕《二龙戏珠》获优异艺术人才奖。同年，云南美术出版社出版《王舜水彩画册》和《贺昆版画作品集》。

（三）少儿美术作品

1987年，在“云南省青少年儿童画展”中，思茅地区253件作品参展，4件作品获奖。1998年，思茅地区文化馆李琛竹辅导的学生参加第六届全国“小星之杯”少儿书法大赛，荣获4枚金牌、3枚银牌、4枚铜牌；1999年，思茅地区文化馆李琛竹辅导的学生参加“碑林碑”国际书法美术大赛，荣获3枚金牌、7枚银牌、5枚铜牌。2000年，思茅地区文化馆李琛竹辅导的学生参加第八届“小星之杯”全国少儿美术书法摄影大赛，荣获7个特等奖、14枚金牌、17枚银牌、13枚铜牌。2001年，思茅市文化馆李琛竹组织学生参加第九届“小星之杯”全国少儿美术书法摄影大赛，荣获6个特等奖、13枚金牌、16枚银牌、9枚铜牌。2002年，思茅地区文化馆李琛竹辅导的学生参加第十届“小星之杯”全国少儿美术书法摄影大赛，荣获5个特等奖、12枚金牌、19枚银牌、8枚铜牌。2003年，思茅市文化馆李琛竹辅导的学生参加第十一届“小星之杯”全国少儿美术书法摄影大赛，荣获3个特等奖、9枚金牌、14枚银牌、12枚铜牌。2004年，思茅市文化馆李琛竹辅导的学生参加第十二届“小星之杯”全国少儿美术书法摄影大赛，荣获6个特等奖、12枚金牌、9枚银牌、13枚铜牌。2005年，思茅市文化馆李琛竹辅导的学生参加“世界华人青少年儿童书画大赛”，荣获8个特等奖、14枚金牌、7枚银牌、3枚铜牌。2007年，普洱市文化馆李琛竹辅导的学生参加“第二届云南青少年、美术教师作品评选”活动，获3枚金牌、5枚银牌、3枚铜牌。

二、摄影

1979年，在思茅地区举办“国庆30周年大型摄影展览”中，展出作品293幅，评选送省参展50幅。1981年，思茅、成都联合在成都金牛区举办的“思茅、成都美术书法联展”中，思茅地区摄影作品61幅参展。1983年，在昭通举办的“思茅、昭通摄影作品联展”中，思茅地区摄影作品150幅参展。1984年，在思茅举办的“国庆35周年摄影作品展”中，思茅地区摄影作品50幅参展。1985年，在海南联办的“阿佤山五指山美术摄影作品联展”中，思茅地区摄影作品30幅参展。1986年，在思茅举办的“王舜赵素华美术摄影作品展”中，地区群艺馆赵素华摄影作品120幅参展，并有18幅作品在香港艺术中心对外展出，一些作品入选中国民族大画册、民族风采画册、云南民族画册，并由云南省摄影家协会推荐列入《中国摄影家大辞典》。1987年4月，思茅县文化馆李晓文摄影作品《晚归》《红盘里的苹果》入选云南风情摄影艺术展览。1988年，思茅地区文化中心举办“赵素华影展”中，其作品《猎》《北京摩雅到我家》《醉》《桥》《边疆风光》等入选全国影展,《劲舞》送澳门展出；在“全国影展”和“云南省影展”中，孟连县文化馆何荣昌摄影作品《老支书》《勐马瀑布》《南垒河》入选，并获云南省影展三等奖；在省级以上影展和画册中，澜沧县文化馆杨树柏摄影作品《拉祜风情》《思茅松》《哈尼山乡》入选。1989年，在全国摄影展和画册中，地区群艺馆姚倬摄影作品《生命之树常青》《勐仑风光》《傣家深情》等入选；同年，苏云《红土地》入选参加（云南）国庆40周年摄影艺术展，在“中国民间艺术游”摄影年赛中，苏云作品

《桥》荣获三等奖，在“云南省新闻影展”中，苏云作品《洁》获三等奖，李晓文摄影作品《童贞世界》入选云南省庆祝中华人民共和国成立40周年摄影展，思茅县文化馆李晓文摄影作品《静物》发表在文化部主办刊物《群众文化》12期中。1991年，李晓文摄影作品《佤山竹楼》入选云南摄影艺术展，李晓文摄影作品《纺线忙》入选第三届中国艺术节《民族大团结摄影艺术展览》；1992年李晓文摄影作品《葫芦娃》获香港《摄影画报》佳作比赛优异奖。

1990—1993年，在全国哈雷杯影赛、上海第三届国际摄影艺术展、十省区影展、云南省农村摄影展览、云南风情摄影艺术展中，思茅地区群艺馆刀永平的作品《春讯》《史痕》《流逝》《天鹅湖》《澜沧江》《佤山耕耘》《净地》《幼童与路》等入选，并被多种画报刊用。在“全区摄影大赛”中，刀永平作品《放学路上》和《基诺始祖》荣获一等奖和三等奖。1994年，在“云南省创作培训影展”中，地区群艺馆苏云的作品《金色的童年》获金奖。1996年，在“云南省摄影艺术展”中，苏云的作品《佤山藤桥》入选。

2000年9月，思茅供电局马振山摄影作品《娇娇》入选《云南花卉摄影作品展》；2001年12月，马振山摄影作品《争妍》在“爱我中华、照我大地”全国摄影爱好者摄影大赛中获鼓励奖。

第四节 书法 篆刻

1978年后，思茅地区文化部门逐渐加大了对书法篆刻艺术创作的重视和领导，思茅地区群艺馆和各县文化馆开始配备专职书法辅导员，有组织、有领导的书法创作展出活动有序展开。1982年，思茅地区举办首届春联展，参展春联书法30人30件。1984，第二届春联展，展出书法作品60件；同年，地区举办首届妇女书法篆刻展，展出作品66件。1985年，思茅地区第三届书法篆刻展，展出作品80件。1986年，思茅地区举办县处级以上领导干部书法展，展出作品56件；同年，举办思茅城区老年人书画展，展出作品80件。1988年，举办“思茅地区硬笔书法有奖赛”，参赛210人，入选作品241幅，评选出一等奖5名，二等奖10名，三等奖15名，优秀奖20名。1978—1988年，共举办书法作品展20次，展出作品1980件，并先后与四川成都、云南昭通、曲靖、楚雄、大理、玉溪、临沧、西双版纳等州市举办过书法篆刻作品交流展。各县组织书法展96次，展出作品3062件。地区和各县共组织书法创作和装裱培训班21期，培训学员776人。1990年以后，地区群艺馆编辑出版《思茅地区书法作品集》《书法班学员作品集》《普洱市书法作品集》。1996年，思茅地区群艺馆书法家张泰安的4幅行书作品分别获得“1996三国文化全国书画艺术展”二等奖、“武林杯全国书画篆刻大展”三等奖、“阳光艺术杯大赛”优秀奖。1997年，思茅地区文化局组织参加“全国少儿书法大奖赛”，获三等奖1人，袁敬东获“荣誉指导教师”奖。2003年，袁敬东的草书1件入选“云南省彩云奖作品展”，行草作品1件入选云南省“双成杯”书法展并入围全国书法展。2004年，袁敬东、毛良获“全国第二届茶艺书画大赛”一等奖。2005年，袁敬东获“中国文化金爵奖”最佳奖、“中国国学杰出贡献奖”金奖。

第三章　文化活动

第一节　群众文化

一、节日文化

1990 年后，除传统的各少数民族节庆和正常的县庆、国庆、春节等长假文化活动外，思茅地区的节庆文化如雨后春笋般破土而出。主要有两年一届的“中国普洱茶叶节”和“普洱市民族文化艺术节”，每年一届的“西盟县佤族木鼓节”“孟连县傣族神鱼节”“澜沧县拉祜族葫芦节”“江城县中、老、越三国丢包狂欢节”“墨江县哈尼族太阳节”“国际双胞胎节”“景谷县傣族采花节”“景东县彝族火把节”等。

二、广场文化

1978 年后，群众广场文化活动生机盎然，民间自发组成的形式多样的各类广场文化活动蓬勃发展。2007 年开始，普洱市文化馆在红旗广场每天晚上举办一场“民族健身舞天天跳”活动，彝族、哈尼族、傣族、拉祜族、佤族五个主体民族及其他少数民族的舞蹈轮流登场，参与者每天近千人。

三、校园文化

2007 年，普洱市校园文化建设以“十个有”（有一个良好的育人环境，有一个国旗下的感恩演讲，有一本突出地方特色的教材，有一个培养学生动手能力的基地，有一个歌颂边疆少数民族团结和睦、幸福生活的民族歌舞，每天开展一个小时的健身体育活动，有一首优美动听的校歌，有一个学生自办的校园小广播，有一个特色鲜明的校园小文化长廊，有一片师生共建的校园生态绿地）为目标。普洱市一中、二中、民中、三中、四中、一小、二小、三小、四小、林校、财校、卫校、技校等中专、中小学每个学年举办一届体育文化艺术周，有的学校把少数民族舞蹈基本功列入课间操训练项目，学生的作文、美术、书法、摄影作品多次参加全国全省展览比赛并获奖。

四、农村文化

农村文化是群众文化活动的重头戏。服务“三农”是文化部门和文化单位的工作重点和落脚点。结合新农村建设工程、千里边疆文化长廊建设工程、边疆解五难文化惠民工程、文化资源共享工程等兴边富民工程的实施，农村文化摒弃封建迷信糟粕，弘扬民族优秀文化，得以健康快速发展。2001 年，景谷县农村象脚鼓队在北京居庸关“全国鼓舞大赛”中获“山花奖”。2002 年，西盟县农村木鼓队、墨江县哈尼服饰舞蹈参加中央电视台春节特别节目“民族欢歌”的录制。2006 年，澜沧县“雅厄”和“麦雅”两个民间艺术团业余演员60人获“中国昆明国际文化旅游节文化演出活动”三等奖。

1989—2007年普洱市主要群众文化活动一览表

表30-3

年份	活动名称	活动内容
1989	建国40周年庆祝活动	《历史的巨变》展览、联欢晚会、书市、电影周、花鸟、根艺展
1990	纪念鸦片战争150周年活动	图书展销3000余册、电影专场、专栏
1991	建党70周年纪念活动	展览《在党的旗帜下前进》和《党的阳光照思茅》、4台演出3000人参演
1992	首届澜沧县“葫芦节”	演出、展览、狂欢、跳笙、摆舞游演
1993	首届中国普洱茶叶节文化活动	3000多人参加开幕式展演、4台文艺晚会、5个大型展览
1994	孟连县40周年县庆活动	21个文艺方队、6辆彩车、1000多人巡演，宣抚司署文物展览
1995	抗日战争胜利50周年纪念活动	大型文艺晚会，800多人参加演出
1996	红军长征胜利60周年纪念活动	歌咏晚会《长征组歌》，1324名群众参加演出
1997	元旦、春节群众文化活动	联欢晚会、舞狮、耍龙、跳笙、灯谜、交谊舞会、书写春联
1998	中共十一届三中全会20周年纪念活动	《春天的故事》《希望的田野上》《走进新时代》等歌舞、小品、器乐
1999	喜迎澳门回归活动	文艺演出、跳笙、卡拉OK、演讲比赛
2000	“民族团结誓词碑”50周年纪念活动	建碑历程和南疆巨变展览、文艺演出《丰碑颂》《剽牛舞》《有一个美丽的地方》
2001	“两节一会”文化活动	演出、展览、对歌等12项活动
2002	景谷县泼水采花旅游节	文艺演出、广场文艺表演、赛歌会、跳笙
2003	首届西盟佤族木鼓节	摔跤、舂米、射弩、剽牛、文艺晚会、风情展演、农民文艺调演
2004	思茅撤地设市庆典活动	迎宾晚会《云海丰碑》、大会鼓舞展演、演出《茶城绿海潮》
2005	首届墨江哈尼太阳节活动	演出、拔河、淘金、斗鸡、秋千、陀螺
2006	首届思茅民族文化艺术节	100个参演节目、特色风情展演、酒歌茶歌比赛、书画兰花展、长街宴、民族篝火晚会
2007	第八届中国普洱茶节、第二届全球普洱茶嘉年华会、第二届云南省普洱茶交易会暨思茅市更名普洱市庆典	开幕式大型文艺晚会、祭茶祖仪式、茶车巡礼、贡茶开采仪式、泼水节火把节狂欢、民族篝火狂欢、万人品茗

第二节　文艺演出

一、文艺演出团队

1978年后，各县“毛泽东思想文艺宣传队”相继改称为县文工团、民族歌舞团、歌舞剧团等名称。1979年，根据社会形势发展的实际和需要，思茅地区地、县专业文艺团队相继进行合并、撤销等调整。同年10月，思茅地区文工团改为思茅地区剧团（此名称用至1986年），属总团，下属有思茅地区滇剧团和思茅地区花灯团。1981年1月，思茅地区民族歌舞团成立，以表演民族歌舞节目为主。1986年后，孟连、江城、景东、镇沅、墨江、普洱六县专业文艺团队相继撤销，1986年春，景谷县民族歌舞团撤并县群艺馆，保留有一支专业演出队伍。1987年1月，思茅地区滇剧团和思茅地区花灯团花灯队合并组建成思茅地区戏剧艺术团，主演滇剧、花灯，兼演话剧。1992年年初，思茅行署文化局内设的艺术工作室划出，正式成立思茅地区艺术创作研究所，负责全区艺术的创造和研究等工作。1993 年 12 月墨江县民族歌舞团恢复。1994 年 6 月，思茅地区民族歌舞团、地区戏剧艺术团进行体制改革，两团撤销，在两团基础上，正式组建思茅地区民族艺术团，编制 80 人，翌年，改称思茅地区民族歌舞团。2000 年，思茅地区仅保留专业文艺团队 4 个，即地区民族歌舞团及澜沧、西盟、墨江县民族歌舞团。

二、文艺演出

（一）出国演出

1988 年，思茅地区民族歌舞团岩宰、李建国与澜沧县民族歌舞团黄智玲应邀到日本东京演出。1990 年，思茅地区民族歌舞团叶根、彭瑞随云南省民族歌舞团先后赴法国、西班牙、泰国演出。1992 年，澜沧县民族歌舞团 33 人赴缅甸勐养、勐卡地区访问演出，演出 3 场，观众 1.3 万余人次。1993 年，思茅地区民族歌舞团 40 人赴泰国参加“中、老、缅、泰四国民间艺术节”，演出 15 场，观众 1.5 万余人次。1994 年，澜沧县民族歌舞团赴马来西亚吉隆坡巡回演出，演出 27 场，观众 2 万余人次。1999 年，思茅地区民族歌舞团和景谷县文化馆应邀到缅甸邦康、贺岛演出。2000 年，思茅地区民族歌舞团 30 人到缅甸邦康、贺岛演出 22 天 30 余场，观众 4 万余人次；孟连县文化馆应邀到缅甸上述两地演出 3 场，观众 0.4 万余人次；西盟县民族歌舞团在缅甸佤邦演出 9 场，观众 2 万余人次。2004 年，思茅市组成“中国云南佤族民间艺术团”26 人，在市委常委、宣传部部长黎素梅和文化局局长武献民率领下，赴波兰参加“第十四届波兰国际民间艺术节”，46 天演出 51 场，观众 6 万余人次。2006 年，思茅市民族歌舞团 50 人在市委书记高旭升、市长沈培平带领下，组成思茅市党政代表团赴老挝丰沙里、南勃拉帮省进行友好访问演出，演出两场具有地方民族特色、展示普洱茶之乡、民族歌舞之乡风采的剧节目，观众 1 万余人。

（二）省外演出

1991 年，思茅地区民族歌舞团赴北京参加“首届中华民俗风情百乐艺术节”演出，41 天演出 101 场观众 12 万人次；随后赴上海参加“首届中华民族风情大型游艺会”演出。同年，澜沧县民族歌舞团到深圳尝试旅游餐厅演出。1993 年，澜沧县民族歌舞团到福建、厦门等四个城市演出 100 多场，观众近 10 万人次；景谷县文艺代表队赴南京参加“中华民族风情艺术节”演出；西盟县民族歌舞团赴上海演出 130 场，观众约 3 万余人次。1994 年，景谷县文艺展演队到福建参加“中华民族风情艺术节”演出；澜沧县勐滨拉祜族农民演出队赴成都演出；澜沧县和景谷县文艺代表队参加石家庄“中华民族风情艺术节”演出；西盟、澜沧、景谷县文艺代表队赴哈尔滨参加“中华民族风俗艺术节”演出；西盟佤山民间艺术团赴北京中华民族风情园参加“国庆 45 周年”演出；澜沧县东回乡拉祜农民演出队 35 人赴广东参加“1994 中国旅游艺术节”演出。1995 年，澜沧县民族歌舞团赴大连民族村演出；思茅地区群艺馆 10 人演出队到青岛演出。1997 年，思茅地区民族歌舞团赴台湾演出 4 场，联欢 10 场，观众 1.5 万余人次。1998 年，地区民族歌舞团赴镇江参加“1998 金秋民族文化艺术节”演出；思茅地区群艺馆傣族风情展演团赴温州参加“1998 温州中华民族风情艺术节”演出。1999 年，思茅地区民族歌舞团 34 人参加昆明“1999 世博会”闭幕演出并入选“中央电视台 2000 年春节歌舞晚会 56 个祝福”演出。2002 年，思茅地区民族歌舞团 18 人到北京参加中央电视台《阿佤人民唱新歌》的录制演出。2004 年，思茅市民族歌舞团到香港演出民族歌舞和茶艺表演，三天演出 7 场。2005 年，澜沧县民族歌舞团和酒井、糯福乡拉祜族农民演出队 40 人参加中央电视台“拉祜情歌——芦笙恋歌”节目演出。2006 年，思茅市民族歌舞团 40 人到山东省滕州市演出舞蹈诗“流动的色彩”。2007 年，普洱市民族歌舞团、西盟县歌舞团、澜沧县老达保村、宁洱县梅子街的演员和农民共 50 人到上海参加“上海·普洱宣传文化活动周”演出。同年，以普洱市民族歌舞团为主，景谷县、西盟县、澜沧县抽调部分非职业演员共 80 人到深圳参加“深圳·普洱文化推介周”演出。

（三）外来演出

1979—2007 年，有多家文艺团队到普洱市演出，促进了相互交流，提高了普洱知名度。

1979—2007 年普洱市外来演出统计表

表 30-4

年份	演出团队	演出内容
1979	安徽省杂技团	杂技
1980	中央慰问团	民族歌舞
1981	云南省歌舞团	音乐舞蹈
	中央音乐学院	音乐会
1982	云南省杂技团	杂技
	曲艺家刘兰芳专场	评书
	山东省武术团	武术
1983	法国民间艺术团	民间歌舞
1984	吉林省延边合龙歌舞团	民族歌舞
1985	日本黛节子民间舞蹈团	民间歌舞
	黑龙江相声艺术团	相声
1986	云南省群艺馆演出团	曲艺
1987	河南省许昌市歌舞团	民族歌舞
1988	河南省歌舞团	歌舞
	云南省杂技团	杂技
	新疆昌吉歌舞团	现代歌舞
1989	云南省地震灾区慰问团	民族歌舞
	河南省歌舞团	现代歌舞
	上海、深圳、安徽歌舞团	现代歌舞
	辽宁轻音乐团	轻音乐
1990	日本黛节子民间舞蹈团	民间歌舞
	云南省滇剧团	滇剧
1994	云南省话剧团	话剧
1995	俄罗斯哈巴罗斯克远东歌舞团	现代歌舞
1996	云南省八千里边防巡回演出团到边四县慰问演出	民族歌舞
1997	上海与云南电视台“手拉手、心贴心”艺术团到西盟县慰问演出	歌舞小品
1998	台湾原乡艺术团	原住民族歌舞
1999	中国歌坛巨星经典金曲演唱会（田震、那英、林依轮、谢东、屠洪刚、白雪、戴军、戴娆、刘维维、潘军、蔡国庆等到思茅演出）	演唱会

续表 30-4

年份	演出团队	演出内容
2000	云南省花灯团	花灯剧
2002	云南省杂技团	杂技
2005	中央电视台《星光大道》主持人率获奖歌手阿宝、扎约等到澜沧县民族欢歌大联欢，观众5万余人。	民族歌舞
2006	中央歌舞剧院“三下乡”慰问演出	演唱会
2007	著名歌星宋祖英、孙楠、赵薇、马玉涛、到思茅参加“一节两会一庆典”	演唱会
	著名歌星谭晶、臧天朔、付迪声、任静等到思茅参加中国名城“倾国倾城”演出	演唱会

（四）巡回演出

1978年，普洱县花灯团到临沧、大理、西双版纳演出。1980年，景谷县文工队到双江、澜沧、勐海、景洪等地进行商业演出。1981年，江城县文工队到临沧、西双版纳演出；景谷县文工队到临沧、保山、大理、德宏等43个县进行商业演出。1983年，澜沧县民族歌舞团到大理、临沧演出。1986年，思茅地区农民文艺代表队赴昆明参加“云南省农民文艺调演”。1987年，思茅地区民族少儿艺术团赴临沧演出。1988年，景谷县民族歌舞团赴老山前线慰问演出；地区民族歌舞团、澜沧县民族歌舞团170人赴昆明参加“云南省首届民族艺术节”演出。2002年，思茅地区民族歌舞团到昆明参加“全省首届社区文艺调演”。2004年，思茅市民族歌舞团到昆明参与“全省首届地税系统文艺调演”。2005年，思茅市民族歌舞团到建水参加“孔子文化节”演出，到新平参加“首届聂耳母亲节”演出。2007年，普洱市民族歌舞团和景谷象脚鼓队120人到昆明参加“中国昆明国际旅游节”的游演展演活动。1988—2007年，第一届到第十二届“云南省滇中南民族艺术节”期间，普洱市民族歌舞团、澜沧民族歌舞团、西盟民族歌舞团等团队先后赴楚雄、玉溪、红河、文山、西双版纳等地演出。

（五）专题演出

1982年6月4日—15日，由思茅地区行署文化局主办“思茅地区专业文艺会演”，全区各县所有的12个专业文艺团队371人参加了会演，演出节目11台。其中，大型滇剧1个，大型花灯剧2个，大型歌舞剧1个，花灯小戏10个，小话剧1个，民族歌舞29个，曲艺节目2个。有16个和21个剧目分别获优秀创作奖和表演奖。1989年后，思茅地区文化局与有关部门联合举办各类文艺比赛和调演，丰富了人民群众的精神文化生活。

1978—1999年思茅地区专题演出一览表

表 30-5

年份	专题演出内容	节目数（个）	观众人次（万人）
1978	全区创作节目调演	30	2
1979	全区农民业余文艺调演	48	1
1982	全区专业文艺会演	62	1.1
	全区第二次农民业余文艺调演	29	0.5
1984	全区少数民族少儿文艺调演	44	0.8
1985	全区第三次农民业余文艺调演	130	1.2
	法制宣传专题节目	30	2

续表 30-5

年份	专题演出内容	节目数（个）	观众人次（万人）
1985	护林防火专题节目	28	1.5
	思澜公路通车专题节目	20	0.8
	全区声乐器乐录音比赛	105	0.2
1986	全区首届迪斯科舞比赛	35	1
	全区首届青年歌手演唱比赛	36	0.4
1987	全区首届吉他弹唱比赛	36	1.3
1989	全区群文系统文艺调演	37	1
1990	思城大中专中学文艺调演	23	0.5
	全区民族文艺调演	60	1
1993	全区首届“税务之声”文艺会演	36	0.3
1995	迎世妇会“女性之光”文艺演出	19	0.2
1996	全区首届残疾人会演	120	1.4
1997	全区“工行杯”新星歌手大赛	46	0.5
1999	全区卡拉 OK 大奖赛	170	1
	全区卫生系统文艺会演	47	0.5

（六）城乡演出

1978—2007 年，普洱市文艺团体遵循文艺“二为”方向，以农村为重点，积极送文化下乡、下厂、下边防，为边疆各族军民服务。特别是中央提出每年元旦春节期间文化、科技、卫生“三下乡”以来，文艺下乡演出次数增多，服务观众面扩大，观众人次逐年增加。

1978—2007 年普洱市文艺团队城乡演出统计表

表 30-6

年份	农村演出		城镇演出		合计	
	场次	观众（万人次）	场次	观众（万人次）	场次	观众（万人次）
1978	300	23.1	166	16.9	466	40
1979	363	43.4	314	21	677	64.4
1980	497	34.9	376	32.1	873	67
1981	187	13.1	316	28	503	41.1
1982	662	49.2	262	21.3	924	70.5
1983	803	46.5	270	30.4	1073	76.9
1984	837	44.2	206	22.5	1043	66.7
1985	497	32.3	139	14.2	636	46.5
1986	494	30.4	183	37.8	677	68.2
1987	500	30.6	148	9.1	648	39.7
1988	350	19.6	148	19.8	498	39.4
1989	258	8.8	92	2.4	350	11.2
1990	147	8.5	127	12.5	274	21

续表 30-6

年份	农村演出		城镇演出		合计	
	场次	观众（万人次）	场次	观众（万人次）	场次	观众（万人次）
1991	236	29.4	243	30	479	59.4
1992	1000	23	2000	42.5	3000	65.5
1993	1020	7.6	1980	20	3000	27.6
1994	1000	10.1	2000	17	3000	27.1
1995	1000	2.66	8000	8	9000	10.66
1996	200	4	543	9.2	743	13.2
1997	196	7.6	400	50	596	57.6
1998	194	19.7	300	60	494	79.7
1999	127	12.7	300	40	427	52.7
2000	110	26	103	28.2	213	54.2
2001	110	20	279	32.8	389	52.8
2002	110	10	157	25	267	35
2003	110	9	130	20	240	29
2004	—	—	—	—	243	29.4
2005	—	—	—	—	208	37.5
2006	—	—	—	—	304	59.8
2007	—	—	—	—	380	51.5

第三节　电影放映

1985 年 6 月—11 月，思茅地区 10 个县城首次上映彩色立体电影。1986 年 10 月，思茅地区电影录像带发行，录像带由省电影公司提供，地区代理发行。电影放映除边境县及内地高寒山区实行定额免费补助外，其他实行售票和收费放映。1987 年开始，思茅地区共有放映人员 926 人，其中国营队 306 人，集体队 132 人，个体队 371 人，厂矿队 117 人。1989 年，思茅地区电影发行收入 115.1 万元，放映收入 330.8 万元，实现利润 72.3 万元。电影行业取得了社会效益和经济效益的双赢，并进入最好的发展阶段。1993 年，思茅地区电影公司转为国有企业单位。1995 年以后，电影行业不景气，从稳定走向滑坡。此间，个体放映队在思茅地区出现并逐步发展增多，为农村电影的普及起到了较好的辅助作用。1997 年，地区电影公司又恢复事业单位企业管理体制。各县公司一部分恢复，一部分仍保留原体制。2000 年年末，思茅地区电影发行放映已处于低谷，困难重重，资金严重紧缺，难于生存和发展，出现了全行业亏损。地、县电影公司及国办电影放映队不断调整思路，进行企业改革，利用已有设施设备和占有的黄金地段开展多种经营活动，弥补电影放映的亏损，稳定队伍，保住电影这块阵地，经济效益有所回升。截至 2000 年，思茅地区有电影发行放映公司 1 个，县电影发行放映公司 10 个。从 2001 年开始实施贫困地区电影“2131”工程（21 世纪每一个行政村每一个月免费放映一场电影），农村电影放映特别是科教片放映活跃繁荣，为农民致富及丰富文化生活起到了积极作用。年平均放映电影 1.5 万场，观众 300 万人次。

1978—2007年普洱市电影放映统计表

表30-7

年份	放映（场次）	观众（万人次）
1978	41371	2367
1979	46798	2650
1980	46994	2589
1981	41182	2240
1982	44413	2405
1983	50894	2609
1984	59840	2560
1985	65803	2392
1986	70678	2468
1987	76944	2538
1988	78566	2272
1989	80630	2099
1990	71000	1800
1991	62300	1650
1992	50800	1500
1993	41000	1400
1994	23000	920
1995	16000	610
1996	13900	480
1997	13100	301
1998	12900	285
1999	13200	310
2000	13500	315
2001	13000	300
2002	12500	240.98
2003	14000	278
2004	14061	246.17
2005	15516	230.75
2006	13516	240
2007	11000	300

第四节　图书借阅及学术研讨

1978年前，思茅地区没有专门的公共图书馆，图书报刊的借阅工作由各文化馆内设图书阅览室承担。1978年后，各县和各专业学校成立了图书（馆）室，图书借阅工作成为图书馆的日常工作之一。2000年，为促进学术交流，思茅地区图书馆牵头组织成立思茅地区图书馆学会，每年组织开展学术研讨和交流活动，每年编辑发行 1 期《普洱图书学刊》；同年,《思茅地区公共图书馆发展与探索》《思茅地区公共图书馆自动化、数字化建设与发展》《一道警民共建的亮丽风景——思茅边防武警支队基层图书室的组建工作分析》《塑造中国茶城图书馆刍议》等 38 篇学术论文入选省、市级刊物并受表彰。2005 年，文化部全国公共图书馆第三次评估定级，景谷县图书馆为二级馆，景东、墨江、镇沅、西盟县图书馆为三级馆；同年，市图书馆查正儒的论文《思茅市图书馆发展探索》获《中国学术大百科全书》优秀成果奖；吴健的《塑造中国茶城图书馆刍议》获全省图书馆学术研讨三等奖；张梅的《思茅市图书馆藏民族地方文献资料收集整理和利用的探索与实践》获《中国大百科全书》当代优秀学术成果奖。2006 年，思茅市图书馆为建设新农村，在思茅区南屏镇开展的“农村青年读书月”活动中，派出职工参与并全程提供图书借阅 3000 册，同时赠送价值 9000 元的 500 册新图书。2007 年，普洱市图书馆参与首批“农村党员书屋”在澜沧、孟连、西盟、江城县 47 个村建立示范点的启动仪式，由省委组织部、省新闻出版局投入价值 42 万余元的图书 2 万多册。截至 2007 年年末，普洱市共有公共图书馆 10 个，专业图书馆（室）63 个。各公共图书馆主动走出馆门，送书下乡、下厂、下学校、下部队，为基层群众和官兵服务，满足社会和广大读者的文化需求。普洱市图书馆积极筹办每年一次的“图书馆服务宣传周”活动，围绕每年的宣传主题，组织街头展示、送书下乡，开展新书推介、办理借书证、发放宣传单等内容丰富的活动。普洱市 10 个公共图书馆共有藏书 44.44 万册，当年流通量为 31.40 万人次。

1978—2007 年普洱市图书馆图书流通统计表

表 30-8

年份	馆藏图书（册）	流通册数	流通人次
1978	134963	69306	24695
1979	104000	20735	13526
1980	—	—	—
1981	—	—	—
1982	—	—	—
1983	—	—	—
1984	289000	119000	114000
1985	299900	136400	193800
1986	320085	145601	154628
1987	334512	320173	213665
1988	355136	156746	177221
1989	363953	214885	154475
1990	378409	186506	289258
1991	345902	149000	276000
1992	359000	161000	168000
1993	358000	174000	239000
1994	36900	205000	215000
1995	398000	150000	119000
1996	411000	166000	14000

续表 30-8

年份	馆藏图书（册）	流通册数	流通人次
1997	419000	300000	268000
1998	410000	191000	270000
1999	435000	303000	327000
2000	444000	298000	314000
2001	496000	355000	365000
2002	495000	227000	275000
2003	510000	230000	229000
2004	526000	209000	211000
2005	588000	266003	265000
2006	610666	230267	269700
2007	621000	288000	241000

第五节　书刊销售

1979 年，思茅地区图书销售额 124.7 万元。2003 年，思茅市新华书店在市电视台开播“好书伴你行”栏目，每周介绍三种优秀热点图书。同年，思茅市新华书店举办第二届读书节活动，展出全国新版优秀图书及音像制品千余件，发行两千余册，接待读者万余人次。2007 年，在普洱市人民广播电台开播《新华书讯》专栏，每周 1 期，全年 52 期。2007 年普洱市图书销售额 5317.5 万元，是 1979 年的 42 倍。2006—2007 年，普洱市新华书店完成连锁经营改革。书店行业顺利完成了国有企业向现代企业制度的转变，面对图书零售业激烈竞争和课本发行首次打破书店专营的形势，普洱市新华书店转变经营思路，进一步规范市场，改善服务，送书上门，采取多形式、多渠道的服务模式促销，取得了社会效益和经济效益的双丰收。

1979—2007 年普洱市书店销售情况统计表

表 30-9

年份	册数	销售金额（元）
1979	1558952	1247162
1980	1218462	1462155
1981	974415	1461623
1982	999071	1798328
1983	1131121	2149130
1984	1525846	2593939
1985	1909847	3628711
1986	2054342	3903250
1987	3928373	4033178
1988	4163977	5627688

续表 30-9

年份	册数	销售金额（元）
1989	7965218	8166488
1990	8019163	8377976
1991	9293456	9526779
1992	10135706	11215517
1993	9122614	13039525
1994	11347743	17570564
1995	12015426	24483614
1996	12636605	34493455
1997	14125558	38574269
1998	140099042	40849327
1999	12851134	42589103
2000	10302349	43163235
2001	10638480	47289020
2002	11107540	46596188
2003	11012101	51062348
2004	10716795	51960197
2005	9605666	53617796
2006	8514638	51202847
2007	8953611	53175281

第六节　文化馆（站）

2000年年末，思茅地区地、县、乡三级群众文化机构全部建成。全区10个文化（群艺）馆（镇沅文化馆除外）、39个文化站达省级标准，达标率分别为90.9%和32%。共举办展览115个，组织文艺活动1157次，培训班266次。组织创作演出的一批节目和作品，在全国全省展演展出和发表，并获奖，不少作品被收藏，有些还被介绍到国外。2006年年底，景谷县文化馆达到国家一级馆标准；思茅市文化馆、思茅区文化馆、景东县文化馆、澜沧县文化馆、宁洱县文化馆、墨江县文化馆达到国家三级馆标准；镇沅县文化馆、西盟县文化馆、江城县文化馆、孟连县文化馆达到省三级馆标准。此外，思茅区还有40个乡镇文化站达到省级标准，达标率为32.8%。截至2007年，普洱市共有村文化室256个，群众业余演出队161个，文化专业户4户，民间艺人531人。2007年，普洱市10县（区）文化馆站及市文化馆专业技术人员215人（高职7人、中职15人、初职193人）参加市文化局主办的专业技术人员继续教育培训，获得岗位培训合格证书。

1978—2007年普洱市文化馆（站）活动统计表

表30-10

年份	文化馆				文化站			
	举办展览（个）	组织文艺活动（次）	举办培训班		举办展览（个）	组织文艺活动（次）	举办培训班	
			次	人			次	人
1978	62	31	11	244	—	—	—	—
1979	102	75	28	1086	—	—	—	—
1980	53	86	32	1686	—	—	—	—
1981	64	76	35	1875	—	—	—	—
1982	49	67	38	1925	—	—	—	—
1983	53	60	30	1593	—	—	—	—
1984	45	156	17	449	10	123	—	—
1985	25	81	24	410	86	32	—	—
1986	59	121	29	735	2	457	—	—
1987	48	90	38	945	48	904	29	1454
1988	32	76	36	945	74	957	3	156
1989	63	85	18	813	115	579	20	1050
1990	34	58	13	372	79	164	—	—
1991	67	106	22	800	58	72	12	482
1992	55	130	41	1000	29	982	19	400
1993	25	110	17	400	37	846	3	100
1994	37	333	25	700	72	802	68	600
1995	31	77	31	600	71	754	14	500
1996	46	129	43	—	97	678	22	—
1997	70	198	84	—	98	847	27	—
1998	51	313	46	—	137	670	88	—
1999	49	205	58	—	196	690	73	—
2000	55	219	100	—	160	770	108	—
2001	73	148	113	—	162	824	105	—
2002	59	267	108	—	219	878	90	—
2003	57	241	113	—	170	651	91	—
2004	70	254	100	—	174	766	111	—
2005	74	298	115	—	250	651	134	—
2006	106	326	135	3329	250	632	162	6023
2007	25	256	90	—	183	614	104	—

第四章　管理体制改革和产业发展

第一节　文化市场管理

1978年后，随着改革开放政策的全面贯彻实施，社会主义商品经济和市场经济快速发展，城乡人民生活水平进一步提高，文化消费需求逐年增长，随之出现了众多文化消费娱乐场所，文化市场如雨后春笋，迅猛发展。为适应文化市场快速发展的需求，必须加强文化市场的管理力度，1989年，思茅地区和10个县分别成立了社会文化管理委员会，由分管文化工作的副专员、副县长任主任，成员由文化、广播、电视、公安、工商、邮电、教育、商业等部门负责人组成，全区共132人，并在地县文化局设委员会办公室，办公室专职人员38人。32个乡（镇）成立社会文化领导小组，成员164人。思茅地区社会文化市场管理委员会下设图书报刊音像制品审读审看小组，负责对全区内部发行图书报刊和录像片的审查把关，把住源头，纯净文化市场。2001年6月，地区文化局成立思茅地区文化市场稽查队，各县（区）也落实了文化市场稽查队的机构编制和人员。至2006年年底，思茅市共有文化新闻出版市场经营单位1888户，从业人员4540人，当年经营总收入14855万元，占全市当年国民生产总值1.4%。2007年，根据普洱市编制办的文件通知，普洱市文化局文化市场稽查队更名为普洱市文化市场稽查队。地县文化主管部门配备了专兼职文化市场管理人员，加强对管理人员和文化市场经营户的培训，文化市场管理进一步规范化、法制化。地县文化部门强化了文化市场准入制，严格审批登记，月检季检年检。制定《文化市场管理暂行规定》，明确规定音像制品、图书报刊、电子游戏、台球、网吧、音乐厅、舞厅及文娱场所经营活动的基本准则，经营活动中应遵守的法律法规，在保障文化经营者合法权益的同时，经营者必须照章纳税和交纳管理费，严禁黄赌毒。

1989年6月，根据中央和国务院指示，思茅地区在全区范围内开展文化市场“扫黄打非”的清理整顿工作。地县社会文化管理委员会抽调成员1161人次组成清查小组，至年底清除各种有害书刊70余种6677册，收缴非法印刷品及非法入境图片4300套，收缴非法运营有害伪劣录音磁带21806盒，封存审查录像片253盘，处罚非法录制和传播淫秽录像人员12人，取缔无证书刊经营户68户、台球经营户22户、录音磁带销售点23个、录像放映点2个、电子游戏3户、舞厅4个，清理不符合开办条件的音乐茶室2个、文化茶室1个，对所有文化市场经营户重新考察、登记、换证。1995年，文化局对文化市场经营户组织了相应的培训。地区文化局对全区795户文化娱乐场所经营法人进行了法律法规培训，其中三厅（歌厅、舞厅、卡拉OK厅）法人382人，培训结束，换发“文化经营许可证”。1996年，在清理整顿文化市场的同时，文化局不断培训提高文化市场执法人员和稽查队员的工作能力和水平。地区文化局举办思茅地区音像市场管理稽查队人员培训班，23人参加培训，主要培训音像市场管理法规及治理方案，音像制品标准编码及激光视唱盘SID码识别。1998年，思茅地区文化局和法制局举办首期思茅地区文化行政执法培训班，培训考试合格的31人获"行政执法证"。1999年，文化局举办思茅全区文化市场专业管理人员培训班，考试合格的21人取得新换发的"文化市场稽查证"。2002年，文化局举办思茅地区文化市场管理稽查人员培训班，45名管理稽查人员培训考核全部合格。同年，举办思茅地区歌舞娱乐场所、图书出版物市场经营户法人培训班，76家经营户参加培训，内容有《娱乐场所管理条例》《出版管理条例》《出版物市场暂行规定》。同年，思茅地区文化局举办"边三县"网吧管理人员培训班，23家经营户参加了培训，使网络文化市场健康有序地发展。2004年，思茅市文化局对辖区内65户互联网上网经营户进行为期两天的法规培训，对考核合格的网吧经营户发放了上岗合格证，办理了年检手续。2005年8月1日，思茅市文化局为进一步加强对文化市场的社会监督，服务人民群众，方便社会监督文化市场，在原举报电话2144758继续使用的同时，按规定正式开通启用全国统一的12318文化市场举报电话号码。与此同时，思茅市文化局举办文化市场管理稽查人员培训班，全市25人参训合格；召开思茅市印刷复制业专项治理工作会，以会代训，培训全市出版物印刷企业、其他印刷品印刷企业法人30多人；对市政府所在地思茅区内的互联网上网经营户进行法规培训，培训结束，对参培人员发放上岗合格证并办理了年检手续。2006年，思茅市文化局培训全市文化市场执法人员16人；对思茅城区娱乐场所80名业主进行了《娱乐场所管理条例》的学习培训；举办了市直47个部门有关人员参加的电脑正版软件培训；开展"文化市场集中执法季""反盗版百日行动"、音像市场治理整顿"阳光行动"、查处网吧违法经营等专项整治行动，取得明显成效。2007年，普洱市文化局对全市印刷企业进行了法律法规培训，49名印刷企业法人参加培训，并进行了考核和年检换证。截至2007年年底，普洱市共有文化市场经营单位1062户，从业人员3151人，经营收入7692.7万元，其中网吧190户，从业人员484人，收入230.35万元；艺术表演企业8家，从业人员258人，收入109万元；音像制品经营户284户，从业人员378人，收入909.1万元；娱乐场所325户，从业人员1136人，收入423.22万元；文化娱乐业经营户807户，从业人员2256人，收入1671.16万元；新闻出版三小印刷业198户，其他印刷46户。

1997—2007年普洱市检查文化市场统计表

表30-11

项目 年份	出动人次	出动车次	收缴		处罚		
			非法音像制品	非法书画	取缔	停业整顿	吊销执照
1997	257	87	8209	3282	—	—	—
1998—1999	2608	476	20350	58223	34	71	8
2000	1095	273	11000	146000	55	78	5
2001	1910	110	85	10163	29	34	—
2002	720	210	15000	126000	50	190	—
2003	479	161	3713	3134	5	—	—
2004	710	620	20600	10250	12	22	—
2005	3460	1173	27579	3627	13	11	4
2006	5300	1597	42049	4711	3	4	1
2007	2632	316	16039	7319	3	31	1

第二节　文化体制改革

2002年6月开始，思茅地区文化体制改革遵照地委“关于深化文化体制改革的实施意见和实施方案”的要求，在调研的基础上，结合实际制定《地直文化体制改革方案》，采取分类指导，积极稳妥推进的策略。按照“扶持一批、转制一批、重组一批、剥离一批”的思路，逐步推进文化事业单位的改革。地直公益性文化单位以竞争上岗、浮动工资、全员聘用等内部管理体制为核心，深化干部制度、人事制度和分配制度改革，使其转换机制，增强活力，改善服务。2002年9月，在上级有关部门的关心指导下，成立了行署文化局直属机关党委，进一步加强对地直文化单位党支部工作的领导和管理。2002年年底，10县（区）文化行政机关的改革全部完成。年内，完成文化局机关机构改革，启动思茅地区文化事业单位改革。2003年，思茅市文化局制定《地直文化单位人事制度改革实施意见》，6个地直文化单位根据自己的行业特点和实际，研究制定各自的改革方案和实施办法，在事业单位中实行全员聘用制。文化局对空岗的市直文化单位科级干部实行公开竞争上岗，对支部进行民主换届选举，配齐各单位党政领导班子，同时由新班子对广大干部职工实行竞争上岗。2004年9月，思茅市委、市政府召开全市深化文化体制改革加快文化产业发展工作会议，要求全面推进思茅民族文化特色大市建设，共谋思茅文化产业跨越式发展，提出“三年打基础，五年见成效，八年成支柱”的文化产业发展目标，并在市委宣传部设立“思茅市文化体制改革和文化产业发展领导小组办公室”，全市文化体制改革和文化产业发展全面启动并深入展开。年末，思茅市、县文化局成立文化体制改革领导小组，开展内部调研和外出考察活动。市电影公司和民族歌舞团被列为市级改革试点单位。思茅市文化局局长武献民参加市委宣传部考察组到大理、丽江、中甸考察文化体制改革和文化产业发展。思茅市电影公司到昆明市电影公司进行考察，借鉴其改革经验，制定《思茅电影发行放映公司改革试点方案》，市电影公司进行转企改制，退出国有资本，置换职工身份，建立现代企业制度。2005年，图书馆、文化馆、文管所等公益性文化单位制定实施方案，全面实行改革。完成市文化馆与艺术研究所的合并。思茅市民族歌舞团实行内部定额补贴管理。制定市民族歌舞团、市电影公司改革试点的具体方案。至2006年年底，市直文化单位的改革基本完成。

第三节　文化产业发展

2001年，思茅地区艺术研究所论文《思茅地区民族文化产业化研究》获“中国改革实践与社会经济形势”优秀成果三等奖。2004年，市文化局结合文化市场及民族文化资源实际，初步制定思茅市文化产业发展规划，推荐项目，做好项目储备工作。年内，向省市文产办推荐上报文化产业项目22项（市直文化单位9项）；配合市旅游节打造三县一区旅游景点，以文化带动旅游，推进文化产业发展，做好提升旅游景点文化内涵的工作，组织人员到西盟、孟连、澜沧县和思茅区各个景点实地考察，按完成编纂景点故事和碑文。2005年，思茅市文化局撰写《思茅市文化产业调研报告》，完成《思茅市“十一五”期间文化产业发展意见、政策、措施和重点项目》课题研究。思茅市歌舞团拓展演艺市场，筹资建成高水准的茶艺表演厅；思茅市图书馆以联营的方式筹办图书展销及建成文化艺术培训中心；思茅市文化馆尝试的茶模、茶具生产在市场上找到了销路，初步取得成效。上规模、上档次的民营文化娱乐场所在思茅逐步出现。贯彻执行有关政策，降低门槛，鼓励扶持民营资本进入文化领域，营造了良好的文化产业投资环境。思茅市文化局组织人员到景东、思茅、孟连等7个县（区）开展旅游景点的考察和立项工作，撰写文章和解说词。2005年12月思茅市文化局组织参加在昆明举办的“中国首届西部文化产业博览会”，介绍全市文化产业资源和发展前景，推介文化产业融资项目，同时组织7家普洱茶企业参展和展销，澜沧县“雅厄”和“麦雅”民间艺术团营业演出初见端倪。2006年，思茅市文产办和文化局共同制定《思茅市文化产业招商项目概览》，全市计划招商项目共69项，资金投入近45亿元，合作方式有独资、合资、参股、控股等。同年，根据思茅市委、市政府下达的任务，市文化局组织人员承担云盘山中华普洱茶博览苑旅游景点美化和文化内涵提升的建设任务，为其试营业开业庆典组织演出和庆典活动。市歌舞团在茶艺表演厅的基础上成立演艺公司，逐步走向市场，取得一定的社会和经济效益。其他各县也相继成立一些演艺公司和演艺团队，一些文化单位也在积极努力，不断探索开发适合自身的产业项目。2007年，普洱市文化局初步完成《2008—2012年普洱市文化产业项目》编制和上报工作。市直文化单位的文化产业项目进一步创新发展，取得社会和经济效益的双赢。

第五章　民族文化开发

第一节　民族文化理论研究

1978年后，思茅地区开展较为系统的民族文化搜集、整理、研究和出版工作，共完稿和出版民族舞蹈、文学、音乐、器乐、民歌、美术、图案等集成志书（含资料集）50余本。个人在省以上报刊发表作品上百篇。许多工作者受到国家级和省级表彰。思茅地区民族民间舞蹈佤族木鼓舞、甩发舞和拉祜族摆舞等，经过加工和创作，已跳遍全国，跳出国门。1982年，由思茅地区民族理论学会编辑的《思茅民族理论文集》（1集—5集）内部出版。1985年，景谷县文化馆内部出版《景谷民族民间美术图案集》。1985—1989年，由各县文化局、民委、文化馆等单位编辑，内部或公开出版的民歌集成丛书有《景东民歌》（1集—2集）、《镇沅民歌集》、《景谷民族民歌选》、《普洱民歌集》、《江城民歌集》、《西盟佤族民歌》、《拉祜族民歌》等。

1986—1989年，由各县文化局等单位编辑内部出版的民间舞蹈集成资料丛书有《江城县民间舞蹈集成资料卷》《景谷县民间舞蹈集成资料卷》《景东县民间舞蹈集成资料卷》《镇沅县民间舞蹈集成资料卷》《普洱县民间舞蹈集成资料卷》《西盟民间舞蹈集成资料卷》《墨江县民间舞蹈集成资料卷》《思茅县民间舞蹈集成资料卷》《澜沧县民间舞蹈集成资料卷》《孟连县民间舞蹈集成资料卷》。民间文学集成丛书有《孟连傣族民间文学资料集》《西盟佤族故事集》《佤族神话故事》《思茅县歌谣集》《思茅山歌》《普洱民间故事集》《普洱民间文学集》《墨江哈尼族民间故事集》《哈尼族民间故事》《镇沅民间山歌》《景谷民间故事集》《景东民间故事集》《景东民间歌谣》《猎虎的民族》《拉祜族民间文学集成》《拉祜族民间故事》《拉祜族民间歌谣集成》。

1999年，景谷县文化局、民宗局、群艺馆主编的《景谷民族民间器乐曲集》，由云南美术出版社正式出版发行；孟连县勐马镇傣族群众收集整理的文化遗产保护丛书《勐马档案》，由中国文物出版社出版发行，分汉文和傣文两个版本；孟连县文化馆陈志明主编的《天籁之音》——孟连傣族拉祜族佤族自治县民族民间器乐曲集，由云南美术出版社出版。截至2000年，思茅地区民族文化工作者发表的学术论文：杨伟的《布朗族民歌——宰长囡》《爱伲人的“冬八嚓”及其变体》《爱伲山上的百灵》《布朗族软束与傣族依拉灰》《索偏——一首深情的颂歌》《布朗族音乐》；周启汉与张寿华合写的《拉祜族音乐》条目；周启汉的《拉祜族音乐》；许明的《民族舞蹈要合时代节拍》；李晓伟的《从佤族木鼓看民间舞蹈发展》。李自贤的《西盟佤族民间艺术源流初探》。2005年，在云南省民族民间传统文化保护工作理论研讨会上，澜沧县文化馆李娜妥《试论拉祜族服饰艺术》获一等奖；墨江县文化馆刘文斌《浅谈墨江哈尼族民歌的艺术特色及社会价值》、澜沧县文化馆石翠红《试论澜沧拉祜族传统文化的内容载体及保护之对策》获二等奖；澜沧县文化馆李娜妥《浅谈传统文化普查的重要性》《浅谈“猎虎民族”居住文化》，普洱县文化馆张云红《浅谈普洱民族民间传统茶文化的保护与利用》《浅说普洱茶乡民歌的传承状况及文化内涵》获三等奖。

第二节　民族民间文艺发掘整理

2003年，思茅地区文化局组织人员对全市10县（区）90余个乡（镇）430余个自然村、组开展民族民间传统文化的普查。参与调查人员500余人，被调查人数为3100余人，拍摄录像资料3600分钟，拍摄图片资料3000余张，历时1年半，于2005年编纂成《思茅民族民间传统文化保护名录》共491项。其中，区域文化51项（传统文化保护区20项、民族民间艺术之乡31项），传统文化传承人145项，口述文学110项，民间舞蹈30项，民间音乐54项，民间美术10项，民间戏剧2项，民间曲艺4项，民间工艺35项，民间习俗38项，民间建筑12项。第一批向省级申报的项目220项。其中，保护区14个，传统文化之乡19个，传统文化传承人113人，其他民间文学、舞蹈、音乐等类74项。

第三节　非物质文化遗产

一、国家级（2项）

澜沧县：民间文学拉祜族史诗《牡帕密帕》，民间舞蹈《芦笙舞》。

二、省级（14项）

澜沧县：民间文学——拉祜族史诗《牡帕密帕》；口述文学——拉祜族史诗《亘古》；舞蹈——拉祜族葫芦笙舞；工艺——拉祜族葫芦笙制作技艺；习俗——拉祜族葫芦节；民族民间传统文化之乡——澜沧县拉祜族摆舞之乡；民族传统文化保护区——澜沧县糯福乡南段村拉祜族民族传统文化保护区。孟连县：舞蹈——傣族孔雀舞、白象舞、马鹿舞；工艺——傣族手工造纸技艺、傣族传统制陶技艺。西盟县：民族民间传统文化之乡——西盟县佤族木鼓舞之乡；民族传统文化保护区——西盟县岳宋村永老寨佤族传统文化保护区。景东县：舞蹈——彝族打歌。

三、市级（491项）

口述文学110项，民间音乐54项，民间舞蹈30项，民间美术10项，民族建筑12项，民间戏剧2项，民间曲艺4项，民间工艺35项，民间习俗38项，传统文化保护区20项，民族民间艺术之乡31项，民族民间传统文化传承人145人。2007年，省文化厅、省民委会审同意，命名云南省非物质文化遗产传承人207人。普洱市被命名的共有26人，其中澜沧县7人，景谷县5人，孟连县4人，江城县4人，西盟县3人，宁洱县1人，景东县1人，镇沅县1人。

第六章　文物管理及文化设施

第一节　文物管理

一、沿革

1980年后，思茅地区地、县成立文物管理委员会，由分管文化的副专员、副县长担任主任，宣传部、文化局负责人担任副主任，成员单位包括公安、工商、城建、土地、民委、科委、交通、供销、外办、财政等部门。文管会办公室设在地、县文物管理所，执行《中华人民共和国文物保护法》，负责文物管理的领导、监督、协调、发展工作。地、县文物管理所负责全区各县文物的保护、管理、维修、调查、发掘、征集、筛选、申报、宣传、陈列、展览、研究等工作。1984年12月，思茅地区文物管理所（简称文管所）成立。1985年3月，孟连县民族历史博物馆成立。1986年3月，澜沧县文管所成立。1989年12月，景谷县文管所成立。1994年8月，景东县文管所成立。1996年6月，景东博物馆成立，与县文管所实行一套班子两块牌子一起办公。1990—1996年，地、县级先后成立文物管理委员会5个（地区、普洱、墨江、景谷、西盟）。至2007年年底，普洱市有文物保护管理机构7个：景谷县文管所、澜沧县文管所、孟连县文管所、墨江县文管所、宁洱县文管所、普洱市博物馆、景东县博物馆。管理人员46人。

二、保护管理

1983年，省文化厅拨款12.5万元，景东县财政拨款15.09万元，修缮省级文物保护单位景东文庙。1985年，省文化厅拨款10万元，修缮全国重点文物保护单位孟连宣抚司署。1987年，省宗教部门拨款4.8万元修缮孟连娜允中城佛寺。1989年，省文化厅拨款6万元修缮澜沧糯福教堂。1990—1996年，省文化厅拨款92万元，省抗震办拨款50万元修复孟连宣抚司署；省佛协拨款2万元修缮景谷圈糯佛寺；景东、镇沅、景谷、墨江、普洱等县拨款31.5万元，修缮7项省级保护文物和4项县级保护文物。1997年，省文化厅文物处拨款5万元维修澜沧糯福教堂；省文化厅文物处拨款5万元维修整控渡摩崖防护工程；省文化厅文物处拨款10万元维修孟连宣抚司署；省文化厅文物处拨款10万元，县财政拨款9万元修缮墨江文庙二期工程。1998—1999年，省文化厅拨款13万元，县财政拨款33万元，社会集资1.6万元修缮墨江文庙三期工程；省文化厅拨款15万元搬迁普洱民族团结誓词碑；省、地、县共投资96.4万元，维修6项省级和县级文物保护单位。2000年，省、地、县总投资293万元，建筑面积4437平方米的普洱民族团结纪念园建成。2002年，省、地、县投资维修3个省级文物保护单位。2003年，省文化厅投资维修2个省级文物保护单位。2004年，省、县投资完成普洱文昌宫等4项省级和县级文物保护单位的维修任务。

三、安全管理

1986年以后，挖坟盗墓之风蔓延到景东、景谷、墨江、普洱、思茅等县，至1987年年底，思茅地区被盗掘清代至民国墓葬近千座。为打击挖坟盗墓风，思茅地区宣传执行《中华人民共和国国务院关于打击盗掘和走私文物活动的通告》，宣传张贴国务院通告3550多张。1997年9月—10月，地区文化局配合公安、工商、海关等部门，打击挖坟盗墓和走私文物犯罪案件23起，涉嫌犯罪分子186人，其中逮捕8人，判刑2人，劳教4人，行政拘留25人，开除党籍1人，罚款23人，罚修墓11人，批评教育4人，办法制教育学习班108人，坦白自首112人。清理非法经营文物团伙2个6人，查获文物金银玉器58件，古钱币126枚。至2007年年底，普洱市共有馆藏文物6832件（古代文物5006件、近现代文物122件、自然标本1612件）。在文物管理工作者的精心监护下，未发生过馆藏文物被盗、丢失以及文物点失火事件。

四、管理利用

在维修、保护、安全管理文物的基础上，加大了文物的宣传和利用力度。各级文物管理所举办陈列和展览，开展《中华人民共和国文物法》宣传和“5·18国际博物馆日”宣传活动，利用文物对各族群众特别是青少年进行爱国主义教育和民族团结教育。1985年，思茅地区选送92件文物参展“云南省文物普查成果汇报展”，观众2万余人次。1990—1996年，黄桂枢发表文物论文23篇，1994年载入《云南专家学者辞典》《中国当代历史学学者辞典》。汤新华文物摄影作品《澜沧邦崴古茶树》2幅参加“94中国国内旅游交易会展”。

1996—2007年普洱市文物陈列展览表

表30-12

单位：个、人次

年份	陈列	展览	观众人次
1996	2	1	5000
1997	3	1	17000
1998	1	1	33000
1999	1	1	23000
2000	3	3	42000
2001	3	7	50076
2002	2	4	39000
2003	3	7	38000
2004	3	10	55335
2005	2	9	91000
2006	6	20	36000
2007	2	4	26000

普洱市古文化遗址统计表

表30-13

县名	遗址名称	出土件数
孟连	老鹰山新石器岩穴遗址	1处44件

续表 30-13

县名	遗址名称	出土件数
思茅	新石器遗址	4 处 8 件
景东	新石器采集点	5 处 5 件
镇沅	新石器采集点	2 处 11 件
景谷	新石器采集点	14 处 31 件
宁洱	新石器采集点	1 处 3 件
澜沧	新石器采集点	30 处 153 件
西盟	新石器采集点	7 处 9 件
景东	卫城遗址	1 处 5000 米
景东	陶府遗址	1 处 1600 米

普洱市古建筑统计表

表 30-14

名称	建筑年代	建筑面积
景东文庙	1682	1401 平方米
墨江文庙	1821	1600 平方米
思茅文庙	1843	500 平方米
景谷圈糯佛寺	1778	3960 平方米
景谷大石寺	1856	500 平方米
澜沧下允佛寺	1860	2960.6 平方米
景东林街清真寺	1894	1337.7 平方米
孟连娜允中城佛寺	1910	405.8 平方米
西盟南归佛寺	1916	3007.6 平方米
普洱文昌宫	1843	888.8 平方米
孟连宣抚司署	1878	10248 平方米
景东龙泉寺戏台	1936	301 平方米
澜沧糯福教堂	1922	506.6 平方米
西盟三佛祖佛房	1874	2500 平方米
景谷树包塔	1628	16 平方米
景东南鲸山文笔塔	1662	144.9 平方米
景东孔雀山凌云塔	1780	28 平方米
景东保甸振文塔	1831	26.4 平方米
江城整董贺井塔	1841	73.8 平方米
镇沅五台山文笔塔	1878	130 平方米
思茅芒蚌佛塔	清代	33.6 平方米
澜沧芒洪八角塔	清代	58 平方米
镇沅玻烈河桥	1837	全长 14 米
墨江涟漪桥	1870	全长 27 米
镇沅振太难搭桥	1880	全长 10 米
景东龙街瓦桥	1908	全长 42 米
景东文哈古水利工程	清代	全长 67.5 米

普洱市古生物化石统计表

表 30-15

发现化石时间（年）	化石产地	化石内容	化石年代
1978	江城县武庙山脚	亚洲幼象牙齿	全新世（1万年）
1978	澜沧县营盘乡烂坝箐	亚洲象臼齿	更新世（150万年）
1979	墨江县景星乡错落村	古象牙臼齿乳齿	更新世（150万年）
1980	景东县文井镇文别箐	古犀牛下颊齿	更新世（150万年）
1985	普洱县德化乡龙箐洞	犀牛种剑齿象齿板	更新世（150万年）
1985	普洱县德化乡勐泗河	亚洲象臼齿	全新世（1万年）
1986	澜沧县营盘乡谦迈寨	亚洲象臼齿	更新世（150万年）
1987	景谷县碧安乡那里箐	古犀牛下齿骨腿骨	更新世（150万年）

普洱市革命纪念遗址统计表

表 30-16

名称	地点	修建时间（年）
“者干会盟”遗址	景东县大街乡三营村土主庙	1808
李文学起义军营盘遗址	景东县安定乡鼠街镇	1805
田四浪起义军营盘遗址	墨江县孟弄乡石龙村	1853
过夺岩田四浪营盘遗址	墨江县新抚乡白沙村	1853
拉祜族起义营盘遗址	澜沧县拉巴乡平掌村	1851
拉祜族起义营盘遗址	澜沧县雅口乡芜坝河细允寨	1918
拉祜族起义首领李虎遇难遗址	澜沧县雅口乡雅口村	1918
碧光中学旧址	景谷县碧安乡勐主街	1948
临江县临时人民政府旧址	澜沧县雅口乡村政府	1949
丫口阻击战遗址	江城县勐烈镇山神庙	1950

普洱市纪念碑、园统计表

表 30-17

名称	碑体	立碑时间（年）
普洱民族团结誓词碑	长 1.42 米、宽 0.65 米、厚 0.12 米	1951
墨江坝溜革命烈士纪念碑	高 2 米、宽 1.07 米、厚 0.56 米	1952
墨江革命烈士纪念碑	高 7.7 米、长宽各 1.6 米	1957
澜沧云盘乡革命烈士纪念碑	高 7.36 米底座四周宽 6.02 米	1975
磨黑曾、蒋二烈士殉难碑	高 2 米、宽 1 米	1952
墨江昆洛公路朱德题词碑	高 0.99 米、宽 0.7 米	1954
思茅思澜公路纪念碑	高 15 米、基座长 12 米、短 6 米	1986
镇沅恩水公路纪念碑	高 16 米、宽 6 米	1992
思普革命老区纪念园	占地 15 亩	2004
普洱民族团结纪念园	占地 4437 平方米	2000

普洱市革命烈士陵园统计表

表 30-18

名称	占地面积	修建时间（年）
普洱革命烈士陵园	9504 平方米	1951
思茅革命烈士陵园	6660 平方米	1997
孟连革命烈士陵园	1824 平方米	1954
景谷革命烈士陵园	1.38 公顷	1975
西盟革命烈士陵园	600 平方米	1961
江城革命烈士陵园	1200 平方米	1956

普洱市国家级重点文物保护单位一览表

表 30-19

名称	时代	公布机关	公布日期
孟连宣抚司署	清	国务院	2006 年 6 月 10 日
普洱民族团结誓词碑	1951 年	国务院	2006 年 6 月 10 日

普洱市省级文物保护单位一览表

表 30-20

名称	时代	地点	公布机关	公布日期
景东文庙	清	景东	云南省政府	1987 年 12 月 21 日
景东卫城遗址	明	景东	云南省政府	1998 年 11 月 13 日
林街清真寺	清	景东	云南省政府	2003 年 12 月 18 日
迁糯佛寺	清	景谷	云南省政府	1987 年 12 月 21 日
勐卧佛寺双塔	明清	景谷	云南省政府	1993 年 11 月 16 日
曼岛佛寺	清	景谷	云南省政府	2003 年 12 月 18 日
景谷大石寺	清	景谷	云南省政府	2003 年 12 月 21 日
整控渡摩崖石刻	元	澜沧	云南省政府	1987 年 12 月 21 日
糯福教堂	民国	澜沧	云南省政府	1987 年 12 月 21 日
中城佛寺	清	孟连	云南省政府	2003 年 12 月 18 日
芒中佛寺	清	孟连	云南省政府	2003 年 12 月 18 日
墨江文庙	清	墨江	云南省政府	1998 年 11 月 13 日
佛殿山佛房遗址	清	西盟	云南省政府	1998 年 11 月 13 日

第二节　文化设施

1998—1999 年，省、地、县共投资 19 个项目，总投资 718.2 万元，竣工 11 个项目，新增固定资产 314.4 万元。2000 年，省、地、县投资 5 个项目 216.9 万元。2001 年，省、地财政投资 130 万元的地区群艺馆业务楼竣工并投入使用。2002 年，思茅地区财政补助 66 万元，建设 6 个乡（镇）文化站。2003 年，思茅地区财政投资 300 万元的市图书馆新大楼竣工并投入使用。2004 年，思茅市完成乡文化站建设项目 7 项，上报项目 13 项（县图书馆 2 项、乡镇文化站 11 项），建设规模 9830 平方米，投资 1240 万元，省文化厅补助 564 万元。2005 年，贫困地区“两馆一站”建设立项 16 项，省补资金 175 万元。至 2005 年年底，思茅市 120 个乡（镇）文化站基础设施建设任务基本完成。2006 年，申报项目 22 项，争取到省补资金 605 万元，市、县资金 237 万元。2007 年，普洱市落实和实施 18 个项目。

1995—2007 年普洱市千里边疆文化长廊项目投资表

表 30-21

年份	项目（个）	总投资（万元）
1995	1	1
1996	10	36
1997	1	8.3
1998	10	274.2
1999	7	93.3
2000	1	29.3
2001	2	433
2002	6	602.5
2003	15	208
2004	7	125
2005	16	175
2006	16	642
2007	1	12000
合计	93	14627.6

第三十一篇

传媒

1949年，思普地区出版地委机关报《思普人民报》，这是思普地区第一张公开发行的报纸。《思普人民报》为贡川纸手刻油印小报，主要围绕思普地区武装建政、清匪反霸、恢复生产、支援前线等党的中心工作任务进行新闻宣传。发行采用报社经理部直接投递城区、地委交通站转送和商旅马帮带出的方式，发行范围包括普洱市、西双版纳州和临沧、沧源一带及滇中、滇南部分地区。1951年，《思普人民报》停刊，中共宁洱地方委员会出版铅印四开版五日刊《普洱通讯》，作为宁洱地委机关报。1952年《普洱通讯》更名为《普洱报》。1955年普洱报社随普洱地委机关迁往思茅，更名为《思茅报》。1957年5月11日，总第701期开始使用朱德所书报头，服务对象为农村基层干部和农民群众，报纸改由邮电局公开发行。1961年，根据省委指示，《思茅报》停刊。1975年经省委宣传部批准，思茅地委创办机关刊物《思茅通讯》。1979年，经省委宣传部批准，《思茅报》复刊为思茅地委机关报。1980年，思茅地委决定组建思茅报社，同时撤销地委宣传部新闻科，成立思茅报社，实行编委会集体领导下的总编辑负责制，宣传导向逐渐转移到经济建设上来。1993年《思茅报》以先进的激光照排和胶版印刷代替铅字排版印刷，印刷质量明显提高。2003年，《思茅报》改为日报，并扩版增期为周六报；由四开四版小报变为对开四版大报。2004年，创办四开八版一周二刊的《茶城晚刊》，增加党报样式的多样性和晚报风格。2005年后，《思茅日报》和更名后的《普洱日报》，总计有数百件新闻作品分别获云南新闻奖、中国地市报新闻奖、全国少数民族地区报纸好新闻奖等一、二、三等奖。

普洱市的广播电视事业起步之初经历了建立收音网时期、“文化大革命”时期、广播网巩固和提高时期几个阶段。20世纪80年代后，录音报道的分量得到充实，改变了仅播文字稿的单一做法，节目的质量有所提高。1985年，第一座卫星电视收转站建成，并从县向乡（镇）、村发展。1986年，昆明—思茅—西双版纳微波干线建成，思茅开始兴办闭路电视。1990年开始，全地区广播电视工作重点逐渐转移到乡（镇）以下的农村地区，以扩大广播电视覆盖面。地、县（市）广播电视局从实际出发，全方位抓好广播电视工作，宣传上不断探索创新，事业建设上推进村村通广播电视工程建设，发展有线电视，对广播电视台（站）进行技术改造，加强广播电视传输覆盖网络建设。1993年年底，全市各县可收看的电视节目增加到10套以上。2000年后，全市广播电视工作在新闻宣传理念、策划能力、宣传报道、舆论引导水平、自主创新能力、节目创优、对外宣传等方面均有突破；对重大事件、重大活动、重点工作，从报道的角度、选材、立意等方面都能精心策划，开展主题鲜明、有特色、有步骤、有声势、有实效的宣传报道，有力地宣传了普洱改革开放和经济社会发展的新成就、新面貌，较好地引导了社会舆论，受到市委、市政府的充分肯定和广大受众的好评。至2007年年末，普洱广播电视从无到有，从小到大，由弱变强，形成了“以星为源、有线无线混合覆盖”的良好格局，全市广播、电视人口综合覆盖率分别达到93.5%和94.9%。广播电视深入到千家万户，成为人们日常生活不可或缺的组成部分，在推进改革开放、全面建设小康社会、传播科学知识、促进科学发展、构建和谐社会等方面发挥着越来越大的作用。

第一章　普洱日报社

第一节　机　构

1980年3月，地委决定撤销宣传部新闻科，组建思茅报社领导班子；5月组建编辑部，内设总编室、秘书科、农村科、综合科和印刷厂；7月，地委决定成立思茅报社，按地直部委办（局）一级待遇设置；7月1日，地区印刷厂划归思茅报社管理，改名思茅报社印刷厂。1981年1月，报社实行编委会集体领导下的总编辑负责制。1988年起，地委、行署对报社经费实行给任务、给办法、给政策，自求发展，自求平衡，自收自支，差额补贴。1988年，报社内设采编部、通发部、办公室、新闻服务部，增设副刊部。1993年12月,《思茅报》由周二报改为周三报，地区财政每年追加5万元用于增期补贴。1999年，报社编辑部内设总编室、副刊部、机动记者部、广告服务部、办公室。报社的经费由广告收入、发行收入和其他收入构成。2003年，报社党组成立，总编辑任党组书记，副总编辑任党组成员，内设总编室、办公室、专刊部、记者部、广告部、发行部，科级职数13个；内部实行聘用制为基础的用人机制，首批有32名职工签订聘用合同，13名副科以上中层干部通过竞争上岗。2004年10月，报社晚刊部成立。2006年1月，报社技术部成立。同年，报社实行报纸和版面（栏目）政治经济目标承包责任制；内设新闻采编中心、晚刊部、经济部、专题部、办公室、广告部、印务发行部、技术部；部、室主任实行竞争上岗，部、室人员由部、室主任聘用，实行双向选择。2007年1月，中国共产党思茅日报社总支委员会成立，下设采编支部、后勤支部、老干支部；4月8日，编委成员调整为7人，内设办公室、新闻监察室、新闻采编中心、专题部、晚刊部、广告部、技术部，13个科级职数保持不变。

1978—2007年普洱日报社领导任职表

表31-1

单位	姓名	性别	民族	籍贯	职务	任职时间
思茅报社	张　云	男	彝	云南曲靖	副总编辑	1980.5—1991.5
	梁永威	男	汉	云南峨山	副总编辑	1981.3—1984.3
	郑希贤	男	傣	云南景谷	总编辑	1987.9—1990.5（兼）
	刘　仲	男	汉	云南景东	副总编辑	1990.5—2005.12
	张　云	男	彝	云南曲靖	总编辑	1991.5—1996.4
	李仕良	男	彝	云南新平	总编辑	1996—1998（兼）
	刘　钊	男	汉	云南镇沅	副总编辑	1996.6—2001.12
	刘卫平	男	汉	云南大理	副总编辑	1999.2—2001.12
					总编辑	2001.12—2004.08
	朱立新	男	汉	云南宁洱	副总编辑	2001.12—2003.1

续表 31-1

单位	姓名	性别	民族	籍贯	职务	任职时间
思茅日报社	刘卫平	男	汉	云南大理	总编辑	2003.12—2004.8
	刘　仲	男	汉	云南景东	副总编辑	2003.1—2005.12
	朱立新	男	汉	云南宁洱	副总编辑	2003.1—2007.4
	苏宏兵	男	壮	云南宁洱	总编辑	2004.12—2007.4
	李　鹏	男	汉	云南镇沅	副总编辑	2004.12—2007.4
普洱日报社	苏宏兵	男	壮	云南宁洱	总编辑	2007.4—2007.12
	朱立新	男	汉	云南宁洱	副总编辑	2007.4—2007.12
	李　鹏	男	汉	云南镇沅	副总编辑	2007.4—2007.12

第二节　报纸业务

一、栏目

1979 年 1 月,《思茅通讯》由周刊改为周二刊，免费赠阅改为全省发行，收费订阅；3 月 19 日,《思茅通讯》开办文艺副刊《百花》；12 月，经省委宣传部批准,《思茅报》复刊，为周二刊，四开四版，每星期二、五出版,《思茅通讯》开设《学习三中全会公报讲话》《真理标准问题问答》等栏目。1980 年 1 月 1 日起，恢复使用朱德书写的《思茅报》报头，续接《思茅通讯》期号。报纸栏目设有《时事问答》《读者来论》《农业科学》《科学天地》《健全生产责任制》《提高农业生产力》《农村来信》等，主要围绕党委和政府的中心工作开设新栏目，结合当时各个时期的宣传重点，使报纸宣传具有时代特点和地方特色。1981 年起,《思茅报》与地区教育局共同合办《教育园地》专版。1985 年,《思茅报》组织和编辑各县专版，稿件从各县来稿中择优选取，内容主要围绕经济改革，及时反映经济发展过程中具有地方特色的信息，事例生动具体，文章短小，形式多样，内容涉及方方面面，既报道各县的经济社会事业，又介绍各县民族风情、革命传统和地方历史。1987 年年初，报道地、县两次科技会议时，通过介绍接受表彰的科学成果在生产过程中产生的经济效益，或突出报道鼓励科技人员到基层工作的优惠政策，或提供农村科技推广和工业技术革新和政策信息；报道地、县委书记会议和行署专员、县长会议时，刊发《地委年内要办的八件实事》。1988 年，报社总结了复刊七年以来的报纸宣传工作，尝试对新闻宣传报道进行改革，在坚持两个为主的办报原则（以思茅地区新闻信息为主，以振兴思茅城乡经济为主）的基础上，结合实际进行改版，刊期不变（周二刊），使用新五号字体，和以往相比较，每期容量可增加近六千字。为此，报纸版面、内容相应进行了调整，一版要闻突出“新”，二版经济注重“实”，三版副刊集中“乐”，四版综合力求“活”，各版相应配置多种栏目，一、二版不变，三版为副刊、四版为政文，同时办好《百花》《文化园地》《教育园地》《美术与摄影》《法制园地》《科技走廊》等栏目；设置了《统一战线》《改革絮语》《卫生与健康》《理论与探索》《今日思茅》《思茅论坛》《咨询与服务》《思茅风物志》《民族风情》《部队与民兵》等 20 多个专版、专栏，不定期轮流刊出。

20 世纪 90 年代后,《思茅报》刊发了大量的深度报道、典型报道。1993 年 12 月,《思茅报》由周二刊改为周三刊，每周二、四、六出报。1994 年,《思茅报》在一版辟出《凡人出点子》栏目，组织社会人士为思茅经济振兴献计献策。昆明召开“昆交会”时，报社派记者参加报道，并转载新华社、《云南日报》的重要文章。1998 年 1 月 3 日开始,《思茅报》每周增办一期周末副刊《思茅报·大星期》，报纸变成周四刊。同年，思茅报社与思茅市、澜沧、西盟县达成协议，经省新闻出版局批准开办《思茅报·县（市）版》。1999年，经地委宣传部协调，《思茅报》与思茅市及澜沧、西盟县达成协议，报经省新闻出版局批准，开办《思茅报·思茅市版》（每周一期四版）、《思茅报·澜沧版》（每旬一期四版）、《思茅报·西盟版》（每半月一期四版）。县（市）版与《思茅报》连版，单独编期，在开办县（市）单独发行。2000年1月6日起，《思茅报》每周出版一期经济副刊《思茅报·经济生活》，主要反映国家的经济政策和社会经济信息，融合思茅城乡各地的经济动态，满足人们的信息需要。报纸也随之变成周五报。2000年，《思茅报》版面设置了以下固定栏目：《新闻天地》《思茅论坛》《周末客栈》《思茅短波》《凡人佳事》《热点新闻》《新闻透视》《经济立交桥》《乡镇经济之路》《科技走廊》《市场·服务》《扶贫风景线》《民族风情》《文化园地》《百花》《教育园地》《法坛万象》《千里边防》《读者信箱》《青春年华》《巾帼英姿》《党团生活》《社会之窗》《理论与探索》《美影园地》《卫生与健康》《思茅风物》《经济杂谈》《凡人出点子》《有话直说》《灯下随笔》《周末客栈》等栏目。2001年，报社组织人员到北京、昆明办理改办日报的有关手续，开通新华社电讯稿接收。2003年1月1日，《思茅报》更名《思茅日报》，日报的内容涉及深度报道、典型报道、特别报道更受读者的欢迎，一些单位主动要求报社记者前去采访，系统总结了各行各业的工作做法、成功经验和存在问题，让读者领略了一个地区、一个单位的发展脉络。2006年1月1日，报社与思茅电信分公司合作，开通思茅日报网站；11月初，报社与新华社云南分社、思茅移动分公司、市农业局合作，创办了《新华快讯思茅版》手机短信业务和《农信通思茅版》。

2007年，《思茅日报》更名《普洱日报》，报社在办好《普洱日报》《普洱日报·茶城晚刊》的基础上，对《普洱日报·新闻网》、手机短信、《新华快讯·普洱版》进行改版，增强了新闻时效性，使普洱日报新闻网的浏览量稳步提高。同时，报社成立了部分品牌栏目组。言论和《普洱论坛》栏目组，规定每月完成4篇言论，固定《普洱论坛》栏目的位置、版面和编排，内容主要围绕市委、市政府中心工作，以及热点、难点和人们关心、关注的话题，有针对性地加以引导，规定《普洱日报》二版开设的言论栏目为《经济杂谈》，四版开设的言论栏目为《群言堂》，编辑不准随意开设栏目；成立《普洱调查》栏目组，规定每月完成2篇3000字以内的新闻调查稿件，固定《普洱调查》栏目编排，每月2期，位置均在一版下半部，若文章太长，可转版或组成系列刊发，内容主要采写各条战线的先进典型、经验，讴歌各行各业改革创新的人和事，明确可以采写问题新闻，若问题重大，由办公室编内参上报。但不论是采写先进典型，或是撰写问题新闻，均需实事求是、客观公正；成立《普洱分析》栏目组，固定《普洱分析》栏目的编排，每月2期，规定每月完成2篇《普洱分析》稿件，位置为二版头条，内容主要是分析普洱的财政、经济、金融、税收等走向，解读招商、投资和各种经济活动完成的情况，同时兼顾社会事业的发展，规定编辑应联系财政、税务、金融、发改委、经委、招商局、农业局、统计局、教育局、卫生局、文化局、体育局、科技局等部门，做好相关资料的收集和整理，形式可以多种多样；成立《普洱故事》栏目组，规定每月完成2篇《普洱故事》稿件，重点讲述普洱的人文历史典故，讲述普洱人的激情与风采，展示普洱人的魅力和品格，诠释人生的目标和意义等，明确《普洱故事》每月2期，推出《普洱日报·周末》后，该专刊开设《普洱故事》栏目，其编辑宗旨不变；成立《普洱读图》栏目组，规定每月完成一版《普洱读图》，用于取代“聚焦”版，可刊发在三版或四版，也可在《普洱日报·周末》中刊出，规范和加大《普洱短波》栏目的分量，规定《普洱短波》的刊发数量每天不少于10条，要求文字短小，内容宽泛；撤销三版“科教文卫”版，其内容归并到《普洱短波》栏目；明确《普洱短波》栏目中每条信息的标题均用小四号字，字数每条不超200字。此外，报社还适时刊发《普洱民生》，开办《普洱监督》等栏目；加强编者按、编者的话制作，对重要稿件特别是有代表性的典型经验、成就，都配发编者按、编者的话。

2001—2007年，《普洱日报》先后设《十五开局看乡（镇）》《乡村亮点》《2003年回眸与展望》《来自大通道的报道》《将企业改革进行到底》《迎茶节，兴茶乡》《调结构，促增收》《"云岭先锋"工程》《迎接撤地设市，建设中国茶城》《兴起新高潮，开创思茅工作新局面》《百花》《听松》《法治视线》《橄榄绿》《实践"三个代表"重要思想，保持共产党员先进性》《普洱论坛》《普洱调查》《普洱分析》《普洱短波》《普洱读图》《普洱监督》《普洱故事》《学习贯彻党的十七大精神》《科学发展在普洱》等专版、专栏。《茶城晚刊》开设《绿海热风》《天涯之旅》《人生百味》《百姓生活》《特别报道》《国内新闻》《国际新闻》《体育娱乐》《时尚》《美食》《房产》《汽车》《轻松周末》《风情园》《法眼》《看点》《边地写真》等专栏、专版，这些栏目涉及经济建设的各行各业、社会生活的方方面面，深受读者欢迎。

二、副刊

1980年，《思茅报》创办《百花》文艺副刊和《文化园地》综合性副刊，内设《旅游天地》《海外趣闻》《思茅风物》《民族风情》《初学园地》等十多个小栏目，还办有副刊《文摘》。文学作品侧重于本地题材，力求反映滇西南各民族的精神风貌。《百花》是《思茅报》复刊后最先创办的文艺副刊，每月一期一版，乡土味浓郁，主要挖掘和培养本地文学爱好者，该栏目颇受青年业余作者称道。综合性副刊《文化园地》每月2期两版，其中的《民族风情》小专栏，荟萃傣、拉祜、佤、哈尼、彝等世居民族的生活习俗，山川风物，一些篇章成为民族史学家的研究资料和文学艺术家创作的素材，许多读者还将其剪辑下来作为了解、研究本民族和当地少数民族的第一手资料。1997年年底，报社编委会决定增办一期四开四版周末副刊，取名《大星期》。获批准后，报社成立了副刊部负责编辑出版工作，出版了2期试刊。1998年1月3日，《思茅报·大星期》综合副刊正式出版。副刊采取总期连号，单独编期的办法，逢周六出版。综合副刊以"时政新闻""经济广角""休闲天地"和"社会纵横"为主，组成四大版块，突出新闻性、可读性和服务性，关注社会，贴近大众，服务民生。在采编工作中，强调策划在先，并探索专栏主持人、重大新闻追踪的报道等，围绕地委、行署的中心工作，宣传全地区改革开放和经济社会发展成就，较好地发挥了舆论引导作用。同时，副刊还关注社会生活的各方各面，弘扬真善美，鞭挞假丑恶，救火英雄罗廷荣的事迹引起社会广泛关注；大朝山截流、镇沅县城搬迁、美赴华作战飞机坠落景东探谜、思茅坝人象"结缘"、中国最后一例天花患者等重大新闻的挖掘和报道，为读者提供了广阔的新闻背景材料；花鸟鱼虫、衣食住行、读书娱乐、旅游购物、心语快递、市场信息等等，把读者带进一个五彩缤纷的世界。综合副刊始终坚持正确的舆论导向，立足本地，拓展宣传领域，力求严肃性与可读性、服务性与娱乐性的结合，通过与新老读者、作者的共同努力，报纸质量逐步提升。2000年，报社创办经济副刊《思茅报·经济生活》，积极宣传思茅经济取得的新成就、新气象。2002年，《思茅报·大星期》办了256期停刊，《思茅报·经济生活》办了231期停刊。2003年10月28日，四开八版周二刊、套红印刷的《思茅日报·茶城晚刊》随正报发行。《茶城晚刊》坚持党报的办报方向，突出接近性、服务性的晚报风格，以本地新闻为主，着力打造茶城品牌，集边疆性、民族性、新闻性、知识性、趣味性为一体，为此，报社成立了专刊部，围绕群众衣、食、住、行组织稿件，让晚刊内容贴近读者，让读者感到报纸可亲、可近、可看。《茶城晚刊》开设的栏目和发表的作品贴近百姓生活，关注热点问题，系列报道了教育收费、未成年人、私车剧增、城市道路交通、敬老爱老等新闻，深受读者的欢迎。《茶城晚刊》先后开设《特别报道》《绿海热风》《天涯之旅》《读书时间》《人生百味》《百姓生活》《职场》《体育娱乐》《快乐时光》《时尚》《娱乐圈》《美食》《资讯》《房产》《汽车》《轻松周末》《风情园》《万花筒》《真情倾诉》《民生·民情》《法眼》《看点》《边地写真》等专版专栏，辟有《非常空间》《发现》等专版副刊。年内，文艺副刊《听松》和文化副刊《文化空间》取代《百花》,《百花》停刊。2006 年 1 月 1 日，思茅日报社和思茅移动分公司联合开通“思茅日报网站”；11 月初，新华社云南分社、思茅日报社和思茅移动通信分公司联合创办“新华快讯·思茅版”手机短信业务和“农信通·思茅版”；年内，报社联合部分县（区），创办《县（区）潮汛》，不定期出版。2007 年 1 月 1 日，为满足广大干部群众对深度报道和新闻综述的需求，报社创办了《思茅日报·经典思茅》；4 月 8 日,《思茅日报·经典思茅》更名为《普洱日报·经典普洱》,《经典普洱》以目击重大时事、见证时代精神、记录经典人生、描述精彩世界为主题，开设《经典出击》《边谈边录》《企业风录》《目击·纪实》《经典纪实》《经典视角》《经典珍闻》《经典瞬间》等栏目。

三、印刷发行

1980 年,《思茅报》由报社印刷厂印刷，一直采取铅印方法。1981 年 1 月 1 日,《思茅报》订费每期 0.02 元，每月 0.18 元，由各地（州）邮局发行；印刷份数为 14900 份，其中 10700 份为公开收费订阅，邮局发行；另外的 4200 份为财政拨款，免费赠送贫困地区，发往澜沧、西盟、孟连、江城、墨江等县的边远贫困山区，投递仍由邮电局负责。1993 年,《思茅报》以激光照排和胶版印刷代替铅字排版印刷，印刷质量明显提高。2001 年，地委首次为《思茅报》的发行单独发文，要求组成工作组深入县（市），做好发行工作，各县（市）要建立发行站，乡（镇）建立发行点，各县（市）发行站负责抓好征订发行工作；兑现与各县（市）签订的发行责任奖。年内,《思茅报》的发行量稳中有升，报纸发行数 15748 份。2002 年年初，为准备改办日报，报社对员工进行电脑采编印前培训；下半年征订对开《思茅日报》时，报社根据地委宣传部关于《思茅日报》发行的文件精神，动员全体员工做好报纸发行工作。报社与各县（市）签订了责任书，报社领导分片负责县（市）发行工作，年内《思茅日报》共发行 15000 份；10 月，报社建成采编印前数字化网络化工作流程，实现采编过程无纸化目标。2003 年 1 月 1 日，报社先设立技术部，后改为网络中心，具体负责报纸版面发排、胶片输出、采编系统和普洱日报新闻网信息更新和维护管理、手机讯息“新华快讯·普洱版”的编发和日常管理工作，抓好采编人员的技术培训和业务指导。报社排好版面和发排输出胶片后，送交印刷厂印刷。2004 年，报社根据报纸发行改革的发展方向，开始自办发行，在乡（镇）建立发行点，由各县（市）发行站负责抓好报纸的征订与发行；报社成立发行部，专门负责此项工作。年内,《思茅日报》自办发行工作依托各县（区）委宣传部，建立发行站，确保县城征订投递份数，并向中心乡（镇）辐射；征订发行工作采取县城由报社自办和县城以下乡（镇）由邮政局相结合的方式，同时依靠各县（区）宣传部督促征订。2005 年，思茅地区印刷厂解体后,《思茅日报》和《茶城晚刊》由地大印刷厂印刷。年内，为增加发行量，报社不断总结自办发行的经验，树立起全年抓发行、全员抓发行的思想，完善报纸发行管理办法，制定报社内部干部职工征订报纸奖励措施。年内,《思茅日报》发行量 15600 份。同年，报社与云南日报报业集团达成合作协议，建立云南日报报业集团——思茅发行中心，独家代理云南日报报业集团子报——《春城晚报》《文摘周刊》《大观周刊》的征订发行工作。2006 年,《思茅日报》征订数 16300 份。2007 年，普洱日报社再次与市邮政局合作做好《普洱日报》发行工作，全年发行 17091 份。

第三节　新闻宣传

1978年1月,《思茅通讯》提出了“以本地新闻为主、农业为主，兼顾其他”的宣传方针，本地新闻占版面总数的90%，农村经济稿件占50%，积极宣传党的路线方针政策，传播科学文化知识，宣传全地区社会主义物质文明和精神文明建设的成果，逐渐把宣传重心转移到经济建设上来。1979年后,《思茅通讯》开设《学习党的十一届三中全会公报》《农业经济》《真理标准问题问答》等栏目，集中报道中共十一届三中全会精神的情况和真理标准问题大讨论的消息，加强经济工作的报道，突出基层经济建设的成就。目的是从根本上做好干部群众的思想政治工作，把思想统一到中央的思想上来。除及时在《思茅通讯》刊登中共十一届三中全会公报之外，还派出记者采访学习贯彻中共十一届三中全会精神的动态新闻，营造舆论氛围，以此掀起学习中共十一届三中全会精神的高潮。此外,《思茅通讯》还刊登了《关于建国以来党的若干历史问题的决议》以及干部群众学习《决议》的基本情况，引导全地区党员干部群众对中华人民共和国成立以来党的历史、毛泽东思想、“文化大革命”和中央一些重要领导人的功过是非进行正确理解和认识。此后，复刊的《思茅报》也在积极宣传中共十三大提出的社会主义初级阶段的理论和中共十四大确立邓小平建设有中国特色社会主义理论，围绕中国特色社会主义的宣传主题，教育和引导干部群众领会经济体制改革的目标和建立社会主义市场经济新体制，理解建设社会主义市场经济和改革开放的重大意义。同时，根据复刊以后确定的办报原则，集中宣传重点工程建设、茶产业、糖业、林业、矿业、水电、烤烟和生物制药以及思茅城和各县市政建设、个体私营经济的发展。结合全国形势，报道侧重于展示全党工作重心的转移，刊登实践是检验真理标准大讨论、农村生产责任制、经济建设的报道内容，改变了“文化大革命”时期“假大空”的新闻报道方式，遵循新闻宣传的规律，介绍地方历史、风土人情、古今中外趣闻、传播科学文化知识，反映群众的呼声和要求。1980年夏秋季节，澜沧拉祜族自治县的谦六、东河、东回等地首先在思茅地区推行大包干责任制，报社领导随即带领记者深入边疆县，调查研究处于萌芽状态的全地区农村大包干生产责任制。针对当时干部群众的种种疑虑，旗帜鲜明地在7月11日、7月18日、7月25日、8月1日的《思茅报》上连续发表题为《弄清性质　包产到户不是单干》等记者述评，目的是排除“左”的干扰，解放思想，发展生产力，以实事求是的态度看待新事物。该述评是云南省报纸中最早涉及并支持农村联产承包责任制问题的文章，宣传了农村联产承包责任制政策，给农村工作和各族干部群众予正确指导。同时，在调整农业产业结构过程中，编发了众多活跃在各区域的专业户和乡镇企业的新闻。在宣传城市经济改革中，结合实际报道了群众搞活地方经济时出现的新事物、新做法，编发了大量城乡个体经济方面的消息。这些从实际出发，又为实际服务的宣传，产生了较好的社会效果，促进了改革的进一步深入。1981年，开设《健全生产责任制》《提高农业生产力》《发展多种经营，活跃农村经济》《经济形势问题》等栏目，发表《不能回避的现实》《要包得下去，提得起来》《健全和完善的关键》等评论性文章。1982年《中华人民共和国宪法》颁布以后，全地区以报纸为媒介对新宪法进行集中宣传，重点宣传了首次列入计划生育的内容，使之成为治理中国的基本国策。思茅地区旋即把宣传计划生育列入重要议事日程，开展计划生育宣传活动。《思茅报》设置了计划生育专栏，宣传人口理论、计划生育政策、计划生育法律法规和优生优育等方面知识，营造了计划生育、人人有责的浓厚氛围。1982—1984年,《思茅报》围绕农村经济和联产承包责任制的改革，对解放农村生产力这一重大历史事件进行了广泛报道。同时，加强了教育、计划生育、卫生、精神文明的宣传力度，特别是在宣传党的路线方针政策中注重报道农村经验、先进典型，以正确的舆论导向引导农村联产承包责任制的改革。《思茅报》开设了《科技走廊》《文化园地》《百花》《社会见闻》等专版专栏，宣传内容贴近基层，重点为群众传授科技知识和文化知识。1985 年 11 月，中共中央、国务院转发《关于向全体公民基本普及法律常识的五年规划》的通知，普法工作成为《思茅报》宣传的一项常规工作，开设法制专栏，以专题形式进行普法宣传。同年,《思茅报》分县组织专版，稿件从各县来稿中择优选取，主要是以经济建设为主题，反映经济建设中具有地方特色、典型经验、民族风情、人文景观和信息的文章。1987 年，中共十三大提出了社会主义初级阶段的理论,《思茅报》随之开辟专栏进行解读。随着改革开放的逐步深入，思茅报社精选报道内容，突出政治、经济、文化教育、卫生等领域的建设成就，大篇幅、多角度、多侧面的反映改革开放带来的新变化、新气象、新成果。围绕如何解放和发展生产力这一重大问题，报社组织社会来稿进行讨论，加深了读者对生产力标准的理解。同时，还以《拉祜族风情》为主题，连载 25 篇文章，合计两万字，全面介绍思茅地区世居拉祜族的风情、历史、文化情况。并编发《佤山散记》和有关哈尼族风情的多组文章，向世人展示了思茅主要世居民族的民族文化、民风民俗、经济发展等情况。1988 年 11 月 6 日，澜沧、耿马发生 7.6 级、7.3 级叠加大地震以后，报社派出记者深入灾区进行采访，以大量图片和文字展示地震灾情，重点宣传抗震救灾、恢复生产、重建家园的进展情况和各条战线上涌现出来的先进事迹，为抗震救灾和恢复重建工作营造了良好的氛围。1989 年 1 月 17 日，国务院总理李鹏深入澜沧地震灾区视察，鼓励灾区群众搞好抗震救灾、发展生产、重建家园，使灾区群众深受鼓舞，增强战胜灾害的信心和力量。《思茅报》发表了消息——《李鹏总理到思茅地区灾区视察》和图片，宣传党和国家领导人对灾区人民的关心和边疆各族人民对党的感恩之情；3 月 31 日，报社发表了通讯——《订票记》，反映思茅的购飞机票难现象，引起社会共鸣和有关部门的重视；4 月 21 日，一版消息《好事多磨选站颇费周折 / 争分夺秒迎困难自筹自建》，对经济建设中某些不良现象进行批评；5 月 19 日，有记者来信《澜沧灾区重建中的三大忧患》，反映了记者对民生问题的关注；9 月 1 日,《思茅报》第二版《拆掉无形的墙》，记者透过众多的现象抓住普洱卫国林业局在全国林权纠纷迭起，哄抢事件不断，森林资源严重受损的大背景下，生产经营正常，经济效益逐年上升。

1991 年，思茅报社组织人力，深入挖掘《民族团结誓词碑》的新闻价值，调整版面进行全方位报道，先后发表了社论《团结进步振兴思茅》《纪念“民族团结誓词碑”建碑 40 周年》等文章。1992 年 10 月 30 日《思茅报》第四版以记者来信《敢问路由谁修》为题，采取批评报道的方式，对社会生活中存在的问题予以据实报道；12 月 3 日—9 日，报社刊发了《普朝柱高度评价牛洛河基地的建设经验》等文章和图片，配合宣传报道江城牛洛河茶厂实现边疆民族地区跳跃式发展的思路。随后，报社从茶叶、边贸、乡镇企业等方面组织系列深度报道，发表了《名茶之乡呼唤名茶》《思茅地区茶叶生产与市场透视》《思茅地区乡镇企业成败得失扫描》《如何迈向市场》等述评，抓住了经济发展中的特色和亮点，总结了多年来茶叶生产、销售的做法和经验，探索市场经济条件下茶叶生产和销售。1993 年，推出第一届中国普洱茶节的系列报道《文艺“搭台”紧锣密鼓》，宣传首届中国普洱茶节。1994 年,《思茅报》发表《要继续解放思想加大改革力度评思茅地区经济发展走势》等系列评论，系列报道《富裕之路——镇沅东行漫记》等，讴歌思茅地区城乡改革开放取得的成就，反映城乡欣欣向荣的景象。刊发《思茅地委、思茅行署关于加快个体、私营经济的意见》，并配发系列评论，这为推动私营经济的发展，营造了良好的舆论环境。1995 年，第二届中国普洱茶节期间,《思茅报》留出专版，介绍、宣传普洱茶节，出版第二届中国普洱茶节特刊，推出《谈思路讲改革　谋发展》《经济窗》等栏目。重点宣传党的路线方针政策与当地经济结合的典型事例和动态消息；还在全市开展了“百城万店无假货”示范店评选的宣传活动。1995年7月13日—20日，《思茅报》一版刊登了本报记者采写的《思茅物价和菜篮子工程扫描》《物价涨得叫人受不了》《涨价谁得利最多》《物价潮起潮落看菜园》等文章，较为客观地反映了物价上涨的现象，既反映老百姓的心声，又表现了政府在控制物价问题上的所做的工作。1996年7月18日—25日，针对城市自来水涨价（收取管网基金）这一敏感问题，《思茅报》刊登了本报记者采写的《断水、缺水、水中有悬浮物》《社会公益事业该谁来办》等城市供水系列报道，涉及报纸不敢触及的敏感问题。同年，发表系列评论《解放思想是当务之急》，针对思茅地区发生的重大新闻事实进行说理辨析。报道侧重于经济建设，解放思想，深化改革，总结了“八五”期间（1991—1995）计划取得的成就，展望了“九五”期间（1996—2000）计划的前景，从而营造出解放思想、深化改革，推动发展的舆论氛围。1997年，《思茅报》加大对香港回归宣传报道的分量，用大量版面系统报道喜迎香港回归专题活动，营造出喜庆、热烈、祥和、稳定的气氛，掀起了喜迎回归的热潮，调动爱国主义情绪，增强了各族人民的民族自信心和自豪感。同时，《思茅报》以迎回归为主题，及时组织报道全地区开展的“迎回归系列活动”，辟出专版转发香港回归文章、介绍有关香港知识等。同年，报社派出多路记者，深入各县（区）与当地通讯员一起调查、撰写系列深度报道，登载的《国有企业能走出困境吗？》《来自墨江哈尼族自治县扶贫攻坚战场的报告》等系列报道，反映了各级党委带领各族人民脱贫致富奔小康而奋斗的精神风貌。1998年，《思茅报》新开辟了《新闻观察》《新闻分析》《新闻调查》等栏目。同年，在青少年中深入开展以社会主义为核心的爱国主义、集体主义，社会公德、职业道德、家庭美德和世界观、人生观、价值观的教育活动中，报社配合有关部门开设专栏，做好思想道德建设和加强未成年人思想道德建设的宣传工作。1999年，《思茅报》加大了对澳门回归宣传报道的分量，营造喜庆、热烈、祥和、稳定的气氛。年末，全地区评选出“十星级文明户”12290户，其中十星户1232户、九星户2175户、八星户3324户、七星户2840户、六星户2719户，并适时开展“文明站口”“文明城镇”创建活动；报社和地区、各县（市）文明办配合，及时在报纸开设栏目，发动通讯员向报社投稿，宣传文明单位创建情况和取得的成绩，报社同时派出记者采访，宣传创建获得的典型案例，引导精神文明创建工作的顺利开展。同年，报纸结合宣传重点，刊发了系列报道《抓认识，稳定是发展农业之关键——大视角看思茅农业经济的发展》《工作重点不能“农转非”——论三干会精神的贯彻落实》等文章。此外，《思茅报》还报道了舍己救人的共青团员陈金凤的先进事迹，以通讯、评论、消息、诗歌等形式宣传陈金凤；设置《中华人民共和国成立50周年征文》和《边疆改革开放20年》栏目，集中反映了中华人民共和国成立50年来思茅地区取得的成就，同时又反映了改革开放20年取得的成绩。2000年，《思茅报》的宣传重点是地、县（市）、地直部门领导班子和领导干部的“三讲”教育、“三个代表”重要思想的学习、贯彻落实地委工作会议精神及解放思想、更新观念大讨论、西部大开发、学习贯彻中共十五届五中全会精神、“九五”期间成就等，并涉及思茅的工业、农业、水利、交通、教育、文化、卫生、政法等工作。报社开设了《农经论坛》《解放思想、更新观念大讨论》等栏目，刊登了《依托大开发、促进大发展——论认真贯彻落实地委工作会精神》《交流思想、勇于批评——高标准严要求搞好地级领导班子和领导干部的“三讲”教育》等文章，《中国最后一个傣族古镇——娜允》《碧血丹心铸碑魂——民族团结誓词碑札记》等长篇通讯。2002年，在对地委“三干会”的宣传报道中，既刊发会议消息，又配发社论；会后开辟专栏，阐释地委行署与时俱进、狠抓落实、推进经济社会发展的会议主题精神，《与时俱进加快发展系列谈》《以德治区系列谈》等评论员文章，引起社会的强烈反响。2003年，报社以改办大报为契机，紧扣地委、行署的中心工作，发挥大报的宣传优势，增加信息量增大，提升报纸质量，为经济社会发展提供更好的舆论引导，突出宣传“团结统一、爱好和平、勤劳勇敢、自强不息”的民族精神，普及“爱国守法、明礼诚信、团结友善、勤俭自强、敬业奉献”的公民基本道德规范。2004年1月,《思茅日报》推出以《2003年回眸与展望》为总栏题的15篇系列述评文章，并增加2003年思茅大事记和配图公开出版发行，系统记录了撤地设市前经济社会发展状况，以此作为“迎接撤地设市、建设中国茶城”的献礼。同时,《思茅日报》还开辟《县（市）领导谈贯彻十六大精神》《迎茶节、兴茶乡》《兴起学习“三个代表”新高潮，开创思茅各项工作新局面》《迎接撤地设市，建设中国茶城》等专栏，做好重点报道、打好宣传战役，多侧面、全方位对思茅的国有企业改革、新兴产业、农业、教育、卫生、政法等战线的工作进行宣传。10月，报社创办《思茅日报・茶城晚刊》，报社不断注重报道形式的改革创新，对重大题材、重点工作的宣传报道进行挖掘和策划，发挥《思茅日报》评论、典型报道、深度报道等优势，撰写评论，落实“三贴近”，加大信息量，扩大报道面，增强宣传报道的时效性和针对性。

2005年，报社以“三个代表”重要思想和科学发展观指导报社的工作，改进和加强新闻宣传报道，把握正确舆论导向，不断增强政治意识、大局意识、责任意识，与时俱进，把市场经济理念贯穿到报纸的经营管理中，为经济社会协调发展服务。同时，及时宣传保持共产党员先进性教育和实施“云岭先锋”工程、“十五”成就，推出了多组深度系列报道和系列评论文章。报社工作贯穿了“三个代表”重要思想，保持共产党员先进性大讨论，解决党员的思想认识问题；在学习教育活动中，党性锻炼、自觉规范言行始终是党性分析的重要内容；坚定理想信念、坚持走建设有中国特色社会主义道路、自觉贯彻党的路线方针政策、自觉与党中央保持高度一致等内容。报社采取配发评论，设置栏目，派记者深入县（区），采写系列报道等方式，为先进性教育活动营造舆论氛围，促进了先进性教育活动的顺利开展。年内，针对加强和改进未成年人思想道德建设宣传教育的活动，报社利用重要节庆日、纪念日，组织举办“学雷锋、树新风”“青春红丝带”“未成年人思想道德教育知识竞赛”“未成年人思想道德建设”征文等系列活动，并在《思茅日报》陆续刊登了获奖征文和“学雷锋、树新风”等有关消息。2006年，市委、市政府在全市机关范围内开展“树新风、强作风、兴思茅”的教育活动《思茅日报》设置专栏，派记者深入基层单位，采写动态新闻和典型报道，并与部分单位合作，开设专版，宣传“树新风、强作风、兴思茅”教育活动。年内，围绕市委、市政府的中心工作,《思茅日报》发挥市委机关报的舆论引导作用，动员和激励干部群众投身于全面建设小康社会和建设社会主义和谐社会的活动当中，全面宣传全市“十一五”规划、“树新风、强作风、兴思茅”教育活动、深化集体林权制度改革和茶产业、林产业、矿产业、烤烟、蚕桑产业的发展；推出科学发展观、社会主义荣辱观、扶贫攻坚、饮水工程巡礼等多组系列报道、深度报道，组织多组评论员文章。报社立足于全市精神文明创建工作，不断创新报道内容和形式，在报纸上开设《文明风采》等栏目，宣传精神文明创建中的先进做法和成功经验，以生动具体事例去感染人，教育人，引导和规范人们的言谈行为，营造舆论声势，激发群众参与创建活动的热情。在第四个“公民道德宣传日”活动中，围绕“知荣明耻、构建和谐”的主题，开展各种丰富多彩的活动。对于未成年人思想道德建设和公民基本道德规范宣传教育的报道工作，报社采用通讯员来稿和在报纸上以栏目集纳内容的方式，或在“公民道德宣传日”期间开设专版，派记者采写典型事例，进行突出宣传的手段，引导深入开展公民道德规范普及教育活动。2007年，报社大力改进宣传方式，通过报纸的全面改版，增强新闻宣传报道的吸引力和感召力。按照“三贴近”要求，加大对民生民情的宣传报道，把宣传视角对准基层、普通群众、弱势群体，实施新闻“关爱”，承担起党报为人民利益“鼓”与“呼”的责任。年内，精心组织和策划“百年贡茶回归普洱”“一节两会一庆典”的宣传报道工作，派出记者全程参与“百年贡茶回归普洱”的宣传报道，并在《普洱日报》上刊发相关新闻，推出“一节两会一庆典”36个彩色庆贺专版，对全市及各县（区）的工作进行报道。此外，报社还做好普洱市参与中央电视台组织评比的“倾国倾城：最值得向世界介绍的中国名城”的宣传报道工作。6月3日，普洱市宁洱县发生6.4级强烈地震，报社当天就派出四批记者赶赴宁洱地震灾区，做好宣传报道。

第四节　获奖作品

1987—1990年，云南新闻奖评选中，《拆掉无形的墙》《思茅的茶叶生产和市场透视》2篇作品获一等奖，《如何迈向市场》等2篇作品获二等奖，《车从门前过，我们怎么办》《一个拉祜农家孩子和他的清华梦》等15篇作品获三等奖、图片奖、好标题奖。中国地市新闻奖评选中，《为了佤山明天》《名茶之乡呼唤名茶》等4篇作品获二等奖，《从废墟中救出女教师》《发展大农业　走向大市场》等10篇作品获三等奖、好标题奖、好版面奖。全国少数民族地区州盟地市报新闻奖评选中，《友好使者，开航先锋》《省内最大面积荒山荒地有偿使用权转让》等4篇作品获二等奖，《禁毒支书岩松》《野象初闯思茅坝让人忧喜》等作品获三等奖。1990—1996年，《思茅报》记者采编的新闻作品先后获中国地市报新闻奖18篇，获全国少数民族地区州盟地市新闻奖10篇，获云南新闻奖作品23篇。1999年，《思茅报》作品《港资进思茅》《两国三边同组除毒扶贫链》获中国地市报新闻二等奖，《美国青蛙“跳”进我家》获中国地市报新闻好标题奖，《共有一个家》获云南报业协会新闻通讯一等奖，《300吨级超浅水船在思茅港下水》获云南报业协会新闻消息二等奖。2000年，《选村官》获全国少数民族地区州盟地市新闻一等奖。2001—2004年，云南新闻奖评选中，《爱心千里野象牵》《思茅市首家集体林木采伐权实行招标》获二等奖。中国地市报新闻奖评选中，《田玲，你好》《景谷订单农业绿了山头富了农民》《被城市改变——南屏走笔系列》等5篇作品获二等奖。《新型合作医疗为墨江农民解决就医难》获中国地市报女记者新闻奖一等奖。全国少数民族地区州盟地市报新闻奖评选中，《中国最后一个傣族古镇——娜允》获一等奖，《百匹马帮进京》《景谷订单林业绿了山头富了农民》等5篇作品获二等奖。2005年，获云南新闻奖的作品有《历史性的时刻》通讯类三等奖，《抗震砖头生出“手”》消息类三等奖。获云南报业新闻奖的作品有《历史性的时刻》通讯类二等奖，《抗震砖头生出“手”》消息类三等奖，《思茅正式扬鞭，马帮出征进北京》通讯类三等奖，《阳光自治——思茅镇平原村委会村务公开和民主管理纪实》通讯类三等奖。获中国地市报新闻奖的作品有《百多户农民喜领七年前木薯款》消息类一等奖，《历史性的时刻》通讯类二等奖，《“研究”不要久“商量”不要凉》标题优秀奖，《墨江文化旅游产业建设大观》系列报道类三等奖，《思茅正式扬鞭，马帮出征进北京》通讯类三等奖，《这也是“文化下乡”》言论类三等奖。获全国少数民族报好新闻奖的作品有《拉祜山乡城镇建设闯新路》通讯类一等奖，《春节不栽松蓬》通讯类二等奖，《全国文明村镇——景谷县钟山乡江东村见闻》通讯类三等奖，《遥远的拉祜山寨》通讯类三等奖。2006年，获云南省新闻工作者协会新闻理论研讨论文奖的作品有《浅论新闻工作如何为构建和谐社会服务》三等奖。获第4届中国地市报论文（论著）奖的作品有《坚持马克思主义新闻观要与时俱进创造性地开展新闻宣传工作》二等奖，《整合资源：地市党报“突围”的利器》三等奖，《打造新型地市党报的探索与思考》三等奖，《关于加强党报典型报道的几点思考》三等奖。获云南新闻奖的作品：《“小气”？节约，环保》言论类二等奖。获云南报业新闻奖的作品有《新房千万间苦聪笑开颜》通讯类二等奖,《林定权，树定根，人定心》言论类二等奖,《平原村老人领“工资”过上幸福生活》消息类三等奖,《关于城市供水的专题（2006年4月6日三版专版）》版面类三等奖。获中国地市报新闻奖的作品有《爱心铺就重生路》通讯类一等奖,《谁为“象损”买单》消息类二等奖，2006年1月12日二版《乡镇·特别关注》版面类二等奖,《林定权，树定根，人定心》优秀标题二等奖,《平原村老人领“工资”过上幸福生活》消息类三等奖,《东方狂欢节——中国孟连神鱼节亮点频现》通讯类三等奖。获全国少数民族地区报纸好新闻奖的作品有:《新房千万间苦聪笑开颜》通讯类二等奖,《谁为“象损”买单》消息类二等奖,《为了十名“兔唇”儿童的灿烂笑容》通讯类三等奖。获云南省报纸副刊好作品奖的作品有《遥远的腊米山寨》三等奖,《能不忆佤山》三等奖。获云南省新闻理论研讨论文奖的作品有《新闻报道的人文关怀》三等奖。获第5届中国地市报论文奖的作品有《新闻报道的人文关怀》三等奖,《发行盈利——未来行业竞争的经济增长点》三等奖。获中国报业协会城市党报分会新闻论文奖的作品有《新闻宣传要为新农村建设造势鼓劲》一等奖,《新形势下地方党报所需要的思路改革》二等奖。2007年，获云南新闻奖的作品有《温爷爷，我要谢谢你》通讯类二等奖,《林改催绿万重山》通讯类三等奖。获云南报业新闻奖的作品有《挺起不屈的脊梁》通讯类二等奖,《水涌改革浪》通讯类二等奖,《苦聪山寨今昔》通讯类三等奖,《林改催绿万重山》通讯类三等奖。获中国地市报新闻奖的作品有《普洱市农民工工资保障金制度建设有突破》消息类二等奖,《挺起不屈的脊梁》通讯类二等奖,《寻找苦聪人的蜘蛛网衣》报告文学二等奖,《消费时代》专栏二等奖,《挖掘“田秀才”开发“土专家”南屏镇800余名乡土人才带动农户致富》标题二等奖,《林改催绿万重山》通讯类三等奖,《水涌改革浪》通讯类三等奖,《消费时代》专栏三等奖,《聚焦》专栏三等奖。获全国少数民族地区报纸好新闻奖的作品有《苦聪山寨今昔》通讯类三等奖,《林改催绿万重山》通讯类三等奖,《普洱市农民工工资保障金制度建设有突破》消息类三等奖,《温爷爷，我要谢谢你》通讯类三等奖。获云南省新闻工作者协会新闻理论研讨论文奖的作品有《浅谈州市党报对少数民族地区新农村建设的宣传报道》三等奖,《坚持“三贴近”打破思维定式，使典型宣传成为弘扬时代主旋律的生动载体》三等奖。获中国报协城市党报分会新闻论文奖的作品有《用思想大解放推动新闻宣传工作大发展》一等奖,《正确处理新闻报道中民族学问题》三等奖,《“新闻策划”是编辑必备的基本功》三等奖。获中国报协城市党报分会新闻奖的作品有《聚焦》专栏二等奖,《消费时代》专栏三等奖。获云南报刊副刊好作品奖的作品有《贺昆博刻画家村灵气涌动》三等奖,《寻找苦聪人的蜘蛛衣》三等奖。

第二章　广播电视

第一节　机　构

一、普洱市广播电视局

1978年年初，思茅地区广播事业管理站成立，隶属宣传部，为科级机构。1983年9月，撤销宣传部广播事业管理站，成立地区行署广播电视局，内设秘书科、宣传科和事业管理科，设局长1人，副局长2人；下属电视转播台和思茅655台。1989年4月，思茅地区编委批准地区广播电视局设立音像管理站，为独立的事业机构，编制4人，核定科级领导职数1人。1995年6月，行署广播电视局设立党组。1996年1月,《云南广播电视报·思茅版》创刊，地区广播电视局从系统内抽调4人负责报刊的编辑发行工作；10月，思茅地区行署广播电视局改为思茅地区广播电视局。地区编委办公室重新核定编制数为20人，设局长1人，副局长2人，科级职数5人。2000年，思茅655台上划省局管理。2002年2月，行署办公室下发《关于印发思茅地区广播电视局职能配置内设机构和人员编制规定的通知》，确定地区广播电视局内设办公室、社会管理科、资产财务科、总编室、总工程师办公室，编制为20人，设局长1人，副局长2人，科级领导职数5人。2003年3月，地区编委办同意将地区广播电视局音像管理站更名为云南广播电视报思茅周刊编辑部，原有编制4人不变，核定科级领导职数1人。2004年6月，思茅市编委同意市广播电视局机关增加科级领导职数增加到6人。2005年7月，云南广播电视信息传输网络股份有限公司思茅分公司挂牌成立，有线电视台“事业转企业”，由省公司垂直管理。2007年，普洱市广播电视局三个频道整合，公共频道不再是独立的法人单位，市广播电视局下属单位为普洱人民广播电台（2个频率）、普洱电视台（3个频道和《普洱周刊》编辑部）、普洱市广播电视局电视转播台。

1978—2007年普洱市广播电视局领导任职表

表31-2

单位	姓名	性别	民族	籍贯	职务	任职时间
思茅地区广播电视局	谢学良	男	汉	云南玉溪	副局长	1983.9—1984.7
					局　长	1984.7—2001.12
					党组书记	1997.10—2001.12
	马超群	男	汉	云南弥勒	党组书记	1995.6—1997.10
					副局长	1995.1—2003.10
	李　钊	男	汉	云南华宁	党组书记、局长	2001.12—2003.10
	杨宗颐	男	汉	云南昆明	副局长	1984.4—1988.11

续表 31-2

单位	姓名	性别	民族	籍贯	职务	任职时间
思茅地区广播电视局	刘占杰	男	汉	河北博野	副局长	1988.7—1994.8
	黄灿宁	男	彝	云南镇沅	副局长	1993.1—1995.1
	段方侃	男	哈尼	云南墨江	副局长	1995.1—2003.10
	张建林	男	汉	山东陵县	副局长	1999.1—2001.4
思茅市广播电视局	李　钊	男	汉	云南华宁	党组书记、局长	2003.10—2007.1
	马超群	男	汉	云南弥勒	副局长	2003.10—2007.1
	陈　蜀	男	汉	云南思茅	副局长	2003.10—2007.1
普洱市广播电视局	李　钊	男	汉	云南华宁	党组书记、局长	2007.1—2007.12
	陈　蜀	男	汉	云南思茅	副局长	2007.1—2007.12
	窦小烨	男	汉	云南墨江	党组成员	2007.12—2007.12
	苏建春	男	白	云南景东	党组成员	2007.12—2007.12

二、普洱人民广播电台

1994 年 9 月 9 日，经地区行署批准，同意建立思茅人民广播电台；12 月 13 日，地区编委核定电台编制 5 人，科级领导职数 1 人。1995 年 4 月，地区广电局从地、县有关部门选调 5 人，着手广播电台开播前的准备工作。8 月 23 日，思茅地区编委同意增加电台编制 5 人。10 月 1 日，思茅人民广播电台正式播出，播出频率为调频（FM）93.1 兆赫，播出时间为每天 6 时 30 分至 23 时。12 月 8 日，地区编委办同意电台增加编制 2 人。1996 年 9 月 4 日，地区编委办同意电台增加编制 1 人，电台编制总人数 13 人。1997 年，广播电影电视部《关于思茅大尖山启用调频广播频率的批复》，同意云南省广播电视厅在思茅大尖山启用调频规划频率 93.1 兆赫，用于转播云南人民广播电台第 1 套新闻节目，同时播出思茅人民广播电台的自办广播节目。2001 年 3 月，电台成立党支部，负责电台的党建工作。2002 年 3 月 4 日，经国家广播电影电视总局批复，同意思茅地区增设广播业务，广播业务称思茅人民广播电台，发射频率 106.9 兆赫。2006 年 5 月 25 日，市广电局向思茅市政府呈报《关于开办思茅人民广播电台交通旅游音乐频率的请示》。9 月 5 日，市政府作出批复，同意电台开办交通旅游音乐频率——“茶都调频”。10 月 1 日，“交通旅游音乐频率”正式开播。至此，电台拥有了两个频率，开办两套广播节目。第 1 套广播为新闻综合频道“茶城之声”，频率 FM93.1 兆赫；第 2 套广播为交通旅游音乐频道“茶都调频”，频率 FM106.9 兆赫。11 月 9 日，思茅市编委办同意电台增加编制 8 人。2007 年，经过市委、市政府批准，普洱人民广播电台从科级单位升格为副处级单位。根据市编委批复，电台内设新闻综合频道、交通旅游音乐频道、新闻中心、办公室、总编室、技术播出中心、广告部；内设台长 1 名，副台长 3 名；台长为副处级，副台长为正科级，各职能部（室、中心）主任为副科级。

三、普洱电视台

1989 年 5 月，思茅行署广播电视局筹建思茅电视台；10 月 1 日，电视台试播，呼号为思茅实验电视台。当天晚上 8：00《思茅新闻》正式播出。之后，由思茅电视转播台使用 300 瓦电视差转机发射 10 频道，每周定期播出 2 次思茅实验电视台自办节目（星期四、星期五），每晚开播 3 小时（20：00—23：00）。思茅实验电视台除了播出新闻节目外，还播出一些专题片和资料片。1991 年

8月，思茅行署正式上报云南省广播电视厅，并呈报国家广播电影电视部，申报成立思茅电视台。1992年1月，思茅地委、行署下发《关于建立思茅电视台有关问题的通知》，同意行署广播电视局向上级业务主管部门申报建立思茅电视台；电视台应置于地委、行署直接领导下开展工作，在行政上隶属行署广播电视局，在政治方向、宣传方针方面由地委宣传部领导；思茅电视台是担负自办本地电视节目的事业单位，台长按副处级配备，内部机构设置和人员编制由编委核定；电视台所需设备，随财力好转逐年逐项解决；电视台每年所需经费，列入地区财政年度预算。3月，思茅地区编制委员会核定思茅电视台副处级领导职数1名，科级领导职数9名，其中3名用于配备副台长及党支部专职副书记，另外6名用于配备内设部、室领导；4月，思茅地区编制委员会下达《关于核定思茅电视台人员编制的通知》，思茅电视台为全民所有制事业单位，暂核定事业编制25人，人员配备根据事业发展及工作需要，分年逐步核批到位；设台长1人，副台长2人，内办公室、总编室、技术部、新闻部、专题部（含广告）、播出部；9月，国家广播电影电视部批复云南省广播电视厅，同意成立思茅地区电视台，呼号为“思茅电视台”。主要任务是转播好中央和省电视台节目，办好新闻、专题、知识性、文艺性和服务性节目。1993年5月，中共思茅地直机关委员会同意成立中国共产党思茅电视台支部委员会。7月8日，思茅电视台在租赁的思茅农场办公楼举行挂牌仪式。1997年3月31日，思茅地区行署同意建立思茅地区有线电视台，使用原《思茅电视台调频骨干台》的机构、编制，实行有线无线播出合一的体制，行署广电局开始筹建有线电视台。1999年1月1日，有线电视台开播，推出《有线新闻》《思茅话题》《音乐无限》《点歌》等栏目，采用有线传输形式播出；8月，按照地委、行署的要求，思茅电视台新闻综合频道的节目通过租用邮电光缆传送到县（市）。2001年11月，经济生活频道成立。2002年9月1日，思茅电视台公共频道在原经济生活频道的基础上组建开播，并增加事业编制7人，增编后合计总编制22名，新增7名人员编制实行差额拨款。各县（市）按上级的统一部署，取消了自办节目频道，确定在公共频道划定的时段内播出本地新闻等自办节目，每天两个时段，每个时段半小时。2005年，广电总局下发《广电总局关于云南省市（地）、县（市）教育电视播出机构职能转变工作实施方案的复函》，同意思茅市教育电视台不单独保留，并入当地同级电视台，并开办一套科教频道，呼号为“思茅电视台科教频道”；11月1日，思茅市政府同意思茅教育电视台并入思茅电视台设立思茅电视台科教频道。2006年8月，思茅市广播电视局成立思茅电视台科教频道筹建领导小组，推进科教频道的筹建工作；11月23日，科教频道试播，人员、财务等相对独立，但不是独立的法人单位，科教频道首先开办《科教资讯》和《欢乐茶乡》两档栏目；12月31日，根据省报改革精神，《云南广播电视报·茶城周刊》编辑部并入思茅电视台。2007年11月，经上级批准，普洱电视台新闻综合频道、公共频道、科教频道整合，公共频道不再是独立的法人单位。

四、普洱市广播电视协会

1995年年初，地区广播电视局成立学会筹备组，拟成立广播电视学会；5月23日，地区广电局下发《关于成立思茅地区广播电视学会请示的批复》，同意筹备组关于成立思茅地区广播电视学会的请示；8月7日，行署民政处下发《关于准予“思茅地区广播电视学会”登记的批复》，同意成立“思茅地区广播电视学会”，并审议通过学会章程。批复明确地区广播电视学会接受地区广电局的领导和地区民政处的监督管理，每年向广电局和民政处报送工作总结和工作计划。学会根据章程规定，设立理事会和常务理事会，设会长1人、副会长若干人，秘书长1人。同年，学会组织开展1994年度思茅广播节目奖的评选工作，并负责推荐优秀节目参加省级以上奖项的评选。此后每年都组织开展上年度的广播节目奖评选活动。1998年开始，增加了电视节目的评选和推荐工作。2001年4月，学会第一届理事会任期届满换届。当时有团体会员14个，包括思茅人民广播电台、思茅电视台、地区有线电视台、地区中波台（655台）和10县（市）广电局；有个人会员127个。2002年开始，地区广电局实施精品工程，创新创优取得重大突破，进入全省各州市的先进行列，此后一直保持稳中有升的势头。2003年12月，地区广电局召开创优表彰及网络整合工作座谈会，对获得省级以上奖的作品作者进行表彰奖励，并从此确定了创新创优奖励制度，对获得省级以上政府奖的作品、作者，根据不同奖项，由地区广电局发给一定的奖金，并要求获奖单位对获奖作者按照地区广电局奖励标准的2倍给予奖励。地区广电局的奖励标准是：获得中国广播电视政府奖的，一等奖奖励10000元，二等奖奖励5000元，三等奖奖励3000元；获得云南广播电视政府奖的，奖金参照省广播电视学会的标准执行；获得云南新闻奖一、二、三等奖的，分别按300元、200元、100元给予奖励。这项措施激发了广播电视工作者的创新创优积极性，全市广播电视创新创优工作得到进一步加强。2004年4月，学会第二次换届。2005年，中国广播电视学会更名为中国广播电视协会，思茅市广播电视学会也相应更名为思茅市广播电视协会。同年，协会在景东县组织开展市内首次电视异地采访活动。2002—2006年，全市获省级以上政府奖的广播电视作品148件，其中国家级二等奖3件（电视新闻专题《最后的瑶家山寨》、广播专题《走出大山的苦聪一家人》、电视消息《总理牵挂的苦聪人喜迁新居》），三等奖2件（纪录片《布朗风情》和《山魂鼓韵》）；云南广播电视政府奖135件（“十佳栏目”4个，一等奖17件，二等奖43件，三等奖71件）；云南新闻奖8件（二等奖3件，三等奖5件）。有《用“三个代表”重要思想统领广播电视工作》《创新思维与广播电视创优初探》《“说新闻”之我见》《为构建和谐社会鼓与呼》《广播新闻语言也需美文》等20篇论文获云南广播电视政府奖一、二、三等奖。2007年年末，协会有团体会员14个，包括普洱人民广播电台、普洱电视台、普洱市电视转播台、普洱广电网络分公司和10个县（区）广电局；有个人会员133人。同年，开展市内首次广播电视学术论文评选活动，编辑出版《普洱论坛——广播电视学术研讨会论文专辑》。

五、转播台（站）

1978年7月，思茅地区开始动工兴建思茅10千瓦电视调频骨干转播台。1979年5月，电视转播台安装使用100瓦电视发射机转播云南电视台节目。1981年2月，电视转播台建立党支部，负责党建工作。1982年8月，电视转播台试行录像重播，每天安排专人在昆明录制云南电视台节目，带回本台播放，播出时间晚了两天。1983年3月，电视转播台建起71.8米高的电视发射塔，安装蝙蝠翼天线全向发射。12月，思茅10千瓦调频骨干转播台工程完工，工程包括工作区（大尖山）的发射机房、柴油机房、发射铁塔、高压输电线及生活区（思茅二中一侧营盘山）的办公室、宿舍等，总投资248.08万元。1984年7月，10千瓦四频道彩色电视发射机和转播云南人民广播电台调频广播节目的10千瓦调频发射机开始工作。思茅大尖山电视转播台成为云南省4个骨干台之一，思茅地区10个县的县城所在地以及西双版纳州、临沧地区均可以直接或间接（差转）收到思茅大尖山电视信号。最初，大尖山电视转播台每天转播两套电视节目，即100瓦机用6频道转播云南电视台录像节目，10千瓦机用四频道转播中央电视台第1套节目。1985年11月，思茅大尖山电视转播台建成思茅地区第一座卫星电视接收站。1986年6月，建成昆明—思茅—西双版纳微波干线，大尖山能够直接收到当天云南电视台图像清晰、伴音清楚的电视信号。大尖山电视转播台改用10千瓦4频道转播云南电视台节目，100瓦机6频道转播中央电视台第1套节目，停止了录像重播云南电视台节目。1987年，省、地、县各级政府拨出专款，用于发展广播电视事业，省有关部门对思茅地区9个县和思茅大尖山电视转播台均给予补助款，用于购置设备。行署重点解决思茅坝子收看3套电视节目的补助款。1989年12月，电视转播台架设的自立式电视发射塔建成，铁塔高72米，改善了思茅城区及周边地区收看6频道（转中央电视台第1套节目）、10频道（转思茅地区台自办节目）、13频道（转中央电视台教育电视台节目）、8频道（转云南电视台第1套节目）、19频道（转云南电视台第2套节目）电视节目的效果；年底，全地区已建起卫星电视收转站或接收站118座，1992年11月，思茅大尖山—思茅城（地区广播电视局宿舍屋顶机站）—思茅营盘山的微波线路开通，实现了将思茅电视台的节目送至大尖山播放，同时将昆明传送至大尖山的云南电视台节目送至营盘山播放的预期目标。2005年年末，全市建起卫星电视收转站6676座。2006年后不再建设卫星电视收转站。至2006年年末，国家及云南省先后投资数百万元，对大尖山的机房、铁塔及防雷接地网进行改造，用25、40、46频道分别转播中央电视台第1、7套和云南电视台第1套电视节目；用94.2兆赫、93.1.兆赫、106.9兆赫3个频率，分别转播中央人民广播电台第1套、云南人民广播电台第1套和思茅人民广播电台的节目。2007年年底，全市共建起电视转播台（站）743座，各级电视转播台（站）有电视发射机991部，发射总功率35.812千瓦，电视综合覆盖率94.95%。

第二节　宣传纪律

一、宣传管理

（一）政治方向

1978年后，普洱市、县（区）广电局在每年召开广播电视工作会议时，都安排部署当年的宣传工作任务，提出工作要求。日常通过下发文件、发放宣传通报等形式，及时传达上级宣传工作的指示精神，层层督促检查，落实宣传工作任务，把握正确的政治方向。全市广播电视宣传工作始终坚持党的宣传方针和原则，认真落实节目播出有关审查制度，围绕党委、政府的中心工作，正确宣传党的路线方针政策，报道各行各业的工作和取得的成就，报道人民群众的生产生活情况和精神风貌，发挥积极的宣传舆论引导作用。2005年开始，市广电局对市电台、电视台实行宣传工作目标管理责任制，每年下达对内对外宣传工作任务，明确奖惩规定，年终根据任务完成情况实施奖惩。

（二）业务培训

1995年，省广播电视学会举办为期1个月的采编播业务培训班，地区广电局、电台及部分县广电局共派出8人参加培训。2000—2005年，市广电局（或电台、电视台）每年举办1至2期培训班，每期时间半天至2天，主要请中国传媒大学、云南大学和云南电视台的专家、教授为普洱市新闻从业人员讲课。市电视台每年送2人—3人到中国传媒大学举办的培训班学习，或到省电视台跟班学习。县（区）广播电视局（台）也派部分记者到市电视台跟班学习。市电台以参加本地培训为主，有少量的外出参观考察学习。市电台、电视台和各县（区）广播电视局还每年选派部分从业人员参加各级广播电视评奖会观摩学习，参加市委宣传部举办的新闻理论培训班学习，多渠道培训从业人员，提高宣传队伍的理论水平、知识素养和业务技能。2005—2007年，全市广电系统每年培训新闻从业人员200多人次。

（三）宣传报道

2005年后，根据宣传部门的要求，对重大宣传工作，注意事先策划，做好事前安排，以确保圆满完成任务。对突发事件，则根据有关应急预案开展宣传报道，做到忙而不乱。对历届各级党代会、历届各级人大政协“两会”、学习实践“三个代表”重要思想、贯彻落实科学发展观，以及奥运会、昆交会、历届中国普洱茶节、撤地设市、更名庆典等各类重大活动、重大节庆、重大工作的宣传，广播电视主管部门及媒体都能事先制定出宣传报道方案，任务到人，分阶段落实，确保报道适时、客观、准确、到位；对抗震救灾、防治禽流感等突发重大事件，则根据应急预案，及时做好宣传报道工作，积极发挥正面舆论引导作用，做到“帮忙不添乱”。

（四）经验交流

1985年，云南省广电局开始组织优秀广播节目评选活动，行署广电局推荐新闻稿件参加评选，澜沧县广播站播出的新闻《澜沧拉祜族自治县竹塘粮管所为群众解决卖粮难问题》获省级三等奖。此后，行署广电局每年度都推荐新闻稿件参加省级评选，并且都有作品获省级以上奖。1991年3月，行署广播电视局召开思茅地区1990年度优秀广播节目评选会，评出10篇优秀作品，其中一等奖2篇，二等奖4篇，三等奖4篇，此后，每年都开展上一年度优秀广播节目评选活动。1995年8月，思茅地区广播电视学会成立，从此，地区优秀广播节目评选由学会具体负责。1999年开始，增加电视节目的评选。2001年2月，地委办公室、行署办公室下发《关于加强全地区性文艺新闻出版评奖立项管理工作的通知》，“思茅地区广播电视奖”列在“首批批准立项的全地区性常设文艺新闻出版评奖项目名单”中，主办单位为地委宣传部和地区广播电视局，从此，“优秀广播电视节目奖”正式设为“广播电视政府奖”。当年广播电视学会就承办了2000年度思茅广播电视政府奖的评选工作，共评出29件获奖作品。此后，“思茅广播电视政府奖”每年度评选一次。思茅市更名为普洱市后，“思茅广播电视政府奖”相应更名为“普洱广播电视政府奖”。2005年，根据省广播电视局的要求，广播电视学会更名为广播电视协会。当年在景东县组织开展了市内首次电视异地采访活动，各县（区）广电局（台）和市电视台两个频道共拍摄、制作了13个电视专题片、3条新闻。通过协会组织评选，获得一、二、三等奖的节目在市电视台新闻综合频道和各县（区）广播电视局（台）展播。2007年，开展了首次广播电视学术论文评选活动，收到论文55篇，通过评选，对获得一、二、三等奖的作品作者给予表彰奖励，并编辑出版了《普洱论坛—广播电视学术研讨会论文专辑》。

二、安全播出

2002年，中共十六大召开前夕，广播电视播出受到国外敌对势力的恶意攻击，强化广播电视安全播出成为举国上下关注的热点。各级广播电视行政主管部门及播出单位，成立专门机构，确定相应人员，加强广播电视安全播出管理，严防敌对势力及组织的干扰破坏。同年9月，地区广电局成立安全播出指挥部，由主管技术工作的副局长任指挥长，局总工办主任任总调度，对全地区广电系统安全播出实行统一领导、指挥、协调。为确保十六大召开期间的广播电视安全播出，地区及各县（市）制定3套以上的广播电视应急播出方案，以应对可能出现的各种紧急情况。全地区广电系统共投资53万多元用于购置播出切换器、信号备份源、节目监视器等设备，在设备检修、线路安全维护方面投入大量人力、物力和财力，以保证中央电视台第1套和中央人民广播电台第1套节目的安全优质播出。为适应工作需要，全地区11个县级以上的有线广播电视播出机构先后建立线路巡查制度，重点对广电网干线和主要放大器、光节点和人口密集的居民小区进行巡查。地、县（市）各级广电系统播出机构采用分片、分段包干的方式，把巡查责任落实到人，确保广电线路畅通。各播出机构对在岗人员进行资格认证培训，保证在岗人员技术上过硬、政治上可靠。机房实行24小时双岗值班，对重点时段的播出，局、台负责人亲自到场，值班人员做到眼不离屏幕，手不离开关。2003年8月，思茅地区广电系统在安全播出工作中实现了“零秒停播”，被省广电局评为“党的十六大安全播出先进集体”。2007年9月，成立普洱市广播电视安全播出应急协调领导小组及办公室，负责对全市安全播出统一管理、调度和指挥，办公室设在市广电局。各县（区）也先后成立安全播出应急协调领导小组和安全播出指挥部，对做好中共十七大广播电视安全播出工作进行周密安排和部署，形成省、市、县（区）上下一条线、各有关部门、单位齐抓共管的安全播出工作格局。市广电局牵头制定了《普洱市广播电视安全播出突发事件应急协调预案》，加强业务和操作技能的培训和演练，建立健全应急协调联动机制，与10个县（区）广电局和4个市属播出单位签订安全播出管理责任书，明确各自的职责、任务，强化工作纪律。各播出单位层层签订责任书，并适时开展自查自纠，对存在的问题进行整改，安全播出工作做到任务到部门、责任到个人。

三、行业管理

1983年，思茅地区行署广播电视局随着事业规模扩大，行业管理逐步走向正轨。1984年，云南省广播电视厅规定，无论全民、集体、企事业单位或个体劳动者，经办理规定手续，均可从事营业性录像放映活动。1985年年初，营业性录像放映在云南省各地展开，思茅地区许多单位和个人先后购置录像设备，申请经营性放映；6月底，思茅地区营业性录像放映户112户；9月22日，按照中央办公厅《关于禁止营业性录像放映和加强录像管理的通知》要求，思茅地区停止录像放映。1986年3月，通过清理整顿，云南省广播电视厅转发云南省社会文化管理委员会第三次会议通报，对符合条件可以放映服务性录像的单位在严格办证手续的同时予以办理，不允许个体户从事录像放映；9月，地区广播电视局设立录像带供应站，根据云南省广播电视厅关于印发《云南省电影录像带发行放映管理暂行办法》的通知精神，地区电影公司也同时开展了发放电影录像带的业务。年底，音像管理始终坚持管内容、管审批、管发行、管设备，办理录像放映许可证78户。年内，对拥有音像设备的单位进行清理登记，对服务性录像放映点和各单位自己保存的录像带进行检查，收缴非法出版录像带123部（683盘），对869盘非国家音像出版单位正式出版的录像磁带和22500盘不合格的录音磁带进行消磁处理，同时发放有准映证的电视节目录像带30部（137盘），地区电影公司电影录像发行站有电影节目录像带21部（42盘）。1987年1月，在思茅地区广播电视工作会议上，就如何抓好广播电视管理工作作了专题探讨，制定出《1987年各县广播（有线广播、调频、小中波）、电视台（站）、统计年报、音像管理四项工作竞赛办法》，首次尝试通过竞赛评比的方法促抓各项管理工作，之后，连续三年组织开展全地区性的竞赛评比表彰工作。1988年7月，为健全完善工作秩序，根据云南省广播电视厅的要求，地区广播电视局配合地区无线电管理委员会对思茅地区100瓦以下电视转播台进行清理，完善建台手续，为电视转播台办理频率执照和设台执照，制定出思茅地区调频广播规划和全地区各县城电视分米波频道规划。年内，音像工作出现多渠道管理发行的局面，除地区广播电视局和地区电影公司原设立的电视、电影录像发行站外，地区文化系统由地区群众艺术馆牵头扶持乡镇文化站搞好文化教育娱乐活动，丰富基层群众文化生活。1989年，云南省广播电视厅重申音像市场和录像放应由广播电视部门为主，归口强化管理；4月，思茅地区编委批准地区广播电视局正式成立音像管理站，属独立的事业机构，以加强音像管理发行工作；8月，省政府召开云南省社会文化管理工作会议，明确提出一手抓繁荣，一手抓扫黄除污，清理整顿音像市场，制定《云南省录音录像管理试行办法》，下发《关于清理整顿文化市场的通知》；9月28日，中央办公厅发布《关于整顿清理书报书刊和音像市场，严厉打击犯罪活动的通知》，全地区各县广播电视、文化等部门分三个阶段对音像市场进行全面认真的清理检查，理顺地、县级广播电视、文化部门在城区音像文化管理工作中的关系；9月底，全地区共收缴非法经营及有害的伪劣录音磁带21806盘，录像带313盘；没收查禁录像带8盘；治安处罚录制和传播淫秽录像人员12名；取缔无证录音带销售点23户、录像放映点2个；公布查禁片目6批156种、录音带1批14种；年底，音像管理站共办理录像设备使用证335个，闭路电视（有线）许可证14个，录像放映许可证127个，有节目录像带497部（700多盘）。1990年后，社会音像市场的管理工作主要由文化部门直接负责，广播电视部门不再审批办理相关事宜。地、县（市）广播电视部门按照国家、省级部门的有关通知精神，取得当地党委、政府的支持，与公安、工商、文化等部门配合，加强对广播电视设施、有线电视及广播电视节目安全播出和收转境外卫星电视节目的清理工作，查禁擅自收转境外卫星电视节目和破坏广播电视设施及有线电视网设备的非法行为，清查违规销售和违规安装卫星电视地面接收设施，广泛宣传法规，认真审核办证。2000—2005年，全市广播电视系统建立一支100多人的行政执法队伍，按照行政许可法的规定，开展对系统内行政许可项目和实施主体及收费项目的清理审核工作，出台《思茅市广播电视局卫星电视广播地面接收设施行政管理审批事项制度》，向社会公布，开展对销售、安装卫星电视广播地面接收设施的清理整顿工作，对电信部门开办的“宽视通”和“茶城信息港”网站传播视听节目等业务工作情况依法进行督查管理。

第三节　广播电台

一、节目设置

1978年后，各县广播站调整了播音时间，每天播出时间增到4小时—5小时，即上午6时30分至7时30分或8时，中午11时30分至12时或12时30分，下午18时至20时30分。自办节目时间也相对增加，平均每天播出45分钟至1小时，做到早、中、晚均播出自办节目。

1995年10月1日，思茅人民广播电台开播，开设以新闻宣传为主的“思茅早晨”节目部和以社教节目为主的“绿海晚风”节目部。“思茅早晨”时段从早晨6时30分转播中央人民广播电台的《新闻和报纸摘要》，至中午12时结束；其间办有《思茅新闻》《新闻瞭望》《健康服务》《生活与百科》《每周一歌》《历史上的今天》等栏目。“绿海晚风”时段从下午18时30分开始至23时结束；其间办有《听众点歌》《对农节目》《文学天地》《经济生活》等节目。两个时段全天播音11小时。随着事业发展，节目、栏目逐年改革改版，先后开办了《普洱新闻》(原《思茅新闻》)、《新闻透视》(原《新闻瞭望》)、《绿色田野》、《法制园地》、《交警之声》、《相约931》、《经济30分》、《民族天地》、《茶都文苑》、《听众点播》、《老年康乐园》、《影视信息》、《书海漫步》、《校园风景线》、《走近科学》、《黄金时段别走开》、《普洱政风行风热线》等栏目。2006年10月，交通旅游音乐频率开播。全台除新闻节目以外，其他节目全部实现直播，新推出了《资讯天下》《搜寻天下》《艾格制造》《生活早班车》《一网打尽》《飞越城市》《沸腾1000度》《交通新干线》《叶子说事》等一系列直播节目。2007年，固定栏目17档。

二、节目创优

1997年度，电台选送的广播消息《小额信贷使我区一千多户农嫂拨动小算盘》和经济节目《市场风景线》获云南广播电视政府奖三等奖。2002年，电台成立创新创优工作领导小组，建立创新创优激励机制，实行创优课题组制度和台内节目评优制度，制定《思茅人民广播电台创新创优奖励办法》，把创新创优贯穿于整个广播宣传工作中，对台内批准的创优选题给予经费支持，并对作品获省级政府奖以上的采编播人员实行重奖。2005年，电台的创优成绩名列全省第三名。2005—2006年，“在中国广播影视大奖”评选中，《走出大山的苦聪一家人》荣获“优秀广播专题”提名奖。1995—2007年，电台共有138件作品获省级广播电视奖，其中“十佳栏目”3个，一等奖18件、二等奖53件、三等奖64件。

三、通联工作

1995年后，电台通过各种形式，组建、发展通讯员队伍。至2007年，通讯员人数发展到100多人，并长期保持稳定。这些通讯员分布在各县（区）、各部门，多数是各县（区）广电局的业务骨干，还有部分机关、企事业单位和部队的宣传干部或业余爱好者。电台节目内容涉及社会经济、政治、医疗、卫生、教育等各方面，依靠社会各界通讯员力量来开展。广大通讯员通过传真、电子邮件向电台传送稿件，交由电台编辑负责收集、筛选、分类、编辑、组稿，再交责任编辑认可后，送播音员录制。用稿情况一般由总编室及财务人员统计、核实，通讯员来稿一经采用即付稿酬。所有文稿均存留备案。电台每天播出的新闻节目中，通讯员稿件占80%左右。

四、广告经营

2004年，电台与电信部门合作，实现节目通过互联网在中国茶城网站电信之声网页同步播出。2006年，电台开办了“交通旅游音乐”频率（茶都调频），开通短信平台和热线电话，同时改善了设备，扩大覆盖面，使广播有更高的参与度和社会影响力，因而广告经营工作也随之得到拓展和加强。电台的广告时间分为三部分：每个频率每天17次整点冠名报时；每次整点报时后安排五分钟广告时间；每个频率设5个30分钟的广告专题时间。广告播出时间占所有节目播出时间的18%，其中公益广告占广告总量的15%。2007年，广告经营收入30万元。播出的电台广告节目注意运用语音的韵味和特点，以灵活多样的形式提高广告的可听性。随着管理软硬件的更新、节目栏目策划的创新及营销理念的拓展，广告节目的制作质量得到不断提高。公益广告《春节·回家》、经济广告《风花雪月啤酒》等部分作品获云南广播电视政府奖一、二、三等奖。

五、广播技术

（一）节目传输

1997年1月，使用1000瓦调频发射机在思茅大尖山电视转播台转播节目，广播覆盖面得到扩大。2003年4月，电台通过广电光缆将节目传送到9个县城的中心机房。2004年4月，省广电局拨给电台7部3瓦调频发射机、1部5瓦调频发射机，分别在墨江、景谷、江城、澜沧、孟连和西盟县城安装转播，电台节目实现了在9个县小功率的低水平覆盖。2006年4月，思茅市委、市政府给电台划拨50万元专项经费，用于采购广播采编播设备，电台购置了8部100瓦调频发射机，分别安装在景东、镇沅、景谷、墨江、澜沧、孟连、西盟县城区；10月1日，电台开办第2套节目（交通旅游音乐频率），思茅城区使用100瓦调频发射机转播，9个县采用小功率50瓦机同频发射转播。9个县城区可收听电台的两套自办广播节目。

（二）节目直播

2005年4月，电台首次联合云南人民广播电台在市体育运动中心现场直播第七届中国普洱茶节暨首届普洱茶嘉年华会、首届普洱茶交易会开幕式盛况。2006年10月1日，电台第2套频率（交通旅游音乐频率）开播，以直播方式播出节目，并开通热线电话和短信平台，每天播出18个小时；12月25日，电台首次依靠自己的设备和主持人，在思茅师专户外现场，直播了该校元旦文艺晚会实况。2007年年初，电台开通《政风行风热线》直播节目，市直各部门、各单位的主要领导先后走进电台直播间，就群众关心的问题，与广大听众进行交流，现场回答提问；5月，电台对墨江县举办的“哈尼之花”比赛决赛和“国际双胞胎节”开幕式实况进行现场直播，全市各县（区）群众能够及时从广播里收听到决赛和开幕式的盛况。

（三）发射与监测

1995年，电台投入37.5万元，添置了简单的采编设备，有2部JVC卡座录音机、1部CD机、1个调音台和2只话筒；使用1个调音台、1部卡座录音机转播自办节目；用2部模拟卫星接收机转播中央人民广播电台第1套节目和云南人民广播电台第1套新闻节目；用1部星球记录机做监听设备，记者使用的采访设备也仅有4部盒式录音机。1996年年底，电台新建2个录播间，增加4部卡座录音机、4部MD机、1部CD机和1个调音台，有了2套简单录制设备和1套播出设备。2001年4月，电台投资13.8万元建立数字音频工作站并投入使用。2005年11月，电台分别设立2个频率直播、录播机房。2006年，市委、市政府和省广电局拨款35万元，为电台配置专业直播调音台1个；4路热线电话机、广播延时器1部；自动报时器1套；6路主机分配放大器1部，4部广播监听耳机及话筒；7月，市政府拨款50万元，组建电台第2频率。

六、广播电视“村村通”

1991年，云南省实施“211”工程（每座站建1套2米直径的卫星接收天线，1部1瓦电视发射机，转发1套电视节目和1套调频广播节目）取得成效。为此，省广播电视局作出1999—2000年在全省实现“村村通广播电视”的长远规划。全地区各县（市）广播电视局经过深入调查研究，在充分论证的基础上，制定出发展广播电视事业的可行性规划和长远目标，对实施“村村通广播电视”作出部署，解决广大乡村群众听广播看电视的问题。各县（市）成立由县委或县政府主管领导亲自挂帅的“村村通广播电视”工作领导小组，部分县拨出专款对一些贫困村给予一定补助。1991—2000年，全地区共建村级卫星电视地面站1688座，960多个行政村建起了卫星站，除不通电的行政村外，通电的行政村均实现“村村通广播电视”，可同时转播1套—2套电视节目和1套广播节目，在一定程度上满足乡村群众对文化生活的需求。2004年，按照国家和云南省的统一规划部署，市广播电视局组织实施了50户以上通电自然村“村村通广播电视”工程建设，确定两年内在全市自然村建设“4+2”（收看4套电视节目、收听2套广播节目）卫星站、“8+2”小片网（8套电视节目和2套广播节目）和中频分配网1083座。工程涉及1083个自然村、4.2万多户农户、19万余人，总投资1734万元，其中国家和省投资1394万元，市财政配套300万元，各县（区）财政配套40万元。2005年3月，作为试点，澜沧县广电局在原东郎乡南甸村108社建成了一个卫星中频分配网络工程，该村20户农户可以收看到26套演播级的中央和省电视台节目。市广电局旋即了组织全市各县（区）广电系统工程技术人员前往考察评估，充分肯定了试点项目。随着“村村通”设备到位，全市各县（区）投入紧张的工程建设；12月底，“村村通”建设任务完成248座。2006年5月，全市完成1083座“村村通”工程站点建设任务，并通过省、市、县级验收。50户以上通电自然村实现了“村村通广播电视”的目标，受益人口19.57万人，农户可收看27套电视节目、收听16套广播节目。同年，市发展和改革委员会、财政局、广播电视局编制了《思茅市“十一五”广播电视村村通建设规划方案》。2007年，省发展和改革委员会下发《关于下达2007年广播电视村村通工程建设中央预算内专项资金（国债）投资计划的通知》，省发展和改革委员会、省广播电视局联合下发《关于印发2007年度云南省广播电视村村通工程建设实施方案的通知》，当年下达普洱市江城、澜沧、孟连、西盟边境县实施20户以上自然村“村村通”工程建设任务1743座（“兴边富民”工程广播电视“村村通”建设工程），涉及1743个自然村，74876户农户，工程总投资2614.5万元。

第四节　电　视

一、电视宣传

1982年年初，思茅电视转播台用1部单管摄像机，陆续拍摄了一些新闻和专题片，不定期在电视转播台插播，每次播出时间10分钟—30分钟。1988年2月，思茅县广播站定期每月播出3次电视自办节目，首播时间是每月10、20、30日；每晚开播3小时（20时至23时）。1989年2月，改为定期每周播出2次（星期一、星期二）；每晚开播3小时（20时至23时）。1989年3月，思茅地区电教馆“思茅教育台”定期开办教育节目，每周4次（星期三至星期六），每晚开播3小时（20时至23时）。1989年10月1日，思茅地区电视台开播，定期每周播出2次自办节目（星期四、星期五），每晚开播3小时（20时至23时）。以后随着节目量增加，播出时间也相应增加。1997年,《思茅新闻》实现日播。1999年1月1日，地区有线电视台开播，播出时间为每天18时至24时。2002年9月，思茅电视台公共频道开播，节目播出时间为10时至24时结束。同时，各县（市）取消了自办节目频道，改为在思茅电视台公共频道插播自办节目，时间为每天1小时（中午12时30分至13时，22时至22时30分）。2006年11月23日，电视台科教频道开始试播，节目播出时间为下午6时至次日凌晨零时30分。2007年1月1日始，随着节目量增加，电视台科教频道播出时间调整为上午8时至次日零时30分。年底，普洱电视台新闻综合频道、公共频道、科教频道合并，三个频道每天平均播出19个小时。

1982年年初，思茅电视转播台购买了录像机及单管摄像机，拍摄电视新闻片《欢迎两山作战部队胜利归来》，送到各县播放。1984年4月，拍摄反映景谷县农村增百致富情况的专题片《杧果之乡致富忙》，在思茅电视转播台播出。景东、普洱、澜沧县也分别拍摄了反映本县概况的专题片，到乡镇巡回放映，进行理想、纪律、热爱家乡及时事政策的宣传教育。各级广播电视部门和宣传部门配合，充分发挥录像设备的作用，积极组织群众观看形势教育录像片。1985年以后，思茅地区文化、科研部门购置摄像设备，但绝大部分属于小型摄像机，拍摄的质量、效果达不到专业技术指数要求，故多用于拍摄内部资料片，进行自身业务宣传或专题形势教育，同时也向电视媒体提供一些新闻素材。1986年10月，思茅地委宣传部和思茅县委宣传部购置了两部“业务级”摄像机，拍摄了一些反映农村基层党组织建设的新闻教育专题片。思茅地区电教馆也购置了“业务级”摄像机，开展教育教学宣传。1987年2月，思茅县广播站拍摄首部新闻片《思茅城区春节活动纪实》，播出后受到广大群众的欢迎和好评。接着，县广播站不定期地制作、播出了一些新闻片和专题片，自办电视节目开始引起社会的关注和支持，不少单位纷纷给予赞助，拍摄专题片。1988年2月，思茅县广播站使用50瓦差转机，发射12频道，定期每月逢十（10日、20日、30日）开办3次自办节目，播出思茅时政新闻。1989年2月起，改为每周播出2次（星期一、星期二两天）。1988年和1989年，在云南省委宣传部、云南省纪委、云南省广播电视厅联合主办的“党员教育录像宣传活动”中，思茅地委宣传部、思茅县广播站摄制的3部党员教育录像片《新的使命》《松乡耕耘颂》《民族的脊梁》分别获合格证，准许在全省内宣传放映，其中《民族的脊梁》被云南电视台采用播出。1989年3月，“思茅教育台”使用50瓦电视差转机，发射12频道，定期每周播出4天（星期三至星期六），开播中小学及幼儿园各种教学课程节目，到年底，自办节目播出700多个小时，对促进广大中小学的学习起到积极作用。6月，思茅地区广播电视局购置了“业务级”摄像机及编辑机。7月3日，播出第一组思茅时政新闻。10月1日起，思茅电视转播台使用300瓦电视差转机，发射10频道，每周2天（星期四、星期五）定期播出思茅电视台自办新闻节目和其他专题、文艺节目。1991年，思茅电视台的新闻节目增加到每周3组。1993年开始，思茅电视台除了办好《思茅新闻》外，还陆续开办社教、经济、文艺、服务等各类节目（栏目）。1996年，思茅电视台的新闻节目增加到每周四组，1997年，思茅电视台的新闻节目实现日播。1999年1月，有线电视台开播，开办《有线新闻》和几档其他节目，随后有线电视台改为思茅电视台经济生活频道、再改为公共频道，《有线新闻》改为《公共新闻》。2002年9月1日后，随着文化体制的改革与调整，按照《云南省〈市（地州）县（市）广播电视播出机构转变职能工作方案〉实施办法》，各县（市）广电局同时取消电视自办节目频道，改为在云南电视台公共频道和思茅电视台公共频道划定时段上插播当地自办节目。2006年11月，科学教育频道试播，开办《科教资讯》和《欢乐茶乡》。2007年年底，三个频道合并，当年固定自办栏目14档。

二、新闻类栏目

（一）《普洱新闻》

1989年10月1日，思茅实验电视台试播，《思茅新闻》诞生，当年摄制播出图像新闻193条，播出文字口播新闻146条，播出新闻专题片26部、资料片12部。《思茅新闻》是一档以时政新闻为主的综合性新闻栏目，是电视台长期稳定的主打节目，是电视台“新闻立台”的支柱。《思茅新闻》开播以后，逐渐成为各级领导和广大观众获取本地信息最重要的渠道。《思茅新闻》开办初期，每组10分钟，每周播出2组，于晚上8：00播出，每组皆有重播。《三千亿元后的思考》《播撒下幸福和希望》《她有一颗火热的心》专题片起到了较好的宣传效果。1992年，《思茅新闻》播出图像新闻538条，口播新闻122条，专题片4部；送云南台播出新闻50多条，送中央台播出新闻14条，其中3条上了新闻联播。1993年4月7日，首届中国普洱茶节实现第一次现场直播，直播并采用微波传输的方式，把现场信号传到大尖山，再通过大尖山10千瓦发射机传向全地区。全年送云南电视台播出新闻107条，送中央电视台播出新闻20条。1995年，新闻栏目逐步与省台、中央台接轨，新闻节目、新闻评论节目、新闻专题节目、新闻综合版块栏目成为《思茅新闻》的主体，先后开设《绿海潮》《米袋子、菜篮子》《企业巡礼》《来自党的基层组织建设的报道》等专栏，逐步减少、改进会议报道，各县（市）的报道分量得到加大。1996年，《思茅新闻》从原来的每周播出三组改为每周播出4组，并推出《一周要闻》栏目。当年送省台播出新闻180条，送中央台播出新闻10条。1997年，随着设备的增加和改善，《思茅新闻》实现了日播，新闻时效性明显增强，许多重要新闻都能够在当天播出。全年送省台播出新闻200条，送中央台播出新闻10条。1998年，送省台播出新闻220条、专题5个；送中央台播出新闻10条、专题3个。1999年，播出新闻2948条，送云南台播出新闻110条、专题片19部；送中央台播出专题片1部；与中央台、云南台合拍专题片3部。同年8月，《思茅新闻》通过租赁邮电光缆，采用有线传输方式，将《思茅新闻》信号传到各县。2000年，《思茅新闻》播出新闻3000条，送省台播出新闻200条，专题片8部。2001年，

《思茅新闻》播出新闻3251条，其中本台自采1155条，占总量的35.5%；通讯员来稿采用2096条，占总量的64.5%，基本形成了全地区新闻联播的格局。全年送云南台播出新闻210条、专题片9部；送中央台播出新闻61条；与中央台合作拍摄、播出专题片4部（《梦牵孟连》《野象》《北回归线上的民族》《绿洲思茅》）；在上海电视台《西部之窗》播出专题片《咖啡因你喜欢因你忧》。2002年，《思茅新闻》全年用稿3583条，其中本台自采1554条，占总量的43.37%；通讯员来稿采用2029条，占总量的56.62%。全年送云南台播出新闻215条、专题片11部；送中央台播出新闻9条；与其他电视台合作拍摄播出专题片15部。2003年，以宣传防范、抗击“非典”和第六届中国普洱茶节等重大事件、重大活动为重点，全年送云南台播出新闻210条。2004年，思茅撤地设市，电视台拍摄了三个关于撤地设市的广告，在云南卫视播出；同时在《思茅新闻》中开辟《迎撤地设市、建中国茶城》《党代会特别报道》《两会特别报道》《代表、委员的声音》《百姓寄语》等专栏，围绕撤地设市展开全方位的宣传报道，播出相关新闻139条；邀请云南电视台新闻中心和《走遍云南》摄制组记者到思茅拍摄，在云南台播出《请到茶城思茅来》等8个专题片、10条茶城建设系列报道及相关新闻。广播电视光缆传输网建成,《思茅新闻》从通过邮电光缆传输改由广播电视光缆传输，实现了省、地、县（市）节目互传。2005年，以保持共产党员先进性教育活动、第七届中国普洱茶节、高致病性禽流感防治、抗震救灾等为重点,《思茅新闻》制作、播出新闻3562条，送云南台播出新闻200条；送中央台播出新闻8条。2006年，围绕小康社会建设、新农村建设、和谐社会建设等重点问题,《思茅新闻》播出新闻3000多条。新闻综合频道和公共频道合计送云南台播出新闻257条；送中央台播出新闻32条，其中《新闻媒体首次拍摄到无量山黑冠长臂猿》、《思茅至小勐养高速公路通车》等5条上了《新闻联播》。当年还由思茅电视台牵头，在普洱县召开了“云南省城市电视台协作会2006年度年会”，全省16个州市电视台按不同的选题，拍摄了16个反映普洱县自然风光、茶马古道、普洱茶等各方面内容的专题片，在16个州市集中展播。2007年,《思茅新闻》改为《普洱新闻》。11月，电视台三个频道合并，新闻播出及外宣情况合并统计。以迎接十七大召开、思茅市更名为普洱市、社会主义新农村建设、构建社会主义和谐社会、集体林权制度改革、宁洱县“6·3”地震等大事、特事为重点，三个频道共播出新闻5000多条。在云南台发稿506条，在各州市电视台中排名第5名；在中央台播出新闻80条（次），专题片8部，其中11条新闻上了《新闻联播》，创送中央台播出新闻的新纪录。还与中央台艺术品投资栏目合作拍摄“普洱寻宝、赛宝会”，与中央台二套合作进行“东西南北过大年”普洱少数民族过年风俗、风情现场直播，与中央台、云南台合作录播青岛啤酒——CCTV（倾国倾城，最值得向世界介绍的中国名城）“建设普洱新家园”主题晚会，与云南电视台合作拍摄播出“普洱华章”。

（二）《公共新闻》

1999年1月1日，思茅地区有线电视台开播，推出新闻节目《有线新闻》，每周播出2组，时长10分钟，每晚19：30首播。2001年，经济生活频道在有线电视台基础上成立，当年《有线新闻》采播新闻超过800条。2002年9月1日，公共频道在经济生活频道基础上组建开播,《有线新闻》改为《公共新闻》。《公共新闻》主要围绕市委市政府的工作大局，全面深入地报道普洱市经济社会新闻，以新闻敏感性和新闻洞察力，对经济、社会、生活服务类新闻进行深度挖掘，透过平常的资讯，去洞悉背后的新闻价值，关注社情民意，服务百姓生活，与观众一起关注发生在身边的国事家事。《公共新闻》偏重于民生、百姓话题，贴近群众、贴近基层，很受观众欢迎。当年播出新闻954条，送云南台发稿42条，送中央台播出专题片1部。2006年,《公共新闻》播出新闻达1900多条，与新闻综合频道共同完成了外宣任务，两个频道合计送云南台播出新闻257条，积3280分；

送中央台播出新闻32条，其中5条上了《新闻联播》。2007年年底，三个频道合并，新闻播出情况合并统计。

（三）《一周要闻》

1996年推出《一周要闻》，是新闻综合频道每周的重要新闻汇编，每组时长10分钟，周日晚播出，是观众尤其是本地领导干部了解本周重要事件、重要信息的重要平台。2007年节目停办。

（四）《今晚十点半》

2003年推出《今晚十点半》，是新闻综合频道重点打造的一档新闻深度报道栏目，每周3期，每期6分钟，周一、三、五首播，次日重播。主要设置新闻纪实、人物春秋、小城故事等三个版块。新闻纪实主要追踪报道社会热点；人物春秋主要展示本地各类人物的生活状态；小城故事讲述全地区县（市）的古今趣闻轶事。节目注重现场性、真实性和及时性，突出现场采访、现场主持和现场同期声。2005年节目停办。

（五）《普洱话题》

1999年1月1日，思茅有线电视台开播时推出电视新闻调查栏目《思茅话题》，每周播出1期，每期10分钟，每周重播三次。《思茅话题》的内容以本土热点、难点、重点事件为主，通过事件现场报道、记者追踪调查、当事人访谈、事件分析、问题解答及新闻评论等形式，达到以追踪调查吸引人、以问题求证打动人、以真情实感感染人、以事理因果昭示人的效果。节目播出后，引起社会各方面的关注，对促进有关问题的解决发挥了积极的作用，受到观众的肯定和欢迎。在2006年度云南广播电视政府奖评选中，获“十佳栏目”奖。

（六）《科教资讯》

2006年11月23日，科学教育频道试播推出《科教资讯》。这是一档新闻简讯栏目，内容主要是报道市内外科、教、文、卫、体等行业资讯。每周2组，每组15分钟。

（七）《警坛600秒》

1997年，《警坛600秒》开播，这是一档公安机关自办的公安新闻栏目。每周1期，每期10分钟，内设《警方传真》《热点追踪》《警示录》《警坛风景线》等版块。栏目以展现警坛雄风、追踪治安热点、品味警察人生、弘扬社会正气为出发点，经过10年打造，培养相对稳定的观众群，成为树立公安机关形象、凝聚警心、鼓舞士气、普及法律知识的一个良好平台。

三、社会教育类栏目

（一）《老百姓》

1999年1月1日，《老百姓》开办，每周一期，每期10分钟。栏目定位是讲述老百姓的平凡生活，体味人生的酸甜苦辣，感悟生命的多彩可贵。栏目风格是贴近性、亲切性。2000年，该栏目获云南广播电视政府奖社教栏目三等奖。2002年，栏目制作播出的《奶奶今年八十八》获云南广播电视政府奖社教节目二等奖。2003年，栏目制作播出的《将锻炼进行到底》获得云南广播电视政府奖社教栏目二等奖和电视主持二等奖。2004年9月1日，节目改版整合，改为每周播出3期：周二、四、六首播，周一、三、五重播，每期8分钟。同年12月栏目停播。

（二）《风情茶乡》

2005年1月，推出《风情茶乡》。栏目的宗旨是服务茶城建设，推动思茅民族旅游文化产业发展和思茅文化体制改革。栏目依托思茅电视台的主流传媒优势，展示普洱民族文化和旅游资源，挖掘普洱茶文化的丰富内涵，提升普洱本土文化，推动普洱文化旅游产业的发展。栏目的定位是以政府官员、文化旅游、民族宗教界人士为主要目标群体，展示和传播普洱的民族文化旅游业资源；报道普洱文化旅游产业发展的最新动态；探索普洱文化旅游业的发展思路。栏目的运作方式是栏目制片人独立运作。栏目的片头是“领略普洱浓郁风情　品味茶乡厚重文化”。栏目共设五个版块：《茶乡热风》主要是及时报道宏观的民族旅游文化政策及动态消息《茶乡风韵》主要是展示少数民族文化及普洱茶文化；《茶乡名胜》主要是以电视散文或小专题的形式讲述本地的历史文化故事，促进文化遗产的开发与保护工作；《茶乡神游》主要是以导游介绍的形式推介景点、打造景点，促进本市民族旅游文化产业的发展；《茶乡人物》主要是展示民族民间艺人的艺术成就，激励更多人对茶乡文化艺术进行探索与研究。栏目每周一期，每期10分钟；节目播出时间为：周五、周六22：30和周六、周日12：30，每期节目滚动播出4次。2005年，在云南广播电视政府奖评选中，该栏目获“十佳栏目”称号。2006年，栏目拍摄制作的电视专题片《布都茶缘》获异地采访二等奖。2007年，拍摄、制作的纪录片《龙团春秋》荣获云南广播电视政府奖电视社教节目一等奖。

（三）《法在身边》

2005年，思茅电视台推出《法在身边》栏目，这是由市政法委、市广电局主办，市公安局、检察院、法院协办，电视台公共频道、市司法局具体承办的普法性法制栏目，是普洱市第一个讲述法制故事、以案释法的电视栏目。《法在身边》每周1期，每期10分钟，每周一19：50首播，周播四次。节目的宗旨主要是普及法律知识，节目的对象为社会大众。节目通过大力宣传法律知识，为百姓提供法律咨询，在社会上产生了一定影响，成为宣传、普及法律常识的一个重要窗口。2007年，获云南广播电视奖“十佳栏目”称号。

（四）《普洱往事》

2007年，思茅电视台推出《普洱往事》，这是一档钩沉普洱历史、探寻边地人文发展变化的社会教育类栏目，其主旨是用电视的方式，回忆、反映普洱历史上的重要人物、重大事件，和观众一起重温普洱的历史，以史为鉴，以史为师，引观众思考，给观众启发。栏目每周播出1期，每期10分钟，周日19：30首播，每周播四次。

四、经济类栏目

1992年，电视台开办《经济扫描》《市场纵横》等经济类节目，随后又开办过《电视商场》《经济视点》《经济广场》《地税风采》《消费前沿》《烟草之窗》等经济类节目。以上栏目开办的时间长短不一，短的一年，长的两三年，制作播出的内容多为常规性节目。

五、文艺类栏目

1992年，电视台各频道先后设置《影视走廊》《荧屏传情》《点播台》《点歌台》《歌韵心语》《音乐无限》《欢乐茶乡》等文艺类栏目，总体上就是为观众提供歌曲点播服务，基本没有自办的内容。2006年11月，电视台推出《欢乐茶乡》属于自办文艺类栏目。是一档集本市民族文化、茶文化、娱乐文化等内容为一体的本土综艺节目，每个周末一组，时长45分钟。栏目开播后，先后策划和组织开展了思茅区少儿唱歌比赛、全市“超级歌者秀”、思茅一中“状元桥之歌”文艺晚会等活动，与移动公司联合组织开展“爱心保险”超级歌会、《欢乐新农村大型明星演唱会》，引起社会广泛关注，产生了较大的影响。

六、服务类栏目

1989年后，思茅实验电视台设有天气预报、广告等服务类节目，随后陆续开办过《妇幼保健话题》《女性天地》《星期天》《思茅风韵》《走出思茅》《消闲周末》《大众健康》等生活服务类自办栏目，但多数自办栏目开办时间比较短，播出的期数也比较少，最少的半个月才播出一期。2006年，电视台开办《大众健康》，是一档集服务性、实用性、指导性、权威性、互动性为一体的健康服务类节目。栏目每周播出1期，每期10分钟，周三、周六19：50和周四、周日12：15播出，每周播四次。栏目的宗旨是探讨防病治病的话题，提供医疗咨询，传播健康知识。栏目的口号是"阳光生活，健康追求"。栏目设置了"健康在线"和"健康生活小常识"两个版块，通过健康新事件、人物故事、流行疾病防治及专家访谈等形式，与观众探讨防病治病的话题，宣传科学与健康理念，普及医药卫生知识，倡导文明健康生活方式，提供健康咨询服务。"健康在线"版块时长7分钟左右，主要采访普洱市医学界的专家及相关人士，为老百姓介绍健康常识，解答有关健康的疑难问题；"健康生活小常识"版块时长1分钟左右，主要为观众提供医学保健常识。

七、频道专业化

（一）新闻综合频道

1989年10月1日晚，播出第一组节目《思茅新闻》。1993年7月8日，经国家广播电影电视部批准，思茅电视台正式挂牌成立，是电视台新闻综合频道的前身。思茅电视台从筹建开始，就以地方综合台的模式、格局建设发展，节目以时政新闻类栏目为龙头，开办社教、经济、文艺等各类栏目，综合性明显，频道专业化改革中即为新闻综合频道。1994年2月，电视台组建威南广告公司，作为台属集体所有制企业，负责广告工作，经济独立核算，广告经营开始走上市场化道路。广告或由台内有关人员承包，或由台外企业、个人代理，都以市场经济形式运行。2007年三个频道整合时，新闻综合频道先后开办过几十档节目，成为全市干部群众了解政策、获取信息最重要的渠道。电视台新闻综合频道是全额拨款的事业单位，在编在职职工由市财政核发工资，工作经费列入财政预算，不足部分依靠广告及节目经营收入解决。新闻综合频道的管理模式以常规事业单位管理模式为主，同时为适应社会主义市场经济要求，适当引入市场机制。

（二）公共频道

1999年1月1日，思茅地区有线电视台开播。2001年，思茅电视台经济生活频道在有线电视台基础上建立开播，与有线电视台分开，成为一个独立的科级法人单位。2002年9月1日，根据上级有关播出机构转变职能的要求，经济生活频道改为公共频道。公共频道是财政拨款的事业单位，在编在职职工由市财政核发工资，工作经费列入财政预算，不足部分依靠广告及节目经营收入解决。但有线电视台成立时经费由财政全额拨款，设有15名编制；2002年改为公共频道时，增设7名编制，经费实行差额拨款。公共频道的管理模式以常规事业单位管理模式为主，同时适当引入市场机制。公共频道的节目定位于经济、社会、科教、卫生、文艺、民生、服务等百姓关心的内容，有线电视台开播时推出了四个栏目即《有线新闻》《思茅话题》《音乐无限》《点歌》。2002年，公共频道成立后，《有线新闻》改为《公共新闻》。2007年，《思茅话题》改为《普洱话题》。2007年年底三个频道整合时，公共频道先后开办过十几档自办节目，其中《公共新闻》《普洱话题》《法在身边》是比较稳定的品牌栏目。

（三）科教频道

2005年，国家广电总局下发《关于云南省市（地）、县（市）教育电视播出机构职能转变工作实施方案的复函》，同意思茅市教育电视台不单独保留，并入当地同级电视台，并开办一套科教频道，呼号为“思茅电视台科教频道”；11月1日，市政府同意思茅教育电视台并入思茅电视台设立思茅电视台科教频道。2006年，市广播电视局成立科教频道筹建领导小组，推进科教频道筹建工作。通过协调，取得广电网络分公司的支持，解决了频道节目传输播出问题，一次性实现10县（区）硬盘播出。人员使用方面采用灵活的用人机制：聘用一批特殊人才兼职；公开招聘一批年轻的编辑记者，支撑频道的运行。科教频道定位为“文化、娱乐”频道，创办具有本地特点的资讯类节目《科教资讯》和综合娱乐节目《欢乐茶乡》。11月23日，科教频道试播。由于积极组织开展文艺活动并及时制作、播出相关节目，两个栏目在短时间内就引起了受众的关注。

（四）《云南广播电视报·普洱周刊》

1996年1月，由地区广电局主办的《云南广播电视报·思茅版》创刊发行，先后开辟《要闻快讯》《视听立言》《声屏要闻》《剧场走廊》《摄影艺苑》《思茅风情》《家庭向导》栏目，围绕全地区广播电视事业开展宣传报道工作。1998年，地区广电局将《云南广播电视报》的发行工作交给《思茅版》编辑部，《思茅版》实现“采编发”合一的机制。2002年9月，根据都市化、本土化、大众化的办报思路，《思茅版》更名为《思茅周刊》。2003年3月，经思茅地区机构编制委员会同意，将原音像管理站更名为《云南广播电视报·思茅周刊》编辑部，为地区广播电视局下属的正科级事业单位，人员编制从音像站原有人员编制划转，核定事业编制4名，科级职数1名，经费由财政全额拨款。2006年12月1日，《云南广播电视报·思茅周刊》编辑部划归思茅电视台主管。2007年4月，《云南广播电视报·思茅周刊》更名为《云南广播电视报·普洱周刊》，新改版的报纸开设《广电传真》《新闻社区》《行业动态》《报看电视》《县区之窗》《交警视角》《健康指南》栏目，宣传报道广电事业的发展情况和广电人的工作、生活状况，报道社会新闻和民生新闻，活跃报纸版面，丰富报纸内容。周刊创办以来至2007年，先后有《风雨大尖山》《回眸50年》《闲话贺岁片》等7件作品获云南广播电视政府奖。

八、创新创优

1991年，思茅电视台拍摄制作的电视新闻《佤族木鼓甩发舞》获云南新闻奖一等奖。1992年，思茅电视台与西盟县广播电视局合作拍摄制作《西盟佤族妇女掀起手工编织热》，获得云南广播电视政府奖三等奖。从此，电视台每年都选送作品参加云南广播电视政府奖评选。1991—2001年，每年度获奖作品不多，奖次较低，11年间只有23件作品获奖，其中一等奖2件，二等奖1件，其他为三等奖。2002年开始，全市广播电视创新创优工作取得重大突破，思茅电视台获云南广播电视政府奖的作品数量和奖次也大幅度增加，当年就有13件作品获奖，其中一等奖2件，二等奖5件。2003年2月，广播电视局在景谷县召开表彰大会，对2002年度获得云南广播电视政府奖的作品、作者进行表彰奖励，并宣布此后对年度获得省级以上广播电视政府奖的作品、作者实行重奖，对获得国家级单项奖和获得云南新闻奖的作品、作者也进行适当奖励。这些激励措施激发了从业人员创新创优的主动性和积极性，使电视台的创新创优工作保持了稳中有升的态势。2007年，电视台的《一所特殊的学校》《佤山学童情系奥运》《闯市场的拉祜族妇女》《远在拉祜山寨的上海人》《最后的瑶家山寨》《布朗风情》《山魂鼓韵》《总理牵挂的苦聪人喜迁新居》等8件作品获国家级奖；《景谷意象》《采花泼水》被北京首届国际DV论坛审定为当代经典DV影像作品，授予特殊贡献奖；

75 件作品获云南广播电视政府奖，其中,《风情茶乡》《思茅话题》《法在身边》栏目获“十佳栏目”奖,《用心感受“母亲”的伟大》《怀念古道》《无障碍设施障碍多》《山魂鼓韵》《茶城绿海潮》《总理牵挂的苦聪人喜迁新居》等 14 件作品获一等奖。

九、通联工作

1991 年以后，各县开始向电视台投稿。随着通讯员来稿的大量增加，通联工作成为电视台的重要工作。具体通联工作由台办公室协助新闻部负责，对各县（区）各部门通讯员的来稿进行登记，并每月发一期通联简报。日常采取电话联系、电话约稿、发送宣传提纲等多种形式与通讯员进行沟通，逐渐形成通讯员网络。电视台通讯员分布较广，主要以各县（区）广播电视局记者为主，配有摄像机的党政机关、企事业单位、学校也聘有通讯员，全地区通讯员通常保持在 200 名左右。由于建立了较为完备的通讯员网络，各县（区）、各部门发生的新闻，就能及时的由各县（区）广电局记者和各部门通讯员提供文字稿和图像，既确保了电视新闻的时效性，又减少了电视台的工作量和成本。1994 年，通讯员来稿采用数达到 816 条，1997 年超过了 1000 条，2001 年超过了 2000 条，此后，每年采用通讯员来稿保持在 2000 条左右,《思茅新闻》基本形成了全地区新闻联播的格局。

十、广告经营

1994 年，电视台首次实行台内广告经营公开竞标，中标金额 32 万元。从此，电视台的广告开始推行公开招标承包合同制。同年 2 月，电视台创办了第一个经营性公司——威南广告公司，为电视台下属集体所有制企业，经济独立核算。在承办广告业务活动中，电视台始终严格执行《广告法》的规定，严格把关，做到社会效益与经济效益协调发展。1999 年，电视台新闻综合频道的广告收入超过 100 万元。2002 年，公共频道采用代理方式实行广告对外承包，当年代理费为 60 万元，此后逐年增长；2003 年，广告收入超过 200 万元；2005 年，广告收入超过 300 万元。2006 年年底，科教频道试播，当年广告及节目经营创收 70 多万元；2007 年，代理费 190 多万元，年内，三个频道合并，广告总收入达 447 万元。

第五节　电视设施

一、设备

1989 年，电视台有一套 VO-5850 编辑系统，一台松下 M7 摄像机和一台 VO-5630 录像机。VO-5850 编辑系统和 VO-5630 录像机属于 20 世纪 80 年代 3/4 英寸磁带专业编辑系统，全部采用模拟信号传输。1991 年，电视台添置了一套 DXC-3000P 专业摄像系统，采用 VO-6800 背包机作为录制部分来记录拍摄信号。1992 年年底，电视台购买了微波设备，播出信号直接传送到大尖山，用 10 千瓦电视发射机向全地区覆盖。但由于受科技的限制，当时使用的 3/4 英寸磁带每盘只能录制 20 分钟的镜头，每块 NP-1 电池只能拍摄 15 分钟左右，而且比较沉重。遇到出差，需要带上 2 盘至 3 盘磁带，3 块至 5 块电池，一个充电器，一台背包机，一台 DXC-3000P 摄像机，加上脚架，重量达到 40 多公斤。拍摄的时候，右边肩头扛着摄像机，左边肩头背着背包机，需要负载 20 多公斤的重量。刚开播的时候，所有的字幕，包括标题、广告、通告等，都要预先写在白纸上，通过一个小摄像机拍摄到特技机里，再抠像和视频叠加，形成字幕。因而，电视台很快就购买中国第一代字幕机——6401 字幕机，可以直接通过计算机对视频信号进行叠加，制作出规范的字幕。同时，电视台增加了一套 VO-5850 编辑系统、两台 DXC-3000P 摄像机和 VO-6800 背包机。同年 10 月，为了做好首届普洱茶叶节的宣传工作，行署领导召集了思茅地区经济效益较好的企业和金融机构，集资 70 多万元，购买了一批可以用于现场直播、转播、录制的设备，包括 DXC-537 摄像机两台，VO-8800 背包机两台，VO-9800、VO-9850 高带编辑机一套，RM-450、440 编辑控制器各一个，BVT-810 时基矫正器一台，LO-26 摄像机手柄控制器两套，摄像机控制器 CCU-M7 三台，26 芯摄像电缆线 100 米 CCE-100 一根，50 米 CCE-50 一根，25 米 CCE-25 一根，现场特技切换台一套，字幕机，现场微波传送设备一套，另外还有一些磁带、音、视频电缆、充电器等。1994 年，电视台购买了 VO-9800、VO-9850、RM-450 编辑设备一套和两台 SONY 专业监视器，并购买了代表中国第三代字幕机的设备——索贝 8000。这使广告、专题片的时候，字幕水平得到质的飞跃，并可用通过索贝 8000 录制出由 3DS 三维动画软件制作出的动画。但由于受计算机的制约，制作三维动画节目时，成品必须生成 TGA 图像格式，每一秒需要 25 幅图像，再通过索贝 8000 字幕机一幅一幅调出来，用 VO-9850 录像机一帧一帧录制，因此，一个 30 秒的广告需要录制 750 帧，大约需要 2 小时—3 个小时才能录制结束。1995 年，电视台购买了两台索尼 Batacam SP 摄像机，并购买了能够进行快慢动作编辑的 PVW-2650、2800 Batacam 编辑系统和便于和 VO-5850 编辑系统对接的 Batacam 编辑录放像机。Batacam SP 摄像机采用 DXC-637 机头，配 PVV-3P 的 Batacam SP 录像机，构成摄录一体机，省去了录制用的背包机。Batacam 设备采用 1/2 英寸磁带记录，每盒磁带可以拍摄记录 30 分钟。记录格式上采用分量记录的方式，使拍摄和编辑的图像质量得到极大提高，许多资料得以清晰保存。1996 年，随着数字设备的逐渐成熟，电视台购买了松下 DV 小型摄像机 EZ1 和 EZ30，摄像部分采用 3 片 1/3 英寸 CCD，记录格式为 DV 数字格式，电池则采用锂离子电池。由于摄像单元、记录单元和磁带的小型化，使得整机的功耗降低，体积缩小，只需一只手就可以轻松使用，拍摄效果还可以和 Batacam 设备相媲美，这对于一般的新闻拍摄和出差拍摄十分方便。1998 年后，电视台一方面继续使用 Batacam 设备，另一方面采用 SONY 的 DVCAM 设备，先后购买索尼 DSR-250、DSR-370、DSR-190，DSR-1000 和松下 AGC-15C 摄像机。新型摄像机都采用锂离子电池，肩扛式摄像机采用 V 型接口由大容量锂离子电池供电，可以连续拍摄两个小时。编辑设备也在逐年增加，添置了由 DSR-1600 和 DSR-1800 构成的数字编辑系统，播出设备也相应改用 DSR-30P 数字录像机，VO-5850 编辑系统被逐步淘汰，这就使自办节目的图像质量得到了极大的提高。1999 年，有线电视台开播时购买了索贝创意 21 非线性编辑系统，采用加拿大迈拓公司 Digisuite DTV 板卡，用于新闻和专题编辑。同年，新闻综合频道购买由加拿大 DPS 公司生产的板卡 PVR-5250 组成的非编设备，板卡带有数字 SDI、模拟分量、模拟复合、S 端子信号输入输出，并带有三维特技画像，非常适用于广告制作和专题片制作。同年，为了解决播出节目传输到各县的问题，电视台利用电信传输中剩余的两兆带宽进行压缩传输，实现了新闻综合频道信号传输到各县的目标。2000 年，为提高新闻的制作效率，思茅电视台引入两套索贝创意 777 非编设备，采用加拿大迈拓公司 Digisuite LE 板卡，采用“一拖二”技术，即一台主机作为主存储，带采集卡兼顾精编和上载工作站，另两台计算机则用来作为无卡粗编工作站和配音工作站。此后很长的一段时间内，两套设备一直作为思茅新闻和其他栏目的主要编辑工作站。但由于存储设备没有备份措施，因而实际使用中往往出现素材存储硬盘损坏而导致节目丢失的问题。2006 年 5 月，电视台购买了成都东方公司自行开发研制的极速 EE 非编设备，由一台浪潮服务器提供中心存储，存储容量 1.4T，这是索贝存储的 9 倍多，可用做到三台非编同时上载，实现网络编辑。同年 7 月，电视台对播出系统进行改造，实现了手控切换播出向自动化播出的历史性跨越。由 IBM 服务器挂 DELL 磁盘阵列柜作为硬盘播出的中心存储，存储容量 1.4T，采用分布式播出。新闻综合频道由两台播出控制机互为备份播出，同时，也为科教频道预留了播出端口，使得 11 月播出的科教频道可以顺利并入硬盘播出系统，从而实现了新闻从采集、编辑到硬盘播出服务器的数字化。2007 年 1 月，公共频道也实现了硬盘播出。由于采用硬盘阵列技术，保证了制作硬盘和播出硬盘的安全性，提高了整个系统的可靠性。同年初，为做好第八届普洱茶叶节的宣传工作，市委、市政府拨款 100 万元、电视台自筹 200 万元，通过招标方式，购买了由 SONY 公司 D50 摄像机组成的五讯道全数字电视直播车。车体采用依维柯客车，设备采用飞行箱方式，采用三同轴传输系统，使用 SONY 在 2007 年最新投放中国市场的 DFS-800 切换台，配置美国泰克 1741 矢量示波器和美国赞美 12 米摇臂，微波传输系统采用了数字微波，并且可以实现两级接力传输。录制部分使用 SONY 公司 DVCAM 中的顶级设备 DSR-2000P 数字录像机，全数字传输。4 月，电视台利用直播车对第八届中国普洱茶叶节开幕式和祭茶祖仪式进行了现场直播，取得了良好的效果。而后，直播车出租给中央电视台在景洪录制《艺术人生》和《激情广场》节目，得到好评。7 月，直播车与云南电视台卫星车配合，对宁洱灾区高考进行了现场直播。11 月，配合中央电视台完成了“倾国倾城——建设普洱新家园”主题晚会的现场直播。2007 年年底，3 个频道整合，电视台合计拥有 4 个演播室、1 套硬盘服务器数字播出系统、20 套摄录设备、3 套对编设备、16 套非线性编辑系统、1 套三维动画创作系统、1 套图像合成创作系统、3 个配音译配机房和 1 辆全数字 5 讯道直播车。先进的技术体系成为日常节目制作和重大宣传活动安全播出的重要保障。

二、传输网

1986 年，思茅地区科委投资 4900 元，首家安装有线电视系统及设备，连接 50 户用户线路。1988 年 6 月，思茅地区电视转播台组织有线电视安装服务小组，先后为云南省公路三处、云南省虐防所、思茅地区税务局安装有线电视，涉及用户 182 户。由该小组设计安装的有线电视均达到理想的收看效果，可以收看思茅城区开播的 4、6、10、12、13 频道的电视节目。随后，全地区广电系统都把发展有线电视作为重点任务，采取各种措施，规划、建设以县城为中心的行政区域性有线电视网。1994 年年底，除西盟县外，全地区建成 10 个有线电视网，可以收看 9 套—15 套电视节目。1996 年 9 月，西盟县也建成有线电视网。随着有线电视用户的增多，全地区地、县（市）广播电视局对有线网络不断进行调整，引进先进技术和管理经验，对有线网络系统加以改造，较好地解决了电视节目信号源的传输问题，提高了收视质量。1998 年 5 月 16 日，地区有线电视台在全地区首次用 1310 纳米光纤传输技术将电视信号送到地委、行署，受益用户 1200 多户。为进一步扩展有线电视业务，地区广播电视局积极支持、配合云南省广播电视干线网的建设。1999 年 3 月，地区广播电视局完成了《思茅地区广播电视传输网总体规划及技术方案》，上报省广播电视厅，并得到批准。之后，地区广播电视局召开省干线途径的墨江、普洱、景谷、思茅县委或政府分管领导和广播电视局领导座谈会，并派专人协助整个建网施工，配合进行省网设备安装，实施省网光缆途经的县城、乡（镇）的加芯建设。2000 年 3 月，经思茅行署批准，地区广播电视局组织实施思茅至各县城的广播电视传输网建设。2001 年 4 月 10 日，地区有线电视光缆传输网建成使用，可以将思茅人民广播电台和思茅电视台的节目下传至各县城所在地，同时各县的广播电视节目也可传至地区中心机房，改变了以往节目信号源传输滞后的状况。2001 年，为使用户收看到高质量的有线电视信号，提高有线电视网的覆盖率，地、县（市）广播电视局逐步对有线网络进行“HFC 网”（光纤宽带网）改造。2002 年 4 月底，投资 1200 多万元、与国家和省干线网相连并联通全地区各县的 820 多公里广播电视光缆传输网建成，从而结束了思茅地区广播电视网络各自为政、条块分割的历史，上连昆明和北京、下通 10 个县（区）的广播电视宽带综合信息网的建成，为进一步拓展广播电视多媒体业务和实现信息化打下了坚实的基础。同年，全地区广播电视系统继续加强对现有网络的改造，地区有线电视台投资 130 万元，在思茅市区埋设有线电视光纤管道 20 公里，按照每 200 个用户一个光节点的要求进行建设。各县（区）广电局也加大了对乡镇有线电视网的建设，截至 2002 年年底，全市 121 个乡镇全部建成了有线电视网，其中 59 个乡（镇）的有线电视网与县（区）的有线电视网相连。同年底，根据省委、省政府的要求，云南广播电视信息传输网络股份有限公司成立，思茅地区广播电视系统按照地委、行署的要求，全程支持并参与了全省的网络整合工作。2004 年，各县（市）先后完成县城“HFC 网”改造。2005 年 7 月 15 日，云南广播电视信息传输网络股份有限公司思茅分公司成立，各县（区）相继成立支公司，全市有线电视网络分步骤移交、上划云南广播电视信息传输网络股份有限公司垂直管理。

第三十二篇

卫生

中华人民共和国成立前，思茅地区是有名的“瘴乡”，受多种疫病严重危害。1919—1949年，思茅城疟疾大流行，当时的思茅坝，十室九病，十病九死，疫区十室九空，全家、全村死绝的数不胜数，思茅城被瘟疫扫荡成一座荒城。原本商贾云集、热闹纷繁的思茅城区从三万余人减少到1949年的不足千人。

1949年8月，思普区临时人民行政委员会设文教卫生科。1950年起，各级政府和当地驻军部队派出大批医务人员深入疫区为群众治病；同年3月，景东设卫生科。至1950年年底，先后有普洱、镇沅、江城、墨江、澜沧、思茅、景谷县政府先后设卫生科。1956年，孟连、西盟设卫生科，自此，思茅地区地、县级都有卫生行政机构。思普地区将原来的“边纵”部队医院改建成普洱专区人民医院，各县陆续建立县医院和卫生院，接着，逐步建立起相应的防疫保健机构。1958年年底，思茅地区卫生学校成立，为思茅地区的卫生技术人员发展壮大打下良好基础。20世纪50年代，近千名医药卫生工作人员，在生活艰苦，条件极差，疾病威胁的情况下，深入农村、宣传卫生知识，送医送药上门，宣传发动群众落实防治疾病措施，进行大量的疫情调查研究，组织群众广泛开展爱国卫生运动，有针对性地开展药物预防和治疗，长期严重危害思茅地区人民健康的疟疾，终于得到有效控制。

“文化大革命”期间，兴起的农村合作医疗，在一定程度上推动农村卫生事业的发展。

1978年后，全地区卫生战线拨乱反正，全面纠正“文化大革命”对卫生系统的冲击。全地区各级医院贯彻《全国医院工作条例》和卫生部《关于加强县医院工作的意见》，以医疗为中心，提高医疗护理质量，加强医院管理。

1990年，全地区有中西医疗、卫生防疫、妇幼保健、药品检验、医学教育、医药研究、医药经营、药品生产等机构417个，职工5941人。思茅地区医院，发展到有近1000万元的固定资产，400张病床的综合性医院；全地区以县为中心，以地区为指导，遍布全地区地、县、乡、村级的医疗卫生、防疫保健、医药供应网建成。人民身体健康基本有保障，全地区人均寿命，从民国时期的20几岁（注：据省卫生厅与华西医科大学联合考证，民国时期云南人均寿命为26.2岁）提高到1990年全国人口普查时的61.97岁。思茅地区结束“瘴疠之区”的历史，进入人人享有卫生保健的初级阶段。1994年，国家实施农村卫生“三项建设”（县防疫站、保健站、乡卫生院实现“一无三配套”），从根本上加强农村基层卫生基础设施建设。据2000年统计，全地区有卫生机构189个，包括县及县以上综合医院18所，中医医院6所，精神病医院1所，卫生防疫站11所，专科防治所（站）5所，妇幼保健院（站）11所，乡（镇）卫生院115所（其中中心卫生院15所），药品检验所11所中医（药）研究所1所，中等专业学校1所，进修学校2所，健康教育所1所。

2001—2005年，中央和地方各级政府不断加大卫生事业发展的投入。2007年，新农村合作医疗制度在试点的基础上在全市推行，实现全覆盖的目标，新农合制度的实施，保障了各族群众健康需求。截至2007年年底，全市有各级各类医疗卫生机构402所（与后面的数据不一致），其中医疗服务机构367所，有三级乙等综合医院1所、二级综合医院10所、乡（镇）卫生院103所（乡镇卫生院因乡镇撤销合并由原来的114所减少到103所）、中医医院6所、专科医院1所、民营医院7所、诊所和医务室239所；设公共卫生服务机构33个，有市县（区）疾病预防控制中心11个、妇幼保健院11个、卫生监督所11个；市中心血站1个、民族传统医药研究所1个；设村卫生室981个。公立医疗机构编制病床数6029张，每千人口病床数2.4张，卫生技术人员5370人，村医1873名。全市卫生工作完善公共卫生、医疗服务和药品流通体系，落实国家基本医疗保障制度，推进医药卫生体制改革，解决人民群众看病就医问题。传染病发病率、孕产妇和婴儿死亡率逐年下降，人均期望寿命提高到69.4岁，城乡居民健康水平明显提高。

据《云南各族古代史略》记载，新石器时代澜沧江流域及其临近地区就有人类在普洱这块土地上繁衍生息。唐朝设银生节度，设立卫所，部分中原籍人口以戍边、屯田等形式留居本地，人口逐步发展。民国时期灾荒、疫病、匪患等，人口增长缓慢。至1949年，思普地区总人口95.6万人。中华人民共和国成立后，各级党和政府改善医疗条件，疟疾等一些流行性疾病得到控制，死亡率降低，随着经济发展，人民生活逐年提高，人口出现过快增长的势头。1972年，地革委决定，成立思茅地区计划生育领导小组，下设办公室，负责管理思茅地区计划生育工作。1978年后，为使人口发展与经济社会发展相适应，各级党委、政府重视计划生育工作，落实各项人口政策措施，广泛宣传人口计生法律法规、优惠政策、优生优育知识等，调动群众参与计划生育的积极性，人口过快增长得到有效遏制。1981年起，思茅地区贯彻控制人口增长的基本国策，提高人口素质，优化人口结构，在城镇、机关、厂矿、学校已婚育龄妇女中，提倡晚婚晚育，逐步形成晚婚、晚育、少生、低增长的局面。2007年，普洱市总人口250.08万人，人口出生率12.95‰，人口自然增长率5.97‰。

第一章　管理体制

第一节　机　构

一、普洱市卫生局

1978年10月，思茅专区革命委员会卫生局设局办公室。1979年，更名思茅地区行署卫生局，自建办公室并从行署办公楼搬出，独立办公。1983年10月，撤销局办公室，改设秘书科和业务科。1981年4月1日，地委批准成立行署卫生局党组。1984年3月，建立中国共产党思茅地区行署卫生局委员会，领导职数为两正两副。同年，党委办公室成立。1989年3月，思茅地区公费医疗管理办公室设立，有职工2人（属财政、卫生局双重领导）。1990年，在业务科内增设药政科。1991年8月，药政科成立。1996年2月1日，撤销秘书科、成立局办公室，新设人事工资科（含人事、工资、职改）；党委办公室与办公室合署办公。撤销业务科，成立防保科，成立医政科、中医科，保留药政科。临时科室设卫生项目、三项建设、初级卫生保健办公室。1999年3月，中层干部实行轮岗制。2001年，内设办公室、疾控科、医政与中医科、基妇科、规划财务科，中层干部实行竞争上岗，同年12月，地委撤销思茅地区卫生局委员会，原卫生局党委下属地区医院党委、地区中医院党总支、地区精神病医院党总支、思茅卫校党总支以及地区疾控中心、地区妇幼保健院、地区民族医药研究所、地区卫生局卫生监督所党支部直归中共思茅地直机关工委领导；卫生局设党组，党组书记由局长兼任。2002年7月，中共思茅地直机关工委批准成立思茅地区卫生局直属机关党委，原局党委下属的党组织除思茅地区医院党委仍直属地直机关工委外，其他部门党总支、支部仍划回思茅地区卫生局直属机关党委管辖。2007年，按市政府定编，内设办公室、规划财务科、医政与中医管理科、疾病控制与卫生监督科、基层卫生与妇幼保健科、防治艾滋病办公室、新型农村合作医疗管理科等职能科室；市爱国卫生运动委员会办公室也设在卫生局；因工作需要，局内设人事科和信息科挂靠在办公室；有人员编制26名，实有工作人员32名。

1978—2007年普洱市卫生局领导任职表

表32-1

单位名称	姓名	性别	民族	籍贯	职务	任职时间
思茅地区革命委员会卫生局	王腊昌	男	—	山西高平	局　长	1978.10—1983.10
	王腊昌	男	—	山西高平	副局长	1978.1—1978.10
思茅地区行政公署卫生局	项丽明	女	汉	云南昆明	局　长	1983.10—1990.7
	马绍文	男	汉	云南鹤庆	局　长	1990.11—1992.12
	鲁凤辉	男	彝	云南宁洱	局　长	1992.12—2001.9

续表 32-1

单位名称	姓名	性别	民族	籍贯	职务	任职时间
思茅地区行政公署卫生局	卢明祥	男	汉	河北邢台	副局长	1979.5—1983.10
	周继松	男	汉	重庆	副局长	1979.5—1983.10
	吴传孝	男	—	四川巴县	副局长	1983.10—1986
	黄有俊	男	汉	云南镇沅	副局长	1984.1—1989.1
					党委副书记	1984.3—1989.1
	马绍文	男	回	云南鹤庆	副局长	1987.6—1990.11
	徐洪应	男	汉	云南景谷	副局长	1989.2—1999.8
					党委书记	1990.11—1999.8
	邓光林	男	汉	云南宁洱	副局长	1990.11—2001.12
	王文灿	男	汉	云南泸西	党委书记	1999.8—2001.12
普洱市（思茅市）卫生局	杨添懿	男	彝	云南宁洱	局　长	2001.9—2007.7
	罗　舜	男	哈尼	云南景东	副局长	2003.5—2007.12
	张永信	男	佤	云南勐腊	副局长	2003.7—2007.12
	饶明勇	男	彝	云南镇沅	副局长	2003.11—2006.6
	罗景军	男	彝	云南景东	副局长	2006.10—2007.12

二、思茅地区公费医疗管理办公室

1980 年，国家财政拨款交公费医疗经费从卫生事业费中划出，且支出逐年增多。1989 年 3 月，思茅地区公费医疗管理办公室设立，属财政局、卫生局双重领导。1990 年，有职工 2 人。公费医疗管理委员会及其办公室设于专区卫生科内，无专职人员，日常工作由专区卫生科负责办理。1989 年 3 月，改设为地区公费医疗管理办公室，调配专职人员 2 名，设于行署卫生局内，继续受卫生局、财政局的双重领导，负责公费医疗实施过程的管理。2001 年，地区在劳动局成立医疗保险办公室，原设在卫生局的公费医疗管理办公室撤销，编制和人员转入劳动局。

三、普洱市卫生局卫生监督所

2001 年 6 月 20 日，地区卫生局卫生监督所挂牌成立。按照行署深化城镇医药卫生体制改革实施方案，地、县卫生局成立卫生监督所，为卫生局主管的参照公务员管理的卫生事业单位，人员从原防疫站或其他卫生单位调入，主要承担卫生监督、卫生行政许可、卫生执法检查、卫生审核稽查、突发公共卫生事件调查处理等职能职责。地区编委核定事业编制 30 人，领导职数 3 个，内设机构 5 个，机构级格为正科级。首批调入卫生监督所的人员 18 人，人员大部分从原防疫站划出职能的食品卫生科、公共卫生科人员中选调。2007 年，市编委批准市卫生监督所升格为副处级单位，核定副处级领导职数 1 人，科级领导职数 9 人，内设办公室、食品安全综合监督科、卫生许可科、传染病防治监督科、医疗卫生监督科、职业卫生（放射卫生）监督科、卫生监督稽查科，编制 33 人，实际在编职工 29 人，平均年龄 40.28 岁，其中，本科 19 人，专科 6 人，中专 2 人，初中以下 2 人。

第二节　医疗机构

一、市直医疗机构

（一）普洱市人民医院

1979年5月，地委批准废除革命委员会，实行党委领导下的院长负责制。1982年12月，有病床300张。1988年7月，外科住院楼建成，有病床400张。1993年7月，新建传染科病房投入使用，全院实际开放病床500张。1995年2月28日，地委批准地区医院为正处级单位，8月，经省级等级医院考评委员会考核评审达标，12月19日，被省卫生厅批准为“三级乙等医院”。1996年，投资178万元建盖药械综合楼、营养食堂、药剂科库房、康复科、健身房等（面积2283.75平方米），对20世纪80年代的门诊部进行改扩建。1997年，投资150万元建立ICU危重病监护病房，组建核医学科及输血科。1998年，投入460多万元建盖总面积3957.55平方米医技大楼。1999—2001年，投资1037.28万元建盖8539平方米8层的内科综合大楼；投资445.97万元对老外科住院楼进行改扩建。市政府新增划拨曼歇坝土地50亩，市级财政拨款700万元，医院自筹193.34万元新建传染病区，建筑面积2569.03平方米，分设门诊部、住院部、生活区，住院部设病床32张，生活区设床位28张；同年，医院在茶苑路新建5408.6平方米茶苑路门诊楼（内设120急救中心）。普洱市人民医院是昆明医学院、大理医学院和普洱卫校学生的临床实习医院，承担辖区内各县、乡、企业、驻军医院卫生技术人员的进修学习任务。普洱市急救中心挂靠该院，承担全市紧急医疗急救任务。思茅地区白内障复明中心、思茅地区儿麻矫治中心挂靠该院，承担白内障复明、儿麻矫治任务。截至2007年年底，医院编制病床增至800张，实际开放1000张。内设医院办公室、党委办公室、人事科、财务科、门诊部、护理部、信息科、医务科、科教科、审计监察科、医院感染管理科、预防保健科、医保管理科、基建科、行政科、保卫科、设备科、工会、团委；设急诊医学科、普通外科与胸外科、肝胆外科、泌尿外科、肿瘤烧伤整形外科、骨科、神经外科、妇科、产科、眼科、耳鼻咽喉科、麻醉科、重症医学科、老年医学与呼吸内科、干部保健科、神经内科（1）、神经内科（2）、心血管科、内分泌科、消化内科、肾内科、血液与风湿免疫科、儿科、中医科、康复医学科、感染疾病科、皮肤科、口腔科、医学美容科、疼痛科、茶苑路门诊部（内设120急救中心）、超声医学科、放射科、医学检验科、核医学科、输血科、病理科、药剂科、供应室、营养科、后勤服务部。其中，骨科、神经外科、心血管内科、神经内科、内分泌科为重点学科；儿科、肾病内科、重症医学科、泌尿外科、肝胆外科为优势发展学科。开设专家门诊75个。人员编制696人，实有职工1221人（其中，在职职工674人，聘用临时工547人）。在职职工中卫生技术人员618人，正高职20人，副高职101人，中职241人，初职236人，初职以下20人。医学硕士24人，本科357人，专科205人，中专52人，其他学历36人。离退休职工170人。医院占地面积70亩，业务用房面积5.8万平方米，固定资产2.3亿元，其中医疗设备总值9000多万元。医学图书馆存书4万余册，年订阅医学类期刊550种。

1978—2007年普洱市人民医院领导任职表

表32-2

单位	姓名	性别	民族	籍贯	职务	任职时间
普洱市人民医院（思茅市、思茅地区）医院	陈伟芳	男	汉	江西	革委会副主任	1978.1—1979.4
	罗有汉	男	汉	云南镇沅	革委会副主任	1978.1—1979.4

续表 32-2

单位	姓名	性别	民族	籍贯	职务	任职时间
普洱市人民医院（思茅市、思茅地区）医院	卢殿夷	男	汉	江苏	革委会副主任	1978.1—1979.4
	邱宏光	男	汉	云南双江	革委会副主任	1978.1—1979.4
					党委副书记	1978.1—1979.4
	陈伟芳	男	汉	江西	院　长	1979.5—1989.1
	邱宏光	男	汉	云南双江	副院长	1979.5—1980.10
	卢殿夷	男	汉	江苏	副院长	1979.5—1986.6
	邢照华	男	汉	山西	副院长	1980.6—1984.3
	吴坤仪	女	汉	四川	副院长	1981.2—1983.8
	李成龙	男	汉	云南弥勒	党委副书记	1982.9—1983.1
					党委书记	1983.1—1994.12
	陈久龄	男	汉	重庆	副院长	1983.12—1986.1
	张复兴	男	汉	云南墨江	副院长	1985.10—1989.1
	洪炳坤	男	汉	云南墨江	副院长	1985.10—2001.2
	余定存	男	汉	云南昆明	副院长	1986.6—1994.5
	熊嘉禾	男	汉	云南昆明	副院长	1988.2—1995.1
	张复兴	男	汉	云南墨江	院　长	1989.2—1998.12
	陈伟芳	男	汉	江西	名誉院长	1989.2—1992.12
	师尚泽	男	汉	云南镇沅	副院长	1994.5—1998.11
	熊嘉禾	男	汉	云南昆明	党委书记	1995.2—1997.10
	师尚泽	男	汉	云南镇沅	院　长	1998.12—2007.12
					党委副书记	1998.12—2002.1
	赵家荣	男	汉	云南景谷	副院长	2000.11—2007.12
	吴喆辉	男	汉	云南景东	副院长	2000.11—2007.12
	师尚泽	男	汉	云南镇沅	党委书记	2002.5—2003.10
	吴喆辉	男	汉	云南景东	党委副书记	2002.5—2003.11
	赵家荣	男	汉	云南景谷	党委副书记	2002.5—2003.11

（二）普洱市精神病医院

1978 年 12 月 8 日，省计委批准思茅地区精神病医院成立，负责思茅地区、西双版纳州和临沧地区精神疾病的医疗、预防、科研工作。院址在思茅城南郊柏枝寺，占地约 150 亩。有工作人员 10 人和简陋的门诊、住院病房。1979 年 10 月开工建设。1979 年 10 月 16 日，省卫生局批准设置病床 100 张。1980 年 12 月，医院一期工程竣工，同年 12 月 25 日，门诊开诊。1981 年 8 月 17 日，住院部开始收治精神病病人。1987 年 10 月 27 日，地区编委批准至 1990 年人员可发展到 156 名。1990 年 12 月 24 日，自筹资金 105 万元向报社印刷厂购得占地面积 764 平方米、建筑面积 1858 平方米的砖混结构楼房，其中改建成业务用房 786 平方米，设立城区综合门诊部，内设内科、外科、妇产科、口腔科、中医美容科、精神科门诊等。1993 年 8 月 16 日，省卫生厅批准成立思茅地区药物依赖治疗康复中心，按卫生部颁发的戒毒治疗指导原则开展工作。1994 年 11 月 22 日，省卫生厅批准在床位、人员编制不变的前提下，增挂思茅地区康复医院牌子。同年底，医院通过调换房地产和贷款方式，筹资300万元，在思茅城振兴南路33号建立思茅地区康复医院。1995年1月3日，行署卫生局通知：精神病医院和康复医院，实行“一套班子，两块牌子”领导管理。承担精神病医院的功能、任务及药物依赖治疗康复、诊治各种慢性疾病的功能障碍以及老年病的康复医疗任务；负责指导全地区康复医疗工作，开展技术培训和康复评估；2月24日，医院正式挂牌开业；2月28日，地委批准单位级别由正科级升为正处级；10月12日，行署批准精神病医院病床设置180张。1996年4月3日，地区编委批准医院内设行政办公室、人事教育科、信息宣传科、医务科、科教科、护理部、预防保健科、保卫科、财务科、审计监察科、医疗设备科、后勤服务科，核定科级领导职数18名（正科级12名、副科级6名）。1998年2月26日，地区编委批准增加人员编制7人，医院总编制163人。至1999年年底，医院实际开放病床210张。2006年7月，市委、市政府决定，市精神病医院住院部搬迁至思茅区曼歇坝新建。同年，市发改委文件批复同意该院住院部搬迁至曼歇坝新建。2007年1月，市精神病医院在曼歇坝原思茅造纸厂处（占地约300亩）新建住院部5500平方米，设3个病区，病床135张。是普洱卫校学生的临床实习医院。截至2007年年底，医院编制病床180张，实际开放210张。内设行政办公室、人事教育科、医务科、护理部、预防保健科、保卫科、财务科、后勤服务科；设临床及医技科室：在新住院部设有主要诊治精神病的一病区、二病区、三病区，在城区设有两个门诊部、康复部、心身医学科、内外综合科、中医美容科、妇产科、口腔科、检验科、放射科、心电图室、脑电图室、B超室、药剂科、供应室。人员编制数165人，实有职工207人。医院总占地面积159763.11平方米（其中，曼歇坝工作区155646.85平方米，龙生路工作区3578.06平方米，边城西路工作区538.2平方米）；总建筑面积16820.32平方米（其中，曼歇坝工作区7898.61，龙生路工作区8036.26平方米，边城西路工作区885.45平方米）；业务用房总面积12343.97平方米；行政办公用房4476.35平方米。固定资产总值3000万元，其中医疗设备总值300万元。

1978—2007年普洱市精神病医院领导任职表

表32-3

单位	姓名	性别	民族	籍贯	职务	任职时间
普洱市（思茅市、思茅地区）精神病医院	郝增福	男	汉	河北沙河	副院长（工作主持）	1980.2—1986.9
	尹其羽	男	汉	云南个旧	副院长	1982.4—1991.5
	刘世鑫	男	汉	云南巍山	代理院长	1986.9—1993.3
	彭树羌	男	汉	广东揭西	副院长	1988.6—1993.3
	黎世泽	男	汉	云南景谷	副院长	1991.5—
	顾明志	男	汉	云南保山	副院长	1991.5—2003.4（其中：1993.3—1994.8主持工作）
	罗景仁	男	彝	云南景东	院　长	1994.8—2003.4
	鲁文兴	男	彝	云南景东	副院长	1996.6—2007.12
	向兴华	男	汉	云南宁洱	院　长	2003.4—2007.12

（三）普洱市中医医院

1979年2月7日，经行署批准，将思茅地区第二人民医院改为思茅地区中医医院，院址在思茅城复兴镇南正街27号，为全民所有制中医医院，隶属思茅地区行署卫生局；12月，医院在思茅城复兴镇南正街 27 号建几间油毛毡房做业务用房，开设病床 20 张，有职工 66 人，其中卫生技术人员 57 人，其他人员 9 人。1980 年 10 月，病床增加到 34 张。1981 年 1 月 10 日，新建 315 平方米四合院住院部投入使用，住院病床到 50 张。1983 年 11 月，行署决定，地区中医医院与地区民族传统医药研究所合并，实行“挂两块牌子，一套班子”领导管理。1983—1984 年，医院在附近征地 6 亩，新建砖混四层楼住院部 2870 平方米。1986 年 9 月 1 日，新建砖混四层楼住院部投入使用，设病床 150 张，实际开放 117 张；年末，有职工 152 人。1987 年 3 月，150 张病床全部开放。5 月 17 日，在原址新建、扩建 2146 平方米新门诊部投入使用，医院设职能科室 8 个，业务科室 20 个。1987 年 10 月，行署编委核准人员编制数 225 人，行署卫生局通知，又将地区中医医院与地区民族传统医药研究所分开，恢复原建制单位，地区劳动人事局、卫生局通知，单位级别定为副处级。1995 年，经地委批准，单位级别由副处级升格为正处级。1997 年 12 月，经省级等级中医医院考评委员会考核评审达标，被省卫生厅批准为三级乙等中医医院。2002 年，第二次在医院附近征地 8.14 亩，新建 5070 平方米门诊大楼。2004 年 12 月，投入使用，将医院大门从南正街 27 号搬迁到茶城大道 13 号。2006 年，第三次在医院附近征地 11.6 亩。是一所以中医医疗为主，集中医医疗、中西医结合、预防保健、教学、科研为一体的全民所有制市级中医医院。是普洱卫校学生的临床实习医院，承担辖区内各医疗机构中医药人员的进修学习任务。普洱市中医药学会、普洱市女医师协会挂靠医院。截至 2007 年年底，医院编制病床 172 张，实际开放 260 张。内设办公室、人事科、财务科、医教科、护理部、预防保健科、总务科、保卫科；设内科、老年病科、干疗科、妇产科、外骨科、麻醉科、肛肠科、急诊科、针灸推拿科、中医美容科、口腔科、五官科、皮肤科、理疗科、功能科、检验科、放射科。人员编制数 236 人，实有职工 281 人（其中，正式职工 226 人，聘用临时工 55 人）。医院占地面积 39.6 亩。业务用房建筑面积 29517 平方米，行政办公用房建筑面积 1700 平方米。固定资产 4000 多万元。

1978—2007 年普洱市中医医院领导任职表

表 32-4

单位	姓名	性别	民族	籍贯	职务	任职时间
普洱市（思茅市、思茅地区）中医院	刘旺贤	男	汉	山西	副院长	1979.2—1979.9
	李合坤	男	汉	河南	副院长	1979.2—1983.12
	许辛樵	男	汉	云南石屏	副院长	1979.7—1983.12
	杨兴文	男	汉	云南江川	副院长	1981.12—1988.3
	周楠林	男	汉	云南宁洱	副院长	1983.12—1988.5
	白树勋	男	哈尼	云南墨江	副院长	1984.8—1987.10
	周楠林	男	汉	云南宁洱	院　长	1988.5—1990.8
	高云华	女	汉	云南石屏	副院长	1988.3—1991.11
	赵家德	男	彝	云南宁洱	副院长	1988.3—1994.1
	李斯文	男	汉	云南镇沅	院　长	1990.8—1993.8
	陈焯三	男	汉	广东	副院长	1991.1—1994.1
	李开龙	男	汉	云南景东	院　长	1993.8—2004.1
	刘丽春	女	汉	云南澜沧	副院长	1994.1—2004.1
	刘丽春	女	汉	云南澜沧	院　长	2004.1—2007.12

续表 32-4

单位	姓名	性别	民族	籍贯	职务	任职时间
普洱市（思茅市、思茅地区）中医院	向兴华	男	汉	云南宁洱	副院长	1994.1—2003.4
	戴丽冰	女	彝	云南镇沅	副院长	2003.7—2007.11

二、行政企事业单位医疗机构

20世纪70年代，农垦系统、林业系统、公路交通系统、司法系统相继建立职工医院。至1989年，全地区范围内建有厂矿企业医院7所，设有病床200张，有职工194人，其中卫生技术人员163人；全地区建有行政、事业、企业单位医务室或卫生所227个。至2000年，全地区范围内29家国有企业有自办医疗机构，其中省属企业9家，市属企业3家，县属企业17家。有人员362人，其中卫生专业技术人员324人，大专以上学历62人，中专学历139人，中级以上职称46人。设备总值576.9万元。2004年，国有企业自办医疗机构分离改革中，市属、县属企业内设医疗机构全部进行改革分离。省属企业、农垦系统内设医疗机构，仍维持原机构不变。2007年，行政、事业、企业单位医务室、卫生室（所），除学校、幼儿园外，多数都撤销，仅剩26所，有职工53人，卫生技术人员49人。

三、联合诊所

1980年，全地区有8所联合诊所，有职工63人，其中卫生技术人员55人。1989年，全地区有6所联合诊所，分布于思茅、普洱、墨江、景东、景谷，有职工38人，其中卫生技术人员35人，开展门诊治疗。1990年起，各地联合诊所陆续停办。

四、民营医院

（一）普洱万和医院

2004年11月，经市卫生局批准成立普洱万和医院，院长吴芝荣。设有外科、妇产科、内科、口腔科、中医科、皮肤科、急诊医学科、麻醉科、康复医学科、医学检验科、医学放射科等临床及医技科室。有医疗卫生技术人员65人。2007年年底，医院设病床50张。内设院办公室、医务科、护理部、财务科、后勤科；设内科、外科、妇产科、儿科、急诊医学科、中医科、口腔科、五官科、皮肤科、泌尿科、麻醉科、医学影像科。职工总数108人，其中卫生技术人员80人，正高职1人，副高职6人，中职12人，初职46人，初职以下16人。医院占地面积5880平方米；业务用房5680平方米。

（二）普洱皮肤泌尿专科医院

2004年8月8日，经市卫生局批准设置，设病床20张，实际开放10张；有卫生技术人员7人。

五、中国人民解放军陆军第六十二医院

1984年6月，六十二医院迁至思茅县城。设住院部、门诊部，有病床200张，有医护及行政、后勤人员200余人。内设政治、院务、医务处和内、外、五官、妇儿、传染、放射、理疗、检验、药械临床及医技科室。1986年4月，中国人民解放军陆军第六十一医院撤并第六十二医院。医院占地12.5万平方米，业务用房面积11286平方米。

第三节 专业机构

一、疾病预防控制

（一）普洱市疾病预防控制中心

1982 年 2 月，地区卫生防疫站抽调 13 名卫生专业技术人员重新组建思茅县卫生防疫站。1984 年，内设流行病学科、计划免疫科、寄生虫病防治科、劳动卫生科、环境卫生监测科、食品卫生监测科、学校卫生科、宣传科、皮肤病防治科、总务科和办公室。1985 年，实行党政分开建立党支部。1995 年 10 月 16 日，地委核定，地区卫生防疫站党政正职领导干部享受副处级待遇。1996 年，思茅地区编委会核定 14 个职能科室和 18 名科级干部职数。1997 年 2 月 14 日，由行署卫生局任命 14 个职能科室负责人 17 人，其中科长 11 人（站领导兼 1 人）、副科长 6 人。1999 年 10 月，有职工 85 人，其中专业技术人员 75 人，正高 1 人，副高 4 人，中级专业技术人员 35 人，初级专业技术人员 35 人。

（二）思茅上海公共卫生中心

2003 年，地委、行署决定在市级建一所综合的、专门用于防治类似“非典”一类传染病的医院，即思茅市公共卫生中心。在各方面的配合下，市政府在城北无偿划拨土地 40 亩，作为建设用地；11 月，列入国债建设项目。2004 年 4 月，列入滇沪合作建设项目之一。2005 年 1 月，开工建设，总建设面积第 1 期工程 3718.08 平方米，第 2 期工程 876.49 平方米。2005 年 12 月，竣工投入使用。项目总投资 950 万元（含设备费），其中国债投入 536 万元、上海援助 250 万元、市级配套 164 万元。建成后更名为“思茅上海公共卫生中心”。单位级格为正科级，人员编制为 30 人，领导职数 3 名（主任 1 名，副主任 2 名）。2005 年 1 月至 2006 年 6 月 30 日，调入管理和医护人员 15 人，参与建设管理和为正式开院做一些基础性工作。2006 年 12 月，市委、市政府决定，撤销思茅上海公共卫生中心，人员并入市人民医院，由市人民医院在曼歇坝建传染病区，承担特殊传染病例的治疗工作，市政府以 1200 万元将市公共卫生中心转让给思茅区政府，用于筹建思茅区人民医院。

（三）麻风病院（所）

1978 年，镇沅县建立麻风病院。1981 年，麻风病院（所）由卫生行政部门负责管理。1985—1986 年，澜沧、西盟、镇沅县麻风病院先后撤销。1989 年，全地区在景东、普洱县设有麻风病院各 1 所，其他多数县建有麻风病隔离村。2001 年，防疫站改为疾病预防控制中心后，麻风病院划归当地疾病预防控制中心管理。

二、普洱市妇幼保健院

1978 年，地区妇幼保健站设妇科检查室。1980 年，分设儿童保健、妇女保健组。1985 年，从地区防疫站分出，迁址至太平桥，新址占地面积 3.9 亩，房屋建筑面积 1415 平方米，设病床 8 张，门诊分设儿童保健、妇女保健、计划生育室。1986 年 6 月，更名为地区保健所，有职工 32 人，其中卫生技术人员 28 人。1987 年，增设婚姻保健指导门诊。1989 年，设有办公室、儿童保健科、妇女保健科、宣传室及门诊等科室，有病床 8 张，有职工 41 人。1987—1990 年，上级核定人员编制 42 人。1995 年，单位级格升为副处级。1997 年，地区妇幼保健所更名为地区妇幼保健院。2002年5月，上海市对口帮扶云南的卫生项目上海思茅妇幼保健中心建成，业务用房增加到3580平方米，床位增加至40张。2004年，更名为思茅市妇幼保健院。2007年，市编委核准单位领导职数4人（2正2副），8个科室，10个职数，58个人员编制。截至2007年年底，设办公室、财务后勤科、妇产科、妇保科、儿保科、手术室、医务科、检验科、药剂科、基层与项目指导科（其中检验科、药剂科、基层与项目指导科为内设科室）。有在职人员51人。

1978—2007年普洱市妇幼保健院领导任职表

表32-5

单位	姓名	性别	民族	籍贯	职务	任职时间
思茅专区妇幼保健站	史继华	女	汉	贵州贵阳	负责人	1978.1—1979.4
	魏昌先	女	汉	云南景谷	临时负责人	1979.5—1979.8
	黄玉秋	女	汉	云南昆明	负责人	1979.8—1980.5
思茅地区妇幼保健站	黄玉秋	女	汉	云南昆明	站　长	1980.6—1984.1
	张书英	女	汉	云南巍山	副站长	1980.10—1984.1
	李杏元	女	汉	云南昆明	站　长	1984.1—1986.5
	李杏元	女	汉	云南昆明	所　长	1986.5—1990.2
	黄玉秋	女	汉	云南昆明	所　长	1990.2—1991
	张泽枝	女	白	云南大理	所　长	1991—1997
	张艳萍	女	汉	云南宁洱	副所长	1991—1996
	周安宏	男	汉	云南镇沅	所　长	1996—2004.4
普洱市（思茅市）妇幼保健院	周安宏	男	汉	云南镇沅	院　长	2004.4—2005.6
	郭　璟	女	傣	山西	副院长	2005.7—2007.12
	雷启学	男	汉	云南墨江	院　长	2005.6—2007.12
	马爱华	女	汉	云南玉溪	副院长	2006.1—2007.12

三、普洱市卫生学校

1978年10月，普洱市卫生学校恢复校长负责制。1992年4月，被省教育厅认定为“基本合格学校”。1993年，学校占地面积17106平方米，房屋建筑面积9359平方米。学校教职工人数由1978年的58人（专业教师34人）发展为105人。1995年2月，地委批准单位行政级别为正处级。1997年，被省教育厅认定为合格学校。1997年后，先后投入资金近2000万元，自筹资金购买土地30192平方米，拆除平房、危房，改建、扩建、新建教学大楼、成教楼、图书实验楼、办公楼、教职工宿舍等，篮球场、排球场各一块。2006年，新建学生公寓、实训楼各一幢，新增建筑面积10399平方米，建立完善校园网，加强图书馆的建设，增加藏书量，加大实验实训基地建设，扩建附属门诊部，新购主要实验实训设备和医疗设备800余台（套），建立实验实训中心。2007年，根据《普洱市关于大力推进职业教育改革和发展的实施意见》，市委、市政府决定在整合普洱市教育资源，成立普洱市职业教育中心，同意普洱卫校在原址独立办学，将普洱财校的占地及校舍划归普洱卫校。截至年底，学校占地面积82.72亩，其中建筑面积55062平方米。有教职工204人。

1978—2007 年普洱卫校领导任职表

表 32-6

单位名称	姓名	性别	民族	籍贯	职务	任职时间
普洱（思茅）卫校	刘庆才	男	汉	四川	副书记	1978.1—1979.6
	陆丕德	男	汉	云南宁洱	革命委员会主任	1978.1—1978.9
	刘庆才	男	汉	四川	革命委员会副主任	1978.1—1978.9
	潘兆维	女	汉	云南石屏	副书记	1978.10—1983.12
	刘世鑫	男	汉	云南巍山	副校长	1978.10—1983.12
					副书记	1982.2—1983.12
	王和哲	男	汉	云南祥云	副校长	1982.2—1983.12
	项丽明	女	汉	云南昆明	副校长	1982.2—1983.12
	王和哲	男	汉	云南祥云	校　长	1983.12—1985.10
					副书记	1983.12—1994.01
	段　琪	男	汉	云南巍山	副校长	1983.12—1985.10
	阎民权	男	汉	河南新郑	副校长	1984.10—1994.1
	段　琪	男	汉	云南巍山	校　长	1985.10—1990.7
	王和哲	男	汉	云南祥云	书　记	1986.3—1990.8
	郭德先	男	汉	四川成都	副校长	1987.2—1995.1
	王和哲	男	汉	云南祥云	校　长	1990.8—1993.12
	杨文进	男	纳西	云南永善	书　记	1990.12—1994.1
	邓泽文	男	汉	四川自贡	副书记	1990.10—1993.5
	张应华	男	汉	四川夹江	副校长	1990.12—1994.1
	周一朴	男	汉	云南蒙自	副校长	1994.1—1995.2
	赵　鏐	男	汉	云南弥渡	副书记	1994.1—2003.9
	王有灿	女	汉	浙江镇海	副校长	1994.1—2007.1
	郭德先	男	汉	四川成都	校　长	1995.2—1998.7
	周一朴	男	汉	云南蒙自	校长、书记	1998.7—2007.12
	罗洪敏	女	汉	云南临沧	副书记	2003.9—2007.12
	张　静	女	汉	云南嵩明	副校长	2003.9—2007.12
	鲁明云	男	彝	云南景谷	副校长	2007.11—2007.12

四、科研机构

（一）普洱市民族传统医药研究所

1978 年 4 月，地区中草药科研小组改称地区中草药研究所，职工增至 17 人。1983 年，更名为地区民族传统医药研究所，有职工 22 人；11 月，行署决定，研究所与地区中医医院合并，实行“挂两块牌子，一套班子”领导管理。1987 年 10 月，行署卫生局通知，又将两个单位分开，恢复原建制单位。1989 年，研究所内设办公室、植化药理室、资源室、临床研究室、药品中试车间，有职工 21 人。1994 年，经地区卫生局批准在临床室的基础上设研究所附属医院；同年，经省卫生厅批准增设地区医疗单位第一制剂室（为地区卫生局主管，研究所具体管理的自收自支事业单位、企业管理，人员编制

30人），增设供销科，生产大输液及中草药制剂供全地区卫生系统内部使用。1997年，云南思茅思松科贸有限责任公司成立。2002年，第一制剂室停产，工人有的转金凌公司就业，有的自谋职业。2003年，增设研究所传统医药研究室和普通制剂室。2006年6月，经市卫生局批准附属医院更名为普洱市民族医院。截至2007年年底，全所人员编制27人，实有27人。内设办公室、传统医药研究室、药剂科、制剂室；设附属民族医院1个。占地面积23亩，建筑面积4012平方米。固定资产总值543万元。

（二）云南省寄生虫病防治所

1990年，全所有职工70人，其中卫生技术人员50人；内设办公室及流行病、病原临床、媒介、后勤等科和所学术委员会；设备有冷冻高速离心机、多功能荧光显微镜、超低温冰箱、酶标读数计、紫外分光光度计、二氧化碳培养箱、电子计算机以及常规实验设备和试剂。2001年，更名为省寄生虫病防治研究所。为全民所有制研究机构，隶属省卫生厅。

五、思茅地区药品检验所

1981年，药品检验所迁至思茅城通商路新址。占地3.7亩，有业务用房550平方米，有职工15人，内设化学检验室、生物测定室、中药室。1983年，增设技术管理室。1987年，增设办公室。至1989年，有职工26人，分设有5个室，开展药品理化分析、生物测定、中药材真伪检验鉴别业务。1990年后，新建一栋业务大楼，增加业务用房面积。1992年8月，建立地区药品监督办公室，主要承担药品质量监督管理工作，完成地区卫生局下达的药品生产、经营、使用单位的日常监管任务，挂靠在药品检验所，由所长兼办公室主任。1994年，地区编委下达科级职数1个，设专职副主任1人，实行“一个单位两块牌子”领导管理。2000年，内设办公室、业务科、化学室、中药室、生测室；业务用房面积748平方米；人员编制30人，实有职工26人。2001年11月23日，药品检验所、监督办公室划归省直管机构思茅食品药品监督管理局领导。

六、市中心血站

1998年7月，经省卫生厅批准成立地区中心血站，挂靠在地区医院，在院内挂牌开展工作，由医院院长兼任站长。有工作人员5人，其中检验2人，护士2人，医生1人；有部分采血、检验、成分血制备、低温储血设备。2000年12月，地区卫生局对中心血站建设向上级申请国债建设项目立项支持，决定医院院长不再兼任站长。2001年3月，行署批准地区中心血站独立建制建设；地区编委核定中心血站为全额预算管理的公益性事业单位，机构级格为正科级，核定事业编制人员30人，科级领导职数4名（含政工干部1名），内设5个职能科室；同年，中心血站被上级批准纳入国债建设项目立项建设，得到国债资金和地方财政配套资金的支持，在思茅城南开发区茶苑路新建。2003年3月建成，地区中心血站由地区医院迁入茶苑路新址。由国债项目配置采血车2辆、送血车2辆和一批专业设备以及双路供电系统和计算机网络等设施。2004年4月11日，经省卫生厅组织的血液管理检查及中心血站执业检查验收组检查评审，地区中心血站通过省级执业达标验收。同年，地区中心血站更名为市中心血站。2007年，市政府安排市中心血站业务用房“6·3”地震恢复重建（修缮）项目，重点对实验室进行改造，按期完工投入使用。截至2007年年底，市中心血站内设办公室、财务科、质量管理科、检验科、成分血储发科、体采科、血源信息管理科。全站有在职职工31人。中心血站占地面积6亩，新建业务用房1874平方米。固定资产总值740万元，其中设备价值155万元，电器设备20万元，电子设备36万元。

第二章　行政管理

第一节　医政管理

一、医疗市场管理

1978年后，思茅地区在发展公立医疗机构的同时，提倡多种形式办医疗。恢复建立联合诊所，个体开业医逐渐增多。1989年，为加强对社会办医的管理，地区卫生局制定《思茅地区社会办医暂行管理办法》。1994年，地、县卫生局对《护士管理办法》发布实施前已取得护士以上技术职称的护理人员进行填表、登记、逐级审核后，上报省卫生厅统一办理"护士执业证"，并在地区卫生局、人事局注册。对未取得护士以上技术职称的，组织参加每年一次的全国执业护士统一考试，考试合格者办理"执业护士证"和注册手续。1995年起，地区卫生局制定《思茅地区医疗机构设置规划》，作为地、县卫生局合理设置、审批各类医疗机构的依据。对全地区医疗市场进行全面清理整顿，要求已设置的各级各类医疗机构、集体个体诊所，重新向卫生行政部门申报，由省、地、县卫生行政部门根据法律赋予的权限（地级医疗机构由省卫生厅审批；地级以下设100张床位以上的医疗机构由地区卫生局审批）；新申请设置医疗机构、集体个体诊所等的，必须按管理权限分别向省、地、县卫生行政部门上报医疗机构设置申请和规定上报的相关资料，经审核，符合当地区域卫生设置规划和《条例》规定条件的，才能批准设置，给予登记、发证、执业，不符合的一律不予批准。1995年，地、县卫生局按管理权限审核，对符合规定条件的医疗、保健机构和人员发放"母婴保健服务机构许可证""母婴保健技术人员合格证"。1998年，地区卫生局成立医政科。地、县卫生局按管理权限审核上报省卫生厅，为符合条件的采供血机构、人员办理"采供血机构许可证""采供血人员技术合格证"。鼓励公民无偿献血，严厉打击非法采供血、非法组织他人卖血，不允许个人卖血。1999年，地、县卫生局对《中华人民共和国执业医师法》发布实施前已取得医士以上技术职称的医务人员进行登记、填表、逐级审核后，上报省卫生厅统一办理"执业医师证""执业助理医师证"并在地区卫生局、人事局注册。取得执业资格证并按规定注册后的医、护人员，方可从事医疗、护理工作。同年，地区卫生局下发《关于清理整顿社会办医、个体开业医的通知》，要求全地区卫生行政部门再次对全地区社会办医、个体开业医进行全面清理整顿，并要求各县卫生局把社会办医、个体开业医的设置、执业人员情况初审后报地区卫生局统一复审。2001年后，地区卫生局对省卫生厅审批许可的地级医疗卫生机构、采供血机构和地级审批许可的县级医疗机构监督管理，对其执业许可证进行三年一次效验审核。2002年，各县上报的社会办医、个体开业医620个，符合规定条件的413个，不符合规定条件的207个（约占总上报数的1/3）。对不符合规定条件的一律吊销医疗机构执业许可证。2003年，县卫生局对乡村医生审核后，给符合条件的乡村医生办理注册、执业手续。

据2007年度卫生统计资料，全市经卫生行政部门批准职业的医疗卫生机构总数400个，其中医院27所，社区卫生服务中心1个，乡（镇）卫生院102个，诊所、卫生所、医务室233个，急救中心1个，采供血机构1个，妇幼保健院11个，疾病预防控制中心11个，卫生监督所11个，医学科学研究结构2个；病床5641张；卫生技术人员6519人，其中注册执业医师（含执业助理医师）2863人，注册护士2128人，药师（士）312人，技师（士）317人，其他899人。在医疗卫生机构总数中，由政府举办的市级医院3所（综合医院、中医医院、专科医院各1所）；县级医院15所（综合医院10所、中医医院5所）；乡（镇）卫生院102所（其中中心卫生院33所）。民办医院5所，企业办医院3所，驻军医院1所。市、县级医院中有卫生技术人员2965人。全市有村卫生室981个，有乡村医生1873名（其中女村医824名），平均每个村卫生室有乡村医生1.9名。2001—2007年，由市卫生局审批核发许可证的医疗机构有49家，注册执业医师、助理执业医师2767人，注册护士1776人。依法取缔医疗机构14家，注销执业医师、执业助理医师6人，注销母婴保健技术服务合格证1人。

二、医院管理

（一）行政管理

1978年2月，地区卫生局组织有关县卫生局，在地区人民医院、澜沧县人民医院、景东县人民医院及澜沧、景东县的23个公社（乡）卫生院开展整顿试点工作。1979年，行署卫生局制定《全区县以上医院开展经济管理方案》，对县级以上医院开始实行经济管理。1983年，在全地区各级医疗卫生机构实行院长负责制和职工代表大会制度。1984年，行署卫生局制定《全区卫生院实行全民所有、集体经营、定项补助、独立核算、自负盈亏的改革》《全区卫生院工作实施细则》《全区卫生院工作制度》，在全地区范围内施行，加强农村基层医疗卫生机构建设；同年8月，在地区医院和景东、澜沧县进行医院管理“三权下放”（人事权、财权、物权下放）试点。1986年6月，行署批转《思茅地区行署卫生局卫生工作改革意见》，对各医疗卫生单位实行简政放权措施。1988年1月26日，行署卫生局制定下发《关于地直卫生事业单位实行院（校、站、所）长负责制的试行意见》，试行院（校、站、所）长负责制。同年5月，行署卫生局、财政局、劳动人事处共同制定下发《关于业余和超额医疗服务的暂行规定》，调动医疗卫生技术人员的工作积极性；8月，行署卫生局制定《廉洁公务活动规定》，建立医疗卫生工作廉洁制度。1996年，对全地区各级医院进行检查，凡不符合规定的一律进行纠正。1998年，地委、行署《关于促进全区卫生事业发展的实施意见》，继续实行完善医疗卫生机构院（校、站、所）长负责制，扩大医疗卫生机构的自主权。

（二）业务技术管理

1978年后，医院工作重点转为以医疗为中心，以提高业务技术水平、服务质量为根本要求，逐渐恢复和建立健全各项业务技术管理规章制度和技术操作规程，地、县卫生局加强对各医疗单位的业务技术管理。1984年，地区卫生局制定《全区卫生院各项工作指标》《全区卫生院各类工作人员职责》，使全区卫生院业务技术管理向规范化发展。1997年，贯彻省卫生厅《关于颁发云南省医疗机构病历规范的通知》，规范全地区各医疗机构的病历书写。1997年后，把参加讲座、培训纳入医疗卫生人员的学分管理，是否达到要求的学分作为能否申报高一级职称的条件之一。1993—1998年，地、县卫生行政部门严把医、护人员准入关。医、护人员必须取得执业资质证（“执业医师证”“执业助理医师证”“护士执业证”），才能从事医疗、护理工作，并依法进行执业管理。

（三）创建文明单位、文明医院和等级医院管理

1. 创建文明单位

20 世纪 80 年代初，结合“五讲四美三热爱”的开展，地区各医疗卫生单位开展创建文明单位活动。至 1989 年，省卫生厅先后授予地区人民医院、地区中医医院、思茅卫生学校、地区妇幼保健所、地区卫生防疫站、地区药品检验所、澜沧县人民医院、景东县人民医院、普洱县人民医院、西盟县人民医院、景东县妇幼保健站为“文明单位”称号。

2. 创建文明医院

1984 年 3 月，省卫生厅号召在全省县级以上医院开展创建“文明医院”活动，制定《云南省医院管理基本要求》和《云南省“文明医院”检查记分标准》。1985 年 12 月 13 日，地区医院经省卫生厅检查验收成为地区第一个文明医院。1987 年 9 月 23 日，澜沧、西盟、普洱、景东县医院被省卫生厅授予文明医院称号。1988 年 6 月，地区中医院、墨江、镇沅县医院被省卫生厅授予文明医院称号。1989 年，景谷县医院被省卫生厅授予文明医院称号。1990 年 12 月，孟连县医院被省卫生厅授予文明医院称号。1991 年 1 月，地区精神病医院被省卫生厅授予文明医院称号。1992 年 12 月，江城县医院被省卫生厅授予文明医院称号。至此，思茅地直的三所医院和 9 个县医院都达到文明医院标准。

3. 创建文明卫生院

1987 年 10 月，普洱、西盟、景东、景谷、思茅、孟连、墨江、镇沅县卫生局对所属 64 个区卫生院（占全区区级卫生院总数的 62.7%）进行检查考核，其中基本达到省卫生厅文明卫生院标准的 17 所，占考核总数的 26.56%。1988 年 1 月，全省卫生工作会议上，卫生厅要求年内要有 1/4 的卫生院达到文明卫生院标准；8 月，地区卫生局在景东县召开创建文明医院的现场会，会议用文明卫生院检查验收标准，以景东县清凉卫生院为试点进行考核验收，实地培训与会人员；9 月，全地区分成三个片组分别对 10 个县申报文明卫生院的单位进行验收；10 月 3 日，行署卫生局对全地区第一批申报文明卫生院的 21 所卫生院进行分片组织检查验收。授予 21 所卫生院为 1988 年度文明卫生院称号。1989 年 11 月—12 月，行署卫生局组织检查组对全地区第二批申报文明卫生院的 17 所乡卫生院分四片进行检查验收。授予 17 所卫生院为 1989 年度文明卫生院称号。

4. 医院分级管理（等级医院管理）

1990—1992 年为试点阶段。1993 年 12 月 1 日—3 日，行署卫生局在澜沧召开全地区开展创建等级医院工作会议。各级医院按要求开展创建等级医院工作。地区卫生局成立地区等级医院评审委员会，委员会办公室设在地区卫生局。成立思茅地区等级医院考评委员会。1995 年 8 月 21 日，省卫生厅批准江城县医院为二级乙等医院；12 月 13 日，省卫生厅批准景东县医院为二级甲等医院；12 月 19 日，省卫生厅批准地区医院为三级乙等医院，普洱县医院为二级甲等医院，镇沅县医院为二级乙等医院。1993—1995 年，为第一评审周期，全地区通过考核、评审达等级医院标准的有地级综合医院 1 所、县级综合医院 6 所。3 月 18 日，省卫生厅批准孟连县医院为二级乙等医院，澜沧县医院为二级甲等医院；同年 12 月 3 日，地区等级中医医院评审委员会（含考评委员会）成立，委员会办公室设在地区卫生局。负责本地区二级、一级等级医院、等级中医医院的考核、评审工作。三级医院由省考评委员会考核、评审。1997 年 3 月，景谷县中医医院通过地级评审，达二级乙等中医医院标准，同年 8 月，报经省卫生厅批准；12 月，地区中医医院通过省级评审，达三级乙等中医医院标准，报经省卫生厅批准。此项工作 1997 年接省卫生厅通知暂停。1998 年，为第二评审周期，云南省重新制定《云南省一、二、三级综合医院标准（1996 年版）》。2002 年 4 月，地区

等级中医医院考评委对普洱县中医医院进行考评，达到二级乙等中医医院标准，报经地区卫生局批准。此后其他中医医院的等级评审工作也未再继续。

三、职业道德教育和行业作风建设

1991年后，地、县卫生局把职业道德教育与行业作风建设，纳入每年卫生工作责任目标考核内容。1998—2007年，卫生系统先后4次被地（市）委、政府纠风办列入民主评议政风行风建设的评议对象和跟踪检查对象，在评议和跟踪检查中县级以上医疗卫生单位、部分中心卫生院进行评议或跟踪检查，七项综合满意度85%以上。

四、医疗事故处理

1990年前，国家对医疗事故处理没有具体规定，一般通过医患协商解决。1990年后，卫生部、省卫生厅制定医疗事故处理的有关规定，明确可以通过医患协商解决、上报卫生行政部门、向法院起诉处理医疗事故。1991年，地区卫生局成立地区医疗事故鉴定委员会，负责地区级医疗事故的技术鉴定工作。卫生行政部门受理案件后，提交医疗事故鉴定委员会鉴定，鉴定结论属事故的，按鉴定的事故性质、等级和有关规定进行处理（包括对医疗机构、当事人的处理；对患者给予一定经济补偿等）。1999年，省政府第70号令《云南省医疗损害事件处理规定》发布后，医疗事故、医疗纠纷统一按此规定进行处理。2000年起，全地区地、县医院都向省卫生厅指定的保险公司办理医疗执业保险。经鉴定属医疗损害事件的，按鉴定的事故性质、等级，由保险公司进行经济补偿理赔。2002年，地区医疗事故技术鉴定由地区医学会负责组织鉴定。同年9月，地区医学会印发《关于建立首批思茅地区医学会医疗事故技术鉴定专家库的通知》，经医学会审核，聘用56人为地区医学会医疗事故技术鉴定专家库专家，聘期4年。医疗事故技术鉴定，按所需专业临时从专家库中抽相应的专家进行鉴定。1991—2002年，地区卫生局受理医疗事故案件15件，经鉴定属医疗技术事故的2件，按有关规定进行处理和经济补偿。2003—2007年，市卫生局受理医疗事故案件121件，经鉴定属医疗技术事故的67件（其中，一级甲等27件，一级丙等1件；三级丙等3件、丁等4件、戊等13件；四级16件）；不属医疗事故的54件。

五、采供血管理

1990年前，卫生行政部门未制定采供血管理工作的统一规定，对全地区供血队伍也未实行统一管理。临床用血由各医疗单位根据抢救患者及临床需要自采自供、现采现输。血源少数来自患者家属、亲友、社会上部分自愿献血者，多数来自与医疗单位建立长期供血关系的供血员（有偿供血）。对献血、供血员的体检和血液质量检测未制定统一规定和标准。1991年至1998年6月，地区卫生局制定全地区采供血管理工作规定，要求全地区地、县卫生行政部门和各医疗卫生单位，规范血源和临床用血管理。对全地区供血员进行清理，统一向地区卫生局申报（含个人信息、身份证、体检合格证）、审核、登记注册，发放供血证，持证供血，并实行年检制，即每年初由地区防疫站统一对全地区供血员按献血员体检标准进行一次体检（即年检），由地区卫生局对供血证进行一次验证，年检合格者，凭证继续供血，不合格者由地区卫生局收回供血证，停止供血。对血液质量检测标准、临床输血工作等作出统一规定。1997年12月29日，《中华人民共和国献血法》公布。1998年10月1日起，实行无偿献血制度。2003年3月，初步完成全地区采供血网络建设，由中心血站、中心血库统一采供血。废止“供血证”，取缔专职供血员及有偿供血活动。至2007年，发放宣传品

10多万份。全市开展无偿献血、互助献血活动，无偿献血率100%，成分血占总供血量的100%。

第二节　药政管理

一、麻醉药品管理

1979年起，全地区卫生院、厂（矿）医院（室）恢复使用麻醉药品，实行专人管理、专柜保管、专人使用、专账登记、专用处方，严格管理。1988年开始，对批准使用麻醉药品的医疗卫生单位换发麻醉药品购用申请卡和印鉴卡，依法严格管理。1990年后，精神药品纳入特殊药品管理，严格对特殊管理药品购用证件的核发和注销；严格监督，发现问题立即纠正。

二、药品质量检验

1980年，地区药品检验所抽验思茅、普洱、景东制药厂1978年至1980年4月生产的药品，抽检35种药品，其中有16种不合格（多为达不到卫生学标准），占检数的45.71%。此后，每年均开展对经营和使用药品的单位进行药品质量检验。1991年开始，地区卫生局实行药品抽验计划制度，每年由地区卫生局制定下达药品抽验计划，由地区药检所具体执行。年内，全地区计划抽验总批次600件，实际完成485件，占总抽验数的80.8%，合格431件，合格率88.8%。1992年，全地区计划抽验总批次550件，实际完成553件（其中，生产企业抽108件、经营企业229件、使用单位216件），占总抽验数的100.4%，不合格批次45件，占总抽验批次的8.1%。1993年，全地区计划抽验总批次629件，实际完成603件，完成率96%，其中生产企业抽验85件，合格率91.8%，经营单位抽验229件，合格率90.4%，医疗单位购入药品抽验73件，合格率71.2%，自配制剂抽验212件，合格率84.9%。1994—2000年，执行药品抽验计划制度，各年度完成计划都在90%以上。

三、假劣药品查处

1985年，地区卫生局作出《关于销毁封存假药，没收销售假药所得的处理决定》，并就查处假劣药品、杜绝假劣药品销售作出具体规定。1986年，开展联合打击假劣药品行动，查获假劣药品61种、12.1吨，价值33.14万元，将查获药品进行公开销毁处理。1991年，进行药品质量监督检查1559次，查出假劣药品2157种次，约合正品价格6.86万元。全地区查处游医药贩183起，280余人，没收伪劣中药材30吨，没收假劣药品63种次，约合正品价值1.04万元，取缔游医药贩178起。全地区立案处理大小案件32件，结案28件，没收药品及违法所得3420元，罚款1.52万元。查出“三无”药品28种，价值58.78万元，查出1974年以前生产的麻醉药品20种次，价值391.26元，尚未发现成瘾病例及滥用现象。对部分医院制剂室存在的问题提出批评，并按权限给予依法停产整顿。1992年，地区药监办对全地区的药厂、县级医药公司、医院等27个单位进行1次—2次监督检查，立案查处假劣药品案件18件，31个品种，结案16件，没收药品及违法所得5.20万元，罚款1.83万元；其他违法案件立案查处14件，全部结案，没收药品及违法所得1.64万元；对全地区药品产、供、用单位进行监督检查1733次，查出霉变药品362种（次），830102片（克、支），过期失效药品246种（次），99774片（支），总价值2.31万元。1993年全地区立案查处违反《中华人民共和国药品管理法》案33件，结案32件。在结案的32件中，假药案15件，占总案的47%，劣药案11件，占总案的34%，违法经营案6件，占总案的

19%，假劣药案 26 件，占结案数的 81.3%，较上年增长 44%，没收假劣药品 102 个品种，740669 片（克、支），罚款 1.23 万元，没收假劣药品及违法所得 12.15 万元，监督销毁假劣药品 348 种（次），521989 片（克、支），价值 7.16 万元。1993 年起，实行药品制剂生产（配制）批次季报表的制度。医院制剂坚持自用的原则。地区卫生局制定《思茅地区核发制剂批准文号实施方案》，对申报单位必须具备的条件和要求如人员、房屋、设备以及原料、辅料、包装材料和工艺流程、操作规程、检验质量控制及申报程序等作详细的规定。2000 年后，停止医疗机构配制各种大输液和其他灭菌制剂，只允许配制少量普通制剂。

四、从业管理

1985 年 7 月，地、县卫生局及药品检验所对 808 名从事药品生产、经营、使用的人员进行岗位培训，对生产、经营和配制药品制剂的单位依法审核办理许可证。至 1989 年，全地区核发“药品生产许可证”3 份、“药品经营许可证”10 份、“无菌制剂许可证”6 份、“普通制剂许可证”11 份、“药品兼营许可证”4 份、“零售许可证”712 份。1991 年，地区卫生局、医药公司和药学会联合举办 1 期 47 人参加的为期 2 个月的医药从业人员专业技术岗位培训班。1992—2000 年，审核办理药品生产、经营、医院制剂许可证和药品生产、经营、使用各环节的药品质量监督管理，对毒、麻、精神特殊药品的管理，查处无证生产、经营药品的违法行为，打击制售假劣药品的违法犯罪活动。2001 年，思茅食品药品监督管理局成立后，药品监督管理职能转归思茅食品药品监督管理局，地区卫生局撤销药政科。

第三节　卫生应急管理

一、突发公共卫生事件应急处置

（一）一般疫情处置

2004 年前，地区疾病预防控制中心流行病学科除开展急性传染病应急外还要负责艾滋病工作。2005 年后，改流行病学科为急性传染病防治科，专门负责急性传染病防治工作。思茅市内发生局部或一般的疫情，由市疾控中心派出专业人员进行处置，遇上重特大疫情和重特大中毒事件则由市卫生局统一组织应急处置。

（二）重特大疫情处置

1986 年 8 月，临沧耿马发生霍乱流行，8 月 12 日，接省卫生厅通知，抽调地区卫生防疫站、普洱县、墨江县卫生防疫站等 10 人参加地区卫生局组织的霍乱防治救援小分队，分两批赴现场工作。11 月 26 日，地区Ⅱ号病防治领导小组和办公室成立，由地、县级防疫站、爱卫办抽 26 人组成应急小组，其中，疫情监测组 8 人，食品卫生组 8 人，环境卫生组 8 人，疫情组 2 人，开展地区Ⅱ号病预防工作。1987 年 5 月 15 日，成立Ⅱ号病应急组，第一组、第二组为地区医院医生，第三组为精神病院医生。1992—2005 年，先后有 8 县（区）发生 57 起鼠疫流行，波及 30 个乡（镇）66 个村委会（居委会），疫点 181 个，疫区面积 493.99 平方千米；复燃点 7 个，复燃疫区面积 33.7 平方千米；其中，普洱、墨江县和思茅区。疫情发生后，市卫生局统一组织疾控中心的专业人员到疫情发生县配合当地政府进行处置。

（三）重大突发公共卫生事件应急处置

1. 抗击“非典”

2003年春夏，中国发生非典型肺炎暴发流行。地委行署开展抗击非典防控工作。全地区各级医疗卫生单位在宣传、广电、报刊等部门配合下，开展防控非典宣传教育，地区领导小组办公室印发宣传画册30万份，分发到10县（市）、121个乡（镇），995个行政村，12685个自然村，把防控非典知识普及全市各族群众中，提高广大群众的自己防病意识。各级医疗卫生单位2500多人次参加抗击非典防控，医务人员1903人次参加防非知识培训，建立卫生应急队伍23支，其中，疫情处置组12支，临床救治医疗组11支；同年11月，地区防治非典领导小组在思茅城区组织地、市级防控非典综合演练，演习分为疫情调查分队、消杀处理分队、健康教育分队、医疗救护分队、维稳分队、地区专家组、后勤保障组、模拟乘客组8个分队，116名卫生、公安专业技术及工作人员参加演练。全地区卫生、公安、交通、旅游、外事等部门密切配合，对省外、境外人员跟踪调查1634人，留院观察486人，隔离检查发热疑似病人5例。

2. 禽流感和流感监测

2004年年初，市公共卫生中心派出相关人员赴昆明参加省级培训，然后对中心其他人员和各县进行培训，培训3期250人次。做好消杀物资、预防药品、防护用品以及实验室采样器材、检测设备、检测试剂的储备。2005年，思茅市开始流感监测，发病33例，发病率1.29/10万。2006年，报告发病17例。2005—2007年，发病率波动在0.65—1.29/10万。

二、救灾医疗及防病处置

（一）澜沧“11·6”大地震救援

1988年11月6日，澜沧县发生7.2级地震（简称“11·6”大地震），地区卫生局及时布置地直各医疗卫生单位和思茅、孟连、景东等县组成10支医疗、防疫队，85人奔赴灾区、开展医疗救护、卫生防疫工作。地直5个单位拿出5000余元的各种急救药品器械等物资送往灾区。为了鼓励抗灾医疗队，地直卫生单位筹集资金6100多元，组成由各单位领导参加的慰问团代表地直卫生系统900多职工，携带慰问品、慰问信，深入灾区慰问医疗队。截至年底，地区卫生局调集接送救护车防疫车及其他大小车辆40余车次；组织地、县9个医疗队92人前往灾区进行救护，组织调运急救药品、一般药品、预防药品、杀虫药、器械等物资近70吨（其中医药公司约53吨）。地震使全地区4个县3729人受伤，重伤员1057人，其中澜沧县受伤人数3585人，重伤1053人、地震中死亡643人。截至年底，重灾区的澜沧县收住院伤病员981人，其中，痊愈出院879人，死亡4人（只1人重伤死亡，其余3人病故），死亡率占全部受伤人数0.25%，占重伤人数0.94%，损伤致残1例，致残率占重伤员的1.33%，占全部受伤人数0.39%。有住院病人98人，其中伤员65人，基本康复。门诊及巡回治疗伤病员45693人次。做各种大中小手术（含石膏固定）577台，其中大中手术278台。为了控制大灾之后不要发生大疫，开展卫生防疫工作来进行疫点监测，加强水管、粪管、饮食摊点卫生的监督及各种预防等。据初步统计，各种预防接种87862人次，其中流脑24499人次、麻疹20429人次、白白破19226人次、伤寒1966人次、卡介苗4080人次。另外还有121人注射丙球，387人服预防药，2791人喷喉，1581人服大锅汤。7个重灾区饮用水源进行3次—4次检查消毒，交通沿线饮食卫生巡视检查295个摊点。冷链运转7次，18育龄单项接种率90%以上，血检超额完成全年任务60%以上。

（二）普洱同心地震救援

1993年1月27日，普洱县发生6.3级地震（震中同心乡），地区卫生局及时组成抗震救灾工作组，连夜赶到灾区组织医疗救护、卫生防疫工作。地区医院、地区防疫站、解放军62医院、思茅武警卫生队，也及时派出医疗救护队、防疫队赶到灾区开展医疗救护、卫生防疫工作。

（三）宁洱“6・3”地震救援

2007年6月3日，宁洱县发生里氏6.4级强烈地震。市卫生局立即启动《普洱市突发公共卫生事件应急预案》、《普洱市突发公共卫生应急医疗救援预案》，组成9支45人市级医疗救援队赶赴宁洱县重灾区，会同宁洱县卫生局组织医疗救援队开展医疗救援、卫生防病、卫生监督等卫生应急工作。宁洱“6・3”地震造成313人受伤，其中3人在灾害中死亡。在医疗救援中，省、市专家组对310名伤员伤情进行紧急会诊筛查，将伤情严重急需手术治疗28名重伤转到市人民医院诊治，其余285名伤员在宁洱县临时医院住院治疗。6月6日，为防止灾后发生大疫，开展集中式供水，农村饮用水井消毒，减少消化道疾病的发生。对机关、学校、城区、农村实施消毒、消杀工作，降低虫媒密度，控制消化道、呼吸道、虫媒传染病流行。开展卫生知识宣传，把灾后预防疾病知识送到灾区家庭。进行灾后疾病流行情况监测，对监测情况实行“零报告制度”。对灾区27所中小学校师生接种麻疹、腮腺炎、乙脑生物疫苗。开展爱国卫生运动，对灾民临时安置点环境管理，减少疾病的流行。组织市、县医疗队伍，对灾区开展巡回医疗，让灾民患病得到及时就医。在灾后卫生防疫工作中，省、市、县级疾病预防控制机构参加卫生防疫工作2600人次，投入120万元消杀药品，完成喷洒4.78万户，喷洒面积717.2平方米，受益15万人。向灾民家庭发放消毒灵67731瓶，让灾民开展饮用水消毒。完成集中式供水消毒85家单位，水井水消毒2450口，水源点消毒712处，完成165个供水点检测。完成27所13642人中小学师生生物疫苗接种。完成6个村9个村民小组鼠密度监测。严防食物、饮用水中毒事件发生。市、县卫生局组织卫生监督员416人次，出动车辆51辆次，深入灾区开展餐饮店卫生监督7856户次，其中学校食堂26户次。集中式供水单位59户次，医疗机构13户次。310名伤员均得到及时救治，实现震后院前急救零死亡的纪录。

第四节　爱国卫生运动

1979年，地区及各县爱卫会及办公室先后恢复，调配专职人员，负责行政辖区内爱国卫生运动的计划、组织、安排、检查总结评比等工作。同年，地区爱卫会办公室配备专职领导和工作人员，行政上属卫生局领导，为科级行政单位。各县也先后配备专职人员。1982年后，将爱国卫生运动纳入社会主义精神文明建设范畴。逐步恢复和完善经常性环境卫生制度，地、县对各部门各单位及居民实行门前卫生“三包”制，节假日前开展爱国卫生大扫除。1990年年底，全地区有地县爱卫会办公室11个，职工20人。有57078户农村人口的饮用水得到改良，受益面25.3%，思茅县最高，受益面53.19%。普洱县在大山头村、水矿河村，思茅县在麻栗树村完成大口井机抽高位和密闭水源自流与机抽相结合的农村改水试点。1994年11月29日，普洱县完成农村改水受益人口1.31万人，占全县农村人口的8.3%，达到省爱卫会关于《云南省农村改水先进市县标准及考评办法》规定，被省爱卫会奖励农村改水经费2万元。1995年2月21日，思茅市被省爱卫会命名为云南省1994年度乙级卫生城市。1997年，国家推广沼气能源综合利用，将户厕纳为沼气配套建设。1999年3月，思茅市被省爱卫会命名为云南省1998年度甲级卫生城市。2000年，思茅市获云南省甲级卫生城市称号。2002年，思茅市获云南省甲级卫生城市称号。2006年，全市开展以灭鼠为中心的除四害活动。2007年，累计投入资金4460.36万元，农村改水受益人口161.04万人，受益率75.34%。全市农村自来水受益人口由2000年的137.4万人增加到178.89万人，农村改水人口受益率由67.71%上升到83.32%。累计投入农村改厕资金6764.93万元，累计卫生厕所户23.84万户，农村卫生户厕普及率48.35%。农村改厕户由10.82万户增加到24.26万户，农村卫生户厕普及率由24.08%上升到52%。

第五节　卫生扶贫工作

一、上海市对思茅地区卫生帮扶

1986年9月，普洱县人民医院与上海市金山县人民医院签订《医疗技术援助协议书》，为思茅地区卫生系统与上海合作，引进医疗技术、提高业务技能开辟了新路。1987年10月，地区卫生局与上海市普陀区卫生局签订《卫生工作对口支援协议书》，为卫生防疫、妇幼保健、药品检验、药剂人员提高技术水平创造良好条件。1988年9月，上海普陀区卫生学校药剂专业为思茅地区定向招生16名学生。同年，地区中医医院与上海市曙光中医医院达成多项技术合作协议。1997年，行署正式与上海相关区政府建立联系。同年1月18日，地区卫生局副局长、地区医院院长随省代表团赴上海签订卫生对口帮扶协议。上海市杨浦区、南市区、普陀区、金山区分别对口支援思茅地区的普洱、墨江、景东、镇沅、江城、澜沧、孟连、西盟县。同年，地区卫生局与上海市卫生局签订《卫生对口帮扶协议书》。1998年4月，上海市杨浦区医疗队专家分别到墨江、西盟县医院对口帮扶1个月，进行临床诊疗指导、学术讲座等。同年7月，西盟县参加全国残联和省医疗队联合开展的“视觉第一”中国行动，为县内白内障患者施行手术。1999年10月18日—27日，地区卫生局组织赴沪考察团赴上海考察学习。考察团先后到上海市卫生局及杨浦区、南市区、普陀区、金山区卫生局考察学习，参观部分医疗、防疫保健机构。同年10月，上海东方电视台组织到孟连县进行义演、义诊活动，上海医疗队为当地数百名群众义诊，做白内障手术40多例。同年，上海瑞金、儿童、新华、中山医院的2批青年志愿者4人到江城县医院服务4个月。同年11月，上海市金山区卫生局到普洱县、江城县考察，签订2000年对口帮扶援建村卫生室合同。2000年，上海金山区医院支农医疗队一行6人到江城县医院进行医疗技术帮扶15天。2004年10月27日至11月1日，市直卫生单位及各县（区）卫生局主要负责人一行22人的思茅地区卫生代表团赴上海学习。

二、北京医科大学对思茅地区卫生帮扶

1983年10月8日，北京医学院与思茅卫生主管部门、地区医院商定，经行署同意，从1984—1994年，北京医学院（后改为北京医科大学）分期派出医学专家教授到思茅技术支援，一年两期，每期在思茅工作3个月。1984—1986年，著名医学专家吴阶平、叶恭绍、沈渔邨、陆道培、郑之田、王继山、魏承毓、李家泰、王大玫等166位教授学者（其中有3位是中国工程院院士），在思茅地区医院作过235次学术讲座，讲授专题200多个，听讲人数23000多人次（含地直卫生系统和全区各县的部分医疗卫生人员）。有100多名专家教授深入到景谷、墨江、澜沧等县人民医院讲学和技术指导。许多教授专家以他们精湛的技术操作、丰富的临床经验，进行示范操作。先后办小儿科班、皮肤病班、神经内科班、临床检验班、供应室管理班、放射技术班、口腔内科（黏膜病）班、妇产围产医学班、心电图技术班、口腔正畸班、精神病学班、普外提高班、小儿心血管病

班，以及脑电图学习班、支气管镜班、B超学习班，参加学习的学员有全地区各医院，还有来自文山、玉溪、迪庆、昭通、西双版纳等地州及解放军驻军医院和武警部队的学员，培训400余人。结合办班，开展疾病调查，在老师带领和指导下对思茅城区及孟连、澜沧县1382人常见的口腔黏膜病进行普查，查出20余种黏膜病。口腔正畸班对澜沧县拉祜族344名13岁—22岁恒牙牙合期的青少年进行牙颌关系调查。1988年8月至1993年7月，北医大在思茅举办医学专科班3期，培养专科生150人。北京医科大学各附属医院先后接收思茅地区医院及全地区各县进修人员140多人。1984—1994年，在北医大的支援下，先后建起B超、超声心动图、心电监护、电击除颤、脑电图、各种内窥镜检查、检验科开展放射免疫检查和一些特殊的生化检查，放射科开展脑血管造影、脊髓腔碘油造影等一批新检查项目，建起CT室，增设心血管内科、神经内科、神经外科、骨科、泌尿、胸科、成形外科、血液、消化、呼吸、内分泌、肾病等科室和专业。开展人工关节植换术、白内障人工晶体植入术、颅脑肿瘤切除术、断指再植术、牙体种植术，带旋髂深动静脉的髂骨瓣移植术，治疗股骨头缺血坏死等一批高难度的新技术新手术。

三、省级医院对思茅地区卫生帮扶

1983年，由省第一人民医院组建的省民族工作医疗队到澜沧进行技术指导，帮助县人民医院建设成全县医疗技术指导中心。1991年3月至1995年，省第一人民医院先后派出六批扶贫医疗队到江城县医院进行技术帮扶，开展技术培训、学术讲座、临床指导。1997年2月，省人民医院派出由18人组成的医疗队到江城、景东、景谷、镇沅县巡回医疗。同年4月，省肿瘤医院派出由11人组成的医疗队到西盟县开展医疗扶贫，帮助培训当地医务人员。同年6月，省肿瘤医院派出医疗队到镇沅勐大乡巡回医疗。

第三章　农村卫生及社区卫生服务

第一节　农村卫生

一、机构

（一）乡（镇）卫生院

1989年，全地区有中心卫生院14所，设有病床282张，有职工257人，其中卫生技术人员208人。1993年，全地区有111所乡（镇）卫生院（其中中心卫生院17所），有在职职工1008人，设病床951张。1991—1995年，乡级医疗卫生机构114个，病床978张，平均每千人口拥有1.57张。2000年，有乡（镇）卫生院115所（其中中心卫生院15所），病床1128张，占31.54%。在乡（镇）卫生院的卫生技术人员1721人，占29.43%。2003年，全地区重新确定的乡（镇）中心卫生院34个。2006年1月，经省政府批准撤并乡（镇）后，设置有乡（镇）卫生院103所，其中中心卫生院35所、一般卫生院68所。有职工1599人，其中卫生技术人员1361人，设有病床1310张。

（二）村卫生室

1978年，全地区有村卫生室或预防保健点853个，有乡村医生1859人，平均每室（点)2.2人。1990年，全地区有983个行政村，有医疗点1216个。其中，集体办的278个；乡村医生联合办的37个；乡卫生院设点21个。截至1994年年底，全地区有村设医疗点1177个，有乡村医生1156人，卫生员959人，接生员3301人。1998年，全地区有村卫生室或预防保健点964个，有乡村医生1770人（其中，男1105人、女665人），平均每室（点）有乡村医生1.84人。1999年，全地区设行政村（或办事处）卫生室979个，卫生室覆盖率100%，有乡村医生1933人，平均每室1.95人。2000年，全地区建有行政村（办事处）卫生室或医疗点1063个，有乡村医生和卫生员2185人，其中乡村医生1084人，卫生员1101人。

二、农村卫生服务体系建设

（一）乡（镇）卫生院建设

1991—2000年，思茅地区农村卫生三项建设领导小组成立，制定规划，各县（市）把搞好农村卫生机构中县卫生防疫站、妇幼保健（院）、站、乡（镇）卫生院的建设纳入当地政府社会经济发展规划，加强领导，组织实施。县（市）妇幼保健（院）站10个，改扩建面积5731.87平方米。投资356万元。县（市）121个乡（镇）卫生院，安排项目改扩建102个，改扩建面积50280.18平方米。投资总额3582.5万元。2001—2003年，全地区有12个乡（镇）卫生院投入205万元进行改扩建项目，建设规模2500平方米。其中，思茅市1个卫生院，省级补助资金20万元，普洱1个卫生院，省级补助资金18万元，墨江1个卫生院，省级补助资金18万元，景东2个卫生院，省级补助资金30万元，镇沅1个卫生院，省级补助资金15万元，江城2个卫生院，省级补助资金38万元，孟连1个卫生院，省级补助资金15万元，澜沧1个卫生院，省级补助资金18万元，西盟2个卫生院，省级补助资金33万元。2004年后，全市实行所有设备实行政府统一招标采购。同年，批准实施的国债农村卫生服务体系建设的项目：澜沧21个乡（镇）卫生院，总投资970万元，建设规模10900平方米；墨江17个乡（镇）卫生院，总投资690万元，建设规模9400平方米。2005年，批准实施的国债农村卫生服务体系建设项目：江城6个乡（镇）卫生院，总投资235万元，建设规模3800平方米；景东10个乡（镇）卫生院，总投资411万元，建设规模7850平方米；孟连5个乡（镇）卫生院，总投资228万元，建设规模3400平方米；西盟6个乡（镇）卫生院，总投资208万元，建设规模3400平方米。2006年，国债农村卫生服务体系建设项目：思茅区6个乡（镇）卫生院，总投资237万元，建设规模4300平方米；景谷7个乡（镇）卫生院，总投资248万元，建设规模4600平方米。截至2006年，全市103个乡（镇）卫生院各种设备45个品目2107台（件），平均每院拥有20台（件）。其中，主要的设备有100–200mAX光机86台，拥有率83.5%，B超94台，心电图机86台，拥有率83.50%，妇科检查床75台，产床100台，尿分析仪54台，拥有率52.43%，半自动生化仪72台，计算机99台，心电监护仪41台，手术床84台。2001—2006年，乡（镇）卫生院的设备配置全市投入资金812万元。2005—2007年，普洱市卫生基础设施建设项目，建设乡（镇）卫生院113个。其中，国债项目2005年27个、2006年13个、2007年17个。2007年，宁洱“6·3”地震恢复重建项目21个。

（二）村卫生室建设

1998年年底，按照“植根计划”要求，采取多种形式对乡村医生进行培训，有462名乡村医生报名参加省卫生厅组织的全省乡村医生中医药知识考核，其中，403名考试合格，取得“云南省乡村医生中医药培训合格证”。2003—2006年，省财政补助思茅市村卫生室建设项目197个，其中，翠云区14个、普洱21个、墨江13个、景东18个、景谷21个、镇沅25个、江城14个、孟连18个、澜沧37个、西盟16个。投入建设资金591万元，其中翠云区42万元、普洱63万元、墨江39万元、景东54万元、景谷63万元、镇沅75万元、江城42万元、孟连54万元、澜沧111万元、西盟48万元。2006年，上海市卫生局援建镇沅县村卫生室10个，投资62万元。全市村卫生室建设453个，投入资金1419万元。1999—2006年，上海对口帮扶，援助实施白玉兰村卫生室建设256个，投入资金828万元。2005—2007年，卫生基础设施建设项目，覆盖村卫生室532个。

三、农村卫生政策法规

1990年10月12日，行署确定在普洱县进行初级卫生保健试点工作。普洱县政府下发《关于开展初级卫生保健工作的实施意见》。明确实施初级卫生保健的任务和措施。1993年，行署卫生局、财政局、计划经济委员会、农牧局制定《1994—2000年思茅地区农村卫生三项建设规划》（讨论稿），确定地区农村卫生三项建设的目标任务，投资标准及经费预算，及对县防疫站、县保健站、乡（镇）卫生院功能及业务技术的基本要求和卫生技术人员的培训计划。1996年，行署卫生局制定《思茅地区“九五”期间乡村医生中医药知识培训计划——植根计划》，要求每个乡村医生必须会看60个病种、会开60个处方、会用60种中药、60种草药及民间单方验方、掌握60个穴位和12种经络实用技术。确定思茅卫生学校及开办医士类专业的景谷、澜沧职业高中为理论教学培训基地，负责新补充乡村医生正规化理论教学培训工作。确定普洱、景谷、墨江、澜沧县中医医院、景东、镇沅、江城、孟连、西盟县医院中医科为辅导培训基地，承担本县内在职乡村医生中医药适宜技术及中草药辅导培训工作。1998年，地区卫生局制定《思茅地区规范婚姻保健管理办法》，确定婚姻保健机构为各县市妇幼保健机构，成立医学技术鉴定组。规范婚前保健行为及婚前医学检查表格证明的管理，完善婚前保健，依法管理、依法服务。1999年，制定《思茅地区妇幼卫生扶贫实施方案》，将妇幼卫生扶贫工作向全地区推广实施，从财政等渠道筹集一定的资金，用于资助贫困人群中的孕产妇和儿童，以获得最基本的妇幼保健服务。2000年，行署卫生局下发《思茅地区乡村医疗机构一体化管理实施办法》（征求意见稿）。明确乡（镇）、村（办事处）级医疗机构按照当地医疗机构设置规划、乡（镇）卫生院与村（办事处）卫生所（室）及其他医疗机构实行联网经营开展医疗防保业务，并由乡（镇）卫生院进行统一管理。

四、农村初级卫生保健

1995—2000年，全地区有8个县（区）达到合格标准，孟连、西盟县达到基本合格。2003年，制定《思茅地区农村初级卫生保健规划（2003—2010）》，由行署卫生局、发展计划委员会、财政局、农业局、环保局、爱卫会联发文件通知，到各县（市）卫生局及市直有关部门，开展新一轮全地区农村卫生初级保健工作。2005年，市卫生局下发文件重申市卫生局、发展计划委员会、财政局、农业局、环保局、爱卫会关于印发《思茅地区农村初级卫生保健规划（2003—2010）》的通知。2006年和2007年，普洱市按要求开展农村初级卫生保健工作的自查自评和复审。

五、新型农村合作医疗

1999年，全地区10县（市）累计建成合作医疗点376个，实际按合作医疗运行182个村卫生室，占全地区995个行政村卫生室18.29%。全地区推行乡村一体化管理273村，占全地区995个行政村27.43%。2003年，思茅地区新型农村合作医疗启动，墨江县被列为全省第一批新型农村合作医疗试点县。2006年，扩大澜沧、孟连县为试点县。年内，墨江、澜沧、孟连县有70.68万农业人口自愿参加新型农村合作医疗，参合率82.9%，筹集资金5846.38万元，其中中央补助1815.09万元，省级补助1939.78万元，市级配套185.97万元，县级配套190.12万元，参合农民自筹1715.42万元。参合农民累计获得医疗费用补偿2777.3万元。2007年，其余7县（区）全面开展新型农村合作医疗，至此，新型农村合作医疗在普洱市全面覆盖，全市有169.23万农业人口自愿参加新型农村合作医疗，参合率83.58%。

第二节　社区卫生

2000年，思茅地区相继在思茅市、普洱县开展试点工作。2001年，行署卫生局先后制定《思茅地区关于发展城市卫生服务的实施意见》《思茅地区关于城市社区卫生服务中心（站）设置指导意见》《思茅地区城市社区卫生服务发展规划》《思茅地区社区卫生服务医务人员工作职责》《思茅地区社区卫生服务健康档案管理制度》等政策和措施。设置有4个城市社区卫生服务中心和8个城市社区卫生服务站。截至2006年12月，社区卫生累计出诊2.48万人次；预防和计划免疫服务2.81万人；建立健康档案0.72万个家庭，2.07万人，签订健康保险合同服务1.68万人；老年人专案管理0.56万人，产前检查人次数0.12万人，产后访视人次数0.1万人、孕产妇系统管理人数0.07万人，儿童系统管理人数0.81万人；慢性病管理人数0.14万人；发放宣传资料5.46万份，出健康宣传栏228期，举办各类健康知识讲座72次，听众2.51万人次，解答健康咨询2.24万人次；计划生育咨询指导人次数2.01万人，计划生育手术人次数0.11万人。

第三节　健康教育

一、机构

2004年前，思茅市的健康教育工作由市卫生局爱卫会负责。2005年后，转入市卫生局基妇科负责。2005年，市妇幼保健院批准设立健康教育指导中心（单独设立健康教育科），有专职人员1名，负责指导全市9县1区健康教育工作。市疾控中心设立健康教育科，配备与工作任务相适应的专业用房，有专职人员及专业设备，开展辖区和业务范围内的健康教育工作。市级医疗单位（市医院、中医院、精神病医院）都设立健康教育科，有专（兼）职人员负责院内的健康教育宣传工作。各县（区）妇幼保健院和疾控中心，都设立健康教育股，有专（兼）职人员负责辖区内的健康教育工作。

二、业务工作

（一）亿万农民健康促进行动

市、县（区）、乡、村分别成立由政府领导任组长，各有关部门为成员单位的“行动”领导小组，按照《实施计划》，开展培训骨干，加强能力建设，健康教育培训，重点在乡（镇）卫生院长、防保专干、乡村医生、妇女干部和学校健康教育教师的培训。广电局利用电视、广播开展健康教育宣传固定栏目进行宣传；教育局在绝大多数中小学校开设健康教育课等。利用农村集市、民族节日及庆典开展宣传健教。结合本县的卫生项目，如HU、降消项目，由当地群众参与式的采用民族方言编制小节目宣传健教工作。

（二）城市社区健康教育

全市城市社区在辖区内设多个街道办事处，社区健康教育宣传工作在社区和各街道办事处均设有固定健康教育宣传栏，有专（兼）职人员管理，定期更换宣传内容，在办公区走道粘贴卫生健康宣传画。

（三）戒烟工作

全市的戒烟工作由市、县疾控中心健康教育宣传科（股）在每年5月31日世界无烟日进行戒烟宣传，发放吸烟有害的宣传单，凡申报卫生城市和已达标的县城，对所辖区域的公共场所和单位会议室都贴有禁烟标志，提醒民众在这些地方禁止抽烟，避免损害他人健康。

（四）青少年健康教育

在校生在学校获得健康教育知识；社会的青少年在社会活动中通过各部门获得健康教育；参与卫生方面的培训或听取专家讲座等；参与婚前医学检查时获得较好的健康教育知识。

（五）妇幼卫生项目健康教育

县站设有宣教室向群众开放，设黑板报、宣传栏，利用集市进行宣传、咨询，对母乳喂养、计划生育、妇幼保健知识进行宣传。卫Ⅵ项目健康教育活动围绕《中华人民共和国母婴保健法》、母乳喂养及创造爱婴医院这个主题，制订《卫Ⅵ项目健康教育计划》，举办健康教育县乡级师资培训班。利用广播、电视、标语、宣传栏、街头宣传等形式，宣传妇幼卫生保健知识，开设“新婚学校”“孕妇学校”“妈妈班”及咨询服务门诊，设置各种妇幼卫生宣传专版，并与思茅电视台联合开办“妇幼保健话题”电视栏目，每周2期，办172期。具体负责社区健康教育活动的计划及实施。对社区健康教育小组进行参与式社区卫生工作方法的培训。社区健康小组带领群众共同找出影响社区主要的健康问题，为解决这些问题制订出具体可行的社区卫生工作计划并实施。

第四章 疾病预防控制

第一节 卫生防疫

一、疫情报告

1989年，法定传染病实行卡片报告疫情，要求上报职业、性别、年龄分类统计表，同年9月1日，全地区实施国家《中华人民共和国传染病管理法》，地、县级均召开会议组织学习，开展宣传活动。1990年10月，省卫生厅聘任行署卫生局36人为传染病监督员。1991年10月，正式开通地区内“点对点”疫情传输。1995年，思茅地区成为最先开通电子信箱疫情传送的地（州）之一。2000年，地区开通互联网传送方式。2001年，市疾病预防控制中心建立与所属各县和省的数据资料传输，并在中心内部建立局域网，实现站内资源共享。2003年，抗击“非典”期间，建立县、乡、村疫情信息报告网络，有终端144个，并与国家卫生信息网络连为一体，乡（镇）卫生院实现终端数据采集。2004年，实现市、县（区）、乡级医疗卫生机构的网络直报，网络直报覆盖率99.34%。1978—2007年，全市报告法定传染病39种，累计3013101例，年平均发病率3449.37/10万，报告死亡病例8570例，死亡率8.42/10万。

二、传染病疾病谱

20世纪70年代，为痢疾、百日咳、麻疹、肝炎、流感。20世纪80年代，为流感、痢疾、疟疾、肝炎、伤寒副伤寒。20世纪90年代，为痢疾、疟疾、肝炎、伤寒副伤寒、淋病。2000—2007年，为肺结核、肝炎、疟疾、痢疾、淋病。1990—2007年，各类法定传染病疾病谱发生变化，脊髓灰质炎无病例发生；白喉和百日咳，1984年和1999年无病例报告；麻疹、百日咳呈明显下降趋势；疟疾、痢疾发病保持较高水平而有波动；肺结核、肝炎和性病位次呈逐年上升趋势。

1970—2007年普洱市传染病发病顺位一览表

表32-7

年份	第一位		第二位		第三位		第四位		第五位	
	病名	发病率（/10万）	病名	发病率（/10万）	病名	发病率（/10万）	病名	发病率（/10万）	病名	发病率（/10万）
1970—1979	痢疾	1166.34	百日咳	894.34	麻疹	705.15	肝炎	114.97	流感	67.26
1980—1989	流感	1013.44	痢疾	775.11	疟疾	124.4	肝炎	73.12	伤寒副伤寒	6.79
1990—1999	痢疾	87.14	疟疾	54.32	肝炎	31.11	伤寒副伤寒	20.44	淋病	7.39
2000—2007	肺结核	59.42	肝炎	33.83	疟疾	33.76	痢疾	24.79	淋病	10.79

1970—2007 年普洱市各类传染病的构成、发病率、死亡率一览表

表 32-8

年份	呼吸道传染病			血源及性传播传染病			肠道传染病			自然疫源及虫媒传染病			其他类传染病		
	构成比（%）	发病率（/10万）	死亡率（/10万）	构成比（%）	发病率（/10万）	死亡率（/10万）	构成比（%）	发病率（/10万）	死亡率（/10万）	构成比（%）	发病率（/10万）	死亡率（/10万）	构成比（%）	发病率（/10万）	死亡率（/10万）
1970—1979	94.53	15706.04	11.36	—	—	—	4.34	721.12	2.12	1.13	187.89	1.16	0	0	0
1980—1989	72.80	6158.89	13.47	—	—	—	22.70	1920.86	7.75	4.45	376.39	0.46	0.05	4.10	0
1990—1999	2.7	7.14	0	2.12	5.6	0	71.98	190.03	1.22	23.2	61.24	0.41	0	0	0
2000—2007	22.19	38.44	0	5.56	9.64	0	35.93	62.23	0.08	36.23	62.75	0	0.09	0.16	0.08
合计	80.91	987.83	8.07	0.07	3.86	0	14.32	148.97	0.54	4.66	48.52	0.12	0.03	0.33	0.0043

三、传染病发病构成

（一）肠道传染病

1980—1989 年，由于痢疾流行，使得肠道传染病年平均发病率在 1920.86/10 万，发病构成为 22.7%。2000—2007 年，平均发病率 62.23/10 万，构成比从 20 世纪 90 年代的 71.98% 降为 35.93%。1978—2007 年，平均发病率 148.97/10 万，发病构成比为 14.32%，各年代死亡率一直呈下降趋势。

（二）呼吸道传染病

1979 年，由于麻疹、百日咳的流行，使得呼吸道传染病年平均发病率最高，为 15706.04/10 万，发病构成占 94.53%。1986 年，实施计划免疫后，各种疫苗针对传染病逐年下降。20 世纪 90 年代，呼吸道传染病发病率降至 6158.89/10 万，发病构成为 72.8%。1997 年，肺结核纳入法定传染病报告后，报告病例迅猛增加。2000 年，呼吸道传染病发病率开始回升。1978—2007 年，平均发病率 987.83/10 万，发病构成比为 80.91%，各年代死亡率一直呈下降趋势。

（三）自然疫源性及虫媒传染病

20 世纪 70 年代，得到一定的控制，使自然疫源性及虫媒传染病发病率下降至 187.89/10 万。20 世纪 80 年代，发病率又回升到 376.39/10 万，构成比上升到 4.45%。20 世纪 90 年代后，疟疾得到有效控制，发病率下降至 61.24/10 万。1978—2007 年，平均发病率 48.52/10 万，平均死亡率 0.12/10 万，各年代的死亡率总体呈下降趋势。

（四）血源及性传播疾病

1978—1989 年，未报告。20 世纪 90 年代发病率 9.64/10 万，发病构成 5.56%。2000—2007 年，发病率 3.86/10 万，发病构成为 0.07%。1990—2007 年，平均发病率 5.6/10 万，发病构成为 2.12%。

四、消灭、基本消灭或基本消除的传染病

（一）麻风

1978—1989 年，未报告。2007 年，患病率 2.8/10 万。

（二）碘缺乏病

对重点人群开展口服碘胶丸，对境内盐矿生产车间或批发盐、销售点、居民食用盐进行监测。2007 年，全市实现消除碘缺乏病目标。

（三）鼠疫和霍乱

1989年起，每年5月—10月，开展霍乱定点监测。1992年，思茅地区鼠间鼠疫首次暴发流行。1995年，人间鼠疫首次发生。2004年，发生最后1起鼠间鼠疫。2005年，发生最后1例民间鼠疫。至2007年，鼠疫无疫情发生，全市无霍乱病例报告。

（四）淋病、梅毒等性病

1990年，思茅地区出现淋病、梅毒等性病病例报告，性病的发病率随时间的推移呈上升趋势，平均发病率11.31/10万，占传染病总发病的第4位到第5位，男性高于女性。

五、计划免疫

20世纪70年代开始，思茅地区进行免疫疫苗接种。20世纪80年代，开始对婴幼儿实施计划免疫。1980年，行署卫生局印发《思茅地区计划免疫工作实施细则》，规范计划免疫工作。1988年，全地区全面实行预防接种证。1989年，经卫生部考评组实地考核，确认思茅地区完成以县为单位的85%儿童计划免疫任务，同年对10个县14岁以下儿童进行麻疹抗体测定，取40个点2866人，结果发现有抗体阳性2680人，各县抗体阳性率在88.03%—98.16%之间，平均93.51%，证明人群的麻疹免疫水平尚好。1986—1990年，计划免疫疫苗实施定期运转，每年运转四次，实行免疫卡、通知单、统计报表、年报表、登统程序，实行预防接种年度考核活动，实行预防接种有偿服务和计划免疫保偿。对1165名儿童进行白喉抗体水平调查，7岁以下儿童阳性率7.3%，麻疹抗体调查997人阳性率88.7%。通过实施计划免疫，百日咳下降99.94%，麻疹下降99.6%，无白喉病例发生。1993年开始，实施消灭脊灰强化免疫活动。1995年，麻疹发病10人，发病率0.44/10万，无死亡，百日咳发病8人，发病率0.36/10万，1995年与1990年相比麻疹下降88.9%，百日咳下降81.19%，无脊灰、白喉发生。1991—1995年，全地区四苗12月龄接种率连续5年保持在85%以上，实现以县为单位达到85%的“第三个85%”目标，使用卡介苗98万人份，麻疹疫苗140万人份，百白破105毫升，脊灰疫苗210万人份。1990—1995年，制定《乡级计划免疫规范化管理验收办法》，启动消灭脊髓灰质炎行动计划。1996年，实施世界银行贷款“疾病预防项目”“计划免疫项目”。1999年，将乙肝疫苗全面纳入儿童基础免疫。至2000年，全地区计划免疫针对疾病麻疹、百日咳、脊灰、白喉中仅有2例麻疹发生，达到卫七项目疾病控制目标。1996—2000年，地区计划免疫工作得到世行贷款，“疾病预防项目”计划免疫子项目支持，全地区儿童计划免疫接种率得到巩固，卡介苗、百白破、脊灰、麻疹儿童基础免疫接种率90%以上。2001年，地区完成消灭脊髓灰质炎证实阶段验收，全地区连续11年无脊髓灰质炎病例。2003年，实施中国与全球疫苗联盟组织开展合作项目，启动由全球疫苗联盟组织支持的乙肝疫苗合作项目。1991—2006年，全市儿童计划免疫针对疾病发病率比计划免疫前下降98.95%，死亡率下降98.66%。2007年，市、县、乡级人员有1695人。其中，市、县（区）级有计划免疫专业人员53人；乡卫生院155人；村级有乡村医生1487人。2006—2007年，普洱市制定《普洱市扩大免疫工作方案》，按照国家要求，增加疫苗种类，对计划免疫设备进行全面更新，对农村预防接种给予专项拨款。按照国务院下发的《疫苗流通与预防接种管理条例》和卫生部制定《预防接种规范》等文件把普洱市计划免疫纳入法制管理轨道。国家“富民兴滇项目”为每个村配置1台冰箱，全市下发冰箱1012台。

六、传染病防治

（一）甲类传染病

1. 鼠疫

1986年3月—7月，地区卫生防疫站组织43人的调查队，在澜沧、西盟、孟连县进行调查，查12个区192个自然村，采集样本4742份，检测与调查结果表明，思茅地区处于静息晚期或流行早期。1990年，5个监测县采样本1677份。1992年2月，在澜沧县勐朗镇发生思茅地区中华人民共和国成立以来首次鼠间鼠疫暴发流行。1992—2005年，先后有8县（区）发生57起鼠疫流行，波及30个乡（镇）66个村委会（居委会），疫点181个，疫区面积493.99平方千米；复燃点7个，复燃疫区面积33.7平方千米。2005年7月至2007年年底，普洱市境内再未发生过鼠疫流行。

2. 霍乱

1985年5月—12月，思茅地区地、县级卫生防疫站在思城外环境进行以霍乱为主的肠道传染病监测。为了解人群免疫水平，对孟连、西盟、墨江、思茅县的傣、佤、哈尼、汉族200人作IgG、IgA、IgM测定。1986年8月，临沧耿马发生霍乱流行，为了防止霍乱传入思茅地区，在行署及卫生局组织地区防疫站人员到景谷、澜沧、孟连等县指导开展霍乱防治工作。思茅城区由地、县级爱卫办、卫生局、防疫站成立思茅县霍乱病防治领导小组抓好霍乱防治工作。1995年，思茅地区邻近地区相继发生霍乱疫情，据全省疫情统计，霍乱发病涉及4个地州9县3市，疫点243个，报告病例553例，死亡30例。根据《云南省霍乱疫情应急处理预案》要求，霍乱监测防范工作以思茅为重点，加强边四县和交通沿线各县的防范措施，强化食品卫生和水源管理。密切注意腹泻病人及疫情报告工作，加强对境外的疫情监控。全年未发生霍乱疫情。1997年，霍乱监测工作根据全省疫情态势，行署卫生局下发《关于加强霍乱防治工作的通知》，要求全地区加强霍乱病、肠道传染病监测防治工作，成立思茅地区肠道传染病领导小组。1998年，云南省部分地区发生霍乱疫情后，对昆洛公路交通沿线构成威胁。针对严峻的疫情态势，思茅地区加强霍乱监测和防范工作，全年未发现霍乱疫情。1999年，为确保1999年昆明世博会的举办，把霍乱监测列为监测重点工作，地、县级卫生防疫人员指定专人负责霍乱监测，加强交通沿线食品卫生、饮水卫生监测。2003年，根据省卫生厅转发《卫生部关于加强传染病防治工作的通知》精神，强化疫情管理，坚持重点地区重点预防，重点疾病重点防治，重点人群重点保护的防病对策，开展肠道传染病监测，加强Ⅱ号病防范。实行霍乱疫情周报制度，按时按规定执行霍乱零病例报告制度。2005年8月，与云南省接壤的缅甸境内发生霍乱疫情，因此，要求孟连、澜沧、西盟等边境县作好设立“三道防线”工作，严防疫情从境外传入，做好疫情的应急处理准备工作。截至2007年年底，全市均无霍乱病例报告。1978—2007年，均未报告霍乱病例。

3. 天花

1979年，为评估人群对天花免疫情况，云南省组织对孟连、澜沧、西盟县痘疤及麻脸调查，证明人群中已形成可靠的天花免疫屏障。1982年，地区最后一次接种牛痘苗32090人。

（二）乙类传染病

1. 病毒性肝炎

1981—1982年，配合全国病毒性肝炎调查，地区卫生防疫站主持作乙型肝炎流行病学调查。对全地区各族人群6366人（其中，哈尼族、傣族、拉祜族2240人）进行体检、肝功能、乙肝表面抗原抗体、e抗原抗体及HBSAG亚型检测。1985—1989年，全地区发病人数波动在1000人左右。1990年起，思茅把病毒性肝炎分为甲、乙、非甲非乙、未分型统计上报。1978—1990年，每年均有发病，累计发病 13574 人，占全地区累计发病人数的 30.84%。全地区累计死亡 108 人，其中景东、澜沧县各死亡 21 人，普洱县死亡 6 人。1997 年开始，把“非甲非乙型”肝炎去掉，病毒性肝炎分为甲肝、乙肝、丙肝和未分肝。1990—1999 年，全地区报告病例 7146 例，死亡 11 例。2006 年，全市发病 906 例，发病率 34.53/10 万，死亡 1 例。1991—2006 年，全市报告病例 12426 例，其中甲型 4066 例，乙型 7634 例，非甲非乙型 33 例，丙型 163 例，戊型 29 例，未分型肝炎 500 例。平均发病率 32.13/10 万，累计死亡 18 人，平均病死率 0.05%。其中，1991 年和 2004 年发病最高，发病分别为 1126 例和 1133 例，发病率分别为 50.64/10 万和 44.78/10 万。在全市各县（区）中，翠云区发病最多，发病 2895 例，发病率 96.72/10 万，景东、翠云区死亡最多，分别为 4 例和 3 例。2007 年，发病 774 例。1991 年至 2007 年年底，全市报告病例 14867 例，其中甲型4066例，乙型8935例，非甲非乙型33例，丙型163例，戊型29例，未分型肝炎500例。

2. 脊髓灰质炎（小儿麻痹）

20 世纪 80 年代，实施儿童计划免疫后，发病减少。截至 1990 年，均有发病，累计发病 407 人，死亡 14 人，病死率 3.41%，居传染病死亡率的第五位。截至 2007 年，全市区域内无脊髓灰质炎病例发生。

3. 麻疹

1978—1990 年，每年均有发病，累计发病 289693 人次，居传染病发病人数的第三位，年均发病 7623 人，累计死亡 3327 人，占传染病累计死亡人数的 43.99%，居首位。1991—2000 年，发病率波动在 0.08—42.56/10 万，病死率波动在 0.11—1.64%。2001—2006 年，发病率波动在 0.16—3.51/10 万，无死亡。1991—2006 年，累计发病 3522 例，年平均发病率 9.47/10 万，发病率波动在 0.08/10 万—42.56/10 万，病死率波动在 0.11%—1.64%。据统计，全市 10 县（区）中，年平均发病率超过 9.47/10 万的县有墨江、江城、西盟县。2007 年，发病最高是思茅区（30 例）。

4. 流行性乙型脑炎

1979 年，各县均有发病，发病 92 人，死亡 18 人。至 1990 年，全地区累计发病 1341 人，死亡 320 人，病死率 23.86%，居传染病病死率的首位，每年均有死亡。1991—2006 年，累计发病 464 例；累计死亡 55 人。全市 10 县（区）中，年平均发病率超过 1.2/10 万的县有思茅区、景谷、江城、孟连县。2007 年，发病 55 例，除镇沅县外其他县亦有发生，孟连县死亡 3 例，澜沧、墨江县分别死亡 1 例。

1991—2006 年思茅市乙脑发病分县（区）逐年发病情况统计表

表 32-9

县（区）	1991	1992	1993	1994	1995	1996	1997	1998	1999	2000	2001	2002	2003	2004	2005	2006	合计
普洱县	0	3	3	0	1	6	3	0	0	0	1	1	4	4	1	0	27
墨江县	0	2	1	0	1	0	0	1	0	0	0	0	0	1	2	0	8
景谷县	14	2	0	2	1	5	10	13	13	6	2	0	13	10	4	0	95
镇沅县	1	0	0	0	0	0	0	0	0	0	0	0	7	0	0	1	9
景东县	15	4	2	1	6	3	1	3	0	1	2	5	5	6	1	5	60
江城县	5	1	1	1	4	0	9	4	0	0	0	0	4	6	7	2	44
澜沧县	5	7	4	5	5	10	4	6	6	4	4	8	8	6	6	1	89
孟连县	1	1	0	0	1	4	2	8	2	2	0	2	12	4	11	0	50

续表 32-9

县（区）	1991	1992	1993	1994	1995	1996	1997	1998	1999	2000	2001	2002	2003	2004	2005	2006	合计
西盟县	1	0	0	0	0	0	0	0	0	0	1	1	1	1	5	2	12
翠云区	3	5	1	1	4	6	2	0	3	0	0	0	5	13	0	1	44
流动人口	0	0	0	0	0	0	0	0	0	0	4	1	15	0	0	0	20
合计	45	25	12	10	23	34	31	35	24	13	14	18	74	51	37	12	458

5. 炭疽

1982 年，澜沧县死亡 11 人。截至 1990 年，累计发病 824 人，死亡 49 人，病死率 5.94%，居传染病死亡率的第四位。1993 年，发病 81 例；死亡 1 例。1995 年 6 月 30 日，澜沧县发病 17 人。2001—2007 年，均无病例报告。1991—2007 年，累计发病 130 例；累计死亡 8 例，平均病死率 0.09%，病死率波动在 0%—66.67%。

6. 细菌性和阿米巴性痢疾

1978—1981 年，对思茅、景东、澜沧、景谷、镇沅、孟连县作菌群调查。经菌群调查，思茅地区主要流行菌群以福氏为主，占 91.8%，其中 2a 占 61.06%，lb 占 16.8，宋氏占 8.6%。1991 年，发病 3968 例；死亡 27 例，病死率 0.68%；在全市各县中，以澜沧、西盟和孟连县发病最多，分别为 6768 例、3540 例和 2679 例。1986—1999 年，全地区报告痢疾发病 51776 例，年平均发病 3700 人，局部地区出现爆发。2004 年，累计发生细菌性痢疾 490 例，阿米巴痢疾 14 例，发病多在翠云区、西盟、景谷、江城、普洱县。2005 年，累计发生细菌性痢疾 778 例，阿米巴痢疾 39 例，发病多在澜沧。2006 年，累计发生细菌性痢疾 361 例，阿米巴痢疾 12 例，发病多在澜沧。2006 年，全市发病 377 例。1991—2006 年，累计发病 23384 例；累计死亡 120 人，平均病死率 0.32%，病死率波动在 0%—0.75%。2007 年，累计发病 603 例，无死亡病例。累计发生细菌性痢疾 276 例，阿米巴痢疾 9 例，发病多在澜沧、景谷、景东县。

1991—2006 年思茅市痢疾发病分县（区）逐年发病情况统计表

表 32-10

县（区）	1991	1992	1993	1994	1995	1996	1997	1998	1999	2000	2001	2002	2003	2004	2005	2006	合计
普洱县	129	22	32	21	50	59	39	40	28	11	24	8	13	20	38	13	547
墨江县	228	338	45	105	61	214	52	69	91	26	29	16	36	36	19	13	1378
景谷县	157	205	46	124	146	76	115	451	62	34	75	63	51	33	63	41	1742
镇沅县	330	91	73	13	17	20	43	711	118	76	101	105	38	34	34	15	1819
景东县	339	189	42	37	47	30	35	655	287	200	92	170	46	47	65	43	2324
江城县	127	311	50	35	10	12	120	18	13	7	7	2	3	3	4	3	25
澜沧县	1510	680	398	433	597	339	301	296	286	268	410	230	265	189	390	176	6768
孟连县	522	228	147	66	225	440	236	432	78	70	40	37	37	24	73	24	2679
西盟县	214	45	60	351	947	304	685	115	92	93	82	271	152	74	47	8	3540
翠云区	412	202	96	100	114	101	97	286	77	54	48	38	23	45	86	41	1820
流动人口	0	0	0	0	0	0	0	0	0	0	12	14	14	0	2	0	42
合计	3968	2311	989	1285	2214	1595	1723	3073	1132	839	920	954	678	505	821	377	23384

7. 肺结核

1984年3月—4月，组织地、县卫生人员45人在澜沧县进行结核病流行病学调查，查出结核病患者92人。1990年7月—8月，在思茅县震东乡，镇沅县勐大乡进行结核病流行病学调查。震东乡调查1516人，X光检查发现活动性肺结核8人，勐大乡调查1375人，发现活动性肺结核8人。截至1990年，全地区有肺结核病人47人，其中地区19人，普洱5人，江城3人，思茅8人，镇沅12人。1997年，实行报告以来，发病呈逐年上升趋势。2006年，发病1962例，死亡9例，病死率0.46%。1997—2006年，累计发病12039例。据统计，全市10县（区）中，平均发病率超过47.77/10万的有翠云区、普洱、墨江、江城、孟连县。2007年，报告1480例，发病率55.86/10万，死亡7例。

8. 伤寒及副伤寒

1989年，发病489人，除西盟县外，各县均有发病，澜沧县发病395人，死亡27人。1990年，全地区发病290人，死亡10人，其中西盟县发病241人，死亡10人。1981—1999年，全地区报告伤寒发病6144例，死亡137例。其中，西盟1797例，墨江1373例，澜沧930例，孟连848例，景谷636例，其余县不足300例。2006年，报告发病53例。1991—2006年，全市报告伤寒及副伤寒发病5171例，死亡96例，平均病死率0.26%，病死率波动在0%—7.58%。2007年，发病19例，其中伤寒9例，副伤寒10例。

1981—1999年思茅地区伤寒发病分县逐年分布一览表

表32-11

年份 县(区)	1981	1982	1983	1984	1985	1986	1987	1988	1989	1990	1991	1992	1993	1994	1995	1996	1997	1998	1999	合计
普洱	3	13	1	1	4	—	1	4	1	—	4	2	3	1	2	1	1	4	—	46
墨江	9	13	63	14	13	6	4	7	1	1	5	936	8	2	2	—	1	288	—	1373
景谷	—	1	9	36	25	55	81	46	61	18	37	21	17	11	22	9	12	158	17	636
镇源	35	76	1	2	3	—	28	—	2	1	1	6	1	-	4	—	2	—	4	166
景东	8	6	9	14	4	6	3	4	6	1	1	—	1	-	7	4	5	6	—	85
江城	5	5	—	1	1	1	2	1	2	—	1	—		3	2	—		3	—	22
澜沧	3	—	5	3	8	4	2	21	395	7	3	6	8	10	16	10	162	255	7	930
孟连	—	—	8	23	7	51	24	3	2	—	1	49	2	308	2	1	11	336	20	848
西盟	6	43	5	17	13	—	—	—	—	241	—	317	194	340	82	—	28	511	—	1797
思茅	—	4	2	7	5	3	16	9	19	21	23	21	30	10	6	18	21	13	13	241
合计	69	161	103	118	83	126	161	95	489	290	76	1358	264	685	145	43	243	1574	61	6144

1991—2006年思茅市伤寒及副伤寒发病分县（区）逐年发病情况统计表

表32-12

县（区）	1991	1992	1993	1994	1995	1996	1997	1998	1999	2000	2001	2002	2003	2004	2005	2006	合计
普洱县	4	2	3	1	2	1	1	4	0	0	0	0	0	2	1	6	27
墨江县	5	936	8	2	2	0	1	288	0	0	24	2	2	19	3	7	1299
景谷县	37	21	17	11	22	9	12	158	17	19	13	10	14	11	12	6	389

续表 32-12

县（区）	1991	1992	1993	1994	1995	1996	1997	1998	1999	2000	2001	2002	2003	2004	2005	2006	合计
镇沅县	1	6	1	0	4	0	2	0	4	6	1	1	4	10	4	3	47
景东县	1	0	1	0	7	4	5	6	0	9	10	15	22	15	10	0	105
江城县	1	0	0	3	2	0	0	3	0	0	0	5	0	4	4	1	23
澜沧县	3	6	8	10	16	10	162	255	7	14	15	11	6	29	16	12	580
孟连县	1	49	2	308	2	1	11	336	20	17	21	8	2	6	4	6	794
西盟县	0	317	194	340	82	0	28	511	0	0	131	38	0	0	5	4	1650
翠云区	23	21	30	10	6	18	21	13	13	4	8	15	22	12	14	8	238
流动人口	0	0	0	0	0	0	0	0	0	0	4	8	7	0	0	0	19
合计	76	1358	264	685	145	43	243	1574	61	69	227	113	79	108	73	53	5171

9. 流行性脑脊髓膜炎

1990 年，全地区发病 14 人，无死亡。1991 年，发病 8 例，死亡 1 例，病死率 12.5%。2006 年，全市无病例报告。1991—2006 年，累计发病 54 例，累计死亡 4 人，平均病死率 0.01%。发病数均在 8 例以下，发病基本呈逐年下降趋势。据统计，全市 10 县（区）中，年平均发病率超过 0.14/10 万的县（区）有翠云区、普洱、景谷、江城、孟连、澜沧、西盟县。2007 年，全市区域内未发现流脑疫情。

10. 百日咳

20 世纪 80 年代，实施儿童计划免疫后，发病人数减少。1987 年起，年发病降至 50 人以下。1991—2006 年，累计发病 407 例，年平均发病率 1.13/10 万，发病率波动在 0/10 万—8.33/10 万，病死率波动在 0/10 万—14.29%。据统计，全市 10 县（区）中，年平均发病率超过 1.13/10 万的县有墨江、镇沅、澜沧县。2007 年，发生 1 例。

11. 白喉

1980 年，发病 45 人，死亡 1 人。1978—1990 年，均有白喉发生，累计发病 356 人，死亡 68 人，病死率 19.1%，居传染病死亡率的第二位。1984—2007 年，全市无白喉发生。

12. 新生儿破伤风

1996—2006 年，累计发病 50 例。自 1996 年报告以来各年发病在 8 例以下，发病呈平稳态势。发病最高是 2005 年和 2006 年，发病均是 8 例，年平均发病率超过 0.24/10 万的县（区）有翠云区、墨江、孟连县。2007 年，报告 4 例，发病率 0.02/10 万，死亡 1 例。

13. 猩红热

1979 年，发病 181 人，死亡 1 人，其中普洱县发病 176 人。1978—1990 年，累计发病 963 人，死亡 2 人。1991—2006 年，累计发病 1123 例。发病最高是 1993 年，发病 578 例，无死亡，发病率 25.76/10 万；其次是 1994 年，发病 356 例，死亡 2 例。1998 年后，各年发病平稳，各年发病均在 18 例以下。据统计，全市 10 县（区）中，年平均发病率超过 3.09/10 万的县有景东县。2007 年，无猩红热疫情报告。

14. 淋病

1998 年，发病 258 例。2003 年，发病 442 例。1991—2006 年，累计发病 3994 例，无死亡。据统计，全市 10 县（区）中，年平均发病率超过 10.18/10 万的县（区）有翠云区、江城、孟连、澜沧县。2007 年，报告 125 例，发病率 4.71/10 万。

15. 梅毒

1999 年，发病 11 例。2000 年，发病 61 例。1991—2006 年，累计发病 210 例，无死亡。据统计，全市 10 县（区）中，年平均发病率超过 0.52/10 万的县有翠云区、普洱、江城、西盟县。2007 年，报告 96 例，发病率 3.62/10 万。

16. 钩端螺旋体病

1981 年，杨文映、侯平在孟连人体内分离出爪哇血清群勐马血清型；杨文映、邓利国在孟连人体内分离出致热血清群孟连血清型。两个血清型都属国际首次发现。1990 年，发病 18 人，无死亡。20 世纪 70 年代至 1990 年，每年均有发病，累计发病 766 人，死亡 4 人。1991—2006 年，累计发病 49 例，无死亡。发病最高是 2005 年，发病 21 例。据统计，全市 10 县（区）中，孟连县和澜沧县年平均发病率超过 0.12/10 万。2007 年，全市报告发病 30 例，其中孟连县 29 例，宁洱县 1 例。

17. 传染性非典型性肺炎

2003 年 2 月 13 日，地区公共卫生中心接到《卫生部关于加强春季传染病防治工作的紧急通知》后，召集地直各医疗单位、驻军医院、农场医院、各企业卫生院相关负责人会议，及时与各县（市）疾控中心联系，要求每天巡视，发现可疑病例及时报告。4 月 8 日，再次召集地直各医疗单位负责人开会，传达“非典”临床诊断（试行）标准。4 月 14 日，思茅地区行署卫生局正式成立“非典”防治领导小组；4 月 16 日，成立思茅地区非典防治专家组；4 月 18 日，成立非典疫情应急处理组。市疾控中心派出多批人员到昆明参加培训，回来后在中心先后举办“非典”培训 7 次，累计参加 914 人次。市疾控中心各科抽调业务骨干充实应急流调组，保证流调工作的正常运作，累计开展发热病人“个案调查”20 例（含医学隔离观察 5 例），进行流调 774 人，留验观察 130 人，留观人员随访 92 人。累计出动流调 173 组次，416 人次，出动车辆 340 次，摩托车 40 次；发放宣传材料 9.8 万份，电视宣传 5 次，报纸 6 期次；接受电话咨询 948 人次。

18. 高致病性禽流感

2004 年年初，为了防控禽流感，市疾控中心派出相关人员赴昆明培训，回来后，组织开展地县级培训。作好消杀物资、预防药品、防护用品以及实验室采样器材、检测设备、检测试剂的储备。在全市重点区域实施紧急禽流感疫苗接种，同时加强交通禽类检疫，防止病禽输入。制定《思茅市卫生系统人间禽流感防治演习实施方案》。2005 年 11 月 25 日下午，进行演练。多次参与疑似动物禽流感和疑似人禽流感调查，最后都予排除。2006 年 5 月 4 日，对普洱上报的一例“怀疑人禽流感病例”的患者进行调查，最后予排除。

（三）丙类传染病

1. 流行性斑疹伤寒

截至 1990 年，有 27 年发病，累计发病 170 人，死亡 12 人，病死率 7.06%，居传染病死率的第四位。1991—2006 年，累计发病 63 例，无死亡。发病最高是 2004 年，发病 11 例。据统计，全市 10 县（区）中，年平均发病率超过 0.16/10 万的县有翠云区、景谷、江城县。2007 年，报告 2 例。

2. 流行性感冒

1978—1989 年，每年均有发病，多数年度发病人数居疫情报告首位，累计发病 1744463 人，死亡 1358 人。1990 年，上级规定不作传染病疫情上报。1990 年后，流感作为丙类传染病疫情没有进行报告，但将流感列入监测疾病，在全国各省（市）部分地区监测。思茅无监测任务，故流感疫情自1990年后无记载。2005年后，重新进行报告，发病33例，发病率1.29/10万。2006年，报告发病17例。2005—2006年，累计发病50例，无死亡。据统计，全市10县（区）中，年平均发病率超过0.97/10万的县有翠云区、景东、景谷、孟连县。2007年，报告6例。

3. 流行性腮腺炎

2005—2006年，累计发病1694例，无死亡。据统计，全市10县（区）中，年平均发病率超过32.66/10万的县有翠云区、墨江、景东、景谷、镇沅、西盟县。2007年，报告544例，主要分布于澜沧、镇沅、景东县和思茅区。

4. 风疹

1995—2006年，累计发病470例，无死亡。2006年，发病最高，发病414例，发病率15.78/10万。据统计，全市10县（区）中，年平均发病率超过8.99/10万的县有翠云区、景东、镇沅县。2007年，报告86例。

5. 急性出血性结膜炎

2005—2006年，累计发病46例。2006年，发病最高，发病42例，发病率1.6/10万，发病在孟连和景谷县。据统计，全市10县（区）中，年平均发病率超过0.88/10万的县有镇沅、孟连县。2007年，报告107例。

6. 麻风病

1990年，检查病人家属2270人，查出麻风病6例（西盟4例，景东、镇沅各1例）。调查11866个自然村，发现可疑患者99人，确诊22人（孟连5人，澜沧4人，景东、景谷、墨江各3人，西盟、镇沅、江城、思茅各1人）。麻风病人畸残调查1015人，查出畸残病人578人。至1990年10月底，全地区累计查出麻风病患者2057人，治愈1403人，死亡或外迁418人，有236人，均采用联合化疗方案治疗。1999年年底，全地区有麻风病防治专职人员44人，其中主管医师3人，医师10人。2004年，累计治愈病人2043例。2006年，有86例接受联合化疗。1991—2006年，全市发现麻风病人587例，累计发现病人2644例。2007年，报告20例。

7. 感染性腹泻病

2005—2006年，累计发病209例。据统计，全市10县（区）中，年平均发病率超过4.06/10万的县有孟连、澜沧、西盟县。2007年，报告51例。

8. 恙虫病

1978—1989年，每年均有发病，累计发病2990人，死亡7人。1990年，全地区无恙虫病发生。后因恙虫病未列入法定传染病范围，不再收报疫情。

9. 不明原因肺炎

2005年1月1日至4月30日，市疾控中心每2周1次深入到市人民医院、市中医院和市精神病医院搜索不明原因肺炎病例、SARS预警病例、人禽流感预警病例，收集三家医院监测报表38份。督促各县（区）作好辖区内医疗机构上述病例的主动搜索工作，每两周一次收集各县（区）报表，汇总后每两周一次分别上报市卫生局和省疾控中心，收集各县（区）报表79份，上报传真7份。按要求完成监测任务，没有发现上述病例。12月22日，对市人民医院呼吸科以“不明原因肺炎病例”上报的一名患者进行调查，最后予以排除。2006年1月1日至4月30日，市疾控中心每2周1次深入到市人民医院、市中医院和市精神病医院搜索不明原因肺炎病例。对上述三家医院在开展监测工作中存在的问题进行督导，填写督导表格12份。4月6日—7日，按照《医疗机构人禽流感及重大传染病防控工作督导评分表》对医疗机构人禽流感及重大传染病防控工作进行督导检查，写出总结上报。

第二节 地方病防治

一、疟疾病防治

1978—1981年，地区卫生防疫站在思茅、景谷、澜沧、孟连县进行蚊类对5种常用杀虫剂的抗药性测定。1978—1986年，主要针对传染源、传疟媒介（按蚊）易感人群采取全民服药、全面喷洒、全民预防的“三全”措施。1987年，推广到各县实施。地区实行内地5县、边疆5县疟疾联防。1988年5月—10月，地区防疫站寄防科在孟连县勐啊地区选择20个居民点开展《溴氰菊酯浸泡蚊帐控制疟疾流行的试点研究》，结果发病率比1987年下降62.9%，防治效果明显。1989年3月，对孟连县勐马镇、嗜人、大劣按蚊的地面分布情况初步调查，基本查清该地按蚊种群数量，发现嗜人按蚊有高海拔分别现象。1990年3月—4月，西盟县不同海拔地区嗜人按蚊调查，未发现三种按蚊。7月—8月，江城县不同海拔地区嗜人按蚊调查，发现有大劣按蚊分布。1月—11月，在孟连、西盟、缅甸入境边民，国内边民中开展疟疾血清学、带虫率调查，缅甸入境边民抗体阳性率和带虫率显著高于国内边民。同年，疟疾发病1271人次，发病率57.43/10万，无死亡。1986—1990年，累计治疗疟疾病人7781人次，社会性预防80268人次，健康性预防391922人，药物灭蚊307.92万平方米。1991年4月，思茅地区获云南基本消灭疟疾称号。1994年12月，景东、思茅县接受云南基本消灭达标验收考核。1995年，获云南省基本消灭疟疾称号。1991—2006年，报告疟疾疫情20598例，死亡报告17例。其中间日疟17915例；恶性疟2441例；混合感染3例；未分型239例。组织抗疟队伍40633人次，其中市级117人次，县（区）级2025人次，乡（镇）级4296人次，村级34217人次。2007年，全市疟疾发病报告177例，下降99.56%。景东、镇沅、景谷、墨江、宁洱、思茅、澜沧县疟疾发病率降到1/万以下，江城、孟连县降为5/万以下，西盟县降为5.8/万。截至2007年，全市报告发病362例，多发在澜沧、孟连县。2003—2007年，实施疟疾联防，全球基金第一、第五、第六轮疟疾项目，使全市疟疾防治工作更加科学、规范，取得可喜的防治效果，疟疾发病连续下降。1986—2007年，在省内思茅地区率先实施疟区分类防治、分级管理、分片联防的重点措施（10县9区）分成内地、边疆疟疾联防片。全面开展传染源、媒介监测工作。1978—2007年，居民带虫率调查，调查血检386050人次，检出疟原虫9699例，带虫率2.51%。发热病人血检，调查血检2137899人次，检出疟原虫39507例，阳性率1.85%。全市进行疟疾治疗1458616人次。预防性服药2756728人次。全市10县（区）进行灭蚊喷洒处理29459个村次，1135451户次，面积179124555平方米。开展溴氰菊酯浸泡蚊帐处理154426顶。

1971—2007年普洱市疟疾监测情况统计表

表32-13

年份	居民原虫血检			发热病人血检							
	血检数	阳性数	阳性率（%）	血检数	阳性数	阳性率（%）	间日疟	恶性疟	三日疟	混合感染	未分型
1971—1980	89512	4046	4.52	52370	4998	9.54	2433	2562	—	3	—
1981—1990	128388	1844	1.44	359707	10703	2.98	8673	1944	6	80	34
1991—2000	86588	2226	2.57	825780	16327	1.98	14385	1854	1	53	34
2001—2007	55729	156	0.28	900042	7479	0.83	5971	1475	—	13	6
合计	386050	9699	2.51	2137899	39507	1.85	31442	7838	7	149	84

1978—2007 年普洱市疟疾发病情况统计表

表 32-14

县区名	"五五"期间 1976—1980		"六五"期间 1981—1985		"七五"期间 1986—1990		"八五"期间 1991—1995		"九五"期间 1996—2000		"十五"期间 2001—2005		"十一五"期间 2006—2008	
	发病数	发病率 1/万	发病数	发病率 1/万	发病数	发病率 1/万	发病数	发病率 1/万	发病数	发病率 1/万	发病数	发病率 1/万	发病数	发病率 1/万
景东	277	9.1	18	0.53	16	0.47	170	0.99	292	1.62	238	1.29	50	0.44
镇沅	2215	120.8	32	1.17	35	1.74	587	5.79	378	3.47	137	1.25	38	0.59
景谷	1778	71.57	197	7.36	94	3.37	366	2.58	312	2.05	209	1.37	23	0.25
墨江	219	37.99	315	9.20	526	15.25	1288	9.45	1637	8.63	518	2.72	41	0.36
宁洱	965	33.99	10	0.58	37	2.08	146	1.58	88	0.9	123	1.22	31	0.53
思茅	213	18.78	53	4.20	27	1.78	132	1.76	202	2.02	161	1.35	29	0.38
江城	218	28.67	189	25.9	61	6.83	314	6.97	362	7.08	252	4.61	53	1.49
澜沧	153	4.02	42	0.99	136	3.01	618	2.72	885	3.59	537	2.21	121	0.81
西盟	231	37.7	40	5.58	147	18.39	1308	32.73	3955	88.38	2074	44.51	406	14.65
孟连	307	40.18	178	20.3	130	12.66	526	10.15	731	13.11	1225	19.28	251	6.01
市内流动	—	—	—	—	—	—	—	—	—	—	337	—	1	—
合计	7381	—	1055	—	1258	5.69	5455	4.86	8842	7.2	5811	4.59	1044	0.81

二、鼠疫病防治

1981—1982 年，主要开展鼠密度监测和采集血清。1983 年，境外有鼠疫疫情，境内也发生多起死鼠情况，为预防鼠疫流行，在西盟、澜沧、孟连、江城县开始实施鼠疫监测，在家犬血清中检出阳性（放免）。同年，思茅、景东县开始动物鼠疫菌培养。1990 年，5 个监测县采样本 1677 份，监测工作继续进行。1992 年后，鼠疫在全地区大面积暴发流行。1994 年，鼠密度和地面游离蚤指数监测进入正常。1995 年，宁洱镇新塘办事处头塘社人体分离出鼠疫菌 1 株。1992—1995 年，动物鼠疫菌阳性率 6.01%、蚤类鼠疫菌阳性率 10.8%。1991—1995 年，10 起波及 5 县（区）9 个乡（镇），疫点 71 个，复燃 2 个，疫区面积 147.98 平方千米，复燃疫区面积 2 平方千米。1996 年，墨江县通关镇新武办事处下麻木树人体分离出鼠疫菌 1 株。1997 年，全地区 10 县（市）开展监测工作。固定点主要设在发生过鼠疫的现疫区，流动点尽可能覆盖辖区内乡（镇）。1985—1999 年，送省地病所鼠类、家犬等血清 4834 份进行放射免疫试验，阳性 33 份。1996—2000 年，38 起波及 6 县（区）23 个乡（镇），疫点 98 个，复燃 3 个，疫区面积 341.05 平方千米，复燃疫区面积 10.5 平方千米。动物鼠疫菌阳性率 10.42%、蚤类鼠疫菌阳性率 12.87%。2001—2005 年，9 起波及 6 县（区）8 个乡（镇），疫点 12 个，复燃 2 个，疫区面积 4.96 平方千米，复燃疫区面积 21.2 平方千米。鼠疫流行强度和范围明显高于其他两个时期。动物鼠疫菌阳性率 9.75%、蚤类鼠疫菌阳性率 4.97%。1995—2005 年，全市有 3 县（区）8 乡（镇）9 个村委会（办事处）16 自然村（或单位）发生腺鼠疫 26 例，除 2 例分离到鼠疫菌外均为血清学诊断。26 例病人经隔离治疗全部治愈。病例分布：1995 年 3 例、1996 年 17 例、1997 年 1 例、1998 年 4 例、2005 年 1 例。病人最小年龄 4 岁，最大年龄 72 岁；男 19 例，女 8 例；农民 19 例，家住学生 7 例，儿童 1 例；病例均分布于农村。墨江 22 例，普洱 3 例，翠云区 2 例。57 起鼠疫疫情，当地群众发现自死鼠报告 54 起，占报告总数的 94.74%；常规监测 2 起，占总起数的 3.51%。2005 年，在鼠疫疫点检查鼠疫防治工作偶然发现 1 起。

1992—2005年，先后有8县（区）发生57起鼠疫流行，波及30个乡（镇)66个村委会（居委会），疫点181个，疫区面积493.99平方千米。全市10县（区）先后有8县（区）发生鼠疫流行。2005年7月至2007年年底，普洱市境内未发生过鼠间鼠疫。1994—2007年，全市室内总鼠密度1.31%—3.77%，室外总鼠密度1.1%—8.41%，地面游离蚤总蚤指数0.012—0.068。1992—2007年，固定点主要设在发生过鼠疫的现疫区，流动点尽可能覆盖辖区内乡（镇）。1983—2007年，全市动物鼠疫菌培养112575只，检出鼠疫菌391株，其中常规监测中检出鼠疫菌2株，分别于1997年（澜沧）和1999年（孟连）各分离到一株鼠疫菌；蚤类鼠疫菌培养25021组，未检出鼠疫菌118株；血清学试验52996份，阳性67份（包括正、反向试验）。

1992—2005年思茅市鼠疫疫点分布情况统计表

表32-15

	疫点个	乡（镇）数（个）			村委会（个）			鼠疫疫点分布
		小计	疫点	%	小计	疫点	%	
澜沧	29	23	4	17.39	157	8	5.09	勐朗镇、南岭乡、上允镇、糯福乡
宁洱	20	11	4	36.36	85	14	16.47	宁洱镇、凤阳乡、同心乡、德化乡
江城	2	8	1	12.5	46	1	2.17	康平乡
思茅	37	8	6	75	58	12	20.69	思茅镇、南屏镇、云仙乡、震东乡、龙潭乡、思茅港镇
景谷	16	12	2	16.66	132	2	1.51	威远镇、钟山乡
墨江	40	18	6	33.33	169	15	8.87	玖联镇、新抚乡、碧溪乡、双龙乡、通关镇、鱼塘乡
孟连	14	7	3	42.86	41	6	14.63	孟连镇、富岩乡、勐马镇
镇源	23	11	4	36.36	120	8	6.66	田坝乡、里崴乡、按板镇、勐大乡
景东	0	15	—	0	167	—	0	—
西盟	0	8	—	0	34	—	0	—
共计	181	121	30	24.79	1009	66	6.54	—

1981—2007年普洱市鼠疫监测检验结果统计表

表32-16

时间（年）	鼠疫菌培养				血清学试验						放免试验	
	动物类		蚤类		鼠类		犬类		其他动物			
	检验	阳性	检验	阳性	检验	阳性	检验	阳性	检验	阳性	检验	阳性
1981	—	—	—	—	620	—	679	—	20	—	—	—
1982	—	—	—	—	394	—	221	—	12	—	—	—
1983	155	—	—	—	446	—	247	—	—	—	—	—
1984	220	—	—	—	610	—	—	—	—	—	—	—
1985	5	—	—	—	711	—	328	—	125	—	200	2
1986	—	—	—	—	1647	—	2948	—	42	—	500	15
1987	318	—	—	—	1329	—	458	—	—	—	—	—
1988	—	—	—	—	1496	—	530	—	—	—	600	2

续表 32-16

时间（年）	鼠疫菌培养				血清学试验						放免试验	
	动物类		蚤类		鼠类		犬类		其他动物			
	检验	阳性	检验	阳性	检验	阳性	检验	阳性	检验	阳性	检验	阳性
1989	626	—	431	—	1541	—	598	—	—	—	1551	5
1990	275	—	87	—	786	—	858	—	—	—	861	9
1991	—	—	—	—	2051	—	—	—	—	—	—	—
1992	3685	24	752	—	3117	—	—	—	—	—	—	—
1993	3452	18	726	—	1995	10	—	—	—	—	—	—
1994	3831	—	670	—	1967	—	—	—	—	—	—	—
1995	5338	84	1028	25	2430	33	—	—	—	3	—	—
1996	8438	39	1490	12	3457	17	—	—	—	17	—	—
1997	8748	32	1834	6	2674	1	—	—	—	1	487	—
1998	7866	115	1613	52	2603	6	—	—	—	4	301	—
1999	8565	37	1725	14	2329	—	—	—	—	—	234	—
2000	8202	12	1860	—	2236	—	—	—	—	—	100	—
2001	8723	26	2083	8	2135	—	—	—	—	—	—	—
2002	8149	2	1842	—	1943	—	—	—	—	—	—	—
2003	8702	2	2030	1	1573	—	—	—	—	—	—	—
2004	8626	—	2090	—	1743	—	—	—	—	—	—	—
2005	6817	—	1768	—	1505	—	—	—	1	1	—	—
2006	6227	—	1541	—	1372	—	—	—	—	—	—	—
2007	5607	—	1451	—	1219	—	—	—	—	—	—	—
2008	4422	—	1141	—	1239	—	—	—	—	—	—	—
2009	4174	—	1126	—	1235	—	—	—	—	—	—	—
共计	121171	391	27288	118	48403	67	6867	—	200	26	4834	33

三、碘缺乏病防治（地方性甲状腺肿）

1980年，思茅地区实施国家《食盐加碘防治地方性甲状腺肿暂行办法》，食盐加碘逐步规范化。1985年起，地方性甲状腺肿病的防治措施，均由地、县级卫生防疫站的地方病科（室组）负责实施。1989年，对凤岗、磨黑、按板井盐矿进行食盐加碘监测，结果凤岗盐矿达国家规定标准的63.6%，磨黑盐矿35.6%，按板井盐矿31%。2000年，对思茅地区10县（市）开展实现消除碘缺乏病阶段目标评估。1991—2000年，对景谷、镇沅、普洱县城区居民食用碘监测。2001年起，在全地区各县（市）采集各乡（镇）的农户食用碘盐监测。2002年和2005年，碘盐合格率91.25%，8岁—10岁儿童甲肿率有显著性差异（$\chi^2=9.66$，$p<0.01$）；8岁—10岁儿童尿碘中位数从264.1毫克/升上升到347.8毫克/升。

1991—1994年思茅地区9县（区）7岁—14岁儿童甲肿率抽样调查结果统计表

表32-17

县（市）	男			女			小计		
	调查人数	甲肿人数	甲肿率（%）	调查人数	甲肿人数	甲肿率（%）	调查人数	甲肿人数	甲肿率（%）
景东	4355	53	1.21	3492	92	2.63	7847	145	1.85
镇沅	3779	489	12.94	3082	638	20.70	6861	1127	16.42
景谷	3284	101	3.07	2990	107	3.56	6274	208	3.31
宁洱	2786	144	5.17	2469	304	12.31	5255	448	8.52
思茅	2219	18	0.81	1971	39	1.98	4190	57	1.36
墨江	5448	6	0.11	4810	5	0.10	10258	11	0.11
江城	2042	94	4.63	1892	152	8.03	3934	246	6.25
孟连	6559	155	2.36	6222	157	2.52	12781	312	2.44
西盟	2436	35	1.43	2047	48	2.34	4483	83	1.85
共计	37976	1095	2.88	28975	1542	5.32	66951	2637	3.94

四、地方性中毒防治

（一）地方性氟中毒防治（简称地氟病）

1984—1986年，对全地区10县113个乡（镇)11岁—20岁中学生调查11366人，氟斑牙12例，患病0.1%，其中男性患病率0.11%、女性患病率0.09%，二者无差异。年龄最小12岁，年龄最大19岁，12例均为外地患病后迁入各县。从分型看，以白垩、着色型为主占66.67%。1987年，对全地区检测不同饮用水源43份，氟含量均在1毫克/升以下。

（二）地方性砷中毒（简称地砷病）

2005年9月—11月，分别对翠云区和镇沅县进行调查，调查山泉水、井水、水库水等3种水源。检测水样2507份，水砷含量≤0.01毫克/升者2497份，占总数的99.6%，水砷含量超出标准10份（＞0.01毫克/升）占总数的0.6%。其中，翠云区6份（0.015—0.086毫克/升）；镇沅县4份（0.156—0.598毫克/升）。

五、其他疾病防治

（一）肠寄生虫病

1988年5月—7月，景谷、墨江县进行人体寄生虫分布调查，查8个村点4151人，查出人体寄生虫11种，其中致病虫6种，寄生虫感染率景谷85.5%，墨江79.3%。

（二）布鲁氏菌病

1990—1998年，全地区各县（市）开展人间布鲁氏菌病血清学调查，调查3874人，阳性42人，阳性率1.09%。42例布病感染者中，男性感染率0.81%（19/2331）、女性感染率1.55%（24/1543），二者有差异。感染者中年龄最小19岁，最大58岁，其中20岁—39岁者占总感染人数的76.74%。景东、景谷、宁洱、墨江、江城、孟连、西盟县都存在人间及畜间布病，景东县为布病监测县。

第三节　艾滋病防治

一、机构

（一）行政机构

1991 年，行署成立地区艾滋病防治领导小组。在行署卫生局内设办公室。由地区 20 个成员部门领导及各县政府分管卫生工作的领导组成，负责全地区艾滋病防治工作的组织领导和管理。2004 年 5 月 9 日，市政府成立市防治艾滋病工作委员会，成员由市级 32 个成员部门领导和 10 县（区）分管副县（区）长组成，在市卫生局内设防治艾滋病工作委员会办公室。各县（区）政府按照市级要求及时成立各县（区）防治艾滋病工作委员会，形成上下统一的防治艾滋病工作指挥协调机构。2005 年 3 月 9 日，市委、市政府办公室成立思茅市禁毒和防治艾滋病人民战争工作领导小组，成员由市政府办、市政法委、市发改委、市公安局、市财政局、市卫生局等单位组成。市防治艾滋病工作委员会和市禁毒委员会领导小组协调指挥禁毒防艾工作，按各自的职责发挥作用。4 月 19 日，市委、市政府出台《思茅市防治艾滋病工作实施方案（2005—2007）》，成立市防治艾滋病工作指挥部，统一领导和指挥市禁毒和防治艾滋病工作。指挥部下设办公室、宣传教育组、行为干预组、净化社会环境组、监测检测组、关怀救助组、保障组。

（二）专业机构

1. 疾病预防控制机构

1993 年，地区疾病预防控制中心建成艾滋病初筛实验室。2005 年前，全市市级及 10 县（区）11 所疾病预防控制中心，承担着防治艾滋病的主要专业工作。2005 年，市级及 10 县（区）疾病预防控制中心成立性病艾滋病防治科。2005 年后，疾病预防控制机构主要承担艾滋病监测工作，负责对传染源的管理控制，开展宣传、干预、关怀救助工作。截至 2007 年年底，全市疾控中心有艾滋病防治专职人员 48 人（其中市级 7 人），检验人员 112 人（其中市级 15 人）。

2. 艾滋病实验室建设

2006 年，在国债项目装备的支持下，提升实验室功能，申报艾滋病检测确认实验室，同年 6 月 16 日，通过国家级考核验收，市疾病预防控制中心被认证为艾滋病确认室。为母婴传播阻断、抗病毒治疗工作、感染者告知和随访管理工作的全面开展提供工作条件。2006 年后，承担着全市的艾滋病病毒抗体初筛检测工作。2007 年 10 月后，全市 10 县（区）疾病预防控制中心艾滋病初筛实验室通过省级考核验收。

3. 艾滋病临床治疗机构

2005 年，指定市人民医院及 9 个县人民医院为艾滋病临床治疗定点医院，指定市妇幼保健院及 10 县（区）妇幼保健院为预防艾滋病母婴传播定点治疗医院。市县（区）级成立艾滋病抗病毒治疗专家委员会。同年 11 月，启动预防艾滋病母婴传播工作，各县（区）均开展此项工作。

二、疫情监测

1990 年，思茅地区开始开展艾滋病监测工作。艾滋病正式纳入乙类传染病疫情管理。1991 年，在孟连县到泰国打工返回的妇女中首次检测出艾滋病病毒感染者。首次检出通过性途径传播的艾滋病病毒感染者。1992 年，在澜沧县检出感染者。1994 年，首次在孕产妇中检出艾滋病病毒感染者。1995 年，在思茅区检出感染者。首次在静脉注射吸毒人群中检出艾滋病病毒感染者。1996 年，首次发现艾滋病母婴垂直传播感染者。1997 年，在镇沅、墨江、江城县检出感染者。2000 年，在普洱县检出感染者。1994—2000 年，艾滋病疫情仅报告艾滋病发病病例和死亡病例，检出的感染者未纳入报告范围。2001 年后，虽然要求将艾滋病病毒感染者纳入报告范围，但由于一直以来艾滋病的检测均属匿名检测，给疫情报告带来较大难度。2002 年，在景东、景谷、西盟县检出感染者。截至 2002 年，全地区 9 县 1 市均检出艾滋病病毒感染者。2003 年前，地区的艾滋病监测工作主要以哨点监测为主，重点针对高危人群，累计监测 22525 人，检出艾滋病病毒感染者 572 人，阳性率 2.54%。2004 年前，有 49.13% 的感染者是通过静脉注射吸毒感染艾滋病的，有 44.51% 是通过性途径传播的感染者。2004 年，省、市开展行九类人群（收教在押人员、吸毒人员、性病就诊人员、孕产妇、暗娼、服务场所女性服务人员、自愿咨询检测人员、艾滋病感染者或病人的配偶及小于 10 岁的子女、其他）艾滋病扩大筛查工作，监测 17061 人，检出艾滋病病毒感染者 293 人，阳性率 1.72%。2005 年，思茅市针对澜沧、孟连、翠云开展大筛查，重点针对感染者多的村寨村民、吸毒人员多的村寨村民、外出务工人员多的村寨村民、大型施工工地工人等，监测 90497 人，检出艾滋病病毒感染者 544 人，阳性率 0.6%。2005 年后，检出的感染者中均以性途径传播感染为主。2007 年开始，普洱市实施实名制艾滋病病毒抗体检测，疫情的报告管理工作得到进一步规范。截至 2007 年年底，全市累计监测 42.62 万人次，检出艾滋病病毒感染者和病人 3313 人，监测阳性率 0.78%，报告艾滋病病人 503 例，报告艾滋病病人死亡 221 人。检出的感染者分布以澜沧、孟连县、思茅区为主，占全市检出感染者总数的 82.98%；按照检出感染者的户籍分布，普洱市户籍的感染者 2844 人，外地州及外省户籍的感染者 298 人，外国人在普洱市境内接受检测发现的感染者 170 人，不详 1 人。性途径传播的感染者占检出感染者总数的 68.6%。检出的感染者中，以 20 岁—40 岁的青壮年为主，占 89.35%；男性为主，占 58.41%，女性 41.59%，男女比例 1.4∶1；民族分布中以汉族 41.26%、傣族 15.64%、拉祜族 11.95%、佤族 8.99% 为主；职业分布中以农民为主，占 67.95%。2006 年至 2007 年年底，普洱市增加对娱乐场所服务人员、婚检者、孕产妇的监测工作，监测 296125 人，检出艾滋病病毒感染者 1904 人，阳性率 0.64%。

1990—2007 年普洱市各县（区）监测情况分布表

表 32-18

县（区）	累计监测人数	HIV（+）人数	阳性率（%）	阳性感染者构成比（%）
澜沧县	85837	1215	1.42	36.67
思茅区	73782	841	1.14	25.38
孟连县	64045	693	1.08	20.92
墨江县	54797	106	0.19	3.2
景谷县	31536	130	0.41	3.92
景东县	44330	102	0.23	3.08
西盟县	11820	69	0.58	2.08
宁洱县	21883	80	0.37	2.41
镇沅县	22078	51	0.23	1.54
江城县	16100	26	0.16	0.78
合计	426208	3313	0.78	100

三、防治措施

（一）宣传教育

1990—2001 年，思茅地区的艾滋病防治由疾病预防控制机构开展艾滋病监测为主，尝试性地开展一些宣传、干预和政策倡导工作。至 2007 年年底，市艾滋病防治、宣传教育工作在政府主导，部门配合，全社会共同参与的防治模式下，开展形式多样的宣传工作，广大群众防治艾滋病知识和政策的知晓率得到逐年提高，艾滋病防治知识知晓率调查：城镇居民 93.69%、农村居民 89.16%、学生 97.96%、民工 83.35%、拘押人员 84.57%。

（二）行为干预

至 2007 年年底，在县级以上宾馆、娱乐场所等场所安全套的摆放率基本达到 100%。在澜沧、孟连县和思茅区开展美沙酮社区维持治疗及清洁针具交换工作，开设 3 个美沙酮维持治疗门诊和 3 个清洁针具交换点。在各级疾病预防控制机构内成立高危人群行为干预工作队，开展对娱乐服务场所从业人员艾滋病干预工作，娱乐场所高危人群艾滋病知识知晓率 95.66%。

（三）关怀救助

至 2007 年年底，市疾控中心、市人民医院、澜沧县、孟连县 CD4 细胞检测实验室建成。免费实施 CD4 细胞检测，筛选入组免费抗治疗对象，对符合治疗的病人实施免费抗病毒治疗，全市治疗病人 466 人。开展母婴阻断治疗工作，对孕产妇检出艾滋病病毒抗体阳性的均采取母婴阻断措施。对生活困难的艾滋病感染者纳入城镇、农村低保或实施临时救助 900 余人，医疗救助 145 人。对 137 名艾滋病患者家庭儿童提供支持和帮助，学龄儿童全部落实“两免一补”政策。采取政府扶持，民办公助形式，积极扶持民间关爱艾滋病感染者组织，加强对感染者的管理。市、县（区）有关部门，在国际国内项目的支持下，成立 8 个感染者自助互助小组。疾病预防控制机构加强对感染者的追踪、随访和管理工作，为感染者提供心理咨询和疏导。

（四）项目合作

2003 年 10 月至 2006 年 4 月，实施中英艾滋病性病防治合作项目，项目实施单位为市疾病预防控制中心。2005 年 7 月，思茅市启动全球基金第四轮艾滋病防治项目，项目实施单位为市级、孟连县、思茅区。2007 年，全球基金项目与中医项目整合，启动全球基金 / 中英艾滋病项目，项目覆盖普洱市市级、孟连县、思茅区和墨江县。同年，启动云南省省级艾滋病综合防治项目，项目覆盖普洱市宁洱、江城县。

第四节　公共卫生

一、机构

1978 年 11 月，全区第一次食品卫生工作会议召开，会后全面开展食品卫生管理。1984 年，思茅行署任命地区食品卫生监督 6 人，1987 年 10 月，地县级 34 名食品卫生执法人员，配发全国统一服装，同时分片到各县进行食品卫生检查。1988 年，地区卫生防疫站首次拟订果制品地方质量标准。1990 年，全地区有食品卫生监督机构 12 个，专职人员 42 人，依法对食品卫生实施管理。2001 年 7 月后，行署卫生局委托市卫生监督所行使食品卫生监督工作监督管理权。同年，思茅地区疾病预防控制中心成立公共卫生科，科室人员 5 人。主要负责职业卫生、放射卫生、食品卫生、学校卫生、环境卫生等监测，卫生学评价，相关疾病（如职业病、放射病、学生常见病及食源性疾病等）的预防控制，从业人员预防性健康体检的管理评价；中毒、污染事故等重大卫生事件的现场处理；医疗机构、托幼机构和一次性卫生用品、消毒剂、洗消剂等产品监测。

二、食品卫生

（一）从业人员体格检查

1979 年，对思茅城区 105 个食品从业企业及单位食堂人员 1120 人进行体格检查，占应检人数的 88.3%，检查出乙型肝炎带毒者 69 人（现症患者 7 人），活动性肺结核 6 人。1981 年 11 月，全地区检查 4063 人，检查出传染病患者 129 人，其中肝炎及带毒者 115 人。1989 年，全地区有生产经营食品单位 4620 户，从业人员 11156 人，进行体格检查 3805 户 10371 人，检出肝炎 229 人，伤寒 1 人，痢疾 7 人，活动性肺结核 3 人，化脓性渗出性皮肤病 22 人，其中个体户 66 人，调离岗位 260 人。2001—2006 年，对思茅市本级管辖的餐饮服务业、茶业的从业人员进行预防性健康检查，检查 15000 人，办理健康证明 14800 人。

（二）卫生质量监测

1990 年，地区卫生防疫站检验食品 252 件，列为上报品种 217 件，合格率 70.99%，食具消毒率 88.5%，卫生许可证发放率 89.4%。1994—1996 年，对全地区自产蒸馏酒进行卫生质量监测 197 件，监测指标为感观、铜、甲醇、铅、锰、杂醇油。监测结果：感观指标合格率 31.5%，理化指标合格率最低为杂醇油 47.2%，其次是铜 66.7%，甲醇、铅、锰合格 100%。2001 年 7 月后，市卫生监督所对地区直属单位食堂、学校食堂、三星级以上酒店、茶叶生产加工企业开展卫生许可申请受理审核、餐饮卫生质量和生产加工环境的日常监督。对业主、从业人员开展食品卫生知识培训和从业人员的健康准入及监管。同时，对各县（区）食品卫生监督给予指导，协助各县（区）对违法案件的查处。2007 年 10 月，市卫生局制定《普洱市餐饮消费安全专项整治工作实施方案》。2007 年 8 月 30 日至 12 月 31 日，全市卫生部门开展餐饮消费安全专项整治工作任务，全市出动卫生执法人员 1805 人，整治餐饮单位 2844 户，卫生许可持证率 100%，餐饮单位从业人员健康合格及卫生知识培训合格率 100%，台账建立率 100%，对餐饮单位购买病死禽兽及不合原料监督覆盖率 100%，查处率 100%；全市 2732 户纳入量化分级管理，25 平方米以上餐饮单位 1374 户实行分级贴标管理，量化分级管理率 96.07%，规范全市餐饮食品卫生行业的管理。2007 年，办理食品和药品从业人员健康证明 4377 人，检出职业禁忌 49 人。

（三）食物中毒

1978—1990 年，全地区不完全统计发生食物中毒 76 起，中毒 3547 人，死亡 55 人。1998 年 6 月 28 日，孟连县南雅乡东屉一、二社农民有组织地上山植树时，从山上采集野生蕈，经烧、烤、炒等法加工后供植树人员晚餐集体食用，当晚凌晨 3 时起即有食蕈者陆续出现恶心、呕吐、腹痛腹泻等中毒症状。经现场调查，51 名进食者全部发生中毒，死亡 27 例。同年 10 月 9 日，澜沧县卫生局报告：东河乡一农民家餐后 14 人发生急性中毒症状，经详细询问和取样检验后证实购酒用的酒瓶被有机磷农药污染后未清洗盛酒导致受有机磷农药污染的白酒中毒事故。

（四）饮用水监测

1989 年，经过不断加强水源管理和采取净化消毒等措施，监测出厂水细菌总数比 1977 年下降 99.9%，水质明显改善。截至 1990 年，累计农村改水 248 个社，占应改数的 54.63%，解决 8239 户、43682 人的饮水问题，改水进度超额完成省爱卫会下达的 40% 的指标，痢疾、伤寒、肝炎三种传染病由1986年前4年与后5年相比，分别下降44.45%、55.6%、73.62%。1991年开始，每年8月增测4项—6项净化消毒指标的水质监测，5月—9月再增加一次，全年监测17次。1984—1991年，对农村119个改水点开展水源水质把关。1992年12月20日，地市级城建局召开洗马河水质汞锰污染调查工作联系会议，会议决议调查工作由地区卫生防疫站和地区环境监测站负责。1993年1月至1994年2月，地区卫生防疫站和地区环境监测站共同完成洗马河水质汞锰污染调查。调查结果表明：洗马河水库水锰主要来源于609线务站左侧箐沟水，斋公箐水源水及坝圹水，龙潭箐沟水，其次为药厂废水。1995年，全地区统一进行二次供水监督检查工作，查城区水池1824个。在思茅城区所调查104个单位的590个水池中，属混凝土材料581个水池、钢铁材料结构9个。供水方式为高位水池的24个，屋顶水池553个，无塔送水5个，地面水池8个，供24424人饮用，管理制度健全的16个单位，有专人管理92个水池，定期清洗368个，偶尔清洗120个，未清洗102个，开展消毒的124个。1995年5月10日，思茅市卫生局与思茅市自来水公司联合拟定《思茅城区二次供水卫生管理办法》，经市政府批准公布实施。1995年，开始按《生活饮用水检验方法》对洗马河水库水，自来水厂出厂水，末梢水进行定点的水质19个卫生指标的监测工作。1996年，协助地、县政府及有关单位，与地区环境监测站一起调查处理省路桥三公司因建设高速公路施工，造成沥青、柴油污染洗马河水库的"6·13"污染事故，抽调驻思部队，路桥三公司民工4000多人次打捞水库水面上漂浮的黑色油性污染物，由地区卫生防疫站和环境监测站组成水质监测组，水质监测（全分析）结果，各设置监测点矿物油含量均超过卫生标准，最高为水库后坝重污染65.2毫克/升，超标1303倍，水厂取水点处10毫克/升，超标199倍，市自来水公司加强净化消毒工作，自来水未受到大的污染。1985—2000年，对全地区所开采使用的31眼钻机井进行卫生管理，其中思茅城区29眼，通过专题调查研究，对含硫化氢、砷含量达5毫克/升的钻机井水禁止生活使用，其余29眼钻机井水26项检测指标均合格的水样合格率仅为27.6%，水质属优良水、良好水的占24.1%；硬水、中硬水、软水分别占6.9%、41.4%、51.7%，水氟含量最高为0.27毫克/升，无氟低氟水分别占75.9%、24.1%。较差水、极差水22眼，占饮用钻机井数的75%。2001年，协助思茅市政府、自来水公司调查处理"信房水库5·23污染事件"。调查结果为：水库周围农民采用冲天子树根根汁在水库源头80号仓库外闹鱼而致水库水受到鱼藤酮污染，二水厂进水口及出厂水均未检出该污染物。

三、学校卫生

1980—1999年，对全地区大、中、小学校监测269校次，对各类学生作生长发育及健康状况监测和体检174653人次，对各类学校教室监测采光照明48个教室，对60所学校的26374名学生作视力监测，为1400名学生验光配镜，在8所学校中进行卫生宣传教育，对学生进行人体肠道寄生虫检验3308人次，检查学生龋龄9824人次，对入学新生检查乙肝表面抗原（HBsAg）、贫血、色觉各16456人（次）。1995—1999年，监测结果显示，学生视力不良率在34%—43%之间，其中重度视力低下占50%左右，女生多于男生。超体重人数占学生总人数3.5%，肥胖率1.1%—1.8%，上等体重占9.4%—13.6%，下等体重占7.2%—10.4%，上等身高占4.9%—7.7%，下等身高占14%—17.7%，新生HBsAg检出率2%—3.8%，贫血检出率2.5%—6.3%。1980—1999年，为学生驱虫28500人次，拔牙620人次，补牙1170人次，治疗口腔疾患6620人次，口矫45人次，矫治视力不良4188人次，治疗沙眼4360人次，治疗贫血100人。2000—2006年，对市直管13所学校开展学生预防性健康体检56000人次。2007年，全市9县1区，开展学生身体检查1214所学校（含幼儿园），在校学生280691人（含幼儿园），有专、兼职传染病疫情报告人819人，全市校医93人。

2006年，对791所学校开展预防性健康检查，检查183904人，其中血色素偏低3426人，视力不良19423人。市疾病预防控制中心对市级管理的学校进行预防性健康检查，检查9800人。市疾病预防控制中心每年对思茅城区医疗单位及两所幼儿园开展两次消毒质量监测。2007年，检验空气51份，不合格28份；物体表面检验129份，不合格16份；使用中消毒液（75%酒精、戊二醛）63份，不合格2份；无菌器械检验（灭菌后的手术包、灭菌后的牙钻头、灭菌类器械）36份，不合格2份；托幼机构餐具消毒效果检测9份，不合格1份；紫外线灯16盏，不合格4盏，并出具卫生监测评价报告。

四、工业卫生

（一）职业卫生

1978年，对27个厂矿500名工人进行检查，诊断为矽肺10人。1986年年底止，经省、地诊断为矽肺的130人，包括矽肺110人，扎工业尘肺18人，铸工尘肺2人，内有合并肺结核的9人，死亡27人。1990年，对新办乡（镇）企业的121名粉尘作业人员进行体格检查，查出矽肺13人，Ⅱ期4人，Ⅲ期3人，合并肺结核6人。1990年年底，全地区有粉尘作业人员3197人，患尘肺175人。1997年4月，对景谷县泰裕、镇沅、景东3个投产时间不长的水泥厂开展全面的粉尘监测工作。监测结果：粉尘危害的最为严重程度的是镇沅，其次是景谷泰裕，再次是景东。1998年4月16日—17日，对思茅天都建材厂的粉尘作业场所开展粉尘分散度sio2含量及浓度三指标监测。粉尘浓度测定在水泥制品车间采4（点）样，浓度为74毫克/立方米—1727毫克/立方米，超标6.4倍—286倍，平均超标118.6倍。1999年11月，对思茅水泥厂（翠云）开展全面粉尘监测和调查。粉尘浓度监测30个点，浓度范围2.9毫克/立方米—101.76毫克/立方米，平均142.3毫克/立方米，超标点25个（占75%），平均超标19.9倍，分散度测10个点，2u—10u尘粉占44.9%。2002年后，对企业法人及企业职业病监管人员《中华人民共和国职业病防治法》知识培训800余人次。2001—2006年对红塔木业公司、思茅接力水泥厂、普洱胜利煤矿、墨江金矿、景谷煤矿等接触职业病危害因素的作业工人开展职业健康检查及职业病初筛诊断，检查968人，未检出疑似职业病和职业病患者。2007年，职业健康检查工作，检查673人，其中男性491人，女性182人，经职业病初筛诊断，未发现职业病患者。

（二）职业中毒

20世纪70年代末期，农村开始使用农药五氯酚钠，20世纪80年代大面积使用，虽然进行使用方法等知识培训，但中毒现象时有发生。1985年，开始对9个县医院，5个乡卫生院，5个企业职工医院，3个地直属医院的26名X光机进行卫生防护监测。1987年，地区卫生防疫站，对地区医院放射卫生防护监测，结果最高超标90倍。提出需对200毫安X光机进行防护改造的意见。1989年，对思茅、镇沅、墨江、景东等县印刷厂的30名铸字、排版工人开展体格检查，未发现铅中毒情况。1990年，澜沧铅矿铅中毒3人。农村使用农药五氯酚钠先后中毒死亡40余人。1990年开始，对全地区52个放射科职工进行个人热释光剂量监测。

五、放射卫生

1984年5月—8月，对全地区海拔650米—1980米地球γ辐射及宇宙辐射水平进行设点测定，辐射水平在2.32微拉德/小时—5.41微拉德/小时。地球γ辐射水平，经概率检验，全地区属正态分布，西盟、景谷、澜沧县的平均值比其他县稍为偏高，较高的几个点位置基本靠近临沧。1995

年1月—9月，对地区内地、县、乡级卫生医疗单位拥有和使用的X线机的型号、产地、数量、使用时间、防护状况及工作人员情况开展调查。全地区有使用医用X线机单位37个、有X线机47台，X线工作时的其他防护用品一般有铅屏风铅椅、铅围裙、铅手套，有铅堡垒或铅隔室的12个单位。全地区37个从事医用X线工作的单位有放射工作人员82名，其中男性69人（占84.15%），女性13人（占15.85%）。1998年8月—12月，对全地区水泥生产中使用的放射性同位素装置开展γ射线监测调查。监测核子称10台，料位仪7台。1999年4月—6月，对思茅城区市售的天然花岗岩，人造地板砖和成品红砖等建筑材料进行γ射线照射量率水平的调查。同时，对调查区作本底测定。2002年5月1日，对医疗机构负责人、放射专业人员培训800余人次。对新建、改扩建建设项目职业病危害实施预评价审核；对职业病防护设计实施审查和职业病危害设施控制效果进行竣工验收；对辖区内新、改、扩建X射线影像诊断项目职业病危害实施预评价，对放射防护设计方案及防护效果进行验收评价。对放射诊疗单位行政许可申请受理、审核，符合许可的，呈报市卫生局批准许可。2001—2006年，对辖区医疗机构使用的射线装置进行放射防护监测，放射装置350台次；对景谷造纸厂、红塔木业公司、思茅接力水泥厂、普洱水泥厂、攀龙水泥厂、墨江水泥厂、木通公司等使用的放射性同位素进行监测及安全评价150台次。2007年，对全市辖区范围内企、事业单位、医疗机构使用的各型号射线装置进行放射卫生防护水平的监测及卫生学评价，监测74台；对44台放射性同位素密封源进行工作场所辐射安全监测及卫生学评价。

六、环境卫生

1987年4月后，按照《公共场所卫生管理条例》规定，市、县（区）卫生防疫站对宾馆业、公共浴室、理发店、影剧院、娱乐场所、游泳馆、车站、机场开展卫生检测及卫生监督。卫生许可证由地、县卫生行政部门签发。1998年10月，实施GB/T17220-1998《公共场所监测技术规范》，地区卫生防疫站做好直管单位所经营的公共场所卫生监测，协助各市、县卫生防疫站同步进行卫生监测。1998年，地区疾病预防控制中心内设消毒卫生科。依据《中华人民共和国传染病防治法》和卫生部制定的《消毒管理办法》的规定，对辖区范围内医疗机构，公共场所，健康相关产品等进行监管及采样检测，卫生学评价，并对下一级疾控机构进行技术指导，人员培训。市县（区）卫生监督机构重点对宾馆住宿业、茶室、咖啡店、公共浴室、理发店、美容店、游泳馆、车站、机场候车室，核发许可证，并行使日常监督。2001年后，市、县卫生监督机构负责公共场所卫生监督。2001—2006年，每年对医疗机构，医务人员手、手术室、注射室、制剂室、供应室、待产室、工作台面等进行采样，空气细菌总数，大肠菌群，金黄色葡萄球菌，致病菌等化验分析，并出具卫生学评价报告。

第五章　妇幼卫生

第一节　妇女保健

一、妇女病防治

（一）常规妇女病的防治

1990年，全地区普遍开展妇女病普查，检17734人，宫颈涂片检查1546人。地、县11个妇幼保健所（站），门诊治疗妇产科病人23504人次，住站所治疗妇科病48人次。

1990年思茅地区10县（市）妇女病查治情况统计表

表32-19

县（市）	1990年实查人数	1990年查出妇科病人数	1978—1990年累计治疗人数							
			子宫脱垂					尿瘘		宫颈癌人数
			发病总数	治疗总数	其中：			发病数	治疗数	
					手术	放托	其他			
总计	17734	3458	5291	5193	522	3640	1031	125	116	17
思茅	793	358	375	372	24	312	36	3	3	—
普洱	927	526	1020	1020	65	820	135	11	11	—
墨江	155	79	624	611	30	504	77	24	21	—
景东	2174	834	751	737	77	480	180	9	9	2
景谷	3639	885	604	591	21	315	261	13	12	—
镇沅	308	95	788	777	61	613	103	10	8	13
江城	77	45	301	286	90	189	7	9	8	—
孟连	403	305	155	155	3	20	100	8	8	2
澜沧	9131	301	529	498	149	276	73	35	33	—
西盟	133	30	144	140	2	79	59	3	3	—

1993年，全地区妇女病普查12686人，查出患妇科病5116人，患病率40.33%。其中，尿瘘7例，治疗4例，上子宫托568例。1994年，行署卫生局、劳动局、工会、妇联联合下发《关于定期在思城各单位女职工中进行妇女病普查普治工作的通知》，要求各单位所有的女职工（包括退离休女职工），每两年进行一次全面的以防癌为主（防治宫颈癌、乳腺癌）的妇女病普查普治，并由检

查单位建立普查普治个人健康档案，以便追踪观察女职工的健康状况以达到早防早治的目的。各县根据自己的实际情况作相应规定。定期开展妇女病的普查项目有妇科检查，乳房检查、白带常规化验、宫颈细胞检查。采用B超、红外线、电子阴道镜等检查仪，对阴道、宫颈、子宫、输卵管及盆腔检查。必要时对血常规、生化、雌激素进行检查。1994年，普查妇女病12247例，普查率3.11%。查出宫颈癌4例。检出率32.66 / 10万。1996年，妇女病查治，全地区普查24728人，查出妇科疾病7141人，检出率28.88%。1998年，全地区开展妇女病查治32636人，查出妇科疾病8662人，检出率26.54%。2000年，地区保健院完成妇女病普查1653人，与1999年的985例上升668例，上升率67.8%。2005年，全市妇女病查治，应查人数399302，实查人数36148人，查治率9.06%。查出妇科病8694人，患病率24.03%。2006年，为落实国务院总理温家宝批示精神，重点解决苦聪人基本医疗问题，针对苦聪人妇女病发病率高的情况，市委、市政府在镇沅县召开现场办公会，深入镇沅县4个乡（镇）、13个行政村，历时38天的苦聪人妇女病普查。普查苦聪妇女3468人。基本摸清苦聪妇女发病的数量、患病类型及其原因。同时，对贫困妇女给予免费治疗。2007年，应查人数386770人，实查39664人，查治率10.26%，查出妇女病3471人，查治率24.39%，未发现尿瘘病人。同年，市保健院对市属15个企事业单位及门诊的1394个女职工进行妇女病查治。

2005—2007年普洱市妇女病查治情况统计表

表32-20

时间（年）	应查人数	实查人数	查治率	查出妇科病		滴虫性阴道炎		宫颈糜烂		淋病	尖锐湿疣	宫颈癌	乳腺癌	卵巢癌	尿瘘	子宫脱垂
				人数	率%	例数	率%	例数	率%							
2005	399302	36184	9.06	8694	24.03	2011	5.56	4755	13.14	6	13	4	3	2	3	13
2006	394717	44087	11.17	13181	29.9	262	5.94	5147	11.67	2	12	4	3	0	3	15
2007	386770	39664	10.26	9674	—	3471	8.75	4798	12.1	8	0	0	0	1	0	44

（二）妇女“两病”（宫脱垂与尿瘘）专项查治

1978年11月，地区首批派出地区医院妇产科临床医师、地区保健所医师参加全省在通海举办的全省“两病”手术骨干学习班。1979年，省上下拨6.3万元的“两病”防治专项经费。1979年2月，地区卫生局召开全地区“两病”防治会，各县医院妇产科医生、保健站站长参加会议，研究布置地区“两病”防治工作。同年5月，举办全地区“两病”手术骨干培训班。1986—1987年，财政经费切块包干后，由地区财政每年拨给1万元作为手术治疗费。1988年后，地方财政不再安排此项专款。省卫生厅采取任务经费挂钩的办法，由省、地、县分别承担并签订任务合同，要求全地区查治工作于1990年达标验收。经费按普查一个行政村补助5元，妇检一次0.5元，放托每人2元，宫脱手术平均每人150元，尿瘘手术平均每人400元（1987年年底以前查治的病人数除外）为标准，各项达标的县，兑现合同，并给予300元资金作为奖励。1978—1990年，全地区先后举办培训班53期。地区全面完成妇女“两病”查治工作，并通过国家验收。

二、孕产妇系统管理

1985年，思茅地区孕产妇保健覆盖率12.7%。1987年，在思茅、澜沧县的19个乡（镇）开展孕产妇围产保健试点。1988年，全地区开展围产保健工作。1月20日—31日举办全地区围产保健学习班，有84人参加培训，学员来自县、乡卫生单位从事妇幼保健工作的人员。学习班结束后，各县都开展围产保健工作，并纳入工作考核内容。全地区 10 个县 112 个乡（镇）957 村 12935 个自然村有 182 个村开展围产保健，占 19.01%。期内产妇数 2094 人，进行产前检查 1940 人，占 92.64%，产检 5309 人次。

1990 年，城镇开展围产保健，农村开展孕产妇系统管理 211 个村，管理孕产妇 4130 人，进行产前检查 13665 人次，产后访视 9199 人次。管理率 12.27%，比 1989 年上升 1.23%。1993 年，全地区选 40 个村作为孕产妇系统管理试点，试点村有孕产妇 13786 人，建卡 6749 人。1997 年，全地区的孕产妇系统管理皆按照省卫生厅及省妇幼保健院制定《云南农村孕产妇系统管理及高危管理实施方案》的标准和要求进行管理、培训和监督指导。产妇总数 23784 人，活产数 23718 人，孕产妇系统管理率 47.84%。2000—2004 年，孕产妇系统管理率分别为 40.95%、55.79%、63.75%、64.03%、64.8%。2005 年，活产数 22208 人，产妇总数 22250 人，孕产妇保健管理建卡数 20431 人，孕产妇保健覆盖率 91.82%，完成产前检查、孕早期检查、产后访视、进行系统管理的 14923 人，系统管理率 67.2%。2007 年，活产数 23380 人，产妇数 23410 人，孕产妇保健管理建卡数 21715 人，孕产妇保健覆盖率 92.76%，完成产前检查、孕早期检查、产后访视、进行系统管理的 16383 人，系统管理率 70.07%，筛查高危孕产妇 4498 人，筛出率 19.18%，高危孕产妇管理 4476 人，高危管理率 99.71%，高危孕产妇住院分娩 4091 人，高危孕产妇住院分娩率 91.13%。

三、新法接生

1978—1979 年，新法接生具体为“一躺三消毒”，即产妇临产时躺着，接生员的手、产妇的外阴部、新生儿断脐用具必须严格消毒。1985 年，新法接生（以断脐消毒为标准）率 78.24%。1981—1985 年，妇幼保健的业务工作以普及新法接生，提高产科质量为重点，推广“四消毒”（即产包、会阴、脐带、接生员的手的消毒）为标准的新法接生和实行住院分娩。1989 年，全地区新法接生（一躺三消毒）率 88%，进行产前检查 13665 人次，产后访查 9199 人。1986—1990 年，新法接生（以四消毒为标准）率 25.03%，住院分娩率 14.85%。

1991—1995 年，新法接生率从 25.03% 上升到 40.69%；住院分娩率由 14.85% 提高到 22.32%；1996—2000 年，新法接生率由 1995 年的 44.27% 上升至 2000 年的 79.95%；住院分娩率由 1995 年的 23.17% 上升至 2000 年的 29.75%；2005 年，新法接生率 92.32%，住院分娩率 47.71%；2007 年，全市年住院分娩率 60.01%，新法接生率 96.64%，高危管理率 100%，高危住院分娩率 91.13%，危急孕产妇抢救成功率 98.32%。全市市、县级医院、保健院及部分的乡卫生院都创建“爱婴医院”。

四、孕产妇死亡监测与干预

1984 年，地区按照《云南省孕产妇死亡监测方案》，开展辖区内孕产妇死亡监测。2004 年，修订完善《思茅地区孕产妇死亡监测工作方案》，规范孕产妇死亡监测工作的对象、目标、方法及要求。即对居住在监测地区的孕产妇；户口不在监测地区，但在监测地区居住一年以上的孕产妇；户口在监测地区，在外地工作或居住，妊娠分娩回到监测地区的孕产妇进行死亡监测。孕产妇从妊娠开始至产后 42 天死亡者，不论妊娠各期和部位，凡与妊娠有关或妊娠病情加重及治疗原因造成死亡均报告孕产妇死亡，包括内科原因、计划生育手术、宫外孕、葡萄胎死亡者，但妊娠各期的意外死亡者不计算在内（如车祸、中毒死亡等）。监测内容为活产数、孕产妇死亡数和死亡原因、孕产妇死亡的地区和人群分布、死亡孕产妇接受卫生保健服务情况。孕产妇死亡率、孕产妇死亡率的变化趋势、孕产妇死因构成和影响因素。收集孕产妇死亡报告卡，孕产妇死亡调查报告附件，孕产妇监测报表等资料。建立以妇幼保健机构为中心的县、乡、村孕产妇死亡监测系统和例会等监测制度。监测县妇幼保健院，每月向市妇幼保健院报孕产妇死亡监测资料，每年2月县保健院把两种监测报告卡及年报表和质控表报地区妇幼保健院。每个监测单位都要进行质量控制，各县每年对监测工作进行2次自查，并填写质量调查表。市监测组每年对监测点监测质量进行抽查和审评，质量检查不合格的县，组织人力补漏，对监测资料重新检查上报。各县每半年召开一次专题会议，分析监测工作，研究解决存在问题的干预措施。市级每年召开监测工作会议一次。市卫生行政部门（基层科）负责监测工作的组织领导、管理和协调。市妇幼保健院负责监测工作的业务指导及人员培训、质量控制、资料分析处理、信息上报、反馈等工作。

1984—2007年普洱市孕产妇死亡监测情况统计表

表32-21

时间（年）	活产数（人）	孕产妇死亡数（人）	死亡率（1/10万）
1984	42059	33	78.5
1985	37270	38	102
1986	38437	25	62.4
1987	36639	37	95.5
1988	35244	24	73.8
1989	34168	38	111.2
1990	34062	40	117.4
1991	27325	43	153.7
1992	25423	39	152.7
1993	—	42	—
1994	23965	57	237.85
1995	23127	56	242.14
1996	23933	56	233.99
1997	23718	59	248.26
1998	23437	39	157.87
1999	23365	43	184.04
2000	25197	36	142.87
2001	25395	32	126.01
2002	24752	19	76.76
2003	22191	18	81.11
2004	21879	21	95.98
2005	22208	19	85.55
2006	22920	16	64.39
2007	23380	15	64.2

第二节　儿童保健

一、儿童生长发育监测

1990年，全年全地区7岁以下儿童健康体检24549人，体检率7.23%。1993年，全地区0岁—7岁儿童237340人，体检39871人，体检率16.8%。经营养评价，体重< -2SD的0岁—2岁儿童1820人，占11.67%，3岁—6岁2407人，占9.91%。查出0岁—2岁佝偻病2060人，患病率13.27%，贫血3665人。实行生长监测6278人。澜沧、景东、思茅、景谷对37个乡的2893名体弱儿进行专案管理，管理率44.21%。1998年1月—12月，地区妇幼保健院对在本院门诊进行体检的思茅城区2129名5岁以下儿童，进行评价，作体格发育状况以及营养不良分类、患病率和相关因素的分析。结果：2129人中，体重在均值上的有871人，占40.91%，均下1258人，占59.09%，其中低于1SD有475人，占22.31%。身高在均值上有918人，占43.12%，均下1211人，占56.88%，其中，低于1SD有391人，占18.37%。小年龄儿童居多，2129人中，有1975人为0岁—2岁，占92.77%，其中0岁—6个月婴儿有819人，占总人数的38.45%。3岁—5岁者154人，仅占7.23%。0岁—6个月婴儿体格发育状况明显优于总体水平。该年龄组819人中，体重在均值上有485人，占59.22%，明显高于5岁以下儿童组（X2=79.84，P<0.005）。身长在均上者432人，占52.75%，亦高于5岁以下儿童组（X2=22.13，P<0.005）。营养不良患病率低于国内中等水平。用1985年9市儿调（城区）标准评出Ⅰ度营养不良121人，占5.65%，Ⅱ度营养不良12人，占0.56%，同时，采用WHO评价标准，评出低体重（年龄别体重）74人，占3.48%，发育迟缓（年龄和身高）43人，占2.02%，消瘦（身高和体重）18人，占0.85%，严重慢性营养不良（消瘦+发育迟缓）3人（0.14%）。中、重度营养不良150人，占总人数的7.05%。1999年，通过对思茅城区0岁—6岁受检的1526儿童的体格发育调查分析，调查分别使用1985年9市城区标准对儿童作体格发育评价，用WHO标准作营养状况评价。结果：体重均值上占40.56%，其中男童23.39%，女童17.17%；身高均值上占43.38%，其中男童24.31%，女童19.07%。营养不良患病率7.4%，低体重4.39%，发育迟缓3.21%。体格发育水平偏低，营养不良以小年龄的为高。2002年，地区妇幼保健院对思茅城区地区幼儿园、总站幼儿园、新星幼儿园、大地阳光幼儿园、小博士艺术幼儿园、苗苗幼儿园1371名3岁—6岁集体儿童体格发育及营养不良状况进行评价分析。体重在均值上占48.4%，身高在均值上占46%，营养不良患病人数129人，患病率9.4%。2006年4月—5月，市妇幼保健院对市区内1所公立幼儿园和4所私立幼儿园3岁—6岁的儿童体格发育状况调查分析。调查2261人，其中公立园儿童824人，私立园儿童1437人。身高、体重由专人测量，体格发育用全国1995年标准作参数，按离差分级法以WZR—EI型儿童保健电脑（苏州东吴医用电子仪器厂生产）六分法进行评价，中上、中+、中一、中下为正常值范围，营养不良、肥胖用WHO标准作参数评价，大于同性别身高、体重20%以上的诊断为肥胖，小于同性别、同年龄、同身高中位数——2S为营养不良。结果：身高、体重比较，公立幼儿园儿童体重正常95.1%，身高正常95.75%。私立幼儿园儿童体重正常95.27%，略高于公立园（X2=0.17 P>0.05），身高正常93.04%，低于公立园2.71个百分点（X2=6.86 P<0.05）。肥胖、营养不良比较，公立幼儿园肥胖占体检人数的1.58%，私立幼儿园2.51%，高于公立幼儿园0.93个百分点。公立园营养不良3.9%，其中低体重1.33%，发育迟缓1.7%，消瘦0.85%。私立幼儿园营养不良8.21%，高于公立园4.3个百分点（X2=13.15 P<0.001），其中低体重1.8%，略高于公立园，发育迟缓5.71%，高于公立园4.01个百分点，消瘦0.7%，略低于公立园，低体重、发育迟缓、消

瘦发生率与公立园相比经X2检验。体重公、私立幼儿园正常率基本相近，身高公立幼儿园正常率95.75%，私立园则低2.71个百分点。肥胖私立园儿童略高于公立园。营养不良私立园8.21%高于公立园4.31个百分点。在儿童与保健人员的比例上，公立幼儿园是7∶1，私立幼儿园是12∶1，64%的儿童就读于私立幼儿园，私立园儿童与保健人员比例与《云南省托儿所、幼儿园卫生保健管理办法实施细则》中的要求不符。2004—2007年，普洱市城区6所幼儿园儿童体格发育趋势为：体重身长正常率逐年增长，由2004年的72.5%、71.79%上升到2007年的77.12%、75.26%，肥胖发生率逐年下降，营养不良、龋齿下降不明显P<0.05。

二、儿童系统管理

1986年，儿童保健覆盖率2.15%，对墨江、景谷、孟连、普洱县部分地区的1026人次儿童建卡情况进行考核评价。1989年，地、县妇幼保健所（站）开始进行新生儿、体弱儿和小儿佝偻病、营养性贫血及传染病防治等系统管理。1991年，全地区有农村儿保试点18个，较1990年增长80%，各试点均固定专人负责管理。完成0岁—7岁儿童健康检查30238人，体检率10.72%。开展城区集体和地段散居儿童的系统管理，管理3岁以下儿童96402人，占5.03%，生长监测2383人，占2.47%。1991—1995年，儿童保健覆盖率22.15%—23.66%。2005年，完成3岁以下儿童系统管理42430人，系统管理率60.42%。截至2005年，7岁以下儿童保健管理人数113242人，保健覆盖率69.16%；3岁以下系统管理42430人，管理率60.42%。2006年，保健管理人数119330人，保健覆盖率72.21%；3岁以下儿童系统管理46313人，系统管理率66.7%。2007年，7岁以下保健管理人数113809人，保健覆盖率70.29%，3岁以下系统管理43984人，系统管理率63.11%。

2000—2007年普洱市7岁以下儿童保健管理表

表32-22　　　　单位：%

县（区）	2000年	2001年	2002年	2003年	2004年	2005年	2006年	2007年
思茅区	41.05	30.81	50.23	54.82	54.79	54.86	61.19	60.03
宁洱县	62.21	61.45	64.47	65.27	70.70	70.84	64.07	61.75
墨江县	50.05	68.34	68.97	68.01	66.19	67.34	67.22	70.50
景东县	69.57	66.93	70.71	71.36	71.54	69.94	66.14	66.64
景谷县	48.05	55.67	62.12	65.08	68.09	68.86	72.02	72.10
镇沅县	60.80	61.79	66.92	74.64	69.63	68.50	68.17	68.62
江城县	54.18	57.14	61.01	58.34	56.44	56.21	73.84	71.96
孟连县	72.95	85.18	84.55	90.43	90.17	92.53	96.42	87.75
澜沧县	74.07	73.43	78.82	78.52	77.06	74.93	85.14	78.26
西盟县	22.83	33.37	45.97	47.22	57.65	56.97	60.74	63.71
合计	58.90	62.23	67.75	69.45	69.67	69.16	69.16	72.21

2000—2007年普洱市5岁以下儿童中重度营养不良患病率一览表

表32-23　　　　单位：%

县（区）	2000年	2001年	2002年	2003年	2004年	2005年	2006年	2007年
思茅区	5.65	2.39	1.92	2.12	2.88	2.88	1.88	5.94

续表 32-23

县（区）	2000 年	2001 年	2002 年	2003 年	2004 年	2005 年	2006 年	2007 年
宁洱县	7.58	6.61	5.62	6.39	4.61	5.70	7.82	5.06
墨江县	5.15	6.26	7.57	9.55	10.64	11.42	11.60	7.87
景东县	3.60	4.01	3.35	5.42	5.37	4.66	4.68	3.83
景谷县	4.61	4.06	7.00	9.82	8.56	10.98	10.65	8.50
镇沅县	9.42	7.21	8.39	6.17	7.56	7.32	7.22	6.02
江城县	2.55	2.67	3.26	3.93	2.58	4.22	4.05	8.29
孟连县	20.85	13.95	11.20	7.04	8.73	7.45	5.93	13.32
澜沧县	13.74	12.41	9.66	9.65	8.68	8.32	8.31	7.50
西盟县	7.82	5.82	9.13	8.75	8.37	8.47	12.25	11.33
合计	8.51	7.25	7.14	7.69	7.45	7.82	7.64	7.26

三、小儿常见病的防治（疾病门诊）

20 世纪 80 年代后，市、县妇幼保健院先后开设保健和临床门诊，实行保健与临床相结合，对儿童常见病多发病的诊断和治疗，加强肺炎、腹泻、佝偻病、贫血等四种儿童常见疾病的预防和控制，并形成自己的特色和优势。1984 年，开始进行儿童贫血、佝偻病抽查防治工作。1989 年，全地区 11 个妇幼保健站（所）门诊治疗儿童病患者 31173 人次。

四、儿童死亡监测

1986 年，对思茅、景东、江城县 3105 人 0 岁—7 岁儿童死因回顾调查，初步摸清上述三县儿童死亡情况和主要原因。1991 年起，全地区 5 岁以下儿童死亡监测工作，按照全国监测方法进行监测，全地区抽 28 个乡作为监测点。至 1993 年，监测乡从 1991 年的 20 个乡增加到 30 个乡，在 54.6 万人口中对 5 岁以下儿童死亡进行监测，县、乡、村的出生死亡报告制度逐步形成。2004 年起，根据各县经济状况，按好、中、差各抽取一个乡作为监测点，开展 5 岁以下儿童死亡监测工作。2005 年开始，按照《云南省 5 岁以下儿童死亡监测方案》及《思茅市 5 岁以下儿童死亡监测方案》，对全市五岁以下儿童死亡进行监测。全市建立健全监测网络，对个案进行建卡、登记、死因分析，同时对带有普遍性和全面性的死亡原因，制定有针对性干预措施，强化管理和对策，有效地降低婴幼儿死亡。

1991—2007 年普洱市五岁以下儿童死亡情况统计表

表 32-24

年份	总人口数	活产数	新生儿死亡		婴儿死亡		1 岁—4 岁儿童死亡		0 岁—4 岁儿童死亡		5 岁以下儿童死亡构成			
			数	‰	数	‰	数	‰	数	‰	早期新生儿死亡数	早期新生儿死亡占新生儿死亡比 %	新生儿死亡占婴儿死亡 %	婴儿死亡占 5 岁以下儿童死亡比 %
1991	538175	8990	560	62.29	837	93.1	213	4.96	1050	116.8	420	75	66.91	79.71
1992	546131	7679	426	55.48	592	77.1	135	3.62	727	94.67	338	79.34	71.96	81.46

续表 32-24

年份	总人口数	活产数	新生儿死亡		婴儿死亡		1 岁—4 岁儿童死亡		0 岁—4 岁儿童死亡		5 岁以下儿童死亡构成			
			数	‰	数	‰	数	‰	数	‰	早期新生儿死亡数	早期新生儿死亡占新生儿死亡比 %	新生儿死亡占婴儿死亡 %	婴儿死亡占 5 岁以下儿童死亡比 %
1993	54193	7194	374	51.99	537	74.7	116	3.23	653	90.77	307	82.09	69.65	82.24
1994	565915	6811	344	50.51	515	75.6	102	3.06	617	90.59	269	78.2	66.8	83.47
1995	1036898	11008	597	54.23	837	76	127	2.37	964	87.57	475	79.56	71.32	86.83
1996	1036124	11050	445	40.27	617	55.8	105	2.51	722	65.34	341	76.63	72.12	85.46
1997	1280400	14650	556	37.95	858	58.6	148	2.6	1006	68.67	432	77.84	64.69	85.29
1998	1620879	17336	511	29.4	8.94	51.6	185	2.65	1079	62.24	384	75.15	57.16	82.85
1999	1589080	16718	423	25.3	773	46.2	157	2.27	930	55.63	324	76.6	54.72	83.12
2000	1446672	18750	388	20.69	731	39	134	1.87	865	46.13	290	74.74	53.08	84.51
2004	1588565	18726	362	19.33	669	35.7	99	1.4	768	41.01	256	70.72	54.11	87.11
2002	1677987	18971	242	12.76	540	28.5	102	1.32	642	33.84	170	70.25	44.81	84.11
2003	1685802	17339	236	13.62	471	27.2	87	1.2	558	32.18	164	69.49	50.11	84.41
2004	1704223	17287	222	12.84	423	24.5	77	1.13	500	28.92	157	70.72	52.48	84.6
2005	1808559	16609	204	13.07	396	23.8	84	1.13	480	28.9	154	70.97	54.8	82.5
2006	—	16551	265	12.33	341	20.6	55	—	396	23.93	129	63.24	59.32	86.11
2007	—	23380	265	11.33	454	19.4	86	—	540	23.1	—	—	—	—

五、出生缺陷监测

1993 年，地区人民医院、妇幼保健院开展出生缺陷监测。1995 年，地区妇幼保健院按照国家监测方案进行监测。2002 年，按照全国出生缺陷监测方案，地区妇幼保健院及市医院进入县级以上的医疗保健机构的出生缺陷监测。2006 年，翠云区列为国家级“三网监测”点，全面开展人群出生缺陷监测，新增市中医院、思茅镇卫生院、倚象镇卫生院、六顺乡卫生院、龙潭乡卫生院为监测医疗单位。1996 年 1 月至 2006 年 6 月，市妇幼保健院对在本院分娩的 5631 例围产儿采用 1998 年发布的出生缺陷临床特征及诊断标准逐一监测，筛查出围产儿出生缺陷 43 例，出生缺陷发生率 76.36/万；散居农村的出生缺陷发生率显著高于城市，出生缺陷是导致流产、死胎、死产、新生儿死亡和婴幼儿夭折的主要原因；出生缺陷顺位的前 5 位是多指、唇裂或合并腭裂、多发畸形、附耳、神经管畸形。2007 年，出生缺陷例数的顺位趋势位于前几位的畸形：外耳畸形、唇裂、腹腔积水、无脑儿。2006 年 10 月 1 日至 2007 年 9 月 30 日，在全市范围内的监测点监测妊娠满 28 周至产后 42 天的围产儿 3365 例。检出出生缺陷儿 35 例，占监测人数 100/ 万。2007 年 10 月 1 日起，思茅区被纳入国家级出生缺陷人群监测点。2007 年 10 月 1 日，总计监测的分娩人数为 11515 人，监测出缺陷儿为 102 人，出生缺陷率 88.58/ 万。出生缺陷的种类及顺位：唇裂、无脑畸形、外耳其他畸形、外耳道闭锁、副耳、先心病、面部赘生物、静脉瘤、阴茎短小、脑积水、多囊肾、动脉导管未闭、外生殖畸形、先天愚型、腹腔积液、左肩部肿块、马蹄内翻足、胎儿腹腔积液及其他。畸形情况，以体表畸形，多指及唇裂、外耳畸形为前三位。代谢性疾病仍为缺项。1996—2007 年，在市保健院监测出住院分娩的孕满 28 周围产儿出生缺陷 92 例。

第三节　妇幼卫生服务

一、儿童眼保健

2002年10月，地区妇幼保健院开展儿童眼保健工作。2006年4月—5月，市妇幼保健院对市辖5所市区幼儿园学龄前儿童进行视力与弱视调查，调查3岁—6岁儿童2142人，4284眼，男1026人，女1116人，平均年龄4岁零8个月。在2142名受检儿童中，双眼视力正常者1658人（77.4%），双眼或单眼视力低常者485人（22.6%）。按眼数统计，4284眼中视力低于常者839眼（19.6%）。屈光裸眼视力低常者经行散瞳验光的839眼中，远视814眼（97.02%），近视10眼（1.19%），混合性散光15眼（1.79%）。查出弱视患儿92人，占受检儿童人数的4.29%、占总眼数的4.25%，与全国其他地区结果相近（2.3%—4.4%）。其中，屈光不正性弱视142眼（78.02%），斜视性弱视15眼（8.24%），屈光参差性弱视25眼（13.74%）。远视性屈光不正85眼（92.39%），近视性屈光不正3眼（3.26%），混合性散光4眼（4.35%）。2002—2007年，接诊患者47389人次，眼视光专科诊断3671人次，视力检查36382人次，屈光不正、弱视、斜视治疗7336人次，治愈率90%，好转率100%。

二、儿童耳保健

2007年4月，市保健院使用ERO.EAN筛查仪开展听力筛查工作。截至年底，检测5699人次，其中有246人未通过。年龄最小的出生仅一天，绝大多数为满月至三岁以前的儿童。

三、儿童口腔保健

1996年，地区妇幼保健院在儿童保健中增加儿童口腔保健，对地直幼儿园的学龄前的集体儿童开展氟离子透入，通过氟离子透入来改变牙釉质表层的结构，增强抗龋性。2000年，采用更有效且易被儿童接受的氟化泡沫法。集体儿童龋齿发生率由2004年的63%降至2007年的59.41%。

四、婴儿游泳与抚触

2005年，市妇幼保健院开展“婴儿游泳与抚触”，受到广大家长认同，每年有2500人次左右进行“婴儿游泳与抚触”。

五、钼靶乳腺检查

2007年，市妇幼保健院引进韩国mx-300钼靶乳腺机，开展钼靶乳腺x线检查工作，并作为妇女病普查的一项重要内容。截至年底，做靶乳腺检查3821例。

六、5岁以下儿童血清维生素A检测

2006年4月—6月，翠云区妇幼保健院在首都儿科所的支持下，对倚像镇、南屏镇、思茅镇的358例5岁以下儿童进行血清维生素A水平的检测。检测358例，其中男童182例，维生素A缺乏69例，占37.9%；女童176例，维生素A缺乏59例，占33.5%。

第四节　预防艾滋病母婴传播阻断

1997年，地区妇幼保健院被确定为省级孕产妇HIV监测的第15个哨点。2002年，地区妇幼保健院被升为国家级的监测哨点。1997—2005年，监测孕产妇7125人，其中确定为阳性15例。2006年7月，思茅市《预防艾滋病母婴传播阻断（PMTCT）项目工作方案》《普洱市预防艾滋病母婴传播工作实施方案》。全市10县（区）分别成立县、乡项目领导小组、办公室，指定市、县妇幼保健院、人民医院、中医院作为实施艾滋病母婴传播阻断定点医院。根据实施方案，制定岗位职责、规章制度及工作流程，明确各级各类人员岗位职责及具体分工。与宣传、妇联、计生、民政等部门配合，开展防治艾滋病宣传教育，把预防艾滋病母婴传播作为艾滋病健康教育的重要内容。开展相关人员培训，参加省级培训80人次，开展县级培训904人次，村级人员培训2713人次。同年，首例艾滋病母婴阻断剖宫产手术在市保健院开展。2007年12月9日—14日，举办全市预防艾滋病母婴传播快速检测培训班，对172名全市市、县、乡级医疗卫生保健机构的检验人员及妇幼专干进行培训。民政部门与卫生部门配合，开展免费婚姻登记人群HIV检测。结合孕产妇系统管理，对孕产妇开展免费HIV检测，并进行检测前、检测后咨询服务。截至2007年年底，全市完成孕产妇HIV抗体检测27444例，完成任务数的211%。监测目标人群140290人，检出HIV阳性孕产妇294人，阳性检出率0.2%，实施阻断280人，阻断率95.24%。

第五节　妇幼卫生项目

一、降消项目

降消项目，即降低孕产妇死亡率和消除新生儿破伤风项目，是各级政府在组织实施国家《九十年代中国儿童发展规划纲要》及《中国妇女发展纲要》的24项卫生工作指标中的难度较大，且尚未实现的两个指标。1999年10月，国务院妇儿工委、卫生部、财政部下发《关于12个省自治区直辖市“降消项目”方案的通知》，2000年1月13日—14日，召开有妇儿工委、卫生部、财政部参加的降消项目启动会议，确定在12个省、自治区、直辖市实施降消项目。该项目全国覆盖378个县。其中，思茅地区墨江、江城、澜沧、孟连、西盟被列为国家项目县。云南省政府针对全省的实际情况，又将思茅地区的景东、镇沅、景谷列为省地项目县。这样地区就有5个国家级项目和3个省地级项目共8个降消项目县。实施周期均为2年（2000—2001）。2000年3月28日—29日，省政府在昆明召开全省项目启动会，降消项目正式启动。降消项目的投入，平均每县40万元左右，国家项目县，主要经费由国家财政投入和省县财政配套。省地项目县，主要经费由省、地、县级财政投入。2000年8月15日，按照项目管理要求，地区卫生局、妇女儿童工作委员会、财政局联合下发《思茅地区降低孕产妇死亡率和消除新生儿破伤风项目实施办法》。地、县成立以政府领导为组长，卫生、财政、妇联参加的项目领导小组，成立项目办公室和技术指导组。通过项目实施，第一周期（2000—2001）对8个项目县的人员培训、设备配置、健康教育、监督指导、贫困孕产妇救助和转诊机制、基础调查、统一台账和图表上墙等领域取得阶段性成果。与1999年相比，全地区新法接生率上升4.73%；住院分娩率上升2.62%；孕产妇死亡率下降 41.17/10 万；5 岁以下儿童死亡率下降 6.67‰；婴儿死亡率下降 2.98‰；新生儿死亡率下降 1.53‰；新生儿破伤风死亡 0.23‰，控制在 1‰以下的指标内。其他指标也较项目实施前有提高。2002 年，省财政厅和卫生部再次安排“降消项目”专款，延伸降消项目。项目第二周期为一年（2002 年 10 月至 2003 年 10 月）。通过降消项目的实施，8 个“降消项目”县妇幼卫生各项工作指标稳中有降，工作进展顺利，“两个危急抢救”措施得力。2004 年，全市抢救危急孕产妇 600 人，成功 584 人，成功率 97.33%。其中，市妇幼保健院抢救危急孕产妇 24 人，成功 24 人。2006—2007 年，项目工作仍在继续进行。2006 年，项目资金到位 314 万元，救济贫困孕产妇 2828 人。全市抢救危急孕产妇 639 人，抢救成功 632 人。孕产妇死亡率 85.55/10 万，2007 年，项目资金到位 326.5 万元，全市抢救危急孕产妇 623 人，抢救成功 612 人，抢救成功率 98.234%。孕产死亡率 64.16/10 万。

二、中国基层妇幼卫生计划生育服务项目

加强中国基层妇幼卫生计划生育服务项目是中国政府与国际儿童基金会、人口基金会、世界卫生组织多边合作的项目。1990—1994 年，为第一周期。1995 年，为项目延伸最后一年。思茅地区景谷、澜沧被列为项目县，项目投资每县 50 万元，按项目配套比例，省级投入 20 万元，地区投入 10 万元，县级投入 20 万元。经费主要用于土建，设备购置，人才培训，卫生宣教及项目业务活动。景谷、澜沧县在业务工作中按项目实施方案开展妇幼卫生健康教育。规范妇幼卫生信息统计，建立县、乡、村级资料收集登记制度。县保健站设立资料室，负责全县资料的收集汇总上报及有关图表上墙；乡卫生院由专人负责收集、登统上报，建立乡级台账及乡村级上墙图表；村级负责原始表、卡、册的填写及上报，开展出生死亡监测；并进行补漏调查，对“四卡、一册、一图、一证”随机抽查。按照云南省孕产妇死亡监测方案开展孕产妇死亡监测及补漏调查。按照业务技术培训的方案、要求，完成培训。开展育龄妇女破类疫苗的接种。按照《云南省 0 岁—4 岁儿童死亡监测方案》，开展出生死亡监测工作，并进行补漏调查。开展“两个”标准病案管理（小儿肺炎、小儿腹泻病例），“两个”系统管理（孕产妇系统管理、儿童系统管理），“两个”高危管理（高危孕产妇、高危儿童）。

三、世界银行贷款卫Ⅵ项目

世界银行贷款综合性妇幼保健项目是中国政府与世界银行在卫生领域合作的第六个国际项目，简称为“卫Ⅵ项目”。整个项目周期为 20 年，前 5 年（1994—1998）为执行期，后 15 年（1999—2013）为还贷款，贷款年利率 1.1%。项目总目标是要降低中国贫困地区孕产妇和 5 岁以下儿童的发病率和死亡率。全地区有景东、镇沅、普洱县，地区妇幼保健所被列为卫Ⅵ项目单位。1993 年 9 月 5 日，《思茅地区行署关于接受世行贷款综合妇幼卫生保健服务项目承诺书》向省项目办作承诺。1996 年 2 月 23 日，行署计委、财政局、卫生局联合下发《思茅地区世界银行贷款综合性妇幼保健项目实施方案（1994—1998）》。地区卫Ⅵ项目正式启动和实施。成立地、县、乡各级卫Ⅵ项目技术指导组。地区项目技术指导组办公室设在地区保健院，负责项目技术指导日常工作。地、县、乡级均成立危急孕产妇和危急儿童抢救小组，落实人员、抢救物品和车辆，建立完善规章制度，强化危急抢救工作。地区妇幼保健院成立项目师资培训教学组、项目设备管理组负责项目培训及项目设备的验收、保管、运转等工作。制订《思茅地区 1995—1998 年世行贷款卫Ⅵ项目（师资人员）培训计划》。地区项目总投资 932.81 万元。其中，地区 121.51 万元，景东 331.85 万元，镇沅 243.58 万元，普洱 235.86 万元。资金构成：世行贷款 587.7 万元，占 63%，其中地级世行贷 87.05

万元，景东世行贷款 212.46 万元，镇沅世行贷款 148.28 万元，普洱世行贷款 139.91 万元；地方配套经费 345.12 万元，其中省级 64.9 万元，地级 46.54 万元，县财政 60.17 万元，卫生事业费 173.46 万元，总投资分配为：地级 121.57 万元，占 13%，县级 535.02 万元，占 57.4%，乡级 166.85 万元，占 17.9%，村级 109.32 万元，占 11.7%。县对乡指导每年 6 次以上，乡对村指导 8 次以上。以地、县医院及保健院（站）为培训基地，确定各县有较高理论水平和临床经验的产儿科、妇儿保医师为地级师资。有 18 名地级师资参加省级培训，379 人县级师资参加地区级培训。先后举办各类技术培训班 89 期，2892 人次。开展孕产妇建册，产前检查、产后访视。开展儿童系统管理，普及乡村儿童体检，高危儿、体弱儿管理、科学育儿指导、儿童常见病防治、儿童急性呼吸道感染和腹泻标准病例管理，推广新生儿窒息复苏等适宜技术。通过项目的实施，孕产妇保健覆盖率由 1995 年 33.02%，提高到 2000 年 76.26%；孕产妇系统管理率由 10.67%，提高到 40.95%，新法接生率由 44.27% 提高到 79.95%；住院分娩率由 25.17 提高到 29.75%，高危妊娠管理率 98.75%，7 岁以下儿童保健覆盖率由 23.66% 提高到 58.9%，孕产妇死亡率由 237.82/10 万，降到 142.87/10 万，婴儿死亡率由 76.04‰降至 38.7‰，5 岁以下儿童死亡率由 87.57‰降至 45.92‰。4 个月母乳喂养率、5 岁以下儿童 ARI 和 CCD 管理率等均呈上升趋势。救助贫困孕产妇 2661 人，儿童 2442 人；抢救危急孕产妇 459 例，抢救成功 443 例，成功率 96.51%。地区对 3 个卫Ⅵ项目县、2 个妇幼卫生项目县及 1 个破伤风高发县（即普洱、景东、镇沅、景谷、澜沧、西盟）开展破类接种工作。按照爱婴医院全球标准和要求，开展以母乳喂养为主，以项目县为主的全地区创造爱婴医院活动，项目期间，以促母乳喂养成功的十点措施为重点，3 个卫Ⅵ项目县、县医院、保健站及 20 个乡卫生院均通过爱婴医院的审评。举办健康教育县、乡级师资培训班，培训 57 人，完成项目样本县普洱县健康教育基础调查的培训及调查工作，培训 35 人，实地入户调查 18 岁—35 岁育龄妇女 400 人，丈夫 100 人，县乡村领导 5 人。利用广播、电视、标语、宣传栏、街头宣传等形式，宣传妇幼卫生保健知识，与思茅电视台联合开办“妇幼保健话题”电视栏目，每周 2 期，办 172 期。完成景东县林街乡卫生院和县妇幼站综合楼兴建 430 平方米，总造价 43.5 万元；完成镇沅县县妇站综合业务楼新建 880 平方米，总造价 48 万元；完成县普洱县妇幼站业务综合楼新建 569.8 平方米。成立地、县信息统计科（组），配齐计算机和统计人员，对其进行信息统计培训。健全卫Ⅵ项目台账，上墙图表，做到项目设备 3962 件，教材 1185 本，挂图 1092 张，录像带 25 盘。

四、HU 项目

思茅地区的 HU 项目，是英国无国界卫生组织（HU）提供无偿援助经费，建立《HU—云南湄公河上游地区预防传染性疾病及加强妇幼保健项目》。澜沧、孟连被列为项目县。2001 年 6 月 26 日，项目正式启动，项目周期为 4 年，分两个阶段实施。第一阶段 2 年（2001 年 6 月至 2003 年 3 月），第二阶段英方将根据第一阶段项目实施情况再定。2001 年 6 月至 2003 年 3 月，第一阶段，无偿援助经费 58143 英镑。其中，地本级 7776 英镑，澜沧 4067 英镑，孟连 10200 英镑。国内配套经费：按 1∶1 的比例配套，省、地、县级政府的配套比例为 5∶2∶3。思茅地区的 HU 项目孟连、澜沧、西盟、江城县，通过项目的实施都达到预期目的，实现预期的目标，通过项目终期的审评。2003—2006 年，增加江城、西盟为项目县。

五、CIDA 项目

《中国—加拿大云南省少数民族地区妇幼保健合作项目》是加拿大政府对中国的一项发展援

助项目（简称 CIDA 项目），项目覆盖云南省 7 个地州，思茅地区孟连县被列为项目县。项目执行期 5 年，即 1997 年 3 月 27 日起至 2002 年 3 月 31 日止。项目分两个阶段进行，思茅地区孟连县为第二阶段县。至 2001 年，通过项目的实施，孟连县各项妇幼保健指标为：5 岁以下儿童死亡率：56.77‰；婴儿死亡率 48.03‰；新生儿死亡率 28.7‰；儿童保健管理率 85.18%；3 岁以下儿童系统管理率 76.26%；孕产妇保健覆盖率 88.28%；孕产妇系统管理率 56.64%；住院分娩率 32.38%；新法接生率 91.08%；高危住院分娩率 44.39%；孕产妇死亡率 124.77/10 万；新生儿破伤风未发生；基本实现项目目标任务。

六、妇幼卫生示范扩展县

1988 年 3 月，思茅县被联合国儿童基金会、人口基金会（以下简称“两基会”）列为“妇幼卫生示范扩展县”。两基金会和云南省、思茅县共同投资购置仪器设备，组织技术培训，并在每个行政村设一名不脱产女乡村医生负责妇幼卫生工作。经过两年工作，两基金会要求的 18 项技术指标都完成，其中，新法接生 97.97%，新生儿破伤风发生率、孕产妇死亡率、婴儿死亡率、新生儿死亡率都低于两基金会指标。

第六章　医　疗

第一节　西　医

一、沿革

1978年以后，医院工作重点转为以医疗为中心。各级政府通过实施农村卫生“三项建设”、贫困县医院建设、中心城市卫生建设、防疫体系建设等卫生建设项目，加大对医疗卫生建设的投入，以及上海市、北京医科大学等的卫生对口支援帮扶，加快各级医疗机构的建设、改革与发展。至2007年，全市建立起市、县、乡、村级基本医疗卫生服务网络，发展成为西医、中医包括医、药、防、保、治、监，能进行防疫、保健、医疗、急救、教学、科研等的较完整的体系。全市医疗卫生机构400个；病床5641张；卫生技术人员6519人，其中执业医师（含执业助理医师）2863人，注册护士2128人，药师（士）312人，技师（士）317人，其他899人。市、县级医院中有卫生技术人员2965人，技术职称结构：正高职32人，副高职303人，中职980人，初职1520人，其他130人。

二、分科

（一）普洱市人民医院

1989年，住院部分设有内一科（心肺肾疾病诊治）、内二科（血液、消化神经内疾病诊治）、内三科（传染性疾病诊治）、内四科（干疗科诊治）、外一科（烧伤、泌尿）、外二科（骨科、神经外科、整形）、妇产科、儿科、五官科、口腔科。1995年年初，内一科分成心血管科和呼吸科；内二科分成肾血科和神经内科。1996年，成立康复科。1997年，成立重症医学科（ICU）。2001年8月，外一科分成普胸外科和泌尿、肿瘤、烧伤科；外二科分为神经外科和骨外科。

（二）普洱市第二人民医院

1980年12月25日，开设门诊。1981年8月17日，开设住院部。1989年，精神科住院部设立一、二、三病区。1990年12月，设立城区综合门诊部，开设精神科、内科、外科、妇产科、口腔科、中医美容科等。1993年8月，设立药物依赖治疗康复中心。1994年11月，设立康复部，开展门诊和住院治疗。2007年，在曼歇坝新建住院部，设三个病区（原住院部从柏枝寺迁入新住院部），在思茅城南龙生路56号原该院第二门诊部内扩建门诊部、康复部。

三、诊疗

（一）普洱市人民医院

至1988年，新开展的新技术、新疗法有63项，其中有血液透析、腹膜透析、电生理检查、腹主动脉造影、腰椎段脊髓肿瘤切除、小耳再造、大面积烧伤植皮、心肝破裂修补、耳电力测定等。1989年，增加60余项，其中有吻合血管的组织移植、完全性断掌再植、颈部脊髓肿瘤切除、前列腺癌根治术、心电生理监测、经食道心脏起搏治疗顽固性心衰、儿童智力测定、放射免疫测定、泌尿结石体外震波碎石、磁力排除胆道结石等。20世纪90年代初，地区人民医院成为一所集医疗、急救、教学、科研、预防、保健、康复为一体的"三级乙等"综合医院。

（二）普洱市第二人民医院

2007年，以开展精神疾病的医疗、防治、科研、心理咨询和心理治疗、药物依赖脱瘾治疗、康复等业务工作为主，同时在综合门诊部、第二门诊、康复部开展内科、外科、妇产科、口腔科、医疗美容科、康复医学科、医学检验科、医学影像科等科目的诊疗与护理业务，以及司法精神疾病鉴定、劳动能力鉴定、残疾鉴定等业务。收治8000余例精神疾病患者。

（三）普洱市中医医院

除开展中医业务为主外，也开展西医业务。以西医诊疗方法诊治内科、儿科、外科、妇产科、五官科、口腔科等常见疾病和一些疑难疾病。

（四）普洱市防盲治盲工作

1988年至1992年年底，全地区完成白内障复明手术1238例，完成省下达全地区五年任务数的123.8%，其中省级医院派专家到景东、江城、澜沧县，传、帮、代教做白内障手术203例，地区组派手术队分别到西盟、景谷、景东、孟连县协助开展白内障术72例。由地区残联牵头，地区卫生局、地区医院组成检查组对景东、镇沅、景谷、普洱、澜沧县进行检查，检查中抽验57例白内障术后病人，其中老年性白内障52例，占检查总人数的91.2%；青年性白内障3例，占检查总数的5.3%；其他种类2例，占检查总数3.5%。57人102只眼，其中白内障囊内摘除术20只眼，占检查眼数的19.6%；囊外摘除术82只眼，占检查总数的80.4%。达到白内障手术复明规范与检查验收标准。1993年6月29日，地区卫生局批准成立地区白内障复明中心（挂靠在地区医院），加强对全地区复明手术的技术指导。1994年8月，通过省专家考核组的考核评审验收，景东县被省批准为全省防盲治盲工作先进县。至2007年，全市做白内障复明手术14800例，有效率96%。

（五）普洱市小儿麻痹矫治工作

1993年6月29日，地区卫生局批准成立思茅地区儿麻矫治中心（挂靠在思茅地区医院），由外一科具体组织实施小儿麻痹矫治手术。1996—2001年，做儿麻矫治手术840多例。

四、设备

1978—1989年，地区人民医院购置万元以上设备有黑白B超、高压氧舱、产前胎心监护仪、纤维内窥胃镜、纤维十二指肠镜、纤维乙状结肠镜、纤维支气管镜、麻醉机、超声显像仪、肺功能测试仪、电脑血球计数仪、体外反搏仪、生命特征监护仪、500毫安X光机等17种。1990年后，地区人民医院先后购进美国、德国、法国、日本等国生产的现代先进设备550台。1993年7月21日，地区人民医院购进日本岛津4500型CT机投入使用。1996年10月，购进第一台日本岛津3200型500mA数子减影X光机投入使用。2001年，购进第一台美国C行臂数子X射线机投入使用。2003年1月，购进第一台GE双排螺旋CT机投入使用。2003年7月2日，购进第一台核磁共振安装调试完毕正式投入使用。市第二人民医院，购置彩色B超、脑地形图机、彩色多普勒超声诊、X数字减影机等一些先进设备。各县人民医院装备X

数字减影机、心电图机、彩色B超机、万能手术床、麻醉机、体外反搏机、全自动生化分析仪、美国产高频电刀、美国产多参数监护仪、奥林巴斯一膀胱、尿道（软）镜、体外震波碎石机、断层摄影仪、彩色脑电图仪、纤维胃镜、C臂数字血管造影机、电子胃肠镜、血液透析机等先进诊疗设备。

五、医疗队

（一）巡回医疗队

1978—1994年，地区人民医院派出农村巡回医疗队555批，1535人次，59798个工作日，诊治病人386933人次，做各种手术2063例，开展计划生育手术2191例，培训卫生员、接生员1335人。

（二）专项工作医疗队

1978年，地区人民医院组织10人的计划生育医疗队到景东县开展计划生育技术指导，历时3个月。20世纪90年代后期，地区人民医院根据地委组织“三下乡”活动的要求，组织老专家、医护人员，由院领导带队参加“三下乡”活动，为农村群众治病和宣传普及卫生知识。2001—2007年，组织老专家、医护人员参加“三下乡”活动9次，为群众义诊近万人，演出文艺节目近30场。

（三）救灾工作医疗队

1979年3月，普洱勐先乡地震，地区医院派出抗震救灾医疗队。1988年11月6日，澜沧地震发生后，行署卫生局、地区人民医院、地区中医医院、卫地区生防疫站、地区妇幼保健所、地区精神病医院及思茅、孟连、景东等县派出10个医疗队85人到灾区开展医疗救护、防疫工作。1988年，澜沧“11·6”地震发生后，省第一人民医院、昆明医学院第一附属医院和第二附属医院、中国残疾人康复中心、省红十字会医院、省卫生防疫站、省疟疾防治研究所，解放军43医院、59医院、62医院、69医院、35203部队、西双版纳军分区、思茅军分区、思茅武警部队等单位先后派出18个医疗队，263名队员到澜沧，配合当地医疗卫生单位抢救伤病员3585人。1993年1月，普洱县同心乡地震，行署卫生局及时组织由地区人民医院、地区防疫站、解放军62医院、思茅武警卫生队派出的医疗队，赶赴灾区开展医疗救护、卫生防疫工作。2005年，思茅市翠云区六顺乡境内发生5.0级地震，市卫生局及时组织医疗队赶赴震区开展医疗救护工作。2007年6月3日，宁洱县发生6.4级地震，市卫生局组织由市人民医院、市中医医院、市妇幼保健院、市疾病预防控制中心、解放军62医院等派出的10个医疗、卫生防疫队共37人，赶赴震区开展医疗救护、卫生防疫工作。省卫生厅派出12人组成的医疗队赶到灾区指导协助医疗救护、防疫工作。随后省、市、县级派到灾区参加救灾的医疗卫生人员增加到611名。

（四）支援基层医院医疗队

1978—1994年，地区人民医院派出医疗队10批，108人次，5623个工作日，到县及县以下医院进行业务技术指导，以讲学、查房、开展新技术、诊治疑难病人等方式提高基层医院的业务水平。1994年后，地区人民医院经常有计划地组织医、药、护、技骨干和行政管理人员到贫困县医院、乡卫生院进行帮扶。1997年，地区人民医院先后派出医疗队42批，47人次，对普洱县中医院、孟连县医院、澜沧拉巴乡卫生院、江城县康平卫生院进行挂钩扶贫。开展巡回医疗、讲学、送医送药、培养各专业技术人员等，并给予一定的资金、医疗设备等扶持。对贫困县医院、卫生院在人才培养上提供优惠，接收来院进修学习的人员，减收或免收进修费、住宿费。

第二节 中 医

一、沿革

20世纪70年代中期起，云南省中医学院中医药毕业生陆续分配到思茅工作。1979年，建立思茅地区中医医院。1983年，建立墨江、景谷县中医医院。1987年，建立普洱县中医医院。20世纪80年代后，思茅卫校又增设中西医结合班，培养1000多名学生，景谷等县自办中医班培养中医人才。至1990年，全地区有中医267人，其中副主任中医师6人，主治中医师47人，中医师157人，中医士66人。分布在卫生部门209人，其中副主任中医师4人，主治中医师43人，中医师128人，中医士34人；工业及其他部门28人，其中副主任中医师1人，主治中医师3人，中医师17人，中医士7人；联合诊所及个体开业的有39人，其中副主任中医师1人，主治中医师1人，中医师13人，中医士24人。10个县级以上医院设有中医科，49个乡卫生院开展中医诊疗，有中医69人。全地区有中药师32人，中药士32人。地、县中医医院的中医中药人员，占各院技术人员的百分比是地区中医医院36.84%，普洱县中医医院46.66%，墨江县中医医院30.9%，景谷县中医医院40%。地、县中医医院设病床280张，门诊分设内、妇、儿、骨伤、痔瘘、针灸、推拿、眼、理疗等中医科室，有IBM-9兼流机，推按运经仪、电子煨药机、切药机、炒药机、X光机等设备。1993年10月，澜沧县中医医院成立。1994年2月17日，地区卫生局成立地区中医药继续教育领导小组。同年3月14日，行署成立思茅地区振兴中医药领导小组。同年8月，省卫生厅确定思茅地区景谷县为“云南省第二批农村中医工作先进试点县”，试点周期3年。1991—1995年，以思茅地区中医医院为龙头，带动全地区中医机构引进、推广先进的中医药技术，结合本地情况和临床需要开展中医药科研工作，“蒸骨治疗痛症”“外敷中药治疗痹症”“中药液保留灌肠治疗肾小球肾炎”“中药药枕治疗颈椎病、脑神经衰弱”等一批科研成果分别获得省部级奖1项，地厅级奖4项，县级奖6项。1996年，制定《思茅地区发展中医药规划》，推动全地区中医药系统贯彻执行《云南省发展中医条例》。景谷县中医医院、思茅地区中医医院分别通过地级、省级等级中医医院考评委员会考评。同年，省卫生厅推行“九五”农村中医药“植根计划”（即乡村医生中医药知识培训计划）。地区卫生局制订《思茅地区“九五”期间乡村医生中医药知识培训计划——植根计划》，把“植根计划”纳入地、县卫生局目标管理，组织实施。举办乡村医生培训班，选送到思茅卫校参加“爱德乡医班”“职高乡医函授班”学习，对乡村医生进行中医药知识培训。景谷县财政3年投入3.14万元用于乡村医生中医药知识培训，并为每个村卫生室配中药柜；镇沅、澜沧县分别举办3期乡村医生培训班。根据国家中医药管理局“院有专科、科有专病、病有专药、人有专长”的要求，全地区地、县中医医院开展中医特色专科专病专药建设。1997年10月，经省卫生厅组织的考评验收组考核评审，景谷县被批准为“全省农村中医工作先进县”，并获省奖励人民币1.5万元（用于乡村医生知识培训）。同年11月，省卫生厅《关于公布云南省百名跨世纪中医药学科带头人培训对象的通知》中，思茅地区被确定为省跨世纪中医药学科带头人培训对象5名。1998年，景谷县中医医院、地区中医医院先后被省卫生厅批准为“二级乙等中医医院”和“三级乙等中医医院”。1999年1月，景东县中医医院建立。同年2月，景谷县被国家中管局批准列为“全国农村中医工作先进试点县”创建单位。普洱县被省卫生厅批准列为“全省农村中医工作先进试点县”创建单位。同年，全地区中医药机构开展科研6项，其中，地区中医医院的“中药熏蒸疗法的临床应用”和普洱县中医医院的“中药内外合治在治疗黄褐斑中的应用”获地区科技进步三等奖。至1999年年底，全地区有各级各类中医机构69个，其中三级中医医院1个；二级中医医院5个；民族医药研究所1个；地、县综合医院中医科（门诊部）11个；乡（镇）卫生院中医门诊室51个。有30%的村卫生室能开展中医药业务。“科技兴院”战略在中医系统得到落实。各中医机构采取职工集一点，医院自筹一点，争取上级支持一点等多渠道筹集资金的办法购置医疗设备。全地区有1096名乡村医生经过中医药知识培训，其中有1000人报名参加省卫生厅组织的统一考试，有890人考试合格。2000年12月，省卫生厅检查考核组对思茅地区执行“九五”期间农村中医药“植根计划”情况进行检查考核，各项任务都达到省级植根计划目标要求。2001年9月，经省卫生厅组织的考评验收组考核评审，景谷县被表彰为“全国农村中医工作先进县”。2002年4月，普洱县中医医院通过地级等级中医医院考评委员会考评，被批准为“二级乙等中医医院”。同年10月，经省卫生厅组织的考评验收组考核评审，普洱县被批准为“全省农村中医工作先进县”。

二、中医诊疗

20世纪80年代起，市中医医院：内科，用中医药辨证施治各种内科常见病和疑难病症；外科，配合内服外敷中草药治疗，采用传统手法复位，小夹板外固定或手术切开复位内固定治疗各种骨折、脱位；对老年退行性骨关节病，腰椎间盘突出症，股骨头坏死等骨关节疾病，发挥中医特色治疗，均取得较好的临床疗效。肛肠科，有中医特色治疗的专病专药，配备现代化诊疗设备，开展痔疮无痛手术治疗效果较好。针灸科，用针灸治疗小儿脑瘫、失眠，王不留行子贴耳穴打结石；开展熏蒸疗法、颈椎牵引、腰椎牵引等技术。中医美容科，在当地最早建立，主要开展基础美容护理、保养及损美疾病痤疮过敏、黑斑等治疗。1990年，全地区地、县中医医院门诊283536人次，住院3891人次，出院2865人次，治愈2130人，好转656人，未愈63人，死亡16人。1999年，全地区中医医院门诊398246人次，收治住院13428人次。

第三节　中西医结合及民间医药

一、中西医结合

1980年，思茅地区建立中医医院后，各中医医院购置一些现代诊疗设备。西医医院也增加中医药人员，加强中医门诊建设，增设中医住院病床，收治病人，与西医临床科室配合，采取中西医结合方法治疗一些疑难病症。西医注重学习中医药知识，在临床工作中对部分疾病也应用中医药治疗。市中医医院，内科对内科各系统常见病、多发病及多种疑难杂症，采用中西医结合的治疗方法取得较好的疗效。中西医结合治疗银屑病、荨麻疹、湿疹、天疱疮、日光性皮炎、红皮病等皮肤病也取得较好疗效。中医科形成中西医结合与针灸推拿、理疗融为一体的，具有中医特色“平衡疗法”的综合性科室，是全省地市级首批中西医结合基地科室。

1996年，在实施全省“九五”农村中医药“植根计划”中，采取选送到思茅卫校参加“爱德乡医班”“职高乡医函授班”学习等，对全地区乡村医生进行中医药知识培训。景谷、镇沅、澜沧县分别举办3期乡村医生培训班。截至1999年年底，全地区有1096名乡村医生经过中医药知识培训，能应用中西医结合的方法为群众诊治疾病。1978—2007年，普洱卫生学校开办中医医士、中西医结合医士班，培养学生1148人。

二、民间医药

20世纪80年代，在全地区开展的中药普查中，把民族民间药列为专项进行调查研究。1988年，全国中药资源普查时,《思茅地区中药普查资料》记载，全地区普查到的中草药品种758种中，有550余种是民族药；收集到的1220余个单方验方中，60%以上是少数民族民间单方验方。

草医诊断方式，相似中医，应用摸脉、看舌、询问病史与病情等方法，对病症有风、湿、寒、热等解释。草医治疗方法，有内治法、外治法、功力法、神药两解法。内治法，以内服药物进行发汗、清热泻火、催吐、排毒、散热、除风寒等；外治法，以药敷、药灸、盐灸、药水熏洗，进行消肿、排毒、止痛等；功力法，以接、刮、推拿、按摩、爆灯花、拔火罐、进行接骨、排除病毒、止痛、舒筋活血等；神药两解法，则是以求神、送鬼等封建迷信活动使病者偶得心理安慰，辅之药物治疗。在民间，草医以治疗骨折、跌打损伤、风湿、排毒等独具功效。草医多为子承父传，并以某科为其特长，沿袭行医。民间年轻草医除采用传统方法外，也结合一些现代医学方法诊治疾病。

第七章　护　理

第一节　机　构

一、地区人民医院

1981年，地区人民医院有7个护理单元，配齐7位护士长。1983年4月，护理部成立，护理管理从医务处独立出来。负责全院护理工作的具体组织、实施、护理人员的业务技术训练、考核工作及护理学会工作。1984年11月，口腔科、五官科、中医科成立独立的护理单元，同年10月1日急诊科成立，与门诊护理组为一护理单元，护士相对固定。1988年，手术室为临床科室系列改为麻醉科，干疗科成立，急诊科独立成立护理单元。设置大外科。全院设置13个护理单元，任命14名护士长。1990年，全院10个病区，13个护理单元，设护理部主任，副主任各1名，护士长16人（含大科护士长）。1991年，医院开办第二门诊，设护理组，取消大科护士长编制。1992年8月20日，消化内分泌科成立。

二、地区精神病医院

1981年10月，成立医务护理处，设总护士长或副主任，负责医务、护理管理工作。1986年3月，单独成立护理部，管理护理工作。

三、地区中医医院

1979年10月至1984年4月，设总护士长1人，护士长1人。1984年4月，成立护理部，下设2个护理单元。1993年，护理单元发展到5个，下设护士长5人管理各临床科室护理工作。1997年，按国家中医药管理局“三级乙等中医医院”的要求，成立医院护理质量管理委员会，由业务副院长、护理部主任分别担任主任、副主任，下设小组对全院护理质量进行督导、检查、考核控制，并在各科室设立质量控制小组、质控员，形成护理质量三级控制的质量控制网络。

第二节　护理种类

一、基础护理

1978年后，各级医院开始全面治理整顿，注重培养基础护理质量和护士素质的培养，严格分级护理，对重病人五包到床头［（即送水到床头包病人饮水；送饭到床头包病人吃（喂）饭；送药到床头包病人服药；送大小便器到床头包生活护理；服务到床头（包洗脸、洗头、洗脚、翻身、剪指甲等）]，加强病房管理，逐步做到病室物品设施整洁规格化，床上床下无杂物，病室内不乱钉乱挂。1988 年，地区医院实行院科两级管理，科主任与院长签订任期目标管理合同，科主任、护士长把对基础护理的要求作为指令性任务，下达在聘任合同书上，护士与科主任签约，由护士长管理，检查履行情况及定期考核。

二、专科护理

（一）地区人民医院

1978 年，儿科配备新生儿暖箱，加强新生儿硬肿症的护理。20 世纪 80 年代中期，儿科配备光疗箱。1989 年 2 月，内一科设置监护病房，配备心电生理监护仪 VSM–4A、VSM–2，全科护士均能掌握心电监护的有关技术和知识，并能观察和记录。1990 年 1 月开始，使用除颤器，全科医生、护士相互配合开展阿托品、普萘洛尔、潘生汀的心脏负荷药物试验，为心血管疾病的诊断治疗、护理、探索新路。1992 年 4 月，开展动态心电监护。1994 年 12 月，开展动态血压监护仪监护。截至 1994 年年底，医院有 6 个内科护理单元，11 个专业组。

（二）地区精神病医院

20 世纪 80 年代末期以后，医院增设精神科第三病区，开设封闭式戒毒病房，设立综合门诊部、康复医院、美容室等。开展各项专科护理，对精神病人进行精神功能、脑康复辅助训练护理，还对精神科、康复科患者及戒毒人员开展相关的心理咨询及心理护理。

三、责任制护理

（一）地区人民医院

1985 年 6 月，院领导决定在外科、内三科开展责任制护理试点。分别派出几位骨干和有经验的护士到昆明学习，参观取经。1986 年 8 月，在院内举办 1 期有 22 人参加脱产学习的责任制学习班。采取每个责任护理病区安排 2 名护士为责任护士，负责所管病区病人护理病历、病程、交班报告书写、记录、参加医生查房。通过与病人接触、交心，针对不同的心理反应，有的放矢地进行心理护理。具体的治疗和护理由辅助护士执行。针对不同的病人建立护理程序。对重、危病人执行责任制护理过程中，找护理问题，制订护理计划、措施，并组织实施。1992 年，院党政领导组织学习 1991 年 6 月省卫生厅制定的《云南省文明医院检查评比记分标准（第三次修订稿）》“有条件的病区要积极开展责任制护理工作。条件不成熟的病区一律要求实行护理包干，做到职责明确”的精神，下半年暂停责任制护理工作，全院实行护理包干制。

（二）地区中医医院

1985 年，医院派人到昆明参加省护理学会举办《责任制护理》学习班。1986 年 4 月，开始在病房尝试责任制护理，护理模式由功能制护理向责任制护理转变。

四、整体护理

1998 年，思茅地区首先在地区中医医院开展整体护理试点。地区中医医院先在内科病房开展整体护理模式的病房管理，并逐步向全院推广。2002 年 8 月，地区卫生局和地区护理学会组织全地区地、县医院护理部主任、护士长 28 人，到玉溪市人民医院、省第一人民医院、昆明医学院第二附属医院、昆明市延安医院等考察学习这些医院开展整体护理工作的经验。考察回来后，地区卫生局制定下发《思茅地区推行整体护理的实施意见（试行）》的通知，要求全地区地、县医院全面推广整体护理工作。根据通知精神，各医院结合本院实际制定实施方案，并认真组织实施。

五、中医护理

建院初期，地区人民医院就在门诊设置中医诊室。1982 年，设置中医病床 15 张，病员的常规护理由内二科护理单元负责。1988 年 2 月，五官、口腔、中医病区成立，组建一个护理单元共同完成三个科病人的治疗、护理任务。1994 年 12 月底，眼、耳、鼻、喉、口腔几个专业组成立一个护理单元，中医科另设病区，有独立的护理单元，除完成综合医院常规护理工作外，结合中医治疗的特点和病人需要，在病区内设立一个治疗室用于中医理疗，配备偏瘫治疗机，消炎止痛理疗机，电脑多功能治疗仪，神灯治疗仪等。

第三节　护理技术

20 世纪 80 年代后，全地区各级医院、妇幼保健站（院）护理队伍不断壮大，各院通过鼓励在岗学习、在院培训和派出去进修学习培训等措施，使护理人员的知识水平和护理技术水平、整体素质都得到提高。1992 年 4 月，内科护士使用动态心电监护仪监测病人。1994 年 12 月，内科护士使用动态血压监护仪进行监测；内一科护士能观察、监护使用中央监护仪的病人，能配合医生使用除颤器抢救病人；肾血科护士能掌握腹膜透析技术；妇产科大部分护士能掌握、使用观察多普勒胎心监护仪，配合医生产钳助产、胎头吸引助产、臀位抽产，以及胎儿宫内窘迫的急救处理，能承担妇产科门诊的“人工流产手术”，刮宫取宫内膜做病理检查、侧穹隆封闭以及宫腔碘油造影等特殊检查。

第八章　医学教育与卫生科研

第一节　医学教育

一、基础教育

（一）普洱卫生学校

1981年起，学校以中等卫生职业教育为主体，进行医药卫生类中等学历教育，举办医药专业类非学历教育的岗位培训，初、中级职业技能培训。与34家医院建立教学实习关系。1988年，地区卫生局与北京医科大学达成协议，经行署同意，报经国家卫生部和教委批准，在思茅卫校举办北京医科大学思茅医学专科班，秋季开始招生。由卫校负责学生、教学的统一管理，由北医大派教师来授课，地区医院负责教师食宿接待和学生的临床实习。合作办学期间北医大分批连续派出136名专家教授为思茅医专班授课。1988年8月至1993年7月，为思茅地区培养3届150名医学专科生。1988年起，思茅卫校先后与云南广播电视大学、昆明医学院、大理医学院、云南中医学院、重庆医科大学、西南师范大学、云南师范大学、云南省医学高等专科学校、上海市卫校等11所院校联合办学。依托高等院校，开办成人专科、本科学历教育以及高等职业技术教育，设有临床医学、高级护理、药学、计算机应用等专科班，临床医学及高级护理本科班。1978—2007年，培养医、药、护、技等各专业卫生人才11975名。其中，中专类：医士1706人、社区医士333人、民族医士55人、社保医士495人、妇幼医士798人、职医938人、护理3866人、卫生保健222人、检验247人、麻醉114人、药剂257人、护理美容54人、计划生育435人、助产325人、乡村医生477人、中专干部培训495人、外产110人、健康教育55人；大专类：临床医学762人、护理231人。教育培养各类卫生技术人才15000余人。每年为普洱市及邻近的版纳、临沧、玉溪、红河、楚雄等州（市）输送卫生技术人才400人—800人。

（二）景谷县卫生进修学校

1984年8月开始办学，主要培训对象是乡村医生，教材采用《中国赤脚医生教材》，学制8个月。办职业医士中专班，教材采用《全国中专卫生学校教材》，自费读书，不包分配。1984年8月至1990年12月，开办五期乡村医生培训班、二年制职业医士班221名学员。1991年后，主要进行乡村医生轮训。20世纪末学校撤并县党校。

（三）职业中学办职业医士班

1984年，普洱县职业中学开办职业医士班，招学员一班，50人。1989—1991年，与驻军62医院联办职业医士班一班，学员50人。职业医士班学员自费学习，不包分配。结业后，部分通过招工录用到卫生单位工作，部分自谋职业。

二、继续医学教育

（一）在职学历教育

1978—2007 年，通过参加普洱卫校与内地院校联合举办的在职医、药、护、技成人专科、本科班学习和函授、自学考试等学历教育，提高学历层次。有 2474 名卫技人员通过在职学历教育，分别取得医、药、护、技大专、本科学历。

（二）在职培训

1978—2007 年，接受各类在职短期培训人员约 3000 人次。全地区各医疗卫生机构不断分期分批派在职各科医、药、护、技人员到昆明、成都、上海、北京等城市大医院进修，学习新知识、新技术、新信息，充实专业知识、提高技术水平。全地区地、县医院派到北京医科大学各附属医院进修学习的医护人员 140 多名。全地区派往内地各大医院进修学习一年以上的医疗卫生人员 2008 名，其中地级派出 355 名、县级派出 1653 名。全市举办各专业学科学术讲座约 1000 余次，听讲人员 20000 人次以上。

第二节　卫生科研

一、卫生防疫

（一）疟疾调查研究与防治

1978 年，普洱县卫生防疫站应用间接荧光抗体试验进行疟疾流行水平的判断和防治效果考核研究。1980 年，省疟防所在滇西北海拔 3500 米的德钦县捕获一批蚊子、幼虫及蛹，在思茅饲养成功，由国内同行专家鉴定为辛东伊蚊。这个蚊种在中国为首次发现。1978—1981 年，地区卫生防疫站在思茅、景谷、澜沧、孟连县进行蚊类对 5 种常用杀虫剂的抗药性测定。测试方法及指标都按世界卫生组织的规定进行。结果表明蚊虫对“六六六”抗药性很弱，对 DDT、马拉硫磷抗药性较强。1984 年，省疟防所《云南南部一株恶性疟原虫体外连续培养成功》，鉴定为抗氯喹恶性疟原虫，为开展克服恶性疟抗氯喹和进行疟疾病原生物学、免疫学等研究提供实验虫源。1985 年，有 5 个县能开展应用间接荧光抗体试验进行疟疾流行水平的判断和防治效果考核研究工作。1986 年，省疟防所完成的思茅间日疟原虫生物学特性实验研究，为了解思茅地区间日疟流行规律及防治对策提供依据。至 1990 年，全地区疟疾发病率从 1953 年的 387.3 ／万下降到 5.74 ／万，下降 98.58%，达到国家控制疟疾流行的标准。思茅、澜沧、普洱、镇沅、景东县发病率 5 ／万以下，普洱县经省卫生厅组织考核验收，宣布为基本消灭疟疾达标县。主要媒介按蚊密度明显下降，河谷、坝区等疟区微小按蚊密度从 20 世纪 50 年代初 10 只—20 只下降为 0.06 只。地、县卫生防疫部门采取以村寨为单位分类防治，加强灭疟后期管理和组织县与县之间的联防，提高抗疟措施的针对性和落实程度，使疟疾发病保持逐年下降势头，巩固灭疟成果。

（二）其他疾病调查研究与防治

1. 钩端螺旋体病。1978—1983 年，地区卫生防疫站何秉亮等在全区范围内开展调查、防治、研究，在 10 个县 56 个区对 6523 份动物标本和 1889 份疑似发热病人血清进行检测，从人体、鼠类和家畜中分离出钩体病原。在调查中，发现三个钩体菌新血清型。上述血清型都属国际首次发现。

2. 乙型病毒肝炎。1981—1982 年，配合全国病毒性肝炎调查，地区卫生防疫站代挹清主持，作乙型肝炎流行病学调查。他们对全地区各族人群6366人（其中，哈尼族、傣族、拉祜族2240人）进行体检、肝功能、乙肝表面抗原抗体、e抗原抗体及HBSAG亚型检测。1987年后，开展乙肝疫苗注射预防。

3. 鼠疫。1981年起，在澜沧、孟连、西盟、江城县国境交通道口设固定和流动监测点进行常规监测。1983年后，除常规检验，还应用脏器涂片、动物接种培养、噬菌体裂解等进行病原学检验，应用放射免疫检测鼠疫抗体，用于鼠疫诊断及侦察历史疫区的潜在感染，监视国境沿线的疫情和查源工作。同时也进行蚤体培养鼠疫杆菌和进行鼠种、蚤种鉴定。1992—2005年，先后监测到澜沧、普洱、思茅、江城、景谷、孟连、墨江、镇沅县发生57起鼠疫疫情，多为鼠间鼠疫，只有普洱、思茅、墨江县波及到人感染，发生腺鼠疫26例。

4. 麻风。全地区先后建立6个麻风病医院，地、县卫生防疫站也有皮肤病防治科。1980年后，可以进行细菌和病理诊断，基本能确诊。1986年，在对有3例以上患者的村寨进行普查的基础上，基本查清全区麻风患者的人数、分布，用光谱五级分类法对病情进行分类，制定治疗方案，对所有查出的病人进行治疗，对患者家属和密切接触者进行预防治疗。治疗采用世界卫生组织治疗麻风病的最佳方案——联合化疗。应用尿检氨苯砜鉴定患者服药治疗情况。

5. 麻疹、脊髓灰质炎、白喉、百日咳。1983年开始，建立起一条从疫苗储存、运转到使用的"冷链系统"，实行按期预防接种。1990年，全地区儿童基础免疫接种（麻疹、脊髓灰质炎、百白破、卡介苗）85%以上。2003年，计划免疫疫苗在原4苗的基础上增加乙肝疫苗。2007年起，增加乙脑、流脑疫苗。

6. 其他传染病。1978年，应用鸡胚尿囊、羊膜囊接种分离或传代流感病毒并进行验血清流感抗体水平测定。1979年7月，WHO全球天花消灭证实委员会主席赴云南调查。1980年后，流行性脑炎、乙型脑炎、伤寒等通过有效疫苗接种和饮水、饮食、环境卫生改善，呈持续下降趋势。1978—1981年，对思茅、景东、澜沧、景谷、镇沅、孟连等县作菌痢（流行菌学）调查。1985年，开始副霍乱监测，应用制动试验、免疫荧光球菌法、V-P试验、生化鉴定、粘丝试验、氧化酶试验、玻片凝集等检测病原。1991年1月，世界卫生组织宣布：中国已于1960年消灭天花，最后根除天花的地区是西盟县。

（三）地方病

1982年起，地区卫生防疫站在全地区10个县56个区317247人中进行地方性甲状腺肿病临床调查，查出地甲病患者13745例、克汀病患者23例，对症进行口服和注射碘治疗。对重病区普洱黎明区外环境中的水、土、粮食、蔬菜和人尿中含碘进行检测（碘含量低于正常）。1982—1988年，由郭逢渊主编《思茅地区地方性甲状腺肿与地方性克汀病图集》，从医学地理学方面阐述地方性甲状腺肿在思茅地区空间分布范围及疾病严重程度。

二、临床医疗

（一）西医诊疗

1. 诊疗手段。1978年5月，省第一人民医院主治医师方睿才、昆明军区总医院医师李琪训，在思茅驻军62医院，在35℃—40℃的高温下，为一例离体28小时的完全性断掌患者，进行断掌再植手术。手术中采用低温清创术，消除从手术开始到重建血运前（经5小时）的高温影响，并针对掌动脉有罕见的血管变异，辩证地处理动静脉的吻合比例。术后2个月行次期神经修补术，配合理疗和体疗等措施。一年后患者功能恢复良好。这种在高温环境和长时间离体的情况下不用高压氧配合的再植成活病例，当时在国内尚属首次。该成果获1978年度云南省科技成果一等奖。至1979年，进行节育手术1788例。开展天花粉注射液肌注引产技术，对中期妊娠引产起到良好作用。1979年开始，在全地区范围内开展利凡诺羊膜腔穿刺注射引产手术，进行中期引产。1979年8月27日，思茅城发生一起食用自制玉米吊浆面做的蒸糕中毒事件，6人食用，全部发病，3人死亡。20世纪80年代，增设血球自动计数仪、放射免疫测定仪、补体C3G-6PD以及生化质量控制等检验仪器。购置带电脑的500毫安X光机，纤维胃镜、心脑电图仪、B型超声诊断仪、肺功能测定诊断仪等现代直观诊断设备。购置一批现代治疗设备，组建综合治疗组。高压氧舱、血液透析、体外震波碎石机等投入应用，地区医院李富祺等引用中山医学院介绍的直肠内套叠拖出直肠结肠切除、肛门外斜端吻合术，用于治疗儿童先天性巨结肠。经1年—4年追踪观察，4例手术效果良好。地区医院姚明华主持，在简易条件下成功实施三例断指再植手术，其中二例是在肉眼情况下、一例是在放大镜下吻合血管、神经。1980—1981年，地区医院外科在陈久龄主持下，引进外地技术，开展高选择性迷走神经切除术代替传统的胃大部切除术，食道癌、直肠癌根治术，径胸病灶清除及前外侧减压术治疗胸结核合并截瘫等高、难、大手术，取得良好效果。1985—1986年，地区妇幼保健站李杏元等对全地区8个县（除西盟、孟连外）安放宫内节育器避孕环的2807名妇女进行术后随访分析，找出有少数人出现脱环、带环妊娠的原因。1983年12月至1986年2月，地区医院熊嘉禾对思茅地区多发病小儿秋、冬季腹泻进行研究。检测病原为轮状病毒，证实思茅地区有轮状病毒流行。1989年，地区医院赵家荣、李富祺等对123例泌尿结石患者进行临床观察，体内外X光片对比，在地区测试分析研究所协助下作结石样品的物理、化学分析测定，基本弄清本地区泌尿结石的构成机理和发病情况。据测定，结石结构有粒晶型、鲕状型、混合型及结构不明四型，成分以草酸钙结石最多，占35.77%，依次为尿酸、磷酸钙结石。上尿路结石钙含量高，镁含量低，下尿路结石则相反。有的结石致密度高，表面光滑，含胶体成分多，震波碎石对此种结石治疗效果较差。1990年，地区医院丁建祥等采用带旋髂深动脉的髂骨瓣移植术，治疗老年人股骨颈骨折成功。地区医院妇产科为一彝族妇女剖腹取出16公斤重的胶膜后畸胎巨大肿瘤。1990年后，全地区地、县医院都装备全自动生化检验仪等新一代检验设备。地区医院增加核医学检验，能开展胸外、脑外、泌外、骨外、眼科等手术。

（二）中医诊疗

20世纪80年代，地区中医院谭玉麟配制软坚浸剂，加热作按摩剂，治疗瘀阻头痛，能较快减轻头疼。李斯文主持研制中医药枕治疗颈椎病，有较好疗效。80年代中期，地区中医院李斯文主持，以益气温涩汤治疗胃及十二指肠球部溃疡、复合性溃疡，有较好疗效。1982年，引进和推广五脏内养功和推拿按摩等传统技术。1983年，引入磁疗技术。1984年，开展电子针灸按摩、激光针灸、微波针灸等技术。1985年，推广使用耳穴压豆法治疗胆石症。1983—1985年，地区医院中医科吴少英、官惟智根据中医对迁慢性肝炎的辩证分析，结合现代科学理论，拟定协定处方并加入活血化瘀药，治疗迁慢性肝炎，取得较好疗效。

三、药物

（一）本地药材资源普查

1984年，地区和各县建立中药资源普查领导小组，由地区医药公司、地区卫生局组成地区中药材资源普查办公室，抽调77名专业人员和有关人员，聘请中国医学科学院景洪药用植物研究所段华为技术顾问，在全地区108个区（乡）、23018平方千米（占全地区总面积52.3%）范围进行全面普查，行程 28.5 万千米，制作实物标本 6348 份。至 1987 年年底，结束验收，基本查清地区中药资源的种类、分布、蕴藏量。全地区有隶属 181 科、486 属的植物、动物、矿物药 758 种，其中，植物 156 科、457 属、726 种动物 25 科、29 属、30 种，矿物 2 种。国家规定的 395 个普查品种中，思茅地区有 244 种，占国家规定普查品种的 68%。其中，野生植物药材 165 种，蕴藏量 7.4 万吨；种植药材 59 种，蕴藏量 0.3 万吨；动物药材 18 种，蕴藏量 0.1 万吨；矿物药 2 种，蕴藏量 21.41 万吨。在普查中，还发现一批新的药物资源，如黄山药、雪胆、龙血树、绞股蓝、五倍子、中国粗榧；调查一些发展南药的适宜地；收集整理可供药用和具有一定疗效的民间中草药 753 种，草药单、验方 408 个。编写出版《思茅地区中药资源普查药物名录（天然药物名录）》《思茅地区中药资源普查专题品种报告》《思茅地区民族民间验方集》及资源分布图。提出药材生产发展战略和以发展砂仁、蔓荆子、白豆蔻、香樟、草果、苏木、千张纸等药用原料为主的生产规划。

（二）资源开发

1. 野生资源的发现及利用

龙血树　中国所用“活血圣药”血竭，历来都从南亚国家进口。孟连竜山龙血林作为科研和种源基地，划为自然保护区。后经普查，景谷、澜沧也有大面积龙血树。地区制药厂批量生产血竭。

美登木　1980—1982 年，地区中草药研究所在思茅、宁洱、孟连等县也发现大片美登木林。1982 年后，地区中草药研究所生产美登木浸膏，用于卷烟配料。

萝芙木　通过引种栽培，成为提取生产降压药“利舍平”的重要原料。在宁洱等县也有发现。

蔓荆子　蔓荆子具有疏风散热作用，是重要南药之一。思茅地区有大量野生资源，早有草医自采入药。1978 年后，景谷药材公司组织农民利用荒坡地种植，1989 年发展到 4140 亩。

墨江蜈蚣　20 世纪 80 年代，年收购量 50 余万条，销往省内外。1987 年，云南中医学院列题对墨江蜈蚣进行研究。1989 年，经专家鉴定，墨江蜈蚣与《中国药典》收载的少棘蜈蚣具有相同的化学成分和药效。同年 12 月，省卫生厅颁发墨江蜈蚣质量标准通知。

鹿仙草　1979—1982 年，地区中草医药研究所在抗癌药物筛选研究中，张绍云等对区内蛇菰属植物鹿仙草野生资源和品种进行普查，采集蛇菰属植物 53 种，在景东和西盟发现两个新种。经华南植物研究所蛇菰分类学家谭沛祥鉴定，定名为思茅蛇菰和隐轴蛇菰。地区民族传统医药研究所和省药物研究所对上述药物进行动物试验研究。

2. 引种、栽培、驯化

黑节草　1985 年起，昆明植物研究所连守忱和地区民族传统医药研究所白树勋、冯德强、张绍云等，先后主持进行人工栽培研究。通过采用细胞繁殖技术试管育苗，然后进行盆栽、地面栽和树干寄养等方法试验。盆栽、地面栽获得成功，成活率 84% 以上，质量与野生的基本一致。1990 年，地区民族传统医药研究所聘请文山州师傅用所产原料药加工成西风斗。这项成果 1992 年 8 月，通过省级鉴定。

三七　1989 年，景谷、镇沅种植 2746 亩。

砂仁　20 世纪 80 年代，全地区除墨江外，9 个县都有种植，1989 年，种植 6150 亩，孟连是主要基地。

草果　1989 年，全地区种植 3515 亩。

白豆蔻　1987 年，江城曲水试种成功，后扩大到 55 亩。

胡椒　1989 年，全地区种植 73 亩。

肾茶　民间早有零星种植。1989 年，江城、镇沅、思茅等县种植 200 多亩。

茯苓　1989年2月，地区民族传统医药研究所祝秀君、冯德强、张绍云等引种成功，成活率100%。1989—1990年在思茅县4个点试验示范，亩产鲜品918公斤—4197公斤。

三岛　1988年，省外贸医药保健品进出口公司与日本有关方面合资开发LY-1号（三岛）药材，在墨江龙潭乡试种3亩，产20公斤。1989年，扩大到630亩，收获6760公斤。

3. 人工牛体植黄和活熊取胆。

1986年，澜沧办人工牛体植黄培训班，云南省农业大学许由义教授指导，将牛黄菌植入活牛胆，一年后取黄成功。后思茅、江城也相继开展牛体植黄。1988年8月，江城红疆乡瓦洛寨有一头母牛在植黄九个半月后取出湿重108.75克牛黄。1991年年初，地区民族传统医药研究所在昆明医学院科技扶贫技术组指导下，进行人工饲养活熊取胆引流成功。1996后民药所停止此项工作。

四、民族民间医药研究

（一）市民族传统医药研究所的科研工作

1979年9月，地区卫生局制订《思茅地区民族医药发展计划》，推动民族医药的研究和发展，加大对地区民族传统医药研究所的支持力度。地区民族传统医药研究所建立以来对全地区民族民间医药进行系统的调查、研究、发掘、筛选、验证、整理、提高、推广，兼当地中草药资源为主的药物资源开发，实行“科研、临床、生产相结合”的方针，先后研制生产一批对常见病、疑难病、地方病等疗效较好的民族民间中草药制剂“防感片”“复方美登木片”“紫蜂酒”“肝复青”“熊胆血竭酒”“灯台叶片”等22种，其中“灯台叶片”收载《云南省药品标准》；先后完成国家中医药管理局、省科委、省卫生厅，地区科委下达的药物资源开发研究课题，《M88抗癌有效部位研究》、“排草香精研制”“中药茯苓引种试种”“清凉保健茶研制”“石斛（含大、小石斛）人工集约化栽培”等，并获得成功。参与编写出版《云南思茅中草药选》《中国药用动物医药文献库》《中国民族民间药方大全》。1986年，围绕本地的彝、哈尼、拉祜、傣、佤族开展对民族医药的研究工作。自主编写出版《拉祜族常用药》《中国拉祜族医药》《傣族医药研究（档哈雅龙）》《孟连傣族医药研究（档哈雅龙Ⅱ）》等民族医药书籍；翻译整理《彝族治病药书》，其中《拉祜族常用药》一书，收录疗效好的拉祜族常用中草药100种，以汉文、拉祜文对照解释，并附有原植物图。先后两次代表云南省参加全国民族医药文献整理工作会。有5项科研成果获省（部）级科研成果奖，19项获市（厅）级奖。先后有“灯台叶片”“防感片”等制剂转由药厂生产。

《拉祜族常用药》。1983—1986年，地区民族传统医药研究所组织白树勋、张以年、张绍云、张扎区、胡开贵等，在澜沧、孟连、西盟及西双版纳州勐海县拉祜族聚居区，收集拉祜族民间医药单方验方，进行筛选、研究。他们选出100种常用、有效、具有本民族用药特色的药物和199个单验方，编写成《拉祜族常用药》。1987年10月，由云南民族出版社出版，第一次印刷2000册。收入书中的100种药，都用汉、拉祜文书写，绘制标本图。每种药都有别名、音译、意译、来源、识别特征、生态环境、药用部分、性味功能、用药经验的介绍，并列举验方。《拉祜族常用药》总结拉祜族的16种用药法。外治的方法有垫坐、熨烫、热敷、蒸熏、外洗、外包、涂擦等。1989年，民族传统医药研究所继续收集、研究居住于哀牢山区的拉祜族支系苦聪人医药，编写出《拉祜族（镇沅苦聪）传统医药研究》。

《彝族治病药书》。墨江的彝族支系聂苏人保存的彝文抄本中，有医药方面的记述，民间有治疗风湿、接骨的灵验单方。1981年，江城县发现一册医籍老彝文抄本，原为清康熙三年（1664）抄，后易手多人，最后由普金才于清光绪三十二年（1906）抄写保存。1985年，由思茅地区民族传统医药研究所张以年主持，江城民族事务委员会请老“毕摩”参加，对该彝文医书抄本进行翻译。抄本有病方216条，包括内、儿、外、妇、传染、解毒、杂病及牛马病方；药方263个，包括植物、动物、矿物药。经翻译、研究、整理、补充，从书中涉及约300种植物药中筛选出100种药物标本，绘制药物图。整理编写出《彝族治病药书》。

傣族医药与《档晗雅》。景谷、孟连都有手抄本。1989年，思茅地区民族传统医药研究所从孟连傣族老医生沙拉家收集到一本，为棉纸手抄本，是沙拉的父亲传下来的，据说是第六次传抄，有一百多年历史。全书共三本，另二本散失。民族传统医药研究所在区内收集到五本傣文古老文献，内涉及的有249种药、149个验方，包括内、儿、妇产、骨伤、五官、皮肤、传染科等方面内容。翻译整理编写出《傣族治病药书》。

佤族药。佤族药以植物药为主，还有动物、矿物药。大多是在实践中摸索的当地药用资源。佤族民间治病有自己的单方、验方，用药方法有水煎内服、外敷，理疗有拔火罐、拔水罐、放血、刮、揪、推拿等。1990年4月，云南民族出版社出版的《中国佤族医药》一书，收集整理包括西盟、澜沧、孟连等地佤族的医药内容。

（二）其他科研

1978—2007年，全市卫生系统取得207项科技进步、科研成果，分别获国家级、部省级、省厅级、地（市）级奖励。其中，获国家级奖2项（未注等级）；部省级奖4项（一等奖1项、三等奖1项、四等奖2项）；省厅级奖1项（三等奖）；地（市）级奖200项（一等奖10项、二等奖45项、三等奖126项、四等奖17项、未注等级2项）。获得地区（市）级优秀科技论文奖319篇，其中一等奖30篇，二等奖66篇，三等奖166篇，鼓励奖57篇。

第九章　社团组织

第一节　普洱市红十字会

一、沿革

1985年12月，经云南省红十字会、思茅行署批准，恢复建立地区红十字会。至1989年，建有地区级1个红十字会和10个县红十字会，有基层会员单位124个，有会员25800名。确定红十字会医院有地区医院和地区中医医院。2006年2月15日，根据省政府《关于切实加强红十字会工作的通知》，市委、市政府召开市委常委会议研究，决定独立设置思茅市红十字会。3月3日，市编委批复，市红十字会机构级为副处级，内设办公室、组织宣传科、赈济救灾科，核定人员编制7人，有工作人员6人，独立开展工作。至2007年，全市红十字会基层组织有290个（其中市直团体会员单位78个），成年会员9946人，青少年会员28076人。

二、主要活动

（一）义务诊疗、咨询

在“世界5·8红十字日”，组织地区医院、中医医院、精神病医院、卫生学校、防疫站、妇幼保健站等会员单位，到农村和城镇街头巷尾，为群众进行免费义务诊疗和咨询服务。服务项目有量身高、量血压、血常规化验、测定血型、心电图检查、婚姻保健咨询、心理卫生咨询等20余个，义务诊治、咨询1500余人次，为儿童免费作健康体检1500余人。

（二）抢救灾区伤病员

1988年，澜沧发生“11·6”地震，地区红十字会从会员单位抽调医护人员组成地区红十字医疗队。抢救伤病员3269人次，其中重伤员143人。2004年12月26日，翠云区六顺乡发生5.0级地震，市红十字会组织棉被、衣服、鞋子、药品等价值10余万元的救灾款物救援灾区灾民。2005年1月—2月，印度洋发生海啸，市红十字会在全市组织募捐活动，收到捐款30万元，汇往省红十字会统一捐赠受灾国家。5月，思茅市遭遇特大旱灾，市红十字会向省红十字会争取到价值13.5万元的3台抽水机发放到灾情最严重的镇沅、普洱、澜沧等县救灾，8月—9月，思茅市又遇暴雨，市红十字会向省红十字会请求支援，组织棉被、衣物、鞋子、药品、干粮等价值40余万元的救灾物资救助澜沧、孟连、西盟、江城、墨江、镇沅、景谷、普洱重灾区。2006年，镇沅苦聪人“送温暖”扶贫济困和救助墨江“1·12”地震。孟连、澜沧、西盟、江城、普洱等县“10·12”洪涝灾害，市红十字会报告省红十字会，组织棉被、棉衣、大米、药品、医疗器材、救护车等各种救灾物资价值47万余元全部送往灾区救助灾民。2007年6月3日，宁洱县发生6.4级强烈地震，市红十字会在第一时间将总会和省会援助的第一批价值54万元的救灾物资送到受灾最为严重的曼连村灾民手中。在第一阶段的紧急救助中，得到价值1200余万元救灾款物的援助，其中救灾物资药品4192箱、食品9928箱（袋）、帐篷558顶，棉被3258床、服装1160箱（包）、鞋子617箱、电池400箱、活动房10幢、环保厕具10套，救灾款89.453万元，全部用于救助灾区灾民。在第二阶段的灾后恢复重建中，市红十字会参与宁洱灾区民房援建4个293户，卫生院（室）援建9个，学校教学楼援建2所，援建资金678.6万元。2003—2007年，市红十字会拿出棉被、棉衣等价值5万余元的救灾款物救助12名困难大学生和三所小学贫困小学生，帮助他们度过寒冬，完成学业。

（三）募捐工作

1988年，地区红十字会接受群众自愿捐款2500元，该款用于思茅青少年宫购置设备1500元，捐赠给贵州省安顺地区贫困山区小学1000元。澜沧“11·6”地震后，地区红十字会接受该地区捐款1776.6元，衣裤2865件，鞋4999双，帽15顶、蚊帐2床，大米440公斤，全数送交震灾中心澜沧的战马坡村。接受中国红十字会捐款14万元、羊毛衫4100件，北京海淀区红十字会捐赠衣服10000件、小学生文具1700多件、红领巾500条，台湾红十字会捐款24万元、棉被5400床、夹克衫400余件、中巴救护车2辆、巡洋舰救护车2辆，香港红十字会捐赠五十铃救护车6辆，日本红十字会捐赠药26大箱（价值26万日元）。上述捐赠款物，地区红十字会分别送交澜沧、西盟、孟连等地震灾区。

（四）艾滋病预防与关怀

1998—2007年，在禁毒防艾人民战争中，普洱市红十字会作为市禁毒防艾成员单位，参与艾滋病预防与关怀工作。在澳大利亚红十字会的无偿援助下，在市、县城区歌舞厅、酒吧、市强制戒毒所等高危人群中，开展艾滋病青年同伴教育培训班，在城区和重生关爱中心的艾滋病感染者和艾滋病病人中开展关怀与自我护理培训班。举办培训班458期6375人（次）。澜沧重生关爱中心是普洱市探索出的以民间形式开展关爱，收容吸毒戒断人员、艾滋病感染者和艾滋病病人，开展生产自救、生活关怀封闭式管理、人性化疗养的一种方式。2003—2007年，市红十字会定期看望重生关爱中心的“学员”，每年给他们带去价值4万元的衣被、食品、书籍和生活用品。当他们遇到困难时，积极帮助协调解决。

（五）参与推动无偿献血和捐献造血干细胞工作

宣传贯彻落实《中华人民共和国献血法》，与市卫生局医政科和市中心血站联系，发动团体会员单位，参加无偿献血。配合省红十字会骨髓干细胞分库做好捐献造血干细胞工作。2005年，市红十字会组织志愿者捐献骨髓造血干细胞血样采集入库1035人（份），有15人初配相符，有2人成功捐献骨髓干细胞。

（六）争取项目活动支持

2007年1月，华能集团在普洱市景东县漫湾镇支持30万元援建3个“博爱卫生室”。2007年3月，向省红十字会项目办争取，第五轮全球基金疟疾项目先后在普洱市和10县（区）实施，向10县（区）90个乡（镇）14.5万户农村贫困家庭免费发放长效防疟蚊帐14.5万顶，受益人口57.8万余人。

第二节　医药卫生学会

一、普洱市医学会

1982年，创办会刊《思茅医学》。1992年开始，组织市直医疗单位学有所长的各科专业技术骨干，轮流到各县开展专题学术讲座，在各县医院看专科门诊，指导基层医生诊治疑难病症。1998年1月，相继建立内科专业学术委员会、外科专业学术委员会、麻醉科专业学术委员会、妇产科专业学术委员会、检验科专业学术委员会、放射专业学术委员会、五官科专业学术委员会。每年参加市科协“科技活动周”活动（宣传、咨询、义诊等），参加卫生主管部门或相关部门安排的各种下乡、义诊、宣传活动。2002年9月1日始，医学会承担全市范围内各医疗卫生单位发生的医疗事故技术鉴定以及法院委托鉴定，至2007年年底，鉴定96例。截至2007年，正式办证会员897人。

二、中华全国中医学会云南省思茅分会

1980年4月10日，思茅中医分科学会成立，为中华医学会云南省思茅分会下设的一个分科学会。1980—2007年，举办学术年会6次；举办学术报告、讲座等142次。组织会员撰写学术论文300余篇，其中参加全国、全省学术会议交流10余篇。完成中医“开题论证”及“科研成果鉴定”9项，其中《药枕治疗颈椎病》获云南省科委颁发的科技成果奖。拟定《中医病历书写格式》，为使全区中医病历书写规范化，翻印10余种内科疾病的诊断、疗效标准，供中医临床诊疗遵循。开展中医技术咨询40余次，拟定《思茅地区发展中医事业“七五”规划草案》，向地区科协提交《科技工作者建议书》1份。

三、中国药学会普洱市分会

1980年，思茅地区药学会建立，有会员37名。2001年10月，地区组建药品监督管理局，原属卫生局管理的地区药检所划归药品监督管理局，挂靠在药检所的“药学会”划归药品监督管理局管理。创办会刊《思茅药讯》。截至2007年，有学会会员324人，团体会员单位6个。举办13次学术交流会。评选出174篇优秀论文，其中获省药学会评奖17篇，获市药学会评奖114篇，获普洱市科协优秀奖43篇。药学会会员获科技成果奖56项，其中省部级9个，地厅级41项，县处级6项。参与全市药学科研、生产、经营、使用单位药学人员、从业人员较大规模培训15期，参训人员13499人次。出版37期学术刊物，刊登学术文章1000余篇。

四、中华护理学会云南省普洱市分会

1980年4月10日，中华医学会思茅分会护理分科学会成立。1980—1989年，先后召开5次学术年会暨学术经验交流会；举办定期或不定期学术报告、交流、讲座16次；举办各种培训班、学习班、辅导班4期，累计授课440学时，受训人员6554人次；开展全地区性的“护理知识竞赛”和“护理技术比武”各2次；开展“5·12国际护士节”纪念活动。召开国际护士节座谈会8次；每年护士节期间开展慰问离（退）休老护士活动，为城区护士举办联欢舞会2次，多次组织护士郊游。1997年5月12日，国际护士节行署卫生局和护理学会联合组织“热爱与奉献”演讲会，表彰107名优秀护士。编印会刊《思茅护理》，出刊11期，开展学术活动5次，研讨会4次，讲座32次，护理技术讲座5次，开展护理技术四项操作竞赛2次，义务科普咨询7次。荣获省护理学会先进学会3次。2002年护士节，地区护理学会举办《护士综合技能》素质竞赛。

五、普洱市预防医学会

1997年11月21日，地区卫生防疫站向行署卫生局申请成立地区预防医学会。1998年2月18日，经地区科学技术协会审核批准成立思茅地区预防医学会，挂靠在地区卫生防疫站，办公室亦设此站，由原站学术委员会承办学会一切事务。截至2007年，全市有会员482人。其中，本科25人，

大专 61 人，中专 327 人，其他 69 人；高职 22 人，中职 158 人，初职 302 人。1998 年 6 月至 2007 年，先后收到会员投稿 250 余篇，编辑出版《思茅预防医学》6 卷 7 期；举办学科讲座 16 次，累计参加 448 人次；举办各种传染病培训班 24 期，累计参加 528 人次；参与市科协组织的卫生下乡科普宣传活动 8 次，发放宣传材料 2 万余份；结合每年“12・1”世界艾滋病日进行街头艾滋病知识宣传7次，发放宣传材料12种6万余份，安全套2.8万只；协助11个社区开展艾滋病知识宣传培训，累计参加 188 人，发放宣传材料 4 种 1.6 万份，安全套 10560 只；学会先后向外推荐专业论文 32 篇，其中 16 篇先后在国家级和省级相关刊物发表，6 篇分别获市级优秀论文或科技成果二、三等奖。

第三节　卫生协会

一、思茅地区农村卫生协会

1988 年，地区卫生局决定成立地区农村卫生协会。1988 年 7 月 11 日至 14 日，在思茅召开地区农村卫生协会第一次会员代表会议，会上传达中国农村卫生协会理事会文件，与会代表学习讨论《云南省农村卫生协会章程（草案）》。选举产生思茅地区农村卫生协会第一届理事会理事。地区卫生局对 23 个先进卫生室、56 名先进农村卫生工作者、9 名先进接生员进行表彰。

二、思茅地区妇幼保健协会

1998 年 3 月 19 日，地区妇幼保健协会成立。是全地区妇幼保健科技工作者和妇幼保健社会工作者自愿组成的，以提高思茅地区妇女儿童健康水平为目的的群众性学术团体。2001 年，增编《思茅妇幼保健交流文集》1 期。2002 年，协会创办《思茅妇幼保健》内刊，每年 1 期，进行学术交流和总结。协会先后组织县、乡妇幼专干业务技术培训 12 期 408 人次。每年“三八”妇女节、“六一”儿童节、科普日、“助残日”组织业务技术人员开展街头宣传、义诊、咨询活动；结合科技三下乡，组织妇幼卫生技术人员进行义诊和妇女病普查活动。培训全区妇幼卫生技术人员及乡卫生院院长，规范对妇幼卫生的“六个管理”和“两个死亡”监测的管理。开展学术交流活动。邀请昆明医学院、昆华医院、省肿瘤医院、省保健院的教授及主任医师到院讲学带教。聘请省弱视斜视防治中心张焰及 43 医院王相田指导儿童眼保健及妇女乳腺疾病的查治。利用上海思茅远程医学教育网络，组织全市妇幼保健人员参加“非典”、艾滋病及禽流感防治知识的远程医学专题培训。

三、普洱市女医师协会

2007 年 1 月 6 日，普洱市女医师协会成立。为促进同全国及国际女医师间的交流与合作，开展学术交流和讲座活动，提升广大医务人员、普洱市女医师学术水平和业务能力；组织学术讲座 27 场次，参加人数 1417 人次。其中，分别在普洱市、澜沧县面向全市举办“构建和谐医患关系技能培训班”及“临床常见疾病的诊断与治疗学习班”。邀请到北京、上海、昆明知名专家专题讲座 12 场，全市 10 县（区）医疗机构代表参加学习培训累计 820 人次。鼓励会员撰写学术论文，发表学术论文 17 篇，其中，国家级 16 篇，省级 1 篇。开展“腹腔镜辅助下阴式子宫全切术”的临床应用获普洱市科学技术进步二等奖。开展科普活动，参加市委、市政府举办的各种公益性医疗服务活动，组织专家卫生三下乡、健康咨询、义诊、开展科普宣传等。承办电视科普宣传片 2 期，提出的《关于关注医疗废物处置的建议》被评为优秀提案。

第十章　食品药品监督

第一节　机　构

一、市食品药品监督管理局

2001年11月23日，根据《云南省人民政府批转省药品监督管理局云南省药品监督管理体制改革实施方案》，组建成立思茅地区药品监督管理局，实施省以下垂直管理，依法对药品和医疗器械安全实施监督管理。11月27日，经地委批准成立思茅地区药品监督管理局党组。至年底，地区药品监督办公室和9县分局（监督办）相继成立，地区药品检验所整建制上划。2002年，根据《云南省药品监督管理局云南省机构编制委员会办公室关于〈云南省思茅地区药品监督管理系统职能配置内设机构和人员编制的规定〉的通知》，内设4个职能科室和纪检监察室，直属机构：地区药品监督办公室、地区药品检验所；派出机构：普洱、墨江、景谷、镇沅、景东、江城、澜沧7县分局，孟连、西盟2县药品监督办公室。全地区药监系统核定行政编制84名，事业编制51名，工勤编制2名。2005年3月，根据《云南省州市县（市、区）食品药品监督管理系统机构改革方案》，在原思茅市药品监督管理局的基础上组建思茅市食品药品监督管理局，内设7个职能科室和纪检监察室；在原县药品监督管理机构的基础上，组建食品药品监督管理局，新成立翠云区食品药品监督管理局，不再保留地区药品监督办公室；思茅市药品检验所更名为思茅市食品药品检验所。在保留原药品监督管理机构职能的基础上，增加对食品、保健食品、化妆品安全管理的综合监督、开展对重大事故查处的职责。同年12月，成立思茅市药品不良反应与药物滥用监测中心（加挂于市食品药品检验所，未分列）。2003—2007年，全市食品药品监管系统公开考录62名公务员和专业技术人员，队伍平均年龄下降5岁，大专以上学历及相关专业人员比例分别达到92%和74%（工勤人员除外）。2007年，市局机关核定行政编制32名、工勤编制1名，10个县（区）食品药品监督管理局核定行政编制120名、工勤编制10名。

2001—2007年普洱市食品药品监督管理局领导名录一览表

表32-25

单位	姓名	性别	民族	籍贯	职务	任职时间
普洱市（思茅市、思茅地区）食品药品监督管理局	鲁凤辉	男	彝	云南宁洱	局　长	2001.11.13—2003.6
					党组书记	2001.12.20—2003.6
	梅安功	男	汉	云南凤庆	局长、党组书记	2005.3.30—2007.12

续表 32-25

单位	姓名	性别	民族	籍贯	职务	任职时间
普洱市（思茅市、思茅地区）食品药品监督管理局	梅安功	男	汉	云南凤庆	副局长、党组副书记（主持工作）	2003.6—2005.3
					副局长、党组成员	2001.11.13—2003.6
普洱市（思茅市、思茅地区）食品药品监督管理局	朱本武	男	汉	河南邓县	副局长、党组成员	2001.11.13—2007.12
	陈麟峰	男	汉	云南镇沅	副局长、党组成员	2005.3.3—2007.12
	苏　莹	男	瑶	云南景东	副局长、党组成员	2005.3.3—2007.12
	海　浪	男	汉	云南弥勒	纪检组长、党组成员	2005.9.30—2007.12

二、普洱市食品药品检验所

1992年8月，地区药品监督办公室成立。2001年11月，由行署卫生局整建制上划为新成立的地区药品监督管理局的直属事业单位，实施省以下垂直管理，内设6个职能科室。1978—2000年，完成抽验检品18850批次。2005年，通过实验室资质认证评审，确认实验室检测领域为药品、医疗器械、食品及保健品、化妆品。包括检测产品类别四类、224项。2006年4月，通过108项食品检验扩项认证，能够开展豆制品、茶叶农残等项目食品检验。同年6月，投入价值70多万元的药品检测车，编制《普洱市药品快检手册》，推广药品快速检验方法。2007年，日本岛津GC-14BP气相色谱仪、日本岛津UV-2100紫外可见分光光度计、北京TU-1901紫外可见分光光度计、美国瓦里安CP-3800气相色谱仪、智能溶出试验仪ZRS-8G、抗生素效价测定仪CHB-1、美国高效液相色谱仪Aglient110、赛多利斯电子天平BP211D、细菌内毒素测定仪BET-16、红外分光光度仪AVATAR330、生物显微图像电脑分析系统XSJ-SA3300、超纯水器HUMAN NEX、智能恒温加热仪、净化实验室等高精尖仪器等设备投入使用。

第二节　药品医疗器械监督管理

一、行政许可

2002年，开展换证前摸底执法检查，共检查药品经营零售企业（门店）275个，其中证照齐全189户，证照不全61户，无证经营25户。

2003年，思茅地区新办“药品经营许可证”94户，其中思茅市9户、孟连县12户、西盟县3户、澜沧县14户、景东县23户、镇沅县14户、景谷县11户、江城县1户、墨江县4户、普洱县3户；私营企业90户，占95.7%；其他责任有限公司4户，占4.3%；城区26户，占27.7%；乡镇68户，占72.3%。新办“医疗器械经营企业许可证”5户；审核上报“医疗机构口腔义齿使用批准证书”申报材料54户。

2004年，完成行政许可审批事项清理上报。实施行政许可的法律、法规依据主要有《中华人民共和国药品管理法》《中华人民共和国药品管理法实施条例》《云南省易制毒特殊化学物品管理条例》等。经省人民政府授权、省人民政府治制办公室审查，公布思茅药品监督管理局依据法律、行政法规、地方性法规所设定的行政许可事项（不含规章设定及为实施上位法规的行政许可事项）2项：“药品经营许可证”（零售）审批和“云南省易制毒特殊化学物品生产（使用）许可证”审批。同时，2004年6月注销行政事业性收费许可证。新办“药品经营许可证”“医疗器械经营企业许可证”73户，其中景东县21户、澜沧县19户、景谷县10户、孟连县3户、翠云区13户、墨江县3户、普洱县1户、江城县1户、西盟县2户。变更“药品经营许可证”219户，其中景东县18户、澜沧县40户、景谷县15户、孟连县25户、翠云区34户、墨江县20户、普洱县21户、江城县19户、镇沅县24户、西盟县3户。初审新办“医疗器械经营企业许可证”113户、变更“医疗器械经营企业许可证”68户。至2005年，163个药品经营企业通过GSP认证，其中批发9个，零售连锁24个，批发公司门店67个，零售公司门店10个，单体药店53个；3个药品生产企业均通过《药品生产质量管理规范》（GMP）认证。

2005年，县以下药品经营企业316户通过《药品经营质量管理规范》（GSP）认证现场检查。

2006年，新批核发“药品经营企业许可证”45户，新批核发“医疗器械经营企业许可证”53户。

2007年，全市核发“药品经营许可证”576户、医疗器械专营店66户、药品批发企业14户、药品生产企业5户、药械使用单位2463户。

二、监督管理

2005年，制定《药品经营企业药品安全信用分类管理暂行办法》，建立涵盖监管、稽查、抽验、不良反应和事件监测等信用档案，加强痕迹追踪、档案管理和问题评估，完善企业信用分类、信用信息记录和披露、失信惩戒等管理制度，建立严重违法违规行为或不再符合法定经营条件的药品零售经营企业市场退出机制，在医疗器械监管上，细化办法、措施，加大对生产企业质量体系考核、经营企业、使用单位动态质量管理及医疗机构大型设备、体外诊断试剂和植入人身等高风险医疗器械的监管。2007年1月，WHO全球基金云南省抗疟药品质量监控项目在普洱市10县（区）启动。2002—2007年，全市检查涉药涉械单位66026户次。在重大药害事件中，第一时间控制问题药械和查清流向，发布警示信息，没有重复发生不良事件。

三、市场秩序整治

2002—2007年，对农村地区、城乡接合部、医保与新农合定点医疗单位、药店等重点区域和部位，开展制售假劣药品、无证经营药品、超范围经营药品和从不正规渠道购进药品、非药品冒充药品、注射类高风险药品、植入医疗器械等高风险医疗器械、互联网虚假宣传邮递假药等专项整治行动30余次。推进监督抽验体制改革，实行药品快速检测车分级运行管理，在县（区）局成立技术室，普及药品快速鉴别技能，建立“监检结合”的抽验打假工作机制。完成药品检验任务9051批（次）、不合格率9.67%。其中，比对实验9批，医疗器械28批，委检4371批，监督抽验4643批（化学原料药18批、化学药品制剂2371批、抗生素制剂276批，中药材及饮片1052批，中成药制剂926批）、不合格率18.78%。药品快检车检测任务10112批。建立行政执法与刑事司法信息共享平台、多部门联动协作机制和“小案分散、大案集中、信息互通、资源共享”的稽查执法模式及稽查无休假日制，开展药械打假治劣行动集中执法、交叉执法、联合执法。受理、回复举报415起，行政处罚3369件，涉案金额401.3万元，罚没款缴库金额605.5万元，取缔违法经营101起，责令经营企业停业整改115户，限期改正669户次。

四、生产监管

2002年起，国家强制推行GMP。市食品药品监督管理局成立GMP认证工作指导组，帮促辖区内5户药品和医疗器械生产企业进行软硬件改造。2003年，云南大唐汉方制药有限公司率先通过

GMP认证。2004年，普洱华丰裕制药有限公司（云南省普洱丹州制药有限公司）通过GMP认证。2005年，普洱林缘香料有限公司通过GMP认证。2006年，普洱万康气体有限公司通过GMP认证。2007年起，建立专人联系药品生产企业制度，选定清正廉洁、熟悉法律法规、具有较丰富的药品监督管理工作经验的执法人员为药品生产企业联络员。2007年，普洱金利湾生物科技有限公司通过医疗器械生产质量管理规范检查验收。同年5月，分别与全市5家药械生产企业签订《普洱市药品生产企业质量安全承诺书》。同年6月，出台药品生产企业药品质量检验人员考核管理制度。结合2006年“齐二药”事件，开展专项治理21次。

五、医疗机构制剂监管

2002年起，清理规范医疗机构制剂，开展制剂配制的委托生产和委托检验专项整治，对生产实施全程动态监控。2006年，完成医疗机构制剂品种注册、再注册、改变制剂规格补充申请、“医疗机构制剂许可证”换证、制剂品种委托生产现场考核验收等工作。2007年，开展医疗机构制剂室生产状况清查工作，加强制剂配制原料、辅料、包装材料采购管理、制剂处方、配制工艺规程、岗位操作、检验规程，批生产记录管理等日常监督检查。签订《普洱市医疗机构制剂配制质量安全承诺书》，强化医疗机构严格执行《医疗机构制剂配制质量管理规范（试行）》，依法配制和使用意识。

六、特殊药品监管

2003年起，强化麻醉、精神药品的日常监督检查，落实监管频次和责任，做到对麻醉药品和第一类精神药品区域性批发企业现场监督检查1次/月。抓实禁毒防艾工作，参与美沙酮维持治疗点使用美沙酮情况的监管。2005年，制定《思茅市特殊药品管理月报制度》，实现特殊药品经营、流转、使用环节的动态监管，强化责任意识，防止药物滥用。根据《麻醉药品和精神药品管理条例》，向卫生局移交办理《麻醉药品、一类精神药品购用印鉴卡》的相关工作。完成《云南省易制毒特殊化学物品（使用）许可证》延长效期的工作。2006—2007年，对特殊药品实施电子监管。规范全市特殊药品经营和使用秩序，开展全市麻醉药品、精神药品、药品类易制毒化学品、蛋白同化制剂肽类激素（含麻复方制剂）生产经营企业及各层次医疗机构专项整治行动，签订《特殊药品生产经营使用企业安全管理承诺书》，规范药品生产、经营和使用单位特殊药品购进、验收、在库养护、出库复核、销售管理等，防范流弊事件的发生。

七、药品电子监管与高风险药品监控

2006年，利用计算机网络技术，实现对药品经营企业购、销、存情况进行电子动态监管。全市10县（区）不同程度建设监管网络平台，与各药品经营企业互联互通。2007年，逐步对麻醉药品和第一类精神药品等重点药品实施电子监管，建立完成特殊药品监控信息网络，实现监控“一针、一片”目标。利用现代信息网络技术，定期搜寻全国各地药品、医疗器械市场监管的最新动态和不合格药品、医疗器械信息，构建药械稽查信息平台，对辖区内药品经营企业、医疗机构购进药品信息进行查询、协查，提高日常监管效率和抵御突发事件的反应能力和应对能力。

八、药品不良反应监测

2005年12月，市药品不良反应和药物滥用监测中心成立，牌子加挂在市食品药品检验所。2007年6月26日，经市局党组会议研究，以在各县（区）食品药品监督管理局加挂“××县（区）药品不良反应监测中心”的方式，成立县（区）级药品不良反应与药物滥用监测机构，于6月30日完成组建工作。初步构建药品不良反应、医疗器械不良事件与药物滥用监测“三位一体”的三项监测体系。与卫生、公安、司法部门等联合成立三项监测工作协调领导小组，加大医疗机构监测协调力度，建立联系卡制度，完善药品不良反应（事件）评价、定期回访跟踪与应急处理制度，整合信息资源，建立覆盖市、县（区）、乡（镇）、村（社）医疗和计生机构及药（械）生产经营单位的监测网络，保证监测报告的准确、及时上报和不良反应事件发生后的早介入、早调查和果断处置。制定专兼职监测人员教育培训规划，完成全市药品生产、经营、使用单位监测员的系统培训和业务研讨。2005—2007年，上报药品不良反应报告1570份、医疗器械不良事件报告91份、药物滥用报告3577份。

九、医疗机构规范药房（柜）建设

2006年，为规范人民群众药品消费主要渠道，实施医疗机构规范药房（柜）试点。2007年，借鉴GSP管理经验，出台普洱市医疗机构规范药房实施方案与考核验收标准，推进普洱市各级各类医疗机构规范药房建设。

十、农村药品“两网”建设

2004年3月，制定《思茅地区药品监督管理局思茅地区卫生局关于加强思茅地区农村药品监督供应网络建设的实施意见（试行）》，采取“政府引导、企业参与、市场运作、法律规范”的方式，全面启动农村药品监督、供应网络“两网”建设。利用“4050”政策等多形式聘请农村药品监督员、协管员、信息员，计1272人。实施网格化联系监管，在第一时间掌握一线药品市场有关情况。截至2007年12月，全市县、乡级农村药品监督网覆盖率100%、行政村99.8%，县、乡、村供应网覆盖率100%，农村药品价格平均下降20%，保证农村群众用药安全、方便、有效、实惠。

十一、企业约谈制度

2006年9月，市局对辖区1户药品生产企业在实施药品GMP过程中的违规行为进行现场检查后，主动约谈该企业负责人。指出该企业生产管理过程中存在的问题及可能带来的安全隐患，督促企业对存在的问题立即进行针对性的整改。2007年，形成制度，将10类药企列为约谈对象。

十二、缅甸第二特区药品质量控制

1999年起，地区药品检验所接受缅甸瓦邦邦康特区委托检验药品工作。2003年，制定《思茅地区边贸药品（中药材）管理办法》，堵塞边境药品（中药材）小额贸易漏洞。建立与缅甸瓦邦邦康特区药品质量控制区域性国际合作机制，签订《控制药品质量双边协议》，对出口药品质量进行监控，每年对其药品进行质量抽验，发挥药品检验技术优势。帮助制定《缅甸瓦邦第二特区药品管理办法》和加强药品管理的具体措施，宣传中国药品监督管理的法律法规和药品标准等，增强辐射功能。1999—2007年，帮助瓦邦邦康特区进行委托检验经营、使用单位的“中国药品”1562个品种（批次）。邦康地区的“中国药品”不合格率从1999年抽取124个样品进行检验，假劣药品42.7%，降至2007年对112个样品进行检验的0.9%。

第三节　食品安全监督管理

2004年，编制《思茅市食品药品安全“十一五”规划》和《思茅市实施食品药品放心工程三年规划（2005—2007）》，明确食品安全工作发展的目标、任务、措施。同年5月，市政府召开食品安全联席会议第一次会议，明确市政府分管副市长为联席会议第一召集人、各职能部门主要领导为联席会议成员，对做好食品安全工作提出认识到位、协调配合到位、职能职责到位和工作措施到位的具体要求。6月—12月，各部门开展实施食品放心工程、中小学幼儿园及少年儿童食品安全专项整治行动。11月，市政府成立市食品安全委员会。下设办公室设在市食品药品监督管理局。11月29日，市食品安全委员会第一次会议召开，食药监、工商、卫生、质监等21个成员单位的主要领导参加会议。会议审议通过《思茅市食品安全委员会工作制度》，对切实加强全市食品安全监管工作提出具体要求。2005年3月—5月，10县（区）食品安全委员会办公室相继成立。全面推行食品安全目标责任制、责任追究制和责任考核制，将食品安全目标责任层层签订到村委会，以及农业、工商、质监、卫生、教育等10个部门，食品安全监管基本做到机构、人员、责任、措施、经费的五落实。针对城郊接合部食品加工、批发、零售等薄弱环节和重大节假日、中高考、夏季预防野生菌子中毒等重点时段和社会反映强烈的问题，牵头开展学校食堂、奥运食品安全保障、打击违法添加非食用物质和滥用食品添加剂等食品安全联合执法30余次。在各地发生疑似食品安全事件时，均能在第一时间到达事发地点，担负辖区内食品安全事故处理的组织协调职能，与相关部门对事件妥善处理，分析查找原因，提出进一步工作的意见和措施。2006年，创造全国推广的成功经验——农村集体宴席申报备案制度，农村群体性食物中毒事件持续下降。同年，出台《思茅市食品放心工程综合评价实施方案》，组织相关部门开展阶段性督查和工作效果评价，对重点食品源头污染的治理进行综合评价。提出将食品安全纳入农村药品“两网”建设，建设综合网，进村入户开展重点时段（如夏季预防菌子中毒知识、中考）宣传等促进农村食品安全保障水平提高等有效举措。

第四节　食品药品监管能力建设

一、基础设施建设

2003年，思茅行署以行政划拨的方式（15万元／亩）解决地区食品药品监督管理局办公用房建设用地2000平方米。地区药品监督管理局利用国债资金推进基础设施建设。2004年7月，普洱分局通过购买县建设银行现房的方式解决行政办公业务用房。同年10月，孟连药品监督办公室行政办公业务用房建设项目启动。2005年2月,《思茅市人民政府第五次市长办公会议纪要》增划2800平方米，计4800平方米。8个县级机构相继落实建设用地，其中江城和西盟为无偿划拨。同年，省食品药品监督管理局先后批准江城、孟连、景东、西盟县局和市食品药品检验所、翠云区、墨江、镇沅、景谷、澜沧县局的办公用房基建计划，下达启动资金。同年4月，孟连县局办公楼建成。2006年，市食品药品监督管理局和江城、西盟、景东、墨江和景谷县局建成。全市系统行政办公业务用房建设累计投入建设资金2304万元，总建设规模12268平方米。2007年，省食品药品监督管理局批准市食品药品检验所基建项目由实验室改扩建变更为异地新建；市政府批准市食品药品检验所与思茅区食品药品监督管理局利用市食品药品监督管理局空置建设用地合建办公室实验综合楼。“十一五”期间，全系统资产总额2978.57万元、固定资产2605.97万元，与“十五”同比增长168%和249%。其中，执法车辆、计算机、执法取证等主要执法装备的总值增长3.63倍，检验检测仪器总值增长0.42倍。

二、制度建设

2002年，地区药品监督管理局成立法制办公室，推行行政执法责任制，层层签订责任状，明确地区局机关与各县分局（监督办）的执法范围、任务、权限等事权划分，明晰“立、查、审、罚”岗位责任。2003年起，每年开展行政执法监督、行政执法规范活动，结合大案要案的查处工作，聘请法律顾问，进行现场执法技巧实作培训。建立完善《行政处罚案件查办规则（试行）》《重大稽查案件报告制度》《行政执法证件管理制度》《药品医疗器械重大案件合议办法》《行政执法评议考核标准》《执法工作手册》等33项制度。同年12月，组织思茅市妇幼保健院涉嫌使用未经批准生产的体外诊断试剂“金标免疫斑点试剂盒”案听证会。2006年10月，建立行政执法与刑事司法信息共享平台、区域联合打假协作机制、刑事司法案件查办联动机制。

2006年2月，市政府制定下发《思茅市重大食品安全事故应急预案》。同年，市局成立突发事件应急领导小组，制定《思茅市药品和医疗器械突发性群体不良事件应急预案》《思茅市重大药品医疗器械安全事故（事件）应急预案》。

三、科普宣传

2003—2007年，把每年的“3·15”、9月、“12·1”、确定为食品药品安全宣传日、月。利用广播、电视、报刊、互联网等多种媒介和手段，普及食品药品安全知识，增强公众饮食用药安全常识和意识，营造人人关心、社会共同监督的良好氛围。全市开展集中宣传活动130余次，悬挂宣传标语1080多条，发放宣传资料12万余份，制作科普图板4100余个，展示假劣药品样品500多个品种，接受现场咨询8万余人次，编写《饮食用药安全手册》2.5万册。

四、从业人员培训

2002年，按照“五分五进入”培训模式（分级、分层次、分批、分片、分对象，进乡镇村、进社区、进企业、进医疗机构、进学校和大型餐饮点）与人事部门定期举办各类药品从业专业技术资质培训。2004年2月，地区药品监督管理局、行署人事局、地区工商业联合会联合出台《关于对思茅地区药品生产经营（批零）企业从业人员按企业内部有效资格评定专业技术职务的通知》，456人取得企业内部有效专业技术职务任职资格。截至2007年，编印培训教材21个版次、4万余册，举办从业人员培训班276期，培训企业管理和从业人员31915人次。其中，33人取得执业药师资格，456人取得非公企业药品从业人员药师、药剂士资格，618人取得药师协理资格。

第三十三篇

体育

1978年后，普洱的体育事业得到重视和发展，各级体委机构逐步得到充实和加强，体育协会相继成立，各种体育设施逐年增加，群众体育活动蓬勃发展。20世纪80年代，各行业、各系统体育运动十分活跃，老年人体育、残疾人体育异军突起，民族民间体育大放异彩。1989年，有州（市）级青少年体育学校1所，县（区）级青少年体育学校9所，传统项目学校29所。1990年，思茅地区体育职业中学成立，全地区有少体校9所，传统项目学校29所。1992年，地委、行署投资1300万元兴建思茅体育馆。2004年，投资1.1亿元建成市体育运动中心，各县（区）也新建一批高标准的体育设施。市、县（区）、学校训练体制逐步完善，业余训练人才辈出，成绩斐然。截至2007年，全市有体育场地3175个。

1978—2007年，全市向国家和社会培养和输送各类体育人才3000余人。运动员参加国际比赛7人39次，获奖牌79枚；33人75次参加全国大赛，获奖牌132枚。全市各族群众健康意识和体育锻炼意识普遍增强，经常参加体育锻炼人数比例从1978年的25%提高到2007年的34%。普洱先后承办全国业余体育训练研讨会、全国少年女子排球赛、全国少数民族陀螺邀请赛、全国农民象棋赛、全国大众健美操比赛、云南省第四届篮球运动会、云南省第一届青年运动会足球赛、云南省第四届青少年运动会等国家级、省级运动赛事35次。一批体育先进单位及个人、体育节目在全国、全省获奖，陀螺等项目跃居全国领先水平，摔跤、秋千、射弩等成为少数民族体育优势项目，多次选送陀螺教练员、运动员到全国各地执教和参赛，普洱的民族体育已走向全国。“佤族跳木鼓”等获全国优秀体育节目，宁洱、景谷县被评为全国群众体育先进县，澜沧县被评为全国少数民族体育先进县，澜沧铅矿被评为全国体育先进集体，江城县被评为云南省小康体育特色县，墨江县被评为云南省体育先进县，景谷威远镇、宁洱勐先乡等22个乡（镇）荣获云南省小康体育特色乡（镇）称号，全市有体育特色先进社区4个，国家级体育特色先进社区1个。景谷民乐乡、永平乡，孟连勐马镇，镇沅勐大镇被授予全国亿万农民健身活动先进乡（镇）称号。

第一章　管理体制

第一节　机　构

一、普洱市体育局

1978 年，地区设立思茅行署体育运动委员会，简称行署体委。1983 年 10 月 6 日，地委通知，地区体委与地区教育局合署办公。1984 年 9 月 1 日，地委决定恢复思茅地区体育运动委员会及其办事机构，不再与行署教育局合署办公。1985 年 1 月 18 日，经行署批准，地区体委内设秘书科、竞训科、群体科。1990 年 9 月，地区体育中学成立。1996 年 4 月，在机构改革及国家公务员过渡，行署体委与行署文化局合并为思茅行署文化体育局。1997 年 8 月，按照地区机构改革“三定”方案，正式进行体委机构改革，推行国家公务员制度。地区体委设编制 15 名，其中领导职数 3 名，内设办公室、群体科（含老年体协）、竞训科。2002 年，思茅行署办公室下发《关于增加思茅市体育局机关人员编制的批文》，增加体育局编制 2 名，科级职数 1 名。2007 年，市编办下发《关于增加市体育局人员编制的批文》，增加市老体协事业编制 1 名、科级职数 1 名。年末，市体育局（含老体协）有编制 17 名，其中科级领导职数 5 名。全市体育系统从业人员 153 人，其中市体育局 16 人，县（区）体育局 74 人，体育中学 52 人，市体育中心 6 人，体协 5 人。

1978—2007 年普洱市体育局领导任职表

表 33-1

单位	姓名	性别	民族	籍贯	职务	任职时间
思茅地区体育运动委员会	赵国栋	男	汉	河北唐山	副主任	1978.4—1981
	张保成	男	汉	山东东平	副主任	1978.4—1984.8
	陈文甫	男	汉	云南大理	副主任	1982.2—1995.10
	易永泉	男	汉	云南建水	主任（兼）	1984.9—1988.7
	张仁伟	男	汉	云南墨江	副主任	1984.9—1988.6
	马惠玲	女	回	云南昆明	副主任	1984.9—1994.9
	张仁伟	男	汉	云南墨江	主　任	1988.7—1994.9
	周丕智	男	汉	云南牟定	副主任	1994.11—2001.12
	李庆昌	男	彝	云南宁洱	副局长	1997.6—2007.12
	孙　颖	女	汉	安徽利辛	副局长	2001.12—
思茅市体育局	岩　罗	男	傣	云南孟连	局　长	2004.6—2006.4
	李大超	男	哈尼	云南镇沅	局　长	2006.6—2007.12

续表 33-1

单位	姓名	性别	民族	籍贯	职务	任职时间
普洱市体育局	杨学俊	男	彝	云南景谷	副局长	2007.12—

二、体育专业人员

（一）师范类

20 世纪 70 年代初，为解决中小学体育教师不足的问题，在思茅师范学校开办体师班，培养中小学体育教师。1982 年开始，学制为 3 年。至 2007 年，思茅师范学校培养体育教师 750 人，毕业生绝大多数都分配到各县中、小学校任教，充实和加强中、小学校体育师资队伍。

2000 年起，思茅师专高等专科学校开办体育师资专科班。至 2007 年，培养体育专科学历教师 431 人，毕业生基本都分配到各县（区）中小学担任体育教师。

（二）进修学习

1978—2007 年，市体育局、市教育局为提高中小学体育教师的专业水平和学历达标问题，每年均选送部分体育教师到省及全国体育院校体育教师培训班、进修班学习，累计选送体育教师 500 余人，有效提高了中小学体育教师的专业水平。其间，思茅体育中学与云师大体育系联办“教育三沟通”，在职体育教师 880 余人参加学习班（专科）。

（三）教练员

1989 年，思茅地区共有专职教练员 28 人，其中地区重点业余体校 16 人，县普通业余体校 12 人。分项为田径 4 人，体操 3 人，篮球 11 人，乒乓球 2 人，排球 2 人，足球 3 人，技巧 1 人，射击 1 人，游泳 1 人。按职称分，高级教练 1 人，教练 5 人，助理教练 22 人。按文化程度分，大专以上 9 人，中专和高中 16 人，其他 3 人。2007 年，全市有专职教练员 38 人，其中市体育中学 17 人，县（区）业余体校 21 人；按技术职称分，有高职教练 3 人，一级教练 13 人，二、三级教练 22 人。

（四）等级裁判员

1989 年，思茅地区共有等级裁判员 168 人，其中一级裁判员 16 人。一级田径裁判员：谭奇沐、杜江勇、梁兴贵、王勇清；一级体操裁判员：张伟、余国钊、刘兰仙、张树坤；一级篮球裁判员：彭琪、何黎明、唐勇；一级乒乓球裁判员；刘翔、陆丽琼；一级足球裁判员：聂红忠；一级门球裁判员：张保成；一级地掷球裁判员：刘双全。2007 年，全市有等级裁判员 1791 人，其中一级裁判员 53 人。一级田径裁判员：谭奇沐、杜江勇、梁兴贵、王勇清、罗健芳、张梅、周勇；一级体操裁判员：张伟、余国钊、党云辉、刘兰仙、张树坤；一级篮球裁判员：彭琪、何黎明、唐勇、黄文冬、李金德、李险峰、周耘、杨晗、杞永建、徐梅、刀烨、刁红云、杨忠越、周兆祥、朱江、袁飞、马胜利、白贵军；一级乒乓球裁判员；刘翔、陆丽琼、杨凌云、赵学彬、杨以敏；一级足球裁判员：聂红忠、刘勇、郭滔、龙峰、唐波、周天伟；一级门球裁判员：张保成、何世荣、鲍寿鹏、何治平、段世明；一级地掷球裁判员：刘双全、谭肇鲁；一级游泳裁判员：车明辉、李红斌（女）、毛卫东、杨卫国；一级排球裁判：杞文彪、李方琪。

2007 年普洱市等级裁判员人数分项目统计表

表 33-2　　单位：人

等级 人数	一级	二级	三级	合计
田径	7	80	34	121

续表 33-2

等级 人数	一级	二级	三级	合计
体操	5	13	—	18
篮球	18	321	471	810
排球	2	17	—	19
足球	6	16	21	43
乒乓球	5	15	26	46
陀螺	—	75	—	75
羽毛球	5	15	30	43
门球	5	180	159	344
地掷球	2	58	104	164
游泳	4	2	—	6
中国象棋	1	33	5	39
气排球	—	53	16	69
健美操	1	4	—	5
围棋	—	4	—	4
钓鱼	—	14	34	48
信鸽	—	3	9	12
合计	—	—	—	1866

第二节　体育设施及体彩管理

一、体育设施

1991 年 9 月，行署投资 1320 万元兴建思茅体育馆，1996 年投入使用。体育馆建筑面积 6042 平方米，设有观众台座位 2600 座，外观呈八角形，球形网架吊顶。体育馆可进行排球、篮球、体操、乒乓球、摔跤、表演等体育训练和竞赛。1998 年 5 月，镇沅县体育局新建看台灯光篮球场 2 块。2000 年年末，镇沅县城标准 400 米田径场田径看台竣工投入使用，其中田径场投资 79.6 万元，田径看台投资 140 万元。2002 年 4 月，澜沧县文体局借建县 50 周年之际积极争取财政补助 120 万元，新建灯光看台篮球场 1 座，改建田径运动场 1 块，招商引资建成网球场 1 块；7 月 30 日，由景谷县政府投资 378 万元，省级补助 60 万元，共投资 438 万元的景谷县体育馆竣工并投入使用；9 月 29 日，由思茅二中筹资、贷款、530 万元，省计委、省体育局补助 70 万元，共投资 600 万元建设的思茅二中游泳馆竣工验收并投入使用；10 月 16 日，由体育彩票捐赠 10 万元建成的思茅地区第一条全民健身路径在墨江体育运动中心竣工交付使用；11 月 25 日，思茅市体育运动中心开工建设，该中心占地 300 亩，总投资 1.1 亿余元，地区五大班子领导参加开工仪式。2003 年，镇沅县一中新建标准 400 米田径场 1 块。2004 年 3 月 20 日，思茅市体育运动中心竣工验收。该中心是普洱市实施西部开发战略的一项公益性基础设施建设，标准高，配套设备先进，功能齐全，符合国家体育竞赛训练标准，能满足市民开展丰富多彩的体育健身活动、举办大型运动会及演唱会的需求。体育运动中心按国家体育竞赛标准建设，建有“六场二馆一校”。“六场”即万人体育场观众席 1.8 万座，内设塑胶跑道、室外田径运动场、室外篮球场、室外草地项目（草地保龄球场、草地网球场、高尔夫挥杆练习场）、室外沙滩排球场，室外陀螺场。“二馆”即综合训练馆、室内网球馆。“一校”即体育中学。体育运动中心建成以来，举行思茅撤地设市庆典、云南省第六届农民运动会、云南省“红云杯”足球决赛、全国少年儿童足球赛、第六届中国普洱茶节中央电视台同一首歌等大型运动会和文艺演唱会。2007 年 5 月，镇沅县投资 70 余万元在县教师进修学校建网球场 1 个。

二、体彩管理

2001 年 4 月 6 日起，根据省体育彩票中心的统一部署，地区正式实施中国体育彩票电脑销售工作。2002 年，全地区有体育彩票电脑销售机 37 台，销售金额 2420 万元。2003 年，全地区有体育彩票电脑销售机 45 台，销售金额 2650 万元。2004 年，全地区有体育彩票电脑销售机 48 台，销售金额 2280 万元。2005 年，全地区有体育彩票电脑销售机 48 台，销售金额 4070 万元。2006 年，全地区有体育彩票电脑销售机 57 台，销售金额 7010 万元。2007 年，全地区有体育彩票电脑销售机 94 台，销售金额 10480 万元，获省体育彩票发行工作第三名。

第二章　体育训练和学校体育

第一节　体育训练

一、青少年业余体育学校

1978年后，地区县体委相继开办教练、学生、时间、场地四固定的青少年业余体校，其中被省命名为体育传统项目学校2所。青少年业余体校本着业余、自愿、单项的原则，采取市、县、学校联合的方式，开设篮球、排球、足球、田径、体操、射击、乒乓球、武术、游泳等常年训练项目。1988年，地、县业余体校及项目设置作调整，地区中级训练的重点业余学校1所，初级训练的业余体校9所，开设田径、体操、篮球、乒乓球、技巧射击、游泳、摔跤、田径场自行车业余训练项目。训练场地、训练时间均有保证，各个项目运动员常年训练日300个左右，每天训练时间不少于90分钟，在训学生638人。1992—2004年，由于省、市项目的调整，竞赛制度不规范，加之体育人才就业难，县级业余少体校训练工作受到极大的影响。至2007年，全市有体育业余训练网点14个。

2007年普洱市县级业余体校在训学生分项统计表

表33-3　　　　单位：个、人

项目	业余体校		训练网点	
	队数	人数	队数	人数
田径	2	50	8	144
体操	1	10	2	25
柔道	—	—	1	14
篮球	2	48	4	83
足球	—	—	1	16
游泳	2	28	—	—
沙滩排球	1	19	2	28
合计	8	155	18	310

二、体育中学

1990年9月5日，思茅地区体育中学成立，开办初中3个班（初一、初二、初三），高中1个班（高一），在校学生108人，教职工34人。行政领导隶属地区体委，文化教学业务由地区教育局管理。1993年8月，由原来的普通高中转为职业高中，逐步开办中专班。设田径、体操、射击、技巧、篮球5个项目，在训运动员147人。1990—1996年，学校代表地区参加省级比赛，共获金牌102枚，银牌105枚，奖牌数316枚。1994年起，学校面向社会办学，与厂矿企业签订合同，采取委培方式招收篮球运动员。至1996年年底，招收委培生83名，取得较好的社会效益和经济效益。2007年，体育中学设置的重点训练项目有体操、田径、沙滩排球、射击，一般训练项目有篮球、足球、网球。其中，体操项目有在训运动员20人，田径47人，沙滩排球9人，射击8人，篮球30人，足球13人，网球18人。教学内容为体育基础理论和专业技术，每天3小时以上的体育训练；修完国家规定的每天6节文化课程，在校期间属正式运动员，可享受每月150元的训练伙食补助。1993—2007年，市体育中学共招收中专、职高班55个，学生3300人。

三、等级运动员

1989年，思茅地区获批准的等级运动员有135人，其中国际级健将1人，国家级健将10人，一级6人，二级110人，三级8人。至2007年，全市获批准的等级运动员442人，其中国际运动健将1人、国家级运动员健将19人、一级运动员8人、二级运动员399人、三级运动员15人。

2007年普洱市级运动员分项统计表

表33-4　　单位：人

级别 / 项目	国际级	国家级	一级	二级	三级
田径	1	5	3	16	—
篮球	—	—	—	181	—
足球	—	—	—	102	8
排球	—	—	—	15	—
乒乓球	—	—	—	13	—
羽毛球	—	—	—	2	—
游泳	—	—	—	3	—
体操	—	7	3	13	—
技巧	—	3	2	14	—
健美操	—	—	—	31	—
象棋	—	—	—	4	—
射击	—	—	—	5	—
钓鱼	—	—	—	—	7
跳伞	—	4	—	—	—

1978—2007年普洱市国际级、国家级运动员名录表

表33-5

姓名	性别	籍贯	学历	项目	等级	批准时间	工作单位
郭　平	男	云南澜沧	高中	跳伞	国家级	1978	省体工队
李　林	男	云南澜沧	高中	跳伞	国家级	1978	省体工队
杨　焱	女	云南思茅	大专	技巧	国家级	1979	省体工技巧队
王群策	男	江西波阳	高中	体操	国家级	1979	省体操学校

续表 33-5

姓名	性别	籍贯	学历	项目	等级	批准时间	工作单位
王景屏	女	云南墨江	高中	技巧	国家级	1980	省体工技巧队
李亚芳	女	云南澜沧	高中	跳伞	国家级	1981	省体工队
石　波	女	云南思茅	高中	技巧	国家级	1981	省体工技巧队
卢　力	男	云南孟连	本科	体操	国家级	1985	省体操学校
许　卫	男	山东蓬莱	高中	跳伞	国家级	1988	省体工队
钟焕娣	女	云南思茅	大专	田径	国际级	1989	省竞管中心
王正军	男	云南景东	中专	田径	国家级	1989	省运动学校
杨晓慧	女	云南思茅	初中	体操	国家级	1990	国家集训队
马杰钢	男	云南西盟	大专	田径	国家级	1992	省体工队
马云秀	女	云南镇沅	高中	田径	国家级	1993	省体工队
张　军	男	云南宁洱	高中	体操	国家级	1997	省体工队
段虎锋	男	云南宁洱	初中	体操	国家级	1997	省体工队
岩　嫩	男	云南孟连	小学	体操	国家级	2003	省体工大队
冷朝丽	女	云南孟连	小学	体操	国家级	2006	省体工队
岩　应	男	云南孟连	大专	体操	国家级	2007	省体工队

四、人才输送

1978—2007 年，全市向省体工队、省运动学校输送优秀运动员 297 人，其中多名优秀运动员被选送到国家集训队集训，培养了长跑运动员、高级教练罗维信，中长跑运动员钟焕娣，体操运动员王群策、杨晓惠等一批体育骨干、著名运动员，钟焕娣多次代表国家队征战国际体育比赛，夺得奖牌 28 枚，三次破全国纪录，两次破亚洲纪录，一次破世界纪录，获国际运动健将称号。钟焕娣在国内重大比赛中获 17 次全国冠军，曾参加过第 24 届、第 25 届奥运会，在第 11 届亚运会和第 12 届亚运会上分别获得 10000 米冠军和马拉松冠军，被誉为“亚洲长跑女皇”。普洱市残疾人运动员李剑飞代表中国队参加第十一届、第十二届、第十三届残奥会及多次国际比赛，获金牌 12 枚、银牌 13 枚、铜牌 2 枚。

1978—2007 年普洱市向云南省输送运动员统计表

表 33-6　　单位：人

项目＼单位	省体工队	省运动学校	合计
田径	36	41	77
体操	33	43	76
技巧	5	5	10
柔道	2	1	3
摔跤	1	—	1
跳伞	6	—	6
射击	15	3（成都军区）	18
篮球	31	27	58

续表 33-6

项目＼单位	省体工队	省运动学校	合计
乒乓球	5	—	5
手球	2	—	2
击剑	—	4	4
举重	1	—	1
自行车	2	—	2
航模	1	—	1
摩托车	1	—	1
沙滩排球	5	3	8
游泳	3	21	24
合计	146	127	297

第二节　学校体育

一、体育教师

1978年后，教育部、国家体委先后颁布《关于加强学校体育卫生工作暂行规定》《国家体育锻炼标准实施方案》《学校体育工作条例》《国家教委关于加强中小学体育师资队伍建设的意见》等，思茅地区各级各类学校的体育工作进一步走向规范化、制度化。1985年，思茅地区有中学生48381人，按规定应配体育教师161人，实配124人，占77%；全地区小学生309259人，应配体育教师773人，实配133人，占17.26%。1990年，全地区有中学生64275人，应配体育教师214人，实配206人，占96.2%；全地区小学生299075人，应配体育教师630人，实配240人，占38%。配备体育教师情况：小学240人，初中162人，高中44人，师专5人。据统计，1997年7月，全地区中心完小以上学校实施体育锻炼达95.5%，平均合格率94.7%。2007年，全市有中学生116201人，应配体育教师387人，实配428人；全市有小学生194367人，应配体育教师485人，实配436人，占89.8%。以文化程度分：中学体育教师本科209人，专科218人，中专9人；小学体育教师专科288人，中专142人，高中6人。全市有体育教师880人，其中小学436人，中学428人，师专16人。以文化程度分：硕士研究生2人，大学本科201人，专科506人，中专151人，其他6人。

1990—2007年普洱市体育教师基本情况表

表33-7　　单位：人

年份	小学	中学	职中	师专	合计
1990	240	208	—	5	453
1991	242	208	—	—	450
1992	251	213	—	—	464
1993	250	214	16	—	480
1994	282	235	11	—	528
1995	251	235	19	—	505

续表 33-7

年份	小学	中学	职中	师专	合计
1996	294	267	34	—	595
1997	298	279	35	—	612
1998	338	293	39	—	670
1999	387	335	32	—	722
2000	456	362	41	—	859
2001	517	371	61（含艺术）	—	949
2002	511	380	57（含艺术）	—	948
2003	464	390	—	—	854
2004	467	401	—	—	868
2005	438	407	—	—	845
2006	427	410	—	—	837
2007	436	428	—	16	880

二、体育教育

（一）幼儿体育教学

1978 年起，随着境内幼儿园学制的逐步完善，体育教学普遍纳入幼儿园的教育课程，并采用活动性游戏、徒手体操等教学手段对幼儿进行身体素质教育。全市开始改善幼儿体育活动设施。2007 年，根据教育部、国家体委的要求，幼儿园体育教学的内容：走、跑、跳跃、投掷、队列队形变换、平衡、律动、游戏、幼儿体操、小动物模仿操、哑铃操、课间操、搬运、跳绳、花操、棒棒操、钻爬、攀登及正确的坐、立、行姿势，交通安全知识等。

（二）中小学体育教学

1987 年起，思茅地区使用国家教委审订的体育教材版教学内容分为基本教材和选用教材。基本教材，分为体育基础知识和实践部分。实践部分内容：田径、基本体操、技巧与器械体操、球类、舞蹈与韵律体操、武术。1990 年，认真贯彻执行国家教委、国家体委颁布的《学校体育工作条例》各中学每年一次的冬季运动会成为制度，中学卫生课、青春期教育课均按教学大纲要求开设，学生健康体检制度逐年完善，学生常见病防治工作进一步加强。各中小学校认真贯彻执行《农村学校体育评估办法》《学校健康教育评价方案》，全面推行初中毕业生升学体育考试制度，提高体育教学质量，学生的身体素质和健康水平明显提高。当年，国家体委重新颁布《国家体育锻炼标准》，全市中小学校即按新标准组织实施，达标率、优秀率逐年稳步上升。1999—2003 年版教学内容分为基本部分和选用部分，其中基本部分分为体育卫生保健基础知识和实践两部分，实践包含田径、体操、提高身体素质练习、球类、韵律操和舞蹈、民族传统体育。选用部分包含游泳、滑冰、各项基本教学内容的补充和延伸、地区性民族民间教学内容。2001 年，全地区共有普通高校、中专、中小学 1696 所学校施行了锻炼标准。全地区共有在校生 356364 人，应参加锻炼学校 355660 人，达标率 95%。其中良好率 33%，优秀率 12%。实行面和达标率分别为全省较好水平，全地区学生健康素质有了明显提高。2003—2007 年版教材教学内容分为必修内容和选修内容两大部分。必修课内容分为体育与健康基础知识和实践两部分。实践部分内容包含田径、体操、武术、提高身体素质练习。选修课程分为限制性选修和任意性选修。

三、学校体育竞赛

（一）学校运动会

2007年，普洱市的各级各类学校都将学校体育运动会列入每年度学校工作计划，中心完小以上学校每年都举办1次—2次全校体育运动会。夏季运动会以球类比赛为主，利用课外体育活动时间进行班级比赛，冬季体育运动会是规模较大的全校性运动，比赛项目以田径为主，有的学校还结合《国家体育锻炼标准》项目进行达标比赛，以班为单位参加比赛，记团体总分和个人名次。

（二）市级学生运动会

1978年以来，每两三年就举办一次全地区性的中学生运动会。1980年8月，地区中学生篮球运动会在思茅举行，有288名中学生男女运动员参加比赛。1992年8月，地区中学生篮球运动会在思茅举行，全地区10个县（市）男女各10个队，260名运动员参加比赛。1994年，全地区10县（市）45所小学组织“三项通讯赛”64次，参赛人数12099人。1995年“三项通讯赛”改为“雏鹰”起飞活动。1997年7月31日，孟连县受地区体委委托承办思茅地区中学生田径赛，参赛人260人。比赛结果：墨江县获第一名，思茅县获第二名，孟连县获第三名，此次运动会选拔一批体育苗子，充实备战省十运会的队伍。2003年2月22日—26日，在墨江县举行全地区中学生田径运动会。思茅地区各县（市）教育、体育部门共同组织各县（市）中学生代表队参加。在该次运动会上选拔一批优秀体育苗子，为思茅地区业余训练运动队补充队员。2006年1月18日—25日，全市中学生篮球运动会在思茅区举行，10县（区）和中专学校24个代表队244人参加比赛，镇沅、普洱、景东获男子前三名；景谷、墨江、镇沅获女子前三名。2007年7月20日—31日，普洱市第一届中学生田径运动会在普洱市举行，有11个队参赛。孟连县获第一名，思茅区获第二名，镇沅县获第三名。

（三）参加全省中学生运动会

1982年，思茅一中男子篮球队和思茅二中女子篮球队参加省中学生篮球比赛，双双获得冠军；同年，思茅地区15所学校参加全省小学生田径通讯赛，墨江通关中心完小、普洱直属小学、墨江县小学获得前三名。1984年2月，省第二届师范学校田径运动会在曲靖举行，思茅队获团体总分第4名。1982—1990年，参加省教育厅、省体委联合举办的一年一度全省小学生一、二年级（7—8岁）一分钟跳绳、二分钟踢毽、25米跑“三项通讯赛”6次，连续5次获得团体总分第一名。1997年，在全省“雏鹰起飞”活动评比中，思茅地区名列第五。

（四）参加全国中学生运动会

1980年8月，思茅地区中学生男、女篮球队代表云南省参加第二届全国中学生篮球比赛，在广西柳州赛区获男队第二名、女队第三名，男队赴山西太原参加决赛，获全国第五名。

第三章　群众体育和竞技体育

第一节　群众体育

一、全民健身

1995年10月，思茅地区成立以行署副专员张在权为组长的全民健身领导小组。1996年7月，行署发出《思茅地区贯彻全民健身计划纲要实施意见》，并成立思茅地区全民健身指导协调委员会，将每年12月定为全地区“全民健身活动月”。当年，在地区全民健身指导协调委员会领导下，各县（市）结合实际广泛开展全民健身月活动。地区体委与企业联合举办“雷霆杯”全民篮球大赛，省、地、市属单位50支篮球队参赛；举行“天龙杯”全民穿城赛跑，两项活动参赛运动员3000余名。1998年，地区体育中学、地区医药总公司，景谷县体委、孟连县体委被国家体育总局评为全民健身工作先进集体，并在全国八运会上受到表彰；地区体委被云南省体委评为群众体育先进单位。1999年，地区体委认真组织实施《全民健身计划纲要》第一期工程方案，全年群众体育活动以地区供电局、地税局、国税局、公路养护段、景谷县电力公司为健身试点单位，树立榜样带动全地区群众体育活动的开展。年内，举办首届“天壁杯”百队门球大赛，“公路杯”思茅地区第二届企业职工篮球大赛；举办3.2万余人参加的迎澳门回归慢跑活动。2001年6月10日，在思茅地区全民健身指导协调委员会的领导下，行署体委在田径场组织“体彩杯”全民健身宣传周开幕式暨“五个百万人群健身”运动启动仪式，并举行支持北京申奥万人签名活动。思城中小学生、大中专学生、城郊农民、单位职工、老年人共5000余人参加。当年，孟连县业余少体校、思茅二中、镇沅县财政局、墨江县文体局、景谷县威远镇被国家体育总局授予“全国群众体育先进单位”称号，周丕勇、黄文冬、陆荣安、吴少华被授予“全国群众体育先进个人”称号，思茅地区获“云南省全民健身活动周优秀组织奖”。2007年1月22日，为迎接第七届全国残疾人运动会，市体育局配合市残联组织开展第七届全国残运会和谐圣火火炬传递活动，学校、机关、企事业单位2000余人参加。8月9日，市体育局协助市老体协举办城区全民健身与奥运同行老年人健步走活动。11月23日，城区6个健身气功活动站点200余名中老年人参加了“2007年全国百城健身气功系列展示活动”。

二、职工体育

1978年，贯彻全国职工体育工作座谈会精神，职工体育迅速发展。地、县各种体育协会相继成立，很多机关、厂矿组建业余运动队，经常进行训练和比赛，体育活动成为职工群众精神文化生活不可缺少的重要内容。思茅地区各机关、企事业单位的干部职工广泛开展广播操、工间操锻炼活动，并形成制度。地、县每年召开各种类别的运动会，并组队参加省级职工运动会。各行各业体育赛事活跃。组织“元旦杯”“三八杯”“五一杯”“五四杯”“青松杯”“边城杯”“园丁杯”“教育杯”等30多种赛事。1980年5月，省职工篮球分区赛在思茅举行，9个地（州）20支男女篮球队参加比赛，思茅女队获第一名。1981年，地区少数民族职工篮球运动会在澜沧县举行。20世纪70年代末—80年代初期，每年7月16日纪念毛泽东主席畅游长江纪念日，地、县体委都广泛开展群众性的游泳活动，每次活动均有上千人参加。

20世纪90年代后，地、县每年利用元旦、春节、“三八”、“五一”、“七一”、“八一”、重阳节等各种节庆假日开展职工体育竞赛活动。竞赛项目有篮球、门球、足球、乒乓球、羽毛球、网球、地掷球、射弩、射击、打陀螺、拔河、登山、自行车、城跑、健身操、接力赛、气排球、中国象棋等近30个。市体育局先后在思茅城区举办“百队千人手足操比赛”“七一”千人慢跑、“五个”百万人群健身活动、“八大系统”单位职工篮球运动会、“七大”单位职工篮球运动会、“奥运申办成功及迎奥运”千人赛跑各种大型的职工体育活动。地、县体育局结合国家的发展变化，开展迎亚运体育活动，思茅城区举行迎亚运火炬万人长跑，65个单位1.26万人参加。地、县开展迎亚运及百年庆香港回归等各种体育活动，参加1.48亿人次。1992年8月，全省首届职工健美操比赛在开远市举行，普洱水泥厂职工健美操队代表思茅地区参加比赛，获第一名。当年，评选出全国群众业余体育训练达标、优秀游泳工作者11人次。1993年8月12日—13日，在昆明安宁举行云南省第三届健美操锦标赛，地区建设银行代表地区参赛，获团体总分、6人混合第一名，女子3人、混合双人第三名。1996年“五一”国际劳动节，地区体委及地区总工会共同举办思茅城区职工游泳比赛，400多名职工参加比赛。1998年10月，全地区首届“电力”杯职工篮球运动会在地区体育馆举行，各县电力公司代表队参加。同年6月10日至12月30日，地区体委和地区地方税务局共同举办思茅地区首届“地税杯”百队千人手足操通讯赛，9县1市报名参加。经过评比，孟连、墨江、澜沧获一等奖，普洱、景谷、镇沅获二等奖。1998年12月19日至1999年1月4日，地区体委在地区体育馆举行思茅地区第七届职工篮球赛，17支男队、9支女队参赛。地区医药公司男、女队分别获得第一名。

2000年10月20日—30日，由行署体育局、地区工会办事处、体育总工会共同主办，绿都大酒店资助的“绿都杯”职工篮球运动会在思茅举行，共有企事业单位13支男队、12支女队参赛。同年11月下旬，全地区交通系统职工篮球运动会在镇沅县举行，地县交通部门男女各12支代表队参赛。高管科代表队获男女对冠军。2000年后，广场健身舞在各县居民小区兴起，空前活跃，对增强职工体质效果显著，深受广大中老年人的喜爱。2002年9月，省健美操锦标赛在思茅举行，全省28支代表队参赛；11月，镇沅县职工健美操代表队参加在江西省庐山举行的全国万人健美操总决赛获俱乐部组第一名。2003年3月16日—22日，在澜沧县举行“体彩·允糖杯”全地区职工篮球运动会，10县（市）及部分行业代表队参赛。2006年，在孟连县举办“山宝勐马橡胶杯”思茅市第四届健美操比赛，9县1区代表队参加。2007年1月21日—28日，市体育局协助市工商局举办工商系统首届“红盾杯”篮球运动会；9月21日—29日，协助市委宣传部、市文明办举办普洱市第三届“文明杯”职工运动会，来自10县（区）、市直单位19支代表队参加篮球、乒乓球、羽毛球、网球、拔河5个项目的比赛。

三、农民体育

1978年后，思茅地区贯彻国务院批转的《全国农村体育工作会议纪要》、国家体委《关于做好县的体育工作的通知》及全省民族体育工作座谈会精神，农民体育得到较快的恢复发展。全地区123个乡（镇）有41个乡（镇）成立体育领导小组，31个乡（镇）建立文化体育工作站，85个乡（镇）建立文化站。通过乡（镇）体育领导小组、乡（镇）文化站、体育协会及民兵组织，在农村广泛开展各种农村文化体育活动。1987 年，根据国家体委下发的《全国体育先进县的标准和评选办法》和《云南省体育先进区（镇）标准》的通知要求，在全地区掀起争创体育先进县、先进乡（镇）的热潮，先后涌现出 2 个全国体育先进县，1 个全国少数民族先进县，3 个国家亿万农民健身活动先进乡（镇），1 个全省体育先进县，1 个云南省小康体育特色县，27 个全省体育先进乡及一批农村体育工作积极分子。1988 年 3 月 20 日—28 日，省第二届农民运动会在昆明市官渡区举行，思茅地区组成 29 人的代表团参加篮球、田径、民族武术项目比赛，景谷县男子篮球代表队获全省第四名，田径男子队获团体总分第四名，景东县运动员王焕平获 800 米、500 米第二名，景谷县运动员周德超获跳远、手榴弹第二名，女子田径队普洱县运动员车丽琼获铅球第一名，景谷县运动员陈天焕获手榴弹第三名。10 月，景东县农民王焕平被选拔到云南省农民体育代表团，到北京参加中华人民共和国第一届农民运动会，参加 800 米、1000 米比赛。至 1989 年，思茅地区先后举办 4 届少数民族传统体育运动会及运动会，思茅地区多次组队参加全国全省的农民运动会和少数民族传统体育运动会。2002 年 11 月，省第五届农民运动会在蒙自举行，思茅代表团获金牌 2 枚、银牌 3 枚，铜牌 4 枚；同年，全国第十届农民象棋赛在思茅举行，全国 24 个省、市代表队参加，思茅获团体第六名。2004 年 7 月，省第六届农民运动会在思茅举行，全省 16 个地（州、市）组团参加，总人数 1554 人。思茅代表队 102 人参加 8 个项目的比赛，获金牌 10 枚、银牌 16 枚、铜牌 18 枚，一等奖 3 项，以 105 分的总分获团体第一名。

四、老年人体育

1984 年 8 月，经地委批准，成立地区老年人体育协会，协会委员 79 人，常委 18 人；11 月，省老年人象棋赛在昆明举行，思茅地区获男子团体第二名，高友松获男子个人第三名。1985 年 8 月，省首届老年人运动会在昆明举行，思茅地区李召获女子乙组 5000 米第三名，蔡福华、李顺清分别获男子 10000 米第二名和第六名；9 月，地区老体协主席李德英为团长，带领 32 人组成的思茅地区老年人体育代表团参加云南省首届老年人运动会，取得较好的成绩。1986 年 8 月，省武术表演在昆明举行，思茅地区段秀俊获男子太极拳四十八式第三名，黄美玲获女子太极拳第六名。1987 年 6 月，全省 11 个地（州、市）乒乓球、羽毛球协作区赛在个旧举行，思茅地区获男子团体第五名；10 月，省地掷球比赛在昆明举行，思茅地区获团体第六名；11 月，全省门球邀请赛在景洪举行，思茅地区获团体第五名。1988 年 3 月，在玉溪举行羽毛球、气功表演赛，思茅地区许成明、董继成分别获男子羽毛球单项第一名、第五名，获导引养生功团体一等奖，鲁淑娟获健身功个人优秀奖；10 月，全省地掷球比赛在昆明举行，思茅地区获团体第二名。1989 年 9 月，大理举行中国象棋协作区赛，思茅地区获男子团体第三名；11 月，省第二届老年人运动会在昆明举年，思茅地区获 70 岁以上组网球团体第三名，健身舞获团体三等奖。1990 年 4 月，在思茅举行地掷球、象棋协作区赛，思茅二队获地掷球团体第一名，思茅二队、思茅一队分别获中国象棋团体第三名和第四名。1990 年上半年，地区老体协承办全省 11 个地（州、市）协作区赛。此次比赛设置地掷球、象棋两个项目。年内，举办“中华养生益智功”和门球裁判考核培训班，首次审批一批门球等级裁判员。省老年体协组织的台球辅导员培训、太极拳教练员培训、门球和地掷球裁判员考核培训，地区均派人参加，对进一步普及和提高老年人体育活动奠定良好的基础。1996 年 5 月 4 日，由地委机关老体协筹办的门球、地掷球协作区邀请赛在思茅举行，全地区 10 县（市）的 36 个门球队、19 个地掷球队 450 人参赛。磨黑盐矿代表队获门球冠军，思茅养护总段获地掷球冠军，倚象乡代表队、普洱县代表队获精神文明奖。为纪念《全民健身计划纲要》实施一周年，市老体协组织有3000多位老人参加门球、地掷球、乒乓球、象棋、慢跑、拳、剑、健身操舞等活动。同年，地区老体协举办全地区老年人地掷球和思茅市木兰双剑裁判员、教练员培训班，有59人参加培训，有27人申报裁判员等级资格，其中4人达二级，22人达三级。5月和10月地区老体协组队参加省老体协举办的第六届门球、地掷球运动会，思茅获地掷球女队第二名，门球女队第五名。2002年10月，在地区体育局的指导下，徐铭谦夫妇捐资3700元并担任教练，在地区体育馆免费为9县1市举办中老年人健身操领操员培训班，培训25人。2003年1月，在思茅城举办城区省属、地直单位门球赛，有248代表队参赛。2005年10月15日，市体育局、翠云区政府、市老体协共同承办"茶城杯"全国老年塑质地掷球比赛，有来自全国各地40支代表队参赛。2006年12月，市体育局协助市老年体协举办云南省老年运动会思茅赛区乒乓球比赛。

1984—2007年，市老体协举办大、中型综合项目及单项运动会和比赛84次，参加66210人次。75次组队参加全省性运动会和比赛，参加1052人次。开展门球、地掷球、羽毛球、乒乓球、网球、台球、气功、武术、中老年人健身操、棋类、气排球、钓鱼等20多个项目。为促进老年人体育活动的开展，地区老体协先后举办各种项目培训班78次，4383人参加，对基层老年体育工作起到积极的推动作用。思茅城的世纪广场、红旗广场及公园是思茅城区老年人体育活动的中心，每天清晨和傍晚都有上千人的老年人及部分中青年人前来参加健身操、太极拳、象脚鼓舞、芦笙舞、气排球、三弦舞等体育健身娱乐活动，各县（区）都有2个—3个老年人体育活动场地。

五、残疾人体育

1982年后，地、县民政部门、体委、残疾人协会共同配合组织残疾人参加各种体育锻炼活动和比赛，并取得较好的成绩。1984年6月25日至7月2日，省第一届残疾人运动会在昆明举行，思茅地区运动员获游泳第二名、第三名。1985年11月20日—24日，普洱、澜沧县先后举行首届残疾人运动会。1987年7月1日—6日，云南省第二届残疾人运动会在昆明举行，思茅地区运动员李锦华获男子铅球A4级（8米）、标枪（32.44米）金牌，获铁饼第三名，A6级运动员赵洪海获男子田径200米、400米、800米、1500米金牌。A6级运动员俞建凯分别获男子100米、50米蝶泳、2×100米混合泳金牌，A8级运动员闵文分别获男子田径800米金牌，铅球、标枪银牌，聋哑人潘胜获男子100米游泳第三名；8月，在唐山举行的全国伤残人运动会上，闵文夺得田径800米和1500米金牌，并破两项全国纪录。1988年4月4日—8日，省伤残人射击、举重比赛在昆明举行，思茅地区A2级运动员李志林获男子10米气步枪坐姿金牌，A2级运动员何有生获男子举重60公斤级第二名；5月，在湖南举行的全国伤残人射击选拔赛上，李志林获男子10米气手枪坐姿第二名。1989年，在南京举行的全国伤残人轮椅射击运动会上，李志林获男子10米气手枪坐姿第四名。1990年5月，全国伤残人田径、游泳运动会在昆明举行，闵文获男子田径1500米第一名、800米第三名。1982—1990年，思茅地区先后4次组队参加云南省第一、二届残疾人运动会，参加篮球锦标赛和举重、射击比赛，5次派伤残运动员参加全国残疾人运动会田径、射击等项目比赛，夺得金牌14枚、银牌5枚、铜牌4枚。

1999年10月10日—15日，在新西兰举行的世界轮椅射击比赛中，思茅地区残疾运动员李剑飞代表中国参赛获2枚金牌。2000年10月，李剑飞代表中国队参加悉尼残奥运会，获男子个人10米气手枪银牌，为中国队争得荣誉，被省政府授予优秀运动员称号。2002年7月，李剑飞代表中国队参加在韩国举行的残疾人射击世界锦标赛，获1金1银1铜；10月，李剑飞代表中国队参加韩国釜山举行的远南残疾人运动会，获2金1银。2004年9月，李剑飞代表中国队参加在雅典举行的第十二届残奥会，夺得P-110米气手枪第四名，25米运动手枪第4名，受到省委、省政府、市委、市政府的表彰奖励，同时被国家授予全国“五一劳动奖章”、全国“五四”青年杰出贡献奖、全国优秀运动员。省委、省政府记一等功，云南省“五四”青年杰出贡献奖等称号。同年9月25日—27日，由市残联、市体育局主办的思茅市第一届残疾人运动会在思茅举行，运动会设篮球、射击、游泳、田径、举重、乒乓球6个项目，思茅市各县（区）、聋哑学校11个代表队133人参加比赛。2005年8月25日—27日，李剑飞代表中国队参加在德国举行的射击锦标赛，夺得10米气手枪和50米冠军，25米标准步枪银牌，3项皆获得2008年残奥会席位。

第二节　少数民族传统体育

一、主要体育项目

（一）武术

武术是拉祜族、傣族、彝族、哈尼族、布朗族、佤族等少数民族喜爱的传统体育节目，其主要形式以踢、打、摔、击、刺等功防格斗为主，少则几个，多则十几个动作组成一个套路，按其内容分拳术、器械两大类。拳术有太极拳、南拳、长拳、自由拳、虎拳、鸡拳、猴拳、佤拳、布朗拳、醉拳等。器械有刀、枪、剑、棍、棒、叉叉、链夹（两节棍）铁钓、扁担、锄把等。拳术和器械在拉祜族及其他民族中广泛流行，自成体系，主要有自由拳、老虎拳、鸭形拳、鸡爪拳，老熊翻滚拳，小刀拳、猴拳、醉拳等。武术器械有拉祜棍术、拉祜单刀、防身单刀九步、双刀术、单刀术、双棍术、单棍术，链夹术（两节棍）、花枪飞棍，刀术、剑术等。各民族在春节、火把节、泼水节、葫芦节、新米节等节日期间经常进行表演和比赛。1985年以来，澜沧县体委连续举办少数民族武术培训班，扩大武术骨干的培养，拉祜族老拳师陈扎儿两次代表思茅地区参加全省少数民族传统体育运动会进行武术表演，获得好评。

（二）射弩、射箭、火枪

居住在普洱市的彝族、哈尼族、拉祜族、佤族、布朗族、傣族等少数民族，都有射弩、射箭、打火枪的传统，每逢节日、农闲，各民族都要开展射击训练和比赛，提高射击技术。农闲时常以村赛为单位，合伙上山打猎或进行护秋狩猎。该项活动多为青壮年男子所喜爱，女子有时也参与。弩为自作，用竹子做弓，优质木材做架，编竹筋、草麻绳、牛皮绳为弩弦，弩箭则以竹子削制，用竹片或笋叶配制尾羽，弩的弹射力一般约为50公斤，可射中50米开外的距离的目标。强弩的射力更大，射程在50米—100米左右。1983年，射弩被列为思茅地区少数民族传统体育运动会的比赛项目，多次组队参加全国全省少数民族传统体育运动会比赛。火枪，即火药枪，是少数民族民间的一项体育运动项目，也是少数民族狩猎和自卫的主要武器，过去每户人家都有一至二支火枪。居住在普洱市的各民族，过去都有开展民间打火枪进行射击比赛的习惯。

（三）摔跤

摔跤是彝族、哈尼族、拉祜族、佤族等少数民族的传统体育项目，自古有以角力消灾免难的传说。彝族是摔跤创造者之一，并保留着原始到现代的多种摔跤形式和有关对抗活动。彝族的摔跤术有抬跤、板跤、掼跤、干跤、板腰、抱等。普洱的少数民族普遍盛行自由式摔跤，裸上身，着长裤或短裤，系腰带，以双肩着地为胜负的标志。节日、祭祀、葬礼、婚礼等，特殊场合常以摔跤求欢乐求吉祥，驱邪避难。此外，佤族有抱头摔跤，澜沧、孟连哈尼族支系的阿卡人有在田边地头开展摔跤活动习惯。1983 年，摔跤被列为思茅地区少数民族传统体育运动会的比赛项目。1989 年以后，思茅地区每届省运会均组队参加摔跤项目的比赛。

（四）秋千

打秋千是普洱市各民族普遍盛行的一项民族民间传统体育运动。秋千的种类有大秋（亦称吊秋或荡秋）、磨担秋（也称打磨秋）和车秋，各类秋千，以大秋最为普遍，凡节庆喜庆节日必打秋千，深受各族人民的喜爱。每逢春节、火把节等民族节日，许多村寨都要选定一块空旷的场地作为秋千场，竖起秋千架，有的还在秋千架挂上小红旗、长彩带，举行祭秋千仪式，以示吉祥如意，五谷丰登，人畜兴旺。1983 年，秋千被列为思茅地区少数民族传统体育运动会比赛项目，并多次组队参加全国、全省少数民族运动会的秋千比赛项目。

（五）陀螺

打陀螺是普洱市各族人民普遍喜爱的一项民族民间传统体育运动，是普洱市从农村到机关普遍开展的一项体育运动。县、乡均成立有陀螺协会，竞技水平领先全国，多次选送教练员、运动员到全国各省区执教和参赛。1983 年，陀螺被列为思茅地区少数民族传统体育运动会比赛项目。1989 年，思茅地区组队参加云南省第四届少数民族传统体育运动会陀螺项目比赛。2003 年 9 月，思茅地区陀螺男子队代表云南省参加在宁夏举行的全国第七届少数民族传统体育运动会陀螺比赛，分别获得团体冠军和个人第一名、个人第二名的好成绩，行署体育局被省政府授予“全国第七届民运会贡献奖”。2004 年 2 月 23 日至 3 月 7 日，思茅地区职工运动会设篮球、陀螺 2 个项目，有 9 个陀螺代表队参赛。2005 年 12 月 20 日—23 日，“云景林纸杯”全国少数民族陀螺邀请赛在景谷县举行，来自全国 9 个省、市 20 个男女队参加比赛，思茅市组成 2 个队代表云南省参赛，男子团体分别获第一、二名，女子团体分别获第三、四名，男子个人获冠军，女子个人包揽前三名。2006 年 12 月 20 日—24 日，思茅市首届陀螺锦标赛在景谷县举行。2007 年，普洱市组队代表云南省参加在新疆举行的全国第八届少数民族传统体育运动会，陀螺项目获金牌 2 枚。

（六）丢包

丢包又称丢花包、丢彩包，是傣族、彝族、布朗族的传统体育活动项目。彩包原为姑娘们的传情之物，后来逐渐发展为青年男女在泼水节、春节、火把节、山康节等民族节日的传统游乐活动和比赛。1983 年，丢包被列为思茅地区少数民族传统体育运动会的比赛项目。

二、运动竞赛和表演

1982 年 4 月，云南省第二届少数民族传统体育运动会在大理举行，思茅地区组成 35 人的少数民族体育代表团参加射弩比赛和秋千表演。1983 年 10 月，思茅地区第一届少数民族传统体育运动会在思茅举行，设打陀螺、射弩、摔跤、爬竿、丢包、拔河、打秋千等项目及 60 多个民族民间体育文艺节目表演，参赛人数及来宾 350 余人。1985 年 5 月，云南省第三届少数民族传统体育运动会在大理举行，思茅地区组成 38 人的少数民族体育代表团参加中长跑比赛及文体节目表演。1986 年，西盟县 10 名男女运动员被选拔到云南省体育代表团，参加在新疆乌鲁木齐举行的全国第三届少数民族传统体育运动会，表演佤族跳木鼓、佤族射日舞、佤族跳竹竿等传统体育文艺节目，获得全国优秀节目表演奖；8 月，澜沧县被评为全国少数民族体育先进县，并在第三届全国少数民族传统体育运动会上接受全国人大常委会委员长万里颁奖。1987 年 9 月，思茅地区第二届少数民族传统体育运动会在思茅举行，设打陀螺、射弩、摔跤、中长跑等项目及 45 个民族民间体育文艺节目表演。

同月，云南省第一届少数民族射弩锦标赛在昆明举行，思茅地区组成9人的代表队参加比赛。1989年9月，云南省第四届少数民族传统体育运动会在昆明举行，思茅地区组成94人的代表团，参加射弩、打陀螺、秋千等项目比赛及6个传统体育文艺节目表演；10月，思茅地区少数民族篮球运动会在澜沧县举行，全地区10个男队9个女队340多人参加比赛，普洱、景东、镇沅县获男子前三名；思茅、景谷、镇沅县（市）获女子前三名。1991年8月，西盟县“跳木鼓”队被选拔到云南省代表团参加在南宁举行的全国第四届少数民族传统体育运动会，表演佤族跳木鼓获集体表演二等奖和个人舞蹈表演一等奖1个、二等奖4个，三等奖2个。1994年10月，思茅地区第三届少数民族传统体育运动会在思茅举行，全地区县（市）11种民族324人参加5个项目的比赛及民族民间文艺体育节目表演。2000年5月，“红河杯”云南民族体育精品巡回展演在思茅举行，思茅地区参展节目获省级优秀组织奖；8月，浙江电视《中华竞技大擂台》栏目在思茅地区拍摄《思茅地区少数民族体育擂台赛》专题节目，播出后在海内外引起强烈反响。根据省委、省政府提出的建设民族文化大省的要求，行署体委与民宗局联合制订《思茅地区少数民族传统体育发展计划》。2001年10月，中央电视台《体育人间》栏目到西盟实地拍摄《佤族木鼓》专题片，在中央电视台播出。2002年2月24日—25日，行署民宗局和行署体育局联合召开思茅地区少数民族传统体育运动项目研讨会，挖掘整理一批少数民族传统体育运动项目，同时通过思茅地区组团参加云南省第七届少数民族运动会的参赛方案；10月10日—12日，行署体育局配合省民委、省体育局摄制组，在思茅地区内拍摄少数民族传统体育项目打陀螺、秋千、扭扁担体育专题片，选送中央电视台播出。2003年9月，思茅地区组队陀螺男子代表队代表云南省参加在宁夏举行的全国第七届少数民族运动会，分别获得陀螺项目团体冠军、个人第一名及个人第二名的好成绩，行署体育局被省政府授予“全国第七届民运会贡献奖”。2004年11月26日—30日，由省民委、省体育局主办，景谷县政府、市民宗局、市体育局承办的云南省少数民族陀螺、射弩锦标赛在景谷举行，来自全省各州（市）县的15支男队，14支女队340人参赛，思茅市及景谷县组队参赛。思茅市代表队获射弩男女混合团体第一名，现代弩男女混合团体第二名，陀螺男子团体第一名，陀螺女子团体第二名，陀螺男子个人第三名，女子个人第五名。2006年4月10日—14日，思茅市首届少数民族传统体育运动会在西盟县召开，全市9县1区参加比赛，大会设陀螺、双拐、秋千、吹枪、射弩、表演项目；9月23日，云南省第八届少数民族传统体育运动会在昭通举行，思茅代表团参加陀螺、双拐、秋千、吹枪、射弩、蹴球、枪花炮、武术、表演项目的比赛，获金牌3枚、银牌4枚、铜牌3枚。市体育局受到省政府表彰，获第八届全国少数民族传统体育运动会筹备、参赛工作贡献奖。

三、少数民族运动会

（一）市少数民族运动会

1981年10月20日—30日，思茅地区民族职工篮球运动会在澜沧举行，参加单位有西盟、孟连、澜沧、江城、景东、镇沅、景谷、普洱、墨江县的男女队及思茅汽车运输总站男女队、地区教育局男队、地区商业局女队11个男队、9个女队350多人参加比赛。1983年10月1日—6日，思茅地区第一届少数民族传统体育运动会在思茅举行。比赛项目有射弩、摔跤、爬竿、丢包、陀螺、拔河，打火枪和磨担秋，表演民族民间体育文艺节目60多个，思茅、景东、景谷、镇沅、江城、澜沧、西盟、孟连县350多人参加。1987年9月30日至10月4日，思茅地区第二届少数民族传统体育运动会在思茅举行。比赛项目有射弩、陀螺、摔跤、中长跑，表演的民族民间体育文艺节目有45个，全地区10个县340多人参加比赛。1989年11月10日—20日，思茅地区少数民族篮球运动会在澜沧举行。西盟、孟连、澜沧、江城、景东、镇沅、景谷、普洱、思茅、澜沧铅矿 10 个男队、9 个女子队 340 多人参加比赛。1994 年，思茅地区第三届少数民族传统体育运动会在思茅举行，10 县（区）11 个民族 324 人参加 5 个项目的比赛及民族民间体育文艺节目表演。2006 年 4 月 1 日—10 日，思茅市第四届少数民族传统体育运动会在西盟举行，9 县 1 区组队参赛，比赛项目设射弩、吹枪、秋千、双拐、陀螺，举行民族民间体育文艺表演。

四、参加省少数民族运动会

1982 年 4 月 6 日—12 日，云南省第二届少数民族传统体育运动会在大理举行。思茅地区组成 35 人的少数民族体育代表团参加射弩比赛及秋千表演，陶有荣（傣族）获男子射弩跪姿第六名，澜沧拉祜族车秋获表演奖。1985 年 5 月 4 日—9 日，云南省第三届少数民族传统体育运动会在大理举行。思茅地区组成 38 人的少数民族体育代表团参加中长跑比赛及传统体育文艺节目表演。张顺兴（拉祜族）获男子 3000 米第二名、5000 米第四名；西盟的佤族跳木鼓、射日舞，景谷大对打，澜沧的刀术、棍术获表演奖。1987 年 9 月 11 日—16 日，云南省第一届少数民族射弩锦标赛在昆明举行，思茅地区组成 9 人的代表队参加比赛。1989 年 9 月 27 日至 10 月 4 日，云南省第四届少数民族传统体育运动会在昆明举行。思茅地区组成 94 人的少数民族体育代表团参加射弩、摔跤、篾弹弓、陀螺、秋千项目比赛及 6 个少数民族传统体育文艺表演节目，孟连县中牙捌获男子射弩跪姿第二名，普洱县李忠海获男子陀螺个人第一名。1994 年，云南省第五届少数民族传统体育运动会在昆明举行，思茅代表队获秋千、双人触玲第一名。1998 年，云南省第六届少数民族传统体育运动会在文山举行，思茅代表队获秋千、双人触玲第一名。2000 年 5 月 23 日—24 日，“红河杯”云南民族体育精品巡回展在思茅举行，获省级优秀组织奖最高奖；8 月 2 日—7 日，浙江卫视《中华竞技大擂台》栏目组在思茅拍摄“思茅地区少数民族体育擂台赛”专题节目，在浙江卫视播出后，海内外反响强烈。2002 年 10 月 10 日—12 日，行署体育局配合省民委、省体育局摄制组，在思茅区内拍摄少数民族传统体育项目陀螺、秋千、扭扁担专题片；12 月中旬，云南省第七届少数民族传统体育运动会在蒙自举行。思茅地区组团参加，获金牌 2 枚、银牌 3 枚、铜牌 4 枚，受到地委、行署的表彰。2004 年 11 月 26 日—30 日，云南省少数民族传统体育项目锦标赛在景谷县举行。副市长丁艳波为团长并在开幕式上致辞，全省各州（市）县 32 支射弩项目男女队和 15 支陀螺项目男队、14 支陀螺项目女队共 310 人参赛。思茅市、景谷县组队参加。思茅市代表队获射弩男女混合团体第一名，现代弩男女队混合团体第二名；陀螺男子团体第一名，陀螺女子团体第三名，陀螺男子个人第三名，女子个人第五名。2006 年，云南省第八届少数民族传统体育运动会在昭通举行，思茅市获陀螺男、女团体第一名。同年，思茅市成功申办云南省第九届少数民族运动会。

五、参加全国少数民族运动会

1986 年 8 月，全国第三届少数民族传统体育运动会在新疆乌鲁木齐举行。思茅地区西盟县 10 名（男 6 人、女 4 人）运动员被选拔到云南省少数民族体育代表团参加运动会，表演传统体育文艺节目佤族“跳木鼓”“射日舞”“跳竹竿”，获全国优秀节目表演奖。2001 年 10 月 30 日，由地委宣传部、行署体育局、民宗局与西盟县政府联合组织，协助中央电视台《体育人间》栏目组在西盟县实地拍摄《佤族木鼓》专题片。2003 年 9 月，思茅地区组建陀螺男子代表队代表云南省参加在宁夏举行的全国第七届少数民族传统体育运动会的陀螺比赛，获团体冠军和个人第一名、第二名，行署体育局被省政府授予“第七届全国民运会贡献奖”。2007 年 11 月 5 日，第八届全国少数民族传统体育运动会在广州举行，普洱市代表云南省参加陀螺项目比赛，女子队获团体冠军，个人第四名、第五名、第七名。男子代表队获团体第五名，兰有云获个人比赛冠军，张杰获个人比赛亚军。陀螺队获“体育道德风尚奖”。2007年11月，普洱市组织男女陀螺队代表云南省参加在广州举行的全国第八届少数民族传统体育运动会比赛，分别获男子个人第一、二名，女子团体第一名的好成绩。

第三节 竞技体育

一、市级体育竞赛

1985年，思茅地区第四届体育运动会在思茅举行，此届运动会由地区体委、民委、教育局、工会办事处共同承办，比赛项目有篮球、排球、足球、乒乓球、体操、射击、田径。全地区各县10个代表队参加比赛。比赛结果（各项总分前三名）田径：思茅、普洱、景谷；男子体操：普洱、思茅二队、景谷；女子体操：思茅二队、镇沅、思茅；男子乒乓球：思茅、墨江、普洱；女子乒乓球：墨江、思茅、景东；男子排球：镇沅、思茅、澜沧；女子排球：思茅、江城、景谷；足球：思茅、澜沧、孟连；男子篮球：景谷、镇沅、景东；女子篮球：思茅、镇沅、普洱。单项比赛成绩：钟焕娣（思茅）分别获女子1500米、3000米、5000米第一名；张燕（思茅）分别获女子200米、400米第一名；胡春平（思茅）分别获男子跳远、三级跳远、跳高第一名；李永（景东）获男子手榴弹第一名；李学章（西盟）分别获男子10000米、3000米第一名；周华容（西盟）获男子5000米第一名；思茅队获男子4×100米接力第一名。体操男子全能：吴涛（思茅）、孙保黔（思茅）、姚学华（普洱）；体操女子全能：刘春（思茅）、郭亚茜（普洱）、杨晓惠（思茅）。男子自由体操：吴涛（思茅）、李双江（景谷）、姚学华并列第二名；男子单杠：孙保黔、袁绍雄（景谷）、吴涛、姚学华并列第三名；男子跳马：吴涛、姚学华并列第一，孙保黔第三名；男子山羊全旋：李双江、余定勇（景谷）、吴涛；男子技巧：吴涛、姚学华、赵泽（普洱）；女子自由体操：刘春、李婷（思茅）、郭亚茜；女子单杆：刘春、张雨（思茅）、李婷；女子平衡木：刘春、郭亚茜、李婷；女子跳马：刘春、郭亚茜、李婷；乒乓球单打前三名：男子单打：姚刚（思茅）、王晓东（思茅）、杨胜（思茅）；女子单打：石虹（思茅）、赵瑞瑾（景谷）、李青（墨江）。1995年春节期间，市体委、市工行联合举办思茅市第三届“工行杯”职工长跑、自行车赛，200多名运动员参赛。

二、省级体育竞赛

1978年，全省第五届运动会在昆明举行，思茅地区代表团84名运动员参加田径、体操、技巧、武术、射击、篮球等项目的比赛，获金牌17枚、银牌9枚、铜牌9枚。1980年2月，云南省中学生篮球比赛在石屏举行，思茅女队获第一名，男队获第二名。1982年，全省第六届运动会在昆明举行，思茅地区组成117人的代表团参加田径、体操、篮球等项目的比赛，获金牌2枚、银牌1枚、铜牌5枚。1981—1983年，思茅男篮连续获得3届云南省少年篮球甲级联赛冠军。1984年6月，云南省第一届残疾人运动会在昆明举行，思茅地区运动员获游泳第二名、第三名。1986年，全省第七届运动会在曲靖举行，思茅地区组成117人的代表团参加田径、体操、篮球、足球、乒乓球等项目的比赛，获金牌4枚、银牌10枚、铜牌14枚。1990年，全省第八届运动会在大理举行。思茅地区组成158人的代表队参加田径、体操、技巧、篮球、乒乓球、羽毛球、射击、象棋、围棋、举重、柔道等项目的比赛，获金牌 17 枚、银牌 12 枚、铜牌 5 枚。1994 年，全省第九届运动会在昆明举行。思茅代表队参加田径、体操、射击、技巧、篮球、举重、游泳、棋类等项目的比赛，获金牌 4 枚、银牌 3 枚、铜牌 6 枚，标枪破省少年纪录。1996 年 8 月 10 日—16 日，云南省第四届青少年运动会中，思茅地区运动员李智明在男子手枪慢射决赛中，以 613 环的成绩打破全省纪录；李智明、李剑飞、张仁恩在男子气手枪（1693 环）、气枪慢射（163 环）2 项破全省青少年团体纪录。同年，云南省第四届青少年运动会在思茅举行。思茅地区组成 145 人的代表团参加田径、体操、技巧、篮球、射击、游泳、足球、举重、摔跤、柔道等项目的比赛，获金牌 40 枚、银牌 29 枚、铜牌 32 枚。打破 3 项省青少年纪录。年内，地区老体协组队参加省老体协举办的第六届门球、地掷球运动会，获地掷球女队第二名，门球第五名。1997 年，云南省第二届国家级、省级体育先进县篮球赛在景谷举行。有国家体育先进县男、女 11 个队，省级体育先进县男、女 9 个队，313 人参加比赛，思茅地区普洱县参加国家级体育先进县级比赛，男女队分别名列第四名、第五名，景谷县参加省级体育先进县级比赛，男女队分别名列第一名、第二名。1998 年，云南省第十届运动会在玉溪举行。思茅地区代表团 79 人参加田径、体操、技巧、射击、象棋、游泳、柔道等项目的比赛，获金牌 13 枚、银牌 17 枚、铜牌 15 枚。2000 年，全省第四届城市运动会在大理举行。思茅代表队由思茅市、普洱县组队参赛，获金牌 4 枚、银牌 4 枚、铜牌 7 枚。2002 年，全省第十一届运动会在楚雄举行。思茅地区以丁艳波为团长，组成 101 人的代表队参加田径、游泳、体操、射击、击剑、排球等项目的比赛，获金牌 12 枚、银牌 21 枚、铜牌 20 枚，其中有 3 个项目打破省少年纪录 . 同年，思茅地区体育代表队到红河参加云南省第七届少数民族运动会，获金牌 2 枚、银牌 3 枚、铜牌 4 枚。同年 6 月，思茅市中长跑队参加云南省青少年中长跑年度赛，获女子 400 米、男子 400 米、800 米 3 枚金牌，3000 米铜牌。同年 10 月，思茅地区足球代表队参加在丽江举行的“云烟杯”足球决赛，获第五名。2004 年 2 月，思茅市组队参加云南省青少年田径、体操、射击、游泳、沙滩排球等项目年度比赛，获金牌 11 枚、银牌 22 枚、铜牌 25 枚。同年 2 月，普洱、景谷两个全国体育先进县组队参加在红河举行的云南省第五届城市运动会田径、游泳两个项目的比赛。10 月，首届中国・云南省全民健身博览会在昆明举行，思茅市体育局组成 10 人代表队参加展演活动，获参展单位一等奖。2005 年 8 月，思茅市体育代表团 112 人参加云南省第十二届运动会预选赛田径、游泳、体操、射击、柔道、沙滩排球、跳水等项目的比赛，获金牌 14 枚、银牌 15 枚、铜牌 11 枚，有 71 人拿到参加省十二届运动会决赛入场券。2006 年 2 月，思茅市游泳队参加云南省儿童游泳比赛，获银牌 2 枚，铜牌 1 枚；同月，思茅市女子沙滩排球队参加昆明市体育频道“滇池杯”比赛，获第三名；6 月，云南省第八届少数民族传统体育运动会在昭通举行。思茅市体育代表团 132 名运动员参加陀螺、射弩、秋千、吹炮、抢花炮、高脚竞速、蹴球、武术、摔跤等项目的比赛，获金牌 3 枚、银牌 4 枚、铜牌 3 枚；8 月，全省第十二届运动会在红河举行。思茅地区组成 123 人的代表团参加田径、游泳、跳水、体操、射击、柔道、沙滩排球、足球、健美操等项目的比赛，获金牌 10.5 枚、银牌 14 枚、铜牌 10.5 枚。破一项田径全能省青少年纪录。

三、国家级竞赛

（一）田径

1986 年 2 月，在北京举行的耐克杯精英赛上，钟焕娣获女子 5 千米第一名、10 千米第一名，达到国家级健将标准；4 月—5 月，在北京举行的全国锦标赛上，钟焕娣获女子 5 千米第一名、10 千米第二名；6 月，在南京举行的全国冠军赛上，女子 5000 米钟焕娣破全国纪录、10000 米获第二名；10 月，在郑州举行的全国比赛，钟焕娣获女子 5000 米第三名、10000 米第二名。1987 年 1 月，在南宁举行的全国千米越野赛，钟焕娣获女子 5 千米、10 千米两项第一名；3 月，在天津举行的第六届全运会上，钟焕娣获女子马拉松第二名，破全国最好成绩；6 月，在郑州举行的全国锦标赛上，钟焕娣获女子 10000 米第二名；7 月，在南斯拉夫举行的世界大学生运动会，获女子 10000 米第二名，破大学生运动会纪录；11 月，在广州第六届全运会上，钟焕娣获 5000 米第三名、10000 米第二名；8 月，在唐山举行的全国伤残人田径运动会上，思茅运动员闵文分别获男子 800 米、1500 米两项金牌。1988 年 1 月，在南宁举行的全国公路越野赛上，钟焕娣获女子 5 千米第三名、10 千米第二名，王正军获男子青年 10 千米第一名，团体 7 千米第二名；3 月，在澳大利亚阿德雷特市举行的世界公路越野锦标赛，钟焕娣获第四名，中国队第二名；同月，在新西兰奥克兰举行的世界草地越野赛 7 千米，钟焕娣获第三名；6 月，在南京举行的全国田径锦标赛上，钟焕娣获女子 5000 米、10000 米两项第一名。1989 年 1 月，在南宁举行的全国公路越野锦标赛，钟焕娣获女子马拉松接力 10 千米、女子 20 千米两项第一名；王正军获男子马拉松接力第一名；陈秋春获女子马拉松接力赛 5 千米团体第一名；6 月，在青岛举行的全国田径锦标赛上，钟焕娣获女子 5000 米、10000 米两项第一名；9 月，在巴西里约热内卢市举行的世界公路越野锦标赛 15 千米，钟焕娣获第二名，中国队团体第一名；10 月，在北京举行的国际田径邀请赛，钟焕娣获 5000 米第二名，达到国际健将标准；11 月，在印度新德里举行的亚洲锦标赛上，钟焕娣获女子 3000 米、10000 米两项第一名。1990 年 1 月，在南宁举行的全国公路越野赛上，钟焕娣获女子 20 千米第一名、女子马拉松接力 10 千米团体第一名；陈秋春获女子马拉松接力 5 千米第一名；3 月，在广州举行的“海飞狮杯”全国田径邀请赛上，马云秀、陈秋春分别获女子 5000 米第三名、第二名；4 月，在郑州举行的全国第二届青年运动会上，郭锐获男子 5000 米第八名，并破全国青年纪录；5 月，在昆明举行的全国体校协作区赛上，杨辉获男子 400 米第二名，800 米第三名；同月，全国残疾人田径运动会在昆明举行，思茅运动员闵文分别获男子 1500 米第一名、800 米第三名；同月，在北京举行的全国田径赛，钟焕娣获女子 3000 米、1000 米两项第一名；7 月，在辽宁省大连市举行的亚运会选拔赛上，钟焕娣获女子 3000 米、10000 米两项第一名；8 月，在天津举行的全国田径冠军赛，钟焕娣获女子 3000 米、10000 米两项第一名；9 月，西南四省区协作赛在贵阳举行，马云秀获女子 3000 米、10000 米两项第一名；9 月—10 月，在北京举行的第十一届亚运会上，钟焕娣获女子 3000 米、10000 米两项第一名；10 月，在爱尔兰共和国都柏林举行的世界公路越野锦标赛 15 千米，钟焕娣获第三名，中国队团体第六名。1991 年 4 月，在印度尼西亚日若市举行的第五届国际大奖赛 10 千米，钟焕娣获第四名；6 月，在北京举行的全国锦标赛上，钟焕娣获女子 3000 米第三名、10000 米第一名；8 月，在东京国立田径场举行的第三届世界田径锦标赛，钟焕娣获女子 10000 米第二名；9 月—10 月，在上海举行的全国田径冠军赛上，钟焕娣获女子 3000 米、10000 米两项第一名；10 月，在马来西亚吉隆坡举行的亚洲田径锦标赛，钟焕娣获女子 3000 米、10000 米两项第一名。1992 年 4 月—5 月，在日本举行的届国际田径巡回赛赛，钟焕娣获女子 3000 米、5000 米、10000 米三项第一名；5 月，在江苏南京举行的全国锦标赛，钟焕娣获女子 3000 米第二名、10000 米第一名；8 月，在西班牙巴塞罗那举行的第二十五届奥运会，钟焕娣获女子 10000 米第四名，破亚洲纪录；9 月，在巴西哈瓦那举行的第六届世界杯田径赛，钟焕娣获女子 10000 米第三名。1993 年 4 月，在天津举行的第七届全国运动会马拉松比赛，钟焕娣获第五名；5 月，在上海举行的首届东亚运动会，钟焕娣获女子 10000 米第一名；8 月，在德国斯图加特举行的第四届世界田径锦标赛，钟焕娣获女子 10000 米第二名；10 月，在北京举行的第七届全国运动会，钟焕娣获女子 10000 米第二名，破世界纪录。2002

年6月，在大理举行的全国铁人三项锦标赛优青组，周忠伟获亚军。2003年8月，全国第五届成运会在成都举行，岩应破400米栏省纪录。2004年2月，在北京举行的全国室内田径锦标赛上，朱春荣破60米省纪录；9月，在上海进行的全国第七届大学生运动会上，岩应破跳远省纪录。

（二）体操

1980年，全国青少年体操比赛在镇江举行，杨忠明获团体第四名。1981年，在宁波举行的全国少年体操比赛上，杨忠明获团体第二名；在南京举行的全国成年体操比赛上，王群策获团体、单杠两项第五名和鞍马第三名；在昆明举行的全国成年体操比赛上，卢力、王群策获团体第四名。1982年，在广州举行的“五羊杯”体操比赛上，卢力获男子自由体操第四名；在徐州举行的全国体操比赛上，李跃明获团体第一名；在徐州举行的全国少年体操比赛上，杨忠明获团体第二名。1983年，在徐州举行的全国体校体操比赛上，李跃明获团体第二名。1984年，在江门举行的全国少年体操比赛上，杨忠明获男子全能、跳马、双杠三项第一名，团体、自由体操、鞍马、单杠四项第二名，吊环第三名。1985年，在焦作举行的全国第一届青运会上，杨忠明获团体第六名。1986年，在营口举行的全国少年体操比赛上，杨忠明获男子鞍马第六名；在天津举行的全国少儿体操比赛上，李跃明获男子单杠、双杠、吊环三项第一名，自由体操第三名，条码第五名，鞍马第六名；在天津举行的全国体少体校操比赛上，杨晓惠、杨晓丽分别获女子团体第二名和平衡木第一名、第二名。1988年，在常州举行的全国少儿体操比赛上，张军获团体第一名。1989年，在沈阳举行的全国第二届青运会上，张军、李跃明获团体男子第六名；杨晓惠获女子团体、平衡木、高低杠第一名、第四名、第六名；在宁波举行的全国少儿体操比赛上，段虎峰获男子全能、吊环、跳马、鞍马第一名、第二名、第三名、第四名；在昆明举行“钢花杯”协作区赛，李跃明分别获男子吊环、自由体操、单杠全能第二名、第三名、第五名、第七名；张军获男子全能、单杠二项第四名，跳马、双杠二项第六名。1990年，在成都举行的全国体操比赛上，杨晓惠获女子团体第一名，平衡木第四名，并通过国家级运动健将；在沈阳举行的全国少年体操锦标赛上，张军获男子自由体操、单杠第五名、第六名；在徐州举行的全国少儿体操比赛上，段虎峰分别获男子全能、鞍马、双杠第一名，单杠、跳马第二名，自由体操、吊环第三名；在南昌举行的全国少儿体操比赛上，段虎峰分别获男子全能、跳马第一名；钟兵获男子团体第二名。1997年10月，全国第八届运动会在上海举行，思茅地区输送的运动员张军、段虎峰、钟兵作为云南省代表团参加比赛，张军获跳马、单杠比赛第九名。2002年11月，思茅地区健美操队参加江西“庐山杯”全国健美操大赛，镇沅县代表队、思茅一中代表队获一等奖，地区国税局代表队、思茅二中代表队获二等奖。2003年11月，澜沧健美体操队代表云南参加在北京举行的全国大众健美操比赛，分别获得组织、推广、表演三项的第一名。2005年11月，思茅市参加在福建举行的“浩沙杯”全国万人健美操大众锻炼标准总决赛，思茅代表队获5个一等奖。

（三）技巧

1978年10月，在南京举行全国技巧比赛，石波获女双全能第六名。1979年5月，在苏州举行第四届全国运动会预赛，杨焱获混双技巧全能第五名；9月，在北京举行第四届全国运动会，杨焱获全能第五名并通过国家级运动健将。1980年5月，在杭州举行的全国技巧冠军赛上，王景屏获女双全能第六名；杨焱获混全能、第一套二项第三名，石波获女三全能第四名；10月，在合肥举行的全国技巧锦标赛上，扬焱获混双全能第三名；王景屏获女双全能第五名；石波参加女三比赛；杨焱、石景屏、石波、获团体第六名。1981年4月，在南昌举行的全国技巧冠军赛上，石波获第一套女三全能两项第五名、第三名，杨焱获混双全能第四名；王景屏获女双全能第五名。1982年5月，在全国技巧冠军赛，王景屏获女双全能、第一套两项第三名；10月，在昆明举行的全国技巧锦标赛，王景屏获女双全能第三名；杨焱获混双全能第六名。1983年6月，王景屏在全国技巧锦标赛上获女双第一套第六名。1990年6月，在成都举行全国技巧锦标赛上，毛捷获女双第一套（预）、第二套（决）第六名。1995年，在成都举行的技巧年度赛上，张海滨、李超、石龙、王丽琼获团体第一名；赵杰获银牌一枚、铜牌二枚。

（四）射击

1981年，范德岗参加全国射击锦标赛比赛，获个人第三名，胡忠祥3破5项省纪录。1995年9月，李晓黎等3名运动员在成都参加全国团体射击锦标赛中，以1733环的成绩打破省气手枪60发射击纪录。1998年，在南京举行的全国残疾人射击运动会上，思茅县二级运动员李志林分别获男子气手枪坐姿第二名、第四名。1999年11月10日—15日，在新西兰举行的世界轮椅射击比赛中，思茅地区残疾人运动员李剑飞代表中国参加比赛，获2枚金牌。2000年10月，李剑飞代表中国参加悉尼残奥会，获男子个人10米气手枪银牌，被省政府授予优秀运动员称号。2002年8月，李剑飞代表中国队参加在韩国釜山举行的远南残疾人运动会和韩国2002年射击锦标赛，分别获金牌1枚、铜牌1枚和金牌2枚、铜牌1枚的好成绩；思茅地区选送的运动员李智明代表云南省参加全国射击年度赛，获气手枪冠军。2004年10月，李剑飞代表中国参加在雅典举行的第十二届残奥会，夺得P-110米气手枪第一名，25米运动手枪第四名。2005年12月，思茅市射弩运动员岩古代表云南省参加全国射弩锦标赛，获男子全能第一名。2006年3月，思茅市射击队参加在昆明举行的全国青少年射击比赛，获男子25米气手枪速射金牌。

（五）篮球

1980年2月，思茅地区中学生男女篮球队代表云南省中学生篮球代表队到柳州参加比赛，女队获赛区第三名，男队获赛区第二名，男队取得决赛权；8月16日到山西太原参加决赛，获全国第五名。

（六）足球

2003年11月，思茅足球队代表云南省参加在四川举行的足球（丙级）联赛，获云南省片区第四名。2005年1月，云南省足协与思茅市体育局联合举办“茶王杯”全国青少年足球邀请赛，全国各省市388支代表队参赛，思茅市代表队获两个项目的冠军。

（七）陀螺

2003年9月，思茅陀螺男子代表队代表云南省参加在宁夏举行的全国第七届少数民族传统体育运动会陀螺比赛，获团体冠军第一名、个人第二名，行署体育局被省政府授予“第七届全国民运会贡献奖”。2005年12月，“云景林纸杯”全国少数民族陀螺邀请赛在景谷县举行，思茅男子团体获第一名、第二名，女子团体获第二名、第四名，男子个人获冠军，女子个人包揽前三名。2007年，普洱市男、女陀螺队代表云南省参加在广州举行的第八届全国少数民族传统体育运动会，获金牌2枚。

（八）游泳

1996年，在昆明举行的全国少儿游泳年龄分区赛，乔光学获金牌3枚、银牌1枚，黄忠强获金牌3枚；在湖南岳阳举行的全国少儿游泳年龄组分赛区，黄忠强获金牌1枚、银牌2枚；8月，在云南省第四届青少年运动会上，思茅代表队获金牌5枚、银牌5枚、铜牌5枚。1998年，在云南省第十届运动会上，思茅代表队获金牌3枚、银牌2枚、铜牌3枚；8月，省第十届运动会在玉溪举行，思茅游泳队获金牌2枚、银牌4枚、铜牌3枚。1999年，全省青年组游泳年度赛在昆明举行，思茅游泳队获金牌 1 枚、银牌 6 枚、铜牌 1 枚。2000 年，云南省“五城会”游泳比赛在大理举行，思茅游泳队获金牌 2 枚、银牌 3 枚、铜牌 3 枚。2001 年，在香港举行的亚洲杯游泳比赛上，乔光学获银牌 1 枚。2002 年，在浙江举行的亚洲杯游泳比赛上，乔光学获成年组银牌 1 枚；8 月，在云南省第十届运动会上，思茅代表队获银牌 2 枚。2003 年，在北京举行的世界精英杯游泳比赛上，乔光学获成年组金牌 1 枚；云南省游泳比赛在玉溪举行，思茅游泳队获金牌 3 枚、银牌 2 枚、铜牌 2 枚。2004 年，云南省传统项目学校游泳比赛在玉溪新平县举行，思茅游泳队获金牌 8 枚、银牌 19 枚、铜牌 14 枚。2005 年 3 月，云南省第十届中学生运动会在昆明举行，思茅游泳队获金牌 2 枚、银牌 1 枚、铜牌 5 枚。2006 年 8 月，云南省第十二届运动会，普洱代表队获银牌 1 枚、铜牌 2 枚。2007 年，云南省少儿游泳年度赛在昆明举行，思茅游泳队获金牌 2 枚、银牌 1 枚、铜牌 3 枚。

四、亚洲体育竞赛

1988 年 4 月，在北京举行的中日“长城杯”马拉松接力赛上，钟焕娣获女子团体、8 千米第一名。1989 年 4 月，在北京举行的中日“长城杯”马拉松接力赛上，钟焕娣获女子团体、10 千米第一名；11 月，在印度新德里举行的第八届亚洲田径锦标赛上，钟焕娣获 3000 米、10000 米第一名；在昆明举行的中缅田径对抗赛上，王正军获男子 1500 米第一名。1990 年 4 月，在北京举行的中日“长城杯”马拉松接力赛上，钟焕娣获女子 10 千米第一名，并获国家体育运动荣誉奖章。9 月—10 月，在北京举行的第十一届亚运会上，钟焕娣获女子 10000 米、3000 米第一名，破两项亚运会纪录。1991 年，“亚洲杯”游泳比赛在香港举行，乔光学获银牌 1 枚。2001 年，在澳门举行的亚洲杯铁人三项积分赛优青组，周忠伟获亚军。2002 年 9 月，在香港举行的亚洲杯系列赛优青组，周忠伟获亚军；“亚洲杯”游泳比赛在浙江宁波举行，乔光学获银牌 1 枚。2003 年 9 月，在杭州举行的国际铁人三项积分赛中，周忠伟获亚军；10 月，在新加坡举行的亚洲杯系列赛优青组，周忠伟再次获亚军。

五、国际体育竞赛

1986 年 11 月，在日本广岛举行的国际马拉松接力赛，钟焕娣获团体、10 千米第六名、第四名。1987 年 2 月，在日本横滨举行的国际女子马拉松接力赛，钟焕娣获女子团体、10 千米第六名、第三名；7 月，在南斯拉夫举行的第十四届世界大学生运动会上，钟焕娣获女子 10000 米第二名。1988 年 3 月，在新西兰举行的世界草地锦标赛上，钟焕娣获团体 5、6 千米第八名；9 月，在汉城举行的二十四届奥运会，钟焕娣获女子马拉松赛第三十名；12 月，在日本举行的国际女子马拉松接力赛，钟焕娣获 7 千米第五名；同年，在日本举行的国际女子马拉松接力赛，钟焕娣获团体、10 千米第二名、第一名。1989 年 2 月，在日本横滨举行的国际马拉松接力赛，钟焕娣获女子 10 千米第一名，被评为最有前途的运动员；9 月，在巴西举行的第七届世界公路越野赛上，钟焕娣获女子团体、15 千米第一名、第二名；10 月，在北京举行国际田径邀请赛，钟焕娣达到国家级运动健将标准；同年，在南宁举行国际田径邀请赛，王正军获男子 3000 米第五名；在莫斯科举行第十六届“新闻杯”体操比赛，杨晓惠获女子团体、平衡木第一名、第四名。1990 年 2 月，在日本横滨举行国际马拉松接力赛，钟焕娣获团体、10 千米第一名；10 月，在爱尔兰举行世界女子公路锦标赛，钟焕娣获 15 千米第三名。1999 年 1 月，在泰国曼谷举行第七届“远南运动会”，李剑飞获个人第二名，取得悉尼奥运会席位；11 月，在新西兰举行的世界轮椅射击比赛中，李剑飞获金牌 2 枚。2000 年 10 月，李剑飞参加悉尼残奥会，获男子 10 米气手枪银牌。2002 年 8 月，李剑飞参加在韩国釜山举行的远南残疾人运动会世界射击锦标赛，获金牌3枚、银牌1枚、铜牌1枚。2003年，在北京举行“世界精英杯”游泳比赛，乔光学获成年组金牌1枚。2004年10月，李剑飞在雅典第十二届残奥会上获P–110米气手枪第一名，25米运动手枪第四名。2005年8月，李剑飞参加在德国举行的世界射击锦标赛，获10米气手枪、50米自选手枪冠军，25米速射银牌，三项皆获2008年残奥会席位。2006年7月，在瑞士举行的世界锦标赛，李剑飞获10米气手枪个人第一名，10米气手枪速射第六名，获2008年北京奥运会席位。2007年5月，在韩国举行的世界设计锦标赛，李剑飞获10米气手枪第一名，50米慢射第二名，获2008北京奥运会席位。

六、省级运动赛事承办

1979年2月，思茅全省少儿足球乙级队比赛。1980年，承办全省职工篮球分赛区。1983年2月，承办全省少年篮球甲级队联赛和全省初中足球调赛。1985年2月，承办全省第一届青运会足球比赛；8月，全省少年儿童体操比赛和全省田径比赛。1986年2月，承办省第七届运动会排球预赛。1988年3月，承办省第二届农民运动会篮球分赛区；8月，省第二届青运会女子足球比赛。1989年7月，承办全省幼儿体操比赛；8月，承办全省射击比赛；9月，承办全省工行系统第二届“储蓄杯”篮球比赛。1990年2月，承办全省中长跑竞走比赛。1993年，承办云南省象棋、围棋锦标赛。1996年5月，承办中国建设银行云南省职工篮球运动会分区赛；8月，承办云南省第四届青少年运动会；10月，承办云南省“人事杯”首届篮球运动会分区赛。1997年，承办云南省第二届国家级体育先进县篮球赛；承办全国青少年女子排球赛；7月，承办云南省“人民保险杯”象棋比赛（澜沧）。2000年9月，承办云南省首届健美操锦标赛。2001年2月4日—7日，由行署体委承办、地区体育职业中学、中国人寿公司思茅分公司协办的“中国人寿杯”2001年云南省中长跑、竞走比赛在思茅举行。昆明、玉溪等11个地州市13支代表队348人参赛。2002年9月，承办思茅地区第二届“金穗杯”健美操暨云南省首届健美操锦标赛、全国第十一届农民象棋比赛。2003年9月，承办“天然石林杯”云南省羽毛球邀请赛。2004年4月，承办《人寿杯》云南省青少年击剑比赛；7月，承办云南省第六届农民运动会；10月，承办云南省“红河杯”足球总结赛；11月，承办云南省少数民族传统体育项目陀螺、射弩锦标赛（景谷）和云南省“天壁杯”城市门球运动会。2005年1月，承办“茶城杯”全国青少年足球邀请赛；8月，承办云南省沙滩排球赛和云南省第十二届运动会网球预赛；9月，承办“金穗杯”云南大众健美操赛；10月，承办云南省“茶城杯”全国老年塑质地掷球比赛。2006年12月，承办云南省老年运动会思茅分区赛乒乓球比赛；2007年1月27日—31日，普洱市承办“金穗杯”全国青少年健美操锦标赛，来自全国各地48支代表队311名运动员及教练员参加，共产生冠军15个，亚军15个，季军9个，评选出最佳编排奖、最佳完成奖、最可爱奖、最自信奖、最佳表演奖等特别奖项。4月2日—8日，承办云南省象棋精英赛“盛世普洱茶叶杯”，共有10支代表队36名运动员参赛。红河代表队王勇、张锦东，省队赵冠芳分别获个人前三名。10月1日—5日，在景谷县举办“2007年穿越景谷雨林越野挑战赛”。

第三十四篇

人事劳动和社会保障

1978年后，普洱市人事、劳动和社会保障发展走上正轨，人事、劳动和社会保障制度开展一系列重要的改革，计划经济体制下的人事、劳动和社会保障制度逐步为新的人事、劳动和社会保障制度所代替。新制度对干部调配任免、招考、考核、奖惩、职称评聘、培训教育、工资福利、离休、退休等作出明确的规定：机构编制管理方面，进行机构改革，转变政府职能，理顺各级党委、政府以及部门之间的关系，加强基层政权建设，精简机构和人员编制，机构编制和财政供养人员得到有效控制；进行事业单位清理整顿，理顺政事、事企关系，规范事业单位登记管理，强化事业单位的法人意识，增强事业单位的活力和服务功能，为深化事业单位分类改革打下良好的基础；初步建立起全市统一的公务员制度，一批年轻优秀人才通过公开考试进入公务员队伍，建立人才市场的事业单位实行聘用制，促进人才的流动，实施“三大人才工程”（高层次人才培养工程、紧缺人才引进工程和边疆民族地区人才振兴工程），至2007年，全市公务员1.35万人；初、中、高三类专业技术人才3.85万人。其间，人事局开展干部文化知识培训、机关干部的专业培训、公务员的初任培训和任职培训，同时举办全市各类专业技术人员学习新知识、新技术，多期培训。

1985年后，根据要求逐步开展工资制度改革，第一次将机关事业和企业的工资制度分离。机关事业单位职工的工资由人事局进行管理，机关事业单位职工的工资实行了以职务工资为主要内容的结构工资制，企业职工的工资由劳动局进行管理。1993年工资制度改革，又将机关和事业单位的工资制度分离，机关实行职级工资制，事业单位实行职务等级工资制。2006年，机关单位工资制度及事业单位收入分配制度改革，行政机构除工勤人员以外的工作人员实行职级工资制，事业单位实行岗位绩效工资制度。

1986年后，根据要求逐步开展劳动用工制度改革，思茅地区各级劳动行政部门按照国务院《国营企业实行劳动合同制度暂行规定》，开始招收第一批劳动合同制工人，在全地区推行以劳动合同制为中心的用工制度改革，同时建立了与之相适应的社会保障、劳动争议仲裁、待业保险、就业服务、劳动保护、劳动监察等配套改革措施。按照“积极开展技术、文化培训工作，为国家储备人才”的思路开展工人技术培训，由原来的“先就业后培训”调整为“先培训后就业”，结合市场需求先后开设57个工种的职业技能培训、鉴定，开展中级工和高级工的培训，建立并完善了工人技师的培训、考评和聘任制度。同时，思茅地区将职工工资待遇由国家统一规定（俗称“大锅饭”），转变为对职工实行何种工资制度、工资水平和发放办法都由企业自主决定，政府不再统一安排调整工资和升级，只进行必要的宏观调控。此外还开展就业岗位开发、城镇登记失业人员和农村劳动力技能培训、创业培训、农村劳动力转移就业、劳务输出、求职登记、职业介绍和职业指导等服务。努力实施再就业工程，帮助破产、停产、半停产企业困难职工和失业职工开展生活保障、生产自救、分流安置和再就业工作，成立职工解困和实施再就业工程领导小组，筹集再就业资金，开展小额担保贴息贷款，筹集下岗职工基本生活保障金203.9万元。2007年年末，普洱市累计有2123名下岗人员得到基本生活保障。全市城镇登记失业人员16881人，当年实现就业再就业7441人，年末城镇登记失业人员9440人，城镇登记失业率3.88%。

1986年后，普洱市各级劳动和社会保障部门开展对外劳务输出工作，至2007年年末，向北京、上海、山东、黑龙江、惠州、梅山、郑州、昆明等地输出农村剩余劳动力6万余人，大多数输出目标人群职业稳定，劳务收入不断增加，在资助家庭生活必需之外还学到新的技术和先进的理念。

1980年后，随着新的社会保险制度的推行，普洱市城镇初步形成了以基本养老保险为主要内容的社会保险框架，包括城镇职工基本养老保险、失业保险、城镇职工基本医疗保险、工伤保险、生育保险和农村养老保险等制度。以出台国营企业退休费用社会统筹为标志，普洱市拉开了社会保险建设的序幕。2007年年末，全市参加养老保险90123人，医疗保险参保职工154936人，参加失业保险7.28万人、工伤保险8.26万人、生育保险7.2万人。

第一章　人事体制

第一节　机　构

一、市人事局

1979年7月7日，撤销组织部人事科，成立思茅地区行政公署人事局。1983年10月，撤销行署人事局，组建思茅地区行政公署劳动人事处，并将计委劳动工资科划归劳动人事处。1989年10月，撤销思茅地区行政公署劳动人事处，成立思茅地区行署人事局，内设秘书科、干部科、工资福利科、军官转业安置办公室、编制委员会办公室，机构编制20人，实有18人。2007年年末，普洱市人事局内设办公室、工资福利与退休科、规划与人才开发培训科、公务员管理与流动调配科、专业技术人员管理科、行政执法监察科、档案管理科、军官转业安置科、自主择业军转干部管理中心、考试中心、人才服务中心、外国专家局（中心、局），机构编制51人，实有46人（含编办）。

1978—2007年普洱市人事局领导任职表

表34-1

单位	姓名	性别	民族	籍贯	职务	任职时间
思茅地区行政公署人事局	史焕章	男	汉	河南许昌	局　长	1981.3—1983.9
	李文章	男	彝	云南景东	副局长	1979.9—1983.9
	魏文松	男	哈尼	云南宁洱	副局长	1979.9—1983.9
思茅地区行政公署劳动人事处	杨文忠	男	汉	云南墨江	处　长	1983.10—1989.10
	李文章	男	彝	云南景东	副处长	1984.3—1986.9
	张炳和	男	汉	云南墨江	副处长	1984.8—1989.10
	李开学	男	拉祜	云南双江	副处长	1986.9—1989.4
思茅地区行政公署人事局	沈　杰	男	汉	山东文登	局　长	1989.10—1991.9
	李崇恩	男	哈尼	云南墨江	局　长	1991.9—1999.7
	赵平云	男	彝	云南宁洱	局　长	1999.8—2004.3
	张炳和	男	汉	云南墨江	副局长	1989.10—2003.8
	陈自学	男	汉	云南宁洱	副局长	1990.4—2002.10
	黄河立	男	汉	云南宁洱	副局长	2001.12—2004.3
	钱　勇	男	汉	云南思茅	副局长	2002.7—2004.3
思茅市人事局	何世坤	男	彝	云南宁洱	局　长	2004.4—2007.4
	黄河立	男	汉	云南宁洱	副局长	2004.3—2004.12

续表 34-1

单位	姓名	性别	民族	籍贯	职务	任职时间
思茅市人事局	钱　勇	男	汉	云南思茅	副局长	2004.3—2007.4
	张敞华	男	彝	云南景谷	副局长	2006.6—2007.4
	李　康	男	汉	云南墨江	纪检组长	2006.6—2007.4
普洱市人事局	何世坤	男	彝	云南宁洱	局　长	2007.4—2007.12
	钱　勇	男	汉	云南思茅	副局长	2007.4—2007.12
	张敞华	男	彝	云南景谷	副局长	2007.4—2007.12
	李　康	男	汉	云南墨江	纪检组长	2007.4—2007.12

二、市机构编制委员会

1980 年 6 月，思茅地区行政公署编制委员会恢复成立。1982 年 2 月，更名为思茅地区编制委员会。1996 年 4 月，地区机构编制委员会办公室确定为副处级办事机构，挂靠行署人事局；8 月，思茅地区编制委员会更名为思茅地区机构编制委员会。1998 年机构改革后，地区机构编制委员会办公室为地区机构编制委员会的常设办事机构，与行署人事局合署办公，办公室主任由人事局局长兼任，设专职副主任 1 名。2003 年政府机构改革后，地区机构编制委员会办公室为地区机构编制委员会的常设办事机构。2007 年年末，普洱市机构编制委员会办公室内设综合科（监督检查科）、机关科、事业科、事业单位登记管理局，机构编制 13 名（行政编制 11 名、事业编制 2 名）。

1980—2007 年普洱市机构编制委员会领导任职表

表 34-2

单位	姓名	性别	民族	籍贯	职务	任职时间
思茅地区行政公署编制委员会	平富昌	男	汉	云南陆良	主　任	1980.6—1983.9
	王耀庭	男	汉	云南建水	副主任	1980.6—1982.2
	李文章	男	彝	云南景东	副主任	1980.6—1983.9
	魏忠逵	男	彝	云南景谷	副主任	1982.2—1983.9
思茅地区编制委员会	刘国桢	男	汉	云南景谷	主　任	1983.10—1986.9
	张希平	男	汉	云南建水	主　任	1988.4—1991.1
	朱永贤	男	傣	云南景谷	主　任	1991.1—1993.10
	潘政扬	男	汉	广东南海	主　任	1993.10—1996.5
	杨文忠	男	汉	云南墨江	副主任	1983.10—1988.3
	李文章	男	彝	云南景东	副主任	1983.10—1986.9
	张炳和	男	汉	云南墨江	副主任	1986.9—1988.3
	王子萌	男	彝	云南建水	副主任	1988.4—1991.1
	魏应昌	男	佤	云南澜沧	副主任	1991.1—1993.10
	沈　杰	男	汉	山东文登	副主任	1991.1—1993.10
	张百如	男	汉	山东龙川	副主任	1993.10—1996.5
	李崇恩	男	哈尼	云南墨江	副主任	1993.10—1996.5
思茅地区机构编制委员会	王志东	男	汉	四川天全	主　任	1996.5—2002.2
	卯稳国	男	汉	云南富源	主　任	2002.2—2006.4

续表 34-2

单位	姓名	性别	民族	籍贯	职务	任职时间
思茅地区机构编制委员会	张百如	男	汉	广东龙川	副主任	1993.10—2002.2
	李崇恩	男	哈尼	云南墨江	副主任	1996.5—1998.8
	王正昌	男	彝	云南镇沅	副主任	1998.9—2002.2
	陈永福	男	汉	云南巍山	副主任	1996.8—2002.2
	苏全忠	男	汉	云南大理	副主任	1998.9—2002
	黄寅敏	男	汉	上海	副主任	1999.9—2002.2
	王正昌	男	彝	云南镇沅	副主任	1996.8—2006.4
	黄寅敏	男	汉	上海	副主任	2002.2—2006.4
	谢　伟	男	汉	四川隆昌	副主任	2002.2—2006.4
	郭红波	男	汉	山西壶关	副主任	2003.11—2004.4
思茅市机构编制委员会	郭红波	男	汉	山西壶关	副主任	2006.4—2007.4
	鲁　斌	男	彝	云南景东	副主任	2006.4—2007.4
	丁艳波	女	汉	云南腾冲	副主任	2006.4—2007.4
普洱市机构编制委员会	郭红波	男	汉	山西壶关	副主任	2004.4—2006.4
	鲁　斌	男	彝	云南景东	副主任	2006.4—2007.4
	丁艳波	女	汉	云南腾冲	副主任	2006.4—2007.4
	朱飞云	男	汉	云南华宁	副主任	2007.6—2007.12

1996—2007 年普洱市机构编制委员会办公室领导任职表

表 34-3

单位	姓名	性别	民族	籍贯	职务	任职时间
思茅地区机构编制委员会办公室	文友志	男	汉族	云南景东	主任（副处）	1996.4—1999.8
	赵平云	男	彝族	云南宁洱	主　任	1999.8—2004.4
	文友志	男	汉族	云南景东	专职副主任	1999.9—2002.7
	刀　锋	男	傣族	云南景谷	专职副主任	2002.7—2004.4
思茅市机构编制委员会办公室	何世坤	男	彝族	云南宁洱	主　任	2004.4—2007.4
	刀　锋	男	傣族	云南景谷	专职副主任	2004.4—2006.6
普洱市机构编制委员会办公室	何世坤	男	彝族	云南宁洱	主　任	2007.4—2007.12
	谢燕波	女	汉族	云南景谷	专职副主任	2007.10—2007.12

第二节　体制改革

一、1983 年机构改革

1983 年，机构改革的核心内容是提高政府工作效率，推进干部年轻化，精简机构和人员编制。改革后，中共思茅地委设立办公室、组织部、宣传部、统战部、政法委、调查研究室、机关党委 7 个工作机构。思茅地区行署设立办公室、计划委员会、科学技术委员会、民族事务委员会、统计处、劳动人事处、民政处、司法处、公安处、审计处、外事办公室、农牧局、水利电力局、林业局、工业交通局、文化广播电视局、教育局、商业局、财政局、税务局、卫生局、城乡建设环境保护局、供销社 23 个工作机构。同时，保留物价局，该机构与计划委员会合署办公；保留工商行政管理局，该机构与商业局合署办公；保留体育运动委员会，该机构与文化局合署办公；保留编制委员会，该机构与劳动人事处合署办公；保留计划生育委员会，该机构与卫生局合署办公。地区纪律检查委员会、地区中级人民法院、地区检察院分院和工会、共青团、妇联等人民团体按照党章和相关规定设置。通过改革，地委工作机构由 9 个减至 7 个，行署工作机构由 38 个减至 23 个。党政群机关人员编制从 988 名减至 720 名，精简率 27.1%。

二、1994 年机构改革

1994—1997 年，机构改革的重点是加强宏观调控和监管部门的作用，强化社会管理职能部门、减少具体审批事务和对企业的直接管理，实现政企分开。本次改革分别对地委、行署机构作如下调整：地区纪律检查委员会机关与行署监察局合署办公，实行一个机构两块牌子；地委老干局由地委组织部管理；地委保密委员会办公室（地区国家保密局）归口地委办公室管理；地委机要局为地委办公室的内设机构，保留机要局牌子。改革后，地委设置办公室、组织部、宣传部、统战部、政法委、政策研究室、地直机关党委。撤销行署计划经济委员会、行署工业局、行署黄金管理局、行署经济协作办公室，分别组建行署计划委员会、行署经济贸易委员会；撤销行署民族事务委员会、行署宗教局，组建行署民族宗教事务局；撤销行署文化局、体育运动委员会，组建行署文化体育局，保留行署体育运动委员会牌子；撤销行署对外经济贸易局、行署边境贸易办公室，组建行署对外贸易经济合作局；行署经济体制改革委员会并入行署经济贸易委员会，保留行署经济体制改革委员会牌子；地区供销社退出政府机构序列；行署财政局加挂行署国有资产管理局牌子；行署物资局、行署商业局转为地区商业贸易总公司，其行政职能移交行署经济贸易委员会；行署广播电视局（行署授权承担一定行政职能）、行署档案局（与地区档案馆实行一个机构两块牌子）改为事业单位；行署物价局由行署计划委员会管理；行署技术监督局由行署经济贸易委员会管理；行署粮食局由行署经济贸易委员会管理；行署外事办公室由行署办公室管理，对外保留口岸办公室牌子；思茅行署扶贫开发领导小组办公室为行署扶贫开发领导小组的办事机构（副处级）。通过改革，地委、行署工作部门由改革前的 55 个减至 36 个，精简率 34.5%。设置部门管理机构 6 个，常设办事机构 5 个，完成事业单位调整 5 个，人员编制由 1360 名减至 1204 名（含人大、政协、群团机关），精简率 11.5%。县（市）改革后，设置党政工作机构 284 个（党委 52 个、政府 232 个），比改革前的 395 个减少 110 个，精简率 27.8%；省核定下达行政编制 4810 名，比改革前的 6022 名（含地方自定事业编制）减少 1212 名，精简率 14.4%。乡（镇）改革后，省核定下达乡（镇）人员编制 3436 名，增加 214 名。

三、2001 年机构改革

2001 年，机构改革的重点是转变政府职能，理顺各级党委、政府以及部门之间的关系，加强基层政权建设，精简机构和人员编制。改革分别对地委、行署机构作如下调整：保留地区纪律检查委员会机关、地委办公室、地委组织部、地委宣传部、地委统战部（加挂地委台湾工作办公室、行署台湾事务办公室牌子）、地委政法委员会、地委政策研究室、地委直属机关党委；地委老干部局仍由地委组织部管理，地委保密委员会办公室（地区国家保密局）并入地委办公室，保留牌子。行署计划委员会更名为行署发展计划委员会，行署物价局并入发展计划委员会；撤销行署贸易局，其行业管理职能交给行署经济贸易委员会；行署经济体制改革委员会并入行署经济贸易委员会；行署侨务办公室与地区侨联合署办公；组建行署劳动和社会保障局，统一管理城镇企业职工社会保险、机关事业单位职工社会保险和医疗保险及农村养老保险；撤销行署土地管理局，组建行署国土资源局；原行署计划委员会承担的国土整治、行署经济贸易委员会承担的矿产资源管理等有关职能划入行署国土资源局；行署教育委员会更名为行署教育局；行署科学技术委员会更名为行署科学技术局；行署体育运动委员会更名为行署体育局；行署水利水电局更名为行署水利局，其地方电力行政管理职能并入经济贸易委员会；行署经济协作办公室改为事业单位。保留行署办公室、行署经济贸易委员会、行署民族宗教事务局、行署公安局、行署监察局（与地区纪律检查委员会机关合署办公，不计机构个数）、行署司法局、行署民政局、行署财政局、行署人事局、行署建设局、行署交通局、行署农业局、行署林业局、行署对外贸易经济合作局、行署文化局、行署卫生局、行署计划生育委员会、行署审计局、行署统计局、行署粮食局、行署旅游局、行署外事办、行署乡（镇）企业局、行署环境保护局。组建行署安全生产监督管理局，由行署经济贸易委员会管理。保留行署扶贫开发办公室，为行署扶贫开发领导小组的常设办事机构。保留行署人民防空办公室，为行署人民防空工作的主管部门。地区机构编制委员会办公室为地区机构编制委员会的常设办事机构，既是地委的工作部门，又是行署的工作部门，与行署人事局合署办公。经过调整，地委设置工作部门 8 个，部门管理机构 1 个；行署设置工作部门 30 个，部门管理机构 1 个，议事协调机构的办事机构 2 个。改革后，地级党政群机关行政编制由 855 名减至 684 名，精简率 20%；县（市）改革后，设置党政工作机构 286 个（党委 70 个、政府 216 个），比改革前的 358 个减少 72 个，精简率 20%；县（市）级党政群机关行政编制由 4633 名减至 3984 名，精简率 14%；乡（镇）机关行政编制由 3436 名减至 3092 名，精简率 10%；法院、检察院和公安、司法行政机关专项编制由 3524 名减至 3364 名，精简率 10%。

四、2004 年机构改革

2004 年，机构改革主要是对部分政府机构进行调整和完善。整合国有资产监管职能，在市财政局加挂市国有资产监督管理委员会牌子，代表市人民政府履行国有资产出资人职责和国有资产监管职责，并统一承担对各县（区）国有资产监管任务；市发展计划委员会改组为市发展和改革委员会；撤销市经济贸易委员会、市乡（镇）企业局，组建市经济委员会，加挂市乡（镇）企业局、市中小企业局牌子；撤销市对外贸易经济合作局，组建市商务局，加挂市政府口岸管理办公室牌子；将市安全生产监督管理局由市经济贸易委员会管理调整为市政府工作部门；将市计划生育委员会更名为市人口和计划生育委员会。调整后，市人民政府工作部门仍设置 30 个。即政府办公室、发展和改革委员会、经济委员会、教育局、科学技术局、民族宗教事务局、公安局、监察局（与市纪律检查委员会机关合署办公，不计机构个数）、司法局、民政局、财政局、人事局、劳动和社会保障局、国土资源局、建设局、交通局、农业局、林业局、水利局、商务局、文化局、体育局、卫生局、人口和计划生育委员会、审计局、统计局、旅游局、外事办公室、环境保护局、粮食局、安全生产监督管理局。保留市政府扶贫开发领导小组办公室，为市政府扶贫开发领导小组的常设办事机构。保留市人民防空办公室，为市政府人民防空工作的主管部门。市机构编制委员会办公室为市机构编制委员会的常设办事机构，与市人事局合署办公。

第三节　人事工资改革

一、事业单位人事改革

2000 年，根据中组部、人事部《关于加快推进事业单位人事制度改革的意见》，省人事厅《云南省事业单位聘用制试行办法》和《云南省事业单位人事制度改革实施意见》，中共思茅地委办公室、行署办公室《思茅地区事业单位人事制度改革实施意见》，2000 年 6 月至 2003 年 6 月 30 日，思茅地区完成事业单位人事制度改革的工作任务，目标是建立起政事职责分开、单位自主用人、人员自由择业、政府依法管理、配套措施完善的体制；建立起人员能进能出、职务能上能下、待遇能高能低、人才结构合理、有利于优秀人才脱颖而出、充满生机和活力的运行机制；实现事业单位人事管理的法制化、科学化。事业单位人事制度改革的基本思路："脱钩、分类、放权、搞活"，对中层干部、中级以上职称岗位引入竞争机制，在工资上搞活内部分配，建立和推行聘用制的用人制度。"脱钩"，即改变用管理党政机关工作人员的办法管理事业单位人员，逐步取消事业单位的行政级别。"分类"，即根据社会职能、经费来源不同和岗位性质的不同，对不同类型的事业单位、不同性质岗位的人员，实行人事分类管理。"放权"，即在合理划分政府和事业单位职责权限的基础上，扩大事业单位的人事管理自主权，实行首长负责制，建立健全事业单位用人上的自我约束机制，通过建立和推进聘用制，搞活工资分配制度。引入竞争机制调整方面：要求科级（中层管理人员）岗位和中级以上职称岗位必须竞争上岗，县处级以上岗位由组织部门按干管权限负责任免；个别单位人员少，形不成竞争的，要按要求进行组织考核，公示后才能聘任上岗。搞活内部分配调整方面：有条件的单位，单位工资总额必须全额重新分配，实行岗位工资。现有的工资，以及平时正常晋升的工资只能作为档案工资留存，进入个人档案，待调动或退休时才起作用；没有条件的单位，主要是靠财政拨款，必须把职工工资中津贴部分拿出来重新分配，同时单位创收中用于个人分配的资金可以进行分配。聘用制调整方面：通过竞争上岗，双向选择，单位与个人之间签订聘用合同，以合同的方式来确定单位与个人之间的职责利益关系，重点在于签订合同必须按聘用合同的办法、程序进行，同时加强聘用管理。2007 年年末，全市 97% 的事业单位实行聘用制度，96% 的事业单位职工签订聘用合同。

二、工资制度改革

（一）1993 年工资制度改革

1993 年 10 月 1 日起，思茅地区机关和事业单位工作人员执行新的工资制度。机关工作人员（除工勤人员外）实行职级工资制，其工资按不同职能，分为职务工资、级别工资、基础工资和工龄工资 4 个部分，其中，职务工资和级别工资是职级工资构成的主体。

职务工资，按工作人员的职务高低、责任轻重和工作难易程度确定，是职级工资制中体现按劳分配的主要内容；在职务工资标准中，每一职务层次设若干工资档次，最少为 3 档、最多为 8 档，工作人员按担任的职务确定相应的职务工资，并随职务及任职年限的变化而变动。

级别工资，按工作人员的资历和能力确定，也是体现按劳分配的主要内容，机关工作人员的级别共分为 15 级，一个级别设置一个工资标准。基础工资按大体维持工作人员本人基本生活费用确定，数额为每人每月 90 元，各职务人员均执行相同的基础工资。工龄工资按工作人员的工作年限确定，工作年限每增加 1 年，工龄工资增加 1 元，一直到离退休当年止。

为了使机关工作人员的工资有计划地增长，保证新工资制度正常运转，本次改革也建立了相应的增资制度，具体办法是晋升职务工资档次，晋升职务工资、级别工资和增加工龄工资，定期调整工资标准。在实行职级工资制的同时，对机关工人的工资制度相应进行改革，根据机关工人的劳动特点，技术工人实行岗位技术等级工资制，其工资由岗位工资、技术等级工资和奖金3部分构成，普通工人实行岗位工资制，其工资由岗位工资和奖金两部分构成。事业单位的工资改革根据事业单位特点和经费来源的不同，对全额拨款、差额拨款、自收自支3种不同类型的事业单位，实行不同的管理办法。全额拨款单位，执行国家统一的工资制度和工资标准；在工资构成中，固定部分为70%，可调整部分为30%。差额拨款单位，按照国家制定的工资制度和工资标准执行；在工资构成中，固定部分为60%，可调整部分为40%。自收自支事业单位，有条件的可实行企业化管理或企业工资制度，做到自主经营，自负盈亏。思茅地区对自收自支事业单位实行工资构成中，固定部分为50%，可调整部分为50%。思茅地区机关、事业单位参加这次工资套改的有48149人，人均月增资72.65元，其中地直行政单位1830人参加套改，人均月增资78.34元；全额拨款事业单位1993人，人均月增资82.33元；差额拨款事业单位1012人，人均月增资116.92元；自收自支事业单位767人，人均月增资114.32元。

（二）2006年机关单位工资制度及事业单位收入分配制度改革

1.公务员工资制度

2006年7月1日起，全市机关和事业单位工作人员执行新的工资制度。执行对象包括除工勤人员以外的2006年7月1日前在册正式工作人员，具体套改办法为职务工资执行方面，公务员按照现任职务执行相应的职务工资标准。级别工资执行方面，公务员的级别和级别工资档次，按照现任职务、任职年限和套改年限确定。其中，现任职务是指按照干部管理权限由任免机关正式任命的职务。公务员工资套改时的任职年限是指从正式任命职务当年起根据实际任职时间按照年度累加计算至2006年的年限（只适用这次工资制度改革）。套改年限是指工作年限与不计算工龄的在校学习时间合并计算的年限，其中须扣除1993年以来除试用期外年度考核不计考核等次或不称职的年限。计算套改年限时的工作年限是指从本人工作当年起根据实际工作时间按照年度累加计算至2006年的年限（只适用这次工资制度改革）。公务员晋升职务后，从晋升职务的次月起执行新任职务的职务工资和相应的级别工资。自2006年7月1日起，公务员年度考核累计5年称职及以上的，自次年1月1日起在所任职务对应级别内晋升一个级别，级别工资就近就高套入晋升后级别对应的工资标准。自2006年7月1日起，公务员年度考核累计2年称职及以上的，从次年1月1日起在所任级别对应工资标准内晋升一个工资档次。列入公务员工资制度改革实施范围的单位中，使用机关行政编制或机关工勤人员编制的工人，执行机关工人工资制度。

技术工人工资套改办法为技术工人按照考评（聘任）的技术等级（职务）执行相应的技术等级工资标准。岗位工资，技术工人的岗位工资档次按照现任技术等级（职务）、现任技术等级（职务）年限和套改年限确定。普通工人的岗位工资档次按照套改年限确定，套改年限的计算办法与技术工人相同。其中，2006年7月1日起，机关工人年度考核累计2年为合格及以上的，次年1月1日起晋升一档岗位工资，技术工人晋升技术等级（职务）后，执行新任技术等级（职务）对应的技术等级工资标准。思茅地区机关单位参加这次工资套改的有14816人。

2.事业单位工资制度

事业单位实行岗位绩效工资制度，岗位绩效工资由岗位工资、薪级工资、绩效工资和津贴补贴4部分组成，其中岗位工资与薪级工资为基本工资。

岗位工资主要体现工作人员所聘岗位的职责和要求，事业单位岗位分为专业技术岗位、管理岗位和工勤技能岗位：专业技术岗位设置13个等级；管理岗位设置10个等级；工勤技能岗位分为技术工岗位和普通工岗位；技术工岗位设置 5 个等级，普通工岗位不分等级。不同等级的岗位对应不同的工资标准，工作人员按所聘岗位执行相应的岗位工资标准。

薪级工资主要体现工作人员的工作表现和资历。对专业技术人员和管理人员设置 65 个薪级，对工人设置 40 个薪级，每个薪级对应一个工资标准。对不同岗位规定不同的起点薪级。工作人员根据工作表现、资历和所聘岗位等因素确定薪级，执行相应的薪级工资标准。绩效工资主要体现工作人员的实绩和贡献。国家对事业单位绩效工资分配进行总量调控和政策指导。事业单位在核定的绩效工资总量内，按照规范的程序和要求自主分配。事业单位实行绩效工资后，取消现行年终一次性奖金，将一个月基本工资的额度以及地区附加津贴纳入绩效工资。津贴补贴：事业单位津贴补贴，分为艰苦边远地区津贴和特殊岗位津贴补贴。艰苦边远地区津贴主要是根据自然地理环境、社会发展等方面的差异，对在艰苦边远地区工作生活的工作人员给予适当补偿。艰苦边远地区的事业单位工作人员，执行国家统一规定的艰苦边远地区津贴制度。执行艰苦边远地区津贴所需经费，属于财政支付的，由中央财政负担。特殊岗位津贴补贴主要体现对事业单位苦、脏、累、险及其他特殊岗位工作人员的政策倾斜。国家对特殊岗位津贴补贴实行统一管理。在年度考核的基础上，对考核合格及以上等次的工作人员每年正常增加一级薪级工资。工作人员岗位变动后，按新聘岗位执行相应的工资标准。思茅地区事业单位 47722 人参加此次工资套改。

3. 机关事业单位离退休人员

机关事业单位离退休人员计发离退休费计发办法：2006 年 7 月 1 日后离退休的人员，在养老保险制度未建立前，暂按下列办法计发离退休费：离休费按本人离休前职务工资和级别工资之和或岗位工资和薪级工资之和全额计发。公务员退休后的退休费按本人退休前职务工资和级别工资之和的一定比例计发，其中工作年限满 35 年的，按 90% 计发；工作年限满 30 年不满 35 年的，按 85% 计发；工作年限满 20 年不满 30 年的，按 80% 计发。事业单位工作人员退休后的退休费按本人退休前岗位工资和薪级工资之和的一定比例计发，其中，工作年限满 35 年的，按 90% 计发；工作年限满 30 年不满 35 年的，按 85% 计发；工作年限满 20 年不满 30 年的，按 80% 计发。机关技术工人、普通工人退休后的退休费分别按本人退休前岗位工资和技术等级工资之和、岗位工资的一定比例计发，其中工作年限满 35 年的，按 90% 计发；工作年限满 30 年不满 35 年的，按 85% 计发；工作年限满 20 年不满 30 年的，按 80% 计发。

增加离退休费的办法：离休人员按适当高于同职务在职人员平均增资额增加离休费。2006 年 6 月 30 日前已办理离退休手续的人员，从 2006 年 7 月 1 日起增加离退休费。退休人员按下列标准增加退休费：行政管理人员，厅局级 750 元、县处级 450 元、乡科级 275 元、科员及办事员 180 元；专业技术人员，教授及相当职务 700 元、副教授及相当职务 400 元、讲师及相当职务 275 元、助教（含相当职务）及以下职务 180 元；工人，高级技师和技师 275 元、高级工以下（含高级工）及普通工 180 元。退职人员按适当低于同岗位退休人员增加退休费的数额增加退职生活费。思茅地区机关事业单位离退休人员共计 1.8 万人增加了离退休生活费。

4. 艰苦边远地区津贴

艰苦边远地区津贴的类别由四类调整为六类，由低到高依次为一类、二类、三类、四类、五类、六类，2006 年 7 月 1 日起执行。2006 年 7 月 1 日以后离退休的人员，按照本人单位所在县（市、区）艰苦边远地区津贴标准的一定比例增加退休费，其中离休人员按照当地同职务在职人员的津贴标准增加离休费；退休人员按照当地同职务在职人员津贴标准的 85% 增加退休费；退职人员按照当地同职务在职人员津贴标准的 60% 增加退职生活费。

第四节　编制管理

一、机关事业单位编制管理

1981年9月，思茅地区编制管理工作重新开展，对地直各机关单位人员进行定编，当年下达地直单位编制1240名，其中，行政编制905名、事业企业编制（又称为自定编制）335名。1983年机构改革前，思茅地区县级及其以上机关行政编制为4913名，其中地直机关编制813名、县级机关编制4100名。各县的编制数为思茅399名，景东455名，镇沅383名，景谷445名，普洱384名，墨江475名，澜沧527名，孟连344名，江城344名，西盟344名。1983年年末，思茅地区县级机关实有人员4128人，公、检、法、司等政法部门单独列编，思茅地区定编2677名，其中地直政法机关376名、县级政法机关2301名，1983年年末，思茅地区政法机关实有1482人，区（镇）级国家机关未进行编制核定。同年，思茅地区除江城以外的9个县人民武装部编制划归地方管理。1988年起，思茅地区有9个县和地直机关实行《人员编制工作管理卡登记簿》制度，通过编委、人事、财政和银行部门共同分工负责管理，控制国家机关和事业单位人员膨胀。1988年12月底，思茅地区核定行政编制5099名（地直机关874名、县级机关4225名），实有人员5520人（地直单位1094人、县级单位4426人），地、县两级超编421人，政法部门核定编制2744名，实有人员2568人。1989年，撤销行署劳动人事处，成立行署人事局和行署劳动局，组建行署监察局、行署经济体制改革委员会、行署档案局、行署标准计量局、行署烟草专卖局（在行署商业局加挂牌子）等机构。1987年前，思茅地区事业单位未进行定编定员管理。1987年对事业单位机构和人员进行调查清理，有事业单位1568个，其中地属单位100个、县属单位1468个，原核定编制8993名，实有25490人。清理工作结束后，按照"精简、需要"的原则，参考单位的经费来源和工作量的大小对事业单位进行定编定员管理。到1988年年底，核定思茅地区事业单位1759个，人员编制33273名，实有人员25721人。事业单位缺编的主要是教育和卫生医疗部门。1988年后，将事业单位机构设立、撤销、合并、分设、隶属关系的调整以及机构的命名和更名纳入日常的编制管理。1989年年末，地直机关有处级办事机构53个，与国务院规定的33个相比超设20个；各县有乡科级办事机构531个（平均每县53.1个），与国务院规定的42个相比超设11个。省编委核定下达思茅地区行政编制5262名，实有人员5816人，超编554人；思茅地区政法部门编制2800名，实有2324人。至1990年年底，地直党政群机关办事机构达到61个，核定编制1704名（省下达行政编制1298名、地方自定事业编制406名），实有在职人数1570名；地直事业单位108个，核定事业编制4191名，实有在职人员3386名；县级党政机关有办事机构541个，实有人员7357人；县以下事业单位1590个，核定编制30246名，实有在职人员29913人；思茅地区123个乡（镇）、995个村公所（办事处）核定编制6554名（含控制数222名），实有人员6313名。

1990—1991年，为控制机构编制膨胀，严格机构编制审批制度，对一些职能交叉重叠的机构、编制设置过宽和因资金、设备条件不足长期不能开展工作的单位，采取撤销、合并、归口管理、合署办公、加挂牌子等形式进行调整。同期，制定出台《思茅地区编制委员会工作规则》。1993—1994年，先后成立地区扶贫办公室、行署旅游局、思茅港开发区管理委员会（2001年10月移交思茅市管理）、思茅人民广播电台等单位，组建县级经济民警中队。为充实和加强基层政法机关办案力量和乡（镇）司法助理员，省编委先后下达思茅地区政法专项编制244名。1995年，为加强机构编制管理，地区编委制定出台《地直单位机构编制报批程序暂行规定》，年末，地直党政机关除人大、政协、法院、检察院、群众团体外，有办事机构53个（地委11个、行署42个），地直党政群机关共核定总编制1812名，其中省下达行政编制1383名（含政法系统编制456名）、地方自定事业编制429名，实有在职人数1764人（含政法系统465人）。地直事业单位120个，核定事业编制4554名，实有在职人员3962人。县级党政群机关有办事机构420个，核定行政编制（含政法系统)7785名，实有在职人员9060人。核定乡（镇）和村公所（办事处）编制6332名（乡镇3222名、村办3110名），实有在职人员6550人。核定县以下事业单位（1931个）事业编制39095名，实有在职人员38227人。1996年，根据中共中央、国务院和中央军委的决定，县（市、区）人民武装部收归军队建制，其后勤服务人员仍由地方核定事业编制，经费由同级财政解决。1997年起，根据国务院颁布的《事业单位登记管理暂行条例》的规定，对事业单位实行法人登记制度。1998年起，实行年检制度和变更登记制度。2000年与全国同步启用统一的事业单位法人证书，逐步规范事业单位登记管理。1999年，全省企业事业单位公安机构体制改革后，思茅农场、曼昔农场、孟连农场、江城农场、澜沧农场5个公安派出所和思茅农垦分局公安科划归所在县（市）公安局管理；同年，行署工商行政管理局、行署质量技术监督局、思茅师范专科学校上划省直接管理，上划编制315名。

2000年年末，地委、行署设置工作部门38个，部门管理机构5个，议事协调常设办事机构5个，人民团体9个；核定党政群机关编制1157名（行政编制855名、地方自定事业编制280名、老干服务编制22名），实有在职人员1104人；县（市）设置党政机构328个，核定党政机关编制5992名（行政编制4630名、地方自定事业编制1243名、老干服务编制119名），实有在职人员5970人；核定乡（镇）机关编制3616名（行政编制3436名、事业编制108名、老干服务编制72名），实有在职人员3668人；核定政法部门编制3606名，实有在职人员3541人，其中地直政法部门编制475名（含事业编制5名），实有人员450人；县（市）政法部门编制3126名，实有人员3091人。思茅地区有事业单位2223个，核定事业编制43441名，实有在职人员47183人，其中地直事业单位136个，编制4494名，实有人员3996人；县（市）事业单位2088个，编制38947名，实有人员43157人。2001年5月，根据中央和省委的要求，地区设立地委处理邪教“法轮功”问题领导小组办公室和行署防范和处理邪教问题办公室，实行两块牌子一个机构，挂靠行署办公室。各县（市）也相应设立工作机构。2002年，思茅地区行政公署公安处林业公安科更名为思茅地区森林公安局；县（市）林业公安科更名为思茅地区森林公安局某某分局。2002—2003年，先后成立行署经济研究室、行署行政审批便民服务中心、行署移民开发局（由行署国土资源局管理），茶产业发展办公室等单位，同时理顺思茅地区住房公积金管理体制，重新核定人员编制。2003年4月，地区编委、地区教育局、地区财政局制定思茅地区中小学教职工编制标准意见，共核定思茅地区中小学教职工编制23498名。2003年8月，为加强党的纪律检查工作和强化行政监察职能，在地直执法监管部门和涉及人、财、物管理任务较重的24个部门，由地区纪委派驻纪检组和地区监察局派驻监察室，实行合署办公。2003年，为推进中等专业技术学校改革，地委、行署决定，思茅师范学校改制为思茅地区民族中学。2004年6月，澜沧师范学校改制为思茅市民族实验中学；8月1日起，县（区）事业单位机构编制统一上划市机构编制委员会审批，市对县（区）事业单位机构编制实施宏观管理，总额控制，未经机构编制部门批准自行设立的事业机构或增加的事业编制视为无效，财政部门不予核拨相应的经费，组织人事部门不予办理补员手续；同月，市委、市政府制定《关于加强事业单位机构编制管理的实施意见》，对事业单位机构编制的管理办法、事业单位设立的审批程序、事业单位领导职数的核定以及事业单位的人员结构比例作出规定。年内，先后成立市政府驻北京联络处、市畜牧局、市城乡规划局等单位；全市实施国土资源管理体制改革，乡（镇）国土资源管理所的机构编制上收到县政府管理，翠云区国土资源管理机构上划市国土资源局直接管理，设立国土资源管理分局。市、县国土资源主管部门领导干部实行双重管理体制，以上一级国土资源主管部门党组管理为主，地方党委协助管理。

2005 年，为加强事业单位机构编制的宏观管理，严格控制财政供养人员增长，市编委对各县（区）实行事业编制总量控制，下达县（区）事业单位编制控制数 46850 名，其中翠云区 4186 名、景东县 5921 名、景谷县 5432 名、镇沅县 4706 名、墨江县 6109 名、普洱县 5455 名、澜沧县 7080 名、江城县 2647 名、孟连县 2758 名、西盟县 2556 名；8 月，按照省编办的要求，取消乡（镇）机关使用的事业编制。2006 年 1 月，市编办联合市财政局、市人事局在全市各级机关和事业单位中全面开展以清理吃“空饷”为主要内容的专项工作，查出各类违规人员 17 人；4 月，市水利局更名为市水务局，思茅城区水库及自来水厂上划市水务局管理；成立市工业园区管理委员会、市接待处、市信息产业办公室、市矿业生产发展办公室、市移民开发局、市政府机关事务管理局和市国有林管理局等机构。2007 年 1 月，为配合做好实施公务员法的相关工作，省编委下达普洱市行政编制 1180 名（含政法专项编制 188 名），主要用于解决公务员登记工作中涉及党政机关中使用自定编制的问题；6 月，为全面推行机构编制实名制管理，在市直和县区党政机关、政法机关、人民团体及其所属事业单位推行机构编制管理信息平台建设，当年底，全市有 500 余个单位安装《机构编制管理信息系统》软件。

2007 年 8 月，市编办开通机构编制“12310”专线举报电话，并制定《普洱市“12310”机构编制举报电话受理工作制度》。同时，成立市非税收入管理局、市蚕桑产业发展办公室等机构；10 月，根据国务院颁布的《地方各级人民政府机构设置和编制管理条例》和省委、省政府有关加强和完善机构编制管理的文件要求，市委办公室、市政府办公室下发《关于进一步加强和完善机构编制管理严格控制机构编制的通知》，通知要求至 2011 年，全市各级机关要实现行政编制数、实有人数、财政供养数对应的实名制；11 月，根据上级要求，将市公安局直接领导的县（区）公安交通警察大队调整为由县（区）公安局直管，纳入县（区）公安局内设机构管理，下划编制 527 名（行政编制 201 名、人员控制数 164 名、事业编制 162 名）；12 月，省编办下达全市森林公安政法专项编制 145 名，基层物价检查机构行政编制 48 名，全市森林公安机关和物价检查机构由参照公务员法管理的事业单位改为行政机构。年末，市委、市政府设置工作部门 38 个（市委 8 个、市政府 30 个），部门管理机构 3 个，议事协调常设办事机构 2 个，人民团体 10 个，核定党政群机关编制 1459 名（行政编制 969 名、事业编制 490 名），实有在职人员 1325 人；核定县（市）党政机关编制 6130 名（行政编制 4781 名、事业编制 1349 名），实有在职人员 6327 人；核定乡（镇）机关编制 3128 名（行政编制 3092 名、周转编制 36 名），实有在职人员 3068 人；核定政法部门编制 4834 名，实有在职人员 4242 人，其中，市直政法部门编制 719 名（含事业编制 35 名、人员控制数 32 名），实有人员 625 人；县（区）政法部门编制 4115 名，实有人员 3617 人。普洱市有事业单位 2412 个，核定事业编制 49327 名，实有在职人员 45639 人，其中市直事业单位 170 个，核定事业编制 5145 名，实有人员 4579 人；县（区）事业单位 2242 个，核定事业编制 44182 名，实有人员 41060 人，根据经济社会发展情况，适当增加部分县（区）事业编制。

二、乡（镇）编制管理

1990 年前，乡（镇）机关未实行定编定员管理，思茅地区 123 个乡（镇）、995 个村公所（办事处）有在职人员 6598 人。1991 年，为加强农村基层组织建设，逐步理顺乡（镇）“双管”单位管理体制，强化乡（镇）整体服务功能，按照省委要求，将财政所、土地管理所、农技推广站、农经站、籽种站、兽医站、农机站、水利站、林业站、文化站、广播电视站、橡胶辅导站及计划生育员、村镇规划建设员等单位和人、财、物下放到乡（镇），实行以乡（镇）领导为主的管理体制；通过开展乡村定编工作，核定思茅地区乡（镇）编制3265名，村公所（办事处）编制3289名，共编制6554名，其中思茅县382名、景东县962名、景谷县749名、镇沅县646名、墨江县1050名、普洱县570名、澜沧县1146名、江城县372名、孟连县341名、西盟县336名。截至1992年年底，思茅地区123个乡（镇）、995个村公所（办事处）实有人员6313名。1996年，根据中央编办规定的分类标准，重新核定思茅地区乡（镇）机关人员编制3410名，其中思茅市223名、景东县428名、景谷县342名、镇沅县313名、墨江县515名、普洱县313名、澜沧县648名、江城县217名、孟连县194名、西盟县217名。其中村公所（办事处）编制按1991年核定的标准不变。1997年，乡（镇）机构改革后，统一规范乡（镇）内设机构，理顺县、乡之间的关系，核定乡（镇）编制3436名，比改革前增加214名；核定村公所（办事处）编制3110名。1999年，县（市）自定乡（镇）事业编制108名、老干服务编制72名，思茅地区121个乡（镇）有人员编制3616名，实有人员3668名；核定村公所（办事处）人员编制3252名，实有人员3318名。

2002年，党政机构改革后，省编办核定思茅地区乡（镇）机关行政编制3092名，同时取消乡（镇）机关使用的事业编制372名。2005年，根据农村税费改革试点工作的要求，乡（镇）所属事业单位以2004年年底实有人数为基数，按照不低于10%的比例精简后，省编办核定思茅市乡（镇）所属事业单位编制4575名；县级派驻乡（镇）的机构也不得突破2004年年底上级核定的编制限额，按要求5年内乡（镇）机构编制不得增加。2005—2006年撤并乡（镇）后，根据省委、省政府《关于深化乡（镇）机构改革的实施意见》，全市开展乡（镇）机构改革。乡（镇）党委和政府原则上只设1个综合性办公室，县（区）所在地的中心城镇和辖区人口超过3万人的乡（镇）可设置综合办公室、经济发展办公室和社会事务管理办公室。按照公益性和经营性相分离的原则，对乡（镇）直属事业站所采取“精、并、撤”的办法，设立农业综合服务中心和社会事务管理中心，同时适度撤并中小学校，县（区）派驻的乡（镇）站所，倡导设立跨区域管理机构。辖区人口3万人以上的乡（镇），人员编制控制在30名左右；1万人—3万人的乡（镇），人员编制控制在25名左右；1万人以下的乡（镇），人员编制控制在20名左右。乡（镇）领导职数控制在8名左右，同时在全市乡（镇）机关推行机构编制实名制管理。2007年，省编办下达普洱市乡（镇）周转编制36名，专用于招录应（往）届大专以上学历高校毕业生到艰苦边远地区乡（镇）机关工作。2007年年底，全市103个乡（镇）核定行政编制3128名，实有人员3068名；核定乡（镇）所属事业单位编制5931名，实有人员5655名。

第五节　人才培训

一、培训教育

（一）文化知识培训

1980—1983年，思茅地区开展文化补习活动，组织职工用业余时间补习文化知识。仅1980年下半年，地直单位举办的业余文化夜校有初中班2个、高中班1个、英语班5个，参加学习的干部有200余人。1981—1982年，组织“文化大革命”期间就读毕业的部分工农兵大学生、中专生集中补习文化。1984年起，在地委党校和部分中专学校举办大专班、中专班和高中班，选送、招收在职职工深造，同时选送干部到省内和省外的大专院校、中专学校脱产读书，组织职工用业余时间参加成人高等教育、中专教育的自学考试和函授学习。

（二）公务员培训

2000年，对思茅地区1993年以后进入公务员队伍的3035名公务员进行初任培训，经考试合格取得“国家公务员培训证书”。2002—2004年，开展3期市正副科级干部任职资格培训，参加人数248人。2002—2007年，对新录用公务员进行初任培训，培训人数2356人。2003年，全市参加公务员行为规范培训学习人数1.28万人。2004年，参加公务员行政许可法学习人数1.26万人；2004—2005年，参加信息与电子政务培训人数9000人。2005年，参加公务员法学习培训人数1.25万人。2006年，参加素质教育成功篇的学习培训人数1.3万人。2007年，参加公共政策学习培训人数1.3万人。

（三）专业技术人员培训

1999—2001年，参加创造学讲座学习培训3.23万人。2002年，参加世界贸易组织基础学习培训2.45万人。2004年，参加WTO与涉外知识培训2万人。2005—2006年，参加素质教育培训2.18万人。2007年，参加素质教育成功篇学习人数2.9万人。

二、沪滇人才开发培训

2004年11月29日，思茅市人事局分别与上海市人事局、上海市杨浦区人事局签订《人才开发合作交流备忘录》和《人才开发合作交流协议书》，对思茅市和墨江县、西盟县开展人才开发培训和对口智力帮扶。2005年，上海市人事局组织上海市有关部门和院校为对口地区举办6期培训班，全市选送建设行政、科技、教育行政、中小企业、卫生行政、人事行政管理等方面的人员60人到上海参加为期2周的学习培训；9月，上海市杨浦区人事局在上海市杨浦区行政学院为墨江县和西盟县举办人才开发培训班，两县选派市场建设、科技致富带头人、基层党建等行业的20人到杨浦区行政学院参加为期2周的学校培训；11月，上海市人事局组织复旦大学附属华山医院、儿科医院等5家医院的5位专家为思茅市属3家医院开展为期一个半月的对口支医智力帮扶。2006年，上海市人事局为对口地区举办7期培训班，思茅市选送经济、政府公共、人力资源、乡（镇）经济、农业经济、城市建设与管理和人才交流服务等方面的人员56人到上海市参加为期2周的学习培训。同年10月，上海市杨浦区人事局在上海杨浦区行政学院为墨江县、西盟县举办人才开发培训班，两县选派21人到沪参加学习培训；11月，上海市人事局组织上海同济医院、第六人民医院等6家医院的6位专家为思茅市属3家医院和普洱县2家医院开展为期3个月的支医智力帮扶。2007年10月，上海市杨浦区人事局继续在上海杨浦区行政学院为墨江、西盟县举办人才开发培训班，两县选派20人到沪参加学习培训。当年10月，上海市人事局组织复旦大学附属华山医院、中心医院等6家医院的6位专家到普洱市属医院开展为期3个月的支医智力帮扶。

三、人才开发

（一）云南省农村乡土人才的选拔

2005年起，云南省人事厅、农业厅、财政厅开展选拔表彰云南省拔尖农村乡土人才。在2005年第一届和2007年第二届表彰大会上，全市分别有7人和8人受到表彰奖励。

（二）高校毕业生到农村基层从事支教、支农、支医和扶贫

2007 年，为解决高校毕业生就业和农村教育、医疗等行业的人才短缺问题，普洱市组织开展高校毕业生到农村基层从事支教、支农、支医和扶贫（以下简称“三支一扶”）工作，全市 4 个县（区）有 56 个“三支一扶”岗位需求，招募符合条件的人员 13 名。到 2007 年 11 月集中报到时，上岗的高校毕业生为 11 人（支教 6 人、支农 3 人、支医 2 人）。

四、考试

1990 年，思茅地区全国专业技术人员任职资格考试开始，首先开考的是会计、统计专业技术职务系列的初级资格。2002 年 7 月，根据省人事厅考试中心的统一安排布置，思茅地、县、乡公务员招录考试工作正式启动。2006 年 9 月，思茅市首次通过公开考试招聘市属事业单位工作人员。2006 年，全市城镇退役士兵文化考试工作开始起动（城镇退役士兵录用工作由市民政局负责，组织考试工作由市人才服务中心负责），至 2007 年年末，普洱市共开设经济、审计、执业药师、资产评估师、质量、出版等职业资格及职称外语等级与评聘专业技术职务有关的专业考试 19 个；组织全市 213 人城镇退役士兵参加文化考试。

第六节　录用考核

一、干部选拔公务员

1979 年后，录用干部由政治考核为主过渡到面向社会公开招收，全面进行政治考核、文化考试和身体检验。1980—1983 年，思茅地区招收干部 1191 人。1984 年干部招收录用改革，对招收的部分干部实行合同制，当年思茅地区招干 895 人（合同制干部 569 人、固定干部 326 人），录用到乡（镇）级机关的 247 人全部实行合同制。1986 年起，对所招收的干部不再执行合同制。1988 年起，招收干部不再划分农村和城镇的比例指标，为报考青年提供平等竞争的机会，在当年录取的 562 名青年干部中，农村家口 472 人。2000—2001 年，思茅地区部分县（市）开始尝试公务员录用考试。2002 年起，思茅地区实行公务员录用全省统一考试制度，实现公务员“凡进必考”。2002—2007 年，普洱市计划录用公务员 2637 人，实际录用公务员 2276 人。

二、事业单位人员

2003 年，思茅地委组织部、行署人事局制定《关于地区事业单位新补充工作人员纳入人才服务中心进行公开招聘的通知》。2004 年 7 月，思茅市人事局制定《关于市直事业单位公开招聘工作人员有关问题的通知》，思茅市事业单位招用工作人员按照“公开、平等、竞争、择优”的原则，采取考试与考核相结合的办法面向社会公开招聘。2006 年，思茅市委组织部、市人事局制定《思茅市事业单位公开招聘工作人员实施意见》，对思茅市市属事业单位公开招考工作人员在招聘原则、发布公告、招考程序、上报计划、报考条件、报名、笔试和面试等做了规定，市属事业单位新增工作人员开始施行统一考试。2006—2007 年，全市有 7820 人参加事业单位工作人员公开考试，实际聘用 1333 人；2003—2007 年，普洱市组织招考聘用事业单位工作人员 3556 人。2005—2007 年，全市引进人才 207 人（主要是教师和医务人员），其中，研究生 4 人、本科生 201 人、大专生 2 人。

三、考核奖励

1978年后，思茅地区对生产工作做出突出贡献的人员给予奖励升级。1988年起，奖励升级工作开始实施并逐步正常化、规范化。奖励升级的对象是在生产工作中做出较突出贡献的工作人员。奖励升级指标以思茅地区机关事业单位工作人员的2%计算，按比例分配下达各县和地直单位。各部门和单位组织职工对所提名的人选进行评议，各县报县委、县政府，地直单位报地委、行署审批，最后由组织人事部门按干部管理权限办理奖励升级人员升一级工资的手续。1988年，思茅地区给134名干部职工办理奖励升级手续。1994年，《国家公务员考核暂行规定》颁布，采用被考核人填写《年度考核登记表》，考核内容分为德才表现和工作实绩两个方面。德才表现包含德、能、勤、绩的主要内容，并通过遵守纪律、工作态度、业务能力、组织领导能力等方面体现。工作实绩主要指工作量、难易程度、工作效率和效果、本人作用等。考核以其所在职位的《职位说明书》和上级规定的年度工作目标为依据。根据《国家行政机关工作人员实行年终考核的实施意见》规定，年度考核结果分为优秀、称职、基本称职、不称职四个等次。在考核中定为优秀、称职等次的，予以奖励；定为优秀等次的优先晋职；定为不称职的，视不同情况，分别予以调整工作、培训或降职。公务员连续3年考核为优秀，能提前晋升一级级别工资。1997年，审核地直机关1994年以来连续3年考核为优秀的科级以下干部68人，并办理提前晋升一级级别工资手续。1997年，结合“推公”工作，宣传国家人事部和人事厅开展的“创文明机关、做人民满意的公务员”活动，西盟佤族自治县县长魏红获全国“人民满意的公务员”称号。1998年起，事业单位按单位职工总数3%比例晋升职务工资，每两年（逢双年）进行一次，每次升级人数按单位职工总数的6%执行。评定出的考核优秀，并作出突出贡献的在职专业技术人员、管理人员、工人，晋升一档职务（技术等级）工资。1999年，对机关连续3年年度考核优秀的工作人员，发给一次性资金。资金金额为本人第三个优秀考核年度12月份的月基本工资。2001年起，思茅地区当年12月31日在职在编，年度考核为称职（合格）以上的机关、事业单位工作人员，发放年终一次性资金，发放标准为职工本人12月份的基本工资。2004年，中共思茅市委组织部、思茅市人事局转发了云南省委组织部、省人事厅《关于印发施行〈云南省国家公务员考核实施办法（试行）的通知〉》，为全市的公务员考核提供了依据。2007年，《公务员考核规定（试行）》颁布，通过全面考核，了解公务员的政治思想表现、工作能力、业务水平和工作实绩，及时发现优秀人才，促进后备干部队伍的建设。

1994—2007年普洱市公务员考核统计表

表34-4

项目年份	实有人数	应参加考核	实际考核	考核情况					行政处分情况							辞职	降职	辞退
				优秀	称职	基本称职	不称职	不定等	小计	警告	记过	记大过	降级	撤职	开除			
1994	12514	12514	12476	1649	10481	19	6	321	12	2	—	8	—	—	2	—	—	—
1995	12774	12774	12700	1970	10445	12	18	255	16	3	2	4	—	6	1	—	—	—
1996	12899	12899	12875	2001	10525	17	—	210	27	5	7	7	—	6	2	—	—	—
1997	12127	12127	12086	1815	9813	18	—	235	3	—	—	—	—	2	1	—	—	—
1998	12421	12421	12328	1766	10104	—	19	439	15	—	—	—	—	—	—	—	—	—
1999	11632	11632	11517	1033	9813	43	28	—	21	2	6	9	1	2	3	3	—	—
2000	11393	11393	11232	1626	9550	38	18	—	6	2	—	—	—	3	1	1	—	4

续表 34-4

项目年份	实有人数	应参加考核	实际考核	考核情况					行政处分情况							辞职	降职	辞退
				优秀	称职	基本称职	不称职	不定等	小计	警告	记过	记大过	降级	撤职	开除			
2001	11831	11831	11742	1675	9994	25	19	29	24	8	6	5	1	4	—	—	3	—
2002	11774	11567	11519	1651	9685	7	15	16	10	1	—	4	2	3	—	3	—	—
2003	11634	11469	11393	1648	9688	10	14	33	11	5	2	1	2	—	1	3	—	1
2004	11236	11166	11112	1722	9285	8	4	109	18	1	3	2	1	5	2	4	—	—
2005	11738	11665	11642	1688	9671	3	11	271	13	3	1	2	1	4	2	—	—	—
2006	12009	12009	11764	1721	10027	7	9	245	19	2	—	11	4	—	2	—	—	—
2007	12327	11952	11933	2006	9536	33	6	459	10	—	2	3	2	2	1	—	—	—

四、任免

专员的任免：1984 年以前由国务院管理；1984 年后改为副专员由省人民政府管理；2004 年撤地设市后，市长、副市长由省人民政府管理，市人民代表大会选举产生。

正副县长的任免：1984 年以前由省人民政府管理，县人民代表大会选举产生；1984 年后，改为地委、行署管理，县人民代表大会选举产生；2004 年撤地设市后，由市委、市政府管理，县人民代表大会选举产生。

行署的相当县级的科、办、委、处、局的正副职的任免：正职 1984 年以前由省政府管理，副职由地委、行署管理；1984 年后均由地委、行署管理；2004 年撤地设市后，由市委、市政府管理。

县政府的委、办、科、局正副领导职务的任免：1984 年以前由地委、行署管理；1984 年后，由县委、县政府管理，县人民代表大会任命。副职 1981 年 9 月前由地委、行署管理，1981 年 10 月后由县委、县政府管理。

行署的相当县级的科、办、委、处、局的股、办、科、室相当于科级正副职任免：1984 年以前由地委、行署管理；1984 年后，由劳动人事处或其主管部门的党组管理。

第七节　专业技术人员管理

1979 年至 1983 年 9 月，思茅地区开始进行专业技术职称评定，至 1983 年 10 月全区 16988 名专业技术人员中有 3265 人被分别授予专业技术职称，其中高级职称 7 人、中级职称 197 人、助理级职称 654 人、技术员级职称 2407 人。1986 年 10 月至 1989 年 4 月，思茅地区事业单位和企业单位进行首次专业技术职务聘任制度（以下简称“首次职改”）工作。事业单位于 1986 年 10 月至 1988 年进行职改，企业单位从 1987 年 8 月开始至 1989 年 4 月完成。思茅地区参加首次职改的事业企业单位共 1559 个、25839 人，涉及高校教师、中专教师、中学教师、小学教师、技工学校教师、实验人员、工程技术人员、农业技术人员、经济专业人员、会计人员、统计人员、卫生技术人员、体育教练人员、新闻专业人员、翻译专业人员、播音专业人员、出版专业人员、图书资料文博人员、档案专业人员、艺术专业人员、律师专业人员、放映专业人员等 23 个系列。在首次职改中，思茅地区评定各类专业技术资格人员 21015 人。1990 年 2 月，原思茅行署科委科干科划归思茅行署人事局，组建职位职称科。1994 年，思茅地区专业技术人员有 4 人取得正高级资格，这是自首次职改以来，思茅地区第一批被评定为正高级专业技术职务的人员。思茅地区企事业单位的专业技术人员资格证书统一换成由省人事厅统一印制的新证书。1995 年，思茅地区开始使用《云南省专业技术人员注册簿》、《专业技术干部聘用协议书》和《专业技术职务聘任书》。1997 年，制定《思茅地区关于实施专业技术人员继续教育登记工作的通知》。1998 年，思茅地区全面启动专业技术人员继续教育，截至 2001 年 7 月，接受继续教育的专业技术人员约 3.28 万人。2000 年，思茅地区试行专业技术职务结构比例，即向事业单位下达岗位数额转为核定结构比例管理。2003 年，思茅地区在部分地直事业单位和部分县属单位试行专业技术资格评审与职务聘任分开。2007 年，规范各级评委会的组织办法及工作程序，建立公告备案制度。

1989—2007 年普洱市专业技术人员情况统计表

表 34-5

年份	专业技术人员数	资格总数	其中：				在岗未评定人数
			正高级	副高级	中级	初级	
1989	25657	21015	—	276	3698	17041	4642
1996	34767	29441	5	249	5443	23744	5326
1997	33761	29685	7	284	5782	23612	4076
1998	36427	22044	5	300	6381	25358	4383
1999	38896	34069	7	375	7146	26541	4827
2000	38783	35248	8	446	8075	26719	3535
2001	40590	38223	13	595	8894	28721	2367
2002	40229	37816	15	767	9230	27804	2413
2003	40491	38658	16	888	10407	27347	1833
2004	39176	37250	18	1052	11174	25006	1926
2005	38665	37099	22	1343	12251	23483	1566
2006	37898	36476	23	1637	13004	21812	1422
2007	38558	37125	28	1814	13991	21292	1433

1989—2007 年普洱市专业技术人员晋升职务情况统表

表 34-6

年份	晋升资格总数	其中				在岗未评定人数
		正高级	副高级	中级	初级	
1989	21015	—	276	3698	17041	4642
1994	1008	—	8	1000	—	—
1995	4837	—	40	935	3862	—
1996	4782	2	34	734	4012	5326
1997	5038	2	5	339	4662	4076
1998	4958	2	73	961	3922	14383
1999	12025	2	75	765	11183	4827
2000	5967	3	142	1322	4500	3535

续表 34-6

年份	晋升资格总数	其中				在岗未评定人数
		正高级	副高级	中级	初级	
2001	6219	6	164	1049	5000	2367
2002	6170	3	216	956	5000	2413
2003	6700	4	228	1440	5000	1833
2004	8000	4	280	1902	6182	1926
2005	4945	4	326	1580	3035	1566
2006	3819	3	329	1459	2028	1422
2007	3894	5	332	1469	2088	1433

1990—2007 年普洱市专业技术专家选拔情况统计表

表 34-7

年份	国突	国贴	省突	省贴	全国农村优秀人才	省科技兴乡贡献奖	市突	市贴
1990	—	—	2	—	—	—	—	—
1991	—	2	—	—	—	—	—	—
1992	1	7	1	—	—	—	—	—
1993	—	11	—	—	—	—	—	—
1994	—	1	4	—	—	—	—	—
1995	—	1	—	—	—	—	—	—
1996	—	1	2	—	—	—	—	—
1997	—	1	—	—	—	—	—	—
1998	—	2	3	2	—	—	—	—
1999	—	2	—	5	—	12	—	—
2000	—	1	1	3	—	—	—	—
2001	—	1	—	2	—	—	—	—
2002	—	1	2	2	—	12	11	10
2003	—	—	—	2	1	—	—	—
2004	—	1	3	2	—	—	—	—
2005	—	—	—	3	—	14	10	10
2006	—	1	5	2	—	—	—	—
2007	—	—	—	3	—	—	—	—

说明：“国突”选拔已暂停；“国贴”从 2004 年起每两年选拔一次；“省突”每两年选拔一次；“省贴”每年选拔一次；省科技兴乡贡献奖从 1999 年起每 3 年选拔一次

第八节　人才服务及军转安置

一、代理服务

1992 年 6 月，经思茅地区编制委员会批准，思茅地区人才引进办公室成立。1993 年 3 月，思茅地区人才交流服务中心成立。1997 年 11 月，思茅地区人才交流服务中心更名为思茅地区人才服务中心。1992 年 6 月至 2007 年 12 月，普洱市先后成立人才服务中心机构 10 个，有从业人员 22 人，建立市、县（区）人才市场和行业人才市场 6 个。截至 2007 年 12 月，全市人才中心为 114 个企事业单位提供人事代理服务，参加代理人员共 1951 人，其中在市人才服务中心参加人事代理的事业单位人员 440 人、非公企业单位和个人 242 人、在各县（区）参加人事代理的人员 1269 人。全市人才服务中心和人才市场保存各类人才档案 14875 份（袋），其中市人才服务中心保存事业单位人事代理人员档案 454 份（袋）、非公企业和个人人事代理人员档案 243 份（袋）、个人托管档案 108 份（袋）、毕业生档案 1352 份（袋）、保存其他档案 10 份（袋）。各县（区）人才中心和人才市场保存各类人才档案 12708 份（袋）。2004 年 7 月，市毕业生就业办由市教育局转入思茅（普洱）市人才中心。其后至 2007 年 12 月，市人才服务中心为 12760 名大中专毕业生进行毕业生就业登记，接转档案 2274 份（袋），迁移毕业生家口 10208 人；累计代理办理社会保险人员 40 余人，累计为人事代理人员办理家口落入和代管家口 78 人。

二、人才市场建设

1997 年 11 月，思茅地区编委办公室批准思茅地区人才服务中心加挂思茅地区人才市场牌子，实现两块牌子一套班子。人才市场将每月的 16 日定为洽谈日，开展人事代理和人才自荐登记工作，为用人单位择人提供依据。2003 年 11 月，思茅大中专学校人才市场成立。2003—2007 年，举办大型人才交流会 7 次，提供就业岗位 2437 个，举办专场招聘会 91 场（次），提供就业岗位 1799 个，推荐大中专毕业生及各类人才 2318 人。

三、大中专毕业生就业

1978 年，思茅地区接受国家统一分配的大中专毕业生 848 人，其中大专以上 88 人、中专 760 人。1978—2002 年，思茅地区接受国家统一分配的大中专毕业生 30342 名。“九五”（1996—2000）初期，思茅地区开始改革毕业生就业机制，逐步采用供需见面、双向选择的就业方式。1997 年，行署人事局、行署教委、计委制定《思茅地区 1997 年大、中专毕业生就业办法》，鼓励毕业生到企业就业。1997 年 2 月 22 日—23 日，思茅地区首届人才交流大会举行，有 36 个企事业单位到会设点招聘人才，思茅师专、电大、卫校、财校、林校、技校、农校等专业学校推荐各类人才 800 余人。1997—2007 年，有 27966 名毕业生找到合适的工作岗位。

2003—2007 年普洱市大中专毕业生就业登记情况表

表 34-8

年份 学历	2003			2004			2005			2006			2007		
	生源数	登记人数	所占比例	生源数	登记人数	所占比例	生源数	登记人数	所占比例	生源数	登记人数	所占比例	生源数	登记人数	所占比例
研究生	—	—	—	—	—	—	—	—	—	—	1	—	—	4	—
本科	461	178	39%	569	222	39%	852	364	42%	1172	553	47%	837	687	82%
专科	615	509	83%	778	592	76%	1281	1081	84%	1797	1242	69%	1344	1344	100%
中专	2063	2021	98%	2476	1889	76%	3951	2209	60%	1827	1382	76%	1926	1263	65%
合计	3139	2708	96%	3823	2703	71%	6084	3654	60%	4796	3177	66%	4107	3294	80%

四、军队转业干部安置

1979 年 7 月至 1986 年 5 月，行署人事局军转安置工作由干部科兼任。1986 年 6 月，地委办公室、行署办公室决定设立军转干部安置工作领导小组，并在领导小组下设军队转业干部安置办公室，挂靠行署人事局。2000 年 6 月，全省“双先”（模范军队转业干部、军转安置工作先进单位、先进军转工作者）表彰会上，思茅地区有 5 名模范军队转业干部、2 个军转安置工作先进单位、1 名先进军转工作者受到省委、省政府的通报表彰。2001 年起，军队转业干部安置实行计划安置和自主择业安置方式。2002 年 9 月，行署人事局设立自主择业军队转业干部管理中心。2005 年 6 月，市政府设立企业军转干部问题工作小组，下设办公室，挂靠市人事局。2001—2007 年，普洱市自主择业军转干部安置人数为 92 人。

第九节　机关事业单位工资福利

一、工资调整

（一）1979 年工资调整

1979 年，工资调整的重点是 1978 年年底前参加工作的各行业劳动工作好、贡献大的职工。对职工的劳动工作态度、技术高低、贡献大小进行考核，择优升级。调资升级指标为 40%。调资一般只升一级，个别劳动工作突出、有重大贡献的可升二级。全年增加工资 168.91 万元，人均月增资 6.19 元。

（二）1981—1983 年工资普调

1981 年，根据国务院文件，首先给思茅地区教育、卫生系统的职工调整工资。这次调资工作由地区教育、卫生系统分别组织进行。教育系统人均月增资 8.23 元；卫生系统人均月增资 6.14 元。1982 年，国家机关和事业单位进行工资调整，给 1981 年年底在册、1978 年年底前参加工作的正式职工普调一级工资，部分参加工作较早、工资偏低的大中专毕业生、中级专业技术职称人员或副科级以上职务人员可再升一级工资，人均月增资 8.32 元。因病或其他原因不能调资或缓调的职工 306 人。1983 年，根据国务院文件和云南省文件进行企业职工调整工资，这次企业调资以调改结合为原则，将工资调整同企业的经济效益挂钩、同职工个人的劳动成果挂钩，人均月增资 7.31 元。

（三）1985 年工资改革

1985 年 1 月 1 日起，思茅地区中小学校和幼儿园教职工执行新的工资制度；7 月 1 日起，国家机关和其他事业单位执行新的工资制度。工资制度改革内容包括：国家机关行政人员、专业技术人员均改为以职务工资为主要内容的结构工资制，即将现行的标准工资加上副食品价格补贴、行政经费节支奖金，与这一次改革增加的工资合并一起分为基础工资、职务工资、工龄津贴和奖励工资 4 个部分。中小学校和中等专业学校、技工学校的教师、幼儿教师和医院护士，除按规定发放工龄津贴外，另外分别加发教龄津贴和护龄津贴。教龄津贴和护龄津贴均按从事本职业工作的年限计算。国家机关、事业单位的工人实行以岗位（技术）工资为主要内容的机构工资制，除岗位工资外，其基础工资、工龄津贴和奖励工资的金额与干部相同。新参加工作的职工，在见习期和熟练期不实行结构工资制，改按新标准的临时工资或学徒期、熟练期的待遇执行。改革前人均月工资 64.42 元，改革后人均工资 83.63 元，人均月增加工资 19.21 元，其中中小学教师和幼儿园教师改革前人均月工资 62.36 元，改革后人均月工资 83.84 元，人均月增资 21.48 元。

（四）1986 年工资升级

1986 年，工资改革重点解决专业技术人员中的工资问题。1986 年，思茅地区工资调整情况为给国家机关、企事业单位中具有中专以上学历、工资突出不合理的干部升级，人均月增资 6.66 元；给历史上受错处或种种原因而工资突出偏低的部分干部调整工资，人均月增资 7.47 元；解决 1985 年工资制度改革中的突出遗留问题，人均月增资 7.13 元。

（五）1987 年工资升级

1987 年，工资改革先解决中级职称以上专业技术人员和县处级领导干部的工资平台，后解决其他专业技术人员、科长级干部及一般干部、工人的工资突出问题。思茅地区人均月增资 7.44 元。同时，给“文化大革命”运动前历次政治运动中受错处而造成工资级别偏低的人员升级，人均月增资 9.10 元。

（六）1988 年工资调整

1988 年工资调整范围：第一，在思茅地区事业单位实行首次职业技术职务聘任制后，及时给受聘人员兑现技术职务工资，工资进入本职务最低等级人员人均月增资 11.92 元；解决中级职业技术职务以上人员工资普调，人均月增资 8.75 元。第二，办理思茅地区中小学、幼儿园、中专学校和技校教师提高 10% 的工资标准，人均每月增资 9.37 元；同时办理中小学、幼儿园、中专学校和技校的行政管理人员、工勤人员在校期间享受浮动一级工资的待遇，人均月增资 6.83 元。第三，办理法院、检察院部分人员的工资升级，法院、检察院确定为正副处级、正副科级审判员、检察员进入其职务最低等级工资人员，人均月增资 10 元；解决处级审判员、检察员工资平台，升级 49 人，每月增加工资 428 元，人均月增资 8.73 元。第四，解决部分中年专业技术人员和部分行政干部的工资问题，人均月增资 8.47 元。第五，用 1987 年升级机动指标，解决部分行政干部和专业技术人员工资偏低问题，人均月增资 6.08 元。

（七）1989 年工资调整

1990 年 3 月—7 月，思茅地区进行国家机关和企事业单位工资调整。调资内容：自 1989 年 10 月起，国家机关和企事业单位工作人员普调一级工资，在此基础上，重点解决专业技术人员工资突出问题，同时适当解决国家机关和事业单位其他人员工资中的一些突出矛盾。具体措施：第一，提高各级专业技术人员的起点工资和最高工资，给教授、副教授、讲师、助理讲师和教员及相当职务人员最低和最高工资，分别提高两个档次。教授及相当职务人员的起点工资标准由 160 元调整为 180 元，最高工资标准由 355 元调整为 420 元；讲师及相当职务人员的起点工资标准由 97 元调整为 113 元，最高工资标准由 150 元调整为 170 元。第二，提高博士生、硕士生、双学士生、大学本科生、大学专科生、中专生、高中生和初中生的初期工资和见习期工资待遇：博士毕业生的初期工资由 89 元提高到 105 元；硕士毕业生工资由 82 元提高到 97 元；取得第二学士学位的本科毕业生（双学士）和未取得硕士学位的毕业研究生见习期工资由 64 元提高到 82 元；大学本科毕业工资生由 58 元提高到 70 元；大学专科毕业生工资由 52 元提高到 64 元；中专、高中毕业生由 46 元提高到 58 元；初中生由 40 元提高为 52 元。思茅地区列入此次调整范围的人员包括：1989 年 9 月 30 日在册的党政机关、企事业单位工作人员，其中普调一级（含 1988 年 8 月 25 日后离休退休人员）人均月增资 7.43 元；符合再升一级人员人均月增资 7.67 元；1989 年 10 月 1 日后仍领取初期、见习期和试用期工资人员提高工资，人均月增资 9.10 元；在册的村干部普调一级工资，人均月增资 6.38 元；再升一级人员人均月增资6.47元；1981年年底在册、1989年9月底在职的民办教师，按每人每月8元标准提高补贴。

（八）解决部分职工工资突出问题

1990年，思茅地区机关、事业单位人员晋升工资，月增资145995元，人均增资8.59元。

（九）调整工龄工资

1992年1月起，根据《国务院关于调整机关、事业单位工作人员工龄津贴标准的通知》，国家机关、事业单位在职职工工龄津贴从原来的0.5元调整为1元。

（十）1993—2005年工资标准调整

1.1997年的工资调整

机关工作人员工资调整措施：1997年7月1日起，机关工作人员基础工资标准由原每人每月90元提高到每人每月110元，同时行政机关工人的工资和机关新录用人员的试用期工资标准也相应提高；事业单位工作人员的职务等级工资和津贴特别是事业单位新参加工作人员的见习期工资标准和初期工资都相应提高；机关事业单位离退休人员，不分职务每人增加20元离退休费。

2.1999年工资调整

机关工作人员工资调整措施：1999年7月1日起，将机关行政人员基础工资标准由每人每月110元提高到180元，级别工资标准由十五级至一级每人每月55元至470元提高到85元至720元，同时行政机关工人的岗位工资、技术等级（职务）工资标准和机关新录用人员试用期工资也相应提高。事业单位工作人员工资调整措施：1999年7月1日起，调整事业单位工作人员工资构成中的固定部分，调整后活的部分按国家规定的事业单位工作人员的工资构成比例相应提高，同时适当提高事业单位新参加工作人员见习期、初期的工资待遇，该次调整思茅地区事业单位工作人员有43402人提高了工资标准。机关、事业单位离退休人员增加离退休费措施：机关、事业单位1999年6月30日前已办理离退休手续和已到达离退休年龄（按国家有关规定经批准留任的除外）从1999年7月1日起增加离退休费。具体办法：离休人员按照同职务在职人员的增资额增加离休费，每人每月增加数额不足120元的，按120元增加。退休人员按下列标准增加退休费：厅（局）级170元、处级140元、科级110元、科员及办事员90元；专业技术人员，教授及相当职务170元、副教授及相当职务140元、讲师及相当职务110元、助教及以下职务90元；工人、技师110元；高级工以下及普通工90元。

3.2001年工资调整

2001年第一次调整：2001年1月1日起，将机关行政人员基础工资标准由每人每月180元提高到230元，级别工资标准由十五级至一级每人每月85元至720元提高到115元至1166元；同时行政机关工人的岗位工资、技术等级（职务）工资标准和机关新录用人员试用期工资也相应提高。事业单位工作人员工资调整措施：2001年1月1日起，调整事业单位工作人员工资构成中的固定部分，固定部分调整后，活的部分按国家规定的事业单位工作人员的工资构成比例相应提高，同时适当提高事业单位新参加工作人员见习期、初期的工资待遇。机关、事业单位离退休人员增加离退休费措施：机关、事业单位2000年12月31日前已办理离退休手续和已达到离退休年龄（按国家有关规定经批准留任的除外）从2001年1月1日起增加离退休费，离休人员按照同职务在职人员的增资额增加离休费，每人每月增加数额不足100元的，按100元增加。退休人员费用增加按厅（局）级180元、处级130元、科级100元、科员及办事员80元；专业技术人员，教授及相当职务180元、副教授及相当职务130元、讲师及相当职务100元、助教及以下职务80元；工人，技师100元、高级工以下及普通工 80 元。

2001 年第二次调整：自 2001 年 10 月 1 日起，公务员（含参照、依照公务员制度管理的人员）各职务层次工资起点标准由最低 50 元至最高 480 元提高到 100 元至 850 元，同时行政机关工人的岗位工资、技术等级（职务）工资标准和机关新录用人员试用期工资也相应提高。事业单位工作人员工资调整措施：2001 年 10 月 1 日起，调整事业单位工作人员工资构成中的固定部分，活的部分按国家规定的事业单位工作人员的工资构成比例相应提高，同时适当提高事业单位新参加工作人员见习期、初期的工资待遇。机关、事业单位离退休人员增加离退休费标准：机关、事业单位 2001 年 10 月 1 日前已办理离退休手续和已达到离退休年龄（按国家有关规定经批准留任的除外）从 2001 年 10 月 1 日起增加离退休费，离休人员按照同职务在职人员的增资额增加离休费，每人每月增加数额不足 80 元的，按 80 元增加。退休人员费用增加按厅（局）级 185 元、处级 125 元、科级 80 元、科员及办事员 55 元；专业技术人员，教授及相当职务 180 元、副教授及相当职务 120 元、讲师及相当职务 80 元、助教及以下职务 55 元；工人，技师 80 元、高级工以下及普通工 55 元。

4.2003 年工资调整

机关工作人员工资调整措施：2003 年 7 月 1 日起，调整机关行政人员职务工资标准，各职务起点工资标准由现行的 100 元至 850 元分别提高到 130 元至 1150 元，其他各职务工资档次标准相应提高，同时行政机关工人的岗位工资、技术等级（职务）工资标准和机关新录用人员试用期工资也相应提高。事业单位工作人员工资调整措施：2003 年 7 月 1 日起，调整事业单位工作人员工资构成中的固定部分，活的部分按国家规定的事业单位工作人员的工资构成比例相应提高，同时适当提高事业单位新参加工作人员见习期、初期的工资待遇。机关、事业单位离退休人员增加离退休费标准：机关、事业单位 2003 年 6 月 30 日前已办理离退休手续和已达到离退休年龄（按国家有关规定经批准留任的除外）从 2003 年 7 月 1 日起增加离退休费，离休人员按照同职务在职人员的增资额增加离休费，每人每月增加数额不足 50 元的，按 50 元增加。退休人员费用增加按厅（局）级 120 元、处级 80 元、科级 50 元、科员及办事员 35 元；专业技术人员，教授及相当职务 115 元、副教授及相当职务 75 元、讲师及相当职务 50 元、助教及以下职务 35 元；工人，技师 50 元、高级工以下及普通工 35 元。

（十一）1993—2005 年正常晋升工资

1998 年正常晋升级别工资和职务工资档次。工资晋升按规定进行年度考核：1993—1997 年，考核结果均为称职以上（由事业和企业单位调入机关的，考核结果可合并计算）；1993 年至 1997 年年底从未晋升过级别工资的人员；1997 年 12 月 31 日前进入新单位，职务没有变动，比照同条件人员确定级别，符合升级条件的人员；1997 年 12 月 31 日前转业到地方工作的军转干部可以在现级别基础上正常晋升一级级别工资。该次工资晋升自 1998 年 1 月 1 日起计发。自 1998 年 10 月 1 日起，符合条件国家机关、事业单位部分工作人员，在现职务工资档次基础上正常晋升一档。

1999 年机关、事业单位工作人员正常晋升职务工资档次。对符合 1999 年正常晋升级别工资条件的人员，自 1999 年 1 月 1 日起可在现级别基础上正常晋升一级级别工资。思茅地区机关、事业单位工作人员，对于符合条件的，自 1999 年 10 月 1 日起可以正常晋升一档职务工资档次。

2000 年机关、事业单位工作人员正常晋升职务工资档次，同时事业单位 6% 的优秀工作人员晋升职务工资。1995 年年底前转正定级、1999 年 12 月 31 日前在职在编并符合相应条件的执行职级工资制人员，自 2000 年 1 月 1 日起可正常晋升一级级别工资。1999 年年底前转正定级、1999 年 10 月 1 日未参加正常升档、1999 年和 2000 年为正常晋升职务工资的考核期，且连续两年考核为基本称职（基本合格）以上等次、2000 年 9 月 30 日前在职在编的机关、事业单位工作人员，可在现职务工资基础上正常晋升一档职务工资档次。机关、事业单位工作人员正常升档增加的职务工资从 2000 年 10 月 1 日起执行，机关正常晋升级别工资和事业单位晋升职务工资从 2001 年 1 月 1 日起执行。

2001 年工资晋升。人员范围包括：2000 年年底前转正定级且连续两年考核为基本称职（基本合格）等次以上、2001 年 9 月 30 日在职在编的机关、事业单位工作人员。正常晋升的职务工资自 2001 年 10 月 1 日起按调整后新的工资标准执行。思茅地区机关、事业单位中，2001 年 9 月 30 日前已办理离休、退休、退职手续和已达到离退休年龄的人员（按国家和省有关规定经组织批准留任的除外），可自 2001 年 10 月 1 日起适当增加离退休费。离休人员按同职务在职人员晋升一个职务工资档次的档差增加，每月离休费低于 25 元的按 25 元增加。退休人员按每人每月 20 元增加退休费。依照《国务院关于颁发〈国务院关于安置老弱病残干部的暂行办法〉和〈国务院关于工人退休、退职的暂行办法〉的通知》规定，退职人员按每人每月 15 元增加退职生活费。

2002 年工资晋升。人员范围包括：2001 年 12 月 31 日在职在编的人员、1997—2001 年连续五年年度考核为基本称职以上等次的人员、1997 年变动或转正确定过级别工资后的人员、1998 年 1 月 1 日至 2001 年 12 月 31 日间从未晋升过级别工资的执行职级工资制的人员。该次调整的执行时间为 2002 年 1 月 1 日。晋升职务工资人员范围包括：2002 年 9 月 30 日在职在编的人员、2001 年年底前转正定级且考核期内连续两年考核为基本称职（基本合格）等次以上的人员。晋升的职务工资自 2002 年 10 月 1 日起执行。

2003 年工资晋升。正常升档人员范围包括：2003 年 9 月 30 日在职在编的人员、2002 年和 2003 年连续两年年终考核结果在基本称职（基本合格）及以上等次的人员。晋升职务工资档次的人员范围包括：2002 年转正定级的工作人员、2002 年到地方工作的军队转业干部。正常晋升的职务工资自 2003 年 10 月 1 日起执行。正常增加离退休费人员范围包括：2003 年 9 月 30 日前（含 9 月 30 日）已经办理离退休手续，以及在此之前已达到离退休年龄，又未经组织批准暂缓办理离退休手续的人员。其中，离休人员按在职同职务、同条件人员每月正常晋升职务工资增加的档差增加离休费，退休人员每月增加退休费 20 元。

二、奖金、补贴、津贴

（一）奖金

1979 年，思茅地区地属国家机关和事业单位首次评发年终奖金。评奖的主要条件档次以单位全年的工作成绩和行政经费情况设定三档奖金，按 11 元、10 元和 9 元三个等级发放。1981 年，思茅地区国家机关和事业单位的奖金标准按人均一个月的标准工资 60 元发放，部分有收入的事业单位，则按人均一个半月的标准工资发放。1981—1983 年，企业奖金的发放采取逐级审核、分级管理、控制发放的原则进行管理。1982 年，地直单位的全年奖金按人均 70 元发放。1983 年，奖金发放改为由省下达奖金指标到地区，再由地区分别下达到各县和地直单位。思茅地区全年的奖金限额 22.29 万元，人均 77 元。1984 年，思茅地区国家机关和事业单位全年实发奖金 124.1 万元，人均 112.74 元。1984 年后，企业奖金发放同经济效益挂钩，政府对消费基金进行宏观调控，企业内部发放奖金的办法由各企业自行确定，国家按规定征收奖金税。1985 年，思茅地区国家机关和事业单位职工的奖金按职工平均一个月的标准工资发放。1986 年，思茅地区国家机关和事业单位职工的奖金按全年人均 96 元发放。1987 年，思茅地区国家机关和事业单位职工的奖金按全年人均 120 元计发。1988 年 1 月起，国家机关和事业单位职工的奖金按全年人均 240 元发放。1997

年，根据云南省人民政府《云南省人民政府批转省总工会关于云南省劳动模范和先进工作者待遇若干规定的通知》规定，对思茅地区辖区内经国务院和省政府授予的劳动模范、先进工作者，包括1992年前经国务院和省政府授予的先进生产（工作）者和调入思茅地区并保持荣誉称号的劳动模范和先进工作者给予奖励。工资奖励规定：党政机关、群众团体和事业单位荣获全国劳动模范和先进工作者称号的人员，晋升两档职务工资，荣获省级称号的人员，晋升一档职务工资，企业职工和农民工实行一次性奖励。荣誉津贴规定：全国离退休劳动模范和先进工作者每月享受荣誉津贴120元，省特级100元，省级80元。1984年12月31日前离退休的省级以上劳动模范、先进工作者，在上述标准上每月再增20元。破产、拍卖企业中全国劳动模范和先进工作者一次性奖0.8万元—1万元、省级5000元—7000元。劳动模范和先进工作者还可同时享受文化教育、技术培训，医疗保健及出售、分配住房，解决配偶两地分居、家属农转非方面的优待。1999年，按照云南省人事厅、中共云南省委《关于机关连续三年考核优秀工作人员奖励工资有关问题的通知》规定，机关连续3年年度考核优秀的工作人员发给一次性资金，资金金额为本人第三个优秀考核年度12月的月基本工资。根据云南省人事厅《关于事业单位3%优秀工作人员晋升工作有关问题的通知》规定，事业单位按单位职工总数3%比例晋升职务工资的工作自1998年起，每两年（逢双年）进行一次，每次升级人数按单位职工总数的6%执行。经考核优秀并作出突出贡献的在职专业技术人员、管理人员、工人，晋升一档职务（技术等级）工资。根据云南省人事厅、云南省财政厅《关于发放年终一次性奖金的通知》规定，思茅地区当年12月31日在职在编，年度考核为称职（合格）以上的机关、事业单位工作人员，自2001年起发放年终一次性资金，发放标准为职工本人12月的月基本工资。

（二）补贴、津贴

1. 副食品价格补贴

1979年11月起，思茅地区职工（含离退休人员）每人每月发放副食品价格补贴5元。1988年，肉食价格放开，思茅县和地直驻思茅县单位职工，每人每月增加补贴4.5元。1988年，给思茅地区职工每人每月增加9.5元副食品价格补贴。

2. 技术津贴

1983年9月1日起，按中共云南省委和云南省政府的规定，给具有大中专及以上学历或取得技术员及其以上技术职称的科技干部及单位未评职称，但多年从事专业技术工作人员，按不同职称和所在地的艰苦程度每人每月分别发放5元—21元的技术津贴。西盟列为一类地区，江城、孟连、澜沧为二类地区，普洱、思茅、镇沅、墨江、景谷、景东为三类地区，其中思茅地区10个县划为一般地区的公社16个，艰苦地区的公社85个。1984年，思茅地区享受技术津贴的人员10132人，每月发放金额11.90万元。1984年9月后，享受技术津贴的人员按规定大部分均改为享受知识分子浮动工资。

3. 知识分子浮动工资

1984年9月，向思茅地区高、中、初级专业技术职称人员和具有大中专毕业学历的知识分子发放知识分子浮动工资，浮动工资的金额按不同的工作地区和不同的职称学历，每人每月发放8元—40元。1985年1月底，思茅地区享受知识分子浮动工资18399人，人均每月12.67元。1986年7月1日起，知识分子浮动工资的发放金额数改为按其本人现行的基础工资、职务工资两项之和的级数（档次）金额计发。在一类地区工作享受知识分子浮动工资人员，按不同的工龄和工作时间的长短，分别享受浮动两级、固定一级、再浮动两级，浮动三级的待遇。二、三类地区知识分子和专业技术人员按不同工龄、不同的专业技术职务或不同的学历及参加工作时间，分别享受浮动工资一级半，固定一级、再浮动一级半的待遇。1986年12月底，思茅地区享受浮动工资的有14351人，占干部总数的44%，人均月12.37元。

4. 边疆生活补贴

1980年9月起，西盟和澜沧的雪林公社职工享受的边疆补贴，每人每月按10元的标准执行。1984年11月，全省恢复边疆县原执行的边疆职工生活补贴：西盟每人每月15元—20元；江城、孟连和澜沧3县，每人每月10元—15元。享受边疆职工生活补贴的县，按照规定要求，根据本县实际情况，以区、乡为单位，制定出不同金额的补助标准。享受边疆补贴的职工，在离休退休时，可将生活补贴作为计发离休退休费的基数。

5. 教龄津贴

根据国务院工资制度改革小组、劳动人事部《关于教师教龄津贴的若干规定》，中等专业学校、教师进修学校、技工学校、普通中学、职业中学、农业中学、工读学校、盲聋哑学校、小学、弱智儿童学校和幼儿园的公办教师津贴，标准为教龄满5年不满10年的，每月3元；满10年不满15年的，每月5元；满15年不满20年的，每月7元；满20年以上的，每月10元。根据云南省人事厅《关于普洱市特殊教育学校享受特殊教育津贴有关问题的通知》，2003年3月1日起，特殊教育学校（含特教班）教职工享受本人工资25%的特殊教育津贴。

6. 护龄津贴

根据国务院工资制度改革小组、劳动人事部《关于护士工龄津贴的若干规定》规定，各级卫生部门所属的医疗卫生机构中直接护理病人、从事护理技术操作和营养配制工作的护士（含公共卫生护士）、助产士、护师、主管护师、正副护士长、正副助产士长、护理部正副主任或正副总护士长，均可实行护士工龄津贴。标准为护龄满5年不满10年的，每月3元；满10年不满15年的，每月5元；满15年不满20年的，每月7元；满20年以上的，每月10元。

7. 计生岗位津贴

根据云南省人事厅、云南省财政厅、云南省计划生育委员会《关于对计划生育工作人员实行岗位津贴的通知》规定，全地区计划生育部门和所属事业单位的在职干部、职工、乡计划生育助理员，1990年1月1日起可享受每人每月9元—15元的岗位津贴。自1999年1月1日起，计生岗位津贴调整为每人每月15元—25元。

8. 警衔津贴

根据云南省人事厅、云南省财政厅《转发人事部、财政部〈关于人民警察实行警衔津贴问题的通知〉的通知》，思茅地区公安、安全、监狱劳教管理部门和各级人民法院、人民检察院评定授予警衔的在职人民警察从1995年1月1日起执行警衔津贴。每月标准：总警监123元，副总警监116元；一级警监110元，二级警监105元，三级警监100元；一级警督95元，二级警督90元，三级警督85元；一级警司80元，二级警司76元，三级警司72元；一级警员68元，二级警员64元。自2003年7月1日起，适当调整警衔津贴标准，总警监228元，副总警监216元；一级警监204元，二级警监165元，三级警监184元；一级警督174元，二级警督165元，三级警督156元；一级警司147元，二级警司138元，三级警司129元；一级警员121元，二级警员113元。2006年7月1日起，适当调整警衔标准，总警监313元、副总警监295元、一级警监277元、二级警监263元、三级警监249元、一级警督235元、二级警督223元、三级警督211元、一级警司199元、二级警司187元、三级警司175元、一级警员165元、二级警员155元。

9. 党委政法工作津贴

根据中共云南省委办公厅、云南省人民政府办公室《关于我省各级党委政法委员会工作人员实行工作津贴的通知》规定，思茅地区各级党委政法委员会工作人员自1996年7月1日起，实行工作津贴。每月标准为：正厅级110元，副厅级105元，正处级95元，副处级90元，正科级85元，副科级80元，科员76元，办事员68元。根据云南省人事厅、云南省财政厅《关于我省政法工作机关实行工作津贴的通知》规定，2003年1月起，地、县级政法委员会专职和兼职书记、副书记；政法委、法院、检察院、司法局机关中在职在编的工作人员（不含已执行警衔津贴的人民警察及监狱、劳教系统人员），实行政法工作津贴。每人每月津贴标准：正厅级189元，副厅级180元，正处级162元，副处级154元，正科级146元，副科级138元，科员130元，其他人员115元。自2003年7月1日起调整政法工作津贴，每人每月津贴标准：正厅级204元，副厅级194元，正处级174元，副处级165元，正科级156元，副科级147元，科员138元，其他人员121元。

10. 检察院、法院办案人员岗位津贴

根据云南省人事厅、云南省财政厅、云南省高级人民法院《关于转发人事部、财政部、最高人民法院〈关于调整人民法院办案人员岗位津贴范围和标准的通知〉的通知》（云人工〔1998〕5号）和云南省人事厅、云南省财政厅、云南省人民检察院《关于转发人事部、财政部、最高人民检察院〈关于调整人民检察院办案人员岗位津贴范围和标准的通知〉的通知》规定，自1997年1月1日起，调整地方各级人民检察院、法院办案人员岗位津贴，每人每天2.2元，县级检察院、法院办案人员均由现行的0.4元、0.5元、0.6元提高到2.2元。2007年7月1日起，全市各级人民法院评定法官等级的在职法官实行法官审判津贴，各等级每月的法官审判津贴标准为：首席大法官340元，一级大法官318元，二级大法官298元，一级高级法官278元，二级高级法官262元，三级高级法官246元，四级高级法官233元，一级法官220元，二级法官210元，三级法官200元，四级法官190元，五级法官180元。自2007年7月1日起，全市各级评定检察官等级的在职检察官实行检察官检察津贴，各等级每月的检察官检察津贴标准：首席大检察官340元，一级大检察官318元，二级大检察官298元，一级高级检察官278元，二级高级检察官262元，三级高级检察官246元，四级高级检察官233元，一级检察官220元，二级检察官210元，三级检察官200元，四级检察官190元，五级检察官180元。

11. 环境保护监测津贴

根据云南省人事厅、云南省财政厅、云南省环境保护局《关于转发人事部、财政部、国家环保局〈关于调整环境保护监测津贴标准的通知〉的通知》，自1997年1月1日起，一至三等环境保护监测津贴标准由原来每人每月13元、10元、7元调整为每人每天3.5元、3元、2.5元。

12. 城市下水道工人和环境卫生工人岗位津贴

根据云南省人事厅、云南省财政厅、云南省建设厅《关于转发人事部、财政部、建设部〈关于调整城市下水道工人和环境卫生工人岗位津贴标准的通知〉的通知》，城市下水道工人岗位津贴标准由一等每人每天0.9元、二等0.7元、0.6元调整为一等每人每天7元、二等4元、三等3元；城市环卫工人由每人每天0.8元、0.7元、0.6元调整为5元、4元、3元。

13. 水利防汛津贴

根据云南省人事厅、云南省水利水电厅《关于水利职工建立水利防汛津贴制度的通知》，每年5月1日至10月30日的汛期内，思茅地区直接参加防汛抢险和水情测报、现场防汛指挥的一线人员，执行每人每天8元津贴，其他人员为二线，津贴标准每人每天5元。

14. 农业事业单位有毒有害保健津贴和畜牧兽医医疗卫生津贴

根据云南省人事厅、云南省财政厅、云南省农业厅《转发人事部、财政部、农业部〈关于调整农业事业单位有毒有害保健津贴和畜牧兽医医疗卫生津贴标准的通知〉的通知》，自 1997 年 1 月 1 日起，农业有毒有害保健津贴等级由甲、乙、丙、丁四个等级调整为甲、乙、丙三个等级，标准由每人每月 13 元至 15 元、10 元至 12 元、7 元至 9 元分别调整为每人每天 3 元、2.5 元、2 元。畜牧兽医医疗卫生津贴各类别的标准由原每人每月 12 元至 15 元、9 元至 11 元、4 元至 8 元分别调整为每人每天 3 元、2.5 元、2 元。

15. 艰苦广播电视台站津贴

根据云南省广播电视厅、云南省人事厅、云南省财政厅《关于调整我省艰苦广播电视台站津贴标准的通知》，1997 年 1 月 1 日起，一至六类艰苦广播台站津贴由现行的每人每天 1.7 元、1.3 元、0.9 元、0.6 元、0.45 元、0.3 元分别调整为每人每天 5 元、4 元、3 元、2 元、1.5 元、1 元。

16. 广播电视天线工岗位津贴

根据云南省广播电视厅、云南省人事厅、云南省财政厅《关于调整广播电视天线工岗位津贴标准的通知》，自 1997 年 1 月 1 日起，天线工岗位津贴标准进行调整，保健津贴标准由每人每天 0.6 元调整为 3 元；高空作业津贴标准，按在广播电视天线杆、塔上作业位置的高度，分为以下四个档次：第一档：150 米—199 米，由每人每天 1.8 元调整为 4 元；第二档：100 米—149 米，由每人每天 1.2 元调整为 3 元；第三档：50 米—99 米，由每人每天 0.8 元调整为 2 元；第四档：49 米以下，由每人每天 0.4 元调整为 1 元。

17. 司法工作津贴

根据云南省人事厅、云南省财政厅《关于司法行政机关工作人员实行工作津贴的通知》，司法行政机关在职在编的工作人员（不含执行警衔津贴的人民警察及监狱、劳教系统人员），自 1999 年 1 月 1 日起，执行工作津贴。每月标准：正处级 95 元，副处级 90 元，正科级 85 元，副科级 80 元，科员 76 元，其他人员 68 元。

18. 乡（镇）机关工作津贴

根据云南省人事厅、云南省财政厅、中共云南省委组织部《关于实行乡（镇）机关工作津贴的通知》，思茅地区乡（镇）机关工作人员实行“乡（镇）机关工作津贴”。具体标准为每人每月：党委书记、乡（镇）长、人大主席 60 元，副书记、副乡（镇）长、人大副主席 50 元，其他人员 30 元。

19. 残联系统特殊岗位津贴

根据云南省人事厅、云南省财政厅、云南省残疾人联合会《关于我省残联系统工作人员特殊岗位津贴发放有关问题的通知》，自 2003 年 1 月 1 日起，经考核具备聋哑人手语或盲文翻译专业资格的思茅地区各级残联专职残疾人工作者，可享受特殊岗位津贴。执行公务员职级工资制的人员按职务、基础工资之和的 20% 计发；事业单位专业技术人员和管理人员按专业技术（职员）职务等级工资标准的 20% 计发；机关技术工人按岗位工资和等级工资之和的 20% 计发；机关普通工人和事业单位工人按（岗位）技术等级工资标准的 20% 计发。

20. 调整卫生防疫津贴标准

根据云南省人事厅、云南省财政厅、云南省卫生厅《关于转发人事部、财政部、卫生部〈关于调整卫生防疫津贴标准的通知〉的通知》，自 2004 年 1 月 1 日起，适当调整卫生防疫津贴。在麻风病院及专职从事传染病、结核病、血吸虫等寄生虫病防治的卫生工作人员，执行卫生防疫津贴。卫生防疫津贴由按月发放改为按工作日发放，标准分别为一类，每人每工作日 9 元；二类，每人每工作日 7 元；三类，每人每工作日 5 元；四类，每人每工作日 3 元。

21. 艰苦边远地区津贴

根据云南省人事厅、云南省财政厅、中共云南省委组织部《关于实行知识分子补贴的通知》，思茅地区一、二、三、四类地区的机关、事业单位在职在编和离退休人员，按工作单位驻地类区和本人职务（专业技术职务）享受相应标准的津贴。

22. 其他津贴、补贴

第一，调整纪检、监察办案人员补贴范围和标准。自 1997 年 1 月 1 日起，地级纪检、监察办案人员补贴标准为每人每天 2 元，县、乡级办案人员补贴标准由每人每天 0.8 元提高到 2 元。第二调整审计机关审计人员工作补贴范围和标准。1998 年，地级审计机关审计人员工作补贴标准为每人每天 2 元，县级审计机关审计工作人员工作补贴由现行的每人每天 1 元提高到 2 元。第三，提高回族职工伙食补助费。自 1998 年 7 月 1 日起，回族职工伙食补助费从原来的每人每月补助 2.5 元提高为每人每月补助 8 元。第四，知识分子补贴。自 2001 年 1 月 1 日起，执行知识分子补贴。机关、事业知识分子补贴标准为每月博士 80 元、硕士 70 元、本科 60 元、专科 50 元、中专 30 元；机关厅级 70 元、处级 60 元、科级 50 元、科以下 30 元；事业高职三级职员 60 元、中职四级职员 50 元、初职五级及以下 30 元。第五，老干部管理、服务人员岗位补贴。自 2001 年 11 月起，思茅地区行政、事业、企业单位从事离退休干部管理、服务工作的专职人员，每人每月执行 60 元岗位补贴。第六，2004 年调整交警值勤保健补贴标准。自 2004 年 1 月 1 日起，调整全市各级公安交通警察值勤保健补贴，交警大队、中队交通民警每人每天 10 元，交警支队以上（含支队）交通民警每人每天 5 元。

23.2007 年 1 月 1 日起规范津补贴

2007 年 1 月 1 日起，对全市机关公务员（含参公管理）津贴补贴进行规范。第一，取消违规的津贴补贴项目。在清理规范津贴补贴中未按照要求如实上报的津贴补贴，一律予以取消；从不符合规定渠道所取得的资金，一律予以取消。第二，归并津贴补贴项目。在职人员津贴补贴规范后的项目是：工作性津贴、生活补贴、改革性补贴、奖励性补贴、特殊岗位津贴、艰苦边远地区津贴。离休人员津贴补贴统一归并为：离休人员补贴、改革性补贴、艰苦边远地区津贴、特殊岗位津贴。退休人员津贴补贴统一归并为：退休人员补贴、改革性补贴、艰苦边远津贴、特殊岗位津贴。第三，改革性补贴是指根据规范职务消费和推进福利待遇货币改革需要发放的补贴。第四，奖励性补贴是指省政府根据工作绩效向少数做出突出贡献的工作人员发放的奖金。第五，特殊岗位津贴是指经国务院或国务院授权人事部、财政部批准建立的机关工作人员岗位津贴，标准仍按人事部、财政部规定执行。此次规范后，省级以下各地区、各部门单位过去自行建立的岗位津贴、地区津贴补贴以及国家政策规定之外自行扩大范围和提高标准的津贴补贴一律取消。规范后各单位在职人员的工作性津贴和生活性补贴，离休人员和退休人员的补贴标准，新录用公务员试用期和新招收工人学徒期、熟练期的津贴补贴标准根据普洱市制定的标准执行，改革性补贴每人每月 100 元。奖励性补贴标准按省政府批准的奖励金额在计发当月单独列项。特殊岗位津贴标准按国家规定的项目、标准及发放办法执行，单独列项。

24. 一次性抚恤金

根据《关于转发民政部、人事部、财政部国家机关工作人员及离退休人员死亡一次性抚恤金发放办法的通知》和《云南省人事厅、云南省劳动和社会保障厅、云南省财政厅关于转发人力资源和社会保障部民政部门财政部关于事业单位工作人员和离退休人员死亡一次性抚恤金发放办法的通知》，自2004年10月1日起，国家机关、事业单位工作人员及离退休人员死亡，一次性抚恤金按以下标准执行；烈士为本人生前80个月基本工资或基本离退休费；因公牺牲为本人生前40个月基本工资或基本离退休费；病故为本人生前20个月基本工资或基本离退休费。

25. 计划生育奖励金

根据云南省人事厅、云南省财政厅《关于对部分终身只生育一个子女的机关事业单位职工实行适当奖励问题的通知》规定，2006年7月1日起，对全市机关事业单位职工自愿终身只生育一个子女的，在退休后给予适当奖励。计划生育奖励金额为退休当月基本工资的5%。机关公务员的基本工资为职务工资和级别工资之和；技术工人的基本工资为岗位工资和技术等级工资之和；事业单位职工基本工资为岗位工资和薪级工资之和。计生奖励金自退休下月开始执行，按月发放。

三、离退休管理

（一）退休

20世纪80年代初开始，思茅地区一大批中华人民共和国成立前和中华人民共和国成立初期参加革命工作的干部职工陆续退出工作岗位，安度晚年。干部职工的退休离休年龄、待遇是按1978年6月颁布的《国务院关于安置老弱病残干部的暂行办法》《国务院关于工人退休、退职的暂行办法》和以后国务院、人事部、云南省人民政府及省有关部门陆续出台的规定办理。干部职工退休的要求和规定：在中华人民共和国建立后参加革命工作的职工，男年满60周岁，女年满55周岁，工作年限或连续工龄满10年的，如从事特殊工种工作，或丧失工作能力及因公致残的，可针对不同情况，提前5年—10年退休。干部的退休须经任免机关批准，干部退休后按不同工龄，按月发给相当于本人原标准工资65%—95%退休金，直至去世为止。干部职工退休后，照常享受福利费、公费医疗（2001年起与在职干部同样改为城镇职工基本医疗保险）等方面的待遇。退休人员去世后，其丧事处理、丧葬补助费和供养直系亲属抚恤费与在职去世的职工待遇相同。

（二）离休

1978年6月，国务院颁布《关于安置老弱病残干部的暂行办法》，办法规定离休干部享受的待遇是：干部离休后，其离休标准按本人离休时标准工资100%发给，可以按照“基本政治待遇不变、生活待遇略为从优”的原则享受规定的有关政治待遇和提高职级、生活补贴、交通费、建房补助费、探视待遇、保健补贴以及安家补助费、车旅费、护理费、公费医疗等项待遇。2002年9月，思茅地区出台《思茅地区离休干部医疗保障管理暂行办法》，按照“单位尽责、社会保障、财政支持、加强管理”的原则，地区本级将343名机关事业单位、企业的离休干部纳入医疗保障范围。各县（市）相继启动“离休干部医疗保障机制”。2007年年底，全市有离休干部1118人。

（三）离休干部护理费

根据中共云南省委组织部、中共云南省委老干局、云南省财政厅、云南省人事厅、云南省劳动和社会保障厅、云南省国有资产监督管理委员会《关于调整我省离休干部护理费标准的通知》，自2006年1月起，调整离休干部护理费。1949年9月30日前参加革命工作的离休干部，由每人每月发给高龄补贴60元、50元、40元调整为每人每月发给护理费200元。符合护理费发放范围，年满80周岁的离休干部，仍按现行规定每人每月增发100元。已发放自雇费的离休干部，不重复享受护理费。

第二章　劳动保障

第一节　机　构

一、市劳动局

1983年10月，原思茅地区计划委员会劳动工资科与地区人事局合并成立思茅地区行政公署劳动人事处，统一负责思茅地区劳动、人事工作。1989年10月，思茅地区行政公署劳动人事处撤销，分别成立思茅地区行政公署劳动局和人事局。思茅地区行政公署劳动局内设秘书科、计划劳动力管理科、工资福利科、劳动安全监察科、劳动争议仲裁科、职业技术教育科等6个科室，编制21人。直属事业机构有：思茅地区技工学校、思茅地区劳动服务公司、思茅地区劳动培训中心、思茅地区社会保险事业管理所、思茅地区锅炉压力容器检验研究所。1991年7月，经地区编委批准，原职业技术教育科改称职业技能教育科。1996年5月，思茅地区国家机关机构改革，保留思茅行署劳动局，内设办公室、工资与社会保险福利科、劳动安全监察科、劳动监察与争议仲裁科、职业技能开发科。1999年12月，将思茅地区锅炉压力检验所划归思茅地区质量技术监督局。2000年8月9日，批准成立思茅地区医疗保险基金管理中心，为思茅行署劳动局所属全额拨款正科级事业单位，编制10人，科级领导职数2名。2001年12月思茅地区行政公署机构改革，撤销思茅地区行政公署劳动局，成立思茅地区劳动和社会保障局，内设办公室、职教科、工资科、劳动监察与仲裁科、基金监督科、劳动安全监察科，编制19人。直属事业单位：思茅地区技工学校、思茅地区社会保险事业管理局、思茅地区劳动就业服务局、思茅地区劳动培训中心、思茅地区医疗保险基金管理中心；同月，思茅地区行政公署劳动局安全监察科及其思茅地区安全生产委员会办公室职能移交思茅地区安全生产监督管理局。2002年3月，思茅地区劳动和社会保障局职能和内设机构重新进行调整，调整后内设办公室、劳动监察与争议仲裁科（加挂思茅地区劳动争议仲裁委员会办公室标牌）、职业技能教育科（加挂思茅地区技校招生委员会办公室标牌）、社会保险基金监督科（加挂思茅地区社会保险基金监督委员会办公室标牌）、医疗与工伤生育保险科、养老保险与工资福利科（加挂思茅地区劳动能力鉴定委员会办公室标牌），编制19人（行政编制15名、事业编制4名）。思茅地区行政公署劳动和社会保障局直属思茅地区社会保险局更名为思茅地区社会保险事业管理局，原正科建制升格为副处级单位，内设办公室、社会保险科、财务统计信息科，编制13人；5月，思茅地区机构编制委员会批准成立思茅地区劳动保障监察支队，正科级，编制5名，为参照公务员管理的财政全额拨款事业单位，为思茅地区劳动和社会保障局直属机构；7月，思茅地区编制委员会办公室批准成立思茅地区职业技能鉴定中心，正科级事业单位，编制2名，经费实行自收自支管理，属思茅地区行政公署劳动和社会保障局直属机构。2004年6月，思茅地区编制委员会办公室批准思茅地区劳动和社会保障局增设农村养老保险科，增加事业编制1名。2006年6月，思茅市编制委员会办公室增加劳动保障监察支队事业编制5名，科级领导职数2名。2007年8月，普洱市编制委员会办公室批准普洱市劳动和社会保障局增设农民工管理办公室，增加事业编制4名，科级领导职数2名，参照公务员法管理；11月，经普洱市机构编制委员会批准，普洱市劳动和社会保障局内设科（室）职能进行调整，内设办公室、规划财务统计科、社会保险科（加挂普洱市劳动鉴定委员会标牌、医疗保险争议仲裁委员会标牌）、劳动监察与基金监督科（加挂普洱市社会保险基金监督委员会标牌、依法行政和行政复议办公室标牌）、培训就业科（加挂普洱市技校招生办公室标牌）、劳动工资与仲裁科（加挂普洱市劳动争议仲裁委员会办公室标牌）、农村社会养老保险科，人员编制不变；12月，普洱市劳动和社会保障局内设办公室、规划财务统计科、社会保险科、劳动工资与仲裁科、劳动监察与基金监督科、培训就业科、农村养老保险科、农民工管理办公室，科级领导职数12名，编制26名（行政编制20名、事业编制6名）。

1989—2007年普洱市劳动和社会保障局领导任职表

表34-9

单位	姓名	性别	民族	籍贯	职务	任职时间
思茅地区行政公署劳动局	张百如	男	汉	广东龙川	局　长	1989.3—1991.8
	王正昌	男	彝	云南镇沅	局　长	1991.11—1993.12
	陈季方	男	汉	云南昆明	局　长	1996.4—2001.12
	王正昌	男	彝	云南镇沅	副局长	1989.11—1991.10
	郑生曦	女	汉	上海静安	副局长	1991.11—2002.12
	者崇宽	男	哈尼	云南墨江	副局长	1992.8—2001.12
思茅地区劳动和社会保障局	陈季方	男	汉	云南昆明	局　长	2001.12—2003.5
	郑生曦	女	汉	上海静安	副局长	2001.12—2002.12
	者崇宽	男	哈尼	云南墨江	副局长	2001.12—2004.4
	段跃朝	男	汉	河南鲁山	副局长	2002.7—2004.4
思茅市劳动和社会保障局	李德发	男	哈尼	云南墨江	局　长	2003.5—2006.5
	雷朝荣	男	拉祜	云南镇沅	局　长	2006.5—2007.4
	者崇宽	男	哈尼	云南墨江	副局长	2004.4—2007.4
	段跃朝	男	汉	河南鲁山	副局长	2004.4—2007.4
	杨永明	男	彝	云南澜沧	副局长	2006.5—2007.4
普洱市劳动和社会保障局	雷朝荣	男	拉祜	云南镇沅	局　长	2007.4—2007.12
	者崇宽	男	哈尼	云南墨江	副局长	2007.4—2007.12
	段跃朝	男	汉	河南鲁山	副局长	2007.4—2007.12
	杨永明	男	彝	云南澜沧	副局长	2007.4—2007.12

二、直属机构

（一）技工学校

1979年5月，省委批准成立思茅地区技工学校，为思茅行署计划委员会所属正科级行政全额拨款事业单位。1982年筹建，1985年7月招生。1993年2月，思茅地委组织部下文，升格为副处级。1995年2月，经思茅地委、行署批准升格为正县级单位。2007年10月划转普洱市教育局管理。

（二）社会保险管理局

1986年11月，思茅行署批准成立思茅地区社会劳动保险公司，1989年10月更名为思茅地区社会保险事业管理所。1990年3月更名为思茅地区社会保险事业管理局。2001年7月，经思茅地区推行国家公务员制度领导小组批准，思茅地区社会保险事业管理局推行国家公务员制度。2003年3月升格为副处级单位。2007年12月，经云南省人事厅批准为参照公务员法管理单位。

（三）劳动就业局

1984年2月，思茅行署批准成立思茅地区劳动服务公司，为思茅行署劳动人事处所属正科级财政全额拨款事业单位。1990年1月，思茅地区劳动服务公司更名为思茅地区劳动就业服务局。2001年7月3日，经思茅地区推行国家公务员制度领导小组批准，思茅地区劳动就业局推行国家公务员制度。2007年12月，经云南省人事厅批准为参照公务员法管理单位。

（四）医疗保险基金管理中心

2000年8月9日，成立思茅地区医疗保险基金管理中心，为思茅行署劳动局所属全额拨款正科级事业单位，核定事业编制10名。2005年5月12日思茅市人事局批准，思茅市医疗保险基金管理中心推行公务员制度。2007年12月，经云南省人事厅批准为参照公务员法管理单位。

（五）职业技能鉴定中心

2003年7月，思茅地区编制委员会办公室批准成立思茅地区职业技能鉴定中心，为思茅行署劳动和社会保障局所属正科级事业单位，编制2人，经费实行自收自支，企业化管理。

（六）劳动培训中心

1986年11月，思茅地区编制委员会办公室批准成立思茅地区劳动就业培训中心，为思茅地区行署劳动人事处所属正科级事业单位，经费实行自收自支，企业化管理。2003年7月，思茅地区编制委员会办公室取消思茅地区劳动就业培训中心的事业性质，收回10名自收自支事业编制，思茅地区劳动就业培训中心机构人员编制按企业进行管理。2004年10月18日，思茅市劳动和社会保障局对思茅地区劳动培训中心进行国有企业产权制度改革，16名在职职工按产权制度改革方案进行经济补偿，解除劳动合同，7名退休人员移交社区管理，仍保留思茅地区劳动培训中心和中华人民共和国174职业技能鉴定所两块牌子。

（七）思茅地区锅炉压力容器检验研究所

1984年11月，思茅行署批准成立思茅地区锅炉压力容器检验研究所，为思茅地区行署劳动人事处所属正科级事业单位，经费实行财政差额拨款管理，定额补助。2001年12月，思茅地区国家机关机构改革，思茅行署劳动局锅炉压力容器检验职能划转思茅地区质量技术监督局。

（八）思茅地区劳动服务公司综合供销公司

1985年11月经思茅行署劳动人事处批准，思茅地区劳动服务公司综合供销公司成立，主要安置待业青年就业，以商业零售为主。1996年12月，思茅行署劳动局决定撤销思茅地区劳动就业局综合供销公司，综合供销公司人员由地区劳动就业局妥善安置，固定资产归属思茅地区劳动就业局，债权债务由思茅地区就业局承担。

第二节　劳动计划

1978年，思茅地区计委根据一些县和单位超计划用人情况，按照省加强劳动计划管理工作的指示，要求各县严格执行劳动工资计划，清理非计划用人。劳动工资计划由地区下达各县及地属各部、委、办、局和地属各厂矿企业和事业单位，各县下达到各公社和县属各单位。凡没有下达增人计划指标的单位，一律不得招收用人。年末，思茅地区职工人数56423人。1980年年底，思茅地区职工人数60570人。1981年，思茅地区全民所有制单位新增固定工2396人，使用临时工3431人，年末思茅地区有职工62386人。1982年，思茅地区清理计划外用工，全年全民所有制单位新增职工1578人，集体所有制企业新增用人408人，年末思茅地区职工总数64783人。1983年试行劳动合同工制度，年末思茅地区职工人数67677人。1984年年底，思茅地区有固定工59488人，计划内合同工644人，计划外用工639人。1985年，地区只下达控制指标，自然减员的补员由各县统一掌握使用；对企业的劳动力管理采取由企业根据生产需要招用临时工、季节工，以上用工按计划外用工统计，不纳入国家计划内范围；矿山企业招收轮换工；建筑和搬运企业招收合同工，不受国家劳动计划的约束，实行工资总额同经济效益挂钩的企业增人不增工资、减人不减工资的政策。没有实行劳动工资总额包干的大中型企业，职工人数与生产增长按一定比例向上浮动，经劳动部门核定后可招收新工人，年末，思茅地区实有职工64156人（不含计划外用工）。1986年，思茅地区贯彻国务院关于改革劳动制度的"四项规定"（《国营企业实行劳动合同制暂行规定》《国营企业辞退违纪职工暂行规定》《国营企业招用工人暂行规定》《国营企业职工待业保险暂行规定》）。当年10月起，思茅地区企业单位招收新工人一律实行劳动合同制，新招收工人1738人，全部实行劳动合同制。1987年后，对集体企业的劳动计划管理采取区别于全民所有制企业管理的办法，在宏观控制的前提下，保证集体企业的用工需要，各企业因生产需要补充劳动力的，须报思茅地区劳动人事处批准下达招工指标以后才能进行招工。至1989年年末，思茅地区有职工89326人，其中固定职工61365人、合同制工人7701人、计划内临时工5784人、计划外用工14476人。

1990年，取消计划经济时期微观管理的劳动力计划指标，改为对劳动力的流向、流量、流速的宏观管理，实行劳动部门介绍就业、自愿组织起来就业和自谋职业的方针，控制城镇劳动力的机械增长。全民所有制单位确需从农村招工的，按国家有关规定办理审批手续，进城务工的农村劳动力，须持其所在乡（镇）签发的外出务工证明，分别到当地劳动部门登记。凡不办理登记手续，擅自使用社会劳动力的单位和个人，视其情节给予批评教育或行政处罚。1991年，思茅地区在面向社会公开招收、择优录用的前提下，区别不同行业和工种特点，给予适当比例，在已使用的临时工中择优录用1835个合同制工人。

1992年，根据国务院《全民所有制工业企业转换经营机制条例》的规定，思茅地区劳动用工权还于企业，改变计划经济时期劳动部门统招、统包、统分的办法，企业有权根据生产需要编制招工计划，自主确定招工条件和时间，企业自主使用临时工，劳动部门及时给企业办理各种手续。1993年，分别取消国有企业招工、农场调入地方国营企业、机关事业单位和集体企业工人调入地方国营企业、机关、事业单位农转非指标。1994年，思茅地区劳动力管理由原来的管理型转变为服务型，工作职能转到服务、协调、监督和宣传，国家"统包统配"的劳动就业制度基本结束。1995年1月1日起，《中华人民共和国劳动法》施行，劳动用工关系用劳动法的法律关系来调整，废除劳动用工的微观管理体制。1995年后，劳动行政部门掌控的国有企业招工农转非指标，技校招生农转非指标，农场调入地方国营企业、机关、事业单位的农转非指标，集体企业工人调入地方国营企业、机关、事业单位的指标不再下达，计划劳动力管理科撤销。1998年，取消技工学校招生农转非指标。2007年年末，普洱市职工总数92989人，其中行政机关职工8990人、事业单位职工44310人、企业职工39689人。

第三节　就业培训

1978年，思茅地区计委劳动工资科为加强在职工人的技术培训工作，提高工人生产技术水平，委托各工矿企业、生产单位，采取不同形式对1969年以来招收的青年工人分期分批进行技术培训。1979年，为帮助城镇待业青年劳动就业，党和国家要求“积极开展技术、文化培训工作，为国家储备人才”，工人技术培训由原来的“先就业后培训”改为“先培训后就业”的政策。1980年，思茅地区举办各种类型的在职工人技术短期训练班，计培训技术工人636人；培训工种及人数：全面质量技术管理43人，煤炭、冶金24人，财会89人，统计48人，锅炉操作28人，清仓查库203人，社队企业财务会计201人。1981—1984年，思茅地区对1968—1980年招收的初、高中毕业生而实际达不到初、高中毕业水平，以及未经专业技术训练的三级以下青壮年职工，采取脱产、半脱产、业余和自学等多种形式进行文化技术补课。补课结束时进行考试、考核，合格的发给补课合格证书，并作为职工晋级和转正定级的重要依据。思茅地区参加文化、技术补课的16670人，经考试、考核合格的14103人，合格率84.6%。1985年，思茅地区技工学校开始招收第一届学生。在招生中，招收一定比例的少数民族学生进入技工学校学习，培养少数民族专业技术工人。1986年，思茅地区劳动人事处举办中级技术培训班3期，培训115人，其中粮食系统2期，培训80人；工业系统1期，培训35人。经考试合格86人，合格率74.78%。1987年，思茅地区技工学校为边疆少数民族贫困山区建造微型水电站6座，培养少数民族电工6人；思茅地区工业局与思茅地区劳动培训中心联合举办6期制糖、机修、钳工等技术工人培训班，共计培训职工300人。1988年，思茅地区劳动培训中心对商业、供销系统职工进行中级工技术培训和自学考试监督指导，共计培训159人，经考试合格发证128人。1989年，思茅地区劳动人事处共举办商业、供销中级技术营业员和交通运输驾驶技术培训班13期，培训学员4516人。1990—1991年，思茅地区举办28个工种的培训班44期，培训学员3900人，其中，培训待业青年3562人，经培训合格安置待业青年就业2560人，培训在职职工338人。1992年，根据思茅地区经济建设和对外开放的需要，在思茅地区技工学校举办缅语培训班1期，培训人员93人。1992—1993年，培训厨师5期177人，其中初级厨师24人、二级厨师82人、三级厨师64人、四级厨师7人；举办特种作业人员安全技术培训班6期，培训382人。1994年，思茅地区先后建立机械、电工、制糖、锅炉、水处理、焊工、厨师、餐饮服务、林化、计算机操作、汽车驾驶和修理11个工种的工人技术等级考试工作站，并开展技术等级培训考试工作，全年参加培训1013人，取得初级技术等级证书175人、取得中级技术等级证书469人、取得高级技术等级证书369人；思茅地区批准助理技师920人、技师296人。1995年，思茅地区开展在职工人技术培训710人，其中初级工108人、中级工238人、高级工364人。1996年，思茅地区开始向省申报2个职业技能鉴定所。截至1996年年底，思茅地区建立6个职业技能鉴定所，对锅炉工、水处理工、电工、钳工、起重工、焊工、汽车驾驶、汽车修理、中式烹调等工种专业的825人进行技术等级培训、考试，经考试合格发证625人，其中初级工125人、中级工216人、高级工284人。1997年，思茅地区6个职业技能鉴定所对1973名在职工人进行培训、鉴定，经考试鉴定合格1913人，其中，初级工727人、中级工989人、高级工197人。1998年，思茅地区申报技师31人，经省劳动厅批准29人；批准助理技师119人。1999年，参加职业技能培训鉴定人数1473人，经培训、考核合格1406人，其中初级工420人、中级工902人、高级工84人；上报省劳动厅审批技师27人，经省劳动厅审查批准12人；6个职业技能鉴定所通过省劳动厅的年检。

2000年，思茅地区培训人数为4006人，全年有1911人参加培训、鉴定，有1892人取得职业资格证书，其中高级工职业资格证书30人、中级工职业资格证书1331人、初级工职业资格证书531人。当年，省劳动厅批准思茅地区新建1所职业技能鉴定所，年末，思茅地区有7个职业技能鉴定所。2001年，思茅行署人事局负责的机关、事业单位工人技术等级培训、考核工作移交思茅行署劳动局，全年完成培训人数5941人，其中机关事业单位工人1089人、企业职工2961人、下岗失业职工335人、社会失业人员715人、特种作业人员841人。省劳动厅批准工人技师12人。2002年，中华人民共和国劳动和社会保障部《招用技术工种从业人员规定》施行，思茅地区在厨师、美容、美发、汽车维修、摩托车维修、家电修理6个专业技术工种实行职业资格证书，实行"先培训、后就业""先培训、后上岗"的就业准入制度。2003年1月1日起，凡不具备上述6个工种职业资格证书的个体工商家和私营企业，工商行政管理部门在营业执照登记注册中不予核定上述6个工种的经营范围；不具备上述6个工种职业资格证书的人员，职业介绍机构不予介绍就业，用人单位不予招收录用，劳动监察部门不予年度审查。2003年，思茅地区完成培训、鉴定人数4119人，其中，初级工1537人、中级工1874人、高级工708人。2003年7月，"思茅地区职业技能鉴定中心"成立，负责思茅地区职工职业技能培训、鉴定。思茅市劳动培训中心建立"174国家职业技能鉴定所"，主要鉴定中式烹调工；思茅交通运输总公司建立"175国家职业技能鉴定所"，主要承担汽车驾驶、汽车维修工种鉴定；在思茅热作技术学校的"149所"中增加计算机系统操作员初、中、高3个级别的职业技能鉴定资格。2004年，全市培训各类人员6450人，取得职业资格证书4746人。市劳动和社会保障局制定《思茅市开展技师培训和技师评审考核工作方案》，通过省劳动和社会保障厅职业技能鉴定中心的审查批准。组织全市技师社会化考评，参加电工技师考评34人，有27人取得技师资格证书。地区技工学校、地区林业学校、地区农业学校、地区财经学校4所中等职业技术学校全面推行职业资格证书，并逐步扩展到思茅师专和部分县高级职业中学。职业资格证书制度在邮政、移动、联通、电信和建筑行业全面推行。思茅市劳动和社会保障局制定《思茅市职业技能培训、鉴定工作程序》，规范工作流程。思茅林业学校成立"194国家职业技能鉴定所"，鉴定林业职业技能；思茅师专成立"199国家职业技能鉴定所"，鉴定版画制作、菌类园艺等工种。截至2004年年底，全市批准建立9个职业技能培训站、7个职业技能鉴定所。

2005年，思茅财经学校成立"212国家职业技能鉴定所"，鉴定工种为营业员、保管员、办公设备维修工、茶艺师和市场管理员。为适应职业中等学校毕业生就业和对外劳务输出的需要，市劳动和社会保障局批准建立思茅财经学校、墨江县职业中学、孟连县职业中学、景东县职业中学、澜沧县职业中学5所职业中学职业技能培训站，全市形成由8个职业技能鉴定所和12个职业技能培训站为主体的职业技能培训、鉴定体系。在全市5所中等专业学校、2所大专院校及部分县职业中学毕业生中全面推行职业资格证书制度，全市培训8288人，经考试合格取得职业资格证书7663人；首次举办2期职业经理人培训班，培训鉴定合格86人；在思茅师专组织学生开展计算机高新技术办公软件应用、图形图像处理、插花、版画制作4个工种的职业技能竞赛活动，有11名学生获得高级工职业资格证书。2006年，全市开展69个工种的职业技能培训、鉴定工作，培训22120人（含农民工15191人），其中，初级工13185人、中级工7215人、高级工1522人、技师198人。当年，思茅市首次利用再就业资金培训农民工15191人。2007年，全市开展57个工种的职业技能培训、鉴定，培训2.8万人，其中，农村劳动力职业技能就业培训17543人、下岗失业人员培训2071人、创业培训310人，经考试鉴定合格，取得职业资格证书22060人。完成高技能人才培养1320人。

第四节　就业保障

一、就业安置

1978年，思茅地区安置待业青年2854人，其中安置到机关事业和国营企业2754人、安置到集体所有制企业100人。1979年，知识青年上山下乡工作停止，大批上山下乡知识青年回城待业，思茅地区安置待业青年工作4569人，其中集体所有制企业安置50人、国营企业和机关事业单位安置4519人。1980—1982年，思茅地区实行“三结合”（劳动部门介绍就业、自愿组织起来就业和自谋职业相结合）就业方针，安置高中毕业生和其他待业青年7339人，其中全民所有制单位招工补员3676人、城镇集体所有制企业安置3118人、从事个体经营173人、临时性安置372人。1983年，地、县两级劳动服务公司开展待业人员普查登记，基本掌握城镇待业青年的数量、年龄结构、文化程度和身体状况，建立起待业人员登记卡片、档案；帮助企业单位创办劳动服务公司、劳动服务站9个，新安置待业人员的集体企业63个，安置待业青年638人。1984—1989年，思茅地区安置待业人员15574人。1989年，思茅地区有11768人未能安排就业，就业形势严峻。1990—1998年，采取全民、集体、个体“三结合”的就业办法，安置就业32648人。1992年，思茅地区筹建地、县两级职业介绍所。1993年开展劳务输出，先后向山东省大港油田输送大货车专业汽车驾驶员90人，向省内区外输出26人。1993—1998年，思茅地区劳务输出5153人。1999年，思茅地区有登记失业人员4406人，通过职业介绍、劳务输出、市场就业实现就业1395人；年末，思茅地区城镇登记失业率1.9%，低于省下达的2.4%的控制目标。1999—2002年，思茅地区实现就业9035人。2003年，思茅地区实际下岗职工总数9051人，年内开发就业岗位5373个，实现就业再就业3480人，安置下岗职工500人；年末思茅地区城镇登记失业人员5571人，城镇登记失业3.4%。思茅地区组织易地扶贫劳务输出1841人，其中省外输出468人、省内区外输出1373人。2004年，全市城镇登记失业人员12173人，当年实现就业3480人。当年年末，有8693人未实现就业，城镇登记失业率4%，控制在年计划4.5%以内。劳务输出9551人，其中输出省外1894人、省内7657人，办理劳动保障事务代理560人。2005年，全市城镇登记失业人员17548人，当年实现就业再就业6180人，其中下岗失业人员实现再就业5500人、特殊困难群体就业460人；当年年末，有11368人未实现就业，城镇登记失业4.3%，城镇登记失业率控制在省政府下达的指标4.5%以内，就业形势严峻。全市劳务输出10068人，其中输出省外就业1696人、输出省内就业8372人。2006年，全市城镇登记失业人员16533人，当年实现就业再就业7031人，其中下岗失业人员再就业5800人、特殊困难群体人员再就业421人、其他社会组织安排失业人员就业810人；当年年末，城镇登记失业人员9502人，城镇登记失业率4.45%。全市组织劳动力转移就业13703人，其中转移省外就业2659人、转移区外就业11044人。2007年，全市城镇登记失业人员16881人，当年实现就业再就业7441人，其中下岗失业人员实现再就业4218人、特殊困难群体实现再就业429人、其他人员就业2794人；年末，城镇登记失业人数9440人，城镇登记失业率3.88%。全市转移劳动力就业36729人，其中转移国外70人、省外5025人、区外31634人。其中，政府有序输出4141人、帮带输出3668人、自发输出28920人。

二、下岗职工基本生活保障

1998年，思茅地委、行署召开思茅地区国有企业下岗职工基本生活保障与再就业暨国有企业脱困工作会议，建立企业职工解困与再就业工作领导机构，建立再就业服务中心（工作站）50个，督促和指导企业搞好“减员增效、下岗分流”。审批13家国有企业分流下岗方案，企业内部分流安置419人，确定职工下岗218人，核定进托管中心的下岗职工123人，其中地属国有企业10家，涉及职工总数1533人，企业内部分流安置283人，确定职工下岗190人，进托管中心托管109人。已确定下岗的218名职工免费发放“下岗证”，对经本人申请、单位批准解除劳动关系自谋职业的9名失业职工核发“自谋职业证明书”；执行“三三制”办法（财政预算安排三分之一、企业负担三分之一、社会筹集三分之一）筹措资金，筹措资金156.5万元，其中社会筹集66万元、财政筹集90万元、企业筹集0.5万元。把思茅地区地属企业征集到的工资帮困金1万元用于下岗职工基本生活保障；在思茅地区企业自查基础上接受检查企业98家，涉及职工15692人，其中35家困难企业及特困企业已落实下岗职工基本生活保障费用17.85万元，涉及职工425人。1999年，思茅地区新审批企业4家，新增进入托管中心的下岗职工74人。1999年年末，思茅地区累计有下岗职工422人，除59人签订协议保留劳动关系自谋职业以外，其余363名职工进入托管中心实施基本生活保障，其中299名职工按现行基本生活费标准提高30%发给基本生活费。对未报职工分流下岗方案又存在事实下岗的地、县（市）属国有企业进行调查，思茅地区有事实下岗职工的国有企业78家，有事实下岗职工1744人，基本生活无保障的职工894人。

2000年，审批28家国有企业职工分流下岗实施方案，由企业内部安置分流职工418人，核发“下岗证”的职工869人，其中进入再就业中心签订基本生活保障和再就业协议的有837人，全部按时足额领到基本生活费。思茅地区筹集下岗职工基本生活保障资金240.8万元，其中财政拨入107.4万元、失业保险基金中划入80.6万元、企业自筹52.8万元；支付下岗职工基本保障费239.3万元，其中代缴养老失业保险费91.7万元、医疗费门诊补助9.3万元。省劳动和社会保障厅及有关部门对思茅地区下岗职工基本生活保障资金进行专项检查，思茅地区下岗职工基本生活费无拖欠、挪用现象。2001年，思茅地区完成国有企业职工分流下岗结尾工作，确保下岗职工的基本生活费。思茅地区审批34家国有企业职工分流下岗实施方案，核发“下岗证”的1456名职工全部进入再就业中心托管；2001年年底，累计实有下岗职工2123人，签订基本生活保障和再就业服务协议，按时足额领取生活费。思茅地区筹集资金653万元，其中财政拨入281万元、从失业保险基金中调剂220.5万元、企业自筹151.5万元；全年支付349.2万元，其中代缴养老、失业、医疗三项社会保险费用304.1万元。实施国有企业下岗职工基本生活保障向失业保险的并轨，开展“再就业援助行动”。2002年，思茅地区筹集国企下岗职工基本生活费874.6万元，为2123名下岗职工发放基本生活费462.4万元，代缴养老、失业和医疗保险费412.2万元。截至12月31日，思茅地区有下岗职工2123人进入企业再就业服务中心，进中心满3年后出中心的235人；仍在企业再就业服务中心的下岗职工有1888人，其中男性50岁以上的321人、女性40岁以上的192人。出中心235人中，有97人实现再就业，138人进行失业登记，按规定领取失业救济金。2003年年末，出中心1110人，有778人在企业再就业服务中心，其中男性50岁以上的170人、女性40岁以上的78人；出中心的1110人中有476人实现再就业，298人进行失业登记，按规定领取失业救济金。2004年年初，全市实有国有企业下岗职工778人，按照“三三制”原则筹集国企职工下岗生活费197.4万元，其中发放基本生活费88.3万元、代缴社会保险费99.2万元。截至6月30日，全市国有企业下岗职工全部出企业再就业服务中心，顺利实现下岗职工基本生活保障与失业保险并轨的工作目标，国有企业职工分流下岗和下岗职工基本生活保障工作任务完成。

三、就业和再就业

1996年，思茅地区行政公署成立地级企业解困领导小组和办公室，办公室设在行署劳动局，各有关部门负责人参加，各县（市）人民政府企业解困领导小组在年内也相继成立。制定《思茅地区地级企业工资帮困金暂行办法》，部分扶困金进入财政专家。1997年，思茅地区征集到工资帮困金68.11万元（地级46.11万元），其中从失业保险金中提取37万元、财政注入25万元、向高薪收入企业征集3.11万元、社会捐赠3万元。思茅地区批准开设工资预留家的国有企业42家，职工8083人。落实报审“三家抬”政策的特困家37家，申报银行工资情况特定贷款金额890.65万元，明确财政贴息70.42万元。思茅地区地、县（市）到185家困难企业走访慰问困难职工家庭1838家，发放慰问金34.20万元。思茅地区有失业职工600人，安置就业216人，失业职工再就业率36%；至年末，有失业职工384人，培训失业职工186人，培训率31%；困难企业下岗分流富余职工1500人，分流安置765人，安置率51%。1998年，思茅地区建立再就业服务中心（工作站）50个，其中建在企业的37个；思茅地区国有企业共清理各类临时工岗位4499个，其中清理农民工岗位3650个、流动人员岗位404个、离退休人员返聘岗位47个、其他岗位398个，把岗位用于安置下岗职工再就业。1999年，思茅地区筹集慰问金59.1万元，对306家困难企业中的3308名困难职工发放节日慰问金；地区从地级工资帮困金中拨出8.78万元用于帮助2家停产企业职工的解困；开展下岗职工转岗技术培训。

2000年，开展下岗职工转岗技术培训；与税务、工商部门协商，落实下岗职工的各项优惠政策；开展异地扶贫劳务输出，异地劳务输出730人，其中输送上海140人、广东昆明等地590人。同年，企业解困与失业保险并轨，企业解困工作结束，转入就业再就业。2002年，思茅地区登记失业人员7436人，通过职业介绍、劳务输出、市场导向就业实现就业和再就业2634人。思茅地区开展再就业援助行动，落实免费培训经费，对1835名下岗职工进行厨师、计算机操作、美容、美发、摩托车修理等专业的专业技术免费培训。同年，完成地级中心劳动力市场建设。2003年，思茅地委、行署出台《关于切实做好就业和再就业工作的意见》。思茅地区开发就业岗位数5373个；完成就业再就业人数3480人；开发公益岗位数668个；安置特困人员500人；实际下岗失业人员总数9051人，比预测10200人少11.26%。为下岗职工落实相关优惠政策，从事个体经营的下岗职工享受到政府事业性收费减免4030人次，减免金额计78.14万元。思茅地区发放“再就业优惠证”7320本，其中3480人实现再就业。为2339名下岗职工进行免费职业技能培训和免费职业技能鉴定。思茅地区加强乡（镇）劳动保障所和社区劳动保障工作站建设，为下岗职工失业人员和广大农村群众建立劳动保障服务网络。景东、镇沅、普洱、思茅、澜沧、江城、孟连、墨江、西盟县（市）的92个乡（镇）建立“名称统一、职责明确、编制落实、经费到位”的劳动保障所，新增专项编制59人，实际到位48人。思茅地区36个社区中，有28个社区建立劳动保障工作站，聘用工作人员98人。思茅地区为13个用人单位392名下岗职工和企业职工实行劳动保障事务代理，为企业开展档案管理、劳动合同签订、鉴证、社会保险费缴纳和接续、工资发放等服务。思茅地区完成江城、孟连、思茅、普洱、景谷、景东县（市）的劳动力市场建设。已建成的劳动力市场为城镇登记失业人员和国有企业下岗职工提供职业介绍、求职登记、就业培训、创业指导、职业技能鉴定申报、档案管理、社会保险关系接续、劳务派遣、劳动保障事务代理、失业保险金发放和“再就业优惠证”审核发放等提供“一站式”服务。2004年，全市开发就业岗位9331个，城镇新增就业6760人，其中，下岗职工再就业3480人、安置“4050”人员就业425人、培训下岗职工5662人。省级下达下岗职工基本生活保障和再就业专项转移支付资金 892 万元，2003 年 10 月初分配下拨各县（区）。全市再就业资金收入 1364.93 万元，其中中央转移支付 664 万元、省级财政下达公益性岗位补贴和乡（镇）劳动保障所补贴 64 万元、县级财政安排 17.18 万元、下岗职工生活保障费结余转入再就业资金 619.75 万元。全市支付再就业资金 707.03 万元，其中社会保险补贴 46.8 万元、公益性岗位补贴 152.53 万元、再就业培训补贴 208.54 万元、职业介绍补贴 7.77 万元、劳动力市场建设补贴 279.71 万元、社会保障事务代理补贴 6.97 万元、重大疾病特困医疗补贴 4.71 万元。由于 2003 年市政府制定《思茅市级企业下岗失业人员小额贷款担保具体操作程序》当年普洱市有 69 名下岗职工持“再就业优惠证”经担保公司进行反担保后办理小额贷款手续，贷款金额 137.5 万元；翠云区和景东、镇沅、江城、墨江 4 县建立小额贷款担保基金，小额贷款工作相继展开。全市相关部门为下岗职工、失业人员减免各种税费共计 673.51 万元，其中劳动和社会保障部门为 2107 名下岗职工减免培训费、职业资格证书费 104.19 万元；工商部门为 4649 人（次）下岗失业人员减免工商管理费、工本费 159.08 万元；税务部门为 2022 人（次）下岗失业人员减免税收 379.47 万元、工本费 11.9 万元；卫生部门为 833 名下岗职工减免门诊费、挂号费 10.08 万元；教育部门为 709 名下岗职工子女减免教科书和学杂费 8.79 万元。全市发放“再就业优惠证”5779 本，为 4456 名持“再就业优惠证”的下岗职工提供免费的职业资格培训，培训后再就业人数达到 3657 人。各级劳动就业服务机构为 20 家吸纳 514 名下岗失业人员的企业进行认定，并落实各种税、费减免政策和社会保险补贴的扶持政策。全市广泛开展“再就业援助周”宣传活动，劳动保障、工商、税务等部门相互配合深入企业、社区设点进行宣传活动，用多种方式宣传再就业优惠政策，举办 13 场“下岗职工专场就业招聘会”，为下岗职工提供 580 个就业岗位，使 286 人成功应聘实现再就业。截至 2004 年 6 月 30 日，全市国有企业下岗职工全部出中心，出中心后 105 人实现再就业，未就业的下岗职工生活保障费全部并轨到失业保险享受失业保险待遇。截至 2004 年 12 月，全市 121 个乡（镇）都建立劳动保障所，有专兼职工作人员 126 人。

2005 年，全市开发就业岗位 10100 个，城镇新增就业人数 6180 人，其中下岗失业人员实现再就业 5500 人（持“再就业优惠证”的“4050”人员实现再就业 296 人）、特殊困难群体人员就业 460 人。2004 年，普洱市共筹集再就业资金 1545 万元，其中中央转移支付再就业资金 1378 万元，省级补助 128 万元，市级财政安排 30 万元，县级财政安排 9 万元。支出再就业资金 987.27 万元，其中社会保险补贴 75.32 万元，岗位补贴 251.35 万元、再就业培训补贴 536.52 万元，职业介绍补贴 5.55 万元，劳动力市场建设费 75.5 万元，社会保障事务代理 20.6 万元，劳动保障平台信息建设费 22.43 万元。全市落实优惠各项减免费 915.23 万元，其中劳动和社会保障部门为 4770 名下岗职工减免费 36 万元，工商部门为 1677 名下岗职工减免费 51 万元，税务部门为 5284 名下岗职工减免税 778 万元、工本费 32 万元，卫生部门为 550 名特困下岗职工减免门诊费 1.5 万元，教育部门为 130 名下岗职工子女免学杂费 0.65 万元。该市及翠云、镇沅、景东、墨江、景谷等县（区）小额贷款工作相继启动，全市建立小额贷款担保资金 425 万元，经担保公司担保后有 635 人办理贷款手续，累计发放小额担保贷款 1155 万元。为 5009 名持“再就业优惠证”的下岗职工进行免费职业技能培训，经培训取得职业资格证书后实现再就业 3794 人，培训后再就业率达 75%。为国企改革下岗职工发放“再就业优惠证”5126 本。劳动力市场办理求职登记的 7778 人中，通过职业介绍实现就业 4277 人，职业介绍就业率达 55%。2006 年，争取中央、省级再就业补助资金 1838 万元，用于失业人员的各项优惠政策补贴。其中，社会保险补贴 975 万元，公益性岗位补贴 256 万元，职业技能培训补贴 300 万元，结余 307 万元转入 2007 年就业再就业经费。市级和翠云、景东、镇沅、景谷、墨江县（区）共建立小额贷款担保资金664万元，802名持有“再就业优惠证”的失业人员得到贴息贷款总额2160.4万元。全市培训持“再就业优惠证”的失业人员5340人，通过职业技能培训后实现再就业3906人，就业率达73.1%。当年全市第一次把农村劳动力转移纳入培训，培训人员数1.2万人，全市新增就业7031人，其中失业人员再就业5800人（持“再就业优惠证”的“4050”人员再就业270人）、特殊困难群体再就业421人。2006年，市劳动和社会保障局共设立上海、广东、昆明3个工作站，共组织劳动力转移13703人，其中向省外输出2659人，省、市内流动就业11044人。2007年，各项就业再就业目标由政府直接下达，纳入政府目标责任考核。城镇新增就业人数7441人，失业人员再就业4218人；特殊困难群体就业人数为429人，培训失业人员2071人。2007年当年筹集再就业资金2861.8万元，其中争取国、省补助2353万元，市级预算安排329万元，县级预算安排179.8万元；支付再就业资金3820.86万元，其中职业介绍补贴38.45万元，补贴人数7591人；职业技能培训补贴1014万元，补贴人数19903人；社会保险补贴1757.7万元，补贴人数9368人；公益性岗位补贴295.53万元，补贴人数679人；劳动力市场建设补助费119.12万元，小额担保贷款贴息222.4万元，其他支出373.62万元。10县（区）全部启动小额担保贷款，全市累计贷款2307笔，总贷款4809万元，其中2007年贷款1223笔，贷款2648.6万元，完成计划贷款2000万元的132.4%。自2004年启动小额担保贷款以来到期归还1194.2万元，还贷率达98%、贷款余额3614.8万元。开展劳动密集型小企业贴息贷款10家1000万元，10家企业吸纳失业人员再就业306人。

第五节　劳动争议仲裁

一、争议仲裁

1988年1月，思茅地区行政公署批准成立地区劳动争议仲裁委员会及其委员会办公室，并在思茅地区劳动人事处设立劳动争议仲裁科和委员会办公室。同年，思茅地区10个县先后成立县劳动争议仲裁委员会及其办公室，在各县劳动人事局设立劳动争议仲裁股和委员会办公室。1989年，地、县两级仲裁机构协助工会组织在企业建立企业劳动争议调解委员会或企业劳动争议仲裁调解小组。截至1989年年底，思茅地区建立企业调解委员会131个。1988—1989年，思茅地区受理劳动争议案件24件，结案23件，其中劳动部门仲裁解决20件、企业劳动争议调解解决3件。1991年，256家国有企业建立调解小组，举办企业调解组织人员培训班3期，有136人参加培训；以会代训的形式培训4期，405人参加培训。思茅地区受理劳动争议案件7件，结案7件；企业调解委员会受理劳动争议案件27件，调解成功24件、失败3件。1993年8月，国务院《中华人民共和国企业劳动争议处理条例》施行。1994年，思茅地区举办由企业厂长、经理、工会干部、劳资干部和劳动争议仲裁、调解干部参加的培训班6期642人。1995年，经省劳动厅批准，思茅地区批准认定41名劳动争议仲裁员资格，思茅地区地、县劳动争议仲裁委员会办公室实行仲裁庭办案制度。1994—1996年，思茅地区受理劳动争议仲裁案件69件，其中立案受理48件、案外调解21件。1997—2006年，思茅市受理劳动争议仲裁案件466件。2007年，全市受理劳动争议仲裁案件22件，涉及的19名职工全部结案。

二、劳动合同鉴证

1986年10月起，思茅地区新招收的工人实行劳动合同制，当年新招收工人416人。1987年，思茅地区对新招收的工人全部实行合同制，当年招收合同制工人2280人，未鉴证。1989年，思茅行署劳动人事处制定《思茅地区劳动合同鉴证暂行办法》，规定地、县两级劳动争议仲裁机构履行鉴证工作职责，当年招收合同制工人3067人，鉴证劳动合同416份。1990年，完成1990年新招工人2274人的劳动合同鉴证外，对该年以前招收的合同制工人的劳动合同开展鉴证。截至12月31日，思茅地区招收劳动合同制工人10250人，全部完成劳动合同鉴证。1991年，完成当年招收的2449人的劳动合同鉴证，对国营企业305名计划内临时工和集体企业的297名计划内临时工实施劳动合同鉴证。1993年，开展国营企业、集体企业、乡（镇）企业、私营企业、个体工商家和“三资”企业招用劳动合同制工人的劳动合同鉴证，共鉴证劳动合同6228份，其中国营企业劳动合同3336份，集体企业劳动合同576份，乡（镇）企业劳动合同82份，“三资”企业劳动合同4份，临时工劳动合同2230份。纠正违法无效合同12份，督促企业补签劳动合同124份，清退童工5人。1995年是实施《中华人民共和国劳动法》的第一年，思茅地区共举办培训班12期，培训人员1939人。思茅地区经审批劳动合同制度的国营企业及集体企业314家，职工32645人。签订劳动合同的企业291家，职工29533人，其中国营企业253家，职工26184人；集体企业35家，职工3077人；乡（镇）企业2家，职工135人；股份制企业1家，职工137人。对4家省属企业签订的集体劳动合同进行登记审查，生产经营不景气、停产半停产、暂不具备实施劳动合同制度的企业，经劳动行政部门批准缓签劳动合同企业3家，职工980人。1995年全年共鉴证劳动合同19674份。1996年，思茅地区国有企业386家，已签订劳动合同的370家；国企职工39251人，已签订劳动合同38702人；集体企业313家，已签劳动合同103家；集体企业职工10549人，已签订劳动合同7490人；乡（镇）企业职工47605人，已签订劳动合同6857人。1997年，思茅地区386家国营企业已签订劳动合同380家，39251名职工有39192名已签订劳动合同；集体企业313家，签订劳动合同303家；集体企业职工10549人，已签订劳动合同10401人；乡（镇）企业职工47716人，已签订劳动合同24106人；全年共鉴证劳动合同73699份。1999年，对乡（镇）企业、外资企业、私营企业签订劳动合同进行清理。思茅地区乡（镇）企业689家，职工34759人，签订劳动合同18700人；外商投资企业9家，员工628人，全部签订劳动合同；私营企业90家，职工1227人，签订劳动合同1061人。思茅地区审查集体合同237家，涉及职工32849人，其中国有企业211家，涉及职工28329人；外资企业、私营企业2家，涉及职工101人；其他经济类型的企业24家，涉及职工4419人。

2000年，思茅地区国有企业、集体企业、外商投资企业基本建立劳动合同制度，私营企业、个体工商家签订劳动合同的从业人员有所增长。全区签订劳动合同的职工累计达到8.51万人，其中国有企业职工3.92万人、非公企业职工4.27万人、机关事业单位及社会团体0.32万人，经审核通过集体合同237份，涉及职工3.29万人。2001年，思茅地区完成2家国有企业劳动合同签订，至此全区国有企业劳动合同签订全部完成。同年，为各类企业办理劳动合同鉴证840份，为347名国企职工办理解除劳动合同手续。2002年，全区加大对私营企业、乡（镇）企业、有使用雇工的个体工商家及其机关、事业单位、社会团体的劳动合同签订和鉴证，年末，有689家乡（镇）企业18980名职工签订劳动合同，361家私营企业8171名职工签订劳动合同，国家机关、事业单位、社会团体的5841名职工签订劳动合同。同时，思茅地区审核集体合同249份，涉及职工31129人。2003年，思茅地区有国有企业189家、职工20726人，集体企业119家、职工7513人，全部签订劳动合同；乡（镇）企业689家、职工34759人，签订劳动合同18980人；股份制企业39家、职工6076人，签订劳动合同6076人；私营企业623家、职工12568人，签订劳动合同8171人；个体工商家32608家，签订劳动合同4990人；机关、事业单位、社会团体1301家，签订劳动合同5841人；思茅地区审核集体合同 216 家，涉及职工 25296 人。2004 年，全市各类用人单位与劳动者签订劳动合同 7580 份。2005 年，全市各类用人单位与劳动者签订劳动合同 89612 份，占全市各类经济组织从业人员应签订劳动合同数的 67.9%。2006 年，全市有 41840 人与用人单位签订劳动合同，签订率达 88.46%，其中国有控股企业 15571 人，签订率达 94.5%。2007 年，全市办理劳动用工登记的单位 936 家，有 30194 人与用人单位签订劳动合同，劳动合同签订率达 90%，其中国有企业、国有控股企业劳动合同签订率达 98%。

三、劳动信访

1990 年以前，劳动信访工作由局内业务的相关科室或局办公室代处理。1990 年起，思茅地区行署劳动局把劳动信访工作列入议事日程，并下发文件要求各县劳动争议仲裁机关将劳动信访工作职责担负起来，处理群众来信来访。1990 年，思茅地区受理劳动信访 229 件人次，其中来信 161 件、来人来访 68 人次，全部来信来访做到件件有着落、事事有交代。2000 年，思茅地区各级劳动保障部门建立局长接待职工群众来访工作日制度，建立预防处理突发事件工作责任制和突发事件信息报告制度。2005 年，开通“12333”咨询电话，免费为广大群众提供咨询服务。据不完全统计，1991—2007 年，普洱市劳动部门受理劳动信访件 41012 人次，其中来信 8131 件、来访 32881 人次。

第六节　劳动能力鉴定和工伤认定

1978 年 6 月至 1990 年 2 月，思茅地区没有成立劳动鉴定委员会，具体工作由工会和劳动行政部门解决。1990 年，思茅地区行政公署及 10 县人民政府成立劳动鉴定委员会，办公室设在地、县两级劳动行政部门。1991 年，思茅地区受理劳动鉴定 30 人，对其中符合退休条件的残、病职工办理退休手续。截至 1993 年年底，思茅地区各县及部分单位建立劳动鉴定委员会（小组）44 个，配备专职工作人员 14 人、兼职工作人员 243 人。1991—1994 年，思茅地区受理劳动鉴定 317 人。1995 年，发放思茅地区第一批工伤等级证书 43 人。1997 年，《中华人民共和国职工工伤与职业病致残程度鉴定标准》颁布执行。1995—1999 年，思茅地区受理劳动鉴定 703 人，其中认定为工伤的 230 人。2000 年，思茅地区受理鉴定案件 511 件，其中认定工伤的 145 人，为 145 人评定伤残等级；因工、因病确认完全丧失劳动能力 84 人，为达到退休条件的伤、残职工办理退休手续。2001—2003 年，思茅地区受理劳动鉴定案件 764 件，其中确认为工伤的 257 人；因工、因病确认完全丧失劳动能力的职工 158 人。2004 年 1 月 1 日起，《中华人民共和国工伤保险条例》施行。同年，云南省人民政府印发《云南省贯彻〈工伤保险条例〉实施办法》，思茅市劳动鉴定委员会制定《思茅市劳动能力鉴定实施办法》。全市接收劳动能力鉴定案件 180 件，当年已作出结论 155 件。市劳动和社会保障局对改制、关闭、破产企业历年发生的老工伤人员进行一次全面的普查和鉴定，为达到伤残等级的 42 名老工伤职工兑现一次性工伤医疗补助金和伤残就业补助金。思茅市劳动和社会保障局根据《工伤认定办法》，停止各县（区）劳动能力鉴定及工伤认定工作职能，成立《工伤认定》办公室，承担全市工伤认定工作，当年收到工伤认定申请书 310 份，依照法定程序认定工伤 289 人，不予认定工伤的 13 人。2005 年，调整充实市劳动能力鉴定委员会，聘请专家 27 人，组织专家鉴定会 22 次，受理鉴定案件 211 件，当年完成鉴定 186 人；收到《工伤认定申请表》448 份，依法受理

447 份，对具备工伤条件的 439 人给予认定工伤；具备视同工伤条件的 1 人认定工伤；对不具备条件的 7 人不予认定工伤。2006 年，全市受理劳动能力鉴定 176 件，组织专家鉴定会 20 次；当年完成鉴定 138 人，其中评定伤残 89 人、完全丧失劳动能力 49 人；收到工伤认定申请书 377 人，其中受理具备工伤条件的 369 人、不予受理的 8 人。2007 年，全市受理鉴定案件 189 件，组织专家鉴定会 12 次，当年完成鉴定 189 人；受理工伤申请 355 人，对具备工伤条件的 354 人给予工伤认定。

第七节　劳动保护

一、职业安全卫生监察

1978 年，思茅地区接触粉尘的职工 3780 人，查出各期矽病患者 173 人。1980 年，根据省卫生局、劳动局、总工会、医药局筹备组关于印发《全国职业病普查工作经验交流会议纪要的通知》要求，成立由计委、卫生局、总工会、工业局、劳动科、医院、防疫站等部门组成的“思茅地区职业病普查领导小组”，于 10 月—12 月对思茅地区 41 个国营、集体企业开展职业病普查。该次普查接受检查职工 240 人，其中铅作业单位 29 个，受检职工 158 人；苯作业单位 10 个，受检职工 61 个；汞作业单位 2 个，受检职工 21 人。经普查，有毒、有害粉尘、气体作业工人中查出各期矽肺病患者 71 人，铅吸收者 3 人。1981 年，思茅地区接触粉尘、有毒有害气体的职工 3878 人，查出各期矽肺病患者 249 人。1984 年，思茅地区已普查的 55 个尘防毒单位，有毒有害气体、粉尘浓度超过国家卫生标准。当年，思茅地区厂矿企业接触有毒有害气体、粉尘的职工 4002 人，经检查诊断出矽肺病患者的职工 135 人，其中Ⅰ期硅肺病 59 人；Ⅱ期硅肺病 57 人；Ⅲ期硅肺病 7 人；硅肺病合并肺结核 12 人；疑似矽肺病患者 197 人。为根本转变有毒有害气体和粉尘危害严重的状况，保障职工的安全与健康，思茅地区加强监督检查，对尘毒危害严重又无有效保护措施的单位，限令停产整顿，同时制定防尘防毒规划，有计划地改善劳动卫生条件，加强硅肺病的治疗，按时发放保健食品补贴。1985—1989 年，思茅地区查出各期矽肺病患者 734 人，累计死亡 49 人。1990 年起，思茅地区有毒有害气体和粉尘作业点迅速增加，为确保从业人员的安全卫生和健康，思茅地区劳动局报经思茅地区行署批准，成立“思茅地区职业安全卫生监测站”，该站为隶属行署劳动局领导的科级事业单位，合署思茅地区锅炉压力容器检验研究所办公。1991 年，开展职业安全卫生监察，对 6 家企业进行企业升级安全考评和参加墨江金矿扩建项目的安全卫生设施的“三同时”（同时设计、同时施工、同时验收）审查工作。1992 年，加强职业安全卫生监察，深入到地、县、乡 68 个企业，开展职业安全卫生法规宣传教育培训，举办 2 期安全卫生宣传专栏。1993 年，开展职业安全卫生宣传教育，在国务院颁布《女职工劳动保护规定》5 周年之际开展对《女职工劳动保护规定》贯彻执行情况的检查，检查 11 个单位、职工 3319 人（女职工 1386 人）。1994—2002 年，按照国家技术标准对区内粉尘比较严重、有毒有害气体比较多的企业进行现场测定和评定分级，进行分类，按照对人体危害程度有重点地进行监控，保证从业人员的安全卫生和健康。2001 年 12 月，思茅地区国家机关机构改革，思茅行署劳动局承担的职业安全卫生监察职能移交思茅地区安全生产监督管理局。

二、安全生产检查

1979 年 7 月，思茅行署召开电话会议布置安全生产检查工作。地区计委、经委、工业局、工会及建委组织检查组到地、县属部分重点企业和险情严重的企业进行检查，思茅地区有7个县同时开展安全检查。1980年4月，思茅地区在计委劳动工资科设立“安全月”活动办公室，负责指导思茅地区“安全月”活动。1980年，当年重点检查胜利煤矿、景谷煤矿、磨黑盐矿、凤岗盐矿、江城钾盐矿、江城瑶家山铜矿、普洱氧气厂及其他有锅炉、压力容器设备的企业、事业单位。1982年，思茅地区计委劳动工资科重点检查部分厂、矿企业，并对思茅地区10个县所有锅炉进行逐台检查。通过检查，全年思茅地区伤亡事故大幅下降，没有发生锅炉事故。1983年，思茅地区开展以安全教育为中心，以查思想、查制度、查措施、查隐患为主要内容的安全大检查。1984年9月，思茅地区行署安全生产检查办公室对普洱、景谷、镇沅、思茅县进行安全生产重点抽查，其余各县分别组织自查。思茅地区组成29个检查组155人，抽查77个单位，查出事故隐患58起，检查期间解决32起，对暂不能解决的事故隐患提出整改意见逐步加以解决。1985年，思茅地区开展两次安全生产检查，一次是对思澜公路第一期工程施工安全检查，加强公路施工安全，加快施工建设；另一次是工业安全生产检查，依靠各县、各企业自检自查，并配合省安全生产检查组进行部分厂、矿、企业的抽查，对查出的事故隐患及时提出防范措施解决。1986年8月，思茅地区行政公署成立行署安全生产委员会及其办公室，办公室设在行署劳动人事处安全科，由分管劳动工作的副专员任安委会主任，劳动人事处安全科长任副主任兼办公室主任。1987年7月，行署召开会议布置开展思茅地区安全生产检查，思茅地区对72个单位进行安全生产检查，针对各种隐患，分别责令整改、限期整改及提出整改意见，以清除事故隐患。此次检查重点为1月以来发生的8起死亡事故的调查处理情况。1989年，思茅地区派出420人次，对思茅地区工、矿企业进行安全卫生现场检查，主要关注安全生产第一责任人的安全生产领导职责的落实情况，对建筑企业、烟花爆竹厂和乡（镇）企业进行重点监测，加强伤亡事故的调查处理，全年共调查处理伤亡事故24起。

1990年，组织2次由行署领导带队的安全生产检查，经检查查出重大安全隐患39项，根据检查情况分别责成相关单位进行逐项整改。全年，采取不定期的现场劳动安全监察，加强劳动安全生产意识，同时配合省安全生产委员会、国家安全生产委员会先后两次对影响思茅民航飞行安全问题做重点检查。1991年，组成检查组分别到7个县的58个重点企业进行全面的安全生产检查，查出重大事故隐患19处、一般事故隐患98处；治理整顿乡（镇）矿山，在开展安全生产检查中，聘请有关矿山专家到现场检查，对“三证”（矿山开采许可证、爆破许可证、营业执照）齐全，有一定管理水平和抗灾防灾能力，但存在一些事故隐患的乡（镇）矿山，给予技术指导；对“三证”不全的乡（镇）矿山，采取强制性措施予以封闭。1992年，思茅地区对58家重点企业进行安全生产检查，查出建筑施工违章工地52个，违章罚款5329元；查出乡（镇）矿山重大事故隐患2处、一般事故隐患14处，对不同情况采取防范措施。1993年，思茅地区开展“5月”安全生产月检查和安全生产周活动，对地、县、乡、镇58家企业进行安全生产检查和安全卫生法规宣传教育。1994年，思茅地区开展“5月”安全生产检查，对澜沧、孟连、西盟县12个单位进行安全生产检查，查出事故隐患25起；对思茅城区液化石油气充装销售单位加强现场监察；对思茅地区糖厂的锅炉压力容器进行开榨前的安全检查。1995年，思茅地区开展《中华人民共和国劳动法》（以下简称《劳动法》）、《中华人民共和国矿山安全法》和《云南省〈实施中华人民共和国矿山安全法〉办法》及相关配套法规的宣传；开展“5月”安全检查的“安全生产周”活动，行署派出3个检查小组分赴4个县进行检查。1997年，思茅行署组织2个检查组对4个县进行抽查，各县也按照要求及时开展安全生产检查，省政府派出检查组对思茅地区进行抽查。1999年，为落实国家对锅炉质量检验和安全生产的指示，思茅地区组织专项检查，检验锅炉75台、电梯9台，取缔非法制造和使用的“土锅炉"；国家安全生产检查组对思茅地区液化石油气储备站和液化气钢瓶的使用状况和锅炉、压力容器、电梯进行专项抽查，抽查结束后对思茅地区的特种设备管理工作给予好评；思茅地区组成安全生产检查组76个，检查单位567个，查出的隐患492条，限期整改392条；对思茅地区的道路交通、乡（镇）煤矿、国有矿山、建筑施工工地、特种设备等进行专项检查。2001年，思茅行署成立安全生产专项整顿清理工作领导小组，6月18日起对道路交通、水运、矿山、公共聚集场所、易燃易爆和危险化学物品、石油液化气钢瓶等6个方面进行专项整治。取缔高灰、高硫的煤矿52个，停产整顿21个，取缔"三证"不合格金属、非金属和采沙、采石场200个；取缔"三无"船舶23艘；对1个烟花爆竹企业和32个危险化学物品生产企业以及792个涉爆单位进行整治，收缴炸药4159.5千克、雷管5016枚、导火线3557米、爆竹1.9万只、黑火药60千克；发出限期整改通知书58份、停产通知书3份，限期整改事故隐患66处；吊销许可证1个；打击无证、无牌和黑车7767辆；检查公共聚集场所2576个。12月，思茅行署劳动局承担的锅炉压力容器、特种设备工作职能划转思茅地区质量技术监督局；矿山安全、职业卫生安全及其安全委办公室职能划转思茅地区安全生产监督管理局。

三、锅炉压力容器安全监察

1979年，思茅地区进行锅炉的登记、检验。要求各县劳动部门、地直有关单位及时组织技术人员对所有的锅炉进行登记、检验，按管理权限由主管部门审核后，报思茅行署计委劳动工资科审批，领取合格证。同时对司炉工进行培训、考核，对考试合格者发给锅炉操作证，思茅地区锅炉安全管理工作恢复。1982年2月，国务院颁布《中华人民共和国锅炉压力容器的安全监察暂行条例》，把锅炉、压力容器列入特种设备管理，锅炉、压力容器的设计、制造、安装、检验、使用、修理、改造7个环节实行国家安全监察制度。锅炉压力容器的安全管理，由过去的行政管理职能变为安全监察职能。思茅地区进行锅炉压力容器安全登记，有锅炉119台，其中发合格证的98台、报废5台、备用10台、限期改进未予登记的4台、非标准锅炉2台。1982年，省劳动局批准思茅地区普洱氧气厂为检验气瓶单位。1984年11月，"思茅地区锅炉压力容器检验研究所"成立，隶属思茅行署劳动人事处领导，负责思茅地区和西双版纳州的锅炉、压力容器安装、修理、定期检验，化学清洗、水质化验分析、锅炉工培训和安装、修理、验收。同年，思茅地区有锅炉131台、压力容器5000余台。1985年，组建思茅地区锅炉压力容器检验研究所，有计划地全面开展运行锅炉的年度检验，检验锅炉12台。1986年，思茅地区糖业建设速度加快，锅炉、压力容器的安装任务越来越重，思茅行署专员办公会决定思茅地区组建锅炉安装队，在磨黑盐矿建立一个三级锅炉安装队，具体承担20吨/小时以下的锅炉安装任务。1987年6月，经省劳动人事厅锅炉安装资格审查批准，思茅地区锅炉安装队取得三级锅炉安装资格，改变思茅地区安装20吨/小时、25千克/平方米大锅炉须依靠外地安装队安装、修理锅炉的历史。

1990年，筹集资金45万元建盖思茅地区锅炉压力容器检验研究所办公楼，添置30万元的检验设备和交通工具；组建思茅地区技工学校锅炉安装队和思茅地区第二机械厂锅炉安装队。1991年，开展对思茅地区锅炉压力容器检验研究所检验资格初审，对该所申请的6项检验工作进行初审，初审合格。1992年，劳动部和省劳动厅对思茅地区锅炉压力容器检验研究所的检验资格复审，经审查取得国家劳动部颁发的"思茅地区锅炉压力容器检验研究所资格证书"，正式成为国家定点在思茅地区的锅炉压力容器检验单位。1993年，完成思茅地区和西双版纳州锅炉压力容器定期检验；在思茅地区和西双版纳州开展锅炉水垢的清洗；完成景谷钟山糖厂、澜沧上允白糖一厂和景东文井糖厂三台 20 吨 / 小时锅炉的技术改造。1995 年，思茅地区制定下发《关于进一步加强锅炉压力容器安全监察的通知》，对锅炉压力容器产品质量、安装、使用、检验以及锅炉水质分析、酸洗等 6 个方面作出要求；对思茅地区的 3 家锅炉安装队的安装资格报省劳动厅进行复审，两个单位复审合格，思茅地区安装公司由三级安装资格晋升为二级安装资格；协助省劳动厅对思茅总站氧气厂、思茅氧气厂、普洱氧气厂等三家氧气厂气瓶检验资格进行审查；对 2 家液化石油气单位进行整顿。1996 年，锅炉水压试验 16 台，总体验收 16 台，审验锅炉 234 台。1999 年，思茅地区对锅炉质量组织专项检查，取缔非法制造、非法使用的“土锅炉”；配合国务院安全生产检查组对液化石油气储备站、锅炉、压力容器、电梯的专项抽查，国务院安全生产检查组对思茅地区的特种设备管理给予较高的评价。2001 年 12 月 15 日，原思茅行署劳动局承担的锅炉、压力容器、压力管道、电梯、起重机、防爆电器、液化气钢瓶、液化石油气储备站等安全监察职能和思茅地区锅炉压力容器的检验研究所划转思茅地区质量技术监督局。

四、矿山安全监察

1984 年 11 月，思茅地区行署劳动人事处矿山安全监察室成立，矿山安全监察室与安全科合署办公，配备专职矿山安全监察工作人员。1985 年，思茅地区有国营、集体各类矿山 59 个，职工 5713 人，其中省属矿山企业 1 个、职工 2500 人，地、县属国营矿山企业 17 个、职工 3870 人，集体矿山 42 个、职工 1843 人；基本稳定的乡（镇）个体采矿点 55 个、职工 4768 人。同年，对思茅地区的国营矿山企业建立安全卫生档案。1986 年，对思茅地区国营矿山企业的建档工作继续进行补充和完善；对思茅地区乡（镇）个体矿山进行清理整顿；对 7 个重点矿山企业进行两次安全生产检查，查出两家矿山企业存在重大事故隐患，对存在的事故隐患及时发出“监察意见通知书”，要求立即排除，避免事故的发生。1988 年，思茅地区开展 3 次矿山企业安全生产现场监察，查出较大事故隐患 9 条，责令限期停产整顿矿山企业 3 家、立即停止采矿的乡（镇）煤矿 1 家，当年矿山企业没有发生重大伤亡事故。1989 年 8 月，在澜沧举行思茅地区第一期乡（镇）企业、个体矿山矿长安全资格考核发证培训班，共 56 人参加，经培训、考试、考核合格的 52 人，52 人获得安全技术资格证书、3 人获得结业证书，1 人经考试不合格不予发证。1990 年，广泛开展矿山安全生产宣传教育，组织广大职工系统学习《矿山安全监察条例》和矿山安全卫生标准，举办矿山特种作业人员和乡（镇）集体、个体矿山矿长安全技术考核发证培训班。1991 年，加强乡（镇）集体、个体矿山的“矿山开采许可证、爆破证和营业执照”的管理，证照齐全，有一定管理水平和抗灾防灾能力的矿山企业允许继续生产；对存在一些事故隐患的矿山，在帮助解决存在问题的同时又作技术指导，可以边改边组织生产；对那些事故隐患严重又久拖不解决，且“矿山开采许可证、爆破证和营业执照”不全的矿山，则采取强制措施予以关停封闭。1992 年，举办矿山安全卫生宣传栏 2 期，印发矿山安全卫生监察工作通讯和伤亡事故情况通报 3 期。1993 年，以广播、电视、标语、报刊、宣传车等方式进行《中华人民共和国矿山安全法》宣传教育；举办 1 期由矿长、安全员共 126 人参加的矿山安全法培训班；结合“5 月”安全生产检查和“安全生产周”活动，深入到乡（镇）集体、个体矿山企业进行宣传教育的同时，实施现场安全监察。1994 年，召开《云南省实施〈中华人民共和国矿山安全法〉办法》学习宣传教育工作会，贯彻执行《企业职工伤亡事故报告和处理规定》《企业职工伤亡事故统计报表制度》《云南省企业职工伤亡事故报告和处理实施办法》，完善思茅地区的统计报告制度。1995 年，举办 2 期乡（镇）集体、个体矿山矿长安全资格培训班，参训人员 127 人。1996 年，加强尾矿库的安全管理监督和乡（镇）

集体、个体矿山无矿长安全资格证人员的调查。1997年，开展《中华人民共和国矿山安全法实施条例》和《云南省乡（镇）非煤露天矿山安全技术暂行规定》等宣传教育活动；举办1期共158人参加的宣传贯彻会；举办2期125人参加的法规学习班，组织购发宣传画册。2000年，对国有矿山、乡（镇）集体、个体矿山安全进行专项检查，对查出的事故隐患限期加以整改。2001年，对矿山企业进行治理，取缔高灰、高硫煤矿52个，停产整顿的矿山企业21个，取缔“三证”不全的金属、非金属和采石场、采沙场200个；对当年发生的15起（死亡19人、轻伤1人）矿山伤亡事故依法进行调查处理。2001年12月，根据思茅地区国家机关机构改革“三定”方案，思茅地区行政公署劳动局职业安全卫生监察、矿山安全卫生监察、工矿企业伤亡事故调查处理、思茅地区安全生产委员会办公室等工作职能移交思茅地区安全生产监督管理局。

五、特种作业人员培训

1980年，思茅地区举办锅炉工培训班1期、培训28人，发证24人。1981年，思茅地区举办锅炉工培训班3期，培训85人，发证80人。1982年，举办普通电焊工班2期，培训24人，锅炉工培训班2期，培训100人，两期培训累计发证122人。1983—1986年，累计培训锅炉工547人，发证456人。1987年，根据省劳动厅通知，扩展了锅炉工以外的特种作业人员培训，思茅地区共举办各类特种作业人员培训班6期，培训329人，经考核合格发证298人。1988—1992年，在思茅城区举办思茅地区、西双版纳州各类特种作业人员培训56期，共计培训3073人，经考试合格发证2836人。1992年，举办1期乡（镇）集体、个体矿山矿长安全资格培训班，共45人参加，通过考试合格均取得矿长安全资格证书。1993年5月1日起,《中华人民共和国矿山安全法》实施，年内举办1期由矿长、安全员126人参加的以会代训安全法规培训班。1994年，举办思茅地区、西双版纳州电工、锅炉工、重起工、电焊工等特种作业人员培训班8期，培训432人（电工254人、锅炉工78人、起重工73人、电焊工27人），通过培训都考试合格，领取特种作业人员上岗操作证。1995年，举办电工、锅炉工、水质分析工、电焊工等特种作业人员新考、复考培训班7期，培训315人。1996年，举办思茅地区、西双版纳州电工、电焊工、锅炉工、架子工、爆破工等工种培训班9期，培训823人，经考试合格发证823人；举办国有、乡（镇）集体、个体矿山矿长安全技术资格培训班3期，共培训94人（属安全技术资格认证的43人、考试发证的51人）。1997年，举办蒸汽锅炉安全技术监察规程培训班1期，培训158人；举办法规培训班2期，培训125人；举办特种作业人员安全技术培训班13期，培训824人（电工592人，锅炉工219人，水处理、水质化验工13人）。1999—2000年，思茅地区培训、考核、发证特种人员1104人；培训、考核、发证乡（镇）集体、个体矿山矿长和有关企业专职安全员共计382人。2001年思茅地区国家机关机构改革，思茅地区行署劳动局的特殊工种培训、考试、发证工作职能划转思茅地区安全生产监督管理局。

六、伤亡事故统计

1978年，思茅地区企业无伤亡事故发生。1979—1989年，死亡86人，重伤173人。1990—1999年，发生事故305起，死亡238人，重伤121人，直接经济损失632万元。2000—2001年，发生事故53起，死亡57人，重伤11人，轻伤1人，直接经济损失176万元。2001年12月，思茅地区行署劳动局承担的伤亡事故统计、调查、处理职能划转思茅地区安全生产监督管理局。

第八节　劳动监察

一、劳动监察执法

1995年4月，思茅地区机构编制委员会批准思茅行署劳动局增设劳动监察科。思茅地区通过各种媒体向社会告知劳动监察机构的建立，并宣传劳动监察的对象、内容范围、原则，公开举报电话和举报信箱，保障和方便群众对违反《劳动法》行为的投诉、举报。截至1995年年底，思茅地区建立劳动监察机构9个。1995年，地区劳动局检查用人单位16个，其中日常监察9个单位、举报专查7个单位。为了解某些单位的劳动用工、工资分配、福利待遇、社会保险参保和养老保险收缴等情况，发出劳动监察通知书5份。对一些未办理用工手续、未签订劳动合同、克扣拖欠职工工资等问题的单位限期整改和进行严肃处理；组织开展用工单位遵守《劳动法》情况检查，地区劳动局向各县（市）布置检查工作的时间、方法及任务。该市由劳动部门与工会组成检查组进行重点检查和抽查，检查企业25个；思茅地区全区自查、抽查企业453个，涉及职工35826人。1996年，思茅地区成立劳动监察机构11个。年内开展劳动用工专项检查，检查企业206家、涉及职工25089人，查出违法用工单位15家，下达劳动监察指令书6份、劳动监察意见通知书448份。思茅地区劳动监察机构建立举报专查制度，全年受理举报案件10起、立案调查2起。1997年，思茅地区开展社会保险执法检查，对332家欠缴社会保险费的用人单位进行检查，下达劳动监察整改通知书243份，督促用人单位订立欠缴社会保险费延期缴纳计划协议通知书89份。对思茅地区劳动力市场和职业介绍机构进行检查，取缔非法职业介绍机构1家；对2家有违反《劳动法》和《云南省职业介绍条例》行为的职业介绍机构责令停业整顿并下达劳动监察指令书限期整改；对1家不具备职业介绍机构的用人单位及时收回职业介绍委托通知书并予以取缔。1998年，思茅地区对1574个用人单位进行用工检查，涉及职工36960人，为1130人补办招工手续并补签劳动合同，清退童工1人；对33个用人单位下达限期整改指令书，责令补交基本养老保险金8.3万元、失业保险金1.75万元；责令67个企业清退招用工中收取的保证金2.67万元；取缔非法职业介绍机构2家；查出7个单位未按规定支付劳动者最低工资，涉及134人；对60个单位任意克扣、拖欠劳动者工资的行为进行批评教育，涉及1257人，责令补发劳动者工资11.25万元；处理1件停工上访事件，平息事态。2000年，思茅地区对91家企业进行日常巡视监察，要求流动人员办理流动就业证、卡152份，要求用人单位与157人签订劳动合同；对思茅地区17家劳动力市场和职业介绍机构进行检查；对4家不同程度存在着职业介绍行为不规范的机构进行批评教育，并要求限期整改；及时处理企业劳动保障违法行为引起的严重突发事件3起。2001年，开展《禁止使用童工的规定》情况的专项检查，共对48个用人单位进行重点专项监察，涉及劳动者4661人，均未出现违规使用童工的现象。2002年，思茅地区开展农民工权益保护专项检查和《中华人民共和国妇女权益保障法》执法检查、社会保障政策落实情况检查、《禁止使用童工规定》和招用工情况检查，检查涉及446家用人单位5000名从业人员。通过检查责令补签劳动合同415人；责令用人单位支付被拖欠工资5.08万元；提请工商部门取缔营业执照6家；发出劳动监察指令通知书845份。2003年8月，思茅地区劳动保障监察支队成立，除景谷县外，地级和9个县（市）均成立劳动保障监察机构。劳动保障监察机构成立后，开展用人单位劳动合同签订情况执法检查、农民工工资支付情况专项检查和禁止使用童工情况专项检查，查处3家拖欠农民工工资突出的用人单位，涉及农民工200人，拖欠工资88.3万元，已责令全部支付；对362个用人单位签订劳动合同情况进行检查，补签劳动合同23559人、补办录用登记手续13972人。2005年，全市成立劳动保障执法监察机构11个，开展建设领域拖欠农民工工资、清理整顿劳动力市场、禁止使用童工和药品行业持职业资格证书上岗4项专项检查。此次检查涉及用人单位240个，职工2.34万人。发现有110个用人单位拖欠职工或农民工工资计1428万元，其中拖欠1.99万名农民工工资1256.4万元。完成检查后下达劳动保障监察限期改正指令通知书44份，补发1.09万名职工工资177万元，补发0.83万名农民工工资911.1万元，农民工工资补偿金5.5万元。同年，印发宣传资料1万份，开展咨询活动3次；对全市20家职业介绍机构开展清理整顿；开展禁止使用童工专项检查，全市检查用人单位388家，涉及劳动者12758人，检查中发现在私营企业和个体工商家中有63家使用未成年工173人，存在用工行为不规范等问题；开展全市药品经营企业持职业资格证书上岗专项执法检查，共检查药材种植、药品制造和药品销售的各类用人单位264个，涉及劳动者1060人，发现有540人未持证上岗。2005年，全市共受理举报案件259件，均当年全部结案，其中，涉及养老保险费19件、失业保险费19件、劳动关系90件、风险抵押金10件、克扣和拖欠工资119件、最低工资标准支付2件。2006年，利用思茅报、思茅电视台、思茅人民广播电台等新闻媒体宣传《劳动法》《云南省社会保险费征缴条例》《劳动监察条例》等法律法规；劳动和社会保障局开展劳动执法试点，确定试点单位24家，涉及劳动者1602人。经检查发现有3家单位未办理社会保险登记，涉及劳动者207人；9家单位未签劳动合同，涉及劳动者530人；10家单位未申报参加社会保险，涉及劳动者1248人，拖欠社会保险费371.65万元。检查后立案处理11起，下达询问通知书10份；下达限期整改指令书11份；下达行政处罚决定书1份，处罚金额2000元；追缴社会保险费110万元；补办年审登记3家；追缴欠付工资44.5万元。2007年，全市开展医药行业执法检查、小作坊企业用工检查，检查后市劳动和社会保障局对个别医院的违法行为依法进行经济处罚132万，全市受理投诉、举报案件215件，结案215件，其中对严重违法的24家用人单位给予行政处罚。

二、劳动执法年审

1996年，思茅地区范围内首次开展劳动执法年审并制定《思茅地区劳动执法年审暂行办法》。通过劳动执法年审，强化了劳动保障部门对用人单位的劳动合同、工资基金管理，规范了用人单位劳动用工行为，推进了各项社会保险工作及基金收缴工作的开展。

1997—2007年普洱市劳动执法年审情况统计表

表34-10

年份	年审家数（家）	涉及职工数（万人）	补签劳动合同（人）	下达劳动执法年审整改通知书（份）	补发劳动工资数（万元）	清退风险抵押金（万元）	追缴社会保险金（万元）	处罚决定书（份）
1997	1827	1.99	432	247	—	3.4	—	—
1998	4000	10	—	—	—	2.67	—	—
1999	1827	—	1808	412	—	6.07	—	91
2000	1955	3.31	2750	220	—	4	48.8	48
2001	1722	3.62	1492	—	4.58	1.8	82.3	—
2002	5190	3.2	1040	—	—	—	142.4	—
2003	601	3.7	3548	205	—	—	457.13	—
2004	1185	4	2740	97	43.2	—	263.45	—

续表 34-10

年份	年审家数（家）	涉及职工数（万人）	补签劳动合同（人）	下达劳动执法年审整改通知书（份）	补发劳动工资数（万元）	清退风险抵押金（万元）	追缴社会保险金（万元）	处罚决定书（份）
2005	1347	5.9	2800	137	2.21	4.5	450.61	—
2006	2506	7.57	6616	148	291.53	0.93	418.3	11
2007	2554	7.07	5829	85	17.3	0.38	174.65	—

三、农民工管理

2006年8月11日，思茅市政府建立思茅市农民工工作联席会议制度，有29个部门参加，联席会议办公室设在思茅市劳动和社会保障局，负责农民工问题的日常工作；建立农民工工资保障金制度，全市预存保障金172万元；开展农民工培训工作，培训12070人；开展农民工工资和劳动合同专项检查，检查244家，涉及农民工3380人，未签订合同166家，拖欠农民工工资497人，共计45.84万元。2007年，市级和8县（区）成立农民工管理常设机构；全市预存农民工工资保障金540万元；开展农民工培训工作，培训17453人；接待农民工来访2807人次，收到农民工举报、投诉案件123件（涉及农民工2283人，拖欠农民工工资282.5万元），为农民工要回拖欠工资225万元；全市农民工参加工伤保险14410人，参加医疗保险423人。

第九节　企业劳动工资福利

1978年，思茅地区工资调整。根据国家劳动总局《关于给工作成绩特别突出的职工升级的通知》，思茅地区职工工资升级面为1978年11月底固定工总数的2%。升级办法是重点对全民所有制企业中生产、工作成绩优异、贡献较大、表现好而工资特别偏低的职工进行考核升级，对个别学习特别优良的学徒提前转正定级。1979年，思茅地区工资调整，按照全民所有制企业、事业单位和国家机关中1978年以前（含1978年）参加工作的职工、计划内临时工总数的40%确定工资升级范围。这次调整工资的办法是：一般只升一级，个别表现突出并有重大贡献的可以升两级。级差一般按现行岗位工资标准级差升级，级差小于5元的可增加到5元。思茅地区的全民所有制企业、国家机关和事业单位，有22740人工资升级，人均增资6.19元。同时，思茅地区对地方企业的工资标准进行调整，调整幅度在工资标准的基础上提高2.83%，全区参与调整工资基础的职工1.8万人，人均月增资11.50元。1983年，思茅地区工资调整，该次调整工资与改革工资制度相结合，同企业经济效益相结合，亏损企业在未扭亏为盈之前不得调整工资，调资同职工个人的劳动成果相结合，企业需对职工的劳动态度、技术高低、贡献大小进行考核。全年思茅地区调整工资的企业586个，调资人数24923人，人均月增资7.31元。1985年，思茅地区工资制度改革，解决企业职工内部按劳分配问题。思茅地区企业单位参加工资改革人数22635人，计月增资39.62万元，人均月增资17.5元。1986年起，国家机关、事业单位和企业单位的工资标准分离，结束国家机关、事业单位、企业都是一个工资标准的历史。企业单位的工资标准按不同行业的经营状况，由国务院企业工资改革领导小组制定，国家机关、事业单位和企业单位不再同步调整工资，不再执行同一个标准，不再同步下达工资调整计划指标。1986年，思茅地区对企业进行工资调整，由企业自主安排，增资指标原则上用于职工固定工资升级，也作为奖金发放。地区劳动人事处重点解决1966年年底以前参加工作的部分职工的工资偏低突出问题。该次升级的职工，不论干部和工人都按新工资标准升一小级。思茅地区共涉及 8235 人，占 1986 年 9 月末国营企业职工总数的 32.18%，人均月增资 5.59 元，思茅地区合计月增资 4.61 万元。1986 年的调资允许经济效益好的企业将 1985 年企业工资改革中的 5 元奖励基金用于职工浮动升级。当年思茅地区国营企业用于浮动升级的资金为 1.99 万元。1989 年，思茅地区进行企业工资调整，允许使用效益工资进行企业内部浮动升级、实行工资总额同经济效益挂钩的企业将一级浮动工资转为标准工资；未进行企业内部浮动升级的企业，允许给职工升一级效益工资并转入标准工资；未实行工资总额与经济效益挂钩、已使用奖励基金安排职工浮动升级的的企业，允许将一级浮动工资转为标准工资或档案工资；未使用奖励基金安排职工浮动升级、实行计件工资的企业，结合实际情况增加一级工资，并转入标准工资或档案工资。按企业实际工资级差和 1989 年 9 月 30 日在册的正式职工为基数进行普调，对劳动贡献大，表现好，工资突出不合理的生产骨干适当多增加一些工资。对 1985 年年底前参加工作，1989 年年底在册的正式职工，可在普调的基础上再升一小级工资，其中被评为高级职称的人员在普调的基础上再升一大级。行署劳动人事处下达部分工资机动指标，由各县、各企业用于解决一些问题。思茅地区实际调资人数 31331 人，占 31508 名正式职工的 99.44%（其中再升一级的 22404 名职工占正式职工总数的 71.1%；再升一大级的 2595 名职工占正式职工总数的 8.2%）。当年，思茅地区升级月增资额 35.53 万元，人均月增长 11.34 元。

1990 年，在 1989 年 4 个县的基础上实行企业工资总额与经济效益总挂钩，又对 4 个县、86 家国有企业实行总挂钩；结合企业调资工作对思茅地区国营企业职工档案工资进行全面清理，企业工资管理初步改善，对各单位的工资基金进行审定，并在年内根据实际进行适当调整。1992 年，思茅地区新增挂钩企业 44 家，职工 4501 人。当年末，思茅地区挂钩企业 122 家，职工总数 12110 人。挂钩企业总家数和职工总数分别占思茅地区国有企业总家数和职工总人数的 35.36% 和 37.04%，使企业工资总量由原来单纯行政决定转变到依其经济效益决定。3100 名职工办理浮动工资转固定标准工资升级手续，月增资总额 4.5 万元，人均月增资 14.52 元。全年使用新增效益工资指标 39.46 万元，2268 名职工办理浮动升级。1993 年，按照“宏观管理、微观放开”的原则，建立效益决定工资水平、企业自主分配、政府监督调控的体制，落实、尊重和保护企业的工资资金分配自主权。从该年起，取消指令性工资计划指标，地区对各县（市）实行动态调控的弹性工资计划，按投入产出的综合经济效益指标增长调控各县（市）的工资总量，以工资总量间接控制职工人数。在思茅地区实行弹性工资计划的同时，对企业采取多种调控形式并举，推行“工效挂钩”和“两个低于”办法，企业工资总量的多少完全取决于企业经济效益的好坏。少数企业实行工资总额包干，增人不增工资、减人不减工资。同年，思茅地区国有企业实行“工效挂钩”79 家 8619 人；实行“两个低于”办法的 115 家 15114 人；实行工资总额包干办法的 59 家 7378 人；实行岗位技能工资制试点企业 10 家 1878 人。实行岗位技能工资制以前，人均月标准工资 75.5 元；实行岗位技能工资制以后，人均月基本工资 130.90 元。1994 年，思茅地区经批准实行岗位技能工资制的企业 195 家，涉及职工 18169 人，实际月增资 110.3 万元，月人均增长 60.71 元。该次工资改革，建立了本企业的工资标准，废除了国家统一规定的工资标准，调整了企业的工资收入结构，把 10 项补贴转入基本工资，改革后的人均月基本工资收入增至 250.60 元。工资分配向脏、累、险岗位和技术要求高、责任重的岗位倾斜，稳定了一线职工队伍，调动了生产的积极性。1995 年，思茅地区制定《思茅地区弹性劳动工资计划实施办法》，实施对象主要是县（市）和企业主管部门，调控范围扩大到地方各种经济类型企业。思茅地区实行“两个低于”或“工效挂钩”办法的国有企业 171 家，涉及职工 25055 人，分别占全部国有企业家数和职工总数的 51.2% 和 66.9%；实行工资总额包干办法的国有企业 164 家，涉及职工 12422 人；实行“两个低于”或“工效挂钩”办法的城镇集体企业 25 家，涉及职工 1453 人；其余的 110 家，涉及职工 6798 人，全部实行工资总额包干办法。思茅地区实行岗位技能工资制的国有、集体企业 442 家，涉及职工 40713 人，分别占国有、集体企业总家数和职工总人数的 94% 和 89%，改革后的人均月基本工资增至 250 元左右。1994 年、1995 年思茅地区制定企业离退休人员离退休金物价补偿办法，并在 1995 年得到落实。1996 年，全区首次将弹性工资计划的实施范围扩大到区内国有、集体企业。思茅地区国有企业 312 家，职工 38911 人，其中实行“工效挂钩”或“两个低于”办法的 160 家，涉及职工 26440 人，对暂不具备条件的 152 家企业，职工 12471 人，核定年度包干工资总额基数。城镇集体企业 132 家，职工 8774 人，其中有 11 家企业，731 名职工实行“工效挂钩”办法，其余 121 家企业实行工资总额包干办法。思茅地区有 432 家企业，46941 名职工实行岗位技能工资制，106 家挂钩企业动用效益工资通过考核晋级、调整标准等办法，给 15203 名职工增加基本工资，月增资总额 64.8 万元，人均月增资 42.62 元，月人均基本工资增至 300 元。1997 年推行《云南省企业工资总额决定办法》，对原实行“两个低于”“工效挂钩”“工资总额包干”办法的地属企业一律改按新的决定办法，各县（市）对所属企业要参照此办法试行，试行面不得低于 30%。当年全区实行《云南省企业工资总额决定办法》的企业 154 家，职工 23422 人；维持“工效挂钩”“两个低于”办法的企业 50 家、职工 5394 人；实行“工资总额包干”办法的企业 94 家，职工 9754 人。思茅地区实行新办法的企业家数、职工人数分别占思茅地区国有企业家数、职工总数的 51% 和 60%。同年思茅地区制定《关于进一步做好思茅地区国有企业内部工资分配工作的意见》，确定将新核增的工资增量指标主要用于调整和完善岗位技能工资标准，引导企业做好定员定额、岗位劳动测评和考试考核等各项基础管理，建立起企业的工资制度和工资标准。思茅地区有 19 家地属企业通过考核升级、考核晋档、调整标准等办法完善岗位技能工资制，给 4466 名职工增加工资。1998 年，思茅地区 281 家国有企业，37508 名职工都实行相应的工资总额决定办法并核定了 1998 年基数。当年思茅地区实行《云南省企业工资总额决定办法》的企业 157 家，职工 29373 人，分别占思茅地区国有企业家数和职工总人数的 56% 和 78%；实行工资总额包干办法的国有企业 124 家，职工 8135 人。同时采取“凡是没有核定 1998 年工资基数的企业，一律不得调整岗位技能工资”的措施，在城镇集体企业推行《云南省企业工资总额决定办法》，对大多数集体企业的 1998 年基数进行核定。此次核定有 24 家企业，1737 名职工实行《企业工资总额决定办法》；有 48 家企业、3489 名职工实行工资总额包干。1998 年思茅地区有 270 家国有、集体企业通过考试升级、考核晋档、调整工资标准等办法完善岗位技能工资制，调整增加工资职工 34373 人。1999 年，思茅地区制定《思茅地区企业工资指导线试行办法》和《思茅地区 1999 年度企业工资指导线意见》。思茅地区 260 家国有企业，36446 名职工都实行工资总额同经济效益挂钩办法或工资总额总包干办法；全区 131 家城镇集体企业中，有 122 家，6302 名职工实行“工效挂钩”或“工资总额包干”办法，分别占全部集体企业家数、职工总数的 93% 和 97%。当年思茅地区执行年度结算核定制度，企业建立起工资总额随经济效益挂钩浮动的管理机制。经相关部门批准，思茅地区调整在岗职工工资的企业 239 家，参加调整工资的职工 25102 人，月增资总额 315.17 万元，人均月增资 125.55 元。调整后的企业在职职工月基本工资人均 562.2 元，其中国有企业 165 家，参加调整工资的职工 22052 人，月增资总额 278.8 万元，人均月增资 126.43 元。调整后的国有企业职工人均月基本工资 564.8 元。

2000 年，思茅地区实施《思茅地区 2000 年度企业工资指导线意见》，取消弹性工资计划计算办法，实现政府对企业工资总额的间接调控。实行企业工资总额决定办法的国有企业238家涉及职工30352人。其中，实行“工效挂钩”的59家，涉及职工11772人；实行“工资总额包干”的企业169家，涉及职工18580人。当年思茅地区落实《云南省企业经营者年薪制试行办法》，批准试行企业4家。2001年，思茅地区实行企业工资总额决定办法的企业286家，涉及职工35619人。其中，实行“工效挂钩”办法的企业226家，涉及职工24026人；实行“工资总额包干”的企业226家，涉及职工24026人。同年开展宣传贯彻《工资集体协商试行办法》工作，重点选择改制的国有企业进行工资集体协商试点，4家企业就年度工资水平、内部工资分配制度、工资调整、工资支付办法等开展企业行政和企业工会间的集体协商尝试。2001年，思茅地区有49家企业进行内部工资分配制度改革，6362名职工调整工资，人均月增资162元。2002年，思茅地区推行工资指导线制度，取消和废除地、县（市）原国有企业实行的“工效挂钩”等工资总量控制办法，实行工资总额备案制，试行各类企业依据政府发布的工资指导线水平，自主确定职工工资增长水平的管理办法。思茅地区6家国有企业试行年薪制；8家企业进行工资集体协商试点；85家国有企业实行内部工资分配制度改革，把工资总额中的部分补贴、津贴转入岗位技能工资，提高岗位技能工资比重，一岗一薪，岗变薪变，建立起职工工资能增能减的动态管理机制。2003年，思茅地区建立健全企业工资指导线制度，制定《思茅地区2003年企业工资指导线意见》，公布2002年度思茅地区职工平均工资及企业职工平均工资；推进企业工资总额备案制和工资集体协商制度，完成工资总额备案签章的企业61家，涉及职工13266人，工资总额15416.86万元；试行企业经营者年薪制的企业2家；指导74家企业进行内部分配制度改革。2004年，全区制定《思茅市2004年企业工资指导线意见》。全市签订工资协商协议并进行工资总额签订备案的企业36家，涉及职工9335人，备案工资总额12977万元；宣传贯彻《云南省最低工资制度规定和最低工资标准》，执行最低工资标准制度和企业欠薪报告制度；市劳动和社会保障局为182名改制企业职工办理落实更改工龄手续，公布2003年全市职工平均工资及企业职工平均工资。2005年，全市开展《企业年金试行办法》的宣传，支持和鼓励企业建立补充养老保险制度，全市共有36家企业试行年金制，涉及职工4510人，年金总额1112.45万元。2006年，全市推进企业工资指导线制度和工资总额备案制，发布企业工资指导线和职工平均工资标准，3家企业实行工资总额备案制，涉及职工7491人，年工资总额12732.55万元。2007年，执行《云南省最低工资标准》，对市级6家国有企业工资总额进行报批备案，共计备案总额5955.94万元；发布全市企业工资指导线及2006年度全市职工年平均工资。

第三章　社会保障

第一节　基本养老保险

一、城镇职工基本养老保险

1986年7月12日国务院发布《国营企业实行劳动合同制度暂行规定》后，思茅地区对劳动合同制工人退休养老实行社会保险制度，退休养老金的来源由企业和劳动合同制工人缴纳，退休养老金不敷使用时，政府给予适当补助。思茅地区当年开始建立社会保险社会统筹制度：企业缴纳的退休养老基金，在缴纳所得税前列支，缴纳数额为劳动合同制工人工资总额的15%左右，劳动合同制工人缴纳退休养老基金数额不超过本人标准工资的3%，思茅地区招收合同制工人4195人，全部纳入养老保险社会统筹范围。思茅地区机关、事业单位和国有企业的合同制工人用人单位按合同制工人工资总额的15%向社会保险机构缴纳养老保险，合同制工人按本人标准工资的3%向社会保险机构缴纳养老保险。同年，思茅地区开展以县为单位的企业离退休费用社会统筹，对企业的离退休费用实行统一征集、统一管理、统一使用。各县按照“以支定收、略有积累”的原则，征收、管理养老保险费用。1987年，思茅地区有思茅、普洱、墨江县实行国营企业离退休费用社会统筹。1988年，思茅地区10个县均实现国营企业离退休费用社会统筹，墨江县率先在思茅地区实行城镇集体所有制企业退休费用社会统筹。1989年，思茅地区纳入社会保险统筹的国营企业553家，纳入社会保险统筹的固定职工33765人、离退休职工8112人、合同制工人7624人。全区共征收国营企业离退休费297.91万元，支付272.56万元，结余25.34万元。思茅地区纳入社会保险统筹的集体所有制企业的固定职工有425人，退休职工225人，征收集体所有制企业退休费用5.52万元，支付4.41万元，收支结余1.10万元。思茅地区纳入养老保险的合同制工人7624人。1986—1989年，累计缴纳合同制工人养老保险费291.56万元。普洱、思茅2县实行集体所有制企业职工退休费用社会统筹。

1990年，江城、澜沧、镇沅县实行集体所有制企业离退休费用社会统筹，思茅地区累计筹集合同制工人养老保险费453万元。1991年6月国务院发布《关于企业职工养老保险制度改革的决定》，提出建立基本养老保险、企业补充养老保险和个人储蓄性养老保险相结合的体系，实行国家、企业、个人三方共同负担，职工个人也要缴纳一定的费用。思茅地区在墨江、普洱、思茅县开展对劳动服务企业、农民合同工的养老保险试点。1992年，对思茅地区11548名离退休职工增发兑现养老金199.71万元，人均年增加离退休费172.93元，人均月增加养老金14.41元。根据《国务院关于企业职工养老保险制度改革的决定》，1993年1月起，思茅地区推行职工个人缴纳养老保险费的办法，全区除澜沧县以外，其余9县均实行职工个人缴纳养老保险费政策，思茅地区全年个人缴费人数30970人，个人缴纳养老保险共计81万元。1993年，思茅地区出现联合兼并不同所有制相互渗透的企业联合体，出现国营企业总量下降的趋势，但职工人数不减，养老保险增收。当年全区执行《云南省人民政府关于适当调整企业离退休职工待遇的通知》，给符合条件的女职工增发5%的补贴，增发企业离退休职工养老金，发放离退休职工交通费。1993年思茅地区有7个县实行集体所有制企业退休费用社会统筹，参加统筹职工2086人，共征收集体所有制企业退休费89.69万元；全年共支付集体企业退休职工养老金93.81万元；当年集体所有制企业养老金入不敷出4.12万元，为1万余名合同制职工换发职工保险手册；为使养老保险保值增值，思茅地区共计购买各种债券540万元；建设局成立社会保险机构，配备工作人员开展工作；收缴建筑安装企业社会保险统筹金71万元。1994年，思茅地区普遍实行个人缴费制度；建立养老保险调剂金积累制度；率先在景谷县农机公司、墨江县糖业烟酒公司实行企业补充养老保险，涉及人员67名，收缴企业补充养老金6.42万元，结束思茅地区没有企业补充养老保险的历史；各县在原基本养老金统筹计提比例基础上提高3个百分点；思茅地区有79家集体企业参加养老保险社会统筹，参统职工2674人，其中退休职工1450人，收缴养老保险统筹费154万元，全年支付102万元，当期收支结余52万元；全区参加基本养老保险的合同制职工17051人，其中国有企业合同制职工16050人、集体所有制企业合同制职工1001人，全年收缴基本养老保险556万元，无合同制工人退休，无基本养老金支付，全部为当期结余；全区10个县全部实施职工个人缴纳养老保险制度，参缴职工35159人，收缴个人缴纳的养老保险费200万元。1995年，全区养老保险统筹比例缴纳情况：单位按职工工资总额的26%和离退休费的30%缴纳，职工个人按本人工资的3%缴纳，3年内逐步过渡，最终达到省政府规定的8%的要求；思茅地区企业补充养老保险扩大到571人，企业补充养老金扩大到44.3万元，思茅地区44485名参加养老保险的职工，全部按个人缴费工资基数的3%实现个人缴费，收缴金额240万元；各级社会保险机构把基金结余的80%购买特种定向债券，思茅地区购买债券160万元；地区社会保险局内部审计小组一行4人历时两个半月，对思茅地区历年社会保险基金动用情况进行内部审计；截至1995年4月，思茅地区动用城镇职工基本养老保险基金613万元，其中归还41万元、未归还572万元（动用的613万元基金70%的是社会保险机构借用，用于购买微机、建盖社会保险机构办公楼和离退休人员活动中心）。1996年，思茅地区行政公署下发《思茅地区城镇企业职工养老保险暂行办法》，提出缴养老保险的“两个比例”、三年“过渡”的原则，确定思茅地区的养老保险的统筹比例；当年起思茅地区开始建立养老保险个人账户；年末，思茅地区参加养老保险统筹44790人，录入个人账户2.5万人，占总参统人数的55.82%，普洱县个人账户全部录入完毕；思茅地区个体工商户、私营企业职工参加养老保险350人；思茅地区44790人企业在职职工参加养老保险的全部实行个人缴费制度，收缴金额510万元；思茅地区企业职工参加企业补充养老保险人数1410人，收缴补充养老保险费6.33万元；为15525人离退休人员调整并兑现退休待遇；制定《思茅地区社会保险财务管理办法》，规范社会保险财务管理；思茅地区行政公署审计处对思茅、景谷、镇沅、墨江、澜沧、孟连、西盟县（市）的社会保险费进行就地审计，未发现违规违纪问题。1997年起，全国范围内实行四统一的养老保险制度，统一企业和职工缴纳基本养老保险费用的比例，企业缴纳职工工资总额的20%，个人缴纳本人工资的8%；统一基本养老金的计发办法，基础养老金按职工平均月工资的20%计发，个人账户养老金按其账户储存额的1/120计发；机关、事业单位养老保险制度与企业职工养老保险制度分离；孟连、思茅、普洱、景谷、墨江县（市）有个体工商户2071人参加养老保险，当年收缴养老金252万元；对符合调整待遇的11593名退休人员调整待遇，月人均增加退休费55元，计补发退休金160万元，按时足额兑现；思茅地区购买债券270万元；思茅地区社会保险局的专职审计人员对澜沧、孟连、西盟3县进行内部审计工作，未发现违纪、违规现象；全地区为50382人参加养老保险并建立个人账户的情况进行公布。1998年，思茅地区基本养老保险实行“四统一”（统一制度、统一标准、统一管理、统一调剂使用基金）的省级统筹。从8月1日起，全省社会保险征收工作按照“税费征收同步”的原则，改由地方税务机关统一征收社会保险费，思茅地区顺利实现两部门的征收交接；个体工商户首次在思茅市范围内实施养老保险制度，有1369人参加养老保险；按照国务院提出的“两个确保”（确保离退休人员养老金按时足额发放和下岗失业人员生活费按时足额发放）的要求，确保离退休人员基本养老金的按时足额发放。1999年，思茅地区建立统账结合的统一的企业基本养老保险制度，为每一个参保职工建立个人账户，思茅地区参加基本养老保险的私营企业、个体工商户2108家，参保人员4816人，收缴养老保险费122万元。由于思茅地区困难企业增多，企业经济效益普遍下降，致使思茅地区养老保险费收缴困难，个别县出现收不抵支的现象，全年思茅地区应收养老保险费9608万元，实际征收8045万元，收缴率84%；支付离退休人员养老金8512万元，造成收不抵支467万元，首次出现养老保险收不抵支的状况；全区欠缴养老保险费的企业有498家，欠费总额3796万元。1998年7月前劳动部门自己收缴养老保险费的10年间，总计欠缴养老保险费1603万元；1998年8月移交地方税务机关代征，至1999年年末，欠缴养老金2193万元。思茅地区调整离退休人员养老金待遇16302人，增加离退休金274万元，人均增加退休金168.07元/年，并按时足额兑现增资待遇。由于景东、澜沧两县养老保险费的收缴率较低，当年出现离退休金不能按时足额发放的现象，经地区给予补充调剂后，9月补发欠发的养老金218万元，补发人数831人，人均补发养老金2623.35元。思茅地区11个社会保险机构实行收支两条线管理，社会保险基金实行财政专户存储，社会保险机构人员经费实行财政拨款，思茅地区社会保险机构结束从养老保险费中提取管理经费用于发放人员工资和业务经费的历史。思茅地区养老保险业务实现计算机管理，有7个县实现计算机联网，建立在职职工、离退休职工、养老保险个人账户计算机程序化管理。2000年，思茅地区养老保险社会化发放率达到100%。思茅地区企业经济效益普遍不景气，加之企业法人履行法律和社会责任不到位，导致企业欠缴养老保险的情况日趋严重。截至1999年12月30日，思茅地区参统企业累计欠养老保险费4255万元，其中，欠费50万元以上的企业14家、欠费10万元以上的企业112家。为实现“两个确保”，思茅行署召开会议，对欠费进行清缴，当年末，思茅地区累计清缴欠费1056万元。

2000年12月1日起，云南省人民政府印发《云南省企业职工基本养老保险条例实施办法》，思茅地区社会保险机构结合国务院《社会保险费征缴暂行条例》《云南省企业职工养老保险条例》进行广泛宣传，思茅地区出动宣传车26辆次，张贴宣传标语300条，发放宣传单2万余份，编写《社会保险》信息2期，电视新闻播出12条。2001年，思茅地区完善“地税保征收、财政保拨付、劳动保发放”的机制，思茅地区没有发生拖欠养老金发放的情况；规范和做好养老保险社会化发放管理，杜绝冒领、骗领养老金的现象；思茅地区养老金社会化发放率100%；思茅地区社会保险登记应登记59394人，实际登记59394人，完成率100%；执行省委、省政府批准的养老保险费率调整方案，思茅地区养老保险费率执行统一标准，即单位缴费率24%，个人缴费率6%，不得实行“双比例”，不准突破这一费率；年末，思茅地区养老保险欠费6481万元，其中，2001年以前的老欠4255万元，2001年新欠2226万元，思茅地区清理收回欠费1093万元，年末仍有5388万元欠费。2002年，为确保社会稳定，争取省级调剂后确保了养老金按时足额发放；

完成企业退休人员的两次调待工作，思茅地区涉及调待离退休职工 35405 人次，调待后月增资 132 万元，平均人月增资 37.28 元；对参保单位中的 312 家企业进行缴费人数和缴费工资的稽核，通过稽核查出漏报工资总额 111.8 万元，并及时通知进行补缴；对养老保险待遇支付进行稽核，查出部分县有扩大支出标准的现象，及时书面通知纠正；对社会保险业务进行稽核，个别县查出部分基础数据不全、业务操作流程不规范、管理制度不健全等问题，提出书面修改意见；对养老保险冒领和骗领的情况进行稽核，存在冒领和骗领的行为，主要原因是居住在外地的离退休人员死亡以后不能及时发现所致；开发《思茅地区社会保险统计管理》软件，实现社会保险统计工作“无纸化”办公；养老保险个人账户建账率 100%，实现计算机管理，做到逐人建账、及时记录、定期对账。2003 年，思茅地区养老保险欠费 8409 万元，其中当年新欠 2614 万元，历年累计欠费 5795 万元。其中，欠费 100 万元以上的企业 20 家，欠费 50 万元以上的企业 23 家。2004 年，为规避养老金的冒领和骗领，在全市开展养老金领取资格认证，对 47051 名参保人员缴纳养老保险的情况进行实地稽核，查出少报养老保险缴费基数 170 万元，补缴养老费 54 万元；核查领取养老保险金的 4979 人，查出冒领、骗领养老金的 3 人，金额 2 万元，并对冒领的 2 万元养老金及时追缴；按照企业退休人员移交社区管理的要求，全市已移交社区管理的退休人员 3000 人，其余退休人员仍委托企业代管或各县社保机构直接管理；对养老保险扩面难、缴费人数下降、基金征缴困难和基金收不抵支等问题展开调查研究。调查发现，下岗失业人员的养老保险接续问题未解决、新增就业总量较小、新就业人数比失业人数少、少数企业有恶意欠费导致国企改革中养老金 10 年清算工作存在问题。2005 年，全市查出冒领养老金 4 人，冒领养老金 9430 元经追缴已追回；全市 21098 名企业退休人员，移交社区管理的 3877 人，其余均为社保机构、企业托管人员；按照省“金保工程”的统一安排，开展养老保险数据库建设并按期完成工作任务；至 12 月 31 日止，全市基本养老保险滚存结余 9254 万元。2006 年 1 月 1 日，《云南省人民政府关于完善企业职工基本养老保险制度的实施意见》实施。即日起，个人账户规模统一由本人缴费工资的 11% 调整为 8%，全部由个人缴费形成，用人单位缴费不再划入个人账户；个体工商户、灵活就业人员的养老保险缴费比例按照 20% 执行；参保人员达到国家法定退休年龄时，缴费年限满 10 年不满 15 年的，经本人书面申请可以延伸缴费，延伸缴费年限最长不超过 5 年，延伸期间应分年度缴费；缴费年限满 15 年后，可按规定享受基本养老金。市社会保险局制定《思茅市企业退休人员社会化管理工作程序》，全市开始启动企业退休人员移交社会化管理服务。市人民政府与各县（区）人民政府签订社会保险责任书，首次把社会保险的扩面、征缴、发放列入政府的责任考核目标。调整 2005 年和 2006 年离退休人员的待遇，2005 年参加调待的离退休人员 19832 人，月人均调待 69 元，补发养老金 2070 万元；2006 年参加调待的离退休人员 20919 人，月人均调待 113 元，补发养老金 714 万元；两次调待合计月人均增加养老金 182 元，2006 年 9 月底全部补发，共计补发养老金 2784 万元。调待以后全市每月养老金增加支出 330 万元，全年增加支出 3960 万元。2006 年年末，全市养老保险当期收不抵支的有翠云、普洱、墨江、景东、江城、西盟 6 个县（区）。按“金保工程”要求，对养老保险个人信息 80 个基础指标进行核查并如期完成。按规定的特殊工种提前退休由地州市劳动部门审批，2007 年 1 月 1 日起改为由省级劳动部门审批。达到规定退休年龄的原规定由地州市劳动部门审批改为不再进行审批，由县级劳动部门发给退休证，社保经办机构审核和计发养老金。2007 年，全市争取基本养老保险省级调剂金 10024 万元，第一次尝试由市社会保险局组织全市社会保险机构实行交叉实地稽核，查出少报工资基数 1138.72 万元。

1990—2007 普洱市职工养老保险基金情况表

表 34-11

年份	参保职工人数（人）	保费收入（万元）	离退休人员（人）	基本养老金支出（万元）
1990	43809	1550.5	8369	1274.8
1991	49486	2054	10159	1690
1992	52507	2584.84	11548	2029.96
1993	56775	3359.43	11414	2899.62
1994	45860	4297	12771	2760.17
1995	54805	4917	11819	4372
1996	44790	6250	15525	4862
1997	50765	7402	15202	6727
1998	51905	7367	16438	6874
1999	53847	8045	16649	8512
2000	76153	10793	17479	9873
2001	77545	8620	18151	10128
2002	76477	10678	18836	11798
2003	89136	11885	19595	12425
2004	79345	15207	21267	13228
2005	82979	15114	21098	15034
2006	85057	22648	22022	19239
2007	90123	29768	22993	21717

二、农村养老保险

1996 年，思茅地区农村养老保险在思茅地区启动，由地区民政部门管理，1999 年停止。2003 年 10 月，思茅地区行署决定将农村养老保险工作职能移交劳动部门。截至 2003 年 12 月 31 日，思茅地区参保人数 28469 人，其中景东 14309 人、镇沅 651 人、景谷 1407 人、普洱 2953 人、墨江 2388、澜沧 1923 人、孟连 402 人、西盟 489 人、翠云区 3416 人、江城 531 人。截至 2004 年 12 月 31 日，全市参加农村养老保险的人数 28975 人，其中民政部门移交 28323 人，劳动部门接收以后新参保 652 人，当年资金收入 577310 元。农保工作启动以来，退休正常领保的 109 人，死亡退保的 38 人。2005 年，全市完成换证 25123 人，完成新参保扩面 530 人，收取保险费 88 万元。当年年末，有 361 人正常领取养老金，有 249 人死亡退保，全年支出 13.2 万元。2006 年 9 月，全市参加人数 28703 人，换证 25123 人，已享受正常养老金待遇 490 人，年支出 17 万元，市级累计结余 599 万元。2007 年，全市参加农村养老保险的人数 28864 人，有 587 人享受农村养老保险待遇，全市农保资金结余 976 万元。

第二节　失业保险

1986 年 10 月 1 日起，思茅地区要求按职工工资总额的 1% 提取并缴纳待业保险金，待业保险工作启动。1987 年，思茅地区实收待业保险金 3.27 万元。景东、澜沧、西盟、墨江县待业保险金征收收缴率为 100%；孟连县为 98.9%；江城县为 95%；景谷县、思茅县为 70%；普洱县、镇沅县未开展待业保险金征收。当年全区收缴 32.76 万元待业保险金，其中上缴省劳动服务公司调剂金 8.67 万元。1988 年，思茅地区应收待业保险金 40.02 万元，实际收取待业保险费 37.16 万元，收缴率为 92.87%；思茅地区有待业职工 62 人，支付职工待业保险金 4695 元；在征收的待业保险金中，支付管理费 1.28 万元，上缴省劳动服务公司调剂金 3.99 万元，合计支出 13.86 元，收支结余 25.97 万元。1989 年，思茅地区参加职工待业保险的职工 42335 人，全年收缴待业保险费 42.09 万元，计发放 31 人的待业保险金共 4273 元，收支结余 39.78 万元。1990 年，思茅地区参加职工待业保险的职工 45725 人，应征职工待业保险金 50.52 万元，年末实际征收 50.47 万元，征收率为 99.9%；当年全区有待业职工 87 人，其中 12 人领取待业救济金 6061.88 元，收支结余 49.86 万元。1991 年，思茅地区参加职工待业保险的职工 48440 人，应征 55.83 万元，年末实际征收 55.33 万元，征收率为 99.1%；思茅地区有待业职工 150 人，其中领取待业救济金的 12 人，发放待业救济金 2415.53 元，收支结余 55.08 万元。1992 年，思茅地区参加职工待业保险的职工 48790 人，应征 58.23 万元，年末征收率为 100%；思茅地区有待业职工 184 人，其中 38 人领取待业救济金，思茅地区发放待业救济金 5668.77 元，收支结余 57.67 万元。1993 年，思茅地区参加职工待业保险的职工 50825 人，实际征收职工待业保险金 60.41 万元，征收率为 98.6%；有待业职工 137 人，实际发放职工待业保险 137 人，发放 3.57 万元。当年 1 月 27 日，普洱大地震使企业破坏严重，人民财产受到损失，普洱县劳动服务公司给受害严重的 56 个单位，6310 人发放救济金 9.47 万元。1994 年，思茅地区参加职工待业保险的职工 49627 人，征收职工待业保险金 122.79 万元，支出 31.32 万元（发放职业待业保险 172 人次，发放待业保险金 3.68 万元，收支结余 91.47 万元）。1995 年，思茅地区参加职工待业保险的职工 53344 人，收取待业救济金 195.3 万元，征收率为 96.2%；发放待业救济金 31 万元，救济待业人员 1064 人。1996 年，思茅地区参加职工待业保险的职工 53344 人，收缴待业保险金 176 万元，收缴率为 95%；发放待业救济金 19.13 万元，救济待业人员 493 人；发放企业职工生活困难补助费 22.54 万元，救济企业 20 个，困难职工 1817 人。1997 年，思茅地区参加职工待业保险的职工 48502 人，收缴待业保险金 247 万元，发放待业救济金 40.68 万元，救济待业职工 510 人；思茅地区发放生活困难补助费 29.62 万元，救助职工 1510 人。1998 年，《中华人民共和国失业保险条例》颁布，县级管理的失业保险基金全部移交地级统筹管理；失业保险费由占职工工资总额的 1% 提高到 3%，（单位缴纳 2%、个人缴纳 1%）；思茅地区参加失业保险的职工 43873 人，收缴失业保险基金 293 万元；发放失业救济金 76.90 万元，救济失业职工 867 人；发放企业职工生活困难补助费 28 万元；提取生产自救费 7.9 万元，扶持企业 4 个；提取转业训练费 22 万元，培训失业职工 250 人；提取管理费 17.8 万元。1999 年，思茅地区参加失业保险的职工 9.3 万人，收缴失业保险金 615 万元，上级调剂 123 万元；发放失业救济金 206.5 万元，救济失业职工 1124 人；组织就业系统会计进行失业保险财务交叉检查，检查未发现违规违纪行为。

2000 年，思茅地区参加失业保险的职工 9.4 万人，收缴失业保险费 732.29 万元，支出失业救济金 370.29 万元（发放失业救济金 241.3 万元，用于促进再就业 18.9 万元，划拨下岗职工基本生活费 100 万元，其他支出 10.09 万元）。思茅地区领取失业保险的人数 1231 人，领取失业保险费 241.3 万元，领取安置就业补助费 50 万元。2001 年，思茅地区参加失业保险的职工 9.4 万人，收缴失业保险费 774.98 万元；支出失业保险费 594.65 万元（发放失业救济金 420.82 万元、促进再就业经费 25.56 万元、划拨下岗职工基本生活费 100 万元、其他支出 48.27 万元）；领取失业救济金人数 2070

人。2002 年，思茅地区参加失业保险的职工 58640 人，收缴失业保险费 964.87 万元；支出失业保险费 1196.5 万元（发放失业保险金 768.77 万元、用于促进再就业 64.51 万元、划拨下岗职工基本生活费 300 万元、其他支出 63.22 万元）。2003 年，思茅地区参加失业保险的职工 7.07 万人（企业职工 4.98 万人、事业单位职工 2.09 万人只参保未缴费）；收缴失业保险费 750.31 万元，支出 981.98 万元（发放失业人员失业保险费 587.73 万元、医疗补助费 50.64 万元、丧葬补助 3.82 万元、失业人员培训费 34.48 万元、失业人员职业介绍补贴 42.23 万元、划拨下岗职工基本生活费 250 万元、其他支出 13.08 万元），失业保险当期收不抵支 231.67 万元。2004 年 7 月 1 日，全市失业保险基金征收工作移交地方税务部门征收；参加失业保险的职工 6.15 万人，失业保险收入 2111.11 万元，其中当期收入 1197.46 万元，首次突破千万元大关，利息收入 6.69 万元，转移收入 19.27 万元，其他收入 0.69 万元，省级调剂收入 887 万元；失业保险支出 2425.77 万元（发放失业救济金 1842.28 万元、医疗补助费 157.08 万元、丧葬补助 12.49 万元、职业培训补贴 50.42 万元、职业介绍补贴 6.59 万元、用于再就业服务中心资金支出 50 万元、上解上级调剂金支出 298.87 万元、转移支出 0.49 万元、其他支出 7.55 万元）；领取失业救济金的人数达 11775 人。2005 年，市政府下发《关于全面启动事业单位参加失业保险的通知》，当年 8 月 1 日起，启动全市事业单位参加失业保险。全市参加失业保险的职工 7.05 万人，实际缴费职工人数 6.58 万人，失业保险基金收入 2876.27 万元，其中当期收入 1431.95 万元、省级调剂补助 1430 万元；失业保险计支出 2727.77 万元，当年收支结余 148.5 万元；享受失业保险待遇人数 13767 人，12 月末仍有 8842 人在领取失业保险。年度新增欠费 690.37 万元，失业保险累计欠费 1115.33 万元。2006 年，澜沧、江城、孟连 3 县未启动事业单位参加失业保险，其他县（区）启动事业单位参加失业保险。全市参加失业保险的职工 70840 人（企业职工 30991 人、事业单位职工 38051 人、其他人员 1798 人）；失业保险基金收入 4273.81 万元（当期收入 2475.42 万元、省级调剂 1691 万元、市财政补贴 100 万元、利息收入 6.79 万元、转移收入 0.6 万元）；支出 3418.01 万元（支付失业人员失业救济金 3131.62 万元、上解上级支出 286.39 万元，收支结余 855.8 万元，上年结余 859.02 万元，年终滚存结余 1714.82 万元）；2006 年年末，领取失业保险的人数 6282 人，累计失业保险欠费 1249.4 万元。同年 5 月，失业保险欠发；景东县 12 个月未发；思茅区 2 个月未发；景谷、镇沅、墨江、宁洱、江城 5 县 7 个至 8 个月未发。7 月 12 日，市政府召开专题会议，所欠失业保险全部补发。2007 年，全市参加失业保险的职工 7.28 万人（企业单位职工 31816 人、事业单位职工 40287 人、其他人员 697 人）；失业保险收入 6044.42 万元（当期收入 4288.67 万元、上级调剂收入 1732 万元、利息收入 23.75 万元）；失业保险当年支出 1831.8 万元（当期收支结余 4212.6 万元，累计滚存结余 5927.44 万元）；2007 年年末，领取失业保险的人数 3068 人。

第三节　工伤保险

1987 年前，思茅地区工伤事故等级由劳动保险委员会认定，工伤保险费用由各企业负担。党政机关、人民团体和所属事业单位工作人员实行从上而下的自成体系的保险福利制度。1993 年 9 月，全省工伤保险制度改革的试点普洱县出台《普洱县工伤保险改革方案》，实行县级统筹制度。1994 年，普洱县工伤保险制度改革方案启动，全县参加工伤保险的企业单位 98 个、参保职工 7787 人，收缴工伤保险费 20.14 万元，享受工伤保险待遇 21 人，支付工伤保险费 3.36 万元，当年收支结余 16.78 万元。1995 年 4 月，全省企业工伤保险制度改革现场会在普洱县召开。1996 年，行署劳动局决定在思茅、镇沅、景谷、景东、澜沧、江城县（市）实行企业职工工伤保险制度改革，思茅地区参加企业工伤保险的职工12891人，收缴工伤保险费80.46万元，有143人享受工伤保险待遇，支付工伤保险费23.34万元，当期收支结余57.12万元。2001年，思茅、西盟县（市）工伤保险制度出台，思茅地区全部开展企业工伤保险。2003年，启动思茅地区机关、事业单位工伤保险，有430个机关、事业单位参保，参保职工13373人，征收保险费89万元，支出17万元，收支结余72万元。2004年，思茅市工伤保险转变为统一的工伤保险费用社会统筹制度，参统职工由企业职工扩展到机关、事业单位职工和农民工。企业工伤保险基金由同级劳动部门所属社会保险局征收、发放、管理；机关、事业单位工伤保险基金由同级劳动部门所属医保中心征收、发放和管理。市属单位和孟连、景东、西盟、镇沅、墨江县开展机关、事业单位参加工伤保险，参保职工24740人，征收工伤保险费164万元，支出40万元，当年收支结余124万元，累计结余196万元。2005年，全市机关、事业单位工伤保险参保职工32734人，征收工伤保险费276万元，支出40万元，当期结余236万元，累计结余432万元。2006年，全市机关、事业单位工伤保险参保职工47318人，征收工伤保险费319万元，支出91万元，当期收支结余228万元，累计结余513万元。2007年，全市除宁洱县外，机关、事业单位参加工伤保险的职工5.58万人，征收工伤保险费599万元，支出140万元，当期收支结余459万元，累计结余934万元。

1997—2007年普洱市企业职工工伤保险基金收支情况表

表34-12

年份	参保人数（人）	基金收入（万元）	基金支出（万元）	享受工伤保险待遇职工人数（人）
1997	36291	111	31	46
1998	33523	113	60	225
1999	33212	122.4	59	156
2000	31901	185	150	338
2001	44136	256	100	304
2002	42229	276	114	540
2003	38580	280	160	286
2004	32645	315	142	284
2005	31135	297	168	285
2006	31290	430	180	204
2007	38346	400	160	150

第四节　基本医疗保险

2001年1月5日，思茅地区行政公署印发《思茅地区城镇职工基本医疗保险实施办法》及《实施细则》，要求各县（市）人民政府结合各县实际提出贯彻意见。思茅地区城镇职工医疗保险实行思茅地区统一政策、县级统筹、分级运作、分级负担的管理办法正式运作，并在地、县11个劳动局成立城镇职工基本医疗保险基金管理中心负责实施和管理。原公务员及相关人员享受由财政提供的公费医疗；职工由企业福利费开支的劳保医疗从城镇职工基本医疗保险启动的同时停止执行。思茅行署劳动局、卫生局、财政局、地税局等部门相继出台29个配套文件，对基本医疗保险的政策性问题作出规定和要求。2001年4月，行署召开思茅地区城镇职工基本医疗保险制度改革工作动员大会；7月，地本级城镇职工基本医疗保险启动；12月，澜沧、景谷、墨江3县启动城镇职工基本医疗保险。思茅地区确定统一的缴费比例，城镇职工基本医疗保险为思茅地区社会平均工资总额的9%缴纳，其中单位缴纳7%、个人缴纳2%，大病补充医疗保险单位按思茅地区社会平均工资的1%缴纳。各县（区）也可根据本地实际在5%—8%的幅度内确定单位缴费比例，职工个人按上年度月平均工资的2%缴纳。思茅地区城镇职工基本医疗保险实行“证卡合一”制度，以防止医疗保险资金的流失。截至2001年年末，思茅地区有1092个单位参加城镇职工基本医疗保险，参保职工62224人，征收基本医疗保险费1296万元，征收大病补充医疗保险基金110万元；财政拨入离休干部医疗费299万元，支出299万元。思茅地区劳动局会同思茅地区卫生局审查批准定点医疗机构180个，定点药店34个。思茅地区医疗保险基金管理中心与中国人寿保险公司思茅分公司签订《思茅地区城镇职工大病补充医疗保险合作协议》，实施“特殊病、慢性病”门诊医疗补助；经审查，取得地本级“特殊病就医证”的49人、取得“慢性病就医证”的371人，10县（市）未开展此项工作。2002年9月，思茅地区出台《思茅地区离休干部医疗保障管理暂行办法》，地本级将343名机关事业单位、企业的离休干部全部纳入医疗保障范围。各县（市）也相继启动“离休干部医疗保障机制”，对“定点医院”和“定点药店”单位实施合同管理，各医保中心分别与统筹地的定点医院、定点零售药店签订《服务协议》，并实行年终考评。2003年8月，思茅地区医保中心向10县（市）医保中心“两定”单位下发《关于核实参保职工住院证、卡、人一致的通知》，旨在杜绝挂床住院的现象发生并制定相应的核实措；开展对解除劳动关系的下岗失业人员的医疗保险关系的续接工作，各级医保中心开设窗口，做好续保工作；实施城镇职工基本医疗保险后关闭、破产企业退休人员的医疗保险，在关闭、破产清算时资产变现困难等原因不能一次清缴的，经同级人民政府批准，按10年计算、减半征收，资金不敷使用时，由同级财政解决。思茅地区基本医疗保险累计欠费1998万元。征缴离休干部医疗费856万元，支出757万元，收支结余99万元。2004年，全市参加离休干部医疗费统筹的1536人，医疗费实行实报实销；全市国有企业关闭、破产、改革改制企业退休人员执行“10年计提和减半征收”政策，全市应征医疗费18931.2万元，当年实际征缴550万元；全市取得定点医疗机构资格的有170个，定点药店40个；10县（区）开展1949年10月1日至所在地解放期间参加“边纵”、云南地下党及党的秘密外围组织的退休干部医疗照顾，从2004年2月1日起划入个人账户的医疗费在规定的基础上提高40%，这项政策共涉及全市480人。全市城镇职工基本医疗保险欠费2537万元。2005年，全市实施关闭、破产企业退休人员10年计算缴纳基本医疗保险费的参保人员1984人，清收基本医疗保险费850万元；全市市级和10县（区）11个医保中心均实现计算机管理；2005年版《云南省基本医疗保险和工伤保险药品目录》在全市55个定点药店和174个定点医院启用，从9月1日起药品费用将按此标准得到控制；全市累计基本医疗保险欠费1127万元。2006年，市劳动和社会保障局制定《关于开展思茅市城镇职工大病补充医疗保险附加意外伤害的通知》，全市11个医保中心为参加基本医疗保险的职工购买意外伤害保险（40元/人），购买意外伤害保险的保险费从大病补充医疗保险费中列支。全市参加离休干部医疗费统筹的1435人，统筹费收入1922万元，支出1629万元，当期收支结余293万元，累计结余601万元。2002—2006年，全市征收大病补充医疗费6449万元，支出4283万元，累计结余3494万元；征收公务员医疗补助费4093万元，支出2915万元，累计结余2157万元。2007年，全市城镇职工基本医疗保险农民工参保人数423人；全市参加离休干部医疗费统筹的1345人。统筹费收入3338.7万元，支出 3038.7 万元，当期收支结余 300 万元，累计结余 771 万元。

2001—2007 年普洱市职工基本医疗保险基金收支情况表

表 34-13

年份	参保人数（人）	基金收入（万元）	基金支出（万元）	累计金额（万元）
2001	62224	1296	169	—
2002	130163	6649	4462	3020
2003	130741	7589	6084	1505
2004	137896	13217	9858	10325
2005	140521	12213	12034	12966
2006	146113	14332	12547	15587
2007	15900	22903	16157	22967

第五节　职工生育保险

1997 年，思茅地区启动企业职工生育保险社会统筹，年内有普洱、景谷、镇沅、墨江、江城、澜沧、孟连 7 县开展企业职工生育保险。思茅地区参加企业职工生育保险的企业 559 个，收缴生育保险费 8 万余元，支付生育保险费 3000 元，享受生育保险职工 2 名。1998 年，思茅地区除思茅、西盟 2 县（市），8 县均开展企业生育保险，有职工 29115 人参加生育保险，年征收保险金 70 万元，支出 38 万元，享受生育保险职工 210 人，当年收支结余 32 万元。1999 年，思茅地区有职工 31512 人参加生育保险，思茅地区收缴生育保险费 90 万元，支付 44 万元，享受生育保险职工 262 人，生育保险费当期收支结余 46 万元。2000 年，思茅地区有职工 30016 人参加生育保险，年征收生育保险费 128 万元，支付 89 万元，享受生育保险职工 485 人，生育保险费当期收支结余 39 万元。2001 年，思茅市、西盟县生育保险制度出台，思茅地区实现企业生育保险工作全覆盖。思茅地区有职工 42510 人参加生育保险，征收生育保险费 174 万元，支付 83 万元，享受生育保险职工 415 人，生育保险费当期收支结余 91 万元。2002 年，思茅地区参加生育保险企业职工 40319 人，征收生育保险费 158 万元，支付 135 万元，享受生育保险职工 450 人，生育保险费当期收支结余 23 万元。2003 年，思茅地区参加企业生育保险职工 36917 人，征收企业生育保险费 180 万元，支付 120 万元，享受生育保险职工 420 人，生育保险费当期收支结余 60 万元。同年，思茅地区启动机关、事业单位、社会团体生育保险，有职工 13373 人参加生育保险，全年征收生育保险费 68 万元，支出 17 万元，当期收支结余 51 万元。2004 年，全市参加企业生育保险职工 31687 名，征收企业生育保险费 210 万元，支付 156 万元，享受生育保险职工 489 人，生育保险费当期收支结余 54 万元；思茅地区机关、事业单位、社会团体参加生育保险职工 24740 人，征收生育保险费 140 万元，支出 61 万元，当期收支结余 79 万元，累计结余 130 万元。2005 年，全市参加企业生育保险职工 29518 人，征收生育保险 232 万元，享受生育保险职工 397 人，企业生育保险费当期收支结余 86 万元，全市累计结余 516 万元；机关、事业单位、社会团体有职工 32734 人参加生育保险，征收生育保险 271 万元，支出 171 万元，当期收支结余 100 万元。2006 年，全市参加企业生育保险职工 28361 人，征收生育保险费 312 万元，支付 133 万元，享受生育保险职工 329 人；机关、事业单位、社会团体有职工

47414人参加生育保险，征收生育保险费234万元，支出120万元，当期收支结余114万元，累计结余425万元。2007年，全市参加企业生育保险职工34129人，征收企业生育保险费320万元，享受生育保险职工310人，兑现生育保险费140万元，企业生育保险费当期收支结余180万元；机关、事业单位、社会团体参加生育保险有5.58万人，征收生育保险费479万元，支出144万元，当期收支结余335万元，累计结余760万元。

第六节　社会保险基金监督

2001年12月，地区劳动局设社会保险基金监督科，负责城镇职工基本养老保险、城镇职工基本医疗保险、失业保险、工伤保险和生育保险五项基金的监督。2002年1月，思茅地区组建社会保险基金监督委员会及其办公室。2003年，思茅地区10县（市）成立社会保险基金监督委员会及其办公室，配备专兼职社会保险基金监督工作人员13名；开展本市与澜沧、孟连、墨江、普洱4县的基本医疗基金管理、使用情况专项工作的检查；对澜沧、孟连、西盟、墨江、镇沅、景东、普洱7县的失业保险和下岗职工基本生活保障资金管理及使用情况进行抽查；开展思茅市建筑和商业领域的社会保险反欺诈调查。2004年，开展全市城镇职工基本医疗保险欠费清理，查出普洱、澜沧、镇沅、景谷、西盟5县城镇职工基本医疗保险欠费1973.92万元（财政欠费1459.94万元、单位欠费426.08万元、个人欠费87.9万元）；对全市2002—2004年参加企业年金的54家企业的企业年金收入进行核查清理；对市本级和10县（区）2003年度城镇职工基本医疗保险基金征收、管理和使用的财务收支情况进行审计。全市查出违规资金805.35万元，其中基金未专户存储453.16万元、收入过渡户年底滞留资金173.1万元、弥补工作经费4.77万元、其他违规资金158.2万元、公款私存14.96万元、违规核销基金支出1.16万元。2005年，分别对翠云区、普洱县、墨江县、镇沅县、思茅交通运输集团公司、思茅新华书店、思茅振华建筑工程公司、思茅天恒房地产有限责任公司、思茅杰鑫安装有限公司等4县（区）和5个企业进行抽查，检查发现少报人数失业保险2人、少报医疗保险3人；少报各项社会保险缴费基数22.87万元，少缴社会保险2.36万元。采取补缴措施后年末已全部补清。2006年，全市开展反失业保险基金支付发放欺诈，查处冒领失业保险费行为；开展社会保险经办机构基本养老保险内部控制检查；委托云南玉溪民瑞会计师事务所对失业保险基金和2003—2005年的再就业资金进行内部审计，审计未发现违规、违纪情况。2007年，全市开展基本养老保险、失业保险、基本医疗保险、生育保险、工伤保险、农村养老保险、企业年金和再就业资金的专项检查；对40家参加社会保险的单位（其中困难企业18家），开展社会保险费征缴情况专项检查，检查参加社会保险的职工4035人，查出少报各项社会保险缴费基数174.93万元，少缴、漏缴社会保险费18.47万元；回收违规支付和违规出借的城镇职工基本养老保险金62.57万元，其中，向思茅区、澜沧县、西盟县回收违规资金62.57万元，向中国建设银行思茅中心支行回收发放贷款本金及利息51.63万元。

第三十五篇

民政　扶贫

1978 年后，普洱市民政事业在各级党委、政府的高度重视下，通过各级民政部门的积极努力，在保障和改善民生为主要内容的国家优惠政策的积极推动下，民政事业取得长足发展。至 2007 年，全市城市低保工作在巩固动态管理下“应保尽保”和规范化管理的成果的基础上，实施“分类施保”，全市有保障对象 318810 户 518978 人。初步建立以家庭养老为基础、社区服务为依托、社会养老为补充的养老机制，切实保障老年人的基本生活，30 万人 60 周岁以上的老年人依法享受各项惠老优待政策。普洱市全面启动农村最低生活保障工作，市政府制定《普洱市农村最低生活保障实施暂行办法》，全市农村低保人数 29 万人，发放低保金 10440 万元。全市农民人均年纯收入 2155 元，农民人均生产粮食 414 千克，基本解决和巩固 10 万农村贫困人口的温饱问题。全市有五保供养人数 15088 户 16724 人，年人均供养水平 1075 元。全市建有农村敬老院 56 所，社会福利院 7 所，在敬老院集中供养的五保老人 455 人。在普洱市开展的残疾孤儿手术康复明天计划为残疾儿童 570 人进行手术治疗。至 2007 年，顺利开展三届村级“两委”换届选举工作。完成思茅市更名为普洱市工作，完成全市撤销 18 个乡（镇）边界线勘定和资料的编制、上报，完成中华人民共和国成立后普洱市第一张行政区划图。普洱民政事业的发展为促进普洱市经济发展、社会进步、民族团结和边疆稳定起到积极的促进作用。

1984 年，中共中央、国务院发出《关于帮助贫困地区尽快改变面貌的通知》，要求加快贫困地区经济和社会发展，逐步缩小东西部地区差距，加强民族团结，促进社会稳定，实现共同富裕。之后，中共思茅地委、思茅地区行署贯彻中央和云南省扶贫工作方针、政策，从资金、物资、技术上向贫困县乡倾斜。普洱的扶贫开发工作，始终以贫困人口为基本对象，以贫困村为主战场，以改善贫困群众基本生产生活条件和增加收入为重点，以统筹城乡发展，建立和谐社会为目标，坚持解决温饱和巩固温饱同时推进，坚持贫困农村的经济、社会共同进步，坚持开发式扶贫和让贫困人口直接受益同步进行，坚持扶贫开发的力度和资金投入力度同等加大，城乡统筹，工农互动，全面推进农村各项事业的发展，取得显著成效，贫困地区呈现出经济快速增长，基础设施得到改善。至 2007 年，全市累计投入各类扶贫资金 33.33 亿元，建成扶贫安居房 545.9 万平方米，基本解决 8.21 万户、32.75 万特困人口住房问题。易地扶贫转移安置 1.4 万人、接收跨市易地扶贫移民 2.1 万人。

第一章　民政管理体制

第一节　机　构

一、市民政局

1981 年，经地委行署批准，民政局设办公室、优抚科、复员退伍军人安置科、社会救济科。1983 年机构改革，地区民政局改称民政处，对科室进行调整，保留社会救济科，将复员退伍军人安置科和优抚科合并为优抚安置科，办公室改为秘书科，增设民政科。1986 年，地区地名委员会办公室由临时机构改为常设机构，由行署办公室移交民政处管理。1989 年 10 月，地区盲人聋哑人协会改为残疾人联合会，与地区民政处合署办公。截至 1989 年 10 月，地区民政处内设秘书科、优抚安置科、社会救济科、地名办。1996 年 4 月地直机关机构改革，思茅地区行署民政处改称为思茅行署民政局。2007 年年末，普洱市民政局内设办公室、社救科、基层政权社团科、优抚科、安置科、区划地名科、社会福利社会事务科、城乡低保科。

1978—2007 年普洱市民政局领导任职表

表 35-1

单位	姓名	性别	民族	籍贯	职务	任职时间
思茅地区民政局	程永义	男	汉	山西临猗	局　长	1980.12—1983.11
	冀怀礼	男	汉	河南邓县	副局长	1978.10—1981.10
	田正刚	男	汉	贵州绥阳	副局长	1986.9—1988.4
	杨开祥	男	汉	云南景东	副局长	1987.4—1988.9
思茅地区行政公署民政处	戴玉章	男	汉	江苏扬中	处　长	1983.12—1989.10
	罗亚明	男	拉祜	云南澜沧	处　长	1992.1—1996.4
	杨开祥	男	汉	云南景东	副处长	1983.12.—1992.1
	罗亚明	男	拉祜	云南澜沧	副处长	1983.12—1992.1
	何祥生	男	汉	云南思茅	副处长	1990.6—1992.6
	何　健	男	汉	云南宁洱	副处长	1992.8—1996.4
	郑宝兴	男	汉	上海	副处长	1992.1—1996.4
思茅行署民政局	罗亚明	男	拉祜	云南澜沧	局　长	1996.4—1997.11
	白增权	男	哈尼	云南墨江	局　长	1997.12—2001.11
	伍中华	男	汉	云南景东	局　长	2001.12—2003.5

续表 35-1

单位	姓名	性别	民族	籍贯	职务	任职时间
思茅行署民政局	游　伟	男	汉	云南宁洱	局　长	2003.5—2004.4
	何　健	男	汉	云南普洱	副局长	1996.4—1997.11
	郑宝兴	男	汉	上海	副局长	1996.4—2001.11
	余立和	男	土	云南临沧	副局长	1996.5—2004.4
	田昕明	女	汉	云南宁洱	副局长	2000.11—2004.4
	李国民	男	哈尼	云南墨江	纪检组长	2003.6—2004.4
	雷启刚	男	汉	云南景东	老龄办副主任	2001.12—2004.4
思茅市民政局	游　伟	男	汉	云南宁洱	局　长	2004.4—2006.6
	毕廷村	男	彝	云南景东	局　长	2006.6—2007.4
	余立和	男	土	云南临沧	副局长	2004.4—2007.4
	田昕明	女	汉	云南宁洱	副局长	2004.4—2007.4
	黄志荣	男	汉	云南思茅	副局长	2006.6—2007.4
	李国民	男	哈尼	云南墨江	纪检组长	2003.6—2007.4
	雷启刚	男	汉	云南景东	老龄办副主任	2004.4—2007.4
普洱市民政局	毕廷村	男	彝	云南景东	局　长	2007.4—2007.12
	余立和	男	土	云南临沧	副局长	2007.4—2007.12
	田昕明	女	汉	云南宁洱	副局长	2007.4—2007.12
	黄志荣	男	汉	云南思茅	副局长	2007.4—2007.12
	王云双	男	拉祜	云南澜沧	副局长	2007.12—2007.12
	李国民	男	哈尼	云南墨江	纪检组长	2007.4—2007.12
	雷启刚	男	汉	云南景东	老龄办副主任	2007.4—2007.12

二、直属机构

（一）救助管理站

2003 年 8 月 1 日，根据云南省民政厅《关于统一全省救助站名称的通知》，报经地区编委办公室批准，将思茅地区收容遣送站更名为思茅地区救助管理站。2007 年年末，有职工 10 人，固定资产 52.7 万元，救助服务车 1 台，设有办公室、被救助人员食宿室，有床位 25 张。

（二）军队离退休干部休养所（军干所）

2007 年年末，事业编制 6 人，职工 4 人，工作服务车 1 台，固定资产原值 309 万元；有办公楼、花园、娱乐场所等设施；有职工住房和离退休老干部住房 63 套，其中师职 6 套、团职 34 套、营职以下 14 套，建筑面积 3109.41 平方米。

（三）军用饮食供应供水站（军供站）

1978 年 1 月至 1989 年 3 月，思茅地区建有思茅、普洱、墨江、通关、江城军供站，始称军用食宿接待站，简称接待站。1989 年 4 月，改为军队饮食供应站供水站，简称军供站。1996 年，思茅地区各军供站争取上级支持，多方筹集资金，对原破旧危房进行改造、重建和新建，增添设备设施。年末，思茅地区军供站系统有职工 127 人，有一级厨师 2 人，二、三级厨师 16 人；建筑面积 22786.17 平方米，固定资产 1054 万元，床位 662 张。厨房、餐厅、住宿楼、停车场等配备设施齐全，形成初具规模的军供保障体系。年内，在完成对过往部队接待任务的同时，开展以饮食、住宿、房屋出租、停车等多种服务经营项目，营业收入491.4万元，盈利69万元。1998年，在正规化建设和省达标检查中，墨江军供站被评为先进单位受到表彰奖励，思茅、普洱、江城军供站被评为合格军供站。1999年，思茅军供站投资390万元兴建的4500平方米的军供综合楼投入经营；墨江军供站被民政部、总后勤部评为正规化建设先进单位；在达标检查中，普洱、江城、墨江军供站被评为全面达标军供站。年内，各军供站营业收入537万元，实现利润129.3万元。2001年，各军供站创营业收入563.6万元，上缴税利124.5万元，还贷47万元，投入改造装修及购置设备设施289万元。2002年，各军供站创营业收入1492万元，还贷78.65万元，投入新建、改造装修、设备购置等84.6万元。2007年，思茅军供站接待过往部队官兵5296人次（新老兵1294人次、过往部队4002人次）。在保障完成军供任务的同时，利用现有设施面向社会，增创经济效益。年内，完成营业收入104万元，实现利润32.9万元，支出项目经费6.3万元，购置设备、改造修缮费8.3万元，支出离退休和在职医疗福利费18.1万元，还贷本金和利息各20万元。2007年年末，有职工14人，占地面积7119平方米，固定资产568万元；设有办公室、大小会议室、客房、职工宿舍、停车场等。

（四）殡仪馆

2007年年末，有职工9人，固定资产254万元；占地面积105亩，建筑面积1682平方米。殡仪馆分为火化区和生活区两部分，火化区有火化车间、悼念厅、整容室、骨灰寄存室、宾客休息室、花园、停车场等；生活区有职工宿舍、办公室等。设备有火化炉2台、冰尸柜1台、殡葬车3台、工作服务车1台；附属服务：为丧主处理遗物、运尸、洗尸、整容，提供悼念花圈、袖套、白纸花、寄存骨灰等。

（五）福彩发行中心

2006年，根据市编办《关于成立思茅市福彩发行中心的批复》，思茅市福彩中心为市民政局直属自收自支事业单位，人员编制3人，科级领导职数1人。

第二节　基层建设

一、村民委员会

1978年，思茅地区有基层组织（生产大队)904个，其中普洱131个、墨江165个、景谷120个、景东152个、镇沅100个、澜沧140个、西盟23个、孟连33个、江城40个。1984年区乡体制改革，原生产大队改为乡（民族乡）、办事处。年内，思茅地区有基层组织（乡、办事处）982个，其中，思茅51个、景东166个、景谷131个、镇沅110个、墨江168个、普洱80个、澜沧160个、西盟35个、孟连36个、江城45个。1985年2月起，把原来人民公社体制下的生产大队改为乡人民政府的派出机构——村公所。1990年，区乡体制改革，将原来区公所下辖的乡（办事处）改为村公所、办事处。年内，思茅地区有基层组织（村公所、办事处）991个，其中思茅55个、景东166个、镇沅110个、景谷130个、墨江168个、普洱87个、澜沧157个、西盟36个、江城46个、孟连36个。年内，为宣传贯彻《中华人民共和国村民委员会组织法》(以下简称《村民委员会组织法》)，依法对部分村公所进行整顿，组织部、党校、民政局开展对村公所（办事处）干部的岗位培训；思茅地区共培训村公所（办事处）党支部正副书记、正副主任877人。1991年，思茅地区开展《村民委员会组织法》的学习宣传并对村公所（办事处）干部进行岗位培训。同时按照省上通知，落实村公所

（办事处）人员编制。1992年，开展《村民委员会组织法》的学习宣传，同时按照“组织法”规定调整充实村公所领导班子，落实村干部报酬和编制，为村公所（办事处）征订《乡镇论坛》698份。1993年，下发调查统计表调查换届后基层组织基本情况。调查结果表明，思茅地区有村（办事处）991个，干部34567人。年内，思茅地区培训村（办）正副村长（正副主任）18170人，占村（办）干部总数的52%。1996年，地委组织部与行署民政局联合发文，要求各县（市）借抽调工作组进行驻村帮社村建工作之机，在人民群众中广泛宣传《村民委员会组织法》，按照《村民委员会组织法》对村委会进行换届选举和充实调整。在村建中，景谷、景东、镇沅、思茅和墨江的4134个村（办事处）进行换届选举，对普洱、澜沧、西盟、孟连和江城的583个村（办事处）进行调整充实。1998年，结合“村建”工作开展村务公开工作。景东、镇沅、墨江、西盟等县下发开展村务公开、民主管理的实施办法，就群众较为关心的村级财产、财务、收支、宅基地审批、计划生育指标、提留统筹、农民负担、村干部年度任务等内容作为村务公开的切入点作了具体的规定和要求，其他各县也不同程度地开展此项工作。1999年，各县（市）在1998年村务公开达到30%的基础上，通过各有关部门的合作，使思茅地区121个乡镇全部完成村务公开。此外，完成思茅区思茅镇5个农村办事处改村试点。2000年，思茅地区制定《村级体制改革实施方案》，把村公所从原来的乡人民政府的派出机构改为村民自治组织——村民委员会。7月10日，地委举行思茅地区村级体制改革工作会议；9月15日—17日，在思茅地区举办云南省村委会选举骨干培训班，各县（市）分管副县（市）长、民政局局长、办公室主任、村改办干部、各乡镇民政助理员、下属单位负责人近200人参加培训。截至2000年12月22日，思茅地区995个村公所（办事处）完成撤村设委工作，建立村民委员会995个。原有村干部3402人，落选1005人，占总数29.54%。年内，按照省委办公厅、省政府办公厅《关于村干部生活补助或岗位补贴的实施办法》，完成思茅地区村干部一次性生活补助经费测算，分配下达地区财政配套的372万元村干部一次性生活补助经费。2001年，在完成村改委收尾工作基础上，测算和核实思茅地区原有的995个村公所（办事处）3402名村干部的一次性生活补贴，补发村委会干部当选证书；指导村委会开展村民自治活动，推广民主决策的好经验，规范民主决策程序，完善村规民约、村民自治章程和村务公开制度。2002年，思茅地区开展村级体制改革后村民委员会运行情况调研。调研表明，思茅地区绝大多数村级“两委”班子之间分工协作，职责明确，密切配合，团结务实。村级组织体系逐步健全、完备，基层各项民主管理制度不断健全、落实，推进了村民自治。2003年，思茅市荣获“全国村民自治先进县（区）”称号。2004年2月—6月，10（县）区121个乡（镇）995个村民委员会，有982个村委会（思茅区外地州移民2003年新建的9个村委会，江城县拟成立3个跨地州移民的村委会，西盟县拟成立1个县内搬迁的村委会暂未选举），选民1323378人参加换届选举，选举产生新的党支部（总支）和村委会，选出“两委”班子成员10458人。2005年，在全省召开的村务公开和民主管理经验交流会上，思茅区平原村的做法及经验在全省进行了交流。2006年，思茅市成立村务公开民主管理示范单位创建活动协调领导小组，制定下发《思茅市关于健全和完善村务公开和民主管理制度的实施意见》及《思茅市“村务公开民主管理示范单位”创建活动实施方案》。2007年3月16日至6月20日，全市村民委员会进行换届选举。全市994个村级党组织和村民委员会除景东县龙街乡石垭口村因整体搬迁暂缓选举外，993个村级换届全面结束，选举产生支部（总支）书记993人、副书记609人，其中女支书26人；选举产生村委会主任993人、副主任1250人，其中女主任18人、女副主任109人。

二、社区居民委员会

1996—2000 年，思茅地区 16 个社区居民委员会进行换届选举和调整充实，其中墨江、思茅、景谷、景东、镇沅县（市）结合村民委员会进行换届选举，普洱、澜沧、西盟、孟连、江城县对社区居民委员会根据不同情况进行调整充实。2001 年，在思茅市思茅镇通商中路社区进行社区建设试点，建立社区党支部、社区成员代表大会、社区居民委员会、社区协商议事委员会、社区监事委员会等社区组织，形成一套较完善的新型社区组织体系。同时，为配合城市社区老年福利服务“星光计划”的实施，在思茅地区 10 县（市）拟定建立 34 个城市居民委员会的规划方案，拟定《思茅地区城市社区建设 2001—2010 年规划》。2002 年 9 月，思茅地区社区建设工作会议在思茅举行，安排部署思茅地区城市社区建设工作。年内，思茅地区有 6 个县（市）完成社区建设，建立社区 24 个，依法建立社区党支部、社区居民委员会、社区议事协调委员会等社区组织体系，制定社区各项规章制度和 3 年工作规划。2003 年，思茅地区有 36 个社区居委会依法建立组织体系，制定各项工作规章制度。2004 年，根据撤地设市和市名变更的需要，对社区居民委员会的名称进行更改。2005 年，对 36 个社区和居民委员会进行换届选举。2006 年，全市围绕推进和谐社区建设，逐步理顺政府与社区居委会、社区居委会与其他社区组织的关系，充实居委会工作力量，改善居委会工作条件，整合和利用社区资源，鼓励和引导卫生、科技、教育、消防、法律等服务进社区，做好社区图书室的援建工作，逐步建立起与社会主义市场经济体制相适应的社区服务体系。2007 年，普洱市制定下发《普洱市关于加快推进和谐社区建设的实施意见》。36 个社区基本实现居民自治、管理有序、服务完善、治安良好、环境优美、生活便利、文明程度高的和谐社区，一批社区建设先进单位和个人受到省委、省政府的表彰。

第二章　行政区划与地名管理

第一节　行政区划

一、区划设置

（一）市行政机构

1979年经国务院批准，撤销思茅地区革命委员会，改设思茅地区行政公署。2003年10月30日，根据《国务院关于同意云南省撤销思茅地区设立地级思茅市的批复》和《云南省人民政府关于撤销思茅地区设立地级思茅市的通知》（注：2004年11月12日印发），撤销思茅地区行政公署，设立思茅市人民政府。职能从原来的省政府派出机构转变为一级地方政权实体。机关驻地、行政区域、管辖范围未变。2007年1月21日，根据《国务院关于同意云南省思茅市及相关县区更名的批复》和《云南省人民政府关于思茅市及相关县区更名的通知》（2007年2月16日印发）批准，思茅市更名为普洱市。机关驻地、行政职能、行政区域、管辖范围未变。

（二）县（区）行政机构

1979年11月28日，经国务院批准，撤销墨江县改设墨江哈尼族自治县。1981年5月，经国务院批准，思茅县与普洱县分设，恢复原县制。1985年6月11日，经国务院批准，撤销景东县，改设景东彝族自治县；撤销景谷县，改设景谷傣族彝族自治县；撤销普洱县，改设普洱哈尼族彝族自治县。1990年，遵照国务院关于少数民族区域自治地方的“少数民族人口占区域内总人30%左右，个别特殊的可低于这个比例”的规定，报经国务院批准，撤销镇沅县，成立镇沅彝族哈尼族拉祜族自治县。其行政区域、管辖范围未变。1993年3月25日，国务院批准撤销思茅县设立思茅市，行政区域不变。1993年11月17日，根据《国务院办公厅关于云南省镇沅彝族哈尼族拉祜族自治县人民政府驻地迁移问题的复函》批准，镇沅彝族哈尼族拉祜族自治县政府驻地从按板镇迁移到恩乐镇，其行政区域、管辖范围未变。1995年11月3日，根据国务院办公厅批准，西盟佤族自治县人民政府驻地由西盟镇迁移到勐梭镇。其行政区域、管辖范围未变。2003年10月30日，根据《国务院关于同意云南省撤销思茅地区设立地级思茅市的批复》和《云南省人民政府关于思茅地区设立思茅市的通知》（2004年11月12日印发），撤销思茅县级市，设立翠云区。2007年1月21日，根据《国务院关于同意云南省思茅市及相关县区更名的批复》和《云南省人民政府关于思茅市及相关县区更名的通知》（2007年2月26日印发），普洱哈尼族彝族自治县更名为宁洱哈尼族彝族自治县；翠云区更名为思茅区。思茅、宁洱县（区）更名，其行政区域、管辖范围未变。

二、乡（镇）更名和调整

1978年年底，思茅地区有公社（镇）106个（公社100个、镇6个）。1980年，普洱县磨黑镇从磨黑公社划出，成立县辖镇。1983 年，江城哈尼族彝族自治县勐烈和红疆两个大队从红疆公社划出，成立县辖勐烈镇。1983 年，思茅县大寨公社改名倚象公社。1984 年春，改革农村政社合一体制，实行设区建乡，以原公社区域为单位设区，公社改为区公所。1986 年，经省政府批准，将红河州红河县的三村、垤玛两区划归墨江县，并与墨江县的那哈、龙坝两区合并设置黑树林区工委（副县级），由墨江县代管。1987 年，区乡体制改革，将区公所改为乡政府，县辖镇不变。改革后，思茅地区有乡（镇）123 个，其中民族乡 11 个、镇 19 个。1988 年 7 月，经省政府批准，撤销墨树林区工委，将那哈、龙坝两乡划归墨江管理，三村、垤玛两乡划归红河县管理。1994 年 11 月 6 日，根据《云南省人民政府关于景东县锦屏乡、锦屏镇合并的批复》批准，锦屏乡行政区域划归锦屏镇管辖。1996 年 8 月 19 日，经云南省人民政府批准，孟连县腊垒乡政府驻地由海东行政村蚌丙迁至芒信经济贸易区。1997 年 1 月 27 日，根据《云南省人民政府关于思茅市南屏乡撤乡建镇的批复》，南屏乡更名为南屏镇。1998 年 4 月 18 日，根据《云南省人民政府关于撤销墨江县联合乡、玖联镇设立联珠镇的批复》，撤销联合乡、玖联镇，设立联珠镇。1998 年 7 月 13 日，根据《云南省人民政府关于思茅市竹林乡更名为思茅港镇的批复》，竹林乡更名为思茅港镇。1998 年 9 月 7 日，根据《云南省人民政府关于思茅市倚象乡撤乡建镇的批复》，撤销倚象乡，设立倚象镇。1999 年 9 月 12 日，根据云南省人民政府批复，撤销西盟县勐梭乡，设立勐梭镇。1999 年，根据《云南省人民政府关于景东县锦屏镇人民政府驻地迁移的批复》，锦屏镇政府从头塘迁至东正街。2000 年 1 月 7 日，根据《云南省人民政府关于墨江县鱼塘乡人民政府驻地迁移的批复》，鱼塘乡政府驻地由鱼塘街迁至神仙街。2000 年 4 月 14 日，根据《云南省人民政府关于景谷县正兴乡撤乡建镇的批复》，撤销正兴乡，设立正兴镇。2001 年 8 月 29 日，根据《云南省人民政府关于澜沧县雅口乡更名为糯扎渡乡的批复》，雅口乡更名为糯扎渡乡。2001 年 9 月 21 日，根据《云南省人民政府关于撤销孟连县腊垒乡设立芒信镇的批复》，撤销腊垒乡，设立芒信镇。2001 年 9 月 21 日，根据《云南省人民政府关于孟连县娜允乡更名为娜允镇的批复》，撤销娜允乡，设立娜允镇。2001 年 12 月 6 日，根据云南省人民政府批复，撤销镇沅县勐大乡，设立勐大镇。2001 年 12 月 6 日，根据《云南省人民政府关于景谷县民乐乡撤乡建镇的批复》，撤销民乐乡，设立民乐镇。2006 年 1 月 20 日，云南省人民政府批准，撤销思茅区云仙乡、震东乡、设立云仙彝族乡，管辖原撤销的云仙乡、震东乡的行政区域范围。撤销宁洱县把边乡，其行政区域并入磨黑镇；撤销凤阳乡，其行政区域并入宁洱镇。撤销墨江县碧溪乡、双龙乡、忠爱桥乡，将原碧溪乡、双龙乡及忠爱桥乡的曼平、曼嘎、新联村委会所辖行政区域并入联珠镇，并将原忠爱桥乡的丙蚌、回龙、民兴村委会划归通关镇管辖。撤销景谷县钟山乡，其行政区域并入威远镇；撤销边江乡，其行政区域并入永平镇。撤销镇沅县三章田乡和者东乡，设立者东镇，管辖原三章田乡和者东乡的行政区域范围；撤销里崴乡，其行政区域并入勐大镇。撤销景东县永秀乡，其行政区域并入大朝山镇；撤销者后乡，其行政区域并入文井镇。撤销江城县红疆乡其行政区域并入勐烈镇。撤销澜沧县勐朗镇、东朗乡和谦迈乡，将原东朗乡与勐朗镇整建制合并，设置勐朗镇，并将谦迈乡的看马山、布老、包麦地村委会划入勐朗镇；撤销糯扎渡乡，设立糯扎渡镇，并将谦迈乡的竜山、谦迈、落水洞村委会划入糯扎渡镇；撤销新城乡，其行政区域并入谦六彝族乡。撤销孟连县南雅乡，其行政区域并入娜允镇。撤销西盟县西盟镇、莫窝乡，设立勐卡镇，管辖原西盟镇和莫窝乡的行政区域范围。

三、勘定行政区域界线

1996 年 8 月，思茅地区成立勘界工作领导小组，并在普洱县举行由 10 县（区）分管勘界工作的副县（区）长和民政局长参加的勘界工作会议，并对思茅地区勘界工作作安排部署。1996年，思茅地区同西双版纳州签署《联合勘界思茅地区与西双版纳州行政区域界线实施方案》及“思西线”西边两段4县区（澜沧—勐海、思茅—景洪）联合实施方案。同时，思茅地区内“孟连—西盟”“景谷—普洱”“景东—镇沅”行政界线作了勘界安排。1997年，各县（区）成立由政府领导任组长的勘界工作领导小组及其办公室。截至年底，思茅地区勘定地州界线320千米，“三交点”8个；勘定县（区）间界线205千米，“三交点”7个。所勘定的行政区域界线，均由双方政府领导人在协议书及附图上签字生效。1998年，完成地州间县（市）界6条955.8千米，其中部分贯通3条449.5千米，完成“三交点”21个。完成区内县（区）界14条1453千米，其中部分贯通2条117千米，完成“三交点”7个。1999年，思茅地区完成地州间县界4条556千米。至此，地州间的县界已全部勘定贯通。完成区内县界2条280千米，区内县界除澜沧与西盟县的60千米、思茅区与江城县的24千米外，其余已全部勘定贯通。完成乡（镇）界线2696.9千米，占年内任务的152.4%。2000年，思茅地区完成地州间县（市）界共16条1308千米的界桩埋设、调绘、测绘、汇总签字和上报工作；完成区内10县（区）16条1708千米的县界界桩埋设、调绘、测绘、汇总签字工作。区内10县（市）的乡镇界，除镇沅县未完成5段11千米外，思茅地区已完成4695千米的乡镇界，占任务的99%。2001年，完成地州间县界共6条1308千米和区内10县（区）行政界线16条1708千米的勘定、界桩埋设、调绘、汇总签字上报等工作，进入立卷归档全面收尾阶段。10县（区）的乡镇界，除景谷县未完成30千米的界桩埋设外，其余已全部完成。2004年，按照《行政区域界线管理条例》规定，加强对全市县级16条行政区域界线和界桩的管理工作。2005年，在加强市、县（区）行政区域界线和界桩管理工作的同时，实地调处解决思茅市与玉溪、红河、版纳、临沧因界线和资源引起的纠纷，并完成“思临线”“楚思线”的边界年检。2006年，完成思茅与玉溪两市间镇沅与新平、墨江与新平、墨江与元江边界联检工作；完成市内景谷与镇沅、宁洱与江城、孟连与澜沧边界线联检工作。2007年，完成全市撤销18个乡（镇）边界勘定和相关资料的编制和上报；完成市内孟连县与西盟县，宁洱县与墨江县的边界线联检；完成市外景东县与大理州南涧县、弥渡县，墨江县与红河州红河县、绿春县，江城县与红河州绿春县，江城县与西双版纳州景洪市，思茅区与西双版纳州景洪市，澜沧县与西双版纳州勐海县等10条县级边界年检。调处边界争议和各种争议20起，其中州市纠纷10起（版纳与思茅区2起、墨江与玉溪市4起、澜沧与临沧市3起、景谷与临沧1起），市内县际纠纷10起（思茅区与江城县1起、思茅区与宁洱县2起、宁洱县与墨江县2起、镇沅县与景东县1起、景谷县与镇沅县3起、宁洱县与江城县1起）。

第二节　地名管理

一、地名普查

1980年8月，根据1979年国务院《关于地名命名、更名的暂行规定》和国家地名委员会制定的《全国地名普查若干问题规定》及《云南省地名普查工作试点细则》，思茅地区地名普查领导小组成立；10月，思茅地区地名普查工作在墨江试点。1981年2月，在思茅地区开展。1983年8月，普查工作全面结束。在普查工作中，以1962—1969年出版的1∶5万地形图为基础资料，以《云南地名普查工作试行细则》为标准，对图上标有的所有地名一条不漏进行核查，全部造册登记。普查各类地名（包括新命名）19963条，经过纠正错讹、更名、调整用字取舍处理后，正式作为标准名称使用并标注于图上的地名有18510条。该次地名普查，新命名地名60条、更名83条、处理存在问题的地名3522条（重名1条），“文化大革命”中随便乱改而复原名称的70条，一地多名、一名多写、多译、译音不准做规范化处理1757条。思茅地区除283条地名名称未查清它的来历、含义外，其余全部查清；编写并纳入《中华人民共和国地名词典（云南卷）》地名词条300条；各县编纂出版《地名志》和地图；各县建立了地名档案；思茅、宁洱、镇沅、景东县在城镇街道和主要公路干线及村镇、风景名胜点设置地名标志牌。1990年，根据国家地名委员会、民政部《关于开展地名补查和资料更新工作的通知》和云南省地名委员会、省民政厅《关于在全省开展地名补查、资料更新安排的意见》，思茅地区在原地名普查基础上，对辖区内原普查的地名，逐条、逐项、逐个按要求进行核实，在1∶5万地图上逐一标注。对城镇较密集的地名，各县绘制了县城平面图标示。此外，对乡（镇）以上行政区划地名、大的企事业单位、大型人工建筑物、大的山脉河流，写有专题文字概述资料。地名补查后，思茅地区共有各类地名23133条，比1981年地名普查时增加4623条。1997年，思茅地区地名补查和资料更新工作通过省级验收，其中普洱、景东、景谷、镇沅、思茅、澜沧、西盟县（市）取得优秀，江城、墨江县取得良好，普洱、孟连两县受到省民政厅表彰。2000年，按照省民政厅要求，完成地区、县（区）、乡（镇）、村公所（办事处）的地名、人口、面积、驻地名称等情况的普查和上报。2001年，按照省民政厅要求，完成思茅地区1∶5万地图地名更新及数据库有关资料的搜集整理上报工作。

二、地名档案

1986年，思茅地区按照省地名委员会关于建立地名档案、搞好地名咨询服务的要求，依据地名普查获得的资料，各县（区）将地名资料进行归类管理，购置档案柜，单独设立地名档案，建立个体地名档案。个体地名档案类似人事档案，一条地名一档，积累了区内较完整的地名资料。地名档案编有首字笔画索引和首字音序索引，对地名咨询和查阅地名资料提供便利。

三、地名标志

1987年，思茅地区按照省地名委员会要求，通过地名普查，在确定的地名标准名称和编纂出版的《地名志》及建立地名档案基础上，开始设置地名标志牌。1991年，墨江、普洱、思茅、景谷、镇沅、澜沧、孟连县按照省地名委员会要求，完成城镇和公路干线地名标志设置，景东、镇沅县完成标志牌制作，江城、西盟县基本完成标志牌制作经费的筹措。1993年，配合中国普洱茶节硬件工程建设，完善昆洛公路沿线墨江至思茅段地名标志设置。1997年，地名标志设置按照对国道213线、214线、323线在境内涉及的墨江、普洱、思茅、景谷、澜沧县（市）标志进行清理、修补、完善和统计上报的要求进行修补和完善，并向社会提供地名志书、地图及地名咨询服务460余本、册、次，同时完成以上县（市）地名命名、更名的报批。1998年，对镇沅新县城的13条街道地名和思茅市思茅港镇的13条街道地名进行命名；对孟连县新增的95条街道进行规范、标准的命名和更名。1999年，拟定西盟新县城的街路、巷名称的命名方案；办理新地名99条，更名16条；拓宽设置地名标志渠道，采取打广告形式、以牌养牌等路子，设置地名标志253块（思茅城区26块、公路沿线24块，普洱50块，景谷11块，镇沅39块，景东20块，澜沧城区10块、公路沿线5块，孟连37块，江城21块，西盟10块）。2000年，完成《云南古村古镇荟萃》《中国市县名录》等有关条目的编纂上报。办理新命名街道名称16条，设置地名标志牌34块，各类地名咨询服务49人次。2003年，在思茅地区开展行政区划调整变更规划的编制调查。2004年，完成全市各县（区）人民政府所在地地名标志的更新，完成全市小城镇及思茅城区主要街道、路巷地名命名、更名和上报审批。2005 年，举行思茅市更名为普洱市专家组论证会，并代市政府起草《关于思茅市更名普洱市的请示》，同时，对思茅城区街道、路巷的更名和标志设置做前期准备。2006 年，各县（区）人民政府驻地按国家标准逐步更新和完善地名标志设置，景东县城内已按标准地名安装门、楼牌。2007 年，完成墨江县雅邑乡政府驻地搬迁新址的调研、论证及相关资料的制作上报，以及雅邑乡与龙坝乡行政区划调整的调研和相关资料的制作、上报。年内，完成普洱市第一张行政区划图。

四、地名研究

普洱市的地名研究，按照《地名管理条例》《地名管理条例实施办法》，从记录下来的历史实体名称的不同语言文字的书写形式、标准读音和当地的方语读音，以及现行通用的汉语名称、民族语名称、民族语的汉字译名、别名、简称、曾用名、历史名称或流通的其他称谓；代地理实体的位置、类别；地名的来历、含义、沿革等情况进行调查，综合分析，有针对性地对地名产生的缘由或命名进行研究；特别是地名字面意义和序列化地名或派生地名的联想研究，对民族语意进行的汉字译释，以及方言地名、地理实体本身的、自然的、经济的、政治的、文化的概述进行综合研究。对各级地名机构依据国家的有关法规和技术规范，实施有效的管理或为制定有效的管理办法，提供了科学的依据。

第三章　优抚安置

第一节　拥军优属

一、普查

2001年5月20日，思茅地区完成优抚普查工作。通过普查核实，思茅地区有重点优抚对象6209人，其中伤残军人527人，特等、一等伤残军人21人，在职伤残人员321人，在乡伤残人员206人；伤残国家机关工作人员10人，伤残警察4人，伤残民工25人；烈士家属、因公牺牲军人家属、病故军人家属531人；在乡老复员军人3387人；带病回乡退伍军人1177人。2007年，全市调查1954年11月1日以后入伍并参加过战役的退役人员、原8023部队退役人员及其他参加核试验军人退役人员、1993—1999年军队复员干部、援老、援越出国参战民兵民工的调查摸底和身份认定。全市有1954年11月1日以后入伍并参战的退役人员和出国参战民兵民工计7597人，其中参战退役人员5049人，援老、援越出国参战民兵民工2548人。

二、拥军

1978年后，每年元旦、春节和“八一”建军节，各级党委政府都对驻军和烈军属、复员退伍军人组织各种慰问活动，帮助部队解决随军家属工作，解决部队子女入学入托等。各种慰问活动由政府出面，具体事务由民政部门承办，宣传等部门协作。对驻军部队的慰问，采取召开驻军领导座谈会，由政府和民政部门及有关领导、工作人员走访部队，征求意见，看望伤病员；组织慰问团，带领电影队、文艺工作队到部队放映和演出。认真听取部队对地方政府工作的意见和建议，对合理的建议和要求由地方政府责成有关部门解决。对烈军属、伤残军人、复员退伍军人的慰问，主要由乡（镇）、行政村级街道办事处为单位，召开座谈会或由领导带领有关单位人员和群众代表走访慰问，征求意见，检查年度各项提留、补助优待政策的落实兑现情况，给他们挂光荣匾、送年画、挂历等；组织群众和学生帮助挑水、打扫卫生等。对驻军部队、烈军属、伤残军人、复员退伍军人的慰问，召开慰问大会宣读政府给他们的慰问信；对部队伤病员和烈军属及伤残人员给予发放慰问金和慰问品。1987年春节，思茅地区组织3个慰问团，对西盟、澜沧、孟连、江城、普洱、墨江县驻军进行慰问，历时半个多月，走遍所有连队、边防派出所。到各点都召开座谈会、放电影，给伤病员赠送慰问品。1991年5月，思茅地区举行双拥工作会议，成立由38人组成的市双拥工作领导小组，10县（市）在成立双拥领导小组基础上，成立乡（镇）、村、合作社双拥基层服务组织，初步形成地区、县、乡、村、社双拥服务网络。1992年10月，思茅地区举行双拥表彰会，对双拥工作做出显著成绩的35个先进单位和77个先进个人进行表彰。同时，在全省双拥表彰大会上，江城县被命名为“双拥模范县”，西盟、普洱两县被评为“双拥先进县”。1993年，在开展纪念延安双拥活动50周年活动中，各县（市）分别派出走访慰问小组，到各部队及边防站（所）进行慰问。同时组建拥军优属服务小组1286个5860人，义务为烈军属砍柴80余万千克，维修房屋150间；安排随军家属工作47人，解决部队子女入学入托107人。1995年春节、“八一”期间，地区、县（市）拨出慰问金30余万元，对驻军（警）进行节日慰问。同时为随军家属调动安排工作17人，解决子女入学入托154人。地区、县（市）财政拨给部队粮油、水电补助专款19.5万元，帮助部队解决经费困难等问题。1996—1997年，以基层为重点开展以拥军为主的“双拥”工作，思茅地区组建拥军优属服务组织666个，参加人员20432人，帮助“三属”解决生产生活中存在的困难。同时，利用各种形式开展国防教育，使部队受教育面100%，机关、学校受教育面85%，农村受教育面75%。此外，地方财政拨给部队粮油补贴款99.5万元，节日慰问活动费53.2万元。1998—1999年，思茅地区建立健全双拥组织机构，军地互办实事，双向奉献蔚然成风。1999年6月，镇沅、普洱、景谷、景东、孟连县制定出台双拥综合性法规；同年，思茅、西盟、江城县（市）被省委、省政府、省军区命名为“双拥模范县”。

2000年，思茅地区各级党委、政府利用春节、“八一”等重大节日，开展形式多样、内容丰富多彩的双拥宣传和国防教育活动，机关、学校受教育面90%，乡村80%。年内，组织拥军优属服务组织658个，参加服务人员10225人；地方财政拨给部队粮油、水电补助费93.7万元，节日慰问经费75万元；安排随军家属工作29人，调整工种班次18人；为部队建房修房支出57.3万元，解决部队住房难37人，解决子女入学入托难65人；共青团、学生、民兵为优抚对象抢收抢种5349人次。2001年，除利用春节、“八一”等重大节日活动开展拥军优属外，各级政府拨给部队粮油、水电等补助费56.3万元，建房修房费312万元，节日慰问费65万元；组织拥军优属服务小组749个，参加服务人员1937人；安排随军家属工作15人，调整工种班次16人；解决部队家属住房难22户，解决子女入学入托难65人。2002年，思茅地区在元旦、春节、“八一”期间组织开展拥军优属活动，地方各级党委、政府拨出慰问经费80万元，部队粮油、水电补助费114.8万元，建房修房资金195.6万元；组织拥军优属服务小组841个，参加服务人员14296人；解决住房难36户，安排随军家属工作9人，调整工种班次14人，解决子女入托入学难72人。思茅、西盟、江城县（市）继续保持省级双拥模范县，思茅区市政局、江城县曲水乡政府被省双拥领导小组授予拥军优属先进单位。2004年，全市各级政府拨给部队粮油、水电补助费26.5万元，建房修理费250万元，节日慰问费10万元；组织拥军服务小组480个，参加服务人员20048人；安排随军家属工作7人，调整工种班次3人，解决住房难18户，解决子女入托入学难15人。2006年，全市运用报刊、广播、电视等媒体，宣传广大军民在党的领导下团结一心，艰苦奋斗的光辉历史和优良传统；宣传子弟兵在戍边卫国，维护社会稳定，支持地方经济建设和抢险救灾等方面的先进事迹。节日期间，地方各级党委、政府领导亲自带队，开展多种形式的献爱心、送温暖走访慰问活动，走访慰问基层官兵、重点优抚对象。各地本着热烈、节俭的原则，对军队离退休干部和无军籍、退休退职职工开展慰问活动，举行形式多样的军政军民座谈会、茶话会、军民联欢等军地联谊活动。民政部门深入基层、深入群众，检查落实拥军政策，解决好伤残军人、在乡复员军人、烈军属等重点优抚对象的“三难”问题。2007年，全市以庆祝建军80周年为主线，以爱国主义教育为核心，开展形式多样、丰富多彩的活动。在“八一”建军节期间先后举办英模代表座谈会，拍摄纪念专题片1部，慰问驻普军警部队，复转退伍军人和烈军属，组织军营部队、青年学生到烈士陵园开展纪念活动，组织国防知识竞赛和纪念建军80周年征文活动，组织县（区）委书记、县（区）长进行国防知识培训，举办国防知识成果展，组织“走边关”等系列活动。年内，地方为支援部队建设，拨给部队粮油水电燃料补贴120万元，基础设施建设费380.5万元，援建图书室28个，捐赠图书2100册，节日慰问部队经费270万元；成立拥军服务组织460个，服务对象4821人。

三、优属

1978年后，在每年元旦、春节及“八一”建军节，思茅地区（市）各级党委、政府都对烈属、复员退伍军人组织各种慰问活动。慰问形式主要以乡（镇）、村民委员会或街道办事处为主，方法上采取召开座谈会或走访看望，征求意见，检查年度各项补助优待政策的落实兑现情况等。年内，对优抚对象实行定期定量补助，农村每月4元—6元，城镇每月8元—12元。1979年，根据民政部和财政部《关于改进优待对象定期定量补助工作规定》，增拨定期定量补助专款，并扩大补助面。年内，思茅地区定期定量补助257人，农村每人每月8元—10元，城镇每人每月15元—18元。1989年，思茅地区定期定量补助2841户55万元，临时补助3.18万元，残废补助2.2万元。1990年后，优抚对象的优待实现乡镇统筹。1990年，思茅地区优待义务兵家属2871户，优待面100%，户均优待82.96元，比上年提高14.14元。实行乡（镇）统筹优待的乡镇从上年的108个增加到118个。对281名烈士家属、130名牺牲病故军人家属调整提高定期抚恤金，人均每月提高15元。对3419名在乡老复员军人全部给予定期定量补助，每人每月补助20元。对475名带病回乡的复员军人也每人每月定补15元。对有特殊困难的其他优抚对象，还给予临时补助。1992年，思茅地区义务兵家属优待面100%，户均优待标准从上年的87元提高到89元。西盟、景谷县实现以县统筹。“三属”（烈士、因病、因公牺牲人员家属）定期抚恤落实，在乡老复员军人定补面达到100%。1993年，普洱、墨江、镇沅县出台优抚法规性文件，西盟、宁洱、墨江、景谷县的义务兵家属优待金实现以县统筹，优待金从上年的户均89元提高到110.8元。对思茅地区烈属、因公牺牲军人家属、病故军人家属的抚恤金和特一等伤残军人护理费予以调整。调整后“三属”抚恤金标准从原来每人月均标准44元提高到54.8元，特一等伤残军人护理费从每人月均58元提高到100元。1996年，思茅地区按照《军人抚恤优待条例》和国家抚恤标准的有关规定，对义务兵家属的优待基本实现以县统筹优待兑现，即全县统一标准实行现金优待政策。一般县标准不少于上年农民人均纯收入的50%，双拥模范县为70%。年末，义务兵家属3593户，全部获得优待，户均优待标准170.7元；其中，思茅和普洱160元，墨江、澜沧、孟连、江城150元，景谷200元，景东250元，西盟400元；镇沅以乡、镇为单位统筹优待，户均130元。1997年，思茅地区调整提高伤残军人保健金和军属、烈属、病故军人家属的抚恤金及生活补助费。伤残军人保健金最高每年人均提高到150元，最低的每年提高30元；“三属”抚恤金月均提高5元；生活补助费人月均提高30元；省、区、县（市）各负担10元；优待金标准从1996年的172元提高到190元。1998年，义务兵家属优待从上年的户均190元提高到374元，提高96.8%。思茅市把户均优待金标准从上年的100元提高到1130元，提高10.3倍。思茅、江城、西盟3县（市）优待金标准已达上年人均纯收入的100%，思茅1130元、江城590元、西盟400元，其余的县优待标准基本达到上年人均纯收入的50%。同年，为解决在乡老复员军人“三难”（生活、看病、住房难）的问题，投入资金15万元，为1120人解决“三难”问题。1999年，地区、县（市）相继成立“爱心献功臣行动”领导小组，制定具体行动方案，并采取各种形式的宣传活动162场次，统筹到行动资金59.6万元（财政拨款25.2万元、社会捐资34.4万元），为6022人解决“三难”问题，占“三难”人员总数9170人的65.7%。2000年，义务兵家属优待金户均优待标准509元，为上年人均纯收入的50.1%。双拥模范县户均优待金为上年人均纯收入的100%，其中，思茅1380元、西盟400元、江城600元。通过“爱心献功臣行动”，解决重点优抚对象住房难3658人，占住房难人数的85.9%；解决资金49.7万元，其中解决医疗难3347人，占医疗难的78%。2004年，发放义务兵家属优待金140万元，户均优待标准500元。全市有重点优待对象6848人，其中伤残军人691人，特一等伤残军人21人，在职伤残军人362人，在乡伤残军人322人；伤残国家机关工作人员82人，伤残警察4人，伤残民工365人；“三属”445人；在乡老复员军人3236人；带病回乡退伍军人1320人。2006年，根据民政部、财政部《关于调整部分优抚对象等人员抚恤和生活补助标准的通知》，从1月1日起，结合本级安排的补助经费统筹安排，及时、准确、足额把抚恤和生活补助费发放到优抚对象等人员手中。2007年，全市有烈军属、革命伤残军人、在乡老复员军人、带病回乡退伍军人等各类优抚对象6500人，其中近2000余人孤老烈属、孤老伤残、年老多病的老复员军人普遍存在着“三难”的问题。年内，义务兵家属优待标准平均到710元，其中双拥模范县（区）达人均纯收入的100%，其他县50%以上。

第二节　抚恤补助

一、死亡抚恤

1980年6月4日起，对1979年自卫还击作战牺牲的现役军人、支前民兵民工等人员的家属及经批准为革命烈士的家属，均增发抚恤金300元。对在自卫还击作战中曾立二等功以上的烈士，给家属另发四分之一的抚恤金。1984年4月和1985年1月，抚恤金标准又做过两次调整提高。1986年7月1日起，对军队干部、志愿兵、机关工作人员因公牺牲的一次性抚恤金，按其牺牲时的20个月工资计发；病故的一次性抚恤金，按其病故时的10个月工资计发，但最高数额不得超过3000元。对义务兵、参战民兵民工和工资低于所在部队23级正排职干部的军队院校党员、志愿兵，均按军队23级正排职干部的工资标准计发；被军委或大军区授予英雄模范称号的军人因公牺牲或病故，增发应领一次性抚恤金的三分之一；荣立二等功以上的军人因公牺牲和病故，增发应领一次性抚恤金的四分之一。1988年8月1日后，对立功和获得荣誉称号的现役军人死亡，一次性抚恤金分别按不同比例增发。被中华人民共和国主席或者中央军事委员会授予荣誉称号的增发35%；被军区（方面军）授予荣誉称号的增发30%；立一等功的增发25%，立二等功的增发15%，立三等功的增发5%。对革命烈士家属，由各县民政部门和烈士家属所在单位共同派员前往烈士家属中慰问，敬交烈士证明书，询问和帮助家属解决生产、生活困难。地直机关的烈士家属，由地区民政部门和有关行署领导负责慰问。烈士家属除享受一次性抚恤金外，还根据家庭情况给予定期抚恤和临时困难补助；也可优先享受各项公益设施、群众优待。对于失踪军人、按照政策规定，凭失踪者所在团级以上政治机关证明，与牺牲、病故人员同等待遇。1989年，思茅地区牺牲病故抚恤86人。1990年，根据上级要求，对烈士家属281人、牺牲病故军人家属130人，统一提高定期抚恤金，人均每月提高15元。1993年，对思茅地区烈属、因公牺牲军人家属、病故军人家属的抚恤金予以调整，人均每月提高10.80元。1996年，按照国家《革命烈士褒扬条例》和《军人抚恤优待条例》规定，对革命烈属、牺牲病故军人家属，参战或因公牺牲的民兵、民工、国家机关工作人员家属，除一次性给予抚恤金补助外，还给予定期补助。具体补助情况：对238户烈属，每月补助抚恤金55元的63户，60元的161户，65元的14户；对病故军人家属，每月补助抚恤金50元的24户，55元的83户；对27户参战或因公牺牲的民兵、民工和国家机关工作人员家属，每月补助抚恤费55元的16户，60元的7户，65元的4户。全年共支出抚恤金23.81万元。1997年，按照上级有关规定，及时调整提高对烈属、病故军人家属的抚恤和生活补助费。抚恤金人月均提高15元；生活补助费人月均提高30元，提高的补助费由省、区、县各负担10元。2006年1月1日起，调整优抚对象人员的抚恤和生活补助标准，涉及324户烈属、62户因公牺牲军人家属、146户病故军人家属。

二、伤残抚恤

1981年，普查清理并发放革命残废人员抚恤证件后，思茅地区有残废人员356人，1989年增至517人。

1979—1989年思茅地区抚恤优待金发放统计表

表35-2

年份	牺牲病故抚恤		伤残人员抚恤		定期抚恤	
	人数（人）	一次性抚恤金（元）	人数（人）	抚恤优待金（元）	人数（人）	金额（元）
1979	46	30625	251	23778	—	—
1980	71	31617	319	36237	853	65668
1981	48	20936	356	34752	857	109129
1982	47	22740	372	37062	426	53205
1983	45	21100	388	39010	427	60600
1984	48	22700	410	52314	403	75907
1985	74	141854	435	57527	403	107281
1986	76	57928	477	75947	420	116645
1987	73	74000	495	78000	420	115000
1988	58	60000	522	117000	400	115000
1989	86	94000	517	118000	424	150000

1990—1995年，思茅地区享受伤残抚恤的人员有560人，其中在职特等人员2人，一等4人，二等甲21人，二等乙60人，三等甲117人，三等乙123人；在乡特等2人，一等9人，二等甲20人，二等乙53人，三等甲70人，三等乙79人。1996年，思茅地区伤残军人和因参战伤残民兵、民工、国家机关工作人员除给予一次性抚恤金外，对580人伤残军人、伤残民兵、民工、伤残国家机关工作人员给予生活补助。思茅地区共有伤残人员580人（伤残军人571人、伤残民兵民工、国家机关工作人员9人）。其中，特等3人，一等15人，二等甲级39人，二等一级103人，三等甲级205人，三等乙级215人。特等、一等除享受抚恤金、保健金之外，还享受护理费；二、三等享受国家规定的抚恤金和保健金。以上伤残人员的抚恤金、保健金和护理费，思茅地区均按其标准给予按时发放。1997年，提高伤残军人保健金，最高每人每年提高150元，最低的每人每年提高38元。2004年，全市有伤残人员787人，其中特一等伤残军人21人；在职伤残人员362人；在乡伤残人员322人；伤残国家机关工作人员82人。带病回乡退伍军人1320人。对上述伤残人员按政策规定全部落实应享受的抚恤金、保健金和护理费。2006年1月1日起，对部分伤残人员的抚恤和生活补

助标准进行调整，结合市级安排的补助经费统筹安排，及时、准确、足额地把抚恤金和生活补助费发放到伤残人员手中。

第三节　烈士褒扬

一、烈士安葬

普洱是全国革命老区之一。在长期的革命斗争中，特别是在征粮、清匪反霸、中缅勘界、对越自卫还击战和社会主义建设事业中，有783人英勇不屈，壮烈牺牲，被授予革命烈士称号。根据民政部及省民政厅《关于编好革命烈士英明录的意见》。1982年，思茅地区收录烈士760人。1989年，收录11人。1990—2004年，收录革命烈士12人，其中1992年1人、1993年2人、1995年2人、2000年1人、2003年3人、2004年3人。1990年，思茅地区有零散烈士纪念建筑物14个。2006年，全市增加零散烈士纪念建筑物10个（墨江2个、景谷1个、景东1个、镇沅5个、西盟1个）。烈士陵园12个（普洱烈士陵园、镇沅烈士陵园、景谷烈士陵园、景东烈士陵园、澜沧发展河烈士陵园、江城烈士陵园、镇沅松山烈士陵园、西盟烈士陵园、澜沧勐朗烈士陵园、墨江烈士塔、思茅望城坡烈士陵园、孟连烈士陵园）。

二、烈士纪念建筑

（一）宁洱烈士陵园

位于城西1千米西门龙潭北岸。占地4.8亩。内有人民解放军战争烈士纪念塔、烈士公墓、烈士墓。

（二）景东烈士陵园

1985年12月5日，经县九届人大常委会第七次会议决定，将原建在文化馆大门前的《革命烈士纪念碑》搬迁至人民大会堂前，于1986年清明节前建成。1995年5月，因城区建设布局调整，将人民大会堂前的《革命烈士纪念碑》搬迁至县城区公墓开化寺革命烈士陵园。烈士陵园安葬有牛东文、谭智忠、张发兴、雷富、李东昌、何为刚、何耀邦、李加祥、李宗昌、何太保等烈士。

（三）镇沅烈士陵园

位于按板镇东北0.8千米处。1980年移建老虎下巴山顶。共有烈士塔、烈士墓、烈士纪念馆、烈士追悼厅、游览公园等6个台面，占地面积0.5平方千米。

（四）景谷烈士纪念塔

位于县城北面半坡。占地24亩，塔高14米。塔后50米处有前后两座大理石烈士公墓，附设烈士生平展厅一幢。

（五）澜沧发展河烈士纪念碑

位于澜沧县发展河乡。纪念碑为大理石制成的方柱体，四面刻有镏金大字。碑后烈士公墓，安放着为解放澜沧而献身的烈士。

（六）江城烈士陵园

位于县城西部。面积400平方米，1980年重修，1982年竣工。园内有烈士塔、纪念亭、烈士墓等，共葬有解放初期和对越自卫还击作战中英勇牺牲的烈士16人。

（七）镇沅松山烈士墓

位于勐大乡南康村松山村附近。为滇南追歼战中牺牲的烈士修建的土墓，1981年修复。

（八）西盟烈士陵园

位于老县城西面佛殿山南侧水库旁。园内设有纪念碑、烈士墓。纪念碑刻有40余位烈士的英名和事迹。

（九）澜沧勐朗烈士陵园

位于县城东郊，1984年修建。园内安葬着被国民党杀害的中共地下党员江枕石和在解放宁江时牺牲的尹溯涛烈士。墓碑镌刻着烈士的生平简介。

（十）墨江烈士塔

位于县城文庙大成殿背后。为纪念1931年准备发动墨江暴动和解放战争中光荣牺牲的革命英烈而建。墓碑用大理石制成，碑上刻有烈士的生平简介。

（十一）思茅望城坡烈士陵园

位于思茅区西面公墓地旁。2001年由洗马河迁至此地。园内有烈士纪念塔，烈士公墓等。

（十二）孟连烈士陵园

位于县城北1.5千米处。占地面积3625平方米，县民政局多次投资维修。

第四节　退伍军人安置

一、复员退伍军人

1979年，思茅地区为适应城乡经济体制的变化，开始安置使用有技术专长的人才，同部队着手培训军地两用人才工作相适应，年内接收安置军地两用人才。1981年，根据省有关文件通知，对在边防对敌斗争中负伤致残的家居农村的二、三等伤残军人安排适当工作，安排不了的就地转为城镇户口，增发伤残保健金，保障其生活。对带病和患精神病的退伍军人给予住院治疗，住院费由国家支付，生活费给予适当补助。1983年机构改革，经行署批准，将安置办公室与民政处优抚科合并设立优抚安置科。1984年11月，思茅地区成立退伍军人和军队离退休干部安置领导小组，在民政处设办公室办理具体事务。1985年11月，恢复退伍军人军队离退休干部安置办公室，隶属民政处下设的一个科，具体办理复员军人、退伍军人、转业志愿兵、军队离退休干部安置。1990年，思茅地区贯彻《退伍义务兵安置条例》和《实施细则》。在安置过程中，除对城镇入伍的城镇兵全部安排工作外，还为农村入伍的二、三等伤残军人15人，立二等功以上的退伍军人安排了工作；对回乡安置的农村退伍军人，帮助他们解决生产生活中存在的实际困难。1991—1992年，对应安排工作的城镇兵和农村入伍的三等残废军人、立二等功的退伍军人全部安排工作。1996年，思茅地区接收退伍义务兵和转业志愿兵中安排工作134人。1999年，思茅地区接收的退伍士兵中除农村退伍士兵回乡安置外，其余城镇兵和农村入伍应安排工作的于8月底前全部安置工作。

2000年，退役士兵安置任务比上年增加63%。在实行按系统分配任务、包干安置的基础上，推行“供需见面、双向选择、包底安置、有偿转移”的办法，同时鼓励退役士兵自谋职业。思茅地区拨出安置保障金157.2万元，其中待分配期间生活费、自谋职业补助金54万元，征收转移安置金20万元。2001年，思茅地区投入安置保障金51.6万元，其中待分配期间的生活费11.6万元，自谋职业金25万元，征收转移安置金15万元。2002年，投入安置保障金265.2万元，其中用于自谋职业一次性补助金249.6万元，待分配期间的生活费15.6万元。安置中把思茅、普洱、墨江3县（市）作为安置改革试点县。7月29日，在思茅举行退役士兵“供需见面”会，当场签约88人，签约率95.65%。2003年，思茅地区制定《退役士兵自谋职业安置改革实施意见》，思茅地区10县（市）相继制定《退役士兵自谋职业实施方案》，解决自谋职业补助金和补助标准。思茅地区共投入安置保障金330.9万元，完成退役士兵安置。2005年，回农村安置人数占总数的60.2%。思茅作为全省推行“双考”安置办法的第一年，岗位设置率35.4%。报考参加全省文化素质考试165人，通过“双考”程序，择优安置工作83人，有2个岗位未选定。自谋职业157人。投入安置经费417万元，其中发放自谋职业补助金394.3万元，待分配期间的生活补助费11.2万元，培训、宣传费9.5万元，帮助退役士兵解决生产生活困难费2万元。2007年，全市设置岗位28个。报名参加全省文化考试114人，通过考试、考核择优安置28人，自谋职业182人。全年支出安置经费660.3万元，其中发放自谋职业补助金598.8万元，发放待分配期间生活补助费9.5万元，帮助退役士兵解决生产生活困难2万元，培训费、公证费、宣传费50万元。

二、伤残退伍军人

伤残退伍军人安置，按照《退伍义务兵安置条例》和《实施细则》，对城镇入伍的伤残军人和农村入伍的二、三等伤残军人安排力所能及的工作，不能安排工作的伤残军人按规定发给伤残抚恤金和生活费补助，保障他们的生活不低于当地一般群众的生活。1981年普查清理后，思茅地区有残废军人356人。1990年，思茅地区有伤残军人316人（在职伤残军人186人、在乡伤残军人130人）。1996年，按照《军人抚恤条例》规定，对已安置的或未安置的571人伤残军人，按伤残等级分别提高抚恤金（55元、60元、65元）；特等、一等伤残军人除给予享受抚恤金、保健金外，给予享受护理费；二、三等伤残军人给予享受国家规定的抚恤金和保健金。1997年，调整提高伤残军人保健金。按照伤残等级最高的每年人均提高150元，最低的每年人均提高38元。2001年，对思茅地区伤残退伍军人情况进行普查，有伤残军人548人，其中特、一等伤残军人21人，在职伤残军人321人，在乡伤残军人206人。2006年，全市有在册伤残军人605人，其中一级3人（因公致残）；三级19人（因战致残6人、因公致残9人、因病致残4人）；五级38人（因战13人、因公20人、因病5人）；六级105人（因战35人、因公52人、因病18人）；七级212人（因战64人、因公148人）；八级214人（因战74人、因公140人）；九级12人（因公）；十级2人（因公）。

三、军地两用人才

1978年起，为适应城乡经济体制的变化，思茅地区开始安置使用有技术专长的人才。2007年年末，全市有序完成接收军地两用人才工作。

四、军队离退休干部

1980年，思茅地区开始接收安置军队离退休干部。当时由于接收安置数量少，采取分散安置。1989年后，由于接收安置的军队离退休干部逐年增多，采取集中与分散安置相结合的办法进行安置。家在农村的军队离退休干部由民政部门发给建房补助费，回原籍自建住房；家在城镇的实行集中安置管理。1978—1989年，思茅地区接收安置军队离退休干部64人。其中，分散安置28人、集中安置36人；有师级干部1人，团级干部33人，营级干部2人，排级干部1人。1990年，接收安置第三批军队离退休干部14人，占接收任务的51.8%。1991年，计划安置第三批军队离退休干部72人，除3人因种种原因未移交外，其余均安置完毕。1992年，省下达思茅地区接收安置第四批军队离退休干部28名，年内已按有关规定全部安置。1996年，思茅地区接收安置军队离退休干部8人，均为分散安置，其中思茅和西盟县（市）各2人，江城、普洱、景谷、景东县各1人。年内，思茅地区接收安置部队无军籍退休退职职工18人。1981—1996年，思茅地区累计接收安置军队离退休干部70人，其中离休干部41人、退休干部29人。这些干部安置在地区军干所28人，澜沧7人，普洱、景谷、孟连各1人；分散安置在其他县32人。1997年，投资70万元的地区军队干休所2000余平方米的住宅危房改造工程竣工。1998年，省安置办投资170万元改造地区军干所和修建思茅区军干所。截至1999年6月30日，思茅地区军队离退休干部房改工作完成。思茅地区有可售住房63套，其中师职住房6套、团职34套、营职以下23套，建筑面积4443.58平方米。实际出售住房48套，其中师职4套、团职30套、营职以下14套，建筑面积3109.41平方米。同年，完成第五批军队离退休干部17户的建房任务。2000年，完成省下达思茅地区第三批33人无军籍职工档案人员的移交接收。2005年，全市接收军队退休干部23人。2007年，全市有军队离退休干部休养所两个，即普洱市军队离退休干部休养所和思茅区军队离退休干部休养所；全市接收安置军队离退休干部10人，其中安置在市军干所6人，思茅区军干所2人，景东县1人，西盟县1人。

第四章　救灾救济

第一节　灾荒救济

1978年6月21日，景东县遭受暴雨袭击，川河猛涨，锦屏、文井、文龙、者后4个乡（镇）农作物受灾19864亩，成灾4757亩，损失粮食240万千克，倒塌民房60间，家畜死亡38头；冲毁公路大桥2座、损坏1座，损害村庄道路钢绳吊桥、石拱桥21座。灾后，县委、县政府组织400余名民兵抢救群众及物资，拨350元资金解决救济10户住房无着落群众；发动群众种红薯、双季稻、冬荞、蚕豆等3300亩，弥补洪灾损失，保障群众度荒。1978年9月10日上午7时11分，普洱县同心乡合力发生5.5级地震，死3人，重伤11人，轻伤59人，损坏民房2617间和学校、商店、大队等公房318间。国家给予灾害救济8万元，其中分配给同心乡7万元、凤阳乡1万元。地区给予救济2500元，油毛毡150卷；县政府救济3500元，塑料薄膜530千克，棉毯55床。

1979年3月15日20时52分，普洱县磨黑、勐先发生6.7级地震，波及全县及邻县，倒塌民房29680间，死12人，重伤93人，轻伤470人，损失粮食5.84万千克，其他各类损失1679.28万元。党中央、国务院、省委、省政府、昆明军区、地区、县级机关、思茅军分区为灾区拨款捐物，省政府拨款200万元、省民政厅10万元、地区2万元，其中用于救济农村灾民53万元，用于机关、学校等单位84万元，用于县级党政机关15万元，磨黑盐矿60万元。

1981年9月9日14时50分，普洱县普义乡干塘村发生5.9级地震，死亡2人，轻伤21人，倒塌民房216户，机关事业单位震坏318间，各类损失366.6万元。

1982年，澜沧、江城、普洱、景东县暴发黏虫灾害，受灾面积30万亩。地区抽调2000余名干部下乡指导灭虫，有的地方黏虫密度每平方米达30余条。地区从民族机动金中拨给澜沧1万元作灭虫补助费，思茅县调农药1.9万千克、器械406具支农灭虫，另拨款3400元救济困难群众，其余县调100吨农药、近千具喷雾器支农。1982年4月—9月，墨江县那哈乡、思茅市震东乡、普洱县德安乡暴雨成灾。那哈乡坝落村田房社农民被洪水冲走致死4人。地区拨1.5万元给震东乡。德安乡建设和饶家寨山洪暴发，有1农户房子冲垮，压死3人。

1983年，思茅地区先后2次普降大雨和暴雨，孟连、澜沧、景谷、镇沅、普洱出现洪涝和泥石流，农作物受灾7.8万亩，成灾3.7万亩，死亡8人，重伤4人，死亡大牲畜17头，倒塌民房96户，部分倒塌36户，冲毁公路桥梁4座，电站7座。

1984年7月12日—15日，普洱、思茅、墨江、江城县连降大雨和暴雨，有16个乡116个村885个村寨共12万余人受灾，倒塌民房1146间，损坏1222间，死亡67人，重伤10人，大牲畜死亡91头。灾后省、地、县领导及各有关部门深入灾区查灾慰问，省政府拨款400万元，省民政厅分两次下拨280万元救济款用于安排群众生活。地县机关、事业单位及驻军捐献衣裤8489件，各种生活用品1158件，油毛毡179卷，锄头25把，粮票和大米18744千克，钱15033元，以及布匹和其他物资援助。

1985年6月、7月、9月，景东县普降大雨，大街、文龙、景屏农作物受灾10071亩，冲毁农田地3094亩，损失粮食69.5万千克；冲毁民房133间，损坏267间，需搬迁73户。1985年7月1日—8日，墨江县连降109毫米大雨，雅邑下洛甫村坝心和新村两社发生泥石流，倒塌民房196间，牛厩和猪厩86间，损失粮食6850千克。年内，由于各类灾荒严重，省政府先后6次下拨救济款376万元，地区分4次全部下拨各县，其中用于口粮救济216万元，抢险救济12万元，转移安置灾民6万元（迁207户1082人），灾后扶持生产142万元。

1986年4月中旬至5月初，思茅地区有110个乡遭受风暴灾，打坏瓦房6000余间。5月5日下午，思茅区南岛河持续降冰雹25分钟，雹大直径10厘米—12厘米。有11个自然村228户1079间瓦房被打如筛，损失折款20万元。灾后，地县机关和群众及驻军派出481人，82辆车次前往慰问和救灾。发放油毛毡120卷，各类食品900千克，圆钉16箱，化肥4万千克，籽种350千克，社会各界群众捐赠款物6675元。驻思部队出动324人搭建帐篷驻扎，帮助群众修复住房700间。1986年7月—8月，景东、普洱、墨江、景谷、思茅、镇沅县普降大雨或暴雨。7月28日，普洱县德化乡暴雨淹没民房386间，损坏816间，因灾滑坡需搬迁141户。7月29日，景东保甸因大雨山洪暴发，冲毁民房100余间，死亡6人。灾后省政府下拨思茅地区救灾款275万元，地区分拨各县用于口粮救济160万元，扶贫款35万元，扶持贫困户、重灾户发展生产12.7万元，抢险救灾12.3万元，寒衣救济35万元，留机动20万元。

1987年7月21日，景东县太忠、大街和镇沅县九甲乡等遭受风暴灾，农作物受灾46216亩，成灾6950亩，损失粮食172万千克。县、乡组织灾民生产自救、动员群众多种早熟作物弥补。

1988年4月11日、18日、23日，江城县3次降暴雨和冰雹，121个村寨2456户农户和机关、企事业单位受灾，毁坏民房85户和机关单位房屋88间，死亡1人，伤1人，死亡耕牛1头，马1匹，各类损失190万元。8月4日，西盟县勐梭镇普降暴雨，淹没民房384户，冲毁9户。9月11日，景东县永秀乡降大雨3小时，黑蛇村芹菜坝滑坡300米形成泥石流，冲毁民房8户16间，死亡2人。灾后县、乡干部17人赶赴灾区抢险救灾，帮助倒房农户建盖简易住房，安葬死者，县政府拨款5000元解决灾民搬迁费，乡、村干部和职工捐款1300元，群众捐款40元帮助灾民购买饮具等。

1988年11月6日21时03分和30日16时13分，澜沧县先后发生7.6级和6.7级地震，波及思茅地区和临沧、西双版纳、保山、德宏等地州。两次地震死亡639人，伤3725人，经济损失12.1亿元。地震发生后，中共中央、国务院、省委、省政府派出慰问团亲临灾区看望。国家先后下拨救灾款2.7亿元，社会各界捐111.28万元，粮食177万余千克，粮票13万余千克，衣物48万余件，副食品8889.5千克，被褥、毯子7408床，文化用品5531件，鞋子9259双，食盐150.45吨，火柴1109箱，猪肉4.15吨，猪油2吨，蜡烛100箱，药品57种、共14.8吨，医疗器械128件，以及其他生产、生活用具等。

1989年春，西盟、澜沧、镇沅、景东、景谷、墨江县26个乡（镇），1477个自然村遭风暴袭击，毁坏或部分损坏民房19541户30781间，学校117幢、机关和事业单位54幢，死1人，伤17人，死亡大牲畜19头、伤10头，直接经济损失529.23万元；农作物受灾6370亩，损失粮食163.6万千克。10月1日，普洱县同心乡下暴雨，农作物受灾1870亩，成灾659亩，冲毁农田173亩，粮食减产32945千克，毁坏民房19幢，冲走耕牛6头，粮食530千克，猪3头，冲毁桥梁9座，各类损失 85.57 万元。

1990 年，思茅地区气候异常。1 月—4 月，降雨特少，小春作物受旱；4 月，西盟、澜沧、孟连、景东县先后两次遭受九级大风袭击；5 月中旬进入雨季后，出现 50 余天的阴雨天气，大雨、暴雨、特大暴雨次数频繁，思茅地区不同程度遭受洪涝、泥石流滑坡灾害。据统计，思茅地区各种自然灾害造成农作物 122.5 万亩受灾，受灾人口 129.86 万人，因灾死亡 57 人，倒塌民房 5818 间，损坏 21792 间，损失粮食 5121 万千克，直接经济损失 5099 万元。为帮助灾民渡过难关，思茅地区下拨救灾款 349 万元和其他救灾物资，为灾区 21.77 万人解决生产、生活困难。年内，投放扶贫资金 142.9 万元，新增扶贫户 10664 户 63984 人，其中 8188 户 48966 人解决温饱。年内，澜沧、孟连、西盟地震重灾县，完成民房恢复重建 67150 户，占应建总数 93.8%；完成修复加固 23608 户，支出国家补助恢复重建资金 1945.3 万元，占总投资 85.3%；群众投劳、投料折款 14981 万元，合计完成投资 16926.3 万元。年内有 33 万地震灾民迁进新居。

1991 年，干旱、洪涝、冰雹、病虫、泥石流等灾害交错发生，景东、镇沅、澜沧、普洱、思茅县较为严重。据统计，思茅地区农作物受灾面积 109 万亩，成灾 35.2 万亩，受灾人口 99.02 万人，转移安置灾民 5000 人，因灾死亡大牲畜 773 头，倒塌民房 1965 间，损坏 8272 间，损失粮食和油料 2763 万千克。思茅地区发放救灾救济款 326.9 万元。为帮助灾民尽快恢复生产，扶持贫困户 9017 户 21892 人。澜沧、西盟、孟连等县完成民房恢复重建 49827 户，完成投资 2.33 亿元。

1992 年，思茅地区因各种自然灾害造成农作物受灾 98 万亩，其中旱灾 31.4 万亩、水灾 8.9 万亩、风雹灾 9.6 万亩、霜冻灾 2.5 万亩、病虫害 30 万亩、其他 15.6 万亩。因灾造成损失粮食 3.9 万吨。受灾人口 85 万人，因灾死亡人口 39 人，死亡大牲畜 400 头，倒塌民房 2728 间，损坏 40344 间，转移安置灾民 1170 户 5850 人，需搬迁 729 户 4108 人。灾害造成直接经济损失 33484 万元。为帮助灾区群众解决生产生活中的困难，思茅地区扶持贫困户 3716 户，兴办、整顿经济实体 12 个；双储会入会 23345 户，储粮 80648 千克，储金 36.29 万元。

1993 年 1 月—10 月，思茅地区 10 县（市）遭受地震、风雹、洪涝、泥石流、滑坡、病虫等灾害，农作物受灾面积 93.21 万亩，成灾人口 60.75 万人，因灾死亡 40 人，因灾死亡大牲畜 2580 头，倒塌民房 11259 间，损坏 154833 间，损失粮食 30.91 万吨，直接经济损失 1.59 亿元。普洱县“1・27”地震安排应急款 50 万元，安排民房恢复重建资金 350 万元，民房恢复重建 15843 户 54895 间。年内，思茅地区安排春夏荒救济款 357.3 万元，救济荒民 125467 户 588603 人，其中双缺户 50540 户 257848 人；投放救灾扶贫周转金 97 万元，扶持贫困户 350 户，建立双储会和单储会 92 个，入会农户 13153 户，储金 32.7 万元。

1996 年，思茅地区 10 县（市）有 84 个乡（镇）、318 个行政村、2073 个生产合作社分别受干旱、风雹、洪涝、泥石流、滑坡、病虫、低温冷冻、地震等自然灾害袭击。各类农作物受灾 102.17 万亩，减产粮食 19850 吨，因灾倒塌民房 0.74 万间，损坏 8.5 万间，因灾死亡 48 人，伤病 3263 人，无家可归 2833 人，死亡大牲畜 1816 头，灾害造成直接经济损失 41803.4 万元。在各类灾害中尤以孟连“7・26”“8・19”洪涝灾害较为严重，两次水灾使该县水利、水电、交通、农业灌溉等基础设施大部被毁，供水、供电、交通、通信中断。墨江县“6・13”地震，“6・17”“8・3”风雹灾，景东县“11・7”滑坡、泥石流给灾区的国家财产和人民生命财产造成巨大损失。为帮助灾民渡过灾荒，省、地、县拨出救灾款 1098.9 万元［省 996.9 万元、地区 13 万元、县（市）89 万元］，各类救灾物资折价 1460 万元；救济灾民 74 万人，支出救济资金 740.02 万元，救济粮食 1.63 万吨，口粮款 546 万元，修房款 43.9 万元，医疗费 22.04 万元，衣被救济款 112.08 万元，转移安置灾民

16 万人。同时，年内对思茅地区贫困户给予社会救济 45323 户 445559 人，支出救济款 17.3 万元。

1997 年，思茅地区各种自然灾害比较频繁，给灾区人民生命财产造成重大损失。农作物受灾面积 221.55 万亩，损失粮食 8.72 万千克；受灾人口 171.96 万人，因灾死亡 36 人，伤病 1.5 万人；损坏房屋 35.2 万间，倒塌 2.6 万间，因灾死亡大牲畜 2900 头；造成经济损失 7.3 亿元，其中农业经济损失 5.05 亿元。全年安排救灾救济款 1852 万元，救济粮 4.37 万吨，35.18 万人得到救济；安排转移安置灾民款 24.4 万元，转移安置灾民 16.4 万人。在“扶贫济困送温暖”活动中，思茅地区捐赠折款 68.2 万元；接收上海支援和省民政厅分配捐赠衣被折款 979 万元。

1998 年 4 月前，思茅地区持续干旱无降雨，形成冬、春连旱现象和风雹灾；5 月—10 月，相继发生洪涝、泥石流、滑坡、风雹、病虫害、地震等灾害，思茅地区 10 县（市）、121 个乡镇、152.8 万人受灾，因灾死亡 50 人，伤病 1735 人；农作物受灾 234 万亩，倒塌民房 9230 间，损坏 19.98 万间，直接经济损失 3.94 亿元。思茅地区共发放救灾救济款 1064 万元，救济粮食 796 万千克，发放衣被折款 41 万元，救济人口 21.19 万人。

1999 年 5 月 27 至 6 月 9 日、8 月 31 日至 9 月 4 日，澜沧、墨江、景东、镇沅、景谷、孟连县相继受到较为罕见的洪涝灾害袭击；12 月下旬，出现 1973 年以来最为严重的低温霜冻，造成思茅地区 166.1 万人遭受不同程度的灾害，因灾死亡 50 人，伤病 1157 人；农作物受灾 23.74 万亩，倒塌民房 1325 间，损坏 135295 间，损失粮食 0.72 万吨，减产 17.5 万吨，因灾造成直接经济损失 15.92 亿元。为使灾民渡过灾荒，思茅地区下拨救灾救济款 1166 万元，粮差款 173 万元，泥石流滑坡搬迁款 63.6 万元，救济灾民贫困户 40.3 万人，修复重建民房 30770 间，转移安置灾民 29570 人。接收捐赠款 125.4 万元，衣被 16.4 万件。

2000 年，思茅地区因各种自然灾害受灾人口 131.35 万人，因灾死亡 30 人，伤病 4892 人；农作物受灾 139.2 万亩，损失粮食 1063 吨，减产粮食 78770 吨；因灾倒塌民房 12439 间，损坏 118481 间，直接经济损失 4.27 亿元。全年下拨救灾救济款 1067.1 万元，“1704”科目款 101 万元，粮差款 67 万元，发放救济粮 3391 吨，救济灾民和贫困户 62430 户 303743 人。按省民政厅要求，与市粮食局签订购粮合同，组织下拨两批救灾粮 1177 吨，制作布袋 4 万条。组织接收上海市对口支援捐赠衣被 78 吨，帮助灾民和贫困户顺利渡过灾荒。继续开展救灾扶贫周转金清查，经清查核实思茅地区有扶贫周转金 2679 万元（在扶资金 961.6 万元、死账呆账 1717.4 万元），年内到期应收回资金 93.56 万元，已收回 48.8 万元，回收率 52.6%。

2001 年，思茅地区自然灾害较为频繁，灾多面广，因灾死亡较多。思茅地区受灾人口 159.9 万人，因灾死亡 55 人，失踪 1 人，伤病 13679 人；农作物受灾 201.3 万亩，损失粮食 25654 吨，减产粮食 225.87 万吨；因灾倒塌民房 4808 间，损坏 23.29 万间；因灾死亡大牲畜 1355 头；交通、教育、水利、电力、通信等基础设施遭受不同程度损坏，造成经济损失 6.23 亿元，其中农业经济损失 3.12 亿元。全年下拨救灾资金 2410 万元，其中地区财政配套“1704”科目款 35 万元，县级财政“1704”科目款 103 万元，粮差款 57.5 万元，发放口粮救济款 619.8 万元，粮食 359 万千克，得到救济人口 63763 户 26.09 万人；伤病救济 21.2 万元，得救人员 1612 人；其他救济 381.7 万元，救济人员 32163 人次，保证灾民贫困户顺利渡过灾荒。继续开展救灾扶贫周转金的清查管理，思茅地区在帐救灾扶贫周转金 1663.6 万元（再扶资金 770.7 万元、死账呆账 794.1 万元），年内到期应回收资金 207.2 万元，实际回收 28.14 万元，回收率 13.58%。

2002年，思茅地区10县（市）、121个乡（镇）、694个村分别不同程度遭受风雹、干旱、洪涝、泥石流、滑坡等自然灾害的袭击。据统计，思茅地区受灾人口 97.15 万人，成灾 60.2 万人，因灾死亡24人，失踪1人，伤病321人，其中重伤11人；农作物受灾222.75万亩，成灾119.7万亩，绝收44.4万亩，因灾减产粮食9930万吨，因灾损失粮食8251吨；因灾倒塌民房4773间，损坏民房14.18万间；灾害造成直接经济损失41697万元，其中农业经济损失26645万元。全年下拨救灾救济资金1643万元，其中省下拨1363万元、区级下拨70万元、县级下拨210万元；救济灾民贫困户91664户41.24万人；完成民房恢复重建34038间；建立经常性社会捐赠接收站（点）11个，接收社会捐款34.87万元，接收捐赠衣被43.04万件，其中省下拨上海和省级募捐33.92万件，地、县（市）接收捐赠9.12万件，接收捐赠大米27.4吨。

2003年，思茅地区有93个乡（镇）、855个村先后遭受干旱、风雹、洪涝、泥石流、滑坡等自然灾害。据统计，思茅地区受灾人口81.5万人，成灾人口46.3万人，因灾死亡13人，失踪2人，伤病617人；农作物受灾243.15万亩，成灾151.05万亩，绝收42.75万亩，因灾损失粮食1398吨，减产粮食96229吨；因灾倒塌民房3187间，损坏15.05万间，因灾死亡大牲畜540头；灾害共造成直接经济损失3.5亿元，其中农业经济损失2.22亿元。全年下拨救灾救济资金1520.9万元，其中省级下拨1313.9万元，区级55万元，县级52.8万元。根据省委、省政府让灾民、贫困群众欢度春节，广泛开展“扶贫济困送温暖活动”的指示，春节期间下拨救济专款330万元，救济粮150万千克，寒衣被41万件；为春节无肉吃的灾民、贫困户解决买肉钱25万元，下拨接收捐赠款62.1万元，发放捐赠衣被9.1万件。

2004年，全市自然灾害主要有干旱、风雹、洪涝、泥石流、滑坡、地震等。据统计，受灾人口32.16万人，成灾人口18.76万人，因灾死亡7人，伤病178人；农作物受灾126.20万亩，成灾56.61万亩，绝收15.29万亩，损失粮食792吨，减产粮食66899吨；因灾倒塌民房2024间，损坏17.22万间；因灾死亡大牲畜125头；灾害造成直接经济损失25769万元，其中农业经济损失17265万元。全年下拨救灾资金988.8万元，救济灾民贫困群众22.62万人，发放口粮救济款486.8万元，粮食2151吨，救济人口15.77万人；伤病救济76.7万元，救济人口29488人，其他救济15.1万元。市政府成立民房恢复建设领导小组，派出3个督查组到各县（区）开展督促检查；安排民房恢复重建资金544.8万元，对1136个重点户安排重建资金户均3500元，确保春节时使灾民迁入新居。

2005年1月26日零时30分，思茅区六顺乡发生5.0级地震，地震波及思茅、澜沧、普洱、西盟、孟连、景谷、墨江县（区）27个乡（镇），造成民房倒塌14290户68378间，民房经济损失10521.41万元；年初，全市由于干旱严重，造成164.21万人受灾，农作物受灾面积217.23万亩，经济损失23467万元；进入汛期以后，全市普降大雨、暴雨，造成严重的洪涝、山体滑坡、泥石流等自然灾害，成灾人口26.27万人，因灾死亡6人，失踪6人，受伤373人，其中重伤16人；紧急转移安置灾民13501人，造成经济损失13384万元。全年下拨救灾救济资金2019万元，为14.56万困难群众提供口粮2060.2吨；对70149人提供11.94万件（床）衣被救济；对3549人提供治病救助；完成地震灾区2566户9874间民房恢复重建，其中集中建房760户3428间、分散建房1806户6446间。

2006年1月12日，墨江发生5.0级地震，地震造成6个乡（镇）、34个村民委员会、14062户、60273人受灾，民房受损32201间，倒塌6467间；造成直接经济损失11060万元。1月—5月，全市发生严重干旱，造成42.57万人受灾，11.84万人出现饮水困难，108.01万亩农作物受灾，9.14万亩农作物绝收，因旱造成直接经济损失17521.13万元；2月—4月，思茅、孟连、宁洱、江城、澜沧、西盟县（区）发生大风冰雹灾害，造成50706人受灾，死亡1人，10.48万公顷农作物受灾，3055亩绝收，死亡大牲畜30头，民房受损3969间，其中倒塌6间，因灾造成直接经济损失3134

万元；8月31日，澜沧县东河乡发生山体滑坡，造成53户206人受灾，死亡5人，2户8间民房倒塌；10月，全市89个乡（镇）发生洪涝、泥石流、滑坡灾害，33.50万人受灾，11人死亡，5人受伤，16.95万亩农作物受灾，3.49万亩绝收，576头（只）大牲畜死亡。1月—10月，全市下拨口粮救济款617.31万元，救济粮2102.3吨，救助灾民和特困户19.07万人；安排衣被救助款393.5万元；发放捐赠衣被13.21万件，救助人口60664人；安排医疗救助款11.92万元，伤病救助1902人；安排灾区民房恢复重建资金1736.67万元，恢复重建民房340户1992间，修缮加固民房2.24万间。

2007年，全市先后发生风雹、干旱、地震、病虫、洪涝、滑坡、泥石流等各类自然灾害，大量农作物受灾，民房受损，水利、教育、卫生、交通、电力、通信、城镇公共基础设施和生命线工程严重受损。据统计，全市有135.95万人受灾，40人因灾死亡，818人因灾伤病，20.18万人因灾紧急转移安置，1.97万人饮水困难；96.59万亩农作物受灾、21.52万亩农作物绝收；1.26万头大牲畜死亡；52.66万间民房受损，其中19204户92341间民房倒塌；因灾造成直接经济损失256369.5万元，其中农业经济损失29053.6万元。年内，10县（区）受到干旱、风雹、地震、病虫、洪涝、滑坡、泥石流等各种自然灾害袭击。宁洱“6·3”地震已造成经济损失188050万元，其中民房经济损失103420万元。临时转移安置灾民18万人，民房倒损59586户，倒塌5921户。多年未成灾的稻飞虱病虫灾害在市内粮食主产区大面积暴发，造成20.4万亩农作物受灾，30675亩农作物绝收。全年下拨中央、省、市救灾应急资金3400万元；申请、调运、发放救灾帐篷15080顶，组织调运市内储备救灾帐篷150顶，向市内外采购、接收社会救灾帐篷1399顶，搭建临时救灾帐篷15629顶，采购、发放油毛毡4260卷、塑料布6450卷、石棉瓦4510片，瓦片2500片、塑料管6250千克，搭建简易住房11212间；发放饮用水22135件、饮料2307件、白糖13吨、茶叶6件；发放方便面12912件、大米14681吨、面条35吨、食用油38111桶；发放棉被（毛毯）39681床（条）、衣裤14164件（条）；发放电筒25868只、蜡烛49146包等应急救灾物资；先后6次下拨民房恢复重建资金36490万元，其中宁洱县“6·3”地震民房恢复重建资金35850万元，其他灾害恢复重建资金875万元。截至12月4日，纳入宁洱“6·3”地震恢复重建工作全面启动，动工率100%，其中修复加固51264户，竣工44790户，竣工率87.4%，重建户8322户，竣工929户，竣工率11.2%；冬春期间3次下拨口粮救济款438万元，为23.27万人提供粮食4584.6吨，为14.08万人解决棉被18.67万件，为3514人提供生病治疗救助；广泛开展社会捐助，在宁洱“6·3”地震专项捐助中，市、县（区）两级收到国内外价值247.35万元的棉被34640床（条），接收价值640.9万元的衣被145164件，接收价值349.67万元的大米14681吨，接收6个车皮的上海对口援助冬衣（被）。

第二节　五保户供养

1978年，思茅地区供养五保户6866户8193人。其中，孤老和残疾8126人，孤儿67人。1985年春节，按省民政厅、共青团省委、省妇联《关于转发民政部“开展为五保户做好事、送温暖”的通知》，地区民政局、教育局、妇联、共青团联合发出通知，倡导各地对五保户进行慰问。年内，思茅地区各县乡组织机关、学校及群众对“五保”对象普遍进行慰问，每人送10元钱的慰问品。1986年后的每年春节，地区民政局带上慰问品先后对思茅、镇沅、景谷、墨江、宁洱等县部分“五保户”进行走访看望，各县民政局也对县内的五保户分乡（镇）逐年慰问。1987年，思茅地区有分散供养的“五保户”4608户、5425人，其中老人4696人、残疾586人、孤儿143人。1989年，思茅地区有分散供养的“五保户”3762户、4286人，其中老人3435人、残疾501人、孤儿350人，年末，思茅地区共有43个敬老院、7个养老院，集中收养老人、残疾人和孤儿692人。1990年，思茅地区有五保户7952人，其中集中供养620人，分散供养3666人，亲友代养3021人，国家定期定量救济645人。集中供养人员由村社提留的粮食和资金支付其生活费，分散供养人员由亲友或集体代耕、社会救济等解决生活费用。同时，为保障五保户的基本生活权益，春节组织学校、机关、厂矿开展尊老敬老服务活动，动员社会为五保户做好事办实事，帮助五保老人解决生活中的困难。1999年，思茅地区有农村五保供养对象4013户4343人。有专供五保对象服务的农村敬老院59所，床位1173张，集中收养的五保供养对象515人，每人月生活标准120元；分散供养的五保对象3828人，通过集体提留和政府救济，生活得到保障。2002年全国税费改革后，为保障老年人的合法权益，保障老年人的生活水平不低于当地群众一般生活水平，农村五保户的供养由集体提留供养改为财政转移支付，月人均按60元发放生活费。2006年3月，为核准五保供养底数，在全市范围内开展农村五保对象普查登记、审核审批。通过普查，全市共有五保供养对象15205户16724人，其中老年人7725人，未成年人187人，残疾人53人。在五保供养对象中，集中供养411户445人，分散供养6492户7514人。纳入财政转移支付7969人。全市有专供五保对象服务的农村敬老院56所，其中县办18所、乡镇办37所、村办1所，有床位1296个；入院集中供养五保对象455人，其中老年人414人、孤儿41人。每月支出供养资金3.5万元，全年支出供养资金40.8万元。2007年，全市有农村五保供养对象15088户16724人；其中，纳入财政转移支付供养7969人，用农村低保资金供养8755人。累计支出供养金1203.9万元，其中支出财政转移支付资金573.9万元，支出农村低保资金630万元。人均月供养金60元。分散供养人员供养水平达农村人均纯收入的60%以上，集中供养人员的供养水平达90%以上。年内，全市103个乡（镇）、办事处建立五保供养对象档案，市、县（区）两级建立五保供养对象数据库。

第三节　补贴救助

一、精减退职职工补贴

1982年1月起，根据国务院《关于精减退职的老职工生活困难救济的通知》，思茅地区开始贯彻执行。年内，思茅地区符合享受40%补助的有4人。1984年4月16日，根据云南省劳动人事厅、民政厅、财政厅《关于对60年代初期精减退职的国家机关和全民所有制企业事业单位的老职工发放生活补助的通知》，思茅地区行署劳动人事局、民政局、财政局联合发文，确定该工作由劳动人事部门为主，民政、财政部门协助配合，思茅地区有符合享受40%补助的142人，给予生活救济的219人。1985年1月起，改为原属行政和事业单位的精减退职人员向民政部门领取补助和救济，原属事业单位的退职职工所居住县民政部门按月发放，原属企业单位的退职职工仍由企业负责解决。享受40%补助的由地区民政局审批，由退职职工所居住县民政部门按月发给，地直各单位退职职工由地区民政局发给；不属享受40%补助而生活困难的，各县民政部门和地区民政部门定期或不定期给予救济。企业单位的退职职工生活补助及副食品价格补助等，由劳动人事部门审批办理。1990年，思茅地区有享受40%补助的精减退职职工171人，月人均补助269元；不符合享受40%补助而享受生活救济1257人，年人均救济444.7元。2006年7月起，根据《云南省民政厅、云南省劳动和社会保障厅、云南省财政厅关于提高60年代初精减退职职工生活补贴标准的通知》，提高精减退职职工的生活补助标准，即在原来补助标准基础上，每人每月增加60元。2007年，全市有60年代精减退职职工1119人，其中享受40%补助的职工473人，发放生活补助费149.61万元。

二、农村离职半脱产干部补贴

1990年，省委组织部下发《云南省贯彻农村离职半脱产干部生活补贴办法实施细则》，规定省、地、县按“5∶3∶2”三级负担原则，对原大队离职半脱产干部给予生活补贴。思茅地区共有原离职半脱产大队干部1737人，每年需补助34.9万元。由于地区财政困难，1990—1995年，地、县匹配部分没有落实。1996年，地、县应匹配部分全部落实兑现，其中省下拨22.9万元、地区匹配11万元，已按人数全部分拨各县。2000年，根据省委、省政府《关于改革农村体制、实行村民自治的意见》，村改委后的原村公所（办事处）干部的生活补贴给予一次性补助。对村干部的补助办法为对村级体制改革中，不论当选或不当选的村干部，工作时间都采取分段计算，累计一次性解决生活补助费的办法。补助标准：聘用1—6年的，每一年发给本人原1个月的基本工资（基础工资、职务工资、工龄津贴、1993年以来增加的工资性补助之和）；聘用7—19年的，从第7年起，每1年发给本人原一个半月的基本工资；连续聘用20年以上，但年龄不满50岁的，聘用1—6年期间，每1年发给本人原1个月的基本工资，从第7年起，每1年发给本人原2个月的基本工资；连续聘用20—24年、25—29年、30年以上，年龄已满50岁的，分别按本人原基本工资的60%、65%、70%，一次性发给240个月的生活补助费。时间计算：原任村干部从领取财政工资之年起，到村级体制改革后新的村民委员会选举产生的年内止。在此期间不满1年的按1年计算，工作时间间断过的，按分段计算；补助资金来源，所需补助经费列入地方财政预算，补助资金省级财政承担三分之一，省补助部分由省财政视各州（市）财力状况分别计算，补助资金由各级财政具体落实并予以兑现。1997—2007年，按照省、地（市）、县三级负担比例和补助标准全部落实并兑现到离职半脱产干部手中。

三、特困户救助

1978年，思茅地区对贫困户生活补助工作全面展开。年内，墨江、孟连县部分地方缺粮，发生肿病433人，其中墨江401人、孟连32人。孟连发放春夏荒救济4.5万元，返销粮96万千克，墨江县给发生肿病的44个村“双缺户”（缺粮、缺钱）发放救济款3350元。1979年，思茅地区有6565个村15.12万户85.25万人缺粮，占思茅地区农业人口的49.7%。至6月底，除江城县外，其他9县（区）发生肿病1876人。思茅地区下拨各县返销粮和救济粮1601.5万千克，救济款106万元，救济1.76万户8.53万人；救济单衣裤7715套，棉衣546件，被子5273床，毯子8876床，布料67.72万尺，折款53.87万元。1980年，思茅地区有困难户9.45万户52.28万人，救济2.83万户15.92万人，济款32.05万元，其中农村救济2.81万户15.80万人，济款28.76万元；城镇救济303户864人，济款3.29万元。1981年，思茅地区有困难户7.73万户40.23万人，救济3.28万户16.09万人，济款25.38万元，其中农村救济3.27万户15.99万人，济款22.02万；城镇救济372户992人，济款3.36万元。1983年，思茅地区救济支出21.84万元，其中农村救济1.97万户8.30万人，济款13.64万元，济粮1.79万千克；城镇183户212人，济款2.25万元。1984年，思茅地区救济支出31.75万元，其中农村2.87万户14.13万人，济款19.67万元，济粮2.63万千克；城镇125户，济款2.44万元；其他救济59人次，济款8.43万元；救济寒衣1.81万户19.33万人，救济单衣裤5.79万套，棉衣7380件，布料29.75万尺，折款64.09万元。1985年，思茅地区有困难户9.78万户50.65万人，救济4.43万户20.73万人，济款19.26万元，其中农村4.4万户20.66万人，济款17.68万元；城镇288户687人，济款1.5万元；其他救济0.8万元。寒衣救济1.33万户14.03万人，救济单衣裤7.75万套，折款58.69万元。1986年，思茅地区有困难户10.96万户62.2万人，救济4.36万户21.92万人，济款21.75万元，其中农村4.34万户21.86万人，济款19.61万元；城镇176户586人，济款1.63万元；其他救济0.51万元；寒衣救济9030户923万人，救济单衣裤6.1万套，折款43.71万元。1987年，思茅地区有困难户1.22万户64.54万人，救济5.45万户27.22万人，济款3406万元，其中农村5.44万户27.18万人，济款33.8万元；城镇119户396人，救济款0.9万元；寒衣救济4047户7.8万人，救济单衣裤4.64万套，被子792床，毯子644床，布料2.84万尺，折款27.32万元。1988年，思茅地区有困难户10.72万户52.96万人，救济5.38万户26.07万人，济款19.4万元，其中农村5.36万户26.01万人，救济款17.7万元；城镇175户560人，济款1.7万元。寒衣救济2.26万户10.06万人，救济单衣裤34.11万套，棉衣1.44万件，被子9236床，毯子21.01万床，折款15.55万元。1989年，思茅地区有困难户6.05万户29.72万人，救济6.05万户2.97万人，济款7.3万元，其中农村5.99万户29.43万人，济款6.2万元；城镇600户2847人，济款1.17万元；寒衣救济4628户1.50万人，救济衣裤3.80万套，被子236床，折款16.64万元。1990年，思茅地区有农村特困人口21.77万人，安排定期定量生活救助款349万元。1991年，由于灾情严重，共下拨春、夏荒救助款357.3万元，救助特困户12.54万户58.86万人，占思茅地区农业人口的29.2%，其中双缺户5.05万户25.78万人。1992年，思茅地区有农村特困户10.85万户52.44万人，其中国家临时救济特困户18.44万人，定期定量救助特困人口1678人。1993年，思茅地区有特困户10.55万户50.62万人，其中国家给予临时救济21.65万人，定期定量救助997人。1995年，思茅地区有农村特困户14.16万户63.37万人，其中国家给予临时救助特困户23.25万人，给予定期定量救助1767人。1996年，思茅地区有农村特困户8.54万户40.77万人，发放社会困难救助款925.6万元，198.22万人次得到生活救助。1997年，由于灾害频繁，农村特困户生活更加困难，为保障农村特困户的基本生活，思茅地区安排农村救助款1852万元，救济粮4.37万吨，35.18万人得到救助。1998年，思茅地区安排农村社会救济资金1064万元，粮食796万千克，发放衣被折款41万元，救助特困人口21.19万人，占思茅地区农业人口的8.7%。1999年，思茅地区下拨农村社会救助款1166万元，粮差款173万元，救助农村特困人口40.3万人。2000年，思茅地区安排农村特困户社会救助款1067.1万元，发放救济粮3391吨，救助农村特困户6.24万户30.37万人，其中临时救济10.85万人，定量救济917人。2001年，思茅地区下拨农村社会救助款2410万元，发放口粮救济款619.8万元，粮食359万千克，得到救助人口6.37万户26.09万人，其中定期定量救助特困人口2965人。2002年，思茅地区有社会救济人数25.21万人，其中农村特困户2.69万户22.18万人，发放救助资金1589.5万元。2003年，思茅地区有农村定期救助特困户3956户5322人，安排特困户救助资金136.6万元，临时救济农村贫困人口2.31万人次。2004年，全市对农村特困户定期定量救助4384人，其中特困户517人，孤、老、残、幼2351人，其他1516人。临时救助13.38万人，医疗救助1.87万人，安排救助资金284.8万元。2005年，全市定期社会救助人数43667人（城镇37494人、农村6173人），安排定救资金100万元；农村临时救助10645人，医疗救助43025人。2006年4月，全市开展农村特困户摸底调查，把家庭主要劳动力常年因病、因残影响到家庭基本生活的农村群众纳入农村特困户救助范围，实施低起点、低标准、低覆盖面的定期定量救助。全市有农村特困户21058户69737人（因病致贫43734人、因残致贫26003人）；按每人每月10元，每月发放救助资金69.73万元，全年发放救助资金836.84万元。年内，省市下拨救助资金489万元（省级439万元、市级 50 万元），救助特困人口 21498 人次。2007 年，农村特困户生活救助转入农村最低生活保障，按照农民人均纯收入低于 625 元标准，以及因家庭主要劳力常年生病、因残影响家庭基本生活困难的农村困难户 47341 户 29 万人全部纳入农村最低生活保障范围，人均月补差 30 元，其中享受一类补差水平的 7296 户 8755 人，人月均补助 60 元；享受二类补差的 64127 户 112429 人，人月均补助 30 元—39 元；享受三类补差的 67526 户 168816 人，月均补助 22 元—27 元。全年支出农村低保资金 10440.4 万元；其中，省级补助 8422.5 万元，市级补助 522 万元，县（区）补助 1495.9 万元。同年，对患大病、重病的农村特困家庭实施医疗救助，安排农村医疗救助资金 1767.81 万元，其中省级安排 1742.18 万元，市级安排 20 万元，县（区）安排 5 万元。2006 年结余 501.33 万元。年内，实际救助 738 人。累计支出农村医疗救助金 625.7 万元。

第五章 社会福利

第一节 城市低保救助

一、由于特殊原因或无收入城镇居民的社会救济

1986年后，按照国务院规定，凡是1961年至1965年6月9日期间精减退职的1957年年底以前参加工作的老职工，全部或大部丧失劳动能力或年老体弱，或者长期患病影响劳动较大，而家庭生活无依无靠的，由民政部门发给本人原标准工资40%的社会生活救济，医疗费补助三分之一；20世纪60年代，国家为减轻城市就业压力，动员一部分城市知青“上山下乡”。“文化大革命”结束后他们陆续返回城市，其中有一些知青因病、因伤致残而生活困难，需要国家给予社会救济；其他人员，包括“右派分子”摘帽人员及其他“文化大革命”中遭受迫害人员，对其生活困难的给予社会救济。以上人员的救济逐步从单位分离出来，企业原来承担的城市社会保障功能由政府社会救济部门来承担，纳入城市社会救济范围，进入城市居民最低生活保障行列。

二、城市社会流浪乞讨人员生活救助

1980年11月，根据《云南省关于批转“收容遣送和安置农场工作会议”的通知》，思茅收容遣送站恢复，配备专职人员3人，1987年，专职人员增为11人。1978—1989年，思茅地区救助农村流入城市的社会流动农户313户831人，城市流浪乞讨人员606人。1990年，思茅地区救助城市各类自盲人员235人次，并将其安排助送回原籍。1991年，思茅地区救助各类城市流浪乞讨人员172人；其中，地区救助站收助87人、外站转入85人。地区救助站直接助送75人，资助离去93人。1993年，思茅地区收助救助各类流浪乞讨人员213人次。1997年，思茅地区收助救助流浪乞讨人员185人次，其中区外省内87人、外省57人、本地区41人；流乞人员89人、盲流人员78人、受骗妇女18人。办理收养儿童15人。1999年，为确保“’99昆明世博会”圆满成功，思茅地区除日常收助救助工作外，组织3次大规模收助救助“三无”盲流人员集中统一行动。思茅地区收救助救“三无”（无生活来源、无劳动能力、无法定抚养义务人）人员及流浪乞讨人员2843人次，其中本地区人员1404人次、外地州人员853人次、外省人员586人次。思茅地区办理儿童收养登记59人，其中送入福利院孤儿14人、父母无力抚养儿童3人。2000年，思茅地区民政部门收救1026人次，其中流浪乞讨人员572人次、被拐卖妇女儿童84人次、其他“三无”盲流人员370人次。同时，办理儿童收养登记54人。按照省民政厅要求，对未办理收养登记手续而私下收养儿童的“事实收养”情况开展调查。2001年，思茅地区收救城市流浪乞讨人员和“三无”人员1280人，其中流浪乞讨人员564人、“三无”人员716人。办理儿童收养登记40人。2002年，思茅地区收救助送

流浪乞讨人员和“三无”人员1126人，其中流浪乞讨人员423人、“三无”盲流人员703人。同时，办理儿童收养登记34人。2003年8月1日起，将原“收容遣送站”更名为“救助管理站”，实现对城市流浪人口从强制性收容遣送到自愿受助、无偿救助的变革。思茅地区按照规定对符合条件的救助人员及时予以救助；年内，思茅地区救助各类人员1150人次。办理儿童收养登记28人。2004年，市、县救助站和县级民政局救助流浪乞讨人员以及确有特殊困难回不了家的其他流动人口1250人次；其中，外省760人次、本省490人次。办理儿童收养登记59人。2005年，市、县救助站和县级民政部门救助流浪乞讨人员和其他流动人员1270人次，其中外省753人次、本省517人次。办理儿童收养登记85人。2006年，市、县救助站、县级民政部门救助流浪乞讨人员和其他流动人员1240人次，其中外省810人次、本省430人次。办理儿童收养登记47名。2007年，市、县救助站救助流浪乞讨人员和有特殊困难回不了家的流动人员1326人次，其中外省772人次、本省554人次。根据省民政厅、省公安厅、省司法厅、省计生委联发的《关于解决云南省公民事实收养有关问题若干意见的通知》，办理儿童收养登记63人，补办事实收养登记手续18人。

三、城市居民最低生活保障

1998年，思茅地区各县（市）相继成立城市居民最低生活保障制度建设领导小组，有领导分管和专人负责此项工作。年内，各县（市）完成所在地镇的调查摸底工作并拟定出方案报县（区）政府审批。1999年上半年，10县（市）启动城市低保工作20个乡（镇），核定保障对象3382人，发放保障金50.6万元。下半年，按照国务院和省政府要求，于9月15日前统一调整保障金标准的30%，调整3389人，月增加12.2万元。10月底，思茅地区各县（市）乡（镇）完成城市低保启动工作，核定保障对象2130户4729人，月支出保障金31.4万元。全年思茅地区发放保障金175.9万元。2000年，落实《城市居民最低生活保障条例》，把符合条件的城镇居民全部纳入保障范围。为加强保障金的管理，组织人员对10县（区）低保工作进行检查。年内，安排低保资金393万元，其中，中央补助195万元、省级补助98.4万元、地级配套40万元、县级配套59.6万元。通过调查核实，全年保障26260户、49868人次，发放保障金352.3万元，月人均保障标准130元。2001年，安排低保资金701.1万元，其中中央补助444.3万元、省级补助120.9万元、地级配套38万元、县级配套97.9万元。按照程序核定后，纳入低保10862户23293人，其中按照省委办公厅《关于进一步做好城市居民最低生活保障工作的通知》重新核定的应保未保人员，于2001年12月纳入低保范围的有5016户11608人，发放保障金323.5万元，月人均保障标准130元。2002年，城市低保工作列为“民心工程”，思茅地区各级民政部门集中力量，开展对低保对象的摸底排查、督查和复查。地区民政局于3月21日—26日，派出4个工作组到各县（市）进行督导，掌握思茅地区低保对象底数，6月底实现应保尽保的目标要求。符合享受低保条件的15829户28023人城市居民全部纳入保障范围，支出保障金1521.9万元，累计享受低保15326户次、294110人次。2003年，思茅地区核定享受低保对象为17327户28854人（保障人数占非农业人口数的9.3%）。享受保障对象人员，按家庭成员分类：在职职工4656人，离岗人员1236人，在“中心”下岗职工375人，离退休人员396人，失业人员3631人，“三无”人员2534人，其他人员16026人；按单位性质分类：省属国有企业2592人，省属地方国有企业2164人，地属集体企业3997人。全年安排保障金2171万元，其中上级补助1993万元、地级补助40万元、县（市）补助138万元。月支出保障金178.8万元，共支出保障金1884.7万元，累计享受保障对象203962户次、331739人次。在操作中改变手工代发方式，实行社会化发放。2004年，全市对弱势群体进行排查评议，做到不重不漏，应保应保。

5月，针对物价上涨群众生活受到影响的情况，有针对性地对低保对象中的因残、因病、孤寡、单亲家庭四种人及时实施，分类实保，在已享受保障金的基础上提高20%。10月，由于肉食品价格上涨，思茅区按照省委、省政府的要求提高保障标准，由130元/人月，提高到140元/人月，同时市级再增加5元/人月的补差标准，缓解城市弱势群体生活困难。为加快落实《云南省城市居民最低生活保障对象优待办法》，加强保障资金的管理，巩固完善管理制度；年内，对全市低保工作进行自查、抽查和交叉检查，规范和完善城市居民最低生活保障工作的管理。全年累计享受低保221643户次、368554人次，全市低保人数为31529人。全年安排低保资金3135.2万元，其中中央和省级补助2931.2万元、市级配套60万元、县级配套144万元。月人均保障标准140元。2005年，全市根据物价上涨情况，及时提高保障标准，由原来140元/人月提高到145元/人月，使低保对象月人均补差稳定在82元以上。针对低保对象的生活差异，实施分类施保，对极贫困的弱势群体，在原已享受保障金的基础上提高20%，使全市低保最高补助标准达到174元/人月。全市支出保障金3466.4万元，每月支出保障金310.4万元，其中中央、省补助3247万元，市级补助60万元，县（区）补助231万元，上年结转保障金1040万元。12月，核定符合条件的城市居民并享受保障对象22123户36103人，已保人数占非农业人口的11%。按家庭成员身份分类：在职职工3899人；离岗人员474人；在"再就业服务中心"下岗职工379人；退休人员2235人；失业人员4450人；"三无"人员2652人；其他人员22014人；按单位性质分类：省属国有企业3171人；其他国有企业1592人；地方集体企业2892人。截至2005年，累计保障257248户421347人次。2006年，思茅市对城市居民最低生活保障资金实行专户专账管理。7月，城市低保对象在原来保障标准基础上每人每月提高12元，增至157元。对残疾人、重病人、老年人、单亲家庭实施分类施保，在已享受保障金额基础上提高20%，使最困难的低保对象分类施保后最高可享受保障金186元。全市有保障对象25247户41490人（已保人数占非农业人口的12%）。全年安排保障资金4420万元，其中中央、省补助4098万元，市级补助70万元，县（区）补助252万元。2007年6月—11月，分3次提高城市低保对象临时生活救助。具体标准为：在原保障标准基础上，一般低保对象人均每月提高临时性生活补助15元，其中"三无"人员、重度残疾人、危重病人、60岁以上老年人、单亲家庭中的未成年人及义务教育阶段的在校学生，在原享受保障金的基础上人均增加20%；根据肉类价格上涨等因素，在上次增加临时补助基础上，人均增加临时物价补助10元；因燃煤价格上涨等因素，11月在原两次提高临时补助基础上，每户提高临时救助10元。全年共增加临时救助资金550万元，其中省级补助425万元，市、县（区）补助125万元。全市累计保障292490户次472402人次，安排保障资金5352万元，其中省级安排4969万元，市级安排70万元，县（区）安排313万元。累计支出保障金5434.89万元。

第二节　社会福利企业

1978—1989年，思茅地区组建社会福利企业8个，其中普洱县2个、思茅县1个、墨江县1个、景东县1个、江城县1个、澜沧县1个、西盟县1个。1990年，思茅地区有社会福利企业5个，职工76人，固定资产103.2万元，产值323.4万元，实现利润20.5万元。救灾扶贫经济实体20个，总投资502万元，固定资产417万元，产值430.5万元，实现利润64.2万元。安置残疾人、贫困优抚对象和灾民贫困户2900余人，其中固定职工457人。1991年，思茅地区有社会福利企业5个，救灾扶贫经济实体20个，“双扶”企业28个，“双扶”经济实体28个，有固定资产560.5万元，产值786.4万元，销售收入618.2万元，实现利润85.4万元。1993年，思茅地区有“双扶”、福利企业等经济实体29个，其中福利企业7个，从业人员476人（含残疾人58人）；固定资产639.8万元，营业收入1150.8万元，实现税利111.8万元。1996年年底，思茅地区有扶贫经济实体36个，其中救灾扶贫福利企业3个。在经济实体中，区、县（市）民政部门独资兴办31个、合资联办4个、借助兴办1个。总投资1569.25万元，其中周转金投资551.4万元、周转金借助701.5万元。从业人员529人，其中贫困户225人、优抚对象困难户40人、残疾人员74人。有固定资产1035.53万元，年末产值572.7万元，税金85.37万元，纯利润21.88万元，上缴利润4.4万元。盈利企业21个，亏损11个。除办经济实体扶持外，思茅地区扶持单户20353户89680人，其中优扶对象228户1065人。扶持资金238.6万元，其中周转金102.65万元、社会救济款127.95万元、其他资金8万元。年末，脱贫162户839人，其中优抚对象88户362人。1997年，思茅地区有福利企业和“双扶”实体23个，其中新办福利企业3个。拥有固定资产1785.5万元，营业收入439万元，实现利润63.1万元。1998年，思茅地区有福利企业和“双扶”经济实体19家，其中社会办福利企业10家，固定资产3802.9万元，实现销售收入和营业收入1597.2万元，利润13.1万元。按照《福利企业管理办法》，完成思茅地区19家双扶福利企业的年检工作，对合格的16家福利企业，上报省民政厅予以公告。2000年，思茅地区有民政双扶福利企业19家，固定资产4336.3万元，实现销售收入和营业收入4158.35万元，利润144.7万元。19家双扶福利企业完成年检，其中被注销1家、合格18家。2001年，思茅地区18家社会福利企业进行年检，其中被注销3家、合格15家。2003年，思茅地区有福利企业11家，职工306人（含残疾人126人），年销售收入1669.9万元。2004年，全市新批准成立社会福利企业4家。对2003年度福利企业进行年检，有10家为合格社会福利企业。2005年，全市申报新成立社会福利企业2家。完成社会福利企业年度检审，有12家社会福利企业为合格企业。2006年，全市有社会福利企业16家，职工91人，固定资产原值364.2万元，营业收入16.2万元。16家社会福利企业完成年度检审工作。2007年，全市完成对12家合格的社会福利企业的年检，申报注销3家福利企业。

第三节　社会福利募捐

1988年，思茅地区社会福利彩票募捐办公室成立，10月1日开始销售，年内销售40万元。截至1989年年底，全市累计销售240.7万元，其中地区民政局29万元、思茅县33.75万元、普洱县27.21万元、墨江县30万元、景东县26.05万元、镇沅县10万元、景谷县34.02万元、江城县5万元、澜沧县20万元、孟连县17.06万元、西盟8.61万元。销售有奖福利彩票的全过程，受财政、人民银行和审计部门的监督审计。思茅地区销售的240.7万元奖券中，除去返还给买券者奖金102.23万元，按规定上缴中募委、省募委以及福利资金74.71万元。这笔资金已用22.2万元建办以下社会福利事业单位：办聋哑学校（思茅）10.45万元；思茅残疾人服务中心1万元；景东龙街敬老院3.7万元；墨江玖联镇养老院0.15万元；景谷敬老院3.5万元，养老院3.4万元。年终结余52.51万元。1990年，思茅地区向社会发行社会福利有奖募捐券50万张，筹集社会福利资金12.4万元，用于资助兴建思茅残疾人活动中心、景东龙街乡敬老院、澜沧儿童福利院等5个项目15.35元（含1989年筹集部分）。1991—1993年，思茅地区发行销售社会福利奖券786万张，筹集社会福利资金223.1

万元。1996年，思茅地区销售377万元，除去中奖返还费207.35万元，上交省和中募委53.72万元，发行费和代销费35.34万元，共募集社会福利资金80.59万元。1997年，地区、县（市）发行福利彩票680万元，筹集社会福利资金102.6万元。在年度彩票销售中，景谷开创思茅地区单点一次性销售彩票135万元的最高纪录，思茅地区有4个县（区）一次销售彩票规模在100万元以上。2001年，思茅地区发行福利彩票850万元，筹集福利资金110万元。2002年，思茅地区发行福利彩票656.3万元，筹集福利资金78.6万元。2003年，思茅地区福利彩票发行完成“全热线”升级。截至年末，思茅地区布机43台，彩票发行销售734万元，筹集福利基金165万元。2004年，全市发行销售即开型福利彩票366万元，是上年发行销售总额的3.66倍，完成省中心下达任务120万元的305%；销售电脑福利彩票1626万元，比上年增加1020万元，完成省中心下达任务（900万元）的181%。2005年，全市发行电脑彩票6900余万元，年度销售量增长350%，完成省福彩中心下达年销售任务（1320万元）的500%。10县（区）销售普遍增长，销售总量超千万元的县（区）是：澜沧县1600余万元，景东县1600余万元，思茅区1300余万元。2006年，全市福利彩票销售突破亿元大关，达到1.05亿元。2007年，全市销售福利彩票16217.68万元，其中销售电脑福利彩票15628.06万元，中福在线销售239.62万元，灵活设奖即开型销售350万元。缴纳税金176.53万元，筹集公益金5623.69万元。

第四节　社区服务

2001年，思茅地区在思茅市思茅镇通商中路社区进行社区建设试点，建立社区党支部、社区成员代表大会、社区居民委员会、社区协商议事委员会、社区监事委员会等社区组织，形成一套较完整的新型社区组织体系，为思茅地区开展社区建设和社区服务提供经验。为配合城市社区老年福利服务“星光计划”的实施，在思茅地区10县（市）拟定建立34个城市社区居民委员会的规划方案，经过调查摸底和征求有关方面的意见后，拟定《思茅地区城市社区建设2001—2010年规划》上报思茅地区行政公署，行政公署行文转发各县（市）执行。2002年9月，思茅地区召开城市社区建设工作会议，安排部署城市社区建设和社区服务工作。截至年末，思茅地区有6个县（市）完成社区建设，建立社区24个，依法建立社区党支部、社区居民委员会、社区议事协调委员会等社区组织体系，制定社区各项规章制度和3年工作规划，构建城市基层服务管理和服务平台。2003年，思茅地区继续推进社区建设。广泛宣传动员、摸底调查、拟订方案、划定社区、建立社区党组织、推选居民小组长和居民代表，按照“公开、公平、公正”原则招选社区居委会干部，推选候选人参加民主选举，产生社区居委会36个。2004年，全市完成城市社区服务“星光计划”项目10个，总投资349.54万元，总建筑面积5977平方米。在10个建设项目中，属社区居委会设施的2个、乡镇敬老院6个、社会福利院2个。同时，为做好思茅市实施“残疾孤儿手术康复明天计划”，对0岁—18岁具有手术适应证的孤儿、特困家庭的残疾儿童以及享受低保政策家庭的残疾儿童进行分类调查统计，成立市级领导小组，确定市人民医院为手术定点医院，对该年度计划手术的13名儿童安排体检，填写《手术申报表》上报省民政厅审批。按照开展“微笑列车”项目要求，由市人民医院对51名唇腭裂患者进行手术矫治。2005年，对全市孤儿弃婴基本情况作统计调查。年内，对53名残疾孤儿进行手术康复治疗，投入医疗经费62万元。按照开展“微笑列车”项目要求，对6名唇腭裂患者进行手术矫治。2006年，全市开展特困户残疾儿童手术救治工作，经市人民医院和昆明医学院第一附属医院和天津国际心血管医院手术，出院残疾儿童250人，支出医疗费用148万元。手术人数居全省第二。2007年，围绕残疾孤儿手术康复“明天计划”，在确保所有具有手术适应证残疾孤儿都得以实施手术救助的基础上，开展农村特困户残疾儿童手术救治工作。上半年，经普洱市人民医院和昆明医学院第一附属医院手术治疗的残疾儿童有267人，支出费用173.8万元。在全国实施“明天计划”总结大会上，普洱市民政局被民政部评为全国“明天计划”工作先进集体。年内，完成并上报建筑面积4560平方米，设床位200张，总投资720.9万元的普洱市儿童福利院建设项目可行性研究报告及所需的各类材料。10月，普洱市儿童福利院建设项目得到国家发改委、民政部批准，列入2008年建设项目。

第六章 婚姻登记及殡葬

第一节 婚姻登记

1980年前，思茅地区婚姻登记按照1950年5月颁布的《中华人民共和国婚姻法》（以下简称《婚姻法》），结婚年龄男不得早于20周岁、女不得早于18周岁。1980年9月15日，全国人民代表大会颁布的第二部《婚姻法》修改为：男不得早于22周岁，女不得早于20周岁，同时实行新的婚姻登记办法。在贯彻执行中，澜沧、西盟、孟连民族自治县经过县人大常委会讨论，并报省人大常委会批准，对新的《婚姻法》结婚年龄实行变通执行，即农村男青年结婚年龄不得早于20周岁，女不得早于18周岁；结婚双方都是国家机关、企事业单位的职工和城镇居民，仍按《婚姻法》规定年龄执行；其中一方是农村社员的，可按变通规定的年龄执行。1984年，思茅地区对贯彻执行第二部《婚姻法》以来的状况进行复查清理，对各类违法婚姻情况根据不同情况进行教育和处理。复查清理中，思茅地区未履行登记的私婚而补办登记的有12779对，结婚未到法定年龄还未生育子女而劝其分开的有5521对。1993年，思茅地区清理违法婚姻登记1330人。1996年，思茅地区对140余名乡镇基层民政助理员和婚姻登记员进行岗位培训，并经考试合格，发给证书，持证上岗，依法办事；宣传新《婚姻法》，增强群众婚姻法制观念。清理违法婚姻，整顿社会上不正当的婚姻介绍所，区、县两级普遍建立婚姻档案，婚姻工作由过去单一登记扩宽为登记管理。1997年，婚姻登记中的“搭车收费”情况得到杜绝。1999年，对思茅地区婚姻登记工作进行抽查，婚姻登记管理做到持证上岗，依法登记，结婚登记率92%，登记合格率100%。2001年4月28日，九届全国人大常委会第21次会议通过《中华人民共和国婚姻法修正案》。思茅地区通过对《婚姻法》的全面宣传，使广大公民懂得登记结婚将受到法律保护，使他们弄清哪些婚姻行为是合法的，哪些行为是违法和犯罪的，以及如何运用法律手段来保护自己的合法权益，如何依法履行自己的义务等，以此来规范公民的婚姻家庭行为。2001年，思茅地区统一发放婚姻登记人员资格证书和上岗证，做到依法登记，按政策规定收费，使用规范性的婚姻证件，保障当事人的合法权益。2003年，思茅地区宣传贯彻国务院新的《婚姻登记条例》、民政部《婚姻登记工作暂行规范》，各县（市）办婚姻登记员培训班，利用会议、报纸、电视、广播、墙报等形式宣传《婚姻登记条例》。婚姻登记机关国庆节期间正常上班，为群众办理婚姻登记；10月1日，思茅行署、民政局有关领导到思茅市婚姻登记处，为前来办理结婚登记的9对新人颁发证书。思茅地区按照民政部《婚姻登记工作暂行规范》和省民政厅要求，调整申报婚姻登记机关的设置和启用新的婚姻登记印章。2005年，全市加强婚姻登记机关内部管理；建立婚姻登记印章、证书、档案以及数据等事项的管理制度；科学部署婚姻登记场所；规范婚姻登记员行为；实行政务公开，建立健全各项规章制度和收费依据，收费标准公开上墙。2006年，全市清理出境外“三非”（非法入境、非法居留、非法就业）人员1064人，其中已婚生育的407人，已婚未生育的434人，未婚142人，缅籍印巴人81人。对已婚人员按照《中国与毗邻国边民婚姻登记管理试行办法》有关规定，送达《告知书》，限时携带相关材料到婚姻登记机关办理婚姻登记。年内，办理国内居民结婚登记17746对，办理涉外及华侨、港澳台居民结婚登记98对，办理国内居民离婚登记642对。2007年，全市对清理出的841人次边民事实婚姻下达告知书，携带有效证件到婚姻登记机关补办婚姻登记手续。

1978—2007年普洱市婚姻登记统计表

表35-3

单位：对

年份	结婚	离婚	涉外婚姻
1978	7174	133	—
1979	—	—	—
1980	9045	2782	—
1981	13768	228	—
1982	11483	310	—
1983	22354	962	—
1984	12349	258	—
1985	12711	308	—
1986	12848	322	1
1987	15950	291	—
1988	16551	487	—
1989	15396	438	1
1990	13812	451	3
1991	—	—	—
1992	17534	801	9
1993	35832	894	—
1994	—	—	—
1995	19229	555	15
1996	18954	545	6
1997	19610	—	7
1998	18557	768	8
1999	19472	783	13
2000	18764	753	7
2001	17936	812	7
2002	17628	824	8
2003	17767	866	8
2004	15274	1161	11
2005	17533	1393	18
2006	17746	642	98
2007	25575	1988	30

第二节　殡葬改革

一、殡葬法规

1985年，国务院颁布《关于殡葬管理的暂行规定》。1989年，民政部、公安部、国家工商行政管理局、国务院宗教事务局联合下发《关于制止丧葬中的封建迷信活动的通知》。1990年，民政部、国家土地管理局联合下发《关于制止丧葬滥占土地私建坟墓的通知》。1991年，中共中央颁布《关于党和国家高级干部逝世后丧事改革的通知》。1992年，民政部发布《关于印发（全国土葬改革工作“八五”计划和今后十年规划）的通知》。1993年，民政部、公安部、外交部、铁道部、交通部、卫生部、海关总署、民用航空总局联合下发《关于尸体运输管理的若干规定》。1995年，民政部下发《关于加强清明节期间文明祭祀管理工作的通知》。1996年，中共中央宣传部、民政部、公安部、国家工商行政管理局、国家土地管理局联合制定下发《关于实行移风易俗进一步改革丧葬习俗的意见》。1997年3月31日，省政府第44号令制定《云南省公墓管理规定》。1997年7月21日，国务院以第225号令发布《殡葬管理条例》。2003年7月31日，省人大常委会第3号颁布《云南省殡葬管理条例》。2006年11月30日，思茅市人民政府制定《思茅市殡葬管理办法》。殡葬法规规定：有步骤地实行火化，改革土葬，革除丧葬陋习，提倡文明节俭办事。在人口稠密、耕地较少、交通方便的地区，应当实行火葬；暂不具备条件实行火化的地区，允许土葬。禁止在丧事中搞封建迷信活动和滥占土地私建坟墓；在火化区不准把骨灰入棺土葬；未建火葬区的地区，埋入荒山瘠地或平地深埋不留坟头和碑志；任何地方都不准在可耕地（包括责任田和自留地）和宜林荒山乱埋乱葬。任何单位和个人不经民政部门批准，不得生产、销售丧葬用品；民政部门对当地丧葬用品的生产和销售市场要经常进行清理整顿，对非法经营者，由工商行政管理机关根据国家有关规定予以经济处罚或责令停止整顿；任何单位和个人不得生产、销售封建迷信的丧葬用品。要求党和国家领导干部、共产党员、国家职工在殡葬改革中起带头作用，并规定党和国家高级领导干部逝世后，不举行遗体告别仪式、不开追悼会；共产党员应带头实行火葬，文明、节俭办丧事；在实行火葬的地区，国家职工不实行火葬，不得享受丧葬费，所在单位不得为其丧事提供方便。国家职工拒不执行本规定，情节严重，影响很坏的，应给予行政处分。严禁私运尸体，实行尸体运输统一归殡葬管理部门管理等。

二、殡葬管理

1978年后，思茅地区将思茅、澜沧、景谷县殡仪馆作为3片区域管理。思茅片以思茅县为主，覆盖普洱、墨江、江城县；澜沧片以澜沧县为主，覆盖西盟、孟连；景谷片以景谷县为主，覆盖镇沅、景东县。1985年，行署发出关于贯彻《对国务院〈关于殡葬管理的暂行规定〉的通知》。要求建有殡仪馆的思茅、澜沧、景谷县制定具体的实施办法。思茅县把倚象、翠云、南岛河等乡村划为火化管理区域；澜沧县把上允、富邦、竹塘、惠民、酒井、东回等乡（镇）划为火葬管理区域。两县还要求在火葬管理区域的机关、部队、企事业单位的干部、职工及居民死后均行火葬。并规定木材加工单位不得为进行土葬的干部、职工、居民制作经营棺木。不实行火葬而进行土葬大操大办造成生活困难的，不论干部、职工、居民，一律不予照顾和救济。1978—1989年，思茅殡仪馆累计化尸1718具；景谷殡仪馆累计化尸250具；澜沧殡仪馆累计火化尸体615具。1990—1995年，思茅地区宣传殡葬法、改革土葬、推行火化，建立完善殡葬事业管理；累计火化尸体2598具。1999年，思茅殡仪馆按国家“三级馆”标准完成火化车间改造，总造价75万元，安装两台由上海宝龙火化机械研究所生产的“GC—M型绿色火化炉”，于7月竣工投入试用，10月30日通过验收。2000年，思茅殡仪馆新购桑塔纳运尸车2台，进馆的柏油路面工程顺利开工。2002年，思茅殡仪馆按国家“三级馆”标准进行扩建，完成投资55万元，集悼念厅、整容室、冻尸间、骨灰寄存室等为一体的综合楼建设，建筑面积526平方米。江城、景东、思茅县（市）制定《殡葬管理暂行规定》。2003年，地区、县（市）民政局与思茅人民广播电台共同举办《云南殡葬管理条例》系列宣传专题，宣传副省长李汉柏关于殡葬改革的重要讲话，拟定话题进行访谈式宣传殡葬管理法规和政策。各县（市）利用报纸、电视、广播、印发宣传单等形式进行宣传。思茅殡仪馆对馆内进行整体规划，按等级殡仪馆达标要求实施改造配置，铺设水泥路面，绿化美化环境，建盖休息接待室。2005年清明节期间，全市民政部门利用电视、报纸等新闻媒体宣传殡葬管理条例，报道殡葬改革工作，倡导人们破除陈规陋习，树立文明祭祀、文明葬礼意识。市殡仪馆被评为市精神文明单位和花园式单位。2006年，市政府与各县（区）政府签订《2006年度思茅市殡葬管理目标责任书》。按照责任书要求，完成上报调整划定各县（区）火化区范围方案；制定出台《思茅市殡葬管理办法》，完成殡仪基础设施项目资金申报。2007年4月，市殡仪馆被省人民政府授予先进单位称号。1996—2007年，普洱市3个殡仪馆火化遗体13713具；业务收入1702.4万元。截至2007年年底，普洱市有思茅、景谷、澜沧县（区）殡仪馆，3个火化车间，5台火化炉、6台殡葬车，职工24人，固定资产614.2万元。

三、公墓

普洱市的公墓主要有两种：一种是为城镇居民提供骨灰或遗体安葬服务的城镇公共墓地（经营性公墓）；另一种是为乡村居民提供骨灰或遗体安葬服务的乡村公益墓地（公益性公墓）。1990年，澜沧县建成骨灰公墓。1991年，墨江县征用100亩轮歇地，建立经营性遗体公墓。1993年，普洱县经营性公墓已征土地，墨江县公墓建设已完成墓区规划和道路修建。1996年，澜沧、墨江、景谷县经营性公墓共安葬骨灰墓263冢，遗体墓穴38冢。1997年5月，思茅望城坡公墓开土动工，建成212个骨灰墓穴。1998年，思茅望城坡公墓新建281个骨灰墓穴投入使用。1999年，澜沧、墨江、西盟、思茅县（区）经营性公墓全年安葬遗体和骨灰墓穴208个；景谷县经营性公墓开工建设，建成150余个墓穴投入使用。墨江、西盟、景谷制定地方性殡葬法规。2000年，思茅、澜沧、西盟、墨江、景谷县（区）经营性公墓全年安葬骨灰和遗体墓穴191个，并完成年检；年底开工建设的普洱县经营性公墓已建成墓穴60个；西盟县新县城经营性公墓开工；各县（区）完成乡级公益性公墓1个—3个；澜沧县制定地方性公墓管理法规。2001年，思茅、澜沧、西盟、墨江、景谷、普洱县（区）经营性公墓全年安葬骨灰和遗体墓穴167个，并完成年检。江城县经营性公墓已开工建设，景东、镇沅县完成经营性公墓的选址和规划设计。各县（区）按照目标责任书要求，完成乡村公益性公墓的规划批建任务。2002年，思茅地区经营性公墓安葬骨灰和遗体墓穴224个，按要求完成年检；江城、景东、思茅县（区）制定《公墓管理暂行规定》。2003年，思茅地区经营性公墓共安葬骨灰和遗体218个。2004年，全市建成经营性公墓1418个，安葬骨灰和遗体970个，其中翠云区公墓地建成公墓650个，安葬492个；墨江县安葬130个；江城县建成433个，安葬58个；孟连县建成335个，安葬290个。2005年，全市建成经营性公墓296个，安葬骨灰和遗体墓穴214个。2006年，全市新建经营性墓穴318个，安葬骨灰和遗体墓穴256个。根据党政机关不能办经济实体的要求，年底公墓地改制为股份制企业。2007年年末，全市各经营性公墓安葬骨灰和遗体墓穴217个，全市建有思茅、江城、宁洱、墨江、孟连、景谷、澜沧、西盟县（区）8个经营性公墓，48个乡村公益性公墓地。

四、殡葬习俗

20世纪80年代初期，思茅地区为适应殡葬习俗改革需要，相继建成思茅、澜沧、景谷县殡仪馆，把殡仪馆建设纳入殡葬习俗改革的重要内容。2003年，思茅市殡仪馆在新建火化车间、安装新火化炉、建盖悼念厅、骨灰寄存室的基础上，对馆内进行合理规划，铺设水泥路面，馆内整体绿化美化、建盖休息接待室；馆内设施、环境的改革，给职工带来方便，给群众带来满意。景谷县已在筹备搬迁建设殡仪馆，澜沧县殡仪馆规划改造陈旧、窄小的厂房，已加大绿化面积，初步建成花园式的殡仪馆。省民政厅批准墨江、景东县新建殡仪馆。通过多年殡葬习俗改革，广大群众对积极、有步骤地实行火葬、改革土葬、节约殡葬用地、革除丧葬陋俗，提倡文明节俭办丧事已逐步形成共识，推行厚养薄葬、丧事简办，减轻家庭办丧负担；逐步遏制修祖坟、借办丧敛财、拉关系等不正之风；逐步解决乱埋乱葬、浪费土地、破坏自然景观和死人与活人争土地的问题。

第七章　民间组织管理与老龄工作

第一节　民间组织管理

一、社团登记

1989年后，按照《社会团体登记管理条例》，思茅地区社会团体登记管理由市、县（区）民政部门主管。根据社会团体产生的内部和外部原因，登记管理机关按其原登记注册的事项，由管理机关办理变更登记。1992年，思茅地区申请登记社团机构88个，经审查批准登记84个，其中协会38个、基金会2个、学会39个、研究会1个、其他4个。1995年，思茅地区申请登记社团筹备组织机构62个，批准登记62个，其中协会32个、学会23个、研究会5个、其他2个。1996年，思茅地区对各类社会团体进行年度检审，有各类社团258个，其中地直64个、县（区）192个、乡（镇）2个。民政部门除对各社团做好登记管理外，发挥“中介”组织的作用，使社团通过登记、检审后，依照国家法律和自己的章程开展活动。1997年，举行地直64个社团法人和业务主管部门领导人会议，传达贯彻国务院办公厅《转发民政部关于清理整顿社团意见的通知》，到西盟、孟连、澜沧等县调查了解社团情况。年底，镇沅的19个社团已经完成清理整顿工作，其他县（市）和地直社团进入换证阶段。1998年，对思茅地区260个社会团体进行清理整顿，对不符合规定的24个社团办理注销手续外，其他社团全部换发新证。1999年，按照新颁布的《社会团体管理条例》，完成对社团的重新审定登记。经清理整顿，原来的236个社团，依法保留登记207个。根据上级要求及时了解掌握气功类民间组织，审批把关，对原来属于县级登记的气功类社团，在清理整顿中不予登记。2000年，思茅地区完成社团分支机构和气功类社团的专项清理，对原登记的气功类社团全部办理注销登记。并对地直17个未办理重新登记的社团在思茅报上办理注销登记公告。2001年，思茅地区有社团210个（含职工持股会），其中市直社团6个。依照《社团登记条例》，新登记社团7个（含职工持股会3个），注销登记3个（含持股会1个），完成思茅地区社团的年检。2002年，对思茅地区210个社团进行年检，注销7个社团，新登记13个社团。2003年，思茅地区有社团296个，其中专业性社团85个、行业性社团78个、学术性社团63个、联合性社团14个、基金会2个、其他54个。对已有的社会团体进行年检，并予公告。2004年，全市根据撤地设市后社团名称需要变更，对市属62家社团进行年检换证。全市有社团253个，其中市直社团68个、新登记社团21个。2005年，全市有社团311个，年内批准登记59个。按活动区域：市级社团79个，县级社团232个。按性质：专业性社团50个，行业性社团127个，学术性社团84个，联合性社团30个，其他20个。2006年，全市批准新登记社团39个，原登记社团通过年检311个，年末实有社团350个。按活动区域：市级社团90个，县级社团240个。按性质：专业性社团39个，行业性社团

131个，学术性社团124个，联合性社团30个，其他26个。2007年，以培育发展行业协会、农村专业经济协会、公益性服务性民间组织为重点，开展社团登记管理。年内，县（区）登记民间组织310家，同意筹备登记成立5家。同时，结合思茅市更名为普洱市，做好社团的年检、更名、换证工作，年检、换证合格率94.2%。

二、民办非企业登记

1998年10月25日，国务院颁布《民办非企业单位登记管理暂行条例》。2001年，思茅地区开始复查登记民办非企业单位。地区行政公署《民办非企业单位复查登记工作方案》下发至地直各部门和县（市）。年内，思茅地区完成复查登记工作的有普洱、江城、澜沧、墨江县，依法核准登记5家；思茅市和市直单位的民办非企业单位复查登记工作已在进行中，其余进入审查登记阶段。2002年，思茅地区完成民办非企业单位的复查登记，对17家社会办的民办非企业单位给予认定登记，其中思茅市8家、普洱县2家、江城县2家、墨江县1家、澜沧县1家、地直单位3家。批准登记民办非企业单位3个，上年登记年检11个，注销4个；年末实有民办非企业单位14个，登记法人10人。2003年，思茅地区批准登记民办非企业单位7个，通过上年年检14个，年末实有民办非企业单位21个。按性质：教育19个、体育2个，登记法人代表17人。2004年，根据撤地设市后名称需要变更，对市属4家民办非企业单位进行年检换证工作，同时开展全市民办非企业单位复查登记。年内，批准登记民办非企业单位9个，通过复查和年检16个，年末实有25个。按隶属行业：教育18个、卫生1个、体育3个、法律服务业3个。按性质：个体7个、其他18个。登记法人18人。2005年，全市批准登记民办非企业单位2个，通过年检24个，注销1个，年末实有26个。按性质：个体6个、其他20个，登记法人26人。按隶属行业：教育19个、文化13个、体育1个、劳动1个，登记法人28人。2006年，全市新批准登记民办非企业单位3个，通过年检26个，年末实有29个。按性质：个体6个、其他23个，登记法人23人。按隶属行业：教育22个、文化3个、体育4个。应建立党组织4个，已建立1个。2007年，全市新批准登记民办非企业单位12家，年末实有41家。

第二节　老龄工作

一、沿革

1978年至1999年2月，按当时管理体制，老龄机构称谓为老龄问题委员会。1999年2月，根据《中共中央、国务院关于老龄工作的决定》，地区老龄问题委员会更名为地区老龄工作委员会，机构级别从正科升为副处，编制2人，办公室下设综合科。2001年3月14日，思茅地区老龄工作委员会及其办公室成立，明确老龄委、老工办及各成员单位的职责，建立联络员制度；思茅、江城、西盟相继成立老龄工作委员会及办公室；年末，思茅地区基本理顺老龄工作机构关系，配备专职人员，并把办公室设在民政局。2007年，普洱市老龄工作委员会有老龄办专职副主任1人，综合科长1人。

二、管理

1990年，思茅地区有乡（镇）农村敬老院49个，收养老人620人。在10县中普洱、镇沅两县实现乡乡有农村敬老院的目标。1991 年，思茅地区有农村办敬老院 59 个，收养老人 720 人；城镇办敬老院 7 个，收养老人 99 人。为加强对敬老院的管理，行署下发《农村敬老院管理办法》，进一步强化乡（镇）敬老院的规范化管理。1992 年，思茅地区有乡（镇）办敬老院 50 个，职工 121 人，床位 1042 张，收养老人 686 人，集体供给资金 17.86 万元，其中乡办敬老院 47 个，职工 115 人，床位 974 张，收养老人 629 人，集体供给资金 14.06 万元；镇办敬老院 3 个，职工 6 人，床位 68 张，收养老人 57 人，供给资金 3.8 万元。1993 年，思茅地区有农村办敬老院 54 个，职工 136 人，床位 1069 张，收养老人 638 人，集体供给资金 15 万元；镇办敬老院 3 个，职工 3 人，床位 43 张，收养老人 29 人，供给资金 14 万元；社会办敬老院 21 个，职工 48 人，床位 398 张，收养老人 220 人，供给资金 20 万元。1995 年，思茅地区有社会办敬老院 57 个，职工 140 人，床位 1170 张，收养老人 624 人，供给资金 14 万元。1996 年，思茅地区有乡（镇）办敬老院 57 个，养老院 7 个，收养老人 612 人。1997 年，思茅地区有乡办敬老院 45 个，职工 115 人，床位 798 张，收养老人 444 人，集体供给资金 28 万元；镇办敬老院 14 个，职工 33 人，床位 271 张，收养老人 128 人，供给资金 9 万元。2000 年，思茅地区有农村老年福利机构 57 个，职工 115 人，床位 1059 张，收养老人 450 人。农村福利机构资产 475.4 万元；其中，固定资产原值 452.7 万元、负债 7.3 万元、净资产 468.1 万元，收入 36.5 万元，安排供养资金 19 万元。2001 年，思茅地区有农村收养性老年福利机构 56 个，职工 108 人，床位 1047 张，在院老人 496 人。机构资产 440.4 万元；其中，固定资产原值 417.7 万元、负债 7.3 万元、净资产 433.1 万元，收入 58.3 万元，支出 58.8 万元；集体供给资金 46 万元。2002 年，思茅地区有城镇收养性老年福利机构 5 个，职工 22 人，床位 123 张，入院老人 44 人；机构资产 84.2 万元，负债 10 万元，净资产 72.2 万元；收入 29.2 万元（财政补助），支出 29.2 万元。农村收养性老年福利机构 56 个，职工 109 人，床位 1039 张，在院老人 521 人；机构资产 440.4 万元，负债 7.3 万元，净资产 431.4 万元；收入 46 万元（财政补助 32 万元、事业收入 12.4 万元），集体供给资金 46.1 万元。2003 年，思茅地区有农村养老性老年福利机构 64 个，职工 129 人，床位 1464 张，在院老人 589 人，机构资产 503.1 万元，净资产 493.6 万元；收入 79.4 万元（财政补助 56.2 万元、事业收入 23.2 万元），集体供给资金 41.5 万元。2004 年，全市有城镇收养性老年福利机构 3 个，职工 7 人，床位 106 张，在院老人 61 人；机构资产 64 万元，净资产 52 万元，收入 12 万元（财政补助），集体供给资金 12.5 万元。农村收养性老年福利机构 48 个，职工 94 人，床位 820 张，在院老人 382 人；机构资产 452 万元，净资产 451.8 万元；收入 61.6 万元（财政补助 53.8 万元、事业收入 7.8 万元），支出 61.6 万元，集体供给资金 8.8 万元。2005 年，全市有农村老年福利机构 58 个，职工 112 人，床位 1106 张，在院老人 492 人；机构资产 274 万元，净资产 273.8 万元，收入 48.4 万元（财政补助 39.9 万元），集体供给资金 5.8 万元。2006 年，全市有城乡老年福利机构收养老人 255 人，建立老年法律援助中心 16 个，老年活动点、中心、室 76 个，老年协会 358 个，其中村（居）老年协会 238 个，乡（镇）、街道老年协会 74 个，县（区）老年协会 73 个，老年基金会 1 个，老年社团 11 个，老年学校 9 所。2007 年，全市有老年福利机构 56 个，其中县办 18 个、乡（镇）办 37 个、村办 1 个，有床位 1296 个，收养老人 455 人，工作人员 104 人。

三、服务

1996 年，思茅地区举行《中华人民共和国老年人权益保障法》座谈会，地区人大工委副主任魏应昌、周云光、行署副专员李忠恒参加座谈会并作讲话，掀起学习宣传“老年法”高潮。年内，地区老龄委向思茅地区印发《老年法》1 万份，《思茅报》发表发映老龄工作稿件 58 篇，播放老龄工作新闻37条；地区老龄委撰写了《离退休干部是做好农村老龄工作的骨干力量》《发挥老科技人员的优势，为两个文明建设服务》《思茅地区人口老龄化发展趋势及其对策》等5篇论文。同年，思茅地区有60岁及以上老年人20.43万人，占全市总人口的8.52%，镇沅、景谷、普洱县老年人口超过本县总人口的10%，进入老龄型县行列。地、县（市）、乡（镇）建立老年群众组织405个，有会员28149人，老龄专干17人；市属企业老龄管理机构有专职工作员22人；老龄活动室124个，总面积9650平方米；供老年人活动的门球场55个，地掷球场33个，羽毛球场21个，网球场4个，乒乓球桌114张。1997年，地委普法办公室把《云南省老年人保护条例》编入《“三五普法”重要法规汇编》。思茅地区利用省、地报纸报道贯彻“老年法”及老龄工作新闻48篇，电视宣传32条。在全省学习宣传“老年法”知识竞赛活动中，思茅地区有7人中奖，中奖人数居全省第三。在北京举行的“中国老龄事业发展15周年图片展”活动中，思茅地区老龄委荣获组织奖。通过宣传贯彻“老年法”，思茅市平原办事处、景东县锦屏镇锦川办事处、景谷县威远镇蔬菜一社每月给每位老年人发生活补助费10元—30元。在12月举行的全省老龄工作暨“三奖”表彰大会上，思茅地区有12人获“敬老好儿女金标奖”，12人获“老有所为奉献奖”，6人获“重视老龄工作功勋奖”。1998—1999年，思茅地区开展《中华人民共和国老年人权益保障法》和《云南省老年人保护条例》的宣传贯彻。按照省老龄委关于开展老年法规执法检查的通知要求，各县（市）于1998年上半年开展对宣传贯彻老年法规执行情况的自查，地区老龄办抽查景东、景谷、镇沅、普洱县老年法规执法工作。9月，省老龄委交叉检查思茅地区老龄法规执法情况。同时，根据省老龄委、省老年福利基金会《关于在全省开展助养80岁以上特困老人具体办法的通知》，1998年，思茅地区开展对贫困地区高龄特困老人生活状况调查，经审查，思茅地区有54名80岁以上特困老人得到救助，人均获得年助养费400元，连续助养3年。澜沧县孤寡老人鲍老大被送往昆明“长青公寓”享受终身助养。1999年，在原助养54名的基础上，又增加国家老年福利基金会一次性助养对象19人，人均年助养费分别为500元、400元。1999年6月5日，地、县老龄部门开始在思茅地区范围内为年满70周岁以上的老年人办理“高龄老人优待证”。在敬老节期间，思茅地区为19位百岁寿星颁发《百岁星寿荣誉证》，并给每个百岁老人发放慰问金200元。1999年10月17日，思茅地区第一个“老年福利促进会”——思茅市平原办事处老年福利促进会挂牌成立。2000年5月—7月，思茅地区组织开展农村老年人情况调查，9个县每县选取一个行政村或办事处，思茅市选一个居民委员会，采取“上门入户、填表问答”的方式进行调查。思茅地区调查6个行政村、3个办事处、1个居民委员会，直接访问617户23481人，综合调查1959位60岁以上老年人的年龄结构、婚姻状况、文化程度、健康状况、生活方式、代际关系、赡养保障、精神生活、社会活动等情况，调查显示：思茅地区农村老年人绝对数大，居住分散，情况复杂，生活条件差异较大。农村老年人有95%过着居家养老的晚年生活；85%的老年人生活基本有保障，60%的老年人仍在继续从事生产劳动或经商活动。普遍存在着农村老年人的物质生活水平偏低、质量差；就医难、医疗条件差；精神文化生活贫乏，老有所教和所学基本是空白；农村年轻人的敬老观念淡薄，老年人的养老观念存在误区。年内，思茅地区助养高龄特困老人70人，发放助养金2.48万元；命名挂牌敬老模范村5个，新成立城镇老年协会12个，农村老年协会5个。7月6日，地委、行署召开现场办公会议，投资350万元在思茅市红旗广场西侧建设3500平方米的老干活动中心。9月中旬，地区老龄委与昆明国际旅行社欧亚中心部联合组织思茅地区483位老年人参加“夕阳红之旅”到北京及华东5省自费旅游。年内，景东县划拨土地6亩，投资50万元建成350平方米的老年活动中心；孟连县在修建体育场馆时专为老年人开辟活动场所；江城县由单位和个人共集资3.5万元，群众投工投劳450个，建成占地面积

144平方米的老年娱乐中心；墨江县老年活动中心建成投入使用。思茅地区在敬老节期间，走访看望高龄特困老人198人，送慰问品，慰问金；慰问百岁老人12人。2001年，思茅地区在敬老节期间，开展各种形式的座谈会、茶话会、晚餐会1955场次，举办各类文艺晚会35场次，开展各种文体表演活动15场次，参加各类活动的老年人达到10.5万人次。2002年，思茅地区老龄工作围绕“六个老有”工作目标，按照“党政主导、社会参与、全民关怀”的指导方针，贯彻落实《中共中央、国务院关于加强老龄工作的决定》和《云南省老龄事业发展十五计划纲要》。完成城乡贫困老年人状况38项内容的调查；选送节目参加《全国老年文艺调演》，并荣获云南唯一金奖，代表云南到北京演出；组织开展敬老节活动，组织“庆回归、迎重阳思茅老人游港澳活动”和思茅世纪广场联合举行的“心系老年人、情倾夕阳红”大型文艺晚会；启动第二批“助老工程”，思茅地区有151名高龄特困老人得到助养；开展创建“敬老模范村”活动。2003年，思茅地区组织开展创建老龄工作先进县、敬老先进村和先进社区试点；联合教育、文化等部门开展敬老爱老助老主题教育活动。2004年，全市开展“我为特困老人捐献一元钱”活动和基层农村老年协会“百村建设”试点示范活动；对全市74名高龄老人和6名高龄贫困老党员实施助养；组建“思茅茶城老年艺术团”。2005年，全市实施“百村建设”计划，给34个村老年协会、2个县老年艺术团、1个乡级老年活动室下拨经费，用于解决老年协会活动设施、器械、图书资料购置。2006年，思茅市制定《思茅市老龄事业发展“十一五”规划》和《思茅市加强老年人优待工作的实施意见》，提出对老年人提供“养老优待、医疗保健优待、生活服务优待、文体休闲优待、维权服务优待”等7个方面的优待内容以及各行各业、企事业单位、社会团体和公民都应当履行为老年人提供优待的职责和义务的具体要求，逐步建立以家庭养老为基础、社区服务为依托、社会养老为补充的养老机制，切实保障老年人的基本生活。在城镇，通过民政部门实施的城镇居民最低生活保障制度，将居民中的贫困老年人全部纳入最低生活保障范围，做到应保尽保；在农村，通过完善“五保”供养制度，保障集中和分散供养的“五保”老人的基本生活，并推行农村特困户救济制度，使特困家庭的高龄特困老人得到生活保障。2007年7月10日—12日，市老龄办与市政府法制办联合举办行政执法培训班，对全市25名老龄专职干部对新《云南省老年人权益保障条例》进行学习培训。市老龄办在《普洱日报》刊登新《云南省老年人权益保障条例》，在电视台播放办理“老年人优待证”及对老年人实行各项优待内容的通知。为便于广大群众和老年人学习掌握《条例》新内容，编制印发《老年朋友特别关心的几个问题解答》宣传资料2万册，发放《老年法学习手册》1.5万册。各县（区）印发《条例》学习宣传资料2.5万份。7月中旬，全市组织开展云南省老年人权益保障法律知识竞赛活动。7月16日，全市统一开始办理“老年人优待证”。年内，省级补助普洱市8个村级老年协会、每个村老协5000元；市级按1∶2比例配套，补助4个县16个村级老年协会，每个村老协3000元；县级按1∶4比例补助64个村，每个村老协1000元。全年共实施“百村建设”88个村，省、市、县三级投入补助资金19.2万元。为推行社区老龄工作“1144”工程和农村老年协会“七个一”工程，实施以提升五保供养设施管理水平为主的“霞光计划”，墨江县双龙敬老院经改造后投入使用，首批30余位农村五保老人入院集中供养。农村老年文体活动广泛开展，澜沧县谦六乡举办首届农村老年体育运动会，思茅、景东、澜沧、江城、墨江县（区）的基层社区和农村举办老年运动会、文艺演出等文体活动，丰富老年人的精神文化生活。市、县（区）配合省老龄委事业发展基金会实施的“助老工程”，全年助养农村高龄特困老人350人、助医140人。组织开展“敬老爱老助老主题教育活动”，按照省主题教育活动组委会《关于做好第三届“云岭十大孝星”评选表彰工作的通知》，在全市机关、厂矿、学校、广泛开展评选推荐，推荐上报3名，经社会公议，网上投票，新闻跟踪采访报道事迹，镇沅县恩乐镇民江村景短河村民杨学新被评为云南省第三届“十大孝星”之一。10月15日—18日，市委宣传部、市老龄办、市文化局、思茅区委区政府先后在思茅城区举办3台庆祝党的十七大胜利召开和欢度云南省第20届敬老节文艺晚会，市茶城老年艺术团、老同志合唱团、思茅区夕阳红艺术团以及各社区组织的老年文艺表演队演出文艺节目40余个，景东、宁洱、墨江、西盟县举办门球、气排球、乒乓球比赛和文艺表演。敬老节期间，全国老龄办副主任袁新立在省民政厅副厅长蒋昆生、省老龄办专职副主任王建新陪同下，到宁洱地震灾区、敬老院和受灾老人家中慰问，对墨江、景谷、镇沅县苦聪老人和少数民族的贫困老人进行入户慰问，把每个500元的慰问金送到贫困老人手中。

第八章 扶 贫

第一节 机 构

1981年，中共思茅地委、地区行署决定，在原思茅地区行署计划经济委员会内设支援经济不发达地区发展资金办公室。1986年12月16日，中共思茅地委、地区行署决定，成立思茅地区贫困山区工作领导小组，内设办公室（设在原行署计划经济委员会内）。1994年4月11日，中共思茅地委、行署批准，独立设置思茅地区行署扶贫开发领导小组办公室，为直属行署管理的副处级单位，内设项目科、科教科、综合科，编制9人；处级职数2名，科级职数3名；实有干部职工8人。同年9月15日，思茅地区行署扶贫开发办公室机构级别由副处级单位升格为正处级单位。2002年2月25日，思茅地区行政公署办公室印发《思茅地区行政公署扶贫开发领导小组办公室职能配置内设机构和人员编制规定的通知》。扶贫开发办公室内设综合科、项目管理科、易地开发扶贫科、小额信贷扶贫科、社会扶贫科。机关编制15名（行政编制9名、事业编制6名），其中主任1名、副主任2名、上海市挂职副主任1名，科级领导职数5名。2003年10月，思茅地区行政公署扶贫开发领导小组办公室更名为思茅市扶贫开发领导小组办公室。2007年，思茅市扶贫开发领导小组办公室更名为普洱市扶贫开发领导小组办公室。

1994—2007年普洱市扶贫办公室领导任职表

表35-4

单位名称	姓名	性别	民族	籍贯	职务	任职时间
思茅地区行署扶贫开发领导小组办公室	那利锋	男	哈尼	云南镇沅	主　任	1994—2003.10
	杨国和	男	汉	云南宜良	副主任	1994.9—2002.10
	施约春	男	汉	云南思茅	副主任	1996.12—2000.11
	姚安宁	男	汉	上海普陀区	副主任（挂职）	1998.6—1999.12
	葛惠桃	男	汉	上海普陀区	副主任（挂职）	2000.1—2001.6
	夏中林	男	汉	上海金山区	副主任（挂职）	2001.5—2003.5
	张　岭	男	傣	云南思茅	副主任	2000.11—2003.10
	吴治华	男	彝	云南景东	副主任	2001.12—2003.10
	吴　斌	男	汉	上海金山区	副主任（挂职）	2003.5—2003.10
思茅市扶贫开发领导小组办公室	那利锋	男	哈尼	云南镇沅	主　任	2003.10—2004.5
	张世清	男	汉	云南景谷	主　任	2004.5—2006.5
	张　岭	男	傣	云南思茅	副主任	2003.10—2007.4

续表 35-4

单位名称	姓名	性别	民族	籍贯	职务	任职时间
思茅市扶贫开发领导小组办公室	吴治华	男	彝	云南景东	副主任	2003.10—2007.4
	吴　斌	男	汉	上海金山区	副主任（挂职）	2003.10—2005.5
	谭巧根	男	汉	上海金山区	副主任（挂职）	2005.5—2007.5
	方奇飞	男	汉	江苏南京	副主任（挂职）	2006.4—2007.4
	李向华	男	彝	云南镇沅	主　任	2007.1—2007.4
普洱市扶贫开发领导小组办公室	李向华	男	彝	云南镇沅	主　任	2007.4—2007.12
	张　岭	男	傣	云南思茅	副主任	2007.4—2007.12
	吴治华	男	彝	云南景东	副主任	2007.4—2007.12
	方奇飞	男	汉	江苏南京	副主任（挂职）	2007.4—2007.12
	归桂奇	男	汉	上海普陀区	副主任（挂职）	2007.5—2007.12
	李中华	男	土家	贵州思南	纪检组长	2007.3—2007.12

第二节　扶贫对象与投入

一、扶贫对象

1986年，根据国家划分的贫困县标准（农民人均纯收入在150元以下、人均口粮200千克以下），思茅地区的西盟、澜沧、江城、墨江县被定为国家扶持的贫困县。省政府根据实际，先后又将景东、镇沅县确定为省扶持县。思茅地区有国家扶持县4个和省扶持县2个，其余4县还有部分插花贫困村。根据省委、省政府贫困地区工作领导小组办公室《关于上报1985年贫困乡调查表的通知》精神，以乡（指区改乡前的行政村级乡）为单元划定扶持范围，经普查，思茅地区有526个贫困乡，省认定思茅地区有325个贫困乡，贫困人口60.74万人，占农业人口的31.7%。这些贫困乡（村）主要分布在少数民族聚居区，边境线一带，无量山、哀牢山等高寒山区。“七五”期间（1986—1990），思茅地区有77.23万贫困人口基本解决温饱问题。1990年年末，思茅地区有贫困人口43.6万人（按照农民人均纯收入在150元以下、人均口粮200千克以下的标准）。1994年，国家《“八七”扶贫攻坚计划》把过去已列为国家和省贫困县未摘掉贫困帽子的县和1992年农民人均纯收入低于300元的县全部列入国家扶贫攻坚贫困县，全国确定592个扶贫攻坚贫困县，思茅地区西盟县等6县同时被确定为全省73个国家级扶贫攻坚贫困县之列。1995年，省调整确定农村贫困线标准，以农民年人均纯收入低于300元界定，以乡为单元划定重点扶贫攻坚乡，思茅地区有55个扶贫攻坚乡：墨江县新安乡、孟弄乡、新抚乡、景星乡、鱼塘乡、坝溜乡、那哈乡、龙坝乡、泗南江乡、龙潭乡；澜沧县东河乡、木嘎乡、安康乡、大山乡、富东乡、雪林乡、新城乡、拉巴乡、谦六乡、竹塘乡、谦迈乡、文东乡；江城县嘉禾乡、国庆乡、宝藏乡、曲水乡；西盟县莫窝乡、力所乡、新厂乡、中科乡、翁嘎科乡、岳宋乡；孟连县公信乡、富岩乡、南雅乡；镇沅县田坝乡、三章田乡、九甲乡、者东乡、和平乡；景东县龙街乡、太忠乡、安定乡、景福乡、永秀乡；思茅市龙潭乡、云仙乡；普洱县梅子乡、黎明乡、德安乡、把边乡、普义乡；景谷县边江乡、半坡乡、碧安乡。1996年，国家确定思茅地区贫困县7个：澜沧、墨江、江城、西盟、景东、镇沅、孟连县。2001年，国家重新确定思茅地区国家重点扶持县，确定普洱县为贫困县，思茅地区国家重点贫困县增加到8个，思茅地区55个扶贫攻坚乡有贫困人口50万人。同年，省调整确定新的贫困线，确定农民年人均纯收入低于825元（国家标准865元）以下为低收入贫困人口，低于560元（国家标准625元）为绝对贫困人口。根据新阶段的贫困标准，思茅地区西盟、澜沧、江城、墨江、孟连、景东、镇沅、普洱县被确定为全省73个国家扶贫开发工作重点县，思茅地区贫困人口140万人（绝对贫困人口90万人、低收入贫困人口50万人）。2002年，省政府决定以村（行政村）作为重点扶贫单位，从2001—2010年在思茅地区计划实施424个村；同年，省政府确定建设扶贫安居温饱村（自然村），认定思茅地区2001—2010年扶贫开发重点扶持安居温饱村580个自然村、省定23个边境乡和少数民族特困乡。2005年，国务院扶贫办和省扶贫办要求开展贫困户建档立卡，实施动态监测，确定2004年年末农民人均纯收入低于668元的为绝对贫困人口，收入在668元—924元的为低收入贫困人口。根据建档立卡监测标准，2005年年末，全市还有贫困人口100万人（绝对贫困人口60万人、不稳定低收入人口40万人）。“十五”期间，全市贫困人口由2000年年末的140万减少到100万人，解决40万贫困人口的温饱，农民人均纯收入从1117元增加到1553元，年均增长6.8%。“十一五”中期，通过2006年、2007年的扶贫开发工作，解决18万贫困人口的温饱问题。截至2007年年底，全市有贫困人口82万人（绝对贫困人口49万人、不稳定低收入人口33万人）。

二、扶贫资金

“七五”扶贫期间累计投入各类扶贫资金9504.2万元，其中发展资金3138.2万元，信贷资金6037万元，以工代赈资金329万元。“八五”期间累计投入各类扶贫资金46755.64万元，其中中央、省级扶贫资金3976.3万元（含发展资金2989.2万元），信贷资金12581万元，农田水利资金11508.9万元，以工代赈资金15074.2万元，其他资金3615.24万元。“九五”扶贫期间累计投入各类扶贫资金146835.64万元，其中中央、省级扶贫资金28643.64万元，信贷资金74889万元，农田水利资金8400万元，以工代赈资金17743万元，上海资金7612.47万元，其他资金9547.53万元。“十五”扶贫期间累计投入各类扶贫资金209108.16万元，其中中央、省级扶贫资金74473.5万元，信贷资金85811.7万元，以工代赈资金27453万元，上海资金9766.54万元，地（市）级扶贫财政资金3200万元，其他资金8403.42万元。“十一五”扶贫中期（2006—2007）累计投入各类扶贫资金124025.04万元，其中中央、省级财政扶贫资金38339.17万元，市级财政扶贫资金2490万元，以工代赈资金6552.8万元，扶贫贴息贷款59480万元，上海援助资金7474.8万元，宝钢集团援助资金1785万元，外资项目资金7903.27万元。1986—2007年，全市累计投入各类扶贫资金536229.2万元，其中中央、省级扶贫资金148570.81万元，地（市）级资金5690万元，信贷资金238798.7万元，农田水利资金19908.9万元，上海对口帮扶资金24853.81万元，宝钢定点帮扶资金3033.7万元，以工代赈资金67152万元，其他资金28171.78万元。

第三节　乡村扶贫开发

一、整村推进

2002年2月6日，按照《云南省农村扶贫开发纲要（2001—2010）》和《云南省人民政府关于做好重点扶持贫困村建设工作的意见》，云南省扶贫开发领导小组下发《关于下达云南省4000个扶贫重点村指标的通知》，确定思茅地区2001—2010年实施以行政村为单位的424个扶贫重点扶持村，并要求围绕“解决温饱、巩固温饱、增加农民收入”采取统一规划，一次审批，分期分年实施；4月，思茅地区扶贫开发领导小组办公室完成重点扶持村扶贫开发规划；9月29日，省财政厅、省扶贫办批准，思茅地区第一批实施88个重点扶持村（含2001年3个试点村）。2004年3月31日，省财政厅、省扶贫办下达思茅市重点扶持村40个；9月6日，思茅市举行扶贫攻坚动员大会，市政府与各县（区）签订责任状；10月20日，市委、市政府出台《关于开展整合资金、整村推进扶贫开发工作的决定》和《关于开展整合资金、整村推进扶贫开发工程建设指挥部的通知》。市委、市政府成立指挥部，各部门积极参与，通力协作，组建扶贫工作队，选派干部驻村帮扶，每个重点村6名工作人员，市、县、乡三级按照1∶2∶3的比例，选派千名工作队员驻村帮扶，结合部门职能，理顺资金渠道，调整资金投入到整村综合扶贫开发中。2002—2007年，普洱市实施整村推进综合扶贫开发项目1290个，其中以村委会为单位的128个、以自然村为单位的1162个，投入财政扶贫资金26615万元，完成民房改造2.2万户101万平方米，建成基本农田（地）6.8万亩，沟渠622条1669.2千米，小水池、水窖、水坝、水塘2738个21.4万立方米，解决21.4万人、22.9万头大牲畜饮水困难；修建进村公路865条3138.8千米，村内道路硬化414条570.1千米；架设10千伏输电线路274.1千米，低压线路159.5千米；开发种植经济作物3.3万亩，经济林果43.4万亩，发展大牲畜11万头；建沼气3.7万口，节能灶1万口；建村级卫生室65个，地面卫星接收站347座，文化活动室492个，开展科技培训8488期83万人次。

二、民族特困乡和边境乡综合扶贫开发

（一）民族贫困乡综合扶贫开发

2001年9月10日，省政府批准思茅地区西盟县力所、澜沧县雪林、普洱县梅子民族特困乡实施综合扶贫开发项目。完成项目建设投资2275.8万元，建成基本农田地7800亩，开发种植经济林果3600亩，蔬菜592亩，建人畜饮水工程14件，解决4815人、4030头大牲畜饮水；改造茅草房460户，建沼气池490口、节能灶100口；修建灌溉沟渠10条41.5千米，增改灌3800亩；扶持养牛110户，养猪470户；建卫生室1个80平方米，成人技校1所250平方米，开展科技培训38950人次。项目覆盖18个村委会283个村民小组7508户31320人。

（二）边境四县畜牧扶贫

2003年4月1日，为解决边四县（江城、澜沧、孟连、西盟县）农民年人均纯收入625元以下贫困农户吃肉和增收，引导农民科学养猪，改变落后生产生活方式，扩大农民增收渠道，达到贫困群众有肉吃、能增收的目的，地委、行署制订《思茅地区边境四县农村扶贫开发三年行动计划（2003—2005）》。2003年起，连续两年从地区财政拨出专款880万元，用于实施边四县畜牧扶贫项目，扶持贫困农户养猪6113户，提供优良仔猪17591头，能繁殖母猪1289头；配套建设猪厩6110户78777平方米；配套完善县乡村猪供精站73个，乡村动物防疫体系建设248个；为扶持户配套种植杂交玉米33256亩，青饲料4294亩，购粉碎机19台，青饲料机87台，扶持养鸡孵化示范户3户，购鸡孵化器3套；开展养殖实用技术培训18178人；项目覆盖边四县34个乡（镇），直接受益农户6113户26668人。通过扶持，项目区人均增收212.88元。

（三）镇沅苦聪人综合扶贫开发

2005年11月2日，国务院总理温家宝做出“要贯彻人数较少的民族地区的扶持政策、采取有力措施使苦聪人早日摆脱贫困”重要批示；11月16日，镇沅县成立哀牢山中部镇沅苦聪人扶贫开发领导小组；12月30日，市委、市政府组织召开解决镇沅苦聪人贫困现场办公会议。2006年，落

实苦聪人扶贫资金 11836.63 万元，到位资金 8461.95 万元，完成整村推进项目 54 个，易地搬迁安置点 8 个，410 户 2000 人农户全部入住新居。2007 年，落实各类资金 8300 万元，实施整村推进 68 个，改造破旧民房 250 户，实施农村民居地震安全工程 350 户，易地安置 200 户 1000 人，实施人畜饮水工程 25 件，建沼气池 1000 口。发放小额信贷扶贫资金 750 万元，发展种植业 13800 亩。通过两年苦聪人扶贫开发项目实施，苦聪人聚居区的贫困问题基本得到解决。

三、贫困地区劳动力转移培训

2002 年，思茅地区有组织开展贫困地区农民劳动转移培训输出工作。年内，向上海、广东等发达地区输出劳务人员 400 人。2003 年，积极探索劳务输出新路子，加大劳务输出力度，以市县（区）内输出为主，市外、省外输出为辅，安排劳务输出计划 1100 人。全年向省外输出 813 人，区外省内输出 260 人，区县内输出 1540 人。2004 年，全市劳动力转移培训计划 1.8 万人，实际输出 13879 人，其中，向省外输出 2241 人，区外省内输出 1332 人，县（区）内输出 10306 人。2005 年，全市劳动力转移培训计划 2 万人，实际输出 16383 人，其中向省外输出 745 人，区外省内输出 2332 人，县（区）内输出 13306 人。农民外出务工收入合计 5200 万元，人均年收入 3600 元。贫困地区劳动力转移培训项目覆盖 8 个国家扶贫开发重点县。同年，墨江县职业中学、澜沧县职业中学、孟连县职业中学、景东县职业中学和市财校被认定为第一批云南省贫困地区劳动力培训示范基地，培训覆盖家政服务、餐厅营业、酒店服务、维修电工、电焊工、茶艺等 8 个工种，取得单科技术合格证 1976 人。2006 年，通过省级评审，镇沅、江城、宁洱、西盟县被认定为云南省贫困地区劳动力转移培训示范基地，全市有 8 个扶贫开发重点县职业中学和一个市级学校列为云南省贫困地区劳动力转移培训示范基地，贫困地区劳动力转移技能培训计划 1.86 万人，投入培训经费 330 万元。2007 年，普洱市贫困地区劳动力转移培训 2.06 万人，补助培训资金 520 万元。

第四节　信贷和外资扶贫

一、扶贫专项贴息贷款

1987 年，安排江城、西盟、澜沧、墨江县（国定贫困县）和镇沅县（省定贫困县）扶贫贴息贷款 1550 万元。“七五”期间，投放 5 个贫困县贴息贷款 15456 万元；其中，扶贫贴息贷款 6037 万元，老少边穷专项贷款 5989 万元，贫困县办工业贷款 3280 万元，县办企业贷款 150 万元。扶持发展粮食、茶叶、咖啡、橡胶、水果、紫胶园等基地建设；发展户办、联户办养猪重点户，扶持建设甘蔗、茶叶、橡胶加工以及小水电、冶金、建材加工等。“八五”期间，投放江城、澜沧、西盟、墨江、镇沅、景东、孟连 7 个贫困县扶贫专项贴息贷款（含收回再贷）12986 万元，投放到县办企业专项贷款 3191 万元，老少边穷专项贷款 2597.3 万元，实施项目 217 个。“九五”期间，思茅地区投放扶贫贷款 75089 万元，实施项目 274 个。“十五”期间，思茅地区投放扶贫贴息贷款 8581.7 万元，实施项目 200 个。“十一五”中期，争取信贷扶贫贴息贷款 59480 万元，推荐立项产业项目 78 个，重点扶持茶叶、橡胶、蚕桑、核桃、养殖业等产业，带动贫困户增收。

二、小额信贷扶贫

1997 年，根据中央、国务院有关扶贫攻坚工作要到村入户的精神，在镇沅县和平乡、澜沧县新城乡开展小额信贷扶贫试点工作，发放贷款100万元，组建61个中心、270个小组，1059户农户获得信贷扶持，贷款到期还款率100%，试点获得成功。1998年2月23日，云南省人民政府发出《关于在全省推行小额信贷扶贫工作的通知》，思茅地区根据通知精神在39个扶贫攻坚乡开展小额信贷扶贫工作，年内发放贷款2450万元，取得很好的经济效益和社会效益，深受贫困群众的欢迎。截至2000年12月31日，思茅地区组建小额信贷扶贫资金中心3071个、16856个小组，覆盖86个乡（镇）613个行政村83811户贫困农户。累计发放贷款总额12591万元，其中种植业占20.12%，养殖业占53.40%，加工业占1.94%，其他占24.54%；小额贷款到期还款率89.08%。2001年，小额信贷扶贫推行到93个乡（镇）532个村民委员会，年内到位小额信贷资金3100万元。2002—2005年，上级安排小额信贷扶贫资金计划指标21909万元，其中农行资金19520万元、财政资金850万元、上海资金1539万元。累计投放小额信贷扶贫资金17575.92万元；其中，投向种植业4054.37万元、养殖业7725.04万元、加工业403.02万元、其他行业5393.49万元，到期还款率88.82%。组建23449个中心、4002个小组，覆盖116个乡（镇）735个行政村，11.04万户农户获贷。2006—2007年，全市累计发放小额信贷扶贫资金26620万元，项目受益29100户155485人。

三、外资援助扶贫

1993年，在澜沧、西盟、孟连县实施乐施会援助项目，分四个阶段进行，其中在澜沧县投入资金1439.7万元，援助安康、雪林、木嘎3个乡11个村委会38个自然村，主要用于解决缺粮、社区建设、医疗卫生、改善社区生态环境、改善贫困山区教学条件、科技培训等，直接受益农户5384户24036人；在西盟县投入资金580.03万元，援助翁嘎科、岳宋2个乡5个村委会31个村民小组，主要用于抗震救灾、人畜饮水、粮食加工、水沟修复、种植杂交稻、绿肥种植等，直接受益416户6450人；在孟连县投入资金18.5万元，主要用于勐马镇和富岩乡农村民房重建赈灾项目。2000年5月，世行与英国政府混合贷款项目专家对孟连、西盟、澜沧县“贫困社区发展扶贫项目”区进行社会调查和识别工作。2001年10月，孟连、西盟、澜沧县编写世行与英国政府混合贷款“贫困社区发展扶贫项目”建议书。2003年12月21日，国家发展和改革委员会对云南省计委上报的《关于上报〈云南省利用世界银行与英国政府混合贷款扶贫项目建议书〉的请示》作正式批复，正式确定孟连、西盟县为世行与英国政府混合贷款“贫困社区发展扶贫项目”区，计划总投资10621万元（世行贷款7434万元、国内配套3187万元），其中孟连县项目总投资5772万元（世行贷款4040万元、国内配套1732万元）；西盟县项目总投资4849万元（世行贷款3394万元、国内配套1455万元）。孟连县项目区涉及富岩乡、公信乡、芒信镇、南雅乡、勐马镇5个乡（镇）29个村委会，西盟县项目区涉及力所乡、翁嘎科乡、岳宋乡、勐梭镇、西盟镇5个乡（镇）20个村委会。2003年，中国农业大学帮助完成“贫困社区发展扶贫项目”《环境影响评估报告》。2004年，西盟、孟连两县完成《可行性研究报告》的正式上报，拟制完成前18个月村级发展规划，编制完成2005年、2006年项目实施计划和物资采购计划，主要实施基础建设、大农业开发、农村基础教育、农村卫生、机构与社区能力建设项目。截至2004年，累计投入资金2038.23万元。2005年10月20日，世行、英国国际发展部、国务院扶贫办、财政部、国家发改委在昆明共同召开贫困社区发展项目启动会，标志着经过5年准备的贫困社区发展项目正式启动，12月进入实施阶段。2006年，完成投资2144.41万元，占计划的37.16%，组织外资项目财务报账1121.29万元；5月，市扶贫办、市财政局联合举办“贫困农村社区发展项目”财务管理、项目管理培训班；9月，举办思茅市世界银行与英国政府混合贷款“贫困地区农村社区发展项目管理工作交流研讨会”。2007年，完成投资4320.92万元。

第五节　安居扶贫

一、安居温饱工程

1998年，思茅地区居住在茅草房、杈杈房中的贫困户有119035户。为解决特困户的居住问题，地委、行署率先将安居工程（消除茅草房、杈杈房、木楞房）作为扶贫工作重点。1999年，在西盟、澜沧、孟连县实施安居工程试点项目，完成新建民房943户。2000年，安居温饱工程在试点县的基础上扩大到江城、墨江、景东县。至此，思茅地区有6县20个自然村实施安居温饱工程。完成坡改梯2014亩，经济作物种植1119亩，经济林果1838亩，建沼气池276口，解决2327人1129头牲畜饮水困难问题。2001年，安居温饱工程覆盖思茅地区10县（市），实施温饱村48个、安居工程户1166户，建成基本农田地2765亩，人均增0.6亩。通过实施“坡改梯加五小水利加农业科技加民房改造”扶贫模式，项目区贫困群众人均有粮从实施前的267千克增加到364千克，人均增加97千克；人均纯收入从实施前的447元增加到634元，人均增加187元；有4544人解决温饱问题。2003年6月12日，省扶贫办、省财政、省计委、省民委《关于下达2003年扶贫安居工程实施任务计划的通知》，下达思茅地区澜沧、孟连、西盟、墨江县实施扶贫安居工程1.7万户（安居项目14378户、其他项目2622户）。地委、行署把专项安居工程建设列为“民心工程、德政工程”，纳入年内工作督查内容之一，成立安居工程指挥部，澜沧、孟连、西盟、墨江县由县长任指挥长，指挥部下设宣传发动组、物资采购供应组和技术指导组。地委确定9名地级领导定点联系，地直和省驻思108个单位派出260余名熟悉农村工作、责任心强的干部到挂钩扶贫点指导督促安居温饱工作。各县派出500余名干部进村入户抓好落实。2004年，安居工程项目建设扩大到全市10个县（区），实施15941户，其中江城、翠云、普洱县（区）年内一次安排实施省定任务。有建设任务的县分别成立由县长或分管副县长为指挥长，人大、政协联系农业的副主任（副主席）任副指挥长的安居工程建设指挥部，下设宣传发动、物资采购和技术指导3组，市县领导挂钩联系到乡、村，派出市、县、乡三级干部千余人到贫困村指导督促抓落实。2005年，省下达思茅市专项安居工程任务17226户（第一批下达1万户、第二批下达7226户），项目建设总投资20501.72万元，其中省级财政6890.4万元，省级补助资金已全部到县级财政专户，群众投工投劳（自筹）13997.32万元，项目覆盖67916人。截至年末，全市消除茅草房、杈杈房6.6万户，完成项目建设总投资50828.22万元，其中中央及省财政扶贫资金19018万元，群众自筹及投工折资31810.22万元。普洱、江城、翠云、西盟县（区）完成省下达的茅草房、杈杈房改造任务。2006年，省下达全市实施扶贫安居工程建设31965户，比年初计划2万户增加11965户，计划总投资37397.31万元，项目受益71个乡（镇）5886个村民小组31965户122246人。2007年，完成2003—2006年安居工程建设项目的检查、验收和总结工作。全市累计投入资金105832.7万元（省级补助32852.8万元、市级配套58万元、群众自筹及投工投料72921.9万元），建成扶贫安居房545.9万平方米，配套建设基本农田地6.5万亩，“五小”水利工程1.7万件，建沼气、节能灶2.4万口，种植经济林果6.5万亩，发展大牲畜6.5万头（只）。项目覆盖10个县（区）115个乡（镇）894个村委会9694个村民小组，基本解决8.21万户32.75万特困人口住房问题。

二、跨地州易地扶贫开发

1996年10月起，根据国家“八七”扶贫攻坚计划和云南省“七七”扶贫攻坚计划、《云南省农村扶贫开发纲要》。思茅地区在江城县开展全省跨地州易地扶贫开发试点工作。1999 年 3 月 3 日，云南省人民政府发出《关于实施易地开发扶贫的决定》；6 月 7 日，思茅行署成立易地开发扶贫协调办公室（设在地区扶贫办），承担跨地州和县（市）易地开发扶贫任务，跨地州易地扶贫开发项目正式启动，在思茅市、江城县建立踏青河、营盘山、曼老江、大中河、和平、康平跨地州易地扶贫开发区，接收安置昭通、怒江两地州泸水、福贡、巧家、鲁甸、大关、镇雄、永善、昭阳县（区）移民。2004 年 6 月，省政府组织省扶贫办、省财政厅、思茅市、昭通市、怒江州扶贫财政和翠云区、江城县政府，县（区）扶贫、财政人员及迁出地 8 县扶贫办、驻思、驻江办人员 28 人，对解决思茅跨州市易地扶贫遗留问题开展调研。7 月，省政府在思茅召开解决跨州市易地扶贫遗留问题专题会议，形成省政府《专题会议纪要》。11 月，省政府下达解决跨州市易地扶贫遗留问题及完善项目投资计划，计划投资 2800 万元。2005 年 2 月，市政府召开解决跨州市易地扶贫遗留问题专题会议，形成市政府《专题会议纪要》。按照省、市政府《专题会议纪要》及相关部门要求，翠云、江城县（区）开展跨州市易地移民户口、土地、宅基地的再次核实工作。截至年末，两县（区）应办理跨地州易地移民落户 5219 户 20937 人，年内已落户 5184 户 20708 人，应落实土地并核发土地使用承包证 5219 户，已核发 5108 户。应核实农户宅基地证 5219 户，全部完成；土地落实基本达到人均 1 亩口粮地，户均 3 亩产业地，每户 200 平方米宅基地要求。两县（区）完成 15 个村委会的组建工作，跨州市易地扶贫完善项目于 12 月 30 日前基本完成，新建完小 8 所，扩建初小 11 所，扩建中学 2 所，扩建卫生室 14 个，各安置点实现“三通”（通电、通水、通路），有广播电视。截至 2005 年，在翠云区、江城县 6 个开发区累计投入扶贫资金 22508.07 万元，开垦和复垦土地 83313 亩（坡改梯 15382 亩、种植咖啡 23825 亩、种植和恢复茶园 32051 亩、种粮食 24224 亩、种经济作物 3213 亩）。

三、县内易地扶贫开发

1999 年，县内易地扶贫开发正式实施。思茅地区各级党委、政府加强对易地扶贫的组织领导，成立易地扶贫机构，制定“九五”易地扶贫开发规划。1999 年，在思茅、江城、墨江、镇沅、景东县（市）组织实施，受益 926 户 4400 人。2000 年，在景东、江城、墨江、思茅县（市）组织实施，受益 820 户 4000 人。1999—2000 年，安排计划 8400 人，每人补助标准 2100 元，累计投入资金 2362 万元。2001 年，编制完成“十五”易地扶贫开发规划；2001—2005 年，安排易地扶贫计划 9560 人，累计投入资金 9614 万元。2001 年，在江城、孟连、墨江、思茅县（市）组织实施，受益 86 户 4000 人。2002 年，在景东、镇沅、江城、孟连、墨江、思茅县（市）组织实施，受益 652 户 2660 人。2003 年，在镇沅、江城、墨江、思茅县（市）组织实施，受益 272 户 1100 人。2003 年起，每人补助标准提高到 5000 元。2005 年，在镇沅、江城、墨江、普洱县组织实施，受益 393 户 1800 人。通过 7 年的县内易地扶贫开发，建安置点 63 个，建盖住房 3991 户，落实基本口粮地 20761 亩、产业地 2485 亩、种植粮食作物 13356 亩、经济作物 5405 亩；新修居民点道路 168.87 千米；完成灌溉沟渠、人畜饮水工程 25 件 224.21 千米，输电线路 130.16 千米；实施坡改梯 12400 亩；县（市）内移民人均纯收入达到 562 元，人均口粮 350 千克。基本解决 3991 户 17960 人基本丧失生存条件贫困人口的温饱问题。2006 年，省级财政县内易地搬迁计划 400 户 1800 人，中央财政苦聪人计划易地搬迁计划 140 户 700 人，总投资 1420 万元。2007 年，省级财政县内易地扶贫开发项目投资 1100 万元，实施易地搬迁 2200 人。

四、以工代赈

1989年，思茅地区西盟、孟连、澜沧、江城、墨江、镇沅、景东县实施以工代赈，主要用于新建基础设施，改善贫困地区群众基本生产、生活条件。群众通过出工劳动，政府采取发放购货券方式支付农民工劳动报酬，农民工到指定的国营商店、供销社和物资供应部门购买自己需要的生产、生活必需品，解决生活上的困难。截至1995年，省安排思茅地区以工代赈资金15403.2万元，实施项目265个，其中农田水利建设项目149个、经济林果业项目36个、畜牧业项目32个、县乡公路建设项目29个、农村通信建设项目10个、灾害工程恢复建设项目9个。1996年后，以工代赈项目覆盖到思茅地区10县（市），实施基本农田建设、农田水利、农村饮水，县乡林道路、片区开发，畜牧示范、退耕还林、边境县民族贫困乡等项目。截至2005年，全市投入资金27637.27万元，扶持农田建设项目14个，坡改梯47433亩，中低产田改造10550亩，农田水利建设项目57个，修建沟渠421条，修建水库7个，改善灌溉50106亩，新增灌溉面积23035亩，解决22502人、10197头大牲畜饮水问题。

第六节　智力扶贫

一、科技扶贫

1991年，思茅地区围绕省政府提出的人均一亩高稳产农田地建设目标，开展科技扶贫。截至1995年，建成“两杂”制种基地0.3万亩，调运“两杂”籽种1372.8吨，推广“两杂”80余万亩。西盟、孟连、澜沧、江城、墨江、景东、镇沅贫困县粮食总产量由1990年的44.21万吨增加到1995年的51.04万吨，年递增4.18%。1996年，省科委实施科技扶贫示范计划。思茅地区思茅市云仙乡、景谷县边江乡、镇沅县三章田乡、景东县太忠乡、墨江县景星乡、江城县嘉禾乡、普洱县德安乡、澜沧县谦迈乡、孟连县富岩乡、西盟县力所乡被省、地两级科委列为科技扶贫示范乡。每年每乡投入扶贫资金13万元（省科委投入10万元、地县投入3万元），引进农业优良品种和适用技术进行示范，进行技术培训，提高劳动者素质，帮助贫困人口摆脱贫困，为思茅地区55个扶贫攻坚乡作示范。1997年，思茅地区10个科技扶贫示范乡投入扶贫资金154万元（省科委投资100万元、地区科委投资10万元、各县配套投资44万元），推广杂交水稻规格化、杂交玉米规格化、水稻旱育稀植、烤烟栽培、硅肥实施技术、BR–120植物生长调节剂、陆稻良种604、冬季农业开发以及黑山羊头饲养、生猪改良。年内，10个科技示范乡粮食增产295.07万千克，收入增加1273.69万元，有4456户20256人解决温饱问题。1999年12月，省扶贫办、省财政厅发出《关于财政支持科技扶贫试点项目县的通知》，镇沅县被批准为实施财政支持科技扶贫试点项目县，连续两年安排财政科技扶贫资金500万元，农民自筹及投工投劳609.2万元，项目建设共完成投资1109.2万元。完成科学种植油菜5000户，玉米地膜覆盖栽培11400亩，规格化栽培2000亩，水稻抛秧500亩，种植优质稻12000亩；改造猪舍1590户，饲养母猪1600头，出栏6660头；改造鸡舍811户，发展乌骨鸡10万只；开展农民科技培训9期640人次（有521人取得结业证），举行村社干部、示范户及劳动者短期培训875期2.4万人次。通过项目实施，项目区粮食增产161万千克，经济增收817.75万元，人均纯收入增长82元；项目区贫困人口11035人中，基本解决温饱5083人。2003年，省下达思茅地区安居工程建设配套科技扶贫资金425万元，主要用于新品种引进、繁育、推广和实用技术培训，让贫困群众掌握1门—2门脱贫致富技术。专项安排西盟县财政科技扶贫项目100万元，并在澜沧县勐滨村、墨江县石头村、普洱县提边林、江城县勐康村实施科技综合开发示范项目，每村投入20万元，先后实施大小科技项目30个，共培训各类人员85563人次。2004年11月1日，省财政厅、省扶贫办《关于拨付2004年度财政科技扶贫项目资金的通知》下达给思茅市100万元，扶持镇沅县建设马邓茶优质茶园1000亩，项目受益334户1412人。同年11月18日，省财政厅、省扶贫办下达科技及产业扶贫资金925万元，扶持思茅市8个贫困县发展种植业、养殖业项目及开展科技培训。全市扶持15184户63014人，发展粮食作物4万亩，经济作物0.65万亩，经济林果2.45万亩；扶持1739户7276人发展养能繁母牛538头，奶牛30头；羊250只；能繁母猪1791头，仔猪4592头；家禽2.3万只；开展种养殖技术培训28252人次。项目受益15909户67090人，年人均增收180元。2006年，全市申报并落实中央科技扶贫项目1个，项目投资166.8万元，建设景东县高优蚕桑科技扶贫示范园2000亩，项目直接受益520户2480人。

二、教育卫生扶贫

1985—1990年期间，思茅地区投入文化、教育、卫生建设事业扶贫资金2064万元，举办各类实用技术培训班4500余期，培训各类技术人员47万人次，扶持新建、修缮中小学校舍2万平方米，创办高小教育半寄宿制学校240所，培养高小毕业生2.5万名，新建县、乡卫生院15个，乡村图书室10个，电视差转站2个，地面卫星接收站1个。1991年起，结合贫困地区实际，有计划、有重点地扶持教育、卫生、广播电视等项目建设。截至1995年，安排1204.8万元扶持新建、修缮中小学校舍1100平方米，新办高小教育半寄宿制学校216所，建设乡（镇）卫生院1776平方米，扶持267个贫困村卫生室购置医药、器械，新建地面卫星接收站240座。结合扶贫开发项目，培训各类技术人员90余万人次。1997年，省、地派出支教工作队59人，分别到西盟、孟连、澜沧、江城、墨江、镇沅、思茅等县（市）开展扶贫支教。建设扶贫攻坚乡中心学校23所，新建校舍19607平方米，投入建设资金1135.3万元（省补助资金738.3万元、地区投入46万元、县级配套134万元、乡级投入133.7万元、其他投入83.3万元），新建自然村校点132个，改建草棚学校93个，每所学校补助4万元。2001年起，思茅地区实施水利、交通、电力、通信等基础设施建设。截至2007年，全市有463个村委会实现公路通达，农村安全饮水人口145.6万人，通电人口240.3万人，新型农村合作医疗参合率83.6%，广播、电视覆盖率分别为93.5%和95%。

第七节　挂钩扶贫

一、中央及省级定点帮扶

1986年5月30日，省委、省政府贫困地区工作领导小组《关于组织省级有关部门到贫困面大的三十八个县进行调查研究的通知》，省林业厅定点联系墨江县，省交通厅定点联系镇沅县，省卫生厅定点联系澜沧县，省文化厅、广播电视厅定点联系西盟县。1991年，省供销社挂钩扶贫江城县，省委民族部、省民委挂钩扶贫澜沧县，省文化厅、广播电视厅挂钩扶贫西盟县，省林业厅挂钩扶贫墨江县，省人民银行挂钩扶贫镇沅县。1992年，云南省扶贫开发办公室《关于省级科教单位学会团体与贫困县挂钩开展科技扶贫的通知》，把省级机关挂钩扶贫扩大到科研单位、大专院校、学会团体，省林学会、省林科院、昆明工学院联系墨江县；省计量测试学会、省标准化协会、省社科院农经所、省冶金专科学校联系镇沅县；省矿业学会、省爆破工程学会、省环保所联系澜沧县；省造纸学会、省环境科学学会、省电子计算机中心联系西盟县；省热作学会、省植保学会、省供销科研究所联系江城县。1997年4月，国家冶金系统八大企业挂钩帮扶镇沅、澜沧两县，钢铁集团公司13个、直属公司4个，分别到两县17个扶贫攻坚乡开展帮扶工作。宝山钢铁公司、马安山钢铁公司、攀枝花钢铁公司、邯郸钢铁公司、冶金集团公司领导深入两县调研，先后派出6名干部到两县挂职。截至2000年，在澜沧县投入资金979.33万元（宝钢投入367.3万元，马钢投入172.5万元，攀钢投入181.84万元，邯钢投入105万元，中冶、国冶、中钢投入122.05万元，昆明地质所投入30.64万元）。宝钢集团援建墨江县教育、卫生基础设施项目资金175万元，宝钢集团梅山公司实施移民新村1个、希望小学2所、村卫生室14个、“1+1”助学500人。2001年，中国科学院、宝钢集团、中旅集团与思茅地区5个重点县建立定点扶贫开发挂钩联系点，省级22个单位挂钩帮扶思茅地区8个重点扶持县。2002年2月23日，省委办公厅、省政府办公厅《关于继续做好省级单位定点挂钩扶贫工作的通知》，确定省生物资源开发创新办、昆明理工大学挂钩扶贫墨江县，省司法厅、漫湾水电工程管理局挂钩扶贫景东县，人民银行昆明金融监管办事处、人民银行昆明中心支行挂钩扶贫镇沅县，省工商行政管理局、云南农垦集团有限责任公司挂钩扶贫江城县，昆明海关、省工商业联合会挂钩扶贫孟连县，省民委、中国科学院昆明分院挂钩扶贫澜沧县，省农业厅、光大银行昆明分行挂钩扶贫西盟县，省委、省直机关工作委员会、国家开发银行昆明分行挂钩扶贫普洱县。2004年6月16日，省委办公厅、省政府办公厅《关于增补定点挂钩扶贫单位的通知》，确定玉溪师范学院、云南航天管理局挂钩扶贫墨江县，云南煤矿安全监察局挂钩扶贫景东县，国家电力公司昆明勘测设计研究院挂钩扶贫澜沧县。截至2005年，中科院、宝钢集团公司、中旅集团公司中央国家机关定点挂钩思茅市7个县。省直机关工委、省农业厅、省民委等20个省级机关单位定点挂钩帮扶思茅市8个国家重点扶持县。以上帮扶挂钩单位累计为全市引进落实帮扶项目1231项，直接投入资金2.05亿元。

二、地（市）、县、乡三级挂钩扶贫

1997年，思茅地区实行地级领导干部联系制度，建立“单位包村、科室包社、干部帮户”目标责任制。地、县两级单位挂钩612个行政村，有16725名党员干部挂钩帮扶贫困户18272户75050人。思茅地区相继制定社会帮扶联系会议，社会帮扶一事一议，单位挂钩帮扶，领导联系挂钩，扶贫开发工作年度汇报，党员干部结对帮扶、双学双比等工作制度。2000年，地、县、乡选派干部1万余名作为驻村帮社工作队员，开展以村为重点，以解决温饱为中心的村建扶贫工作。2001—2007年，市直123家单位挂钩帮扶50个乡，县直有703个单位挂钩帮扶109个乡，市、县、乡三级726个单位挂钩109个乡（镇）3263个村民小组。普洱市派出扶贫工作队员7832人次，累计投入资金10088.1万元，开展科技培训2648期26.4万人。

三、宝钢集团帮扶

2003年，宝钢集团负责帮扶思茅地区普洱、墨江、江城、镇沅县，集团公司对4县的帮扶工作进行了分工，由宝钢分公司对口普洱县和墨江县，宝钢贸易分公司对口江城县，宝钢梅山公司对口镇沅县，集团公司工会作为牵头部门，具体负责整个定点扶贫工作。2004年4月，宝钢集团公司组织各分公司主要领导一行16人到思茅市调研，分别确定宝钢集团的钢铁股份有限公司帮扶墨江县、普洱县，国际贸易有限公司帮扶江城县，梅山有限公司帮扶镇沅县，并签订帮扶项目协议，派出2

名挂职干部到思茅协助管理定点帮扶项目工作。截至2007年年底，累计投入帮扶资金3033.7万元，援建项目82个，改造茅草房、杈杈房196户，整村推进23个，建温饱村10个，易地搬迁2个点，种植经济林果1942亩，经济作物246亩，资助养殖牲畜、畜禽3135头、解决1076人的饮水困难问题，援建卫生室35所，建希望中小学及教学项目19项，爱心助学2701人；无偿捐献物资折合人民币50万元，包括书籍2.5万余册、电脑20台、电教设备1套、苦聪人过冬衣物6万件、学生课桌椅、书包、学习文具等。

第三十六篇

外事侨务

1978 年后，根据中共中央作出“对内实行改革、对外实行开放”的重大战略决策，思茅地区在扩大对外交往、实施“走出去”战略中，加强与周边邻国对口部门的会谈、会晤，维护公民和企业在境外的人身安全及合法权益，开发资源、承包工程、物资交流等方面，做好牵线搭桥、协调关系、化解矛盾等工作。1980 年，在全面调查中缅边界的基础上，为了中方农田不受河水冲刷和保持国界线的清晰，提出对中缅边界界务逐年进行单方维护的意见。报经外交、公安、总参批准，云南自 1982 年起实施维护工作。1982 年后，按照省外办、省公安厅、省军区、省财政厅、省民委的部署，先后开展中缅边界思茅地区段的界务维护工作，对部分界江、界河、界埂、界路、界树和界线标志物进行维护治理。随着改革开放政策的深入贯彻落实和形势发展，先后有 10 条出境公路通往越南、老挝、缅甸，为实行边境正规化、规范化管理创造了条件，同时也为扩大经济、文化、科技等领域的交流与合作提供了便利条件。截至 2007 年，中国与老、缅、越三国边境保持睦邻友好、和平稳定的状态。

普洱籍华侨和归侨侨眷众多，是云南省重点侨乡。早在元朝以前，就有商人开始到周边和东南亚国家进行季节性经商，长期的对外商贸往来使得少部分人逐渐在周边国家定居下来，成为早期华侨。中华人民共和国成立前后几年间，受到国民党残余军队和当地反动武装势力的胁迫或对当时形势的惧怕，边境地区部分群众跑往国外躲避；20 世纪 50 年代末至 60 年代初大饥荒时期，边疆山区部分群众迁居境外寻找生计；“文化大革命”时期，也有部分群众因惧怕政治运动而迁居境外。1978 年后，地委对在“文化大革命”中归侨、侨眷受到冲击造成的一些冤假错案做了平反纠正，恢复归侨、侨眷应有的政治地位和应该享受的政治待遇，落实侨务政策。1985 年，地委、行署成立思茅行政公署侨务办公室。1991 年 4 月，召开思茅地区第一次归侨、侨眷代表大会，成立思茅地区侨联。开展《中华人民共和国归侨、侨眷权益保护法》、《中华人民共和国归侨、侨眷权益保护法实施办法》和《云南省归侨、侨眷权益保护实施办法》（简称“一法两办法”）的宣传贯彻落实。同时。开展与在外侨胞的联谊交友，在立足与本地籍在外侨胞建立联系的基础上，通过“请进来，走出去”和“以侨联侨，以侨引侨”及通过省侨办介绍认识等方法，不断扩大与普洱籍在外侨胞和外地州、外省籍在外侨胞、侨团的联系。结合日常对到普洱侨胞的接待、工作出访、归侨、侨眷出境探亲访友等渠道或机会，就普洱发展情况、引资政策、地方产业产品、招商项目等向在外侨胞作积极宣传，以提高普洱在外知名度，引起在外侨胞对普洱发展的关注，争取他们参与普洱的建设。2000 年后，按照以“国外工作为主导”和侨务为经济建设服务的工作要求，围绕对外开放和市委、市政府建设绿色生态经济大市、民族文化特色大市、通向东南亚的重要交通枢纽和打造“世界茶源、中国茶城、普洱茶都”的发展目标，抓住国家实施“西部大开发”战略和“中国—东盟自由贸易区”建设发展的机遇，拓展以海外侨胞为主要对象的国外侨务工作。

第一章　外　事

第一节　机　构

一、市委外事工作领导小组

1990年2月22日，思茅地委外事工作领导小组成立。组长：朱永贤（地委副书记、行署专员），副组长：王子荫（地委委员、副专员）、王培生（军分区副司令员）、孙荣祖（地委委员、地委秘书长）、查宗炳（外办主任），成员：梁起（行署秘书长）、谢璋（公安处处长）、龙文元（边防武警支队长）、王家声（安全处处长）、罗松（计经委主任）、姜泽民（宣传部部长）。查宗炳兼办公室主任。2007年6月21日，经市委研究决定，市委办印发《关于调整市委外事工作领导小组的通知》，组长：高旭升（市委书记）；副组长：市委副书记、市长，朱飞云（市委副书记）、寸强（副市长）。办公室设在市外事办，外办主任魏荣任办公室主任。

二、市外事办公室

1978年11月14日，思茅地区革命委员会外事处改为思茅地区行政公署外事办公室。1988年5月，思茅地区行政公署正式成立“思茅地区旅游局”，与外办合署办公，外办主任查宗炳兼任旅游局局长，副主任唐勤兼任旅游局副局长。1991年11月，经地委、行署研究决定，成立思茅地区行政公署口岸办公室。思茅行署口岸办挂靠思茅行署外办，与外办合署办公。1992年5月，经外办提出意见报行署同意，外办主任何孝元兼任口岸办主任，外办副主任苏子富兼任口岸办副主任。1997年8月，经地委、行署研究决定，旅游局与外办分离，单独组建成立思茅地区旅游局。同时，撤销旅游局办公室，边境管理科更名为邻国事务科。2005年12月，市委、市政府决定：思茅市口岸办不再挂靠外办，同时撤销市外办口岸管理科，外办编制人数不减。口岸办的职能由市商务局负责履行。2006年3月，增设外联友协科。2007年年末，普洱市外事办公室编制人数19名，领导职数4名（主任1名、副主任3名），内设秘书科、邻国科、礼宾科、外联友协科。

1978—2007年普洱市外事办公室领导任职表

表36-1

单位名称	姓名	性别	民族	籍贯	职务	任职时间
思茅地区行政公署外事办公室	查宗炳	男	彝	云南景东	副主任	1978.1—1986.3
	王家声	男	汉	云南通海	副主任	1983.10—1985.6
	查宗炳	男	彝	云南景东	主　任	1986.2—1992.3

续表 36-1

单位名称	姓名	性别	民族	籍贯	职务	任职时间
思茅地区行政公署外事办公室	唐　勤	男	满	黑龙江龙江	副主任	1985.10—1991.7
	苏子富	男	白	云南宁洱	副主任	1991.8—2004.4
	何孝元	男	汉	云南龙陵	主　任	1992.3—2001.5
	李曙功	男	白	云南大理	副主任	1995.8—2004.4
	王德学	男	哈尼	云南墨江	主　任	2001.5—2004.4
思茅市外事办公室	吕　众	男	汉	云南宁洱	主　任	2004.4—2006.6
	苏子富	男	白	云南宁洱	副主任	2004.4—2006.8
	李曙功	男	白	云南大理	副主任	2004.4—2006.8
	魏　荣	男	佤	云南澜沧	主　任	2006.6—2007.4
	王　勇	男	拉祜	云南澜沧	副主任	2006.8—2007.4
	赵　瑜	男	汉	云南玉溪	副主任	2006.11—2007.4
	顾　桃	女	汉	云南江城	副主任	2006.11—2007.4
普洱市外事办公室	魏　荣	男	佤	云南澜沧	主　任	2007.4—2007.12
	王　勇	男	拉祜	云南澜沧	副主任	2007.4—2007.12
	赵　瑜	男	汉	云南玉溪	副主任	2007.4—2007.12
	顾　桃	女	汉	云南江城	副主任	2007.4—2007.12

三、对外友好协会

1988 年 3 月 9 日，地委研究决定成立思茅地区人民对外友好协会，挂靠于行署外办，日常工作由外办承办。会长：朱永贤（地委副书记、行署专员），副会长：毕国光（地委副书记）、王子荫（行署副专员）、查宗炳（外办主任），理事：孙荣祖、李国兴、梁起、李光华、肖宇清、罗松、吴永勋、陈伟芳、马文亮、唐勤、岩宰，秘书长：唐勤（外办副主任兼），副秘书长：王凯（侨办主任）。1991 年 8 月 11 日，地委研究决定，按照省委的组织形式，对思茅地区人民对外友好协会领导成员进行调整。名誉会长：张宝三（地委书记），会长：毕国光（地委副书记），常务副会长：查宗炳（行署外办主任），副会长：苏子富，秘书长：苏子富（兼）。同时规定，人员变动自行更换，不再另行下文。

四、边境外事界务员

1983 年后，在江城、澜沧、孟连、西盟边境县的 14 个乡、3 个镇的 44 个村组建边境外事界务员队伍。发挥好边境外事界务员懂当地民族语言，熟悉当地风土人情和地理环境的优势，协助外事部门开展边境界务管理工作。成立之初有外事界务员 244 名（江城县 64 名、澜沧县 60 名、孟连县 56 名、西盟县 64 名）。1997 年年底至 1998 年年初，思茅地区外事界务员队伍精减调整为 123 名（江城县 43 名、澜沧县 26 名、孟连县 27 名、西盟县 27 名）。1991 年 10 月，省外办制定出台《云南省边境外事界务员管理暂行规定》。省外办先后于 1986 年、1991 年、2006 年举行 3 次先进外事界务员表彰会，思茅地区先后有 28 名（1986 年 11 名、1991 年 12 名、2006 年 5 名）先进外事界务员受到表彰奖励。1998 年 12 月，思茅地区举行边境外事界务员表彰会，有 16 名（江城县 5 名、澜沧县 3 名、孟连县 4 名、西盟县 4 名）先进外事界务员受到表彰奖励。

第二节　中缅界务

一、第二次中缅联检

中缅边界思茅地区段北起澜沧县雪林乡岗莫山177号界桩，南至澜沧县糯福214号界桩，界线全长303.29公里。1992年11月至1995年3月，中缅两国完成中缅边界第二次联合检查。根据《中华人民共和国政府和缅甸联邦政府关于两国边界的议定书》第四十六条："缔约双方应在本议定书生效后每五年对两国全部边界进行一次联合检查，但是经双方同意，可以推迟检查或只对边界的部分地段进行检查，经一方要求，双方应对边界的某些地段进行临时性的联合检查……"的规定，中华人民共和国和缅甸联邦第二届边界联合检查委员会第一次会议达成协议："两国将对中缅边界全线进行联合检查。"思茅地区行政公署成立思茅地区中缅边界联检领导小组和办公室，负责组织领导、检查指导、协调工作。组长：王嘉钦（行署常务副专员），副组长：何孝元（行署外办主任），成员：白金雄（武警思茅边防支队副支队长）、苏子富（行署外办副主任）、杨苑明（思茅军分区司令部作训科科长），联检领导小组办公室设在行署外办，由苏子富兼任办公室主任。中华人民共和国和缅甸联邦第二次边界联合检查委员会决定，组建20个联检小组实施中缅边界全线联合检查工作。其中，思茅地区段的西盟县为第十六联检组，孟连县为第十七联检组，澜沧县为第十八联检组。西盟、孟连、澜沧3县各成立中缅边界联检小组，在县委、政府领导下，由主管外事工作的领导负责此项工作。办公室设在县外办，负责上下联系，组织实施本县辖区内中缅边界实地联检具体工作。第十六联检组中方组长：李岩艾（西盟县外办主任），副组长：杨再军（成都军区测绘大队）、刀贵新（西盟县土地局副局长）；缅方组长：吴山埃（科长），副组长：吴貌貌基（四级测绘员）。第十七联检组中方组长：张太伟（孟连县外办主任），副组长：刘敬（孟连县外办原主任）、刀建华（思茅地区外办勐阿工作组组长）、李新品（武警孟连县边防大队副政委）、杨秀弟（成都军区测绘大队技术员）；缅方组长吴觉瑞（科长），副组长：吴基丹（三级测绘员）。第十八联检组中方组长：苏崇仁（澜沧县外办主任），副组长：杨玉发（武警澜沧边防大队副营级参谋）、黄景全（成都军区测绘大队助理工程师）；缅方组长：吴丹觉（科长），副组长：吴温延（三级测绘员）。

该次联合检查，是以1960年签订的《中华人民共和国和缅甸联邦边界条约》、边界议定书和1986年签订的《中华人民共和国政府和缅甸联邦社会主义共和国政府关于中缅边界第一次联合检查的议定书》所阐明的原则，以及附属于1961年边界议定书的《中缅边界条约详细附图》和第一次联合检查议定书附图为基础实施。中缅边界思茅地区段对载明于1961年边界议定书和1986年第一次联合检查议定书的界桩进行全面检查。轻微损坏的界桩，在本次联合检查中修复184（1）、185（2），共2棵；严重损坏、毁灭或移位的界桩，在本次联检中原位重竖177、178、188、189、193、194、197、200（2）、203、211，共10棵；严重损坏、毁灭或移位且由于自然原因不宜在原位恢复或修复或重竖的界桩，在本次联合检查中经双方协商选址另竖212，共1棵。双方按照如下原则增设附桩：界线在实地无法辨认处，如界树死亡或地形变化处；由于界河改道造成界线在实地不能辨认处；边界线穿过的人口稠密地区和交通道路与边界线交叉处；相邻两棵界桩不能通视很好；其他双方认为必要处。联合检查期间，双方共新增设7棵附桩，即177–1、177–2、180–1（1）、180–1（2）、180–2、203–1、203–2。此次联检工作完成后，云南省中缅边界联合检查办公室《关于中缅边界第二次联检（云南段）先进工作者及通报表彰人员的决定》表彰思茅地区完成任务的先进工作者

17名，通报嘉奖人员27名。

二、中缅联合修复界桩

2003年4月12日至5月7日，根据《中缅边境管理与合作协定》执行情况司局级会晤达成的共识和中缅界桩修复联合工作组第一次会议精神，在报经省外办批复同意后，思茅行署外办和沿缅边三县外办组成中缅受损界桩修复监督小组，配合缅方修复小组对中缅边界思茅地区段受损界桩进行修复。中方监督组组长：苏子富（思茅行署外办副主任），副组长：刀建华（思茅行署外办副调研员兼邻国科科长）；缅方修复组组长：吴昂觉吴，副组长：吴佐敏昂。《中缅边境管理与合作协定》执行情况第二轮司局级会晤确定思茅地区界桩修复清单：S179、S182（1）、S185（3）、S200（2）、S200（3）、S201（2）、S214（1）等6个号7棵桩，其中属中方负责修复1棵，属缅方负责修复6棵。2002年12月，中缅界桩修复联合工作组第一次会议确定除由中方负责修复的S182（1）号界桩留待第三次中缅边界联检时进行重竖外，缅方自2003年4月起开展修复工作。2003年4月缅方提供的《缅方上界时间表》新增S209号界桩修复任务。联合修复中，共完成S179、S185（3）、S200（3）、S201（2）、S209、S214（1）等6个号6棵桩修复任务，填写《中缅受损界桩修复登记表》，并举行确认签字仪式。经中缅界桩修复小组实地踏勘，对因暴雨发生洪灾、泥石流而遭冲毁、移位的S185（2）、S200（2）号界桩修复问题，根据缅方第四组意见，经双方商定，留待中缅边界第三次联检时重竖。拍照、填表后，由各自向上级报告。

三、界务维护

（一）界江和界河维护

1982年，孟连县外办在中缅边界S184—S185号界桩间以南卡江为界的胆怪地段打泡竹笼20个、栽树500棵，龙海至芒允地段打泡竹笼30个、栽树600棵，阿宗地段打泡竹笼30个、栽树400棵，在中缅边界S200—S201号界桩间以南垒河为界的芒信地段打泡竹笼15个、栽树200棵，投入经费1.54万元。同年，西盟县外办在中缅边界S179—S180号界桩间以南卡镐河为界地段对1970年新厂公社永广大队因开田造成界河改道，实施恢复原河道工程。1984年，孟连县外办在中缅边界S184—S185号界桩间以南卡江为界的陇海段实施界河维护。在界河南卡江中方一侧修筑第一道石砌体挡水墙（长29米、底宽3.2米、顶宽0.5米、高8米），投入资金2.19万元。1985年，孟连县外办在中缅边界S184—S185号界桩间以南卡江为界的陇海段再次实施界务维护工程。在界河南卡江中方一侧修筑第二道石砌体挡水墙（长40米、底宽4.6米、顶宽0.8米、高9.4米），投入资金7.57万元。1986年，孟连县外办在中缅边界S184—S185号界桩间以南卡江为界的陇海段再次实施界务维护工程。在界河南卡江中方一侧修筑第三道石砌体挡水墙（长15米、底宽4.5米、顶宽1米、高9米），投入资金5.43万元。同年，西盟县外办在中缅边界S179—S180号界桩间以南卡镐河为界地段实施界务维护，修筑两道石砌体挡水墙，投入经费1.05万元。1987—1989年，西盟县外办在中缅边界S179—S180号界桩间以南卡镐河为界地段连续实施界务维护，先后修筑石砌体挡水墙五道，总长214.8米。1990年，西盟县外办在中缅边界S179—S180号界桩间以歹格拉河为界地段实施界务维护。在界河歹格拉河中方一侧修筑两道石砌体挡水墙，第一道长50米、高2.9米（含入土部分）、宽均1.55米，第二道长21米、高2.5米（含入土部分）、宽均1米。两道共投入经费3.55万元。1992年，孟连县外办在中缅边界S199—S200号界桩间下游以拉定河为界的200（1）与200（3）号界桩旁实施界务维护，在界河拉定河中方一侧修筑一道石砌体挡水墙，长100米、宽 50 厘米、高 2 米，投入经费 1.08 万元。同年，西盟县外办在中缅边界 S180–S181 号界桩间以格浪埂堵河为界的 100 公里处实施界务维护，在界河格浪埂堵河中方一侧修两道石砌体挡水墙；第一道长 51 米、宽均 1.07 米、高 2.2（含入土部分），第二道长 35.5 米、宽均 1.07 米、高 2.31 米（含入土部分）；投入经费 3.2 万元。1994 年，西盟县外办在中缅边界 S179—S180 号界桩间以南卡镐河为界地段实施界务维护，在界河南卡镐河中方一侧修筑石砌体挡水墙，投入经费 2 万元。1999 年，西盟县外办在中缅边界 S179—S180 号界桩间以南卡镐河为界地段实施界务维护工程，在界河南卡镐河中方一侧修筑石砌体挡水墙，长 120 米、宽 1.2 米、高 2 米，投入经费 6 万元。2001 年，西盟县外办在中缅边界 S179—S180 号界桩间以南卡镐河为界地段和中缅边界 S180—S183 号界桩间以木古坝河为界地段实施界务维护，在界河南卡镐河和木古坝河中方一侧各修筑一道石砌体挡水墙，两道投入经费 3 万元。

（二）界桩维护

1982 年，西盟县外办对中缅边界 S183（1）号界桩实施维护（在界河南锡河中方一侧打一道钢筋泡笼坝）。1983 年，西盟县外办再次对中缅边界 S183（1）号界桩进行维护，在界河南锡河中方一侧打一道护堤（长 20 米、高 3 米、宽 1 米）。同年，澜沧县外办对中缅边界 S203 号界桩实施维护，用钢架套住因人为因素造成断裂的桩身；对中缅边界 S212 号界桩实施维护，对因蚂蚁堆造成自然倾斜 5 度的界桩进行扶正。1986 年，澜沧县外办对中缅边界 S177 号界桩实施界务维护，在界桩周围方圆 2 米处竖立水泥桩 10 棵，并用铁丝网围护。1997 年，孟连县外办对中缅边界 S185（1）号界桩实施界务维护，在界江南卡江和界河南永河汇合处中方一侧修筑石砌体挡水墙（长 30.6 米、底宽 2 米、顶宽 1 米、高 1.6 米），投入经费 12.5 万元；对中缅边界 S201（1）号界桩实施界务维护，在南垒河与南乐河汇合处中方一侧修石砌体挡水墙（长 20 米），投入经费 5.5 万元。同年，澜沧县对中缅边界 S177–2 号附桩实施界务维护，在 S177–2 号附桩中方一侧修筑石砌体挡墙（长 29 米、底宽 1.1 米、顶宽 0.4 米、高 4.1 米），投入经费 7 万元。2001 年，孟连县外办对中缅边界 S201 号界桩再次实施界务维护，在原维护的基础上加高石砌体挡水墙，投入经费 4 万元。2002 年，孟连县外办对中缅边界 S201 号界桩再次实施界务维护，在 S201 号界桩处实施南乐河河堤加修工程，投入经费 2 万元。澜沧县外办对中缅边界 S203–1 号附桩、S203–2 号附桩实施界务维护，将加工好的长 97 厘米、宽 68 厘米、高 150 厘米（含入土部分）的网架套住界桩全身加以保护，投入经费 2 万元。2003 年，孟连县外办对中缅边界 S185（1）、S201（1）号界桩再次实施维护，在 S185（1）号界桩处南卡江和南永河修筑挡墙及 S201（1）号界桩处南乐河河堤实施加固维修工程，投入经费 6 万元。2005 年，孟连县外办对中缅边界 S186（1）号界桩实施维护，在 S186（1）号界桩处南永河中方一侧实施石砌体挡水墙工程（长 7 米、宽 2 米、高 8 米）；对 S201（1）号界桩再次实施界务维护，在 S201（1）号界桩南垒河河堤实施加修工程；两项共投入经费 7 万元。2006 年，孟连县外办对中缅边界 S185（1）号界桩再次实施界务维护，在 S185（1）号界桩处南卡江和南永河挡墙实施加固维修工程，投入经费 4.98 万元。2007 年，孟连县外办对中缅边界 S185（1）号界桩再次实施维护，在 S185（1）号界桩处南卡江和南永河挡墙实施加固维修工程，投入经费 1.8 万元；对中缅边界 S202（1）号界桩实施维护，在 S202（1）号界桩处南乐河与南卧河汇合处中方一侧实施挡水墙维护工程（长 15.66 米、宽均 1.2 米、高 1.1 米），投入经费 5 万元。

（三）界线维护

1991—1992 年，澜沧县外办在中缅边界 S203—S204 号界桩间长 10 公里的国界线中方一侧实施“绿色长城”植树护界工程，种植红毛树、水冬瓜树、板栗树等树种 3 万余株，撒播飞松子 60

余公斤，投入经费 2.2 万元。1994 年，澜沧县外办在中缅边界 S203—S204 号界桩间沿国界线中方一侧再次实施“绿色长城”植树护界工程，投入经费 3 万元。1995 年，澜沧县外办在中缅边界 S206—S207 号界桩间沿国界线中方一侧实施“绿色长城”植树护界工程，种植红毛树、松树等树种，以明晰边界线，投入经费 10 万元。同年，西盟县外办在中缅边界 S180（2）—S181 号界桩间沿国界线中方一侧实施“绿色长城”植树护界工程，种植沙松、水冬瓜树等树种，以明晰边界线，投入经费 2 万元。1999 年，澜沧县外办在中缅边界 S208—S211 号界桩间沿国界线中方一侧实施“绿色长城”植树护界工程，种植思茅松、针叶杉松、红毛树、水冬瓜树等树种，以明晰边界线，投入经费 2 万元。同年，孟连县外办在中缅边界 S199—S200 号界桩间沿国界线中方一侧实施“绿色长城”植树护界工程，种植西南桦、水冬瓜树、红毛树等树种，以明晰边界线，投入经费 2 万元。2001 年，澜沧县外办在中缅边界 S207—S213 号界桩间沿国界线中方一侧实施“绿色长城”植树护界工程，种植思茅松、针叶杉松，红毛树等树种，以明晰边界线，投入经费 2 万元。2002 年，西盟县外办在中缅边界 S178—S179 号界桩间沿国界线中方一侧实施“绿色长城”植树护界工程，种植板栗树等树种，以明晰边界线，投入经费 1 万元。2003 年，西盟县外办在中缅边界 S178—S179 号界桩间沿国界线中方一侧再次实施“绿色长城”植树护界工程，种植板栗树等树种，以明晰边界线，投入经费 1.5 万元。同年，澜沧县外办在中缅边界 S210—S211 号界桩间沿国界线中方一铡实施“绿色长城”植树护界工程，种植思茅松、水冬瓜树、红毛树等树种，以明晰边界线，投入经费 2.5 万元。2005 年，澜沧县外办在中缅边界 S211—S212 号界桩间沿国界线中方一侧实施“绿色长城”植树护界工程，种植思茅松、红毛树、西南桦等树种，以明晰边界线，投入经费 6 万元。同年，西盟县外办在中缅边界 S178—S179 号界桩间沿国界线中方一侧实施“绿色长城”植树护界工程，种植板栗树等树种，以明晰边界线，投入经费 5 万元。2006 年，澜沧县外办在中缅边界 S204—S205 号界桩间沿国界线中方一侧实施“绿色长城”植树护界工程，种植思茅松、红毛树、桉树等树种，以明晰边界线，投入经费 5 万元。2007 年，澜沧县外办在中缅边界 S205—S206 号界桩间沿国界线中方一侧实施“绿色长城”植树护界工程，种植思茅松、红毛树、桉树等树种，以明晰边界线，投入经费 3 万元。同年，西盟县外办在中缅边界 S178—S179 号界桩间沿国界线中方一侧继续实施“绿色长城”植树护界工程，种植板栗树等树种，以明晰边界线，投入经费 2 万元。

第三节　中老、中越界务

一、中老联合勘界

1991 年 10 月 24 日，中华人民共和国和老挝人民民主共和国签订边界条约。1992 年 3 月 1 日至 4 月 14 日，遵照中老边界联合勘界委员会的指示，联合勘界第一组完成联勘委交予的实地勘定边界和竖立界桩的野外工作任务。联合勘界组中方组长：黄志学（江城县副县长），副组长：汪国安（成都军区测绘大队工程师）、张有兴（江城县外办主任）；老方组长：汪腊（国防部测绘局技术员），副组长：坎伦（国家地图局中级技术员）、蓬坎（丰沙里省约乌县干部）。中老边界江城段东起中、越、老三国交界的十层大山顶峰，西至二塘坝 9 号界桩处，界线全长 116 公里，竖有界桩 9 个号 10 棵桩；其中，7 号为大型花岗石界桩，并增设小型钢筋混凝土附桩 1 棵，其余界桩均属小型钢筋混凝土界桩。共设方位物 27 个（人工方位物 22 个、自然方位物 5 个）。4 月 19 日—21 日，云南省勘界办公室在思茅举行中老边界联合勘界工作总结暨表彰大会，表彰联合勘界工作中表现突出的先进工作者 50 名。

二、中老联合实施界桩修复

2003 年 4 月 7 日至 11 月 2 日，根据中老界桩修复联合工作组 2003 年 3 月 25 日—26 日会议精神，江城县成立以县外办主任陈华标为组长、副主任何永成为副组长，县公安局、驻江城 77328 部队、武警边防大队抽人组成的中老界桩修复工作小组，在老方工作小组的配合下，负责实施中老边界思茅地区江城段受损界桩修复工作。完成中老边界江城段 1、2、3、4、5、6、7（1）、8、9 号界桩修复任务；同时，将原 7 号大型花岗石贴面界桩更换为大型整体花岗石界桩，重竖后的 7 号界桩，两国国徽用铜质金属材料重新制作，界桩位置不变，形状和尺寸保持原样。经中老双方外交部联合工作组 11 月 26 日实地检查验收合格。至此，中老边界江城段受损界桩修复任务全部完成。

三、中越联合勘界

中越陆地边界普洱市江城段西起中、老、越三国交界点的十层大山顶峰，东至南马河注入李仙江后与绿春县交界处，界线全长 67 公里（以山为界 50 公里、以河为界 17 公里）。根据中越陆地边界条约和附图及中越陆地边界联合勘界委员会有关规定，中越陆地边界普洱市江城段除十层大山三国交界点界碑外，共设界碑 17 个号 23 块碑；其中，单立界碑 13 个号 13 块碑，同号双立界碑（14、15）2 个号 4 块碑，同号三立界碑（16、17）2 个号 6 块碑。按照单号界碑由中方负责竖立和维护，双号界碑由越方负责竖立和维护的规定，中方负责竖立和维护的有 11 个号 12 块界碑；其中，单立界碑 7 个号（1、3、5、7、9、11、13）7 块碑，同号双立界碑 2 个号 [14（2）、15（1）]2 块碑，同号三立界碑 2 个号 [16（1）、17（2、3）]3 块碑（含绿春县地段 1 块）。越方负责竖立和维护的界碑有 10 个号 11 块碑；其中，单立界碑 6 个号（2、4、6、8、10、12）6 块碑，同号双立界碑 2 个号 [14（1）、15（2）]2 块碑，同号三立界碑 2 个号 [16（2、3）、17（1）]3 块碑。2000 年 12 月，中越双方成立联合勘界委员会，并在联勘委机制下设立 12 个联合勘界组，具体负责实施实地勘界立碑工作。思茅地区行政公署成立思茅地区中越边界勘界工作办公室，由行署外办、思茅军分区作训科、武警思茅边防支队边防科抽人组成，办公室设在外办，办公室主任由行署外办副主任苏子富兼任，副主任由行署外办副调研员、邻国科科长刀建华兼任。江城县和绿春县组成中越陆地边界联合勘界中方第一组，负责完成中越陆地边界江城段和绿春段 220 公里（江城段 67 公里、绿春段 153 公里）的勘界立碑任务。中方第一勘界组组长：江城县外办主任陈华标；副组长：绿春县外办主任张先则、四川测绘局工程师黄高团、思茅行署外办副调研员兼邻国科科长刀建华。2002 年 10 月，越方第一联勘组组长：阮庭游，技术副组长：阮文胜；2003 年 10 月，越方第一联勘组组长：武春御，技术副组长：黄庭水；2005 年 1 月，越方第一联勘组组长：黄文胜，技术副组长：黄庭水。2002 年 11 月 2 日，中越联勘第一组实地对 1 号界碑位置进行勘定和确认，草签界碑位置草图；11 月 4 日，在双方技术人员监督下，中方施工人员开挖并浇筑入土部分基座；11 月 8 日，中方施工人员按技术要求，将 1 号界碑碑身竖立在基座上，经双方测绘技术人员检测验收后，双方草签立碑纪要，1 号界碑立碑工完成；11 月 18 日，经请示省边界办同意，举行 1 号界碑立碑揭幕仪式。2003 年 11 月，中越联勘第一组启动第二勘季实地联勘工作。2007 年 4 月，中越联勘第一组重新启动江城段最后阶段的联勘工作，解决 4 个勘季遗留问题。

四、勘定和竖立中老越三国交界点界碑

中华人民共和国、老挝人民民主共和国、越南社会主义共和国三国交界点界碑位于十层大山（老、越称宽拉栅山）顶峰1846米高程点，坐标为北纬22° 24′ 02.3″、东经102° 08′ 30.0″。2005年4月21日，以中国外交部条约法律司副处长白斌、老挝丰沙里省公安厅厅长坎山·昆松恒、越南环境资源部主任武家光为组长的三国专家组赴实地勘定界碑位置。联勘委中方代表云南省外办副主任、省边界办主任何明生及有关领导亲临现场指导，何明生为立碑点栽桩奠基。界碑为三棱形，由碑座、碑身、碑顶三部分构成。碑身由三块花岗石组合而成，碑面中间用钢筋混凝土浇灌。三个面分别朝向三国，分别镶嵌三国国徽，用三国文字标记国名。整个界碑高2米（碑座高0.4米、碑身高1.5米、碑顶高0.1米），碑面各宽0.6米。碑座四周平台为36平方米（平台距地面高0.8米），其中基座占0.5平方米、黑色花岗石铺面占12平方米、水磨石面占23.5平方米。界碑由中方负责制造和竖碑施工。6月27日，江城县外办主任、中越联勘第一组中方组长陈华标，老挝丰沙里省公安厅厅长坎山·昆松恒，越南资源环境部测量地图局处长阮文山为组长的三国立碑工作组在实地确认三国交界点界碑的碑面方向，并监督碑座浇灌。7月2日，在三国立碑组监督下完成竖碑工作；7月5日，三国立碑组、测量组组长签署立碑、测量工作纪要，竖碑工作宣告完成。三国交界点界碑型号、式样报外交部批准，提交中、老、越三国专家组和联勘委商议，同意后由国家地理信息中心处长武晓淦设计图纸，由省边界办在昆明制作。界碑在面向中方的界碑前台阶左侧立了两块花岗石平面碑，记录了界碑简介和参与界碑定位、立碑人员名单。

五、竖16（3）号界碑

中越边界16（3）号界碑位于越方一侧，2004年11月定位竖立。按照条约规定，此碑由越方负责竖立和维护。2008年8月，该碑被洪水冲走，中方发现后及时向越方通报情况。经双方协商约定，2008年11月25日在原位重竖界碑。

第四节　对外交流

一、友好往来

1991年2月7日—23日，应思茅行署专员朱永贤邀请，由老挝琅勃拉邦省副省长占西·坡席坎为团长的代表团一行9人，到思茅进行友好访问。宾主就经贸合作、友好往来等问题交换意见。代表团先后到宁洱、景谷县和昆明市进行参观游览。7月10日，应省委书记普朝柱邀请，由老挝琅勃拉邦省委书记兼省长翁佩·赛格雅宗多率领的友好代表团一行6人，赴昆途经思茅，思茅地委副书记、行署专员潘政扬会见并设宴招待代表团。代表团在潘专员等领导陪同下，先后参观思茅茶树良种场和普洱天壁水泥厂。

1993年4月8日，首届中国普洱茶节在思茅举行，老挝丰沙里省省长迈燕·英相、南塔省省长贯·乔玛尼、乌多姆赛省省长赛先里、波乔省副省长坎赛·翁维来应邀分别率团共计38人出席茶节盛典。地委书记李师程、行署专员潘政扬等领导会见老挝北部4省省长、副省长及代表团主要成员。

1996年1月9日—12日，老挝波乔省副省长坎赛率领商贸代表团一行17人访问思茅。行署副专员张在权等领导会见代表团全体成员，并陪同前往宁洱县参观考察；1月22日—24日，香港《亚

洲经济》杂志总编威廉斯·迈勒在省外办新闻处副处长邹慈民陪同下访问思茅，行署专员潘政扬接受采访，并介绍澜沧江开发、前景及水运、能源利用等情况。1月23日—26日，老挝南塔省省委组织部部长通万赛为团长的代表团一行20人对思茅进行友好访问，行署副专员张在权、地委组织部部长张百如等领导会见客人，双方就种植业、加工业和经贸合作等问题交换意见。3月8日—14日，老挝琅勃拉邦省副省长坎佩一行4人访问思茅，地委书记李师程、副书记李国玮、行署副专员苏全忠等领导会见客人，代表团参观思茅地区医院，并进行体检。4月1日—3日，老挝沙耶武里省副省长迈·潘拉率金融代表团一行6人访问思茅，行署副专员苏全忠会见并介绍情况。10月1日—3日，老挝丰沙里省委书记兼省长迈燕·英相一行5人到思茅访问。地委书记李师程会见客人，就共同关心的问题交换意见。10月26日—28日，泰国驻昆明总领事馆商务领事曾康雅到思茅参观访问，行署专员王志东会见客人，介绍思茅地区有关情况，双方就开通澜沧江—湄公河航运、开展贸易、旅游等共同关心的问题交换意见。11月1日—2日，日本茶叶研究专家松下智一行6人，在地区外办领导陪同下到西盟佤族自治县考察野生古茶树群落。12月2日—4日，老挝乌多姆赛省副省长宋西一行7人对思茅进行友好访问，行署副专员张在权会见代表团，经过会谈，签订备忘录。12月11日—13日，以老挝波乔省农业发展办公室主任坎占赛亚翁为团长的考察团一行13人到思茅进行农业、水利等项目考察。

1997年3月29日—31日，泰国议员玛尼拉一行4人到思茅访问，在地委副书记孙荣祖、地区政协工委主任郑绵盛陪同下参观思茅港，双方就共同关心的问题交换意见，就建立联合航运公司问题达成意向性协议；9月6日，日本茶文化研究专家松下智带领9名专家、学者抵达思茅，应松下智的要求，地区外办领导陪同考察组再次赴西盟佤族自治县考察野生古茶树。9月13日，松下智又赴镇沅彝族哈尼族拉祜族自治县九甲乡千家寨大山，观看已被专家鉴定有2700年树龄的茶树王和野生古茶树。10月23日—25日，由英国籍施信德牵头，有美、英、新西兰等国有关人士参加的慈善考察团一行15人到思茅，先后考察澜沧孤儿院和普洱聋哑学校，捐赠价值6万余元的助听器、教学设备等物资。

1998年6月4日—13日，泰王国驻昆明总领事馆总领事朴·因图翁及花卉专家、技术员、翻译等一行7人抵达思茅后，由地区外办领导陪同赴景东，购买经林业部批准出境的3种杜鹃花树苗，采集1700株，用8辆汽车运抵思茅港后，从澜沧江—湄公河航运到泰国雷东开发区种植。

1999年1月9日—10日，老挝丰沙里省省委书记、省长坎芒·苏维勒对思茅进行工作访问，地委书记杨建甲、行署副专员苏全忠会见坎芒·苏维勒，双方就加强各个领域的合作及共同关心的问题交换意见。9月8日—10日，老挝丰沙里省副省长廖安福为团长的代表团一行7人，抵达思茅进行工作访问，行署副专员龚丕富等领导会见代表团全体成员，双方就蓖麻试种及扩大合作项目等问题进行会谈，就有关经济技术合作问题达成协议。12月10日—12日，以老挝中央委员、南塔省省委书记、省长向荣·翁占坎为团长的代表团一行7人对思茅进行工作访问，地委书记杨建甲、行署专员王志东会见南塔省代表团，双方就贸易、旅游、工业、农业、工程建筑、社会文化等方面的交流与合作交换了意见，就有关问题达成协议，王志东和向荣·翁占坎分别在会谈纪要上签字。

2000年4月2日—7日，日本《朝日新闻》驻中国总局局长加藤千洋和加藤优子夫妇在省外办新闻处处长段坚的陪同下到思茅、澜沧、宁洱等地进行实地考察。

2001年1月16日—19日，以老挝人民民主共和国南塔省委副书记兼副省长通万赛·芒巴地为团长的代表团一行6人对思茅进行友好访问，地委副书记董治良等领导会见代表团全体成员，双方共同回顾1999年12月12日在思茅签署的《会谈纪要》精神，并就之后的合作事宜交换意见。4月

8日—12日，第二届中国昆明国际旅游节思茅分会场、中国昆明首届全国春茶交易会思茅分会场、第五届中国普洱茶节在思茅举行，经请示省外办同意，报外交部批准，邀请老挝、缅甸有关方面派代表团参加“两节一会”活动。4月9日下午，行署专员李元书会见老挝琅勃拉邦、丰沙里、乌多姆赛省和缅甸掸邦第一特区、第二特区、第四特区应邀参加“两节一会”的各代表团主要成员。

2002年1月24日—25日，由老挝人民民主共和国丰沙里省省长坎曼·苏维勒率领的代表团一行10人，对思茅进行访问，行署副专员龚丕富会见代表团全体成员，并向老挝客人介绍思茅区情，解答老挝客人提出的有关问题，双方就共同关心的问题交换意见。3月19日—23日，经请示省外办同意，省政府批准，应行署专员卯稳国邀请，由泰王国清莱府府尹仑立·玛格拉蓬率领的友好代表团一行41人对思茅进行友好访问，地委书记李元书、行署专员卯稳国、副专员龚丕富、丁艳波及地直有关部门、思茅市、景谷县有关领导计20余人与以仑立·玛格拉蓬府尹为团长、副府尹苏吉加·格鲁纳暖和塔汶·彻潘为副团长的清莱府代表团进行会谈，双方就加强多层次、多领域、多形式交流与合作问题进行交流和探讨，在达成共识基础上，签署《中华人民共和国云南省思茅行署与泰王国清莱府友好代表团会谈纪要》和《中华人民共和国思茅地区景谷县与泰王国清莱府意向性合作协议》。12月5日—7日，以中国云南省思茅地区行政公署副专员魏红为团长、副专员陈松为副团长的代表团和以缅甸掸邦第二特区政府副主席李自如为团长、副主席肖明亮为副团长的代表团在思茅举行第二次高层会晤，双方共同回顾2001年7月首次高层会晤以来友好交往、边境贸易、文化、卫生、旅游、治安等方面合作情况及成果，就双方共同关心的问题交换意见，达成共识，签署《中国云南思茅地区行政公署与缅甸掸邦第二特区政府第二次会谈纪要》。

2003年4月18日—20日，思茅地区举办第六届中国普洱茶节，报经省政府同意、外交部批准，应茶节组委会邀请，老挝人民民主共和国丰沙里省、乌多姆赛省、沙耶武里省、琅勃拉邦省和缅甸掸邦第二特区、第四特区分别派代表团共计46人参加茶节活动。4月19日—24日，老挝川圹省副省长罕维莱·索萨潘赛率领代表团一行8人应邀对思茅进行正式访问，行署副专员徐明良、寸强等领导与老挝川圹省代表团进行会谈，双方就加强农、林、矿产及科技方面合作达成共识。10月7日—8日，以泰王国清莱府府尹那林·帕尼差吉为团长的友好代表团一行29人访问思茅，思茅行署副专员寸强会见代表团，并与那林·帕尼差吉府尹就拓展双方合作领域以及思茅和清莱缔结友好城市等事宜进行会谈，达成共识。

2004年2月4日—6日，以老挝人民民主共和国琅勃拉邦省省委书记兼省长奔恒率领的代表团一行7人到思茅访问，思茅行署专员卯稳国和副专员寸强会见代表团，双方就共同关心的问题交换意见。代表团访问期间，在外办领导陪同下参观思茅市容市貌，到宁洱县参观“民族团结园”。2月24日—26日，以泰国商业部进口政策办公室主任皮萨·瑞马哈桑为团长的泰国商业代表团一行18人，对思茅进行商务考察访问，行署副专员龚丕富会见代表团，双方就经贸交流与合作问题交换意见。代表团访思期间，举行泰国荔枝和龙眼推介活动。3月24日—25日，泰国夜功府府尹瓦腊杰·颂索率领代表团一行14人对思茅进行友好访问，思茅行署专员卯稳国会见宴请瓦腊杰·颂索府尹一行，双方就加强相互交往与合作问题交换意见。6月7日—8日，泰国孔敬府府尹杰德·塔纳瓦率领贸易投资考察团一行32人，参加昆交会后应邀访问思茅，思茅市常务副市长姚国华、副市长李万锦及有关部门负责人与杰德·塔纳瓦府尹及代表团全体成员进行座谈，双方就共同关心问题交换意见，对经贸交流与合作问题达成共识，签署思茅市与孔敬府《经贸合作意向性协议》。6月11日—12日，老挝人民民主共和国南塔省省委书记兼省长向荣·翁占坎一行4人到思茅进行友好访问。思茅市委副书记朱飞云、副市长丁艳波会见向荣·翁占坎书记一行，双方就经贸、旅游、文化和教育等领域的合作交换意见。6 月 21 日—22 日，老挝人民民主共和国波乔省省委书记兼省长坎曼・苏维勒率领代表团一行 13 人，对思茅进行友好访问，市委常委、政法委书记谢丕坤和副市长寸强等领导与波乔省代表团进行座谈，代表团在寸强陪同下参观澜沧江啤酒厂、思茅纤维板厂、农业科技示范园和茶树良种场。6 月 22 日—24 日，老挝人民民主共和国南塔省副省长通万赛为团长的代表团一行 10 人，对思茅市进行工作访问。副市长寸强及有关部门负责人与南塔省代表团举行会谈，双方就教育方面开展合作的可能性进行交流与探讨，就南塔省选派留学生到思茅师范高等专科学校学习的有关问题达成共识。

2005 年 2 月 24 日至 3 月 2 日，越南奠边省勐念县人民委员会主席杨阿营为团长的代表团一行 9 人，应邀对思茅进行正式友好访问，副市长寸强和有关方面负责人会见代表团，双方就共同关心的问题交换意见，就争取早日实现双方口岸公路对接，共同促进经济社会发展等问题达成共识。6 月 14 日，思茅市市长会见以缅甸掸邦第二特区政府主席鲍有祥为首的代表团一行 11 人，参加会见的有市人大常委会主任魏红、副市长寸强及有关部门负责人，双方就加强双方交流与合作及共同关心的问题进行交谈，为支持缅甸掸邦第二特区禁毒工作，思茅市政府向缅甸掸邦第二特区政府赠送 100 吨大米，定于“6・26”禁毒日举行捐赠交接仪式；12 月 3 日—16 日，应思茅市人民政府邀请，以老挝丰沙里省省委书记兼省长坎桑・苏翁为团长的政府代表团一行 35 人对思茅进行工作访问，市长、副市长寸强、丁艳波、李万锦等会见代表团举行会谈，双方签署矿业、农业、教育、卫生 4 项《合作协议》。

2006 年 4 月 5 日—7 日，老挝人民民主共和国驻昆明总领事蓬沙瓦・普玛翁，泰王国驻昆明总领事克西・查派文及夫人，柬埔寨王国驻昆明总领事蔡所昆，马来西亚驻昆明总领事阿约夫，缅甸联邦驻昆明总领事吴苗丁，越南社会主义共和国驻昆明总领事黄明甲等领事官员一行 14 人，出席思（茅）—小（勐养）高速公路通车典礼并考察思茅。4 月 6 日上午，云南省副省长李新华在梅子湖大酒店会见六国驻昆总领事，市委书记高旭升、市长、副市长寸强陪同会见。9 月 23 日—24 日，越南社会主义共和国莱州省人民委员会副主席陈文夫为团长的代表团一行 6 人到思茅进行友好访问，副市长寸强会见代表团，双方就共同关心的问题交换意见。

2007 年 1 月 19 日—21 日，老挝人民民主共和国南塔省省委书记、省长蓬玛宋・勒坎玛为团长的代表团一行 14 人，应邀到思茅访问，副市长寸强及有关方面负责人会见代表团。1 月 25 日，越南社会主义共和国奠边省外事厅厅长阮文幸为团长的越方代表团一行 14 人和以江城县县长杨俊华为团长的中方代表团一行 20 人，就中国龙富—越南阿巴寨口岸公路对接问题在实地进行踏勘会谈，双方都派中越边界联合勘界第一组的有关人员参加会谈，通过协商，达成共识，确定对接点。4 月 8 日—12 日，第八届中国普洱茶节在普洱市思茅区举行，老挝丰沙里省省长坎山・苏翁为团长的代表团一行 8 人，老挝琅勃拉邦省省长奔亨・銮帕占为团长的代表团一行 8 人，越南奠边省人民委员会副主席范黄摆为团长的代表团一行 8 人，缅甸掸邦第二特区副主席波来康为团长的代表团一行 8 人，应邀参加茶节各项活动。普洱市人民政府副市长寸强在市有关部门负责人陪同下分别会见各代表团，针对 3 个邻国不同情况，就扩大相互往来、增进相互之间的友谊、加强文化交流和经贸合作及共同关心的问题交换意见。8 月 2 日—21 日，越南社会主义共和国莱州省委书记阮明光率领的代表团一行 42 人应邀到普洱市进行访问考察，市委副书记朱飞云、副市长寸强会见并宴请代表团。9 月 19 日—20 日，越南社会主义共和国莱州省人民委员会副主席阮登道率领的代表团一行 19 人考察普洱市茶叶研究院茶叶种植实验基地，市委书记高旭升会见并宴请代表团全体成员，副市长寸强及有关部门负责人参加会见和宴请作陪。9 月 20 日—22 日，老挝人民民主共和国琅勃拉邦省省委书记兼省长奔亨·銮帕占为团长，省委副书记兼副省长塞沙蒙·空他冯为副团长的代表团一行17人，应邀到普洱市进行友好访问，市委书记高旭升、市长、副市长寸强及有关部门负责人与老挝代表团进行会谈。11月24日—26日，泰王国外交部信息司司长塔励·扎荣华为团长，泰王国驻昆明总领事馆总领事苏拉潘·布亚玛诺为副团长的泰王国布施团一行20人，到景谷永平镇雷光佛迹寺布施御制袈裟，布施团途径普洱时，副市长寸强会见宴请布施团。12月6日—7日，应中共中央对外联络部邀请，喀麦隆人民民主联盟中央委员会国际关系和人权书记佛基·让－皮埃尔为团长的干部考察团一行10人，在中联部参赞胡平陪同下，到普洱市考察扶贫项目，了解扶贫工作有关情况，在副市长寸强和思茅区区长毛保祥陪同下，考察思茅区倚象镇刺竹林异地搬迁扶贫项目，市委书记高旭升会见并宴请考察团全体成员。

二、对外出访

1990年10月27日至11月12日，应老挝琅勃拉邦省副省长占西·坡席坎邀请，思茅行署专员朱永贤为团长的代表团一行10人赴琅勃拉邦进行正式友好访问，双方就经贸合作、思茅地区医院到琅勃拉邦开设诊所等问题进行会谈，签署会谈纪要。在老方安排下，代表团到老挝首都万象进行参观考察。

1991年9月3日—12日，应老挝琅勃拉邦省委书记兼省长占西·坡席坎邀请，以思茅行署专员潘政扬为团长的代表团一行6人赴琅勃拉邦进行友好访问，代表团参加琅勃拉邦一年一度龙舟节活动，出席思茅地区在琅勃拉邦开设的商品展销店剪彩仪式。

1993年10月，报经省外办同意、外交部批准，地委副书记毕国光以思茅地区对外友好协会会长身份，率友好代表团出访老挝和泰国，代表团由新华社、中央电视台、人民日报、光明日报、文汇报、云南日报、云南电视台、思茅报、思茅电视台等新闻单位的30名记者，思茅地区大型企业的厂长、经理10人，地委、行署有关部门的领导18人，共计58人组成。乘坐思茅地区航运公司“公主号”客船，从思茅港码头出发，沿澜沧江—湄公河，先后到老挝波乔省、琅勃拉邦省和泰王国清莱、清迈府进行友好访问，琅勃拉邦省委书记兼省长占西·坡席坎会见代表团主要成员，对“公主号”试航成功表示祝贺，并与毕国光就双方共同关心的有关问题交换意见。

1996年1月19日—21日，应老挝乌多姆赛省省长猜相里·丁贝之邀请，行署副专员苏全忠率领代表团一行5人参加在老挝勐赛举行的中、老、泰三国地方性交通研讨会，会议着重讨论开通从中国磨憨经老挝勐赛至泰国难府公路需要解决的问题，并形成会议纪要。7月21日—23日，应老挝丰沙里省省委书记迈燕·英相邀请，地委书记李师程率代表团赴丰沙里省进行友好访问，双方就边境管理、农业开发、项目合作等共同关心的问题交换意见，形成会谈纪要。

2001年7月17日—18日，应缅甸掸邦第二特区政府邀请，报经省外办同意、省政府批准，以行署专员李元书为团长，地委副书记董治良、行署副专员魏红为副团长，行署办、军分区、武警边防支队、行署外办、公安、司法、安全、交通、边贸局、孟连海关和澜沧、西盟、孟连县政府及有关部门负责人为成员的思茅地区代表团一行30余人，赴缅甸邦康市，同以特区政府主席鲍有祥为团长、副主席赵明、肖明亮为副团长的缅甸掸邦第二特区政府代表团进行正式会晤，双方就共同关心的禁毒合作、打击跨国刑事犯罪协作、经济技术交流、维护边境稳定等问题交换意见，通过磋商，达成共识，签署会谈纪要。11月29日至12月6日，应泰王国清莱府清莱市市长旺猜邀请，报经省外办同意、省政府批准，以行署专员李元书为团长、副专员龚丕富为副团长的思茅地区友好代表团一行18人，对泰王国清莱府和清迈府进行为期8天的友好访问，代表团实地考察澜沧江—湄公河航运情况，对开发利用澜沧江—湄公河国际航运问题有了更深的认识，宣传思茅区位和资源优势以及经济和社会发展情况，签署思茅市与清莱市缔结友好城市意向书，双方同意在经贸、旅游、航运等方面开展多种形式的合作，开辟思茅—清莱旅游线路，清莱府支持思茅地区在清莱府区域内设立外经贸办事机构，以促进双方经贸合作。

2002 年 4 月 14 日—24 日，行署副专员丁艳波率领思茅地区经贸文化代表团一行 41 人应邀对泰王国清莱府、清迈府进行友好访问。6 月 17 日，缅甸掸邦第二特区政府就在其境内破获一起制造假人民币案件问题在邦康举行情况通报会，应缅甸掸邦第二特区政府对外关系部邀请，思茅地区行署外办、公安局、安全局和澜沧、西盟、孟连县外办、公安局、武警勐阿边防站等有关部门和单位领导参加情况通报会，缅甸掸邦第二特区政府主席鲍有祥在情况通报会上发表书面讲话，向中方通报破获假人民币案件情况，在会场上展出缴获的部分制假设备和已印制好的假人民币 3.22 万元、假人民币半成品 76.4 万元等实物。6 月 26 日至 7 月 7 日，应澳大利亚自然资源环境部和新西兰惠灵顿商会邀请，以地委书记李元书为团长的思茅地区农林牧考察团一行 17 人对澳大利亚、新西兰进行考察访问。

2003 年 1 月 8 日—18 日，应泰王国清莱府邀请，思茅行署副专员龚丕富率领文化经贸代表团一行 25 人，赴清莱府参加第九次湄公河流域泰、中、老、缅四国文化交流会。4 月 1 日—5 日，应老挝人民民主共和国沙耶武里省省长宋巴・亚利河邀请，思茅地区行政公署专员卯稳国率领代表团一行 9 人，对老挝沙耶武里省进行正式友好访问，访问期间，卯稳国和宋巴・亚利河就双方开展交往与合作及共同关心的问题交换意见。

2004 年 7 月 6 日至 8 月 22 日，应波兰国际民间艺术节组委会邀请，中共思茅市委常委、宣传部部长黎素梅率领中国佤族民间艺术团（思茅民族歌舞团）赴波兰访问演出，先后到波兰的 6 个城市，演出 80 余场次，荣获波兰国际民间艺术节组委会颁发的节目编导和创意两项大奖。

2005 年 6 月 23 日—25 日，应老挝丰沙里省省长坎桑・苏翁邀请，以思茅市市长为团长的政府代表团一行 59 人对老挝丰沙里省进行工作访问，双方就加强经贸、矿业、农林、教育、卫生、禁毒、人力资源、口岸建设等方面的合作交换意见，达成共识，签署《会谈纪要》。8 月 23 日至 9 月 11 日，思茅市委书记李元书为团长的人力资源考察团一行 12 人赴美国进行考察，学习借鉴发达国家关于人力资源开发方面的先进经验和公务员管理方法。10 月 8 日—19 日，思茅市市长为团长的城市建设和旅游文化考察团一行 11 人应邀访问法国，学习借鉴发达国家在城市建设和旅游文化等方面的科学管理理念。

2006 年 9 月 13 日—25 日，思茅市市长为团长的思茅市林业考察团一行 10 人先后到英国和法国进行考察，学习借鉴林业经营管理和生态环境保护方面经验。10 月 13 日—25 日，思茅市常务副市长姚国华为团长的思茅市城市规划建设考察团一行 9 人先后赴日本和韩国进行考察，学习借鉴日本和韩国在城市规划建设方面的经验。10 月 1 日—24 日，思茅市政协主席王正昌为团长的思茅市环境保护和旅游开发考察团一行 10 人先后赴德国和意大利进行考察，学习和借鉴西方发达国家在环境保护和旅游资源开发利用方面的经验。11 月 7 日—19 日，思茅市人大常委会副主任张云生为团长的思茅市法制建设与社会治安管理考察团一行 10 人先后赴法国、德国进行考察，学习和借鉴西方发达国家在健全和完善法律制度，加强社会治安综合治理，保持社会稳定方面经验。12 月 10 日—21 日，思茅市委副书记朱飞云为团长的思茅市旅游文化考察团一行 11 人赴澳大利亚和新西兰进行考察，通过考察，提出发展思茅旅游、文化产业思路。12 月 14 日—17 日，应老挝人民民主共和国丰沙里省和琅勃拉邦省邀请，市委书记高旭升为团长，市委副书记、市长为副团长的思茅市党政代表团一行54人先后赴老挝人民民主共和国丰沙里省和琅勃拉邦省进行友好访问。

2007年3月5日—18日，思茅市委书记高旭升为团长的代表团一行10人先后赴德国、法国、意大利考察，学习和借鉴西方发达国家在城市规划建设方面的经验。6月4日—16日，普洱市市长为团长的考察团一行10人先后赴美国、加拿大进行矿业考察，主要了解矿产资源勘探、开采、冶炼技术，学习发达国家的矿业发展思路和管理经验。8月12日—24日，以普洱市副市长寸强为团长的旅游文化产业发展考察团一行10人先后赴南非、埃及进行考察，主要是学习和借鉴其在旅游资源开发利用方面的经验。10月9日—20日，普洱市人大常委会主任魏红为团长的现代农业考察团一行10人先后赴美国、加拿大进行考察，主要学习西方发达国家发展农业生产方面的经验。11月28日至12月10日，普洱市政协主席王正昌为团长的城市建设考察团一行10人先后赴日本、韩国考察，学习日本和韩国在规划建设方面的经验，以推动和促进普洱市基础设施和城市建设步伐。

第五节　涉外事件

一、中缅

1989年3月11日，彭家声在缅甸果敢县宣布脱离缅甸共产党，成立“缅甸民族民主同盟军”。4月17日，以鲍有祥、赵尼来为首的部队宣布脱离缅甸共产党，占领缅共中央所在地邦桑，组建“缅甸佤邦联合党、联合军”。月19日，以林明贤为首的原缅共815军区也宣布脱离缅甸共产党，成立“缅甸掸邦东部民族民主同盟军”。“4·17邦桑事件”后，缅共中央主席德钦巴登顶、总书记古方和缅共中央部分高级干部、机关工作人员及其家属子女225人先后涌入中方边境。根据中央精神，按上级批准的方案，思茅地区成立处理缅共涉中问题领导小组，由地委书记王荣禄任组长，行署副专员王子荫、行署外办主任查宗炳任副组长、行署外办副主任唐勤任办公室主任，领导小组成员有思茅军分区参谋长李兴元、思茅行署公安处处长谢璋、安全处处长王家声、武警边防支队参谋长丁发祥等。经逐级请示中央批准，于5月25日至6月26日，将滞留边境的全部缅共人员先后分四批，从潞西县的曼海、腾冲县的班瓦、泸水县的片马3个方向安全转移出境。

1997年11月，缅甸掸邦第二特区（佤邦）政府向中方提出代培技术人才要求。报经外交部和中联部同意，由景谷县电力公司先后为缅甸昆马、松普两个电站培训专门技术人才两批92名。

2001年5月7日—18日，得知有两名中国公民被缅甸龙潭区扣押，行署外办、公安局和西盟县外办、公安局组成联合调查组，在西盟县政府的领导下，与缅甸掸邦第二特区政法部、对外关系部、龙潭区有关负责人进行交涉，经查清情况，反复做工作，缅方关押长达两个多月的中国公民钟某某、罗某某2人终被解救回国。

2005年5月4日，缅甸政府军以兴华商贸有限公司伐木商白某某在巴别林区超伐木材为由，扣押伐木民工115人（中方人员113名，缅方人员2名），扣押运输木材车辆28辆、推土机1台、背木机1部、锯木带锯6台等，并于5月18日全部送往景栋。获悉情况后，思茅市委、政府领导要求市外办紧急与缅方交涉。市外办主任吕众带领工作组一行3人于6月9日—10日前往缅甸掸邦第二特区，与特区政府副主席肖明亮、对外关系部部长赵岩纳等就解救被缅政府军扣押的中国外出伐木民工事宜举行会晤，通过会谈，双方达成共识，经双方配合，多方努力，缅甸景栋警察局和移民局同意，于7月1日将被扣押的113名中国外出伐木民工移交中方。

2006年1月29日—30日，市外办主任吕众带领工作组一行3人赴缅甸掸邦第二特区（邦康），与特区政府副主席肖明亮、对外关系部部长赵岩纳等进行会晤，就缅政府军在景栋扣押54名中国伐木民工事件进行交涉。经多方努力，征得缅甸掸邦第二特区政府的支持、配合，54名中国公民于5月27日安全返回中国。

二、中越

1999年，江城县曲水乡有1300余头牛先后越入越南境内，长期不归。经与越方有关部门会晤交涉，征得对方同意，由中方边民持证出境赶牛，到年底，已先后将越境的牛全部赶回。

2004年10月30日，江城县曲水乡甲马河5名边民进入越南境内约12千米—15千米，被越军巡逻人员发现，打死一人、打伤一人。接越方通报后，经请示省外办同意，组成以县外办主任陈华标为团长一行9人赴越南莱州省勐谍县巴马镇，就“10·30”事件与越方进行会谈。通过交涉，王某某等4名中国公民于当天在17号界碑处由越方移交给中方。被打死的张某某的有关善后工作，包括中方要求给予8.6万元经济赔偿等问题，越方未作出明确答复。

2005年11月15日，江城县曲水乡高山村坝溜寨朱某某的机动船丢失，朱某某等5人沿李仙江寻找到越南莱州省勐谍县巴马镇，被越方军人以非法入境为由扣押，江城县外办得知情况后，经请示上级部门同意，迅速组成工作组，前往越南与越方勐谍县有关部门会晤、交涉。越方于19日下午将被扣押的人员和机动船移交中方。

三、其他

2001年7月28日，镇沅县古城乡大笼菁因特大泥石流山体滑坡发生交通事故，其中有1名日本游客不幸遇难身亡。根据省外办和行署领导的指示，在遇难者亲属和日本驻华大使馆官员的配合下，行署外办依据有关政策规定，参照有关国际惯例，妥善处理因自然灾害造成的涉外事故，日本方面及遇难者亲属对事故处理结果表示满意。

第二章 侨 务

第一节 机 构

1973年，思茅地区革命委员会确定侨务工作归民政部门管理。1984年下半年，侨务工作由行署办公室接管，有关侨务方面的工作暂由行署办公室信访科办理。1985年9月，思茅地区行政公署办公室侨务科（对外称“行署侨务办公室”）成立，配给行政干部编制3名，工作受行署领导并直接向行署负责，指定由1名行署副专员和1名行署副秘书长分管。1986年2月，思茅地区10个县先后成立县级侨务科。1989年，地、县侨务科全部改为“侨务办公室”（隶属关系不变）。1991年年初，经思茅地委同意，地委统战部和行署侨办共同筹建地区归国华侨联合会，并于当年4月举行思茅地区第一次归侨、侨眷代表大会，思茅地区侨联正式宣告成立。思茅地区侨联成立后，与思茅行署侨办合署办公，核定人员编制6人，实行两块牌子一套班子，由1名地委副书记和1名行署副专员分管，工作分别向地委、行署负责。2006年7月，经市编制委员会批准，市侨办（侨联）增设经济联络科和侨政科，人员编制8人。

1978—2007年普洱市侨办侨联领导任职表

表36-2

单位	姓名	性别	民族	籍贯	职务	任职时间
思茅行署办公室侨务办	何治平	男	彝族	云南石屏	侨办主任	1985.10—1988.3
	王 凯	男	汉族	云南墨江	侨办主任	1988.4—1993.10
思茅行署侨务办、思茅地区侨联	王 凯	男	汉族	云南墨江	侨联主席、侨办主任	1991.4—1993.4
	卫保琼	女	汉族	云南墨江	侨联副主席	1991.4—1996.3
	尹尧泽	男	白族	云南大理	侨联兼职主席	1993.1—2001.10
	杨国铸	男	白族	云南大理	侨联副主席	1996.4—1998.8
	杨国铸	男	白族	云南大理	侨办副主任	1998.8—2004.4
	黄洪声	男	汉族	云南墨江	侨联副主席兼秘书长	1998.8—2003.7
	尹尧泽	男	白族	云南大理	侨办主任、侨联主席	2001.10—2003.7
	黄洪声	男	汉族	云南墨江	侨办主任、侨联主席	2003.7—2004.4
思茅市侨务办、市侨联	黄洪声	男	汉族	云南墨江	侨办主任、侨联主席	2004.4—2007.4
	杨国铸	男	白族	云南大理	侨办副主任	2004.4—2007.4
	冯 醒	男	汉族	云南玉溪	侨联副主席兼秘书长	2004.7—2007.4

续表 36-2

单位	姓名	性别	民族	籍贯	职务	任职时间
普洱市侨务办、侨联	黄洪声	男	汉族	云南墨江	侨办主任、侨联主席	2007.4—2007.12
	杨国铸	男	白族	云南大理	侨办副主任	2007.4—2007.12
	冯　醒	男	汉族	云南玉溪	侨联副主席兼秘书长	2007.4—2007.12

第二节　侨　情

一、华侨华人

1988 年 4 月至 1990 年年初，组织实施并完成第一次全市侨情普查，对 5109 户 23524 名归侨、侨眷和在外侨胞进行列表登记，其中归侨 1458 人，侨眷 11750 人，在外侨胞 9466 人，具有台、侨双重身份的侨胞 222 人，其眷属 358 人。澜沧县公安机关提供外出人员情况，仅澜沧一县在 1958 年就有近 7 万人外出，有的是整村外出，如糯福乡原“徐海”村数百人在短时期内全部举迁外出，在缅甸境内安营扎寨，仍然取名“徐海”，并较好地保持着国内当地的风俗习惯和传统文化。有的在事后多年陆续返回，但半数以上的人在国外生活下来。初步掌握全区的侨情和在外侨胞的主要分布情况，特别是一些国内外的重点侨情情况。但由于普查时“左”的思想影响尚未完全消除，还有很多归侨、侨眷存在顾虑，不愿暴露身份，或不愿将家人完全登记上册，加之对国外亲人及其后代情况不甚了解，对空白户难予把握等多种因素的影响，致使此次普查存在漏缺。

2006 年，第二次侨情普查统计，全市有海外华侨华人 12 万人以上，分布于美国、加拿大、英国、法国、巴西、澳大利亚、缅甸、老挝、泰国、马来西亚等 20 多个国家和地区，其中聚居在缅、老、越、泰等周边或邻近国家的，占全市在外侨胞的 90% 以上。伴随着对外开放，部分人通过出国留学、婚姻、经商等形式或活动后留居前往国，成为普洱侨居国外的新华侨（也叫新移民），这部分人虽然人数不多，但知识层次相对较高，主要分布于美、加、英、法、泰等国家和地区。

二、归侨侨眷

普洱市归侨侨眷由本土或外地迁入两类人员组成。本土归侨为世居人员迁居国外成为华侨后又返回国定居，或本土迁居国外其后裔因东南亚战乱及其他各种因素影响送回国内亲属扶养而定居下来的两类人员构成。世居侨眷均由其亲属在国外定居后而自然形成。外地迁入的归侨侨眷则由回国参加抗战、归侨安置、内地支边、外地籍侨胞或归侨侨眷因与普洱居民通婚而到普洱定居，或随工作单位入驻普洱的外地籍归侨侨眷构成。1990 年，思茅地区组织实施完成第一次侨情普查，对 5109 户 23254 名归侨、侨眷和在外侨胞进行列表登记，其中归侨 1458 人，侨眷 11750 人，在外侨胞 9466 人，具有台、侨双重身份的侨胞 222 人，眷属 358 人。初步掌握思茅地区侨情和在外侨胞的主要分布情况，特别是一些国内外的重点侨情情况。2006 年，全市列表登记归侨侨眷 7923 户 34699 人，其中归侨户 1576 户 4002 人，占归侨侨眷总数的 11.5%；侨眷户 6383 户 30697 人，占归侨侨眷总数的 88.5%；归侨侨眷中少数民族人口 23457 人，占归侨侨眷总人口的 68.1%。散居山区和半山区的归侨侨眷有 7766 户 33538 人，占归侨侨眷总数的 96.7%，其中贫困归侨侨眷 4374 户 19612 人，少数民族 3724 户 16731 人，占归侨侨眷总数的 42.8%。

2006 年思茅市侨情普查统计表

表 36-3

单位：户、人

县区＼内容	户数	人数	少数民族	其中：				贫困侨户	
				归侨户数	归侨人数	侨眷户数	侨眷人数	户数	人数
思茅	245	419	31	42	42	203	377	26	81
宁洱	182	397	99	4	5	178	392	102	308
墨江	491	3363	640	29	29	462	3334	27	71
景谷	460	2621	1268	21	21	439	2600	350	1980
镇沅	440	1596	1309	6	6	434	1590	106	478
景东	354	2054	109	6	6	384	2048	35	231
江城	836	3945	3709	411	411	425	3534	454	2253
澜沧	3804	14986	11988	817	2995	2987	11991	2657	10633
孟连	417	1621	1459	172	263	245	1358	118	545
西盟	534	3266	2739	42	198	492	3068	473	2960
市直	160	431	106	26	26	134	405	26	72
合计	7923	34699	23457	1576	4002	6383	30697	4374	19612

说明：本次侨情普查时值企业改制之后及受多种因素影响，对国内归侨侨眷统计存在遗漏，估计全市归侨侨眷不低于 4 万人

第三节 侨务政策

一、政策落实

1984 年，根据中央、省委关于平反纠正历史冤、假、错案工作的部署和要求，思茅地委、行署研究决定，将侨务工作由民政局交行署信访办代管，负责接访并配合地委落实政策办公室处理涉侨历史问题。之后，在思茅地区范围内开展全面清理归侨侨眷档案、平反纠正涉及归侨侨眷在“政治运动”中的冤、假、错案及落实相关政策的工作。对思茅地区归侨、侨眷个人档案进行全面清理，清除过去“左”的错误下强加给归侨、侨眷的一切不实之词和错误处理决定，解除长期困扰和禁锢他们思想的政治顾虑和精神枷锁；平反在历次运动中被错处的 139 名归侨侨眷，给予恢复名誉、恢复公职。1986 年 1 月，根据中共中央办公厅、国务院办公厅《关于加快落实华侨私房政策的意见》和中共中央办公厅、国务院办公厅《关于落实华侨私房政策的补充意见》，中共云南省委办公厅、云南省人民政府办公厅《转发省侨办〈关于加快落实华侨私房政策的意见〉的报告》和工作部署，行署在思茅举行思茅地区落实华侨私房政策工作会议。会议对思茅地区落实华侨私房政策工作作动员和部署，提出工作要求，并对参会的侨务干部作相应工作培训。之后，地县均成立落实华侨私房政策工作领导小组。历经 5 年，截至 1990 年上半年，思茅地区落实华侨私房 251 户 81106 平方米，补偿支付 1278261 元。思茅地区宣告落实华侨私房政策工作基本完成。同时，地、县落实华侨私房政策领导小组在社会各个领域、各个方面、各个阶层进行侨务政策宣传。结合落实侨房政策工作，配合地委落实政策办公室和有关部门，共同完成对思茅地区涉侨政治案件的复查和扫尾。在落实侨房政策中，地区侨办等 6 个单位和 19 名侨务工作干部于 1989 年受到省侨办的表彰和奖励。

二、信访维权

普洱市侨办侨联把加强侨务信访工作、掌握各方面落实侨务政策动态和听取归侨侨眷心声作为国内侨务工作的重要内容，通过政策咨询、发放侨务法规单行本或宣传材料、专栏粘贴、报刊电视和纳入全民普法教育等多种形式和渠道，加强对“一法两办法”及有关侨务政策、法规的宣传，依法办理涉侨案件和按政策处理涉侨事务，切实保护归侨侨眷合法权益和海外侨胞正当权益。1991—1998年，全区开展对1991年1月1日起颁布实施的《中华人民共和国归侨、侨眷权益保护法》、国务院1993年7月19日发布实施的《中华人民共和国归侨、侨眷权益保护法实施办法》和1993年11月1日起施行《云南省归侨、侨眷权益保护实施办法》的宣传贯彻落实工作，发放“一法两办法”单行读本3600余册，并通过《思茅报》、思茅广播电视和自办宣传栏宣传等形式在社会上和归侨、侨眷中作了广泛宣传，侨务工作从此逐步从依靠政策办事转变为依照法律办事。以此为契机，利用侨务信访工作渠道开展一系列依法护侨维权的工作，推动侨法侨规的贯彻落实。1998年后，在全区开展“一法两办法”普法宣传，两次将侨法侨规纳入全市普法范围在机关机事业单位中作了教育宣传，并先后向各级各部门和归侨、侨眷发出《中华人民共和国归侨、侨眷权益保护法》及其《实施办法》单行本2300册。2001年和2005年“归侨、侨眷权益保护法”颁布实施10周年、15周年纪念活动期间，在全市范围内举行两次时间较长、规模较大的“一法两办法”的宣传，向社会发出“一法两办法”宣传单1.8万份，通过各种媒体、形式、渠道进行广泛宣传。以信访为窗口，在掌握了解或依法处理涉侨问题的同时，依法护侨维权。普洱市侨务机构成立24年，接待和处理涉侨信访问题2000余件（次），通过与单位或有关方面协调，较好地处理和妥善解决多数信访者所反映并希望给予照顾或解决符合政策法规的事项。

第四节　外宣外联

1990年后，思茅地区在加强对国外重点侨情摸底调查基础上，通过以侨联侨、以侨联台、以侨联外和以侨引侨、以侨引台、以侨引外，以及利用地方性重要活动“请进来”，主动工作“走出去”等形式，广交朋友，不断加强外宣外联工作。1991年后，根据思茅地区经济社会发展和侨务工作发展需要，全面开展国外侨务工作被纳入区、县侨务工作主要议程，确定思茅地区侨务工作必须围绕经济建设这个中心，以国内工作为基础，国外工作为主导，依法行政，护侨维权，全面开展侨务为经济建设服务和为“侨”服务工作，按照以“国外工作为主导”和侨务为经济建设服务的工作要求，围绕对外开放和地（市）委、行署（市政府）建设绿色生态经济大市、民族文化特色大区（市）、通向东南亚的重要交通枢纽和打造“世界茶源、中国茶城、普洱茶都”的总体发展目标，抓住国家实施“西部大开发”战略和“中国—东盟自由贸易区”建设发展机遇，拓展以海外侨胞为主要对象的国外侨务工作，探索国外侨务工作和开发侨力资源的有效途径和方法。配合两年一次的中国普洱茶节和市县（区）地方重要传统节庆活动，累计邀请海外侨胞130余人次到普洱市观摩、考察和经济项目洽谈。2004年，首次促成以泰国云南会馆理事长欧阳嘉运为团长，由24名华商组成的参访团参加第七届中国普洱茶节，并在澜沧县举办外商投资项目推介会，达成肉牛养殖出口、煤矿开发等多个项目意向，从而实现泰国华商首次组团参与普洱市经贸活动的突破。市侨办、侨联、商务局、经合办、工商联等多家部门联合多次组织参与昆明东盟华商投资西南项目推介会、昆交会，联系并促成美国、法国、日本、菲律宾、泰国、巴西等多个国家和地区近百名海外侨商到普洱市展区洽谈经贸事项、索取项目资料。先后邀请和接待包括美国大西南同乡会会长周顺祥、美国夏威夷州大气物理学博士张永生、澳大利亚士富集团公司董事长阳云博士、巴西和统会会长雷滨、泰国清莱府中华商会主席林甲元、美国华尔顿集团深圳实业公司总经理王健生、泰国泰北台湾同乡会会长张荣叁等一批重点侨胞在内的300余名海外侨胞到普洱市观光或项目考察，与经贸部门和有关企业进行交流、洽谈。

第五节　侨资企业与涉侨捐赠

一、侨资企业

1991年前，侨胞经商活动均以边境小贸易形式存在，主要是将国内产品经过通道运销缅甸、老挝等周边国家的北部地区。而境内无国外产品进入销售，也无侨胞在思茅地区投资进行生产加工和其他经济活动。1991年4月，思茅地区第一次归侨侨眷代表大会聘请泰国华侨李璠、朱学品等侨胞作为思茅地区第一届侨联海外顾问。1992年，朱学品率先到思茅设立“侨字商号”，以经营国外小商品为主，同时向外出口一些国内商品。之后，李璠到思茅设“三爱茶叶有限公司”，并在箐门口开垦千亩茶叶基地；林振祜投资筹建思茅侨乡旅游运输公司，并在思茅港购地发展橡胶生产。至2007年，有来自泰国、缅甸、美国、新加坡等国家和地区的62家侨商，分别以独资、合资、合作等形式落户思茅地区（普洱市），主要投资茶叶、林业、水电、房地产、旅游服务、木制品、民族服饰加工和矿产资源勘探开发等行业，累计注册资金21054.99万美元，总投资41082.36万美元，实际利用7733.73万美元。截至2007年年底，存活并正常经营的有28户，其中独资企业19户、合资企业7户、合作企业2户；总销售收入52864万元人民币，实现利润12245万元人民币，总资产242245万元人民币，从业人员2123人。

二、涉侨捐赠

20世纪90年代中期开始，思茅地区、县（市）侨办侨联利用自身优势和工作条件，通过上下联动、内联外引、以侨搭桥等多种形式和途经适时开展涉侨捐赠工作。经过多年的工作，与一批热心公益事业的海外侨胞和海外慈善机构建立良好关系。1998—2007年，普洱市接受涉侨捐赠社会公益金3971.35万元，其中市、县（区）侨办侨联先后争取香港应善良基金会捐资15.5万元兴建宁洱县德安乡石中小学教学楼；巴西侨胞雷滨捐资32万元在家乡澜沧县大山乡中学、小学建两个教学楼项目；印尼金光集团捐资100万元，在澜沧县东回乡、大山乡各50万元分别建学校教学楼项目；缅甸侨胞石兆仙姊妹捐资80万元在家乡景谷县永平建中学教学楼等13个捐资助学工程项目，累计接受捐赠资金489.85万元。雷滨、陈德明等10位在外侨台胞在澜沧建立10个个人奖学基金会，助学捐赠112万元。普洱市有873名贫困学生得到海外侨胞长期资助。2007年，马来西亚《星洲日报》以每人每年720元捐资帮助711名贫困学生就学，捐资总额511920元。

第六节　侨务扶贫和华文教育

一、侨务扶贫

1989年年底，省侨办在镇沅、江城县作侨务扶贫试点。1990年7月，思茅地区侨务扶贫工作启动。在总结试点经验和对思茅地区贫困侨户情况进行调查摸底基础上，按照逐级负责、担保借贷、温饱优先、长短结合、先易后难、形式多样、根据特点、分类指导的原则，开展侨务扶贫工作。截至2006年，思茅市得到省侨办下拨侨务扶持资金33.4万元，滚动投入使用130余万元（次），扶持贫困侨户571户、2760人，实现脱贫300户、1300人。1998年7月，地区侨办借鉴小额信贷经验，在澜沧县东回乡、竹塘乡、拉巴乡开展侨务小额信贷扶贫。截至2007年，在澜沧投入专款5.7万元，累计滚动使用107万元（次），扶持贫困侨户529户、1984人，其中192户、781人实现脱贫。

二、华文教育

1998年，行署侨办、台办、教委、招生办《关于华侨、归侨及其子女、侨眷、港澳台同胞及其子女照顾入学就读问题的通知》下发至大中专学校及各县中小学校，思茅地区部分学校根据以上规定，开始招收一些国外华裔学生入学。之后，各县均逐渐有海外侨胞送子女回乡或到地区（市）中小学和大中专学校就读。2000年，行署侨办、教育局、人事局、劳动局、外办和地委组织部印发《关于思茅地区向境外华侨学校选荐和派遣华文教师及有关问题的意见》，同时分别以民间、公派两种形式外派教师，在缅甸、老挝、泰国等周边国家组织开展华文教育工作。2005年5月，受省侨办委托，首次在泰国清莱府皇太后县举办有26名教师和84名学生参加的华文学习培训班，得到中国驻清迈总领馆和省侨办支持，领馆向当地侨校赠送电脑10台、省侨办赠送5台。2000—2007年，市侨办侨联运用省侨办20余万元专项资金支持，依托市民族中学先后在泰国等周边和邻近国家举办7期有近600名侨校校长、骨干教师和学生参加的华文培训班，其中2003年和2005年分别承办为期一年的华文教师进修班。2000—2007年，先后向境外12个侨校公派华文教师11人、民间渠道外派华文教师22人，向境外侨校赠送华文教材90688册。1998—2007年，普洱市中专和中小学招收侨生380余人，其中思茅大地阳光学校招收国外华侨学生120余名。

第三十七篇
民族宗教

普洱市有哈尼族、彝族、拉祜族、佤族、傣族、布朗族、回族、白族、瑶族、傈僳族、苗族、蒙古族、景颇族、汉族14个世居民族。普洱市多民族的形成，经历长期的历史过程。按语言属划分，哈尼、彝、拉祜、白、傈僳、景颇族属汉藏语系藏缅语族，傣族属于汉藏语系壮侗语族，苗族、瑶族属汉藏语系苗瑶语族，佤族、布朗族属南亚语系孟高棉语族，蒙古族属阿尔泰语系蒙古语族、回族均操汉语。佤族、布朗族是普洱境内最古老的世居民族，其他各族进入普洱市的时间先后不一。彝、哈尼、拉祜等族在隋朝就有一部分从洱海流域进入景东的哀牢山区，此后逐渐向南和向西迁徙，进入景谷、宁洱、思茅、墨江及澜沧等地；傣族约于唐代就有居民生活在川河流域，但大部分是元末明初从元江流域和勐卯（德宏瑞丽一带）迁入景东、墨江、景谷、孟连和澜沧等地的；蒙古族于明朝前期迁入镇沅；苗、瑶族于清朝中期后分别从楚雄、文山、红河等地迁入景东、墨江、江城等地；傈僳、景颇族于清末从保山、临沧等地迁入澜沧、孟连、西盟等地；回族于明清时期从通海、巍山、大理等地迁入。自秦汉以来，普洱与内地的政治、经济、文化等各方面的联系日趋密切。14个世居民族汇集在这片土地上生息繁衍，不论聚居、杂居或散居，都相互影响，取长补短，发展自我，同时各自又保持着本民族传统的语言文字、文学艺术、宗教信仰、社会组织、生活习俗、伦理道德和思想情操。由于各民族的社会发展进程不平衡，有的民族进入封建地主经济形态，有的民族处于原始氏族公社制经济形态，也有的民族保持了比较完整的母系社会制度。

中华人民共和国成立后，各族人民在不同的社会经济基础上同步跨入社会主义新时代。党和政府长期采取民族平等、民族团结和共同繁荣进步的民族工作方针，围绕不同时期的总任务，从各民族的客观实际出发，因地制宜领导各族人民进行社会主义经济建设。中共十一届三中全会后，普洱市委、市政府从政治上、思想上、组织上纠正“文化大革命”和一个时期以来在民族政策上的“左”的错误，以经济建设为中心，坚持改革开放，民族关系有了新的改善，民族区域自治政策得到进一步的贯彻落实，各族人民的政治、经济和文化发展上了一个新台阶。

1978—2007年，普洱市民族宗教工作坚持贯彻执行党和国家的民族宗教政策，尊重各少数民族的意愿和民族工作实际，先后建立9个少数民族自治县。自治县结合该县实际先后制定9个自治条例、20个单行条例、3个变通规定。

第一章　管理体制

第一节　机　构

一、沿革

1979年5月，民族工作队精简为地委民族工作办公室。1980年9月，撤销地委民族工作办公室，建立思茅行署民族事务委员会，主管全区的民族工作，内设秘书科、经济建设科、文化教育科、语言文字科、民族研究室，编制22人。1981年11月，地委决定行署宗教事务局与地委统战部合署办公，一个机构两块牌子。1983年11月，地委决定在行署办公室挂牌，设立宗教科，编制3人，内部隶属于地委统战部领导。1991年6月，思茅行署宗教局成立，直属行署领导，定编7人，地委统战部宗教科3人划归宗教局。1996年，行署民委与宗教局合并为行署民族宗教事务局。

1978—2007年普洱市民族宗教事务局领导任职表

表37-1

单位	姓名	性别	民族	籍贯	职务	任职时间
	朱永贤	男	傣	云南景谷	主任（兼）	1980.9—1983.1
	张光明	男	拉祜	云南西盟	副主任	1980.9—1986.1
	李跃东	男	彝	云南呈贡	副主任	1980.1—1985.7
思茅地区行政公署民族事务委员会	刀学智	男	傣	云南景谷	副主任	1984.1—1990.5
	李国兴	男	拉祜	云南澜沧	主　任	1987.10—1992.10
	李跃东	男	彝	云南呈贡	副主任	1989.7—1995.3
	徐永安	男	彝	云南景谷	副主任	1990.6—1996.4
	李志义	男	哈尼	云南墨江	副主任	1991.8—1996.4
思茅地区行政公署宗教事务局	李跃东	男	彝	云南呈贡	局　长	1991.8—1995.3
	徐永安	男	彝	云南景谷	局　长	1995.3—1996.6
	岩　秒	男	佤	云南西盟	局　长	1996.6—2003.6
	岩　采	男	佤	云南西盟	局　长	2003.9—2004.4
思茅地区行政公署民族宗教事务局	徐永安	男	彝	云南景谷	副局长	1996.4—2002.5
	李志义	男	哈尼	云南墨江	副局长	1996.4—2002.5
	陶贵云	男	傣	云南景谷	副局长	2001.12—2003.3

续表 37-1

单位	姓名	性别	民族	籍贯	职务	任职时间
思茅地区行政公署民族宗教事务局	黄文忠	男	哈尼	云南澜沧	副局长	2003.1—2004.4
思茅市民族宗教事务局	岩　采	男	佤	云南西盟	局　长	2004.4—2007.4
	黄文忠	男	哈尼	云南澜沧	副局长	2004.4—2007.4
	刘连壮	男	汉	云南景东	副局长	2004.7—2007.4
	普德惠	女	彝	云南江城	党组副书记	2005.11—2007.4
普洱市民族宗教事务局	岩　采	男	佤	云南西盟	局　长	2007.4—2007.12
	黄文忠	男	哈尼	云南澜沧	副局长	2007.4—2007.12
	刘连壮	男	汉	云南景东	副局长	2007.4—2007.12
	普德惠	女	彝	云南江城	党组副书记	2007.4—2007.12

二、自治县

1979 年 11 月 28 日，墨江哈尼族自治县成立。1985 年 12 月 15 日，普洱哈尼族彝族自治县成立；12 月 20 日，景东彝族自治县成立；12 月 25 日，景谷傣族彝族自治县成立。1990 年 5 月 15 日，镇沅彝族哈尼族拉祜族自治县成立。至 1990 年，先后建立 9 个民族自治县，思茅县因民族人口尚未达到实行民族区域自治条件而未建立民族自治县；自治地方总面积 41406.81 平方千米，占全区总面积的 91.3%；自治地方总人口 2061825 人（1990 年第四次人口普查统计数），占全区总人口 93.2%。实行自治的有哈尼、彝、拉祜、傣、佤民族，自治民族人口 1298718 人，占少数民族人口总数的 96.7%。9 个自治县中，澜沧、墨江、西盟、景东是单一民族自治县，江城、普洱、景谷是 2 种民族联合自治县；孟连、镇沅是 3 种民族联合自治县。在自治区域内，自治民族和非自治民族享有平等的权利。

民族自治县成立后，各民族自治县根据本地区和自治民族的情况相继制定自治县的自治条例，作为实施民族区域自治法的补充。经云南省人大常委会批准，9 个县的自治条例先后颁布。1988 年 7 月 15 日，《澜沧拉祜族自治县条例》施行。1989 年 7 月 15 日，《西盟佤族自治县条例》施行。1990 年 3 月 28 日，《江城哈尼族彝族自治县条例》施行；11 月 28 日，《墨江哈尼族自治县条例》施行；12 月 15 日，《普洱哈尼族彝族自治县条例》施行；12 月 25 日，《景谷傣族彝族自治县条例》施行。1991 年 1 月 1 日，《孟连傣族拉祜族佤族自治县条例》和《景东彝族自治县条例》施行。1992 年 2 月 3 日，《镇沅哈尼族彝族拉祜族自治县条例》施行。

三、民族乡

1984 年，《中华人民共和国民族区域自治法》颁布，思茅地区农村政治体制改革，许多在县级范围内没有自治的民族聚居村寨，原人民公社改为区公所，作为县政府的派出机构，在原生产大队的基础上恢复人民代表大会制度，选举产生乡长、办事处主任、镇长。凡是相当于乡的区划范围内少数民族聚居的地方，按一个主体民族人口 30% 以上或两个以上少数民族人口占总人口 50% 的原则，根据当地民族关系，参照历史情况建立民族乡，思茅地区各县，自治县除了自治民族外，在少数民族聚居地建立 360 个民族乡，占思茅地区 985 个乡、镇、办事处的 36.5%。1988 年 4 月，根据《中华人民共和国宪法》第三十条关于“县、自治县分为乡、民族乡、镇”的区划规定和《民族区域自治法》关于“民族自治地方内其他少数民族聚居的地方，建立相应的自治地方或者民族乡”的规定。思茅地区各地农村进行撤区改乡的体制改革，将1984年以来成立的民族乡撤销，设立11个民族乡。澜沧拉祜族自治县：酒井哈尼族乡、惠民哈尼族乡、东朗哈尼族乡、发展河哈尼族乡、安康佤族乡、雪林佤族乡、文东佤族乡、谦六彝族乡。墨江哈尼族自治县：孟弄彝族乡、鱼塘彝族乡。西盟佤族自治县：力所拉祜族乡。思茅县：云仙彝族乡、龙潭彝族傣族乡。

第二节　民族干部培养

1982年，中共十二次全国代表大会通过的《党章》中规定“党应当重视培养、选拔女干部和少数民族干部”。同年召开的全国人大五次会议所通过的宪法和1984年颁布实施的《民族区域自治法》，对培养少数民族干部作了更明确更具体的规定，充分体现民族平等、团结、互助的原则，为培养造就少数民族干部，实现民族地区“用自己的脚，走社会主义的路”奠定基础，思茅地区各级党委和政府依照上述法律、法规、在贯彻落实党的边疆民族干部得以较快的速度发展起来。经过1985年和1987年技术职称改革，大批在实际工作中做出贡献的少数民族知识分子评聘予各种职称。截至1988年年底，思茅地区有少数民族干部11844人，占思茅地区干部总数的33.8%，比1951年的223人净增11612人，增长53倍；思茅地区百人以上的少数民族，特别是13种世居的少数民族都有领导岗位，思茅地区21个地厅（含地委委员）级干部中，少数民族9人，占47.62%；县外级209人，少数民族141人，占67.46%；乡科级2887人，少数民族1211人，占42%，少数民族干部文化结构也有明显的变化，大专以上学历1009人，占思茅地区同等文化程度干部的26.9%；中专4076人，占32.28%；高中2012人，占32.17%；初中以下4747人，占38%。遵照民族区域自治法的规定，各个民族自治地方都实行由自治的主体民族担任县长、乡长。民族干部在各自治地方的干部总数中占到30%—40%。2005年，全市少数民族干部24357人，占全市干部总数的47.4%，其中厅级16人，占43.2%，处级356人，占47.7%；科级4059人，占51.4%；科员1093人，占53.4%；办事员211人，占33.3%。

第二章 民 族

第一节 哈尼族

一、族源

哈尼族是普洱人口最多的世居少数民族，元朝的文献中称为“斡尼”或“禾尼”。其主要居住区域，包括墨江、江城、宁洱、思茅、镇沅和景谷山区，内部在政治上尚未形成大的集团。明朝时期，哈尼族居住区域基本沿袭元代未变。在名称上，除沿用元代“斡尼”外，又写作“窝泥”或“和泥”和“倭尼”。明朝在哈尼族聚居地设置的土司有：马竜他郎长官司（墨江境内）、景东府、镇沅府、禄谷寨长官司（镇沅境内）、威远御夷州（景谷）、者乐甸长官司（镇沅境内），钮兀御夷长官司（江城）等。“禾尼”中尚未产生较大的地方贵族，亦缺乏进入奴隶制或封建制经济基础。因此，在众多的府、州、长官司中，仅有马竜他郎长官司和钮兀长官司由哈尼族担任长官职，其余职官皆为他族担任。清代，清王朝在普洱的统治日益加强，汉文献中出现了卡堕、卡多、布都、碧约、白宏、补角、布孔、切弟、奇弟、西摩洛、腊米、堕塔、阿里卡多、阿古卡多、雅尼、哦怒、嘎都、哈尼等数十种对哈尼族的称谓。民国年间，哈尼族称呼及分布区域基本未变。中华人民共和国成立后，根据本民族广大人民的愿望，统称为哈尼族。

二、社会经济

哈尼族村寨不仅是一个经济共同体，更是带有地缘性的氏族社会组织，各村寨之间没有统属关系，“竜头”“嫫庇”“贝母”等是哈尼族村寨的管理者和宗教祭师。“竜头”，哈尼族称“阿摩擦”，有正副之分，抽签产生，任期3年，可连选连任，条件是由30岁以上有妻室儿女的男性担任，中选者可司职办事亦可委托别人代职务事，其职责是主持寨内祭祀活动、调解寨内外的各种纠纷、安排农事活动、承办官差或收缴课税等。如果发生寨子粮食连年歉收、禽畜多病、寨人连遭野兽伤害或病人多而又久治不愈等不吉祥的现象，会被众人认为是“竜头”运气不好的原因，要重选“竜头”。“竜头”没有政治特权和专项经济待遇，每年收受寨人送交一定数量的粮食，皆悉数用于寨里的事务活动。“嫫庇”“贝母”，是哈尼族对祭师的尊称，有知晓的事情多，会念各种咒语，讲得通“古根”，懂得婚礼、葬仪、祭祀等规矩，会看懂各式各样占卜卦相的含意。

哈尼族主要的农具有铁犁、砍刀、锄、镰刀、长刀、木耙、弯棍、钉耙等。哈尼族不会冶铁，所需铁料都从其他民族中买进，少数人会铸犁和锻制各种农具和猎枪。农作物有旱稻、水稻、玉米、荞、黄豆、花生、棉花、麻、放养虫胶等。耕作技术以牛耕为主、也有靠锄挖和“刀耕火种”为生的。水稻一年一熟，山地中分为刀耕火种的“懒火地”和耕种几年放荒几年再耕种的轮歇地，一般轮歇周期5年—10年，最长的20年—30年。生产节令使用汉族历法二十四节气或依自然气候和鸟雀鸣叫来确定。哈尼族手工业仍从属于家庭副业，产品有竹编的篾箩、篾席和木制的桌椅、床、柜等，较复杂的工艺制作有纺织布和烧制土陶器皿。

三、语言文字

哈尼族语言属汉藏语系藏彝语支，分哈尼雅尼、碧约卡多、豪尼白宏等3种方言和若干种次方言、无文字。中华人民共和国成立后，国家以红河哈尼族方言为基础，创造一种拉丁字母形式的拼音文字，但未在普洱试验推行。哈尼族的文学可分故事、诗歌、谜语、笑话、谚语、歌谣6大类、各类都有许多分类，如故事类有神话故事、传说故事、民俗故事、生活故事，机智人物故事等。不论是何种体裁的文学表现形式，都有广泛的群众基础，包含的内容亦较广泛，塑造的艺术形象各有鲜明的特点，加之谐趣引人，富于比喻，显示出哈尼族先辈们丰富的艺术才能。哈尼族的诗歌表现内容亦很广泛，有反映历史变迁、族人迁徙、探寻家谱、赞美爱情以及对包办婚姻的抗争等。

四、音乐舞蹈

哈尼族的歌谣有若干种固定的调式，各种调式又可合唱多种调子，各调间唱词不同，吟唱的时间、场所有严格的限制。情歌有《麻达嘎》《自多沙子嘎》《啦叭卡》《扎宙啦叭卡》《麻达》《乌扎》等，这类调子可独唱，亦可对唱，遣词用句贴切，直接表达男女爱恋之情，只能在野外唱，忌在家中唱，更不能在长辈面前唱，故又通称“过山调”。叙事歌有《阿迷车》《阿迷珠》《阿呀啦呀》《当橄蔗》《阿呵哈呵》《节撮节》《切妞都耶》等。可以在各种场所唱，亦可唱生产调、生活调、喜调、贺生调、嫁女调、“古根”调等。酒歌，又叫“自泊朵拉”，可用来演唱狩猎调、播种调、收获调、老人调、喜庆调、迎客调、过年歌。摇篮曲有《团阶咧团》《术巴拉列列》《阿戈》《萨拉歌》等。可唱哄娃娃调、摇儿调、放牛调、儿歌等。祭祀歌有《莫撮撮》，可唱丧葬调、指路歌、叫魂歌等。猜谜调有《地嘟啦嘟和阿尼色》，用来演唱猜谜调。器乐曲调有唢呐调、吹叶调、响篾调、锣鼓调等百余种调子。乐器种类有啼绿嘎、啼哮哩啦、响篾、芦笙、小三弦、锣、忙、麂皮鼓、莫都河腊（七眼竹笛）、大号、小号、牛腿琴、杜黑（四眼竹笛）、低毫（短箫）、毕丽毕四（妇女口弦、只在与情人幽会叶吹，忌外人听见）等。

哈尼族舞蹈尚处在集体舞阶段，跳法简单，动作变化不大，彼此手拉手或面对面，向逆时针方向转动，边跳边唱，通常由1人—2人领唱，众人和声，伴以器乐，常见的哈尼族舞蹈有嘎尼尼舞，节日庆典时跳，男女对舞，不受人数，时间限制，跳舞人随鼓、三弦节拍左右脚轮流抬起，先向逆时针方向转动一步，再向顺时针方向移动，双手作弧形摆动，如此循环往复。阿迷车舞从儿童舞蹈演化而来，多为青年男女在节日、婚礼、庆丰收场所跳，男女面对面，伴随鼓、三弦节拍，先出左脚，随即摆手，再出右脚，沿顺时针方向。跳阿迷车舞时一人领唱，众人和声。莫撮撮舞由男女手牵手逆时针转动，由贝母领唱，众人和声，多在丧葬或宗教祭祀时跳。此外，哈尼族还有许多流行于名支系内的舞蹈，比较常见的属于生产舞类的有栽秧舞、撵山舞（狩猎舞）。生活舞类有包蒙包啦、敞咧咧、麻匹嘎子、哈借嘎尼尼、背水舞、舂碓舞。带有宗教祭祀色彩的有托骂托滴滴、竜纵舞、阿腊最等。

五、生活习俗

（一）服饰

1978年后，国家的机织布花色品种日益增多，价格便宜，年轻人多以漂亮的机织布为衣料，只有老年人还穿自己手工纺织的土布。哈尼族男子皆穿流行的时装，妇女基本保持传统的服装式样，且随着年龄、身份的变化，衣着也有所改变。各个支系间在衣着服饰上亦有殊异，可以说服饰和语言是区别各个支系的主要标志。碧约支系少女身着长襟衣，襟往左开，穿裤子，头戴钉有许多银泡的六角小帽，小帽象征着少女的贞洁，未经本人许可，任何人不得触摸，只有在举行婚礼的那天，由姑母取下小帽，改包少妇包头。少妇包头是把长辫盘结于头顶，用一把木梳卡紧，形成发髻，用数尺长巾包裹。腊米支系男子着对襟长袖衣，穿宽裆裤，妇女头饰为短形方巾，用桃红印花布镶黑布做成，四角点缀有机玻璃珠组成的花边，婚前包头巾，花饰翻在外。婚后将头巾折小，黑布翻在外。衣服有无袖短衣和长袖衣两种，土布料，胸部缀有银泡、银铃、腹部镶嵌二排三角形的银泡，上排 7 组，下排 4 组，以银币为纽扣或是布制排扣。腰系一条围巾，拖在臀部，俗称“披秋”。“披秋”上绣有狗牙、狗尾形花草和祥瑞禽兽图案，用红、黄、绿、蓝、紫各色毛线做成穗，象征太阳光辉下的彩虹披身，吉祥如意。婚后须将“披秋”取下，否则有轻浮之嫌。裤子用黑布缝制，形似男裤，但腰围、裆部、裤管窄小，胫部用黑色绑腿布缠裹。佩饰有银耳坏、银手镯等。切弟妇女以少女衣着最为艳丽，有“无巴、马牙”（帽子、包头巾）“帕洪、帕得”（衣服、腰裙）和“帕苦”（腰带）几部分组成。穿戴方式是；头包青布巾，外扎一条钉满银泡的彩带，彩带两端缀有 6 束毛线结成的流苏，身穿紧身衫，外套青色夹袄，衣服上用银泡钉成若干块三角形图案，腰系围裙，扎腰带。腰带以青布作基料，绣满象征吉祥的花鸟鱼虫图案，若是初嫁女的腰带，必有象征多子多福的芝麻花、南瓜花等，老年妇女服饰色彩较深沉。爱尼妇女服装极为讲究，帽子、衣服、绑腿等都刺绣着鲜艳夺目的花纹图案。一个妇女一生中服饰有两次变化：未满 18 岁时是少女打扮，即头戴绣花小帽，帽檐绣花纹，其余部分钉有大量的银泡和银响铃，帽顶插有几支五彩缤纷的飞禽羽毛。衣无领，衣襟和背部刺绣有繁杂而又有规则的图案。下身穿百褶裙，长及掩膝，胫部以下套护腿。18 岁以后视为成人，若已结婚为人妻者则必用一件特制的外衣做包头，冷时作衣，平时作帽，戴法是先用袖套在头上，然后将其余部分折叠盘于头，形成一块漂亮的绣花包头。首饰是佩戴耳环手镯，用一块钉有大型银牌的胸罩把胸部掩盖起来，作为已婚妇女的区别。布孔妇女从少女到老妪，服饰要经过 3 次变化，少女的服饰是头包彩色头巾，头巾上镶钉有银泡，头巾上盘绕无数条彩色毛线，形成流苏状。身穿自织棉布满襟衣衫，胸佩一块大银牌，脖子挂数串彩珠项链；下穿紧裆紧身裤，裤脚长可及地，但要折至腿部用线缝合，腰系绣花彩带，小腿部绑着绣花护套，头戴银耳环，戴金、银、玉手镯。结婚后，去掉色彩艳丽的衣服，后腰系一块青布“批迟”表明身份。

（二）饮食

哈尼族以玉米、水稻为主粮。江城县哈尼族地区盛产一种名为“三百枝”的稻米，过去作为贡米，成为群众自食和待客的上等好米。蔬菜类有青菜、白菜、萝卜、干豆、南瓜、黄瓜、树牙、花瓣、竹笋、山薯等；副食品有猪、牛、鱼、鸡、鸭、麂子、野猪等。中华人民共和国成立前大多数哈尼族忌吃狗肉，1978 年后此禁逐渐消失。哈尼族喜食腌制品，不论做什么菜，味道多数是酸、辣、咸味。另外，成年男女都喜欢饮酒、喝浓茶、嚼槟榔，男子抽水烟筒，抽自种的“兰烟”。

（三）民居

哈尼族山寨多数建在半山腰或大山缓坡地带，村寨周围蓄有茂盛的树林，流有长年不断的溪水。一旦选定某一地方建寨，先要确定寨神的位置，称为竜林，培植竜林内的树木，或是划定一片保护林，严禁在竜林内砍伐树木。哈尼族修建新房要择吉日，由“贝母”在看好的地基上整理出一小块平地，撒上一些米后，再用碗把米盖严，到第二天查看，若撒着的米未被蚁虫吃掉，建房的地址就算是选定。建盖房屋的时机选择在秋收后农闲季节，先由主人家备好材料后再请“贝母”用打卦择吉的方法选择一个开工的吉日，开工动土时要先请祭师或长老先挖土3锄，头锄是将地挖破，挖出的土要收藏好，象征吉祥；二锄挖出的土撒向远处，意思是把不吉祥的东西驱赶走，三锄表示奠基。若是在老宅地基上重建新房则免除上述仪式。盖房时，主人要向寨人打招呼，求得寨人和亲友们的相互帮助。哈尼族传统房屋建筑式样主要有落地式平房和土掌房两种。平房：以乔木、竹子、茅草为建筑材料，夯土为墙，或以竹篱笆围墙，常以木质坚硬的栗树和柏树作梁柱，用竹做椽子，用茅草盖屋顶，厚度4寸—5寸，每隔5年—10年才需修葺一次，盖屋顶时也有讲究，相互帮助时亲友送来的材料都要计数，一般10把草为一背，10棵椽子为一捆，馈送的材料虽不收现金，但主人家按规矩要记录在册，一是为日后还工、还材料时有个数，二是与财产继承有一定的关系。立房架、盖房顶都必须在选定的日子内一天完成。房屋设计讲究实用，走廊空间留得较大，主要用做堆放家什、舂碓、纺织等；房的东方做灶房，西方设火塘，兼做客厅和餐厅；内房与外房用墙隔开，内房分设中堂、东西卧室，中堂供家神和堆放杂物；东间为长辈的居室，西间是子女卧室，以竹篱笆搭楼，楼上堆放粮食和备用农具，或做客人临时住处。土掌房：以质地坚硬的栗树、红椿树作柱，用草茎泥土和碎石参合垒墙，房顶则是横梁上排放枕木和树条，铺上蕨蕨叶后用泥土夯实。主要由“奴骂”（正房）、“格乐”（厢房）和畜厩构成一个小生活区域，正房分3间，长辈住东方，晚辈住西方，中间设火塘，常作吃饭、会客和堆放粮食。哈尼族新房建成后，要举行进新房仪式，要杀猪、鸡等献祭家神、灶神。入宅时，寨人要来贺新房，一般是送酒、米、鸡、腊肉等礼物，说一些吉利的话，唱《贺新房调》，跳《嘎尼尼舞》，主人家则设宴款待。哈尼族对房屋门向的选择很讲究，有“活人潮湿（对山坳）”“死人住干（山梁）”的门向观念，如住房前有他家房屋遮挡，必编制一块竹篱笆竖在门前，以避别人带来的邪恶。

（四）婚姻

哈尼族的婚姻实行一夫一妻制，通行姑舅表婚。女青年到15岁后，父母要给女孩举行“换裙子”“脱帽子”等成人礼。男青年则多以嚼槟榔、参加围猎等为成人标志。行过成人礼的男女青年，可参加各类社交活动，亦获得谈情说爱的权利。每年农闲和节日，婚丧场中，青年男女互相到对方村寨中游玩，在村外的树林中对唱“啦叭卡”（情歌），小伙子从对歌中了解姑娘是不是已有意中人，若姑娘有意于自己就尾随姑娘进寨，通过熟人打听姑娘的姓名、年龄、家庭条件等，有的则躲进井边树林里等候姑娘来挑水，姑娘出现时，小伙子便主动上前帮助提水，攀谈并约姑娘晚上出来相会。如姑娘应约赴会，两人便算是认识，从此开始交往，相处一段时间，如姑娘父母对两人交朋友不加干涉，双方开始频频会面，并互赠腰带、绑腿、针线物和首饰表示爱慕之情，经过一段时间了解，男方家择吉日请媒人去提亲。媒人1人—2人，由亲戚中善于辞令或嫫庇（贝母）担任。媒人第一次提亲，不须带礼物，进姑娘家后，先拐弯抹角的说一些试探的话，从姑娘父母言谈中探听姑娘生辰属相和生产，织布、捻线、操持家务能力，女方家也乘机了解小伙子生产、打猎、捕鱼、待客、敬重父母、道德品质等情况，媒人回去后，请“嫫庇”（贝母）帮算命运合八字，看看双方的属相是否相冲相克。只要没有大的冲克，女方年纪大几岁也可以结婚。媒人第二次到女方家时要带一些茶叶、烟草、糖、酒，向女方家的亲人提出求婚，要把合“八字”的情况向女方的家人据实相告，并竭力撮合。如女方家也同意这门亲事，双方就在这次把聘礼的事说定，并确定具体的过礼时间。媒人第三次到女方家时，主要是送聘礼，商议娶亲的时间。聘礼的数量要看男方的家庭经济条件而定，也有的看姑娘长得美丽不美丽，如果姑娘长得一般，其礼也不会太高。聘礼的种类也因地区而各不相同，多数是银钱、金银饰物及烟、酒、糖、茶、盐、肉、布料、大米等。娶亲多数在秋后举行，先由男方家给姑娘舅舅、父母送礼，若为上门入赘者则免此礼。婚礼分3天进行，双方家庭要搭青棚，杀猪、宰羊，广邀亲戚朋友热闹一番。第一天接亲，新郎在媒人夫妇、青年男女陪郎和锣鼓手的陪伴下，抬着猪肉、活鸡和蔬菜，敲着锣鼓、吹着唢呐，骑马或步行，一路歌唱到姑娘家门，到达女方寨边或家门外，女方的亲友用橄榄果、麻芋杆击打接亲人，表示要把迎亲人带来的晦气打掉。尔后，女方在家中摆酒席招待来宾，坐酒席时，寨老、艺人、匠人、嫫庇和新娘舅舅这类最尊贵的客人坐上席，来宾与主人家通宵达旦喝酒跳“阿迷车”舞。第二天吃过早饭，新娘由长兄或表哥背出家门，姑娘边哭边唱“节妞都耶”（女儿调），向父母兄长讨嫁妆，新娘并非真想索要嫁妆，主要是倾拆离别父母和村寨的苦衷，送亲人数是娶亲人数的2倍—8倍，送亲者出发时除带嫁妆外，还要拿一些猪肉挂在男方家青棚上，长者在新郎家念咒语，做“玉迷压知知摩”（隔白虎凶煞）仪式。咒语大意是：“平时你冤枉人，天不能带来灾难，要让新郎新娘活到老，要让他们儿孙满堂……”念完咒语，新郎新娘拿酒、茶水献家神，静听嫫庇说吉利话和晓谕做人的道理。晚上，老人们喝酒唱调，青年人在圆场内燃起篝火，跳舞狂欢，堂屋中央摆两桌酒席，请新娘新郎的主要亲戚就座，老人们边喝酒，边唱“腊达嘎”（喜调），歌词多是教育新人要尊老爱幼和团结友爱，告诫人们互相帮助、遵守寨规、族规等等，新人要到各桌前，为老人们斟酒送菜、拜认亲戚，被拜认的老人们要向新人说些吉利的箴言，赠送一些礼品、现钞。第三天吃过早饭，客人们陆续离去，新郎新娘要亲自下厨做饭，宴请相帮的年轻人，大家拿新人作乐一番，闹玩够了才离席。婚礼的第十三天，新郎新娘要拿一些猪肉，两个糯米粑粑，两瓶酒，两斤茶叶到女方家献祭家神，有的当天返回，有的留居数天后返回男家。至此，结婚仪式算是完成。哈尼族有入赘的习俗，若要赘婿，必须在喝小酒时就商妥，男方从妻居可以不付聘礼，或聘礼减半。从妻居的时间亦在吃小酒时定下，最短不得少于3年，最长不超过12年，满10年以上者要与妻方兄弟均分财产。哈尼族结婚后，要严守夫妻间真诚相爱的家庭生活，离婚被认为是一件不光彩的事。如果夫妻感情破裂，经调解无济于事，亦允许离婚，届时，请“嫫庇”（贝母）和家长到场，举行简单仪式，财产和子女协商均分。若丈夫亡故，妻子改嫁，财产、儿子不得带走，女儿可随嫁，但必须保持原来的父姓。

（五）丧葬

哈尼族实行棺殓土葬，个别支系或非病故者行火葬。哈尼族重视葬仪，年到50岁，多数人即开始预备棺材，用于制棺的材料有所考究，多选用耐腐蚀、不开裂、不变形的柏树、桂花树。葬礼约3天时间，有的达十余天。村寨中有年老病逝者，丧家即鸣枪3响通告寨人。听到枪响，寨人自动聚来相帮，同时派人向寨外亲友报丧。死者刚刚停止呼吸，家人亲子女们要轮流扶着死者，不让其倒地，名为“接气”。随即给死者洗澡净身，移尸到一张竹篾席上，长子用几粒谷子或荞子放在亡人手中（男人放在左手、妇女放在右手），让谷粒流入另一只手中，落下的第一粒谷子代表五谷，第二粒代表人丁，第三粒代表六畜。如谷粒饱满，则预兆五谷丰登、六畜兴旺、人丁繁衍不断。做完祈祷仪式，还要用一点银器放入死者口中，俗称“含口银”。据说：死者去阴间路上有盘缠，可以顺利回到祖先的发祥地，不会回家讨钱。哈尼族人当日亡故当日入殓，事前须用茅草或荆棘扫棺3次，以驱出棺材中的邪魔，棺内垫盖自织的青靛蓝布和白布，按死者性别决定垫布层数，通常男性垫7层、女性垫9层，或者是有几个儿女垫几层。有的支系，死者生前的情人也有来放垫布的，意在表明“生前不能在一起，死后也不忘旧情”。对这种情感深厚的举动，死者遗属并不反感，反而为死者感到荣耀。凡成年人病逝，必请“贝母”或“嫫庇”来祭奠和发送亡灵。受汉族礼俗的影响，哈尼族追悼亡灵亦设灵堂，但祭奠仪式则保持着原始古朴的遗风。灵堂设在堂屋中央，灵桌上供放着代表死者长子、幼子和大女婿祭品的3碗米，碗中插着用彩色线绕成的太阳花和月亮花，象征亡人的灵魂与日月共存。灵桌下堆放碎米果树枝。哈尼族认为，碎米果树一年四季常青，且果实累累，这样做可以求得先人亡灵荫福子孙。哈尼族有杀牲祭亡灵的习惯，尸体入殓后要杀一只“装棺鸡”，方法是先在棺顶上放些米，然后用“装棺鸡”的脚把米扒落，孝子们接住放到嘴里咀嚼，以示承接先人的恩赐，将来衣食不愁。杀了“装棺鸡”，还要杀“送葬牛”和“送葬猪”进行祭奠。杀牲时用一根长线拴住牲畜的耳朵，一头牵连棺材，祭师祈祷说：“给你的牲畜你拉去，不给你的你不要拉，拉去了一头，家里要发展几十头。”有的哈尼族村寨杀死葬牛后，孝子们要给死牛磕头，并用衣襟兜一些牛临死时拉出来的屎尿，放在粮食堆上，认为是接着了死者的福禄。吊唁活动多由长子或小儿子主持。墨江、江城一带的哈尼族，如是年长者病逝，家族要举行隆重的“摸搓搓”祭奠仪式，男女老幼昼夜围成一圈跳“摸搓”舞。跳舞时配调形式不限，可以对唱过山调、情歌、生产调等，同宗长幼之间可互开玩笑，青年男女也可在此场合寻找恋人，房外有火枪手不时鸣枪助兴，整个丧礼显得热闹隆重。停棺的第二天，奔丧的人逐渐增多，吊孝活动高亦进入高潮，死者家要继续杀牛、猪、羊或鸡招待客人。哈尼族没有固定的墓地，遇有成年人亡故，按死者生前的遗愿用滚鸡蛋的方式临时选坟址，由孝子和懂风水地理的人去择坟。方法是在预选的地点铲平一小块地，孝子或站立或跪地，左手持鸡蛋举至耳旁往下抛，若鸡蛋坠地破碎流出蛋液，坟址便算选定；若鸡蛋不破则另选一地再抛，直到鸡蛋破碎而止。埋葬前，“嫫庇”要给死者亡灵指路，把亡灵沿着祖先们迁徙来的路线带回遥远的西北。哈尼族认为，通往祖先发祥地的路有3条：死于非命者走上条；死得不正常或夭折者走下条；正常病故者走中路，中路道路平坦，途中没有鬼怪邪魔纠缠，可直接回到故土与先去的“阿爸、阿妈”团聚；其余二条则处处有陷阱、有洪水猛兽挡道，还有强盗出没，亡魂很难回到祖先故地。“嫫庇”领路归宗时，走的都是中道；对上下道则反复用刻薄的言辞进行诅咒，否则自己的灵魂也会被恶魔勾去。“嫫庇”指完归途后，必须及时把自己的魂领回来，口中常念；“你是死人，我是活人，你们死人相聚的地方我无法生活，我身上长满刀和针，你若靠近我会刺着你，伤着你；我头上长角会抵着你，身后有尾巴会甩着你；死魂啊，你还是远远离开我”。嫫庇送亡灵过程中，有许多诵词是追悼死者的，他要把死者生平详细地叙述一遍，从追忆死者父母的结合，至死者降生，如何长大成人，立家建业以及在生产生活中的喜怒哀乐；唱到死者如何吃错东西得了疾病，吃药送鬼没有效果；唱到亲友问候和生疾病的病苦以及临死前的忧虑、恐惧等等。嫫庇唱追魂调的调子要根据死者性别而定。一般男性7节，女性9节，每唱完一节，杀一只雏鸡祭祀，遗属们到灵柩前磕一次头；祭奠的雏鸡分别代表粮食、牲畜、钱财、人、酒、茶、染靛、盐、辣椒。第三天清晨出殡，哈尼族认为，出殡时刻听到麂子、秃鹰、豹子等飞禽走兽的鸣叫不吉利，故出殡时间选在动物未外出觅食之前，棺材抬到房外停放在凳子上，遗属们要绕棺三圈，表示眷恋，妇女们边念咒语边用稀泥涂抹棺材缝隙，起棺时要举行“过棺”仪式，即由孝子带头，按亲疏关系跪成一行，让棺材从头上抬过两次，哈尼族认为，子女们曾在父母身上拉屎拉尿，对父母是有罪过的，父母死后从子女们头上经过，可以减轻子女们在父母身上犯过的过错。行完过棺礼，参加出殡的人携带祭祀用的米、酒、茶、鸡和死者遗物，以及挖掘墓穴用的工具等，走向预先选好的坟地进行安葬。哈尼族的埋坟方向不固定，但墓前方必须没有遮挡物，坟墓后设立土地神位，供奉一些祭品供土地神，意为坟墓建在地上，要使亡人在阴间过得好，首先得侍候土地神。坟穴呈长方形，深约80厘米—100厘米，长宽依棺材大小而定。棺材入穴后，将亡人的鞋帽、衣服及生产生活用品等遗物随葬，有的支系则将遗物拿到岔路口焚烧。西摩洛支系在埋棺前，孝子手持锄头跪在棺上连挖3锄，告知死者，最后分手的时刻已到来，随后众人挖土掩埋。哈尼族埋葬死者后要垒坟，立碑石为墓志，但不刻碑文，若坟墓在寨子附近，要用竹篱笆栅牢，防止牲畜吃供奉给死者的饭菜，不然人吃了牲畜肉易患肿病。埋死好后要在坟头上插一干枝条和一湿枝条，干枝条代表死者，湿枝代表生者，众人离开坟地时要轻提湿枝、轻握干枝，意思是把生者灵魂带回家，将亡灵留在山中，在回家时，每人拾一点垒坟土丢在路旁，进寨后，要用姜水洗手脚，跨过火塘，把不吉祥的东西隔下。出殡归来，办丧家第一件事就是将亡者衣物和儿子们奉献的饭倒在簸箕中翻看，如饭里发现有猪毛、谷粒，预兆家里来年猪牛兴旺，粮食丰收，如发现有凶猛野兽皮毛，则预兆家里有凶事降临。出殡当天，远地来奔丧者可返家，死者家人当晚要到村外岔路口烧上两堆篝火，意为给亡灵来烤火，否则亡灵会进到寨里作祟。当晚，死者家人还要杀两只鸡，在厨房里供一桌酒菜，请“嫫庇”念咒语，咒语中念道：“太阳落山了，月亮升起来啦，我们杀了鸡，请您（指死者）来吃一顿饭，从今天起，你自己去了，我们再也看不到你了，我们从此像芭蕉被砍断了一样，各在一方，生死之理就像白石和黑石一样分明，要想改变是办不到的。”哈尼族在治丧期间，丧家都节哀，奔丧的人中也听不到啼哭声，死者遗属和相互来帮助者，要通宵达旦地守在死者家里饮酒、跳舞、唱歌。主人家要一日三餐用酒肉盛情招待来宾，专门邀请的几个火枪手要间歇性地鸣枪或鸣放鞭炮，使丧礼显得隆重热闹。

（六）禁忌

哈尼族忌用被雷电击过，或断了枝头的树作棺材；日食时堆放在露天的木料不能用于建房，否则家人多遭灾难，粮食歉收，家禽多病；祭祀亡灵用的猪肉、牛肉和鸡鸭鱼肉要在办丧期间吃完，否则会留下不吉利。祭奠期间，禁忌生产、收获蔬菜、砍柴等，否则山上的虎、豹、麂子等会闯进寨子，给寨人带来灾害；忌缝衣服，否则老鹰会抓走小鸡；忌梳头，竜头忌洗脸、房事，否则会得病；祭竜期间不得将猎物带进寨子，要到属猴日子才许拿进寨内；外人不准进寨子也不准出寨子，否则会把寨子的好运带走，五谷减产，六畜多病或遭猛兽侵害，凡违反上述规矩者，罚两只鸡或5元—10元钱。家门前忌种竹子、芭蕉，否则财路被挡，家人多病，牲畜不发展，粮食会减产；忌偷盗，累教不改的犯禁者要被砍去双手、撵出寨子，轻者除赔偿赃物外，还要惩罚他打扫寨子或修路搭桥；忌欠账不还，否则死后会转世成牛马等役畜来偿还前世所差欠账；禁忌直呼长辈的名字，长辈已过世也只能在吊唁、叫魂时才能轻声呼唤其名；掌家人出殡日是各户的“好日子”，忌对外人讲，只能由家人默记，届时供奉；正月初一，忌寡妇串门，其他人登门则受欢迎，认为能给家里带来吉祥；竜林内不得随意进去，不然会给寨人带来灾难，更忌在竜林内砍树、拾柴和大小便；寡妇未举行再婚仪式而怀孕者，将被烧掉房屋、撵出寨门，否则寨人会受到意想不到的灾难；本人的生日天禁忌捕鱼、打猎、织渔网和下扣子捕兽；属蛇日忌杀猪，属兔日忌杀鸡，属羊日忌杀牛；梦里的事忌外传，否则会破梦；雷击过的树不能砍伐，否则周身会灼热；庄稼地遭雷击，要用红公鸡献祀，否则雷电会怪罪；刚伐倒的大树桩上，要放一块石头，否则树神会怪罪，田地里长不出粮食；属火的日子不竖屋架、盖茅草，否则将遭火灾；秋收以前，忌媒人登门提亲，否则女方家发生的意外事件由提亲人家来负责。

六、节日

哈尼族的节日与祭祀活动和原始崇拜密切相关，由于支系繁多和居住分散等地理因素的原因，节日亦多种多样，有的原属全民族性的节日。由于时间差或农事活动的季节差，逐步分化为各个支系所独有，全民性的节日也明显在存在着名称、时间、活动内容的殊异；有的节日更是受其他民族的文化影响而兴。哈尼族全民性的节日主要有火把节、吃新米节、春节和十月年。六月二十四日：又称“忆苦喳、玉扩昨、扩昨窝尼昨、六月节、苦喳喳、火把节”等，关于这一节日的来历，民间有许多传说。其中江城哈尼族彝族自治县曲水乡一带流传着这样一个故事：古代司酒女神阿丕俄祝，经常在酒酣神志不清醒之时肆虐乡里，闹得哈尼族村寨不得安宁，引起群众的愤恨，在农历六月二十四日这一天，寨人将阿丕俄祝逐出寨子，为了防止她再次返回人间造孽，人们在寨子里点燃火把，喜欢黑暗的阿丕俄祝见到火光很害怕，再也不敢进寨了。虽然恶神被赶出了寨子，但善良的哈尼人仍没有忘了阿丕俄祝曾教给人类酿造酒的功劳，每年农历六月二十四日哈尼村寨除点燃火把外，许多人家喜欢用一节竹筒，装上稻草、珠栗果、干豆、黄瓜、大米放在大路旁，送给阿丕俄祝吃，唯独不让她喝酒，这种活动世代相传，形成了传统的火把节。六月火把节一般过 3 天，六月二十三日各个村寨大扫除，由寨人筹资金购买牛或猪作为祭品，共同祭祀竜神。祭竜时宰杀的牛肉或猪肉不分贫富一律按户均分到每户，二十四日正式过节前，凡是外出的人，包括嫁出的闺女，在天黑前全部归家，各户按家庭人口，每人杀一只鸡，由男性中的长辈为家人招魂，同时也要招三代祖先的亡灵，有的支系和村寨，招魂的范围很广，日常生产劳动或生活中看到听到的奇异现象都要叫，特别是被野兽惊吓，电闪雷鸣和跌倒的地方都要招魂，不能让灵魂在受惊处躲藏而归不了家。六月二十四日正式过节，上午继续杀鸡招魂，入夜用牛骨敲打簸箕，点燃用芦苇或松树枝扎成的火把，从自家房屋前后开始驱鬼，一直要把魔鬼驱赶到村寨以外的田边地角，最后将火把绑在树上，祈求火把神保佑庄稼和牲畜免遭灾难。六月二十五日，人们白天休息，夜间点燃火把，把阿丕俄祝送出竜门外。在整个火把节期间，寨民们饮酒跳舞，狂欢数日，青年男女可互相表示爱慕，确定终身。但是，节日过完，人们就要积极准备秋收活动，串姑娘、打猎捕鱼，被认为是不务正业的行为，这一传统节日一直保留。吃新米节：每年农历七月中旬是谷物成熟、瓜果上市的季节，为了庆贺粮食的成熟和获得好收成，哈尼族习惯于在这一时节过“吃新米节”。过节没有统一的时间约定，仅各个村寨、各户择吉日进行，届时各户把自种的粮食采集回来，或杀猪或杀鸡，有的地方先聚到竜头家吃喝玩乐，唱歌跳舞一番。绝大多数人家自己采集新谷，备酒庆贺。要杀一头猪、一只鸡、用 3 碗新米饭来祭祀谷神、耕牛、农具如犁耙、镰刀等。祭祀时念道：“新谷新米先献给你们，你们要把庄稼看护好，不让冰雹打，不被老鼠咬，不遭土压，不被水淹，不遭风灾、火灾，收进家后不能发霉。新米糠喂猪，新碎米喂鸡，祈求老谷老米还没有吃完，新谷新米堆满粮仓，永远吃不完。”吃新米节被认为是秋收开始的时节，这一习俗一直保留。哈尼十月年：过哈尼年时间大约在农历冬月下旬，多选择属竜、属狗或属猪日开始，历时 10 天，节日期间，各家各户酿酒杀猪，做粑粑，把嫁出的闺女接回家过年。过哈尼年杀猪仪式颇有特色：一般在属竜日杀猪，将猪捆绑好，用米粉蒸成 3 团大糕，其中代表“布”（人）的米糕最圆；代表“卡”（五谷）的米糕次之；代表“节”（六畜）的米糕呈椭圆形，米糕上要按一个洞，宰猪之前，先拿一团米糕塞进猪的嘴里，意思是先让被杀的猪吃上供品，求得以后养猪会更顺利，家人吃饭前要用酒、肉、糯米粑粑等献祭家神、灶神、喂大牲畜，其中以祭家神为主，掌家人面对家神祈祷，祈祷的大意：“今天过年，我们杀了猪，摆好酒、请祖宗一同来享用，祈求祖宗保佑家人无灾无病，猪鸡牛羊、粮食大发展。”念完后，将每样供品取一点抛洒在门外。过哈尼年除各户团聚吃喝外，全寨性的活动有打磨单秋、打大秋、打陀螺，晚上跳“嘎尼尼”和“阿迷车”舞，青年男女也在这段时间谈情说爱定终身。春节：哈尼族春节源于汉族，有一些本民族贺岁过年的特点，除夕晚上亦时兴守“寿岁”，待到鸡叫头遍时，各户长子鸣放火药枪或鞭炮，大儿媳担着水桶、背着竹筒到常年取水的水井里取“新水”，取得新水后回家煮汤圆献祭家神。献祭用的 3 个汤圆分别代表人丁、粮食和禽兽，掌家人揣着汤圆献祀家神，祈求神灵保佑这 3 方面都得到发展。初一早上妇女睡觉，由男人们下厨做饭，表示妇女们在这一年里早起晚睡很辛苦，初一让她们休息一天以示关怀。此日，全家守在家里过年，不去串亲戚，访问朋友。年轻人则不受此禁限制。正月初一日或初二日早晨，全寨青年男女聚在一起，敲锣打鼓、载歌载舞到各家各户拜年，每到一户，青年们跳舞、唱节日曲。到各家喜庆朝贺要征得主人的同意，主人家也以歌应答，并拿白酒招待众人。这时，一些年轻人乘着主人不注意偷取下一块腊肉或是到园子里拿一些菜，领头的一声口哨，众人呼叫着涌向另外一家拜年，主人家发现少了肉，也不会责怪青年人，反而认为一年中的第一天有众人来拜年，预兆年内运气会更好。

七、宗教信仰

哈尼族主要信仰的是自然崇拜和祖先崇拜的原始宗教。在哈尼人的精神世界中，神灵普遍存在，并且主宰着人们的生存，家庭的兴衰、禽畜兴旺、粮食发展等，因而喜庆佳节，娶亲嫁女、外出活动、劳动生活及生老病死等都带有宗教色彩。哈尼族最敬重的神灵有天神、地神、石神、火神、猎神、树神和家神等，其中以祭竜、供家神、叫魂、送魂等为普遍的祭祀活动。常用的祭祀方法有：杀鸡、猪、牛、舂粑粑、捏饭团。占卜方法有：看鸡卦、猪胆卦、牛胆卦和树枝卦；请祭师做法术、念咒语等。祭竜活动是哈尼族宗教活动中规模最大和祭得最勤的宗教活动，但没有统一的时间和程序规定，江城、墨江一带哈尼族每年农历二月第一个属虎日（亦有个别支系选择其他日子）开始，可分3个等级，头竜3天、二竜两天、三竜一天。祭竜前，竜头召集各户掌家人商仪当年祭竜的规模和粮食，猪、牛、鸡的费用分摊事宜等。祭竜前一天，要新架设竜巴门（类似寨门），一般在距离寨子几百米外的主要路口上，架设一道形似牌坊的木架，横档上挂上木制火枪、长刀、镰刀、野姜、盐酸木果树枝、木偶人、禽兽的羽毛、生殖器，意思是将各种邪魔隔在门外，以及禁止外人闯竜的警告标志。祭头竜：农历二月第一个属虎日（亦有择马日的），各户出一人，带一碗饭、一个红皮鸡蛋，在头缠白布、束白腰带的竜头率领下，到竜神树下围跪一圈，献上饭、酒、菜、茶等供品，静听竜头念咒语，大意是：天我们寨子的掌家人都到齐了，我们酿了酒，准备了丰盛的粮食和肉，来献祀尊敬的竜神，祈求神灵保佑寨子里的“节娜可耶”（六畜）、“卡娜阿烈”（粮食）、“布耶俄搓”（人）不被野兽吃掉，消除各种灾害，人丁繁衍增长。念完咒语后，竜头、嫫庇率领众人到竜门杀鸡，在水渠边杀猪、牛集体共同进餐。在分祭食前，竜头还要念一次咒语，然后均分祭品，众人边吃饭喝酒，边唱调嬉戏，吃剩下的祭品各自可以带回家。黄昏时，祭祀结束，各人把米饭、红皮鸡蛋拿回家里检验看吉凶，若饭内有猪、牛毛或新鲜谷子，预兆家人、牲畜、粮食将会在年内受伤害；若鸡蛋有裂痕或蛋黄变黑，预兆来年运气不佳。第二天（兔日），全寨忌生产，有的支系则组织渔猎活动。第三天（竜日），众人再聚竜树下，杀公鸡祭“沙竜”。“沙竜”专供毒蛇、虎、豹、豺狼等凶狠野兽，竜头念咒语祈求神灵保佑，请凶兽来享用供品，后不要来伤害人畜和庄稼。祭竜期间，竜头除了指挥祭祀活动，念咒语外，还要安排当年的农事活动事宜，哈尼族的祭竜活动带有祈祷的特征，是典型的农业祭祀。“迷着迷士”（送火神）：在祭竜的第三天，嫫庇用树枝、藤条和芦苇做成一些禽兽、刀剑等物放进背箩，挨家挨户撵火神，嫫庇每到一家，主人家拿一些茅草、火灰、米、各色棉线，碎布丢到背箩中，并在嫫庇的身后泼水，口念“千净百净、追火神进水”之类的咒语。嫫庇口中也念念有词，手舞木刻刀剑，把各户送的东西丢到“哈萨东巴”（竜巴门）外，然后用野藤编成圈，为每个参加送火神的男子从头套下去，俗称“托印”。送火神的目的是使寨子免于火灾，野兽不敢进寨。有的哈尼族群众遇到庄稼枯黄时，亦认为是火神太旺，要择吉日，杀一只公鸡到受灾的庄稼地里献祭。供家神：供奉的家神有两个，每家主人的床头柱子上供本家神。家神并无偶像，仅是一个木块或竹编小框，供的祖先代数只有3代，按规矩每年献祭两次。第一次在过年杀猪天（竜日）供奉，届时家人用一碗猪肉、3碗米、3碗酒、3碗茶以及一些槟榔、草烟献在家神下，掌家人面对神位跪拜，轻声呼唤祖先姓名，祈求祖先保佑家里“节”（牲畜)、“卡”(粮食)、“布”(人)免遭灾难。第二次供奉家神的时间是家里的吉日(父亲出殡日),杀一只鸡,用3碗米、3碗酒、3碗菜供奉,祈祷的词与过年祭祀时一样。供灶神(耶独):垒新灶时和过年时供奉,祭品主要是猪肉、素菜和3块粑粑,不念祈祷词。此外,各户还有一些祭祀,如:供猎神:一般寨民不供,只有喜欢打猎的人家才供奉此神。供神的方法很简单,在房屋偏檐下设一小块木片,上供猎获过的禽兽毛即可。有的出猎前和猎获后,用一只公鸡献祀;有的仅用猎获物的皮毛和血黏附在枪身或扣子上。祭“儿黑说”(水神):每年祭竜过后,择第一个属猪日到水边捕螃蟹和青蛙来献祭。据说“儿黑说”主宰全寨人的饮水和调节雨水,献祭方法是在水槽边搭起小祭台,摆上甘蔗、芭蕉、纱线、酒曲和螃蟹等。祭“哈鲁鲁库尼哈”(石崖神);它是人、畜在野外的保护神,触犯了它,人会得怪病,牛会跌崖。凡遇有不吉利的事情时要献祭,祭品有米饭和鸡蛋,献祀时不让外人看到。祭“触笛”(雷神):若是砍伐、搬动被雷电触过的物体,都是对“触笛”的不敬,要用公鸡、酒、米献祭雷神树(标志是一棵被雷电击过的大树),否则犯禁者会得瘫痪,粮食亦会歉收。祭“阿达给鲁”(谷神):神位供在楼上接近粮堆的柱子上,每年下种时献祭,禾苗长出后,苗发黄或被雷电触着地边的树,要及时献祭“阿达给鲁”。方法是采一些禾苗拿回家放在“阿达给鲁”神位上,杀一头小猪或一只鸡献祭,也有到地边献祀的。献祀时,忌外人看见。

第二节 彝 族

一、族源

彝族源于古代的“氐羌”部落,是从青海流域南下的氐羌族群中的一部分,与当地民族长期融合而形成的一个民族。普洱市是彝族的聚居区之一,主要分部在景东、镇沅、景谷、宁洱、江城县。其余各县、区均有分布。彝族的支系较多,有40多种称谓,其中居住在普洱市境内的有“倮倮”“香堂”“蒙化”“拉乌”“阿列”“咪哩”“腊鲁”“聂苏”等。由于居住分散,不同地区的彝族有不同的支系,称谓不同,服饰不同,语言和风俗习惯也各不相同,彼此之间的语言上也存在着差异。在普洱的彝族多数操彝族6大方言中的西部和南部方言,也有一部分操北部方言。普洱的彝族中各个支系的来源不相同:聂苏支系于清朝初期从玉溪地区的峨山县一带迁来;拉乌支系从玉溪地区新平县迁来;蒙化支系于清朝乾隆年间从大理巍山县一带迁来;香堂支系多数是彝族农民李文学领导的哀牢山区各民族起义失败后迁入的。“倮倮泼”支系、“阿列”支系生活在普洱的年代较久远,迁徙活动范围不大。彝族各支系中都融合了为数不少的明朝、清朝时期迁徙来的内地汉族移民,其中蒙化支系中这部分人最多。蒙化支系多数聚居在景东彝族自治县,有张、罗、白、李、杨、吴等姓氏,其中,罗、吴、张、李姓有各自的家谱,按家谱记载,他们是明朝随明军将领付友德、沐英、兰玉的部队由江西入云南的,多数是副将沐英统辖下的兵士。沐英驻守滇西大理、洱源、巍山等地,于是张、罗、吴、李等姓的先人驻守在蒙化城附近(大理州巍山县城),他们4姓中,李姓来源于甘肃陇川县;杨姓来源于江西应天府(南京),其他两性来源于江西,来云南时,有的是军士,有的是屯民。属于屯民的,每5户由县府给一头耕牛,配给种子,发给路费,并规定3年内免交赋役,到巍山居住了200多年,长期在彝族地区定居,男子大都娶附近的彝族姑娘做媳妇,慢慢地变成了彝族。到清朝顺治十四年(1657),张姓离开蒙化城,迁徙到定边(南涧彝族自治县)。康熙三十二年(1693),官府捐款修蒙化城,通知每户要出“磁录”(一两)银子,因为语言不通,彝人误听为每户要出一木盆银子,都认为收得太多,交纳不起,请县府减收为“磁托”

（一小盆），官府还是不允许，群众无奈，就邀约起来连夜逃离蒙化。他们先逃到定边，后又迁到景东、景谷、江城等县定居，有一部分迁到临沧地区的云县、凤庆等县。由于是从蒙化城附近迁出，为了记住自己祖先的居住地，就把蒙化作为本支系的称呼。随着社会不断进步，发展成为后来的蒙化支系。

二、社会经济

“毕摩”的存在，对彝族社会活动有举足轻重的影响。“毕摩”是对从事祭祀活动祭师的称呼，意思包含：知道的事情多，会讲得通彝族“古根”，会念各种咒语，会看鸡骨卦、猪肝卦、树枝卦、鸡蛋卦等多式多样的卦相。学术界称之为“经师”，亦有：毕姆、比莫、白母、呗耄、白莫等各种称谓。这些称呼虽有差异，但意义并无差别，同是会念诵经典的大师的意思。“毕摩”多系父子相传，不是专职，无固定报酬，平时不脱离生产，为他人做祭神送鬼等事，可获得一定的报酬，有实物的，也有钱财方面的。由于“毕摩”知晓的事情多，能通晓彝文和彝文经书，在人们的心目中他们是人与神灵相通的媒介，每逢寨里举行重大活动，如祭竜、起房盖屋、娶亲嫁女、丧葬吊孝等都离不开“毕摩”。“毕摩”在从事祭祀活动中，手持文献，引经据典，是彝族传统文化的保存者，继承者和传播人。“毕摩”在彝族社会中的地位很高，深受人们尊重，一经取得“毕摩”的称号，便终身享有念咒祈祷的权力。

彝族是山地民族之一，居住点以海拔 1000 米—2000 米较为普遍，也有少部分彝族散居在海拔 2000 米以上的高寒山区。彝族居住的地方，气候温和，雨量充沛，土地肥沃，水利资源丰富，适宜于种植多种农作物，有利益发展畜牧业和开展多种经营，彝族是一个善于学习，积极进取的民族，在河谷周围聚居的彝族开垦了不少稻田。牛耕技术早已掌握，耕作技术也较为精细，节令安排、使用农具方面有较高水平。稻田一般是三犁三耙，或四犁四耙，中耕薅草 1 次—2 次，割田埂草两次，并学会使用绿肥、草木灰和农家肥料。采用穗选、片选等方法选种，知道定期换种的好处，故彝族谚语中有“施肥不如换种”的说法。利用日光曝晒来提高地温、采取深挖沟来改造冷水田，知道用不同时期的水温调节水的深度来促进禾苗的成长，知道通过听候鸟的叫声来掌握各种农事活动。耕地并不固定，一块地耕种了三四年，当地的肥力散失了，就再新开一片耕种，等这片地轮歇了 10 多年后，再度开荒耕种。水田和固定耕地用牛耕，但是能开水田的地方比较少，固定耕地的数量也不多，所以粮食产量不稳定，雨水好的年头粮食总产量会多一些，遇到干旱或雨水过多的年时，粮食总产量会少一些。彝族的经济以农业为主，种植的农作物有旱稻、水稻、小麦、玉米、苦荞、洋芋、小红米等。畜牧业占有重要地位。养殖种类：水牛、黄牛、马、山羊、猪、鸡、鸭、狗等。此外，经济作物的种植也有一定的规模。如茶叶、核桃、甘蔗、花生、黄豆、油菜和水果。生产工具有：犁、耙、耕牛、锄头、镰刀、斧头、石匠工具、木匠工具、渔猎工具等。彝族的手工业也有一定的发展。主要有加工木料、建房、篾编、织布、打草席、制糖、制茶、打铁、铸造等。彝族男子在农闲时，三五成群组织起来到外地打工干活，进行经济创收。彝族妇女普遍会织布、刺绣、编织、酿酒、腌制咸菜、制作香柱等。

三、语言文字

彝族语言属汉藏语系藏缅语族彝语支。普洱彝族自称、他称有“密撒泼”“腊鲁泼”“聂苏泼”“纳苏泼”“罗罗泼”“诺苏泼”“咪哩”“香堂”“阿鲁”“阿宗”“蒙化”“拉乌”等。其中，“倮倮”一词在彝语中意为虎、竜。“聂苏泼”“纳苏泼”“诺苏泼”等几种不同的称谓，都是彝语方言差异造成的“聂、纳、诺”汉意为“黑”，“苏”汉音为浩大、活的意思。历史上，彝族分为“白夷”“黑夷”两大族系，其中“黑夷”历史上称为“乌蛮”的一部分。彝族绝大部分说本民族语言，兼操汉语；香堂支系中除能讲彝语外，大多数人还能以汉语为交际语言。彝族流传着一种古老的传统文字，俗称老彝文。由于彝族的知识分子“毕摩”是彝族文字的掌握者和传播者，所以也有人称之为“毕摩文”。彝族文字是记录彝族语言的书写符号，彝族人民在自己的发展历程中创造了独具风格的文字，并运用它书写下了大量的古籍。彝文产生的历史年代还没有详细考证的资料，现存的老彝文大约有一万多个字形，经常使用的近两千多个单字，其特点是以表意为主，每个字形代表一个意义，表音与表意相结合的超方言音节文字，在结构上呈方块形。彝文不仅有偏旁部首，并有象形、会意、指事等造字规律，有独体字和合体字之分。由于彝文传播的年代久远，各地传抄，方言易字，则假借字多，同一个字形往往有不同的写法，即“同意多形字”。普洱历史上没有开办过彝文私塾或学校，彝文的传播，采取师傅传徒弟的办法个别教授，加之彝文不作通用文字。至2007年，普洱尚存的彝文古籍手抄本有《诺叶》《洪水连天》《作泊布》《彝族情歌》《择日历书》《彝族医药书》等70多卷，这些先贤们遗留的古文献，内容涉及古代的礼俗、社会状况、先民的心理状况、天文学、历史学、哲学、伦理教育学、地理学、医学等，还有各种体裁的富有情趣的民间诗歌，它所反映的史实或记载的故事，即有传统信仰色彩，也有彝族人民继承千百年来的精神文明的精华，已翻译整理出《诺叶》《洪水连天》《彝族医药书》《指路经》《作泊布》《作斋篇》等10部史书，约30万字。除了流传下来的彝文文献外，流传在民间的口碑材料也极其丰富，有神话、传说、故事、寓言、格言、谜语、谚语、童话、诗歌、民谣等。

四、音乐舞蹈

彝族常用的乐器有月琴、大三弦、小三弦、四弦、口弦、响篾、锣、镲、羊角号、牛角号、大铜号、磬、地绿杆、羊皮鼓、响铃、大筒、大钵、小钵等。彝族中流行的舞蹈有跳笙舞、七姑娘舞、烟盒舞、虎脊舞、穿花鹞子翻身舞等。以跳笙舞最为普及，跳法很多，有三跺脚、拖慢步、小歪腰、白鱼翻身、竜摆尾、公鸡领母鸡、老牛拖稻草、老虎抱仔、老倌插豆架、黄鼠狼偷蜂蜜舞等。跳笙是一种集体性的娱乐舞蹈，通常用笛子、卢笙、三弦等乐器伴奏，参加人数不限，大家围成个圆圈，跳笙者伴和曲调，边跳边唱，舞步整齐、豪放，歌声高亢、激昂。彝族曲调种类繁多，最为流行的是唱山歌。山歌分两种，一种是可以在家里唱的，包括祝酒歌、贺年歌、生产歌等；另一种是只能在山上唱的情歌，唱情歌时比较谨慎，辈分不同的人在场就不能唱。男女青年对唱山歌，不仅是一种娱乐活动，也是青年男女的主要社交活动，村寨与村寨之间的男女青年，在唱山歌前须预先约定时间、地点，并互相留下烟盒、银首饰等物品，作为“当头”，以示守信。到预订的时间（一般是晚上），男女双方各自邀请上五六人，到约定地点烧起一堆篝火，尽情地对唱，有时唱到深夜，甚至唱到黎明，有的人通过唱山歌互相产生了爱慕之心，然后，由男方告知自己的父母，托媒说亲，最终结为夫妻。

五、生活习俗

（一）服饰

彝族老年男子衣着以藏青色为主，习惯用一丈多长的布包头，穿对襟上衣和宽大的裤子。妇女发辫盘结在头上，用黑布包头，穿紧袖直领大襟上衣，长及膝盖，外套青色领卦。袖口、衣领和领卦上镶有白、蓝等条形图案，领卦上钉有成排银纽扣，胸前佩戴一串银链，银针筒和银响铃，蓝衣黑裤，裤脚肥大，略有卷折，脚穿翘头绣花布鞋。未婚姑娘腰系红彩带，已婚妇女系青色腰带。成年妇女喜佩戴银质耳环、手镯、戒指或拴魂线。

（二）饮食

彝族以大米、玉米、小麦、高粱、青稞、小红米、苦荞、洋芋等为主食，喜欢吃酸辣食物，爱喝茶，好饮酒，善于腌制腊肉，中老年男女普遍都抽自己种植的草烟，烟味极为浓烈。雨季在生产劳动中吸烟有驱逐蚊虫的效果，在野外喝生水时草烟味可防止蚂蟥入口鼻。野外过夜，吸草烟可防毒蛇的袭击，烟焦油可入药。过春节，家家户户都要舂糯米粑粑献祭神灵，或用来招待来客。每年腊月要择吉日杀猪，常用猪骨、内脏等剁切成小片掺以大米炒面制作腌肉。每年入冬后，各户都做面酱，其制作方法是：把黄豆、玉米、糯米等磨碎，蒸煮后掺入自制的"酶酵"进行发酵，约20天后将其晒干、捣碎，置于罐内，待来年旱季缺菜时食用，平时也可作调料。

（三）民居

彝族建立村寨多数都要选择在背风近水，日照长，干燥、疾病不易蔓延的半山腰上，择地基时要看风水，有左靠"青竜山"，右邻"白虎山"的讲究，为了防备和抵御外族人或土匪强盗的侵扰，多以三四十或五六十户建寨聚居，为防止同化，很少与其他民族杂居。彝族寨子，有的是用建寨人的名字命名，或是沿用迁徙来以前居住的地名。选择建立村寨地基要举行传统的宗教仪式，即把预选好的地方铲平，放上3粒米，口中念道："第一粒米求粮食发展，第二粒米求人丁安康，第三粒米求六畜兴旺，地点好，这3粒米不能移动。"说了祝词后用碗把米罩住，过了一个时辰，把碗翻开看看米的位置有无变化，如米未移动就是好地点，可挖基建房；如米粒被蚁虫咬食或搬走则认为地点不好，要另选他处，直到如意为止。盖房时请"毕摩"选择好吉日后才能破土动工。上屋架也要择吉日进行，要杀鸡献祭家神。立屋架一般要在夜深人静时进行，破晓前架好。建房的时间普遍要选择在冬、春季节，秋天把要用的材料备好。一家建房，全寨人都来帮忙，主人只设酒宴招待，无须支付其他报酬。房屋为木质结构的扣榫屋架，用石头做墙脚，土坯砌墙，茅草或木片盖顶，每隔三四年需修复一次，房屋皆由质地坚硬的木料做柱子，横梁、楼板用竹篱笆铺平，在上面覆盖5寸厚的胶泥土，其功用是堆放粮食、杂物，也起到预防火灾的作用。住房里一般不设窗或窗户很小，屋内光线较暗，不通风；沿袭着祖辈"黑房亮灶"的民居传统。建房喜欢使用双合门，注重门向的安置，安置房门要译吉日，户与户之间的门向不能交错，习惯的说法是，门向相交错容易发生口角之争。随着生活水平的提高和受其他民族的影响，房屋建筑式样多为两层楼的土木或砖木结构的新式瓦房，卧室分里外两间，里间隔成3室，左边为长辈居住，右边为小辈居住，中间供祖灵及摆设罐子；外间右边为灶房，左边设火塘用于取暖，也是家庭活动和亲友聚居的场所。由于长年烧火，屋内被烟熏得漆黑。每户由主房、牛厩、猪棚、柴房、天井等构成一个生活区域。彝族对打灶有许多讲究，要专门选定吉日，杀鸡献灶神，节日喜庆要献灶神。

（四）婚姻

彝族的婚姻是一夫一妻制。按族规，同姓之间不能通婚，表兄妹之间可以通婚。女孩年满18岁就可以出嫁，男孩年满二十岁就可以娶亲。婚姻的缔结，基本上要经过"过小礼"和"过大礼"等过程，当男方父母看重某家的姑娘，就请一个能说会道、妻子健在的中年男子去做媒，向女方父母提亲，如婚事谈成，就拿一些礼品、酒、肉到女方家里请姑娘的亲戚吃"火竜酒"。女方父母交给媒人一个姑娘生辰的"八字帖"，由男方去请人帮"合婚"。合婚时有"算命、合香婚"两种方法，"算命"用汉族中传入的十二生肖、五行相生相克的办法进行推算。"合香婚"即选择两根长短、粗细相同的香，一齐点燃，如两炷香同时燃尽，就表示合得上，如果其中的一根香先燃尽，或者只燃了一半就熄灭了就表示这个婚合不上。合婚成功后，男方家拿4只鸡、10碗酒到姑娘家“吃小酒”，女方家设宴席，请一些长辈和较密切的亲友作见证人，席间议订婚礼数量。根据各自的经济条件来决定聘礼，一般人家要银圆60元作为聘金，另外还要“奶母钱”10元，猪肉30千克，大米100千克，以及棉被、衣服、首饰等。上述活动都是瞒着姑娘进行的，如果先让姑娘知道了，姑娘如果不喜欢对方，她就表现出百般的不愿意，甚至处处给父母难堪。事实上是隐瞒不住的，一般在婚前都要对姑娘进行说服，遇到对包办婚姻执意不从的，则采取强制办法。为防止姑娘逃婚和其他意外事件的发生，接近婚期，就把姑娘关进屋里，并找人看守起来。中华人民共和国成立后，这种包办婚姻的现象已经不复存在。迎亲时，男方要组织迎亲队，女家要找对等人数送亲，男方要雇人吹喇叭。新郎要亲自去接新娘，通常接亲时新郎走路，新娘由自己的兄弟或表兄弟背到男家，路程较远的只在出家门和进婆家门时背一程。除伴娘外，还要由新娘的舅母、姑母等送去。闺女出嫁时，故意在娘家啼哭，否则便被人认为对父母不孝顺。尽管男方一再敦促，新娘也要有意拖延时间，赖着不肯出闺房门，新娘的父母看着拖得差不多了，只得叫人把新娘强背出门，新娘又哭又闹，表示出难舍难分的样子。新娘的亲友、姐妹、母亲、舅母、姑母等共聚一堂，按传统的哭词、哭曲边哭边唱“哭嫁歌”。这种歌的词语多半是诉说父母对儿女养育之恩及表达离开父母的悲伤之感，还有哭父母、哭哥嫂、哭姐妹、哭祖先、骂媒人等，直至姑娘由伴娘引出门，启程上路才停止哭唱，姑娘出了寨门，女方的婚礼就算结束，亲友们也相继散去。迎亲路上，如遇见黄鼠狼追麂子、毒蛇拦路、老鹰抓小鸡、马在地上打滚等，都视为不祥之兆。迎亲的人禁止穿白色和灰色的衣服。男方家要请3天客，第一天叫“进门”，第二天叫“正席”，第三天叫“拜客”，其中第二天“正席”最隆重，所需费用也较大。为了解决结婚经济上的困难，彝族中有婚娶互助的习惯，就是娶亲之前，一些亲友量力帮助上几瓶酒、几斗米。这种互助类似赊，平时不用赔还，等到对方子女成亲时，再如数赔还。婚礼前一天，男方家用青松枝、株栗树枝、竹藤等扎成喜棚。第三天早上举行“认亲仪式”，新郎新娘端着酒、糖水拜堂认亲，认亲由媒人指导着进行，被拜认者要举杯祝词，然后拿出诸如银手镯、银戒指、银耳环等首饰或钱送给新娘。长辈赠首饰和钱时要给双数。彝族的个别支系中有“姑娘不落夫家”的习俗，即婚礼后第一二天夫妻不同居，新娘由迎亲的女伴昼夜陪伴着，第三天同送亲的人一道返回娘家，在娘家住满一个月后，婆家请人去接，新娘仍有女伴数人前来同住，3天后又返回娘家再住一月，直到第三次接回时，夫妻开始同居。有的男方经济困难，请不起客，就拿一点肉、酒、米到女方家里，由女方家请客吃饭，等一个月后把新娘接回即可。经济更困难的便去入赘，称为“上门”。如果女方父母没有儿子，就长期入赘，入赘有财产继承权；如果女方父母有儿子，但年纪小，不能帮助父母的，则采取定期上门，到期限满后分居出来时，可以得到一份家产，如生活用具、耕牛、田地等。彝族家庭一般都能和睦相处，夫妻相爱，百头偕老。彝族妇女和男子一样，有参加劳动、抚育子女，支配和掌管财产的平等权利。夫死妻可改嫁，妻死丈夫可另娶，但不得转房，不得随意离婚。离婚被视为是不光彩的事、是不道德的行为，将受到人们的非议和歧视。彝族家庭由夫妻、儿女和健在的老人组成，每个家庭即是一个生产、消费和纳税的单位，兄弟长大成家，就自立门户，通常由幼子养老，老房屋亦归幼子享受，财产要多分给养老者一点，耕牛、田地和粮食要均分。

（五）丧葬

彝族普遍实行土葬，葬礼需经过告终、洗尸体、装棺、守灵、出殡、安葬、筑坟墓、隔阴魂等几个过程。未婚青年死亡、妇女难产而死亡或自缢死亡、溺水等死亡者行火葬；在家外亡死者，禁止抬尸回家，要在死亡处就地掩埋；婴儿夭折，用竹篾笆裹尸悬挂于树杈上，称为“树葬”，彝族有立墓碑纪念死者的习俗，30岁以下死亡被认为未成人，不立坟墓，送葬的人也很少，年老者死亡要造坟墓，家境好的立石碑、写墓志，碑刻上有的用彝族文字，有的用汉族文字。墓有夫妻合葬的，也有单独埋葬的，老人临终前子女们要用几粒米在垂死者嘴边接触一下，并说道："你不要把福禄财运带去，要留给后辈人，要让后人有更大的发展。"人们把这种行为称为"接气"，这样做可以继承老人的福。家里有人亡故后要鸣枪3响，示意向寨人报丧。亲友和邻居们听到枪响，就知道有丧事，要赶来帮助治丧。死者有几个儿子就要塞几块碎银器在他的嘴里，叫作给"含口钱"，作为给死者在阴间的盘缠。尸体入棺前要剃头、剪指甲、洗澡，若是妇女还要梳理头发，佩戴好首饰。死者牙齿还齐全的要拔掉一颗牙，否则会"克着"后代人。尸体入棺前，棺材要用黄泡刺树打扫过，口念："死人进，活人出"之类的口诀，意思是把活人的魂撵出来，不要让他跟着死人去；把死人的魂赶进去，不要让他留存人间形成祸害。每个子女要给死者盖一块白布。死者是女性的，装殓时盖过全身，其余几块可以一块比一块小。给死者穿的衣服要去掉纽扣，不能穿毛料、绸缎、胶质鞋等不易腐化的衣物，铜、铁等金属器皿尤忌。灵柩停放在堂屋，灵柩前点着长明灯，孝子要始终守在灵前，不能让猫、狗、鼠等从灵柩上跑过。出殡前要请"毕摩"来念经开路，给死者的亡灵引导归途，使之能顺利返回祖先发源的故地。没有请"毕摩"引导的亡灵，据说通过阴间地府各个关卡时极为艰难。故此，人们都想让自己的亲人在阴间少受些磨难，早死早超生，因而不辞辛苦，不惜资财地请"毕摩"来给死者指路。"毕摩"把亡灵领到遥远的列祖列宗居住地后，又把自己的魂从那里领回来，否则自己会得病。"毕摩"送亡灵念的词句很长，要把死者的生平详细地叙述一遍，从死者父母如何结合念起，到死者降生出世，如何长大成人以及在生产生活活动中遇到的各种喜怒哀乐，如何得了疾病，吃药送鬼没有效果，生疾病的痛苦、临死前的忧虑、恐惧，亲人如何送丧，如何为死者指路等。墓地并不固定，也不按姓氏确定地方，而是由死者生前选定，或请"地理先生"用罗盘看风水，有的则请"毕摩"在棺前祈祷后，到野外预定的地方用"丢鸡蛋"的办法择坟地，鸡蛋破碎之处便是适宜的葬地。棺材放入墓穴之前，主持葬礼者拿一把"黄泡果"树枝放入墓穴和棺材上连扫3遍，意为把进到穴里的活人的魂扫出来，把洞穴里的邪恶扫出去。棺材入土要择时辰，遗属们用衣襟兜土盖棺，表示缅怀，死者的旧衣物、被盖要烧毁。选择坟向有传统的规矩，比较认真，一般不能对着石崖、岔山、水域、坍山。前后不能有隐隐约约的山峰出现，这种山形称为"瞄山"前后有"瞄山"认为子孙后代会偷盗抢劫。若是死的时期不好，就不急于埋葬，而是把棺材抬到坟地处搁起来，过几个月后另择吉日埋葬，名为"放秋"。埋葬后如果家人经常生疾病和有灾难，则认为是坟埋得不好，要重新整顿墓门石，改变方向，或将骸骨挖出烧掉。设灵牌，即用刺挑破孝子的手指，取血醮墨写在木板上，写好后将灵牌用红布包好，依次摆在供祖先的神桌中间，同时要剪一块白布拴在竹竿上，立在屋外叫作"出白"，写灵牌时，先写明死者的名字，后写子孙的名字，以示传宗接代有人。供奉祖先3代—5代人后，把祖先灵牌取下来送洁净处埋掉。

（六）禁忌

彝族崇拜自然、信仰多神。因此，日常生活中禁忌较多，这些禁忌是对各种神秘力量产生恐惧，为求得精神上的放松和解脱而采取的防范措施，它渗透在生产、生活的各个方面，成为原始信仰之遗留，有的已经脱去了神信色彩，转化成一种规范社会生活的习俗，如禁忌日不生产、不砍竜林树木、不用被风刮倒的树木、不触及雷电触击过的物体、不在日食月食期间砍伐木材、除夕之夜不借物给外人，属蛇日子不能出远门和不卖猪杀猪，属兔日子不卖鸡卖鸭、属虎日子不盖猪圈和牛厩、父母去世之年不办喜事、不建盖房屋，公公、伯伯、叔叔等长辈忌讳入儿媳房间、兄长不进弟媳卧室、磨刀石不做房屋基石、住房的房门、灶房的房门不能向北开，不能吃虎、豹等野兽吃剩的兽肉和老鹰扑伤的鸟，不能吃河中漂浮的死鱼，家中不能吹口哨，夜间不能吹笛子，认为吹口哨会唤鬼怪入室，招至灾祸，有喜庆活动时和过年过节时禁忌打碎器物，认为犯者年内必有凶灾。彝族老人去世要将亡者头朝门口方向停尸待葬，平时睡觉忌讳头朝门口方向，黑蛇、竹鼠进家和牛、狗上屋顶、土蜂在梁上做窝、母猪吃小猪、母鸡学公鸡打鸣等等反常现象的出现，都视为是灾祸来临之兆。对这些自然现象，各人也有不同预兆解释。如看见蛇横在路上，预示办事无成；看见两蛇交合，必有祸事加身；出门遇鸟拉屎在人身上，预示当事人祸事将临；狗生独仔，猪产双崽，遇之为不吉利，预示年内将有大灾祸降身。过年杀猪忌讳属蛇日，属猪日和父母亲的生日。杀猪前要喂一碗饭给猪吃，并拔几根猪尾巴毛丢进猪圈，意为猪的魂没有被杀死。杀猪时，先要撒一把米在猪身上，祈求年年都有年猪可杀。剖开猪肚后要先取出猪肝看卦象，如肝梁厚实预兆好运将来临，肝梁薄则预示主人将有灾；肝叶完好无岔预兆吉祥，肝叶有窝坑预示年内将有亲人亡故；肝叶出现红斑将要发生火灾，家畜要遭瘟疫；胆汁太少，预示粮食减产，胆汁太多预示着有凶险。如果杀着“米星猪”认为主人运气不佳等。猪肉煮得半熟先要拿去献祭家神，祈求神灵保佑。

六、节日

彝族的节日以春节、“火把节”“祭竜节”最为隆重。每个节日的活动都与信奉祖先和自然神灵分不开，而且多与人们的生产生活有关，正月过春节，二月“打扫寨子”“祭竜”献祭庙房、“献水神”，四月做“重阳会，献竜山”，六月二十四日过“火把节”，七月十五日接祖先，八月十五日蒸糕献月亮，冬至吃汤圆。火把节，每年农历六月二十四日，彝家村寨都举行庆祝活动。届时，人们清早到自家的田头地角，摆上米饭、茶、酒、鸡肉、插上香火，恭恭敬敬地向着天、地、田、五谷及各种菜类作揖跪拜，然后采些谷穗及各种蔬菜带回家食用，这种“吃新”仪式，早晚两餐饭全家吃饱后必须有剩，剩余的饭菜摆到第二天早晨，预示彝族人年年五谷丰登，吃用有余。入夜，人们聚集到平坦的集会地点，燃起大火，点燃火把，各户主手持火把绕庭院，房屋四周、田头地角、果木树旁，不断将备好的松脂粉末撒在火把上，喷出火花，称之为“撒火把”，能起到驱赶蚊子苍蝇的作用。在家里撒过火后，全寨男女老少都握着熊熊的火把，到各家门外的道路上，场地里，凡是彼此碰到的都要互相撒上几把，以示帮助对方驱出邪魔，赶走瘟疫，也作为青年们一种游戏，这时，但见整个寨子火把通明，撒在火把上的香面不时暴起阵阵火光，情景壮观热烈。人们一直撒到村外的交叉路口才将各人手中点剩的火把堆聚在一起，让它燃尽。这时，大伙儿恭恭敬敬立于火堆旁，对着火塘、对着天地，祈求全寨人畜平安、五谷丰登。

七、宗教信仰

彝族的宗教信仰以崇拜祖先神灵和自然神灵为主，属于多神崇拜、万物有灵的传统信仰。在人们的精神世界中，神灵普遍存在，并且主宰着寨子的、家庭的、个人的兴衰和吉凶祸福，影响着人、畜、粮食生产的发展等等。在众多的神灵中，祭祀最多的有“天神”“地神”“家神（祖先）”“竜神”“庙神”等。对于上述这些神灵，有的要定期祭祀，有的则不定期祭祀，只要有祈求神灵保佑的事情发生就进行祭祀。由于盛行多神崇拜，人们对祭师“毕摩”依赖性很大，认为他是能直接和神灵对话的人，凡是趋吉避凶、预测未来的事，人们都要请“毕摩”占卜问卦。尤其是遇到灾害和疾病时，人们往往认为是鬼神作祟，要请“毕摩”驱鬼祛灾。崇拜多神的又一种表现是在人们的日常生活中的禁忌繁多，有群体性的，有各家各户的，有个人的。对于这些禁忌所采取的应对方法，各个姓氏也不尽相同，如李姓人不吃野白花，白姓人不吃野鸭肉，龙姓人忌吃水牛肉；普姓人不吃蛙肉，“香堂”支系普遍不吃狗肉等。喜庆佳节、娶亲嫁女、外出活动劳动生活及生老病死等都要回避群体的家庭的，个人的忌讳。群体性的宗教活动有打扫寨子、献祭水井、祭竜神、献祭庙房等。常见的祭祀活动是杀鸡、猪、羊、牛做祭品，每年有几次。各家的祭祀活动没有特别的规定，有事时自己觉得不顺利就祭祀，有时祭祀神灵也不让他人知道，自己想做就做。用于占卜的方法多，鸡卦、猪胆、猪肝、牛骨、鸡蛋、树枝都可以用作占卦的工具。请“毕摩”念咒语消灾也是一种求解脱的行为，家里或个人自己觉得有必要，就请“毕摩”来叫魂，念咒作精神慰藉。祭祀活动多集中于农历二月，如二月第一个属鼠日“打扫寨子”“献水井”，属牛日开始祭头竜，第二个属虎日“献庙房”，农历四月栽秧时“献竜山”。打扫寨子时，用黑灰将本寨小男孩抹成黑脸，叫他们手持铁链，抬着用野酸木树刻制的木刀木枪，由“毕摩”率领着在寨内奔来跑去，到各家屋内敲敲打打，同时叫两个小伙子挑着箩筐挨家挨户接火神，各户都要拿一点火灰丢到箩筐里，“毕摩”手持一瓢水，边走边念咒语，并不断把水洒到火灰上，意思是把魔鬼、火神等撵出寨子。这天，各户事先要在神桌前准备好一碗米和一点腊肉、鸡蛋以及一些孩子们喜欢吃的点心、酸腌菜等东西，让孩子们抢着吃。全寨都打扫结束后，用各户凑来的米、腊肉，再杀上一只鸡在寨外煮稀饭吃。吃不完的食物要扔掉，不得带回寨内，“毕摩”将砍下的鸡头、鸡爪、鸡翅膀和鸡尾巴穿在一起，用茅草打一条绳子，在主要通道上认定两棵树，鸡嘴朝外，横挂在两棵树顶端作“竜巴门”意思是将各种鬼神邪魔挡在寨外。竜神是寨神，主宰着全寨人的凶吉祸福，主管着禽畜的兴旺发展，每个彝族寨子，建寨伊始，要在寨边培植一片竜林，从林内选定一棵拔地参天的大树作为竜神树，树脚放一块长约一市尺的鹅卵石作为标记。彝族对祭竜活动极为重视，它是一年中最大的祭祀活动，也是每年全寨性的娱乐活动之一。祭竜神的目的是祈求一年风调雨顺，农业丰收，六畜兴旺，人丁安康。每次祭竜神，照规矩要选两位办事老练而又公道、懂得一定的念咒祈祷知识、夫妻双全而又受人尊重、3年内没有送过丧的人担任“竜头”。他们可以连年担任，不受年龄和其他条件限制。“竜头”除祭竜时本人得半个猪头外，平时没有任何报酬，更没有政治、经济上的特权。节日前，“竜头”出面召集寨人商议，择定日子之后，由寨人共同出钱买一头活猪，以作祭竜的牺牲，届时，全寨男女老少穿着干净漂亮的节日盛装，携带祭品，聚集到竜神树下祭竜活动开始，人们把自己所带来的香、米、丝线、食盐等祭品，供奉到竜神树跟前，并叩头膜拜，“毕摩”为诸位祈祷者默默祝愿，随后，所有参加祭祀的人由“毕摩”领头，围着竜神树绕九圈，接着“毕摩”站在竜神树旁模仿布谷鸟的叫声，呼叫一声，大伙齐声回答：“听见啦！”彝族认为布谷鸟是神灵安排来催播种的使者，是来指导人们下种的，“毕摩”学布谷鸟呼叫后，把猪蹄、食盐、芦苇的碎块混以大米撒向空中，周围的人们用衣服、包头、帽子等接住，待祭竜仪式完毕后把自己接到的什物带回家，分别放在米柜、衣柜、猪圈里，以求来年猪大膘肥，吃用有余，接到的什物愈多预示来年收成越好，家禽越是兴旺发展。“毕摩”用野酸木果树削成若干条细棍，插在竜神树上，每家取回一条，小心翼翼地绑在房屋中柱上，象征谷魂、牛魂被带进家门。祭竜的当日下午，众人在竜神树旁吃一餐饭，剩余的肉食按户平均分配。傍晚，男女青年结队在野外跳舞、打歌、对唱调子，娱乐通宵达旦。此后，要在第13天的属虎日再祭二竜，再下一轮的属鼠日接着祭三竜。除头竜集体祭祀外，二、三竜只是各户独自祭祀。祭竜期间，寨人要严格遵守规矩，除放牧人外，妇女停做针线活，忌讳拿绿色的东西进寨，忌讳下地生产，更不得修理家具、农具、房舍，不能外出砍柴，不得舂米。外村寨的人只准进来，不准出去。外村寨人到寨里来办事情的，要到祭竜活动结束后才能放他出去，非出寨不可的要买鸡祭竜后才允许出“竜巴门”。据说，如果违犯了祭竜规矩，祭竜会失效，影响全寨人的利益，将受到众人的指责，祭竜期间可以进山打猎、下河捞鱼。彝族认为竜神是神圣不可侵犯的大神，平时禁止到竜山解大小便、挖土、倒垃圾，更不得砍伐竜林里的树木，如果触怒了竜神，人会发疯，牲畜会跌崖，庄稼遭风灾、水灾，寨子遭火灾。灶神是每户经常祭祀的神，平时禁忌用脚踩踏灶面，不能在灶面上堆放东西，夜间不能把碗筷放在灶台上，夫妻不能在灶前同房睡觉；妇女忌讳正面坐在灶门前；打灶用过的土坯、砖头不能再用来砌墙；严禁把狗肉放在灶上，不能在灶上煮狗肉、蛇肉，不然会冲犯灶神招致灾害。每年除夕夜，要在灶头上点燃灯火，烧香祭献。据传说，灶神是天神的小女儿，她每次上天堂都要在天神那里列举人间对自己的不恭不敬，指责凡人用脚踩踏灶面，在灶头上乱放东西，夜里无灯火，无香火等等凡人的不是之处，请求天神让她回天堂去做仙，不愿留在凡间为神。天神听了女儿的话，每年都要到人间查明真相，每年腊月三十夜送灶神下凡时顺便查看，这时，人们已把灶面打扫得干干净净，灶头灯火明亮，还供着香火，天神责怪灶神说假话，不允许回天堂，年年如此，人们也年年献祭灶神。正月初一日，男子起来烧火做饭献祭家神，妇女们要睡懒觉到日出。习惯的说法，如果初一早上妇女清早出门会把财运带到门外。在正月初一日这天内，妇女不能跨入他人家门，不然会给他人带来不吉利，男子登门则倍受欢迎。据说，每年的正月初一日凌晨，神仙都要降吉祥到人间，这种吉祥是从水中流出来的，人若舀到第一朵浮起来的水花，即是“仙水”。所以每年的正月初一日，各家的男子要早起，首先要做的事就是要拿水桶到要到常年饮水的水井里抢先取到“仙水”。并用抢来的“仙水”做早饭，献祭神灵。正月十六日要献祭水井神，“嫁鼠姑娘”。入夜，各户备好糯米粑粑、香肠、香火、酒等，用绳子拴一块小石头代表老鼠，嘴里学着鼠叫，拖至水井边，向水井叩头，祈祷，祈求来年水源不断，庄稼不受老鼠糟蹋，献祭毕，将小石头抛掷井外，表示“鼠姑娘”已嫁出，年内不会遇到鼠患。彝族有献祭家犬的习俗。六月二十四日，各户杀鸡叫魂，有条件的人家按人数，每人杀一只鸡叫魂，没有条件的人家只杀一只鸡给成年人叫魂，叫小孩的魂用鸡蛋，点香多少要按家中人数来确定，每人一根，叫魂时可请旁人帮叫，也可由家中长辈来叫。叫魂时要先从寨外开始，边叫边回家，叫完魂后要看树枝卦，即取一截盐酸木果树枝，从中间剖开，往地上摔，若连续三次树枝都是翻扑的，表示魂已叫回来，如果卦相不好，则认为魂还未回来，要重叫。叫魂时要在门前插树枝设置门标，禁止外人入户，若有冒犯者要出一定的钱财给主人献祭神灵。

第三节　拉祜族

一、族源

拉祜族源于古代氐羌族群中的一部分。唐朝时期，有一部分游牧到了洱海流域。此后，作为拉祜族先民的“锅锉蛮”又继续南迁，一部分渡过澜沧江进入临沧市的云县、耿马、双江等地，一部分沿哀牢山脉南下进入景东、景谷、镇沅、墨江和金平、元阳、勐腊等地。清王朝平定云南后，逐步加强对边疆地区的开发，在汉文献资料中反映拉祜族活动的记载也随之多起来。其名称一直沿用“邛”“胡从”和“锅锉”之类的称谓。由于历代记音者的口音不同，记音也就不同，加之汉字同音字多，书写各异。就是近现代的文献中也有“郭搓”“锅搓”“苦聪”“果葱”等多种不同的汉字记音，但所指的都是同一个民族，即拉祜族。雍正二年（1724）后，清王朝在镇沅、景谷、思茅、墨江等地实行“改土归流”，原居住在这些地区的拉祜族人民不堪忍受统治者的奴役，不断地起义，但都遭到镇压，被迫举族迁往更加偏僻的深山密林中求生存。有相当一部分迁徙到澜沧江以西的澜沧、西盟和孟连等地，长期过着“以叶构棚”的生活。封建统治者歧视拉祜族人民，把他们称为“倮黑”。1949年，在中国共产党的领导下，拉祜族人民获得了新生活。1953年4月，在澜沧县首届各族各界人民代表会议上宣布取消“倮黑”的称呼，按照本民族代表的意愿正式定名为拉祜族。在这次会议的《关于拉祜族自治区若干问题的报告》中指出：“拉祜的意思，‘拉’即大家拉起手来，表示团结。‘祜’即代表幸福的意思。”

二、社会经济

中华人民共和国成立前，拉祜族社会经济发展极不平衡，接近汉族地区的拉祜族，社会发展稍快；处于边远地区的拉祜族则阶级分化不明显，土地还处于“蒿枝开花随意种”的状态，耕地不固定。在平坝河谷和交通发达的地区，水田和固定耕地已完全私有，且出现地租剥削，族内已产生封建剥削阶级，而这些剥削阶级多半是依靠政治权力发迹的。清代，拉祜族社会经济从游牧向农耕经济过渡，父权制逐步取代母权制，这种替代过程一直延续到20世纪50年代初，糯福一带还有母权制的大家庭。在社会管理中，卡些制度仍在起着作用（“卡些”是拉祜语村寨“头人”的意思）。卡些制度不是世袭，要由全寨人推选，其条件是办事公道，能率领寨人进行经济活动，抵抗外来侵害，有丰富的狩猎经验和生产知识。18世纪后，拉祜族人民为反对土司的奴役压迫和清王朝的残酷镇压，不断起义。这种斗争一直延续到20世纪初期，其结果是傣族奴隶制受到致命打击，拉祜族的卡些制度也失去效力，拉祜族社会获得了新的发展，加速了向农业经济的过渡。辛亥革命后，国民党政府在拉祜族地区实行保甲制度，卡些变成保甲长，有了政治上的特权，经济上也有了剥削他人、摊派白工的特权，封建剥削关系开始产生。中华人民共和国成立后，在民主改革中，这些保甲长多数被划为地主或富农。

三、语言文字

拉祜族的语言属于汉藏语系缅语族彝语支，由于分支迁徙的年代久远，澜沧江以东地区和澜沧江以西地区的拉祜族语言略有差异，但不论拉祜西支系、拉祜纳支系和苦聪人相互间基本能通话。中华人民共和国成立后，拟定一套拉祜文改造方案，并在拉祜族聚居地区推广使用。到2007年，这套规范过的拉祜族文字已经在澜沧拉祜族自治县的竹塘、木戛、富帮、东回、拉巴、东朗、勐朗、糯福等乡进行推广使用，受到广大拉祜族群众的欢迎。实践证明，在成年人中用拉祜文教学只需一年左右的时间就可扫除文盲，只要是脱了盲的拉祜族群众就能使用拉祜文开展简易的文体宣传活动和科普活动。在长期的生产生活实践中，拉祜族人民创造了丰富的具有本民族特点的文学艺术作品，这些作品从不同的角度反映了拉祜族人民在人类历史发展长河中所经历的胜利、欢乐和各种灾害带来的苦难，表现了拉祜族人民不怕艰难险阻、敢于斗争、热爱生活的优良品质，给祖国的文化艺术宝库增添了瑰宝。归纳起来拉祜族的文学艺术可分为文学、音乐、舞蹈和工艺美术4大类。拉祜族的文学体裁有史诗、神话、故事、诗歌、寓言、笑话、谚语和谜语等。这些文学体裁都是靠群众的口碑，模拟传承下来的，没有文字记载。在传承过程中经过不断的加工、创新、深化和发展，逐步做到了日益完善、完美。1986年，据思茅行署民委收集、整理和编著出版的《拉祜族民间文学集成》、《拉祜族民间故事》，流传面广、影响较深的文学作品有200多篇，代表作品有《牡帕密帕》《扎努扎别》《古搓戛搓》《古根》等。

四、音乐舞蹈

拉祜族舞蹈生动活泼，在表达生活情趣、表现各种劳动生产场面、模拟各类动物的动作等方面富有强烈的艺术感染力。正因如此，节日喜庆、婚姻嫁娶、迎送嘉宾乃至偶逢喜庆都要踏步起舞以求一乐。拉祜族的音乐和舞蹈是紧密相连的，千百年来一直是拉祜族人民精神生活、文化生活的支柱，起着振奋精神、鼓舞生存勇气和维系族人的纽带作用。从种类上区分，拉祜族的音乐可分为声乐和器乐两种，其中，声乐又可分为“古阔嘎阔”（叙事歌）、“嘎嘿阔”（山歌）、“法达阔”（情歌）、“亚娜阔”（摇儿歌）、“亚叶阔”（娃娃歌）和习俗歌等若干种曲调，每种曲调都有独特的演唱方法和演唱场合。拉祜族的器乐可分为吹奏、弹拨、打击3种。其中，吹奏乐器有“娜”（葫芦笙）、“咧嘎都”（四眼笛）、“咧噜”（稻秆笛）、“秘斜”（直箫）、“私怕灭”（吹树叶）等；弹拨乐器有“阿踏”（响篾）、“迪”（三弦）等；打击乐器有“节”（长鼓）、“摸罗谷”（芒）、“快列芒”（钗）等。随着各民族之间文化上的互相影响，傣族、佤族、汉族和哈尼族的声乐和器乐也在拉祜族地区传播。

五、生活习俗

（一）服饰

拉祜族服饰以黑色居多，这跟纺织业和印染不发达有关，认为黑色有保暖御寒和耐污的优点，制作黑色靛墨染料较为容易。中华人民共和国成立后，随着国家纺织工业的蓬勃发展，纺织成品价廉物美，许多拉祜族青年改穿机织细布，只有老年人仍喜欢穿黑色土布，传统的手工纺织技术濒临失传。拉祜族妇女服饰大体保留了传统的制作式样，也有部分地区因为受邻近其他民族影响而有所改变。传统的服饰特点是上衣右开襟，长可掩膝，在两侧腰部处开岔口，以便于行走，衣服沿领袖口，托肩上镶有较规则的菱形图案，手臂部位的衣袖上有3道显目的红色花纹，传说是象征拉祜族在历史上有3次大规模的战争，每次战争失败后拉祜族都举族迁徙，为了纪念战争中死去的人，不忘记历史的教训而镶嵌的。衣襟沿边上镶有犬齿形的规则花纹，以此表示吉祥，在衣领和肩部钉有银泡，显示衣着的华贵。妇女裤子也有花纹，多数人在裤脚边上绣有葵花子和南瓜子以示象葵花、南瓜一样多子（籽）多福。妇女首饰有耳环、项圈、手镯和彩色头巾等。妇女结婚后剪去长发，常年包着头巾。拉祜族妇女极少擦脂粉，洒香水等。拉祜族男子服装比较简单，按传统的穿着，多数男子都穿无领对襟短衣，内穿浅色衬衫，普遍认为这种装束有如吉祥的喜鹊一样漂亮，男裤比较肥大，方便下田干活。拉祜族在节日期间都要把最鲜艳的衣服穿上，尽量把自己打扮得漂亮一些，男子汉们还要把最珍爱的彩包挎在肩上，以此向众人显示自己妻子或女友精湛手艺。拉祜族男子外出都要带长刀，一则作防卫武器，二可作为生产工具，用来砍山地、砍柴、切菜等。

（二）饮食

烤肉是拉祜族传统菜肴，猎获野兽或捕到鱼虾都要烤吃一部分才算饱了口福。鸡肉稀饭是拉祜族招待贵客的佳肴名菜，用鸡肉、好米，配上辣椒、草果、香蓼、野芫荽等多种配料烹制成，既可口又滋补身体。拉祜族喜喝烈酒，节日喜庆时人们都要痛饮，借助酒兴引吭高歌、吹笙起舞，“有酒必有歌，有歌就有舞”，是拉祜族的格言。吸烟在拉祜族是一种普遍现象，多数成年男女皆会，甚至孩子哭闹也用烟袋去逗哄。拉祜族喜饮浓茶，沏茶很认真，先要用陶罐放入茶叶后在火上烘烤，然后加入开水，味香醇，有提神、助消化作用。拉祜族喜食辣椒，由于拉祜族社会经济落后，吃野菜、野味的时间多，盐巴和辣椒是必不可少的调味品。

（三）民居

拉祜族村寨多数建在山头上，有干燥、通风、日照长、蚊蝇少，疾病不易曼延等优点，在医疗卫生不发达的年代，拉祜族为了生存，选择这样的地形建寨是有一定根据的。村寨多以建寨时的首领名来命名，属于用女性命名的寨子，建寨时间就更长一些。此外，也有用周围自然现象命名的。拉祜族房屋建筑形式有两种，接近傣族地区的拉祜族多数效仿傣族干栏式建筑，房分上下两层，楼层住人，底层关禽畜，堆放家什；另一种是鸡罩房，即平地栽房柱，用茅草盖顶，竹笆或泥草混合糊墙，屋檐低，出入要躬腰，形如鸡罩笼，房屋内潮湿、黑暗，容易遭火灾。拉祜族建盖房屋要择吉日进行，备好料后，建盖日全寨人都来协作，当日建成。住房建成后由家长择定火塘位置，举行进新房仪式，当日杀猪或杀鸡招待来帮忙的人。每次建房一般限住 3 年，到期另备料建新房。1990 年后，农村经济好转的地方已建盖瓦房，居住条件有了改善。

（四）婚姻

拉祜族实行一夫一妻的婚姻制度，婚姻自由，不受任何外人干涉和约束，中华人民共和国成立前普遍实行族内婚，国家婚姻法颁布后，这种婚姻界限已冲破，拉祜族和外族通婚现象逐渐增多。历史上，拉祜族早婚现象比较普遍，男女青年进入 13 岁以后即开始参加社交活动，青年人谈情说爱多在村外的麻栗树下、平坦的草坪上或小河边，缔结婚姻是在吃新米节之后到翌年播种之前进行。农忙季节吹芦笙、串姑娘的人会受到社会舆论的谴责，被认为是一种伤风败俗的行为。青年人的社交活动多半是集体性的，夜幕降临，小伙子们三五成群到有姑娘的人家外面吹芦笙，用芦笙调邀约姑娘外出谈情。姑娘们听到小伙子的芦笙响，抓紧料理好家务，换上干净衣服，围上头巾，带上“哩嘎都”（一种用竹管制成的四眼笛），约上邻居女伴跟随小伙子们到野外去。男女之间的感情先用对歌方式建立，男青年为一方，女青年为一方，相互对唱情歌，倾诉彼此之间的爱慕之情，赞美对方的美丽、英俊。有时又是男的吹芦笙，女的吹“哩嘎都”表示内心感情。经过对唱情歌、情调再加上平时的了解，便会建立起感情。如男青年就会有意抢走女方的手电或荷包之类物品，女方故作追回的样子跟随情人离开群体到僻静外正式表达相互的爱情。经过两三次的接触和交谈，双方认为感情上合得来，小伙子就抢走姑娘的头巾，姑娘拿走小伙子的帽子。过了 6 天—7 天，如对方没有送回拿去的东西，就说明婚姻可以联成，男方告诉自己父母请人去正式提亲；如果抢去东西后觉得不合适或发现对方有什么不称心的地方，即可托人把抢去的东西交还给对方，以示婚事不成。拉祜族婚礼办得简朴，只要备办些烟、酒、糖果和甘蔗即可。新娘出嫁之前，由女性长辈传授一些生理卫生常识，教给一些婚后的为人处世和伦理道德方面的道理。婚礼中有抢占床头位置的习惯，新娘和新郎进洞房时要争先坐到床头上，谁先坐到床头上谁就更有本事，谁就能当家理财。如果是同一寨人结婚，主婚人要带着新娘串寨子一圈，晓喻众人，示意正式配成夫妻，小伙子和小姑娘们不能再去逗引。结婚后男女双方都不能去参加未婚青年们串姑娘活动。拉祜族婚姻形态中没有转房现象，兄长亡故之后，其弟不可续娶嫂子为妻，但弟弟死亡后，兄长可以娶弟媳为妻。其理由是：弟弟曾经被嫂嫂抚育长大，甚至受过嫂嫂的哺乳，有养育之恩，有长兄为父、长嫂为母的说法。在家庭内，夫妻之间地位平等，同劳动，同享受，家务事多由妻子承担，体力重活丈夫多做，拉祜族的谚语中有：“不得穿衣是妻子懒惰，不得吃饭是丈夫无能”之说。故此，得穿新衣的男子常在人前夸奖妻子能干勤劳，吃得好的妇女总好在人前说丈夫有本事。在社会地位方面，男性地位高于女性，读书识字当选村寨头人或商讨政事，祭祀神灵等事情多数由男子来做，女人不过问。拉祜族重视婚姻道德，因为结婚是在双方自愿的原则下进行的，离婚现象很少，普遍都认为离婚是一件不光彩的事情，是人生的一种耻辱。谁要是有了喜新厌旧的思想提出离婚，不仅会受到众人的指责，而且要按村寨规矩、家族纪律进行罚款。夫妻双方谁要是先提出离婚，对方就有权以巨额罚款来要挟，如果双方都同意离婚，则要请寨里德高望重的老人来主持离婚仪式。其方法是用一根红线为凭证，离婚双方各执一端，老人用火从中烧断，婚姻关系就算解除。所罚之款用来买猪买酒，宴请全寨人同进一餐饭。有子女的夫妇离婚后，子女按性别来确定归属，男孩归父亲，女孩归母亲。财产的继承视离婚情况而定，单方提出离婚者不得索要财产，双方自愿离婚的财产各得一半。家有老人在世的，未经老人同意不得离婚。

（五）丧葬

拉祜族注重葬礼，人死后先要向亲友和邻居们报丧，全寨人听到报丧的枪声后都要停止一切生产活动，主动到死者家帮忙治丧。在整个治丧过程中，死者的家人都要用蒿枝棍当筷子吃饭，以示对死者的哀悼。殡葬前要给死者洗澡、理发，换上新的衣服，然后用白布盖尸，把尸体放在堂屋的中间，亲友们前来吊唁时要手持一些米，进门的时候要用左手给死者抛撒一些米，作为送给死者的盘缠。按本民族的习俗，用右手撒米是不吉利的，因为右手是用来播种的，不能给死者送东西，不然播种时种子会出得不好。成年人死后，都要请“磨巴”（拉祜族宗教活动的主持者）给死者指引回归的路线。这条回归的路途是按祖先南迁时走的路线，要从现在居住的地点开始，逐渐回到祖先们原来生活的地方。一些记忆好的“磨巴”可以把祖先向南迁徙的路线一直追溯到青海湖流域。族人也能从中知道祖先们的迁徙路途。对本民族的这段历史有些了解。葬礼的规模根据其家庭条件而定，经济条件好一些的人家要杀牛、猪祭祀亡灵，给死者缝制新的衣服，佩戴金银首饰和死者生前喜欢的用具，殉葬品也比较多；条件差的人家，只杀鸡祭祀亡灵，给死者穿生前穿的旧的衣服，也没有更多的殉葬品，不带首饰，祭品只有死者生前用的弓箭、背包、煮饭用的土锅和烟袋等。出殡前，“磨巴”用一个碗饭、一撮盐巴、两支蜡烛在死者身边招魂，然后由两个妇女点着火把，带着死者的殉葬品在抬棺人前为死者引路，一直引到火葬场。全寨人都要参加葬礼，葬完后每人带一碗米到死者家同吃一餐饭。拉祜族盛行火葬，每个村寨都有一片固定的火葬场。在火葬场内，各个氏族又有自己固定的焚烧尸体的火塘。焚烧尸体时，男性架 8 层柴火，女性架 9 层柴火。火葬时，死者头部朝东方、脚朝西方，焚烧尸体后的第二天，用小木盒按从头到脚的顺序把骨灰捡入盒内选择坟地埋葬。拉祜族传统的择坟地的方法是由死者遗属持一枚新鲜鸡蛋从胸前抛往身后，鸡蛋落地不破碎的认为是地形选择不正确，要重新选一处，直到把鸡蛋打破为止。

（六）禁忌

拉祜族禁吃狗肉，他们的狩猎经济直到中华人民共和国成立前还较为完整的保留着。所以，猎狗在人们的生活中起着不可缺少的作用，人们对狗有一种特殊的感情，从而形成了不吃狗肉的禁忌。关于禁吃狗肉的缘由，在拉祜族的神话故事中有这样传说：人类始祖娜迪生了 9 男 9 女，把他们都安排给动物来哺乳，拉祜族的祖先是狗哺乳长大的，为报答狗的恩情，后辈子孙们都不吃狗肉。另外，信仰大乘佛教的拉祜族群众禁吃牛肉。

六、节日活动

春节，拉祜族称为“科尼哈尼”，分为大年和小年，大年是女人的年，小年是男人的年。传说在很久以前，临近过年时，男人们仍在离家很远的地方打猎，赶不回来过年，等到男人们满载猎物归来的时候年已过完了，妇女们为了慰劳男人们的辛苦，又重新过了一次节日，规模不如前次大，故称之为小年。此后，就形成了过大年、过小年的习俗。大年是从正月初一日到初四日，小年是正月初九日到十一日。每年腊月二十四日，家家户户都要清洗门窗，打扫室内外的清洁卫生，作好过年准备。如果不打扫卫生，年神就不来过年，节日就过得不愉快。腊月三十日，人人都要洗澡更衣，晚上做好过年时吃的粑粑，全家人围在火塘边唱年歌、饮酒作乐直到新年到来。正月初一日凌晨，各户都要派人到常年饮用的水源处接取“新水”回来献祭神灵，传说谁家先接到新年的新水，谁家的谷物就会成熟得更好。新水接回家后要敲响芒锣晓喻众人。新年早上要烧粑粑献祭扎努扎别（拉祜族神话中的英雄）、耕牛和农具，表示对教人们种粮食的扎努扎别和长年为人们服务的耕牛、农具的崇敬。吃过上午饭，人们就汇集到舞场上纵情地跳芦笙舞、唱歌，以酒助兴直欢乐到深夜。初二日，儿女们都要备办酒、粑粑、猪肉、甘蔗、糖果和蜡条去给父母亲及长辈们拜年，长辈们接过礼物后要给前来拜年的孩子拴魂线祝福。如果是已经和父母亲分居的子女来拜年，还要招待吃一餐饭。寨里的人们要给本寨头人拜年，表示群众对头人的尊敬。村寨之间由头人率领着本寨群众到外寨相互拜年，以此增进村邻之间的情谊。初三日以后，人们自己安排休息，有的串亲访友，有的吹笙跳舞。到初五日，全寨男子要上山举行围猎仪式，男人们各自带上猎具，共同到寨外献祭猎神。献祭方法是，选择一棵大树，在树干上劈平一块，用火炭画上禽、兽图形，然后把各自手镯放在树下，点起蜡烛，举弩射击画在树上禽兽图形，射着禽则示意当年容易猎获禽类，射着兽形示意当年易猎获兽。初六日，男子们带上猎具和粮食到森林中围猎，直到初八晚才归家。正月初九日到十一日过小年，全寨人相互邀请到家中喝酒、唱调、跳芦笙舞。整个节日期间，人们都不能下地干活、砍柴，也不能外出做事，否则会触犯年神、寨神，带来祸殃。正月十二日是满年，是全寨性的活动日，吃过上午饭，全寨人汇集在一起，跳芦笙舞纵情的欢乐，因为过了满年之后，人们都要积极备耕，进入农忙季节，不准吹芦笙，不准谈情说爱，要认真地进行春耕播种。端午节是拉祜族的种树、种竹节日，端午节这天，人们忌讳砍伐树木、竹子和芭蕉等，凡是计划种植的各种树木都要争取在这天栽种完。火把节，农历六月二十四日，拉祜族群众要举行隆重的仪式欢度节日。关于火把节的来历，在拉祜族传说：天神“厄萨”创造人类之后，每到粮食作物成熟时，他就向人类索取贡品，拉祜族的英雄扎努扎别对他这种不劳而获又贪得无厌的行为深为不满，处处进行反抗和抵制，带领人们进行斗争，不向“厄萨”纳贡，并说：“不劳动的不给吃”。“厄萨”听了很气愤，就把太阳和月亮藏起来了7天7夜，人们无法生产劳动，庄稼也不会生长，扎努扎别就用松明绑在水牛角上，用蜡烛粘在黄牛角上犁田种地，庄稼也长得很好，战胜了“厄萨”的诡计，但“厄萨”不甘心失败，设毒计把扎努扎别害死了。拉祜族群众为了纪念自己的英雄，每年六月二十四日这天，人们立起火把表示纪念，于是有了火把节。过火把节时，家家都要杀鸡祭祖宗、祭神灵。夜幕降临，户户都要在竹竿顶端扎上松明火把高高立起，使它的光明照亮庄稼和果木，青年们用枯松粉在火把上相互投撒嬉戏，家长们点着火把在室内抛撒，然后到庄稼地里和果树旁抛撒，说些吉祥的话，祝愿庄稼成长得更好。新米节，拉祜族话称为“扎四俄扎”。每年新粮成熟时，各家根据自己的庄稼成熟情况择日举行。新米饭煮熟后先献祭神灵和祖先，然后先给长辈享用，应邀来参加吃新米的老人们要说些祝福的话，唱新米节的祝福歌，表示向主人的祝贺，祈求新粮收获得更多。中秋节，农历八月十五日，中秋节，拉祜族要过月圆节。当明月升起，家家户户都在门前摆设桌子，盛放着新成熟的谷物和瓜果献祭月亮。拉祜族认为，是有了月亮的圆缺，人们才能分明季节，人们才能找出生产劳动的节令，因而，在农作物成熟后的第一个月圆时，人们要先献月亮，表示对月亮的崇敬。献祭月亮后要献祭山神，人们汇集在供奉山神处摆上桌子，供上祭品，围着桌子吹笙起舞，表示对生活的赞美，庆祝丰收带来的喜悦。

七、宗教信仰

拉祜族原始信仰比较普遍，神鬼种类很多，主神是“厄萨”。拉祜族认为，“厄萨”是万物的缔造者和主宰，“厄萨”被供奉在深山老林中牲畜碰不到和闲人罕至处，也有的供奉在寨边的某片芭蕉地里，以一块石头或一棵大树为标志，没有雕塑偶像，每逢过年、中秋节或吃新米节都要献祭，建寨时间较长的寨子供“厄萨”处都蓄有一片保护林，林内一草一木都视为神圣，不能随意砍伐，供奉也比较庄重，盖有房屋、放着祭祀器皿。在神林中砍伐着树木或触犯灵者，要受到寨人的罚款处置。

第四节 佤 族

一、族源

普洱境内的佤族历史源流，由于佤族没有文字，古代佤族的活动范围在汉文史籍的记载里只有大致的范围，没有一个朝代能明确叙述佤族起源于何地，因而也就无法准确地说清楚佤族迁徙的路线，也不能明确地把古代佤族先民的活动情况作地域的界定。佤族的祖先是从一个叫“司岗”的地方出来的。“司岗”是佤语，是山洞或石洞的意思。通常，佤族在提到“司岗”时往往后面要加一个“里”字，这个“里”是佤族语中走出的意思。“司岗里”这个地名在今西盟佤族自治县的西面，和沧源佤族自治县及缅甸联邦国境内的巴格岱山上。据对西盟佤族自治县马散村寨的调查，从该村的佤族家谱中，不论是父子连名或氏族的迁徙口碑中都可以追溯到“司岗里”这个地方，据访问：最早从司岗迁徙到大马散的是“雷”和“坎”父子俩，“坎”最先到马散山头砍树，“雷”到溪水边砍树桩准备定居时，溪水中已经漂来了“坎”砍下的木屑，说明“坎”比“雷”先到，所以坎做了大窝郎。佤族称马散为“容窝”，也称为“永欧”，最早迁徙到马散的人家便称为“容窝姓”。在马散，每个佤族家庭成员都能将他们的家谱联系到“司岗里”，多数家庭的家谱联系方法都是相同的，就是从现在追溯到远古，司岗和马散两地相距不过30公里，数百年内在这一带频繁辗转，在迁徙过程中除部分人迁到孟连、澜沧、双江、沧源和留在缅甸境内外，绝大多数佤族都定居在这里，形成佤族中心地区。

二、社会经济

农业生产是佤族的主要经济项目，主要农作物有旱谷和小红米、水稻、荞麦、黄豆和苞谷。此外，瓜果、蔬菜、草烟、棉花等经济作物也普遍种植，但多数通过从其他民族传入。生产工具是铁木并用，铁制工具有长刀、砍刀、斧子、镰刀、条锄、矛、铲、犁等，木制工具有耙、木钉耙、木抓板等，铁制工具使用已相当普遍，尤其是长刀，它除了在生产生活中普遍使用外，长刀还作为武器和男子随身佩带的饰物，所有的生产、生活工具中除锄和犁从其他民族购入外，其余均能自制。耕地有水田和旱地两种。水田很少，多集中在与傣族、拉祜族邻近地区。耕作方法有锄挖、牛犁和刀耕火种3种形式，除少数水田备耕外，一般不备耕，而采用轮歇的办法，水田多开在山坡或低洼处，坡度较大，且多半为雷响田，水土流失严重，故水田一般都是在雨季到来才开始犁耙。耕种一季，一般是一犁一耙，随即播种，中耕除草一次。旱地，也称山地，坡度一般都在20°—60°左右，不施肥而以草木灰为底肥。犁挖地：把地里的小树和杂草铲倒晒干，到春季放火烧，再用锄挖或用牛犁耕后播种。撒种后用锄头或用牛犁土盖种，中耕时薅草1次—2次，薅草用手或小铲镰刀进行。犁挖的地通常是种小饭豆、旱稻、小红米等作物，一般种三四年就放荒若干年后当植被有了肥力后再开垦耕种。“懒火地”：把地里的树木砍倒晒干后放火烧掉，用灰烬作为肥料，使用矛或铲点种，一般是男子持矛在前面打穴，女的跟在后面点种，并用脚顺便把肥土扒入穴内，把种子盖好。由于是新开的地，杂草不多，中耕时只要用手薅就行。不论是水田、旱地，粮食成熟后，收割都是现割现收，脱粒的方法也比较简单，用手搓或用木棍打，也有的人用脚搓踏。收获的粮食除留少量种子外，大部分都装在竹筒里搁在住房的后面，或屋内的横梁上储藏作为一年全家人的口粮。手工业在整个经济活动中还没有从农业中分离出来，因而手工业显得不重要，也没有形成一种商品。手工业的主要种类有打铁、竹编、染织、制陶等。染织在佤族村寨很普遍，妇女都会染织，没有专门的纺纱车，妇女用手捻线，一天可捻线一市两左右。织布机由竹木制成，几乎每户都有，织布大多在屋檐下席地而坐，织出的布多为直纹布，也可织出斜纹布，花格布和被单，一般织出的布都要染色，染色以红、蓝、黑 3 色为多，染料用植物混煮取汁而成，织布全部用于自用。佤族制陶技术通过傣族传入，陶器上刻有简单花纹图案，烧陶也很简单，没有专门的土窑，只是将一定数量陶器放在空地上，架上柴火烧二三小时即可。陶器除自用外，相当一部分用于交换。佤族内部普遍存在两种所有制形式，即私有制和原始公有制共存，属于私有的是耕地、生产工具、牲畜、房舍、家庭生活用品等，属于公有的是一些土质差的可耕地、森林、河流以及寨内公共场所。佤族的主要耕地是山地（旱地）和水田。

三、语言文字

佤族语言属南亚语系孟高棉语族佤德语支。普洱市境内的佤语有 3 个方言语区，即西盟方言语区、孟连方言语区、澜沧方言语区。各方言语区之间没有质的差异。佤族自称阿佤、阿卧、阿佤尔、勒佤卧、拉弗、布饶。中华人民共和国成立后，根据佤族人民的意愿，统称为佤族。

佤族在中华人民共和国成立前没有文字，但在历史长河中形成了独特的具有本民族特点的口头文学。佤族文学的传播者多为佤族原始信仰活动中的主持者“磨巴”（佤族语称为“奔柴”），从而形成了佤族文学与宗教紧密相连的模式。在长期的生产生活中，佤族人民通过亲身的劳动实践，经过世世代代的传承、加工和提炼，形成了包括神话、传说、故事、寓言、格言、谚语、童话、诗歌、叙事诗、抒情诗、民谣等文学体裁的综合性文学体系。在众多的口头文学作品中，尤其以“司岗里”“三木落”长诗最为有名，“司岗里”所表达的是民族的起源史，它超出了文学的范畴，成为研究佤族人类史的一个重要方面。“三木落”长诗则成功地塑造了一个佤族英雄青年“三木落”的追求美好生活的故事。长诗中，“三木落”是一个追求人生幸福的热血青年。此外，在佤族中还有许多的脍炙人口的民间故事、传说和长诗。

四、音乐舞蹈

佤族音乐因时间、场合、节令的不同，曲调也分许多种，属于生产调范围的有猎歌、播种歌、收获歌；生活调类的有酒歌、情歌、丧歌、哄娃娃调；还有器乐曲调，如舂碓调、响篾调、芦笙调等。各类调式固定用几种音调，其中使用得最多的是“布朗隆归”（意为大家来唱跳）的调子。这种调子多用在情歌、生产歌、丧歌、祭歌中，只是歌词各不相同。乐器有吹奏类有响篾、葫芦笙、竹笛；打击类的有象脚鼓、铜芒、铜锣及从祭器演变而成乐器的；还有一种乐器独弦琴，主要由琴杆、琴筒、琴弦、弓等组成，类似二胡，不同的是用笋叶作蒙皮，草根树皮作琴弦、弓弦。演奏时除拉动了弓弦外，左手拇指、食指捻动弦线，奏出的音调比较低沉，该种乐器在西盟地区使用的较多。

佤族在节日庆典或有重要活动时都要跳舞助兴，属于生产舞类的有舂碓舞、播种舞；生活类的有盖大房子舞、竹筒舞、竹竿舞；另外还有模仿动物形象、带有宗教色彩的拉木鼓舞、牛头舞、祭祀舞、象脚鼓舞等。佤族舞蹈还保留着集体舞性质，跳法简单，动作变化不大，跳舞时不分男女老少、贫富贵贱，众人围成一圈，彼此手拉手或手搭肩，向逆时针方向缓慢转动，边移步边唱。一般是1人—2人领唱，众人和声。唱调与舞步协调，通常走4步—8步时，唱完一句歌词后，众人用右脚顿一下，同时曲身上下甩手，向前移3步后，再用脚顿3下，如此歌舞长时间循环不断，故佤族舞蹈又被称为圆圈舞。

五、生活习俗

（一）服饰

佤族男子头缠黑布，亦用红或白布包头，用红布者多为窝朗、魔巴或是头人，上身穿无领短衣，裤子是短裤脚、大腰围，衣裤用料皆取自织的黑色及藏青色棉布。青年男子多戴竹藤制作的项圈，富有者戴银项圈、手镯。孟连一带佤族男子曾盛行穿耳文身，典型的佤族男子穿戴是上着短衣，下穿大裆裤，肩挎青布花挂包，身佩长刀，携带弓努。妇女服饰形式多样，各地有所不同，穿着较多的服饰是披肩或无领短衣，长及膝部短裙。留长发、不编辫子，头戴银圈或藤圈，银圈把头发从刘海以上部分拢在背后。澜沧、孟连等地的佤族妇女头戴折成尖头形头巾，戴银耳环或竹木耳环。耳环大者约10厘米，小者形如戒指。戴银、藤项圈和数十串料珠圈，腰围数十道藤圈，小腿部套数十道竹圈或藤圈，手臂手腕也戴藤圈或银镯，衣着无论婚否都一样。

（二）饮食

佤族主食有大米、苞谷、荞麦、小红米、黄豆等。种植蔬菜是中华人民共和国成立后才普及起来的，种类有瓜豆、白菜等。肉食主要是牛、猪、鸡及猎获的麂子、马鹿、野猪、豹子、野鸡、山雀、老鼠、虫蛹等。佤族不分长幼贫富均吃分饭，饭菜是全煮的，常用的餐具有铁锅、木盆、木碗、竹筒。分饭由家庭主妇负责，吃饭时不论家人外人，人人有份。饮料有生水、浓茶、水酒。特别是水酒，各户都会配制，人人都爱喝。待客议事、做鬼卜卦、婚娶丧葬、起房盖屋，水酒是必备的。喝浓茶是佤族的一种嗜好，茶叶都从其他民族那里买来，本民族还没有学会种茶，中华人民共和国成立后在政府的支持下，有的地方开始种植和加工茶叶。沏茶方式也有独到之处，先将茶叶放进小铁锅里炒至焦煳，再放水煮10分钟，然后倒在土碗中饮用。初饮者，甚感苦涩难咽，过几分钟一股甜味回口荡舌，喝一杯浓茶，便可长时间解渴，外出远行而归都要煮浓茶喝。佤族男女皆喜欢嚼槟榔，此外还嗜抽草烟。佤族喜食酸辣，具有独特风味的菜肴有：老鼠肉煮稀饭、鸡肉煮稀饭、牛苦肠、狗肉香肠等。老鼠肉煮稀饭的烹饪方法是：用3只—4只老鼠去内脏后放在火塘烤干，切细后放入锅内煮，用大米1公斤左右，配有酸竹笋、茴香、苏子、芝麻、辣子、盐、花椒、香茅草等调料煮成，味道酸辣，是佤族的传统风味。鸡肉稀饭是杀一只鸡放在火上烧烤至七成熟，去内脏砍细，放入凉水锅，水热后放入米、酸笋、姜、芝麻、辣子、花椒、香茅草、盐、苏子等作料煮成，味道酸辣，也是佤族传统风味。牛苦肠制作：用烤干舂细的牛粉肠与稀饭混煮，调料以酸笋、辣子、花椒、盐、蒜等煮成，味苦凉，能健胃生津，是佤族传统风味佳肴之一。狗肉香肠制作：将狗肠子洗净后，填入糯米、狗的心脏、肝脏、瘦肉、芝麻、花椒、香茅草、青草、茴香、野芹菜煮成，味香辣，也是佤族传统风味菜肴之一。

（三）民居

佤族盖房子一般选在高山顶较平缓的地方，自由选择好地基后，请“魔巴”看鸡卦，决定是否适宜盖房。选择的地基可在本姓范围内，也可到其他姓范围内，自己选择的地基可拥有使用权、没有所有权。地基选择在外姓或别人家的园地里时，只要送一些盐、茶、泡水酒请园地主人和外姓长辈到家里或自己上门商议，经同意后便可盖房。如园子里有需要清除的农作物，须赔偿损失。房子的结构大部分是适合本地群众生活特点的“干栏式”楼房，分上下两层，楼上住人煮饭，楼下饲养牲畜或堆放柴火，建房材料主要是竹子、杂木、茅草、野藤和竹篾。房子分大房子、一般住房、客房和仓房4类。一般住房：佤语称“尼呵阿”或“尼呵客昂”，前者在盖房时必须杀牛做鬼，后者以老鼠肉来祭鬼。这类房子一般选在佤族历法的“固入安月（春季）”，做完水鬼、拉过木鼓后建盖。房子要求一天盖好，而做鬼贺新房则需要几天。盖房子时，同姓人或外姓人都来帮忙，砍木料、送竹子、割茅草。亲友送米、水酒、酸肉等。房屋结构为下部用数十根树桩作柱，其中9根—12根较长的木柱，在柱搭上横木，构成人字形框架，框架上用约40根—80根直径5厘米—8厘米的竹子作椽子，用野藤或竹篾将横木绑紧，上盖茅草，房子四壁用竹篱笆编成，楼板多用刀斧劈成的木板或竹篱笆铺盖而成，房内用竹篾笆隔成主室和客室，右间充当客室，客室右侧一道很低的“鬼门”，外搭一个竹阳台，用作晒粮食、纺织和休息；客室左边也开一道小门，俗称“狗门”（又称“客门”）。房壁外有一条50厘米宽的环楼过道，供放蜂桶或物什。房子前厦留有一块空地供放置牛头，后厦地面是养禽畜和舂碓的地方。房子靠山坡处开一道“火门”，“火门”正前方排列着牛角杈，牛尾巴桩，母猪石，客门外边是用篾皮围成的菜地，“鬼门”外是墓地，盖一间普通的房子大约需要30个—40个工。一般的房子内部的布置是从“鬼门”进去每一间（客室）正左边竹壁上放有小竹筒、木碗、木盒，是家神的位置，乔迁新房的第一件事是供家神牌位，做鬼时才能生火，有客火塘和主火堂之分，客火堂平时不能生火，做鬼时才能生火，主火塘是平时做饭或煮猪食的地方，两火塘上方横梁上顺堆着长短不一的大竹筒（直径约15厘米—25厘米），竹筒节是打通的，内装粮食。紧接着主间的地方，左右各开“客门”“火门”。“火门”是平时进出的房门，“客门”平时不作通道，门边是客人或小孩子睡的地方（实际上是一块竹编或木板）。主室中央设有“主火塘”，由3块石头搭成，终日火烟缭绕，白天煮饭，晚上烤火取暖。火塘上方是盛物用的竹架子，摆放烹调佐料以及木碗、木盒、木勺等生活用品。“主火塘”周围是主人床铺（木板或篾席）。大房子：大房子多为大窝朗、头人或经济条件较好的珠米建盖，其建筑用料、式样及内部设置与一般房子相同，但盖大房子有一套特定的规矩，必须经历过接人头、剽牛、砍牛尾巴、做过公、母猪鬼和祭过阿依俄神（家神）等大鬼活动的人才有资格盖，盖大房子的时间必须在耐月（阳历二月）内完成，大房子与一般房子明显的区别在于屋顶的两端是交叉木刻飞燕，中央夹一块木刻裸体男人像，在“鬼门”上也刻一个裸体男人像。大房子建成后，房子4四面板壁上用牛血、石灰、木炭等颜料画上各式人头、牛头及豹、麂子等。客房：经济条件较好的人家才盖客房，盖这种房子不必杀牲畜做鬼，也无时间限制，客房式样与主房间相同，只开一道房门，面积约为主房的三分之一，内设一个塘火，客房有时兼作仓房。仓房：可随时盖，多用木板做成长方形木柜，或用竹片围成柜形，上用竹子做椽，茅草搭棚。佤族的另一类房子是四壁落地房，俗称“鸡罩笼房”，房屋建盖较简陋，用9棵木料作柱子，担上梁，竹子作椽子，房顶主房檐倾斜度很大，上用茅草铺盖，四壁用竹笆编排成门墙，只开一道房门，内部也隔成主人住房和客房，设有3个火塘。佤族村寨多建在山坡上或小山头上，周围有竹木森林和水的地方，每个寨子由几个姓氏组成，所以佤族村寨既是一个生产群体，更是一个地缘性的氏族组织。

（四）婚姻

佤族实行一夫一妻制的个体婚。婚姻是自由择偶加聘礼的混合体，经济条件是婚姻的基础。寻找伴侣以“串姑娘”的方式进行，男女青年十七八岁以后开始“串姑娘”，地点多数在女方的家中。

每当夜幕降临，小伙子相约上自己的好友到他中意的姑娘家串门，女方也约上自己的好伙伴相陪，男女青年们一起谈情说爱、嚼槟榔。到有了一定的基础后，男方给女方家做些家务，如切猪食、砍柴、削篾圈等。如果女方家父母对男方感到满意，对他们的交往就不加干涉；若对男方不满意，虽不明说，但会千方百计地阻止其帮助做家务。知趣的小伙子察觉后，知道女方家父母不同意的原因，就会另外寻找对象或寻找新对策。择偶的首要条件是身强力壮、好劳动、家庭经济条件好，相貌也是一项重要的条件。串姑娘时，若双方情投意合，父母也默许，可以相处，但不能怀孩子。如果怀了孩子，要尽快地完婚，不然社会舆论会不好听。有了孩子后也不能抛弃，不然要受到严厉的罚款制裁。男女双方谈恋爱成功，彼此相互赠送定情物品，如槟榔、纽扣、背包等。还要请“磨巴”来主持订婚仪式，由男方出5头猪在木鼓房做鬼。订了婚的女子，别人不能再来串，否则未婚夫有权制裁女方或抄插足者的家产。若一方想反悔，退婚是不允许的，否则将被抄家或抄同姓氏族的家。缔结婚约必须请媒人提亲，征求得到女方父母或氏族人的同意，并支付一定数量的聘礼。媒人通常是小伙子的亲戚或“磨巴”来担任，做媒人有一定的报酬。媒人带去的聘礼有手镯、项圈、银钱、茶叶、米酒和粮食等。媒人去提亲时，要把女方家索要的聘礼数量打听好，聘礼的数量一般和母亲出嫁时的聘礼数量相差不多，也是把母亲出嫁时的聘礼作为依据的，俗称“买姑娘钱”。结婚仪式大致是：男方杀猪、杀牛，带上一大壶酒、一背箩米饭到女方家宴请宾客，有的牵活猪、活牛到女方家杀。不论何种形式，送女方家的过门礼必须有猪肉和牛的后腿肉、脖项肉等，外带2—3“尼沙”排骨肉（1“尼沙”等于两拳相加，若是牛肉则除两拳外还要加两手拇指），银半开10元—20元，米饭包肉、肉饭团则根据女方家、舅舅家人数而定。过门礼送到女方家后，女方家用送来的礼物招待众宾客。晚上，众人在女方家住，第二天继续宴请宾客，其间请“魔巴”杀鸡看卦。深夜接女子到男家。佤族接亲忌碰到鸟鸣麂子叫，忌猪、猫哼叫，若是碰上猪在接亲的队伍中来回跑动，预兆祸殃将至，必须另择吉日接亲。女子接到男方家后，男方家还要杀猪、剽牛大宴宾客，请“魔巴”杀鸡看卦。同居当天梦见什么，第二天要圆梦。若梦见枪刀，预兆要生男孩；梦见桥断、树倒，预兆对方有死灾临头；梦见太阳落山，预兆老人要死。圆梦时要请“魔巴”在场，梦到不吉祥的事，要请“魔巴”杀鸡看卦。女子到男家以后的3天，由丈夫或婆婆陪着上山砍柴、下地劳动，目的是到野外听鸟叫来判断这门亲事是否大吉大利。佤族婚后即落夫家，入赘上门的仅为极个别事例。部分地区佤族婚俗中有过门第十天后回娘家的规矩，但姑娘回娘家时不能进房屋，只能站在外说话、吃饭。当天返回娘家，男女则不受限制。结婚后一至两年，男方家还要杀牛、杀猪送给女方家，作为奶母钱。从定亲到成亲、生子，需要多次杀猪、剽牛宴请宾客，一般需要4头—5头牛，猪2头—6头，鸡数十只，米1石—2石，水酒数十斤，银半开10元—20元。另外，还有若干的嫁妆。佤族男子一旦结婚后要分家自立门户。若家中只有一子就与父母同住在一起；若有几个儿子，老人可选择与他们认为良心好的儿子住在一起，其他儿子则分出去居住。

（五）丧葬

佤族通行土葬，成年人病死，家人即鸣枪向寨人报丧，在外凶死或小孩死不必报丧。成人死要请“魔巴”杀鸡看卦、择日安葬，不论病死或意外死亡，一律实行土葬。葬礼根据经济条件来定，条件好的人家用棺材（忌栗树）。所谓棺材，其实是用一整段临时砍的刺通花树挖槽而成，也有的人家用木板做成箱形棺材。棺材都是临时砍成，没有做好预备的。经济条件差的人家用竹篾裹尸埋葬。老年人死后，家人放一块银半开在死者口里，用麻布裹尸后即移尸停放在主火塘左边。当晚，在“魔巴”带领下，众人围火塘跳唱“布朗隆归”舞。随着“布朗隆归”调的传播，愈来愈多的人围拢来参加追悼亡灵活动。来人都带一瓶酒、一包茶，交给丧葬主持人。丧事多由女婿来料理，以大女婿开始依次排列。人死的第二天丧家请“魔巴”杀牛、杀猪，用牛或猪的肝脏或骨头来占卦，决定是否入棺。同时，还要杀鸡占卜预择家里是否还有祸事降临。由何人来装棺，主要看死者是男性还是女性，若死者是男性，装棺一定要由女婿来承担，若死者是女性。装棺则由死者兄弟来负责。入棺前还要举行一定的仪式，如用棺盖板有节奏地敲打棺材，大“魔巴”在房内撒现舂出的米，把一只烧熟的鸡悬挂在中柱上。装棺必须在太阳落山时，殉葬物有死者生前衣物、被盖、生产生活用品等。装棺完毕，即移棺至“鬼门”边，“魔巴”围绕火塘边跳3圈，众人跟着边跳边唱“布朗隆归”。跳的舞步与第一天不变，但唱词必须改变。入棺后的当天晚上，前来吊孝的人都带米、水酒、茶叶、小猪、鸡等交给主持人，主持者将送礼人的姓名、礼物、数量一一记清，以备将来送还或将前辈的收送关系理清。第三天出殡，全天继续举行吊唁活动，下午太阳落山时把棺材从“鬼门”抬出。墓地多在自家房子附近，有的寨子有氏族墓地，墓地选在房子西边，坟墓很简单，只需挖一个洞穴将棺放入后盖上土即可，不需砌坟堆，仅用竹篾片作一个标记。发展到后来，坟墓做得比较认真，分为两层，墓穴的底部用木炭之灰铺垫，坑两侧用石块砌成护壁，放入棺材后，用石块将棺顶盖严；上层盖土，突出地面部分用石块垒成墓，有碑无文。佤族有一套比较完整的葬仪规矩，从报丧、主持人选、泡水酒、煮稀饭待客的程序，直到装棺、杀牲祭祀、挖坟坑等细节都必须按规定进行，否则被视为违反阿佤理，轻者为人耻笑，重者亲人反目成仇。如果丧事主持人是大女婿，泡水酒必须由二女婿担任，原因之一是凡来奔丧者，二女婿敬酒时可以从应酬客人的活动中积累经验，以备下一次担任主持人时不至于不知所措，来奔丧者将带来的礼物交给主持人后，便上楼喝酒，丧家用奔丧者带来的东西招待客人，而待客是否符合佤族规矩，要看由谁家来煮稀饭，以及稀饭的分配秩序了。按佤族的道理，家里的第一个老人死了，丧事主持人由大女婿担任，他不仅要接物收礼、指挥丧事活动，还要负责一项最高的待客活动——煮稀饭，数十人甚至上百人几天的膳食都由主持人家负责，别人只能在征得许可的情况下作一些辅助工作，随便插手工作会被视为小看主持人，轻者煮出的饭菜无人吃，重者结为冤家对头。若是成年人死，整个寨子要忌生产3天—5天，有凶死者多忌几天；若小孩子死，第二天就埋葬，寨子里忌生产一天或不忌，丧家在治丧第一天可以动刀斧，以后几天则是请亲友代劳。在出殡后的3天内，丧家忌拿利刀，忌切菜、砍柴，忌关门窗等。

（六）禁忌

佤族万物有灵的原始宗教信仰，产生了许多禁忌，其中全族性或全寨性的禁忌主要有以下几个方面：木鼓砍回寨后的3天、大窝朗盖大房子的3天、猎到豹子后的5天内；寨子里失火的6天内、寨子时里有凶死的当天、寨子外出猎头期间、盖木鼓房的当天、寨子里死人的7天内。上述时间内均忌生产，只能专心参与做鬼，否则为冒犯了神灵，寨内不安定，家里谷子长不好，全寨将陷入饥饿。做鬼人家在做鬼仪式结束前忌生产，梦有凶事忌生产。寨子里拉木鼓当天忌外寨人进寨。木鼓房内严禁随便进入，更不得随意敲打木鼓。修理寨门时，禁止外人入寨，其标志是在寨门外放一块夹木竹片。忌坐主妇之座位，否则被视为对其侮辱，男子不得随便拉妇女的手或开玩笑。家有添口之喜3天内忌外人闯入，否则对婴儿不利。忌摸他人的头、耳，否则为极大侮辱，轻者被骂，重者成仇。家里猪产仔或孵小鸡出壳当天忌来人，即便是外出归来也禁进家门，否则小鸡会被老鹰叼走、猪仔多病死或被虎豹咬死。忌以辣椒、鸡毛、子弹、火药、火炭为增物，否则认为是表示战争挑衅。出门生产、走亲戚、做生意遇鸟在右前方鸣叫主吉，鸟在左方或身后鸣叫主凶，鸟从人前横飞而过。预兆祸事临头，要快回家请“魔巴”做“鬼”。娶亲路上忌听到猪打呼声，若猪在送亲人前来回跑动，要重新择日接亲。人死出殡后3天，忌拿锋利刀器，忌切菜，否则会伤着身体。主火塘前主人的位子，外人不得随便坐，否则被认为是侮辱主人的妻子。鬼林中的树不能砍，否则触怒了木依吉神，砍树者和寨人会遭灾。祭祀专用的“牛尾巴桩”和“老母猪石”，不能随意搬运。祭祀用“牛角杈”，平时不能触摸，更不得拴牲畜。楼房的中柱不得拴牲畜。生姜、芭蕉叶、红毛树叶等，平时不得拿进家。拉木鼓季节不得吃姜，不能用芭蕉叶包饭吃。不能跨过火塘、三角架，不得随意搬动。盖房子家酿的水酒，“魔巴”未念咒语敬鬼神前，任何人不论身份高低、贫富贵贱不得先喝，否则对鬼神不敬，会招来灾难。请“魔巴”为病人做鬼的饭菜，主人不得食，否则病人病情会加重。年轻人不得食黄牛的心脏、肝脏，否则会生病，家里诸事都会事事不如意。妻子怀孕，丈夫不能吃做鬼用的饭菜，否则会难产或生子畸形。佤族主持宗教祭祀的人是“魔巴”。“魔巴”一词来源于拉祜族，佤族语称“教气艾”“奔柴”或“巴赛”，意为知道的事情多、会做“鬼”的人。据说从司岗里出来，佤族便有了“魔巴”，最早的“魔巴”叫“尼阿”。“魔巴”都是自学而成，开始学念简短的咒语，掌握初步的做鬼方法，然后经“大魔巴”指点或做“大魔巴”的助手，做鸡、鼠鬼，看猪、鸡卦，经公认后，便可单独做“鬼”，随着时间的推移和做“鬼”次数的增加，逐步做一些诸如“砍牛尾巴”，拉木鼓、做“老母猪鬼”等“大鬼”，念的咒语也愈来愈长，便被称为“庇”，意为“大魔巴”，实际上要得到“庇”的桂冠则是由头人和众“魔巴”的公认，每个村寨部落有数个“魔巴”，晋升为“庇”，虽然没有公开的条件要求，但先人做“魔巴”的历史和本人做“鬼”的水平是主要的晋升标准，“魔巴”是社会生活的精神领袖，他秉承神的意旨，作为鬼神与人的传言人，除负责念咒语、做鬼、算卦，为祈愿者解答疑难外，还参与决定村寨的大政，如血仇战争，播种、搬迁等。“魔巴”平时没有固定报酬，但为人做鬼或主持重要祭祀活动时要祭祀活动时可得到银半开，食盐米、水酒、肉等酬礼，数量依做什么等级的“鬼”而定。“魔巴”的功能主要有二种：一种是以“口功”即念咒语的形式施行巫术，做“鬼”时，根据不同等级的“鬼”，念的咒语不同，时间的长短也不，辅之以挥手顿脚等动作，使用的法器有黑毡子，牛角、法衣、银冒、竹筒、木碗、长刀等，常以田鼠、鸡、猪、牛等作牺牲。第二种是占卜。佤族每办一件事，甚至做了不好的梦都要看卦，占卜凶吉，决定止行，特别是以杀鸡占卦为盛，若是凶卦要重新杀鸡看卦，直到吉卦为止；若碰到吉卦，鸡肉归“魔巴”煮吃，鸡骨由主人家收藏备用。鸡骨表示的意思很多，“魔巴”看的卦依主人行事的性质目的，进行具体解释，双方清楚，对外人秘而不宣。猪胆卦：猪胆纹系上下行，胆水饱满，预兆家庭和睦，粮食丰收，胆纹左右行，预兆有凶事临门；如果胆汁太少预兆家有人、畜要死亡；胆汁太多溢出则表示要赊财。牛肝卦：牛肝上的大块，小块间不粘连，预兆大吉大利；若有粘连则预兆祸事将降临。

六、节日活动

佤族节日与宗教祭祀紧密相连，传统节日有拉木鼓节（佤族语称“究克落”）、接新水节（佤族语称“哟黑拉翁”）和春节。拉木鼓节在佤族日历的瑞月（阳历十二月中旬），木鼓拉回寨子这一天举行。节日期间，寨内的男女老幼载歌载舞，由一至两家人承头主办当年的“剽牛”祭木鼓活动。每次要杀 1 头—3 头水牛和 1 头黄牛。众人在窝朗、魔巴（祭师）的带领下，聚集在主祭人家畅饮水酒，跳唱“司岗里”及木鼓调。“魔巴”口念咒语，祈求木鼓保佑寨子安定、人畜兴旺、五谷丰登，拉木鼓节持续 3 天—5 天。接新水在佤族历的瑞月中（阳历 12 月中旬）举行，是全寨人修葺水槽的节日。当人们把新水接到寨子后，由“大磨巴”先用竹筒接一些水到管水负责人的家里煮稀饭，随后各户才能接新水回家。当晚，寨子人聚集到管水者的家门口，唱歌跳舞直到通宵。

七、宗教信仰

佤族信奉万物有灵的自然崇拜、精灵崇拜和祖先崇拜三位一体的原始宗教。他们认为，世界上鬼神很多，无时不在、无所不包，鬼神世界也和人世一样，存在着七情六欲，必须吃喝、穿住和生产。各种鬼神按其功能分为大鬼和小鬼，但它们之间没有统属关系，各处独立司职一方。因世界为各种鬼神所主宰，人们不论做什么事都要敬神，消灾避邪才能人丁兴旺、粮食丰收，部落发展唯有借助鬼神的力量才能实现。因此，佤族的宗教活动极其频繁，所耗费的时间、财物、劳力也是十分巨大的。佤族认为万物是大鬼“木依吉”创造的，它创造了生命，掌握万物的生杀大权，拉木鼓、做鬼、供人头、剽牛都是为了供奉“木依吉”，若是触怒了它会使粮食歉收，寨子会遭泥石流冲毁。人们跳歌是赞扬它，娱乐它，敲木鼓是向“木依吉”发出邀请的信号。木鼓房各个村寨都有，但众人供奉的只有“木依吉”神。佤族所崇拜的诸神中，地位仅次于“木依吉”的是“阿依俄”神，该神是佤族各姓氏的祖先，即家神。祭祀“阿依俄”神时，各姓氏使用自己的咒语，做鬼的程序也有殊异。西盟佤族人家除仓房、客房及亡夫绝嗣人家外，都把“阿依俄”神牌位立在鬼火塘与主火塘之间的墙壁上，遇有生育、死亡、婚娶、盖房子、收养子等大事要禀告“阿依俄”神祈求保佑。佤族对“莫昂”（灵魂）也很崇拜，他们认为，人死后变成昆虫，这种昆虫是无影无踪的，它随时都在保护家庭，故“莫昂”的牌位也被供奉在主火塘旁墙壁上。供“莫昂”是用竹片搭成一个小台，内放一个小木盆、一只水酒筒、一只木碗。每逢祭祀时要放一点水酒，装满后倒出房外，再重装。佤族对燕子、豹子等飞禽凶兽也很崇拜，每家房屋，特别是盖大房子的大窝朗家都用木刻飞燕装饰墙壁，燕子象征勤劳、繁荣、装木燕子板壁时还要举行剽牛、杀猪占卦等活动。如猎到豹子、猎获者要亲自到猎获地点杀猪献猎神，寨子里也要剽牛祭祀，豹头、豹皮要供奉在猎神位上。佤族认为万物都是有灵的，每遇疑难事，他们都用一种神秘莫测的观念去解释，因而除了崇拜“木依吉”“阿依俄”“莫昂”等大神外，崇拜对象还有“木依吉”的儿子“各拉日姆（地震神）”“普邦（雷电神）”“达利吉（辟地之神）”“达路安（开天之神）”“克里托（传说中听古代佤族英雄）”。此外还有许多与生活生产、生老病死、疾病有关的神灵，如水鬼“阿勇”、风鬼“达乌”、火鬼“达瓦”、树鬼“枪”，住在木鼓房里的谷神“师抠布”，附在野茶树上的“博阴买母”，依附在姜上的“博雨”，依附在钱财上的“批”，依附在辣椒上的“布瑞”，依附在盐上的“坡”，依附在芭蕉叶上的“拉”，住在树上会使人皮肤发痒的“阿端”，使人耳疼的深水鬼“阿如戈”，住在藤子上专门刺人的“公阿布”，使人的肋骨疼、头、脚发胀的“吉构”，使人耳聋的“格明”，使人抽搐的“哈”，使人肚子胀大的“庞”，使人发疟疾的“格朗”，能使人患麻风病的“格软”等。佤族认为神灵不仅在于动植物中间，而且人的生与死也有不同的神灵显现，死人有“莫晚”到处左右，活人有“颇”来附身。上述自然崇拜、精灵崇拜、祖先崇拜的一系列活动，构成了佤族宗教信仰的基本核心。其中，全寨性的祭祀活动有做水鬼、拉木鼓、坎牛尾巴和猎人头祭谷等。做水鬼在佤族历的端月（公历十二月）举行，佤族寨子多建在高山，周围没有长流泉水，饮用的水用竹槽从数里外的山中引来，竹子在露天经风吹日晒水泡，容易损坏，因此年年都要更换竹槽，要做水鬼。做水鬼活动共需要6天。第一天，全寨每家出一人到水源头修理水沟。第二天，全寨每家照样是同一个人去，带一根长约5米—10米的竹槽，在窝朗、头人的指挥下，割草开路，栽木桩，架竹槽。第三、四天，继续修水沟，架竹槽，新水引到寨内时，由“魔巴”在水槽头念咒语，并接一竹筒新水到管水者家（一般为小窝朗）煮饭，“魔巴”用6只老鼠做“鬼”，然后各家可自请“魔巴”做“鬼”，看鸡卦，最后一家做“鬼”后，由魔巴宣布全寨的水槽修好，开始进行下一项活动——拉木鼓。拉木鼓，在做水“鬼”结束的当天，寨子里各户拿出一赛因（约3千克—5千克）大米，或一罐水酒，一同集中到大窝朗家备用。当天黄昏，各户出一名男子，带着长刀、火枪、斧子、弩、砍刀、米等走向深山，众人来到山里选定的大树下，由“魔巴”念咒语后，向树上打两枪，意为驱走树上附着的野鬼。“魔巴”先在选定的树上砍几斧后，众人轮流把树砍倒，截下2米多长的主干作为做木鼓材料，并在树干一头凿开4个洞，拴上4根野藤，当夜众人在山中燃起篝火，大家一起喝酒、煮稀饭吃，唱歌到天亮。第二天早上，参加拉木鼓的人在山上吃过早饭后，便开始向寨子拉木鼓，参加这项活动的都是青壮年男子，老人做一些修路砍树的辅助工作，妇女站在寨门内观望。拉木鼓的人排成一列，一路吆喝着向寨子涌来，木鼓拉到寨子通道后众人分食酒饭。第三天，全寨忌生产，要杀牛的人家到山里找牛，多数人在旧木鼓房旁平整场地，准备盖新木鼓房。第四天，是拉木鼓的活动高潮，上午杀牛，有一至两家杀牛，各杀水牛一至两头：黄牛一头，杀水牛越多越好。杀牛人家是正式拉木鼓之前由头人、“魔巴”与有牛条件的人家商定好的。拉木鼓杀牛不是随意而定的，必须是祭过家神的人家才有资格杀牛主祭，杀牛活动主要在主祭家进行，先是把要杀的牛拴在预先栽好的树桩上，由主祭的人用长柄铁镖子戳进牛肋，牛倒地死后将牛肉割成八大块，牛头和牛脖子留下给主人家食用，四肢分给亲戚和“魔巴”，剩余的肉平均分给在场的人。杀黄牛时要看牛肝显现出的卦象，每杀一头祭鬼的牛前，“魔巴”都要念咒语。当晚，举行仪式把木鼓拉进寨门，首先将木鼓小头对着寨门，几个人用棍棒敲打木鼓，意为把附在木鼓上的恶神逐出寨外。大“魔巴”念咒语，小“魔巴”身披法衣接鬼，大“魔巴”把一个鸡蛋和一只烧过的老鼠放在木鼓大头下部后，上下抖动一个簸箕念咒语数十分钟，然后将鸡蛋摔在木鼓大头，做鬼仪式结束。众人在“魔巴”的指挥下把木鼓拉到平地后，又聚集在主祭人家的屋外，通宵达旦的喝水酒、跳舞。接下来便是打凿木鼓，即将拉来的树干凿空，凿成的木鼓要有雌雄之分，敲击时会发出“咚咚”声中也有音色的不同，且声音可传出几里外的地方。木鼓房是用6棵木桩作支柱，竹子作椽子，上盖茅草，左右用竹篱笆围成围墙，面积约8平方米—10平方米。在凿木鼓、盖木鼓房期间要做几次“鬼”，看鸡卦，寨内有数家人杀牛祭祀，直到新木鼓搬进新房，整个过程持续很长一段时间。木鼓是佤族中心地区村寨的标志，木鼓产生的具体时间已无法考证。据说，佤族从“司岗里”出来时，女子比男子懂道理，所有男人都要听女子的话，男子后来才懂得道理。女子先是领导男子，时间长了女子不想领导，才把领导权传教给“格雷诺”，这时期男子有不会做的事情仍然要问女子，在佤族发展的整个过程中，女子共领导了30代人，男子才领导了20代。从这个传说分析，木鼓主生于母系氏族阶段，现时木鼓有公母之分，是为上述传说作证。保留的木鼓明显地存在着母系生殖崇拜的痕迹，后来木鼓由父系氏族所继承，并逐渐演变为木鼓也有男性这一共同的标志。中心地区的佤族村寨，各姓人都有自己的木鼓房，每个木鼓房放一公一母两个木鼓。木鼓房除了摆放木鼓，还供放人头，木鼓平时不得随意敲响，只有在做大鬼活动或紧急情况下，如寨子失火、血族复仇等大事时才能敲响。在过去，木鼓不是乐器，而是人与神之间求应的媒介，是佤族最崇拜的神物，后来木鼓作为道具被搬上了舞台。

第五节　傣　族

一、族源

傣族先民在商、周时期属于“百越”族群中的一支。在先秦时期的史籍中曾有“百越”族群中的“贯胸”“离身”“雕题”“漆齿”等族向商王朝进贡的记载。以上这些称谓中的族群与后来史籍中记载云南境内的“穿胸”“文身”“文面”“黑齿”等族有着密切的关系。东汉以后，傣族先民被称作“掸”。据《后汉书·和帝本记》：“永元九年（97）春正月，永昌缴外蛮及掸国重释奉贡”。《安帝本纪》中记载：“永宁元年（120）”十二月，永昌缴外掸国遣使贡献，《顺帝本纪》中记载：“永建六年（131）……十二月，日南缴外叶调国、掸国遣使贡献”。上面记述的向东汉王朝作了3次上贡的掸国，叶调国指的就是傣族先民，书中提到的“永昌缴外”“日南缴外”指的范围就是的普洱、西双版纳、临沧、德宏等地区。所谓“百越”“滇越”“叶调国”“越”等称谓中的“越”（叶）字，除了泛指傣族先民的“百越”族群外，当时傣族先民所处的社会是以长女“越”（或写作“叶”，傣族语称长女为“越”）为家族长或家族继承人的母系社会形态。这种母系社会残余，直到元代在一些傣族居住地区还有“八百媳妇国”之类的称谓。就是现代，在景谷、孟连、澜沧等地的傣族中母权制残余依然保留。隋唐时期，傣族先民被称之为“金齿蛮”“茫蛮”等。唐朝时期，傣族先民多数仍然分布在银生（开南）节度的西南部，即普洱、西双版纳等地。此后的数百年间，傣族的势力不断向外扩张，北面和大理国相接壤，逐步取代了原住民“朴人”（佤族、布朗族、德昂族先民）。明朝时期，居住在川河流域、威远江流域的傣族领主受明王朝的封赐，势力日渐强盛，普洱境内傣族社会政治经济迅速发展，景东、景谷、孟连等地傣族土司制度的鼎盛时期。清朝初期，清王朝在普洱地区澜沧江以东的地区进行了大规模的“改土归流”，主要对象就是对傣族土司的，所以改土归流引起了傣族人口居住区域的变化，居住在澜沧江以东的傣族有一部分迁住未实行“改土归流”的澜沧江以西地区。到清咸丰、同治年间，哀牢山地区的彝族、哈尼族、傣族和大理洱海流域的回族在杜文秀、李文学、田政、刀成义的率领下举行起义。经过20多年（1853—1876年）的英勇斗争，沉重地打击了清王朝在滇西南地区的腐朽统治，也摧毁了景东、景谷等地傣族土司的统治。起义失败后，为了躲避清王朝的残酷镇压，居住在景东、镇沅、宁洱、墨江、思茅等地的傣族，多数已迁徙到勐海、景洪、澜沧、孟连和西盟等地。

二、社会经济

中华人民共和国成立前，孟连、澜沧、江城及景谷部分地区的傣族尚处于封建农奴制阶段。其土地关系有以下几种：一者土司田，是土司从百姓开垦的田亩中抽出来的私田，由农民无偿代耕。代耕者各有其责，有的负责犁耙，有的负责栽插，有的负责放田水，土司家中的奴婢也参加耕种。二者头人田，是土司从百姓开出的田亩中抽出来赐给各级头人的俸禄用田，不需出负担，但不得买卖，退职时须交出。此田亦由百姓耕种，每箩种（约2亩）交租一亢（100千克），作为享有此田者的俸禄。据孟连“土改”的7个乡统计，这种田占土地总面积的1%左右。三者佛寺田，此田数量不多，仅较大的佛寺有。如孟连最大的下城佛寺有佛寺田20亩，中城佛寺却无佛寺田，下城佛寺的田由2户农民耕种，并为佛寺负担劳役，1户专在寺内做各项杂务，1户专在献佛时招待“佛客”。四者负担田，此由各寨头人掌握，分配给各户耕种，也称“寨公田”，约占土地总面积的70.8%。在村寨内负担户与实际户数并不一致，因为寨内的负担比较固定，而实际户数却常有变动。如孟连城郊曼竜寨为15户负担户，实际户数为16户。随着户口增加也就相应减轻了原有农户负担。故各村寨对外来户是受欢迎的。寨内土地的抽补调整因户数增减而定，大规模的调整则不多。寨公田意为公家的田，实质上是负担田。五者私田，此田进入20世纪后才逐渐产生的。农民占有私田主要是因为人口增多，负担田不够耕种才开垦新田。早期开荒要向土司讨地，或交一定数量的钱，后来则可自由开垦。封建剥削阶级所有的私田大多凭借其政治、经济地位得来。

三、语言文字

傣语属汉藏语系壮侗语族壮傣语支。居住在普洱市的傣族有傣那、傣泐、傣绷、傣社亳4个支系，他们各自都有自己的语言和文字。其中，傣泐文（又称西双版纳傣文，傣语称为“坦”）和傣那文（又称德宏傣文，傣语称“哩”）在景谷、澜沧、孟连、江城、西盟等地的傣族和布朗族中广为流传，但精通两种文字的傣族学者为数不多；傣绷文仅限于澜沧县上允镇芒京、芒那，孟连县勐马镇勐阿傣绷支系使用；傣社亳文只有江城县，土卡河的部分傣社亳人懂得，流传文献不多。上述4种傣文都是由梵文字母演化而来的拼音文字。其中，傣泐文使用的年代较为久远，被傣族视为经典文字，佛教经籍中用这种文字书写的比较多。据有的学者统计，傣泐文共有41个字母。其中元音字母8个（短元音3个，长元音5个），辅音字母33个（高音组辅音字母11个）。由于傣族人民有文字流传，经过上千年的传承和发展，既促进了傣族社会向高级阶段发展，也极大地丰富了傣族的文化生活，流传在普洱市傣族中的傣文古籍也很多。自从佛教文化传入后，傣族艺人把传统文化和佛教文化艺术结合应用，使傣族文学艺术不断繁荣发展，呈现丰富多彩的文化艺术形式。诗歌在傣族文学中占有主要地位，在群众中流传极广，流传在普洱各地傣族中的傣文有数万部之多，有用“坦”文写的，有“哩”文抄写的，也有用金平傣文抄写的，繁多的经籍中，绝大多数都可以用诗歌形式说唱，傣语称为“甘哈”，格调有三、五、七、九、十一、十三言为一句的，比较灵活，行数不限，短的三、五行，长的数千行。

四、音乐舞蹈

傣族的音乐和舞蹈，历史悠久，在民间有广泛的群众基础。节日期间、婚礼场中、佛寺活动、乔迁新居和生产劳动场合，到处都有悠扬的歌声、优美的舞步。常见的舞蹈有孔雀舞、鹤舞、长刀舞、白象舞、狮子舞、蝴蝶舞、象脚鼓舞、马鹿舞、棍棒舞等10余种。伴奏乐器有象脚鼓、锣、铙钹、片叉、秘、箫、定（形如二胡）、三弦和排铓等。

五、生活习俗

（一）服饰

傣族男子头缠白布头巾，中老年人喜欢戴毡帽，身穿白布对襟衣，宽裆裤子，多数人喜欢白、兰、黑3色。老年人多穿深颜色的衣服，少年男女喜穿浅色服装，妇女喜戴耳环和手镯。男子有文身习俗，从四肢到身部、面部都可纹。文身图案较多，有动物形象，有花卉图案、更多的人则是文些祈愿祝福之类的傣文经典，或是佛经中一些有名的章节。文身除表示美观外，还有浓烈的信仰色彩，认为文身可以避邪魔，可防鬼怪缠扰，可防毒蛇猛兽伤害。文身要请人帮施术，方法是用若干根缝衣针并在一起醮颜色汁液刺肌肉，揩去血渍再涂上靛墨汁即可。傣族文身由来已久，据《逸周书、商书、伊尹朝献》记载：“伊尹受（汤）命，于是为四方令曰：臣请…正南：瓯、邓、桂国、损子、产里、百濮、九菌、请令以珠玑、毒瑁、像齿、文犀、翠羽、菌、鹤、短狗为献、正西：昆仑、贯胸、雕题、离身、漆齿、请会以丹青、白旄、纰罽、江历、竜角、神龟为献”。文中提到的“雕题”（文面）、“离身”（文身）、“漆齿（染齿）”，与唐宋时期的“金齿白夷”（傣族先民）习俗相同。迄今，傣族中仍保留了这些习俗。

（二）饮食

傣族喜欢食酸性食物，其中酸笋煮鱼、酸笋煮鸡、腌酸肉、腌酸鱼和酸菜较为普遍。主食是大米，其中吃糯米乃是家常便饭。用牛的里脊肉、牛内脏等加工成的“牛撒撇”，是傣族用来宴请宾客的世传名肴，其烹制方法是用炭火把牛里脊肉烤黄后切成细肉丝，拌已煮熟的牛肚杂，佐以蒜、姜、辣椒和香蓼，再用煮沸并经过过虑的牛粉肠水或胆汁作为调料配制而成，特点是细腻可口、香味醇正、色泽诱人，具有健脾胃、除燥热、清肝明目、增进食欲的保健功能，已经成为傣族人民中长期保留的名菜。此外，傣族中还有许多烹制独特的菜谱。节日喜庆时，傣族人民能做出上百种菜肴。

（三）民居

傣族住房多数是“干栏”式楼房，楼上住人、楼下堆放柴火，厩养牲口和猪、鸡等。这些建筑形式具有经济、方便、干燥通风和防蚊虫的优点。1978 年后，傣族地区的社会经济发展很快，傣族人民的生活水平有较快的提高。随着经济的不断发展，有的农户已建造了砖混结构的新房，人的生活区和禽畜栏厩已分开建造，卫生条件逐步改善，住宅也朝着宽敞、漂亮方面发展。

（四）婚姻

傣族的婚姻比较自由，青年人谈情说爱称为“连卜少”（意为串姑娘），有邀伴进行的，也有单独进行的。男女青年相爱后，要互相赠送信物，如花边带子、手镯、耳环等首饰。结婚无须双方父母同意，但须按婚俗完成各项聘礼方能成婚。结婚年龄，一般在 20 岁以后。结婚聘礼视家庭经济条件而定，经济富裕的聘礼丰厚，贫穷的聘礼就微薄。聘礼有茶叶、草烟白酒、鞋子、大米、现钞等。夫妻之间地位平等，男子多事农耕，妇女多事织染和赶集交易，家庭经济收入多由妇女掌握使用。夫妻不合，经调解无效可以离婚，财产均分，子女归属由子女自己选择。如果是男子另有新欢而抛弃妻子的，要对该男子给予罚款惩治。

（五）丧葬

傣族的葬仪有火葬和土葬两种，凡属正常死亡的都行土葬，属非正常死亡或带有传染病的人死后要火葬。死了人都要请佛寺里的和尚来做法事，念佛经超度亡灵。一般要超度两天，死者家属要备办佳肴款待佛爷和尚，要杀猪、杀牛招待亲友和其他来帮忙治丧的人。超度亡灵的仪式结束后，才把尸体抬到竜林埋葬。按传统规矩，埋葬时死者头朝东、脚朝西，坟坑不能掘得太深。埋葬不限于用棺，多数人是用白布裹尸后放在木板或竹篾席上出殡，埋葬后不垒坟，不立墓碑，后人也不为之扫墓。过年过节时，为了缅怀死者，家人要到佛寺赕佛、滴水，请佛爷念《滴水经》、《沙提宋毫》等佛经。据说，凡是献给死者的东西因为道途遥远，途中又多有饿鬼拦截，亡灵不会得到，只有经过佛爷念经后的祭品，才能传到亡灵那里去。佛爷、和尚死后也埋在竜林里，但不和普通百姓混在一起。一般和尚死后不立碑，有名望的或等级较高的佛爷死后要树碑，其碑形如佛塔，按佛爷的等级，从“撒迪”起，等级越高，佛塔级数也越多，碑上刻有花卉图案，无文字。

（六）禁忌

在傣族房屋中堂铺设的卧床，妇女们不能坐，也不能放蚊帐。睡觉必须脚朝出门的方向。不能移动火塘的三脚锅桩。女人从男子面前走过必须弯腰。过年时不动用火钳，不砍柴火，不到菜地里取菜，不出门讨账，不打扫屋内屋外的环境卫生。除夕之夜封闭寨门，不让外来人进寨。正月初一凌晨，听鸡叫就要吃饭，并令小孩踩门槛祈求吉利。寨前寨后不乱打桩，否则寨人会生病。男人不能插秧，否则秧苗会枯死。妇女们不能犁田，否则耕牛的肩会开裂。任何人进佛寺都必须脱鞋，以表示对佛祖的尊重。不能摸和尚的头，不能摘和尚帽子。不能踩着佛爷的影子，否则自己会生奇怪的疾病。妇女月经期间不能进佛寺，否则会患不育症。

六、节日活动

傣族的节日活动与佛教活动有密切关系。“金比迈”（新年）是傣族最隆重的节日，傣历六月（公历四月）进行。新年这天，男女老少都要沐浴更衣，干干净净地到佛寺里去过节。青年们清晨即上山采摘野花、树枝来做成花房。中午，全寨人到佛寺赕佛，亲手在佛寺中堆沙，要用河里的干净沙堆成佛塔形状，插上鲜花，摆上供品，人们围沙堆而坐，聆听佛爷诵经。然后，众人将寺中的佛像抬到院中用清水为佛像洗尘，并以洗佛像的水浇花。之后，青年们开始用洗佛像的水相互泼水，表示良好的祝愿。人们认为，用洗佛像的水相互泼洒，是一种美好的祝福。除此之外，还要举行放“高升”、放火花、赛龙船、丢包、荡秋千、唱调、演傣戏、跳孔雀舞和象脚鼓舞，把节日推向高潮。关门节：傣语称为“奥瓦萨”，傣历九月十五日开始至十二月十五日结束，是傣族地区南传佛教最大的、时间最长的斋戒节日。3 个月内寺院僧侣停止外出，要居住在佛寺里念经。世俗群众在关门节期间要筹办食物、采摘鲜花献佛，且每隔 7 天要小规模的赕佛一次。信教的老年人们吃住都在寺院里，专心听佛爷讲经，自己也要诚心追悔自己一年来的过失，修炼佛法，祈求佛祖保佑自己，愿自己修得正果。节日期间的各项社会活动，都带有浓厚的宗教色彩。开门节：傣语称“豪瓦萨”，傣历十二月十五日。关门节结束之日，僧侣和信教群众盛装，以食物、鲜花、钞票赕佛，庆祝斋戒结束，祈求佛祖降福，迎接丰收。除以上 3 个重大节日外，有的傣族信教群众还要成群结队的邀约着到有佛祖遗迹的地方献佛，称为“朝仙”。也有的地方跟邻近汉族一样过春节、清明节和中秋节。傣族群众因长期与其他各族群众杂居共处，多数人都具有谦虚和蔼、不粗暴、善于忍让的优点，对其他民族群众也以礼相待、热情好客。受佛教思想的影响，人们认为，忍让能消除彼此之间的冤仇，能合好关系。傣族人勤奋，有上进心。他们认为，人活在世上就应该努力上进，不能落在别人后，让人耻笑。所以，懒惰的人会被人们看不起，甚至连媳妇都找不到。多数人都能做到早起晚睡，多办事情，力求做到别人有的东西自己也要有。傣族人认为，能施舍救济他人是件荣耀的事情。在粮荒时节，不少外族人到傣家觅食，傣族人都要施舍。他们认为，让来乞食的人空手而回是不应该的。由于傣族群众重视睦邻友好关系，所以傣族和邻近兄弟民族的关系都相处得比较好。注重居住环境的优美和个人容貌的整洁是傣族另一特征。他们认为，寨貌不美是落后贫穷的象征，个人容貌不修饰是懒惰的表现。在这种群体观念的支配下，傣族寨周围都有成片的树林，参天的古木，茂盛的竹林、金色的佛寺，形成傣族村寨的鲜明特点。出门赶集或串亲访友，人们总要认真的打扮自己的面容和装束，尽量使自己合乎时宜、穿戴得体。

七、宗教信仰

傣族中绝大多数人信仰南传上座部佛教（即“小乘”派）。明代以后，傣族上层受到明王朝的大力扶持，孟连傣族土司被永乐皇帝封敕为“长官司”，威远傣族土司被封为土知州，景东傣族土司受封为土知府。傣族中的封建农奴制统治阶层，为了加强对傣族人民精神上的统治和经济上的剥削，极力借助佛教的威信，于是佛教在傣族中逐渐形成全民性的信仰。清朝时期，佛教在傣族中传播更加广泛，咸丰、同治以后，原居住在景东县川河沿岸，镇沅县恩乐、勐大、古城、者东，墨江县双竜、玖联，宁洱县凤阳、勐先、通关，思茅区南屏等地的傣族，因避战乱或防备清政府的镇压而四处迁徙，佛教信仰也随之衰落。其他地区，如景谷、江城、澜沧等县的傣族没有大规模迁徙，因而，佛教信仰一直延续。佛教传入后，佛教经典也随之大量传抄进来，几乎每户傣族家中都要抄写几本挂在屋里。一是表示对佛祖的虔诚，求佛护佑；二是作为一种陈设装饰。同时，傣族群众还把请人抄写佛经献给佛寺作为一件无量的功德。南传上座部佛教经典广泛传播，增加了傣族男子学习文字的兴趣，多数人或深或浅都懂得一些傣文，有的还能用傣文计数记事。

第六节 其他少数民族

一、布朗族

“濮”是布朗族先民历代相传的称谓。春秋战国时期，云南南部地区仍有大量的“濮”部落。秦、汉时期，“濮人”散居在普洱地区和保山、德宏、临沧和西双版纳的广阔区域内，由于这些地区气候温热，适宜种植棉、麻，因而濮人中的手工纺织业有很大发展。随、唐、宋三朝，普洱的濮人已有较大变化，居住在川河流域地区的已发展成“朴子蛮”，澜沧江以西的濮人多数发展成“望蛮”或望苴子（佤族先民）。据《蛮书》卷四记载：“朴子蛮，通勇悍矫捷，认青婆罗段为通身夸。……开南、银生、永昌、寻传四处皆有，铁桥西北也沿澜沧江亦有部落。”唐朝时，生活在景东、景谷一带的“朴蛮”比较活跃，社会生产力有较快发展。南诏中后期，部分金齿百夷（即傣族先民）从南北上，进入川河流域和威远江流域，与原来居住在这些地区的“朴子蛮”“和尼”（哈尼族先民）相杂居。南诏政权设置开南节度、银生节度时，对朴子蛮、金齿百夷等民族进行统治。宋、元、明三朝，“朴人”的居住分布范围没有大的变化。清朝时期，随着景东、景谷、镇沅、普洱、墨江等地“改土归流”的深入，原为“朴人”居住地后又为傣族首领所统治的川河流域，汉族人口和彝族增多，傣族土司势力日趋没落，最后被迫南迁。受傣族影响较深的“朴人”也有相当数量的随傣族南迁了。清咸（丰）、同（治）年间，哀牢山区爆发了以彝族农民李文学和哈尼族农民田四郎率领的各族人民大起义。起义失败后，为躲避清政府的残酷镇压，居住在景东、景谷周围的“朴人”又被迫迁徙。他们中的一部分经双江渡口迁到澜沧县的文东那巩一带；一部分过南北江渡口迁到澜沧县谦六乡的打岗、打滚一带；一部分过腊洒渡口、糯扎渡渡口迁到西双版纳勐海县勐阿乡一带。未渡江的“朴人”，远离交通集镇，定居在景谷县的半坡、勐班、碧安，普洱县的德化，思茅的竹林等地。在这一过程中，有相当部分的蒲人已经融合到其他民族中去了。只有一部分比较集中居住在边远地区的群体还完整的保留着蒲人的传统。由于受历代封建统治者的欺侮、掠夺，布朗族的社会经济一直处于落后的状态，“百濮”“卜人”“濮族”“蒲蛮”“朴曼”等歧视性的称谓从商朝到中华人民共和国成立前沿用了数千年。布朗族自称各地亦不尽一致，澜沧芒景一带自称“阿佤”，谦六一带自称“腊佤”，文东旧苦一带自称“佤”或“赛琐”，思茅、景谷一带自称“本人”。中华人民共和国成立后，党和人民政府根据本民族人民的意愿，正式称为布朗族。

二、回族

约元朝时期，有一部分回族随元军进入普洱境内。随着元军不断地向云南边境和周边地区的用兵，回回军人也不断地进入到云南，进入普洱。历史文献上有明确记载的10多次，每次进入的人数多的有上万人、少的也有几千人。大量的回回人流徙到普洱，多数人作为军卒，不得携带眷属征战，屯垦活动势必与驻地的白、汉、彝、哈尼、傣等兄弟民族相交往，许多人还与当地居民联姻，繁衍子孙。到了元朝中后期，回族活动范围遍及普洱市全境。明朝初，云南境内元朝贵族梁王，不断兴兵与中央王朝抗衡，自明洪武十四年（1381）起，朱元璋命回回人沐英率兵30余万人征讨云南。后沐英镇守云南，随沐英入滇的军卒，多数是江南回回人。正统年间，明军多次在开南、威远与麓川傣族土司思氏发生激战，大量回回军进入普洱，并在景东的川河坝、景谷县的勐嘎坝等交通要道设卫、所开展屯田活动。随着征伐活动的减少和明土司制度的推行，进入思茅的回回军士开始在原来的屯田处所定居下来，许多人专事务农，一部分人经商或经营手工业。明代，普洱回回人不断增加，并分布在各地定居下来进行从事农业、商业经济活动。回回民族根据本民族的生活特点，采取“大分散、小集中”办法定居，逐步形成今天的分布状况。在数百年的发展过程中，由于回回与当地的汉、彝、傣、哈尼等兄弟民族杂居，经过相互联姻，吸收了一部分其他民族成员融入回回民族中，在文化上曾受多种兄弟民族的影响，特别是汉族文化的影响，在明朝时期，普洱回回的民族共同体已基本形成。清朝前中期，回族仍然居住在元、明以来所居住的河谷平坝地区，虽与其他兄弟民族相杂居，但依然保持着“居必聚族”的传统。

三、白族

普洱市地域上与白族聚居的大理白族自治州相毗连，唐朝时期，南诏地方政权的统治区域一直延伸到东南亚地区。普洱是南诏通往东南亚的交通要道，南诏政权在普洱境内先后设置开南、银生节度，管辖范围包括普洱市、西双版纳傣族自治州的全部及越南、老挝、缅甸的部分地区。节度下设开南（景东文井乡）、威远（景谷县城）、奉逸（宁洱城）、柳追和（镇沅旧城）、利润（勐腊县易武乡）等重要城镇。南诏统治者从大理附近调遣“白蛮”来镇守这些要塞。此后，历代都有一些“白蛮”来到普洱境内定居。普洱白族人口中，有一部分人原是彝族所属支系（即“白脚倮倮”，因避讳“倮倮”两字申报为白族的），其中一部分白族是明、清从内地省区到云南定居的军屯、民屯和商屯后裔，按他们的家谱记述，原籍在江南各省，先民应征到大理一带屯田，后来随着边疆地区逐步开发而迁入普洱。普洱地区的白族有杨、高、张、李、段、董、苏、王、赵等多种姓氏。

四、瑶族

瑶族主要分布在景东、墨江、江城县，分“乐舞”“蓝靛”两个支系。居住在景东太中一带的瑶族是自称“乐舞”的支系，迁入的具体时间没有统一的说法，也没有准确的文献记载。据瑶族群众的传说，他们是从江西一带迁来的，因为那里的人多，土地不够种，加上地方乱，战争多，无法生活下去才迁到这里来的。有一部分是明朝时期随朱元璋的部队从江南各省应召来的。分布在江城县的瑶族祖先原在广东、广西等地，是民国时期才从墨江一带迁来，在他们在口头传说中提到：清朝道光年间，广东、广西一带发生瘟疫，人死的多，为躲避疾病，不敢在原籍居住下去才逃出来的，一路上经过了红江、绿江，过不了江的人就在那里就住下了，过了江的就一直往前走。前面走的人砍芭蕉为后面的人做路标，当后面的人来到时见芭蕉已经长出了很长的芽，认为已经赶不上了，就在老挝的茶山一带住了下来，有一部分就在墨江一带住下来。瑶族自称“猛”“瑶家”“乐舞人”，对外族统称“汉家”。以寨为单位聚居，不与外族杂居，每个村寨基本上就是一个独立的生产单位和消费群体。

五、傈僳族

汉代以前，傈僳族先民属氐羌族群，晋代以后发展成为“东爨乌蛮”中的一支，与彝、哈尼、纳西等族有着密切的渊源关系。根据唐代樊绰《蛮书》的记载：唐时，傈僳族主要分布在芒部（四川省凉山彝族自治州昭觉县一带）、笮都（四川省盐源县）、台登（四川省冕宁县）等地，受“勿邓”“两林”两个部落酋长的统治，本族尚处于分散的氏族部落，尚未形成统一的部落组织。宋、元两朝，傈僳族先民活动的文献资料极少。明代中期，景泰《云南图经》卷四记载："有名栗粟者，亦罗罗之别种也，居山林，无室屋，不事产业，常常药箭弓弩，猎取禽兽，其妇人则掘取草木之根以给日食：岁输官者，唯也张耳。"这段记载仍然把傈僳列入"罗罗"（彝族）的一支，经济上还过着狩猎、采集的生活，没有进入农耕阶段，没有固定聚邑和房舍。至清朝，统治者对傈僳族实行残酷的压迫和剥削。1803年和1892年，傈僳族人民为反抗这种剥削和压迫，被迫进行两次大规模的迁徙，多数人已迁徙到保山、德宏地区、澜沧江、怒江峡谷地区求生存，社会经济转入以农耕为主。这一迁徙过程中也有部分人迁到缅甸北部边境地区的贺戛山一带。民国初期辗转至普洱孟连、西盟等地定居。迁到孟连的傈僳族人向孟连傣族土司讨地居住，当土司的属民。傣族土司怕傈僳族人难得管辖，就把他们安置到勐马乡的富俄风吹山里，这一带箐深坡陡无法开垦农田，耕种粮食，为了求生存，傈僳族人只得毁林开荒种植罂粟，靠卖鸦片维生。中华人民共和国成立后，党和人民政府取缔罂粟种植，把傈僳族人从环境险恶的风吹山迁移到自然条件好、土地肥沃宽广的回固一带定居种植粮食。

六、苗族

苗族迁入普洱的时间比较晚，1885年黔东南地区爆发了以苗族张秀眉为首的大起义，起义席卷湘、桂、黔数省，时间长达18年之久，起义被清政府残酷的镇压后，苗族被迫向边远地区迁徙，其中，有一部分迁到红河一带，以后又辗转迁入普洱的哀牢山脉地段，不定居地在深山密林中游耕。中华人民共和国成立后，党和人民政府为了帮助苗族人民摆脱贫困，将分散在哀牢山密林中的苗族人民迁到土地肥沃，水利灌溉条件优越，交通方便的川河边上定居。

七、景颇族

景颇族是19世纪从德宏、保山、临沧等地陆续迁入普洱的少数民族。迁徙过程中，时而居缅甸，时而又与佤族、拉祜族相杂居，不为史家注意，故史籍中不见记载，截至1958年，大部分人家迁往缅甸。1985年调查，境内留居的景颇族自称是1918年澜沧雅口拉祜族李竜、李虎抗暴斗争兴起的当年，从竜陵县走了一个多月才到澜沧。据说他们的先辈从德宏走出有五六代人的历史。当时随迁的有荣、张、排、王等姓氏。景颇族人自称为"景颇"意为打开盐巴包，傣族称其为"老亢"意为住在山头上的人。语言和德宏傣族景颇族自治州的景颇语相同。属汉藏语系藏缅语族景颇语支。由于长期与傣族、拉祜族交错杂居，也能熟练地用傣语、拉祜语对外交流。

第三章　民族经济

第一节　民族专项资金

一、“七五”（1986—1990）期间

1986—1990年，省民委、省财政厅下达思茅地区民族专项资金197项787万元（边境建设事业补助费190项756万元；少数民族地区补助费7项31万元）。

二、“八五”（1991—1995）期间

省民委、省财政厅下达思茅地区民族专项资金264项2583万元，其中无偿民族专项资金249项1393万元（省级民族机动金85项524万元；边境建设事业补助费164项869万元）。借贷款项目资金15项1190万元（乡镇企业贴息贷款5项290万元；温饱基金2项220万元；新增发展资金8项680万元）。

三、“九五”（1996—2000）期间

省民委、省财政厅下达思茅地区民族专项资金438项6707万元，其中无偿民族专项资金414项3555万元（省级民族机动金121项1083万元；边境建设事业补助216项1707万元；少数民族新增发展资金73项729万元；少数民族散杂居地区专项资金补助4项36万元）。借贷款项目资金19项2449万元（乡镇企业贴息贷款2项430万元；少数民族贷款6项920万元；新增发展资金5项410万元；民族商品定点生产和民贸网点建设专项资金贴息5项689万元）；民干培训和民族教育专项补助4项503万元；电脑农业推广补助经费200万元。

四、“十五”（2001—2005）期间

省级管理民族专项资金487项5150万元。其中，省级民族专项资金326项4473万元（省级民族机动金115项1604万元；边境建设事业补助61项599万元；少数民族新增发展资金128项2083万元；少数民族散杂居地区专项资金补助22项187万元）；借贷款项目贴息资金4项15万元（民族商品定点生产和民贸网点建设贷款贴息）；电脑农业推广补助经费162万元；安排市级民族机动金156项500万元。

第二节　重点项目

一、扶持人口较少民族发展

2003 年，地委、行署贯彻落实《中共云南省委办公厅、云南省人民政府办公厅关于采取特殊措施加快云南省 7 个人口较少特有民族脱贫发展步伐的通知》文件精神，制定下发《关于贯彻落实〈中共云南省委办公厅、云南省人民政府办公厅关于采取特殊措施加快云南省 7 个人口较少特有民族脱贫发展步伐的通知〉的实施意见》，明确人口较少民族聚居区发展的指导思想、目标任务、政策措施和组织领导，提出实施温饱和产业化、基础设施建设、科教扶贫、民族文化、人才培养和扶贫等五大工程，加快脱贫步伐。并明确提出对人口较少民族散居的自然村，列入市、县（区）扶贫开发的重点，予以倾斜照顾。2005 年统计，普洱市人口较少民族有布朗族、普米族、阿昌族，人口 16414 人（布朗族 16210 人、普米族 139 人、阿昌族 65 人），主要分布在景东、景谷、镇沅、墨江、澜沧、江城、思茅县（区）19 个乡（镇），34 个村委会。其中，景东县大朝山东镇曼崩村，思茅区思茅港镇大车树村，墨江县景星乡太和村、山碧村、正竜村，景谷县勐班乡芒海村、碧安乡光明村，澜沧县谦六乡打岗村、文东乡水塘村和帕赛村、惠民乡芒景村等 11 个布朗族村被确定为国家重点扶持村，11 个村中有 106 个自然村、131 个村民小组，有 4317 户 19816 人，其中，布朗族 2291 户 9666 人，占全市人口较少民族总人口的 58.8%。除省定扶持的 11 个村外，还有 56 个自然村的人口较少民族人口比例超 20%，有 2213 户 9211 人，其中人口较少民族有 5373 人，散居住于 7 县 15 个乡（镇）的 23 个村委中。2005 年被云南省确定扶持的 11 个村中，6 个村不通电话、7 个村不能接收电视节目、5 个村没有安全饮用水、4 个村没有卫生室，11 个村没有文化室、农民人均纯收入 606 元，农民人均粮食占有量 304 公斤；39 个自然村不通电、30 个自然村不通公路、74 个自然村不通广播电视、82 个自然村不通电话、58 个自然村无安全饮水。2006 年 8 月 9 日，为贯彻落实全国、全省扶持人口较少民族发展工作会议精神，实施好《扶持人口较少民族发展规划（2005—2010）》，市委、市政府召开扶持人口较少民族发展专题会议，会议要求各级政府和相关部门要牢牢把握“共同团结奋斗、共同繁荣发展”的民族工作主题，以改善人口较少民族聚居村基本生产生活条件和增加农民收入为重点，按照“国家扶持，省负总责，县抓落实，整村推进”的方针，以实现“四通五有三达到”，即通路、通电、通广播电视、通电话，有学校、有卫生室（所）、有安全的人畜饮水、有安居房、有稳定解决温饱的基本农田地，人均粮食、人均纯收入、九年制义务教育普及率达到国家扶贫开发纲要和“两基”攻坚计划提出的要求。至 2007 年，11 个村全部实施乡村公路通达工程，已通电、通电话，有完小、卫生室、文化室，农民人均纯收入提高到 1698 元，农民人均粮食占有量 361 公斤，104 个自然村通电、105 个自然村通公路、106 个自然村通广播电视、通电话，103 个自然村解决人畜饮水困难。2005—2007 年，扶持人口较少民族发展投入各项扶持资金 1.81 亿元，其中国家投入 1.43 亿元、占 79.5%，地方配套 0.37 亿元，占 20.5%，规划的 11 个建制村全部实现“四通五有三达到”的目标。各部门的具体投入情况是民委系统以自然村为单位，按“整村推进”方式，投入 3711 万元，扶持 11 个人口较少民族村中的 106 个自然村，扶持发展茶叶 8812 亩，橡胶 6732 亩，紫胶 200 亩，小米辣 1500 亩，96 户农户种桑养蚕，1056 户农户养猪，40 户农户养牛，269 户农户进行民房改造，帮助修建碧安乡光明布朗族村完小和勐班乡芒海布朗族村完小校舍 1331 平方米。修建 9 个群众文化活动场所 1010 平方米，修建 3 个村卫生室 180 平方米，架设饮水管道 6.5 千米，村内道路硬化 10 万平方米，结合以上扶持发展项目开展农村实用技术培训

15000人次；发改系统投入1812万元，完成基本农田地改建、人畜饮水工程、农村能源建设、通路工程、通电工程、文化室、卫生室、广播电视信号卫星地面接收站等建设项目；扶贫办部门通过整村推进，投入896万元，改造贫困户茅草房930户，修建乡村、村组公路9条25.1千米，架设10千伏输电线路8条22.5千米，实施人畜饮水工程21件，“五小”水利工程56件，扶持发展经济林果840亩，坡改梯1022亩，建沼气池755口等。交通部门投入2982万元，建成澜沧县惠民至芒景村60千米四级弹石路；墨江县太和村18千米四级沙石路；思茅区大车树村58千米四级沙石路；水务部门投入495万元，建设人畜饮水工程116件，架设人畜饮水管391.8千米，蓄水量1315立方米，解决116个布朗族聚居村民小组18511人的饮水困难（含散居部分）；云南电网公司普洱供电局投资343万元，完成农村电网改造项目。

二、“兴边富民”行动

1999年，国家民委倡议发起“兴边富民”行动，作为西部大开发战略的专项规划和配套工程，它以加快县域经济建设为着眼点，由政府领导，广泛动员全社会参与和支持，加大对边境地区的投入和对广大边民的帮扶，使边境地区尽快发展起来，边民尽早富裕起来，最终达到富民、兴边、强国、睦邻的目的。2000年，国家民委、财政部将西盟县确定为全国第一批“兴边富民”重点县，根据工作安排，全市民宗系统围绕“兴边富民”行动开展调查研究，基本摸清边境沿线乡（镇）、村建设发展的初步思路。对边境乡中、小学生实行“三免费”教育，2000—2004年，安排“三免费”教育资金2225.42万元，使146895名中、小学生得到照顾；实施2000年澜沧县100万元“兴边富民”行动项目：建盖县民族中学1500平方米学生宿舍，解决600名少数民族学生住宿困难，扶持谦六150户农户发展养殖业，帮助文东乡多依树村架饮水管道7.5千米，解决450户2100人及410头大牲畜的饮水困难，修复竹塘乡甘河村6千米长的邦歪大沟，复灌300多亩农田，解决58户250人的饮水困难，扶持竹塘乡战马坡戒毒农场发展种植业，帮助吸毒人员戒毒，提高劳动技能，扶持文东乡改造900亩老茶园；每年安排市级民族机动金100万元时，资金大多倾斜边境县，在“十五”期间安排边境县200余万元。在中越边境、中老边境、中缅边境创建“兴边富民”示范村，达到“解决温饱，改善基础，增进民族团结”的建设目标。争取4个全国“兴边富民”行动重点县。2003—2005年，投资200余万元，创建“兴边富民”示范点10个。2006年，投资129万元，创建“兴边富民”示范村5个。2007年，投资357万元，创建“兴边富民”示范村12个。启动佤族、拉祜族、景颇族和傈僳族特困民族的扶持试点工作。4个“兴边富民”重点县，国家给予连续扶持。同年，澜沧、江城县被确定为全国第二批“兴边富民”重点县，投入民族专项资金600万元。

三、“两点”示范和“两村”建设

2000年后，“两点”（“民族团结示范点”和“兴边富民示范点”）示范和“两村”（“民族团结示范村”和“兴边富民示范村”）建设得到加强。2003—2005年投资200余万元，创建“兴边富民”示范点10个，投资200余万元，创建民族团结示范点14个。2006年，投资129万元，创建兴边富民示范村5个，投资260万元，创建民族团结示范村7个。2007年，投资357万元，创建“兴边富民”示范村12个。投入资金1598万元，创建民族团结示范村53个。

2003—2005 年思茅市创建“示范点”名称统计表

表 37-2

序号	县区	示范点名称（乡村组）	创建时间（年）
1	景东县	太忠乡麦地村	2003
2	镇沅县	恩乐镇复兴村田心组	2003
3	景谷县	钟山乡河东村河湾组	2003
4	景谷县	民乐镇芒专村新芒迁村组	2003
5	普洱县	磨黑镇星光村官坟箐组	2004
6	普洱县	同心乡同心村头道河组	2003
7	普洱县	把边乡把边村蛮整彦组	2004
8	普洱县	普义乡普义村大寨组	2003
9	翠云区	龙潭乡南本社	2003
10	翠云区	震东乡骂木社	2003
11	翠云区	南屏镇高家寨社	2004
12	墨江县	联珠镇回回村	2003
13	墨江县	龙坝乡竜宾村	2003
14	墨江县	那哈乡牛红村	2003
15	江城县	曲水乡怒那村龙富组	2003
16	江城县	康平乡勐康村坝卡	2005
17	澜沧县	东朗乡勐滨村城子组	2003
18	西盟县	勐梭镇他朗村	2005
19	西盟县	翁嘎科乡竜坎村三联组	2005
20	西盟县	勐卡镇西盟村	2005
21	西盟县	中课乡班箐村	2005
22	孟连县	娜允镇民族团结示范村（拉）	2003
23	孟连县	娜允镇民族团结示范村（傣）	2004
24	孟连县	娜允镇民族团结示范村（佤）	2005

2006 年思茅市“两村”建设统计表

表 37-3

序号	“两村”名称	扶持资金（万元）	建设时间（年）
1	景东县文井镇小碗铺民族团结示范村	20	2006—2007 年
2	镇沅县续建苦聪人大红毛树民族团结示范村	75	2006—2007 年
3	镇沅县续建苦聪人小户南民族团结示范村	75	2006—2007 年
4	勐班乡芒海村大芒海整村推进扶持	25	2006—2007 年
5	普洱县勐先乡蚌扎民族团结示范村	15	2006—2007 年
6	翠云区倚象镇茅草田民族团结示范村	20	2006—2007 年
7	墨江县景星乡太和村大寨整村推进扶持	30	2006—2007 年
8	江城县康平乡勐康兴边富民示范村	23	2006—2007 年

续表 37-3

序号	“两村”名称	扶持资金（万元）	建设时间（年）
9	澜沧县文东乡水塘村旧苦整村推进扶持	32	2006—2007 年
10	孟连县富岩乡大曼糯兴边富民示范村	20	2006—2007 年
11	西盟县力所乡阿佤来兴边富民示范村	30	2006—2007 年
12	西盟县勐卡镇马散村永窝兴边富民示范村	24	2006—2007 年
	合计	389	

四、企业扶持

普洱市 8 个县属于民贸县（思茅区、宁洱县除外），“十五”期间，国家确定普洱市民族特需商品定点生产企业是墨江县木器厂、宁洱民族饰品有限责任公司（原普洱民族五金厂）、澜沧银民金属制品有限公司（原澜沧县五金厂）、澜沧桂桦家具有限公司（原民族家具厂）、澜沧盛鑫陶制品有限责任公司（原澜沧县陶器厂）思茅天兴民族织染有限公司、思茅市民族服装公司、普洱民族纺织厂、普洱民族服装厂、孟连县民族陶器厂、孟连县民族服装厂共 11 家。2007 年，根据省民委、省财政厅、中国人民银行昆明中心支行《关于转发国家民委、财政部、中国人民银行重新调整少数民族特需商品定点生产企业有关问题的通知》精神，市民宗局、财政局、人民银行配合，严格依照通知要求及少数民族特需商品目录（2001 年修订），对各县（区）重新调整申报的企业进行审核上报，经国家民委、财政部、中国人民银行重新确定，普洱市“十一五”期间民族商品定点生产企业是墨江县木器厂、宁洱民族饰品有限责任公司（原普洱民族五金厂）、澜沧银民金属制品有限责任公司（原澜沧县五金厂）、澜沧桂桦家具有限责任公司（原民族家具厂）、澜沧盛鑫陶瓷制品有限责任公司（原澜沧县陶器厂）、西盟县佤山服饰有限公司、镇沅县祥惠木业。“十五”和“十一五”期间，普洱市的民贸企业和民族商品定点生产企业都不同程度地享受到国家在税收减免、贷款优惠利率和财政贴息等方面的优惠政策。“十五”期间返还企业税金 1588.92 万元，“十一五”期间返还 247.3 万元。“十五”期间享受银行贷款优惠利率贴息 697.25 万元，“十一五”期间 136.59 万元。“十五”期间享受财政贴息 65.5 万元，“十一五”期间 95 万元（含省级扶持民族地区企业发展贷款财政贴息资金 90 万元）。

五、电脑农业技术

1992 年，云南省引进国家“863 计划”支持开发的电脑农业专家系统，首先在思茅地区澜沧县的酒井、东回乡试验，显示较好的增产效果。1996 年，在省委、省政府的重视下，电脑农业专家系统列为全省重大农业科技推广项目之一，思茅地区先后有澜沧、江城、墨江、镇沅、宁洱、景东、孟连、西盟县被列入省电脑农业推广县。2006 年起，省电脑农业推广办实行合同推广制。2007 年，在 55 个乡（镇）309 个行政村开展电脑农业推广工作，分别在 11 种作物上应用电脑农业技术，其中，粮食作物有水稻、陆稻、玉米、小麦、冬荞；经济作物有金南瓜、甘蔗、咖啡、茶叶、辣椒、蚕桑，开展电脑农业技术培训 1978 期，培训 9.65 万人次，发放技术资料及指导卡 5.69 万份，完成推广面积 35.83 万亩，新增产值 1394.73 万元，节约成本 202.1 万元，增收节支总额 1596.83 万元。有 7.66 万户农户 29.87 万人受益。2006—2007 年为第一轮合同推广期，普洱市的澜沧、江城、墨江、镇沅、宁洱、孟连县通过课题评审，进入云南省第一轮电脑农业合同推广县，合同期满，申报县全部通过验收。

第四章　宗　教

第一节　佛　教

普洱市是北传佛教和南传佛教的结合部，南传佛教和北传佛教都有传播，在寺庙建筑上多半是北传佛教的建筑模式，碑刻、楹联也用汉文，有着明显的结合特点。另外，受汉文化的影响，信教群众还在风景独特的地方开辟了数十处佛迹赋予一定奇闻。这些佛迹传说是佛祖释迦牟尼在传教过程中留下的脚印、手印、和佛祖传教时与恶魔比试法力时留下的遗迹，供人们信仰观光，每年都有信教群众到这些有遗迹的地方拜佛。此外，还有历代修建的佛塔也成了人们敬佛的场所。像景谷钟山的树包塔和塔包树被誉为中国塔林一绝。上座部佛教传入后，在傣族和布朗族逐渐形成一套完整的信仰制度，男子七八岁起就要到寺庙里做一段时间的和尚，学习傣文和佛经知识，取得一个法名才算为成人，多数男孩在寺庙里只在一段时间，多则几年，少则几个月，有的则终身做了和尚。僧人在寺庙里有明显的僧侣等级，最小从“帕弯”“督弄”“撒迪”“撒米”“尚召”“厅召”“虎娃”“宋列”“阿那他木”逐级的升高。这些等级都是靠佛学知识的深度来确定和提升的。当到撒迪级别后，和尚就不得还俗为民，确实要还俗的，需要用重金赎身。没有当过和尚的人在社会上被人看不起，就连找媳妇也都困难。和尚不从事生产，靠信教百姓们的施舍过日子，和尚每天都要到村寨里化缘，信教群众把施舍给和尚的食物和敬献给寺庙的钱财称之为“赕佛”，信教群众相信这种赕佛越多，来世得享受的也就越多。上座部佛教特别重视戒律。把戒律分为四级：不杀生、不偷盗、不淫邪、不妄语、不饮酒为一级；不吃非食、不观听歌舞、不戴花不抹香水，共八戒为二级；再加不睡高广华丽床、不积蓄金银财宝，共十戒为三级；还有二百五十俱足戒为四级。这些在上座部佛教的经典中有明确的规定，只是各地在戒律的宽严程度上各有一些差别。实行改革开放以来，信仰上座部佛教的民族聚居地区社会经济发展很快，傣族和布朗族的生活水平有了较大的改善，青少年中大部分人都到学校接受国家的义务教育，或到更高等的学校读书，学历高的找到工作，有的外出谋发展，社会地位和经济地位都不错，愿意到寺庙里长期当和尚的人日渐减少。信教的百姓们的观念也有较大的变化，有了钱用于买车子、盖房子、开发产业和娶妻生子、成家立业的人多了，自愿用来赕佛的钱不多，形成寺庙破损、无钱维修、危房增多。和尚的生活水平不如同龄的世俗民众，多数和尚不愿在寺庙久呆。如此，导致佛学知识高深的和尚难以培养，僧侣断层面大。截至 2007 年，全市有 178 个上座部佛教寺庙，群众的信仰活动得到国家宪法和法律的保护，信教民众 12 万余人，以景谷、澜沧、孟连、江城县为主要传播区。

第二节　伊斯兰教

伊斯兰教传入普洱的准确时间现已无可稽考。作为回族全民信仰的伊斯兰教是随着回族迁入普洱而传入的，据此推算，则至今已有600多年的历史。最早传入普洱的教派是格底木，俗称老教。“格底木”系阿拉伯语的音译，是“古老”或“遵古”的意思。元朝忽必烈征战大理国，元将赛典赤·瞻思丁建立云南行省，明朝傅友德兵取云南，清朝鄂尔泰“改土归流”等，大量的回族进入普洱。从此，有回族居住的地方就有格底木的信徒，主要分布在思茅、宁洱、景谷、景东、澜沧等县（区）。

哲赫林耶系阿拉伯语，意为“高念”或“彰明”，因公开高声念经，故有高念派之称，在云南俗称“新教”。清乾隆四十六年（1781）西北回民苏四十三领导的撒拉族、回族哲赫林耶穆斯林反清起义失败后，哲赫林耶教派始传者马明心因此被清廷甘肃布政使王廷赞所杀，在乾隆皇帝的部署下，将马明心所遗“男丁虽幼，改发云南烟瘴地方”“监毙”。马明心长子马顺清、三子马顺真等一批不满12岁的男孩，充军到云南。马顺真充军途中病殁于抱母井（今景谷县凤山乡抱母井村）。马顺清被古城三爷马云兆阿訇探知，跟随至他郎（今墨江县），以重金买通武官孙世恒，得予解救，免遭“监毙”。马顺清被营救出狱后，在马云兆的帮助下，在今墨江回回村定居，购买土地，娶妻立室，子孙继出，哲赫林耶教派遂传人墨江并得以流传。哲赫林耶教派信徒主要分布在墨江哈尼族自治县。

元朝统一中国后，为开发云南边疆，巩固元政权，创建了云南行省，任回族大将赛典赤·瞻思丁为云南行中书省平章政事。这一时期，回族大量迁入普洱，后又经过长期的迁徙和战乱，回族以小集中大分散的特点落籍于景东县的林街、保甸、安乐寨子；景谷县的大街、碧安、桥头、迁糯寨子；宁洱县的北门寨子；墨江县的回回冲；思茅区的思茅镇；澜沧县的坡脚、扎屋寨、土塘、田房、大桥头、丫口寨、团山寨、大山贤官寨等。伊斯兰教以一座清真寺为中心的回族聚居区叫作一坊或称“教坊”。各教坊之间，自主行教，互不隶属。清真寺设管事3人—5人，负责经费收支、寺宇维修、节日活动安排等事务。民国9年（1920），宁洱县成立“中国回教俱进会滇支部普洱分会”管理教务，1950年改为宁洱回族联合会，1958年后自行消失。据1989年统计，思茅地区清真寺有管事39名，阿訇28名。主持经堂教育的阿訇称“开学阿訇”，多为从外地或外坊聘请的学识渊博的学者，其任期不定。学员称“海里发”，学期不定，而且可以任意改换门庭或同时以几位阿訇为师。如果老师认为弟子学业已成，便为其举行“穿衣”仪式，每人发一件袍式绿呢大衣，既是文凭，又是受聘当阿訇的凭证。据中华人民共和国成立初期统计，普洱开办经文学校的清真寺有景谷县碧安勐主清真寺、永平勐戛清真寺，景东县林街清真寺，墨江县回回村清真寺。1966年“文化大革命”开始后，全部经文学校全部停办。中共十一届三中全会后，宗教活动逐步走向正常，经文学校也相继开办。1989年，全地区开办的经文学校有景谷县勐主清真寺、景东林街清真寺、墨江县回回村清真寺，在校学生共137人。

2007年，普洱市有信仰伊斯兰教的教徒5000余人，有清真寺18座。其中，景东林街、保甸、安乐3座，墨江县1座，澜沧县坡脚、扎屋寨、土塘、田房、大桥头、丫口寨、团山寨、大山贤官8座，思茅区1座，宁洱县1座，景谷大街、碧安、桥头、迁糯4座。景东、墨江、思茅区、澜沧县（区）的清真寺开设有经堂教育。伊斯兰教对穆斯林的行为和饮食都有严格的规定：不拜真主以外的神灵；禁止对父母不敬；禁止残杀儿女；禁止接近邪恶；禁止杀害不可杀的人；禁止侵吞孤儿财产；禁止称量不公；禁止说话不主持公道；禁止不完成真主之约；不得离开正道。明确规定禁食的有：自死物（非宰杀而死的）、血液、猪肉及未诵真主之名而宰杀的动物等。

第三节　基督教

基督教以《旧约全书》和《新约全书》为经典，通称“圣经”。《旧约全书》39卷，有律法、历史、智慧、先知四部分。《新约全书》是“圣经”的第二部，共27卷，包括福音书、使徒行传、使徒书信、启示录四部分，均为基督使徒著作的汇编。“赞美诗”是赞美上帝和基督教的圣歌，是对上帝和基督（也称耶稣）的赞颂、感恩、祈求，它与圣经一样是基督教经典的组成部分。中华人民共和国成立前，普洱基督教徒使用的“圣经”“赞美诗”多为英国、美国教会出版。中华人民共和国成立后，汉文、拉祜文、佤文版本的“圣经”和“赞美诗”均由上海基督教圣经公会专门印刷和发行，信教群众几乎每户一套或人手一册。信徒共同信奉循守的戒律有：只崇拜上帝而不可拜别神；不可制造和敬拜偶像；不可妄称上帝的名字；须守主日（礼拜日）；必须孝敬父母；不可杀人；不可奸淫；不可偷盗；不可做假见证陷害人；不可贪恋别人妻子和财物。除这十戒外，还规定不饮酒、不抽烟、不打歌、不放荡；青年男女恋爱通过教堂搭桥牵线，结婚仪式一般在教堂举行。

2007年，普洱市有基督教活动场所288处，有信教群众10万余人。其中，多数是边疆地区，边远山区和贫困地区的少数民族群众。澜沧上允、文东、安康等地信仰基督教的佤族使用佤族文字排版的经书和赞美诗传教、澜沧东回、糯福、木嘎等地信仰基督教物拉祜族使用拉祜文排版的圣经和赞美诗传教，墨江、江城等地的哈尼族、彝族和汉族信教群众用的是汉文排版的经籍。基督教的十条重要戒律：除上帝外不可敬拜别的神；不可敬拜偶像；不可妄称上帝的名字；当守安息圣日；当孝敬父母；不可杀人；不可奸淫；不可偷盗；不可作假证陷害人；不可贪恋别人的妻子财物。要求基督教徒具备信、望、爱3大美德。

第四节　原始宗教

原始宗教信仰，是原始社会时期的一种有神信仰的残留，是一种产生于原始社会的意识形态，虽然生活在普洱这片土地上的各民族都已经进入到社会主义社会时代，但各民族中仍然保留着许多从原始社会早期流传下来的信仰形式。这些信仰有的源自远古时期的万物有灵观念，灵魂不灭观念和祖先崇拜观念，这种观念经过长期的演变发展形成了一种文化现象，各民族的原始宗教繁衍孕育出丰富的民族文化。这些民族文化包括原始哲学、天文历法、教育、医药、民间故事、音乐舞蹈、绘画雕塑、择基建筑、伦理道德、族规族纪、服饰刺绣、祭祀娱神、丧葬、婚姻习俗等等。这些都是构成各民族丰富多彩的民族物质文化和精神文化的重要体系。原始宗教信仰：相信万物有灵和灵魂不灭，信仰者认为人死后灵魂离开了躯体而仍然存在于世上，动物死后其灵魂也会依附在什么东西上，还会变成另一种或另一个动物，不能随意冒犯，就是一棵古树也会有灵魂依附，砍了树还要给它招魂，不然也会被树鬼纠缠。人死后死者的灵魂还守在周围，要给亡灵敬献各种生前喜爱的东西。每逢节日和喜庆的时日子，要给亡灵献祭，让死者也获得享受，这就说灵魂长期存在，要世代相传加以敬献。自然崇拜，神奇而又奥妙无穷的自然现象是相信万物有灵的根源。每逢人们遇到各种不寻常的现象发生时都要为其做出解释，如：风灾、水灾、雷电、日食、月食、瘟疫、地震这些现象让人们产生敬畏感，恐惧感。一旦遇到这些反常现象就认为是人们冒犯了这些自然神灵而导致的，都要礼敬和献祭。人的生老病死，或遇到自然灾害时都认为有一种超越人的能力的神灵存在，觉得是神灵在起作用，是神灵对人们不轨行为进行惩罚。受害者要对自己的日常行为进行检点。要做一些相应的祭祀。动物崇拜，人们对动物，不论是野生的还是家养的都认定他们有生命，有知觉也就有灵魂。为了不得罪这些灵魂，狩猎时要献祭，禽畜有了疾病瘟疫都要献祭，过节日时要为禽畜叫魂。图腾崇拜，每个民族都有自己的图腾，是一种受全族人敬仰崇拜的动物或是一种植物，是一种庇护神，只要属于是本民族的图腾就要加以保护，不能伤害，不能遗弃。祖先崇拜，是许多民族都共有的一种现象，人们相信先辈死了以后其灵魂都将回归到本民族的发祥地。老人去世后要请会指路的人给死者引路，带死者的灵魂按照祖先们迁徙来时所经过的路线，由近到远逐程回到祖先故地，和祖先们在一起。在这个灵魂回归的过程中不能走错了路，也不能忘记祖先们的名号，要不然就不能顺利地回去，凡是回不去的灵魂就得不到祖先们的接纳，就会变成孤魂野鬼。未成年或无后代的人死后也回不到祖先那里也，没有人愿送他们回去，祖先们也不会接纳。族人里有大的喜庆都要献祭祖先，只有得到祖先们的欢喜和保佑族人和家人才会兴旺。生殖崇拜，生殖崇拜包括对男根崇拜和母体崇拜、这种崇拜现象在普洱各个民族中都有许多形式。巫术，是原始信仰中的一种普遍现象，巫术有念咒、驱鬼、禳灾和巫卜等多种形式，各族有各有不同的做法，但是它都代表着神的意图。哈尼族的巫术由“贝母”来传承、彝族由“毕么”来传承、拉祜族由“磨巴”来传承。巫卜的方法很多，有用鸡骨头看吉凶的，有杀年猪时看猪肝断吉凶的，佤族有剽牛时，看牛的倒向断吉凶的，有煮鸡蛋看吉凶的，有子女出生时的形状断吉凶的，有用松树枝分成两半抛掷看吉凶的，总之，家禽家畜的肝、胆、骨可以看吉凶，出家时路上遇到的飞禽走兽都可以断吉凶，拉祜族中的“磨巴”还会用嘴咬病人身体，用咬出来的杂物来辨别鬼神断吉凶的。神山、神林、神树、神洞、神湖，原始信仰把每一个天然生成的物体，只要有一定的规模的名山名景就要赋予神灵，加以敬奉，甚至举行全寨性的祭祀，以提高神的威力，人们对这些大神敬而远之，不敢冒犯。总之，在普洱这片土地上生存的诸多民族，或多或少都保留着原始信仰的遗存，各族各支系也有不少的信仰形式，原始信仰所产生的民族文化精彩纷呈，它既是人们研究社科人文，弘扬民族传统文化的基石，也是人们革除落后习俗、提高科学素质的一个重要方面。

2007 年普洱市宗教场所登记表

表 37-4　　单位：处（点）

县（区）	总数	基督教教堂	南传上座部佛教寺院	汉传佛教寺院	伊斯兰教清真寺
景东	3	—	—	—	3
景谷	85	—	81	—	4
镇沅	1	1	—	—	—
宁洱	12	9	—	2	1
墨江	78	77	—	—	1
思茅	39	37	—	1	1
江城	40	40	—	—	—
澜沧	136	101	27	—	8

续表 37-4

县（区）	总数	基督教教堂	南传上座部佛教寺院	汉传佛教寺院	伊斯兰教清真寺
孟连	84	18	66	—	—
西盟	6	1	5	—	—
合计	484	284	179	3	18

第三十八篇

人物

第一章　人物传

黄定国（1913—1951），男，汉族，云南省景东县人。

1945年，到西盟勐梭经商。1947年年初，被勐梭爬街寨的国民党保长肖建生聘为教师。从教后，关心学生，救济贫苦，寻求革命真理。1948年，与肖建生之女肖小莲结婚。婚后，在妻子肖小莲的帮助下，与进步人士肖子祥、代炳全等人一起，团结民众及进步土司头人等一切可以团结的力量，反对国民党和反动头人的统治。

1949年，在全国解放接近尾声之际，国民党军残部和反动头人在西盟境内外互相勾结，西盟仍然处于黑暗统治之下。黄定国暗中侦察敌情并向中国人民解放军报告。在学生中宣传革命思想，教育学生听共产党的话，跟共产党走。

1950年年初，中国人民解放军驻澜沧县竹塘部队准备进军勐梭，盘踞勐梭的国民党军残部和反动头人闻讯仓皇逃窜，途中遗马两匹，黄定国和肖子祥把马赶到竹塘上交解放军。部队为感谢其支援，赠盐巴一驮分给群众。解放军进驻勐梭后，黄定国多次给解放军当向导，向解放军报告敌情，为解放西盟提供便利。

1951年5月13日，国民党逃缅军官屈洪斋与境内恶霸舒炳忠勾结，攻陷西盟区人民政府，西盟人民重陷困境。黄定国积极联系群众抵抗国民党反动势力，引起了国民党军残部和反动上层头人的注意；8月17日，当地反动头人大云昌经过精心策划，勾结国民党军残部的中队长黄道武，扑向勐梭爬街寨，黄定国被抓捕，押到西盟关入牢房，受尽严刑拷打，宁死不屈；9月2日，黄定国被押赴刑场，牺牲时年仅38岁。

龚国清（1902—1952），男，字志夷，汉族，云南省石屏县人。

民国初年龚国清随父母迁入澜沧县，定居竹塘乡田坝，以加工经营银饰为生。儿童时代与其弟回石屏读书，青年时回澜沧从事教育工作。因教学有成，1931年被推荐到云南省地方自治训练所学习，结业回澜沧后任该县地方自治筹备处主任。此后又任第一区区长多年，其间曾组织部分民众开垦勐朗、勐滨。1934年英军侵占班洪，他积极参与发动群众捐钱捐粮支援西南民众义勇军抗击英军。1942年日军南进，缅甸沦陷，国民党远征军退入澜沧一带，地方人心惶惶，一片混乱，龚国清受澜沧县政府委派，与张石庵、李晓村、黄道能一起前往孟连、西盟、木戛等边沿少数民族地区安抚群众，组织民众抗击日本侵略者。

1949年1月，中共地下党组织在澜沧组织发动解放澜沧的武装斗争，时任东朗乡乡长的龚国清毅然弃暗投明，接受共产党的领导。同月下旬，在地下党领导的武装部队进攻澜沧最大的反动势力募乃石炳麟部的战斗中，龚国清接受革命武装部队负责人傅晓楼的委托，写信劝说驻在竹塘南本的侄婿吴应祥（石炳麟的主力）率部起义。吴应祥的起义，使石炳麟部土崩瓦解，顺利结束募乃战斗，澜沧全境获得解放。1950年6月，龚国清被任命为竹塘区区长。同年7月，他受党和政府的委托，进入阿佤山动员与他结拜过兄弟的班箐佤族头人拉勐赴北京参加国庆观礼，但拉勐疑虑较大，不敢前往。龚国清便自费购买价值数千元的棉布、盐巴、大米、猪肉和酒，带着三弟龚国康等人到拉勐家劝说，经反复开导，拉勐提出要以人质抵押才肯赴京，龚国清毅然将自己的二儿子龚兆东送到拉勐家做人质，才使从未离开过阿佤山的拉勐头人赴京参加1950年的国庆观礼活动。拉勐回到宁洱后又参加普洱区第一次兄弟民族代表会议和民族团结盟誓大会，亲自剽牛并在《民族团结誓词》碑上签名，该举在边疆民族地区产生了深远影响，为民族团结做出了贡献。

1951年3月在镇反中，龚国清被错捕送往宁洱，1952年5月释放，在经勐主返回澜沧途中得急病去世。1985年，按照党的政策给予龚国清平反，恢复他爱国民主人士的名誉。

王光表（1911—1967），又名王灿辉，男，云南省宁洱县人。

1929年，王光表借钱到昆明双塔寺求实中学半工半读念高中，参加了中共地下党领导的“互济会”。1930年春，考取东陆大学（云南大学前身），参加中共外围组织“反帝大同盟”，同年底参加了“CY”（共青团）。1931年年初，参加了“CP”（共产党）。1931年2月，为掩护地下党员李晓村，被捕入狱遭严刑逼供，仍坚贞不屈，保护了李晓村的安全和党组织的机密。关押三个多月后，昆明市长熊丛周（中共地下党员）视察监狱，以“嫌疑误捕”“证据不足”而被释放。出狱后党组织派王光表前往曲靖中学任教，继续地下工作。1933年，王光表回宁洱后与党组织失去联系，仍继续开展各种形式的对敌斗争。他与同事李开运（“CP”成员）组织“反帝大同盟”和“社会科学研究会”，组织学生学习马列著作，宣传土地革命等共产党的各项主张。1936年，国民党县党部庆祝蒋介石五十寿辰，王光表组织学生罢课游行示威。1937年，因组织学生演出戏剧、募捐等活动而被省教育厅开除教籍。

1941年，王光表被选为思普区民众代表赴昆明见省主席龙云，并请求成立抗日自卫大队。1942年至1944年秋，王光表在澜沧县乡村师范任教，与爱国进步人士罗正明结拜为兄弟，积极鼓动罗正明出任澜沧县保安自卫大队长，为日后成立“佤山抗日游击队”做准备。其间，他曾回宁洱奔父丧，应民众要求创办宁洱简易师范并任校长兼县教育科长。

1944年夏，佤山抗日自卫总队成立，王光表担任政治部主任，他从昆明带回《新华日报》《大公报》《民主周刊》等进步报刊到佤山，作政治形势教育，传唱抗日救亡歌曲，制定严格的军规军纪，宣传并执行党的抗日民族统一战线政策。一次，大部队开往新地方，允恩司令部只有王光表等20多人留守，日伪军200多人直逼允恩。王光表向留守部队下达了死命令，誓“与阵地共存亡”。在敌强我弱、众寡悬殊的情况下，经数小时激烈战斗，毙敌总指挥，击退了敌人。

1946年，王光表任普洱中学校长，从昆明聘请吴必强、常少文、杨戈、贾铸贤等一批进步老师，购买大量进步书籍。学校读新书、唱新歌、演新剧蔚然成风。在进步思想的影响下，其后普洱中学大部分师生参加了革命。在普洱中学期间，王光表与罗正明一直保持着密切联系，及时向罗正明提供思普专署及保安三团的动态。1948年，国民党云南省政府派禄国藩到普洱召开各地实力人物会议，王光表及时写信派专人送往勐主。1949年，云南人民自卫军普光部队围攻宁洱，3月11日晚，宁洱城内国民党军政人员突然弃城而逃。地霸张孟希写信威胁普光部队称：“若你部敢进驻宁洱，誓与你血战到底！”王光表与进步人士朱齐光星夜赶到城郊回龙寺找普光部队，汇报了城内的情况，普光部队连夜进驻宁洱，和平解放了宁洱县城。

普光部队解放宁洱后，王光表担任宁洱自治委员会主任，为普光部队筹粮筹款，解决给养问题。思普专员公署成立后，王光表在民政科任行政股长兼优抚股长。1952年3月，因“复兴党”一案蒙冤被捕，判刑8年。1967年逝世。1985年8月，经思茅地区中级人民法院复查，撤销原判，宣告王光表无罪，冤案终得平反。

岩对（1940—1971），男，佤族，西盟县莫窝人，中共党员。

1956年，人民政府把他从奴隶主家解放出来。1958年莫窝乡成立民兵联防队，岩对任队长。同年7月，盘踞在境外的国民党军残部勾结境内反动势力，欲组织武装叛乱。8月26日晚，岩对在执勤中发现几个反动头人组织一批叛乱武装骨干开会，准备突然袭击区政府。岩对立即向区政府作了汇报。9月7日，数百名叛乱武装分子包围了区政府，并威胁岩对参加暴乱，岩表示坚决跟共产党，与叛乱分子血战到底。9月8日，区政府被敌人包围了一天一夜，通往西盟的电话线被敌人切断，岩对召集民兵分析敌情后，率6名民兵迂回到敌人后面袭击，打死打伤敌人各一人，并动员群众修筑工事，准备战斗。9月9日，叛乱武装向区政府发起进攻，岩对率领联防队员，配合民警队和区政府工作人员反击，战斗进行一个多小时后，他跃出工事，爬到敌人火力死角的土坎下，封锁敌人进攻要道。为了尽快与上级取得联系，区政府派岩对到两公里外的部队驻地送信。他避开敌人封锁线，钻草丛，攀悬崖，将信送到。深夜又随部队返回继续参加战斗，直到平叛的最后胜利。在这次平叛战斗中，他先后击毙叛乱武装分子3人，缴获长短枪13支。

1960年，岩对赴京参加全国民兵代表大会，中央军委授予他“全国民兵英雄”称号，并奖励半自动步枪1支，子弹50发。

1964年10月，在追捕爆炸西盟新华书店的匪徒途中，不幸从两米多高的木桥上摔下深沟，身负重伤，经多年治疗，于1971年2月病故。

方仲伯（1910—1987），男，汉族，四川省万县人，受过私塾到中师教育。

1932年参加抗日运动。1933年7月加入中国共产党。1948年参加滇南武装斗争，历任云南人民自卫军新峨支队政委、云南人民讨蒋自卫军第二纵队七支队政委、二纵队随军干校教育长，中国人民解放军滇桂黔边纵队副司令员、代司令员。1950年任普洱区行政专员公署专员，1951年任普洱区民族民主联合政府专员。同年参加省委党校整党，结束后调省文教厅任秘书长。1953年调云南大学筹组云大党委会。1958年在云南反“地方主义”中被错划为“右派分子”，1979年平反后任省政协常委兼副秘书长。

1929年，方仲伯考入江苏省警官学校。1932年考入北平的高等警官学校，加入爱国进步组织“北方左联”。1933年，国民党镇压“左联”，方仲伯秘密离开北平转移到张家口，参加冯玉祥、吉鸿昌领导的“抗日同盟军”，担任政工队长。同年7月，方仲伯加入中国共产党。

1935年2月他到上海，在警官训练所及正行中学任教，还在暨南大学任警卫科长。这期间，他参加上海文化救国会。上海沦陷，方仲伯到武汉八路军办事处要求安排工作。经李克农介绍，担任民主战士李公朴的秘书，并参加了全民通讯社和青年记者学会，随李公朴宣传全民抗战，为李提供演讲、论文资料。1938年9月，方仲伯到达延安，进入抗大直属队学习。1939年8月，中央组织部和社会部派他回四川，在八路军办事处找到周恩来，安排他以单线联系方式做地方实力派的工作，并仍担任李公朴的秘书。

1941年皖南事变后，方仲伯撤退到云南，隐蔽在建水县建民中学教书。1946年昆明发生国民党反动派杀害李公朴、闻一多惨案后，方仲伯到重庆西南局找到董必武，董介绍他去香港华南分局找负责人方方，研究云南开展武装斗争问题。方仲伯回到昆明，与云南省工委取得联系后，即南下参加滇南武装斗争。他先参加了在元江县小柏木举办的建军干部训练班，到宁洱县磨黑会同思普特支成立思普临时军政委员会。1948年冬到峨山组建新峨支队并任政委；云南人民自卫军在元江县因远整编为第二纵队，方仲伯为总支委员、第七支队政委。二纵队进入宁洱后整编为中国人民解放军滇桂黔边纵队第九支队，方仲伯任副司令员、代司令员。

1950 年 4 月，宁洱区人民行政专员公署成立，方仲伯任专员。1951 年元旦，他在普洱“民族团结誓词碑”上签了名。同年 3 月，在普洱区第二次民族代表会议上当选为普洱区民族民主联合政府专员。

1958 年在云南反“地方主义”运动中，他和妻子郭秀莹（曾任普洱专署秘书室主任）都被错划为“右派分子”。1979 年他被错处冤案终于得到平反改正，任省政协常委兼副秘书长。他组织陶行知研究会和世界语协会等学术团体，创办过工业经济管理刊授联合大学昆明分校和社会大学，并收集编写出版了李公朴文集、故事、纪念文集等著作。

林直中（1905—1991），男，汉族，又名林如标，云南省景谷县人。

林直中 12 岁开始学做陶器，肩挑坛罐走村串寨售卖。21 岁时，以 5 块本钱学做生意。30 岁时，逐渐发展成景谷县碧安乡勐主街有名气的工商业户。后来生意做到缅甸、泰国等东南亚国家。

抗日战争时期，林直中出面为抗日游击队购买武器并亲自运送到滇缅边界抗日前线。为支持抗日，他捐出 10 匹骡子，调拨给 8 人，捐出半开（银圆）2000 元，盐 3000 斤。同时，出入于滇缅边境地区，沟通团结各民族上层人士积极支持抗日。1947 年，修建碧安勐主街道，因其承担了大部分费用，人们把这条街命名为“直中街”。1948 年，捐半开 3250 元，大米 5 石，资助修建勐主小河上的“三友桥”。

1944 年，在当地的“财神会”会上，罗正明提议大家捐款 10000 元半开，保送 5 名学生上昆明求学，但只捐得 7000 元。林直中则建议在勐主街兴办一所中学，等于送 50 名学生上昆明。征得大家同意后，林直中一人捐了 10000 元。学校建成后取名“碧光中学”，林直中任常务董事。1945 年春季开学，每年招收一个班。为支持地下党工作，林直中捐赠 7 条毛毯；还为地下党开办的“勐主干训班”捐大米 140 石、半开 17200 元。

1949 年春筹建反蒋武装“普光部队”时，林直中把家中所有的武器全部捐给革命，约合半开 3 万多元，又为部队捐赠军衣 650 套、鞋子 80 双、稻谷 100 石、半开 4500 元。1949 年 6 月，景谷县人民政府成立后，勐主成立商会和工会，林直中被选为商会主席，成立了碧安区轻工运销合作社，并被选为社经理。他为工会投资 1000 元半开，借款 2000 元半开。1949 年 11 月，景谷地霸李希哲发动武装叛乱，他积极支持平叛工作，捐款捐物，还为晚上站岗的民兵供应冰糖和鸡蛋。

1950 年 1 月，中共思普地委和思普临时行政委员会成立思普区公私合营合作社勐主总社，并任命林直中为总社总经理。总社成立后，他召集工商户开会，动员大家投资，并带头投资半开 20000 元，到 1951 年 1 月，他先后投资半开 39000 元。1950 年年底，为确保中央关于“进军西藏”的物资需要，他同意把佛海县分社收起的 55000 余公斤茶叶合并给中茶公司。并亲自安排 1100 匹骡马，及时将茶叶运送到西藏。

中华人民共和国成立后，许多商人怕国家政策有变，纷纷将本钱买成货物运往缅甸、泰国，还有的逃出国外。林直中却亲自到缅甸、泰国动员在外营业者把所有流动资金收齐，全部买成国内紧缺物资运回国内，运回物资合计价值 158400 元。另外，他在勐主街有一个叫“直兴利”的商店，店内物资价值合计半开 32000 元，家中库存的黄金 135 两，冻结的半开 950 元。商号和货物现金，全部无偿交给政府。

1951 年，他被错判劳改 10 年，后又被戴上“四类分子”帽子管制监督改造。1984 年，落实政策，平反恢复名誉，担任县政协常委，享受副处级待遇。1986 年 12 月，林直中离休，仍积极发挥余热，为各级组织落实历史冤假错案和遗留问题提供材料，向在国外的朋友、同行写信宣传党的统战政策和华侨政策。1991 年林直中病逝，1999 年 6 月，在“庆祝景谷人民政权建立 50 周年”大会上，被县委、县政府追授予“人民英雄”光荣称号。

李光华（1931—1993），男，原名李福保，拉祜族，生于云南省澜沧县西盟土司家庭。

1941—1948 年，李光华读小学，其间景谷县爱国人士罗正明和与党组织失去联系的李晓村、进步青年尹溯涛等人在阿佤山建立抗日游击队，李光华受到革命思想的影响。1947 年其兄病故，李光华继承土司职位，并任保长，与李晓村、尹溯涛交往密切。1949 年 2 月，在中共地下党领导的游击队解放澜沧时，李光华积极组织西盟各族群众配合围堵逃往西盟的残敌。同年，建立人民政权后，任西盟村村长。1949 年年底至 1950 年年初，逃往境外的国民党残余部队与境内反革命势力相勾结，向西盟人民政权反扑，李光华组织各族群众在中课一带堵截和打击敌人。1951—1952 年，李光华被送到西南民族学院、中央民族学院学习。1953 年 4 月，被选为澜沧拉祜族自治区人民政府主席（后改为自治县县长）和县第一届政协主席。

20 世纪 50 年代，边疆情况复杂，境内外敌人经常骚扰破坏，各项工作较难开展。李光华任县长后，经常深入情况复杂的西盟宣传党的民族政策，做工作，并采用民族传统仪式与他们盟誓交友，为民族团结、边疆稳定做出了贡献。1953 年 7 月，茨竹河的拉祜族与中课的佤族发生了相互枪杀和砍头的流血事件，中课大寨发生砍死解放军测量队员的事件，李光华受澜沧边工委委托，不顾个人的安危，带着盐、布、酒等进入敌特活动十分频繁的中课地区，做佤族头人岩顶、岩枪等人的工作，经过耐心说服和谈判，争取了中课头人，并动员岩顶、岩枪等人到北京参观。同年 10 月，李光华参加中央慰问团赴朝鲜慰问中国人民志愿军。1954 年起，被选为全国一、二、三届代表大会代表、全国人大民族事务委员会委员。1956 年 3 月，敌特在中课一带造谣破坏，部分群众受到煽动，使工作极难开展。李光华受边工委委派，与其他领导干部一起进入中课与头人反复谈判，耐心宣传党的政策，并与他们喝了鸡血酒，争取了头人和群众。同年，李光华加入了中国共产党。

1987 年，任思茅地区政协工委主任。1988 年，任省第六、七届政协委员和全国第七、八届政协委员。1993 年 5 月初，李光华带病参加云南省七地区政协工作联席会议，中途病情恶化，经多方抢救无效逝世。

张绍兴（1919—1994），男，白族，小学文化，云南省元江县人。

1948 年后离家到孟连谋生。1949 年 4 月，在澜沧县孟连区参加革命工作，先后任孟连小学教师、孟连区人民政府民政助理。张绍兴能说一口流利的傣语，对拉祜族语言和佤族语言也基本能说会听，与当地群众往来友善。1954 年，孟连自治区（后改称自治县）成立前后，张绍兴分别在景信乡和县商业局工作，后调县商业局国营食堂任经理、商店售货员等。1984 年 3 月，经上级批准离休。1994 年 3 月病逝。

张绍兴是普洱《民族团结誓词》碑上 48 个签名者之一。1991 年 1 月 1 日，地委组织《民族团结誓词》碑建碑 40 周年庆祝活动，张绍兴作为当年在碑上签名还健在的 7 人之一，应邀参加庆祝活动。同年 7 月，因其在“边疆工作 30 年以上，并做出积极贡献”，荣获中共思茅地委、思茅地区行政公署颁发的荣誉证书。

张绍兴自参加工作起，始终拥护党的领导，热爱祖国，热爱边疆，热爱社会主义，注重与各民族的团结，一生认真扎实地履行着自己在《民族团结誓词》碑上签下的誓言。

张华俊（1912—1994），男，原名张师载，汉族，河北省遵化县人。

1936 年加入中国共产党。1944 年西南联合大学毕业。1947 年任中共云南省工委委员、中共滇南工委书记。1949 年 7 月任中共思普地委书记；8 月，任中国人民解放军滇桂黔边纵队第九支队政治委员。1950 年 4 月，中国人民解放军第 13 军 39 师进驻思普地区。思普地委更名宁洱地委，部队主要领导兼任地委第一书记，张华俊任第二书记。1951 年 3 月，张华俊调离思普地区，先后任中共个旧市委书记、市长。1952 年整党中，受到错误处理，被降职安排到国家第二机械工业部、成都电讯工程学院、中国科学院宇宙射线所等单位做普通工作。1982 年，中共云南省委复查否定了整党时对他的错误结论，为他落实政策。同年，经省委批准，张华俊离职休养，享受副省级单项待遇。

张华俊早年就读于天津南开中学，1933 年考入清华大学电机系，在学校参加中国共产党领导的中华民族武装自卫会、学生爱国会、社会主义联盟等进步组织。1935 年，加入了党的外围组织“中华民族解放先锋队”。1936 年，经蒋南翔介绍加入中国共产党。“七七”事变后，张华俊按八路军办事处的指示，组织战地服务团到台儿庄前线服务。

1941 年张华俊到昆明，在西南联合大学复学，1944 年毕业。1945 年，党组织派他下乡，先后在华宁县盘溪中学、石屏县宝秀中学和建水县临安中学，以教书为掩护建立党的工作据点。1946 年 8 月，负责滇南地下党工作，建立党的基层组织。至 1948 年，党的组织已遍布滇南建水、石屏、个旧、开远、蒙自、屏边、龙武（现属石屏）、曲溪（现属建水）、金平、元江等县的广大农村。1947 年，张华俊任中共云南省工委委员，分管滇南片区工作。同年 12 月，中共云南省工委在建水召开会议，决定把滇南作为重点发动地区。他和滇南党组织的同志，开展建立革命武装的各项工作，培训武装骨干，发动青年参军。其间还到元江县，与当地傣族党员范嘉乐组织了打响滇南武装第一枪的“撮科起义”。1948 年 7 月，中共滇南工委成立，张华俊任书记。同月 15 日，滇南党组织领导在元江县朋程村建立的第一支革命武装举行建军大会。张华俊代表滇南工委在会上宣布“云南人民自卫军”正式建立。不到半年，队伍发展到 7 个支队 3000 多人。

1949 年 1 月，根据云南省工委决定，自卫军集中到元江县因远坝，整编为云南人民讨蒋自卫军第二纵队，张华俊任政治委员。4 月，第二纵队开赴宁洱与思普特支、普光部队、滇南边区人民自卫军第一支队会师，建立了包括 17 个县的全省最大的游击根据地。7 月，中共思普地方委员会成立，张华俊任书记。接着，云南人民讨蒋自卫军二纵队改编为中国人民解放军滇桂黔边纵队第九支队，张华俊任政治委员。

1949 年秋，在解放军野战部队即将进入西南边疆的前夕，国民党反动势力和当地地霸勾结，思普地区多处发生反革命武装暴动，形势极为严峻。以张华俊为主要领导的思普地委，带领全地区党政军民平息了敌人的叛乱，巩固了革命根据地。

1949 年年末，全国解放战争进入清扫残敌的最后阶段，解放大军分几路向云南挺进追歼残敌。1950 年 1 月，思普地委成立以张华俊为主要领导的阻匪迎军委员会，动员组织全地区军民积极筹集粮草，组织部队和民兵设防备战，配合、支援野战军阻击残敌。

1994 年 12 月，张华俊因病逝世。按他生前与夫人施佩珍不保留骨灰的约定，骨灰撒在他战斗过的建水县泸江河中。

杨佩琼（1931—1996），女，四川省泸州市太安人。

1954 年，杨佩琼四川江津园艺学校园艺专业毕业后分配到云南，先后在华宁县盘溪中山农场、玉溪地委合作干部学校、呈贡县农牧站、晋宁县农科所工作。1960 年调思茅果牧林场。1994 年退休。1996 年 5 月突发急症病逝。

杨佩琼在思茅果牧林场从事技术工作期间，与职工一起开荒育苗，先后种植果树 8810 株，其中柑橘 5850 株。由于精心培育管理，1981 年柑橘平均单产达 1800 千克，最高单株产量 557.5 千克。1972—1976 年，柑橘丰产试验地亩产 5230.75 千克，最高单产 5786.25 千克，创造云南省最高纪录。她探索出一套有效控制疮痂病和防治白粉病的办法，形成论文在《云南园艺》发表。此外，还对黄斑绿天牛、大绿蝽、潜叶蛾、红蜘蛛、褐圆蚧、金龟子、杧果毒蛾、杧果蓟马等的生活史及生物学特性进行研究，研制出一套综合防治技术措施；研制出用合成洗衣粉、柴油、敌百虫乳液混合剂防治红蜘蛛兼治毒蛾和害虫的经验；推广克螨特防治红蜘蛛 90 余亩，防治率达 90% 以上，为思茅果树病虫害的防治提供了宝贵经验。其《黄斑绿天牛的生物学及防治研究初报》一文，获云南省人民政府科技一等奖。1975—1980 年，她精选出来的柑橘品种"早橘 5 号""勐版橘 1 号""勐版橘 12 号"，具有果大、皮薄、味甜、籽少、抗病虫害、产量高的特性。其中，"勐版橘 1 号"获云南省人民政府选种二等奖。1981—1983 年，思茅地区农科所与思茅县合作，计划建设柑橘示范区 1000 亩，需培育 8 万株柑橘苗。在杨佩琼指导下，最终育成柑橘苗 12 万株。她还到各县巡回讲课、培训，先后培训农科人员 2830 人次。全地区发展果树种植 1700 多亩，其中经她指导种植 400 多亩，建苗圃 60 亩，培育柑橘嫁接苗 20 万株。在她的指导下，带动一大批农民靠规模化经营果园致富。

1972 年后，来自英国的记者、美国的斯诺夫人、柬埔寨的贵宾乔森潘、日本及港澳同胞等先后前来参观、采访她的成果。国内 10 个省市自治区科研教学单位和科技工作者、省内 5 个地州市及区内 10 县（市）的各级领导和农科人员共 350 多人到该地采访学习。云南电视台、《云南日报》、《云南科技报》、《思茅报》等媒体曾多次报道她的先进事迹。1958 年、1959 年，两度获玉溪专区农业先进工作者一等奖。1979 年，被评为思茅地区"三八红旗手"，任果牧林场副场长，地区园艺学会秘书长。1988 年 3 月 12 日，被云南省评为高级农艺师，是思茅地区唯一一位果木专业的女性高级农艺师。

张钧（1919—1997），男，汉族，山东省寿光县人。

张钧 9 岁入私塾，15 岁考入济南齐光中学。16 岁参加中共地下党外围组织"读书会"，开始接受马列主义。1937 年 5 月，前往北平参加纪念五四运动集会，后转赴山西进入由薄一波领导的太原国民师范民训六队训练；8 月 1 日，加入山西新军青年抗敌决死队；10 月，加入中国共产党。1940 年年初，决死一总队按八路军编制进行整编，张钧任一营教导员；6 月，改任一纵队教导大队教导员；同年冬，任四十二团二营教导员。1943 年 4 月，任太岳军区第四军分区政治部宣教科科长。1944 年 7 月，任豫北济源独立团政委。1946 年，任四纵十三旅三十九团政委。1949 年夏，任随营学校副政委。1950 年 10 月，调回十三军三十九师任政委，同时兼任普洱军分区政委、中共普洱地委书记。1956 年，被授予中华人民共和国二级自由独立勋章和二级解放勋章；同年 6 月，调任昆明军区公安军第二政委，后任云南省军区副政委、昆明军区党委常委。1958 年 9 月，调任国防部第五研究院一分院副政委、政委。1961 年，升少将军衔。1965 年，国防部第五研究院一分院改为七机部第一研究院，任党委书记。1966 年"文化大革命"开始，遭受迫害。1975 年 6 月，被中央任命为七机部副部长。1982 年 5 月，任航天工业部部长。1985 年 6 月，退居二线，此后担任全国政协第七届常委。1997 年 6 月 2 日因病逝世。

1946 年，张钧参加延安保卫战。同年 12 月，参加吕梁战役。1947 年 8 月，陈赓西路大军南渡黄河。张钧、韩宪良领导的三十九团担任十三旅渡河突击部队，张钧率渡河先头连队抢滩登陆，消灭国民党守军。强渡黄河后，又乘胜攻下渑池、灵宝。

1949 年，张钧随部队南下。到普洱后，兼任普洱军分区政治委员、普洱地委书记，身兼多职。

普洱地处边疆，当时面积有7万余平方公里，辖15个县，居住着26个民族；境外盘踞着国民党逃缅军队残部，局势混乱。面对严峻形势，张钧按照“团结对敌，生产进步，慎重稳进”的方针，在内地开展清匪反霸、减租退押及镇压反革命运动。全地区一年共剿匪作战数十次，击毙、击伤、俘虏敌人6000余人，缴获各类枪支5000余支。1952年，拔掉国民党军残部建立在滇南西盟山的最后一个据点，解放西盟。在中华人民共和国建立初期的两年中，全地区共歼灭盘踞在国境边沿的匪徒8股，歼灭、瓦解匪徒1400余人，争取回国自新1583人，有效地巩固了边防，基本稳定了边疆地区的局势。

1950年12月27日，张钧利用云南少数民族赴京观礼代表团从北京返回的机会，组织召开“普洱专区第一届兄弟民族代表会议”，来自全地区各县26个民族的头人、首领、代表共300余人出席会议。会议结束后，1951年元旦，在普洱（今宁洱）红场举行隆重的剽牛、歃血饮酒立碑仪式，立下了新中国民族团结第一碑——“民族团结誓词碑”。

1953年，张钧领导思茅地区“内七县”进行土地改革，年底，“内七县”土地改革完成。1954年1月，选择“外八县”中的几个村寨开展和平协商土改区和直接过渡区试点后，全面推开。至1956年，263个乡废除封建领主制度，7000余户农民免除一切债务，分得土地和财物。在和平协商土改的同时，215个乡采取直接过渡的方式完成民主改革。

1958年9月，张钧调任国防部第五研究院一分院副政委。1965年，国防部第五研究院一分院改为七机部第一研究院，张钧任党委书记。1982年5月，张钧任航天工业部部长。同年10月，固体战略火箭由潜艇水下发射成功。接着又研制具有世界先进水平的新型运载火箭和试验通信卫星，并在1984年4月成功发射，将中国第一颗通信卫星送入地球同步轨道。

朱玉宝（1930—1997），男，哈尼族，云南省江城县人。

1954—1960年，朱玉宝担任曲水区怒那乡民兵联防队分队长。其间，七次孤身深入到盘踞在越南境内的匪巢塔糯山做匪部的争取工作，瓦解逃往境外的国民党军残部副团长杨树仙以下官兵24人回国投诚，并带回机枪1挺，冲锋枪、步枪各5支，手枪2支。朱玉宝被县武装部记三等功二次，思茅军分区记二等功一次。1960年赴京参加全国民兵英模大会，被授予“全国民兵英雄”称号，国务院总理周恩来亲自奖给他半自动步枪一支。回到曲水后，曾任曲水乡武装干事。1966—1967年，在“文化大革命”期间遭到错误批斗。1971—1972年，参加江城县嘉禾乡李仙江的保卫工作，之后任曲水区武装部副部长。1979年参加对越自卫还击战，荣立二等功一次。1984年退休回怒那村螃蟹寨定居，1997年6月因病去世。

张老五（1933—1998），男，拉祜族，云南省澜沧县人。

张老五两岁半时双目失明，6岁成为孤儿，靠乞讨为生。他从小喜欢弹小三弦，乞讨沿途听到山歌调子，用心默记，有空就用自制的小三弦弹奏。12岁被一位民间艺人收为小三弦学徒，学会了一些基本的弹奏技巧。15岁起，以砍柴卖为生，砍柴之余就给同伴弹小三弦并一起对歌。18岁时，农民余熙发现他的天分，送给他小三弦一把，鼓励他以此为生。张老五背着三弦，先后到过坡脚、上允、邦奈、富永、募乃等地，到过彝、佤、汉、傣等民族居住的村寨。在艰苦的环境中刻苦学习提升小三弦弹奏技巧。通过努力，成为县里知名的民间艺人。他能弹奏拉祜、汉、佤、哈尼、彝、布朗等民族各种各样的山歌曲调，弹奏技艺精湛，被群众称为“澜沧的阿炳”。1960年，他参加全省农民文艺调演，云南人民广播电台专门为他录音。1961年，中央人民广播电台、中国唱片公司和云南人民广播电台到澜沧采集民族民间音乐，张老五弹奏的拉祜族《芦笙调》《庆丰收》《喜送公粮》和佤族《木鼓调》、哈尼族《舂米调》被录音后在广播电台播出，中国唱片公司还将其灌制成唱片发行。其余100多首曲调被云南省艺术学院收集整理成《张老五小三弦独奏曲集》，中国音乐出版社出版了《张老五小三弦曲集》，深受县内外各族人民和东南亚一带华侨的喜爱。1962年，张老五被吸收为中国音乐家协会云南省分会会员。1963年，应邀赴云南艺术学院音乐系传艺，但因病被送往景东治疗，病愈回到澜沧后多次参加县民族民间艺人座谈会和小三弦曲调的录制工作。

1981年起，张老五历任县第五、六、七、八、九届政协委员。1990年在云南省首届民歌独唱暨少数民族器乐独奏电视大奖赛中获特别奖。

雷必兴（1909—1999），男，又名雷同，笔名溅波、碧星、李明、田雨、三弟、赞庭、无的放矢、刘福等，云南省思茅区人。

1925年雷必兴考入云南省立一中。次年，经陈祖武介绍参加“云南青年努力会”。1928年10月，加入中国共产党。1930年任中共上海市江湾区（原闸北区）委委员、宣传鼓动员、赤卫队员，劳动大学团支部书记，主要从事共青团工作。1931年在出席中共江湾区委召开的扩大会议时被捕，经同乡李乔等人出面营救获释。之后，积极参加“左联”及全国文联的文化活动，合办刊物、发表诗作。1932年经穆木天、艾芜介绍加入“左联”。1934年担任《中华日报》副刊诗歌版《动向》编辑。1935年2月20日，“左联”机关刊《文学新辑》第1辑出版，刊载他的诗作《辞工》，诗集《熔合》、《前哨》；同年11月，党组织同意他赴日本东京大学留学，参加东京“左联”诗歌社活动。其间，编辑《新诗歌》、《诗歌生活》月刊，著有《新流之歌》（该诗集由郭沫若作序，但未刊行）、《亡命者》、《战栗的帝都》、《故乡》、《东渡》等诗作，先后发表在上海的《文学丛报》《文学大众》等“左联”文学刊物上。

1937年4月，雷必兴回国与周而复、田间、蒲风、孟英、袁勃等人发表《成立中国诗歌者协会宣言》。1938年参加全国文艺界抗敌救国协会昆明分会，次年当选为理事，出版诗集《战火》。1941年，出版诗集《群众的队伍》，被仰光《华侨日报》副刊全文连载。1945年，出版诗集《前进！中国兵！》。

1949年，雷必兴奉命前往思（茅）普（洱）游击区参加边纵九支队开展游击战争，曾任六顺县长，兼思（茅）六（顺）两县军政民联主席。1950年，调普洱专署，任专署副秘书主任兼民政科长。1950年年底，普洱专区第一届兄弟民族代表会议期间，他在“民族团结誓词”碑上庄重地签名。

1951年6月，调中共云南省委党校参加整党学习，后被安排为土改工作大队长，带队下乡参加土地改革。土改结束，分配到省文化馆任馆长。1978年中共十一届三中全会后，逐步落实政策，补办离休手续，享受“红军时代参加革命的干部”待遇。此后，雷必兴又先后撰写了不少诗歌和革命回忆录，发表在《诗刊》《边疆文艺》《金沙江》《滇池》《云南日报》《春城晚报》等刊物及文史资料上，留有遗著《老树落英》（未刊行）。1999年2月22日，雷必兴于昆明病逝。

杨丽坤（1941—2000），女，彝族，云南省宁洱县人。

杨丽坤4岁时母亲因操劳过度去世。10岁随大姐到昆明，与二姐一起生活，并在昆明市靖国新村小学上学。其间，考取云南省歌舞团。12岁时，凭着扎实的舞蹈功底，先后参加《弦子舞》《春江花月夜》《十大姐》《白鹇鸟》等十多部集体舞的舞台表演，崭露头角。16岁时，被《五朵金花》的导演王家乙发现，成功出演副社长金花。1963年，扮演中国第一部彩色宽银幕立体声故事片《阿诗玛》的女主角阿诗玛，获得巨大成功。杨丽坤把云南少数民族特有的纯真、率直和善良的个性表达得淋漓尽致，成为中国影坛上迄今为止璀璨耀眼的明珠之一。“文化大革命”中，杨丽坤受到迫害。1978年得到平反。1979年，作为代表参加全国文代会。2000年7月21日，在上海家中去世。

1960 年,《五朵金花》荣获埃及开罗第二届亚非国际电影节“最佳导演银鹰奖”，杨丽坤荣获“最佳女演员奖”。1982 年,《阿诗玛》荣获西班牙桑坦德第三届国际音乐舞蹈节“最佳舞蹈片奖”。2006 年，杨丽坤被云南省委宣传部、云南省文化厅、云南省文联追授“云南文学艺术卓越贡献奖”。2009 年，杨丽坤被《南方人物周刊》评为“共和国 60 年最美 12 人”之一。《五朵金花》和《阿诗玛》被评为中国百年百部经典电影。

杨丽坤因成功塑造“金花”和“阿诗玛”两个不朽的艺术形象而蜚声国际影坛,“金花”和“阿诗玛”不仅成为中国电影艺术史上的两朵奇葩，还成为云南省推动经济建设、文化繁荣、旅游发展最亮丽的两张“名片”。

史怀璧（1913—2001），男，曾用名史进。山西省武乡县人。

1933 年史怀璧加入中国共产党。1936 年参加山西牺牲救国同盟会。曾任中共武乡县委副书记，牺盟会辽县、浑源县特派员，牺盟会辽县中心区秘书兼中共辽县县委书记，沁县县长，晋冀鲁豫边区七专署专员，晋中行署副主任。新中国成立后，历任北京市民政局、地政局、劳动局局长，劳动部办公厅主任，政务院财经委员会第五办公厅主任，全国人大常委会办公厅研究室副主任，中共思茅地委第一书记，云南省副省长，对外文化联络委员会副主任，中共山西省委常委，山西省副省长，民政部副部长。是第五届全国人大代表、第六届全国政协委员。著有《略论我国继承制度的几个基本问题》。

1958 年秋，中央为充实云南省委领导班子，史怀璧及其他几位同志被中央组织部指名调到云南。到云南后，他提出，过去一直在上层搞领导工作，对下面的实际情况了解甚少，要求到基层锻炼几年再回省委工作。他们的意见受到省委的重视、经过研究，史怀璧被分配到思茅任地委副书记。不久，担任了思茅地委第一书记兼西双版纳州委书记，并兼任军分区政委。

史怀璧在思茅任职期间，接待过周恩来总理陪同缅甸总理吴努的访问，接待过陈毅元帅的视察，也接待过李立三夫妇和李雪峰。

1960 年 9 月。中央采取了紧急措施，提出了“调整、巩固、充实、提高”的八字方针。对群众不满意的食堂，不勉强办下去；对以生产队为核算单位的地区，要加以整顿，云南省分析了少数民族与边疆地区的具体情况，提出了云南不搞生产队为核算单位的三条原则；一是生产连年减产的；二是群众坚决反对的；三是领导干部不能领导的。此时，史怀璧已任思茅地委第一书记。他们认真地研究了省委的指示，对边疆各县以生产队为核算单位，进行了细致的摸底排队，然后与群众坐在一起，总结几年来的经验与教训。大多数群众要求分田到户，负责到人，保证增产。有些干部不敢退下来，仍想坚持集体生产和集体分配，怀疑退下来还是不是社会主义了。他们对那些思想有顾虑的干部，进行了实事求是的说服工作。就这样经过反反复复的耐心细致的工作，思茅边疆和西双版纳地区，由原来百分之百以生产队为核算单位，一下子退到 45%，其中还有不少动摇的，不巩固的，以后又陆续退了下来。经过这一调整，边疆各县的生产情况逐步起了变化，由连年减产恢复到增产，外逃的群众也逐步回归。群众说：我们自己的田，自己的粮食，自己的鱼塘，又归我们自己了。生产情绪高涨。

1964 年年初，史怀璧被调任云南省副省长，并兼任秘书长，担负省政府日常工作。

王荣禄（1930—2001），男，汉族，云南省富民县人。

1949 年 7 月，王荣禄加入党的外围组织“民青”，在中国人民解放军滇桂黔边纵队三支队政工四队工作；同年 9 月在寻禄新区工作团一队、十二队工作，历任组长、队长；10 月加入中国共产党。1950 年 1 月起先后担任嵩明县邵甸工委副书记、县税务局副局长；1953 年 8 月起先后担任嵩明县委秘书、组织部长、县委副书记、县长；1958 年 12 月任陆良县委第二书记；1961 年 5 月任嵩明县委副书记；1964 年 7 月任曲靖地委办公室主任；1965 年 12 月至 1966 年 4 月任曲靖专署农林科科长；1970 年 3 月起历任宣威磷肥厂厂长、曲靖卷烟厂党委书记、曲靖地区水利局局长；1980 年 8 月任罗平县委书记，1982 年 7 月任思茅地委副书记、行署专员；1986 年 9 月任思茅地委书记；1989 年 10 月后历任云南省人大常委会委员、省人大常委会选举联络工作委员会副主任；1992 年 2 月任省人大常委会选举联络工作委员会主任；1998 年 8 月离休；2001 年 10 月在昆明病逝。

张木兰（1932—2002），女，湖北省宜昌市人。

张木兰 10 岁丧父，靠叔叔抚养读书。中华人民共和国成立后，进入武汉大学农学院茶业专科学习，立志为茶产业做出贡献。

1953 年大学毕业后，张木兰和同学肖时英（后结为伉俪）相邀要求分到云南茶叶科研部门工作。他们与马帮结伴，从昆明到达勐海，从此扎根边疆。1954 年，张木兰和肖时英着手扦插“无性系”良种选育工作并成为这项技术创新的奠基人之一。经过刻苦钻研，其论文成果《云南大叶茶扦插技术》《云南茶树地方品种图谱》《关于茶树地方品种的整理与鉴定》《云南大叶茶的物候学》《云南特有的茶树栽培技术》引起专家学者的重视。1958 年整风“反右”运动中，她被错划分“右派分子”。1971 年，被调往普文农场，同丈夫一起承担起茶叶生产技术工作，继续进行茶树良种选育。1979 年，她的错划“右派分子”问题得到改正。

1982 年，在全国科学大会精神鼓舞下，张木兰与陈圣家、王淑贤、邱辉、肖时英等不同岗位上的茶叶专家建起茶树良种场。她凭借多年积累的技术经验，选育的无性系茶树新品种“云瑰”“云梅”“矮丰”“雪芽 100 号”“短芦白毫”5 个良种通过省级鉴定，被广泛推广种植。

张木兰率先研究良种茶叶加工和名优茶生产，研制出“雪芽”“秀芽”“翠茗”“玉芽”“玉螺”“飞虹”“万寿菊”等系列产品，“翠茗”等名优茶在全国名优茶评比中多次获奖。她创新的绿茶精细加工工艺，被思茅茶厂采用，使思茅乃至全省的绿茶品质有了明显提高。在云南省科委下达的“八五”攻关课题中，她负责无污染茶叶及有机茶研究。经潜心探索，抓住有机茶不能用化学农药防治病虫害的关键，以龙生集团公司的茶园茶厂为实验基地，从茶园生态环境建设、农药肥料的选择与控制，茶园土壤耕作、茶叶的采摘与加工等方面制定出措施和标准，全面实行标准化管理，使所产茶叶达 A 级绿色食品标准和 AA 级有机茶标准。1988 年，被评为高级农艺师。

1991 年，张木兰退休，但仍然坚持科学研究。2002 年 11 月，张木兰因病逝世。

陶学峰（1964—2003），男，哈尼族，云南省江城县人。

陶学峰 8 岁上学，三年级时转到前进村小学就读，13 岁就读宝藏乡中学，1980 年加入共青团，同年 7 月考入江城县一中读高中。1983 年被云南省警察学校（现云南省警官学院前身）录取，1985 年毕业分配到江城县公安局刑侦队工作，后调到治安大队。1996 年 12 月，加入中国共产党。2002 年年底调任国庆乡派出所所长。2003 年 2 月 17 日，在国庆乡哈播村大山寨村民小组处理一起村民私藏火药枪案过程中，被犯罪嫌疑人赵某江用火药枪击中头部而英勇牺牲，年仅 39 岁。

陶学峰 18 年的从警生涯中，始终铭记人民警察的神圣职责，爱岗敬业，恪尽职守，用行动诠释了一名人民警察的品格。他在刑侦部门工作 5 年多，主办案件 320 多起，无一被检察院退侦和群众投诉。1991 年参加枪支整顿工作组，主要检查超配公务用枪和军用枪支。他不辱使命，和同事仅用一年半时间就完成全县超配的公务用枪和大办民兵师时遗留下来的军用枪支的收回工作。1992 年，陶学峰从刑警部门调到治安部门，除承担原来枪支管理和收缴工作外，又负责本局的爆炸物品和全县的民用爆炸物品监督管理工作。1999 年全县开始大规模收缴民用枪支，陶学峰担任工作组组长。

由于江城少数民族众多、野生动物多样，民用枪支数量惊人，收缴难度很大。他和队员们向农户耐心宣传《枪支管理法》和《公安部关于收缴民用枪支的通告》，截至2003年2月，全县共收缴各种民用枪支7556枝和大量的子弹、火药，查处了违反枪支管理规定的各类案件38起46人。此外，在他负责的爆炸物品管理工作中，12年来全县从未发生一起民用爆炸物品爆炸事故。因工作成绩优异，2002年陶学峰被县公安局授予"优秀共产党员"称号，同年被云南省公安厅授予"治爆缉枪专项行动先进个人"称号。

2003年2月17日，陶学峰在缉枪过程中英勇牺牲。19日，江城县为他举行隆重追悼会，人们倾城而出护送这位人民心中的好警察。同年5月14日，陶学峰被公安部追授为"全国公安系统二级英雄模范"；6月6日，中共思茅地委、思茅行署作出关于在全区党员干部中开展向陶学峰学习的决定；6月19日，他被云南省人民政府批准为革命烈士；10月16日，被省人民政府追授为"人民满意的公务员"；10月24日，被中共云南省委追授为"省级优秀共产党员"。

李正祥（1939—2003），男，拉祜族，云南省澜沧县人，初中文化。

1955年10月，李正祥参加工作。1955年10月至1984年4月，任澜沧县富邦乡青年干事、党委秘书、党委书记。1984年4月至1995年1月，历任澜沧县东河乡乡长、上允镇党委书记、澜沧县政协副主席、县委统战部部长。1995年12月退休。2003年6月病逝。

1955年10月至1984年4月，在富邦乡工作期间，他组织和带领各族群众执行党的土地承包政策，使富邦农民中涌现大批万斤粮户，解决了农民的吃饭问题。同时，他带领全乡干部群众建设万亩茶园基地，成为全县发展茶叶生产的典范。1962年5月，他随少数民族参观团到北京参观，参加国务院召开的全国民族工作会议，受到党和国家领导人接见。1984年4月至1986年6月，在新建的东河乡任职期间，面对艰苦的工作环境，他吃苦耐劳，组织群众挖通县乡公路，建盖起6幢1700平方米的乡政府机关办公楼、住房，相继建起商店、金融、粮店、财政税务、学校、敬老院等单位，并架通水电。他还亲自带领工作人员开挖茶地千亩，建起茶叶生产初制所，为东河乡的经济发展、各族群众摆脱贫困做出积极贡献。1986年7月，调任上允镇后，他大抓粮食生产，发展甘蔗及其他经济作物，解决了上允镇4300个农业人口的温饱问题，使上允镇逐步走向富裕。

1994年7月，李正祥被国务院授予"第二次全国民族团结进步先进个人"称号，到北京参加国务院召开的表彰大会。1995年，获中共云南省委、云南省人民政府颁发的"为云南边疆的解放和建设作出贡献"荣誉证书。

娜海（1938—2004），女，佤族，云南省西盟县人。

1958年，娜海参加民兵联防队。1959年11月，加入中国共产党。在打击入窜的国民党军残部和平叛战斗中，她立场坚定，英勇顽强，被誉为"阿佤山上的巾帼英雄"。2004年6月病逝。

娜海出生贫苦，父亲被"珠米"（头人）活活打死，她七八岁时就当奴隶，受尽剥削压迫。1958年，民兵联防队建立，20岁的娜海因各方面表现突出，成为马散区第一个佤族女民兵。一次，少数反动头人煽动群众外逃，娜海得知后马上报告区政府，并与几名联防队员深夜潜伏抓获策反分子1名，粉碎敌人的策反阴谋。敌人对娜海的行为深为恼火，派其舅（叛匪）来骗她外逃，她痛斥其舅背叛祖国、与人民为敌的可耻行为，并果断表明自己"死也要跟共产党走。"

1958年9月8日，境内外敌特相互勾结，胁迫部分群众暴乱，围攻马散区政府，30多名民兵及区政府工作人员被围困，情况危急。娜海立即与5个民兵赶到大马散，参加保卫区政府的战斗。匪徒们趁机杀害了她的母亲，并割下头颅和乳房，以威胁群众，吓唬娜海。敌人的毒辣手段更激起她的仇恨。经过商量，娜海他们决定从敌人兵力薄弱的山后箐沟进入，与区政府被困人员汇合。在极其紧张危险的情况下，她与男民兵们顺着箐沟爬行500多米，越过封锁线来到区政府，并连夜与民兵们在区政府后山制高点上修筑工事。天亮后战斗开始，娜海来回在阵地上给民兵送弹药。中午大家口渴难耐，她冒险下山取水，途中被叛匪发现，险些丧生。下午2时许，叛匪向区政府发起猛烈进攻。区政府一片火海，干部和群众都转移到民兵控制的制高点上。同年10月初，叛乱平息，娜海回到小马散，积极带领群众保卫秋收，重建家园。但暗藏下来的叛匪岩桑、岩攻、岩召等人仍千方百计造谣策反并引诱娜海跟他们潜逃国外。娜海及时向政府汇报情况，逮捕了岩桑等匪特。她积极向群众宣传党的政策，努力做好外逃人员家属、亲友的工作，先后迎回了300余名外逃群众。

1960年，娜海光荣赴京出席全国民兵代表大会，被中央军委授予“全国民兵英雄”称号，并奖励半自动步枪1支，子弹50发。

罗有汉（1912—2004），男，汉族，云南省镇沅县人，大学文化。

罗有汉童年时代在育德小学读书，后到昆明读初中、高中。1941年，罗有汉从云南大学医学院本科（六年制）毕业。后回镇沅县按板井育英小学教书。1942年5月，跟随罗正明抗日武装进驻南卡江以东的孟连、勐马、西盟国防前线，任部队医生。1945年春，任佧佤山区人民自卫总队医务处主任。其间，他还尽心尽力地给佤族同胞施药治病，被阿佤山允恩王称赞为活神仙。1946年7月，部队在西盟区翁嘎科解散。同年回景谷，后回按板井与妻子蔡福兰开办诊所。1947年8月，在按板井成功施行镇沅县首例枪伤截肢手术。1949年4月，任云南人民自卫军第2纵队13支队军医。同年6月，随部队到缅宁执行任务。1950年5月，转到地方工作。1951年2月，任普洱专署中心卫生院副院长。1956年3月，任思茅专区人民医院院长。1959年11月，在“反右倾”运动中受到错误批判，被撤销院长职务，取消云南省人大代表资格和预备党员资格。1962年6月，思茅地区人民医院党支部根据中央精神和中共思茅地委部署，对1959年“反右倾”运动中受错误批判的人员进行甄别纠正，为罗有汉恢复省人大代表和预备党员资格，任思茅地区人民医院副院长。1973年9月至1979年4月，任思茅地区人民医院革命委员会副主任。1980年1月退休。1981年7月改为离休，后定居昆明，2004年11月病逝。

1952年年底，罗有汉带领刚由昆明医士学校毕业的几名医士创建外科，联合开展外科、妇产科手术。其间，成功为景谷县凤山区一农妇切除右腋部约10千克的脂肪纤维黄色瘤，为思茅患嵌顿性疝气致空肠坏死40厘米的患者进行切除行肠吻合术，为普洱一农民切除左肋下联结在横结肠系膜的奇胎细胞大肿瘤，为15岁少年切开膀胱取出鸭蛋大结石，患者术后恢复良好，均痊愈出院。1955年5月，中共思茅地委、思茅行政公署及地区机关由普洱迁往思茅，行署委派罗有汉率领4人先期到思茅县卫生院负责行署人民医院迁址筹备工作。1956年，鉴于普洱专区医院建院5年尚无口腔医生的情况，罗有汉在出席省人民代表大会时，请求省上调配一名口腔医生解决思茅医治口腔病的困难。同年11月，省卫生厅抽调口腔医生张笃清支援，医院才正式建立口腔门诊。1957年，罗有汉和本院医生庄云光与专家合作，抽取恙虫病患者血液作小白鼠实验，分离出立克次氏体确诊思茅的恙虫病系东方立克次氏体所致。随后，参与撰写《思茅地区恙虫病的调查研究》和《思茅地区恙虫病的调查研究流行情况及病原分离》。

罗有汉以自己丰富的专业知识、临床实践经验及管理经验，为全地区医疗卫生工作事业的发展做出了重大贡献。

张延年（1926—2004），男，白族，云南省大理市人，大专文化。

1948年10月，张延年在云南大学电讯专科班学习电讯专业期间受到进步思想影响，参加党的外围组织“民主青年同盟”，并担任小组长。1949 年 9 月，受中共地下党派遣到普洱边纵九支队从事电讯工作。同年 12 月，任思普临时人民行政委员会保安股股长。1950 年 3 月至 1952 年 3 月，历任普洱县人民政府公安科科长、代局长、县政府工商科科长、普洱利民工厂经理。1952 年 3 月，因政治原因被错捕入狱，经过一年多的侦讯，问题澄清，1953 年 8 月无罪释放，后到思普铁厂担任秘书。1954 年，专署由普洱迁至思茅，张延年负责组建思茅发电厂，任厂长。1956 年 7 月，任思茅专区企业公司经理。1957 年，张延年奉命筹建流沙河三级电站，并担任站长。1958 年 9 月，任思茅行署工交局科长。1959 年 11 月，任信房电站建设施工现场总指挥，总技术负责人。1966 年 6 月，任思茅发电厂厂长；同年 8 月，受“文化大革命”冲击，被“靠边站”，下放当安装工。1971—1972 年，张延年两次被派到孟连县南马河电站负责一、二号机组的机电安装。1973 年 2 月，到思茅电管所任所长。1977 年 1 月，任景谷河三级电站工程副指挥长、施工技术总负责。1978 年 4 月后，任思茅地区行署电力工业局、水电局副局长。1987 年，晋升高级工程师。2004 年 11 月于成都病逝。

张延年在 38 年的工作中为思茅地区电力事业做出了卓越贡献。在普洱利民工厂任经理期间，他从昆明购置了思茅有史以来的第一台发电机；任思茅发电厂厂长期间，他安装蒸汽锅驮机发电，于 1955 年 1 月 1 日正式向思茅供电。1961 年 4 月 13 日—15 日，周恩来总理陪同缅甸联邦总理吴努到西双版纳访问，张延年奉命带着两台发电机到西双版纳保证照明用电，受到总理接见。在思茅地区电力发展中，张延年除直接负责建成思茅电站、普洱河电站外，还完成了普洱县城至景谷 110 千伏输电线路建设；设计了普洱至磨黑 35 千伏输电线路等工程。思茅地区电力事业从无到有，从小到大，从孤立运行的电站到成片联网，都与张延年的直接领导和参与分不开，张延年为思茅地区的电力事业发展打下了坚实基础，人们称他为思茅地区的“电老虎”。

1978 年，由于工作业绩突出，张延年获中共云南省委、云南省革委授予的先进工作者称号；1983 年，被国家民委、劳动人事部、中国科协授予“长期在少数民族地区从事科技工作”证书；1988 年 10 月，被思茅地区老龄委评为“老有所为精英”；1989 年，受到中国电机工程学会表彰；1991 年 10 月，被中共思茅地委、思茅行署授予“离退休干部先进个人”称号。1993 年 10 月，获中华人民共和国国务院颁发的政府特殊津贴；1999 年 2 月，被中共思茅地委、思茅行署授予“老有所为”称号。

刘国桢（1927—2004），男，汉族，云南省景谷县人。

1939 年秋，刘国桢在景谷县碧安中心小学念书。1943 年，考入碧光中学初中班。1944 年秋，考入昆明师范附中护国中学。1945 年 3 月，就读于昆明私立天祥中学。同年，经王树勋介绍加入党的外围组织“民主青年同盟”，同时被推选为学生自治会副主席，开始走上革命道路。1946 年 6 月，初中毕业；7 月考入天祥中学高中班。其间，刘国桢经常参与组织“反内战”等学生运动，1947 年 1 月，被学校开除学籍。

1948 年 2 月，刘国桢与堂哥刘国昌按组织安排到境外寻找中共地下党组织。几经周折，联系上地下党后从泰国进入缅甸。11 月 2 日，由缅北入境回到碧安。同月，参加中共勐主碧岭干部培训班，任小组长。1949 年 2 月，学习结束，任普光部队政工队副队长；3 月 25 日，经许志平介绍，加入中国共产党，从事地下革命工作，参加解放思普区的斗争。6 月，景谷县建立临时人民政府，先后任县政府督导员、凤山区区长，随即发动群众建立起一支以贫农为主的区模范队。11 月 13 日，国民党原景谷县县长李希哲纠集地霸进行武装叛乱。刘国桢得知后，立即组织民兵参与平叛，俘获叛匪送信人员，并配合边纵九支队 43 团主力的一个排和镇沅县武工队收复抱母井。随后又率民兵武装配合41团一个营向景谷县城进发围剿叛匪。

1950年9月后，刘国桢先后出任景谷县公安局局长、副县长、县长、县委书记处书记等职。1961年4月4日，县委研究决定在钟山的芒腊、芒冒和联齐进行包产到户试点。他深入试点调研指导，经一年多的努力，粮食增产，经济发展。然而“小四清”到来，其成果遭到否定。

1966年11月至1972年，刘国桢在“文化大革命”中受到迫害，被下放到“五七”干校参加生产劳动。

1973年1月，刘国桢调任思茅地区计划委员会副主任。1975年6月，调回景谷县任县委书记。1981年1月，刘国桢调任思茅地委委员、秘书长。1982年6月至1988年3月，任思茅地委副书记。其间，为平反冤假错案、落实政策做了大量工作。

1988年年底，离休后的刘国桢重返母校景谷碧光中学，他带头捐资，还四处奔波动员社会各界人士捐资28万余元重建母校。2004年12月在昆明病逝。

李学清（1930—2005），男，汉族，云南省景谷县人，中共党员。

1948年12月，李学清参加反蒋武装普光部队，走上革命道路。1949年1月，任景谷县勐班十八村民兵分队长。1950年，任景谷县勐班十八村民兵中队长兼治保主任。1955年后，曾当选两届景谷县人大代表。

1949年，李学清奉命率领一个分队在澜沧江南北渡口堵卡，堵卡民兵5天一换，他却长年累月，夜以继日地坚守在离家10余千米的渡口上，在极其艰苦的环境下一干就是7年。至1956年，李学清和民兵队友在南北渡口共抓获犯罪嫌疑人342人，缴获枪支7支，烟土25千克，银圆半开720元。为坚守岗位，母亲病逝也未及回家。后父病危，经组织批准回家看望，可是只赶上给父亲送终。

李学清积极参加本乡的清匪反霸斗争，其间，他率领民兵队抓获坏人20余人，缴获烟土0.5千克，银圆半开100多元，银子250克。由于其突出表现，1959年以后，多次受到景谷县兵役局（人武部）、思茅军分区、云南省军区、昆明军区的表彰和嘉奖。所在民兵连，被景谷县兵役局、思茅军分区表彰为先进集体。1960年2月，李学清光荣地出席全国民兵模范代表大会，被中央军委授予“民兵英雄”称号，受到毛泽东、周恩来、朱德和中央其他领导人的亲切接见并合影留念，荣获周总理赠送半自动步枪1支和子弹200发。

从北京回来后，李学清曾到勐班乡邮电所和勐班乡加工厂工作过，后回家务农。2005年去世。

尹宜公（1924—2005），男，汉族，云南省弥渡县人，大学文化，编审。

1947年，尹宜公在云南大学读书时参加中国共产党领导的新民主主义青年联盟，后加入中国共产党，并任云南大学学生自治会党组组长。1948年到农村工作，先后任峨山县工委委员、中国人民解放军滇桂黔边纵队第八支队特派员、中共弥渡区区委书记。中华人民共和国成立后，任中共滇西地委委员、宣传部长，楚雄地委宣传部副部长。1952年2月至1953年7月在中共中央宣传部干部训练班学习。学习结束后，任思茅地委宣传部副部长、边疆办公室主任。1958年在云南省反“地方主义”运动中，尹宜公被错划为“右派分子”。1979年平反改正后，先后任思茅地委副秘书长、边疆办公室主任、政策研究室主任，思茅行政公署民族事务委员会主任。1981年调任中共云南省委民族工作领导小组办公室负责人、1984年任《云南民族工作》编辑部主编。1986年离休，享受副厅级待遇。离休后继续任《云南民族工作》主编，同时任云南民族出版社代总编至1988年。

尹宜公出生的弥渡县是著名的民歌之乡，他从小受家乡民歌的熏陶，1947年整理改编填词创作的新弥渡民歌《小河淌水》，发表在地下党领导的音乐杂志《教学唱》上。很快,《小河淌水》就在昆明大中学校和云南各地传唱开了。1953年，云南省歌唱家黄虹先后在北京全国民族歌舞会演中和布达佩斯举办的世界青年联欢节上演唱了这首歌,《小河淌水》便在世界上许多国家流传，被誉为“东方小夜曲”。2008年，歌唱家张也在北京世界奥运会闭幕式上唱了这首歌。从此,《小河淌水》在世界范围内得到广泛传播。

尹宜公44年的革命生涯，有28年是在思茅地区度过的。20世纪50年代中期，正是思茅地区进行民主改革和社会主义改造的重要时期，尹宜公兼任地委边疆办公室主任后，贯彻中央“慎重稳进”的方针和长期团结民族上层、通过上层发动下层的工作原则，提出贯彻中央、省委有关社会改革指示的具体意见，为地委制定政策和工作部署提供参考。

1955年2月,“和平协商土地改革”试点开始，地委安排尹宜公到澜沧县东河区拉巴三个乡，和县民族工作队共同工作。1956年5月，尹宜公经过对面上情况的调查研究，在地委召开的边疆工作会议上作了《对当前和平协商土改中一些政策做法的初步意见》的发言，后形成《对当前边疆和平协商土改中一些政策做法问题的意见》下发。

为研究“直接过渡”地区的改革问题，尹宜公到西盟、澜沧、孟连、西双版纳傣、拉祜、基诺等少数民族地区调查研究。1956年9月，尹宜公在地委边疆工作会议上作了《关于直接过渡地区情况和工作的意见》发言。

1956年，尹宜公根据地委书记张钧的指示拟出了和平协商土改地区生产政策12条，直接过渡地区生产政策13条，共25条。同年12月，时任地委第一书记梁家在主持召开的地委边疆工作会议上，确定了上述“25”条分别为两类不同边疆民族地区的生产政策。“25”条政策的贯彻，对稳定边疆，保护和调动各族农民和各阶层的生产积极性起了重要作用。

1958年“整风反右”斗争中，从实际出发的边疆民族地区“慎重稳进”的方针受到错误批判，思茅地委的“25”条政策被说成是“阶级斗争熄灭论”，尹宜公被错划为“右派分子”，定为“梁家、王坚、尹宜公反党集团”首要分子，处理到厂矿劳动改造。

1979年，尹宜公的错处得到平反改正。1980年年初，他和省民委工作组在澜沧县木戛乡蹲点，历时百余天，探索“包干到户”责任制在边疆民族山区的实施，取得经验后在澜沧、西盟等县推广，有力地调动了农民的生产积极性。

1981年尹宜公调省委民族工作部工作。他深入普洱、德宏等边疆民族地区调查研究，写了很多有关民族工作的文章，并和其他同志合写了几本云南民族工作实践、理论方面的专著，有的获得优秀成果奖。他辞世后，云南民族出版社出版了他夫人罗静汇编的《尹宜公民族工作文选》。

王正忠（1934—2007），男，拉祜族，云南省镇沅县人，小学文化。

1952年6月，王正忠参加工作后，任镇沅县者东乡木厂村农会主席，党支部书记。1956年4月至1958年9月，任镇沅县人民委员会副县长。1958年10月至1963年12月，任镇沅县者东公社社长。1964年1月至1966年9月，先后在镇沅县田坝区、宜良县狗街区、墨江县景星区参加“社教”“四清”工作，任工作组副组长、组长。1965年12月至1967年3月，任镇沅县人民委员会副县长。1968年9月至1972年12月，先后在镇沅县文龙公社、恩乐公社任革命委员会副主任、主任、党委书记。1973年7月至1981年3月，任镇沅县县委副书记。1984年1月—9月，任镇沅县第八届人大常委会党组副书记。1984年9月至1990年3月，任镇沅县第十一届人大常委会主任、党组书记。1995年11月退休。2007年8月病逝。

1982年，王正忠分管林业工作。为抓好林业工作，他认真学习党的林业方针政策，不断提高政策水平。他利用各种机会，向干部、群众宣传党的林业政策，说明保护森林、发展林业的重要性。

1982年秋，他和县委书记李正武带领县委工作队到哀牢山区文龙、者东公社开展完善生产责任制工作。每到一处，他俩就向群众宣讲保护森林的重要性，乱砍滥伐的教训、保护森林的好处。通过宣传，干部群众爱林护林的积极性不断提高，全县毁林开荒、乱砍滥伐、山林火灾面积逐年下降，植树造林面积逐年上升。1995年，王正忠退休，仍继续发挥余热，在镇沅县城搬迁和全县苦聪人扶贫中做了大量工作，成为一位苦聪领导人的典范。

1990年，王正忠被评为“全国民族团结进步先进个人”。

第二章　人物简介

唐登岷，生于1918年2月，男，汉族，云南省保山县人，西南联大肄业。

1936年12月，唐登岷加入中国共产党。抗日战争前至1947年，在昆明、重庆、缅甸仰光担任过多种报刊的编辑、主编，曾担任中共云南省工委委员、宣传部部长。1948年后投入云南武装斗争，先后任中国人民解放军滇桂黔边纵队第九支队政治部主任，中共思普地委副书记、宣传部部长、思茅地委副书记、思茅专员公署专员，西双版纳傣族自治州工委书记。1957年，调任中共云南省委统战部副部长。1960年夏至1961年秋，任中缅边界联合委员会中方代表团顾问。1962年3月，任云南省人民政府副秘书长、党组副书记、办公厅主任。“文化大革命”受到错误隔离审查。1975年9月后，任云南工学院党委副书记、院长。曾任全国政协委员、政协云南省第三届常委兼秘书长。1982年7月离休，享受副省级单项待遇。

唐登岷在土地革命时期即参加革命，在各个时期始终战斗在斗争的前沿。1936—1947年，他在学校组织学生救国联合会、青年抗日先锋队等群众团体，进行抗日救亡工作。以编辑、教员等身份，辗转昆明、重庆、保山、缅甸等地进行党的工作。党组织曾派他到保山抗日游击队做政治工作；安排他在昆明加入中国民主同盟，主办民盟刊物《民主周刊》。抗日战争胜利后，蒋介石发动内战，他利用《民主周刊》发表大量反内战、争民主的政论文章。在1946年震惊全国的国民党杀害爱国民主人士李公朴、闻一多惨案中，唐登岷坚持斗争，在《民主周刊》上发表李公朴被刺的诔词和7月15日闻一多的最后一次演讲。（最后一次演讲是唐登岷现场记录，以《不朽的遗言》为题发表的。）

“李闻惨案”后，因被国民党特务追踪，唐登岷和朱家璧等隐蔽到缅甸。1947年年底，按中共云南省工委在全省开展武装斗争的决定，唐登岷与朱家璧从缅甸回国，到滇越铁路以东圭山、西山发动起义，建立革命武装。1948年4月，到铁路以西党组织办的元江县小柏木训练班，之后在元江及磨黑做武装斗争的准备工作。同年7月，“云南人民自卫军”在元江县朋程建立，唐登岷担任政治部主任。建军后他参加了猪街伏击、墨江解放等一系列战斗。1949年2月，部队整编为云南人民讨蒋自卫军第二纵队。4月，自卫军进入宁洱。7月，中共思普地委成立。9月，二纵队改编为中国人民解放军滇桂黔边纵队第九支队，唐登岷任地委委员、宣传部部长、九支队政治部主任。唐登岷善于做宣传文化工作。他还和马仲明等合作创作了云南版的游击队《三大纪律八项注意歌》，和张一飞合作创作了舞蹈剧《满三娘劳军》，在全省游击队传唱。

创建思普根据地后，为了取得根据地县政建设的经验，地委决定唐登岷担任宁洱县第一任人民政府县长。在他的努力下，顺利开展了根据地建政工作。在平定1949年秋发生的思普区反革命叛乱和1950年配合野战军阻击国民党残军向西南边境逃窜的斗争中，唐登岷和地委、九支队、行委会的领导同志一起，采取果断措施，带领九支队和地方武装、民兵及党政机关，坚决依靠各族群众，加强军事围剿和政治工作，平定了叛乱。唐登岷参加指挥“阻匪迎军”工作。1950年2月17日，他参与指挥了解放西双版纳的最后一仗乌龟山战斗，配合野战军追歼国民党军残部到打洛边境。

1950年12月，唐登岷参加宁洱党政军领导主持的普洱区第一届兄弟民族代表大会。1951年元旦，他作为党的代表之一，在普洱“民族团结誓词碑”签了名。在兼任西双版纳边工委书记期间，他按照中央《民族区域自治实施纲要》，和各族干部努力工作，于1953年1月建立了以景洪为中心的西双版纳傣族自治区（后改为自治州）。在西盟佤族地区采取直接过渡方式进行社会改革中，他深入调查研究，指导县委选定小马散窝奴寨进行组织合作社试点工作。在民族地区的工作实践中，他执笔撰写了西双版纳和西盟民族地区的社会情况和改革问题的调查报告。离休后还撰写了长篇《50年代思普地区民族工作的回忆》。2004年，云南省党史研究室为他出版了《唐登岷集》。2015年5月逝世。

张峰礼，生于1918年，男，山西省夏县人。

1937年11月，张峰礼参加山西省夏县支队，同年12月加入中国共产党。1938年7月调入延安抗大学习，1939年4月调入十八集团军兵站部第三交通站负责工作，1941年任太谷游击队指导员参加百团大战，先后担任政治处股长、卫生处政委。1950年5月转业到地方，在云南省景东县开展清剿反霸、征收公粮等工作。历任景东县县长，思茅专署民政科长，专署副专员、专员，地委书记处书记，云南民族学院党委书记，云南省物价委员会副主任（享受副省级医疗待遇、正厅级离休干部）。1957年担任云南省政协委员。1983年9月离休。2012年3月逝世。

梁家，生于1921年2月，男，汉族，广东省广州市人。

1937年10月，梁家投身革命，1938年7月加入中国共产党，1944年11月加入东江纵队北江支队任铁流工作队党支部书记、连指导员。1946年6月到越南任《华商报》驻河内特派员。1947年9月回国后，先后任中共粤桂边靖区工委书记、桂滇黔边纵队第一支队政治部主任、滇桂黔边纵队第一支队政委。中华人民共和国成立后，先后任中共武定、文山地委书记兼军分区政委，思茅地委第一书记兼军分区政委。1958年云南省“反地方主义”运动中受错处，下放到大理州厂矿当工人。1979年错案平反改正后，先后任中共云南省委政策研究室副主任、省委副秘书长兼政策研究室主任，中共云南省委统战部部长，省政协副主席。1983年2月至1985年7月任中共云南省委副书记。1985年后任云南省政协主席、第七届全国政协常委。

梁家16岁投身革命，在抗日战争中加入青年抗日先锋队参加抗日救亡运动，先后从事战地民众工作和兵运工作。1944年秋加入广东人民抗日游击队东江纵队。后任纵队北江支队铁流工作队的支部书记、指导员，带领工作队参加了北江支队进行的多次战斗。在支队进行的抗日反顽硬战中，参加了指挥和开辟罗浮山根据地的战斗。

在解放战争中，梁家转战广东、越南、广西、云南，历经了艰苦的革命战争。1946年6月，蒋介石撕毁停战协定，广东省国民党当局妄图消灭中共力量。党组织安排梁家在广东隐蔽，之后又转移到越南河内，以《华商报》特派员身份做华侨工作。1947年9月，梁家按党组织指示，回国参加开辟桂滇边区根据地的武装斗争。在桂滇边工委领导下，参加了武装进驻广西靖（西）镇（边）地区的战斗。1948年3月，梁家担任靖镇区工委书记。当时国民党以10倍于我的兵力进攻靖镇区，桂滇边工委及桂滇边纵队采取避实就虚的游击打法进行战略转移到越南休整，留下梁家和区工委带领二支队坚持反“围剿”斗争。梁家及区工委率二支队、基干队和民兵，依靠各族人民，组织武工队分散到游击区，梁家亲率一个队，进行反“扫荡”。坚持靖镇区半年左右，取得对敌斗争胜利，保卫了革命根据地。

1948年12月，梁家奉命带桂滇边部队第二支队部分人员到中越边境，与云南部队滇东南指挥部合编，开始了创建滇东南根据地的斗争。1949年1月，桂滇黔边纵队成立，梁家任主力一团政委。7月，桂滇黔边纵队与云南省工委领导的人民武装合编为滇桂黔边纵队，梁家任第一支队政委。12月，梁家在纵队领导人的率领下，从云南到百色与中国人民解放军第38师会师，接着参加解放滇南的战役，配合野战军完成阻歼残敌的任务。

1955年5月，梁家调思茅地区任地委第二书记，1956年10月任第一书记兼军分区政委。当时，边疆民族地区正进行社会改革。梁家在任期间的主要工作之一就是做好直接过渡地区工作。梁家配合地委第一书记张钧组织地委领导、边疆办公室和相关县干部对边沿一线西盟、澜沧、孟连及西双版纳基诺山、布朗山寨直接过渡地区进行更深入的调查。多次开会研究，1956年4月，地委提出了《关于落后民族地区直接过渡到社会主义的初步意见》。梁家多次深入直接过渡地区宣传党的政策，在西盟县试办第一个农业生产合作社。

1956年，地委按照省委指示，分别制定了边疆土改地区和直接过渡地区生产政策12条和13条；12月，在地委召开的边疆工作会议上，梁家代表地委提出和平协商土改地区和直接过渡地区的25条生产政策，经会议讨论研究，得到一致确认。两项政策贯彻后，对保护和调动边疆各族农民和各阶层的积极性起了很好的作用，促进了民族团结、边疆稳定和生产发展。但是，在其后的反右派斗争中，两项政策却被错误批判为“阶级斗争熄灭论”，成为梁家被错处的“罪行”之一。

1958年8月，在云南省反“地方主义”运动中，梁家被错定为云南省“郑敦、王镜如反党集团骨干”、思茅“梁家、王坚、尹宜公反党集团”首要人，被错划为“右派分子”，处理到大理州厂矿。直到1979年上述省、地冤案平反，梁家被错处才得以平反改正。

落实政策后，梁家担任省委、省政协领导工作。他参与决策云南的整党、农村和城市改革等工作。1998年1月，经中央批准离休。2014年12月逝世。

彭名川，生于1920年7月，男，原名彭延河，山东省齐河县人。

1938年，彭名川参加长清九区教职员抗日联合会，7月在聊城政干校学习，聊城被日寇攻陷后，返回长清九区动委会工作。1939年调大峰山民运工作队，后到八区分队任副分队长，11月由许子杰介绍加入中国共产党。12月调长清独立三营任特派干事，1940年6月调任连队政治指导员，1942年2月调任峰山大队总支书记，1944年6月任峰山大队副政委。日本投降后，随部队升级编为分区独立旅四团任副主任。解放茌平、宁阳、济宁后，编为二野七纵队十九旅五十七团任副主任、主任，攻打聊城、安阳战斗后，1947年6月底，部队过黄河时，七纵队合并为一纵队，调十九旅旅直政治处任主任。羊山集战役后，随部队“千里跃进大别山”。1947年10月调鄂豫军区潢川分区基干六团任政治处主任，1948年8月调基干五团随改为固潢支队任政委、兼潢川县委书记。1949年6月调罗山支队任指挥长兼政委，后调河南独立十五团任政委。1950年年底，随团调广西，编为四野一七四师五二二团任政委，兼忻城天峨县委书记。剿匪结束后，1952年4月随队调广东林业二师四团，任政委兼海康垦殖所长、党委书记。1953年年底转业。1954年2月调任徐闻县委第一书记。1954年年底，调任粤西区党委垦殖部副部长、区党委委员。1956年2月任湛江地委常委、垦殖部长。1957年1月调云南省农垦局任副局长。1960年10月调思茅地委书记处任书记。1966年4月兼任西双版纳州工委第一书记。1970年7月任思茅地委副书记。1973年8月调西双版纳州委任副书记。1977年3月调任云南省电力局副书记、副主任、书记、局长。1979年11月调云南省农垦总局任局长、书记。1981年9月调西双版纳州委任书记、兼军分区政委。1983年4月任云南省人大常委委员兼财经委副主任。1986年4月离休。2012年3月逝世。

陈伟芳，生于1924年3月，男，汉族，江西省万载县人，大学文化，主任医师。

1949年5月，陈伟芳毕业于上海国防医学院医疗系。1949年12月入伍，在广东合浦解放军108大队任军医。1950年3月转到驻西南边陲宁洱的解放军39师卫生处附属医院，后随医院从宁洱迁至思茅工作直到退休。1955年转业到地方，历任地区医院医师、主治医师、副院长、院长、名誉院长。思茅地区科学技术协会第一、二、三届副主席，思茅地区医学会理事长。1979年4月入党，1992年12月退休。陈伟芳在担任院领导期间，注重医德教育，团结带领同事们注重提高医疗护理质量和工作效率，重视培养专业人才，提高医疗卫生队伍的整体素质。在临床实践中，他对发热的诊断、纤维织炎、急慢性腹痛、肠易综合征、系统性硬化症、黏液水肿性苔藓、类风湿性关节炎、多动脉炎、系统性红斑狼疮有较深的造诣。陈伟芳还首先发现普洱市恙虫病、肺吸虫病、钩端螺旋体病、散发性脑炎。还参与鉴定了乙型脑炎、地中海贫血、散发性脑炎等多种地方病。主要有《思普区疟疾调查报告附阿的平中毒性精神病》等多篇论文在省、地级杂志上发表。

陈伟芳1957年5月被评为“云南省先进工作者”，1983年5月被省人民政府评为“云南省劳动模范”。1983年7月被国家民委、人事部、中国科协评为“边疆民族地区先进科技工作者”，1983年11月被卫生部评为“全国卫生系统先进工作者”。享受国务院特殊津贴。2012年1月逝世。

刘树生，生于1926年9月，男，回族，河北省孟村县人。

云南省政协原主席，中共云南省委原副书记，中共第十二届中央候补委员，第七届、第八届全国政协委员，第八届全国政协委员会民族宗教委员会副主任委员。

1946年10月，刘树生加入中国共产党，1944年8月参加革命工作，相当于初中文化。1944年8月至1949年10月任河北沧县县中队战士、通讯员，县青救会青委，县回民协会主任、武工队副队长，中共山东渤海区委政研室组员、回民协会总会干事、工作队副队长。中华人民共和国成立后，1949年10月至1951年任中央民族事务委员会科员、中央访问团副组长。1951年至1952年12月任云南民族学院科长、副处长，云南省民族工作队队长，中共西双版纳工委召集人。调查了澜沧政策，1953年1月至1960年8月任中共云南省委边疆工作委员会处长、临危受命中共澜沧拉祜族自治县委书记。1960年8月至1966年任中共云南省思茅地委委员、思茅地委副书记。1966年至1973年“文化大革命”中受冲击，受迫害。1973年至1975年任云南维尼纶厂党的核心小组副组长。1975年5月至1981年8月任云南省大理白族自治州革委会副主任，中共大理白族自治州委副书记、书记，大理白族自治州人大常委会主任。1981年8月至1988年5月任中共云南省委副书记。1988年5月至1989年3月任中共云南省委副书记、云南省政协主席。1989年3月至1998年1月任云南省政协主席。中共第十二届中央候补委员。2014年3月逝世。

召存信，生于1928年3月，男，傣族，云南省江城县人。

中华人民共和国成立前，召存信曾担任勐捧抗日中队中队长、勐捧土司、车里宣慰司议事庭庭长召景哈等职。1949年5月，赴宁洱找共产党组织，将部队整编为党领导的革命武装。1949年7月，参加革命工作。1949年10月，组建车里县民族自卫大队并任大队长，与国民党“在乡军人”展开斗争。1950年2月，他带领民族自卫大队积极发动群众，配合解放军38师成功渡江，解放西双版纳。1951年元旦，在普洱民族团结剽牛盟誓大会上，第一个在誓词簿上签名，立誓团结各族群众一心一意跟共产党走。解放以后，召存信历任西双版纳州车里县副县长、县长，西南军政委员会民族事务委员会委员，普洱地区第一副专员，西双版纳傣族自治州人民政府州长、州政协主席，州委常委、州长，全国人民代表大会一至七届代表，全国政协八届、九届委员会常委等职。1997年8月享受副省长级待遇。2017 年 11 月，荣获第六届全国道德模范提名奖。2014 年 1 月逝世。

段毓华，生于 1929 年 1 月，男，汉族，云南省华宁县人，高中文化。

1946 年 10 月，段毓华参加工作，同年加入“云南民主青年同盟”。1948 年 1 月至 1949 年 4 月，在中共地下党云南省工委盘溪交通站工作；1949 年 4 月至 1950 年 3 月，任中共华宁县盘溪区委书记、第三区区委书记。1952 年 7 月至 1956 年 3 月，任中共玉溪地委组织部副科长。1956 年 3 月至 1961 年 7 月，任中共元江县委副书记。1962 年 2 月至 1964 年 3 月，任中共玉溪地委调研室副主任。1964 年 3 月至 1968 年 2 月，先后任中共澄江县委副书记、澄江县革委会副主任、玉溪公路养护总段革委会副主任、党委书记。1975 年 5 月，任中共玉溪县委书记、中共玉溪地委常委、农村工作部部长、行署副专员。1982 年 7 月任中共思茅地委副书记。1983 年 3 月任中共思茅地委书记、思茅军分区党委第一书记、第一政委。1986 年，任中共玉溪地委书记、玉溪军分区党委第一书记。（其间 1985—1989 年任中共云南省第四届委员会委员）。1989 年 7 月至 1993 年 9 月，任玉溪地区人大工委主任（其间，1988 年，任全国第七届人大代表、云南省第七届人大常委会委员；1990 年 7 月，任人大工委党组书记）。曾担任云南省第七、八届党代表，玉溪市一至二届党代表、人大代表。

1994 年 4 月离休。1997 年，被国家体委授予全国“群众体育先进个人”称号；1999 年 9 月，被中共中央组织部评为全国离休干部先进个人。

方有富，生于 1930 年 3 月，男，哈尼族，云南省宁洱县人，小学文化。

1950 年 10 月 1 日，中央人民政府组织全国 56 个民族代表到北京参加国庆观礼活动，年底，方有富赴京观礼团各民族代表回到宁洱后，参加普洱专区第一次民族代表大会，时年 21 岁的方有富被推举为哈尼族代表，并选为大会主席团成员。1951 年元旦，方有富与其他参会的代表和党政军领导在宁洱红场共同立下誓言，并在民族团结誓词碑上亲笔签下自己的名字。同年，参加了中国人民志愿军。在当兵的岁月里，他刻苦训练，努力学习，出色地完成了上级交给的各项工作任务。1953 年荣立团级三等功；1956 年立师级二等功；1959 年被授予中尉军衔。

1963 年，方有富退伍回到家乡，他始终铭记民族团结誓词碑上的誓言，用在部队学到的文化知识和木工技术帮助村民建设家园，盖瓦房、建电站、购置碾米机，使村民生活水平逐步提高。多年来，为配合党委、政府做好新形势下的民族团结教育工作，他虽然身患疾病，但从不以功自居，时常站在民族团结誓词碑前，为广大干部、工人、学生讲解民族团结誓词碑的历史，并教育大家要感谢党的关怀。

朱永贤，生于 1932 年 1 月，男，傣族，傣名“贺英达那”，男，云南省景谷县人。

朱永贤 7 岁替人放牛，9 岁进佛寺当和尚。1943 年年初还俗回家，3 月就读保国民小学。14 岁辍学，跟父亲帮工度日。后投靠舅舅，边放牛边读书。1947 年因家庭贫穷再次辍学。1948 年 11 月，朱永贤积极报名参加民兵组织。1949 年年初，参加区“民兵模范队”，投身革命；11 月，参与平息李希哲叛乱。1950 年年初，被选送到景谷干部分校培训；同年 3 月，加入中国新民主主义青年团；4 月，编入景谷民工团，担任小组长；9 月，因工作出色，被选派到普洱专区民族干训财经班培训。1951 年 1 月，被选送到昆明公安学校学习，被学校评为“全校学习模范”；12 月，调景谷公安局工作。

1952 年 5 月，朱永贤参加土改工作；7 月加入中国共产党。在土改中，出色地完成各项工作任务，被评为“一等工作模范”。

1953 年 12 月至 1966 年 12 月，朱永贤先后担任勐班区长、景谷县副县长、县长、县委副书记，兼任景谷县统战部长，其间，到重庆中共中央第七中级党校学习。

1961 年 12 月 22 日晚，县城广场电影发生特大爆炸，伤亡 100 余人。朱永贤迅速到现场指挥组织抢救受伤人员，安抚民心，维持秩序，直到次日 9 时多才回家看望因爆炸受伤的妻子和孩子。

1966—1970 年“文化大革命”期间，朱永贤遭受迫害，被下放到“五七”干校参加生产劳动。

1971 年 1 月至 1977 年 9 月，任思茅地区财办副主任；1977 年 9 月至 1979 年 1 月，任中共思茅地委委员、常委、地区财办主任；1979 年 1 月至 1987 年 3 月，任思茅行署副专员；1987 年 3 月至 1991 年 3 月，任中共思茅地委副书记、思茅地区行署专员；1991 年 3 月至 1993 年 6 月，任思茅地区人大工委主任；1993 年 6 月离休。2008 年 8 月病逝。

朱永贤曾任云南省第二届、第三届、第五届、第六届、第七届人民代表大会代表。

王澍华，生于 1932 年，男，汉族，江西省金溪县人。

王澍华幼入私塾就读即酷爱绘画，自学成才，后进京深造，曾拜黄胄大师学画。1950—1962 年，先后在中国青年出版社、中学生杂志社、旅行家杂志社任美术编辑，发表过多篇文学和美术作品，被誉为“首都青年画家”。1963 年，支援边疆建设来到思茅，在思茅一中担任美术教师。1975 年，调入思茅师专工作。1978 年，思茅师专美术专业正式招生办学，他和另一位青年教师罗兴元一起，承担起“文化大革命”后思茅的首届美术专科班 25 名学子的美术专业教学工作。两年的教学实践中，他们重视专业建设，充分利用有限的办学资源开门办学，带领学生深入边疆村寨进行教学写生，通过大量的实践教学努力提升办学质量。在此期间他曾遭遇家破人亡之难，但仍以顽强毅力重新投入到教学工作中。1982 年，王澍华调往昆明师专附中任教，后获高级美术教师（副教授），全国美术教育研究会、中国王羲之基金会、国际书画学会、中国美术家协会云南分会会员和云南民族画院理事。

王澍华是一位勤奋的画家，擅长人物、山水、花鸟、书法，他深入生活，勤于笔耕，将云南绮丽风光和各民族淳厚的风土人情生动地展现在他的绘画中，作品多次参加海内外各类展览并获奖。1992 年，在云南美术馆举办《王澍华云南风情画展》。1993 年，受昆明市政府委托、市长命题做石林、大观楼两幅巨画作为国礼赠送瑞士苏黎世城；同年，在北京首届中国书画博览会荣获优秀奖。1994 年，在故乡金溪建县一千年时举办个人专题画展。1996 年，作品参加德国汉堡《中国文化节》名家作品展。1998 年，获香港杰出华人艺术大奖。1999 年，受命为大观楼“天下第一长联”配画 16 幅，悬展于大观楼上。2002 年，中国中央电视台为王澍华拍摄专题片，在中央 1、2 频道和国际频道播映。2003 年，作品入选北京中国国家博物馆“纪念毛泽东诞辰 110 周年全国名家书画邀请展”，并为国家博物馆收藏。2003 年，着手于《茶马古道》大画创作，历时 5 年终于完工。作品全长 44 米，高 1.3 米。中央电视台 1、2、3、4 频道相继报道，并在上海世博会展出。2012 年 4 月逝世。

王嘉钦，生于 1934 年 9 月，男，汉族，云南省姚安县人，高小文化。

1950 年 1 月，王嘉钦参加工作，历任楚雄州姚安县人民法院副院长、院长，中共楚雄地委直属机关党总支副书记、党委副书记，姚安县委秘书科长，县委办公室主任，楚雄州委办公室副主任、州委调研室主任，楚雄州写作组长、州委组织部长、州委常委、秘书长，墨江县委副书记、书记，普洱行政专员公署常务副专员、党组副书记、地委委员。1993 年，选为云南省第八届人大代表、云南省人大常委会委员，思茅地区人大工委主任。

1979—1987 年，在墨江县工作期间，他一手抓落实党的政策、平反冤假错案，调动干部群众积极性，在全县全面实行生产承包到户责任制，一年基本解决群众温饱，工作得到高度肯定。同时，他大胆引进人才、技术和管理，加快金矿建设，年产黄金万两以上；对酒厂进行技改，创造名牌紫米封缸酒；新建水泥厂，为全县城乡建设打下基础。在农村推广以林为主的多种经营，为农民脱贫致富走出新路。

1987年，在思茅行署工作期间，他直接参与和组织协调糖厂、松香厂、茶叶、甘蔗，响水河水库、大朝山、糯扎渡电站以及磨思公路、思茅师专建设，保证了建设项目的顺利进行。

1998年退休。退休后，他担任思茅市老年人体育协会主席，连任3届。其间，他认真抓好老体协组织建设工作和老年人健身场地建设，使市级、县级和部分乡镇村建起了老年人活动中心。因工作出色，被云南省老体协评为全省先进集体和先进个人。2016年8月逝世。

李松青，生于1936年8月，男，汉族，湖南省隆回县人，大专文化，中共党员，高级农艺师。

1962年8月，李松青被下放到思茅专署农科所土肥组（后改为市农科所土肥站）工作。1963年，他创建景谷县永平低产田改良试验。1965年，创建3万亩磷肥样板田，使永平粮油实现双丰收。后来，农科所恢复，李松青依然在永平继续试验示范推广良种、水稻直播、菌肥、化肥、绿肥、除草剂、绿萍、插秧机等农业技术工作。

1978年8月，调地区科委工作，负责筹建思茅测试所化验分析室。1980年开始主持省下达的土壤微量元素研究课题。1987年，示范微肥6.3万亩，1990年全地区推广百余万亩。该成果获地区科技进步一等奖，省政府科技进步三等奖。

1980年9月，李松青主持完成全地区第二次土壤普查，主编出版《思茅地区土壤》《思茅地区土种志》。土壤普查成果获地区科技进步一等奖，省政府科技进步三等奖。1987—1993年，承担全省土壤普查图件汇总，主编印制《云南省土壤图集》，主编出版《云南省土壤图》《云南省土地利用现状图》，以上成果获省政府科技进步二等奖。1986年至1995年，参加全国土壤普查图件编绘，负责完成昆明、大理、个旧、景洪等中国1∶100万土壤分幅图编绘及说明书撰写，并出席全国土壤普查总结表彰会。

1986年，被评为省农业厅“先进工作者”；同年，被省农业区划委员会评为“先进工作者”。1987年，获省“有突出贡献的优秀专业技术人才”称号；同年，被评为高级农艺师。1991年，获国务院“政府特殊津贴”。1994年，被农业部评为先进个人。

黄桂枢，生于1936年9月，男，云南省墨江县人，汉族，侨眷，大学文化，中共党员，研究员。

1951年10月，黄桂枢参加工作。1984年，任思茅地区文物管理所所长。

1989年，黄桂枢在中国《民族研究》第4期发表论文《云南思茅元代整控江摩崖考述》。1992年，黄桂枢论文《云南普洱茶史与茶文化考略》发表在中国《农业考古》第2期。1993年4月，思茅地区举行“中国普洱茶国际学术研讨会暨中国古茶树遗产保护研讨会”，任大会秘书长，共同探讨研究普洱茶的历史价值、经济价值、医药价值、品饮价值、文物价值等。黄桂枢主编出版论文集《中国普洱茶文化研究》，论文《关于论证澜沧邦崴古茶树》发表在《农业考古》1993年第4期，被作为邮电部1997年4月8日发行《茶》—《茶树》—《澜沧邦崴古茶树》邮票一套4枚中的第一枚。1994年，黄桂枢在中国《民族研究》第4期发表论文《论云南普洱民族团结誓词碑》。黄桂枢先后出版文物考古、茶文化论著6部、编著6部。

1993年10月，获国务院特殊津贴。1994年6月，荣获全国侨联先进个人称号暨“爱国奉献奖”。1998年9月退休。2000年12月，获云南省第五次社会科学优秀成果三等奖。2005年4月，荣获“首届全球普洱茶十大杰出人物”茶马奖；同年9月，其肖像被印制成国家邮票“首届全球普洱茶十大杰出人物—云南四杰”之一。2006年获“云南省有突出贡献哲学社会科学专家”称号奖。2007年被国家文物局、中国文物学会批准为"中国当代文博专家"。

魏应昌，1937年8月，男，佤族，云南省澜沧县人，中专文化，中共党员。

1955年2月，魏应昌参加工作，历任西盟县委副书记、县委书记，思茅地委委员、常委、组织部部长，地委副书记，思茅地区人大工委主任。

魏应昌任县委书记时，到北京出席国务院、中央军委主持召开的边防重要会议。会议期间，从边疆地区实际出发，提出了维护边疆民族团结、政治稳定、经济发展的工作方法，得到了中央领导的高度重视。为佤山的社会稳定、民族团结、社会发展和进步做了大量卓有成效的工作。为改变佤山贫穷落后的面貌，他带领干部、职工、群众开挖水田台地、兴修水利、建设公路、种植橡胶、茶叶、开发矿产业，兴办教育、卫生和社会公益等事业。

1959年，魏应昌被团中央表彰为"全国青年积极分子"；1961年，被团省委、团地委表彰为"优秀团干部"；1983年，被云南军区表彰为"民族工作先进工作者"；在任县委书记期间，被省委、地委表彰为"优秀县委书记"；在任地委组织部部长期间，被省委、省委组织部表彰为"优秀领导干部和优秀党务工作者"。1997年9月退休。

刘国相，生于1940年8月，男，汉族，云南省宣威县人，大学文化，普洱市农科所原副所长。

1964年，刘国相从昆明农林学院毕业，分配到思茅地区参加工作。在思茅工作36年，一直致力于水（陆）稻育种、栽培以及推广旱粮综合增产技术、开发实用技术的研究示范与推广。刘国相长期在边疆、山区、民族地区生产一线蹲点，研究推广实用技术，促进山区经济发展。他在长期在澜沧县东回乡蹲点，推广农业技术取得了成效。他以点带面，推广"旱地综合增产技术开发"和"旱地耕制改革"试验、示范，推广面积19万亩，总净增产粮食1296万公斤，获纯效益751万元。为澜沧、西盟、孟连地震灾区科技救灾做出了贡献。受省民委委托在东回点进行"电脑农业专家"之一的"玉米专家系统"开发应用试验，取得了好的效益，同时，积极开展技术培训，培训初级技术人员300余人次；乡村基层干部和农民辅导员3700余人次；现场示范培训1.6万人次。走村串户，在田间地头、农家庭院等不同场合答疑解难，提供不同形式的咨询服务。

刘国相还总结撰写了《陆稻高产栽培技术》《怎样办好陆稻综示区》等科技论文和资料20余篇，以及边疆、山区、民族地区旱地耕作、栽培实用技术等。一系列科技成果经省级鉴定验收，有的已经达到国内先进水平。1993年3月，获"云南省劳动模范"称号；同年4月，荣获"全国优秀科技工作者"称号，被授予"全国五一劳动奖章"。

杨正仁，生于1940年12月，男，白族，云南省昆明市人，中共党员，一级作曲家。

1961年，杨正仁参加工作。1961年8月至1970年在西盟县服兵役，任通讯员。1971年调到昆明军区国防文工团从事音乐创作。1985年，调到成都《战旗》歌舞团。他在佤山当通讯兵时，虚心向佤族人民学习民族音乐，用佤族"江三木落"民歌的曲调给《阿佤解放是一家》的词谱曲，此歌成为西盟部队1964年参加昆明战士文艺会演曲目。之后，在中央人民广播电台《每周一歌》栏目中播放。

1965年10月，他根据佤族民歌《白鹇鸟》创作了一首脍炙人口的经典歌曲——《阿佤人民唱新歌》。1972年，中央人民广播电台向全国播放，歌声传遍祖国的大江南北。

杨正仁在昆明军区国防文工团期间，和同事一起创作大型舞剧《含泪的缅桂花》《景颇姑娘上大学》《大学毕业回雪山》等优秀舞剧及曲目。1982年，创作《草原之夜》和器乐曲《阿佤舞曲》，并获奖。1983年，创作《草原牧歌》，获第一届"晨钟奖"。1985年，在成都《战旗》歌舞团参加创作歌舞《西藏之光》，获文化部第三届文化新节目奖。杨正仁曾先后荣立二等功一次、三等功两次。1995 年，他把上海唱片公司给他的第一笔稿费 770 元和《阿佤人民唱新歌》2000 元稿费，捐给西盟岳宋村希望工程。2001 年退休。

2002 年，西盟县把《阿佤人民唱新歌》定为县歌。2003 年，杨正仁被聘为西盟县佤文化顾问。2004 年，西盟县在新县城木鼓园建成《阿佤人民唱新歌》纪念碑，他亲自提笔书写“阿佤人民唱新歌”碑名。2006 年，在云南省“四个一批”人才表彰会上，荣获云南省文学艺术成就奖。

吴孝元，生于 1943 年 6 月，男，汉族，云南省墨江县人，初中文化，墨江县双龙乡路水村路水井村民小组农民。

吴孝元酷爱学习，热衷于科技致富的实践与探索。1984 年 4 月至 1997 年 7 月，任双龙乡路水村村长。他带头报考农村致富技术函授大学，学以致用，带头示范，在发展山区农业、调整种（养）殖业结构等方面做了大量工作。通过努力，引导和带动了全社乃至全村群众走上了科技脱贫之路，被当地群众称为科技推广应用领头人。

1998 年，在开始推广“两杂”（杂交稻、杂交玉米）时，他在自己家最好的土地试验，自费引进高山一号“778”“768”水陆两用稻等粳稻良种和旱高粱，引进蔬菜良种扁豆一号、四季苔蒜，果树良种美国布兰李、日本沙梨、中华圣桃等进行试验和试种，在他的带动下，路水村杂交玉米良种覆盖率达 85% 以上，规格化种植面达 50% 以上。

1985 年以来，吴孝元一直被群众推选为县、乡人民代表，其中连任县人民代表 3 届，乡人民代表 4 届，并多次受到省、地、县的表彰奖励。被双龙乡人民政府评为“十星级文明户”。在他带领下，路水井村民小组一半以上的农户成为养猪能手，80% 以上的农户用上沼气灶，70% 的农户新建茶园、果园，改变了贫穷落后的山村面貌。

他带头学科技、用科技，带领群众走科技致富路，得到了广大群众的信任和好评。2005 年，吴孝元被评为“全国劳动模范”。

李炽，生于 1943 年 9 月，男，白族，云南省云龙县人，大专文化，思茅地区林科所原所长，高级工程师。

1963 年 10 月，李炽参加工作。1981—1986 年，李炽与南京林化所合作开展“思茅松采脂生物学特性及采脂技术研究”课题。历时 5 年，经上万次试验，取得近万个数据；同时，筛选出好的刺激剂在生产中推广，科学试验达到全国先进水平。

1993—1996 年，他主持并接待联合国派遣的项目专家考察团，提出并编写资助原思茅地区的具体项目 8 个，使思茅地区林业首次争取到国外无偿援助资金近 400 万美元；他主笔撰写联合国粮农组织资助的“思茅林业行动计划”项目报告，与省林业规划设计院总工程师宋明辉联合撰写“思茅林业行动计划”项目专题《思茅地区合理利用土地资源研究报告》等，共提出 28 个后续行动项目概要，争取到荷兰政府无偿援助 1500 万美元。1995 年，他主笔撰写、编制了《思茅地区林业综合改革试验示范原则方案》。同年 8 月，得到了省政府的同意批复，成为思茅地区林业改革的行动指南。1999 年，他与市委政策研究室朱志安联合撰写完成省林业厅、思茅行署下达编制的《云南思茅国家级现代林业开发区建设项目方案》，上报国家计划委员会并获得批准。

由于他对林业工作的突出贡献，先后受到地、省、国家级表彰奖励 15 次。其中，地级 8 次，省级 5 次，国家级 2 次。1989 年，李炽被评为“云南省农业劳动模范”。1992 年，获国务院政府特殊津贴。1995 年，被国务院授予“全国先进工作者”称号。2003 年 9 月退休。

李师程，生于 1944 年 2 月，男，汉族，云南省勐腊县人，大学文化，中共党员，教授。

1969 年，李师程毕业于云南大学物理系。历任昆明电缆厂党委书记，中共昆明市委秘书长、副书记，中共思茅地委书记，中共云南省委党校、云南行政学院党委书记、常务副校（院）长，云南省政协常委、省政协文史委员会主任，中国国际茶文化研究会副会长。创建云南省民族茶文化研究会，任终身会长。曾任中共十四大、十五大代表，中共云南省第六届委员会委员。

1992 年 1 月至 1998 年 4 月，李师程任中共思茅地委书记。在职期间，他坚持解放思想、实事求是，一切从思茅地区实际出发，在扶贫攻坚和经济社会发展中做出艰苦的努力，取得了明显的成效。他总结推广了孟连县股份合作建设橡胶基地、宁洱县农工联合建设板山茶叶基地、江城县农工商贸一体化联合开发牛洛河茶叶基地的经验，提出思茅地区深化农村改革、加快民族经济发展的目标。成功举办了首届中国普洱茶节、中国普洱茶国际学术研讨会和中国古茶树遗产保护研讨会。研讨会确认云南省思茅地区是世界茶树原产地中心地带的国际地位，作出了茶树野生型、栽培型和过渡型的界定，确认澜沧县邦崴古茶树属野生与栽培间的过渡型茶树，通过了《保护中国古茶树倡议书》。

同时，李师程还致力于理论研究加强党的建设，著有《边疆民族工作随谈》《岁月备忘录》《普洱茶古茶山览胜》《思茅丛书》《大通道经济与贸易经济》等著作。

孙荣祖，生于 1944 年 4 月，男，汉族，云南省石屏县人，大学文化，中共党员。

1969 年 9 月，孙荣祖参加工作，历任中共思茅地委办公室主任、地委副秘书长，地委农村政策研究室副主任，思茅地委委员、地委秘书长，地委副书记，人大常委会思茅地区人大工作委员会主任、党组书记。孙荣祖在职期间，曾发表过一系列课题研究报告和论文，其中具有代表性的《思茅地区向东南亚开放战略的思考》一文，被收录在《中国改革开放 20 年成果总揽》《中国管理科学论坛》等书籍中。1991 年，孙荣祖被中共云南省委办公厅、省人大办公厅、省人民政府办公厅评为先进信访工作者。1992 年，被中共云南省委评为落实政策先进个人。1994 年，被云南省总工会授予云南省工会积极分子称号。1999 年，被省政府授予民族团结进步模范个人称号。曾当选云南省第九届人民代表。2004 年 7 月退休。

2005 年 3 月，孙荣祖退休后被任命为思茅市关心下一代工作委员会执行主任、主任。其间，围绕关心下一代这个主题，组织编写了《关心下一代与普洱发展》《普洱风云人物》《青少年思想道德建设宣讲辅导材料》《普洱关爱——纪念普洱市关工委成立 20 周年画册》《探索篇》等书籍，普洱市关工委也被评为全国、全省关心下一代先进集体。2009 年，他被评为“云南省未成年人思想道德建设工作先进工作者”。2010 年，获“云南省关心下一代工作个人突出贡献奖”。同年，被中央关工委、中央文明办评为“全国关心下一代先进工作者”。2015 年，被中共云南省委组织部评为全省离退休干部先进个人。

邵翠萍，生于 1944 年 12 月，女，汉族，云南省墨江县人，中师文化，中共党员。

1984 年 4 月，邵翠萍从思茅第二小学教师岗位被县教育局抽调，负责组建思茅幼儿园建园工作，并担任首任园长，在建园初期，为盖教学楼，她四处奔走，多方求援，她的一腔热忱，得到群众的拥护和领导的支持。她去木材厂讨边皮板，带领老师肩抬、车拉运回来，好一点的打制桌椅、小床，差的给厨房做烧柴。她借款买布料，发动老师动手缝制幼儿被褥、平整活动场地，自己动手粉刷墙壁、油漆门窗，利用废旧物品装饰美化幼儿活动室，她由于超负荷的工作，体力和精神严重透支，晕倒在办公室。1996 年全省首届幼儿教育工作会议上，她在会上作经验交流发言。她时刻以一个共产党员的标准严格要求自己，为了培养一名副职，她潜心做好传帮带；为节省幼儿园费用，主动放弃去北京进修和外地考察的机会。1986 年被评为市级教育先进集体，1990 年、1991 年分别被命名为市、地级文明单位，幼儿园组织的多种活动受到全国、省、市的表彰奖励。

邵翠萍事迹突出，1986年、1989年、1994年三次被评为云南省先进工作者，1995年被评为云南省劳动模范，1996年荣获“全国五一劳动奖章”。

潘政扬，生于1945年10月，男，汉族，广东省南海人，大学文化，中共党员。

1968年12月，潘政扬参加工作，在勐海农场锻炼。1970年4月，先后在景东县安定中学、思茅二中任教，曾担任教研组长、校团总支副书记。1978年7月，任思茅地区教育局教研室副主任、思茅地区招生办副主任。1983年7月，任思茅地区副专员。1991年2月，任中共思茅地委副书记、思茅地区行署专员。1996年5月，任云南省人民政府副秘书长。1998年2月，任云南省农业厅厅长、党组书记。2003年1月，任云南省人大常委会委员、农业工作委员会主任。2010年退休，退休后被聘任为云南省人民政府九大高原湖泊水污染综合防治督导组、滇池水污染防治专家督导组成员。

在思茅行署工作期间，他认真贯彻中共中央、国务院和中共云南省委、云南省人民政府的一系列重大部署，初步确定了思茅地区在全省发展中的战略地位、产业结构调整的方向、建设面向东南亚开放等重大问题；和各级干部群众一起推动茶叶、咖啡、热区作物等农产品商品基地建设，为后续发展打下较好基础，并创造了被中共云南省委肯定的“三结合一体化”发展的边疆农村农业产业化的路子；积极参与并负责与中科院昆明分院的合作，引进大量科技专家为思茅地区的林产业、茶叶、咖啡的发展提供科技支撑；高度重视扶贫开发，通过农产品商品基地建设带动农民群众走上脱贫之路。其中，牛洛河基地的经验在全省开辟了异地扶贫开发的新途径。

陈永福，生于1946年4月，男，汉族，云南省巍山县人，大专文化，中共党员。

1964年9月，陈永福参加工作。历任思茅地区林业局局长，中共思茅地委副秘书长、办公室主任，中共思茅地委秘书长、中共思茅地委委员，政协思茅地区工委党组书记、工委主任、政协思茅市委员会任巡视员。2006年6月退休。

郭远明，生于1948年12月，男，汉族，云南省思茅区人，初中文化，中共党员。

1969年10月，郭远明参加工作。1976年12月，郭远明到三家村茶厂任厂长。上任前，三家村茶厂已连换7任厂长，生产仍然没有起色。上任后，提出用承包方式管理茶山，一年转亏为盈。1983年，省政府把思茅定为红茶生产基地，茶叶面积得到扩大。当时经费困难，郭元明通过外贸局担保、银行贷款，开发出弯转山、芭蕉林、小岩子茶山面积1350亩，至1988年开发结束，累计贷款1550万元。在郭远明的努力下，三家村茶厂得到较快发展，郭远明成为云南远近闻名的乡镇企业纳税大户。

1984年起，郭远明改茶叶粗制为精制，改绿茶生产为红茶生产。1984—1987年，三家村茶厂茶叶产量平均每年以33.3%的幅度上升，生产产值平均每年以33.4%的幅度上升，职工收入每年以14.4%的幅度增长。1987年，茶叶产量72850公斤，茶厂收入71.7万元，是承包前的3倍，固定资产70余万元。1995年，郭远明提出“减产增收”口号，减少低价值的茶叶生产，生产高价值的名优茶，产值却增加33%，员工待遇提高33%，产值超过500万元。“思榕牌高山雪芽”“报春白毫”“普洱毛尖”等绿茶系列深受市场好评。

1988年，郭明远被评为思茅县劳动模范。1989年，被评为“云南省劳动模范”。1995年，被评为“全国劳动模范”。2010年10月退休。

王正昌，生于1949年2月，男，彝族，云南省镇沅县人，中专文化，中共党员。

1965年8月，王正昌参加工作。历任思茅地区劳动人事处副科长、思茅地区行署劳动人事处劳动科科长，思茅地区行署劳动局副局长、局长，中共思茅地委组织部副部长，思茅地委委员、组织部部长，思茅地委副书记，思茅市政协主席，云南省政协常委。

2002年12月，在任地委副书记期间，狠抓全市重点工作，妥善协调处理公路、电站等重点工程建设与地方利益关系，既保证了重点项目顺利推进，又促进了经济社会发展。同时，因费改税试点工作，因成绩突出，被省委、省政府表彰为“费改税试点工作先进个人”。

2004年，在任思茅市政协主席期间，逐步完善工作机构，充实干部，建立健全工作机制制度，使政协工作走上规范化、制度化、程序化道路，政协的影响力和作用得到彰显。2007年12月，代表云南地方基层政协参加全国政协召开的基层政协工作经验座谈会。他率先组织编写反映普洱茶历史和文化的书籍，为思茅市更名为普洱市提供了助力。同时，组织政协委员首先提出“更名提案”，并积极向云南省政协和全国政协有关领导汇报。经多方努力，思茅市成功更名为普洱市。

王振雄，生于1949年6月，男，白族，云南省大理市人，大学文化，中共党员。

1974年，王振雄毕业于昆明工学院，留校任教参加工作。1984年，他毅然放弃昆明工学院高等学府优越的工作条件，举家前往西盟县锡矿工作。1996年8月，调往思茅地区行署经贸委，任机关支部书记、副主任。1999年7月，调思茅地区技工学校，任书记、校长。

1981年，西盟锡矿建成，3年共向国家缴税10万元。1985年，王振雄担任矿长后，采取措施加强人员、生产、经济管理，完善各种经济责任制，推动生产大发展，使西盟锡矿发展成为日处理原矿250吨，年产值1000万元的生产规模，至1990年共生产精锡矿2048吨，累计向国家缴税776万元，年平均缴税127.7万元，推动了边疆民族地区矿业生产的发展，为佤山农民开辟了一条脱贫致富的路子。

王振雄在西盟县锡矿任矿长期间，经常以矿为家，真抓实干，每个生产环节都亲自把关、实际操作，对矿情况了如指掌。他和全矿工人经过艰苦奋斗，使西盟锡矿从小到大、由土到洋，发展成为县财政的主要经济支柱，成为思茅地区40户重点骨干企业之一。

1989年9月，王振雄被云南省人民政府授予“省劳动模范”称号；同月，被国务院授予“全国劳动模范”称号。1990年，荣获云南省人民政府“有突出贡献优秀专业技术人才”三等奖。1991年6月，被中共云南省委授予“云南省优秀共产党员”和“云南省优秀承包经营者”称号。1992年，享受国务院特殊津贴。2009年退休。

刘常学，生于1949年9月，男，汉族，云南省思茅区人，初中文化，中共党员，农艺师。

1982年，思茅县大面积推广杂交水稻、杂交玉米，刘常学将自己承包的1亩多田当做试验田，带头试验种植杂交水稻和玉米，试验成功后又组织群众参观学习。刘常学积极推广薄膜育秧、扣种稀播、全层施肥、双行条栽、化学除草、病虫害避防和综合防治等适用技术，在农业部开展的粮食高产竞赛中创造水稻亩产1052千克的全县最高纪录。他下村时都会随身带着农药等农用物资，做到人员、物资、技术配套服务，深受群众的信任和好评。

1986年，省农业厅在全省推广养留再生稻，刘常学在自己田里试验取得成功后，又在整碗村推广2400亩再生稻，平均单产218千克，是当年云南省海拔最高、连片面积最大、平均单产最高的一片养留再生稻；同时，他推广双行条栽2300亩，为困难户提供种子，协调思茅县农业局提供配套化肥，动员学生帮助栽秧，并亲自为这些困难户无偿进行化学除草和病虫害防治，使这些贫困户一年脱贫。在大旱之年，整碗村增产粮食25万千克，在思茅县第一个超额完成征购粮任务。1986年，整碗村杂交稻推广面积达99%，全县第一；化学除草100%，双行条栽55%，养留再生稻100%，也全县第一。刘常学科技兴农，使整碗村走在全县前列。

刘常学先后4次被云南省经贸委评为“先进工作者”，他推广的适用科学技术多次荣获省农业厅、地委行署和县委县政府的科学技术成果奖。1989年，被评为“全国劳动模范”，并出席全国劳模大会。2009年退休。

魏红，生于1950年3月，女，佤族，云南省西盟县人，在职研究生，中共党员。

1965年10月，魏红参加工作，2013年9月退休，历任西盟县人大常委会副主任，副县长，县委副书记、县长，思茅行署副专员，市人大常委会主任、党组书记。

20世纪80年代初，为岳宋乡建设“双扶”茶叶基地，她争取到云南省民政厅资金支持贷款50万元，茶叶种植获得成功。

1993年3月，当选为西盟县县长。同年7月，暴雨致使西盟县城山体滑坡。她提出县城搬迁的设想，得到地委、行署和省委、省政府的高度重视。接着，她又带领四名工作人员前往北京，跑遍了涉及县城搬迁的单位和部门。经过多方努力，国务院派工作组到西盟核实滑坡情况。1995年11月，批准西盟县城搬迁。

2002年11月至2009年4月，她先后任思茅市、普洱市人大常委会主任。其间，为思茅市更名普洱市，她以全国政协委员的身份多次往返北京，奔走协调，请专家学者及有关部门进行论证审评，作出了不懈努力。她心系群众，围绕边疆民族地区经济、社会、文化建设及人民群众关心的民生问题积极建言献策。

1995年9月，她应邀出席在北京举行的世界妇女大会，并发表《少数民族妇女同胞要自立自强》的演讲。同年，被评为“云南省优秀县市长”。1997年，被授予“全国十佳人民满意公务员”和云南省“三八红旗手”称号。1999年，被云南省表彰为“双拥先进个人”。2002年，被评为云南省“双学双比先进个人”。

杨建甲，生于1950年6月，男，汉族，云南省沾益县人，大专文化，中共党员。

1970年6月，杨建甲参加工作，在工程云南民兵师三团三营当文书、统计员。1971年12月，在沾益县财政局工作。1973年4月，任沾益县委组织部干事、副部长，其间，借调到省委组织部五处工作。1980年8月，任沾益县委常委、组织部副部长。1980年12月，任沾益县委常委、组织部部长。1982年4月，任沾益县委常委、盘江公社党委书记。1983年8月，在曲靖地委党校学习。1984年9月，在省委党校培训班党政专业学习。1987年3月，任曲靖地委纪委专职委员（副处级）。1988年12月，任曲靖地委纪委副书记（正处级）。1992年12月，任曲靖地委委员、地区纪委书记。1993年11月，任曲靖地委副书记、地区纪委书记。1994年8月，任曲靖地委副书记。其间，于1995年3月到中央党校进修二班学习。1996年7月，任东川市委书记、代市长、市长。1998年3月任东川市委书记。1998年4月，任思茅地委书记。其间，于1996年12月至1998年12月，中国社科院研究生院财贸经济系商业经济专业学习研究生课程。2001年6月至2003年1月，任省纪委副书记。2003年至2008年3月任省纪委副书记、省监察厅厅长。

杨建甲在工作期间，历任第九届、十一届、十二届省人大代表，第九届全国人大代表。退休后，任云南省革命老区建设促进会会长、云南省法律援助基金会理事长。

肖如安，生于1952年6月，男，汉族，云南省澜沧县人，高小文化，山村教师。

1970年8月，肖如安参加工作时，肖如安被分配到海拔1800米，仅有55户人家不到300人的边远贫困山寨南岭乡村委会教书，在没有学校的情况下，他和乡亲们在一个小山头上搭起了一间简易茅草棚，没有任何教具，仅有两本教科书。就这样，澜沧县南岭乡山心拉祜山寨的第一所小学诞生了，肖如安成为该寨第一位教师。他在拉祜山寨一教就是30多年，先后培养出100多名小学毕业生，其中有20多名学生考上高中、中专和大学。在国家没有免课本费之前，他通过勤工俭学的方式，使学生进得来、留得住，入学率、巩固率均达100%。教学之余，他积极开展扫除文盲工作，使南现村青壮年全部脱盲。此外，他还帮助山村解决“三通”（通路、通水、通电）。

1984 年，肖如安荣获地区级“教育先进工作者”称号。1997 年，荣获“中华扫盲奖”。1999 年 4 月，荣获“云南省先进工作者”称号。2000 年 4 月，荣获“全国先进工作者”称号。2013 年 7 月退休。

马福昌，生于 1952 年 12 月，男，回族，云南省墨江县人，高小文化，中共党员，云南金孔雀交通运输集团公司普洱运输分公司驾驶员。

1970 年，马福昌参加工作。他责任心强，吃苦耐劳，被称赞为运输战线上的“千里马”。驾驶经验丰富，始终将乘客的生命安全放在第一位。一次，他驾驶的客车行至昆洛线 407 千米上坡右转弯处时，迎面突然驶来一辆五十铃货车，在危险关头，他当机立断，一脚刹车将车停住，避免了一起严重事故，确保了旅客的生命安全。跑货运时，他坚持全年带挂车，主动找货源，认真保修车辆，促进增收节支。1976 年 5 月至 1979 年 5 月，共安全行驶 23.5 万千米，完成货运周转量 141.34 万吨，上缴利润 7.05 万元，3 年便完成 7 年的任务。1991—1992 年，他坚持安全正点行车，遵章守纪文明服务，出勤 523 天。

马福昌乐于助人，1986 年 3 月 21 日，他出车夜宿景东，半夜景东饮食服务公司起火，他立即参加扑救直到大火熄灭。一次行车到老仓坡路段，恰遇昆明的旅行车翻下山坡，他马上组织旅客营救，将伤员送往医院，为抢救伤员赢得时间。

1977 年，马福昌被评为全国“工业学大庆先进个人”。1978 年，被评为全国“新长征突击手”，同年又被评为云南省交通厅“劳动模范”。1979 年，荣获“全国劳动模范”称号。1982 年“五一”劳动节，马福昌到北京参加全国“五一”劳模座谈会。2009 年退休。

王志东，生于 1953 年 3 月，男，汉族，四川省天全人，高级经济师，经济学硕士，中共党员。

1971 年 4 月，王志东参加工作，历任云南省财政厅副厅长、厅长、党组书记，中共思茅地委副书记、地区行署专员，云南省开发投资有限公司董事长、党委书记，云南省国防科技工业办公室主任、党组书记，云南省工业和信息化委员会党组副书记、副主任兼省国防科技工业局局长、党组书记，云南省政协常委、经济委员会副主任。第九届全国人大代表。

1996 年 2 月至 2000 年 6 月，王志东任中共思茅地委副书记、地区行署专员。在职期间，他坚持解放思想、实事求是，全力推进全区经济社会发展和扶贫攻坚，维护边疆稳定和民族团结。他重视交通、农田水利、通信等基础设施建设。重视农业农村和扶贫工作，巩固发展粮食生产，大力发展橡胶、咖啡、生物药等特色产业和畜牧业，加快乡镇企业发展，全区农村经济持续健康发展，有力带动了当地群众脱贫致富。重视财源建设，加快发展林产、电力、茶叶、烤烟等优势骨干产业，积极推动将思茅地区建设成为国家林业综合改革试验示范区，森林资源得到有效保护和合理开发利用，云景林纸项目建设顺利推进，景谷林业成为全区首家上市公司；健全完善地县财税管理办法，全区可用财力大大改善。他制定有力措施，加大政府投入，积极推进全区教育、科技、文化、卫生、就业等各项社会事业发展。维护社会和谐稳定，切实抓好民族团结进步示范、禁毒防艾、社会治安综合治理等重点工作，保持了边疆稳定和民族团结的良好局面。

高旭升，生于 1953 年 7 月，男，山西省柳林县人，出生于云南省昆明市，研究生学历，中共党员。

1969 年 9 月，高旭升在昆明铁路局客运段工作。1978 年，在云南大学中文系学习。1982 年，任云南省委组织部组织处干部。1987 年 4 月，任大理州剑川县委副书记（挂职）。1989

年 3 月，任省委组织部副处级干部。1989 年 8 月，任省政府参事室业务处副处长。1991 年 8 月，任省政府参事室业务处处长、秘书处处长。1994 年 10 月，任省委组织部组织处副处长（正处级）。1995 年 9 月，任省委组织部组织处处长。1999 年 1 月，任省委组织部副部长（期间任九届省政协委员）。2004 年 7 月，任云南省委党校党委书记、常务副校长。2005 年 8 月，任中共思茅市委书记。2007 年 4 月，思茅市更名为普洱市，任中共普洱市委书记。2009 年 12 月，任中共云南省纪委副书记。

岩秒，生于 1955 年，男，佤族，云南省西盟县人，大学文化，中共党员。

1975 年，岩秒参加工作。历任中共西盟县委副书记，西盟县人民政府县长，思茅地区民族事务委员会主任，云南省民族事务委员会副主任等职。曾任第五届、第六届全国人大代表，第八届中共云南省委委员，第十一届云南省政协委员。

1990—1992 年，任西盟县人民政府县长，他带领西盟县领导班子下大力抓好农田水利基本建设、固定耕地、稳定高产田地、商品生产基地示范等工作，促进了全县经济发展。同时，他从玉溪、昭通等地引进养猪种菜养鱼及有商品意识的人才到西盟县发展商品生产，启发带动当地佤族、拉祜族群众的商品意识。其间，由于在抗震救灾工作中成绩显著，被云南省抗震救灾指挥部授予澜沧“11·6 抗震救灾先进个人”称号。

1992 年年底，任思茅地区行署民族事务委员会主任。其间，他深入边疆地区对民族聚居区、高寒地区开展深入细致的调查研究，主动当好地委、行署民族工作的参谋助手。1999 年，在国务院召开的第三次全国民族团结进步表彰大会上，岩秒被授予“全国民族团结进步模范个人”称号，并作为少数民族国庆观礼代表到天安门参加中华人民共和国成立 50 周年国庆观礼。

卯稳国，生于 1956 年 7 月，男，汉族，云南省富源县人，在职研究生，中共党员。

1978 年 11 月，卯稳国参加工作。1978 年，历任云南省富源县科委干部、办公室副主任，云南省马龙县委副书记、县长、县委书记，云南省曲靖行署计委主任、党组书记，云南省发展计划委员会副主任，党组成员。1995 年 8 月，在中央党校函授经济管理专业学习，2001 年 12 月，任思茅地委副书记，思茅行署专员。2004 年 3 月，任云南省思茅市委副书记、市长。2004 年 12 月，任云南省迪庆藏族自治州州委书记。其间，在中央党校在职研究生班经济管理专业学习，2007 年 2 月，任云南省委副秘书长、办公厅主任，2012 年 8 月，任云南省政府秘书长、党组成员、办公厅党组书记，2015 年 1 月，任云南省人大常委会副主任等职。

张彩仙，生于 1956 年 12 月，女，拉祜族，云南省澜沧县人，中专文化。

1975 年 4 月，张彩仙参加工作，历任澜沧县民族歌舞团编导、副团长，澜沧县民族宗教局副局长，曾任云南省政协第八届、第九届委员、常委，澜沧拉祜族自治县第九届、第十届委员、常委。

张彩仙出生于偏僻农村，只读过小学，在中央民族大学民族舞蹈专业学习了三年半，取得中专文凭。在县民族歌舞团工作期间，创作了拉祜族舞蹈《摆舞》《捕鱼》，哈尼族舞蹈《嫁姑娘》《老两口》，佤族舞蹈《唱新歌》，藏族舞蹈《牧歌》等民族舞蹈作品，部分作品在国家和省、市、获奖。在县民族宗教事务局工作期间，她深入县内各教区和宗教场所，宣传党的宗教政策和国家宗教法律法规，维护宗教活动的正常开展和教区稳定。作为省政协委员、常委，她提出了许多有价值的提案，如思澜路公路路面改造、边境地区贫困学生“三免”政策、小坝子水库建设等引起上级重视并得到妥善解决。

1995 年，张彩仙代表思茅妇女出席北京第四次世界妇女代表大会。2002 年，她的提案《改善国道 214 线和省道思澜路路面质量工作迫在眉睫》荣获省政协第八届委员会优秀提案奖。2003 年，由其编演的《娜姆订婚》荣获云南省“法治之春”文艺表演三等奖。2005年，荣获国务院颁发的“全国民族团结进步模范个人”称号。2011年12月退休。

王春，生于1957年1月，女，拉祜族，云南省澜沧县人，大专文化，中共党员。

1974年，王春参加工作。从事疾病预防控制工作38年，她以全心全意为病人服务为宗旨，在平凡的岗位上做出了不平凡的业绩。在她的帮助下，先后有23位艾滋病感染者得到省疾控中心药物治疗，其中有6位得到免费治疗。2000年，当得知省第三人民医院有药物可以做阻断艾滋病母婴传播后，她主动查寻感染艾滋病病毒的妇女，帮助她们落实阻断措施。2000—2006年，她先后帮助5位孕妇完成母婴阻断。同时，她和同事们还努力争取到国际援助项目，建立“明珠家园”“绿之舟”，为感染者和病人提供生产自救和心理安抚服务，使他们重新面对生活。

2001年11月，王春被联合国儿童基金会授予“为儿童做出积极贡献的儿童之友”奖。同年7月，被中共云南省委授予“优秀共产党员”称号。2002年3月，被英国贝利·马丁基金会授予“英国贝利·马丁奖”。2003年11月，荣获澳大利亚红十字会艾滋病预防与关怀项目“无私奉献奖”。2002年12月，享受国务院津贴。2005年4月，被云南省政府授予先进工作者称号。2006年，被中华全国总工会授予全国“五一巾帼奖”、“全国五一劳动奖章”；被中华全国妇女联合会授予“全国三八红旗手”称号；被省委授予“全省优秀共产党员”称号。2008年，被云南省妇联授予“首届云南十大女杰”和“省三八红旗手”称号；被省委、省政府授予2005—2007年云南省防治艾滋病人民战争先进个人。2012年1月退休。

陈建平，生于1957年2月，男，汉族，河北省人，初中文化，中共党员，客车驾驶员。

1974年11月，陈建平参加工作。1982—1992年，累计实现利润14.2万元；1989—1994年，他完成旅客周转量156. 79万吨千米，为计划的117.8%；自售定额客票17.66万元；节约汽油15001公升；安全行驶106.5万千米；1993—1994年，上缴包缴费24.22万元，在同类车型中名列前茅，并以优异的成绩夺得客运旅游公司榜首。

1990—1991年，陈建平被云南省交通厅评为“优秀共产党员”。1991年，被评为“云南省交通系统劳动模范”。1992年，被评为“省第十四届劳动模范”“省客运安全优质服务明星”“省十佳驾驶员”，同年，被交通部授予“红旗车”驾驶员称号。1995年4月，被国务院授予“全国劳动模范”称号。2013年退休。

孔广琼，生于1957年4月，女，汉族，云南省景东县人，大专文化，中共党员。

1979年，孔广琼参加工作，历任乡妇联主任、乡副乡长、乡党委副书记、县妇联主任等职，曾任第一、第二届县政协委员，第十二届县人大代表、常委，景东县第七、第八届党代表。多次被省、地、县授予“新长征突击手”“三八红旗手”“优秀共产党员”等称号。

孔广琼任景东县妇联主任时，亲自拟订农村妇女实用技术培训学习计划，分批对各族妇女进行养殖、种植、加工等技术培训。4年共举办各种实用技术培训1432期，培训妇女5.99万人，有4.08万名妇女熟练地掌握一门以上实用技术，600余名妇女运用掌握的技术成为专业户、女能手。在全县农村建立女科技示范户1468户。组织全县90%成年妇女参加扫盲学习，为1993年实现青壮年基本无盲县达省级验收合格打下基础。县妇联与锦屏镇景范村联系，承包该村160多亩老茶园创办示范基地，她带领广大妇女种下杧果3000余株、橘子1480株、板栗700多株，得到各族妇女同胞的好评。

她积极主动争取党委和组织部门的支持，建立妇女人才库，为妇女干部的成长创造良好的条件。多年来，一批批行业的女能人走上领导岗位。

1994年，孔广琼被国务院授予“全国第二次民族团结进步先进个人”称号。

张海珍，生于 1958 年 5 月，女，傣族，傣名召罕嫩，云南省孟连县人，大学文化，研究员。

1982 年，张海珍大学毕业，回到孟连工作，先后担任文化干事、文化馆副馆长、博物馆馆长等职。2009 年，任普洱学院地方民族文化研究中心研究员。30 多年来，一直致力于抢救发掘和研究少数民族历史文化工作，先后投入孟连宣抚司署傣族文史籍的翻译整理、民间文学集成、民族民歌集成、民族舞蹈集成、民族民间乐器集成的发掘等。

1986 年，她把历年收集整理的傣族故事，编成《孟连县民间文学集成·傣族卷》。1992 年，她又主编出版《云南民族民间文学集成·孟连佤族卷》。2000 年 7 月，她根据多年研究，完成论文《中国现存最后一个傣族古城——孟连娜允古城》。此后，她主持孟连娜允古城省级和国家级名镇的申报工作。2001 年年初，孟连县娜允古镇被省政府批准公布为历史文化名城。2008 年，又被国务院批准公布为国家级历史文化名镇。

2004 年 4 月，出版著作《娜允傣王秘史》。2006 年 2 月，该书荣获云南省第五届文学艺术创作三等奖。2007 年 9 月，入围国家"五个一工程奖"提名奖，被云南省委宣传部授予第四届"云南省文化精品工程奖"。

1991 年，因在中国民间文学集成的编纂工作中和《中国民间文学集成·云南卷》的编纂工作中成绩突出，她先后被全国艺术科学规划领导小组、中国民间文艺家协会、中国民间文学集成全国编纂委员会以及云南省文化厅、云南省民委、云南省文联授予先进工作者称号。2001 年，被省政府授予享受云南省政府特殊津贴。2013 年 6 月退休。

李大福，生于 1958 年 5 月，男，拉祜族，云南省澜沧县人，小学文化，中共党员。

1980 年，李大福从澜沧县大山乡迁至孟连县半扎莫村民小组落户。半扎莫小组距县城 7.3 千米，不通电、路、水，村民过着半原始的生活。全社仅有坡耕地 260 亩、水田 95 亩，粮食亩产仅 100 多千克，人均纯收入 46 元，生活极端贫困。他迁住半扎莫村后，下定决心要改变该村穷苦的状况。1982 年，带领全社男女老少用时 20 天，投工投劳 1240 个，挖通了长达 2 千米的乡村便道。接着购买了拖拉机，把交通运输从人背马驮中解放出来。

1983 年，他发动群众集资 1.4 万元，在变电所技术人员的指导下，苦战 15 天，投工投劳 450 个，架通了长达 3 千米的高压输电线路，使拉祜山寨告别用松明点火的历史。他争取到孟连县民委援助的 7000 元资金，发动群众从 4 千米外引来山泉，使拉祜人喝上自来水。他率先在自家稻田试种杂交水稻，当年亩产就达 600 多千克，杂交水稻得以推广。在群众中推广"八改"养猪技术，实行生猪圈养，使当地村民生活水平得到改善。1988 年，李大福建盖起了半扎莫村民小组第一幢砖瓦房，昔日的拉祜山寨在李大福的带领下，逐步走向富裕。

2000 年 4 月，李大福被国务院授予"全国劳动模范"称号。

师尚泽，生于 1958 年 11 月，男，汉族，云南省镇沅县人，大学文化，外科主任医师，中共党员。

1982 年，师尚泽毕业于昆明医学院，后分配到思茅地区医院工作，先后任院长、书记等职。他在思茅地区开展多项心胸外科手术。1994 年 2 月，他的《基层地区胃及大肠癌的现状分析》《围手术期预防性抗生素应用情况回顾与改进》论文获地区科协二、三等奖。《食管癌根治、结肠代食管术》《袖式肺叶切除术》项目分别获思茅行署 1996—1997 年度科学进步一、二等奖。1998 年 3 月，在地区医院成功开展体外循环下心脏直视手术（房、室缺修补），获思茅行署 1998—1999 年度科技成果一等奖。《风湿性心瓣膜病瓣膜置换术的临床研究》《血液成分输血的临床应用》获思茅行署 2000—2001 年度科技进步成果一、三等奖。在工作期间，《直肠癌 30 例误诊分析》《外科急症10例误诊死亡分析》《老年绞窄性股疝6例误诊教训分析》《肺内畸胎类肿瘤》《肺内畸胎肿瘤误诊结核6年1例》《外科急症误诊死亡10例教训分析》等48篇论文在国家及省医学杂志上发表和交流，其中6篇获思茅地区优秀论文一、二、三等奖。这些医学成果，为全市心胸外科发展建设做出重要贡献。

1999年9月，师尚泽被云南省教育卫生科研工会评为全省医德医风先进个人。同年，开始享受云南省政府特殊津贴。2001年，被思茅行署评为“九五”期间卫生系统先进工作者。2004年，被思茅市委、市政府评为科普工作先进个人。2005年，被思茅市直机关工委评为“保持共产党员先进性教育活动”优秀共产党员。2008年5月，被云南省人民政府评为省十九届劳动模范。2016年12月，被国家卫生和计划生育委员会、中国红十字会总会、中央军委后勤保障部卫生局评为全国无偿献血奉献奖金奖。

郑旭，生于1959年10月，男，笔名石乌、郑二，拉祜族，云南省澜沧县人，大学文化，中国美术家协会会员、中国版画家协会会员、云南省美术家协会会员、云南艺术学院美术系副研究员。

1977年8月至1978年3月，在澜沧县上允公社芒角大队那朗小队插队落户。1978年3月至1982年1月，就读于云南艺术学院美术系版画专业。1982年1月至1990年11月，在澜沧县文化馆工作。1990年11月至1995年11月，在思茅地区群众艺术馆工作。1995年11月，调云南艺术学院美术系任教。2011年6月在昆明病逝。

郑旭是云南绝版木刻最早的拓荒者，是普洱绝版木刻的代表人物。他率先采用绝版木刻技法进行版画创作实践，开启云南绝版木刻技法与创作探索的时代。20世纪80年代初，郑旭尚在学生时代即已开始试作绝版木刻，毕业回到澜沧后，一直在探索并使之成熟。

1984年，郑旭的绝版木刻《拉祜风情1——染》《拉祜风情2——赶街天》在第六届全国美术作品展获金质奖，为云南美术实现了金奖零的突破，引起全国画坛的瞩目。他运用绝版木刻一版多套的技法，以丰富的油印套色木刻语言，将澜沧拉祜族文化中的人物和服饰符号，通过几何化的变形组合，构成富于形式美感的平面化版画作品，与传统的套色木刻形成鲜明对比，画中造型稚拙、色彩对比强烈的选择，是对康定斯基和克利的学习并将其融会到本土文化的一种尝试。他的绝版木刻作品以这样的面目在中国美术转型时期，闯入当时中国版画黑白一统的圈子，其视觉引发的反响非常强烈。

郑旭是一个较早注意绘画语言与形式研究的画家，他的创作手段丰富，除了绝版木刻还涉及文学、纸版画、油画、拼贴等。在他有限的创作生涯里创作了大批不同技法和风格的作品。1982年起，他的作品参加过第六、七、八、九届全国美术作品展览及第八、九、十三、十四、十五届全国版画作品展。1985年，纸版画《远古的舞》荣获全国第九届版画优秀创作奖；绝版木刻《拉祜风情1—染》等荣获版画世界奖。1989年，在中央美术学院举办个人画展。他的版画作品曾在《美术》《美苑》《版画艺术》《版画世界》《新观察》《新华文摘》等刊物发表，并被中国美术馆、中央美术学院、鲁迅博物馆、江苏美术馆、云南美术馆等单位收藏。1994年，在云南艺术学院举办个人画展。1998年，云南美术出版社出版其版画技法书《绝版木刻》。1999年，霍克（台湾）公司出版画册《版画巨匠系列——郑旭专集》。2005年，云南美术出版社出版其美术理论专著《韵律二记》。

1985年，郑旭荣获中国版画奖。1999年，荣获鲁迅版画奖。2006年，荣获云南省“四个一批”文学艺术人才美术贡献奖。

罗萍，生于1960年5月，女，拉祜族，云南省澜沧县人，大学文化，中共党员。

1977 年 10 月，罗萍参加工作，历任澜沧县勐朗镇镇长助理（挂职），县计生委副主任、主任，县妇联主席，县人大常委会副主任，政协云南省第九届委员会委员，普洱市第二届党代表。

1996 年，任县计生委主任，坚持以点带面，全面推进“三为主”工作，“八五”期间全县少生 21235 人，人口增长率控制在 14‰以内，受到上级表彰。1996—2005 年，每年从自己的工资中拿出 450 元资助 2 名女孩和 1 名中专生完成学业。

1997 年，调县妇联工作，她组织开展了“双学双比”“巾帼建功”“五好文明家庭”三大主体活动。带领县妇联干部，在木嘎乡 3 个村实施“幸福工程——救助贫困母亲”工程。同时，倡导妇联干部开展爱心助“春蕾”、“手拉手”结对子、搭建“春蕾桥”救助失学女童等活动。

2008 年在县人大任职期间，组织审定《澜沧拉祜族自治县农村公路条例》《澜沧拉祜族自治县古茶树保护条例》《澜沧拉祜族自治县民族民间传统文化保护条例》《澜沧拉祜族自治县禁毒条例》《澜沧拉祜族自治县农村公路管理决定》《澜沧拉祜族自治县非物质文化传承保护决定》等条例。

1996 年，罗萍获国家计生委颁发的“从事计划生育工作十五年，为社会主义事业做出贡献”荣誉证书。1999 年，被国务院授予“全国民族团结进步模范个人”称号。2003 年，被全国妇联评为全国“不让黄赌毒进我家”活动先进个人。2015 年 11 月退休。

黄雁，生于 1962 年 4 月，女，哈尼族，云南省墨江县人，大学文化，作家、教授。

1983 年 8 月，黄雁大学毕业后分配到思茅地委党校任教。1989 年开始文学艺术创作以来，分别在省级以上文学刊物发表小说、散文作品数十篇。1999 年，第一本短篇小说集《无量的大山》正式出版，这是她继长篇儿童纪实文学《阿佤山的孩子们》出版之后的第二部个人专著，是她对哈尼族女性的生存状态及其哈尼文化背景下的女性命运做出了探索和思考。2000 年，撰写电视散文《青青梅子湖》，并在中央电视台 3 套、浙江电视台以及云南电视台多次播出。2006 年起，黄雁明确自己的研究方向，将关注的目光投向普洱文化，并在《普洱》杂志开设人文地理专栏，在航空杂志《瑞丽航空》开设专栏“我的边地”，倾力推介普洱文化。2009 年 11 月，她以民族学、民俗学等多角度审视哈尼族的历史文化，完成 15 万字的散文集《北回归线上的哈尼人》。2010 年 4 月，在研究地方文献的基础上完成地域文化专著《宁洱记忆》，同年 7 月，由她主讲的电视节目《普洱讲坛》开播。此后的 3 年里，先后在云南人民出版社、云南美术出版社出版《醉普洱——景点人文地理》；地域文化大散文集《无量景东》、大型普洱历史文献集《边地往事》。2015 年，先后完成云南省文化丛书《文化普洱》中的《文化普洱·思茅卷》《文化普洱·景谷卷》23 万字的创作。她的短篇小说《无量的大山》获云南省首届文学艺术创作政府奖、《胯门》获全国第五届少数民族骏马奖。2002 年，荣获“思茅地区有突出贡献人才”奖。

罗开明，生于 1962 年 9 月，男，彝族，云南省孟连县人，大学文化，中共党员。

1981 年，罗开明被孟连县公安局招干考试中录用，成为一名公安干警。1988 年 3 月，他在那勒边防检查站查车验证时，查获海洛因 534 克，缴获五四手枪一支，子弹 6 发，抓获毒犯 2 人。同年 7 月 20 日，罗开明和战友获取 3 名毒犯入境的情报，立即冒着大雨追捕、堵截，不顾风雨泥泞，不顾自己当时正患胃病。终将其中一名毒犯抓获，其余两名毒犯在战友的追捕中也悉数落网，缴获鸦片 84 两及部分毒资。1988 年 8 月 9 日，一名入境嫌犯从街边溜过，被罗开明一眼识破。正准备上前盘查，该犯还没等罗开明接近就仓皇夺路而逃。罗开明凭借熟悉的地理环境，绕道断了他的后路，在无路可逃的情况下，嫌犯依然负隅顽抗，掏出手枪向仅隔 4.5 米远的罗开明射击，罗开明顿时倒地，接着毒犯边跑边向罗开明又开了两枪，致使罗开明的右侧面部和右腿外侧各中一弹。罗开明在两处受伤，鲜血直流的关键时刻，忍着剧痛，把生死置之度外，用双手握枪卧地实施射击，将罪犯击倒，成功将其抓获。当场从毒犯身上缴获海洛因 738 克，五四手枪一支，子弹 4 发。

罗开明在身负重伤、面临生死关头时刻，仍不顾一切英勇还击的英雄事迹受到当地党委、政府的高度评价。1989 年 9 月，被授予“全国先进工作者”称号。

何春，生于 1965 年 2 月，女，拉祜族。

何春历任普洱市财政局科长、澜沧拉祜族自治县副县长、普洱市农村社会养老保险局局长、普洱市总工会副主席、普洱市政协人口资源环境委员会主任等职，连任政协第十一届、十二届、十三届全国委员会委员。何春在平凡的工作岗位上始终保持着少数民族的质朴和对党的感恩之情，以强烈的责任感和崇高的使命感，坚持为国履职、为民尽责的情怀，担负起政协委员的责任担当，发挥好在政协工作中的主体作用。认真履行全国政协委员职责，肩负起边疆少数民族的期望和重托，为边疆少数民族地区经济社会高质量快速发展做出积极贡献。1987 年，荣获云南省税收财务物价大检查先进工作者；1993 年，荣获云南省行政事业单位清产核资先进工作者；1994 年，荣获云南省清产核资工作先进工作者；1995 年荣获云南省清产核资先进个人；1997 年，荣获思茅地区城镇集体企业清产核资工作先进个人；2000 年，荣获云南省乡镇集体企业清产核资工作先进个人；2004 年，荣获思茅市“巾帼建功标兵”荣誉称号；2005 年，荣获思茅市深化国有企业改革先进工作者；2007 年，荣获云南省珠算协会工作先进个人；2011 年，荣获普洱市人力资源和社会保障局先进工作者等称号。2017 年，她的《关于重视农村“空心化”问题，解决“明天谁来种地”的提案》获政协第十二届全国委员会优秀提案。

李剑飞，生于 1977 年 12 月，男，汉族，云南省景东县人，大学文化，中共党员，市体育职业高级中学职工。

1993 年 9 月，李剑飞进入市体育中学从事业余射击训练。1996 年 8 月，参加省第四届青少年运动会，夺得射击男子慢射第二名，气手枪团体第一名。1996 年 12 月 20 日，由于意外发生，从四楼摔下，双腿瘫痪。200 多天后，他拄着双拐，决心向命运挑战，忍受着巨大的疼痛毅然投入到射击训练中。

1999 年 10 月，李剑飞夺得新西兰“世界残疾人轮椅射击锦标赛”男子自选慢射手枪和男子 10 米气手枪两枚金牌。2000 年 9 月，夺得悉尼“残疾人奥运会”男子 10 米气手枪个人银牌。2002 年 7 月，夺得韩国仁川“世界射击锦标赛”气手枪第一名、运动手枪第一名、自选手枪第二名。2004 年 8 月，夺得意大利射击 10 米气手枪第二名，运动手枪第四名、自选手枪第一名。2004 年 9 月，李剑飞在雅典残奥会，以 663.8 环的成绩为中国代表团夺得第十二届残奥会第一枚金牌，2005 年 8 月，获世界残疾人射击锦标赛 10 米气手枪、50 米自选手枪金牌各 1 枚，25 米标准手枪银牌 1 枚。同年，李剑飞荣获“全国先进工作者”称号。

第三章　人物名录

1994—2007 年荣获省部级以上表彰人员一览表

表 38-1

序号	姓名	性别	出生时间	民族	籍贯	文化程度	政治面貌	工作单位	授予称号	授予单位	授予时间
1	李应华	男	1954.7	彝	云南景谷	大学	中共党员	普洱市人大常委会	农业普查先进个人	云南省人民政府	1996.1
									优秀共青团干部	共青团中央	1998.11
									国企改革先进个人	云南省人民政府	2003.1
2	杨纲廉	男	1938.10	汉	四川	大学	中共党员	普洱市林业科学研究所	科技进步三等奖	国家科学技术委员会	1995.12
3	林照森	男	1961.1	汉	湖南永兴	大学	中共党员	普洱市社会科学界联合会	优秀基层干部	原炮兵四师	1995
									优秀共产党员	十四集团军	1996
4	朱元清	男	1955.10	汉	云南峨山	中专	群众	普洱市疾病预防控制中心	先进个人	卫生部	2002.1
									云南省政府特殊津贴	云南省人民政府	2006.8
5	雷启学	男	1964.10	汉	云南墨江	大学	中共党员	普洱市卫生和计划生育委员会	先进工作者	云南省人民政府	1991.6
									全国卫生监督先进个人	卫生部	2002
6	李松青	男	1936.8	汉	湖南隆回	专科	中共党员	普洱市农业科学研究所	全国第二次土壤普查先进工作者	农业部	1994
7	蒲茂森	男	1938.12	汉	四川丰都	大学	群众	普洱市农业环境保护监测站	国务院特殊津贴	国务院	1995
8	李培生	男	1952.11	汉	云南宁洱	大专	中共党员	普洱市安全生产监督管理局	全国安全生产监管监察系统先进工作者	人事部、国家安全生产监督管理总局	2007.1
9	王云中	男	1935.1	汉	云南西畴	专科	中共党员	普洱市一中	优秀教育工作者	教育部	1994
									全国教育系统劳动模范	人事部、国家教育委员会	1995
									云南省先进工作者	云南省人民政府	1996
10	毛德昌	男	1941.10	汉	云南石屏	大学	中共党员	普洱学院	优秀教育工作者	教育部	1994
11	余秀芳	女	1939.2	汉	云南石屏	大学		思茅地区农业学校	优秀教师	教育部	1994
12	刘　志	男	1955.12	汉	云南大姚	初中	群众	普洱市热带作物职业学院	优秀教育工作者	农业部	1994

续表 38-1

序号	姓名	性别	出生时间	民族	籍贯	文化程度	政治面貌	工作单位	授予称号	授予单位	授予时间
13	郑发会	男	1959.9	汉	云南玉溪	大专	中共党员	普洱市林业局	云南省劳动模范	云南省人民政府	1994
									云南省科学进步奖	云南省人民政府	2004.6
14	杨跃先	男	1940.3	白	云南大理	大学		思茅二中	优秀教师	教育部	1995
15	魏　红	女	1950.3	佤	云南西盟	中央党校研究生	中共党员	普洱市人大常委会	云南省优秀县长	中国云南省委	1995.12
									人民满意的公务员	人事部	1997.1
									“三八红旗手”	云南省人民政府	1998.3
									全省双拥模范先进个人	云南省人民政府	1999.9
16	赵兴康	男	1939.8	汉	江苏锡山	大学	中共党员	思茅地区水电局	第二批农村水电初级电气化县先进工作者	水利部	1996.5
17	饶恩煜	男	1947.12	汉	云南墨江		中共党员	普洱市科学技术协会	“八五”期间科学技术普及先进工作者	云南省人民政府	1996.12
									全国科普先进工作者	中国科协	2005
18	张治国	男	1955.11	汉	河南宜阳	大学	中共党员	普洱市工商局	全国工商行政管理系统优秀工商行政管理人员	国家工商行政管理总局	1996.12
19	明太兴	男	1964.1	哈尼	云南景东	大学	中共党员	普洱市国税局	1995 年度全国税收财务物价大检查先进个人	财政部税收财务物价大检查办公室	1996
20	郭　松	男	1962.7	佤	云南澜沧	大学	中共党员	普洱市公安局	一等功	中华人民共和国公安部	1996
21	涂亚琼	女	1961.1	汉	云南思茅	大专		普洱市气象局	1995 年优秀值班预报员	中国气象局	1996
22	李发昌	男	1940.11	哈尼	云南宁洱	大专	中共党员	普洱市检察院	“严打”先进个人	中共云南省委、云南省人民政府	1997.1
23	李　刚	男	1962.5	拉祜	云南宁洱	大学	中共党员	普洱市公安局交警支队	1996 年全省“严打”集中统一行动先进个人	中共云南省委员会、云南省人民政府	1997.1
24	赵平云	男	1957.5	彝	云南思茅	中央党校研究生	中共党员	普洱市人大常委会	党管武装好书记	中共云南省委、云南省人民政府	1997.1
25	李会宾	男	1973.10	哈尼	云南思茅	大学	中共党员	普洱市公安局交警支队元磨高速公路巡警大队	首届“中国优秀青年卫士”	公安部、共青团中央、财政部	1997.11.8
26	施自进	男	1967.11	汉	云南永胜	大学	中共党员	普洱市检察院	禁毒斗争先进工作者	中共云南省委、云南省人民政府	1997.12
27	熊嘉禾	男	1936.11	汉	云南昆明	大学	中共党员	普洱市人民医院	国务院特殊津贴	国务院	1997
28	张　伟	男	1968.1	汉	云南墨江	大学	中共党员	普洱市人大常委会	荣誉称号	教育部	1998.1
29	朱效明	男	1964.1	汉	云南墨江	大学	中共党员	普洱市国税局	全国城镇集体企业清产核资先进个人	国家税务总局	1998
30	车明辉	男	1964.1	汉	云南墨江	大学	中共党员	普洱市运动中心	全国县（市、区）体育先进个人	国家体育总局	1998
									全国群众体育先进个人	国家体育总局	1998

续表 38-1

序号	姓名	性别	出生时间	民族	籍贯	文化程度	政治面貌	工作单位	授予称号	授予单位	授予时间
30	车明辉	男	1964.1	汉	云南墨江	大学	中共党员	普洱市运动中心	“国家级”社会体育指导员	国家体育总局	1999
31	杨建波	男	1964.8	汉	云南宁洱	大学	中共党员	普洱市检察院	一等功	最高人民检察院	1998.1
									扣押冻结款物专项检查工作先进个人	最高人民检察院	2005.2
									纪检监察工作先进个人	最高人民检察院	2006.2
32	周丕勇	男	1943.7	汉	云南澜沧	大学	中共党员	思茅地区师范学校	全国教育系统劳动模范（全国教育系统先进工作者）	教育部、人事部	1998.9
33	王　红	女	1965.7	汉	云南思茅	大学	中共党员	普洱市气象局	为本单位达到事业单位“国家二级”档案管理标准做出突出贡献	国家档案局	1998.11
34	王执和	男	1939.5	汉	天津市	中专	中共党员	普洱市气象局	为本单位达到事业单位“国家二级”档案管理标准做出突出贡献	国家档案局	1998.11
35	杨惠琼	女	1954.7	汉	山东泰安	初中		普洱市气象局	为本单位达到事业单位“国家二级”档案管理标准做出突出贡献	国家档案局	1998.11
36	郝美兰	女	1959.10	汉	河北沙河	大学		普洱市气象局	为本单位达到事业单位“国家二级”档案管理标准做出突出贡献	国家档案局	1998.11
37	舒建红	女	1951.8	汉	云南昆明	中专		普洱市气象局	为本单位达到事业单位“国家二级”档案管理标准做出突出贡献	国家档案局	1998.11
38	许桂云	女	1951.11	汉	黑龙江齐齐哈尔	大专	中共党员	普洱市气象局	为本单位达到事业单位“国家二级”档案管理标准做出突出贡献	国家档案局	1998.11
39	马学文	男	1963.9	哈尼	云南墨江	硕士研究生	中共党员	普洱市气象局	为本单位达到事业单位“国家二级”档案管理标准做出突出贡献	国家档案局	1998.11
40	马永丽	女	1945.12	回	云南思茅	初中		普洱市气象局	为本单位达到事业单位“国家二级”档案管理标准做出突出贡献	国家档案局	1998.11
41	张明霞	女	1957.6	汉	安徽安庆	大专	中共党员	普洱市气象局	为本单位达到事业单位“国家二级”档案管理标准做出突出贡献	国家档案局	1998.11
42	苏贤林	男	1941.6	汉	云南镇沅	中专	群众	普洱市农业科学研究所	国务院特殊津贴	国务院	1998
43	何绍恒	男	1939.6	汉	广东	中专	中共党员	普洱市水利水电勘测设计研究院	国务院特殊津贴	国务院	1998
44	员志红	女	1959.3	汉	河南安阳	中专	中共党员	普洱市农业科学研究所	1998 年度优秀通讯员二等奖	全国农业技术推广服务中心	1999.8
									中国农技推广通讯联络三等奖	全国农业技术推广服务中心	2002.9

续表 38-1

序号	姓名	性别	出生时间	民族	籍贯	文化程度	政治面貌	工作单位	授予称号	授予单位	授予时间
44	员志红	女	1959.3	汉	河南安阳	中专	中共党员	普洱市农业科学研究所	中国农技推广通讯联络先进工作者	全国农业技术推广服务中心	2004.9
45	李　江	男	1960.3	哈尼	云南江城	大学	中共党员	普洱市工商局	1998 年至 1999 年粮食市场监督管理先进个人	国家工商行政管理总局	1999.12
									云南省反走私先进个人	云南省人民政府	2000.11
46	李云才	男	1962.10	汉	云南思茅	大专	中共党员	原思茅市民族织染厂	云南省民族团结进步先进个人	云南省人民政府	1999
47	李云标	男	1957.8.	汉	云南昆明	大专	中共党员	思茅地区公安局	全国性先进工作者	国家禁毒委	1999
48	朱万忠	男	1944.11.	哈尼	云南墨江	大专	中共党员	思茅行署民宗局	全国民族团结进步先进个人	国家民族事务委员会、云南省人民政府	1999
49	师尚泽	男	1958.11	汉	云南镇沅	大学	中共党员	普洱市人民医院	云南省政府特殊津贴	云南省人民政府	1999
									云南省医德医风先进个人	云南省教育卫生科研工会	1999
50	蔡茂伟	男	1966.5	汉	云南墨江	研究生	中共党员	普洱市林业局	全国绿化奖章	全国绿化委	2000.3
51	潘七龄	男	1943.8	汉	云南大理	大专	群众	普洱市畜牧工作站	云南省政府特殊津贴	云南人民省政府	2000.4
52	刘红梅	女	1968.6	傣	云南镇沅	大学	中共党员	普洱市国税局	巾帼建功标兵	国家妇女联合会	2000
53	王方友	男	1954.6	汉	云南景东	专科	中共党员	普洱市人民医院	云南省政府特殊津贴	云南省人民政府	2000
54	李志成	男	1950.11	彝	云南思茅	中专	中共党员	普洱市检察院	模范军队转业干部	中共云南省委、云南省人民政府	2001.6
55	王　春	女	1957.1	拉祜	云南澜沧	专科	党员	普洱市疾病预防控制中心	云南省优秀共产党员	中共云南省委	2001.7
									“儿童之友”奖	联合国儿童基金会	2001.11
									英国贝利·马丁奖		2002.3
									艾滋病预防与关怀项目“无私奉献奖”	澳大利亚红十字会、中国红十字会、云南省红十字会	2003.11
									国务院特殊津贴	国务院	2002
									先进工作者	云南省人民政府	2005.4
									全国五一巾帼奖	全国总工会	2006.3
									全国三八红旗手	中华全国妇女联合会	2006.3
									全国五一劳动奖章	全国总工会	2006.5
									全省优秀共产党员称号	中共云南省委	2006.6
56	王立新	男	1960.5	白	云南大理	大学	中共党员	普洱市林业科学研究所	科学技术进步三等奖	云南省人民政府	2001.8
57	闻　禄	男	1966.4	汉	云南弥渡	硕士	中共党员	普洱市农业科学研究所	云南省农业科技先进工作者	云南省人民政府	2001.9
									云南省政府特殊津贴	云南省人民政府	2003

续表 38-1

序号	姓名	性别	出生时间	民族	籍贯	文化程度	政治面貌	工作单位	授予称号	授予单位	授予时间
58	王　琴	女	1962.8	汉	山西	大学	群众	思茅地区水利水电局	全国第三批农村水电初级电气化县先进工作者	水利部	2001.11
59	曹冀川	男	1958.2	汉	天津蓟县	大学	中共党员	思茅地区水利水电局	全国第三批农村水电初级电气化县先进工作者	水利部	2001.11
60	张海珍	女	1958.5	傣	云南孟连	大学		普洱学院	云南省政府特殊津贴	云南省人民政府	2001
61	周一朴	男	1956.11	汉	云南蒙自	大学	中共党员	普洱卫生学校	优秀教育工作者	教育部	2001
62	李彦播	男	1978.6	汉	云南景东	大学	中共党员	普洱市民族歌舞团	贡献奖	云南省人民政府	2002.1
									特别贡献奖	云南省人民政府	2002.1
63	宋继红	男	1961.8	汉	山西	大学	群众	普洱市人大常委会	第三次全国环境综合整治先进个人	建设部	2002.1
64	秦金福	男	1952.8	汉	云南通海	大专	中共党员	普洱市检察院	个人一等功	最高人民检察院	2002.2
65	童　清	男	1964.10	汉	云南景谷	研究生	中共党员	普洱市林业科学研究所	云南省科技进步三等奖	云南省人民政府	2002.8
									云南省科技进步三等奖	云南省人民政府	2004.6
									云南省有突出贡献优秀专业人才三等奖	云南省人民政府	2006.8
									全国林业系统先进工作者	国家林业局	2006.9
66	杨寿华	男	1952.3	汉	云南宁洱	中师	中共党员	思茅盲聋哑学校	特殊教育先进工作者	教育部、民政部、中国残联	2002
67	赵家荣	男	1957.1	汉	云南景谷	大学	中共党员	普洱市人民医院	云南省政府特殊津贴	云南省人民政府	2002
68	雷朝荣	男	1955.1	拉祜	云南思茅	研究生	中共党员	普洱市人力资源和社会保障局	全国交通系统劳动模范、先进个人	人力资源和社会保障部、交通部	2003
69	徐　伟	男	1974.7	汉	云南昆明	大学	中共党员	普洱市公安局	一等功	中华人民共和国公安部	2003.4
									全国优秀人民警察	中华人民共和国公安部	2005.1
70	施约兵	男	1964.2	彝	云南思茅	大专	中共党员	普洱市公安局	全国优秀人民警察	中华人民共和国公安部	2003.6
									一等功	中华人民共和国公安部	2003.8
71	李桂芝	女	1948.05	汉	云南凤庆	专科	中共党员	普洱市人民医院	全国卫生系统先进工作者	人事部	2004.2
72	李成华	男	1965.12	汉	云南景东	大学	中共党员	普洱市农业科学研究所	云南省农业科技活动年先进工作者	云南省人民政府	2004.4
73	沈　康	男	1959.2	汉	云南墨江	大专	中共党员	普洱市科学技术局	全国科技管理系统先进工作者	科技部	2004.10
									全国星火科技先进个人	科技部	2006
74	徐大斌	男	1953.12	汉	云南镇沅	专科	中共党员	普洱市人民医院	云南省政府特殊津贴	云南省人民政府	2004
75	游思洪	男	1973.8	汉	四川	高中	群众	红塔木业公司	云南省劳动模范	云南省人民政府	2005.4

续表 38-1

序号	姓名	性别	出生时间	民族	籍贯	文化程度	政治面貌	工作单位	授予称号	授予单位	授予时间
76	杨家平	男	1950.3	汉	云南墨江	小学	中共党员	普洱市殡仪馆	云南省劳动模范	云南省人民政府	2005.4
77	黄显斌	男	1960.6	汉	云南景东	大学	群众	普洱市一中	云南省先进工作者	云南省人民政府	2005.4
78	高　敏	女	1969.5	汉	云南宁洱	大学		普洱市气象局	2004 年优秀值班预报员	中国气象局	2005.5
79	杨天荣	男	1964.4	汉	云南宁洱	大专	中共党员	普洱市林业局	森林资源清查工作先进个人	国家林业局	2005.8
80	马忠安	男	1965.7	哈尼	云南墨江	大学	中共党员	普洱市气象局	全国防雷减灾工作先进个人	中国气象局	2005.11
81	董　钢	男	1955.12	汉	云南石屏	大学		普洱市气象局	2004 年度全国优秀值班预报员	中国气象局	2005
82	刘　武	男	1962.4	回	云南大姚	大学	中共党员	普洱市中医医院	云南省政府特殊津贴	云南省人民政府	2005
83	刘丽春	女	1956.6	汉	云南澜沧	大普	民建会员	普洱市中医医院	中国民主建国会云南省分会“优秀会员”称号	中国民主建国会中央委员会	2005
84	贺　昆	男	1962.9	汉	云南文山	专科	群众	普洱市群众艺术馆	云南省专业人才突出贡献奖	云南省人民政府	2004
									首批“兴滇人才”贡献提名奖	云南省人民政府	2006
85	孙熙凯	男	1977.6	汉	云南宁洱	在职研究生	无党派	普洱市检察院	个人一等功	最高人民检察院	2006.3
86	赵　云	男	1955.1	壮	广西天等	大学	中共党员	普洱市人大常委会	云南省科普工作先进个人	云南省人民政府	2006.6
87	郑汝城	男	1953.7	汉	云南景谷	中专	群众	普洱市疾病预防控制中心	先进个人	卫生部	2006.6
88	杨建梅	女	1973.11	汉	云南建水	大学		普洱市气象局	2005 年优秀值班预报员	中国气象局	2006.7
89	付云惠	女	1963.7	汉	云南宁洱	大学	中共党员	普洱市气象局	2001—2005 年云南省法制宣传教育先进个人	云南省人民政府	2006.7
90	魏文生	男	1970.11	佤	云南澜沧	大学	中共党员	普洱市人大常委会	云南省法制宣传教育先进个人	中共云南省委	2006.7
									全国各族青年团结进步奖	共青团中央、国家民族事务委员会	2007.5
91	石凤兴	男	1963.4	汉	云南镇沅	大学	群众	普洱市农业科学研究所	云南省有突出贡献的优秀专业技术人才	云南省人民政府	2006
92	自德军	男	1962.3	彝	云南宁洱	大学	中共党员	普洱市职业教育中心	优秀教育管理工作者	中共云南省委、云南省人民政府	2006
93	周云祥	男	1958.10	汉	云南景谷	大专	中共党员	普洱市纪委	全国纪检监察系统先进工作者	中纪委、监察部、人事部	2006
94	周德坤	男	1972.11	哈尼	云南镇沅	大学	中共党员	普洱市扶贫办	全省“十五”扶贫开发先进个人	云南省人民政府	2006
95	李　钊	男	1963.8	汉	云南华宁	研究生	中共党员	普洱市林业局	广播电视村村通工作先进个人	云南省人民政府	2007.1

续表 38-1

序号	姓名	性别	出生时间	民族	籍贯	文化程度	政治面貌	工作单位	授予称号	授予单位	授予时间
96	李国保	男	1955.11	彝	云南寻甸	大专	中共党员	普洱市质量技术监督局	在全国质量监督检验检疫系统纪检监察工作中成绩突出	国家质量监督检验检疫总局	2007.1
97	何晓华	女	1958.4	汉	云南宣威	大学	中共党员	普洱市检察院	全国检察机关集中整顿涉检信访专项活动先进个人	最高人民检察院	2007.2
98	肖建梅	女	1961.10	苗	云南个旧	大学	中共党员	普洱市残联	中华人民共和国第七届残联运动会组织筹备先进个人	云南省人民政府残疾人工作委员会	2007.3
99	李　杰	男	1957.8	彝	云南镇沅	大学	中共党员	普洱市农业科学研究所	国务院特殊津贴	国务院	2006
100	董　钢	男	1955.12	汉	云南石屏	大学		普洱市气象局	2006 年优秀值班预报员	中国气象局	2007.5
101	李向华	男	1962.4	彝	云南镇沅	省委党校研究生	中共党员	普洱市人大常委会	依法治省工作先进个人	云南省人民政府	2007.6
102	李　云	男	1958.5	汉	山西武乡	大专	中共党员	普洱市森林公安局	个人三等功	国家林业局、森林公安局	2007.7
103	李宏斌	男	1964.10	汉	云南昆明	研究生	中共党员	普洱市职业教育中心	全国林业先进工作者	国家林业局	2007.12
104	罗家祥	男	1957.9	哈尼	云南墨江	大专	中共党员	普洱市水务局	全国调处水事纠纷创建平安边界先进个人	中央综治委水利部	2007
105	赵新祥	男	1962.5	白	云南大理	大学	中共党员	普洱市第一中学	全国教育系统模范教师	教育部	2007
106	俞承商	男	1935.5	汉	云南陆良	初中	中共党员	思茅市地方志办公室	国务院特殊津贴	国务院	1994
									地方志先进工作者	云南省人民政府	1996
107	邵翠萍	女	1944.12	汉	云南墨江	中专	中共党员	思茅市幼儿园	全国五一劳动奖	全国总工会	1996

1978—2007 年文化艺术界获省部级以上表彰人员名录一览表

表 38-2

序号	姓名	性别	出生时间	民族	籍贯	文化程度	政治面貌	工作单位	授予称号	授予单位	授予时间
1	郑　旭	男	1959.10	拉祜	云南澜沧	大学	群众	普洱市群众艺术馆	版画作品《拉祜风情》获第六届全国美术作品展金奖	文化部、中国美术家协会	1984
									纸版画《远古的舞》获全国第九届版画优秀创作奖	中国美术家协会、中国版画家协会	1985
									绝版木刻作品《拉祜风情 1—染》等获版画世界奖	中国版画家协会	1985

续表 38-2

序号	姓名	性别	出生时间	民族	籍贯	文化程度	政治面貌	工作单位	授予称号	授予单位	授予时间
1	郑　旭	男	1959.10	拉祜	云南澜沧	大学	群众	普洱市群众艺术馆	中国八九十年代优秀版画家鲁迅版画奖	中国版画家协会	1999
2	贺　昆	男	1962.9	汉	云南文山	专科	群众	普洱市群众艺术馆	全国第九届版画作品展览创作优秀奖	中国美术家协会、中国版画家协会	1987
									版画作品《发白的土地》获第七届全国美展银奖	文化部、中国美术家协会	1989
									全国第十二届版画作品展览银奖	中国美术家协会	1994
									中国八九十年代优秀版画家“鲁迅版画奖”	中国美术家协会、中国版画家协会	1999
									中国中央美术学院首届“全国李桦版画学术提名奖”	中央美术学院	2000
									全国第十六届版画作品展览金奖	中国美术家协会	2002
									第二届全国美术“金彩奖”美术作品展览银奖	中宣部、中国美术家协会	2003
									中国第十届全国美术作品展览优秀作品奖	文化部、中国美术家协会	2004
									全国第十七届版画作品展览优秀作品奖	中国美术家协会	2005
3	魏启聪	男	1956.12	汉	云南景东	专科	群众	普洱四中	版画作品《村寨》获第七届全国美展金奖	文化部、中国美术家协会	1989
									“第七届全国美术作品展”新人奖	文化部、中国美术家协会	1989
									版画作品《绿果》获首届全国青年版画展优秀奖（一等奖）	中国美术家协会、上海美术家协会	1990
4	刘式铮	男	1947.5	汉	云南思茅	大学	中共党员	普洱市群众艺术馆	作品《彝家新生》获“第三届全国卫生美术展览”三等奖	卫生部、中国美术家协会	1989
									作品《为儿童健康成长》获“第四届全国卫生美术作品展览”铜奖	中国健康教育协会、中国美术家协会	1996
									作品《清清傣乡水》“获全国卫生美术、报刊、书籍设计评奖活动”优秀奖	卫生部、中国健康教育协会	2000
5	刘　榕	男	1945.10	汉族	云南宁洱	专科	九三学社社员	宁洱县文化馆	《山情》(国画）获中国书画艺术暨装裱艺术大奖赛第二名	北京大赛组委会	1992
									《山间岁月》(国画）获第三届世界华人艺术大会特别金奖	香港世界华人交流协会	1999

续表 38-2

序号	姓名	性别	出生时间	民族	籍贯	文化程度	政治面貌	工作单位	授予称号	授予单位	授予时间
5	刘　榕	男	1945.10	汉族	云南宁洱	专科	九三学社社员	宁洱县文化馆	《月下》（国画）庆祝建国 50 周年暨澳门回归全国书画作品大展获佳作奖	中国美协、中国诗书画研究院	1999
									作品《好猫能镇腐》（陶艺雕塑）“第三届世界华人艺术会”获特别金奖	香港世界华人交流协会	1999
									作品《佤山女童》“世界华人艺术展”获铜奖	北京《人民画报社》组委会	2001
6	王澍华	男	1932	汉	江西金溪		群众	普洱学院	北京首届中国书画博览会优秀奖	北京首届中国书画博览会组委会	1993
									香港杰出华人艺术大奖	香港	1998
7	黄桂枢	男	1936.9	汉	云南墨江	大学	中共党员	普洱市文物馆管理所	全国侨联先进个人爱国奉献奖	全国侨联	1994.06
8	魏小安	男	1952.4	佤	云南澜沧	大学	群众	普洱市美术家协会	作品《山菁泉声》获全国第二届民族百花奖美展优秀奖	国家民委、中国美术家协会	1995
9	李彦播	男	1978.6	汉	云南景东	大学	中共党员	普洱市民族歌舞团	“全国第十五届电视剧飞天奖”二等奖	国家新闻出版广电总局	1995
									“全国第十七届电视剧飞天奖”三等奖	国家新闻出版广电总局	1997
									第二届全国少数民族文艺会演新人奖	国家民族事务委员会、文化部、国家广播电影电视总局、北京市人民政府	2001.09
10	罗兴元	男	1953.5	汉	四川	大学	群众	普洱学院	大型美术教学片《丹青瀚海》获全国教学片优秀奖	国家教委	1996
									“美术教学指导教师”一等奖	教育部	2001—2005
11	陈启富	男	1950.10	汉	云南宁洱	大专	群众	宁洱县文化馆	国画《山风》获“中国艺术研究院学术研讨会名师书画作品展”优秀作品奖	中国艺术研究院	1996
									国画《春乐图》获“首届中国少数民族风情书画大赛”优秀作品奖	中国美术馆	2002
									国画《佤山抗日游击队》获“纪念抗战胜利 60 周年·中华当代艺术家作品奖”	文化部艺术人才中心	2005
12	黄　雁	女	1962.4	哈尼	云南墨江	大学		普洱市委党校	第五届全国少数民族文学创作奖·新人新作奖	中国作家协会，国家民族事务委员会	1997.11
13	王黎丽	女	1961.6	拉祜	云南思茅	大学	群众	普洱市一中	作品《无题》荣获中国剪纸艺术精品展二等奖	中国剪纸协会	1998

续表 38-2

序号	姓名	性别	出生时间	民族	籍贯	文化程度	政治面貌	工作单位	授予称号	授予单位	授予时间
13	王黎丽	女	1961.6	拉祜	云南思茅	大学	群众	普洱市一中	剪纸作品《月神》《溪韵》获中国民俗风情剪纸大展优秀作品奖	中国民间剪纸研究会	2001
									剪纸作品《彩云之南》获全国教师美术书法作品赛三等奖	中国教育学会美术教育研究会	2002
									论文《剪纸教学有感》获2002年版教育科学研究论文成果一等奖	北京联合英才国际教育科学研究院	2002
									创意素描作品《烛韵》获全国教师美术书法摄影作品竞赛三等奖	中国教育学会美术教育委员会	2006
14	张晓春	男	1959.1	汉	云南墨江	专科	群众	普洱学院艺术学院	版画《风尘》获"第八届全国群星奖美术作品展"优秀奖	文化部、中国美术家协会	1999
									舞剧《云海丰碑》获"第二届全国少数民族文艺会演"舞美金奖	国家民委、文化部、广电部	2001
									版画作品《晚笛》《牺牲品最后的慰藉》获首届全国青年版画展优秀奖、一等奖	中国美术家协会上海美术家协会	1990
									版画《空尘》获"第十四届全国版画展"铜奖	中国美术家协会、中国版画家协会	1998
									中国八九十年代优秀版画家"鲁迅版画奖"	中国版画家协会	1999
									版画《蛮谣》获"第十七届全国版画展"铜奖	中国美术家协会、中国版画家协会	2005
									《木语》获"第十八届全国版画展"优秀作品奖	中国版画家协会、上海美术家协会	2007
15	马　力	男	1958.1	汉	云南墨江	中专	群众	普洱学院艺术学院	绝版木刻作品《大地山》获第十五届全国版画作品展银奖	中国美术家协会	2000
									作品《大山情》获第十六届全国版画展银奖	中国美术家协会	2002
									作品《曼东山印象》第二届中国美术金彩奖获优秀作品奖	中国美术家协会	2003
									作品《山高云深》入选第十届全国美展获优秀作品奖、云南省一等奖	文化部	2004

续表 38-2

序号	姓名	性别	出生时间	民族	籍贯	文化程度	政治面貌	工作单位	授予称号	授予单位	授予时间
16	吴　茜	女	1979.2	傣	云南勐海	大学	群众	普洱市民族歌舞团有限责任公司	第二届全国少数民族文化会演新人奖	国家民族事务委员会、文化部、国家广播电影电视总局、北京市人民政府	2001.9
17	雷　津	男	1967.10	彝	云南景东	大专	民盟	普洱市文化馆	优秀论文奖（最高奖）	文化大视野编委会、中国群众文化学会	2003.12
18	李琛竹	女	1968.3	傣	云南思茅	大学	党员	普洱市美术馆	作品《富贵图》获“中国妇女儿童书画评展活动‘妇女组’”二等奖	中国妇女联合会	2003
									作品《鸟语花香之一》获首届“麓山杯”全国书画大赛金奖	中国美协、山西美术家协会	2003
									作品《梦》获“强国之梦——纪念中国抗日战争暨世界反法西斯战争胜利 60 周年中国书画大赛”二等奖	中国书画家协会	2005

1994—2007 年正高级职称人员统计表

表 38-3

工作单位	姓名	性别	职称	认定时间
普洱学院	杨宽德	男	教授	2003.11
	白应华	男	教授	2004.1
	朱　平	男	教授	2005.11
	杜　巍	女	教授	2006.1
	李胜平	男	教授	2007.11
普洱市人民医院	余定存	男	主任医师	1994.8
	张复兴	男	主任医师	1994.8
	熊嘉禾	男	主任医师	1994.8
	王琴芝	女	主任医师	1995.1
	李裕文	男	主任医师	1996.8
	徐兴国	男	主任医师	1996.8
	寸时尧	女	主任医师	1998.8
	师尚泽	男	主任医师	1999.8
	李富祺	男	主任医师	1999.8
	杨淑芬	女	主任医师	2000.8
	王方友	男	主任医师	2001.8
	任莲芳	女	主任医师	2001.8
	吴少英	男	主任医师	2001.8
	赵家荣	男	主任医师	2001.8
	李桂芝	女	主任医师	2002.8

续表 38-3

工作单位	姓名	性别	职称	认定时间
普洱市人民医院	黄成祥	男	主任医师	2002.8
	肖皓东	男	主任医师	2003.8
	邹景阳	男	主任医师	2003.8
	徐大斌	男	主任医师	2003.8
	廖兰仙	女	主任医师	2003.8
	刘　武	男	主任医师	2004.8
	吴喆辉	男	主任医师	2004.8
	李冬雪	女	主任医师	2005.8
	李强峰	男	主任医师	2006.8
	龚建辉	男	主任医师	2006.8
	聂　梅	女	主任医师	2007.8
普洱市中医医院	刘　武	男	主任医师	2004.8
	李明学	男	主任医师	2004.8
	杨　伟	男	主任医师	2005.8
普洱市第二人民医院	鲁文兴	男	主任医师	2004.8
	向兴华	男	主任医师	2007.8
普洱市疾病预防控制中心	郭逢渊	男	主任医师	1994.8
	杨进武	女	主任医师	2001.8
普洱市民族传统医药研究所	张绍云	男	主任技师	1998.8
	冯德强	男	主任技师	1999.8
普洱市食品药品检验所	李良昌	男	主任技师	2001.8
普洱市土肥站	李松青	男	农业推广研究员	1997.11
普洱市植保植检站	王志斌	男	农业推广研究员	2006.12
普洱人民广播电台	苏建春	男	高级记者	2007.7
思茅市文物管理所	黄桂枢	男	研究员	2005.12

1994—2007 年副高级职称人员名单

普洱学院

李思源（女）、甘雪波（女）、叶毅、张晓春、张国华、徐浩、丁春荣、毕廷菊（女）、李莲（女）、罗恒菊（女）、叶敏（女）、刘平（女）、闫勇、字应伟、李咏梅（女）、鲍晓华（女）、王国仙（女）、李亚宏、王胤枝、史晓红（女）、李江鸿、李　秀（女）、杨洪、汤梅（女）、赵延惠（女）、张颂华（女）、舒梅（女）、李沁播（女）、吴波（女）、柴树虹（女）、王江华、李卫红（女）、章靖、李险峰、杨晗、周建红（女）、张丽辉（女）、高荣贵、陶川（女）、叶根（女）、叶华（女）、刘兴元、刘燕玲（女）、林灵（女）、杨娟（女）、周剑云（女）、胡灵（女）、段群勇、蔡跃忠、樊竹青（女）、林永、张英（女）、王焰（女）、林维刚、尚灵芝（女）、陶伟、蒙芹（女）、马春生、薛敬梅（女）、左永平、李娅玲（女）、张红（女）、白健（女）、符春焕（女）、赵泽洪、党云辉、侯晓霞（女）、胡英（女）、石磊、张树坤（女）、王胤枝（女）

云南热带作物职业学院

邹玖生、毕如礼、彭显荣、彭云虹（女）、柏平（女）、陈锋、雷正福、唐天伟、杨国顺、刘剑、李忠伟、何丽（女）、宋国敏、周荣华、周艳飞（女）、杨发军、杨维杰（女）、刘俊华（女）、杨松慧（女）、郭芬（女）、刘云（女）、曹海燕（女）、蒋国惠（女）、白成元、吕永康、李保合、宁玲（女）

普洱市委党校

杨丽华（女）、周联友、钟汝健（女）、黄雁（女）、杨红（女）、铁亚刚、汪平、杨晶（女）、张雨沧、钟亚玲（女）、刘琼（女）、刘亚雄、郭黎红（女）、许江梅（女）、杜建伟、杨映梅（女）、张春江（女）

普洱卫校

张静（女）、王有灿（女）、杨亚新（女）、罗风玲（女）、唐桂芬（女）、马英（女）、李晓波、李锐明、罗艺萍（女）、张成华、陈碧琳（女）、黄慧华（女）、李跃斌、徐培昌、卫华（女）、李佳（女）、刘永旗、苏明佐、杨松、房龙玉（女）、唐文媛（女）、鲁明云、彭静（女）、左国云（女）、纪红梅（女）、刘晓琼（女）、赵梁梅（女）、杨学丽（女）、蒋俊（女）、鲁秀渊、李红兵、杨本康、张建华（女）、黄丕强、曹波（女）、刘萍（女）、郑昆霞（女）、潘继芬（女）

云南省普洱财经学校

韩家培、马丽琴（女）、叶世锦、张屏（女）、徐维光、王劲、吕娅华（女）、许春云（女）、范益林、夏冬梅（女）、冯琪芳（女）、罗屏、刘明蕊（女）、合恩慈（女）、李玲（女）、杨凌云、周立、周文光、季迎春（女）、周瑞敏（女）、文鲱、艾红（女）、汪红霞（女）、杨冰（女）、王宇（女）、段中庆

普洱农业学校

朱映红、蔡建华、罗宗明、柴天发、史建云（女）、李光涛、温雨锋、安罕（女）、王惠民、杨德海、邹小荣（女）、胡萍（女）、王晋（女）、安琼一（女）、杨发珊、罗庆书（女）、周玲（女）、谢红波（女）、罗自然、周超、任海涛（女）、余梅（女）、周文德、吕坤（女）、李德文

普洱技工学校

何桂芬（女）、冷文孝、师尚礼、徐建、李志军、李江鹏、杨永毅、吴曙萍（女）、范丽萍（女）、王海燕（女）、王秀英（女）、郎爱疆（女）、肖德智、肖蓉（女）、陈文坤（女）、潘兆云、杨海燕（女）

普洱林业学校

张灿丽（女）、李桢浩、何国强、陈青（女）、郑勇、曾革胜、刘昆静（女）、周智华（女）、陈浩、陈瑜华（女）、刘顺芬（女）、李霞（女）、舒伟

普洱市农广校

魏新和、鲁勇

普洱市体育职业高级中学

张伟、甘雪芳（女）、周兴莲（女）、粟庆、周建国、赵彬、王中原、黄慰、吴忠音（女）

普洱市教育局

李树萍（女）、李耀辉、朱力青

普洱市教育科学研究所

冯德稼、王琨（女）、何玲（女）、刘世镛、李大帅、李新贵、王娅（女）、李芳（女）、王丽

华（女）

普洱市第一中学

仵川、杨中跃、段世能、赵新祥、周谟亮、陈江林、荀怀京（女）、钟红文（女）、聂红忠、王爱华、肖策、赵林、赵仕荣、张卫红（女）、谢瑞琨、刘剑、许秀敏（女）、李玲（女）、岳定文、胡绪昆（女）、龚勇、谢冰（女）、刀朝光、王艳红（女）、石虹（女）、何文、何东良、房冀筑、段亚萍（女）、郑立坤（女）、袁敏（女）、高凌翔、黄鑫、刘洪源（女）、李俊、赵平华、赵云虹（女）、范云玲（女）、杨正荣、范丽蓉（女）、周津（女）、陈学强、段红梅（女）、徐文辉、黄新荣、李永泽、周安辉、姜红梅（女）、黄显斌、黄湖萍（女）、李云（女）、李琼（女）、李晓兰（女）、赵懿、罗登元、陈龙运、丁子祥、王坚、王自平、史兰（女）、白芳（女）、刘文通、刘春里、刘云琼（女）、李芹华（女）、李秀华（女）、李亚敏、肖明兴、林红（女）、杨卫和、杨文惠（女）、杨立新（女）、杨锦毅（女）、罗自东、和涛、陈猛、钱锋、殷丽琴（女）、黄梅丽（女）、蒋永清、颜仕平、兰红梅（女）、李玉芳（女）、李登榀、李枝胜、杨梅（女）、杨杰贤、陈海明、柴天成、黄冰莹（女）、郭宏斌、谭艳春（女）、潘阮琦（女）

普洱市民族中学

何林清（女）、任和文、张学权、龚丕显、杨益兴、张有才、左仁安、陈尔舒、冯超（女）、张晓林、赵昌德、杨宝华（女）、张晓初（女）、黄显武、王亚（女）、伏东辉、许文学、宋国泽、林学、周雪峰（女）、袁娟蓓（女）、涂亚彬（女）、梁明丽（女）、韩艳萍（女）、刘萍（女）、李红兰（女）、李亚宏、李平荣、李新宇、张海燕（女）、胡桂忠、杜江勇、徐辉、王丽华（女）、孔俊、石曙东、叶海燕（女）、白汉玉（女）、林波、杨福钢、易蓉（女）、罗大才、罗恒菊（女）、陈鸿云（女）、侯朝忠、彭爱华（女）、魏继兵、王润（女）、王雪梅（女）、邓立兰（女）、刘绍芳（女）、李萍（女）、李亚梅（女）、胥继红（女）、旃智旌

普洱市人民医院

杨淑芬（女）、龙丽云、任莲芳（女）、李美仙（女）、李桂芝、吴少英、官惟智、徐大斌、黄成祥、丁建祥、王方友、范希平（女）、莫惠忠（女）、刘武、李忠群（女）、肖皓东、罗建云（女）、邹景阳、张可诚、钱江梅（女）、廖兰仙（女）、吴喆辉、梁红（女）、董建华、雷文、李桂生、李冬雪（女）、李强峰、胡丽华（女）、苏金秀（女）、李文胜、李琼芬（女）、岳发荣、周富林、张家顺、陈永仙（女）、聂梅（女）、梁涛、龚建辉、刘宏伟、孙淑斌（女）、苏应明、李宇、李一新（女）、李兴昌、李伶俐（女）、杨平、杨文红、杨祖培、张伟、施雪涛、胥少斌、刘屹、吴丽华（女）、赵丽明（女）、杨勇、张艳梅（女）、李晓露（女）、欧阳焰（女）、陈善萍（女）、胡江彦（女）、刀永祥、王树珍（女）、孙继敏（女）、李琳（女）、何君龙、胡萍（女）、高永斌、李雪梅（女）、余红、王亚华（女）、王俊俐（女）、苏红莲（女）、杨红（女）、施正雄、屠跃伟、解锦（女）、赵秀珍（女）、鲍琼芬（女）、谭学智（女）、李佳珍（女）、杨惠敏（女）、王明珍（女）、吕从珍（女）、张燕青（女）、周玉仙（女）、陈树仙（女）、苏琼芬（女）、杨丽（女）、龚琼（女）、毛秀芳（女）、范梦云（女）、叶惠（女）、周永翠（女）、戴琳梅（女）、黄静（女）、郭瑞敏（女）、朱怀芳（女）、陈小发、高向阳

普洱市中医医院

罗敬业、官兴能、马俊英（女）、李明学、李炯瑾（女）、赵加德、刘丽春（女）、车丹（女）、付佳玉（女）、杨伟、苏赛（女）、吴学红（女）、杨莉（女）、陈进、陈波（女）、查天文、王蜀芸（女）、王德玮、许晓斌、李艳（女）、李易霞（女）、欧阳沙飞（女）、张光翔（女）、霍玉军、

戴丽冰（女）、丰庆华（女）、肖春丽（女）、邵亚辉（女）、施晓玲（女）、郭苏云（女）、朱丽琼（女）、罗燕（女）、李跃、张彬、刘益杉（女）、陶伟平、叶红英（女）、李为群（女）、杨燕（女）、张瑗（女）、熊晏（女）、孔翠函（女）、管学兰（女）、段镜祥（女）、马东惠（女）、周葵（女）

普洱市第二人民医院

顾明志、黎世泽、刘云生、彭新盛、刘成芝（女）、蒋光族、刘铭涛、李建芬（女）、郑宏、张杰、张秀华（女）、白阿珍（女）、李凤琼（女）、李秀丽（女）、张琼（女）、段玲红（女）、周学丽（女）、彭兆清

普洱市妇幼保健院

李万芝（女）、唐文琴（女）、董玉琼（女）、马爱华（女）、史丽云（女）、苏建华（女）、罗文丽（女）

普洱市疾病预防控制中心

徐国仁、刀志宏、王兴荣、朱元清、李炳成、詹琼芳（女）、李素萍（女）、何立春、董成琳（女）

普洱市中心血站

赵德平、陈小发

普洱市民族传统医药研究所

魏江玲（女）、邓泽、仓汉德、蒋振忠、赵强

普洱市食品药品检验所

李良昌、石云（女）、李晓梅（女）

普洱市公安局

王学顺、王健康、李德荣、桑庆平

普洱市蚕桑产业发展办公室

陈光红、袁志仁、杨和萍（女）、施雪梅

云南省普洱茶树良种场

戴萍（女）、郑文忠、丁建平、姚学坤

普洱市经作站

温源泉、李成惠（女）、杨开正

普洱市土肥站

武广云、彭发元、孙应来、姜琼芳（女）

普洱市种子管理站

周建林（女）

普洱市农业科学研究所

苏贤林、刘世廷、罗劲松、石凤兴、刘天勇、陈玉波、胡美静（女）、许自艳（女）、李杰、孙志明、王正梅（女）、王凌云（女）

普洱市水产工作站

吴治元、罗亚昆

普洱市原种繁殖场

李成华

普洱市畜牧工作站

杨润

普洱市动物卫生监督所

朱图寿、李忠萍（女）

普洱市动物疫病预防控制中心

王体善、李兴元、彭海生

普洱市植保植检站

张丽（女）、左文明

普洱市科技开发服务中心

陈延

普洱市气象局

杨时梁、陆迪仁、王执和、曾仲仁、吴忠泽、罗庆仙（女）、高敏（女）雪鹰（女）、马忠安、董钢

普洱市水利水电勘测设计研究院

王清霜、欧阳辛（女）、梁坚、师丹瑾（女）、姬英（女）、许曜（女）、王应贵

普洱市水务局

周禹

市水利工程质量监督站

杨益锦

普洱电视转播台

李章发

普洱市地震局

白宝荣、赵云旭

普洱市测试研究所

苏启英

云南电网公司普洱供电局

何焱、彭江、樊亚辉

普洱市林科所

王立新、李宏斌、刘庆云

普洱市住房和城乡建设局

宋国斌

普洱市施工图审查中心

高勇

普洱市建筑勘察设计院

张玉赟（女）、潘勇斌、胡应德

普洱市工程建设标准定额管理站

李洁（女）

普洱市质量技术监督局

唐泽

普洱市质量技术监督综合检测中心
苏源（女）
普洱市无线电监测站
胡波
普洱市图书馆
李青倬（女）、张梅（女）、吴健
普洱市美术馆
李琛竹（女）
普洱市文化馆
袁敬东、张定明、李忠伟、姚定生
普洱市科技特级研究所
苏玉珍（女）
普洱日报社
刘仲、贺薇（女）、周世平、谢珍荣
普洱电视台
潘思蓉（女）
普洱人民广播电台
郭雰虹（女）
普洱市地方志办公室
施约峰
普洱市民族歌舞团有限责任公司
李晓伟、李彦播
人行普洱市中心支行
李学明、王粟斋
中国工商银行普洱分行
施庆宏
中国人民财产保险股份公司普洱分公司
高永清

附录

国务院关于同意云南省撤销思茅地区设立地级思茅市的批复

国函〔2003〕113号

云南省人民政府：

你省《关于撤销思茅地区设立地级思茅市的请示》（云政发〔2003〕67号）收悉。现批复如下：

一、同意撤销思茅地区和县级思茅市，设立地级思茅市。市人民政府驻新设立的翠云区思茅镇月光路。

二、思茅市设立翠云区。以原县级思茅市的行政区域为翠云区的行政区域，区人民政府驻思茅镇过街楼路。

三、地级思茅市辖原思茅地区的普洱哈尼族彝族自治县、墨江哈尼族自治县、景东彝族自治县、镇沅彝族哈尼族拉祜族自治县、景谷傣族彝族自治县、江城哈尼族彝族自治县、澜沧拉祜族自治县、孟连傣族拉祜族佤族自治县、西盟佤族自治县和新设立的翠云区。

思茅市的各类机构要按照“精简、效能”的原则设置，所需经费和人员编制由你省自行解决。

国务院

二〇〇三年十月三十日

国务院关于同意云南省思茅市更名普洱市的批复

（国函〔2007〕8号）

云南省人民政府：

你省《关于请求批准思茅市及相关县区更名的请示》（云政发〔2006〕54号）收悉。现批复如下：

同意思茅市更名为普洱市，普洱哈尼族彝族自治县更名为宁洱哈尼族彝族自治县，思茅市翠云区更名为普洱市思茅区。请你们认真做好有关工作。

国务院

二〇〇七年一月二十一日

国务院关于云南省“卡佤山”更名为“阿佤山”的批复

国函〔1987〕60号

云南省人民政府：

你省一九八六年九月三十日请示收悉。同意云南省“卡佤山”更名为“阿佤山”。

中华人民共和国国务院

一九八七年四月十三日

云南省人民政府（批复）

云政函〔1987〕99号

关于苦聪人族称问题的批复

省民族事务委员会：

滇族发〔1987〕第30号文收悉。根据我省苦聪人的历史的现实的实际情况，依据国家民委〔1986〕民政字第37号、第252号文件有关精神，同意将我省苦聪人的族称恢复为拉祜族称谓。

云南省人民政府

一九八七年八月七日

民族团结誓词碑

民族团结誓词碑在1951年1月1日的佤族传统盟誓仪式后建立。2000年安放至宁洱城北侧的“民族团结园”内。誓词碑被誉为“新中国民族团结第一碑”和“新中国民族工作第一碑”，1986年3月列入普洱哈尼族彝族自治县文物保护单位，1993年11月列入第四批云南省文物保护单位，2006年5月列入第六批全国重点文物保护单位。

民族团结誓词碑位于云南省普洱县县城西北侧的普洱民族团结园内。记载1951年普洱专区第一届兄弟民族代表会议剽牛喝咒水，团结一心跟着共产党走的誓词，并有26个民族的部分头人代表及党政军代表47人，用傣、拉祜、汉文书写签名。青石质碑，高1.42米，宽0.65米，厚0.12米。阳刻碑名，阴刻楷书碑文。

碑文内容：

民族团结誓词：我们二十六种民族的代表，代表全普洱区各族同胞，慎重地于此举行了剽牛，喝了咒水，从此我们一心一德，团结到底，在中国共产党的领导下，誓为建设平等自由幸福的大家庭而奋斗！此誓

召景哈（傣文）、喃巴独玛（傣文）、叭浩（傣文）、召贯（傣文）、独弄浩（傣文）、李扎圣（拉祜文）、左朝兴（拉祜文）、张翰臣、方有富、李老大（拉祜文）、李光保、马朝珍、李保、拉勐、陶小生、张石庵、李扎迫（拉祜文）、麻哈允（傣文）、魏文成、萧子生、赵布金、高寿康、白开福、朱正福、何德、龙云良、阿街（傣文）、李世祥、罗恒富、李学智、王开林、陶世文、张玉保、李万学、张绍兴、杜阿尼、黄阿独、的金（傣文）、叭弄浩（傣文）、刀焕贞（傣文）、昌恩泽、雷同、唐登岷、张钧、曾从信、方仲伯、谢芳草、李吉泰

普洱区第一届兄弟民族代表会议

公元一九五一年元旦

历史由来：民族团结园内有碑亭、浮雕、陈列馆、牌坊式古典大门。民族团结誓词碑是在毛泽东、邓小平等老一辈党和国家领导人亲切关怀下诞生的。新中国成立初期，普洱地区是多民族聚居的地区，各民族社会形态差异极大，发展不平衡，民族关系十分复杂和特殊。1950年，当地34名民族头人及其代表到北京首都参加了国庆周年观礼，受到了毛泽东等党和国家领导人的亲切接见。国庆观礼活动激发了各族代表爱国、爱党的热忱，他们按照毛主席和邓小平同志的指示精神，以“会盟立誓，刻石铭碑”的形式来表达各族人民团结到底的决心。1950年12月27日至1951年元旦，中共宁洱地委召开“普洱专区第一届兄弟民族代表会议”。全区26个民族的代表与地方党政军领导

人剽牛喝咒水后宣誓立碑。

民族团结誓词碑是新中国民族团结进步事业发展的历史见证。它象征着新中国成立后，边疆各族在中国共产党的领导下，一个崭新的社会主义民族关系的开始。它主题鲜明，所折射的民族团结精神不仅是云南边疆各民族团结进步的象征，也是全国各民族大团结的缩影。

老缅人族属

1989 年 6 月，原思茅地区民族事务委员会派出调查组，配合澜沧拉祜族自治县民委和老缅人代表一起，对居住在澜沧县境内的老缅人族属问题进行深入的社会调查。

据 1990 年全国第四次人口普查统计，思茅地区老缅人口有 8468 人，其中聚居澜沧拉祜族自治县的 6860 人（分布在东朗乡 3170 人、东回乡 520 人、拉巴乡 1917 人、竹塘乡 1031 人、富邦乡 222 人）；分布在西盟佤族自治县 380 人；孟连傣族拉祜族佤族自治县 1230 人。老缅人的社会历史状况，据被调查的老缅人自称“乌参”。“乌参”部落群曾经经历了漫长的迁徙变迁，远古时期，他们的先民曾经和祖国西北的氐羌族群有密切的亲缘关系，可能是唐代东爨乌蛮中的一支，同称为“乌爨”,“乌爨蛮”因生活地域的不断变迁，语言的发展变化,“乌爨”演变为“乌参”了。大约到了宋末元初，这部分自称“乌参”的老缅人南迁到临沧、普洱等地。那时，老缅人先民就已经同拉祜族先民在临沧、双江、耿马一带共同生活交往，有着密切的关系。自嘉庆元年到光绪二十九年间,“牡缅密缅”的拉祜族先民先后发动了多次大规模的反对土司、官府统治和民族压迫的起义斗争，老缅人积极参加了拉祜族人民的起义行列，共同打击清军。起义失败后，又共同遭受清军的残酷镇压。家园被毁，老缅人和拉祜族一起逃生，进入今澜沧、孟连、勐海等地区，仍与拉祜族人民生活在一起。通过对老缅人的社会历史调查证明，老缅人与拉祜族历史上同属“氐羌”系统，共同在一个地域内生活有近千年的历史，有相同的人类起源传说，姓氏称谓也与拉祜族相同，婚姻习俗、宗教信仰、生产生活及其他风俗习惯也与拉祜族相同相近，语言上都会说拉祜话，文化艺术也很相近。其他方面与拉祜族都有着许多共同的内涵。老缅人的族属问题，在经过深入的社会历史调查后，澜沧拉祜族自治县民委召集了老缅人干部群众代表座谈，反复讨论，取得共识后，又返回各地老缅人群众中，充分征求意见，最后取得了一致意见：同意确定老缅人族属归为拉祜族。澜沧拉祜族自治县人民政府以澜政发〔1990〕23 号文件批转县民委《关于确定老缅人族属为拉祜族的请示》的通知中说：“经县人民政府 1990 年 1 月 1 日常务会议研究，同意确定老缅人族属为拉祜族，并以法定形式固定下来。”6 月 11 日，澜沧县人民政府本着尊重“老缅人”的意愿，决定将县境内 3000 多名“老缅人”划归拉祜族。8 月 10 日，孟连县人民政府决定，将县境内 1334 名“老缅人”归属拉祜族。

阿佤人民唱新歌（歌曲）

《阿佤人民唱新歌》是解放军某部通讯兵战士杨正仁在1964年根据佤族民歌创作的。1964年的冬天，杨正仁在佤族的班哲寨架设电线时，收集到一首旋律优美的佤族民歌《白鹇鸟》，这首民歌迅速点燃了杨正仁的创作热情，他便以《白鹇鸟》为蓝本进行再创作。经过一个月的创作,《阿佤人民唱新歌》终于脱稿，由他所在的部队宣传队排练演出，从此,《阿佤人民唱新歌》走进了听众的心中。

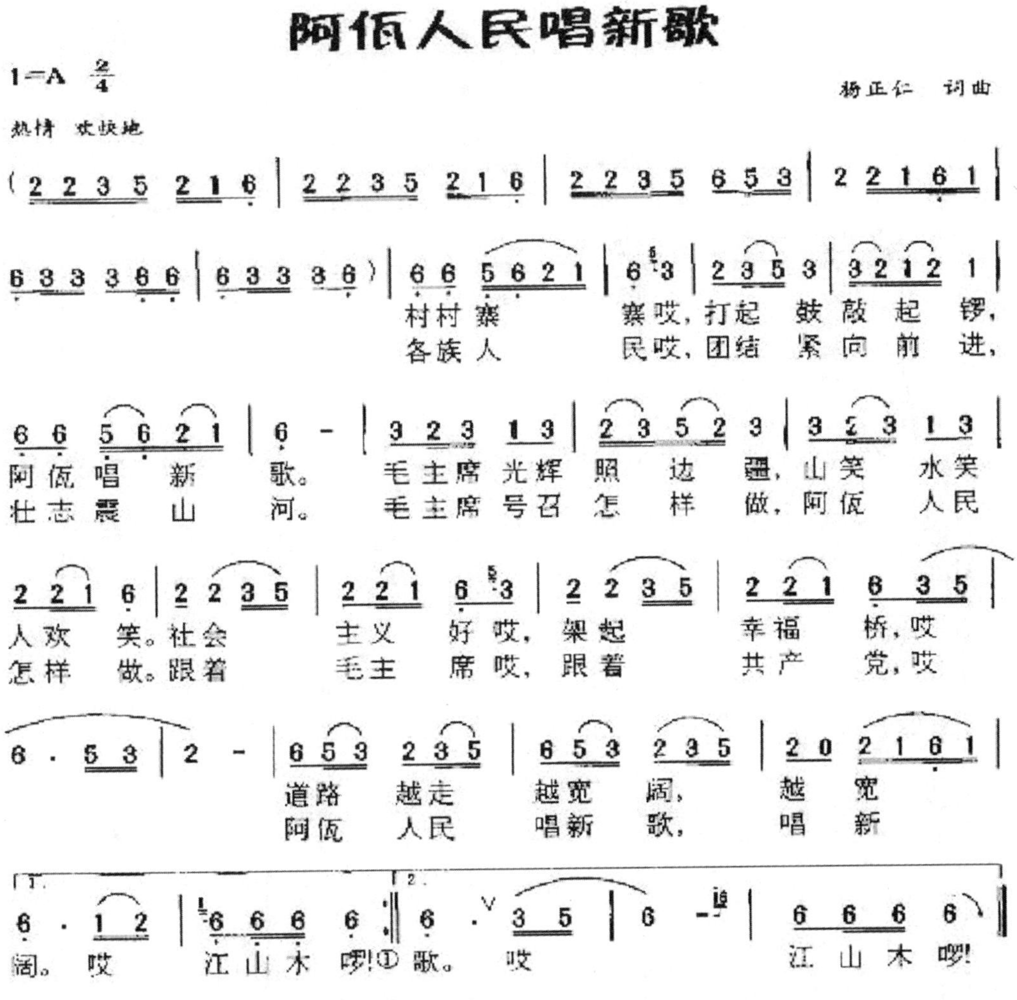

①“江山木咿”是佤族民歌中常用的衬词，用以表示欢乐、友好的情绪。

婚　誓

《婚誓》由著名电影音乐作曲家雷振邦创作，为长春电影制片厂1957年摄制的《芦笙恋歌》的插曲。《芦笙恋歌》主要讲述的是在解放前，中国云南省澜沧江拉祜族少数民族的年轻猎手扎妥，因为面对国民党反动派奸淫烧杀、蛮横抢夺而奋起反抗的故事。而电影主要的艺术手法，就是以1949年全国解放为中线，以新中国和旧中国对照的方式，来揭示出一个强大、稳定的政府，对于老百姓安居乐业重要性的道理。

实在舍不得（歌曲）

普洱拉祜族创作的拉祜族原生态民歌《实在舍不得》，由云南大学教授张宇丹和文化人、蔡立作词；由拉祜族歌手李娜倮现场哼唱并由云南省音乐人黄征、肖宇记谱；李札丕等拉祜族农民歌手演唱。歌曲 MV 由昆明北溟文化传播有限公司与普洱市旅游局摄制。歌曲走进央视《星光大道》、《我要上春晚》等栏目，并在中央电视台、云南电视台、云南电台等媒体热播。

《普洱市志（1978—2007）》审查验收意见

根据云南省人民政府办公厅〔2004〕第57号文件精神,《普洱市志（1978—2007）》终审稿于2018年7月5日正式上报云南省地方志编纂委员会办公室审查验收，现提出如下意见：

一、志稿坚持用马列主义、毛泽东思想、邓小平理论、“三个代表”重要思想、科学发展观，以及习近平新时代中国特色社会主义思想为指导，所载内容坚持四项基本原则，指导思想正确。

二、志稿资料全面、系统、翔实，反映了改革开放以来普洱的发展历程和取得的成就。

三、志稿篇目设置合理，排列有序，时代特色、地方特色突出。

四、志稿涉及的保密、涉外、民族、宗教、统战方面的内容已经由相关部门审核把关。

五、志稿尚存语言文字表述、表格排序、内容归属等问题可根据终审意见进行修改完善。

综上所述，省志办终审意见:《普洱市志（1978—2007）》送审稿基本达到中华人民共和国地方志书出版要求，修改后可报市政府批准出版。

云南省地方志编纂委员会办公室

2018年8月20日

编纂始末

20世纪80年代初，根据国务院、省政府的部署，普洱市掀起了编修市、县（区）社会主义新方志的热潮，方志界称为“首轮修志”，首轮修志经过20多年的努力全面完成，全市编纂出版《思茅地区志（上、下册）》《思茅县志》《墨江哈尼族自治县志》《普洱哈尼族彝族自治县志》《景谷傣族彝族自治县志》《景东彝族自治县志》《镇沅彝族哈尼族拉祜族自治县志》《江城哈尼族彝族自治县志》《澜沧拉祜族自治县志》《孟连傣族拉祜族佤族自治县志》《西盟佤族自治县志》及部门（单位）志、专业（行业）志、地方综合年鉴共70余部4000余万字，形成了较完善的普洱方志成果体系。志书全面系统地记述普洱自然、政治、经济、文化和社会的历史与现状，翔实的资料为普洱的经济建设、政治建设、文化建设、社会建设提供了全面的依据，为党委和政府科学决策提供了传统、翔实的参考，也为关心普洱的群体和广大读者呈现了一幅幅全面了解普洱的历史画卷。

2004年7月，根据国务院办公厅《关于进一步加强地方志编纂工作的通知》和云南省人民政府办公厅《关于开展我省三级地方志续修工作的通知》要求，市人民政府办公室下发《关于开展思茅市志和县（区）志续修工作的通知》，普洱市全面启动市、县（区）二轮修志工作，县区、乡镇，市直部门、县区直部门开始收集资料、撰稿。2006年1月，县（区）、部门的初稿开始陆续上交到市地方志编纂委员会办公室。2007年8月，普洱市人民政府办公室印发《普洱市第二轮地方志续修工作规划》，规划附件中印发了《普洱市志》承编单位名单和编纂篇目。

2011年7月，市方志办根据中国地方志指导小组《关于地方志编纂工作的规定》下发《普洱市第二轮地方志书行文暂行规定》。2012年2月，市方志办主任龙垂东部署，副主任李丽协调，组成市志业务统稿小组，统稿由龙麟（市方志办）负责，成员由施约峰（市方志办）、李翔（墨江县志办）、李昳华（云南农业大学）组成，统稿组对篇目、字数、结构进行了部分调整，并对志稿修改过程中发现的一些行文问题统一标准。到2014年10月，市志涉及篇目38篇中有30篇通过统稿小组初步验收，通过初验的篇目再次向撰稿单位发征求意见函，并按征求到的正确意见进行核实修改。2014年12月，普洱市地方志编纂委员会下发《普洱市志编纂工作机构的通知》，通知明确了《普洱市志》主编、副主编、特邀编辑、编辑、编务人员及其工作职责。

2016年3月，市方志办程汝明主任带队，就《普洱市志》编纂工作情况及篇目设置向云南省志办作专题汇报，省志办副主任袁丽萍和州市处的专家听取了汇报，并对《普洱市志》的编辑工作给予肯定，对修改提出了具体的指导意见。为进一步加快《普洱市志》修编进程、提高稿件质量，市方志办进行多次讨论，对篇目结构、编纂内容、记录方式进行调整和规范。领导班子经过多方努力，协调了经费和人员，从普洱学院、市委党校、县地方志办公室邀请专家参与志稿修编撰稿，参与的专家有赵泽洪（普洱学院教授）、李亚宏（普洱学院教授）、杨洪（普洱学院副教授）、纪永进

（市纪工委副书记）、周德翔（市委党校副教授）、张雨沧（市委党校副教授）、魏佳（普洱学院讲师）、师顺（普洱学院编辑）、徐秋稚（普洱学院讲师）、金晶（市委党校讲师）、苏光民（景谷县志办主任）、毛锐锋（镇沅县志办主任）、邓起文（墨江县志办主任科员）、严璐璐（宁洱史志办副主任）、谭砚华（景谷县志办副主任）、罗丽（镇沅县志办副主任），采取全脱产和半脱产的方式对《普洱市志》初稿中的8篇进行重新撰稿，21篇进行较大调整和修改，对所有篇目进行审核、校对、微调。专家编修后的稿件由方志科进行核对修改，有分歧的修改意见、建议由会议裁定，修改完善的每一篇志稿由主任最后审核认可，以篇为单位，逐一形成送审稿。

2017年年初，市方志办领导多次审核，再次提出将个别内容和表述不够准确的18篇稿件进行修改补充，聘请市政协调研员刘泽民、西盟文联文清风、镇沅文联苏东海3位同志协助修改校核，在修编中，市方志办班子和方志科同志充分发挥主动、主导作用，及时讨论、研究、发现问题，不断明确修改方向、规范和要求。具体统稿工作继续由龙麟完成。

2017年12月，市方志办邀请省志办副主任袁丽萍、州市指导处处长赵芳到普洱对《普洱市志》进行送审前指导，通过审稿，省志办领导充分肯定了《普洱市志》取得的重大成效，也指出了一些存在的问题和需要改进的地方，市方志办再次对志稿进行了修改完善。在请省志办领导、专家进行指导的同时，报送市地方志编纂委员会主任、副主任、成员单位和相关单位进行审核，本次参与审核的领导和单位是市人民政府市长杨照辉，市委常委、市委秘书长罗永斌，市人大常委会副主任李向华，市委常委、市政府副市长陈时见，市政协副主席罗维祥，市政府秘书长杨彬，市委宣传部、市统战部、市人大办公室、市政府办公室、市政协办公室、市委政策研究室、市委党史研究室、市委保密局、市发改委、市教育局、市财政局、市人社局、市文化局、市民宗局、市统计局、市档案局、普洱日报社、《普洱》杂志社、市文联、市外事侨务办公室。

为广泛听取意见、规范评审标准、严把质量关，还在全市聘请了专家学者和熟悉文化、社会、历史的干部组成了评议专家、评审专家，对《普洱市志》进行评议和评审，专家需提出志稿修改意见，并对《普洱市志》是否达到送审出版发行标准进行表决。参与评议的专家和领导有梁起（市政府原秘书长）、李含秀（市政府原副秘书长）、王郛生（市科委原主任）、黄桂枢（市文物管理所原所长）、王黎（市委党史研究室原主任）、李世柏（市教育局原调研员）、付旭东（市方志办原主任）、施约峰（市方志办原调研员）、龙垂东（市招商局局长）、黄雁（中共普洱市委党校教授）、周德翰（景东县文联主席）、邓起文（墨江县志办原主任）、严璐璐（宁洱县史志办副主任）。评议专家和领导对《普洱市志》进行严格把关，提出一些有利于志稿质量提升的修改意见，评议专家和领导均表示，志稿在微调后可以送审出版。

2018年1月，市方志办召开《普洱市志》专家评审会议，参与评审的专家组长：罗承松（普洱市东南亚研究院和东盟学院院长、普洱学院教授），副组长：张云存（宁洱县史志办主任），成员：赵泽洪（普洱学院政法学院党总支书记、教授），张海珍（普洱学院研究员），林永（普洱学院科技处副处长、副编审），张富春（市文联副主席），周德翔（中共市委党校党委委员、副校长、市民族干部学校校长），董菊芬（中共普洱市委党校党委委员、副县级组织员），贺胡（中共市委党史研究室征集编研科科长），刀丽华（江城县志办主任），陆继秋（孟连县志办主任）。专家经过20天审读、2次会议讨论评审，一致认为《普洱市志》资料翔实、准确，表述规范统一，达到出版标准，可以根据相关规定报批出版。

2018年3月，《普洱市志》送省地方志编纂委员会办公室终审，并报市政府审批；8月，市志通过省志办终审；9月，市政府同意市志出版发行。12月，在方志科龙麟将以上来自各方修改意见收集整理后，对志稿进行修改完善后交方志出版社，进入印刷出版工作。

《普洱市志》的编纂出版，是地方志工作者辛勤工作的结果，是集体智慧的结晶，从启动到完成，历时十余年，工作始终得到市委、市政府的高度重视，得到各级各部门的密切配合，得到各界人士的大力支持，得到省地方志办公室的精心指导。《普洱市志》的出版问世，有许多经验值得总结和肯定：一是社会稳定、经济繁荣、民族团结的新时代为编纂地方志创造了良好的环境；二是《地方志工作条例》的出台，为依法修志提供了法规保障；三是党委领导、政府主持、地方志编纂委员会组织实施、专家参与的工作体制，为地方志事业发展提供了组织保证；四是部门、单位、县（区）的通力合作，"众手成志"是事业成功的前提；五是有一支淡泊名利、乐于奉献、勤于钻研的地方志工作者队伍，专兼职结合、上下联动，是材料成志的基础；六是层层把关、分级负责、反复修改、精心打磨，是保证志书质量的关键。

盛世修志，是中华民族的优良文化传统。续修普洱市志，正值全市改革开放不断深化、各项事业发生巨大而深刻的发展变化时期，发展日新月异，成果异彩纷呈，矛盾错综复杂。由于编纂者的学识水平有限、视野不宽、调研不足，加之编纂时间过长，部分资料无法补充核实，志书中错漏在所难免，敬请社会各界及广大读者批评指正。

编者

2019 年 12 月

出版说明

根据国务院办公厅颁发的《全国地方志事业发展规划纲要（2015—2020）》规定，到2020年必须全面完成第二轮地方志书规划任务。为确保这一目标顺利实现，针对当前部分民族地区与贫困地区志书出版经费困难的情况，在中国地方志指导小组组长王伟光、常务副组长李培林的亲自倡议和领导下，自2015年8月起中国地方志指导小组办公室启动民族地区与贫困地区志书出版资助工程，对经国务院扶贫开发领导小组办公室认定的国家级贫困县（区、旗、县级市），中西部地区、少数民族边疆地区、经济欠发达地区存在出版经费困难的省市县三级综合志书进行出版资助。

民族地区与贫困地区志书出版资助工程既是地方志系统的政治工程，又是全国地方志事业协调发展的促进工程，对于推进第二轮地方志书规划任务按期完成，实现地方志事业区域发展平衡，促进民族地区与贫困地区基础文化建设，具有重要的政治意义和文化意义。2016年4月，该工程入选国家新闻出版广电总局实施的“十三五”国家重点图书、音像、电子出版物出版规划项目。

本书经民族地区与贫困地区志书出版资助工程领导小组批准，入选民族地区与贫困地区志书出版资助工程。

民族地区与贫困地区志书出版
资助工程领导小组办公室
2015年9月